NAPOLÉON III

Du même auteur

Dictionnaire des députés du second Empire, PUR, coll. « Carnot », 1999.

Comprendre le second Empire, Saint-Sulpice éd., coll. « Tranches d'histoire », 1999.

La Révolution française, Saint-Sulpice éd., coll. « Tranches d'histoire », 2000.

Les Députés du second Empire. Prosopographie d'une élite du XIXe siècle, Champion et Slatkine, 2000.

La France de 1848 à 1870. Entre ordre et mouvement, Le Livre de Poche, coll. « références », L.G.F., 2002.

Avec D. Barjot, I. Lescent-Giles et B. Marnot (dir.), *Les Entrepreneurs du second Empire*, PUPS, 2003.

Introduction au XIXe siècle, tome 1 : 1815-1870, Belin, coll. « Atouts », 2003.

Napoléon. L'homme qui a changé le monde, Librio, J'ai lu, 2004.

Introduction au XIXe siècle, tome 2 : 1870-1914, Belin, coll. « Atouts », 2005.

Mémoires sur le règne de Napoléon III (1851-1864) par le comte Horace de Viel Castel, Robert Laffont, coll. « Bouquins », édition critique, 2005.

Les Grands discours parlementaires du XIXe siècle de Benjamin Constant à Adolphe Thiers, Assemblée Nationale et Armand Colin, 2005.

Avec D. Bates, V. Gazeau, F. Lachaud et F.-J. Ruggiu, *Liens personnels, réseaux, solidarités en France et dans les îles Britanniques (XIe-XXe siècles)*, Publications de la Sorbonne, 2006.

Avec D. Barjot, O. Dard, J. Garrigues et D. Musiedlak (dir.), *Industrie et politique en Europe occidentale et aux États-Unis (XIXe-XXe siècles)*, PUPS, 2006.

L'Empire libéral, éd. SPM, 2017.

Avec J.-O. Boudon et O. Dard (dir.), *Histoire des Internationales*, Nouveau Monde éd., 2017.

Comprendre le XIXe siècle, Belin, 2018.

Ils ont fait et défait le Second Empire, Tallandier, 2019.

ÉRIC ANCEAU

NAPOLÉON III

Un Saint-Simon à cheval

TEXTO

Texto est une collection des éditions Tallandier

48, rue du Faubourg-Montmartre – 75009 Paris
www.tallandier.com

SOMMAIRE

Deuxième époque

DU POUVOIR SOUS CONTRÔLE AU POUVOIR SANS CONTRÔLE (1848-1852)

QUATRIÈME ÉPOQUE

DU DÉCLIN À LA PERTE DU POUVOIR (1862-1873)

PROLOGUE

NAPOLÉON III AVANT-HIER, HIER ET AUJOURD'HUI

« Pour entreprendre un travail de si longue haleine, il me fallait un puissant mobile : ce mobile, c'est l'amour de l'étude et de la vérité historique*. »

« La vérité historique devrait être non moins sacrée que la religion**. »

Qui était Napoléon III ?

Il y a deux cents ans naquit un enfant béni des dieux. Il s'appelait Charles Louis Napoléon Bonaparte. Il était fils de roi et neveu d'empereur. Il connut pourtant bientôt les drames familiaux, les déchirements, la proscription. Après une jeunesse tumultueuse, il n'en devint pas moins, à quarante ans, le premier président de la République de notre histoire. Quatre années après, il se fit même proclamer empereur des Français, sous le nom de Napoléon III, renouant ainsi le fil d'un temps interrompu lors de l'abdication de son oncle Napoléon Ier, en 1815. Alors qu'il fêtait ses soixante-deux ans et que son régime existait depuis plus de dix-sept ans, il semblait devoir se préparer une vieillesse tranquille et heureuse car la nouvelle Constitution dont il avait décidé de doter la France venait d'être ratifiée par l'immense majorité des Français. Moins de cinq

---

* Louis-Napoléon, *Études sur le passé et de l'avenir de l'artillerie*, 1846.

** Napoléon III, phrase d'ouverture de la préface de l'*Histoire de Jules César*.

mois plus tard, il était déposé, contraint de s'exiler et condamné à ne jamais revoir sa patrie.

Napoléon III eut donc un destin hors du commun, au point que lors de sa vie, la réalité dépassa souvent la fiction. Il occupa indéniablement une place capitale dans l'histoire contemporaine de la France. Comme le Vᵉ siècle avant Jésus-Christ fut celui de Périclès, le VIIIᵉ siècle de notre ère celui de Charlemagne et le XVIIᵉ siècle celui de Louis XIV, le XIXᵉ siècle fut le siècle de Napoléon III.

Mieux que nul autre, l'empereur des Français incarna le siècle de l'industrialisation, de la foi dans le progrès, mais aussi des grands questionnements sociaux, le siècle des idéologies, des tensions entre l'ordre et le mouvement ou encore de l'aspiration conjointe à la stabilisation politique et à la liberté, le siècle du romantisme, du réalisme et de l'éclectisme. Et pourtant… lorsque récemment une émission de télévision proposa aux Français d'élire leurs cent plus grands compatriotes de tous les temps, il ne fut pas même retenu [1]. À cela trois explications majeures. L'homme fut complexe. Il fut longtemps dénigré. Il demeure souvent incompris.

Véritable « Saint-Simon à cheval » pour reprendre l'expression de son contemporain, le publiciste Adolphe Guéroult, lui-même saint-simonien [2], il crut, en effet, comme le comte de Saint-Simon et ses disciples socialistes, en l'avènement d'une société heureuse grâce au progrès matériel et moral, au rapprochement des classes sociales et à l'établissement d'une paix durable, mais il ne se contenta pas de spéculations, se voulut homme d'action et le devint. À cheval, en train ou en bateau, il voyagea plus qu'aucun autre souverain de son temps. Il mit aussi la France au pas avec un coup d'État et prit souvent les armes.

Avec Napoléon III, personnalité riche et complexe, rien n'est simple. Émotif et sensible sous des traits impassibles qui lui valurent d'être surnommé « le sphinx » par Bismarck ou encore par Zola [3], grand seigneur s'entourant d'aventuriers, sceptique à l'égard des hommes, mais fidèle en amitiés, sincère et loyal tout en ayant le goût de la dissimulation, il passait tantôt pour un rêveur romantique et utopiste, tantôt pour un être machiavélique, roué et démagogue. Il se montra tour à tour homme de réflexion et d'action, romantique et réaliste, autocrate et démocrate, autoritaire et libéral, réactionnaire et progressiste, fils de l'Église et de la Révolution, apôtre de la paix et fauteur de guerre, défenseur des nationalités et chantre de la primauté française. L'homme de lettres Maxime du Camp écrivait ainsi : « Pendant que Napoléon III régnait et depuis qu'il est mort, j'ai entendu porter sur lui les jugements les plus disparates. Dans le même salon et à la même heure, selon que vous interrogiez les uns ou les autres sur la valeur intellectuelle et morale de l'Empereur, vous entendiez dire : "C'est un idiot. – C'est un homme remarquable. – Il ne distingue pas sa main gauche de sa main droite. – Il a presque du génie. – Son ambition épouvante les nations voisines. – Sa sagesse rassure l'Europe. – Il perd et déshonore la France. – Il fait de nous le premier peuple du monde." On ne s'est pas mis d'accord pour le juger, et aujourd'hui encore, après quinze années de tombeau qui auraient dû apaiser les passions, éclairer les esprits et dégager la vérité, on n'en parle qu'avec des cris d'admiration ou des grincements de dents. L'histoire débrouillera ce chaos[4]... »

Néanmoins, l'image négative du souverain prédomina au lendemain de la défaite contre les Allemands, à Sedan, et de la chute du second Empire, en septembre 1870. Napoléon III n'était plus qu'un aventurier qui avait dupé les Français pour accéder au pouvoir, qui avait inauguré son règne par un coup d'État et « des morts plein les civières », qui l'avait poursuivi dans les excès de l'affairisme, de la fête impériale et de la dépravation, puis qui avait précipité le pays dans le gouffre de la débâcle militaire et de l'effondrement moral. Cette vision permettait aux républicains désormais au pouvoir de faire, à bon compte, de l'ancien maître de la France un repoussoir et, plus largement, à la nation de trouver un bouc émissaire commode pour tous les malheurs qui venaient de s'abattre sur elle.

Dans une nouvelle dont il situait l'action peu après le 4 septembre, Guy de Maupassant évoquait un maire qui avait envoyé chercher un buste de Napoléon III à la salle commune, puis qui s'était mis à l'interpeller d'une voix sonore devant ses administrés réunis à cette fin sur la place publique : « Tyran, tyran, te voici tombé dans la boue, tombé dans la fange [...]. Le destin vengeur t'a frappé. La défaite et la honte se sont attaquées à toi, tu tombes vaincu, prisonnier des Prussiens sur les ruines de ton empire croulant, la jeune et radieuse République se dresse ramassant ton épée brisée[5]. » George Sand notait pour sa part : « Le premier venu des êtres humains est très difficile à connaître et à classer. Le plus difficile de tous est celui dont la vie a été l'objet de l'émotion et de la curiosité publiques. Ni la haine, ni l'engouement n'ont pu le juger[6]. » Pourtant, à la suite immédiate de ce trait de lucidité, elle proposait un portrait sans nuance du souverain qui venait de mourir. Émile Zola entamait parallèlement la rédaction de ses Rougon-Macquart, cette histoire naturelle et sociale d'une famille sous le second Empire où l'empereur apparaissait comme un triste sire. Quant à Victor Hugo, rentré d'un long exil où il avait tonné contre *Napoléon le Petit*, ce « nain immonde » qui méritait tous *Les Châtiments*, il publiait opportunément son *Histoire d'un crime*, rappel, force détails à l'appui, du forfait initial perpétré le 2 décembre 1851. Il appartenait, là encore, aux historiens de rétablir la vérité.

Napoléon III au tribunal de l'histoire

Les premières biographies du prince parurent dès la monarchie de Juillet[7]. Elles présentaient au public sous un jour partisan, tantôt favorable, tantôt hostile, un personnage qui venait d'essayer par deux fois – en 1836 puis en 1840 – de prendre le pouvoir. Candidat victorieux aux élections législatives puis à l'élection présidentielle de 1848, Louis-Napoléon Bonaparte fut l'objet d'une vive curiosité et fut portraituré à de multiples reprises par la propagande. Après son coup d'État du 2 décembre 1851, il devenait impossible de publier sur lui, en France, d'autres ouvrages que des panégyriques et des hagiographies[8]. Parallèlement, de multiples analyses critiques, quand il ne s'agissait pas de pamphlets, paraissaient à l'étranger[9]. En 1868-1869, deux journalistes républicains, Eugène Ténot et Taxile Delord, s'efforcèrent de présenter objectivement les origines troubles du grand pouvoir, le premier dans *La Province en décembre 1851* puis dans *Paris en décembre 1851* et le second dans une *Histoire du second Empire*[10]. Tout en mettant en lumière de nombreux faits alors ignorés ou mal connus, ils manquaient l'un et l'autre de recul.

Les circonstances qui amenèrent la chute du régime impérial ne permirent pas aux historiens de porter immédiatement un regard serein sur Napoléon III et sur son œuvre, à l'exception de quelques rares étrangers. Les îles Britanniques que le souverain français affectionnait tant, où il vécut de nombreuses années et où il repose encore, devinrent en effet une terre de prédilection des études napoléoniennes. Même si certains Anglo-Saxons s'en prenaient violemment à l'homme et à sa politique [11], la plupart des chercheurs d'outre-Manche se montraient circonspects et honnêtes dans leurs jugements. Malgré son ton souvent apologétique, le travail de Blanchard Jerrold reste, encore aujourd'hui, un ouvrage incontournable pour la connaissance des jeunes années du prince [12]. Mais ces œuvres n'étaient pas traduites et demeuraient inconnues du grand public.

En France, Émile Ollivier, principal ministre de l'empereur, en 1870, produisait un monument en dix-sept volumes indispensable, mais par trop téléologique [13], pendant que l'historien catholique et libéral Pierre de La Gorce donnait une fresque brillante, mais plutôt hostile au souverain et à son régime et qui négligeait les aspects économiques et sociaux [14]. Le scandale de Panama, le boulangisme, perçu comme une résurgence du bonapartisme ou encore l'affaire Dreyfus montraient combien la troisième République était encore fragile. L'instrumentalisation de l'ancien souverain persistait, malgré l'affirmation d'une histoire positiviste et scientifique. Cependant, si la politique intérieure et la diplomatie de Napoléon III ne permettaient toujours aucun consensus, l'œuvre économique et sociale était désormais jugée de façon plus nuancée. Albert Thomas à qui Jean Jaurès avait confié la rédaction du dixième volume de son *Histoire socialiste*, consacré au second Empire, créditait Napoléon III de réelles avancées en la matière [15].

Il fallut pourtant attendre le retour à la France des provinces perdues en 1871, l'Alsace et la Moselle, au lendemain de la Grande Guerre, la disparition des derniers grands protagonistes du second Empire – l'impératrice Eugénie, épouse de Napoléon III, mourut en 1920 –, ainsi que la fin de tout danger bonapartiste pour que les passions s'apaisassent enfin.

Fils d'un opposant républicain au coup d'État, Charles Seignobos chercha à faire preuve de la plus grande objectivité possible en rédigeant les deux tomes de l'*Histoire de France contemporaine* d'Ernest Lavisse [16]. De son côté, Octave Aubry s'efforça de donner une biographie équilibrée dont il prenait soin, cependant, d'écarter certains faits gênants pour son héros [17]. Pierre de La Gorce lui-même témoignait de cette évolution historiographique en nuançant ses écrits antérieurs [18]. À l'étranger, l'intérêt pour le personnage ne se démentait pas et Frederik Arthur Simpson, Robert Sencourt ou encore Hendrik Nicolaas Boon donnaient d'importants travaux sur lui [19]. Néanmoins, la montée des fascismes dans les années 1930 incitaient certains auteurs à se lancer dans des parallèles hasardeux entre Napoléon III et les dictateurs du moment, tantôt pour relativiser son autoritarisme, tantôt, au contraire, pour faire de lui un protofasciste [20]. D'autres historiens profitaient de la débâcle de 1940 et de l'effondrement de la troisième République pour minimiser les fautes commises par le dernier souverain français, y compris en politique étrangère [21].

Napoléon III devint véritablement un objet historique au lendemain de la Seconde Guerre mondiale. Certes, il eut toujours ses thuriféraires [22] et ses détracteurs [23]. Néanmoins, les universitaires ne le boudèrent plus comme jadis. Ils refusèrent de laisser encore à des amateurs plus ou moins éclairés le monopole de l'évocation d'une personnalité de cette importance qui gouverna la France à un moment clé de son histoire. Ils se mêlèrent au débat de plus en plus activement, visiblement et librement. En la matière, Charles Pouthas, professeur à la Sorbonne et directeur de la *Revue d'Histoire moderne et contemporaine* ouvrit la voie. De grandes monographies éclairèrent certaines facettes de la vie et de l'œuvre de Napoléon III [24]. Des synthèses permirent de les mettre en perspective [25]. Quelques biographies commençaient à proposer une image nuancée du souverain. Dans une trilogie célèbre, Adrien Dansette fut le premier à proposer un portrait réellement équilibré de Napoléon III rédigé à partir d'une vaste documentation [26]. Sans cacher sa sympathie pour l'empereur, William H. C. Smith n'hésitait pas à souligner également ses travers [27].

Cependant, l'Université continuait de décrier la biographie. Dans *Faire de l'histoire*, au milieu des années 1970, Jacques Le Goff et Pierre Nora y voyaient encore un genre hybride qui méritait, par conséquent, d'être bouté hors du champ historique, tant qu'il demeurerait l'apanage des « vulgarisateurs de bas étage » et des « plumitifs de l'historiette [28] ». Néanmoins, le déclin, puis la faillite des grandes idéologies et des systèmes de pensée exclusifs marqua à la fois la fin de la toute-puissance de l'école des *Annales*, de l'histoire sociale, du temps long, des forces profondes, du quantitatif et du sériel et l'affirmation d'un individualisme méthodologique qui profita à la biographie. Le phénomène devint d'autant plus sensible, au milieu des années 1980, qu'il répondait à une attente du public. Dès lors les travaux universitaires sur Napoléon III se multiplièrent.

Ancien élève et successeur de Charles Pouthas, Louis Girard couronnait sa longue carrière à la Sorbonne par une biographie de Napoléon III, moyen de léguer à la postérité son ultime tableau du second Empire[29]. Dix ans plus tard, Thierry Lentz brossait en quelques pages brillantes le portrait du souverain[30], alors que la revue *L'Histoire* se posait la question : « Faut-il réhabiliter Napoléon III ? » et donnait la parole, pour tenter d'y répondre, à plusieurs spécialistes[31]. Plus près de nous, Pierre Milza, fin connaisseur des idées politiques et des relations internationales, nous livrait une autre somme consacrée à Napoléon III[32].

Pourquoi une nouvelle biographie de Napoléon III ?

Alors que s'annonçait le bicentenaire de la naissance de l'empereur (avril 2008), que se multipliaient les prises de parole et les publications sur le dernier souverain français[33], nous avons estimé qu'une familiarité de plus de vingt ans avec celui-ci nous autorisait à participer à ce débat. Conscient de la dette que nous avions envers tous ceux qui, avant nous, avaient écrit sur Napoléon III – et en particulier Louis Girard avec lequel nous avions souvent évoqué l'empereur –, nous pensions malgré tout pouvoir apporter un nouvel éclairage sur sa vie et sur son œuvre.

Le portrait d'une personnalité importante comme l'empereur des Français peut servir de prétexte pour brosser le tableau d'une époque. Le procédé est louable. Il est très en vogue et a indéniablement contribué au renouveau du genre biographique. Mais tel n'a pas été notre démarche. Nous avons conçu cette biographie de Napoléon III en la centrant délibérément sur l'homme. Cependant, nous n'avons pas non plus voulu faire de cet homme un être intemporel et isolé, car nous sommes convaincu que chacun ne se comprend bien que replacé en son temps, en son milieu, parmi les siens[34].

Napoléon III ne fut ni un solitaire, ni un isolé. Son ascension, l'exercice de son pouvoir et sa chute ne peuvent se comprendre qu'à la lumière des relations qu'il a entretenues avec les uns et les autres. Celles-ci occupent donc une grande place dans cette biographie. Nous nous sommes aussi rapidement rendu compte que non seulement tout n'avait pas été dit sur l'homme et le souverain, mais que l'un et l'autre demeuraient encore partiellement incompris. Il est vrai que comme le remarquait Adrien Dansette : « Peu d'hommes d'État [...] sont plus difficiles à comprendre [35] ». Napoléon III dément ainsi la fameuse assertion que Sartre plaçait en ouverture de *L'Idiot de la famille* : « On entre dans un mort comme dans un moulin. »

Il est également vrai, ainsi que nous l'avons déjà souligné, que certains ont voulu faire œuvre partisane, d'encensement ou de dénigrement. Pour notre part, nous sommes entré dans cette vie de souverain, sans cause à défendre ou à combattre. Que l'on ne s'attende donc pas à lire, dans les pages qui suivent, une hagiographie ou un portrait charge. Il nous est également vite apparu que les mêmes erreurs se reproduisaient souvent d'une biographie de Napoléon III à l'autre, faute d'un travail sur les sources, dont certaines, parmi les plus importantes, n'avaient, il est vrai, pas toujours été accessibles [36].

Nous nous sommes donc immergé dans ces documents. Au premier chef, il était inconcevable de ne pas relire l'ensemble des livres, des brochures, des prises de parole du prince, de ne pas se plonger dans les milliers de lettres rédigées, dictées ou reçues par lui. L'enjeu était majeur. Rares sont en effet les hommes qui se sont autant livrés dans leurs papiers que l'empereur des Français [37].

Les archives Napoléon [38] et les œuvres publiées de Napoléon III [39] constituent donc naturellement les deux premiers piliers du présent livre. Il importait ensuite de savoir ce qu'avaient écrit et pensé de lui ses proches, ses collaborateurs et ses ennemis, comment ils avaient vécu et travaillé avec ou contre lui. Nous avons consulté dans ce but plusieurs dizaines de fonds d'archives privées et plusieurs centaines de correspondances et de Mémoires contemporains, dont ceux de tous les principaux protagonistes du règne.

Nous nous appuyons donc sur les témoignages des membres de la famille impériale (la reine Hortense, l'impératrice Eugénie, le prince Napoléon, la princesse Mathilde, Stéphanie Tascher de La Pagerie), des ministres et hauts fonctionnaires (Baroche, Haussmann, Ollivier, Persigny, Rouher), des dirigeants étrangers (la reine Victoria, Palmerston, Malmesbury, Bismarck, Cavour), des diplomates en poste à Paris (Apponyi, Beyens, Cowley, Hübner, Metternich), des opposants politiques (Louis Blanc, Falloux, Guizot, Hugo, George Sand), des hommes de lettres et des journalistes (Du Camp, les Goncourt, Halévy, Karl Marx, William-Nassau Senior) et des intimes (Hortense Cornu, le docteur Evans, Filon, le marquis de Massa, Valérie Masuyer), etc.

Il convient de faire une place à part aux *Mémoires inédits de Napoléon III. Le Mémorial de Chislehurst* du pseudo-baron d'Ambès[40]. Jusqu'à aujourd'hui, cette œuvre qui apportait des informations inédites sur l'empereur était considérée par beaucoup comme apocryphe. De ce fait, elle était soit rejetée, soit, au contraire, pillée en n'étant pas citée et en étant mal comprise. Dans un premier temps, nous sommes parvenu à démontrer que les présomptions qui faisaient du baron d'Ambès tantôt Georges Charles d'Anthès, baron de Heeckeren, tantôt le baron Henri Lambert, deux intimes de Napoléon III, n'étaient pas fondées[41]. Dans un second, nous avons identifié formellement le baron en la personne d'Alfred d'Almbert[42]. De ce fait, non seulement les *Mémoires inédits de Napoléon III* deviennent recevables, moyennant quelques restrictions qui s'attachent à tout récit de ce type, mais leur auteur apparaît sous un jour nouveau, celui d'un ami du prince qui fut presque aussi influent et présent que Persigny.

Par ailleurs, les archives judiciaires et celles de la Cour des pairs nous ont livré une partie des secrets des tentatives de coups d'État de Strasbourg et de Boulogne[43]. Celles de l'armée nous ont fait entrer plus intimement dans la vie du prisonnier de Ham[44]. Les papiers retrouvés aux Tuileries après le 4 septembre 1870 nous ont fait découvrir l'autre face du pouvoir[45]. Les résultats des consultations électorales, la presse, les rapports administratifs et d'humbles témoignages puisés à diverses sources nous ont permis de nous faire une idée plus précise de la façon dont les Français se représentaient leur souverain. Il ne fallait pas en négliger pour autant la très abondante production historique sur le XIXe siècle, car certains travaux majeurs apportent un nouvel éclairage sur l'empereur et sur son temps. Nous nous sommes donc appuyé sur eux et nous les mentionnons dans la bibliographie, la plus complète à ce jour sur Napoléon III.

Nous avons repris au pied de la lettre une formule du souverain qui se piquait lui-même d'être historien : « Quand on parle d'une époque obscure du passé, on ne saurait prétendre être cru sur parole, il ne suffit même pas d'indiquer la source où l'on a puisé ses renseignements, il faut, pour les choses importantes, donner le texte même, car souvent le lecteur peut interpréter d'une manière différente le passage sur lequel vous fondez votre raisonnement[46]. »

C'est pourquoi nous avons souhaité donner le plus souvent possible la parole aux témoins et à Napoléon III lui-même dans d'importantes annexes, mais aussi dans le corps de la biographie.

Celle-ci comprend quatre époques qui correspondent à l'ascension du prince jusqu'à la présidence de la République ; à la transformation de son pouvoir présidentiel limité en un immense pouvoir impérial ; à l'exercice de ce même pouvoir ; enfin, à sa restriction, puis à sa disparition.

PREMIÈRE ÉPOQUE

LES CHEMINS DU POUVOIR
(1808-1848)

CHAPITRE PREMIER

FILS DE ROI ET NEVEU D'EMPEREUR

« Il aura un bon cœur et une belle âme [...], c'est peut-être l'espoir de ma race*. »

« Permettez-moi de me rendre digne de mon nom**. »

La naissance d'un prince impérial

Dans la nuit du 20 avril 1808, un enfant prénommé provisoirement Charles Napoléon vit le jour dans un hôtel particulier parisien, rue Cerutti [1]. Ce garçon était le troisième enfant de Louis Bonaparte, roi de Hollande et frère de l'empereur des Français, et d'Hortense de Beauharnais, elle-même fille du premier mariage de l'impératrice Joséphine avec Alexandre de Beauharnais, président de l'Assemblée constituante en 1791, général en chef de l'armée du Rhin, guillotiné en 1794. Par le remariage de sa mère, Hortense était devenue la belle-fille, puis la fille adoptive de Napoléon Ier.

Alors que l'Empire était à son apogée, la naissance du jeune prince, le deuxième enfant mâle né dans la dynastie depuis la proclamation du régime, en mai 1804, et héritier présomptif de son oncle qui n'avait pas encore d'enfant, suscitait pourtant plus d'inquiétude que de joie.

---

* Napoléon Ier, printemps 1815. Extrait d'une lettre retrouvée dans le portefeuille de Napoléon III à sa mort.

** Lettre de Louis-Napoléon à son père du 19 janvier 1829.

Ce fut à la suite d'une fête au cours de laquelle elle avait été incommodée par les évolutions des danseurs de corde et d'un petit singe savant au-dessus de sa tête qu'Hortense donna naissance, avant terme, au garçon. Le nouveau-né était si faible qu'on le crut mourant. Pour le ramener à la vie, une dame d'honneur de la reine eut la présence d'esprit de le tenir dans des serviettes chaudes et de lui souffler dans la bouche, puis de le baigner dans du vin et de le mettre dans du coton [2]. La mère avait manqué elle-même mourir lors de l'accouchement. Quant à son père, il n'était pas présent.

Chétif, doux et rêveur, Louis Bonaparte avait été marqué dans sa jeunesse par la lecture des œuvres de Jean-Jacques Rousseau, ainsi que par celle de *Paul et Virginie* et avait même correspondu avec l'auteur de cet ouvrage, Bernardin de Saint-Pierre.

Les frères Bonaparte avaient perdu prématurément leur père et Napoléon s'était institué tout à la fois tuteur et éducateur de son cadet, Louis. Il l'avait emmené comme aide de camp lors de la campagne d'Italie. De retour, le jeune homme avait commencé à aller mal. Certains médecins avaient attribué ses souffrances à une maladie vénérienne contractée au-delà des Alpes et mal soignée ; d'autres à une goutte rhumatismale de nature congénitale ; quelques-uns avaient même parlé de troubles de la moelle épinière. Quelle qu'en eût été l'origine, ses infirmités n'avaient cessé d'aggraver le penchant de Louis à la mélancolie et à l'hypocondrie. Au pensionnat de Mme Campan où il allait voir sa sœur, Caroline, il avait fait la rencontre d'une nièce de sa belle-sœur Joséphine, Émilie de Beauharnais, dont il était tombé éperdument amoureux. Il avait cependant dû renoncer à l'épouser, sur ordre de son frère aîné qui avait d'autres ambitions pour lui : la jeune fille était pauvre et sa mère devenue veuve s'était remariée avec un homme de couleur. Napoléon fit épouser à Émilie l'un de ses aides de camp, Lavalette, et emmena Louis avec lui en Égypte [3]. Après le coup d'État du 18 Brumaire qui fit de lui le premier consul, il n'entendait pas non plus que sa jeune et jolie belle-fille, Hortense, devenue le plus beau parti de France, pût épouser n'importe qui, fût-il l'un de ses compagnons d'armes. Tous les soupirants d'Hortense furent donc éconduits, y compris le fidèle général Duroc [4]. Dans la crainte d'être répudiée à la suite d'intrigues de plusieurs Bonaparte qui la détestaient, car elle était devenue stérile et ne pouvait plus donner d'héritier au premier consul, Joséphine finit par convaincre son époux de marier les deux jeunes gens, pour assurer définitivement, crut-elle, sa position et celle des siens. D'ailleurs, Louis connaissait Hortense depuis qu'elle avait été, elle aussi, la camarade de pension de sa sœur Caroline, et il lui avait toujours manifesté un vif intérêt. Contrairement à ce que l'on prétendit, il se plia donc facilement à la raison d'État et aux nécessités familiales. « Attaché à la Religion, persuadé que le mariage et les jouissances de la famille [sont] les seules réelles et positives », il aspirait aussi à fonder un foyer, sans tarder[5]. Le mariage entre Louis, chef de brigade de vingt-trois ans, et Hortense, de cinq ans sa cadette, eut donc lieu les 3 et 4 janvier 1802[6]. Le couple eut bientôt un premier enfant, Napoléon Charles, qui vit le jour le 10 octobre 1802. Il fut suivi d'un second, Napoléon Louis, né le 11 octobre 1804.

Néanmoins, dès la naissance de son premier fils, Louis soupçonna Napoléon d'être le géniteur. Les Anglais, les royalistes et même ses propres parents en avaient fait courir le bruit et le premier consul, en mal d'héritier, le laissa sans doute se propager parce que cela l'arrangeait[7]. Louis supporta difficilement l'attitude de son frère qui imposa en outre son propre prénom comme le premier de l'enfant. Il prit encore plus mal que Napoléon, qui s'apprêtait à devenir empereur, mais qui n'avait toujours pas d'enfant, eût manifesté le désir, en avril 1804, d'adopter le garçon[8]. Louis refusa vivement. Une fois l'Empire proclamé, le 18 mai suivant, les lois de succession n'en attribuèrent pas moins de droits héréditaires, à défaut d'héritier naturel, légitime ou adoptif de Napoléon, qu'aux fils de Joseph et de Louis, car le nouveau souverain était alors en froid avec ses deux autres frères, Lucien et Jérôme. Or Joseph n'avait que des filles. Louis ne revint cependant pas à de meilleures dispositions malgré cette faveur, le titre de connétable conféré dès la fondation de l'Empire, et enfin la couronne de Hollande qui lui fut attribuée deux ans plus tard.

Parallèlement, il apparut vite que les deux époux étaient trop dissemblables pour pouvoir s'entendre. Comme Louis l'écrivit plus tard : « Hortense et moi ne nous convenions ni sous le rapport des caractères ni sous celui des opinions et des sentiments[9]. » Face à un mari à moitié paralysé, couvert de furoncles et en proie à de fréquentes crises de neurasthénie, Hortense – à peine plus de vingt ans – était charmante et aimait les mondanités. S'il la délaissait en raison de ses responsabilités royales et de ses nombreuses cures thermales et s'il détestait les conflits, Louis fut pourtant un champion de l'exigence conjugale, qui manifestait une jalousie maladive à l'égard de son épouse et faisait une guerre de tous les instants à ses dispositions frivoles[10]. Selon Napoléon, il s'était « créé un monde à lui ; il ne compren [ait] pas même le lien du mariage ; il a [vait] pris trop à la lettre ce précepte que le mari et la femme ne font qu'un. Aussi [était]-il tout étonné lorsqu'il [était] malade que sa femme se portât bien, qu'elle aimât la danse lorsqu'il ne l'aimait pas et qu'elle eût chaud lorsqu'il avait froid[11] ». L'empereur ne se privait pas de sermonner son jeune frère à ce sujet : « Je vous ai donné une femme vertueuse et vous ne savez pas l'apprécier [...]. Vos querelles avec la reine percent aussi dans le public. Ayez dans votre intérieur ce caractère paternel et efféminé que vous montrez dans le gouvernement, et ayez dans les affaires ce rigorisme que vous montrez dans votre ménage. Vous traitez une jeune femme comme on mènerait un régiment[12]. »

Dès qu'elle le pouvait, Hortense fuyait son tyran domestique ainsi que l'étiquette et l'ennui de la cour de La Haye pour retourner à Paris.

De nombreuses voix prétendirent donc, dès 1808, que la naissance de Louis-Napoléon était illégitime. Un mot cruel courut même dans Paris : « Hortense fait des faux Louis... » Pour étayer cette thèse que soutinrent, par la suite, la plupart des détracteurs de Napoléon III, dont Victor Hugo qui voyait en lui « l'enfant du hasard [...] dont le nom est un vol et la naissance un faux », il fut d'abord allégué l'attitude de Louis. En apprenant la grossesse de son épouse, fin août 1807, celui-ci soupçonna l'adultère, affirmant même qu'il avait épousé une Messaline. Il n'en accepta pas moins qu'elle restât quelque temps à Paris, comme elle le lui demandait[13]. Par la suite, il prit des nouvelles d'elle, formula des vœux pour qu'elle arrivât « heureusement à terme » et se préoccupa même du choix du médecin accoucheur[14].

À la naissance de l'enfant, il resta à Amsterdam, prétextant ses ennuis de santé et la nécessité de suivre les affaires de son royaume, mais il souhaita que « le petit ne fût qu'ondoyé », afin qu'il pût « être baptisé solennellement » en Hollande[15]. Cependant, il n'était pas dans les intentions d'Hortense de quitter Paris et Louis laissa même son frère décider les prénoms définitifs du garçon.

Alors au Pays basque, pour y régler les affaires du royaume d'Espagne, Napoléon fit connaître sa décision le 2 juin. L'enfant s'appellerait Charles Louis Napoléon[16]. La lettre que Louis lui adressa à cette occasion fut souvent citée : « Je me conformerai avec empressement aux désirs de Votre Majesté sur les noms à donner à son fils. » On a glosé sur l'adjectif possessif que le roi de Hollande employa en prétendant qu'il attribuait la paternité de l'enfant à l'empereur. C'était méconnaître les usages protocolaires et dynastiques aussi bien que les relations entretenues par Napoléon avec ses frères et sœurs [17]. Louis eut simplement des doutes et joua probablement de l'ambiguïté de la formulation. En fait, ses soupçons se portaient surtout ailleurs.

Au moment de la conception de l'enfant, à l'été 1807, Hortense était en voyage dans les Pyrénées. Elle y soignait son chagrin d'avoir perdu, le 5 mai précédent, son fils aîné, emporté par le croup, en d'autres termes par une angine diphtérique [18]. Elle était entourée par son premier chambellan, le comte de Villeneuve, l'un de ses autres chambellans, le comte de Boucheporn, son écuyer hollandais, le vicomte Charles Adam de Bylandt-Palterscamps, un peintre nommé Thiénon, le frère de l'amiral hollandais Verhuell, ministre de la Marine du roi Louis, et un jeune, beau et riche veuf de la région, Élie Decazes, venu solliciter de la reine une place auprès de son époux. Il n'en fallut pas plus pour attiser les rumeurs.

Tous ces hommes pouvaient avoir été les amants d'Hortense et l'un d'entre eux le père de Louis-Napoléon. Il n'en demeure pas moins qu'aucun ne se vanta jamais d'avoir bénéficié d'une telle bonne fortune [19]. Quant à la reine, elle ne fit rien qui pût laisser supposer qu'elle eût conçu son fils hors des liens du mariage. Elle n'écrivit rien non plus d'explicite ou d'ambigu à ce sujet dans ses Mémoires, œuvre d'une grande honnêteté [20]. Elle n'y cachait pourtant « rien de ses émotions, de ses sentiments, de l'évolution de son paysage affectif [21] » et y évoquait même la liaison extraconjugale, postérieure à la naissance de Louis-Napoléon, qu'elle entretint durant cinq ans avec Charles de Flahaut, fils naturel de Talleyrand [22], et dont le fruit fut le futur duc de Morny, né en septembre 1811. Cependant, Louis aurait été tellement convaincu que l'amiral Verhuell était le père de Louis-Napoléon qu'il aurait déposé une protestation motivée entre les mains de son frère Lucien, le jour même de la naissance de l'enfant [23], puis qu'il aurait éloigné l'homme de sa cour en arguant, auprès de Napoléon, d'« une raison de conduite domestique ». Mais l'amiral n'était pas dans les Pyrénées à l'été

1807, contrairement à son frère avec lequel les diffamateurs l'ont confondu.

En revanche, il fut un homme dont nous sommes certain qu'il partagea la couche de la reine pendant ce séjour : son propre époux. Aussi affecté qu'Hortense par le décès de son fils, Louis se fit caressant et s'excusa presque de son attitude passée [24]. Il rejoignit la reine à Cauterets le 28 juin et resta avec elle jusqu'au 6 juillet 1807, puis le couple se sépara de nouveau, lui pour aller prendre des eaux dans une autre ville pyrénéenne, Ussat, elle pour se rendre sur la côte basque [25]. Lorsqu'ils se retrouvèrent, Louis insista pour que leur réconciliation fût complète. Hortense ne manifesta d'abord aucun enthousiasme, mais elle finit par céder : « Je ne fus pas maîtresse de cacher à mon mari l'espèce de répugnance, la crainte même que me faisait éprouver notre réunion. Il la désirait si vivement et paraissait devoir en être si heureux que notre raccommodement eut lieu à Toulouse [26]. »

La réconciliation se produisit le 12 août, puis le couple remonta à Paris où il arriva le 27. Hortense, dont la grossesse venait d'être constatée, resta dans la capitale pendant que Louis s'installait dans son château de Saint-Leu, puis regagnait son royaume.

Louis-Napoléon naquit huit mois et huit jours après les retrouvailles toulousaines. Les médecins accoucheurs, Baudelocque et Corvisart, constatèrent la naissance avant terme.

S'il manifesta à l'origine un moindre intérêt pour Louis-Napoléon que pour ses deux autres fils et si son esprit inquiet entretint probablement toujours quelque soupçon sur sa paternité, Louis n'en finit pas moins par considérer le garçon comme son propre enfant. Son comportement ultérieur, sa correspondance [27] puis son testament en témoignèrent. Au physique comme au moral, il se retrouvait d'ailleurs en lui. Certes, l'enfant ressemblait surtout aux Beauharnais, mais son profil et en particulier la bosse qu'il avait sur le haut du nez paraissaient bien être de lui [28]. Louis retrouvait des traits de son visage et son regard chez son fils naturel, le comte de Castelvecchio [29], mais aussi chez sa nièce Charlotte, fille de son frère aîné Joseph [30]. Il pouvait aussi apprécier une certaine similitude de caractère entre le garçon et lui – la même mélancolie, les mêmes colères, qui devait bien relever de l'hérédité, puisqu'ils vivaient éloignés l'un de l'autre.

En faisant abstraction de toutes les affirmations formulées par ceux qu'aveuglait leur esprit partisan, il se trouva autant de témoignages contemporains dignes d'intérêt pour soutenir la bâtardise de Louis-Napoléon que pour la réfuter[31]. S'il est impossible aujourd'hui d'être catégorique, l'hypothèse la plus vraisemblable, à laquelle se rangent la plupart des historiens, est celle de la paternité du roi Louis, ce dont Louis-Napoléon ne douta, pour sa part, jamais. Néanmoins, seul un test ADN comme ceux qui furent pratiqués sur l'enfant du Temple et sur Kaspar Hauser permettrait, en dernière analyse, de lever définitivement toute hypothèque.

Un garçon couvé par les femmes et impressionné par son oncle

Louis-Napoléon et son frère vivaient à Paris, avec Hortense, loin de leur père. S'il comprenait que la reine de Hollande préférât rester en France que de rejoindre Louis, l'empereur ne pouvait admettre qu'elle emmenât ses enfants dans ses déplacements d'agrément à l'étranger. Lorsqu'elle se rendit avec eux à Bade pour y prendre les eaux, au printemps 1809, il la rappela à l'ordre et elle dut renvoyer ses deux fils sans tarder[32]. De son côté, Louis avait d'abord réclamé le retour des siens en Hollande, puis avait fini par accepter l'idée d'une séparation que lui réclamait son épouse. En novembre 1809, il vint à Paris pour un conseil de famille qui devait trancher. Durant son séjour, il résida chez sa mère et se fit envoyer régulièrement ses enfants par Hortense pour passer la journée en leur compagnie.

La mésentente entre les époux était devenue telle qu'un jour où Louis-Napoléon resta chez sa mère parce qu'il était malade, Louis se rendit à son chevet pour s'assurer qu'il ne s'agissait pas d'un mensonge. Cependant, ni le conseil de famille, ni surtout l'empereur n'admirent la séparation. « Ce sont deux enfants, disait Napoléon. Il n'y a pas une feuille de papier entre eux. Il faut qu'ils se raccommodent[33]. »

Louis regagna seul son royaume. S'il avait dû se plier aux décisions de l'empereur au sujet de son couple, il était moins docile dès qu'il était question de ses États. Aux yeux de Napoléon qui ne cessait de le réprimander, il n'appliquait pas avec suffisamment de rigueur le Blocus continental décrété contre les Anglais. En réalité, Louis n'entendait pas être le servile instrument des desseins impériaux. Il s'était pris d'affection pour son peuple qui vivait traditionnellement du commerce maritime et qui était ruiné par les nouvelles dispositions économiques.

Lorsque Napoléon donna l'ordre à son armée d'occuper le royaume, en juin 1810, Louis abdiqua en faveur de son fils aîné ou, à défaut, en faveur du cadet, et nomma régente son épouse qui avait accepté de se rendre en Hollande. Mais l'empereur décréta aussitôt l'annexion. Hortense ne put que s'incliner. À titre de compensation, Napoléon lui accorda la jouissance du domaine de Saint-Leu qui appartenait à Louis et lui en reconnut même la possession en janvier 1811 [34]. L'ancien roi de Hollande qui se considérait trahi par les siens refusait de rentrer en France. Tout en se faisant appeler comte de Saint-Leu, il abandonna son titre de prince français et la dignité de grand connétable. Il refusa l'apanage que lui offrait son frère et s'en alla vivre en Bohême et en Autriche. Il n'assista pas même au baptême de Louis-Napoléon qui fut célébré le 4 novembre 1810 dans la chapelle du palais de Fontainebleau par le cardinal Fesch, archevêque de Lyon et grand aumônier de l'Empire, mais aussi grand-oncle de l'enfant [35]. Ce dernier devenait le filleul de Napoléon et de sa nouvelle épouse, Marie-Louise [36]. Plus de deux ans s'écoulèrent sans que Louis revît ses enfants.

Dans ces conditions, Louis-Napoléon passa ses premières années dans un milieu presque exclusivement féminin. Il vivait avec sa mère, à Paris et au château de Saint-Leu. Hortense voulut donner un gouverneur à ses enfants pour éviter de fournir un prétexte à son époux pour les lui retirer. Pour occuper cette fonction, elle songea successivement à deux chambellans de Napoléon, Emmanuel de Las Cases et Louis Beaupoil de Saint-Aulaire, mais l'Empereur objecta que « la France verrait avec peine l'éducation de [s]es neveux confiée à un noble » et toute décision fut ajournée [37].

Louis-Napoléon chérissait Hortense qui le lui rendait bien, même si, étoile de la société impériale, elle l'abandonnait souvent à des nourrices, à l'une de ses dames d'honneur ou à sa lectrice, Louise Cochelet, qui se plaisait à lui conter des histoires. Les archives Napoléon conservent les premières lettres écrites par l'enfant à sa « petite maman » qui traduisent sa tendresse pour elle, mais aussi sa tristesse de ne pas passer plus de temps en sa compagnie [38]. Après avoir eu deux garçons, Hortense désirait ardemment une fille en l'attendant [39]. Ce fut lui qui vint, mais si pâle, si souffreteux et si mignon qu'il pouvait lui faire illusion et qu'elle l'habilla longtemps en fille...

De santé fragile, Louis-Napoléon nécessitait l'attention constante de sa gouvernante Mme de Boubers et de sa nourrice Mme Bure. Il était timide, renfermé, peu contrariant, au point que sa mère le surnommait « monsieur Oui-oui », mais également émotif et sujet à de brusques colères qui marquèrent Hortense Lacroix – la future Mme Cornu, fille de l'une des femmes de chambre de la reine et filleule du prince qui n'avait pourtant qu'un an de plus qu'elle. En effet, Louis-Napoléon n'hésitait pas à mordre et à pincer sa petite camarade de jeux quand il était mécontent d'elle[40]. Il avait néanmoins bon cœur et se montrait d'une touchante naïveté : « Si tu ne possédais rien au monde, dit un jour la reine à son fils aîné, que ferais-tu, Napoléon, pour gagner ta vie et te tirer d'affaire ? – Je me ferais soldat, répondit l'enfant. – Et toi, Louis ? que ferais-tu ? – Moi ?... Je vendrais des bouquets de violettes, comme le petit garçon qui est à la porte des Tuileries[41]. »

Lui et son frère connaissaient bien le palais car Napoléon, qui les chérissait, les faisait souvent chercher pour dîner en leur compagnie. « Il les recevait toujours avec bonté, les faisait asseoir à sa table où il y avait à peine de la place, car son déjeuner lui était servi à la hâte sur un petit guéridon[42]. »

Lorsque leur mère partit pour Aix, à l'été 1811, l'empereur les installa au pavillon d'Italie du palais de Saint-Cloud. Mais les deux garçons séjournaient plus fréquemment à la Malmaison, chez leur jeune grand-mère Joséphine. Là, ils jouissaient de la plus grande liberté et se comportaient en « petits rois[43] ». Ils retrouvaient d'autres enfants comme les Viel Castel, fils du premier chambellan et d'une dame d'honneur de Joséphine[44]. Ils coupaient les cannes à sucre des serres pour les sucer ou se promenaient en char à banc ou en bateau sur la grande pièce d'eau du parc, sous la bienveillante surveillance des grenadiers qui protégeaient la résidence. Le petit Louis-Napoléon était fasciné par ces hommes et venait souvent discuter avec eux[45]. Divorcée de Napoléon, Joséphine consacrait désormais la plus grande partie de son temps aux siens, et en particulier à ses petits-enfants qu'elle gâtait.

Louis-Napoléon adorait donc sa grand-mère et son décès, le 29 mai 1814, fut le premier grand drame de sa vie. Le 2 juin, le bambin qui avait à peine six ans et son frère aîné qui en avait dix conduisirent le deuil de la Malmaison à l'église de Rueil[46].

En ce printemps 1814, un autre drame était en train de se jouer, mais l'enfant n'avait pas encore toutes les clés pour le comprendre : l'Empire était en train de s'effondrer.

Devant l'avancée des armées ennemies, Hortense avait quitté Paris avec ses deux fils, dès le 29 mars, et avait commencé une vie itinérante, de château en château, avant de finalement pouvoir regagner la Malmaison. En ces heures douloureuses, elle avait cherché à inspirer à ces enfants « des principes qui fortifient l'homme contre toutes les vicissitudes de la vie ». Elle avait essayé de les habituer « à ne pas compter sur tout ce qui était en dehors d'eux » et leur avait peint la situation sous des tristes couleurs, en ajoutant : « Mes enfants, vous n'êtes plus rien. Plus de royauté, de principauté, plus de duchés. Vous en vaudrez peut-être mieux, mais il faudra pour cela être bien obéissants et bien travailler. » Elle leur avait supprimé le dessert pour leur faire sentir le malheur commun et ils avaient supporté « cette petite privation avec joie ». L'aîné avait même proposé de s'engager dans l'armée pendant que Louis-Napoléon avait accepté stoïquement le sacrifice de son cheval de bois[47]...

Après l'abdication de Napoléon à Fontainebleau, lequel s'apprêtait à commencer une vie de modeste souverain de l'île d'Elbe, Hortense n'hésita pas à rejoindre le camp des opportunistes, malgré les faveurs que lui avait prodiguées l'ancien maître de l'Europe qui continuait de la considérer comme sa propre fille. Grâce à l'appui du tsar Alexandre Ier qui vint la voir à plusieurs reprises à la Malmaison et qui compatit à sa situation, elle se vit accorder par le roi Louis XVIII, mal disposé à l'origine, le titre de duchesse de Saint-Leu avec un apanage de 400 000 francs[48]. Elle eut pour excuse d'avoir connu dans son enfance la Terreur avec l'exécution de son père et de vouloir épargner à ses fils la proscription. Elle était aussi très préoccupée par les démarches entreprises par son époux pour obtenir une séparation de corps et de biens ainsi que la garde de ses enfants et pour recouvrer la terre de Saint-Leu. Si elle souhaitait toujours officialiser sa rupture, elle entendait conserver ses deux garçons auprès d'elle, « le seul intérêt qui [l]'attachait à la vie », ainsi que la propriété et la jouissance du domaine de Saint-Leu et de l'hôtel particulier parisien avec la faculté d'aliéner l'un et l'autre, en cas de besoin[49]. De son côté, Louis se montrait intransigeant au sujet de son fils aîné[50]. Fin septembre, il l'envoya chercher, mais Hortense refusa de le laisser partir. Il la menaça de poursuites en justice sans parvenir à la faire changer d'avis. Un procès s'ouvrit donc, en janvier 1815, devant le tribunal civil de la Seine[51]. Sûre de son bon droit, Hortense pensait aussi pouvoir compter sur l'appui du roi qui l'avait reçue en audience à sa demande. Elle n'en accueillait pas moins des partisans de l'ancien Empire dans son salon et certains prétendaient même qu'elle préparait le retour de son beau-père.

Aussi, lorsqu'elle apprit, le 5 mars 1815, que Napoléon avait débarqué à Golfe-Juan, cinq jours plus tôt, avec l'espoir de ressaisir le pouvoir, elle craignit que ses enfants ne servissent d'otages ou même ne fussent assassinés. Dans la nuit du lendemain, elle demanda à Louise Cochelet, accompagnée de la nourrice de Louis-Napoléon, de les conduire secrètement chez une amie[52].

Mais sa crainte était infondée. Napoléon remonta triomphalement vers Paris pendant que Louis XVIII et ses partisans les plus fervents s'enfuyaient à Gand. Il ne fallut que trois semaines à l'Aigle pour voler de clocher en clocher jusqu'aux tours de Notre-Dame et pour reconquérir la France. Sitôt arrivé aux Tuileries, le 20 mars au soir, l'Empereur reçut sa belle-fille. L'accueil fut glacial. Il lui demanda de repasser le lendemain avec ses deux fils. Cette nouvelle visite fut l'occasion d'une terrible scène : « Quand une famille à laquelle on se trouve liée est malheureuse, on doit partager ses malheurs comme on a partagé sa fortune. Il faut plutôt manger du pain noir que de vivre inconvenablement ! » En larmes, Hortense implora son pardon. Napoléon, qui l'appréciait et qui avait besoin d'une présence féminine amie autour de lui, alors que Joséphine était morte et que son épouse Marie-Louise et son fils, le roi de Rome, lui avaient été retirés et vivaient désormais à Vienne, le lui accorda immédiatement[53]. Il fit même beaucoup plus.

Louis venait de gagner son procès le 8 mars précédent. En s'appuyant sur l'article 373 du Code civil, le tribunal condamnait Hortense à remettre son fils aîné à Louis dans les trois mois. L'empereur autorisa l'ancienne reine de Hollande à garder provisoirement ses deux fils tout en lui précisant qu'à terme il ne pouvait « empêcher un père, quelque déraisonnable qu'il [fût], de posséder ses enfants[54] ». Hortense accepta alors de jouer le rôle de maîtresse de maison aux Tuileries, puis à l'Élysée, où Napoléon finit par s'installer, et ses fils vécurent de nouveau dans l'intimité du souverain. Peut-être celui-ci dit-il même que Louis-Napoléon aurait « un bon cœur et une belle âme » et qu'il était « l'espoir de [sa] race ». Quoi qu'il en fût, ce dernier prêta foi à ces impériales sentences – ou supposées telles – et les conserva pieusement toute sa vie dans son portefeuille. Il se plaisait aussi à conter que son oncle le porta un jour à la fenêtre des Tuileries pour lui montrer la parade de ses troupes au Carrousel.

À la veille de la campagne de Belgique, le 11 juin, l'enfant aurait même ému son oncle en essayant, les larmes aux yeux, de le dissuader de s'éloigner : « Ne partez pas – les méchants alliés vous tueront – ou bien emmenez-moi [55] ! » Vraie ou fausse, cette anecdote est significative. Comme il le confia plus tard, ce fut lors des heures dramatiques des Cent-Jours que Louis-Napoléon prit nettement conscience que sa destinée n'était pas celle du commun [56]. Une semaine plus tard, le 18 juin 1815, Waterloo sonnait le glas du premier Empire.

L'enfance d'un exilé

Après la seconde abdication de Napoléon, Hortense jugea plus prudent de mettre ses enfants à l'abri chez une marchande de bas du boulevard Montmartre de ses connaissances, avant de se rendre à la Malmaison [57]. Elle y offrit l'hospitalité à son beau-père pendant une semaine. L'exil définitif de celui-ci et le retour des Bourbons eurent pour conséquences sa proscription et celle de tous les Bonaparte.

Le roi Louis XVIII et les Alliés crurent, ou feignirent de croire, que la duchesse de Saint-Leu avait favorisé par ses intrigues le « vol de l'Aigle ». Ils ne lui pardonnèrent pas non plus d'avoir été, pendant près de trois mois, la maîtresse de maison d'une cour impériale ressuscitée. À la mi-juillet 1815, Hortense dut prendre le chemin de l'exil avec ses deux fils. Outre l'aide de camp autrichien chargé de les escorter, ils n'étaient accompagnés que de trois personnes : l'un des écuyers d'Hortense, la nourrice de Louis-Napoléon et une femme de chambre. Commencèrent alors de longs mois d'errance.

Hortense opta d'abord pour la Suisse. Elle voulut s'installer à Prégny, l'ancien château de Joséphine, situé non loin de Genève. Mais le gouvernement français fit pression sur les autorités helvétiques pour qu'elles interdissent aux Bonaparte le territoire de la Confédération, jugé trop proche de la France. À Aix, en Savoie, où elle s'était provisoirement installée, elle connut coup sur coup deux drames : sa liaison avec Flahaut, qui était venu la rejoindre, prit fin, tandis qu'un chargé d'affaires de son mari vint lui retirer son fils aîné, pour le conduire en Italie où l'ancien roi de Hollande vivait désormais [58]. Cet épisode affecta profondément Louis-Napoléon, qui contracta une jaunisse, puis, à peine guéri, diverses autres maladies [59]. Il tint à écrire lui-même à son frère adoré : « Mon cher Napoléon, je pense bien a toi, j'embras papa. Je lui ecrirai quan je sauré ecrire. Adiue mon cher Napolon je tan brasse. Louis (*sic*) [60]. » Le 28 novembre, sa mère et lui quittèrent Aix. Ils trouvèrent finalement refuge à Constance, dans le grand-duché de Bade, où régnait Stéphanie de Beauharnais [61]. Ils y séjournèrent durant toute l'année 1816 en étant constamment espionnés par la police secrète française [62]. C'est là qu'Hortense apprit trois mauvaises nouvelles supplémentaires. La loi du 12 janvier de cette année-là décrétait l'exil perpétuel des Bonaparte sous peine de mort et les mettait dans l'obligation de vendre dans les six mois tous les biens qu'ils possédaient en France, à titre onéreux [63]. Hortense perdait l'espoir de recevoir la dotation promise par Louis XVIII lors de la première Restauration. Elle et son fils étaient surtout profondément peinés à l'idée de ne plus revoir la France [64]. En outre, le général Antoine Drouot, que l'on surnommait « le sage de la Grande Armée », ancien gouverneur de l'île d'Elbe pendant le séjour de Napoléon et commandant de la garde impériale à Waterloo, refusait de venir diriger l'éducation de l'enfant qu'elle avait fait inscrire, faute de mieux, à l'école primaire [65]. Quant à Louis, il envisageait désormais de faire casser son mariage par le pape et demandait à son épouse de déclarer, comme lui, qu'il avait été organisé contre leur gré. N'avaient-ils pas vécu, depuis 1802, à peine « trois mois et demi en époux et toujours avec des marques irrécusables d'aversion ou du moins d'éloignement » ? Il cherchait à rassurer Hortense pour la convaincre : « Nos enfants n'en souffriront pas ; nés durant un mariage, ils sont étrangers à tout ce qui a rapport aux causes et aux circonstances. J'aurai pour eux les soins et les sentiments que j'ai toujours eus [66]. »

Cependant, la duchesse de Saint-Leu refusa de le suivre en avançant, au contraire, qu'une telle démarche desservirait les intérêts de leurs enfants [67].

En mai 1817, la situation de la mère et de son plus jeune fils se stabilisa enfin. Même si elle devait renoncer à la dotation de Louis XVIII, Hortense se trouvait à la tête d'un capital de plus de trois millions qui lui assurait un revenu annuel de 120 000 francs. En effet, à l'héritage de sa mère, s'ajoutait le million que son frère Eugène avait réussi à obtenir de Louis pour elle, ainsi que le produit de l'achat par le tsar d'une partie de ses tableaux. Toujours grâce à Eugène, qui était le gendre du roi de Bavière, Maximilien-Joseph, elle put résider à Augsbourg une partie de l'année.

Elle avait, par ailleurs, acquis en janvier précédent une propriété à Arenenberg, étymologiquement la « montagne des fous », dans le canton de Thurgovie, sur la rive suisse du lac de Constance. Le château était « bien petit, bien délabré, mais placé dans une position pittoresque ». Il était dans l'esprit romantique du temps, crénelé, flanqué d'une tour et d'un mur d'enceinte, entouré d'un parc à l'anglaise et bâti sur un éperon rocheux dominant le lac. Pour le rendre à son goût, Hortense entreprit des travaux considérables qui ne s'achevèrent qu'en 1819. Elle ne conserva que le corps principal, un pavillon carré à deux étages, auquel elle fit ajouter un portique à colonnettes. Elle ne tarda pas non plus à transformer le parc, en y faisant planter des massifs composés de ses fleurs, les hortensias. Il fut décidé que son fils et elle passeraient les hivers à Augsbourg et iraient s'installer, dès les beaux jours, dans cette résidence [68]. L'été serait l'occasion de voyager, en particulier en Italie, où vivaient maintenant la plupart des Bonaparte.

En juin 1818, Hortense et Louis-Napoléon retrouvèrent ainsi l'ancien roi de Hollande et son fils aîné à Livourne. Les deux garçons se jetèrent aux pieds de leurs parents en les suppliant de se réconcilier. Les multiples épreuves que la famille venait de traverser semblaient devoir apaiser les tensions du passé. Louis, qui n'avait pas réussi à faire casser son mariage, était prêt à reprendre la vie commune, mais Hortense s'y refusa. Elle s'engagea simplement à ramener régulièrement Louis-Napoléon à son père [69].

Depuis plusieurs mois déjà, celui-ci correspondait régulièrement avec son fils cadet et ses lettres traduisaient tout l'amour qu'il éprouvait pour lui [70]. Cependant, l'enfant était bien plus proche de sa « tendre mère », avec laquelle il vivait une véritable relation fusionnelle. Il n'y eut pas l'ombre d'une dispute entre eux tout au long de leur vie commune. Si le fils semblait céder à sa mère en cas de désaccord, il n'abandonnait jamais son idée première et finissait toujours par obtenir gain de cause. Ce trait de caractère, qu'il conserva sa vie durant, explique qu'Hortense finit par l'appeler non plus « oui-oui » mais son « doux entêté ». Jusqu'alors elle s'était peu souciée de son éducation, sauf à lui apprendre les arts d'agrément, la danse et plus encore la musique et le dessin dans lesquels elle excellait, à lui faire des lectures, en soirée, sur des sujets étudiés dans la journée ou à lui faire réciter ses leçons, le samedi. Pour enseigner à Louis-Napoléon les humanités et les sciences, elle s'en remettait à quelques professeurs d'occasion et surtout à l'abbé Bertrand, son directeur spirituel[71]. Quoique brave, ce dernier était peu doué pour ce genre de fonction, car d'un naturel paresseux, profondément libéral et d'une pusillanimité extrême, au point de chercher à éviter tout conflit avec son élève, son autorité dût-elle en souffrir. Avec un tel maître, Louis-Napoléon s'ennuyait beaucoup et progressait peu. Un jour où l'abbé lui expliquait une fable sur les métamorphoses, l'enfant lui dit qu'il aimerait être un oiseau pour s'échapper le temps de son cours et ne revenir que pour le suivant. Comme l'abbé lui faisait remarquer que ce n'était pas aimable pour lui, il répliqua en croyant bien faire : « Ce que je disais concernait la leçon, mais pas l'homme[72]. »

Le garçon était souvent livré à lui-même et passait de longs moments à jouer avec les jeunes campagnards suisses. Un jour, il revint de l'une de ses escapades, pieds nus et en manches de chemise, dans la neige et dans la boue, car il avait donné ses souliers et sa redingote à des enfants pauvres[73]. Lors d'un nouveau séjour en Italie où il retrouva son père, le jeune prince étala son ignorance. L'ancien roi en fut horrifié. Il demanda alors au précepteur de son fils aîné, Narcisse Vieillard, d'émettre un diagnostic qui ne fit que confirmer ses craintes : « Le prince est très retardé pour son âge. Il sait fort peu et ce qu'il sait, il le sait fort mal. Il n'aime guère le travail ; l'attention le fatigue ; la réflexion l'obsède[74]. » Louis menaça alors son épouse de lui retirer la garde de l'enfant, si elle ne remédiait pas immédiatement à cette situation.

Dans la crainte de perdre celui qui était devenu le principal intérêt de sa vie, Hortense obtempéra. Elle engagea un nouveau précepteur : Philippe Le Bas. Fils posthume d'un ancien Conventionnel ami de Robespierre, qui s'était suicidé le 9 thermidor an II, et d'une fille de Duplay, le menuisier qui hébergeait l'« Incorruptible », il était ouvertement républicain et franc-maçon, ce qui traduisait à la fois l'absence de sectarisme d'Hortense, mais aussi le rapprochement qui s'opérait entre les partisans de la Révolution de 1789 venus de tous les horizons, en raison des malheurs communs.

À vingt-six ans, Le Bas avait connu la misère, servi dans la marine puis dans l'armée, été quelque temps professeur au collège Sainte-Barbe avant d'occuper un modeste emploi de fonctionnaire à la préfecture de la Seine. Il avait surtout une excellente réputation, celle d'un jeune homme prodigieusement intelligent, pédagogue, très versé dans les études grecques et latines et d'une culture historique étendue. Arrivé à Arenenberg en juillet 1820, alors que Louis-Napoléon venait de fêter ses douze ans, il porta, dès les premiers jours, un jugement sévère sur cet élève qui avait « des dispositions », mais qui ne possédait aucune connaissance solide et qui manifestait « un dégoût complet pour l'étude ». Selon lui, il n'avait « d'ardeur que pour le jeu » et montrait « une difficulté extrême à énoncer ce qu'il compren [ait] facilement ». Néanmoins, le garçon était docile, manifestait le désir de le satisfaire et avait un excellent cœur[75].

Le Bas modifia radicalement l'emploi du temps de Louis-Napoléon en imposant des règles de vie précises. Le lever du prince intervint désormais à six heures l'été et à six heures trente l'hiver, au lieu de neuf du temps de l'abbé Bertrand qui, aux dires du précepteur peu amène avec son prédécesseur, avait besoin de beaucoup de sommeil. La matinée commençait par une promenade en montagne, agrémentée d'une discussion, et se poursuivait par un cours de grammaire générale et un autre de latin. Après une heure consacrée au déjeuner, s'enchaînaient, à partir de onze heures trente, des leçons d'arithmétique, d'allemand, d'écriture et de grec. À quinze heures, Le Bas confiait son élève à un valet de chambre qui lui donnait un cours de natation. Il le récupérait à seize heures pour des leçons d'histoire et de géographie. À dix-huit heures, le prince prenait son repas, puis se promenait avec son précepteur. En début de soirée, il était autorisé à passer une heure en compagnie de sa mère, puis il montait dans sa chambre pour apprendre ses leçons, avant de se coucher à vingt et une heures. Le dimanche et le jeudi étaient employés à repasser ce qui avait été appris dans la huitaine et, tous les mois, Le Bas examinait son jeune disciple, devant sa mère, sur les différentes parties de son instruction[76].

Les relations entre le précepteur et son élève étaient excellentes. Sous des dehors froids et peu communicatifs, Le Bas était un homme sensible[77]. Il savait reconnaître la bonté et Louis-

Napoléon n'en manquait pas. Comme Le Bas laissait échapper quelques larmes en se souvenant de la mort de son fils survenue un an plus tôt, son élève chercha à le réconforter par des paroles qui le touchèrent : « Consolez-vous, monsieur, me dit-il ; vous n'avez plus de fils ; mais moi, je veux en tenir lieu [78]. » Dans sa correspondance, le jeune prince le qualifiait de « maître et ami [79] ».

Même si le précepteur avait peut-être grossi le retard scolaire du garçon pour se donner davantage de mérite, il est indéniable qu'il le fit beaucoup progresser [80]. Pour le stimuler davantage, il le fit inscrire, à l'automne 1820, au *gymnasium* d'Augsbourg en tant qu'externe et s'installa d'abord en ville avec lui. Les débuts furent difficiles. Au cours de ses premières semaines de scolarisation, le jeune prince n'occupait que le cinquante-quatrième rang sur quatre-vingt-quatorze élèves. Il comprenait difficilement les cours qui étaient professés en allemand, n'avait pas l'habitude de l'éducation en groupe et manquait encore de maturité. D'ailleurs, il avait encore besoin d'une veilleuse dans sa chambre. Sa nuit restait coupée de terreurs et de cauchemars que son précepteur comprenait mal. Le Bas devait alors « souvent faire le sacrifice » de son propre « sommeil pour sermonner et rassurer » son élève [81]. Il prétendit résoudre le problème en lui supprimant la veilleuse et en le laissant pleurer jusqu'à ce qu'il finît par se lasser. Hortense assura, pour sa part, qu'elle ramènerait son fils à la raison en le menaçant d'enlever de sa chambre tous les portraits qui en tapissaient les murs [82]. Toujours est-il que pleurs et terreurs finirent par cesser.

Au printemps suivant, le garçon fit sa première communion et son père, très fier, lui écrivit pour lui donner une ligne de conduite et pour l'encourager à suivre les préceptes de la religion [83]. S'il suivait ordinairement avec une respectueuse affection les conseils de son père [84], Louis-Napoléon ne manifestait pas la même piété que lui. Il prit néanmoins à cœur cette cérémonie qui lui faisait quitter l'enfance.

À la même époque, les lettres qu'il adressait à sa mère témoignaient de son désir de faire des efforts scolaires. De fait, en quelques mois, il progressa dans toutes les matières, à l'exception de la musique, car il n'avait pas d'oreille et ne manifestait aucun goût pour cet art. Il obtenait maintenant des résultats convenables en mathématiques, en latin, en grec et en histoire. Il montrait des prédispositions particulières en dessin. En fin de première année, il atteignit le vingt-quatrième rang [85] et même le quatrième sur soixante-six en février 1822[86]. Il termina l'année 1822 à la vingt-quatrième place de sa classe d'âge[87]. Son bulletin scolaire de cette année-là révèle que si la langue ne l'avait pas handicapé par rapport à ses camarades, il aurait obtenu un meilleur classement. Par ailleurs, on y louait « beaucoup ses manières modestes vis-à-vis de ses condisciples », « ainsi que la reconnaissance et le respect qu'il manifestait à ses professeurs[88] ».

Satisfait des progrès accomplis par son élève, Le Bas l'emmenait au spectacle. Pour sa fête, la Saint-Louis, il fit même venir des camarades, organisa des jeux de plein air et un goûter et prévit même un feu d'artifice[89]. Louis-Napoléon le lui rendait bien : il refusa ainsi de jouer dans une pièce de théâtre où il devait se montrer ingrat et insolent à l'égard de son précepteur[90]. Plein de sollicitude pour Le Bas, il l'était apparemment aussi pour ses camarades ou encore pour les serviteurs. En 1822, il demandait à sa mère d'accorder à un vétéran des guerres de l'Empire qui avait servi à Arenenberg les fonds suffisants pour prendre sa retraite auprès des siens, en Alsace. L'année suivante, il la priait instamment de ne pas renvoyer une cuisinière car elle était la seule ressource de sa famille et en particulier de son père invalide[91]. Lorsqu'il quitta le *gymnasium*, en 1823, le directeur dressa de lui un portrait flatteur : « J'ai trouvé avec le plus vif plaisir en ce noble jeune homme, qui donne à tous les égards les meilleures espérances, de nombreux signes de rare sensibilité et d'un esprit enthousiaste pour tout ce qui est bon et vrai. »

L'adolescence d'un enfant du siècle

Louis-Napoléon redevint alors élève à part entière de Le Bas qui lui fit approfondir la littérature classique, d'Homère et Plutarque à Shakespeare et Corneille, le grand écrivain de son oncle[92]. Il lui donna une culture historique étendue, sans négliger les sciences pour lesquelles le jeune prince manifestait une réelle aptitude. Mais celui-ci, désormais en pleine adolescence, supportait de plus en plus mal la férule de son précepteur. Il recommençait à se coucher et à se lever tard, travaillait peu et mollement, montait à cheval une partie de l'après-midi et bâillait aux dernières leçons de la journée. Le Bas attribua d'abord ce relâchement à la mauvaise influence de son père[93], mais il fut rapidement forcé de constater que le mal était plus profond[94]. Il s'en plaignit plusieurs fois à Hortense. Non seulement celle-ci ne l'écoutait pas, mais elle finit par lui annoncer, en septembre 1827, qu'elle devait se passer de ses services sous le prétexte fallacieux qu'elle rencontrait des soucis d'argent[95]. Le Bas en fut profondément affecté.

Après son départ, Le Bas n'entretint plus de liens avec son ancien élève. Il poursuivit une carrière brillante qui l'amena à passer le doctorat en histoire, à obtenir la première place à l'agrégation, à devenir professeur à l'École normale supérieure, à occuper les fonctions de directeur de la bibliothèque de la Sorbonne, puis à entrer à l'Institut en qualité d'archéologue et de philologue. Resté républicain, il désapprouva les choix politiques de Louis-Napoléon et en particulier ses conspirations et son coup d'État qu'il condamna publiquement. Il ne revit qu'une fois son ancien élève par la suite, lorsqu'il vint lui présenter, en sa qualité de président de l'Institut de France, une délégation des cinq Académies, le 1er janvier 1859. L'entrevue fut brève et plutôt froide. Malgré cette rupture brutale, complète et définitive, le préceptorat de Le Bas n'en avait pas moins été une incontestable réussite. Hortense en était la première convaincue. En 1827, elle pensait cependant que son fils devait franchir une nouvelle étape dans sa vie.

La duchesse de Saint-Leu avait cherché à éveiller ses deux fils à la politique dès leur plus jeune âge. Entre 1816 et 1820, elle avait ainsi rédigé ses Mémoires, avec l'aide de l'avocat Mocquard, autant pour justifier sa conduite que pour leur proposer un recueil de préceptes. Privée de son fils aîné, elle avait reporté l'essentiel de ses efforts sur son cadet et avait eu, dès le début des années 1820, de longues et fréquentes conversations avec lui[96]. Selon elle, son frère et lui avaient beaucoup de chances d'être nés Bonaparte : « Un nom connu est le premier acompte fourni par le destin à l'homme qu'il veut pousser en avant. » Si l'avenir ne leur souriait pas en France, comme les revers récents de la famille pouvaient le laisser craindre, tout espoir n'était pas perdu. Ils devaient être capables de tourner leurs regards vers l'Italie, l'Allemagne, la Russie, l'Angleterre, voire des horizons plus lointains : « Par notre nom vous serez toujours quelque chose, soit dans la vieille Europe, soit dans le Nouveau Monde. » Elle les mettait cependant en garde en leur proposant une vision à la fois réaliste et utilitariste de la politique en général et du rôle des Bonaparte en particulier : « Vous êtes princes, ne l'oubliez pas, mais sachez aussi sous quelle loi. Vos titres sont de date récente : pour les faire respecter, il faut vous montrer, avant tout, capables d'êtres utiles. »

Au quotidien, il leur faudrait être constamment sur le qui-vive pour pouvoir saisir toutes les opportunités que se présenteraient à eux : « À tout événement, soyez prêts, jusqu'à ce que vous puissiez vous-mêmes préparer les événements. Ne rebutez personne, sans vous donner absolument à personne. Accueillez tout le monde, même les curieux, les hommes à projets, les conseillers, tout cela sert… Surveillez toujours l'horizon… Soyez un peu partout, toujours prudents, toujours libres et ne vous montrez ouvertement qu'à l'heure opportune. » Sans se départir de ce pragmatisme, elle essayait de leur montrer que leur chance était de pouvoir apparaître, à la suite de leur oncle, comme les champions de l'unité nationale et de la cohésion sociale : « Lorsque ceux qui possèdent des biens craindront pour leurs avantages, promettez-leur d'en être garants. Si c'est le peuple qui souffre, montrez-vous comme étant, ainsi que lui, des opprimés ; faites entendre qu'il n'a de salut que par vous. En un mot, le rôle des Bonaparte est de se poser en amis de tout le monde : ils sont des médiateurs, des conciliateurs. » Bonapartistes et républicains provenaient de la même tradition politique, ce courant bleu né en 1789. Ils adoraient « le même dieu, la Liberté » et professaient « les mêmes principes, que tout pouvoir émane du peuple ». Ils différaient en ce que « les premiers songe [aient] à la liberté avant de songer à la force du pays tandis que les seconds [voulaient] parvenir à fonder un État fort et indépendant avant de penser à le rendre libre ». Ils n'en devaient pas moins s'entraider dans l'adversité.

Hortense ne cachait pas quelques défauts de Napoléon que ses fils se devaient de ne pas reproduire : « Comme il aimait à discuter, on lui faisait dire tous ses secrets. Un prince doit savoir se taire ou parler pour ne rien dire. » L'ancienne reine de Hollande, qui était l'une des plus ferventes adeptes et propagandistes du napoléonisme, pouvait faire ressortir ainsi, avec un plus grand crédit, les immenses qualités qu'elle trouvait à l'empereur, « l'homme qui avait fait sa vie [97] ». Elle avait transformé Arenenberg en un musée à sa gloire, y invitait ses partisans et ne manquait pas de célébrer sa fête, tous les 15 août [98]. Quel contraste pour les deux jeunes garçons et en particulier pour le cadet, entre l'immense stature de leur oncle et la pâle figure de leur père !

En apprenant la mort de Napoléon, survenue le 5 mai 1821 à Sainte-Hélène, le garçon avait d'abord pleuré à chaudes larmes[99], mais il avait paru se remettre assez vite de son émotion. Tout républicain qu'il était, Le Bas, qui admirait beaucoup l'empereur, avait néanmoins cru bon d'accorder à son élève trois jours de repos. Quelques semaines plus tard, celui-ci avait écrit à sa mère une lettre qui ressemblait à une composition bâtie selon les canons antiques et héroïques, assez semblable à celles que ses professeurs lui demandaient de rédiger à la même époque. L'émotion n'y affleurait guère. Il évoquait un « malheureux événement » qui lui avait fait « une bien grande peine », laquelle avait été « agrandie encore en pensant à la douleur que causera[it] cette triste nouvelle à toute [sa] famille ». Tout en le déplorant vivement, il concédait avoir peu de souvenirs précis de son oncle : « J'étais si jeune qu'il n'y a presque que mon cœur seul qui m'en fasse souvenir. » Il affirmait, en revanche, sans doute par conviction, mais aussi pour complaire à sa mère, que l'exemple de l'empereur guidait sa conduite : « Quand je fais mal, si je pense à ce *grand homme*, il me semble sentir en moi son ombre qui me dit de me rendre digne du nom de *Napoléon*[100]. »

Même s'il ne voulait pas, ce qui était loin d'être le cas, le garçon ne pouvait échapper au culte de son oncle. Un géant balafré, héros des campagnes de l'Empire, le commandant Denis Parquin qui avait épousé Louise Cochelet et s'était installé près d'Arenenberg, lui avait fait, pendant des heures, le récit des faits d'armes de Napoléon[101]. D'anciens compagnons de captivité de l'empereur, comme Gourgaud ou le général Bertrand, l'avaient fasciné en lui racontant les dernières années du grand homme[102]. Lorsque le *Mémorial de Sainte-Hélène* avait été publié, en 1823, il l'avait découvert grâce à Le Bas qui s'était précipité sur l'ouvrage et en avait appris par cœur des passages entiers[103]. Il y avait retrouvé tout ce que lui avait dit sa mère. Il avait rapporté à cette dernière avec quelle ferveur et quel faste il avait célébré, cette année-là, la fête de l'empereur[104]. Il avait commencé à commémorer aussi sa disparition. Ce passionné de dessin avait pris pour sujet de prédilection Napoléon, comme sur ce croquis intitulé « l'Aigle fidèle », montrant l'oiseau aux ailes déployées survolant la tombe impériale[105]. Son oncle Eugène, qui l'avait souvent invité à séjourner en sa campagne bavaroise située près du lac de Würm, lui avait aussi dressé un portrait idéalisé de l'empereur disparu, jusqu'à ce qu'une attaque d'apoplexie fût venue le frapper, le 1er avril 1823. Avec la mort de l'ancien vice-roi d'Italie, en février 1824, Louis-Napoléon avait perdu un merveilleux conteur de l'épopée napoléonienne ainsi qu'un autre modèle.

À partir de cette époque, il avait passé la majeure partie de ses hivers en Italie, en compagnie de son père, de son frère, de ses oncles et tantes et de sa grand-mère, Madame Mère. À l'exception de cette dernière, les Bonaparte ne pratiquaient pas le culte de Napoléon, même si Louis se montrait toujours admiratif vis-à-vis de son frère aîné et le donnait souvent en exemple à ses fils. Les Bonaparte semblaient davantage soucieux de jouir tranquillement du présent que de rêver à de possibles retours de gloire. En outre, Louis-Napoléon était loin dans l'ordre de succession, puisque venaient avant lui le fils de Napoléon, né en 1811, jadis roi de Rome et désormais duc de Reichstadt, l'aîné de ses oncles Joseph, ancien roi d'Espagne, son père et enfin son propre frère qui avait épousé, le 23 juillet 1826, Charlotte, la fille cadette de Joseph [106]. Cependant, encouragé par sa mère, par son oncle Eugène et par la lecture du *Mémorial*, il était le plus convaincu de tous que la dynastie à laquelle il appartenait avait sans doute encore un grand rôle à jouer dans l'histoire.

Un jeune homme aventureux

Pour ce fils de roi et neveu d'empereur qui croyait en son étoile, il était impossible de rester inactif. Puisque la France des Bourbons, celle de la Restauration, lui restait interdite, il s'enflamma pour différentes causes européennes.

Déjà, en 1821, il avait été ému, comme toute la jeunesse romantique de Byron à Delacroix, par le soulèvement des Grecs contre la domination ottomane, ce lointain écho des croisades. À défaut de pouvoir s'engager aux côtés des insurgés ou de mettre un talent de plume ou de pinceau à leur service, on le voyait alors mimer des scènes de combat [107].

La cause italienne ne pouvait également le laisser indifférent. Napoléon avait été roi d'Italie et avait placé plusieurs de ses parents sur les trônes de la péninsule, allant même jusqu'à titrer son fils « roi de Rome ». Les Bonaparte étaient d'ailleurs originaires d'Italie et y résidaient pour la plupart. Chaque année, Louis-Napoléon y séjournait lui-même plusieurs mois, en particulier depuis qu'Hortense, à la suite de la mort de son frère, avait décidé de prendre ses quartiers d'hiver à Rome. Désormais, Louis souhaitait ardemment que son fils cadet vînt le rejoindre définitivement[108]. Quant à son frère aîné, il se sentait autant italien que français. Il publia successivement une découverte sur la vie des ballons, une traduction de la vie d'Agricola par Tacite, une autre de la relation du sac de Rome de 1527 par son ancêtre Jacques Bonaparte, entama une histoire de Florence et fonda une papeterie à Sera-Vezza dont il avait lui-même créé les machines.

Or cette Italie chérie n'était plus qu'une « expression géographique », selon le chancelier autrichien Metternich. Elle se composait de huit États qui, à l'exception du royaume de Piémont-Sardaigne au nord-est, des États pontificaux au centre et du royaume de Naples au sud, étaient sous domination autrichienne directe comme le Royaume lombard-vénitien, ou indirecte comme le grand-duché de Toscane et les duchés de Modène, de Lucques et de Parme où régnait Marie-Louise d'Autriche, ancienne impératrice des Français.

Malgré son jeune âge, Napoléon-Louis conspirait contre les gouvernements soutenus par les Autrichiens. Dès l'âge de quinze ans, il avait sans doute adhéré à la charbonnerie ou carbonarisme, société secrète constituée sous la Révolution pour lutter contre l'occupation étrangère, qu'elle fût autrichienne ou française. Selon toute vraisemblance, Louis-Napoléon ne fut pas *carbonaro* lui-même et ne prêta donc pas le fameux serment qui engageait chaque sectateur « sur l'honneur et sur le fer vengeur du parjure, à garder tous les secrets de la charbonnerie » et à « associer ses efforts à ceux des amis de sa patrie pour lui rendre l'exercice de ses droits et la mettre en état de choisir un gouvernement fondé sur les principes de la souveraineté du peuple ». Certains de ceux qui l'avaient côtoyé tels le comte Orsi, Alexandre Hübner ou le pseudo-baron d'Ambès soutenaient qu'il faisait partie du carbonarisme[109]. D'autres comme Valérie Masuyer, Émile Ollivier ou lord Malmesbury pensaient le contraire[110]. Le principal intéressé lui-même nia toujours son appartenance à la société secrète[111] et jamais les *carbonari* n'évoquèrent son appartenance à une vente et, *a fortiori*, sa prétendue apostasie, alors qu'ils ne se seraient pas privés de lui en faire grief si elles avaient réellement eu lieu, en particulier après son accession à la présidence de la République, puis au trône impérial. Louis-Napoléon n'en fut pas moins un sympathisant de la cause et se fit, durant ses séjours italiens, de nombreux amis parmi les jeunes patriotes transalpins comme le comte Francesco Arese, dont la mère était liée à Hortense, et les italophiles résidant dans la péninsule tel Henri Conneau, médecin et secrétaire particulier de son père. En cette fin des années 1820, la mainmise autrichienne sur l'Italie semblait néanmoins plus solide que jamais. Louis-Napoléon se tourna donc vers d'autres horizons.

Alors que les Grecs continuaient leur lutte pour se libérer de l'occupation turque et qu'ils venaient de recevoir le soutien des Russes, Louis-Napoléon envisagea, à l'hiver 1828-1829, de s'engager dans l'armée que Saint-Pétersbourg avait envoyée sur place. Comme il n'avait que vingt ans, il se décida d'en demander l'autorisation à ses parents. Après avoir hésité, Hortense donna son consentement et parla même d'écrire au tsar pour qu'il le plaçât dans son état-major. Louis-Napoléon supplia son père d'accepter à son tour, pour qu'il pût se rendre digne de son nom, en affirmant qu'il mourrait de chagrin en cas de refus. Il se heurta de son côté à une opposition catégorique[112]. Sa grand-mère elle-même fut révoltée de voir que l'un de ses petits-fils envisageait de servir les Russes qui avaient fait tant de mal à son cher Napoléon. Elle fit venir le jeune homme et le questionna sévèrement : « Comment vous appelez-vous ? – Napoléon. – Eh bien, maintenant, sortez[113]. »

Après avoir renoncé provisoirement à son projet, Louis-Napoléon revint à la charge au cours de l'été. Il était désormais majeur, mais ne souhaitait toujours pas agir sans l'accord de son père. Louis qui avait pressenti cette nouvelle démarche s'y montra défavorable[114] : « Je me doutais bien que les grandes victoires des Russes contre les Barbares Musulmans éveilleraient ton ardeur guerrière, mais tu as tant d'esprit et d'heureuses qualités qu'un peu de réflexion te calmera entièrement. » Il en profitait pour rappeler combien les conflits armés étaient détestables : « La guerre hors le cas de légitime défense c'est-à-dire si elle n'est pas faite pour le salut de sa patrie et la défense de ses foyers n'est qu'une barbarie, qu'une férocité qui ne se distingue de celle des sauvages et des bêtes féroces que par plus d'art, de fausseté et de futilité dans son but. » Seule la défense de sa patrie justifiait de prendre les armes : « On ne doit faire la guerre que pour son pays. » Il n'avait pas de mots assez durs pour condamner ceux qui s'engageaient sous d'autres drapeaux. Ils n'étaient que « des aventuriers, des ambitieux ou des méchants pour ne pas dire plus ». Louis conseillait à son fils d'achever ses études, puis de se marier, tout en se montrant en la matière d'un libéralisme et d'un modernisme rare. Alors que l'on discutait d'un possible mariage entre sa nièce et l'empereur du Brésil, il écrivait en effet : « Pour moi je suis toujours étonné quand je vois cette ténacité des familles souveraines à s'allier entre elles. Dans le mariage, la femme est pour ainsi dire, absorbée et le souverain n'a pas besoin d'illustration. Sous le rapport de la politique et de l'intérêt du pays, l'histoire est là pour nous apprendre si ces alliances ont jamais été utiles, si au contraire elles n'ont pas été funestes. » Sans doute pensait-il à l'union entre son frère et l'archiduchesse d'Autriche, Marie-Louise. Toujours est-il que par respect filial, Louis-Napoléon s'inclina une nouvelle fois et renonça définitivement à partir en Grèce. Plus de vingt ans après, lorsqu'il cherchait à justifier son mariage avec Eugénie de Montijo, il se souvint aussi, sans doute, du second conseil de son père.

Pour l'heure le jeune homme ne songeait pas encore à se marier et préférait papillonner. Il commençait à connaître ses premiers succès féminins, en particulier auprès des belles Romaines. Il ne semblait pourtant guère séduisant. Certes, Valérie Masuyer le décrivait, en septembre 1830, « les cheveux blonds et bouclés, les traits réguliers quoiqu'un peu forts pour sa taille, un air bon, sentimental, mélancolique [115] », mais les portraits peints de lui, à la même époque, sont moins complaisants. Son visage était allongé et son nez aquilin. Avec un mètre soixante-six, soit un centimètre de moins que son oncle Napoléon, il était d'assez petite taille. Il possédait surtout un buste trop long pour ses courtes jambes. Cela expliquait sans doute, avec sa passion pour la chasse [116], son amour de l'équitation car, à cheval, il paraissait presque grand. Cavalier émérite, capable de sauter à la volée sur son cheval et de monter sans étriers, il comptait déjà plusieurs exploits à son actif et en enchaîna de nouveaux au cours des années suivantes. En s'élançant au galop sur sa monture, il parvint un jour à rattraper puis à arrêter une voiture qui avait perdu son cocher et qui transportait à vive allure une femme et un enfant vers une mort certaine [117]. Il était d'ailleurs un *sportsman* accompli [118]. En effet, il était aussi remarquable tireur, habile escrimeur, adroit manieur de lance à la façon polonaise, bon gymnaste et excellent nageur. En outre, il ajoutait à ces qualités physiques un charme et un courage indéniables doublés d'une âme romantique très en phase avec son époque. Alors qu'il séjournait chez sa tante, la grande-duchesse de Bade, il se promenait ainsi le long du Rhin en compagnie de trois de ses cousines, la princesse Wasa, Joséphine et Marie de Bade, et de plusieurs personnes de la Cour. Comme la princesse Wasa se désolait : « Autrefois, le chevalier traversait océans et montagnes pour un mot de sa dame. Aujourd'hui, une femme n'oserait éprouver son amoureux de peur d'être abandonnée », il protesta vivement. C'est alors qu'une fleur du chapeau de la princesse s'envola pour se perdre dans l'eau et qu'il se jeta tout habillé dans le Rhin pour aller la chercher[119].

Comme le constatait Malmesbury qui fit sa connaissance en 1829, à Rome, le jeune prince ne donnait cependant pas de lui une image sérieuse : « C'était un jeune écervelé, ce que les Français appellent *un crâne*, parcourant les rues au triple galop, au grand danger des passants, tirant l'épée et le pistolet et paraissant étranger à toute pensée sérieuse, bien que déjà convaincu qu'il régnerait un jour sur la France[120]. »

Ce fut justement cette croyance très romantique en son destin qui l'incita à ne pas se dissiper davantage. Il se replongea bientôt dans les études et demanda à son père de lui envoyer des ouvrages comme le cours de géométrie descriptive d'Hachette[121]. Il approfondit aussi la lecture des œuvres de et sur Napoléon, en particulier le *Mémorial de Sainte-Hélène* : « Plus je [le] lis, écrivit-il à son père, plus j'admire son génie universel et plus je plains, non seulement pour la France mais pour toute l'humanité, qu'on n'ait pas su le comprendre[122]. » Parallèlement, il visita les champs de bataille de la première campagne d'Italie de son oncle, trouvant même un boulet au pont d'Arcole qu'il emporta comme une relique[123].

La soif d'action était décidément trop forte pour cette jeune âme romantique. Il décida donc de s'engager, en Suisse, dans l'artillerie. Cette arme présentait à ses yeux un triple avantage : elle était celle de l'avenir, celle où son esprit inventif pourrait le mieux s'exprimer, celle où son oncle s'était illustré à ses débuts. Le colonel Dufour, commandant en second du camp de Thoune où se formait l'élite de l'artillerie et du génie helvétiques, était un ami de la famille. Ancien officier de l'empereur, il avait failli devenir précepteur du jeune prince en 1820 et était resté en contact avec Hortense. En 1829, Louis-Napoléon lui demanda de le prendre dans son école.

Quelques susceptibilités dues à son nom différèrent son admission d'un an.

Arrivé le 16 juillet 1830 à Thoune, Louis-Napoléon endossa aussitôt l'uniforme de volontaire avec le brassard à croix fédérale et le képi aux couleurs de la Confédération et commença les exercices au polygone, ainsi que les travaux d'écriture, de science et de dessin [124]. Il fut rapidement apprécié par l'ensemble de ses camarades et de ses chefs car il ne cherchait pas à bénéficier d'un régime de faveur que sa naissance aurait pu lui valoir. Il se contenta d'un modeste logement avec un seul et vieux domestique, se soumit strictement à la discipline de l'école, ne rechigna pas à faire des marches de cinquante kilomètres par jour ainsi que des bivouacs au pied des glaciers et s'acquitta avec zèle de toutes les corvées dont il était chargé [125]. Lors de l'une d'elle, le colonel Dufour s'exclama en le voyant s'affairer, l'uniforme déboutonné : « Qu'aurait pensé votre oncle s'il vous avait vu dans cette tenue ? – Il aurait dit : la roue tourne », répondit-il modestement et humoristiquement en désignant la roue du fourgon sur lequel il avait pris place. Tout cela pouvait sembler quelque peu dérisoire, mais il n'eut pas à ronger son frein longtemps.

À la fin de juillet 1830, une nouvelle capitale lui parvint de France. Charles X venait d'être renversé. La Restauration avait vécu. C'était un immense espoir pour les Bonaparte et en particulier pour Louis-Napoléon qui avait à peine vingt-deux ans. Ne venait-on pas lors des Trois Glorieuses de crier : « Vive l'Empereur ! Vive Napoléon ! » sur les barricades parisiennes ?

CHAPITRE II

LE HÉROS ROMANTIQUE

« Je sais que je suis beaucoup par mon nom, rien encore par moi-même*. »

« Du rocher de Sainte-Hélène, un regard du soleil mourant a passé sur mon âme : je saurai garder ce feu sacré ; je saurai mourir pour la cause des peuples**. »

Les débuts d'un conspirateur

À la nouvelle de la chute de Charles X, Louis-Napoléon écrivit à sa mère : « Le drapeau tricolore flotte actuellement en France. Heureux ceux qui ont pu les premiers lui rendre son ancien éclat. » Avec son frère, il envoyait secours et réconfort aux insurgés et rappelait à Hortense, qui le lui reprochait, qu'elle lui avait toujours enseigné de ne pas paraître étranger au sort de la France et de savoir tirer profit des circonstances. Quelques jours plus tard, il notait : « J'espère qu'après ces événements, on nous permettra de jouir des droits de citoyen français. » Optimiste, il espérait pouvoir passer l'hiver à Paris[1]. Cependant, il dut rapidement déchanter. En cet été 1830, ce furent en effet les Orléans, la branche cadette des Bourbons, qui accédèrent au pouvoir en la personne de Louis-Philippe Ier, proclamé roi des Français. L'orléanisme qui prônait la

---

* Lettre de Louis-Napoléon à Vieillard du 30 janvier 1835.

** Louis-Napoléon Bonaparte, proclamation au peuple français du 30 octobre 1836.

monarchie parlementaire et reconnaissait la Révolution de 1789 était alors le grand rival du bonapartisme, beaucoup plus que le légitimisme ou le républicanisme. Le nouveau roi maintint donc la proscription de la famille impériale. La loi du 11 septembre 1830 autorisait la rentrée en France de la plupart des bannis de janvier 1816, mais pas des Bonaparte [2]. Louis-Napoléon se désola de l'attitude timorée de ses oncles et de son père qui semblaient se complaire dans leur exil. Seul, il ne pouvait rien contre un régime qui semblait jouir de la faveur populaire.

Comme il avait soif d'action, il n'entendait pas faire de son séjour hivernal en Italie, avec sa mère, un simple voyage d'agrément. Lui et son frère n'avaient pas abandonné leur rêve de libérer ce pays. Napoléon-Louis qualifiait son jeune frère de vrai penseur et lui trouvait une intelligence supérieure à la sienne [3] ; Louis-Napoléon voyait un homme d'action en son aîné. En fait, il n'était pas moins actif que lui. Une idée germa très vite dans sa tête pendant qu'il séjournait au palais Ruspoli, à Rome, avec sa mère : s'emparer de la ville et y proclamer un royaume d'Italie au profit de son cousin et fils de Napoléon, le duc de Reichstadt. Il réussit à impliquer dans ce projet plusieurs membres de sa famille, peut-être même Madame Mère qui avait pourtant dû à l'hospitalité pontificale de pouvoir s'installer dès 1815 dans la Ville éternelle. Elle retrouvait sans doute un peu de Napoléon dans ce petit-fils et lui aurait promis un million de francs en cas de réussite. Cependant, le principal intéressé, le duc de Reichstadt, repoussa les ouvertures qui lui furent faites par l'intermédiaire de sa cousine, Élisa Bacciochi, comtesse Camerata [4]. Les conjurés n'en furent pas découragés pour autant. Louis-Napoléon groupa des partisans autour de lui, y compris au sein de la noblesse romaine et de l'armée pontificale, dont Giovanni Gennari, un ancien lieutenant de l'armée impériale qui lui donnait des leçons d'escrime. Il rassembla des armes et fit fabriquer des cartouches. La chance sembla d'abord le servir. Le 30 novembre 1830, le pape Pie VIII décéda, ce qui donna lieu à un interrègne. Louis-Napoléon et ses partisans décidèrent d'en profiter. Ils envisageaient d'agir dans la nuit du 10 décembre. Après s'être réunis place Saint-Pierre, d'où le surnom qui fut donné à ce complot dit de « San Pietro », ils s'empareraient des points stratégiques de Rome, puis soulèveraient les quartiers populaires. Un gouvernement provisoire s'installerait au Capitole. Les conjurés ne doutaient pas qu'une fois Rome prise, des révolutions éclateraient à Bologne et en Romagne.

Mais ils furent trahis et Louis-Napoléon expulsé avant d'avoir pu agir.

Le prince ne désarma cependant pas. À Florence, il retrouva son frère[5]. Comme les patriotes italiens venaient de soulever Modène d'abord, les autres duchés ensuite, les territoires pontificaux enfin (les Marches, l'Émilie, la Romagne), ils décidèrent de les rejoindre, sans en avertir leurs parents[6].

Les deux frères se mirent en route le 25 janvier 1831[7]. Le colonel Armandi, ancien précepteur de Napoléon-Louis, qui commandait les troupes insurgées, les chargea d'aller prendre Rome. Louis-Napoléon pria alors sa mère de quitter la ville par crainte qu'elle ne devînt l'otage du gouvernement pontifical. Il lui expliqua sa conduite et celle de son frère : « Nous avons pris des engagements, nous ne pouvons y manquer et le nom que nous portons nous oblige à secourir les peuples malheureux qui nous appellent[8]. » À son père inquiet, il écrivit : « L'enthousiasme de ce pays-ci est très grand [...]. Je vous assure que si l'ombre de notre grand oncle nous voyait il serait content de nous [...]. Nous sommes plutôt la partie médiatrice que le parti révolutionnaire [...]. Soyez tranquille, voyez dans l'avenir, voyez tous les peuples de l'Europe qui recouvrent leurs droits et qui sauront les conserver[9] ! » De fait, à leur arrivée à Foligno et à Spolète, les deux frères furent accueillis comme des libérateurs aux cris de *« Evviva Napoleone ! Evviva la libertà ! »*. Terni fut aussi enthousiaste. Louis-Napoléon confia par la suite : « Le souffle patriotique de ces braves gens nous enveloppait, nous grisait. Pour moi, je n'avais encore jamais vécu avec cette intensité. C'est dans de telles circonstances qu'on sent ce que peut une foi commune pour une belle cause[10]. »

Après avoir organisé une petite armée, Napoléon-Louis conduisit une expédition victorieuse dans la montagne pendant que lui-même repoussait les soldats pontificaux au cours d'une reconnaissance, près de Civita Castellana. Les deux princes furent aussitôt désavoués par leur famille. Leur oncle Jérôme Bonaparte, ancien roi de Westphalie et comte de Montfort dans l'exil, envoya l'un des gentilshommes de son entourage pour essayer de les ramener à la raison. Quant à Louis, il qualifia l'action de ses fils de « folle entreprise » et demanda à son épouse d'aller les chercher[11]. Ils risquaient d'être fusillés s'ils tombaient aux mains des Autrichiens qui venaient d'entrer dans les États pontificaux, à la demande du nouveau pape, Grégoire XVI. Par ailleurs, ils devenaient encombrants pour les chefs de l'insurrection qui craignaient de s'aliéner Louis-Philippe dont ils escomptaient le soutien.

De Bologne, leur arriva donc la demande de rétrograder [12]. Dans un premier temps, ils refusèrent d'obtempérer : « Ma chère maman, l'ordre vient de nous arriver de nous retirer à Ancône [...]. Ainsi on veut nous faire passer pour des poltrons [...]. Nous avons fait ce que nous devions faire et nous ne reculerons jamais [13]. » Ils durent pourtant s'y résoudre, la mort dans l'âme [14]. Devant l'avancée des troupes ennemies beaucoup plus nombreuses, il n'y avait d'ailleurs plus de salut que dans la fuite. Ils étaient accompagnés par plusieurs compagnons d'infortune dont le jeune marquis Zappi. L'archevêque de Spolète, Mgr Mastai, facilita leur retraite en leur fournissant guides et argent [15]. Ce fut au cours de celle-ci, à Forli, que Napoléon-Louis mourut de la rougeole, le 17 mars 1831 [16]. La maladie s'était déclarée le 11, avait été diagnostiquée le 15 et s'était brusquement aggravée le surlendemain [17]. Louis-Napoléon avait alors été tenu à l'écart pour ne pas être contaminé. Une rumeur se propagea rapidement selon laquelle son frère aurait été exécuté par les *carbonari* pour avoir trahi son serment en renonçant à prendre Rome [18] ; Louis écrivit aussitôt à son fils cadet pour connaître la vérité. Le jeune prince lui répondit plus tard qu'il était convaincu du caractère naturel du décès [19]. Cette hypothèse est la plus probable. Une autopsie fut en effet pratiquée sur le cadavre [20]. Louis profitait de la lettre où il demandait des explications à Louis-Napoléon pour le sermonner, adjurer le seul fils qui lui restait de fuir et de ne plus s'occuper de politique : « J'espère que ce cruel malheur t'aura donné vingt ans d'expérience [21]. » Ce fut grâce à sa mère qui l'avait rejoint au péril de sa propre vie que le jeune homme parvint à échapper aux Autrichiens. Frappé à son tour par la rougeole, il dut rester alité pendant dix jours dans une chambre du palais Leuchtenberg, à Ancône. Le commandant autrichien qui venait d'arriver en ville logeait dans un appartement qui jouxtait celui d'Hortense et celle-ci devait mettre la main sur la bouche de son fils quand il avait une quinte de toux. Une amnistie avait été décrétée mais elle l'excluait et il risquait d'être fusillé s'il était pris. À ces péripéties dignes d'un roman s'en ajoutèrent bientôt de nouvelles : la fuite d'Italie et l'arrivée en France de la mère et de son fils sous de fausses identités et des déguisements. Pour la première fois depuis 1815, Hortense et Louis-Napoléon foulaient le sol de leur patrie[22].

À chaque étape entre Fréjus et Paris, le prince se rendait dans les auberges, engageait la conversation avec les habitants, observait les moindres scènes de rue pour s'imprégner du pays qu'il avait dû quitter à l'âge de sept ans et auquel il n'avait cessé de penser. Après s'être arrêté à Fontainebleau où il fut très ému en découvrant la Cour des adieux[23], il arriva avec sa mère dans la capitale le 23 avril 1831, et descendit à l'hôtel de Hollande, rue de la Paix. Hortense se vit accorder une audience par Louis-Philippe, grâce à l'aide de camp de celui-ci, le général comte d'Houdetot, ancien ami d'Eugène. Le roi se montra « poli, gracieux même » et la reine fit même son apparition au milieu de l'entretien. Malgré les services qu'elle avait rendus à la mère et à la tante du roi pendant les Cent-Jours[24], Hortense n'obtint pas la levée de la loi d'exil, mais simplement le droit de rester en France le temps de soigner son fils qui souffrait maintenant de la jaunisse. Le jeune prince devrait rester *incognito*.

Durant cette période, Louis-Napoléon se vit refuser de servir dans l'armée française en tant que « simple soldat » et sous son nom, alors qu'il avait formulé le vœu de pouvoir « mourir un jour en combattant » pour sa patrie. Le président du Conseil, Casimir Perier, qui y voyait un moyen de l'attacher au régime, se montra toutefois favorable à la requête et parla même de l'élever un jour à la pairie. Louis-Napoléon devrait toutefois renoncer à son nom et s'appeler dorénavant le duc de Saint-Leu, pour ménager les puissances étrangères. Par fierté, il refusa, en affirmant qu'il aimerait mieux être couché dans le cercueil de son frère[25].

Le 5 mai, dixième anniversaire de la mort de Napoléon approchait et les autorités commençaient à s'émouvoir de la présence encombrante de son neveu. Ce jour-là, le prince fut très impressionné par une imposante manifestation de napoléonisme au pied de la colonne Vendôme à quelques mètres seulement de son hôtel[26]. Cependant, il s'abusait. Le culte voué à son oncle ne signifiait pas adhésion à sa politique. Le napoléonisme n'était pas le bonapartisme. Louis-Napoléon affirma plus tard que si sa santé le lui avait permis, il se serait joint ce jour-là aux manifestants et aurait tenté une insurrection[27]. Dans les jours suivants, il essaya peut-être de nouer des contacts dans les milieux républicains et même ouvriers[28]. Casimir Perier prévint le roi ; Hortense et son fils reçurent aussitôt l'ordre de quitter la capitale.

Ils débarquèrent à Douvres le 10 mai. Ce premier contact avec l'Angleterre se passait dans des conditions difficiles pour Louis-Napoléon qui était déprimé et souffrait toujours de la jaunisse ainsi que d'une inflammation de l'estomac et de la gorge. Pourtant, l'accueil qu'il reçut avec sa mère et les personnalités qui leur rendirent visite dans la maison de George Street où ils avaient emménagé lui mirent rapidement du baume au cœur. Parmi les visiteurs figuraient des hôtes de marque comme lord et lady Holland qui avaient jadis protesté contre l'emprisonnement de Napoléon à Sainte-Hélène, des cousins du prince tels le comte Walewski ou le prince Murat, mais aussi des personnages compromettants qui venaient parfois lui proposer de renverser Louis-Philippe. Des agents provocateurs se glissaient sans doute parmi eux. Hortense s'en inquiétait. Lorsqu'elle prit les eaux à Turnbridge Wells, dans le Kent, elle emmena son fils qui en profita pour flirter avec une jeune Anglaise[29].

Fin juillet 1831, la mère et le fils revinrent à Londres où les attendaient des passeports. Ils avaient l'autorisation de rentrer à Arenenberg par la France, en évitant toutefois Paris. Hortense transforma ce voyage de retour en pèlerinage, ce que Louis-Napoléon se garda bien d'avouer à son père[30]. Ce périple les amena d'abord à Boulogne-sur-Mer, où s'était constituée, en 1804, la Grande Armée destinée à envahir l'Angleterre, qui ne put le faire mais fut finalement victorieuse à Austerlitz l'année suivante. Ils passèrent ensuite par Mortefontaine, ancien domaine du roi Joseph, Saint-Denis, où se trouvait l'institution des demoiselles de la Légion d'honneur dont la duchesse était la marraine, la Malmaison, devenue propriété d'un banquier et dont l'entrée leur fut refusée, et l'église de Rueil où reposait Joséphine. À la mi-août, ils arrivèrent à Arenenberg. Louis-Napoléon allait y passer l'essentiel des cinq années suivantes.

Hortense songeait à demander pour lui le trône de Belgique auquel Louis-Philippe avait dû renoncer pour son propre fils. La candidature de Léopold de Saxe-Cobourg fit malheureusement échouer ce projet. Par ailleurs, des émissaires polonais proposèrent à Louis-Napoléon, « neveu du plus grand capitaine de tous les siècles », de participer avec un commandement à l'insurrection de leur pays : « Un jeune Bonaparte apparaissant sur nos plages, le drapeau tricolore à la main, produirait un effet moral dont les suites sont incalculables. Allez donc, jeune héros… ». Il refusa dans un premier temps pour ne pas compromettre le mouvement [31], puis changea d'avis et se mit même en route, avant de renoncer lorsqu'il apprit la chute de Varsovie, le 8 septembre [32].

Parallèlement, le séjour de Louis-Napoléon en France fut rendu public et fut même évoqué à la Chambre des députés. Le jeune homme en était d'autant plus embarrassé qu'il l'avait caché à son père [33]. Il n'en complota pas moins, quelques semaines plus tard, pour soulever les places fortes de l'Est et placer le duc de Reichstadt sur le trône de France. Cependant, la conspiration fut découverte et avorta en novembre, lors d'une répétition générale à Strasbourg [34]. Le gouvernement avait peut-être usé d'agents provocateurs.

À la suite de cette affaire et du complot légitimiste de la rue des Prouvaires, dévoilé en février suivant, le pouvoir en place en profita pour faire voter la loi du 10 avril 1832 qui renouvelait l'exil des Bonaparte en assimilant la famille de l'empereur à la branche aînée des Bourbons. Louis-Philippe ne pouvait tolérer la présence en France de deux familles qui se montraient toujours prêtes à renverser sa dynastie. Hortense était inquiète de la fièvre conspiratrice de son fils et avait demandé à Narcisse Vieillard, dont elle connaissait l'ascendant sur lui, d'essayer de le raisonner [35]. L'ancien précepteur de Napoléon-Louis s'y employa et sembla y parvenir.

Idéaux, idées et idylles

Louis-Napoléon retourna à ses lectures et à ses réflexions, dévorant les œuvres de Montesquieu et l'histoire de la Révolution de Mignet [36]. Il correspondait également avec Chateaubriand : « Que les Bourbons sont heureux d'avoir pour soutien un génie tel que le vôtre ! […] Si nous différons d'opinions, au moins sommes-nous d'accord dans les souhaits que nous formons pour le bonheur de la France [37]. » Le vicomte qui le rencontra peu après vit en lui « un jeune homme studieux, instruit, plein d'honneur et naturellement grave [38] ». Il lui écrivit même : « Si Dieu, dans ses impénétrables desseins avait rejeté la race de Saint-Louis, si notre patrie devait en même temps briser le joug qui la déshonore et si ses mœurs ne lui rendaient pas l'état républicain possible, alors, Prince, il n'y a pas de nom qui aille mieux à la gloire de la France que le vôtre[39]. » En fait, Chateaubriand fut flatté que le prince lui soumît la brochure d'une quinzaine de pages qu'il venait de rédiger, *Rêveries politiques*. Louis-Napoléon y expliquait les récentes insurrections à travers l'Europe par l'absence de dialogue entre les souverains et leurs peuples. Il s'en remettait à ces derniers pour le choix de leurs gouvernements, tout en considérant que le duc de Reichstadt était le souverain idéal pour la France[40]. Ne désespérant de rien, il essaya d'en convaincre Metternich, pourtant promoteur du congrès de Vienne et principal garant de l'ordre européen, et ne fit qu'accroître la méfiance du chancelier à son égard. Il tenta à la même époque d'approcher son cousin le duc de Reichstadt, mais la rencontre n'eut jamais lieu, car celui-ci mourut le 22 juillet 1832, à Schönbrunn.

Après ce décès qui suivait celui de son frère aîné, Louis-Napoléon devenait, en vertu du sénatus-consulte du 28 floréal an XII, le troisième prétendant bonapartiste après son oncle Joseph et son père Louis. Il était surtout le premier de sa génération, celle de l'avenir.

Aux eaux de Bade, on l'apercevait déambulant, songeur, les mains derrière le dos, dans une pause qui n'était pas sans rappeler son oncle. Il recevait alors l'allégeance d'une poignée de fidèles qui s'agenouillaient devant lui. Son attitude et ses prétentions provoquaient les sarcasmes des aristocrates présents sur place[41]. Cependant, il constatait amèrement son manque de notoriété : « Avoir un nom illustre sans l'être soi-même, c'est une obligation et non un mérite et quand cette obligation n'est pas remplie, alors on a tous les désagréments d'une position élevée sans en avoir les avantages[42]. » Il décida alors de ne plus se faire appeler Louis ou Louis-Napoléon, mais Napoléon-Louis[43] voire « mon prince » et de porter désormais à sa cravate un petit aigle en diamants. Il devait cependant compter avec son père et ses oncles.

Dès qu'il avait appris la mort du duc de Reichstadt, Joseph avait quitté les États-Unis où il vivait pour s'installer à Londres. Il y convoqua un conseil de famille pour régler la question dynastique. Sans y avoir été invité, Louis-Napoléon décida de s'y rendre, ce que désapprouva son père qui avait dû, pour sa part, rester en Italie en raison de son état de santé[44].

Après un pèlerinage à Waterloo[45], le jeune prince arriva dans la capitale britannique le 18 novembre 1832 et se présenta aussitôt chez son oncle Joseph. L'accueil fut glacial[46]. Le conseil de famille ne put rien décider de précis. La génération des aînés n'aspirait qu'au repos et ne voyait en Louis-Napoléon qu'un trublion et un écervelé. De fait, celui-ci recevait à son domicile des réfugiés polonais, italiens et français.

S'absentant de Londres durant quelques jours, il se rendit en Belgique pour y rencontrer La Fayette qui lui promit son soutien car le nom de Napoléon, dit-il, était le seul à être vraiment populaire en France[47]. Des émissaires du tsar et des princes d'Allemagne vinrent peut-être même lui proposer l'appui de leurs souverains s'il parvenait à renverser Louis-Philippe[48]. De retour en Angleterre, pour donner le change et vaincre le *spleen* qui le gagnait, il fréquentait les magasins avec sa belle-sœur, Charlotte[49]. Il profita aussi de ce séjour pour assister à l'ouverture de la session parlementaire et pour visiter, en février 1833, le nord industriel du pays, préoccupation inhabituelle chez un prince de son temps. Il y fut frappé par l'uniformité des villes, mais aussi par leur propreté et par la puissance industrielle qui s'en dégageait. Les filatures de coton de Manchester l'étonnèrent « par la perfection des machines à vapeur qui [faisaient] un travail approchant pour sa délicatesse de la flexibilité de la main de l'homme ». Il fut aussi impressionné par le train qu'il emprunta pour se rendre à Liverpool, « le plus beau port de l'Angleterre ». « La voiture à vapeur, chose la plus extraordinaire qu'on p [ût] voir » faisait défiler tous les objets devant les yeux des passagers à « une vitesse inouïe ». À Birmingham, il visita une quincaillerie et une fabrique de fusils et descendit dans une mine de charbon qui lui rappela les catacombes de Rome. Il revint à Londres par Oxford en « rêvant machine à vapeur, innovation, découverte, spéculation[50] ».

Même si Joseph lui avait prêté l'argent nécessaire à ce périple insulaire, ses aînés demeuraient méfiants à son égard. Tout en le félicitant d'avoir entrepris cet utile voyage qui prouvait qu'il avait l'esprit aussi curieux que Napoléon, son père lui reprochait de l'avoir fait avec son ami Francesco Arese dont il jugeait l'influence néfaste[51]. De son côté, Louis-Napoléon ne supportait plus que son père critiquât sans cesse ses fréquentations et ses initiatives. Il le lui fit clairement comprendre : « Songez mon père que j'ai vingt-cinq ans, que je ne suis plus un enfant[52]... » En avril, il fut touché par la grippe, ce qui retarda son retour. Il en profita pour se plonger dans *Notre-Dame de Paris* de Victor Hugo, « lecture faite pour donner la fièvre » plutôt que pour « distraire un malade », « peinture vivante, terrible et odieuse du crime et de ses conséquences ». Il confessa aussi une peine de cœur à sa mère [53].

Louis-Napoléon regagna finalement le continent en mai 1833 et, après un détour par la Belgique, l'Allemagne et Zurich, arriva à Arenenberg en juillet.

Ce fut alors que Joseph publia, en accord avec ses frères Lucien, Louis et Jérôme, un projet de constitution qui rendait caduc le sénatus-consulte de l'an XII, en renonçant formellement à l'hérédité et en proposant que la nation française pût choisir au suffrage universel sa forme de gouvernement et son souverain entre Louis-Philippe, Henri V et… Joseph lui-même. C'était faire fi de Louis-Napoléon et de ses idées.

La réponse ne tarda pas. Le jeune prince fit aussitôt paraître *Les Considérations politiques et militaires sur la Suisse*, ouvrage qui, sous couvert d'étudier son pays hôte, évoquait l'Empire, le principe héréditaire et l'avenir politique de la France, très différemment de ses oncles. Il envoya l'ouvrage à Joseph qui lui adressa un accusé de réception courtois mais froid. Son père le sermonna : « Je suis fâché de te le dire mon ami, mais ces lignes contiennent autant de faussetés que de mots. » S'il regrettait de l'avoir déçu, Louis-Napoléon ajoutait que Napoléon était désormais « dans le domaine de l'histoire » et qu'il était « permis à chacun d'avoir sur lui son opinion arrêtée comme ses vues particulières [54] ».

Bien davantage que de ses parents, c'était de Vieillard dont il attendait désormais des conseils. Ce fut lui qui l'initia à la doctrine saint-simonienne et lui permit de ne plus en parler « comme un aveugle des couleurs [55] ». C'était par son intermédiaire qu'il continuait de suivre les évolutions de la politique française [56].

En apprenant la révolte ouvrière de Lyon, en avril 1834, Louis-Napoléon quitta Arenenberg pour se rendre à Zurich puis à Genève, sous couvert de recherches [57], mais en réalité pour se donner plus facilement la possibilité de prêter son aide aux insurgés. L'affaire tourna rapidement court. Il en fut déçu, mais au moins avait-il agi, ainsi qu'il l'écrivit à sa mère, en juillet suivant : « Comment les Français se souviendraient-ils de nous quand nous-mêmes avons tâché pendant vingt-cinq ans de nous faire oublier ! quand, pendant vingt-cinq ans, le seul mobile des actions de tous les membres de ma famille a été la peur de se compromettre et qu'ils ont évité toute occasion de se montrer, tout moyen de se montrer publiquement au souvenir du peuple ? On ne retire que ce que l'on sème[58]... »

Il se confiait aussi à son mentor, lui expliquant la difficulté de sa position et la ligne de conduite qu'il entendait adopter à l'avenir : « Je sais que je suis beaucoup par mon nom, rien encore par moi-même ; aristocrate par naissance, démocrate par nature et par opinion, devant tout à l'hérédité et réclamant tout de l'élection, fêté par les uns pour mon nom, par les autres pour mon titre, taxé d'ambition personnelle dès que je fais un pas hors de ma sphère coutumière, taxé d'apathie et d'indifférence si je reste tranquille dans mon coin ; enfin inspirant les mêmes craintes à cause de l'influence de mon nom et aux libéraux et aux absolutistes, je n'ai d'amis politiques que parmi ceux qui, habitués aux jeux de la fortune, pensent que parmi les chances possibles de l'avenir je peux devenir un *encas* utile. [...] C'est parce que je connais toutes les difficultés qui s'opposeraient à mes premiers pas dans une carrière quelconque que j'ai pris pour principe de ne suivre que les inspirations de mon cœur, de ma raison, de ma conscience, de ne me laisser arrêter par aucune considération d'intérêt secondaire quand je crois agir utilement dans un but d'intérêt général, enfin de marcher toujours dans une ligne droite quelques difficultés que je rencontre en route, m'efforçant ainsi de m'élever assez haut pour qu'un des rayons mouvants du soleil de Sainte-Hélène puisse encore m'éclairer[59]. »

Depuis quelques mois, Louis-Napoléon semblait renoncer à ses prétentions et se satisfaire de la vie paisible de la Suisse. Au printemps 1832, il avait accepté de devenir à la fois citoyen de la commune de Salenstein dont dépendait Arenenberg et bourgeois d'honneur du canton de Thurgovie[60]. Il venait de recevoir le brevet de capitaine d'artillerie honoraire de l'armée suisse, la présidence de la société fédérale des carabiniers thurgoviens, le commandement du corps de pompiers local ou encore la présidence de la commission scolaire de sa commune. Il assistait aux fêtes de village, répondait à toutes les sollicitations des autochtones et continuait de se rendre tous les étés au camp de Thoune. Tout en le félicitant pour les marques de considération qu'il recevait, Louis le mettait en garde : « Dans aucun cas ni *pour quelque motif que ce puisse être*, on ne doit servir un pays étranger[61]. » Il se méprenait sur ses sentiments profonds.

Certes, Louis-Napoléon écrivait : « Je me suis fait Suisse. Je suis aimé dans ce pays-ci. Les habitants me donnent journellement des preuves et il vaut mieux être citoyen d'un pays libre que courtisan d'un pouvoir qui déshonore votre patrie », mais il n'oubliait pas celle-ci : « Je ne suis que français, je veux vivre et mourir tel[62]. » À la fin du printemps 1835, il fut reçu membre correspondant de l'Institut historique de Paris[63]. Très fier, son père lui écrivit que son talent lui permettait d'ambitionner davantage : « Tu es fait pour prétendre à ce qu'il y a de mieux, ainsi c'est à l'Institut national de France qu'il faut viser et la manière dont tu t'y prends est la meilleure, celle de se faire connaître par des ouvrages sérieux et d'un mérite intrinsèque et non de vogue[64]. » Lui jouait les modestes, se satisfaisait de remporter un concours de tir à la carabine dans un village[65]. En novembre 1835, il publia un *Manuel d'artillerie à l'usage des officiers de l'armée helvétique*, ouvrage érudit qui lui avait demandé plusieurs années de travail[66]. Ce livre lui valut une réputation d'excellence parmi ses hôtes, au point que le gouvernement de Berne le fit distribuer aux officiers.

S'il ne croyait avoir ressenti qu'une fois, lorsqu'il avait quinze ans, ce qu'était le véritable amour[67] et s'il multipliait depuis les amourettes[68], Louis-Napoléon manifestait le désir de se marier depuis 1831, ce dont ses parents se félicitaient[69]. Un projet visant à lui faire épouser sa cousine, Marie de Bade, et un autre concernant la riche veuve d'un planteur colonial installée près d'Arenenberg échouèrent[70]. Le duc de Padoue, qui était immensément riche, fut sondé pour savoir s'il consentirait à donner la main de sa fille, mais il refusa d'accorder une dot substantielle. Il fut ensuite question d'une union avec la jeune reine Marie de Portugal qui venait de perdre, après deux mois de mariage, son époux Auguste de Leuchtenberg, fils aîné d'Eugène. Cette fois, ce fut Louis-Napoléon qui refusa d'« épouser une inconnue seulement pour posséder un trône[71] ». Il démentit d'ailleurs par voie de presse et aurait même avoué à son secrétaire d'Almbert : « Ce serait sans doute un honneur d'y monter [sur le trône du Portugal], mais j'aime mieux attendre et gravir les degrés de celui de France, le seul auquel je tienne[72]. »

Depuis la naissance de sa fille Mathilde en 1820, l'oncle Jérôme parlait de la marier à Louis-Napoléon et le projet resurgit naturellement. Hostile aux unions de famille, le comte de Saint-Leu estimait alors que sa nièce n'était pas le meilleur parti possible pour son fils. Selon lui, les deux jeunes gens n'étaient d'ailleurs pas assez fortunés pour tenir leur rang et leurs parents ne pourraient leur être d'un grand secours [73]. Du reste, « Jérôme ne sa[va]it pas régler ses dépenses ». De son côté, le roi de Wurtemberg, grand-père maternel de la jeune fille, considérait Louis-Napoléon comme un écervelé et désapprouvait le projet. L'affaire parut devoir en rester là. Cependant, en décembre 1835, Louis-Napoléon était à Lausanne pour rendre ses derniers hommages à Catherine de Wurtemberg, l'épouse de Jérôme, qui venait de mourir. Retrouvant ses cousins Napoléon-Jérôme et Mathilde, il trouva cette dernière « très embellie » et « charmante ». Tout en se défendant d'être amoureux d'elle, il écrivit à sa mère : « Si je ne redoutais pas le mariage, je serais heureux de l'avoir pour femme. »

Alors qu'il emmenait son jeune cousin à Arenenberg pour s'occuper de son éducation, Louis-Napoléon craignait que Mathilde, qui devait se rendre à la cour de Stuttgart, ne s'y gâtât [74]. La jeune fille semblait elle-même éprise et manifestait un grand intérêt pour ses travaux [75]. Au printemps 1836, Mathilde, qui allait avoir seize ans, séjourna à Arenenberg. Elle se montra piquante et spirituelle, sut mettre en valeur ses jolies épaules et finit par provoquer « l'extase » de son cousin [76]. Les négociations en vue de fiançailles furent donc rouvertes et Jérôme fit savoir à Louis que le projet lui agréait [77]. Il écrivit même à son futur gendre pour lui dire qu'il le considérait déjà comme son fils [78]. Quant à Mathilde, elle fit le voyage de Florence pour convaincre son oncle. Les questions d'argent retardèrent d'abord la réalisation du projet, mais un terrain d'entente finit par être trouvé. En juillet 1836, le projet de contrat de mariage fut approuvé par toutes les parties : Louis assurait aux futurs époux 250 000 francs, Hortense 300 000 francs sous la forme d'une rente 5 % et Jérôme 150 000 francs. Les jeunes gens seraient mariés sous le régime de la communauté de biens avec exclusion des dettes respectives et seraient logés par la duchesse de Saint-Leu [79]. Jérôme ne voulut pas être en reste et acheta pour les fiancés le petit château de Gottlieben, près d'Arenenberg. Cependant, Louis-Napoléon avait des affaires plus urgentes à régler.

Le coup de Strasbourg

Depuis son exil suisse, Louis-Napoléon continuait de suivre de près les affaires françaises et les évolutions de l'opinion. Par Vieillard et par des émissaires comme d'Almbert, il avait tissé des liens avec les républicains, d'autant plus volontiers qu'il jugeait leurs idées moins populaires que les siennes dans l'armée et dans les masses et qu'ils étaient très affaiblis depuis leur insurrection avortée de 1834 [80]. Le directeur du plus important journal républicain, *Le National*, Armand Carrel, auquel il avait fait porter ses *Rêveries politiques* puis son *Manuel d'artillerie* et qu'il avait rencontré pendant son séjour londonien, était particulièrement bien disposé à son égard. Il écrivit que ses ouvrages annonçaient « une bonne tête et un noble caractère [81] » et dénotaient « de sérieuses études et une grande intelligence des temps nouveaux ». En privé, il allait plus loin : « Qu'il comprenne les nouveaux intérêts de la France, qu'il n'oublie pas le principe fondamental de la souveraineté du peuple, et il est possible qu'il ait à jouer un grand rôle [82]. »

1836 semblait une année propice puisqu'elle voyait l'inauguration de l'Arc de Triomphe de l'Étoile, l'organisation des expositions de Vernet, la parution du *Napoléon* de Quinet et de *La Confession d'un enfant du siècle* de Musset. Le culte de Napoléon se développait d'ailleurs dans les couches populaires avec la diffusion de bustes, de tabatières, d'images d'Épinal, des dessins de Raffet et de Charlet et des chansons de Béranger [83]. Louis-Napoléon lui-même envisageait de publier une édition populaire du *Mémorial*, abrégée pour un lectorat de masse [84]. Il savait également que l'armée comptait dans ses rangs de nombreux vétérans des guerres napoléoniennes, des nostalgiques de l'Empire et des républicains. Il avait d'ailleurs adressé son *Manuel d'artillerie* aux officiers de l'armée royale avec une lettre personnelle et la nature ou l'absence de réponse lui avait permis de sonder leurs dispositions vis-à-vis des Bonaparte.

Lors de ses séjours dans le grand-duché de Bade, il invitait fréquemment à dîner des officiers en garnison à Strasbourg. Ce fut semble-t-il dans les premiers mois de 1836 qu'il conçut l'idée de rééditer dans la capitale de l'Alsace sa tentative de 1831 [85]. La ville présentait les meilleurs avantages : elle était située à la frontière, ce qui permettait de s'y rendre facilement, elle disposait d'un important arsenal, une majorité de Strasbourgeois gardaient un bon souvenir de la Révolution et de l'Empire, ils étaient hostiles au gouvernement qui avait commis l'erreur de licencier la garde nationale coupable de s'être donnée des officiers hostiles au régime.

À partir de Strasbourg, le prince s'imaginait déjà marcher vers la capitale, au milieu de l'enthousiasme populaire, tel Napoléon en mars 1815. Pour y parvenir, il savait pouvoir compter sur la fidélité et l'habileté d'un conspirateur né, Fialin de Persigny. Fils d'un soldat de Napoléon ruiné par des spéculations malheureuses, celui-ci avait entrepris une carrière militaire à laquelle il avait dû renoncer après avoir été compromis dans un complot contre la Restauration. L'homme avait pendant longtemps cherché sa voie politique. En voyage dans la région d'Augsbourg, en 1834, il avait croisé la voiture de Louis-Napoléon et avait été stupéfait que son propre cocher allemand criât « Vive Napoléon ! » à son passage. Il avait eu alors la révélation que seuls les Bonaparte étaient capables d'incarner le bleu réconciliateur entre les blancs, partisans de la France d'Ancien Régime, et les rouges, favorables à la Révolution dans sa phase la plus dure. Persigny devint alors mystique de l'Empire. De retour en France, il fonda la *Revue de l'Occident français* pour défendre ses nouvelles idées, mais elle n'eut qu'un numéro. Il obtint surtout de se faire présenter au prince en juillet 1835. Entre les deux jeunes hommes nés la même année, l'entente fut immédiate et parfaite. Persigny devint alors « le secrétaire particulier, le compagnon, le confident, l'intime du prince », mais aussi « la tête pensante des futurs complots tout autant que son bras armé[86] ». Ce fut lui qui leva ses dernières préventions à l'égard d'une tentative à Strasbourg.

Encore fallait-il obtenir la complicité des principaux officiers commandant la place. Le général Voirol, le plus haut gradé de la garnison, fut approché. Valérie Masuyer, qui était la belle-sœur de son aide de camp, se rendit à Strasbourg au printemps 1836 pour le rencontrer. Elle opposa devant lui la grandeur de la France sous l'Empire et son abaissement sous la monarchie de Juillet et chercha à le sonder sur ses préférences politiques, mais le général se montra plutôt vague. Elle revint à la mi-août pour lui transmettre une lettre de Louis-Napoléon sollicitant une entrevue. Voirol, qui avait eu vent des projets du prince, resta une nouvelle fois évasif. Il transmit la missive au ministre de la Guerre, Soult, mais en minimisant l'affaire. Il n'en dit rien au préfet du Bas-Rhin, Choppin d'Arnouville, resta en contact avec Valérie Masuyer et laissa même

Louis-Napoléon franchir la frontière, au mépris de la loi d'exil, pour rencontrer une vingtaine d'officiers de la garnison que lui avait amenés le commandant des pontonniers, Armand Laity, son parent éloigné par les Beauharnais [87]. Il est probable qu'en agissant ainsi Voirol cherchait à se couvrir des deux côtés [88]. Dans le même temps, les conjurés avaient fait une recrue de choix en la personne du colonel Vaudrey qui était à la tête d'un des cinq régiments de la garnison, le 4e d'artillerie, celui-là même où Bonaparte avait servi lors du siège de Toulon. Ancien des campagnes de l'Empire, le colonel était mécontent du régime car il n'avait pas été nommé, comme il l'espérait, officier d'ordonnance du fils aîné du roi, le duc d'Orléans, et n'avait pas non plus obtenu la bourse d'études qu'il avait demandée pour l'un de ses fils. L'ayant appris, Persigny et Louis-Napoléon lui avaient envoyé Éléonore Gordon, belle cantatrice de vingt-huit ans, fille d'un ancien officier de l'Empire et amoureuse de Louis-Napoléon dont elle était peut-être la maîtresse, avec la mission de le séduire et de le rallier à leur cause. Celle-ci avait parfaitement réussi et Vaudrey s'était mis au service des conjurés dès le mois de juillet.

Ayant beaucoup étudié la geste impériale, Louis-Napoléon et Persigny rédigèrent trois proclamations, sur le modèle de celles de l'Empereur à son retour de l'île d'Elbe, en mars 1815. Le texte destiné à l'armée en appelait à l'honneur et au patriotisme. Celui qui s'adressait aux habitants de Strasbourg insistait sur la fierté qu'ils devaient ressentir à l'idée d'être les premiers à contribuer au relèvement de la France. Cependant, les deux amis avaient mis un soin plus important encore à rédiger la proclamation au peuple français, au point d'en faire un modèle du genre. Ils y dénonçaient la monarchie de Juillet, régime de la trahison, du chaos et de la servitude, l'opposaient en tous points à l'Empire et présentaient le prince qui devait l'incarner de nouveau dans le plus pur esprit romantique : « Fier de mon origine populaire, fort de quatre millions de votes qui me destinaient au trône, je m'avance devant vous comme un représentant de la souveraineté du peuple […], le testament de l'empereur Napoléon d'une main, l'épée d'Austerlitz de l'autre […]. J'ai voué mon existence à l'accomplissement d'une grande mission. Du rocher de Sainte-Hélène, un regard du soleil mourant a passé sur mon âme : je saurai garder ce feu sacré ; je saurai mourir pour la cause des peuples. Hommes de 1789, hommes de 1815, hommes de 1830, levez-vous ! Voyez qui vous gouverne. Voyez l'aigle, emblème de gloire, symbole de liberté et choisissez. »

Louis-Napoléon quitta Arenenberg, le 25 octobre 1836, sous le prétexte d'une partie de chasse [89]. Se doutant qu'une affaire grave se préparait, Hortense remit à cette occasion à son fils l'anneau du mariage de Napoléon et de Joséphine en guise de talisman. Toutefois, elle ne devait certainement pas connaître les détails de l'opération [90]. Muni du passeport d'un officier alsacien, le prince se rendit à Strasbourg pour y retrouver ses complices dont Persigny, Vaudrey et Parquin [91]. Tous ces hommes étaient arrivés séparément et par des routes différentes, pour ne pas attirer l'attention. Le 29 au soir, les conjurés se réunirent et apprirent de Louis-Napoléon les détails de son plan qui devait se dérouler le lendemain à l'aube. « C'est l'heure qui doit décider de toute notre destinée » leur dit-il, avant d'ajouter : « On est fort quand on peut se dire, demain je serai un héros ou je serai mort. On est bien à plaindre lorsque les circonstances ont été telles qu'on n'a pu être ni l'un ni l'autre. »

L'affaire s'engagea le 30, à six heures du matin. Louis-Napoléon qui avait revêtu un uniforme de colonel d'artillerie se présenta, suivi de son état-major de conjurés, devant le régiment jugé le plus facile à gagner, celui de Vaudrey. Le colonel commença par haranguer ses troupes : « Soldats ! une grande révolution s'accomplit en ce moment. Vous voyez ici le neveu de l'empereur Napoléon. Il vient pour reconquérir les droits du peuple [...]. Soldats ! le neveu de l'empereur Napoléon peut-il compter sur vous ? » Ce fut ensuite au tour de Louis-Napoléon de prendre la parole devant des soldats dociles. Brandissant un drapeau surmonté d'une aigle impériale, il s'écria : « Soldats ! voyez cette aigle, c'est l'aigle d'Austerlitz, c'est l'emblème de la grande nation et de la grande armée [...]. Soldats ! puis-je compter sur vous ? La liberté et la gloire vous appellent. » Des grades, des décorations et de l'argent furent également promis à ceux qui le suivraient. Ces paroles furent accueillies par des « Vive Napoléon ! » répétés. Parallèlement, les conjurés avaient envoyé des détachements vers leurs autres objectifs : casernement des autres régiments pour les rallier, imprimerie pour y mettre les proclamations sous presse, préfecture du Bas-Rhin pour obtenir l'adhésion du préfet ou pour se saisir de lui. Comme celui-ci refusait justement de signer la déclaration que lui tendait Persigny, il fut mis au secret. Réveillés par les mouvements de troupe, les Strasbourgeois accueillaient favorablement le soulèvement. Après s'être bien engagée, l'affaire se poursuivait parfaitement.

Louis-Napoléon, Parquin et Vaudrey se dirigeaient maintenant avec le gros de la troupe vers la demeure de Voirol. Ce fut l'attitude du commandant de la garnison qui fit tout échouer. Alors que les conjurés croyaient pouvoir compter sur lui, il refusa énergiquement de se joindre au mouvement. Mis en état d'arrestation, il parvint à s'enfuir et courut rallier ses hommes.

Par ailleurs, le prince ne parvenait pas à se faire entendre du deuxième régiment devant lequel il essayait de prendre la parole, le 46e de ligne, à la caserne Finckmatt. Dans la plus totale confusion, certains soldats l'encourageaient, d'autres restaient muets, mais la plupart, à la suite de leurs officiers, demeuraient loyaux et refusaient de l'entendre. Les civils qui assistaient à la scène depuis le haut de l'enceinte et dont beaucoup étaient sans doute des complices lançaient des pavés sur les soldats loyalistes. Le lieutenant-colonel Talandier fit alors fermer les portes de la caserne pour empêcher le gros du 4e d'artillerie, qui s'était égaré, d'entrer et ébranla la conviction de beaucoup de soldats en prétendant que le prince était un imposteur. Lorsqu'il se rendit compte que tout était perdu, celui-ci essaya de s'enfuir à cheval, mais il fut arrêté. Ses compagnons, découragés, se laissèrent interpeller à leur tour, à l'exception de Persigny qui repassa la frontière, grâce à des complicités. Il était à peine huit heures du matin.

Le gouvernement avait eu très peur. En effet, Voirol avait envoyé un télégramme optique dès l'arrestation des conjurés, mais celui-ci arriva tronqué en raison du brouillard : « Ce matin vers six heures, Louis-Napoléon, fils de la duchesse de Saint-Leu, qui avait dans sa confidence le colonel d'artillerie Vaudrey, a parcouru les rues de Strasbourg avec une partie de… »

La famille royale et les ministres connurent plusieurs heures d'angoisse pensant que ce message inachevé signifiait la réussite de la rébellion et préludait peut-être à la marche d'une armée bonapartiste sur la capitale. À Arenenberg, Hortense était dans le même état d'esprit. Une première lettre expédiée hâtivement par les conjurés lui avait appris la réussite du coup dans la nuit du 30 au 31, mais elle fut démentie le lendemain par les nouvelles inquiétantes et parcellaires [92]. Elle dépêcha aussitôt Valérie Masuyer à

Strasbourg pour essayer d'adoucir le sort de son fils qui risquait peut-être d'être fusillé. Elle se mit elle-même en route pour Paris sans tarder, prit contact avec le président du Conseil, Molé, plusieurs ministres et le préfet de police, Gabriel Delessert, implora sa grâce à Louis-Philippe afin que son fils fût « libre de quitter l'Europe et qu'il ne fût plus en butte aux entraînements auxquels, à son âge, il était bien difficile de ne pas succomber ». C'était suggérer d'exiler son fils outre-Atlantique comme Louis-Philippe l'avait lui-même été sous le Directoire.

Le roi, qui ne tenait ni à faire un martyr, ni à ébruiter une affaire peu reluisante pour son régime, tint à ce qu'elle fût présentée comme un enfantillage : il accorda facilement ce que lui demandait la duchesse de Saint-Leu. Lorsque la nouvelle fut connue, une partie de la presse n'en dénonça pas moins cette violation flagrante du principe d'égalité devant la loi [93].

Louis-Napoléon, qui avait été dans un premier temps transféré le 11 novembre à Paris pour y être interrogé, fut donc emmené à Lorient, incarcéré une semaine à la citadelle Port-Louis et embarqué sans autre forme de procès sur la frégate *Andromède* à destination de l'Amérique dès le 21 novembre. Pour mieux le déconsidérer, le gouvernement laissa courir le bruit qu'il n'avait cessé de sangloter et d'implorer la pitié du roi dans sa prison, puis qu'il avait promis de ne plus revenir en France. En échange, le sous-préfet lui avait donné quelques milliers de francs. Le prince souligna que ce viatique était inférieur à la somme qui lui avait été confisquée lors de son arrestation. Il ne cessa d'affirmer aussi qu'il n'avait pleuré qu'à la perspective de passer pour un lâche en étant gracié et qu'il n'avait pris aucun engagement vis-à-vis du roi [94].

Puisque Louis-Napoléon n'était plus en France et que l'affaire avait été sciemment minimisée, il n'était pas concevable de traduire ses complices – les sept qui avaient été arrêtés dont Vaudrey, Parquin, Gricourt, Laity et Mme Gordon et six contumaces qui étaient parvenus à s'enfuir, dont Persigny – devant la plus haute juridiction politique du royaume, la Chambre des pairs transformée en Cour des pairs. Ceux-ci furent donc jugés par la cour d'assises du Bas-Rhin. Louis-Napoléon avait tout d'abord demandé au roi de les gracier en se déclarant seul coupable, puis, devant l'échec de sa démarche, avait tenu à ce qu'ils eussent les meilleurs avocats. À cet effet, il avait écrit à Odilon Barrot, chef de l'opposition dynastique : « Défendez avec chaleur mes compagnons d'infortune et vous êtes sûr que je vous en aurai toujours la plus vive reconnaissance. » Hortense paierait[95].

Si les accusés encouraient la peine de mort, ils n'avaient guère de soucis à se faire. Le garde des Sceaux avait écrit au procureur général qu'il était superflu « de tout expliquer, de tout prouver, de rechercher et de trouver tous les complices ». L'instruction fut donc expédiée, les complicités dans l'armée ne furent pas même envisagées et les autorités se contentèrent de modestes sanctions disciplinaires : changements d'affectation, suppressions d'avancement ou mises à la retraite anticipées. Les défenseurs plaidèrent unanimement l'acquittement de leurs clients. Parquin, qui défendait son frère, invoqua l'excuse de la légende napoléonienne et Ferdinand Barrot, le frère d'Odilon, se livra à un véritable réquisitoire antigouvernemental. Le 18 janvier 1837, tous les conjurés furent acquittés par le jury populaire, sous les acclamations de l'auditoire[96]. En soirée, un grand banquet fut même organisé en leur honneur. L'humiliation du pouvoir était totale. La conspiration dont s'était gaussée la presse gouvernementale – *Le Journal des débats* avait ainsi fustigé de « folles illusions et une prétention insensée » – offrait aux bonapartistes et à leur prétendant une publicité inespérée. Elle mettait surtout en relief les faiblesses du régime et en encourageait de nouvelles.

L'explorateur des deux mondes

Le voyage vers les Amériques fut long et pénible pour Louis-Napoléon. L'*Andromède* essuya des tempêtes et affronta des vents contraires durant les quinze premiers jours[97]. Pour tromper l'ennui, le prince lisait Rousseau et Chateaubriand et tenait un journal[98]. Durant un mois, il rédigea aussi sa propre relation des événements de Strasbourg dans laquelle il justifiait et assumait son acte pour mieux décharger ses complices[99]. L'équipage était aimable avec lui, l'initiait à la manœuvre et oubliait presque qu'il n'était pas un passager ordinaire, mais un prisonnier. Cependant, lorsque le commandant décacheta les ordres qui lui avaient été remis, il s'aperçut qu'il devait faire un détour par le Brésil pour empêcher l'arrivée en France des lettres du prince avant la fin du procès de ses amis. L'*Andromède* franchit ainsi l'équateur le 28 décembre et arriva au large de Rio de Janeiro le 10 janvier. Elle mouilla trois semaines dans la rade, ce qui permit au prince d'observer de loin les esclaves noirs et de livrer un jugement qui ne peut être apprécié justement qu'en étant replacé en son contexte : « Les nègres qu'on voit passer dans des canots [de Rio à l'île de Saint-Domingue] attristent la vue. Notre humanité souffre à les voir traités autrement que les blancs, mais d'un autre côté notre amour-propre serait blessé de voir des hommes qui ressemblent à des singes jouir de tous nos privilèges. »

La frégate reprit sa route le 31 janvier et débarqua son passager princier à Norfolk, en Virginie, le 30 mars 1837. En quittant ce morceau de France, sans avoir de perspective de revoir la mère patrie, Louis-Napoléon pleura [100].

Exilé, il était renié par son père qui lui supprima sa pension et refusa désormais de décacheter ses lettres. Il était aussi abandonné par la princesse Mathilde qui se considérait trahie [101]. En fait, ce fut, semble-t-il, Jérôme qui fit pression sur sa fille pour qu'elle renonçât à son mariage [102]. L'ancien roi de Westphalie dissuada en revanche ses frères Joseph et Lucien, très remontés contre leur neveu, de désavouer publiquement son acte [103].

Dans sa famille, les seuls à s'inquiéter encore de son sort étaient certaines de ses cousines, son jeune cousin Napoléon-Jérôme et évidemment sa mère qu'il avait eu toutes les peines du monde à dissuader de l'accompagner [104] et qui échafaudait maintenant des plans pour le faire revenir [105]. Louis-Napoléon savait pourtant qu'il devrait désormais s'en remettre à lui-même. Il se rendit par le vapeur et le chemin de fer à New York où il arriva le 3 avril et y retrouva son ami Arese et son valet Thélin qui l'avaient devancé pour adoucir son exil. Les trois hommes furent bientôt rejoints par l'un des conjurés de Strasbourg, le comte de Gricourt. En revanche, le prince parvint, non sans mal, à décourager Mme Gordon de traverser l'Atlantique à son tour [106]. Il adopta d'ailleurs une conduite très digne. Il fréquenta ses cousins Achille Murat, directeur dans les postes, et Lucien Murat, marié à une directrice d'institution, mais pas son autre cousin, Pierre Bonaparte, qui provoquait scandale sur scandale et qui fut même poursuivi en justice pour avoir poignardé un chien [107].

Le prince fut bien accueilli par les Américains et reçu par les plus grandes familles. Il rencontra l'écrivain Washington Irving et le révérend Stewart. Le maire de New York lui fit même visiter l'hôtel de ville. Malgré ces marques de sympathie, Louis-Napoléon portait un jugement négatif sur ses hôtes : « Notre nature est composée d'un être moral et d'un être matériel, ici il n'y a que le second de connu, gagner de l'argent voilà le seul mobile[108]... »

Lorsqu'il apprit, par ses amis et par la presse, les véritables raisons de sa grâce qu'il croyait devoir à la noblesse du roi, mais aussi les calomnies dont il était victime, Louis-Napoléon se considéra délié de l'engagement verbal ou au moins moral qu'il avait pris vis-à-vis de Louis-Philippe. Il décida de revenir en Europe et crut possible de se rendre en Angleterre à l'automne[109]. Il assurait même aux visiteurs qu'il rencontrait qu'il serait bientôt à la tête de son pays : « J'espère en Dieu et je crois en moi. » À cette époque, découvrant à la devanture d'un changeur cet avis : « On demande des napoléons pour des souverains », il annonça, non sans humour, que cela lui convenait parfaitement[110].

En attendant ce retour, le prince projetait un grand voyage à travers les États de l'Union, lorsque lui parvint la nouvelle de la maladie de sa mère. Hortense souffrait d'un cancer de l'utérus en phase très avancée. Le 2 avril 1837, elle fit son testament et rédigea le lendemain une épître émouvante pour son fils où elle l'informait de l'« opération absolument nécessaire » qu'elle devait subir, ce qui lui faisait craindre de ne plus le retrouver que « dans un monde meilleur » où il viendrait la rejoindre « le plus tard possible[111] ». Ce fut le 3 juin suivant que Louis-Napoléon reçut cette lettre qu'il conserva toute sa vie dans son portefeuille. Apprenant qu'on ne l'opérait plus, Hortense avait envoyé une missive plus rassurante à son fils, le 11 avril, mais Valérie Masuyer avait ajouté deux mots au dos de l'enveloppe qui ne laissaient pas de doute sur la gravité du mal : « Revenez ! Revenez ! » Louis-Napoléon avait désormais un excellent prétexte pour rentrer immédiatement en Europe.

Embarqué le 12 juin, il arriva le 9 juillet à Liverpool. Le lendemain, il était à Londres. Avant de partir à la campagne pour ne pas avoir à le rencontrer, son oncle Joseph lui écrivit une lettre prouvant qu'il ne lui avait pas pardonné : « Vous avez rompu les liens qui m'attachaient à vous en permettant qu'on vous crût capable de mon vivant et de celui de votre père, de vouloir prendre notre place. Que serait-ce que ce monde si les enfants et les neveux ne voulaient pas attendre la mort de leurs parents pour occuper leur place[112] ! » Louis-Napoléon qui n'entendait plus être traité comme un inférieur lui répondit sur le même ton, en lui reprochant son attitude à la suite de l'échec de Strasbourg. Alors qu'il avait cherché à servir les intérêts de son oncle, non seulement celui-ci ne l'avait pas défendu face aux Bourbons qui menaçaient de le fusiller, mais il s'était même rangé « du côté de ses bourreaux en voulant le couvrir du poids de [son] blâme et de [ses] reproches [113] ». Le même jour, le prince écrivait à son père : « Qu'ai-je donc fait pour être ainsi le paria de l'Europe et de ma famille, j'ai promené un moment dans une ville le drapeau d'Austerlitz et je me suis offert en holocauste au souvenir du captif de Sainte-Hélène [114] ! »

À Londres, il retrouva surtout Persigny qui l'informa du travail qu'il avait accompli en faveur de la cause bonapartiste et des nouvelles recrues qu'il avait faites au sein de la petite colonie des Français d'Angleterre dont Fleury, jeune dandy chassé de l'armée pour dettes et réfugié outre-Manche pour fuir ses créanciers [115]. Mais Louis-Napoléon se préoccupait surtout d'obtenir un passeport pour pouvoir se rendre auprès de sa mère. Hortense pensait qu'il l'obtiendrait sans peine contre l'engagement de ne se rendre en Suisse que pour la soigner [116]. Pourtant cela ne fut pas si simple. La France, l'Autriche, la Prusse et l'Angleterre le lui refusèrent [117]. Il réussit enfin à se procurer un passeport américain que le ministre de Suisse à Londres accepta de signer.

Après avoir semé les agents du *Home Office* qui le filaient à la demande du gouvernement français, il s'embarqua pour Rotterdam le 31 juillet. Il remonta ensuite le Rhin jusqu'à Mannheim et atteignit Arenenberg le soir du 4 août 1837. Il passa les deux mois suivants au chevet de sa mère qui décéda dans ses bras, le 5 octobre, à cinq heures du matin, après une agonie de quatre heures [118].

Louis-Napoléon conduisit les funérailles d'Hortense à Ermatingen, mais dut laisser le comte de Tascher le faire à Rueil, le 8 janvier suivant, car la France lui demeurait interdite. Son père, toujours rancunier, se contenta de lui envoyer ses condoléances tout en lui assurant qu'il s'était rapproché d'Hortense au cours de sa maladie [119]. Le prince mit ensuite en ordre les papiers de sa mère avec Mme de Salvage de Faverolles. Entrée dans le cercle des intimes d'Hortense en 1824, elle était son exécutrice testamentaire.

Même si l'héritage était grevé de pensions à verser à des serviteurs, Louis-Napoléon héritait du château d'Arenenberg et de celui de Gottlieben que sa mère avait racheté à Jérôme après la rupture des fiançailles avec Mathilde, d'une terre en Italie, d'un important mobilier, de trois cent soixante actions de la Banque de

Vienne, d'environ 20 000 florins déposés à la Banque de Munich et de rentes espagnoles et portugaises. La défunte duchesse de Saint-Leu estimait que le tout permettrait à son fils de disposer de 60 000 livres de rente. Elle lui recommandait le docteur Conneau, mais ne lui donnait aucun conseil politique : « Je sais qu'il connaît la position et tous les devoirs que son nom lui impose[120]. »

Profondément affecté par la mort de cette mère adorée, Louis-Napoléon abandonna Arenenberg, qui lui rappelait trop de souvenirs, pour s'installer au château de Gottlieben[121]. Il mûrit beaucoup au cours des semaines qui suivirent, puis finit par reprendre ses occupations au milieu de populations qui le vénéraient. Il eut aussi de nouvelles idylles, tout en se lamentant sur son sort : « À mon âge, l'empereur avait déjà commencé le siège de Toulon. [...] Son prestige commençait la légende et la marche à l'étoile. Et moi, qui suis-je ? que serai-je[122] ? »

Après avoir d'abord fermé les yeux sur sa présence à Arenenberg, le gouvernement français dirigé par Molé demanda, le 30 janvier 1838, son expulsion en vertu des traités de 1815 qui interdisaient aux Bonaparte le séjour d'un certain nombre de pays, dont la Suisse. Le gouvernement helvétique, blessé par le ton de la note française, différa sa réponse. Non seulement ces menaces n'impressionnaient pas le prince, mais elles l'incitaient à provoquer un gouvernement qui semblait manquer de sang-froid. Il espérait ainsi, comme il l'avoua plus tard, se faire expulser de Suisse et retrouver son « indépendance morale[123] ».

Avec Persigny, il inspira au lieutenant Laity une brochure sur l'expédition de Strasbourg. Intitulée *Relation historique des événements du 30 octobre 1836* et tirée à dix mille exemplaires, elle proposait un récit subjectif des faits. Elle fut aussitôt saisie et interdite à la vente. Le 21 juin 1838, Laity fut arrêté. Il fut immédiatement traduit devant la Cour des pairs et condamné le 11 juillet à cinq ans de prison et à 10 000 francs d'amende[124]. L'affaire eut un grand retentissement : elle fit du condamné un nouveau martyr de la cause bonapartiste et de son ouvrage un succès qui circula sous le manteau. Elle fournit également le prétexte à Paris, appuyé cette fois par Vienne et par Berlin, pour formuler en août une nouvelle demande d'expulsion.

Le conseil du canton de Thurgovie repoussa la requête et la Diète fédérale ajourna sa réponse au 1er octobre de façon à pouvoir consulter l'ensemble des conseils cantonaux. Le prince, qui était très heureux du bruit fait autour de sa personne, manifestait de son côté son désir de ne pas quitter le pays [125]. Le gouvernement français se fit menaçant. À la mi-septembre, il massa 25 000 hommes à la frontière. Si le petit pays ne cédait pas, il risquait l'invasion. Louis-Napoléon fit alors savoir qu'il s'éloignerait pour ne pas nuire à ses hôtes et à sa « seconde patrie [126] ». Pourtant, le 6 octobre, la Diète helvétique informa le gouvernement français qu'elle rejetait sa demande, puisque treize conseils sur vingt-deux le souhaitaient, tout en ajoutant que le prince allait prochainement quitter son territoire. Paris dut se satisfaire de cette réponse et, le 14, la foule vint massivement dire adieu à Louis-Napoléon qui prenait, ce jour-là, la route de l'Angleterre. Les jours suivants, il était acclamé dans les villes allemandes où il passait. *Le Courrier français* tirait la conclusion de la crise : « Jusqu'à présent le public le considérait comme un insensé, le ministère en a presque fait un héros. »

Le prince commençait un nouvel exil londonien, mais, grâce à l'héritage maternel, il allait mener grand train [127]. Il s'installa d'abord à Carlton Terrace, chez lord Cardigan, avant d'emménager à Carlton Gardens, propriété de lord Ripon. Il fit de ces deux résidences de vrais musées à la gloire de son oncle grâce aux bustes, aux tableaux et aux nombreuses reliques dont il avait hérité : l'écharpe tricolore que Napoléon Bonaparte portait pendant la campagne d'Égypte, sa plaque de la Légion d'honneur, l'anneau du couronnement impérial et le fameux talisman de Charlemagne, cette petite croix composée d'un morceau de la vraie croix encadrée par deux rubis qui aurait accompagné l'empereur franc dans toutes ses batailles, trouvée dans son tombeau à Aix et remise par le clergé de cette ville à Napoléon [128].

Entouré de ses amis, Persigny, Conneau et Vaudrey, Louis-Napoléon disposait d'une Maison princière comprenant dix-sept personnes, d'une écurie de sept chevaux et de plusieurs voitures portant ses armoiries. Il entreprenait d'explorer la *high society* londonienne qui s'engouait d'ailleurs de lui, autant par snobisme que pour gêner le gouvernement français. Le *Times* et le *Morning Post* tenaient leurs lecteurs informés des moindres faits et gestes de ce « lion » qui était reçu en grande pompe à la Banque d'Angleterre, à l'Arsenal de Woolwich ou encore à la Tour de Londres. Il était salué par le lord-maire quand le croisait, assistait aux séances du

Parlement, était admis dans trois des clubs les plus prestigieux de la capitale – le club de l'Armée, celui de la Marine et le Carlton –, avait sa loge dans les meilleurs théâtres et participait à toutes les fêtes, toutes les courses de chevaux, toutes les chasses à courre [129].

À l'été 1839, Louis-Napoléon prit part au tournoi de chevalerie organisé par un jeune lord écossais, le comte d'Eglington, et réunissant la fine fleur de l'aristocratie britannique [130]. Ce fut durant cette période qu'il fit la connaissance du duc de Wellington, du comte d'Orsay, le successeur de Brummel, ou encore de Benjamin Disraeli qui avouait admirer « sa foi en son destin » et qui fit son portrait à peine déguisé dans son roman *Endymion*. Des pourparlers eurent également lieu avec les cours wurtembergeoise et russe en vue d'un mariage.

Loin de se contenter de fréquenter la haute société ou de réfléchir à des projets matrimoniaux, Louis-Napoléon prenait contact avec des savants comme le physicien Faraday et faisait un nouveau voyage d'observation dans le Nord industriel. Il passait aussi une grande partie de son temps à lire et à écrire au British Museum et à la Bibliothèque de Westminster.

À cette époque, dès qu'une tentative était faite pour renverser Louis-Philippe, certains affirmaient qu'il en était l'instigateur [131]. Certes, le prince envisageait bien une nouvelle conspiration, mais il entendait y jouer le premier rôle. Bien informé, le gouvernement français chercha peut-être à se débarrasser de lui en le faisant tuer ou au moins expulser d'Angleterre. Quoi qu'il en fût, le 3 mars 1840, un fils naturel de Napoléon, le comte Léon, qui venait de sortir d'une prison pour dettes et d'arriver dans la capitale britannique, demanda à le voir. Après avoir essuyé quatre refus, il l'appela « mon petit cousin » dans l'espoir que le prince, excédé, le provoquerait en duel. Comme il ne parvenait pas à ses fins, ce fut lui qui envoya ses témoins. La rencontre eut lieu sur le pré de Wimbledon Commons. Beaucoup de temps fut perdu car les deux duellistes se contestaient la qualité d'offensé, déterminante pour le choix de l'arme. Louis-Napoléon voulait l'épée et le comte Léon le pistolet qui lui avait permis de tuer son adversaire dans un duel précédent. La police survint sur ces entrefaites. Les deux cousins en furent quitte en payant une amende de 500 livres chacun et en promettant de ne plus jamais se battre. Louis-Napoléon n'entendit plus parler du comte Léon et put alors se consacrer à une affaire plus sérieuse [132].

L'affaire de Boulogne

Son « nouveau projet », comme le prince l'appelait lui-même, fut mieux préparé que le coup de Strasbourg. Louis-Napoléon recourut cette fois à la propagande, comme il l'écrivit en juin 1839 : « Tout ce qu'on connaît de moi jusqu'à présent n'a pu en donner d'autres idées que celles qu'on a d'un jeune homme brave, hardi, passionné pour l'armée, mais écervelé et incapable d'avoir une conduite politique ; je veux faire revenir le public de cette opinion[133]. » Dans ce but, il rédigea une brochure à caractère doctrinal. Achevée en juillet 1839, elle fut publiée peu après sous le titre *Des idées napoléoniennes* et rencontra un grand succès, au point de connaître en quelques mois trois rééditions et six traductions, même si elle n'atteignit sans doute pas les cent mille ventes que lui attribuait Lamartine. Inspiré du *Mémorial de Sainte-Hélène*, le texte glorifiait Napoléon en le présentant comme un libéral attaché aux principes de 1789, au bonheur du peuple et aux aspirations des nationalités. En le renversant, les ennemis de la France avaient rouvert le gouffre des révolutions. La seule erreur de Napoléon était d'avoir voulu accomplir l'œuvre de plusieurs siècles en quelques années seulement. Ses successeurs devraient savoir prendre leur temps pour établir un régime conciliant l'ordre et la liberté.

Grâce à l'argent de son héritage, Louis-Napoléon subventionnait également deux journaux parisiens, *Le Commerce* dirigé par Mocquard et Mauguin et *Le Capitole* du marquis de Crouy-Chanel et Charles Durand[134]. Encouragé par Persigny et d'Almbert, il envisageait même la création d'un « hebdomadaire de doctrine napoléonienne ». Lui et ses amis encouragèrent également la fondation de clubs bonapartistes. Furent ainsi créés le club des Culottes de peau, dirigé par le général Piat, et qui se donnait pour objectif de pénétrer les milieux militaires, et celui des Cotillons, dont Mme de Saint-Jean-d'Angély était la présidente : exclusivement féminin, il devait procurer, grâce à l'entregent des dames, l'appui des milieux de la politique et des affaires[135]. Des contacts furent aussi noués dans les milieux républicains et même socialistes.

Au printemps 1840, la monarchie de Juillet était en difficulté. En France, les républicains tentaient des coups de force de plus en plus audacieux. En Algérie, les troupes françaises s'enlisaient et étaient harcelées par Abd el-Kader. Mais les affaires d'Orient menaçaient surtout d'entraîner la France dans une guerre contre une grande partie de l'Europe, puisque le gouvernement de Thiers soutenait le pacha d'Égypte dans le conflit qui l'opposait au sultan turc, lui-même appuyé par l'Angleterre, l'Autriche, la Prusse et la Russie. Dans ce climat tendu, Londres était particulièrement remonté contre Paris au point que Palmerston, le premier ministre britannique, se serait même rendu secrètement chez Louis-Napoléon pour l'assurer que son pays « ne serait pas défavorable à un changement de régime en France ».

Désireux de redorer son blason et de calmer une opinion publique remuante, Louis-Philippe essaya alors d'annexer la gloire napoléonienne. Il annonça le 1er mai que la France allait entreprendre des démarches en vue de la translation des cendres de Napoléon de Sainte-Hélène à Paris. Palmerston, qui y voyait un dérivatif aux ambitions françaises, s'empressa de donner son accord. Lors d'un premier projet, en août 1838, Louis Bonaparte avait demandé à son fils de solliciter l'autorisation du gouvernement de se rendre sur l'îlot de l'Atlantique Sud afin d'accompagner les restes de Napoléon jusqu'en Europe. Flatté de cette preuve de confiance, Louis-Napoléon avait répondu qu'il doutait fort que la monarchie de Juillet autorisât un tel retour, ce en quoi il avait alors raison [136]. Il fut donc agréablement surpris en 1840 [137], mais la préparation de son complot l'empêchait de participer au grand acte. Lorsque le général Bertrand, compagnon de captivité de Napoléon, remit l'épée de l'empereur à Louis-Philippe, le prince s'associa même à la protestation de son oncle Joseph en écrivant dans le *Times* : « Priver les héritiers de l'Empereur de l'unique héritage que le sort leur a laissé ; donner à un bénéficiaire de Waterloo les armes du vaincu, c'est trahir les devoirs les plus sacrés, c'est forcer les opprimés à dire un jour aux oppresseurs : Rendez-nous ce que vous avez usurpé. » L'idolâtrie napoléonienne atteignit des sommets au cours de l'été. Louis-Napoléon publia alors, fort opportunément, une petite brochure intitulée *L'Idée napoléonienne*. « Ce ne sont pas seulement les cendres mais les idées de l'Empereur qu'il faut ramener », y écrivait-il. Sous couvert d'un vieux soldat de l'Empire, Persigny avait répondu par avance, quelques mois plus tôt, dans ses *Lettres de Londres*, que Louis-Napoléon était le seul à être capable de le faire. L'auteur poussait la confiance jusqu'à livrer les clés du futur complot dans sa dernière lettre. En s'appuyant sur l'*Histoire des révolutions arrivées dans le gouvernement de la République romaine* de l'abbé Vertot, l'un des livres de chevet de Louis-Napoléon, il évoquait le jeune Octave qui avait osé, « seul et sans appui, entreprendre la grande mission de poursuivre l'œuvre de son oncle » César, en débarquant sur la côte de Brindes avec quelques rares compagnons avant de rallier à sa bannière civils et militaires[138]. Le prince n'affirmait-il pas : « Mon oncle était César... Je serai Auguste[139] » ?

Le moment d'agir paraissait donc venu. Louis-Napoléon choisit Boulogne, haut lieu de l'histoire napoléonienne, qu'il avait visité en 1831. Une fois encore, l'idée était de soulever la garnison de la ville qui se limitait à 250 hommes, de rallier les troupes de la région à Lille et de marcher sur Paris[140]. Cette fois, cependant, plusieurs militaires de haut rang furent approchés comme le général Magnan, commandant du département du Nord, ou le maréchal Clauzel, ancien gouverneur général de l'Algérie et pour l'heure sans commandement. Ils acceptèrent peut-être de donner leur concours une fois que l'affaire aurait pris tournure. Des appuis furent obtenus dans les garnisons de Lille, Boulogne, Saint-Omer, Montreuil, Vincennes et peut-être dans d'autres encore[141].

À Londres, les conjurés étaient cinquante-six. Outre des fidèles comme Persigny, d'Almbert, Parquin, le docteur Conneau ou le chirurgien Lombard, beaucoup étaient des officiers qui enrageaient de ne plus servir. Le général de Montholon avait pour titres de gloire d'avoir partagé la captivité de Napoléon à Sainte-Hélène, d'avoir été son exécuteur testamentaire et l'éditeur de ses Mémoires. Couvert de dettes, il avait dû s'exiler à Londres. Il y rencontra Louis-Napoléon en avril 1840 et se mit aussitôt à son service. Le colonel Voisin avait été placé hors-cadre après avoir été impliqué dans un trafic de matériel. Le commandant Le Duff de Mésonan, héros des guerres napoléoniennes, venait d'être mis à la retraite à cinquante-deux ans seulement, alors qu'il espérait passer lieutenant-colonel. Après avoir reçu une lettre de condoléances du prince, il entra à son service et joua un rôle important d'intermédiaire.

Montholon, Voisin et Mésonan devinrent respectivement le major général, l'aide-major général et le chef d'état-major du prince. Des mercenaires français et polonais complétaient le groupe. Pour les payer et financer l'opération, Louis-Napoléon réalisa la plus grande partie de son héritage et dut même encore emprunter par l'intermédiaire de son homme d'affaires, le comte Orsi. À Birmingham furent achetés des fusils, à Paris des uniformes et à Londres des boutons que cousit Conneau. Des cartes du nord de la France furent dressées. Sous le prétexte d'une croisière, les conjurés louèrent à une compagnie commerciale britannique un bateau à vapeur, l'*Edinburgh Castle*, et s'assurèrent pour le commander les services d'un capitaine expérimenté nommé James Crow. Ils se procurèrent aussi deux voitures, neuf chevaux et plusieurs caisses de victuailles. Ils imprimèrent trois nouvelles proclamations ressemblant fort à celles de Strasbourg, mais aussi un décret qui annonçait la déchéance des Orléans, la dissolution des Chambres, la convocation d'un congrès national destiné à attribuer le pouvoir au prince et, en attendant, la nomination d'un gouvernement provisoire dirigé par Thiers, alors président du Conseil [142]. Ce n'était sans doute pas parce qu'ils croyaient pouvoir compter sur lui que les conjurés l'invoquaient mais pour se servir de sa notoriété [143]. L'homme d'État venait de publier son *Histoire du Consulat et de l'Empire* et avait joué un rôle clé dans la décision de faire revenir les cendres de l'empereur.

Dans les jours qui précédèrent le coup de force, des agents bonapartistes inondèrent les ateliers et les cafés du nord de la France de tracts et de brochures hostiles au gouvernement. Mais celui-ci fut informé de la préparation du complot. Il avait en effet un indicateur parmi les conjurés dont encore aujourd'hui nous ne connaissons pas l'identité [144]. De fortes présomptions pesèrent sur Montholon que d'aucuns accusaient aussi d'avoir empoisonné Napoléon à Sainte-Hélène [145]. Certes, sa captivité fut plus douce que celles d'autres conjurés après l'échec de la tentative, mais il fut tout de même condamné à vingt ans d'emprisonnement ! Louis-Napoléon qui se fit communiquer, une fois devenu président de la République, les dossiers officiels pour connaître celui ou ceux qui l'avaient trahi, tint, par la suite, Montholon à l'écart. Cependant, comme il fit disparaître les preuves, les historiens en sont réduits à des conjectures. En tout état de cause, le prince garda secrets, jusqu'au dernier moment, le lieu et le jour qu'il avait choisis. Aussi l'informateur ne put-il fournir au gouvernement que de vagues renseignements sur la région et sur la période du passage à l'acte. Montholon avait d'ailleurs très bien pu être stipendié, mais tromper ses corrupteurs de manière concertée avec Louis-Napoléon qui se savait surveillé [146].

Le 4 août 1840, les conjurés s'embarquèrent en plusieurs endroits de la Tamise pour ne pas éveiller les soupçons. À Gravesend, Parquin vit un enfant avec un aigle déplumé. Le symbole était fort. Le militaire acheta l'oiseau qui fut attaché au mât du vaisseau. Lorsque le navire fut en pleine mer, Louis-Napoléon dévoila à ses compagnons son plan jusque-là seulement connu de rares initiés. Alors que le bateau tirait des bordées pour ne pas arriver trop tôt à destination, la mer devint mauvaise et plusieurs passagers furent malades.

Dans la nuit du 5 au 6, des canots débarquèrent enfin les hommes près du petit port de Wimereux, à quatre kilomètres de Boulogne. Ils furent accueillis par le lieutenant Aladenize et deux autres complices. Survint une patrouille de la douane. Louis-Napoléon essaya d'abord de la rallier à sa cause, puis, n'y parvenant pas, ordonna qu'elle fût faite prisonnière. À cinq heures, les conjurés arrivèrent à Boulogne. Ils croisèrent un sous-lieutenant, de Maussion, qui courut aussitôt prévenir le capitaine commandant la caserne de Boulogne, Col-Puygellier. Pendant ce temps, dans la caserne, Aladenize fit battre le rappel et présenter les armes par des soldats dociles, puis il donna la parole au prince qui harangua la troupe. À l'extérieur, quelques badauds criaient déjà comme à Strasbourg : « Vive l'empereur ! » Cependant, comme quatre ans plus tôt, le vent tourna rapidement.

Col-Puygellier, de Maussion et quelques soldats loyalistes venaient d'arriver sur place. Sommés de se rallier, ils refusèrent, furent ceinturés, mais se débattirent. Il fallut alors qu'Aladenize s'interposât pour empêcher Persigny d'abattre le capitaine. Cette échauffourée provoqua un flottement dans la troupe. Au moment où des renforts pénétraient à leur tour dans la cour de la caserne, Louis-Napoléon, affolé, saisit un pistolet. Certains témoignages dont celui du principal intéressé assurèrent qu'il fit feu sans le vouloir[147] ; d'autres qu'il visa le capitaine Col-Puygellier[148]. Celui-ci ne fut pas touché. En revanche, un grenadier fut blessé. La résistance de la garnison bouleversait le plan du prince.

Prenant la fuite, les conjurés essayèrent de se réfugier dans la ville haute, mais ils trouvèrent portes closes. Dès lors, ils se débandèrent et s'enfuirent en direction de la plage. Sous la conduite du sous-préfet, du maire de Boulogne et de leurs officiers, la garde nationale et la gendarmerie – auxquelles le gouvernement avait demandé d'être vigilantes – se portèrent rapidement sur place en compagnie d'un détachement du 42e de ligne, des douaniers et des hommes de la lieutenance du port. Dans un geste à la fois romantique et désespéré, Louis-Napoléon voulut mourir au pied de la colonne commémorative de la Grande Armée, mais Persigny et une poignée de fidèles l'entraînèrent vers le rivage. Tous se jetèrent à l'eau pour essayer d'atteindre un canot ancré non loin de là et pour regagner le bateau. Mais les gardes nationaux ouvrirent alors le feu. Trois conjurés furent tués, un autre grièvement blessé [149]. Louis-Napoléon lui-même reçut une balle qui se perdit dans ses vêtements. Il était huit heures du matin, la tentative avait lamentablement échoué. Louis-Napoléon, Persigny et quarante-cinq de leurs complices étaient en état d'arrestation.

La presse fut très dure après cette tentative avortée. Pour *Le Constitutionnel* : « Le fils de la reine Hortense avait été insensé à Strasbourg, aujourd'hui il est odieux [...]. Il se croit héroïque et il n'est que tristement ridicule. [...] On rirait de mépris au récit de ces actes de démence, si le sang n'avait pas coulé ! » *Le Journal des débats* notait de son côté : « Ceci passe la comédie ; on ne tue pas les fous, on les enferme. » Quant à *La Presse*, *a priori* mieux disposée, elle n'était pas moins sévère : « M. Louis Bonaparte s'est placé dans une position telle que nul en France ne peut honorablement aujourd'hui éprouver pour sa personne la moindre sympathie ni même la moindre pitié [150]. » La presse britannique n'était pas plus tendre à l'égard de Louis-Napoléon. Ainsi le *Morning Post* en faisait « un maniaque ridicule », tandis que pour le *Sun* : « Il serait de la dignité et de l'intérêt du gouvernement français de l'enfermer dans un asile de fous. » Et le *Times* de conclure : « S'il avait reçu une balle, c'eût été après tout la meilleure fin d'un aussi malfaisant imbécile [*mischievous blockhead*]. »

Cependant, tout en s'attendant à la tentative de coup de force, les autorités françaises n'en avaient pas moins eu de nouveau très peur [151]. Elles étaient cette fois décidées à sévir. Louis-Napoléon risquait sa tête. Son étoile avait décidément bien pâli.

CHAPITRE III

LE PRISONNIER

« De tout cet empire immense qui embrassait le monde,
[…] il reste un tombeau et une prison.
Un tombeau pour prouver la mort du grand homme,
une prison pour faire mourir sa cause* ! »

« C'est parce que ma fortune m'a trahi deux fois
que mon destin est plus près de son accomplissement.
J'attends mon heure**. »

Un procès hors du commun

Le prince conspirateur quitta Boulogne en berline, le 7 août à minuit, et fut d'abord enfermé à la forteresse de Ham, dans la Somme, dans la nuit du 8 au 9. Le gouvernement ne voulait pas qu'il pût communiquer avec les cinquante et un conjurés qui avaient été arrêtés avec lui [1]. Il craignait aussi que son arrivée immédiate dans la capitale ne provoquât des troubles, voire une tentative pour le faire évader.

À Ham, Louis-Napoléon fut installé dans l'appartement occupé jadis par le prince de Polignac, chef du dernier gouvernement de Charles X [2]. En la circonstance, on avait transféré à la hâte le précédent occupant des lieux, le général carliste Cabrera, dans une autre prison. Le prince auquel le gouverneur de la place,

* Louis-Napoléon Bonaparte, « La Captivité », s.d. [vers décembre 1840].
** Louis-Napoléon Bonaparte à lady Hamilton, 1847.

Lardenois, avait interdit livres, plumes et crayons écrivit alors avec un morceau de charbon sur un mur de sa cellule : « La cause napoléonienne est la cause des intérêts du peuple, c'est la cause européenne. Tôt ou tard, elle triomphera. »

Le 11, il fut emmené à Paris pour y être d'abord interrogé par le préfet de police. Pour la deuxième fois en quatre ans, il comparaissait devant Gabriel Delessert dont la famille était proche de la sienne. Dans son rapport, celui-ci dressait pourtant un portrait peu reluisant du conspirateur : « Ce malheureux jeune homme n'a certes pas l'air d'un conquérant, il semble dépourvu de toute énergie ; profondément abattu, il paraît sentir dans quel abîme il a été précipité par sa présomption[3]. »

Le prince fut ensuite écroué à la Conciergerie dans la cellule même où, cinq ans plus tôt, avait été détenu Fieschi à la suite de son attentat contre Louis-Philippe[4]. Il était très surveillé et ses geôliers avaient reçu l'ordre de l'abattre s'il cherchait à s'évader. Plusieurs centaines de soldats et de gardes municipaux gardaient les abords de la prison. Des troupes stationnaient dans les cours des immeubles voisins, prêtes à intervenir au premier mouvement.

Cet appareil policier et ce luxe de précautions trahissaient la crainte du gouvernement. Le père et les oncles de Louis-Napoléon avaient eu des mots très durs contre sa tentative. Louis avait même écrit à Joseph : « Après ce qu'il vient de faire, je me regarde comme dégagé de toute obligation envers lui et je me répète souvent : je n'ai plus de fils[5]. » Cependant, pour essayer d'amadouer les juges, il rendit publique, le 26 août, une lettre accréditant la thèse selon laquelle son fils avait été abusé et n'était peut-être plus sain d'esprit : « Convaincu [qu'il] est victime d'une infâme intrigue et séduit par de vils flatteurs, de faux amis et peut-être par des conseils insidieux, je ne saurais garder le silence sans manquer à mes devoirs. Je déclare donc que mon fils Napoléon-Louis est tombé encore dans un piège épouvantable, dans un effroyable guet-apens, puisqu'il est impossible qu'un homme qui n'est pas dépourvu de moyens et de bon sens se soit jeté de gaieté de cœur dans un tel précipice. [...] Je recommande mon fils égaré et séduit à ses juges et à tous ceux qui portent un cœur français et de père. »

Pour sa part, Louis-Napoléon restait stoïque. Il savait les risques que comportait son entreprise : « Je supporterai jusqu'au bout avec courage le sort qui m'attend[6]. » Avant de comparaître, il lisait Schiller et traduisait *Ideal und Leben* pour « élever son âme[7] » : « Ces rêves jadis si beaux, si divins, ils sont tombés en proie à la triste réalité ! [...] Avec quelle audace il s'élançait dans la vie, transporté par une noble ardeur, le jeune homme, que le délire de ses rêves rendait heureux et dont aucun souci n'avait encore arrêté la fougue ! Le vol altier des projets l'emportait jusqu'au sommet du firmament ; rien n'était trop loin, pour que dans son ivresse il ne crût pouvoir l'atteindre. [...] Mais, hélas ! à peine au milieu de sa route, ses compagnons infidèles l'avaient déjà abandonné, et l'un après l'autre ils s'étaient enfuis précipitamment[8]. »

Une fois encore, les autorités souhaitaient ne pas faire traîner les choses[9]. Il fallait à tout prix éviter que les conjurés bénéficiassent de la mansuétude d'un jury populaire et ne se servissent de leur procès pour s'adresser au peuple français, comme dans l'affaire de Strasbourg. On décida donc de les traduire devant la Chambre des pairs dont les membres, nommés par le roi, étaient des fidèles du régime[10]. Nombre de pairs n'en éprouvaient pas moins une profonde gêne à devoir juger un Napoléonide. Beaucoup d'entre eux avaient servi l'empereur, certains lui étaient redevables de leur fortune, quelques-uns lui conservaient leur sympathie. Citons parmi ces pairs le duc de Cambacérès, le comte Daru, le général comte Exelmans, le maréchal comte Gérard, le comte Molé, le maréchal comte Molitor, le duc de Plaisance ou encore le comte Portalis. Leur président lui-même, le chancelier Pasquier, n'avait-il pas été préfet de police sous le premier Empire ?

Contrairement au coup de Strasbourg, celui de Boulogne reçut une grande publicité. Le roi se rendit même sur le littoral du Pas-de-Calais pour féliciter les habitants de leur « héroïque résistance » et la presse gouvernementale reproduisit l'événement avec force détails[11]. L'affaire fut également instruite avec plus de sérieux. À cet effet, la Chambre devenue Cour des pairs désigna une commission d'instruction, le 18 août[12]. Cependant, le gouvernement ne souhaitait pas pousser trop loin les investigations dans les sphères du pouvoir, dont les résultats pourraient provoquer un scandale et révéler davantage encore la fragilité du régime. Ainsi, de nombreuses lettres compromettantes qui furent saisies chez d'Almbert et transmises par le préfet de police à la commission ne furent pas versées au dossier. Seules les ramifications militaires du complot semblaient préoccuper les autorités, mais le principal intéressé,

Louis-Napoléon, se montrait peu coopératif. Il répondait aux questions en prenant son temps, d'une voix lente et teintée d'un fort accent germanique. Alors que la commission d'instruction le sommait de donner les importantes complicités dont il avait bénéficié, il ne fournit aucun nom et aucun détail et se contenta de rétorquer fièrement, à l'instar du général Malet qui avait conspiré contre son oncle, en 1812 : « Les pairs eux-mêmes, si j'avais réussi ! »

Après avoir entendu le rapport accablant de Persil, au nom de la commission, la cour prononça, le 16 septembre, la mise en accusation de vingt et un conjurés dont Louis-Napoléon pour « crime d'attentat à la sûreté de l'État [13] ». Le légitimiste Berryer et le républicain Marie avaient accepté de défendre le prince et Montholon. D'autres éminents avocats politiques comme Ferdinand Barrot, Barrillon, Nogent-Saint-Laurens, Jules Favre, Lignier ou Ducluzeau se chargeaient de leurs compagnons d'infortune. Louis-Napoléon réglait l'ensemble de leurs honoraires [14].

Le procès commença le 28 septembre et nécessita huit audiences, jusqu'au 6 octobre [15]. Comme ses amis, Louis-Napoléon, qui comparut tout de noir vêtu et porteur de la plaque de grand aigle de la Légion d'honneur, fit preuve de calme et d'assurance. Lorsque Pasquier lui demanda de décliner son identité, à la première audience du 28, il répliqua fièrement : « Prince français en exil. » L'accusé se fit d'ailleurs aussitôt accusateur, en lisant un texte mûrement médité [16]. Il précisait tout d'abord qu'il entendait profiter de l'occasion solennelle qui lui était offerte pour s'expliquer devant le pays. Il affirmait ensuite ne pas avoir agi par ambition personnelle, mais pour redonner au peuple une souveraineté usurpée par le régime de Juillet. Il avait tout conçu lui-même. Ses compagnons d'infortune n'avaient fait que le suivre, mais il n'avait pas abusé d'eux, car ses « raisons d'espérer un succès [...] étaient étendues et puissantes ». Cela revenait à avouer à demi-mot qu'il avait effectivement bénéficié de complicités dans les sphères dirigeantes, mais il s'empressait d'ajouter que l'honneur et la prudence lui interdisaient d'en dire plus. Il plaçait ensuite les pairs devant leurs responsabilités : « Je représente devant vous un principe, une cause, une défaite. Le principe, c'est la souveraineté du peuple, la cause celle de l'Empire, la défaite Waterloo. Le principe, vous l'avez reconnu ; la cause, vous l'avez servie ; la défaite, vous voulez la venger. Non il n'y a pas de désaccord entre vous et moi et je ne veux pas croire que je puisse être dévoué à porter la peine des défections d'autrui. » Il déniait ensuite la compétence du tribunal : « Représentant d'une cause politique, je ne puis accepter comme juge de mes volontés et de mes actes une juridiction politique. Vos formes n'abusent personne ». Et n'attendait d'ailleurs aucune clémence : « Dans la lutte qui s'ouvre, il n'y a qu'un vainqueur et qu'un vaincu. Si vous êtes les hommes du vainqueur, je n'ai pas de justice à attendre de vous et je ne veux pas de votre générosité. »

Les comptes rendus de l'audience indiquent que ses paroles furent suivies d'une « vive et longue agitation ». Il fut ensuite interrogé, mais ses juges ne purent tirer de lui rien d'autre que ce qu'il venait de proclamer, puis vint le tour de ses complices. Si la plupart affirmèrent n'avoir pris connaissance des projets du prince que sur le bateau, comme lui-même venait de l'indiquer, aucun ne renia ses actes, aucun ne chercha à alléger sa peine en accablant ses compagnons.

Le réquisitoire du procureur général Franck-Carré fut tout à la fois sévère et solide, mais il traduisait toutes les ambiguïtés du régime vis-à-vis de l'héritage impérial : « L'épée d'Austerlitz ! Elle est trop lourde, pour vos mains débiles. Cette épée, c'est l'épée de la France. Malheur à qui tenterait de la lui enlever ! [...] Qui êtes-vous pour afficher de si extravagantes prétentions ? Qui donc êtes-vous pour vous ériger en représentant du peuple, sur cette terre où règne un prince que la nation a choisi et auquel elle a remis elle-même le sceptre et l'épée ? » Suivirent les plaidoiries des avocats dont la plus attendue et la plus remarquable fut celle de Berryer. Le ténor du barreau eut beau jeu de s'engouffrer dans la brèche ouverte par le procureur général. Il rappela aux juges tout ce qu'ils devaient à l'oncle du prince : « Qui êtes-vous ? comtes, barons, vous qui fûtes ministres, généraux, sénateurs, maréchaux, à qui devez-vous vos titres, vos honneurs ? » Selon lui, Louis-Philippe avait moins de légitimité pour succéder à Charles X que Louis-Napoléon pour chercher à prendre la place du « roi des barricades ». En déposant la demande de crédits pour le retour des cendres, en mai précédent, Rémusat n'avait-il pas affirmé à la Chambre des députés que Napoléon avait été le souverain légitime de la France ? Le seul tort de son neveu à Boulogne était finalement d'avoir échoué.

Le 6 octobre 1840, la Cour des pairs rendit son verdict. La majorité des pairs, soit cent soixante sur trois cent douze, s'abstinrent sous une forme ou sous une autre, ce qui soulignait de façon éloquente l'embarras général. Seuls cent cinquante-deux acceptèrent donc de concourir au jugement [17]. Si la condamnation du prince ne faisait pas de doute, la peine qui devait lui être appliquée était en revanche problématique. Il était impossible de prononcer un verdict de mort, alors même que l'on attendait le retour des cendres de son oncle. Pour les mêmes raisons, la déportation à perpétuité était impensable, car il s'agissait d'une peine afflictive et infamante qui rappelait trop celle de l'exilé de Sainte-Hélène. Le Code pénal prévoyait bien d'autres peines comme la détention de cinq à vingt ans ou l'emprisonnement de six jours à cinq mois, mais elles apparaissaient dérisoires au regard de la récidive et auraient été considérées comme un aveu de la faiblesse gouvernementale. Une nouvelle peine fut donc inventée. Sur le chef d'accusation d'avoir commis « un attentat dont le but était de détruire le gouvernement, de changer l'ordre de successibilité au trône et d'exciter la guerre civile en armant ou en portant les citoyens habitants à s'armer les uns contre les autres », le prince fut condamné à « l'emprisonnement perpétuel dans une forteresse située sur le territoire continental du royaume ».

Parmi les comparses, le lieutenant Aladenize, le seul militaire de la garnison de Boulogne à avoir participé à la conjuration, fut le plus lourdement puni. Il fut condamné à la déportation à vie. Persigny, Montholon, Parquin et Lombard se virent infliger vingt ans d'incarcération, Le Duff de Mésonan quinze ans, et huit autres prévenus des peines allant de deux à dix ans, dont Conneau, cinq ans. Les six derniers furent acquittés. Quant aux officiers supérieurs soupçonnés de complicité mais dont le procès n'avait pas réussi à prouver la culpabilité, ils ne furent pas inquiétés. Clauzel, qui n'avait plus de commandement, fut mis à la retraite et put poursuivre sa carrière politique, jusqu'à sa mort en juin 1842. Magnan, qui avait déposé avec le plus grand embarras, fut pourtant maintenu au commandement du département du Nord. Quant au colonel Husson, il fut confirmé à la tête de la garnison de Saint-Omer [18].

Contrairement à ce qu'espérait le prince, son procès n'eut pas beaucoup de retentissement dans l'opinion. Il souffrit en effet de la concurrence d'un grand procès criminel qui se déroulait en même temps, celui de Mme Lafarge que l'on accusait d'avoir empoisonné son mari [19]. Quelques heures après le prononcé du jugement, Louis-Napoléon partit une seconde fois pour le fort de Ham.

En prenant congé d'eux, il aurait dit à ses juges : « On disait autrefois que le mot *impossible* n'était pas français ; aujourd'hui, on peut en dire autant du mot *perpétuel* » et à Berryer : « Et combien cela dure-t-il en France la perpétuité [20] ? » Ces anecdotes sont peut-être apocryphes, mais elles traduisent assez bien son état d'esprit. Cependant, à cet instant, le prince était sans doute le seul à penser que son aventure ne s'arrêterait pas là.

Le quotidien d'un prince prisonnier

Le fort de Ham était un château médiéval datant du règne de Louis XI, avec tours d'angle et donjon, pont-levis et créneaux, souterrains et oubliettes. Il était perdu au milieu d'une plaine nue et couverte de marais, en bordure du canal de la Somme [21]. Transformé en prison d'État en décembre 1830 pour accueillir les ministres du roi renversé Charles X, il n'avait pas été entretenu depuis et était délabré. À son arrivée, le 7 octobre, Louis-Napoléon fut écroué avec le signalement suivant : « Âgé de 32 ans ; taille 1 m. 66 ; cheveux et sourcils châtain ; yeux gris et petits ; nez grand ; bouche moyenne ; barbe brune ; moustaches blondes ; menton pointu ; visage ovale ; teint pâle ; tête enfouie dans les épaules ; épaules larges ; dos voûté ; lèvres épaisses [22]. » Par une faveur du pouvoir, il avait pu choisir les compagnons d'infortune qui l'accompagneraient, « à l'exception de Fialin dit de Persigny dont l'influence pernicieuse [était] trop connue » et qui fut emprisonné à Doullens, comme la plupart des autres condamnés. Le prince accepta que le général de Montholon et le docteur Conneau partageassent sa captivité. En outre, son domestique, Thélin, le rejoignit volontairement dès le 22 octobre [23].

Louis-Napoléon et ses compagnons de captivité étaient logés dans un bâtiment, fruste et exigu, situé dans la cour. Il habitait le premier étage avec Conneau pendant que Montholon occupait une partie du rez-de-chaussée. Louis-Napoléon disposait d'un appartement composé de deux grandes pièces, un salon et une chambre. L'écrivain américain Henry Wikoff nous a laissé la description détaillée des lieux : « Mon regard errait dans la chambre qui m'a beaucoup étonné par son manque de confort. C'était très petit, les murs étaient nus et le plancher sans tapis. Le mobilier se composait de trois ou quatre chaises en bois, une simple table sur laquelle se trouvait une petite lampe d'étudiant. Dans une alcôve, de chaque côté de la cheminée étaient installées des étagères qui montaient jusqu'au plafond, remplies de livres. Çà et là dans l'appartement, accrochées aux murs, on voyait quelques gravures et miniatures de la famille du Prince. Sur le manteau de la cheminée en bois, il y avait une petite pendule avec, au-dessus, un petit miroir. L'ensemble ressemblait à une cuisine ordinaire dans une maison modeste[24]. » Encore s'agissait-il là d'une description tardive, car Louis-Napoléon était logé dans des conditions bien pires lors des premiers mois. Le gouvernement s'était en effet contenté d'accorder 125 francs de crédits d'ameublement et ce dernier était donc des plus sommaires : un « lit, des rideaux blancs, une fenêtre, une table ronde, une commode et des chaises[25] ». En protestant publiquement contre le régime carcéral qui lui était infligé, le prince glissa habilement quelques mots sur ses conditions de logement : « Habitué dès mon enfance à une vie rude je ne me plains nullement de l'inconvenante simplicité de ma demeure[26]. » Pour ne pas paraître mesquin, le gouvernement décida alors d'améliorer son installation. Il ajouta une salle de bains en juin 1842 et transforma une pièce inoccupée en laboratoire pour qu'il pût se livrer à des travaux de sculpture sur bois et à des expériences de physique et de chimie. Il avait en revanche tenu d'emblée à ce que les prisonniers fussent correctement nourris pour les maintenir en bonne santé. Une cuisinière leur fut donc attribuée. Elle leur préparait des repas qui coûtaient à l'État sept francs par jour pour Louis-Napoléon et six pour chacun de ses deux compagnons[27].

Malgré l'amélioration de ces conditions de détention, le prince se plaignait d'être l'objet de multiples petites tracasseries, de devoir rester au secret et de vivre sous une surveillance étroite et constante de trois cent cinquante hommes avec lesquels aucun contact ne lui était permis. Le gouverneur Lardenois, homme rigide et rigoureux, lui interdisait de détenir le moindre couteau de peur qu'il se suicidât[28]. Il ne pouvait lire que l'orléaniste *Journal des débats* et n'avait droit à aucune visite[29]. Sa correspondance avec l'extérieur était systématiquement lue et parfois censurée. Le ministère de l'Intérieur établit même un commissaire spécial de police à Ham, du nom de Napoléon Leras, dont la mission était de le surveiller et d'établir un rapport quotidien sur son compte. Les autorités redoutaient une évasion ou un coup de main pour le libérer. Elles doublèrent la garde au moment du retour des cendres à Paris, le 10 décembre 1840, mais vécurent néanmoins dans l'angoisse, car circulaient des rumeurs sur une tentative imminente. Leras prit alors l'habitude de faire visiter les auberges du bourg et des environs à toute heure du jour et de la nuit. Lorsqu'en janvier 1841, il crut découvrir un complot qui impliquait de nombreux soldats et qui avait pour but de faire évader le prince, la garnison fut aussitôt changée [30]. Malgré ces bouleversements extérieurs, le quotidien du prisonnier n'en était pas moins monotone : « Je me lève tous les jours entre 8 et 9. Je m'occupe jusqu'à midi, heure du déjeuner. Je sors après le repas sur mon bastion où je me promène jusqu'à 3 heures. Je rentre alors et je reprends mes occupations jusqu'à l'heure du dîner qui est à 8 h. Ensuite nous lisons et nous jouons aux échecs jusqu'à 10 h 30 ou 11 heures. Et ici tous les jours se ressemblent [31]. »

Au bout de quelques mois, les conditions de détention de Louis-Napoléon finirent par s'assouplir. Alors qu'il n'avait pu recevoir jusque-là que deux hommes d'affaires en présence de ses gardiens, il fut autorisé à s'entretenir avec Mme de Salvage sans témoin. En février 1841, il lui fut même possible de jardiner dans une courtine et il planta force arbustes et graines qui lui donnèrent au printemps suivant des fleurs qui lui « rappel[ai]ent la liberté des champs [32] ». Il put monter à cheval dans l'enceinte, même s'il dut y renoncer pendant plusieurs mois à la suite d'une sérieuse chute [33]. Début mai 1841, il obtint aussi que son domestique Thélin pût sortir librement du fort, ce qui facilita ses relations avec l'extérieur [34]. En revanche, il n'avait toujours pas le droit de communiquer avec les soldats et continuait d'être épié jusque dans sa chambre. Aussi rédigea-t-il, le 22 mai 1841, une lettre de protestation qu'il chargea Mme de Salvage de faire parvenir aux ambassadeurs de Russie, d'Autriche, de Suède, de Bavière, de Wurtemberg, de Bade et du Portugal. Il s'y plaignait « d'être victime de mesures vexatoires inutiles à [s]a sûreté » et ajoutait : « Je suis comme un excommunié du treizième siècle, tout le monde fuit à mon approche, tous craignent mon attouchement comme si mon souffle était contagieux. » Il tenait donc à faire savoir à l'Europe qu'il était plus mal traité que les ministres de Charles X. « Et cependant les ministres n'étaient pas nés sur les marches du trône. Ils n'avaient pas été condamnés au simple emprisonnement, mais à une peine plus sévère, la déportation. Ils n'étaient pas enfin les représentants d'une cause qui est l'objet de la vénération de la France[35]. »

Le gouvernement avait trop peur qu'il sympathisât avec ses geôliers pour lui permettre d'entretenir des rapports avec eux. Du reste, certains soldats un peu trop enthousiastes n'hésitaient pas à crier « Vive Napoléon ! » en l'apercevant, ce qui obligeait les autorités à les changer souvent[36]. Au début de l'été 1842, un régiment passant à proximité lui témoigna même « sa sympathie d'une manière si peu équivoque qu'on [crût] un moment qu'il allait emporter la citadelle d'assaut[37] ». Ces craintes ne s'appliquaient pas aux deux commandants successifs des troupes, Girardet, puis, à partir de 1842, Demarle, qui étaient de fidèles orléanistes. Le second commandait d'ailleurs la place de Boulogne au moment de la tentative du 6 août 1840. Il pouvait donc se permettre de recevoir chez lui son illustre prisonnier dont son épouse appréciait la compagnie et de faire avec lui et ses deux autres prisonniers de fréquentes parties de whist.

Louis-Napoléon obtint même une présence féminine. En effet, dès décembre 1840, la maîtresse de Montholon, une Irlandaise appelée Caroline Jane O'Hara qui se prétendait comtesse de Lee, avait été autorisée à séjourner à Ham, avec une jolie servante âgée de vingt ans, Éléonore Vergeot, fille d'un tisserand du lieu. Louis-Napoléon, qui la trouvait très à son goût, fit des démarches pour qu'elle devînt sa lingère à demeure. Le gouvernement, qui espérait calmer le prince après sa protestation du 22 mai 1841 et sans doute aussi l'habituer à sa captivité, lui accorda cette faveur, dès le 25.

La « belle sabotière », comme on la surnomma, donna deux fils au prince, Eugène et Louis, nés à Paris pour éviter le scandale, le premier en février 1843 et le second en mars 1845[38]. Si Louis-Napoléon se montra « médiocrement satisfait » de ces naissances et ne les reconnut pas, il les assuma en accordant une pension aux enfants et chargea son frère de lait, Pierre Bure, de s'occuper d'eux. Celui-ci le fit si bien qu'en 1858 il épousa Éléonore et adopta les deux garçons[39]. Louis-Napoléon ne perdit jamais de vue Eugène, qui devient consul, et Louis, qui préféra mener une vie aventureuse au Mexique. En juin 1870, ils leur octroya même des titres assortis de domaines dans les Landes : Eugène devint comte d'Orx et Louis comte de Labenne[40].

Dans l'épreuve qu'il subissait, Louis-Napoléon se rapprocha aussi de la religion. Il obtint que le curé de Ham, l'abbé Timarche, vînt célébrer la messe à la citadelle, il prit l'habitude de faire ses Pâques et rédigea même un *Credo*[41]. Il faut dire que sa famille ne se manifestait plus, à l'exception de ses cousins Napoléon-Jérôme et Marie de Bade, devenue duchesse de Hamilton. Son père semblait l'avoir définitivement abandonné. Quant à Mathilde, elle ne lui donna plus signe de vie et ce fut par d'autres qu'il apprit son mariage avec le richissime prince russe Anatole Demidoff, en novembre 1840. Il pouvait toutefois se consoler grâce aux visites qu'il recevait, à raison d'une tous les deux jours, en moyenne. Les habitants du village venaient le remercier en délégation pour les multiples dons qu'il leur faisait : paiement des frais de première communion des enfants pauvres, dotation des écoles, etc.[42] Des illustres personnalités firent également le voyage de Ham, comme Berryer, l'historien et journaliste socialiste Louis Blanc[43], ou encore Alexandre Dumas qui vit sans doute en lui un héros digne de ses romans.

Cependant, les visiteurs les plus réguliers étaient les hommes d'affaires qui géraient sa fortune, des sympathisants politiques et ses amis proches. Il faut dire que Louis-Napoléon se débattait avec de sérieux soucis d'argent. Avec l'affaire de Boulogne, les frais du procès, les pensions et secours qu'il versait aux anciens serviteurs de sa mère, à ses compagnons d'infortune et à certains solliciteurs et le coût d'une propagande à laquelle il n'entendait mettre un terme sous aucun prétexte, il dépensait désormais plus de 200 000 francs chaque année et ses finances accusaient un déficit annuel de près de 100 000 francs[44]. Pour essayer de résoudre ces difficultés, il recevait fréquemment non plus Mme de Salvage, avec laquelle il s'était brouillé[45], mais son frère de lait, Bure, qui était aussi son intendant, et l'avocat Nogent-Saint-Laurens, qui s'occupait de tous ses litiges juridiques. En janvier 1841, il engagea même un procès contre le gouvernement français pour récupérer les biens confisqués à sa mère en 1814. L'affaire était d'importance puisque le dédommagement demandé était supérieur à vingt millions. Malheureusement, il n'obtint rien, pas plus d'ailleurs qu'en 1843 lorsqu'il chargea Nogent-Saint-Laurens de reprendre l'affaire[46]. Malgré son attachement pour le château d'Arenenberg, il dut le mettre en vente à réméré, en 1841. Alors qu'il en demandait 500 000 francs, il ne put en obtenir, en janvier 1843, qu'une somme dérisoire : 68 571 francs, mobilier compris. Il s'était même résolu, au cours des mois précédents, à se séparer de son cheval[47]. Parallèlement, il pria son cousin Napoléon-Jérôme de demander au prince Demidoff de lui prêter 200 000 francs pour cinq ans ou de lui acheter pour la même somme le talisman de Charlemagne, une tapisserie des Gobelins qui représentait une distribution de sabres d'honneur par le premier consul, un camée d'Auguste trouvé par Bonaparte lors de la campagne d'Égypte, le portrait de Joséphine par Prud'hon ou encore le lavabo de Louis XIV[48]. « C'est bien à regret que je suis obligé de vendre tout ce qui me reste, mais la nécessité n'a pas de lois. [...] Je suis décidé à boire jusqu'à la lie s'il le faut la coupe amère que je me suis versée[49]. » Mais sa démarche n'eut guère de succès. Il ne réussit à obtenir de prêts ni de grandes banques étrangères comme la Baring, ni de banques locales comme la Banque de Saint-Quentin.

Parmi les fervents admirateurs de sa cause, le grand propriétaire et sucrier picard Fouquier d'Hérouël obtint de le voir une fois par mois et lui rendit trente-neuf visites au total. Cependant, il ne lui fut d'aucun secours financier[50]. Après avoir purgé sa peine de prison, Laity vint s'installer à Ham à l'automne 1843 et lui fit dès lors, en moyenne, deux visites par semaine, ce qui le toucha beaucoup[51]. Le poète Louis Belmontet, qui avait été l'un des éditeurs des Mémoires de sa mère et l'auteur d'une biographie du prince, vint aussi le voir à plusieurs reprises. Ses amis de longue date tels Vieillard, Mocquard, Mme Gordon et Hortense Cornu ne l'oubliaient pas non plus.

Filleule du prince avec lequel elle avait passé une partie de son enfance, Hortense Lacroix était dotée d'une érudition prodigieuse qui étonnait les savants et les écrivains de son temps. Elle avait aidé la reine Hortense à mettre en forme ses Mémoires, puis elle avait épousé le peintre Sébastien Cornu, élève d'Ingres. Républicaine et voltairienne convaincue, elle s'était brouillée avec Louis-Napoléon. Pourtant, dans l'adversité, elle avait renoué avec lui. Ayant été l'une des rares à venir le visiter à la Conciergerie, elle se mit à correspondre régulièrement avec lui et fit sept voyages à Ham avec son époux[52]. Dans une lettre du 29 août 1842, le prisonnier décrivait la nature de leur relation : « Je voudrais que vous fussiez un homme ! Vous comprenez si bien les choses et, sauf quelques détails, je pense comme vous. Cependant, je pense que vous êtes très bien telle que vous êtes et ce serait dommage de changer ; nos relations y perdraient de leur charme, car le sentiment que j'ai pour vous vaut mieux que l'amour, il est plus durable ; il vaut mieux que l'amitié, il est plus tendre[53]. » Hortense Cornu lui avait présenté Fouquier d'Hérouël. Elle essaya aussi de placer ses objets d'art auprès des Hohenzollern et de la reine de Suède, sans plus de réussite que Napoléon-Jérôme. S'occupant de ses deux fils dans les mois qui suivirent leurs naissances, elle accepta aussi de réaliser des recherches en bibliothèque et de courir les libraires pour se procurer les ouvrages dont il avait besoin pour ses travaux.

L'université de Ham

Dès son arrivée à la forteresse, Louis-Napoléon avait réclamé des livres et projeté de nouveaux ouvrages[54]. L'arrivée des cendres de son oncle dans la capitale lui fournit d'ailleurs l'occasion de composer, depuis son « Sainte-Hélène-sur-Somme[55] », une élégie intitulée : « Aux mânes de l'Empereur » qu'il diffusa dans la presse[56]. Il y laissait sourdre la tragédie de son destin : « Sire, vous revenez dans votre capitale et le peuple en foule salue votre retour ; mais moi, du fond de mon cachot, je ne puis apercevoir qu'un rayon de soleil qui éclaire vos funérailles ! N'en veuillez pas à votre famille de ce qu'elle n'est pas là pour vous recevoir ; votre exil et vos malheurs ont cessé avec votre vie ; mais les nôtres durent toujours[57] ! »

Encouragé par Vieillard, il passa bientôt le plus clair de son temps « à étudier, à réfléchir et à espérer », en se consacrant à des travaux scientifiques, historiques, économiques et politiques. Comme il l'écrivit en 1841 : « Plus le corps est étroitement resserré, plus l'esprit est disposé à se lancer dans les espaces imaginaires et à agiter la possibilité d'exécution de projets auxquels une existence plus active ne lui aurait peut-être pas laissé le loisir de songer » et lorsqu'on le questionnait, plus tard, sur l'origine de ses multiples connaissances, il répondait invariablement qu'il les devait à son « université de Ham[58] ».

Dans le petit laboratoire qu'il s'était fait construire et grâce au matériel et aux produits que lui fournissait le pharmacien de Ham, il se livrait avec le docteur Conneau à des expériences de physique et de chimie sur des sujets aussi variés que la pile électrique, les amorces fulminantes pour les fusils, la condensation du gaz carbonique liquide et la galvanoplastie[59]. Il envoya un mémoire sur ses travaux d'électricité au savant François Arago et eut les honneurs des *Comptes rendus de l'Académie des sciences*[60]. Se sentant encouragé, il essaya ensuite de fabriquer une machine en vue de substituer l'électricité à la vapeur, grâce à une géniale intuition, mais il finit par se lasser[61]. Il se consacra aussi à la menuiserie, fabriqua un canapé et un fauteuil et sculpta même un aigle. Parallèlement, il entreprit des travaux d'histoire, discipline qu'il portait très haut : « La *vérité historique* me semble devoir être, après la religion, tout ce qu'il y a de plus sacré au monde. Car l'une et l'autre sont deux guides principaux de notre existence ; la religion en nous montrant l'avenir ; l'histoire en nous montrant le passé[62]. » Manifestant un intérêt de longue date pour Charlemagne, dont il estimait que son oncle était l'héritier, il envisageait, au moins depuis 1835, d'écrire une biographie sur lui, car « ce ne sont pas seulement les actions d'un grand homme qu'il importe de connaître, c'est surtout l'influence de ses actions sur les contemporains et sur l'époque qui l'a suivi[63] ». Il reprit cette idée en 1841, fit faire des recherches à ses amis dont Mme Cornu[64] et à son cousin Napoléon-Jérôme et demanda même des conseils à Chateaubriand, mais le projet n'aboutit pas[65]. Sismondi ne lui avait-il pas affirmé que tout avait été déjà écrit sur l'empereur franc[66] ?

Le prince manifesta davantage de suite dans les idées à propos de l'artillerie. Il entendait en effet accroître le capital de sympathie dont il disposait dans l'armée et souhaitait donner une perspective historique à son *Manuel d'artillerie*. Il y consacra une partie des années 1843 et 1844 et rédigea les deux premiers volumes de ses *Études sur le passé et l'avenir de l'artillerie* qui furent publiés en 1846 et en 1851[67]. Ce vrai travail d'historien, où l'auteur citait ses sources et qui était riche en découvertes, devait beaucoup aux recherches de ses amis, le colonel Dufour, Arese et plus encore Hortense Cornu qui lui avait fait livrer des caisses entières d'ouvrages et de manuscrits dont elle avait obtenu le prêt à la Bibliothèque royale et qui avait mis son époux à contribution en lui demandant de dessiner des armes anciennes[68]. Il s'imposa immédiatement comme une œuvre de référence.

Cependant, Louis-Napoléon ne voulait pas seulement tromper son ennui, s'enrichir intellectuellement ou même obtenir la reconnaissance de la communauté scientifique. Il entendait aussi que ses recherches pussent servir sa cause et préparer son futur avènement dont il ne doutait toujours pas.

Il décida d'abord de répondre à l'anglophile Guizot, historien, doctrinaire de la monarchie de Juillet et principal ministre de Louis-Philippe depuis octobre 1840, qui avait l'habitude de comparer la révolution anglaise de 1688 et la révolution parisienne de 1830. En 1841, il demanda donc à Vieillard de lui fournir des ouvrages et des renseignements précis sur l'histoire de l'Angleterre[69]. Il rédigea alors les *Fragments historiques, 1688 et 1830* dans lesquels il affirmait que Louis-Philippe avait trahi l'esprit des Trois Glorieuses en exerçant le pouvoir, contrairement à Guillaume d'Orange après la Glorieuse Révolution. Retournant les arguments de Guizot, il lançait un avertissement solennel au roi des Français : il devait changer de politique sans quoi il pourrait subir le sort des Stuart et être renversé à son tour !

Un tel discours ne pouvait que séduire les républicains. Ils partageaient la même aversion que les bonapartistes à l'égard de la monarchie bourgeoise, cherchaient comme eux à la renverser et subissaient les mêmes persécutions. Tant par son histoire personnelle que par ses idées, le prisonnier de Ham leur inspirait une certaine sympathie. Plusieurs d'entre eux vinrent lui rendre visite dont le journaliste Frédéric Degeorge. Enrôlé à seize ans, l'homme avait combattu lors des campagnes de France et de Belgique en 1814-1815, puis s'était affilié à la charbonnerie, avait participé à de nombreuses conspirations sous la Restauration, avait connu l'exil en Angleterre avant de se lancer dans le journalisme, d'être l'un des acteurs de la révolution de Juillet et de devenir l'un des plus grands contempteurs de ses résultats. Quoique républicain, il avait toujours manifesté la plus grande admiration pour Napoléon. Son neveu le séduisit. De cette rencontre sortit l'idée d'une collaboration du prince et du journaliste. Durant quatre ans, Louis-Napoléon donna plusieurs dizaines d'articles au journal de Degeorge, *Le Progrès du Pas-de-Calais*. Il contribua également à d'autres feuilles républicaines locales, comme *Le Guetteur de Saint-Quentin* de Calixte Souplet, *Le Journal du Maine-et-Loire* ou encore *Le Journal du Loiret*, ravies de pouvoir compter sur le concours d'un nom aussi illustre.

Dans ses articles, le prince s'en prenait à Louis-Philippe et à son régime, mais aussi à l'opposition dynastique menée par Odilon Barrot, qui manquait, selon lui, à ses devoirs : « On insulte la

France : le ministère baisse la tête ; vous, vous la relevez, mais pour vous taire, montrant ainsi le spectacle le plus déplorable, l'arrogance dans l'humiliation. » En conséquence, Barrot et ses amis risquaient de le payer : « La France marchera sans vous, si vous ne savez la conduire [70]. » Le langage ferme des républicains recevait, au contraire, ses éloges. En réponse, la rédaction du *Journal du Loiret* l'annexait à sa cause : « Notre sympathie est avec le prince Louis-Napoléon. À nos yeux, il n'est plus un prétendant, mais un membre de notre parti, un soldat sous notre drapeau [71]. » Et Louis-Napoléon semblait d'ailleurs se laisser faire : « Je ne croirai jamais que la France soit l'apanage d'un homme ou d'une famille, je n'ai jamais revendiqué d'autres droits que ceux de citoyen français et je n'aurai jamais d'autre désir que celui de voir le peuple entier choisir en toute liberté la forme du gouvernement qui lui convient [72]. » Cependant, il hésitait entre la république consulaire et l'empire. Certains affirmaient même qu'il entretenait sciemment le doute sur ses préférences. C'était oublier certaines de ses autres initiatives et déclarations.

Après avoir envisagé de fonder sa propre revue [73], Louis-Napoléon soutenait ainsi *La Revue de l'Empire* fondée par Temblaire et lui donna même un texte intitulé : « À quoi tiennent les destinées des Empires [74] ». Il rendit aussi publique une longue lettre dans laquelle il s'opposait à Lamartine qui venait de critiquer l'œuvre de l'Empire [75]. Dans tous ces articles, il n'abordait pas que les questions politiques, mais aussi l'actualité internationale [76], coloniale [77] ou religieuse [78]. Il entendait en effet apparaître comme un homme de son temps.

Il confirma d'ailleurs son intérêt pour les questions économiques et sociales qui l'avait incité à visiter les régions industrielles de l'Angleterre et à étudier les œuvres saint-simoniennes, en publiant deux importantes brochures : *Analyse sur la question des sucres* en 1842 et *L'Extinction du paupérisme* en 1844 [79]. Il accepta de rédiger la première à la demande de son nouvel ami, le raffineur de sucre Fouquier d'Hérouël, très inquiet depuis que le gouvernement projetait de modifier les droits sur les sucres au détriment de la production autochtone. L'industriel, ses collègues, ainsi qu'Hortense Cornu, lui fournirent la documentation dont il avait besoin [80]. Dans son texte, le prince défendait le sucre de betterave face au sucre de canne et aux colons des Antilles, au nom de la richesse qu'il produisait et du travail qu'il fournissait. Il soulignait au passage son impartialité. Certes son oncle était le créateur de l'industrie du sucre de betterave, mais sa « grand-mère, l'impératrice Joséphine, [était] née dans ces îles où retentiss[ai]ent aujourd'hui les plaintes contre la concurrence des produits de la métropole[81] ». Il concluait en réclamant la liberté de développement du sucre métropolitain, celle d'exporter à l'étranger le sucre des colonies et l'application rigoureuse de l'échelle mobile au sucre étranger. Ravis, les raffineurs de sucre imprimèrent l'étude à leurs frais et l'envoyèrent au gouvernement, aux Chambres, aux conseils généraux et à la presse, ce qui lui valut une grande audience[82].

Louis-Napoléon attachait cependant une importance plus grande à la seconde brochure, car elle devait définir sa pensée sociale et le rendre populaire auprès des couches laborieuses. Il en avait commencé la rédaction au début de l'année 1843[83] et y consacra la majeure partie de son temps pendant plusieurs mois. Il tint en effet à compléter son information en lisant les travaux des pères de l'économie politique d'Adam Smith à Jean-Baptiste Say, *L'Organisation du travail*, le maître ouvrage de Louis Blanc, et les articles de *L'Atelier*, journal d'inspiration socialiste et chrétienne auquel il se fit abonner par Hortense Cornu[84]. En socialiste – qualificatif qu'il revendiquait –, il préconisait à l'instar de Louis Blanc l'organisation du travail et l'implication de l'État, pour corriger les excès du capitalisme libéral. Il prônait, en particulier, la création de colonies agricoles pour mettre en valeur les espaces incultes, pour employer les paysans sans terre ainsi que les chômeurs urbains, mais aussi pour constituer, en cas de besoin, un réservoir de main-d'œuvre industrielle. Interdite depuis la loi Le Chapelier de juin 1791, l'association était « la grande pensée ouvrière des années quarante[85] » et Louis-Napoléon ne l'oubliait pas puisqu'il prévoyait que les colons seraient associés à la gestion des domaines sur lesquels ils travailleraient. Selon lui, une avance gouvernementale de 300 millions sur quatre ans permettrait de faire vivre près de deux cent mille familles. Le bénéfice annuel de l'opération ne tarderait pas à dépasser 800 000 francs. En proposant des chiffres détaillés et précis, il cherchait à montrer la viabilité de son projet.

Il y avait indéniablement une part d'opportunisme dans sa démarche, mais il était également convaincu de son bien-fondé. Avec trois éditions en 1844, la brochure diffusée par ses amis, Persigny, Laity et Vieillard, séduisit une partie des publics auxquels il la destinait : les milieux politiques, les socialistes, mais aussi le peuple[86]. Il reçut une lettre de remerciements d'ouvriers typographes[87]. Flatté, il écrivit à Hippolyte Castille : « Un témoignage de sympathie de la part d'hommes du peuple me semble cent fois plus précieux que ces flatteries officielles que prodiguent aux puissants les soutiens de tous les régimes, aussi m'efforcerais-je toujours de mériter les éloges et de travailler dans les intérêts de cette immense majorité du peuple français qui n'a aujourd'hui ni droits politiques ni bien-être assuré quoiqu'elle soit la source reconnue de tous les droits et de toutes les richesses[88]. » La brochure fut saluée par la plupart des socialistes de l'aile gauche du saint-simonisme, celle de Buchez et de *L'Atelier* à Louis Blanc et à George Sand. Ces hommes et ces femmes reconnaissaient, eux aussi, en Louis-Napoléon l'un des leurs, car être socialiste ne signifiait pas alors être républicain, révolutionnaire ou communiste, mais « tout simplement reconnaître la nécessité de prendre des mesures spécifiques pour améliorer le sort des ouvriers, principales victimes de la révolution industrielle[89] ».

La dame de Nohant qui avait publié quelques années plus tôt *Le Compagnon du tour de France* tint à remercier le prince qui lui avait fait envoyer son ouvrage. Tout en se montrant dubitative sur ses véritables intentions s'il arrivait un jour au pouvoir, elle ne cachait pas son enthousiasme sur le fond de l'ouvrage : « Parlez-nous donc souvent de délivrance et d'affranchissement noble captif ! Le peuple est comme vous dans les fers. Le Napoléon d'aujourd'hui est celui qui personnifie les douleurs du peuple comme l'autre personnifiait ses gloires[90]. »

De leur côté, les autorités ne prenaient pas ses écrits au sérieux. Lorsqu'au début de 1845, Temblaire commença à éditer ses œuvres complètes, le procureur écrivit au garde des Sceaux qu'il n'y avait pas lieu d'interdire ni de poursuivre car c'était « une de ces misérables élucubrations qui sort[ai]ent d'un cerveau malade et qui ne [pouvaient] exercer aucune influence sur l'opinion[91] ».

« Le noble captif » trouva bientôt un nouveau moyen pour développer ses thèses économiques et sociales. En effet, les petits États d'Amérique centrale lui envoyèrent, en novembre 1844, un émissaire pour l'intéresser à un projet de canal reliant l'Atlantique au Pacifique. Des tracés envisagés par Panamá et par le Nicaragua, Louis-Napoléon donna sa préférence au second, car s'il était plus long, il pourrait emprunter le cours des lacs de Nicaragua et de

León, ne rencontrerait aucun obstacle naturel majeur et traverserait une contrée salubre et fertile. Il avait d'ailleurs envoyé sur place un capitaine de marine qui lui avait fait un rapport très favorable. Il commença donc à réfléchir au projet dans une perspective saint-simonienne. Selon lui, le canal devait en effet avoir un triple objectif. Il devait certes faciliter la circulation des marchandises à travers le monde, mais aussi permettre la mise en valeur de la région en transportant sur place trente-cinq mille pauvres Européens qui deviendraient des petits propriétaires et donc soulager la misère sur le Vieux Continent[92].

Louis-Napoléon reçut ensuite une lettre du ministre des Affaires étrangères du Nicaragua qui lui conférait officiellement tous les pouvoirs nécessaires pour organiser une compagnie en Europe et l'informait que, par une décision du 8 janvier 1846, le gouvernement du pays avait décidé de donner à ce grand ouvrage d'art le nom de canal Napoléon. Le chargé d'affaires du Nicaragua en Belgique et en Hollande fit six visites à Ham, pour mettre au point la constitution de la société[93]. Louis-Napoléon demanda au baron de Rothschild de lui envoyer l'un de ses hommes de confiance, Émile Pereire, lui-même saint-simonien, pour discuter du financement d'un projet qui, d'après ses calculs, devait coûter au plus 150 millions de francs, mais rapporter au moins 12 millions par an pendant les quarante-cinq années de la concession[94]. Sans attendre l'arrivée de celui-ci, il signa un traité avec le Nicaragua le 20 avril. Il savait cependant que sa sortie de prison conditionnait la réussite de l'entreprise.

L'évasion

Le prince dut vite déchanter. Au cours des années précédentes, plusieurs tentatives avaient déjà été faites pour obtenir sa libération, mais toutes s'étaient soldées par des échecs : en 1844, une pétition adressée à la Chambre des députés avait été rejetée ; dans les premiers mois de 1845, il avait été question d'une amnistie générale dont Louis-Napoléon avait espéré bénéficier, mais cela n'avait pas abouti ; en avril de cette même année, il avait fait venir son ami, lord Malmesbury, à Ham, pour lui parler de son projet de canal et pour lui demander d'intercéder en sa faveur auprès du gouvernement britannique, mais le ministre des Affaires étrangères, lord Aberdeen, avait opposé un refus catégorique à la requête[95].

À la même époque, l'ancien roi de Hollande qui sentait venir l'heure de sa mort se rapprocha de son fils auquel il n'avait pas donné signe de vie depuis 1840. Il lui écrivit le 18 août 1845 : « Mon cher fils, tu te tromperais étrangement si tu croyais que je suis indifférent à ta position et à tes souffrances ; je ne puis oublier sans doute que c'est de gaîté de cœur que tu t'es placé dans cette fâcheuse position, mais je souffre de tes souffrances... » et manifesta le désir de le revoir une dernière fois[96]. Début septembre, Louis-Napoléon fit porter un courrier aux ministres Molé, Montalivet et Decazes pour que le gouvernement l'autorisât à venir lui dire adieu. Odilon Barrot intervint alors pour appuyer une demande dont Louis-Napoléon avait fait savoir qu'elle l'agréait, mais celle-ci n'eut pas d'issue heureuse[97].

Le 25 décembre, le prince écrivit alors lui-même au ministre de l'Intérieur, Duchâtel : « Si le gouvernement français consent à me permettre d'aller à Florence remplir un devoir sacré, je m'engage sur l'honneur à venir me constituer prisonnier dès que le gouvernement m'en témoignera le désir[98]. » Mais les ministères trouvaient ridicule « cet engagement du prince de revenir, à l'imitation de Regulus, reprendre ses fers ». Comment serait-il d'ailleurs possible de remettre en prison un homme libéré provisoirement dans ces conditions ? Le 3 janvier 1846, Duchâtel répondit qu'il avait « soumis cette demande au conseil des ministres » et que « le conseil n'a [vait] pas cru pouvoir l'accueillir ». Une telle décision ne pouvait relever que du roi. Il suggéra au prisonnier de lui écrire.

Le 14 janvier, Louis-Napoléon adressa donc une lettre à Louis-Philippe. Il en appelait à « ses sentiments d'humanité » et reprenait les termes qu'il employait trois semaines plus tôt. Le roi et son cabinet lui firent alors savoir qu'« une grâce d [evait] être méritée et franchement avouée ». Le prince ne pouvait y consentir et voulut rompre[99]. Le 23 janvier, il fit part à Hortense Cornu de son refus de transiger désormais avec le régime de Juillet : « Je ne sortirai plus de Ham que pour aller aux Tuileries ou au cimetière[100]. » Le même jour, il écrivit à Vieillard : « Quelle infamie. Il faut que je mérite ma grâce avant de la demander » et pria Odilon Barrot « de dévoiler à la face de l'Europe l'indigne conduite du pouvoir à [s] on égard ». Le chef de l'opposition dynastique qui venait de voir Louis agoniser en Italie tenta une nouvelle démarche.

Il signa avec quelques collègues et amis, dont son frère Ferdinand et Vieillard, un nouveau projet de lettre par lequel le prince se confiait « aux généreuses inspirations » du roi – ce qui revenait à demander grâce sous une forme déguisée – et Duchâtel sembla agréer la transaction. Cependant, Louis-Napoléon lui fit savoir, le 2 février, qu'il refusait d'accepter ce stratagème : « Je me cacherais derrière la demande de mon père comme un poltron qui s'abrite derrière un arbre pour éviter un boulet. Je trouve cette conduite peu digne de moi. »

Malgré de nouvelles démarches de Vieillard et d'Odilon Barrot, l'affaire était dès lors mal engagée ; Guizot et Duchâtel signifièrent qu'il faudrait maintenant du temps pour reprendre les pourparlers. Le 17 février, Barrot informa le prince que, selon lui, le gouvernement s'était mal comporté : « Je vous avoue que je ne comprends pas que le roi et ses ministres n'aient pas saisi l'occasion de vous délivrer de votre prison : cette prison pèse sur eux autant que sur vous. » Le lendemain, Louis-Napoléon le priait de porter l'affaire à la tribune de la Chambre, mais il était clair qu'il ne pouvait plus compter sur une grâce de sitôt[101].

Au cours des années précédentes, Louis-Napoléon s'était montré optimiste. Tout en reconnaissant lucidement que ses deux coups d'État avaient été des échecs, il estimait en 1842 qu'ils n'avaient pas été inutiles, puisqu'ils avaient permis de rattacher le fil qui s'était rompu entre le peuple et le bonapartisme et il affirmait conserver « la foi… [cette foi] qui seule est capable de remuer les montagnes[102] ». Deux ans plus tard, il écrivait au journaliste Peauger : « Les partis républicain et légitimiste ne gagnent pas, l'orléanisme perd ; il y a une masse flottante qui se ralliera à quelque chose et à quelqu'un[103]. »

Depuis les premières heures de son emprisonnement, le prince avait eu, malgré tout, des moments d'abattement. Dans un écrit intitulé *La Captivité*, il épanchait ses tourments avec lyrisme : « De tout cet empire immense qui embrassait le monde, […] il reste un tombeau et une prison. Un tombeau pour prouver la mort du grand homme, une prison pour faire mourir sa cause ! Ô vous qui naviguez sur ces mers tranquilles à l'abri de tous les vents et qui donnez le nom de tempête au léger aquilon qui ride la surface paisible de votre vie, songez à ceux qui, ballottés sur les vagues écumantes depuis leur plus tendre enfance ont grandi au bruit des tempêtes et n'ont jamais eu de ciel sans nuages ni de mer sans écueil ou vous qui entrez au port songez un peu aux pauvres naufragés [104] ! »

À présent, ces humeurs noires revenaient plus fréquemment. Les soucis d'argent qui l'avaient encore empêché d'acquérir *Le Courrier français*, en 1844, semblaient pourtant s'arranger. À Londres, Orsi, qui venait de purger sa peine de prison, fit la connaissance du duc de Brunswick, personnage fantasque, chassé de ses États par ses propres sujets en 1830 et dont la fortune était estimée à près de soixante millions de francs. Le duc, qui ne perdait pas espoir de recouvrer sa principauté, se disait républicain et était d'ailleurs le principal bailleur de fonds du *National* dont le rédacteur en chef, Marrast, était son ami. Il ne voulut d'abord pas entendre parler de Louis-Napoléon. Cependant, lorsque Orsi lui assura que celui-ci était proche des républicains, qu'il jouissait d'une certaine popularité depuis *L'Extinction du paupérisme* et qu'il avait une chance de monter un jour sur le trône de France, Brunswick se radoucit. Il accepta alors de consentir un prêt de 150 000 francs remboursables en cinq ans à 5 % d'intérêt. Il y mit deux conditions : le prince devrait prendre sur cette somme pour 20 000 francs d'actions du *National*, ce qui garantirait ses bonnes intentions ; il devrait également signer avec lui une alliance offensive et défensive permettant au premier des deux qui accéderait au pouvoir d'aider le second à y parvenir à son tour.

Le duc de Brunswick donna pouvoir à son secrétaire George Thomas Smith de conclure l'accord. Celui-ci se rendit à Ham le 25 juin 1845 et un traité fut bientôt signé [105]. Louis-Napoléon conclut lui-même : « Ce n'est pas merveilleux, mais enfin cela me tire d'embarras et me permet de continuer mes pensions [106]. » En revanche, il manifestait désormais un certain pessimisme sur l'état politique du pays : « Aujourd'hui, il n'y a rien à faire. La nation dort et dormira encore longtemps [107]. » Souffrant des séquelles de ses aventures, de l'humidité du climat et d'une alimentation trop riche pour sa sédentarité, sa santé se dégradait. Il était fréquemment victime de crises de rhumatisme, de maux d'estomac et de migraines [108]. Sa production intellectuelle déclinait ; il recevait moins de lettres et de visiteurs. Parquin, dont il avait vainement essayé d'obtenir le transfert dans une maison de santé car il était très malade, était mort à Doullens en décembre 1845 [109]. Malgré le soutien indéfectible de Thélin et de Conneau qui avait bénéficié d'une remise de peine en octobre 1844 mais avait demandé à rester avec lui, il se sentait de plus en plus isolé et se croyait oublié.

Jusque-là, Louis-Napoléon s'était toujours refusé à entendre ceux qui lui suggéraient d'essayer de s'évader, car il craignait un piège et plus encore le ridicule d'un nouvel échec. Pourtant, le désir de voir son père une dernière fois, mais aussi le projet de canal et sans doute plus encore la perte de tout espoir de grâce royale dans un avenir proche le firent changer d'avis. Il accepta l'idée de cette « entreprise la plus audacieuse qu'il [eût] jamais tentée et pour laquelle il [lui] fallu [t] plus de résolution et de courage qu'à Strasbourg et à Boulogne [110] ». *A priori*, toute évasion semblait pourtant impossible. Demarle visitait quatre fois par jour son illustre prisonnier, qui était accompagné dans tous ses déplacements hors de son appartement par un soldat. Sortir du fort signifiait franchir les deux portes du bâtiment où il était logé et qui avaient chacune ses gardiens, passer le guichet de contrôle et traverser un pont-levis.

Cependant, en cinq ans, les prisonniers avaient eu tout loisir d'observer le système de surveillance et avait pu constater qu'il présentait une faille majeure : les gardiens examinaient avec soin les entrées et les sorties de la place, sauf quand des ouvriers venus entreprendre des réparations avaient besoin, en plein cœur de la journée, d'aller chercher du matériel ou un outil à l'extérieur. Le prince décida d'exploiter cette erreur. Peut-être puisa-t-il également une partie de son inspiration dans les Mémoires de Vidocq, comme l'ancien forçat l'affirma par la suite [111]. Un projet germa dans son esprit : demander des travaux dans son pavillon, se faire envoyer des lettres de Paris indiquant sa probable amnistie à l'occasion des élections législatives d'août 1846, pour que Demarle fût moins vigilant, puis profiter du moindre relâchement de la surveillance des gardiens pour s'évader en se grimant et en s'habillant avec les vêtements d'un ouvrier complice ou avec un déguisement que son valet, Thélin, se serait procuré à l'extérieur. Outre celui-ci, seuls Conneau et Bure étaient dans la confidence. Montholon fut tenu à l'écart. Le prince se méfiait de lui…

Les travaux furent autorisés début mai 1846 et commencèrent le 18, mais le prince dut attendre la fin du mois, alors qu'ils étaient presque terminés, pour pouvoir mettre la fin de son plan à exécution. Le 23, il reçut la visite de sir Robert Peel et de lady Cramford et obtint d'eux un passeport britannique, sous le prétexte d'un prochain voyage de son valet outre-Manche. Le lendemain, il écrivit à Montholon pour s'excuser de ne pas l'avoir mis au courant afin, prétendit-il, de ne pas le compromettre. Il rédigea deux autres lettres, l'une pour remercier le pharmacien de Ham de son amitié, l'autre pour demander au curé de reporter la messe qu'il devait célébrer le lendemain au fort, puis il ajouta quelques lignes aux épreuves de son ouvrage sur l'artillerie : « J'ai écrit cet avant-propos il y a un an. Alors je comptais terminer mon ouvrage dans ma prison ; mais un devoir sacré m'appelle hors de France. Libre, je continuerai avec la même persévérance une étude qui a adouci l'amertume de ma captivité… » En effet, le prince avait décidé de quitter les lieux le lendemain. Il faut dire que les conditions étaient exceptionnellement favorables. Le commandant Demarle était souffrant et ne pouvait rendre visite à son prisonnier aussi fréquemment que d'ordinaire. En outre, la porte du pavillon venait de recevoir une couche de peinture et restait donc provisoirement ouverte. Il n'y avait plus qu'à franchir le poste de garde de l'enceinte.

Le lundi 25 mai 1846, au petit matin, le prince coupait ses moustaches, rasait sa barbe, se colorait les joues au rouge végétal, se noircissait les sourcils, mettait une perruque noire et une casquette, revêtait une blouse et un pantalon de toile et chaussait des sabots [112]. Par souci d'authenticité, il avait pris soin préalablement d'user sa casquette à la pierre ponce, d'élimer ses vêtements et de les couvrir de plâtre. Pendant ce temps, Thélin prenait avec lui le fidèle chien du prince, Ham, pour éviter qu'il ne s'attachât aux pas de son maître dans sa fuite, puis écartait les ouvriers et le gardien du pavillon en les conviant à boire dans une petite pièce. De son côté, Conneau détournait l'attention des autres sentinelles.

Louis-Napoléon prit une planche de sa bibliothèque sur son épaule pour cacher son visage et sortit de sa chambre, une pipe en terre à la bouche. Il eut aussitôt une première sueur froide en croisant un ouvrier et un soldat dans l'escalier. Dans la cour, sa pipe tomba malencontreusement et se brisa, attirant sur lui l'attention d'un autre geôlier. Sans émotion apparente, il prit le temps d'en ramasser les morceaux, tel un ouvrier pour qui chaque objet a de la valeur, puis il reprit sa route. Il fut servi par le fait que l'officier de garde lisait une lettre et ne le remarqua pas. Au poste du guichet, les plantons semblèrent étonnés de sa mise, le tambour surtout se retourna plusieurs fois. Cependant, ils finirent par lui ouvrir la porte et il put franchir le pont-levis. Il croisa deux nouveaux ouvriers qui crurent reconnaître en lui l'un des leurs. Il marcha alors à vive allure sur la route de Saint-Quentin.

Thélin sortit de l'enceinte peu après, comme il en avait le droit, et le rejoignit avec un cabriolet, d'autres vêtements et son chien. Les deux hommes traversèrent Saint-Quentin à pied pour ne pas éveiller les soupçons et empruntèrent une voiture de poste pour Valenciennes. Peu après seize heures, ils montèrent dans le train pour la Belgique. Parallèlement, Conneau prévenait les gardiens que le prince, indisposé, devait garder la chambre. Le mannequin coiffé d'un bonnet qu'il avait placé dans son lit et la mixture nauséabonde qu'il avait préparée crédibilisaient ses propos. Lorsque la supercherie fut découverte, en début de soirée, le prince était déjà à Bruxelles. Il venait de mettre un terme à un emprisonnement de cinq ans et sept mois.

Le nouvel exil

Louis-Napoléon ne resta pas en Belgique. Il passa aussitôt en Angleterre. Le matin du 27, il arriva à Londres et s'inscrivit à l'hôtel sous le nom de comte d'Arenenberg qu'il avait déjà utilisé lors de précédents séjours. Lord Malmesbury fut stupéfait de le rencontrer : « Comme je revenais du club, mon cheval a été arrêté par quelqu'un que je n'ai pas reconnu d'abord et qui n'était autre que le prince Louis-Napoléon [113]... » Le soir, le prince dîna chez lady Blessington et raconta son évasion aux convives avec un grand calme. L'un de ses premiers soins fut d'écrire à son père pour lui dire qu'il s'était évadé dans le but de le retrouver et qu'il se rendrait à son chevet le plus tôt possible [114]. Il tint d'ailleurs à le réaffirmer à l'ambassadeur de France en Angleterre, le comte de Saint-Aulaire, un ancien ami de sa mère, et à ajouter qu'il n'avait « cédé à aucun projet de renouveler » des tentatives qui lui avaient été si « désastreuses [115] ». Il envoya aussi à Degeorge une relation aussi exacte que possible de son évasion et de ses motivations de façon qu'elle fût publiée dans *Le Progrès du Pas-de-Calais* et qu'elle coupât court aux rumeurs. *Le Corsaire-Satan* publia en effet une lettre prétendument de lui dans laquelle il était affirmé qu'il s'était évadé dans le but unique de conspirer de nouveau contre le roi [116].

En novembre 1846, Louis-Napoléon polémiqua sur le même thème avec l'historien Capefigue [117]. Il dicta alors à son secrétaire Frédéric Briffault le récit de sa captivité qui fut publié à Londres sous le titre *The Prisoner of Ham*. Cela lui valut un papier très critique dans *Le Journal des débats* auquel il répliqua dans le *Times*. Il ne réussit d'ailleurs jamais totalement à faire taire tous les bruits qui circulaient autour de sa captivité et de son évasion, y compris les plus anecdotiques. Il se vit ainsi surnommer par la suite « Badinguet ». Selon certaines versions, il s'agissait du nom ou du sobriquet de l'ouvrier maçon dont il aurait pris l'identité ou la dégaine lors de son évasion. Pour d'autres, le terme venait d'un dessin de Gavarni [118]. En fait, il provenait peut-être des faveurs qu'une demoiselle picarde du même nom lui aurait accordées ou encore de la façon dont, dans l'argot du pays, auraient été appelées ses déambulations sur les remparts du fort pendant son incarcération [119].

Dans la lettre qu'il écrivit à l'ambassadeur de France comme dans toute sa correspondance et toutes ses déclarations, il endossait la responsabilité pleine et entière de son acte. Il espérait ainsi protéger Conneau [120]. Celui-ci n'en fut pas moins condamné à trois mois de prison supplémentaires. En revanche, Montholon bénéficia, dès le mois de juillet, d'une grâce suspecte, qui confortait la thèse de ceux qui pensaient qu'il n'avait suivi le prince à Ham que pour informer le pouvoir de ses moindres faits et gestes.

Libre, le prince ne put cependant exaucer son désir de fermer les yeux de son père. Ses démarches auprès de l'Autriche et de la Toscane, puis des autres puissances, pour obtenir un passeport restèrent vaines [121]. Il projeta même d'aller implorer le tsar Nicolas Ier à Saint-Pétersbourg pour qu'il le laissât se rendre à Florence [122], mais l'ancien roi de Hollande succomba avant. Il mourut d'une congestion cérébrale, le 25 juillet 1846.

Louis Bonaparte légua à son fils l'essentiel de ses biens, principalement composés d'un hôtel florentin et du domaine de Civita Nuova, pour un montant total de 1 200 000 francs environ, mais aussi « comme gage particulier de [s]a tendresse, [s]on dunkerque situé dans [s]a bibliothèque, avec toutes les décorations et souvenirs qu'il cont[enait], et comme témoignage encore plus particulier d'affection, […] tous les objets qui ont appartenu à l'empereur Napoléon [123] ».

Pour montrer qu'il n'était plus brouillé avec son père et que l'évasion de Ham trouvait bien son origine première dans la gravité du mal de l'ancien roi, Louis-Napoléon publia dans la presse britannique de larges extraits de ce testament[124]. Grâce à lui, il aurait pu être un homme riche. Cependant, il n'avait pas renoncé à ses ambitions politiques et ce d'autant plus qu'après le décès de Joseph, mort deux ans plus tôt, et la renonciation définitive de Jérôme à toute prétention, il était désormais le premier dans l'ordre de succession bonapartiste. La mission dont il s'était toujours cru investi devenait effective.

À présent, Louis-Napoléon se devait d'être en représentation et de dépenser sans compter pour sa propagande. Il ne renonçait pas non plus à verser des pensions à ses amis et lorsque Conneau fut libéré, il lui acheta une clientèle médicale à Londres. Il fut rapidement contraint d'emprunter aux banques Rothschild et Baring, puis d'hypothéquer sa propriété de Civita Nuova.

Louis-Napoléon voyageait beaucoup à travers les îles Britanniques. Il se rendit par exemple, en août 1846, aux eaux de Bath pour y soigner ses rhumatismes, ou encore, en novembre 1847, à Brodick Castle, sur l'île écossaise d'Arran, chez sa cousine la duchesse de Hamilton[125]. Il fit également visiter la campagne anglaise aux époux Cornu. Il passait néanmoins l'essentiel de ce nouvel exil à Londres où il finit par emménager dans son propre hôtel particulier à King Street, dans le quartier Saint James[126]. Il acheva et publia en anglais, moins de deux mois après son arrivée, *Canal of Nicaragua or A Project to Connect the Atlantic and Pacific Oceans by Means of a Canal*. Imprimé à titre privé, l'ouvrage n'était pas destiné au grand public, mais à intéresser à son projet le gouvernement et les bailleurs de fonds britanniques. Cependant, cette entreprise ne suscita aucun enthousiasme auprès des diverses personnalités auxquelles il la présenta, comme lord Clarendon, et il dut y renoncer. Il poursuivait parallèlement ses travaux sur l'artillerie. Grand amateur d'armes, il revendiquait d'ailleurs toutes celles de Napoléon qui se trouvaient encore en Suisse et réprouvait l'idée d'un partage égal des reliques impériales prônée jadis par son oncle Joseph, prélude, selon lui, à « une destruction complète » du patrimoine historique de la famille. Il estimait que puisqu'il était désormais l'héritier de Napoléon, l'ensemble devait lui revenir[127].

Comme six ans plus tôt, il était l'une des étoiles de la vie mondaine londonienne, la rédaction du *Times* l'invitant même à visiter les locaux du journal. Il retrouvait aussi sa place dans les plus grands clubs et cercles de la capitale et se rendait souvent à celui de l'Athenaeum [128]. Il fréquentait les hommes politiques et les écrivains de premier plan, tels Disraeli avec lequel il canota sur la Tamise, et Dickens qu'il invita à une *tea party*. Il fit également connaissance avec son associé, le duc de Brunswick, qui lui promit le soutien du *National*.

À la fin 1846 et au printemps 1847, il fit de nouveaux projets matrimoniaux qui se soldèrent tous par des échecs [129]. Ainsi envisagea-t-il d'épouser miss Burdett Coutts, petite-fille d'un grand banquier dont les espérances se montaient à cinquante millions, mais la tante qui avait adopté la demoiselle et lui avait légué sa fortune lui avait imposé de se marier avec un Anglais [130]. Le prince prit pour maîtresse la tragédienne Rachel qui avait repris son plus grand rôle, Phèdre, au théâtre Saint James. Cependant, lorsque son jeune cousin, Napoléon-Jérôme, vint lui rendre visite, ce dernier lui enleva la jeune femme. La « belle voyageuse » renvoya ses lettres à Louis-Napoléon qui ne s'en offusqua pas le moins du monde [131]. En effet, il entretenait, depuis plusieurs mois, une autre liaison, qui se révéla la plus durable de sa vie de célibataire. En juin 1846, il avait fait la connaissance d'une jeune femme de vingt-trois ans, miss Howard, de son vrai nom Elizabeth Ann Haryett. Fille d'un bottier réputé de Brighton, née en août 1823, cette actrice de médiocre talent mais de grande beauté – « une tête de camée antique sur un corps grec » disait-on alors – était devenue riche grâce à de puissants protecteurs dont le major Mountjoie Martyn des *Life Guards*. Elle s'éprit du prince au point d'éconduire pour lui un duc et pair du royaume, d'emménager avec lui dans une maison de Berkeley Street et de mettre sa fortune à sa disposition [132]. Louis-Napoléon, en homme pour qui l'argent n'avait d'intérêt que par l'usage que l'on en faisait, n'eut aucun scrupule à financer sa propagande et à payer les pensions de ses amis avec les capitaux de sa « belle hôtesse ».

Provisoirement à l'abri des soucis d'argent, Louis-Napoléon lisait tout ce qui se publiait d'important en France, comme l'*Histoire des Girondins* de Lamartine qui lui laissa une impression mitigée [133]. Il travaillait lui-même assidûment à un nouvel ouvrage.

Il rencontrait fréquemment les libéraux britanniques, mais de façon discrète, pour ne pas paraître influer sur la vie politique anglaise et ne pas indisposer les conservateurs [134], et se fit même inscrire comme *special constable*, en d'autres termes officier de police volontaire, sans doute pour exprimer sa reconnaissance à l'égard de sa terre d'asile et pour montrer que le conspirateur qu'il avait été savait également défendre l'ordre.

À travers la presse française qu'il lisait dans les cercles, il suivait surtout de près les débats de la Chambre des députés et de la Chambre des pairs, ainsi que les difficultés sérieuses que connaissait désormais la monarchie de Juillet [135]. La France venait en effet d'entrer dans une terrible crise économique et sociale. Des scandales impliquaient des personnalités proches du pouvoir. Surtout, comme le roi et son principal ministre, Guizot, refusaient obstinément d'élargir le corps électoral, l'opposition devenait virulente et organisait une grande campagne de banquets à travers tout le pays, à défaut de *meetings* sur le modèle britannique ou de manifestations que la loi interdisait. Il déplorait donc que son oncle Jérôme choisît ce moment précis pour faire sa cour aux Tuileries dans l'espoir de rentrer en France, d'accéder à la pairie et d'obtenir une pension [136].

Persigny, qui bénéficiait désormais d'un régime de semi-liberté et qui avait reconstitué des réseaux bonapartistes, observait avec attention et plus de lucidité que Jérôme la dégradation de la situation. En décembre 1847, il affirma au journaliste Émile de Girardin, stupéfait : « Ne voyez-vous pas que l'Empire est proche, qu'il est imminent et inévitable ! Dans un an, nous aurons leur place [137] ! »

Les 15 et 16 février 1848, Persigny écrivit coup sur coup deux lettres à son prétendant pour lui réclamer des fonds pour sa propagande et pour lui dire de se tenir prêt car le renversement de la monarchie bourgeoise était imminent. « Il import[ait] de mêler le nom de Bonaparte à la révolution, dès qu'elle aura[it] commencé. » De fait, l'interdiction du grand banquet parisien qui devait clore la campagne, le 22 février, provoqua des manifestations de rue. Une fusillade éclata devant le ministère des Affaires étrangères qu'occupait le chef du gouvernement, Guizot. Les morts furent promenés à travers Paris. Des barricades furent érigées. La garde nationale refusa de soutenir le régime face à la foule et le roi abdiqua le 24 février 1848. En trois jours, la monarchie de Juillet avait été renversée au profit de la République.

Chapitre IV

DE L'INDÉSIRABLE INCONNU À L'ÉLU DE LA NATION

« J'accours pour me ranger sous le drapeau de la République qu'on vient de proclamer* »,

« Nous avons […] une grande mission à remplir, c'est de fonder une République dans l'intérêt de tous et un gouvernement juste, ferme, qui soit animé d'un sincère amour du progrès, sans être réactionnaire ni utopiste**. »

Un retour manqué

Lors de la Révolution de Février 1848, on vit un groupe d'insurgés manifester devant la colonne impériale de la place Vendôme, tandis que d'autres acclamaient le nom de Louis-Napoléon lors de la prise des Tuileries et sur la place de Grève. Certains l'inscrivirent même sur les listes du Gouvernement provisoire qui circulaient à l'Hôtel de Ville. Le prince lui-même reçut, à en croire Orsi, des lettres qui venaient de toutes les couches de la société française et qui le pressaient d'agir [1]. Il aurait dit à sa cousine Marie de Bade qu'il comptait se rendre à Paris sans tarder : « La République est proclamée. Je dois être son maître. »

* Louis-Napoléon Bonaparte au Gouvernement provisoire le 28 février 1848.

** Première allocution du président de la République Louis-Napoléon Bonaparte, le 20 décembre 1848.

Louis-Napoléon avait été condamné par une assemblée politique qui n'existait plus. De ce fait, sa peine était abrogée. Dès le 27 février 1848, il traversa donc la Manche, en compagnie d'Orsi et de Thélin, alors que Louis-Philippe accomplissait le chemin en sens inverse. Un exil mettait fin à un autre. À Calais, le prince et ses compagnons prirent le train pour la capitale. En attendant leur correspondance, à Amiens, ils visitèrent la cathédrale, puis ils durent conjurer des prisonniers politiques qui venaient d'être libérés, dont Aladenize, de ne pas incendier la gare. Louis-Napoléon refusa aussi de se mettre à la tête d'une insurrection locale comme le lui demandait son ancien complice de Boulogne. Ses deux compagnons et lui prirent un nouveau train en direction de Paris, mais ils durent s'arrêter de nouveau, à hauteur de Creil cette fois, car la ligne était fermée. Ils continuèrent donc leur périple en voiture. Arrivés à la barrière de Paris, ils furent interpellés par une femme du peuple qui leur demanda de remettre en place des pavés qui avaient servi à faire une barricade et le prince, selon Orsi, lui aurait alors répliqué : « Ma brave femme, je suis justement venu à Paris pour cela. » Le 28, en fin de journée, Louis-Napoléon s'installa à l'hôtel des Princes, rue Richelieu, où il retrouva Persigny et plusieurs autres bonapartistes. S'ils n'avaient pris aucune part à la révolution qui venait de s'accomplir, sauf à manifester leurs préférences, ces derniers commençaient à beaucoup s'agiter et entendaient tirer profit des circonstances[2].

Louis-Napoléon avait alors une autre approche de la situation. Il ne doutait pas que les nombreux soutiens dont il bénéficiait dans le camp républicain lui permettraient d'obtenir l'abrogation de l'article 6 de la loi d'exil du 10 avril 1832 qui frappait les Bonaparte. Pour l'obtenir, il était décidé à jouer l'apaisement. Il refusait de constituer une troisième force entre les républicains et les monarchistes comme le lui suggéraient déjà certains de ses partisans dont Persigny. Il contacta Armand Marrast, le rédacteur en chef du *National* qui faisait maintenant partie du Gouvernement provisoire républicain[3]. Tout en lui indiquant qu'il serait bien aise de le recevoir, celui-ci lui signifia qu'il devait respecter les formes en écrivant à l'ensemble du gouvernement. Louis-Napoléon s'exécuta : « J'accours pour me ranger sous le drapeau de la République qu'on vient de proclamer. Sans autre ambition que celle de servir mon pays, je viens annoncer mon arrivée aux membres du gouvernement provisoire et les assurer de mon dévouement à la cause qu'ils représentent comme de ma sympathie pour leur personne. »

Embarrassé, l'homme fort du moment, Alphonse de Lamartine, lui fit savoir, au nom de ses collègues, que sa présence n'était pas souhaitable : « Il n'est nullement dans les intentions du gouvernement de s'opposer au séjour du Prince en France, répondit-il, mais dans la situation difficile où se trouve le gouvernement, avec le pouvoir provisoire qu'il a, il le prie de quitter Paris et de s'en retourner jusqu'à ce que le pays soit dans un état plus calme et jusqu'à la réunion de l'Assemblée. » Cependant, Persigny exhortait son ami à résister : « Faites-vous expulser par la violence ou emprisonner. La violence sera profitable à votre cause : les sympathies vont toujours aux persécutés. » Le prince refusa, mais fit connaître son mécontentement au gouvernement : « Après trente-trois années d'exil et de persécution, je croyais avoir acquis le droit de retrouver un foyer sur le sol de la patrie. Vous pensez que ma présence à Paris est maintenant un sujet d'embarras, je m'éloigne donc momentanément. Vous verrez dans ce sacrifice la pureté de mes intentions et de mon patriotisme. » Le mot « momentanément » montrait néanmoins qu'il entendait rester maître de son destin. Certains prétendirent que, dès le 2 mars, il était de nouveau sur le sol anglais ; d'autres qu'il avait eu un entretien infructueux avec Lamartine le même jour et qu'il n'était parti qu'après [4].

Au fond, le prince était satisfait de ne pas avoir à se mêler de politique à l'heure de l'illusion lyrique autour du nouveau régime [5]. Il analysait lucidement la situation et écrivait très explicitement à Persigny : « Après les affaires de Strasbourg et de Boulogne la classe pauvre et républicaine m'a témoigné de la sympathie, la classe riche et royaliste m'a présenté comme un prétendant risible. Or la Révolution a changé vis-à-vis de moi non pas les opinions mais les intérêts des deux classes. Les républicains n'ayant plus besoin de moi sont devenus mes ennemis tout en m'estimant, et les autres sont devenus mes amis tout en doutant de mes chances et de mes facultés. C'est le temps seul qui peut changer cette situation. Quant à présent il ne s'agit plus de conquérir le pouvoir par un coup de main. Je serais à Paris, et la Garde nationale je suppose me porterait à l'Hôtel de Ville que je n'y resterais pas huit jours. Il faut voir les choses plus philosophiquement. Le peuple croit qu'avec les grands mots qu'on proclame il va avoir la poule au pot de Henri IV. Il est dans l'enivrement de la victoire et de l'espérance. Il faut que toutes ses illusions tombent avant qu'un homme d'ordre puisse se faire entendre. D'ici là toute tentative serait nulle et impuissante. Si je restais de mon gré en pays étranger cela pourrait me nuire, mais comme heureusement le Gouvernement Provisoire m'y a forcé je peux me donner l'air de m'être dévoué à la tranquillité et attendre le moment de paraître. En deux mots ou la République se consolidera et je rentrerai comme citoyen ou elle enfantera des troubles qui seront longs et sanglants et alors j'irai planter mon nom là où il y aura une belle cause bien claire et bien nette à faire triompher. Le devoir de mes amis est donc de faire valoir mon éloignement, car je suis bien décidé à ne pas retourner de sitôt en France[6]. »

En attendant, Louis-Napoléon s'occupait des affaires britanniques en « homme d'ordre ». Comme toute l'Europe, l'Angleterre était agitée. Les chartistes réclamaient la réforme du Parlement et le suffrage universel que les Français venaient d'obtenir par décret du Gouvernement provisoire du 2 mars. Ils décidèrent d'organiser un grand *meeting* le 10 avril, de défiler dans les rues de Londres, puis de déposer une pétition à la Chambre des communes. Le gouvernement de Sa Gracieuse Majesté ne pouvait l'accepter et mobilisa ses *special constables* dont Louis-Napoléon qui passa la journée à Trafalgar Square, mais la manifestation redoutée n'eut finalement pas lieu et le rôle du prince se limita à conduire un ivrogne au poste[7]. Ce geste, incompris en France, fut exploité par ses adversaires et provoqua des railleries.

Pendant ce temps, le Gouvernement provisoire avait décidé de convoquer une Assemblée nationale pour doter la France d'une Constitution républicaine. Elle devait être élue au suffrage universel masculin, grande nouveauté, puisque le corps électoral passait ainsi de 246 000 inscrits à près de 9,4 millions. Cependant, l'extrême gauche, inquiète, pensait que les masses n'étaient pas encore mûres pour s'affranchir de la tutelle des notables et du clergé. Elle organisa une grande manifestation le 17 mars et obtint le report des élections du 9 au 23 avril. Elle renouvela sa démarche le 16 avril, mais sans obtenir, cette fois, gain de cause. Après avoir hésité quelque temps à se présenter à ces élections[8], Louis-Napoléon décida de rester fidèle à sa ligne de conduite et d'attendre prudemment son heure[9].

Persigny enfreignit pourtant ses consignes. Il n'était pas nécessaire d'être officiellement candidat pour être élu. Si les suffrages devaient se porter massivement sur son nom, Louis-Napoléon oserait-il reprocher son initiative à Persigny ? Oserait-il même refuser ce témoignage de soutien ?

Un Comité napoléonien se constitua donc sous la présidence du général Piat. Des circulaires furent envoyées aux anciens abonnés de *La Revue de l'Empire* de Temblaire qui avait cessé de paraître après la Révolution de Février. De nouveaux contacts furent pris dans l'armée. Des agents bonapartistes, infiltrés dans la manifestation du 17 mars 1848 devant l'Hôtel de Ville, parvinrent même peut-être à faire reprendre par une partie de la foule les cris de « Vive Napoléon [10] ! ». Cependant, faute de moyens et de soutien du principal intéressé, cette propagande resta limitée [11]. Les bonapartistes se contentèrent le plus souvent de distribuer des bulletins au nom de leur favori.

Lors du scrutin des 23 et 24 avril 1848, le prince recueillit près de 5 800 voix dans la très bleue Charente-Inférieure et quelques centaines dans la Seine et dans l'Yonne, mais il ne fut pas élu. Par ailleurs, Persigny, Vaudrey et Laity, qui avaient obtenu du prince de pouvoir se présenter à condition de se dire républicains, furent tous battus. Néanmoins, la légende impériale et le nom de Bonaparte faisaient encore rêver : de très nombreux candidats avaient fait allusion à leur action sous l'Empire dans leurs professions de foi. De plus, trois des cousins du prince, Napoléon-Jérôme, Pierre, le fils de Lucien, et le prince Lucien Murat furent élus et autorisés à siéger.

Ne perdant pas un instant, dans une lettre du 24 mai confiée à Vieillard, représentant de la Manche, Louis-Napoléon demanda à la nouvelle Assemblée, composée majoritairement de républicains modérés de la veille ou du lendemain [12], d'abroger l'article 6 de la loi de 1832 : « En présence d'un roi élu par deux cents députés, je pouvais me rappeler être l'héritier d'un empire fondé sur l'assentiment de quatre millions de Français ; en présence de la souveraineté nationale, je ne puis et ne veux revendiquer que mes droits de citoyen français [13]. » Un autre représentant du peuple, Pierre-Marie Piétri, avait déjà œuvré en ce sens, l'année précédente, pour le compte de l'ancien roi Jérôme. Il reprit le flambeau et déposa une proposition d'abrogation, le 27 mai. Elle commença à être discutée le 2 juin.

L'élu embarrassant

La campagne en vue des élections complémentaires, destinées à remplacer les candidats élus dans plusieurs départements, battait alors son plein. Louis-Napoléon avait de nouveau refusé de se porter candidat. Le 11 mai, il avait écrit une lettre en ce sens à Vieillard en lui demandant de lui faire une grande publicité : « Tant que la société française ne sera pas rassise, tant que la Constitution ne sera pas fixée, je sens que ma position en France serait très difficile et même très dangereuse pour moi. J'ai donc pris la ferme résolution de me tenir à l'écart [14]. » Il n'avait pas non plus accordé à Persigny les moyens financiers qu'il lui avait demandés pour mener campagne [15]. Celui-ci était néanmoins parvenu à réunir des fonds dans ce but, par l'intermédiaire d'un ancien banquier introduit dans les milieux d'affaires, Aristide Ferrère, et de miss Howard qui avait agi à l'insu de son amant.

Les membres du Comité napoléonien étaient à nouveau mobilisés et les rues de Paris se couvraient d'affiches. Lors de la gigantesque journée du 15 mai qui avait vu les meneurs des clubs et du socialisme envahir l'Assemblée, des cris de « Vive Napoléon ! » avaient aussi été prononcés. Sous l'influence de Ferrère, la province ne fut pas négligée [16]. À Amiens, à Fécamp, à Lisieux, à Chartres, à Saintes ou à Nîmes, des manifestations bonapartistes prenaient désormais un tour séditieux et réclamaient le renversement de la République. La propagande bonapartiste mettait plus que jamais l'accent sur la sollicitude du prince pour les masses. Elle était particulièrement active dans les Ateliers nationaux créés au lendemain de la révolution pour donner du travail aux victimes de la crise.

Les amis de Louis-Napoléon diffusèrent même une circulaire électorale, prétendument de lui, assurant qu'en cas de succès, il veillerait au maintien de la souveraineté populaire, à l'amélioration des conditions de vie des classes laborieuses et à l'extinction de la misère par le travail [17]. Le prince se plaignit à Persigny de ce genre d'initiative et persista dans son refus de se déclarer candidat : « Je comprends ma position à ma manière et rien au monde ne me fera quitter [l'Angleterre] avant deux mois. » Il renchérissait le 1er juin : « Si j'étais élu à Paris cela ferait je crois bon effet mais je ne veux rien faire pour favoriser ce but », puis le 2 : « Plus je réfléchis à la situation de la France, plus je réfléchis à ma propre situation, plus je sonde mes sentimens [*sic*], mes facultés, mon ambition et plus je me décide à rester étranger pendant quelque tems [*sic*] encore à tout ce qui se fait. Je veux agir comme je l'entends, jouer le rôle qui me convient ou ne rien être du tout[18]. »

Le 4 juin, Louis-Napoléon fut pourtant élu dans trois départements : la Charente-Inférieure où il était le seul nommé, l'Yonne qui l'avait placé deuxième de ses deux élus, enfin la Seine où il arrivait en huitième position sur onze élus, certes loin derrière le préfet de police, Caussidière, le général Changarnier et Adolphe Thiers, mais à quelques voix à peine de Victor Hugo. Dans le premier de ces trois départements, il avait clairement bénéficié du soutien des protestants et de la famille Regnault de Saint-Jean-Angély, dans le deuxième, du vote des vignerons qui subissaient la crise, dans le troisième, de l'appui d'une partie des quartiers populaires de l'Est parisien et partout du napoléonisme des masses et des survivants de la Grande Armée. Sans être victorieux, il obtenait aussi des résultats très encourageants dans la Sarthe[19].

Ce succès électoral suscita une vive émotion dans le pays et au sein de la Commission exécutive qui avait succédé au Gouvernement provisoire, pentarchie élue par l'Assemblée et réunissant Lamartine, Arago, Garnier-Pagès, Marie et Ledru-Rollin. Celle-ci faisait déjà espionner Louis-Napoléon et ses principaux lieutenants[20]. Le 7, elle fit voter une loi contre les attroupements publics qui visait autant l'extrême gauche que les rassemblements bonapartistes devenus quotidiens. Du reste, la proclamation officielle des résultats électoraux, le lendemain, s'accompagna de manifestations hostiles au nouveau régime.

Des rassemblements avaient maintenant lieu chaque soir sur les boulevards pour acclamer « Poléon » sur l'air des lampions. La province connaissait des mouvements similaires comme à Nancy ou à Troyes. Le 10, sur la fausse rumeur que le prince était à Paris et allait se présenter à l'Assemblée, une foule immense se pressa à ses abords. Depuis la veille et jusqu'au 12, la Commission exécutive et les ministres se réunirent à plusieurs reprises en séance extraordinaire. Ils décidèrent finalement d'appliquer au prince la loi de 1832, puisqu'elle était encore valable, et de transmettre, en conséquence, aux préfets et aux sous-préfets son signalement avec ordre de l'arrêter s'il se présentait sur un point quelconque du territoire[21].

Après avoir hésité quelques jours, Louis-Napoléon, flatté d'avoir été élu sans l'avoir demandé, entendait désormais siéger à l'Assemblée[22]. Il écrivit à ses électeurs pour les remercier de leur confiance et leur faire part de sa décision : « Votre confiance m'impose des devoirs que je saurai remplir », car « la patrie a besoin du concours de tous ses enfants pour sortir des circonstances difficiles où elle se trouve placée ». Il en appelait à la réconciliation nationale autour du nouveau régime : « Le peuple est libre depuis le 24 février ; il peut tout obtenir sans avoir recours à la force brutale. Rallions-nous donc autour de l'autel de la Patrie, sous le drapeau de la République, et donnons au monde ce grand spectacle d'un peuple qui se régénère sans violence, sans guerre civile, sans anarchie[23]. »

Le gouvernement n'en était pas moins inquiet. Les cousins de Louis-Napoléon avaient été admis à siéger et le ministre de la Justice, Crémieux, avait déclaré à la tribune que la loi de 1832 était virtuellement abolie par la Révolution de Février. Pourtant, Lamartine faisait valoir le péril que représentait la triple élection du 4 juin et les manifestations bonapartistes. Selon lui, le prince était aussi dangereux que les Orléans, bannis eux-mêmes de France par une loi du 26 mai. Il obtint le soutien de ses collègues de la Commission exécutive pour que la loi de 1832 continuât de s'appliquer au moins provisoirement à lui. Le 12 juin, l'Assemblée qui avait à examiner la question fut cernée par une foule si menaçante que l'armée dut intervenir[24]. Cette agitation servait Lamartine. Sa verve fit le reste : « Les coups de feu ont été tirés au nom de "Vive l'Empereur". C'est la première goutte de sang qui ait tâché la révolution éternellement pure et glorieuse du 24 février […]. Lorsque l'audace des factieux est prise en flagrant délit, les mains dans le sang français, la loi doit être votée d'acclamation. » Son discours de défense républicaine fut vivement applaudi et l'Assemblée le suivit[25].

Ce fut dans ce climat que se déroula le 13 juin le débat sur la validation des élections du prince[26]. Rapporteur de l'élection de la Charente-Inférieure, le républicain Jules Favre, qui était brouillé avec la Commission exécutive, concluait à l'admission : « En France, Louis-Napoléon Bonaparte ne sera qu'un citoyen […]. Repoussé au contraire par votre vote, il sera rejeté dans sa qualité de prétendant, et il repassera la mer avec quelques centaines de mille de suffrages qui, jusqu'à un certain point, lui donneront une sorte de légitimité. » D'ailleurs n'était-il pas qu'un « pygmée » ? En d'autres termes, il fallait autoriser Louis-Napoléon à rentrer en France et à siéger à l'Assemblée car, lorsqu'il serait mieux connu, sa popularité s'évanouirait. Les rapporteurs de ses deux autres élections adoptèrent des conclusions en sens contraires. Ensuite, Vieillard vint lire à la tribune la lettre du prince du 11 mai, puis le socialiste Louis Blanc reprit les arguments de Jules Favre : « Laissez le neveu de l'Empereur s'approcher du soleil de la République, je suis sûr qu'il disparaîtra dans ses rayons. » Bonjean lut, pour sa part, la lettre du 24 mai que l'Assemblée n'avait pas voulu entendre jusque-là et dans laquelle le prince s'indignait d'être le seul de sa famille à être victime de la loi d'exil. En outre, les représentants apprirent que le récit de Lamartine des événements de rue de la veille était davantage dû à son lyrisme qu'à la réalité : si des coups de feu avaient bien été tirés, personne n'avait été blessé !

Malgré un nouveau discours hostile à la validation de Ledru-Rollin cette fois, une coalition de parlementaires indignés d'avoir été trompés, d'ennemis du gouvernement, de républicains soucieux du respect du vote populaire, de légitimistes partisans de la politique du pire et d'orléanistes désireux de créer un précédent pour leurs propres princes valida l'élection à une forte majorité.

Louis-Napoléon fut donc admis à siéger à la simple réserve qu'il pût prouver rapidement qu'il satisfaisait aux conditions d'âge et de nationalité. Cependant, ses partisans continuaient à manifester bruyamment et à faire feu de tout bois. Ils cherchaient à exploiter succès électoraux, courant de sympathie et maladresses gouvernementales. En quelques jours, chansons, gravures, lithographies et médailles à la gloire de Napoléon Ier et de son neveu proliférèrent.

Une presse bonapartiste fut rapidement créée grâce à la disparition du cautionnement. Habilement, chaque catégorie de Français était visée par des titres de presse spécifiques. *La Constitution* cherchait à rassurer bourgeois et conservateurs en présentant Louis-Napoléon comme l'ami de l'ordre et le défenseur de la propriété. *La République napoléonienne* et *Le Napoléonien* visaient les républicains modérés, en soulignant la solidarité de leurs intérêts avec ceux des bonapartistes face aux périls blanc et rouge. *L'Organisation sociale* et *Le Napoléon républicain* se préoccupaient des couches populaires, en n'hésitant pas à s'en prendre aux dominants. *L'Aigle républicaine*, enfin, privilégiait l'armée[27].

Le 13 juin, des mandats d'amener furent délivrés contre Persigny et Laity, deux des principaux agents de cette propagande qui s'étaient manifestés trop vivement lors d'attroupements. Ils ne tardèrent pas à être appréhendés et incarcérés.

Louis-Napoléon, fort impressionné par le mouvement populaire qui était en train de naître autour de sa personne, mais aussi affecté par les accusations d'intrigues qui étaient proférées contre lui et ses amis, envoya à l'Assemblée une lettre qui fut lue dans la séance du 16 juin [28]. Il disait renoncer provisoirement à venir exercer son mandat pour ne plus être prétexte à « des troubles déplorables » et à « des erreurs funestes » et pour mettre fin aux « soupçons injurieux » dont il était victime. D'un autre côté, il ne citait pas la République et lançait : « Si le peuple m'imposait des devoirs, je saurai les remplir. » Il ajoutait néanmoins pour terminer : « Je désavoue tous ceux qui me prêteraient des intentions que je n'ai pas », et aussi : « Je suis prêt à tout sacrifier pour le bonheur de la France. » Cette lettre était maladroite. Certains la prirent pour une menace. D'autres s'en servirent pour discréditer le prince. Ainsi, le président de l'Assemblée, Sénard, s'était-il gardé de lire d'autres documents qu'il avait en sa possession et où Louis-Napoléon se montrait respectueux des institutions.

Le prince ne projetait certainement pas de renverser le régime. La manière dont il s'exprimait dans sa lettre s'expliquait, semble-t-il, simplement parce qu'il envisageait de se soumettre, dès que la situation le rendrait possible, à une nouvelle élection pour faire taire ses détracteurs [29]. Le journal des chrétiens-démocrates, *L'Ère nouvelle*, peu suspect de sympathie, lui donnait le beau rôle : « Voilà le prince Louis grandi tout d'un coup ; on s'est occupé de lui, on a eu peur, il s'est donné le mérite de ne pas vouloir troubler la paix, il a été aussi habile que les membres du gouvernement se sont montrés maladroits en attachant une si haute importance à son admission [30]. »

Néanmoins, devant le tollé général que suscita ce que d'aucuns qualifièrent de « déclaration de guerre », il préféra démissionner, par une nouvelle lettre du 18 juin qu'il fit parvenir au président de l'Assemblée par l'intermédiaire de Vieillard : « Je désire l'ordre et le maintien d'une république sage, grande, intelligente ; et puisque involontairement je favorise le désordre, je dépose, non sans de vifs regrets, ma démission entre vos mains.

Bientôt, je l'espère, le calme renaîtra et me permettra de rentrer en France comme le plus simple des citoyens, mais aussi comme un des plus dévoués au repos et à la prospérité de mon pays[31]. »

L'Assemblée affecta de traiter avec dédain sa décision et renvoya la requête au ministre de l'Intérieur au nom de la procédure parlementaire. Le prince ne pouvait encore démissionner, puisque son admission n'avait été prononcée que conditionnellement jusqu'à preuve d'âge et de nationalité. Le jour même où il avait rédigé sa lettre de démission, il emportait une nouvelle élection en Corse[32]. Mais il ne siégerait décidément pas. Il s'en excusait auprès des électeurs insulaires : « J'aurais été heureux et fier de compter parmi vos représentants si des haines et des calomnies dirigées contre moi, ne m'eussent obligé déjà à refuser les suffrages que m'avaient offerts les départements de la Seine, de l'Yonne et de la Charente-Inférieure. Tant que je croirai que ma présence à l'Assemblée nationale peut être un nouvel élément de division, je m'imposerai le dur sacrifice de rester à l'étranger, je ne puis donc accepter en ce moment l'honneur d'être votre mandataire[33]. »

Le représentant du peuple

La prolongation de son exil anglais servait le prince. Devant la persistance de la crise et du chômage, les Ateliers nationaux employaient désormais cent mille personnes et se révélaient ruineux pour la jeune République. La Commission exécutive en accord avec l'Assemblée décréta le 21 juin leur suppression, l'enrôlement des plus jeunes employés dans l'armée et l'envoi des autres en province, pour y effectuer des travaux de terrassement. Le lendemain, le peuple de Paris se souleva une nouvelle fois. Des barricades s'élevèrent rapidement. L'Assemblée qui siégeait en permanence décréta l'état de siège et confia les pleins pouvoirs au général Cavaignac. Au terme de quatre jours d'affrontements, celui-ci écrasa l'insurrection dans le sang. Les républicains de gouvernement furent sans pitié : quinze mille personnes furent arrêtées et quatre mille transportées sans jugement en Algérie. Des conseils de guerre condamnèrent les principaux meneurs à de lourdes peines de prison ou aux travaux forcés. Le droit de réunion fut limité et le cautionnement de la presse rétabli.

Plusieurs contemporains, qui ne comprenaient pas ou refusaient de comprendre que le prolétariat pût se soulever contre la République et que celle-ci pût faire tirer sur une partie du peuple, virent une nouvelle manœuvre des partisans de Louis-Napoléon, destinée à discréditer le gouvernement et à permettre à leur prétendant de gravir les marches du pouvoir [34]. *Le Napoléon républicain* n'avait-il pas cherché à exciter le peuple aux premières heures de l'insurrection : « Peuple, lorsque tes commis violent leur mandat, souviens-toi du drapeau rouge du Champ-de-Mars et du courage de tes frères en 1793 [35] » ? Le nom du prince ne figurait-il pas sur des listes de Gouvernement provisoire qui circulaient parmi les émeutiers en compagnie de jacobins et de socialistes comme Barbès, Blanqui, Caussidière et Louis Blanc qui complotaient contre le régime ou étaient accusés de l'avoir fait auparavant ? Lahr et Luc, les meurtriers du général Bréa, assassiné alors qu'il voulait parlementer avec les insurgés, n'étaient-ils pas des agents bonapartistes ?

Beaucoup de bonapartistes avaient indéniablement cherché à tirer profit de l'insurrection et certains d'entre eux avaient attisé l'incendie [36]. Quelques-uns avaient même été parmi les plus actifs en province [37]. Il apparaît en revanche hautement improbable qu'ils furent responsables du déclenchement du mouvement [38]. Deux de leurs principaux chefs étaient en prison et leur prétendant entendait rester en retrait. Ce dernier fut pourtant incriminé. Comme trois semaines plus tôt, certains prétendirent l'avoir vu à Paris durant l'émeute, alors qu'il n'avait pas quitté Londres. La principale pièce à charge contre lui était une lettre expédiée de Londres le 23 juin. Le destinataire, le général Rapatel, qui servait alors dans la garde nationale, était informé qu'une insurrection allait éclater le même jour à Paris et se voyait proposer le poste de ministre de la Guerre après la victoire [39]. Si l'authenticité de la pièce peut difficilement être mise en cause, rien ne prouve que Louis-Napoléon en fut l'auteur. S'il tel était le cas, la lettre montre simplement qu'il était bien informé sur la situation parisienne, mais il est beaucoup plus probable qu'elle émanait d'un bonapartiste zélé ou d'un agent provocateur. Du reste, l'ancien pair de France Rapatel n'était pas un homme sur qui les bonapartistes pouvaient compter. Il s'empressa de porter la lettre au général Cavaignac.

Finalement, la commission d'enquête parlementaire, qui ne pouvait être soupçonnée de complaisance, montra le vide des accusations. Comme le prince l'écrivit à Hortense Cornu : « Quelle terrible lutte que celle qui vient d'avoir lieu et combien je me félicite d'avoir donné ma démission, car sans cela, j'aurais été, sans aucun doute, le prétexte de cette épouvantable bataille. Je sais bien que malgré cela ma conduite n'a pas empêché la calomnie et qu'on prétend que j'ai soudoyé l'émeute, mais peu m'importent des bruits qui tomberont devant l'éclaircissement des faits[40]. » Mais Louis-Napoléon n'en était pas moins le grand bénéficiaire. Il avait compris qu'en participant aux journées, il n'aurait eu le choix qu'entre deux mauvaises solutions. En soutenant les émeutiers, il se serait discrédité et se serait condamné à un exil durable. En les combattant, il serait apparu comme le bourreau du peuple, un « prince du sang ». Son absence et son abstention lui avaient permis de ne se compromettre avec personne. Aux yeux de beaucoup, il apparaissait même désormais comme le recours. Il lui suffisait de laisser à « la vague de fond qui le portait, le temps de submerger toutes les résistances[41] ».

Les réseaux partisans avaient été laminés par la répression qui avait suivi les journées de juin. Les militants de la cause étaient démobilisés, dispersés, tués, en fuite ou en prison. Les fonds manquaient de nouveau et les journaux avaient quasiment tous disparu, à l'exception notable du *Petit Caporal* de Marco de Saint-Hilaire, qui exploitait la légende napoléonienne et annonçait un tirage de trente mille exemplaires.

Dès sa sortie de prison, le 16 juillet, Persigny se proposa de relever les énergies, de reconstituer les cadres du parti et de reprendre l'œuvre de propagande. Louis-Napoléon le laissa libre d'agir et de juger de l'opportunité de sa candidature aux élections législatives complémentaires qui se profilaient à l'horizon. En revanche, il n'entendait pas venir siéger en cas de succès[42]. Il écrivit à Dufour : « J'ai la ferme conviction qu'avant de pouvoir établir quelque chose de solide, il faut laisser aux utopies et aux passions le temps de s'user[43]. » Il se contentait d'envoyer de l'argent ou de donner des conseils à Persigny et à son cousin Napoléon-Jérôme. Il suggérait ainsi que Montholon le remplaçât en Corse, car, disait-il, les défauts de l'homme étaient connus, mais son nom qui signifiait les captivités de Sainte-Hélène et de Ham était un drapeau[44]. Il se préoccupait surtout de l'édition populaire de ses œuvres que poursuivait Temblaire[45].

Durant la campagne électorale, il reprocha à Napoléon-Jérôme par une « prétention inqualifiable » d'avoir signé « publiquement Napoléon Bonaparte » et lui recommanda de le nommer simplement, pour sa part, « Louis Napoléon ». « Je voudrais m'appeler, ajoutait-il, Louis-Napoléon Nabuchodonosor Bonaparte afin d'avoir une personnification bien marquée[46]. »

Comme son principal lieutenant, Persigny, s'était montré à la fois indiscret et trop entreprenant en le comparant par exemple publiquement avec Octave, il le rappela aussi à l'ordre : « Comment se peut-il qu'avec tout votre esprit, vous vous laissiez toujours entraîner à dire ce que vous ne devez jamais laisser entrevoir ? Aucun de vos discours, ni en privé, ni en public, ne doit faire croire à une ambition autre, de ma part, que celle de servir mon pays suivant l'ordre des choses établies[47]. » Il finit néanmoins par se radoucir. L'infatigable apôtre de sa cause méritait des ménagements tant il fournissait d'efforts.

Fin août 1848, Louis-Napoléon se rendit à Ostende pour consulter son oncle Jérôme et son cousin Napoléon-Jérôme. Le climat de la France semblait plus serein et les élections municipales et cantonales qui avaient eu lieu au cours des semaines précédentes avaient montré un net reflux des idées révolutionnaires. Louis-Napoléon prit la résolution de se présenter et d'accepter de siéger. Le 27, il écrivit à son oncle Jérôme une lettre destinée à recevoir la plus grande publicité possible : « Je crois comme vous qu'actuellement il y a devoir pour moi d'accepter le mandat de mes concitoyens s'ils me font l'honneur de m'accorder encore leurs suffrages. [...] Aujourd'hui que l'ordre est affermi j'espère que d'injustes préventions ne m'empêcheront plus de travailler comme *représentant du peuple* à l'affranchissement, au bonheur et à la gloire de la république[48]. »

En vue des élections législatives complémentaires des 17 et 18 septembre, sa candidature fut finalement présentée dans treize départements. Le prince, qui gardait un mauvais souvenir du débat sur la validation de ses élections du 4 juin, avait donné des consignes précises pour que la campagne ne s'accompagnât d'aucune propagande tapageuse, d'aucune provocation, d'aucune violence. Dans ses affiches et ses circulaires, il faisait opportunément passer au second plan un discours social qui paraissait moins de mode. Il prônait désormais la modération, la collaboration des classes et la réconciliation nationale : « La manière dont se préparent encore les élections de Paris, en partageant la société en deux classes hostiles peut causer de nouveaux malheurs, de nouvelles catastrophes. [...] Citoyens, il est un nom qui vibre au cœur de trente-cinq millions d'hommes, un nom qui est tout un symbole d'ordre, de gloire, de patriotisme. Celui qui a l'honneur de le porter aujourd'hui a gagné la confiance et l'affection du peuple par toute une jeunesse d'études, de souffrance, de courage et d'adversité. Eh bien ! Que l'élu du peuple soit aussi l'élu du commerce, de l'industrie, de la propriété. Que son nom, accepté par tous, soit un premier gage d'oubli, de réconciliation ; car sans la réconciliation des classes, plus de paix, plus d'industrie, plus de crédit, mais la misère et l'anarchie. »

Louis-Napoléon fut brillamment élu dans les quatre départements qui l'avaient désigné en juin, ainsi qu'en Moselle. Dans la Seine, il arrivait même cette fois nettement en tête des trois élus. Il obtenait aussi plusieurs milliers de voix dans le Nord, le Rhône, la Gironde, l'Orne ou encore en Mayenne[49].

Ni le gouvernement, ni l'Assemblée ne pouvaient plus s'opposer à une volonté populaire si manifeste. Le 24 septembre, ils laissèrent Louis-Napoléon traverser la Manche et s'installer à l'hôtel du Rhin, place Vendôme. Le prince fut de nouveau attiré par la proximité de la colonne impériale où, dix-sept ans plus tôt, il avait pu mesurer pour la première fois la persistance du napoléonisme. Comme Victor Hugo l'écrivit alors dans son journal, *L'Événement* : « Ce n'est pas un homme qui revient, c'est une idée. C'est la troisième fois depuis cinquante ans que le porteur de ce grand nom, Napoléon, rentre à Paris. La première fois Napoléon revenait de l'île d'Elbe, c'était son génie. La seconde, Napoléon revenait de Sainte-Hélène, c'était son fantôme. La troisième, Napoléon revient d'Angleterre, c'est son souvenir[50]. »

Le surlendemain, le prince vint à l'Assemblée. Pour ne pas heurter le gouvernement, il découragea les ovations de la foule qui l'attendait devant le Palais national en entrant par une porte dérobée. Introduit par ses amis Boulay de la Meurthe et Vieillard, il s'installa discrètement entre celui-ci et un autre élu de la Manche, Havin, au milieu des républicains modérés. Ses premiers mots à la tribune visaient d'ailleurs à apaiser les craintes. Il les prononça après la validation de son élection de l'Yonne, département pour lequel il avait opté, dans une brève déclaration lue sur un papier chiffonné, d'une voix mal assurée et teintée d'un fort accent étranger que la plupart des auditeurs considéraient comme germanique et quelques autres suisse allemand ou anglais[51] : « Après trente-trois ans de proscription et d'exil, je retrouve enfin ma patrie et tous mes droits de citoyen. La République m'a fait ce bonheur ; que la République reçoive ici mon serment de reconnaissance et de dévouement et que les généreux compatriotes qui m'ont porté dans cette enceinte soient certains que je m'efforcerai de justifier leurs suffrages en travaillant avec vous au maintien de la tranquillité, ce premier besoin du pays et au développement des institutions démocratiques que le peuple a le droit de réclamer[52]. »

Le National ironisa : « M. Louis Bonaparte avait été précédé en France de son nom comme d'une éclatante fanfare de gloire ; il était apparu dans le lointain sous le rayonnement d'un souvenir, et il ne nous apporté en définitive, dans sa personne, que le contraste le plus marqué avec ce souvenir même[53]. » De fait, selon Rémusat, « l'impression que fit le prince ne fut pas favorable. Sa façon de dire, sa figure ingrate, sa gaucherie maniérée donnaient au premier abord une idée très inférieure à ce qu'il va [lai] t[54] ».

Après sa modeste entrée en matière, Louis-Napoléon se fit discret. Il choisit de siéger au sein du comité de l'Instruction publique qui n'était pas l'un des plus en vue de la Constituante et ne se fit élire dans aucune commission. Il paraissait rarement aux séances, au point qu'Hugo, médisant, prétendit qu'il ne venait que pour toucher son traitement le jour de l'échéance[55]. En fait, le prince craignait de se faire interpeller et de répliquer maladroitement. Il n'entendait pas non plus se compromettre par des votes qui pourraient, par la suite, lui être reprochés. Il ne vota ainsi que dans quelques scrutins d'importance et le fit toujours avec la majorité[56]. Il fuyait les réceptions auxquelles il était convié avec ses nouveaux collègues[57] et avait finalement conscience que le terrain parlementaire n'était pas le sien. Cependant, s'il lui avait fallu trente-trois ans pour fouler librement le sol de sa patrie, moins de trois mois allaient lui suffire, après sa quintuple élection parlementaire, pour devenir le premier des Français.

Le candidat à la présidence de la République

Le 4 novembre 1848, la Constitution rédigée par l'Assemblée fut promulguée. Inspirée à la fois de la Constitution américaine et de celle de 1791, la première de notre histoire, qui instaurait une monarchie constitutionnelle, elle traduisait les hésitations des parlementaires en quête d'une République démocratique, mais stable, qui permît d'éviter les erreurs du passé. Elle confiait le pouvoir législatif à une assemblée unique de sept cent cinquante membres élus pour trois ans au suffrage universel masculin. Un président de la République, élu lui aussi au suffrage universel pour une durée de quatre ans et non immédiatement rééligible, devait recevoir le pouvoir exécutif. Il pouvait nommer et révoquer les ministres comme il l'entendait, y compris les choisir hors de la majorité parlementaire, mais tous ses autres actes devaient être contresignés par au moins l'un d'entre eux. Il ne pouvait pas dissoudre l'Assemblée. Le texte constitutionnel parlait de sa responsabilité, mais sans préciser devant qui elle s'exercerait. L'Assemblée ne pouvait d'ailleurs le démettre de ses fonctions et le traduire devant une haute cour de justice qu'en cas d'actes d'une gravité extrême.

Se retrouvaient donc face à face deux pouvoirs d'égale légitimité et qui avaient peu de prise l'un sur l'autre en raison d'une stricte séparation. En outre, la Constitution ne pouvait être révisée qu'à la majorité des trois quarts des parlementaires et pas avant la dernière année de la législature[58]. En cas de conflit entre les deux pouvoirs, la France risquait donc d'être ingouvernable.

Cette Constitution était, en grande partie, le produit d'une double peur : celle d'une assemblée unique toute-puissante, comme la Convention sous la Révolution, et celle d'un président qui pût s'ériger au rang de dictateur. Louis-Napoléon l'inspirait.

Son ombre avait plané sur les travaux de la commission de la Constitution dès les premières séances, à la mi-mai[59]. Sans obtenir gain de cause, certaines voix s'étaient alors élevées contre l'institution d'un président et, *a fortiori*, contre son élection au suffrage universel. La majorité n'avait finalement repoussé ni l'une, ni l'autre, parce qu'elle avait en fait les plus grandes chances de désigner elle-même le président. En effet, si, au cours de l'unique tour de scrutin, aucun des candidats ne recueillait la majorité absolue des suffrages exprimés et au moins deux millions de voix, gage d'une participation électorale suffisante, le choix lui reviendrait. Lors du débat final, le 5 octobre, un républicain avancé qui jugeait cette garantie insuffisante, Félix Pyat, avait de nouveau essayé de s'opposer à l'élection du président au suffrage universel « qui était un sacre bien autrement divin que l'huile de Reims et le sang de saint Louis[60] ». Le lendemain, avaient été discutés l'amendement de Leblond en vue de l'élection du président par l'Assemblée et celui de Grévy, plus radical encore, qui proposait de remplacer le président de la République par un simple président du Conseil désigné également par l'Assemblée, mais aussi révocable par elle à tout moment. Pour défendre celui-ci, son auteur avait pris des accents prophétiques : « Êtes-vous bien sûr que dans cette série de personnages qui se succéderont tous les quatre ans au trône de la présidence, il n'y aura que de purs républicains empressés d'en descendre ? Êtes-vous sûr qu'il ne se trouvera jamais un ambitieux tenté de s'y perpétuer ? Et si cet ambitieux est un homme qui a su se rendre populaire [...] ; si c'est le rejeton d'une des familles qui ont régné sur la France, et s'il n'a jamais renoncé expressément à ce qu'il appelle ses droits ; si le commerce languit, si le peuple souffre, s'il est dans un de ces moments de crise où la misère et la déception se livrent à ceux qui cachent sous des promesses, des projets contre sa liberté, répondez-vous que cet ambitieux ne parviendra pas à renverser la République ? »

Lamartine, qui se voyait bien lui-même président, lui avait répondu, lyrique[61] : « De quel droit pourrait-on empêcher le suffrage universel de s'exprimer comme il l'entend ? [...] Quand même le peuple choisirait celui que ma prévoyance, mal éclairée peut-être, redouterait de lui voir choisir : *Alea jacta est !* Que Dieu et le peuple prononcent ! Il faut laisser quelque chose à la Providence[62] ! »

Les allusions de Grévy et de Lamartine étaient transparentes. Louis-Napoléon était dans toutes les têtes. Les amendements de Grévy et de Leblond avaient été repoussés respectivement par 643 voix contre 168 et par 602 voix contre 211[63]. Certains parlementaires négligeaient le danger. Quelques-uns furent retournés par l'éloquence de Lamartine ou par les arguments de Tocqueville qui avait estimé nécessaire de ne pas faire du président l'esclave de l'Assemblée et de ne pas paraître se défier du peuple en lui refusant ce qu'on lui avait d'abord promis. La plupart avaient en fait estimé qu'il était prioritaire de disposer d'un pouvoir exécutif fort face au péril de l'anarchie et qu'ils avaient pris suffisamment de garanties vis-à-vis du futur président. En effet, celui-ci devrait prêter un serment de fidélité, alors que la République avait aboli cette pratique en usage sous les régimes précédents pour tous les autres agents de l'État. Il pourrait être poursuivi pour haute trahison. En outre, aucun de ses parents ou alliés ne pourrait briguer sa succession[64].

Le 9 octobre 1848, un représentant républicain modéré, Antony Thouret, avait cependant cru trouver l'ultime garantie, le moyen infaillible d'empêcher Louis-Napoléon d'être candidat. Il avait déposé un amendement interdisant aux princes des familles ayant régné sur la France de se présenter, ce qui visait directement le prince, car toutes les autres personnalités concernées étaient en exil. Exceptionnellement présent en séance, celui-ci s'était cru obligé de donner son point de vue. Il avait alors prononcé des paroles improvisées et maladroites pour désavouer l'appellation de « prétendant ». Perfide, Thouret était remonté à la tribune pour déclarer qu'après ce qu'il venait d'entendre, il retirait son amendement. Deux autres représentants l'avaient repris à leur compte et l'Assemblée l'avait repoussé à la quasi-unanimité des présents. Au sortir de la séance, Ledru-Rollin, confiant, avait dit du prince à ses collègues qui l'entouraient : « Quel imbécile que ce monsieur Bonaparte. Il est coulé[65] ! » Le surlendemain, la disposition sur l'exil des Bonaparte avait été abrogée[66].

Dès le 26 octobre, Louis-Napoléon avait annoncé à l'Assemblée et au pays sa candidature à l'élection présidentielle. Il répondait à l'incident qui l'avait impliqué la veille. Ce jour-là, le ministre de l'Intérieur, Dufaure, vint relater à la tribune un fait curieux qui fit beaucoup rire les parlementaires sur le compte du prince. Celui-ci, assurait le ministre, l'avait averti de bruits de complots préparés en son nom, « pour le compromettre aux yeux des hommes d'ordre et des républicains sincères ». Le ministre avait démenti ces rumeurs, mais le prince n'en avait tenu aucun compte et avait publié dans la presse une lettre pour les dénoncer. Dufaure fustigea son attitude et retourna contre lui l'accusation de propager des rumeurs. Napoléon-Jérôme prit alors la parole pour répondre qu'il était l'auteur de la lettre. À sa suite, Clément Thomas somma Louis-Napoléon, absent ce jour-là, de sortir de son silence et de dire s'il était vrai, comme un autre bruit l'affirmait, que des agents bonapartistes parcouraient le pays pour le présenter aux Français en vue de l'élection présidentielle. Le représentant lui posait d'ailleurs la question : était-il candidat[67] ? Le 26, le principal intéressé vint répondre et confirmer la nouvelle : « De quoi m'accuse-t-on ? D'accepter du sentiment populaire une candidature que je n'ai pas recherchée (*Mouvement*). Eh bien ! oui, je l'accepte, cette candidature qui m'honore ; je l'accepte parce que trois élections successives[68] et le décret de l'Assemblée nationale contre la proscription de ma famille[69] m'autorisent à croire que la France regarde le nom que je porte comme pouvant servir à la consolidation de la société ébranlée jusque dans ses fondements… (*Réclamations*) à l'affermissement et à la prospérité de la République. » Louis-Napoléon annonçait à ceux qui voulaient organiser contre lui « un système de provocation » qu'il ne répondrait dorénavant « à aucune interpellation, à aucune excitation… (*Oh ! oh !*) qui voudraient [l]e faire parler quand [il voudrait se] taire ». Au préalable, il avait déclaré : « Je déplore profondément d'être obligé de parler encore de moi, car il me répugne de voir sans cesse portées devant l'Assemblée des questions personnelles, alors que nous n'avons pas un moment à perdre pour nous occuper des graves intérêts de la patrie[70]. »

Lui-même et toutes les autres personnalités qui se portèrent candidates étaient issus de l'Assemblée, en dehors de laquelle rien ne paraissait possible. Chef du pouvoir exécutif depuis fin juin, le général Cavaignac était le favori naturel du scrutin. Outre la majorité de la Constituante, l'essentiel de l'appareil administratif et la plus grande partie des milieux d'affaires le soutenaient. Il était connu, réputé compétent et désintéressé. Il était aussi fier et présomptueux. Lorsque, le 3 novembre, Thouret avait redéposé son amendement visant à interdire la présidence de la République aux familles ayant régné sur la France, il avait lui-même demandé son rejet en déclarant : « J'ai soif de savoir enfin où est la confiance de la nation et je demande à l'Assemblée de me permettre de la satisfaire[71]. » Républicain modéré, Cavaignac n'était pas modérément républicain et avait des titres familiaux à faire valoir. Son père avait été conventionnel régicide et son frère, Godefroy, le chef du parti sous la monarchie de Juillet. Il était bien vu des conservateurs depuis qu'il avait fait tirer sur le peuple, en juin. Mais, de ce fait, il s'était aliéné les républicains avancés et les socialistes qui le surnommaient « le boucher » ou encore « le prince du sang ». Les premiers, rejoints par quelques socialistes, lui préféraient Ledru-Rollin, avocat talentueux et ancien membre du Gouvernement provisoire. Cependant la majorité des socialistes reprochaient à l'ancien membre du Gouvernement provisoire et de la Commission exécutive de s'être allié en février avec les hommes du *National*, d'avoir fait échouer les manifestations populaires des 16 avril et 15 mai, puis d'avoir approuvé la répression de juin. Ils prirent pour champion le docteur

Raspail, emprisonné depuis l'émeute du 15 mai. Quant à Lamartine, héros de la révolution de février, il avait perdu tout crédit depuis, mais il s'illusionnait sur sa popularité et décida aussi de tenter sa chance.

À droite, la réunion de la rue de Poitiers, la plus influente de l'Assemblée, qui réunissait des légitimistes, des orléanistes, des catholiques et les plus conservateurs des républicains pensa d'abord présenter ses principaux chefs, Molé et Thiers [72]. Même si le second venait de faire paraître une brochure pour défendre la propriété, ce qui lui valait une grande faveur dans la bourgeoisie, les deux hommes qui avaient présidé le Conseil sous le régime précédent n'avaient aucune chance, tant ils étaient impopulaires auprès des masses, des républicains convaincus et des légitimistes. Ces derniers hésitaient entre les généraux Bugeaud et Changarnier, héros de la conquête de l'Algérie. Cependant, le premier ne voulait pas ternir ses lauriers gagnés sur les champs de bataille dans une aventure électorale à l'issue très incertaine et finit par se désister en faveur de Louis-Napoléon. Quant au second, il avait une haute opinion de lui-même, au point d'avoir notifié son ralliement au Gouvernement provisoire, en février 1848, en mettant au service de la République « son habitude de vaincre ». Il était également ambitieux, mais n'avait pas l'étoffe d'un candidat sérieux. Petit, ridé, coiffé d'une perruque et surnommé « Bergamote », en raison de son abord parfumé, il brillait dans les salons, mais n'avait pas de quoi séduire les masses qui ignoraient d'ailleurs jusqu'à son existence. Quelques journaux légitimistes du Midi firent néanmoins campagne sur son nom. Les autres prônèrent l'abstention ou finirent par se rallier à la candidature de Louis-Napoléon. La majorité des hommes de la rue de Poitiers en firent autant, à titre individuel, car aucune ligne générale ne put être adoptée par la réunion.

Thiers n'aimait pas Cavaignac qui, selon lui, faisait tout ce qu'il pouvait pour rentrer dans les faveurs des rouges et qui avait repoussé dédaigneusement ses conseils stratégiques lors des journées de juin. Il avait envisagé pendant un temps de soutenir Jérôme Bonaparte, qu'il connaissait de longue date et qu'il savait contrôlable, mais l'ancien roi avait décliné l'offre et l'avait renvoyé vers son neveu. Lui-même s'était d'ailleurs vite rendu compte que seul le nom de Louis-Napoléon parlait au peuple, après avoir questionné son porteur d'eau :

« Que pensez-vous du maréchal Bugeaud ?

– Connais pas.

– Du prince de Joinville ?

– Ah ! le fils à Philippe.

– De Cavaignac ?

– J'en ai entendu parler.

– Et du prince Louis-Napoléon ?

– Ah ! celui-là, fit le bonhomme d'un ton décidé, celui-là je le connais [73] ! »

Depuis son lamentable discours à l'Assemblée, Thiers considérait le prince comme un personnage insignifiant. Certains de ses amis ne lui prêtaient-ils pas un penchant pour l'alcool ou pour l'opium qui leur permettaient d'expliquer à bon compte son regard vide ? « Louis-Napoléon, notait l'ambassadeur autrichien, le comte Apponyi, a des yeux qu'il faut chercher avant de pouvoir les découvrir et lorsqu'on les a découverts, on les cherche encore. » En fait, selon Hortense Cornu, son ami avait travaillé son personnage à Ham. Son flegme, son apathie et son silence lui permettaient d'endormir la méfiance de ses interlocuteurs. Ceux-ci le prenaient souvent pour une « fichue bête », comme le directeur du *Constitutionnel*, Véron, alors qu'en fait, il était en train de les jauger [74]. Thiers fut lui-même abusé. Il n'affirma peut-être jamais : « Nous lui donnerons des femmes et nous le conduirons » et « C'est un crétin que l'on mènera » comme on le prétendit, mais ces sentences n'étaient assurément pas éloignées de sa pensée du moment. Rémusat dont le témoignage est digne de confiance affirma d'ailleurs qu'il lança à quelqu'un qui comparait devant lui le neveu de l'empereur et le duc de Nemours qui passait pour lent et peu futé : « Que dites-vous donc là ? Le duc de Nemours en vaut dix comme lui [75]. » Thiers s'imaginait devenir le mentor du prince pendant sa présidence et pouvoir lui succéder au terme de son mandat, à moins que les Orléans ne revinssent, dans un avenir proche, pour remonter sur le trône [76]. Comme d'autres faiseurs d'empereurs, de rois ou de présidents avant et après lui, il croyait pousser un homme de paille pour une période de transition et ne discernait pas combien la grandeur de la fonction pouvait grandir l'homme qui en était investi.

L'élection présidentielle fut fixée au dimanche 10 décembre 1848 et au lendemain, ce qui laissait peu de temps aux candidats pour se faire connaître, présenter leurs programmes et convaincre, à une époque où les partis constitués n'existaient pas encore.

Louis-Napoléon disposait néanmoins de deux atouts sur tous les autres candidats : l'expérience de ses amis en matière de propagande et ses propres réflexions sur le suffrage universel. Il installa son quartier général de campagne dans les deux étages qu'il occupait à l'hôtel du Rhin[77]. Quelques hommes jouèrent alors un rôle déterminant à ses côtés. Mocquard, cet ancien avocat de la Restauration, devenu un familier de sa mère puis un sous-préfet de la monarchie de Juillet, fut son secrétaire et sa première plume. Il répondait ainsi aux milliers de lettres qu'il recevait et l'aidait à rédiger ses manifestes, ajoutant ici une formule, retouchant là le style. Ancien chef d'escadron en rupture de ban, Fleury connaissait le prince depuis 1837, il venait de le retrouver et de se mettre à son service. Il fut à la fois le garde du corps du candidat qu'il protégeait à l'aide d'un pistolet et d'une canne à épée, son infatigable porte-parole auprès de l'armée et son secrétaire militaire[78]. D'Almbert, qui était devenu auteur de pièces de théâtre et membre de la Société des gens de lettres en 1844, et qui avait publié en juin précédent, pour son ami, une *Histoire de Louis-Napoléon Bonaparte*[79], servit d'intermédiaire avec les milieux intellectuels. Par souci d'efficacité, le Comité napoléonien du général Piat fusionna avec celui du faubourg Montmartre de Martin-Bruerre et Patorni pour former un Comité central électoral. De son côté, Ferrère travaillait la province.

Cependant, ce fut Persigny qui occupa le rôle clé, celui d'un véritable directeur de campagne. Sous son égide, la propagande qui s'était encore accrue depuis la quintuple élection de septembre atteignit des sommets[80]. Elle fut financée grâce à un emprunt de 324 000 francs contracté auprès du marquis Pallavicini, à une importante contribution de la réunion de la rue de Poitiers et à la générosité persévérante de miss Howard. Parallèlement, Louis-Napoléon commençait à rembourser le duc de Brunswick et à lui rendre de façon anticipée ses actions du *National*, journal qui ne cessait de l'attaquer et avec lequel il ne voulait plus rien à voir[81]. Pendant six semaines, ses agents se répandirent dans les rues, dans les cafés, dans les clubs et dans les sociétés populaires et y colportèrent les rumeurs les plus fantaisistes. Il venait de recevoir en sa faveur l'abdication du prétendant légitimiste Henri V, annonçait l'une ; il abolirait toutes les dettes une fois élu, assurait une autre. Affiches, plaquettes, brochures, gravures et objets en tous genres à la gloire du prince déferlèrent sur le pays. Le plus souvent, ils se contentaient d'en faire le digne héritier de son oncle [82]. Parfois, ils soulignaient son originalité. Plusieurs écrits mettaient ainsi l'accent sur la fibre sociale de l'auteur de *L'Extinction du paupérisme*, brochure qui fut réimprimée pour la circonstance et distribuée à foison. Louis-Napoléon introduisait d'ailleurs ses propres idées dans la campagne. Il n'en manquait pas, car il méditait depuis sa jeunesse sur le suffrage universel, avait le sens du peuple et avait vécu en Suisse, qui appelait déjà localement ses citoyens à concourir à la vie politique, et aux États-Unis, qui utilisaient partiellement le suffrage universel pour l'élection présidentielle.

Louis-Napoléon fit preuve d'un instinct politique très sûr et appliqua plusieurs principes simples : la recherche de recommandations prestigieuses, le souci d'éviter d'entrer dans le jeu des partis et de s'abaisser aux polémiques, la volonté d'apparaître comme le candidat de tous les Français. Il fit publier un *in-folio* avec des extraits habilement choisis de lettres que lui avaient envoyées des personnalités de tous bords, de Chateaubriand à George Sand et d'Odilon Barrot à Béranger. Il entendait montrer ainsi que ses détracteurs du moment, et en particulier les hommes du *National*, qui figuraient en bonne place dans le texte, l'avaient jadis soutenu [83]. *La Liberté*, ancien journal légitimiste, suspendu en juin et ressuscité le 8 novembre, devint son organe officiel et publiait tous les jours un numéro de quatre grandes pages pour défendre ses idées, encenser son dynamisme et relater ses faits et gestes, avec des commentaires élogieux. Il est vrai que le candidat ne s'économisait pas. Il visitait les soldats dans leurs casernes. Il consultait beaucoup, des principaux ténors du conservatisme et du catholicisme aux hérauts du socialisme, de Montalembert à Proudhon en passant par Girardin, Véron et Hugo. Ces trois hommes acceptèrent d'ailleurs de mettre à son service leurs journaux, respectivement *La Presse*, *Le Constitutionnel* et *L'Événement* [84]. Le prince écoutait et donnait à ses interlocuteurs l'impression de les entendre, mais restait en fait sur ses positions.

Rapidement, les hommes politiques expérimentés qui croyaient avoir facilement jaugé Louis-Napoléon le découvrirent sous un autre jour. Ce furent la teneur du programme qu'il entendait adopter et la manière dont il l'imposa qui leur dessillèrent les yeux. Thiers, Molé et les autres ténors de la rue de Poitiers trouvaient ce texte, auquel quelques-uns de ses amis dont Mocquard et Hortense Cornu avaient mis la main, beaucoup trop social et demandèrent au prince de le modifier[85]. Devant ses tergiversations, ils lui soumirent leur propre version qu'il rejeta. Le 27 novembre 1848, au terme de près de quinze jours de tractations infructueuses, le prince publia finalement son texte initial à peine amendé[86]. Ce manifeste était indéniablement un chef-d'œuvre du genre[87]. Le prince remerciait tout d'abord ses concitoyens d'avoir pensé à lui pour exercer la « première magistrature de la République ». Moderne Cincinnatus, il acceptait de sortir de sa retraite, mais il était conscient qu'il devait cette faveur populaire à son nom et non à lui-même, aussi entendait-il lever toute équivoque. Il se défendait d'être « un ambitieux qui rêv[ait] tantôt l'Empire et la guerre, tantôt l'application de théories subversives ». Il entendait se « dévouer tout entier, sans arrière-pensée, à l'affermissement d'une République sage par ses lois, honnête par ses intentions, grande et forte par ses actes ». Il mettrait son « honneur à laisser, au bout de quatre ans, à [son] successeur, le pouvoir affermi, la liberté intacte, un progrès réel accompli ». Il égrenait ensuite un chapelet de promesses à l'égard des différentes catégories de Français. Il flattait la bourgeoisie en s'engageant à protéger l'ordre, la propriété, la famille, la paix et la liberté de la presse préservée « des deux excès qui la compromett[ai]ent toujours : l'arbitraire et sa propre licence ». Il garantissait aux catholiques et au clergé la sauvegarde de la religion et promettait d'accorder la liberté de l'enseignement. Grâce à lui, les militaires verraient leur quotidien s'améliorer et s'assureraient une retraite heureuse. Parallèlement, le candidat encensait les travailleurs des champs et des villes et promettait tout à la fois de diminuer les « impôts les plus onéreux au peuple », de « donner du travail aux bras inoccupés », de « pourvoir à la vieillesse [...] par des institutions de prévoyance », d'alléger « le fardeau de la conscription » et d'introduire dans les « lois industrielles les améliorations qui tend[ai]ent, non à ruiner le riche au profit du pauvre, mais à fonder le bien-être de chacun sur la prospérité de tous ». Quant aux industriels, ils seraient encouragés dans leurs entreprises, tout en bénéficiant de la liberté d'initiative. Il en appelait ensuite à la réconciliation des esprits pour réaliser son ambitieux programme. La République devait être généreuse et avoir foi en son avenir. Lui qui avait connu l'exil et la captivité appelait de tous ses vœux la fin des proscriptions. C'était s'adresser aux persécutés du moment, les vaincus du 15 mai et des journées de juin, en leur promettant un prochain pardon. Il concluait par une phrase patriotique et volontariste qui reprenait l'une de ses proclamations de Boulogne : « La tâche est difficile, la mission immense, je le sais ! Mais je ne désespérerais pas de l'accomplir en conviant à l'œuvre, sans distinction de partis, les hommes que recommandent à l'opinion publique leur haute intelligence et leur probité. D'ailleurs quand on a l'honneur d'être à la tête du peuple français, il y a un moyen infaillible de faire le bien, c'est de le vouloir. »

Quelques jours plus tard, l'ancien insurgé de Romagne s'engageait auprès des catholiques à rétablir sur son trône le pape qui venait d'être chassé de Rome, le 24 novembre, par les républicains. Après tout, n'avait-il pas contracté une dette vis-à-vis de Pie IX ? Souvenons-nous, en 1831, celui-ci, alors archevêque de Spolète, avait protégé sa fuite et lui avait permis d'échapper aux Autrichiens[88].

Louis-Napoléon n'était pas le seul candidat à ne vouloir ni révolution, ni contre-révolution et à promettre à la fois l'ordre et le mouvement. Cavaignac empruntait aussi cette ligne bleue, mais, contrairement à son grand rival, il fit des erreurs et fut malchanceux. Lui aussi fut approché par la réunion de la rue de Poitiers. En signe de bonne volonté, il introduisit le 15 octobre deux des siens dans son gouvernement, Dufaure et Vivien, mais, moins politique, moins cynique sans doute aussi que le prince, il refusa de promettre la liberté de l'enseignement et de s'engager à rétablir le pape sur son trône, se contentant, le 3 décembre, de lui offrir l'asile de la France. Pouvait-il d'ailleurs se permettre de perdre le soutien des républicains modérés alors que certains d'entre eux menaçaient déjà de l'abandonner ? Ceux qui avaient soutenu la Commission exécutive lui reprochaient en effet d'avoir laissé le soulèvement de juin se développer pour s'emparer du pouvoir. Deux d'entre eux, Garnier-Pagès et Barthélemy Saint-Hilaire, l'attaquèrent directement à l'Assemblée, le 25 novembre. S'ils ne furent pas suivis puisque la majorité renouvela les félicitations qu'elle avait votées au général cinq mois plus tôt, l'affaire laissa des traces[89]. En outre, nombre de Français étaient choqués par le zèle excessif dont les ministres faisaient preuve pour soutenir la candidature du chef de l'exécutif, en demandant à leurs subordonnés et aux fonctionnaires de voter et de faire voter pour lui. Ce fut alors qu'éclata le scandale de la distribution des récompenses nationales aux condamnés politiques de la monarchie de Juillet et aux insurgés de février par le comité de l'Hôtel de Ville. Plusieurs candidats douteux furent honorés et même des condamnés de droit commun. Totalement étranger à l'affaire, Cavaignac dut pourtant venir se défendre à la tribune de l'Assemblée, le 7 décembre. Il le fit brillamment, mais n'en fut pas moins éclaboussé. Ses partisans se rendirent alors responsables d'une nouvelle maladresse. Ils retardèrent le départ des malles-poste dans les départements pour que son discours pût y être diffusé.

Les bonapartistes ne se privaient pas d'exploiter ces aubaines. Ils ne faisaient que rendre à leurs adversaires la monnaie de leur pièce. En effet, ceux-ci n'avaient de cesse de diaboliser et de ridiculiser le prince. *Le National* multipliait les attaques virulentes[90]. *Le Moniteur de l'armée* ou encore *Le Charivari* n'étaient pas en reste. Dans ce journal, le caricaturiste Cham prétendait que le seul programme du prince consistait à ressortir la vieille défroque prêtée par son oncle : les bottes, le petit chapeau et l'épée[91], pendant que son collègue Daumier le montrait en train d'essayer d'atteindre le rivage présidentiel sur le bicorne napoléonien retourné et traîné par un aigle déplumé[92]. Cependant, cet acharnement était contre-productif. Il servait Louis-Napoléon en faisant de lui à la fois la victime et le personnage central de la campagne.

Le triomphateur du 10 décembre

Cette première élection présidentielle au suffrage universel masculin était un saut dans l'inconnu. À droite comme à gauche, beaucoup voyaient la nécessité du vote utile en faveur de Louis-Napoléon ou de Cavaignac, mais ne parvenaient pas à choisir, comme George Sand, entre deux maux, « entre le sabre sanglant de l'Algérie et l'épée rouillée de l'Empire[93] ». Cependant, les observateurs attentifs pressentirent rapidement que le prince devancerait le chef de l'exécutif. *L'Indépendance belge* l'annonçait dès le 28 octobre et le *Times* le 11 novembre, à la suite du renoncement de Bugeaud. La plupart des rapports des préfets et des procureurs généraux allaient dans le même sens[94]. En retournant dans leurs départements pour y mener campagne, les représentants du peuple eux-mêmes constataient que la majorité de leurs concitoyens se montraient favorables au prince[95].

Il fallait s'attendre à un succès de celui-ci auprès des ruraux qui représentaient alors plus des deux tiers des Français. Ceux-ci désiraient se venger des notables qui les dominaient, rejetaient la politique des républicains de gouvernement et en particulier l'impôt de 45 centimes par franc d'imposition qui avait été mis en place pour renflouer les caisses de l'État, voulaient que les conquêtes de 1789 fussent garanties et étaient sensibles au principe d'autorité ainsi qu'à la légende napoléonienne. S'ils étaient plus partagés, les bourgeois voyaient généralement, eux aussi, en Louis-Napoléon l'homme qui saurait maintenir l'ordre et garantir les grandes libertés auxquelles ils étaient très attachés. À l'instar de Louis Veuillot et de son journal ultramontain, *L'Univers*, les catholiques avant tout le créditaient de ses engagements sur la nécessité d'établir la liberté de l'enseignement et sur la protection du souverain pontife. Une grande partie des couches populaires des villes le considéraient comme un progressiste. À Paris, le peuple des faubourgs chantait sur l'air des lampions « Viv'Raspail ! », mais celui de la banlieue répliquait par ce couplet : « Veux-tu un'canaille ? Vote pour Raspail. Veux-tu un coquin ? Prends Ledru-Rollin. Veux-tu du mic-mac ? Vot'pour Cavaignac. Mais veux-tu le bon ? Prends Napoléon [96] ! »

Avant même le scrutin, les jeux semblaient donc déjà faits. Louis-Napoléon sortirait vainqueur, au point que, dès le début du mois de décembre, Fleury s'entendit avec le Garde-Meuble pour l'aménagement du palais de l'Élysée où devait résider le président et commença à recruter du personnel [97]. Il demeurait cependant plusieurs incertitudes majeures qui taraudaient les parlementaires comme Tocqueville. Les partisans de Cavaignac accepteraient-ils leur défaite ou ne tenteraient-ils pas plutôt un coup d'État avec l'aide des généraux d'Afrique ? Si Louis-Napoléon n'obtenait pas la majorité absolue ou si le nombre de votants était insuffisant, l'Assemblée oserait-elle infirmer le choix populaire et désigner le chef de l'exécutif ? Si tel était le cas, ne fallait-il pas craindre un coup de force bonapartiste ou un soulèvement du peuple [98] ?

Le scrutin des 10 et 11 décembre 1848 mit un terme brutal à toutes ces interrogations. Il témoigna de façon flagrante du décalage qui existait entre le peuple français et ses élites dirigeantes. Il se déroula dans le calme [99]. Il fut servi par le beau temps, ce qui fit dire aux partisans du prince qu'il s'agissait du soleil d'Austerlitz [100], et se caractérisa par une forte participation, puisque 7 449 471 Français se déplacèrent pour voter, soit 76 % des électeurs inscrits. Le résultat était donc recevable et significatif. Dès les premiers dépouillements du 12, il ne fit aucun doute que Louis-Napoléon triompherait. Finalement, avec plus de 5,5 millions de voix, soit 74,5 % des suffrages exprimés et 56,5 % des inscrits, il distançait nettement tous ses rivaux : Cavaignac qui recueillait moins de 1,5 million de voix, Ledru-Rollin moins de 400 000, Raspail moins de 40 000, Lamartine moins de 20 000 et Changarnier moins de 5 000 [101].

À quatre exceptions près – le Finistère, le Morbihan, les Bouches-du-Rhône et le Var –, tous les départements l'avaient placé en tête et beaucoup, comme la Charente et la Creuse, avaient presque exclusivement voté pour lui, en lui accordant respectivement 95 % et 94 % de leurs suffrages. Seuls les foyers légitimistes de Provence et de Bretagne et les places protestantes et industrielles comme l'Alsace, le Nord et le Gard avaient manifesté quelques réticences à son égard. Les villes avaient aussi moins voté pour lui que les campagnes. À Paris, le prince n'obtenait que 58 % des voix avec, cependant, d'excellents résultats dans les quartiers populaires, qui gardaient rancœur à Cavaignac de la répression de juin.

Ce ne furent pourtant ni le rejet du chef de l'exécutif et des républicains de gouvernement, ni l'excellence de la campagne du prince, ni le soutien que lui accorda une grande partie de la presse, ni le ralliement des Thiers, Molé ou Montalembert qui déterminèrent l'issue du scrutin, mais bien le vote massif des paysans en faveur du neveu de l'empereur [102]. Les analystes de tous bords ne tardèrent pas à se pencher sur ce phénomène. Dès le 16 décembre, l'éditorialiste du *Censeur de Lyon* nota : « Le nom de Napoléon a exercé un empire extraordinaire sur les populations des communes qui ont payé en un jour à l'Empereur mort toutes les souffrances de Sainte-Hélène. Dans les villages du Rhône et de l'Isère régnait une sorte de frénésie ; on eût dit que la fièvre s'était emparée de tout le monde, que Napoléon était sorti de son tombeau [103]. »

Karl Marx constata que « l'idée fixe du neveu se réalisa parce qu'elle correspondait à l'idée fixe de la classe la plus nombreuse de la population [104] ». Il rejoignait sur ce point Proudhon, son vieil ennemi en socialisme, qui avait écrit, pour sa part, dans son journal : « Ce nom-là [Napoléon], le paysan le connaît depuis longtemps ; c'est presque un culte pour lui. Napoléon sera son sauveur.

Napoléon le débarrassera de toutes les charges qui pèsent sur lui… Donc arrière le curé ! Arrière le notaire ! Arrière le seigneur, arrière le Monsieur, arrière l'usurier, arrière le riche ! On peut dire que d'aujourd'hui ils [les paysans] sont nés à la vie politique [105]. » Sous le nom de Daniel Stern, Marie d'Agoult arrivait au même constat : « Jamais, on peut l'affirmer, l'homme des campagnes n'a [vait] cru très positivement à [la mort de Napoléon], et quand le neveu obscur du grand capitaine [vint], après la chute de deux dynasties, revendiquer son droit à gouverner la France, il [crut] voir apparaître une seconde fois son empereur. L'évocation [fut] magique, l'identification complète dans sa pensée ; si complète qu'il ne songe[a] seulement pas à demander quelle a[vait] été jusque-là l'existence, quelles [étaient] les vertus, quel sera[it] le génie de ce nouveau Bonaparte [106]. » De fait, le nom de Napoléon parlait bien davantage aux paysans que ceux du « duc Rollin » et de « la Martine ».

Le mot final revint à Guizot. Il vit bien que la principale explication du triomphe de Louis-Napoléon résidait dans tout ce qu'il parvenait à incarner : « C'est beaucoup d'être à la fois une gloire nationale, une garantie révolutionnaire et un principe d'autorité. » Les chancelleries européennes faisaient le même constat, non sans inquiétude. La Révolution de Février avait inauguré le printemps des peuples. Un nouveau Napoléon à la tête de l'État français pouvait peut-être faire rentrer dans le rang la turbulente nation et refermer la boîte de Pandore des révolutions, mais il pouvait aussi bien dénoncer le traité de Vienne et mettre l'Europe à feu et à sang. Pour l'heure, la reine d'Angleterre, Victoria, voulut croire à la première de ces deux hypothèses [107].

Depuis la Révolution de Février, Louis-Napoléon, prudent à brève échéance et sûr de la force de sa cause sur le long terme, s'était toujours montré légaliste. Il entendait persévérer dans cette voie. Il ne suivit pas Persigny qui lui conseillait de subordonner le serment qu'il allait devoir prêter à la ratification populaire de la Constitution, de façon à obliger l'Assemblée à renoncer à cette exigence ou à abroger la disposition empêchant le président de se représenter au terme de son mandat [108]. Comme les autorités craignaient malgré tout des débordements bonapartistes ou socialistes, elles décidèrent, au dernier moment d'avancer de deux jours la cérémonie de prestation de serment de l'élu du peuple qui se déroula finalement le 20 décembre.

Ce jour-là, les résultats officiels furent proclamés par la commission chargée du dépouillement des votes. Lamartine ne s'était pas déplacé pour s'épargner un affront. Il eut raison, car l'annonce du nombre de voix qu'il avait obtenu provoqua des rires sur les bancs de la droite. Cavaignac vint déposer ses pouvoirs et fut très applaudi. Louis-Napoléon, en habit noir, la rosette de représentant à la boutonnière et la plaque de grand officier de la Légion d'honneur sur la poitrine, attendait calmement à son banc son tour. Le président de l'Assemblée, Marrast, lut ensuite la formule du serment que le prince reprit, en levant la main, dans les mêmes termes : « En présence de Dieu et devant le peuple français, représenté par l'Assemblée nationale, je jure de rester fidèle à la République démocratique, une et indivisible et de remplir tous les devoirs que m'impose la Constitution. » Marrast fit du zèle et montra la défiance que lui inspirait le prince en prenant Dieu et les hommes à témoin de son serment. Louis-Napoléon demanda ensuite la parole pour prononcer une brève allocution de réconciliation : « Les suffrages de la nation et le serment que je viens de prêter commandent ma conduite future. Mon devoir est tracé, je le remplirai en homme d'honneur. Je verrai des ennemis de la patrie dans tous ceux qui tenteraient de changer, par des voies illégales, ce que la France entière a établi. [...] Avec la paix et l'ordre, notre pays peut se relever, guérir ses plaies, ramener les hommes égarés et calmer les passions [...]. Nous avons, citoyens représentants, une grande mission à remplir, c'est de fonder une République dans l'intérêt de tous et un gouvernement juste, ferme, qui soit animé d'un sincère amour du progrès, sans être réactionnaire ou utopiste. Soyons les hommes du pays et non les hommes d'un parti et, Dieu aidant, nous ferons du moins le bien, si nous ne pouvons faire de grandes choses. »

Ces paroles furent accueillies poliment, mais sans chaleur. Le nouveau président, qui avait rendu un hommage appuyé à son prédécesseur, se dirigea ensuite vers lui pour le saluer. Cavaignac resta assis et accepta avec réticence de se laisser serrer la main. Le tout avait duré à peine plus d'une demi-heure [109]. Après la séance, Louis-Napoléon se rendit à sa nouvelle demeure, l'Élysée. Après vingt ans d'efforts persévérants, mais à quarante ans à peine, il touchait au but.

Deuxième époque

DU POUVOIR SOUS CONTRÔLE AU POUVOIR SANS CONTRÔLE (1848-1852)

CHAPITRE V

LE PREMIER PRÉSIDENT D'UNE RÉPUBLIQUE FRANÇAISE

« Il faut absolument que je domine les partis*. »

« Si des jours orageux devaient reparaître
et que le peuple voulût imposer un nouveau fardeau
au chef du gouvernement, ce chef, à son tour,
serait bien coupable de déserter cette haute mission**. »

Le ministère de la captivité

Les difficultés de Louis-Napoléon Bonaparte commencèrent dès le lendemain de sa victoire. Il pouvait certes compter sur ses amis, comme Hortense Cornu qui se voyait déjà devenir son égérie . « N'oubliez pas que vous m'avez promis de vous voir de tems en tems [*sic*]. Je m'engage à vous apporter fidèlement le thermomètre [sans nul doute de l'opinion]. Quand vous irez visiter les établissements publics, que vous recevrez les corps scientifiques et littéraires, si vous avez besoin de renseignements, je vous écrirai en deux mots les titres et les individus. Toujours heureuse de vous être utile comme autrefois [1]. » Cependant, le nouveau président était politiquement isolé car le bonapartisme n'avait aucune assise parlementaire et lui-même était totalement étranger au milieu dans lequel il entrait. Face à des juristes et à des parlementaires, à des hommes de tribune, du verbe et du droit, il apparaissait comme un

* Lettre du président à Odilon Barrot, le 30 octobre 1849.
** Discours du président à Caen, le 4 septembre 1850.

aventurier solitaire et un militaire à proclamations qui méprisait les pouvoirs collégiaux. Persigny le concédait volontiers : « Il ne connaissait rien lui-même du monde où il était introduit d'une manière si éclatante mais si imprévue. Hommes et choses, tout était nouveau pour lui. [...] Il ne savait où prendre les instruments de son gouvernement, [...] il ne connaissait pas un homme important dans ses intérêts, [...] il n'avait pas un ami dont il pût convenablement faire un ministre[2]. »

Il ne pouvait pas non plus s'appuyer sur les républicains modérés qui avaient soutenu Cavaignac. Des mots très durs s'étaient échangés durant la campagne. Néanmoins, il put approcher Lamartine par l'intermédiaire de quelques républicains non sectaires, comme Duclerc. Il se rendit ainsi à cheval au milieu du bois de Boulogne, tout près de la petite maison où résidait l'ancien homme fort du Gouvernement provisoire et de la Commission exécutive. Les deux hommes s'entretinrent longuement dans une allée de sapins. Lamartine fit bon accueil au prince, mais il était désabusé depuis sa déroute lors de l'élection présidentielle. S'il lui conseilla de se tourner vers d'autres personnalités[3], il accepta toutefois de donner son concours, si toutes les autres combinaisons échouaient, de façon à éviter une impasse. Le président dut donc composer avec la réunion de la rue de Poitiers. Dans les jours qui précédèrent et suivirent le scrutin, il voyait Thiers et Molé quasi quotidiennement. Ceux-ci préféraient rester dans l'ombre, jouer les éminences grises et se réserver pour un meilleur avenir. Leur nouveau protégé en était mécontent, mais il devait en prendre son parti[4].

Ce fut d'ailleurs sur leur conseil qu'il avait vu Odilon Barrot dès le 5 décembre[5]. Ancien chef de l'opposition dynastique sous la monarchie de Juillet, il était l'homme le plus à gauche du camp conservateur et Lamartine lui-même avait avancé son nom lors de l'entrevue du bois de Boulogne. Il était aussi la seule personnalité de premier plan avec laquelle le prince avait été en contact avant 1848 : Barrot était allé le voir à Ham et avait soutenu sa demande de libération provisoire pour qu'il pût se rendre au chevet de son père agonisant.

Puisque les républicains se dérobaient, Louis-Napoléon jugea finalement que Barrot était le moins mauvais choix. Il l'appela au poste de chef du gouvernement et lui confia le portefeuille de la Justice. Alors qu'il n'aimait guère les orléanistes, il dut accepter que l'équipe gouvernementale comprît une majorité d'entre eux.

Léon de Maleville entrait au ministère de l'Intérieur. L'homme qui était un proche de Thiers avait été en 1840 sous-secrétaire d'État à l'Intérieur dans son gouvernement et avait, de ce fait, joué un rôle important dans l'arrestation du prince à Boulogne. Drouyn de Lhuys, président du comité diplomatique, reçut les Affaires étrangères, Passy les Finances, Léon Faucher les Travaux publics, le général Rulhière la Guerre et de Tracy la Marine. Louis-Napoléon qui n'entendait pas être prisonnier d'un gouvernement purement orléaniste appuya le choix du légitimiste et catholique Falloux à l'Instruction publique et aux Cultes et du républicain modéré Alexandre Bixio au Commerce et à l'Agriculture. Réticent, Falloux avait été poussé à accepter par ses amis Persigny et l'abbé Dupanloup pour réaliser la liberté de l'enseignement, promise par le président lors de la campagne[6]. Quant au second, il était le cofondateur du *Journal d'agriculture pratique* et était à sa place. En outre, il avait été chargé d'affaires à Turin au début de la République et serait sans doute un précieux soutien pour résoudre les affaires italiennes. Au total, ce gouvernement n'était pas parlementaire, puisqu'il n'était pas représentatif de la majorité de l'Assemblée, mais il n'était pas non plus un cabinet présidentiel, car le chef de l'État avait dû faire appel à des ennemis de la veille. Il s'agissait d'un « ministère de la captivité[7] », le captif étant Louis-Napoléon lui-même.

Lors de cette première expérience de présidence de la République, chacun devait trouver ses marques. Le gouvernement n'avait pas encore dix jours qu'un premier incident grave se produisit[8]. Le 27 décembre 1848, le président se plaignit dans une lettre à Maleville du retard que ses collègues et en particulier ce dernier mettaient à lui communiquer les dépêches sur les affaires d'Italie et les rapports de police : « Je m'aperçois que les ministres que j'ai nommés veulent me traiter comme si la fameuse constitution de Sieyès était en vigueur, mais je ne le souffrirai pas. » En outre, il demandait les seize cartons d'archives qui portaient sur les affaires de Strasbourg et de Boulogne[9]. Entendait-il faire disparaître de ces derniers des pièces compromettantes pour lui-même ? Désirait-il protéger des complices dont le nom n'avait pas été cité lors des procès de 1836 et de 1840 ? Souhaitait-il savoir qui l'avait trahi ?

Quoiqu'il en fût, Maleville se plaignit à Barrot : « En rentrant chez moi, je trouve l'insolente lettre dont je vous envoie copie. [...]

Il a besoin d'une leçon et je me charge de la lui donner. [...] Je le crois fou après avoir lu sa lettre et aucune puissance humaine ne me contraindra à le servir, après l'impertinence qu'il s'est permise envers moi. » Le cabinet se solidarisa avec Maleville et menaça de démissionner en bloc. S'il obtint finalement gain de cause et parvint à conserver son équipe gouvernementale à l'exception de Maleville, ce qui n'était sans doute pas pour lui déplaire [10], et Bixio, ce qui était plus gênant, Louis-Napoléon dut présenter ses excuses le 28. Il dit regretter sincèrement son « moment d'humeur ». Barrot en apportant la nouvelle à ses collègues, leur lança : « Cet excellent jeune homme est vraiment autant à plaindre qu'à blâmer. Son éducation ne l'a point préparé aux devoirs parlementaires. »

En outre, les ministres savaient désormais à quoi s'en tenir. Ils décidèrent de se concerter avant les conseils des ministres chez Barrot. N'étant pas toujours d'accord, ils prenaient leurs décisions à la majorité, puis ils présentaient des quasi-ultimatums au président et opposaient un front commun à ses tentatives de résistance [11]. Louis-Napoléon qui finit par découvrir le procédé protesta et se plaignit que Drouyn de Lhuys ne lui communiquait toujours pas les dépêches diplomatiques. Il n'obtint gain de cause sur aucun des deux points [12].

Le président se montrait désormais beaucoup plus respectueux des formes. Il soumettait ses projets à ses ministres en les assortissant d'un « ne vous semble-t-il pas ? ». Ceux-ci n'y voyaient que des « élucubrations » ou des relents d'utopie socialiste, les rejetaient ou les mettaient à l'étude, en d'autres termes, les enterraient [13]. Il en alla ainsi des colonies agricoles dans le droit fil de *L'Extinction du paupérisme*, de la garantie du travail pour tous, de l'éducation morale et professionnelle ou encore d'« une retraite honorable dans la vieillesse et l'invalidité ».

Les ministres refusèrent à trois reprises de déposer à l'Assemblée un projet d'amnistie des insurgés de juin 1848 que souhaitait le président, ce qui donna à celui-ci l'occasion d'user très largement de son droit de grâce. Ils épurèrent le corps préfectoral, le parquet et le corps diplomatique des éléments républicains les plus marqués en les remplaçant le plus souvent par d'anciens hauts fonctionnaires de la monarchie de Juillet. Le président réussissait rarement à placer ses amis. Son seul succès notoire fut la nomination au poste de vice-président de la République, susceptible, sur le modèle américain, de le remplacer en cas d'incapacité, de l'un de ses fidèles,

Boulay de la Meurthe. Cet apôtre infatigable de l'instruction primaire avait proposé l'abrogation de la loi d'exil sous la monarchie de Juillet et avait appuyé la demande de Piétri, en juin 1848.

Contrairement à Lamartine ou à Arago, envisagés par certains ministres, Boulay de la Meurthe ne risquait pas de faire de l'ombre au président. En vertu de la Constitution, Louis-Napoléon devait soumettre trois noms à l'Assemblée qui procéderait au choix final. Il eut l'habileté de proposer, outre Boulay de la Meurthe, Vivien, qui avait été trop lié à la politique de Cavaignac, et Baraguey d'Hilliers, qui en avait été un adversaire trop acharné. L'Assemblée se vengea en fixant le traitement annuel du vice-président au montant dérisoire de 48 000 francs [14].

Au même moment, le chef de l'État s'efforçait de tisser des liens avec ses homologues étrangers [15]. Cependant, aux dires de plusieurs de ses ministres, il semblait désormais accepter un rôle secondaire et exerçait même sa fonction avec désinvolture. Il se levait à dix heures, traînait jusqu'à midi, assistait au conseil des ministres de treize à quinze heures en y faisant parfois des cocottes en papier ou en dessinant des bonshommes sur les dossiers pour tromper l'ennui. Il achevait son après-midi au bois, en compagnie de sa maîtresse miss Howard [16]. En fait, son indifférence était feinte et visait à endormir les méfiances qu'il inspirait. Comme il voyait qu'il ne pourrait parvenir à ses fins par un choc frontal, il se résolvait à faire preuve de patience.

Outre son « ministère de la captivité », il devait aussi compter avec une Assemblée qui lui était largement hostile et qui refusait de se séparer immédiatement. La majorité républicaine avançait qu'elle devait voter au préalable dix lois organiques de façon à compléter son œuvre constitutionnelle. Pourtant, des pétitions et des vœux de conseils généraux réclamaient sa dissolution. Un représentant de droite nommé Rateau proposa alors de fixer le terme de son mandat au 19 mai, mais la majorité semblait devoir rejeter sa proposition lors de sa discussion fixée au 29 janvier. Ce jour-là, Changarnier, qui cumulait le commandement de la garde nationale et celui de la division militaire de Paris, depuis le 20 décembre précédent, fit cerner le Palais national par ses troupes. Le prétexte était de le protéger d'une hypothétique insurrection de la Solidarité républicaine, formée pour soutenir la candidature de Ledru-Rollin à la présidentielle et non dissoute depuis, des clubs et de la garde mobile républicaine dont la moitié des bataillons venaient d'être licenciés. En fait, le général, mais aussi plusieurs chefs de l'orléanisme (Thiers, Molé, de Broglie) proposèrent au chef de l'État un coup de force pour renverser l'Assemblée, mais celui-ci refusa [17]. Il se contenta de traverser la capitale à cheval. Furieux, Changarnier n'hésita pas à lancer : « C'est un c… Le président a perdu aujourd'hui une belle occasion d'aller aux Tuileries », car, selon lui, il eût été plus facile de rétablir l'Empire en cette journée « que de faire un cornet de bonbons ». Louis-Napoléon ne jugeait pas l'heure propice et voyait bien que l'affaire profiterait surtout au général et aux chefs de la rue de Poitiers. Il n'entendait pas s'aliéner totalement les républicains, y compris leur aile gauche. Il continuait d'ailleurs d'entretenir des liens avec celle-ci par l'intermédiaire de son cousin, Napoléon-Jérôme, et de son vieil ami, le radical genevois James Fazy. De plus, l'Assemblée finit par voter sa prochaine séparation, en se contentant d'adopter deux lois organiques sur les élections et le Conseil d'État [18]. Pour occuper le président et le détourner d'une politique trop active, l'Assemblée décida, en mars, d'ajouter à son traitement annuel de 600 000 francs une somme équivalente pour frais de représentation.

La somme n'était pas de trop. Le premier dîner privé que le président avait donné à l'Élysée, quelques jours après son investiture, avait laissé à ses invités, et en particulier à Victor Hugo, l'impression d'« une improvisation dans un meublé ». Les vitres cassées avaient été réparées avec du papier. L'écrivain avait trouvé « le grand salon affreux, les gravures et les tableaux du choix le plus misérable, la cuisine exécrable… », au point d'avoir encore faim en quittant la table [19]. Les réceptions officielles suivantes furent à l'avenant et l'ambassadeur d'Autriche Apponyi notait : « L'appartement est aussi fané que le Président et les bronzes du temps de l'Empire, même modèle qu'à l'ambassade de l'Angleterre, rendent tout l'éclairage impossible, car il y a trop peu de lumières aux lustres, aux bras et aux candélabres. Le mobilier n'est ni splendide ni abondant ; quant aux tapis et aux rideaux, les uns sont râpés, les autres décolorés. La livrée du Président ressemble, mais en moins riche, à la petite livrée de nos domestiques de l'ambassade [20]. » Comme il avait toujours vécu à l'écart de la société parisienne et qu'il n'était pas toujours bien conseillé, le président commettait en outre des erreurs dans le choix de ses invités [21]. Il profita du temps libre que lui imposaient ses ministres pour y remédier.

Il mit tous ses soins à se constituer une équipe de proches collaborateurs autour de son chef de cabinet, Mocquard, et du secrétaire général de l'Élysée, Ferdinand Barrot, ancien avocat des conjurés de Strasbourg et de Boulogne et frère d'Odilon, ainsi qu'une Maison d'une vingtaine de personnes comprenant, entre autres, un premier aide de camp, Vaudrey, et huit officiers d'ordonnance. Persigny était chargé des liens avec l'Assemblée et Fleury, que le président surnommait son « grand organisateur », dirigeait le service intérieur de la Maison et les écuries, tout en conservant la haute main sur les rapports avec l'armée [22]. La présidence prit d'ailleurs rapidement un tour de principat militaire. Ainsi le prince décida de porter non une tenue civile, comme le lui avait suggéré Thiers avant même son élection, mais un uniforme de général en chef de la garde nationale avec un chapeau à cornes, orné de plumes tricolores [23]. Par ailleurs, il se faisait appeler « monseigneur », voire « Votre Altesse [24] », fit peindre des armoiries sur son carrosse et passa de nombreuses revues. Son ami Edgar Ney organisait les premières chasses présidentielles à Marly et à Saint-Cloud et son parent, Félix Bacciochi, s'occupait de meubler dignement l'Élysée et d'y organiser les fêtes et les réceptions qui se déroulaient désormais au moins deux fois par semaine. Le président chercha aussi à s'appuyer sur d'autres parents. Il nomma son oncle Jérôme maréchal et gouverneur des Invalides. Il fit de son cousin Napoléon-Jérôme son ambassadeur à Madrid, mais dut le rappeler rapidement après qu'il s'en fût pris publiquement aux Bourbons. Quant à sa cousine Mathilde, son ancienne fiancée qui vivait séparée de son violent époux et qui avait contribué à financer sa campagne en engageant ses bijoux, elle le conseillait pour ses réceptions, comme le faisait aussi sa tante, la grande-duchesse de Bade. Elle devint même la maîtresse de maison de l'Élysée.

Le président était en effet toujours célibataire. Miss Howard l'accompagnait bien dans ses déplacements, mais cela faisait scandale, au point qu'il dut se justifier auprès de son gouvernement : « Comme, jusqu'à présent, ma position m'a empêché de me marier, comme, au milieu des soucis du gouvernement, je n'ai, hélas ! dans mon pays, dont j'ai été si longtemps absent, ni amis intimes, ni liaison d'enfance, ni parents qui me donnent la douceur de la famille, on peut bien me pardonner, je crois, une affection qui ne fait de mal à personne, et que je ne cherche pas à afficher [25]. » Il était cependant inconcevable qu'il installât sa maîtresse au palais présidentiel. Elle occupait donc un hôtel particulier situé à proximité de l'Élysée et il l'y retrouvait presque tous les soirs, après être passé discrètement par une porte dérobée de son palais[26]. Ce fut à cette époque qu'il fit la connaissance de son demi-frère, le comte de Morny, de trois ans son cadet, fils des amours de la reine Hortense et de Flahaut. Il en avait appris l'existence par une maladresse de Mme de Salvage, peu après la mort de sa mère[27], mais les deux hommes dont l'un conspirait contre Louis-Philippe pendant que l'autre fréquentait sa cour ne purent se rencontrer avant la troisième semaine de janvier 1849.

Morny était intelligent, cynique et ambitieux. Arbitre des élégances du tout-Paris, tour à tour officier, raffineur de sucre dans le Puy-de-Dôme, brasseur d'affaires et député orléaniste, il était moins en vue depuis février 1848, mais avait gardé de nombreux contacts dans les milieux parlementaires et orléanistes. Il décida de servir le président pour se servir et lui fut un soutien précieux car l'hôte de l'Élysée avait peu de relations dans les partis. Il devint rapidement un conseiller très écouté, au point d'être reçu presque quotidiennement au palais, à partir de mai 1849[28].

La question romaine et l'affranchissement du président

Pendant ce temps-là, à Rome, aucun compromis ne semblait possible entre le pape et les républicains. Pie IX n'entendait pas traiter avec ceux qu'il rendait responsables de l'assassinat de son ministre Pellegrino Rossi et de son installation forcée à Gaète, dans le royaume de Naples. En février 1849, les insurgés en prirent acte et proclamèrent la République.

La France, plus grande puissance de la catholicité, ne pouvait rester indifférente à cette situation. Il en allait de son honneur et de son prestige. Les catholiques français souhaitaient alors qu'une expédition rétablît le souverain pontife sur son trône, tandis que les républicains entendaient protéger leurs amis transalpins. Comme il s'en ouvrit à plusieurs interlocuteurs dont l'envoyé de la république de Venise, l'hôte de l'Élysée éprouvait lui-même beaucoup de sympathie pour la liberté des Italiens. D'ailleurs, n'avait-il pas pris les armes en son nom, dix-huit ans plus tôt, dans les Romagnes ? Mais n'avait-il pas pris aussi des engagements vis-à-vis des catholiques et du pape lors de la campagne présidentielle ? De plus, le 23 mars, à Novare, les Autrichiens venaient d'écraser le roi de Sardaigne, Charles-Albert, qui avait tenté de secouer leur joug sur l'Italie. Ne rien faire revenait à leur laisser le champ libre dans la péninsule et risquer, après la restauration de Pie IX, d'assister dans l'impuissance à l'écrasement de toutes les libertés et à l'assouvissement de toutes les vengeances. Le président, en plein accord avec le gouvernement, décida donc de demander à l'Assemblée des crédits en vue d'une médiation armée. La majorité républicaine accepta de les voter, à la condition expresse que la mission du corps expéditionnaire français serait strictement limitée et resterait sous son contrôle.

Le 24 avril, les troupes françaises commandées par le général Oudinot débarquèrent à Civitavecchia. Sans en avoir reçu mandat ni de l'Assemblée, ni du président, mais en s'appuyant sur des instructions fermes du ministre des Affaires étrangères, Drouyn de Lhuys, le commandant en chef tenta de prendre Rome, le 30, mais, contre toute attente, l'attaque fut repoussée, en raison de la résistance acharnée des républicains. En apprenant la nouvelle, l'Assemblée, qui estimait avoir été trompée, prit feu et flamme. Le 7 mai, elle vota, par 328 voix contre 241, qu'elle ne permettrait pas de « détourner l'expédition de Rome plus longtemps du but qui lui était assigné[29] ». Sans approuver lui non plus l'assaut, le président estima au contraire qu'il en allait désormais de l'honneur militaire de la France. Le lendemain, il écrivit à Oudinot pour lui annoncer l'envoi de renforts et pour lui demander de retenter l'opération[30]. Même s'il n'avait pas été averti de cette initiative, Odilon Barrot approuvait cette fermeté et la défendit devant l'Assemblée. Il fallait faire front car cinquante-neuf parlementaires d'extrême gauche dont Ledru-Rollin avaient demandé la mise en accusation du président et de ses ministres. La crise rapprocha Louis-Napoléon du président du Conseil[31]. Les débats parlementaires montraient chaque jour combien la vie politique s'était bipolarisée. Les élections législatives allaient en apporter une éclatante confirmation.

Le 13 mai 1849, les Français avaient à élire une Assemblée législative de sept cent cinquante membres. En raison de sa fonction, Louis-Napoléon ne voulut pas directement prendre part à la lutte. En mars, il délégua cependant à son fidèle d'Almbert le soin de proposer à tous les comités bonapartistes qui commençaient à se constituer à travers le pays des candidats choisis selon un ordre précis : des amis proches, des nouveaux venus jeunes et fidèles, d'anciens hauts fonctionnaires et militaires de l'Empire, des opposants déclarés à la monarchie de Juillet[32]. Cependant, la réunion de la rue de Poitiers qui était devenue un véritable parti de l'ordre nomma un comité directeur comprenant Thiers, Molé, Falloux, Montalembert et quelques autres et invita le président à lui déléguer deux de ses amis. Celui-ci désigna Persigny et le chef de son comité électoral central, le général Piat[33]. Selon les départements, le comité directeur du parti de l'ordre opta pour une liste commune dite d'Union électorale ou d'Union libérale, sur le programme « Ordre, Propriété, Religion » ou pour plusieurs listes. Dans ce cas, les bonapartistes firent souvent une place sur leur propre liste à quelques légitimistes, orléanistes et catholiques. D'autres bonapartistes, souvent plus sociaux, refusèrent cette alliance et fondèrent parallèlement des comités exclusifs[34].

Face à son cousin Napoléon-Jérôme, favorable aux listes restreintes, le président marquait désormais sa préférence pour l'union de tous les amis de l'ordre, tout en se croyant assez fort pour résister à l'influence des hommes des anciens partis : « Libre de toute contrainte morale, je marcherai dans le sentier de l'honneur avec ma conscience pour guide et, lorsque je quitterai le pouvoir, si l'on peut me reprocher des fautes fatalement inévitables, j'aurai fait du moins ce que je croyais sincèrement mon devoir[35]. » Les républicains avancés que l'on appelait désormais « montagnards » ou « démoc-soc » et les républicains modérés allèrent au combat séparément et les Français envoyèrent au Palais national une majorité d'environ quatre cent cinquante conservateurs du parti de l'ordre, pour l'essentiel légitimistes et orléanistes. Les bonapartistes n'étaient qu'une trentaine. Face à eux, avaient été élus deux cent dix « démoc-soc ». Ces derniers avaient obtenu 35 % des voix et étaient arrivés en tête dans les quartiers populaires de l'Est parisien, dans les villes industrielles et dans seize départements de la France rurale. Ledru-Rollin avait été désigné par cinq départements. Les grands perdants du scrutin étaient les républicains modérés, laminés entre la droite et la gauche. Ils n'étaient plus que soixante-dix à quatre-vingts. Lamartine et Marrast étaient battus[36].

La poussée « rouge » effraya les élites et, plus largement, les possédants, au point que la rente 5 % baissa de dix points en huit jours. Elle incita le président, le gouvernement Barrot légèrement remanié le 2 juin par l'adjonction de Dufaure, Tocqueville et Lanjuinais[37], et la majorité parlementaire à faire front commun[38]. En même temps, l'expédition romaine prit un nouveau cours. Alors qu'un diplomate habile, Ferdinand de Lesseps, envoyé à Rome avant les élections législatives, était parvenu à un accord avec les républicains, il fut désavoué[39].

Le général Oudinot donna l'ordre d'attaquer de nouveau Rome le 3 juin 1849[40]. À la tribune de l'Assemblée, Ledru-Rollin accusa le président et son gouvernement d'avoir violé la Constitution, dont l'article 5 du préambule affirmait que la France « respecte[rait] les nationalités étrangères comme elle entend[ait] faire respecter la sienne » et qu'elle « n'emploie[rait] jamais ses forces contre la liberté d'aucun peuple ». En conséquence, il réclama de nouveau leur mise en accusation, tout en menaçant la majorité si elle ne la votait pas de défendre la Constitution « par tous les moyens, même par les armes ». Il s'appuyait sur l'article 110 du texte fondateur qui confiait la garde de celui-ci au patriotisme des Français[41]. Comme l'Assemblée repoussa sa demande, le chef de la Montagne organisa, le lendemain, 13 juin, une grande manifestation pacifique. Les autorités la réprimèrent violemment. Réfugié au Conservatoire des Arts et Métiers avec une vingtaine de représentants de la Montagne, Ledru-Rollin tenta d'organiser la résistance, mais l'assaut fut donné et il dut s'enfuir en Angleterre. Ce fut sa mort politique.

Au plus fort de l'agitation, le président s'était montré à cheval, avec quelques généraux et un piquet de lanciers, pour rassurer les Parisiens. Il avait été acclamé. Certains badauds avaient même crié : « Vive l'empereur » au moment où il était passé devant les Tuileries. S'il avait voulu, il aurait alors pu essayer de restaurer l'Empire, car Changarnier et une partie de la majorité étaient prêts à l'appuyer. Il préféra rester dans la légalité et s'adresser au peuple français par voie de proclamation : « Quelques factieux osent encore lever l'étendard de la révolte contre un gouvernement légitime, puisqu'il est le produit du suffrage universel. […] Ce système d'agitation entretient dans le pays le malaise et la défiance, qui engendrent la misère ; il faut qu'il cesse. Il est temps que les bons se rassurent et que les méchants tremblent[42]. » D'un commun accord avec le gouvernement et l'Assemblée, il décida d'adopter des mesures pour réprimer les rouges. L'état de siège fut décrété dans les départements où des troubles avaient eu lieu le 13 juin. Les représentants qui avaient pris part au mouvement furent déchus de leur mandat et déférés en Haute Cour. De nouvelles lois furent votées pour permettre au gouvernement d'interdire tout club ou toute réunion publique, pour soumettre le colportage à autorisation préfectorale et pour définir de nouveaux délits de presse, comme celui d'offense au président de la République.

La crise avait grandi Louis-Napoléon, qui avait su faire preuve de sang-froid et d'esprit de décision. Il continuait par ailleurs à soigner sa popularité. Il se rendait fréquemment dans les écoles, les hôpitaux et les casernes, n'hésitant pas au passage à partager la soupe des troupiers. Le 8 mai 1849, il posa la première pierre d'une cité ouvrière, rue Rochechouart, à Paris. Il passait aussi un grand nombre de revues, flattait la troupe et recevait en retour des acclamations qui frappaient tous les témoins, ainsi lors de la gigantesque parade du 21 mai, au Champ-de-Mars. Comme une terrible épidémie de choléra sévissait, il ne ménageait pas sa peine, faisant preuve de courage en se rendant au chevet des malades. Il en était immédiatement payé de retour. Lors d'une visite à la Salpêtrière, Falloux qui l'accompagnait fut surpris de l'accueil qui lui fut réservé : « À peine Louis-Napoléon avait-il mis le pied dans la première cour que plusieurs vieilles femmes s'étaient précipitées vers lui, s'efforçant de saisir sa main ou son habit. Celles que la foule empêchait d'approcher lui envoyaient les baisers les plus passionnés, de leurs deux mains, en criant : "Vive mon petit Napoléon ! Vive mon amour de Napoléon !..."[43]. »

Il entreprit aussi un voyage à travers le nord-ouest du pays au cours de l'été, pour connaître l'état d'esprit des Français. Le 6 juillet, il arriva au chef-lieu de l'Eure-et-Loir pour inaugurer le chemin de fer de Paris à Chartres et en profita, dans son discours, pour placer ses pas dans ceux de deux autres rassembleurs : saint Bernard et Henri IV. Dix jours plus tard, il présida une distribution de drapeaux à la garde nationale d'Amiens en présence de 150 000 personnes. La foule l'accueillit avec un tel délire d'enthousiasme que Changarnier aurait alors proposé à son entourage, pour la troisième fois, un coup de force. Le 22 juillet, le président fit un détour par Ham et se permit un *mea culpa* remarqué en condamnant publiquement « la témérité de ses entreprises » de jadis : « Aujourd'hui qu'élu par la France entière, je suis devenu le chef légitime de cette grande nation, je ne saurais me glorifier d'une captivité qui avait pour cause l'attaque contre un gouvernement régulier. [...] Je vous propose un toast en l'honneur des hommes qui sont déterminés, malgré leurs convictions, à respecter les institutions de leur pays. » Cela montrait combien il avait gagné en confiance. Il poursuivit son voyage à travers le Val de Loire et la Normandie avec des étapes à Angers, à Nantes, à Saumur, à Tours, à Rouen, au Havre, à Elbeuf et à Louviers. Il en appelait partout à l'apaisement des passions et à l'union autour des institutions républicaines, gages de la prospérité de la France[44].

Alors que le gouvernement, qui était plus à gauche que la Législative – après avoir été plus à droite que la Constituante –, devait composer avec la majorité et manquait de ressort, Louis-Napoléon se jugeait, pour sa part, assez fort pour frapper un grand coup. Il ne pouvait accepter que le pape qui, finalement, avait été restauré grâce à lui, n'écoutât pas ses conseils. Pie IX avait en effet délégué trois cardinaux à Rome, prise par Oudinot, le 3 juillet 1849, pour préparer son retour et ceux-ci, avec son accord, adoptaient une politique réactionnaire. L'Inquisition et l'impôt sur la mouture étaient rétablis, des proscriptions étaient décrétées, les réformes politiques et administratives promises jadis étaient ajournées.

Le 18 août, le président signifia son mécontentement dans une lettre adressée à l'un de ses aides de camp présent sur place, Edgar Ney : « La République française n'a pas envoyé une armée à Rome pour y étouffer la liberté italienne, mais, au contraire, pour la régler, en la préservant contre ses propres excès, et pour lui donner une base solide [...]. On voudrait donner comme base à la rentrée du Pape la proscription et la tyrannie. Dites, de ma part, au général Rostolan [commandant à Rome], qu'il ne doit pas permettre qu'à l'ombre du drapeau tricolore, aucun acte puisse dénaturer le caractère de notre intervention. Je résume ainsi le pouvoir temporel du Pape : amnistie générale, sécularisation de l'administration, Code Napoléon et gouvernement libéral. [...] Lorsque nos armées firent le tour de l'Europe, elles laissèrent partout, comme trace de leur passage, la destruction des abus de la féodalité et les germes de la liberté ; il ne sera pas dit, qu'en 1849, une armée française ait pu agir dans un autre sens et amener d'autres résultats[45]. »

Malgré l'avis défavorable du conseil des ministres, dont beaucoup de membres n'étaient cependant pas loin de penser comme le président, la lettre fut rendue publique de la volonté même de son auteur, le 7 septembre. Cette publication entraîna la démission de Falloux, fit sensation dans l'opinion et déchaîna l'ire de la majorité parlementaire [46]. Le 19 septembre, le pape fit un geste en adoptant un décret d'amnistie et un *motu proprio*. Cependant, le premier excluait tous les principaux responsables de la République romaine. Le second organisait bien des conseils municipaux et des conseils provinciaux, mais ceux-ci n'avaient pas à connaître des affaires de l'État. Un Conseil d'État pour préparer les lois et une Consulte pour examiner les budgets étaient aussi créés, mais leurs membres étaient nommés par le Saint-Père et n'avaient pas voix délibérative [47]. Très irrité, le président français estimait que le pape et son secrétaire d'État, le cardinal Antonelli, se moquaient de lui. Il écrivit donc une lettre de condamnation qu'il demanda à Barrot de lire à la Législative [48]. Le 20 octobre 1849, le président du Conseil couvrit le chef de l'État malmené par la majorité parlementaire, mais ne produisit que les extraits les plus présentables de son brûlot [49]. Barrot devait partir.

Si Louis-Napoléon éprouvait des regrets à devoir se séparer de lui et plus encore de Falloux et de Tocqueville qui s'étaient toujours comportés loyalement avec lui [50], il ne pouvait admettre d'être si mal soutenu par ses ministres. Il entendait mettre fin à son « ministère de la captivité » et montrer à l'Assemblée comme au pape qu'il n'était plus décidé à s'en laisser compter.

Le 30 octobre 1849 à midi, il réunit ses ministres en conseil pour leur apprendre qu'il se séparait d'eux. Barrot qui se reposait dans sa propriété de Bougival reçut, au même moment, la visite d'Edgar Ney, porteur d'une lettre présidentielle : « Dans les circonstances actuelles, je crois qu'il faut absolument que je domine les partis, en prenant des ministres qui n'en représentent aucun [51]. » Il avait joint à sa missive le grand cordon de la Légion d'honneur que Barrot refusa fièrement. Louis-Napoléon adressa ensuite à l'Assemblée un message dans lequel il expliquait sa décision par « la nécessité d'une direction unique et ferme, et d'une politique nettement formulée ». Or, « l'esprit de conciliation » dont il avait fait preuve en appelant aux affaires « les hommes d'opinions les plus diverses » n'était pas parvenu à « opérer la fusion de nuances » qu'il avait espérée. « À peine les dangers de la rue étaient-ils passés, qu'on a[vait] vu les anciens partis relever leurs drapeaux, réveiller leurs rivalités, et alarmer le pays en semant l'inquiétude ». « Au milieu de [la] confusion, écrivait-il encore, la France, inquiète parce qu'elle ne vo[yai]t pas de direction, cherch[ait] la main, la volonté de l'élu du 10 décembre. [...] Tout un système a[vait] triomphé au 10 décembre. Car le nom de Napoléon [était] à lui seul un programme. Il [voulait] dire : à l'intérieur, ordre, autorité, religion, bien-être du peuple, à l'extérieur, dignité nationale. C'[était] cette politique, inaugurée par [s]on élection, qu'[il voulait] faire triompher avec l'appui de l'Assemblée nationale et celui du peuple[52]. »

La majorité fut mécontente de ce rappel à l'ordre, mais elle ne protesta pas. Elle appréciait peu les hommes qui partaient et Tocqueville avait beau qualifier la décision du président de « coup d'État au petit pied », celui-ci n'avait fait qu'user du droit que lui conférait la Constitution de changer d'équipe gouvernementale quand bon lui semblait.

La gouvernance présidentielle

Pour constituer le nouveau cabinet, Louis-Napoléon prit conseil auprès de Persigny, de Morny et de Ferdinand Barrot. Ainsi son entourage n'eut pas le sentiment d'être tenu à l'écart, comme sous le gouvernement précédent, même s'il se réserva les arbitrages finaux[53].

Le ministère du 31 octobre 1849 fut à nouveau composé de représentants du peuple, mais de bien moindre envergure qu'auparavant, au point que les mauvaises langues parlèrent de « seconds couteaux ». Il reçut à sa tête un légitimiste effacé, ancien pair de France, le général d'Hautpoul, qui venait d'être envoyé en mission auprès du Saint-Siège. Il s'était d'abord récrié, lorsque le président lui avait proposé la fonction, le 28 octobre, avant de se raviser. Outre le général qui recevait le portefeuille de la Guerre, le gouvernement comprenait des hommes qui, sans être totalement neufs, n'avaient encore jamais exercé de fonctions de cette importance[54]. L'Intérieur était confié à Ferdinand Barrot lui-même, surnommé désormais Caïn pour avoir accepté d'entrer dans le cabinet qui succédait à celui de son frère. Le contre-amiral Romain-Desfossés recevait la Marine. Deux Auvergnats, anciens rivaux au barreau de Riom, l'avoué Rouher et l'avocat Esquirou de Parieu, recommandés par Morny, furent nommés le premier à la Justice et le second à l'Instruction publique et aux Cultes. Achille Fould, banquier du président, Jean-Martial Bineau, inspecteur général des Mines, et

Jean-Baptiste Dumas, célèbre chimiste, prenaient respectivement les Finances, les Travaux publics et le Commerce et l'Agriculture. Enfin, Louis-Napoléon confia les Affaires étrangères au comte de Rayneval qui était le seul à ne pas faire partie de l'Assemblée, mais qui connaissait remarquablement la question italienne, puis, après la démission de celui-ci au bout de quelques jours, il remit le portefeuille au général de La Hitte.

Par un fait significatif, il n'y avait plus de président du Conseil, ce qui permettait au président d'agir à sa guise. Le discours de politique générale d'Hautpoul à l'Assemblée fut aussi humble et soumis que le message présidentiel avait été éclatant et hautain[55]. Cependant, Louis-Napoléon continuait de consacrer beaucoup de temps à ses loisirs. Il se contentait de fixer les grandes lignes de sa politique et laissait le soin à son nouveau gouvernement de régler les détails. Il s'attacha néanmoins à peupler les différentes administrations d'hommes sûrs et dit son mot sur toutes les nominations clés. Il lisait par ailleurs des notes de synthèse sur les rapports qu'envoyaient régulièrement les préfets, mais aussi, fait nouveau, les officiers de gendarmerie, les procureurs généraux, les receveurs et les trésoriers généraux à leurs ministres de tutelle. Parallèlement, ses amis proches, les Persigny, d'Almbert, Piat, Abbatucci, Belmontet ou Conneau continuaient à faire son apologie en publiant des ouvrages destinés à tous les types de public[56] et en s'appuyant sur un journal fondé le 15 mai 1849, *Le Dix Décembre*, ainsi que sur une société éponyme constituée en septembre suivant et qui agissait sous couvert de secours mutuels[57].

Malgré tous ces efforts, les élections législatives complémentaires montraient l'enracinement des montagnards dans le pays. Lors de celles du 10 mars 1850, qui avaient pour objet de remplacer les élus « rouges » poursuivis à la suite des événements du 13 juin 1849, ils parvinrent à conserver vingt de leurs trente sièges, malgré une active contre-propagande gouvernementale. Les électeurs de Saône-et-Loire envoyèrent six élus « rouges » sur six possibles à la Législative, et ceux de la Seine De Flotte, un ancien déporté de juin 1848, Vidal, ancien collaborateur de Louis Blanc, et Hippolyte Carnot, l'ancien ministre de l'Instruction publique du Gouvernement provisoire, bête noire des conservateurs et de l'Église. Le 28 avril, ils élirent encore le romancier à succès Eugène Sue qui se disait socialiste contre un garde national qui s'était rendu célèbre, en juin 1848, pour avoir pris la place de son fils, mort en combattant l'insurrection.

Un nouveau vent de panique souffla pendant quelques jours sur la capitale. La rente baissa. Les épargnants cachaient leurs économies. Quelques étrangers en vinrent même à quitter précipitamment la ville. Les chefs du parti de l'ordre qui étaient maintenant surnommés les « Burgraves », du nom d'un drame de Victor Hugo de 1843 dont les principaux protagonistes étaient des vieux sermonneurs, décidèrent de réagir. Un nouveau coup de force fut proposé au président qui refusa de sortir de la Constitution [58]. Il préférait avancer patiemment ses pions et laissait à l'Assemblée et à son nouveau ministre de l'Intérieur, Baroche, le soin d'écarter le péril « rouge ». En tant que représentant du peuple, celui-ci avait rapporté le projet de loi restrictif de la presse. En tant que procureur général près la cour d'appel de la Seine, il avait obtenu la condamnation des accusés des attentats des 15 mai 1848 et 13 juin 1849. Le nouveau ministre était l'homme idéal pour obtenir la reconduction provisoire de l'interdiction des clubs et son extension « aux réunions électorales qui seraient de nature à compromettre la sécurité publique » ou encore pour faire voter le rétablissement de l'impôt du timbre des journaux, l'augmentation du cautionnement et l'obligation pour les journalistes de signer leurs écrits politiques, philosophiques et religieux. Il défendit surtout un projet de loi qui se donnait pour objectif d'amputer le corps électoral de la « vile multitude », selon l'expression de Thiers, en d'autres termes du tiers des électeurs, soit tous ceux qui n'étaient pas inscrits au rôle de la taxe personnelle, avaient été condamnés pénalement ou ne pouvaient justifier de trois ans de domicile continu [59].

Cette « expédition de Rome de l'intérieur », selon l'expression de Montalembert, revenait à rétablir le suffrage censitaire, sans toutefois oser le dire. La majorité vota le texte le 31 mai 1850, par 433 voix contre 241 [60]. Bien que partisan du suffrage universel, le président avait laissé faire les parlementaires et son ministre. Il s'agissait de sa part d'un calcul politique d'une grande finesse. À son amie Hortense Cornu qui lui faisait des reproches : « Vous, l'enfant du suffrage universel, vous allez soutenir le suffrage restreint », il répliqua :

« Vous n'y entendez rien, je perds l'Assemblée.

– Mais vous vous perdez avec elle.

– Pas du tout. Quand l'Assemblée sera au-dessus du précipice, je couperai la corde[61]. »

Il pourrait à l'avenir s'affirmer face à elle comme le champion du peuple et du suffrage universel. Cela n'échappait d'ailleurs pas à certains observateurs attentifs de la vie politique. « Si Louis-Napoléon est ambitieux, et il l'est, écrivit Louis de Cormenin, on vient de lui mettre le sceptre entre les mains[62]. »

Une fois le péril de gauche écarté, les deux pouvoirs se retrouvèrent en effet rapidement face à face. L'Assemblée ne comprenait pas que le président s'autorisât à gracier les transportés de juin 1848, à réclamer l'élévation de la solde des sous-officiers ou à proposer la création d'une banque d'honneur pour les pauvres. Elle rechigna d'ailleurs à augmenter la dotation du président, qui connaissait des soucis d'argent. Le 4 juin, Fould avait déposé un projet proposant de la porter à trois millions de francs. L'Assemblée élit une commission hostile et lors du débat, de multiples piques furent adressées à Louis-Napoléon. Il fallut une intervention de Changarnier pour que fût voté, le 24 juin, un crédit transactionnel de 2 160 000 francs, à titre « d'assistance provisoire » et à la faible majorité de 354 voix contre 308[63]. Le général était redevable au président à la fois pour son double commandement et pour la croix de grand officier de la Légion d'honneur que Louis-Napoléon lui avait accordée, l'été précédent, malgré l'avis défavorable de son gouvernement[64]. Cependant, il le méprisait depuis longtemps, était maintenant de moins en moins déférent vis-à-vis de lui et se présentait imprudemment, dans les salons qu'il fréquentait assidûment, comme son indispensable protecteur[65].

Quatre jours après le vote du crédit, l'Assemblée repoussa l'examen immédiat d'un projet donnant au président la possibilité de nommer les maires et les adjoints dans toutes les communes, puissant moyen d'agir dans les campagnes. Successeur du *Dix Décembre*, *Le Pouvoir*, organe à la solde du chef de l'État, lança le 15 juillet 1850 une vive campagne contre le régime d'assemblée : « La France fatiguée demande un peu de repos et de sécurité. Malheur aux Assemblées qui méconnaîtraient cette nécessité ! On avait cru que l'Assemblée constituante avait atteint en tombant la dernière limite du discrédit… L'Assemblée actuelle semble destinée à franchir cette limite. » La Législative prit feu et le gérant du journal fut condamné à une très lourde amende[66]. Quelques jours plus tard, le

Moniteur du soir dénonçait, à son tour, le défi lancé par les parlementaires au président et subissait un sort similaire.

S'il avait des difficultés avec l'Assemblée, Louis-Napoléon avait la satisfaction de voir ses partisans, que l'on commençait alors à prendre l'habitude d'appeler le « parti de l'Élysée », se renforcer. Lors d'élections législatives partielles, quelques bonapartistes, soutenus par une presse mieux structurée et plus fournie, se faisaient élire. Mais surtout les ralliements se multipliaient. À l'instar d'un Rouher ou d'un Baroche, de nombreux jeunes parlementaires, tout acquis à la défense des valeurs bourgeoises, aux grands principes de 1789 et à l'ordre, mais qui cherchaient encore leur voie politique, la trouvèrent en suivant Louis-Napoléon. L'un des plus brillants était Fortoul. Il commença à remettre des études et des rapports à celui-ci, en janvier 1850, avant de mener les négociations entre les Burgraves et l'Élysée, lors de l'élaboration de la loi du 31 mai[67].

Ces jeunes opportunistes étaient loin d'être les seuls ralliés. En faisaient aussi partie les gros bataillons des catholiques, emmenés par le journaliste Veuillot et par le parlementaire Montalembert qui savaient gré au président d'avoir permis l'adoption les 3 janvier et 15 mars 1850 des lois Parieu et Falloux qui, pour la première, permettait de mieux contrôler l'enseignement primaire laïque et accordait de grandes facilités aux membres des congrégations religieuses pour ouvrir des établissements et enseigner et, pour la seconde, instaurait la liberté de l'enseignement secondaire et augmentait le contrôle de l'Église au sein de l'Université, tout en conservant à cette dernière la collation des grades et des diplômes.

Après la mort de Louis-Philippe dans son exil anglais, le 26 août 1850, de nombreux légitimistes et orléanistes crurent possible une fusion entre les deux branches des Bourbons. Le comte de Chambord d'une part, la duchesse d'Orléans de l'autre, y étaient hostiles. Comment concilier le droit divin, évangile légitimiste, et celui de la nation, prôné par les orléanistes ? Déçus par cet échec, beaucoup dans les deux camps rallièrent, eux aussi, le parti de l'Élysée. Lorsque l'Assemblée s'ajourna pour les vacances d'été qui devait durer du 11 août au 11 novembre 1850, elle n'en désigna pas moins une commission de prorogation hostile au président. Barrot, considéré comme la principale victime de ce dernier depuis le 31 octobre, fut élu en première position et tous ses suivants étaient des légitimistes ou des orléanistes hostiles, dont Changarnier lui-même.

Louis-Napoléon essaya de prendre toutes ces escarmouches avec philosophie : « La Chambre avant de s'en aller m'a fait ses adieux un peu brutalement et prouve combien elle m'est hostile. Cependant le pays est calme, les affaires reprennent, le crédit reparaît et il n'y a de tempêtes qu'à l'assemblée[68]. » Sa popularité ne cessait d'ailleurs de croître. À la demande du gouvernement, les conseils généraux des départements devaient se prononcer sur une révision constitutionnelle qui lui permettrait d'obtenir une prolongation de son mandat. Cinquante-deux d'entre eux émirent un avis favorable, vingt-huit s'abstinrent et deux seulement votèrent contre. Pour accroître encore son audience, le président décida de multiplier les déplacements dans les départements.

Les voyages d'un chef de l'État en province n'étaient pas une nouveauté. Napoléon et Louis-Philippe en avaient accomplis beaucoup, mais Louis-Napoléon, qui avait inauguré sa propre pratique à l'été précédent, les systématisa en laissant Boulay de la Meurthe régler les affaires courantes en son absence. En quatre ans de présidence, il en fit seize qui lui permirent de couvrir une cinquantaine de départements. Il leur donna des règles modernes. Lorsque le train desservait déjà la localité à visiter, il empruntait ce moyen moderne de locomotion. Sinon, il arrivait en voiture, voire en bateau. Il emmenait avec lui des journalistes dont il payait les dépenses et qui étaient chargés de couvrir l'événement. Sur place, il se faisait recevoir par les autorités locales, enchaînait les visites et les inaugurations de bâtiments officiels, d'hôpitaux, d'écoles ou encore de manufactures, remettait des décorations aux vétérans de la Grande Armée, aux hauts fonctionnaires ou aux ouvriers méritants, participait à des banquets et multipliait les discours. « Le Prince ne voyage[ait] jamais sans son petit carnet de notes qu'il appel[ait] sa Police de poche. La Police de poche, c'[était] un tableau détaillé des personnalités qu'il d[evai]t voir, avec, pour chacune, tous renseignements utiles : âge, passé, relations de familles, caractère, influence dans le pays, profession, goûts, tendances politiques, religieuses, sociales… » Cela lui permettait de glisser le mot juste à chacun et, ce faisant, de le flatter[69].

Le public était le plus souvent au rendez-vous, encadré par les forces de l'ordre. Des brigades d'acclamation de la Société du

10 Décembre et des foules de commande composées, pour partie, de vieux soldats de l'Empire, immortalisés par Daumier sous les traits de « Ratapoil », venaient également faire la claque. À ce compte, Louis-Napoléon n'hésitait pas à se rendre dans des régions réputées hostiles. Parfois, cela se passait mal comme lors de son voyage en Bourgogne et en Franche-Comté, en août 1850. Il fut pris à parti par la foule à Joigny et à Montbard, fut chahuté dans un bal public à Besançon et reçut un accueil plutôt froid à Belfort et Mulhouse. À d'Almbert qui lui conseillait un prompt retour dans la capitale, il répondit : « Jamais. Ce n'est point pour être acclamé mais pour *savoir* où en est la sympathie de la France pour moi que je suis venu. Je ferai la tournée prévue, jusqu'au bout. » Quelques heures plus tard, il subit sans broncher les cris hostiles des Colmariens[70].

Cependant, il se sortait le plus souvent à son avantage de ces confrontations. Alors que le conseil municipal de Strasbourg avait refusé de voter des frais de réception pour sa venue, il se rendit malgré tout dans la ville et y fit un triomphe. Il s'adaptait d'ailleurs remarquablement à son auditoire et trouvait toujours la formule qui frappait les esprits. Il prenait aussi un malin plaisir à souligner la mauvaise volonté des élites dirigeantes face à ses initiatives. À Saint-Quentin, le 9 juin 1850, il lança ainsi aux artisans et aux ouvriers : « Chaque jour me le prouve, mes amis les plus sincères, les plus dévoués ne sont pas dans les palais, ils sont sous le chaume ; ils ne sont pas sous les lambris dorés, ils sont dans les ateliers, dans les campagnes[71]. » En inaugurant la Caisse de secours mutuels et de retraite des ouvriers de la soie, à Lyon, le 16 août suivant, il inscrivit sur le registre des délibérations : « Plus de pauvreté pour l'ouvrier malade, ni pour celui que l'âge a condamné au repos[72]. »

Par contre, dans la Normandie conservatrice, il se présentait en homme d'ordre. À Caen, le 4 septembre, il lança : « Lorsque partout la prospérité semble renaître, il serait bien coupable celui qui tenterait d'en arrêter l'essor par le changement de ce qui existe aujourd'hui, quelque imparfait que cela puisse être. » Mais il se fit aussi menaçant : « Si des jours orageux devaient reparaître et que le peuple voulût imposer un nouveau fardeau au chef du gouvernement, ce chef, à son tour, serait bien coupable de déserter cette haute mission[73]. » Deux jours plus tard, il fut encore plus précis à Cherbourg : « Plus je parcours la France et plus je m'aperçois qu'on attend beaucoup du gouvernement. Rien de plus naturel que la manifestation de ces vœux. Elle ne frappe pas, croyez-le bien, une oreille inattentive, mais à mon tour je dois vous dire : « ces résultats tant désirés ne s'obtiendront que si vous me donnez le moyen de les accomplir, et ce moyen est tout entier dans votre concours à fortifier le pouvoir et à écarter le danger de l'avenir[74]. »

L'affaire Changarnier et la crise de janvier 1851

Ce fut la tentative d'instrumentalisation de l'armée par le président qui donna à son conflit avec l'Assemblée un tour dramatique.

Depuis son élection, le prince cherchait à se concilier la troupe, en assistant à toutes les manœuvres et à toutes les revues et en organisant des banquets, y compris dans les jardins de l'Élysée. À celui du 7 août 1850, il avait tenu à ce qu'un sous-officier fût assis à sa gauche, puis était resté longtemps après les agapes pour répondre aux demandes des uns et des autres. Changarnier, qui était devenu le pire ennemi du président, jugeait intolérable son immixtion dans les affaires de l'armée et estimait que sa sollicitude pour la troupe s'apparentait au « socialisme le plus dangereux ». Appelé en conseil des ministres peu après le vote de la loi du 31 mai pour y exposer un système de défense en cas d'émeute, il s'était permis de dire à ces derniers, pendant que le président était sorti pour aller chercher un plan de Paris, qu'il espérait qu'ils ne se battraient pas pour un tel « Diafoirus », et il avait complété sa pensée par quelques propos crus que Rouher s'était empressé de rapporter au principal intéressé. Le général n'hésitait pas non plus à affirmer à qui voulait l'entendre qu'il ferait bientôt « coffrer » ce « perroquet mélancolique » s'il se montrait indocile. En attendant, il donnait des consignes pour que l'armée restât dans une stricte neutralité à l'égard de Louis-Napoléon alors qu'il l'avait lui-même encouragée à l'acclamer au début de la présidence[75].

Lors d'une revue à Satory, le 10 octobre 1850, les cavaliers crièrent « Vive l'empereur ! » en passant devant le président. Changarnier publia aussitôt un ordre du jour pour blâmer la manifestation et pour rappeler qu'il était interdit de manifester ses opinions sous les drapeaux. Il proposa également son concours à la majorité de l'Assemblée inquiète. Il essaya même de s'entendre avec le préfet de police, Carlier, le président de l'Assemblée, Dupin, et plusieurs membres de la commission de permanence pour faire enfermer le chef de l'État à Vincennes. Ce dernier l'apprit et, sans perdre son sang-froid, décida de souffler alternativement le chaud et le froid. Il fit d'abord savoir aux membres de la commission de permanence qu'entre eux et lui, il y aurait toujours « une solidarité de sentiments et de dangers ». Il ne voulut pas destituer Changarnier, malgré la demande d'Hautpoul. En effet, Morny, Baroche et Rouher lui avaient fait valoir que prendre une telle mesure pendant la prorogation de l'Assemblée risquait d'être perçu comme le prélude d'un coup d'État et fournirait un *casus belli* aux parlementaires, qui pourraient organiser la résistance depuis les départements. Le 22 octobre 1850, le président remplaça même le ministre de la Guerre par un militaire incolore, le général Schramm, vétéran des guerres napoléoniennes et ami du commandant de la garde nationale et des forces militaires de la capitale[76]. Cependant, il muta à Rennes le chef d'état-major de Changarnier, le général Neumayer, qui refusa cette sanction et fut aussitôt mis à la retraite. Cela avait valeur d'avertissement. Quelques jours plus tard, le président fit néanmoins un nouveau geste de bonne volonté à l'égard de ses adversaires, en autorisant la dissolution de la Société du Dix Décembre qui était devenue une véritable puissance, comptant sans doute plus de cinq mille « décembraillards », et qui était accusée à tort de comploter contre Dupin et Changarnier[77]. À la rentrée parlementaire, le 12 novembre, il fit même lire un message ferme mais conciliant. Il rappelait ses droits sur l'armée, mais s'engageait à respecter la Constitution et se proposait de collaborer plus étroitement que par le passé avec l'Assemblée. Cette dernière, qui voulait se rassurer, couvrit ses mots d'applaudissements.

La tension demeurait cependant très forte entre Changarnier et le président, au point que celui-ci décida de crever l'abcès[78]. En recevant le bureau de l'Assemblée venu lui présenter ses vœux, le 31 décembre, il échangea quelques propos aigres-doux avec Dupin et lança une formule qui inquiéta les parlementaires, puis fit rapidement le tour de Paris : « Ma conviction est que le peuple veut la paix et l'ordre et donnerait tort à celui des deux pouvoirs qui attaquerait l'autre[79]. » Le 1er janvier 1851, le président salua sèchement Changarnier et ne lui tendit même pas la main. Le lendemain, *La Patrie*, journal proche de l'Élysée, publia les instructions par lesquelles le général prescrivait à ses subordonnés de n'obéir qu'à ses ordres. Le 3 janvier, Napoléon-Jérôme demanda des explications au ministre de la Guerre. Alors que Schramm réclamait un délai pour s'informer, sans démentir pour autant l'accusation, Changarnier monta à la tribune de l'Assemblée. Non seulement il ne fit pas son *mea culpa*, mais il affirma que ses instructions visaient à permettre « l'exacte transmission des ordres » et « l'unité du commandement durant le combat ». Ces paroles revenaient à dire que le conflit avec le président risquait de connaître de façon imminente un épilogue violent et à assurer la majorité de son concours. Elles furent ovationnées. Persigny et Morny qui assistaient à la séance coururent à l'Élysée, chacun de leur côté, pour avertir le président. La provocation de Changarnier venait de donner à ce dernier l'arme qu'il attendait pour agir.

Le soir même, Louis-Napoléon annonçait son intention de révoquer le général à ses ministres dont il avait besoin du contreseing. Plusieurs lui firent valoir l'erreur politique qu'il commettait en agissant à la suite d'un triomphe de l'ennemi, puis, comme il restait sur sa position, ils entraînèrent leurs collègues. Le gouvernement démissionna tout entier. Les Burgraves firent le siège de la présidence pour que la décision fût rapportée, mais ils n'eurent pas plus de succès. Cependant, Louis-Napoléon ne parvenait pas à constituer un nouveau cabinet. Les principales personnalités parlementaires se dérobaient et Persigny courait vainement Paris en quête d'un général susceptible de contresigner le décret de révocation. Le président menaça alors de constituer « un ministère d'hommes dévoués et presque inconnus », pendant que son principal lieutenant répandait le bruit, dans les couloirs de l'Assemblée, que la résistance des Burgraves risquait de provoquer l'ire des foules, de mettre en péril les hôtels et les châteaux des parlementaires et même de conduire le pays à la guerre civile. Après d'âpres discussions, les principaux ministres revinrent vers le président, à l'exception de Schramm. Parallèlement, Persigny parvint à convaincre le général Regnault de Saint-Jean-d'Angély de remplacer celui-ci et de signer la révocation de Changarnier. Alors que tout semblait conclu, les anciens ministres hésitèrent de nouveau à cautionner cet acte en reprenant leurs portefeuilles. Il fallut la menace du président de nommer un cabinet purement extraparlementaire avec Persigny à sa tête et la pression exercée sur eux par des Burgraves très inquiets pour les faire revenir sur leur décision.

Le 9 janvier 1851 au soir, jour même de la formation du nouveau cabinet, Changarnier fut révoqué et les fonctions qu'il occupait furent séparées entre deux généraux, proches du président. Perrot devint commandant des gardes nationales de la Seine et Baraguey d'Hilliers commandant de la garnison de Paris. Le lendemain matin, Louis-Napoléon envoya Fleury informer Changarnier de sa décision. Le général reçut froidement son visiteur et lui lança simplement : « Votre prince reconnaît singulièrement mes services. » Il se réservait pour la bataille qui ne manquerait pas de se dérouler à l'Assemblée.

De fait, si la nouvelle laissa le pays indifférent, elle provoqua un cataclysme politique. Malgré les bons offices de Morny, très introduit dans les milieux orléanistes, une commission d'enquête parlementaire fut élue et proposa, à une voix de majorité, de blâmer le président et le gouvernement et de réaffirmer la confiance de la Législative à l'égard du général.

Le débat s'engagea le 15 janvier et, quatre jours durant, les attaques se succédèrent contre le pouvoir exécutif. À la tribune, le 17, Thiers prôna la résistance dans un discours aux accents prophétiques : « Si l'Assemblée cède aujourd'hui [...], il n'y a plus qu'un pouvoir... Le mot viendra quand on voudra... L'empire est fait [80]. » Cependant, la Législative était trop divisée pour aller à l'épreuve de force, elle se contenta le lendemain de refuser sa confiance au nouveau cabinet par 417 voix contre 278 [81]. Si le vote était massif, le président savait qu'il ne s'expliquait que par la coalition des extrêmes et que la plupart des parlementaires n'oseraient pas aller plus loin sur la voie de la résistance. Constitutionnellement, il n'était d'ailleurs pas obligé d'en tenir compte. Plutôt que de rappeler les hommes qui venaient d'être désavoués, il essaya de s'entendre avec Barrot pour constituer un gouvernement de compromis avec l'Assemblée, mais il n'y parvint pas. Il fit donc le choix, le 24 janvier, d'une nouvelle équipe qui ne comportait plus, fait sans précédent, que des « hommes spéciaux », des techniciens comme l'on dit par la suite [82]. Entraient dans ce « petit ministère », ce « ministère de commis » ou encore ce « ministère sans nom », comme les adversaires du président le surnommèrent vite, le préfet Marius Vaïsse à l'Intérieur, le magistrat Paul de Royer à la Justice, le général Randon et le contre-amiral Vaillant respectivement à la Guerre et à la Marine et aux Colonies, le diplomate Alexandre Brenier de Renaudière aux Affaires étrangères, le receveur général Charles Gabriel de Germiny aux Finances, le professeur de droit Charles Giraud à l'Instruction publique et aux Cultes, l'avocat spécialisé dans les affaires Pierre Magne aux Travaux publics et le maître de forges du Creusot Eugène Schneider à l'Agriculture et au Commerce.

La Législative refusa d'accorder sa confiance à ce nouveau gouvernement, qui n'était pas représentatif de sa majorité et qui n'était qu'à moitié parlementaire, mais le chef de l'État n'en eut cure. Au terme de cette grave crise de trois semaines, il l'emportait sur toute la ligne. Selon Lamartine, il était « l'homme d'État le plus sérieux et le plus fort de tous ceux, sans aucune exception, qu'il a[vait] connus dans sa longue vie[83] ». Il lui fallait cependant encore obtenir l'essentiel : la prolongation de sa présidence.

L'échéance de 1852 et l'échec de la révision constitutionnelle

En ce début d'année 1851, la double échéance du printemps 1852 était dans toutes les têtes. La France devrait élire alors un nouveau président et une nouvelle assemblée parlementaire. Sous couvert de sociétés de bienfaisance et de sociétés de secours mutuels, les « démoc-soc » avaient constitué des sociétés secrètes qui se livraient à une propagande active dans les villes comme dans les campagnes. Malgré la loi du 31 mai 1850, ils avaient obtenu des succès lors d'élections législatives partielles et croyaient devoir l'emporter lors du scrutin législatif.

L'année 1852 devenait l'objet d'une véritable attente messianique que le chansonnier Paul Dupont traduisait en vers : « C'est dans deux ans, deux ans à peine/Que le coq gaulois chantera/[…] Viens en déployant ta lumière/Dix-huit cent cinquante-deux. » Si la bravade n'était pas toujours absente, cette montée en puissance des « rouges » et la confiance qu'ils manifestaient provoquèrent une véritable peur dans une grande partie de la population, peur qu'attisaient certains conservateurs, comme Auguste Romieu. À l'été 1850, l'ancien préfet, qui avait des comptes à régler avec la République qui l'avait révoqué, publia un ouvrage à succès intitulé *L'Ère des Césars*. Il y appelait de ses vœux l'avènement d'un général énergique et populaire pour sauver la société du chaos, en donnant une nouvelle acception au mot récent de césarisme ; mais il n'avait pas de nom précis en tête, depuis la mort de Bugeaud l'année précédente dans l'épidémie de choléra. De nouveaux faits vinrent le renforcer dans ses convictions. En octobre 1850, le « démoc-soc » Alphonse Gent fut arrêté, alors qu'il s'efforçait de coordonner l'action de toutes les sociétés secrètes du Sud-Est et ce complot dit de Lyon mit toute la France en émoi. Au printemps suivant, Romieu publia *Le Spectre rouge de 1852* qui connut un triomphe plus grand encore que son précédent ouvrage. Le jour de l'Apocalypse approchait, disait-il, et face aux « rouges » qu'il comparait aux barbares de l'Antiquité et aux jacques du Moyen Âge, l'Assemblée et ses bavardages seraient impuissants. Implicitement, le sauveur tant attendu devenait le plus grand adversaire des montagnards et du parlementarisme, le président. Le mémorialiste Viel Castel faisait le lien plus directement. Après avoir noté : « Chacun se dit : "Qui sait où nous serons l'année prochaine." D'un bout de la France à l'autre, les populations attendent 1852, comme à l'approche du XIe siècle les peuples attendaient l'an mille qui devait amener la fin du monde [84] », il en appelait à la réélection de Louis-Napoléon.

Cependant, pour les partisans de l'ordre, l'élection présidentielle était aussi lourde de menaces que les élections législatives. Certes, les républicains et les socialistes n'avaient pas de candidat sérieux pour ce scrutin-là. La candidature de Ledru-Rollin, désormais en exil, ne pouvait plus être qu'un défi. Mais le même vide se retrouvait à droite. Les légitimistes étaient confrontés à la politique d'abstention du comte de Chambord. Quant aux orléanistes, ils songeaient bien à proposer la candidature du prince de Joinville, fils de Louis-Philippe, mais l'homme était peu populaire. En fait aucun candidat n'avait l'envergure de s'opposer à Louis-Napoléon, l'homme le plus populaire de France. Or, le président n'avait pas la faculté de se représenter. Qu'adviendrait-il si l'Assemblée législative ne révisait pas la Constitution pour le lui permettre ? S'il était réélu, malgré tout, comme le pensaient la plupart des observateurs, les parlementaires oseraient-ils bafouer la volonté des Français ? Le président ne tenterait-il pas d'ailleurs de se maintenir au pouvoir par la force ?

Alors que la majorité de l'Assemblée repoussait une nouvelle proposition d'augmentation de ses frais de représentation de 1,8 million de francs, le 3 février 1851, le chef de l'État, à la fois lucide et habile, refusa que ses partisans organisassent une souscription nationale en sa faveur. Comment demander à des gens qui vivaient difficilement de faire l'aumône à un prince dont la maison comprenait désormais plus de cent cinquante personnes et quarante chevaux et qui organisait plusieurs dizaines de grands dîners et une douzaine de fêtes et de bals somptueux dans l'année ? Le 11 février, Louis-Napoléon fit connaître sa décision par une note au *Moniteur*. Il annonça avec force publicité qu'il réduirait son train de vie [85]. Il n'en empruntait pas moins, parallèlement, un demi-million au général espagnol Narváez, allié aux Tascher de La Pagerie [86].

Le président n'envisageait pas encore de tenter le coup d'État que certains de ses proches comme Persigny et Morny l'encourageaient de nouveau à réaliser depuis quelques semaines [87]. Il pensait en effet que l'Assemblée se résoudrait à voter la révision par peur de l'anarchie. La partie n'était pas gagnée car les Constituants avaient rendu le processus long et complexe. Il fallait en effet trois délibérations consécutives, prises à un mois d'intervalle, à la majorité des trois quarts des suffrages exprimés, avec au moins cinq cents votants lors de chacune d'elles. En cas de succès, il fallait encore dissoudre l'Assemblée législative et élire une Assemblée de révision, d'un mandat de trois mois, pour voter les modifications.

Il semblait hautement improbable qu'avec tant de républicains et de monarchistes hostiles en son sein, l'Assemblée pût voter ne serait-ce qu'une fois la révision. Très finement, le président alternait les mesures visant à séduire les représentants du peuple, à les intimider et à les déconsidérer. Le 10 avril 1851, il appela au gouvernement des hommes qui avaient déjà été ses ministres et qui étaient plutôt appréciés par la majorité, le trio Rouher-Fould-Baroche, Buffet, ainsi que Léon Faucher, l'un des principaux auteurs de la loi du 31 mai 1850 [88]. Cependant, il menaça bientôt de proposer l'abrogation de cette dernière, si l'Assemblée n'engageait pas la procédure de révision constitutionnelle dans les plus brefs délais. Le pays y poussait. Tous les conseils généraux, à sept exceptions près, se prononçaient désormais pour que le président pût solliciter un nouveau mandat. Une campagne de pétitions recueillit, en quelques semaines, près de 1,5 million de signatures, en particulier dans les campagnes du Bassin parisien, du Nord-Est, de Normandie, du Poitou, des Charentes et de l'Aquitaine [89]. Le duc de Broglie, Montalembert et plusieurs de leurs amis craignaient de plus en plus un coup de force élyséen qui, avec l'appui du peuple, ne manquerait de réussir et de conduire à l'Empire. Ils entamèrent alors des pourparlers avec le président de façon à rendre sa réélection légale et même à lui accorder un mandat de dix ans. Louis-

Napoléon accepta. Il voyait dans la solution proposée une issue à la crise. Même s'il avait fait ses calculs et s'il doutait qu'une majorité pût se dégager pour voter la révision, il pensait qu'une étape supplémentaire vers son maintien au pouvoir serait franchie, à condition qu'un grand nombre de voix lui fût favorable. À sa cousine Mathilde qui déménageait alors, il affirma : « Vous faites bien, ma chère, de prendre un hôtel plus grand, car, en 1852, celui que vous occupez aujourd'hui serait trop petit ; la prorogation accomplie, il faut que vous soyez établie convenablement[90]. » Dès que le délai légal rendit la démarche possible, le 31 mai 1851, le duc de Broglie et deux cent trente-deux de ses collègues demandèrent officiellement que l'Assemblée entamât la procédure de révision[91].

Le président n'entendait pas pour autant faire profil bas. Il avait compris que sa fermeté plaisait aux Français et avait même des effets dissolvants sur la majorité. Il signala donc une nouvelle fois sa différence dans un discours prononcé à Dijon, le 1er juin : « La France ne veut ni le retour à l'ancien régime, quelle que soit la forme qui le déguise, ni l'essai d'utopies funestes et impraticables. C'est parce que je suis l'adversaire le plus naturel de l'un et de l'autre qu'elle a placé sa confiance en moi. » Et de poursuivre en mettant en cause l'Assemblée : « Lorsque j'ai voulu faire le bien, fonder le crédit foncier, prendre des mesures pour améliorer le sort de la population, je n'ai rencontré que l'inertie. » Puis il menaça : « D'un bout de la France à l'autre, des pétitions se signent pour demander la révision de la Constitution. J'attends avec confiance les manifestations du pays et les décisions de l'Assemblée qui ne seront inspirées que par la seule pensée du bien public. Si la France reconnaît qu'on n'a pas eu le droit de disposer d'elle, sans elle, la France n'a qu'à le dire, mon courage et mon énergie ne lui manqueront pas[92]. »

Le président de l'Assemblée, Dupin, qui assistait au discours en fut très irrité. Il se rassit avant la fin, refusa d'aller au bal donné en soirée en l'honneur du président et déclara en parlant de celui-ci : « Ce monsieur vient de faire une grande sottise. » Léon Faucher eut beau faire paraître au *Moniteur* une version atténuée du discours, le mal était fait[93]. Nombre de parlementaires soupçonnaient Louis-Napoléon de conspirer. Changarnier vint les assurer de son soutien en répondant à la provocation du président par une autre : « À en croire certains hommes, l'armée serait prête, dans un moment d'enthousiasme, à porter la main sur les lois du pays et à changer la forme du gouvernement (*Mouvement marqué d'attention*). [...] L'armée ne désire pas plus que vous voir infliger à la France les misères et les hontes du gouvernement des Césars alternativement imposé et renversé par des prétoriens en débauche (*Marques très vives et très nombreuses d'approbation*). [...] Dans cette voie fatale, on n'entraînerait pas un bataillon, pas une compagnie, pas une escouade (*Nouvelle et plus vive approbation*), et on trouverait devant soi les chefs que nos soldats sont accoutumés à suivre sur le chemin du devoir et de l'honneur (*Très bien ! très bien ! Bravo !*). Mandataires de la France, délibérez en paix (*Bravos et applaudissements répétés*) [94]. »

Cependant, la commission chargée d'examiner le projet de révision constitutionnelle qui comprenait la plupart des ténors de tous les partis se prononça en sa faveur, à la majorité de neuf voix – dont Tocqueville, de Broglie, Odilon Barrot, Berryer et Montalembert – contre six [95]. Le rapporteur, Tocqueville, justifiait ce choix par les vices d'une Constitution dont il était pourtant l'un des principaux auteurs et par les risques que comportait le fait de ne pas voter de révision [96]. Il laissait néanmoins entendre qu'il était possible de s'en passer. Livrée à elle-même, l'Assemblée hésitait. Après avoir soutenu la candidature de Louis-Napoléon à la présidence de la République, Victor Hugo avait rompu avec lui à propos de la question romaine, lui en avait malgré tout voulu de ne pas le nommer ministre dans le cabinet du 31 octobre 1849, puis avait accentué son opposition lors du débat sur le projet de loi Falloux. Le 17 juillet, il parla contre le projet et lança à cette occasion une grande attaque contre le président : « Quoi ! Parce qu'il y a un homme qui a gagné la bataille de Satory. [...] Quoi ! Parce qu'il y a un homme qui, après mille ans, a ramassé le glaive et le sceptre de Charlemagne, vous voudriez à votre tour prendre ce glaive et ce sceptre dans vos petites mains ! Quoi ! Après Auguste, Augustule ! Quoi ! Parce que nous avons eu Napoléon le Grand, nous aurions Napoléon le Petit [97] ! »

Le 19 juillet, la majorité ne fut que de 446 voix contre 278 pour réclamer la révision [98]. Il manquait donc 97 voix pour atteindre la majorité des trois quarts requise. Le vote témoignait des progrès du parti de l'Élysée rejoint en la circonstance par des conservateurs inquiets et pragmatiques, face aux républicains de tous bords, aux légitimistes intransigeants et aux orléanistes les plus libéraux. Par ailleurs, il serait possible de représenter la proposition sous trois mois. Néanmoins, la situation était désormais si tendue que l'épreuve de force paraissait inévitable. Persigny et Morny suggérèrent de nouveau au président de recourir au coup d'État. Pour la première fois, début août 1851, celui-ci dit à son demi-frère : « J'y songe sérieusement[99]. »

CHAPITRE VI

DU PRINCE-PRÉSIDENT À L'EMPEREUR

« La France [...] a compris que je n'étais sorti de la légalité que pour rentrer dans le droit*. »

« La France semble vouloir revenir à l'Empire**. »

La préparation du coup d'État

À partir du moment où Louis-Napoléon acceptait le coup de force, les préparatifs allèrent bon train. Le pouvoir n'était pas à conquérir, mais simplement à conserver. Si le chef de l'État parvenait à convaincre la population de son bon droit et à désarmer les résistances parlementaires par l'effet de surprise, l'opération ne serait qu'un 18 Brumaire simplifié.

Le président savait pouvoir compter sur l'armée qui méprisait les civils, « les pékins », et plus encore les parlementaires, « les bavards », à condition d'avoir le soutien d'un général. Or, les principaux officiers généraux lui étaient hostiles, en particulier parmi les Africains, les généraux qui avait obtenu leurs galons en Algérie, les Cavaignac, Changarnier, Lamoricière ou Bedeau. Il allait donc devoir s'appuyer sur un personnage de second rang : Armand Jacques Le Roy de Saint-Arnaud [1]. Fils d'un ancien préfet, l'homme était un aventurier qui avait multiplié les frasques et avait même été acteur de boulevard avant de réaliser lui-même une belle ascension

* Discours du président, le 31 décembre 1851.

** Discours prononcé à Bordeaux par le président, le 9 octobre 1852.

dans l'armée d'Afrique. Il présentait le triple avantage d'être courageux, ambitieux et hostile à la République parlementaire. « Après nos désordres et nos folies, il nous faut une main de fer », déclarait-il dès février 1850. Il hésitait cependant à s'engager aux côtés de Louis-Napoléon qui n'avait pas réussi à faire mieux que « du Boulogne et du Strasbourg » et ne lui paraissait pas l'homme de la situation. Pour le rallier définitivement et avoir un prétexte de le nommer général de division, le président, sur le conseil de Fleury, lui avait confié la mission de pacifier la Petite Kabylie, au début de l'année 1851 [2]. L'homme s'en était acquitté consciencieusement et venait de recevoir le commandement de l'une des divisions de Paris lorsque, le 20 août 1851, les conjurés arrêtèrent définitivement le principe du coup d'État, dans une réunion à Saint-Cloud.

Par sécurité, une dizaine d'hommes seulement étaient dans le secret. Outre les deux promoteurs de l'opération, Persigny et Morny [3], le président, Fleury et Saint-Arnaud, le préfet de police Carlier et le général Magnan – qui venait de recevoir le commandement de l'armée de Paris – faisaient partie de la conspiration [4]. Quelques intimes de Louis-Napoléon comme Mocquard ou Conneau en connaissaient aussi l'existence, sans en avoir les détails.

Les conjurés pensèrent d'abord agir pendant les vacances de l'Assemblée qui avaient commencé le 10 août et ne devaient s'achever que le 4 novembre. Ils espéraient ainsi n'avoir à arrêter que les membres de la commission de permanence. Deux dates furent envisagées, le 17 et le 22 septembre, mais les exigences de Saint-Arnaud, des indiscrétions dues à Carlier et la nécessité, avancée par Morny et Saint-Arnaud lui-même, de ne pas laisser les représentants libres d'organiser la résistance dans les départements, firent avorter ce premier projet, quinze jours avant sa réalisation [5].

Le président profita de cet ajournement pour essayer de trouver une issue à la crise et, à défaut, pour peaufiner son plan et achever la « préparation psychologique de l'opinion ». Le 8 octobre, il proposa d'abroger la loi du 31 mai 1850. Il cherchait encore manifestement un moyen d'éviter le coup d'État. En reconstituant le corps électoral, il espérait obtenir un triomphe aux élections présidentielles et atteindre plus facilement le seuil des deux millions de voix, ce qui contraindrait l'Assemblée à entériner le choix populaire, en dépit de son inconstitutionnalité. Cependant, il savait que l'espoir de voir l'Assemblée lui ouvrir ainsi une voie royale était très mince. Sa proposition serait sans doute rejetée, mais elle permettrait de rompre le front parlementaire de ses adversaires, puisque la droite lui serait majoritairement défavorable et la gauche favorable. Elle contraindrait aussi les membres de son gouvernement hostiles, comme Léon Faucher et Baroche, à abandonner leurs portefeuilles qu'il confierait à des conjurés. Elle montrerait encore davantage au peuple combien lui, le champion de la démocratie, différait de cette Assemblée de notables [6].

Ses calculs se vérifièrent. Le 12 octobre, son gouvernement démissionna. Au terme d'une crise ministérielle de quinze jours, il le remplaça, le 26, par un « cabinet de combat » qui ne comprenait plus que trois représentants du peuple dont Thorigny, un ancien avocat général peu connu qui reçut l'Intérieur. Saint-Arnaud prit le portefeuille de la Guerre [7]. Par ailleurs, le préfet de la Haute-Garonne, Maupas, homme sans scrupules qui connaissait le président depuis qu'il avait fait campagne pour lui en novembre 1848, fut nommé à la tête de la préfecture de police, en remplacement de Carlier, à la fois hésitant sur le coup et hostile, lui aussi, au rétablissement du suffrage universel [8].

À l'ouverture de la session de l'Assemblée, le 4 novembre, le message du président, lu par Thorigny, dressait l'impressionnant bilan de son action, tout en soulignant l'alarme des populations : « Un état de malaise général tend[ait] chaque jour à s'accroître. Partout le travail se ralenti[ssai]t, la misère augment[ait], les intérêts s'effray[ai]ent et les espérances antisociales s'exalt[ai]ent à mesure que les pouvoirs publics affaiblis approch[ai]ent de leur terme. » Il annonçait le dépôt imminent d'un projet de loi visant à rétablir dans son intégralité le suffrage universel, « le seul principe qu'au milieu du chaos général la Providence [avait] maintenu debout pour rallier [tous les Français] ». La loi du 31 mai avait été un mal nécessaire, « mais les mesures de salut public n'[avaie]nt qu'un temps limité [9] ». Applaudi par la Montagne, ce langage fut accueilli très froidement par la majorité. Le 13 novembre, l'Assemblée, plus divisée que jamais, repoussa l'abrogation à seulement sept voix de majorité [10]. Elle venait de se perdre définitivement dans l'opinion et d'achever de convaincre le président de réaliser son coup d'État.

Une partie des parlementaires essayaient toutefois d'organiser une riposte. Le 6 novembre, les trois questeurs, Baze, le vicomte de Panat et le général Le Flô, déposèrent une proposition rappelant qu'en vertu d'un décret du 11 mai 1848, le président de l'Assemblée avait le droit de requérir « la force armée et toutes les autorités dont il juge[ait] le concours nécessaire » pour assurer la défense de la représentation nationale, et ce sans passer par le ministre de la Guerre [11]. Ce décret qui n'avait jamais été publié au *Bulletin des lois* avait été affiché dans les casernes. Le rappeler dans les circonstances présentes constituait un éclatant témoignage de défiance à l'égard du président et de son gouvernement. Devant la commission chargée de l'examiner, Saint-Arnaud s'engagea trop rapidement à reconnaître le décret. Le président lui écrivit aussitôt qu'il avait eu tort : « La question est engagée entre l'Assemblée et moi. J'ai le droit et l'opinion publique pour moi. Je ne reculerai pas et surtout je ne puis admettre que je perde ma position extrêmement favorable par une ruse de questeurs. [...] S'il y a un ordre dans les casernes contre la constitution et mon pouvoir, qu'il soit déchiré demain matin [12]. » Saint-Arnaud écrivit alors à la commission pour démentir son engagement. Malgré l'insistance de plusieurs membres de la majorité, la gauche refusait de soutenir la proposition des questeurs, car elle craignait plus encore un coup de force des monarchistes que du président.

Lors de la séance très houleuse du 17 novembre où le débat et le vote devaient avoir lieu, Jules Favre lançait ainsi à la majorité : « De deux choses l'une, ou vous croyez que le pouvoir exécutif conspire, accusez-le ! ou vous feignez de croire qu'il conspire, et c'est que vous conspirez vous-mêmes contre la République ! » Manifestant une confiance excessive, son collègue Michel de Bourges avait même annoncé, quelques instants plus tôt : « Il n'y a point de danger, et je me permets d'ajouter que, s'il y avait un danger, il y a ici aussi une sentinelle invisible qui vous garde. Cette sentinelle [...], c'est le peuple. » La proposition des questeurs fut repoussée par 408 voix contre 300, grâce à la coalition hétéroclite des partisans de l'Élysée, des conservateurs pusillanimes ou résignés et de la majorité des montagnards [13].

Le président et ses amis étaient décidés à déclencher immédiatement le coup d'État si le texte avait été adopté [14]. Il s'agissait de prévenir une attaque de l'ennemi qui s'annonçait imminente [15]. Certains représentants de droite préparaient l'arrestation de Louis-Napoléon Bonaparte, pendant que des rumeurs insistantes annonçaient le retour des princes d'Orléans en France. Une action aurait ainsi été tentée à partir du Nord, grâce à l'appui de plusieurs généraux de la division de Lille. Le Premier ministre britannique, Palmerston, bien informé, écrivit à ce sujet : « Il est certain que par un arrangement concerté d'avance, d'Aumale avait quitté Naples pour se rencontrer avec Joinville à jour et lieu fixes ; ce qui prouvait qu'il y avait eu un complot préparé de longue main pour une attaque contre le Président. [...] Quinze jours ou trois semaines après [le coup] le comte Lavradio, ministre de Portugal à Londres, alla à Claremont rendre visite à la princesse de Joinville, qui [était] Brésilienne. Il raconta qu'il l'avait trouvée "tout éplorée" de la tournure que les affaires avaient prises en France et qu'elle avait dit que c'était bien triste et *pour moi qui devais être à Paris le 20*[16] ! » De fait, pendant plusieurs jours, le prince de Joinville et le duc d'Aumale furent invisibles. Viel Castel affirma que Joinville fut aperçu sous un déguisement, à Issy. En outre, il nota, comme le comte de Flahaut, que « toutes les preuves » du projet furent « trouvées dans les papiers de M. Baze[17] ».

Une partie de la droite cherchait bien encore à s'entendre avec le président. Ainsi, les 21, 25 et 29 novembre, plusieurs réunions rassemblèrent chez Daru des parlementaires conciliants des deux camps, comme Montalembert, Buffet, Quentin-Bauchart, Baroche, Fould et Rouher. Ils suggérèrent que l'Assemblée se prononçât par un vote à la majorité simple pour autoriser Louis-Napoléon à se représenter à la présidentielle. Désormais, celui-ci temporisait. Montalembert qui servait d'intermédiaire entre ses collègues et lui devait le rencontrer à nouveau, le mardi 2 décembre[18]. Il était déjà trop tard.

D'abord prévu le 20 novembre, puis le 25, le coup d'État avait été finalement fixé à cette date-là. À défaut de légalité, le président trouva une forme de légitimité en retenant l'anniversaire du couronnement impérial de son oncle et de la bataille d'Austerlitz pour agir. Paradoxalement, cette date n'avait pas attiré l'attention, car la plupart des gens pensaient que le président resterait tranquille jusqu'au début de 1852, puisqu'il avait obtenu satisfaction dans l'affaire des questeurs.

Aussi, presque personne ne releva le nouvel avertissement que Louis-Napoléon lança, une semaine avant, devant les industriels de retour de l'Exposition universelle de Londres. Après avoir dénoncé « les idées démagogiques » et « les hallucinations monarchiques » qui empêchaient la République française d'être grande, de « vaquer à ses véritables affaires et de réformer ses institutions », il adjurait son auditoire : « Ne redoutez pas l'avenir. La tranquillité sera maintenue, quoi qu'il arrive. Un Gouvernement qui s'appuie sur la masse de la nation [...] saura remplir sa mission, car il a en lui et le droit qui vient du peuple, et la force qui vient de Dieu [19]. » Le même jour, il avait pourtant parlé de reporter l'action une fois de plus. La gravité du forfait semblait l'arrêter. Mais ses complices protestèrent vivement et il accepta.

L'opération était maintenant prête dans ses moindres détails grâce à Morny qui en était le maître d'œuvre. Magnan avait placé des hommes sûrs à tous les postes importants de l'armée de Paris. En les recevant, le président avait déclaré, le 9 novembre : « Si la gravité des circonstances [...] ramenait [des épreuves] et m'obligeait à faire appel à votre dévouement, il ne me faillirait pas, j'en suis sûr, parce que, vous le savez, je ne vous demanderai rien qui ne soit d'accord avec mon droit reconnu par la Constitution, avec l'honneur militaire, avec les intérêts de la patrie ; parce que j'ai mis à votre tête des hommes qui ont toute ma confiance et qui méritent la vôtre ; parce que si jamais le jour du danger arrivait, je ne ferais pas comme les gouvernements qui m'ont précédé, et je ne vous dirais pas : Marchez, je vous suis ; mais je vous dirais : Je marche, suivez-moi [20] ! » De son côté, Saint-Arnaud avait rappelé dans des circulaires adressées à la troupe la nécessité de l'obéissance passive.

Le 26 novembre, Magnan réunit les vingt généraux placés sous ses ordres pour leur tenir le même discours et leur dire de se tenir prêts. Parallèlement, la garde nationale était neutralisée. Depuis plusieurs mois, elle avait été soumise à une intense propagande et, le 28 novembre, deux fidèles du prince furent placés à sa tête : La Wœstine comme commandant en chef et Vieyra comme chef d'état-major. Les conjurés avaient en outre réuni des fonds importants. Miss Howard prêta à son amant 200 000 francs en espèces et celle de Morny, Fanny Le Hon, sans doute un demi-million [21]. La marquise Campana, née Emily Rowles, que le président avait connue dans sa jeunesse, lui avança 33 000 francs. Sa cousine, Mathilde, ajouta 4 000 francs. Ses banquiers Fould, Kœnigswarter et Baring participèrent peut-être également au financement. En revanche, contrairement à ce qu'affirmèrent ses détracteurs, il ne puisa pas dans les caisses de la Banque de France [22].

Le président pouvait maintenant exécuter son plan qu'il avait baptisé « Rubicon », en hommage à Jules César qu'il admirait profondément. Le général romain n'avait-il pas franchi ce fleuve pour mettre fin à l'anarchie républicaine et à l'hostilité des sénateurs à son égard ?

Le 18 Brumaire de Louis-Napoléon Bonaparte

Personne ne doutait qu'un coup d'État aurait lieu pour sortir de l'impasse. Ne demeuraient que deux questions : qui de l'Assemblée ou du président le ferait le premier ? et à quelle date[23] ?

Rien ne fut négligé par Louis-Napoléon et ses proches pour endormir les soupçons[24]. Le soir du 1er décembre, il y avait bal à l'Élysée, comme tous les lundis. Ce fut à peine si le président fuma un peu plus de cigarettes qu'à l'accoutumée. Il se permit toutefois de glisser à sa cousine, la duchesse de Hamilton : « Marie, pensez à moi cette nuit[25]. » Après avoir quitté le palais et pour donner le change, Morny se rendit à l'Opéra-Comique où se déroulait la première du *Château de Barbe-Bleue*[26]. Il s'éclipsa lors du grand entracte pour regagner l'Élysée. Vers vingt-deux heures, une ultime réunion se déroula au palais au cours de laquelle le président se montra « calme et confiant ». Il rappela à chacun des conjurés le rôle qu'il aurait à jouer. Le décret et les deux proclamations qui annonceraient et expliqueraient le coup d'État aux Français furent relues. Morny, Saint-Arnaud et Maupas rappelèrent les mesures prises pour faire imprimer et afficher ces documents, occuper le Palais-Bourbon, les imprimeries et les salles de rédaction des journaux hostiles, fermer les cafés et les écuries, contrôler les sorties de Paris et saisir préventivement les principaux opposants[27]. Après avoir longtemps hésité, Louis-Napoléon avait fini par se résoudre à cette ultime mesure, de façon à ne pas se heurter aux mêmes résistances que son oncle, en brumaire an VIII. Il sortit ensuite d'une cassette les 40 000 francs en billets de banque et les vingt rouleaux d'or de 1 000 francs qui lui restaient, « toutes mes richesses », dit-il, et les remit au ministre de la Guerre et à Fleury, à charge pour eux de les distribuer aux officiers et à la troupe[28]. Les conjurés se séparèrent en se serrant la main, puis tous rejoignirent leurs postes[29]. Saint-Arnaud se rendit à son ministère, Morny alla prendre possession du ministère de l'Intérieur, Maupas reçut individuellement les quarante-huit commissaires de police de la capitale. Sous prétexte d'un complot républicain, il leur donna mission d'arrêter les principales personnalités de l'opposition. Un seul refusa. Il fut aussitôt incarcéré.

Deux heures plus tard, l'armée investissait Paris en occupant les points stratégiques des Champs-Élysées, du quai d'Orsay, du Carrousel, ainsi que des abords de l'Élysée, du Palais national et de l'Hôtel de Ville. Vieyra faisait rassembler en lieu sûr les tambours et les réserves de cartouches de la garde nationale[30]. Soixante-dix-huit personnes furent arrêtées, pour la plupart dans leur sommeil. Parmi elles, figuraient seize représentants du peuple, les chefs de la Montagne, mais aussi Thiers et des militaires qui auraient pu prendre la direction de la résistance, les Cavaignac, Changarnier, Bedeau, Lamoricière ou Charras. Un aide de camp du président porta à l'Imprimerie nationale le décret et les deux proclamations. Le directeur était de connivence, mais pas les ouvriers, ce qui obligea à composer les textes, par fragments. Vers six heures et demie, ils furent placardés dans la capitale ; dès leur réveil, les Parisiens en prirent connaissance. Le décret annonçait la dissolution de l'Assemblée et du Conseil d'État, le rétablissement du suffrage universel, la convocation prochaine des électeurs dans leurs comices et l'état de siège. Par sa première proclamation, le président expliquait aux Français les raisons de son acte et réclamait leur soutien :

« Aujourd'hui que le pacte fondamental n'est plus respecté de ceux-là mêmes qui l'invoquent sans cesse et que les hommes qui ont déjà perdu deux monarchies veulent me lier les mains, afin de renverser la République, mon devoir est de déjouer leurs perfides projets, de maintenir la République, et de sauver le pays en invoquant le jugement solennel du seul souverain que je reconnaisse en France, le peuple. Je fais donc un appel loyal à la nation tout entière [...]. Si vous avez encore confiance en moi, donnez-moi les moyens d'accomplir la grande mission que je tiens de vous. Cette mission consiste à fermer l'ère des révolutions en satisfaisant les besoins légitimes du peuple et en le protégeant contre les passions subversives. Elle consiste surtout à créer des institutions qui survivent aux hommes et qui soient enfin des fondations sur lesquelles on puisse asseoir quelque chose de durable. » Celles-ci s'inspireraient de celles que Napoléon Bonaparte avait mises en place en l'an VIII. La seconde proclamation s'adressait aux soldats qualifiés d'« élite de la nation ». Le chef de l'État y affirmait : « Nous sommes unis par des liens indissolubles. Votre histoire est la mienne. Il y a entre nous, dans le passé, communauté de gloires et de malheurs ; il y aura, dans l'avenir, communauté de sentiments et de résolutions pour le repos et la grandeur de la France[31]. » De l'aveu même des adversaires de Louis-Napoléon, comme Victor Hugo, ces nouvelles furent accueillies par la population avec indifférence, voire satisfaction[32].

Après avoir déjeuner d'un café vers six heures, le président reçut quelques visiteurs. Il faisait preuve du plus grand calme, même s'il leur tendait une main brûlante. Vers dix heures, il sortit à cheval de l'Élysée, en compagnie de son oncle, Jérôme, du maréchal Exelmans, du prince Murat, des généraux Saint-Arnaud et Magnan et d'une cinquantaine d'officiers pour prendre le pouls de la population. Quelques acclamations et quelques cris en faveur de la République partirent de la foule, mais la plupart des Parisiens se montraient toujours calmes. Sur les Champs-Élysées, le président passa en revue des troupes qui l'acclamèrent, puis il regagna tranquillement son palais[33]. La réussite de l'opération semblait complète. Comme son oncle, en novembre 1799, Louis-Napoléon semblait ne pas devoir faire couler le sang des Français.

Cependant, dans la matinée, une résistance parlementaire s'organisa. Quelques représentants du peuple se retrouvèrent chez Odilon Barrot et chez Daru, pour signer des protestations. Une soixantaine de leurs collègues de toutes nuances réussissaient à pénétrer dans le Palais national, mais le président Dupin, à l'inverse de Bailly en 1789, céda à la force des baïonnettes. Il laissa la troupe, commandée par le colonel Espinasse, évacuer les lieux. Peu après, environ trois cents représentants du peuple appartenant en majorité au parti de l'ordre, mais comprenant aussi des républicains et même quelques élyséens égarés se rassemblèrent dans une mairie située à proximité[34]. Ils y votèrent la déchéance et la mise en accusation du président qui avait violé son serment et s'était rendu coupable d'un crime de haute trahison en vertu des articles 36 et 68 de la Constitution. Le premier affirmait : « Les représentants du peuple sont inviolables… » et le second : « Toute mesure par laquelle le président de la République dissout l'Assemblée nationale, la proroge ou met obstacle à l'exercice de son mandat, est un crime de haute trahison. Par ce seul fait, le président est déchu de ses fonctions ; les citoyens sont tenus de lui refuser obéissance ; le pouvoir exécutif passe de plein droit à l'Assemblée nationale. Les juges de la Haute Cour de justice se réunissent immédiatement à peine de forfaiture… » En conséquence, les parlementaires décidèrent d'en appeler à la garde nationale et à l'armée, dont ils confièrent le commandement au général Oudinot, et de prendre contact avec la Haute Cour. Deux cent vingt d'entre eux furent rapidement arrêtés. Les membres de la Haute Cour de justice qui s'étaient réunis spontanément au Palais de justice furent eux-mêmes expulsés et se bornèrent à constater l'impossibilité de remplir leur mission.

De leur côté, des montagnards encore en liberté formaient un comité de résistance autour de Schœlcher, de Carnot et de Victor Hugo. Le propre cousin du président, Napoléon-Jérôme, participait à leurs conciliabules. Les montagnards appelaient le peuple à l'insurrection, en s'appuyant, pour leur part, sur les articles 68 et 110 de la Constitution. Ce dernier autorisait le recours au peuple : « L'Assemblée constituante confie la défense de la présente Constitution, et les droits qu'elle consacre, à la garde nationale et au patriotisme de tous les Français. » Au juridisme des parlementaires de la majorité, les montagnards répondaient par un appel à la « sentinelle invisible ». Le lendemain matin, par un temps sombre et pluvieux, ils essayèrent de soulever les quartiers populaires de l'Est parisien. Le peuple, éprouvé en juin 1848, hésitait. Quelques ouvriers se joignirent pourtant à leurs représentants. Des barricades furent édifiées et, sur l'une d'elle, au faubourg Saint-Antoine, un parlementaire nommé Baudin fut tué. Pendant ce temps, le président recevait très peu de visites et ne parvenait pas à former un gouvernement[35]. Rouher et Fould protestèrent contre l'apposition de leur nom au bas de certaines mesures[36]. Pour les mêmes raisons, la Commission consultative de quatre-vingts notabilités qui devait servir de caution au coup de force et assurer la transition entre l'Assemblée dissoute et celle à élire ne pouvait pas non plus être constituée. La plupart des personnalités de quelque importance attendaient en fait de voir l'évolution de la situation avant de choisir leur camp[37].

En soirée, un conseil se tint à l'Élysée. Morny y fit prévaloir sa tactique sur celle de Maupas. Alors que celui-ci préconisait un grand déploiement de troupes pour empêcher le développement de l'émeute, celui-là entendait, au contraire, laisser l'insurrection croître pour mieux l'écraser, comme Cavaignac l'avait fait en juin 1848[38]. À l'aube du 4 décembre, une partie de la capitale s'insurgea et plusieurs dizaines de barricades nouvelles furent édifiées sur les deux rives de la Seine. En ces moments critiques, Morny conservait tout son sang-froid. Maupas, lui, s'inquiétait de la tournure des opérations. Le ministre de l'Intérieur demanda son remplacement au président qui le refusa. Pendant quelques heures, Louis-Napoléon craignit pourtant que l'affaire tournât mal. Il envisageait de se retrancher aux Tuileries avec ses partisans et d'y lutter jusqu'à la mort. Il n'en eut pas besoin : en début d'après-midi, l'armée reçut enfin l'ordre de marcher sur les barricades. En quelques heures, elle les emporta toutes, sans faire de quartiers. Une centaine de manifestants et de promeneurs périrent ainsi sur les boulevards lors d'une fusillade qui fut peut-être déclenchée par les cris hostiles de la foule, une balle perdue ou un tir provocateur, mais qui montrait avec certitude que la troupe avait les nerfs à vif et que ses chefs étaient déterminés. Dans la matinée du 5 décembre, le retour au calme était complet. Tous les commerces avaient rouvert et la circulation était rétablie partout. Les insurgés n'avaient été que quelques milliers, mais, du fait de la fusillade des grands boulevards, les tués et les blessés se comptaient pourtant par centaines [39]. Ces chiffres étaient cependant à peine supérieurs à ceux des journées de juin 1832 et d'avril 1834 et très inférieurs à ceux du soulèvement de juin 1848.

En province, les grandes villes, bien tenues en main par les militaires, ne bougèrent pas, à quelques très rares exceptions près comme Orléans que ses représentants avaient réussi à rallier et où ils tinrent l'hôtel de ville, pendant quelques heures, avec un millier d'insurgés, avant d'être appréhendés.

En revanche, des dizaines de révoltes éclatèrent dans les bourgs et les campagnes de vingt-sept départements situés pour la plupart dans le Centre et le Midi. Les insurgés qui étaient peut-être cent mille pour toute la France tinrent Clamecy, Mirande, Bédarieux ou encore Sisteron pendant quelques heures, Capestang et surtout Digne, préfecture des Basses-Alpes, pendant plusieurs jours. Ces paysans encadrés par des avocats, des médecins ou des petits commerçants ne volaient pas au secours de la République conservatrice. Ils agissaient parce que le coup d'État éloignait la perspective, certaine à leurs yeux, de l'avènement prochain d'une république démocratique et sociale ; d'autres tout simplement parce que la légalité était bafouée. Le comité de résistance des Basses-Alpes écrivait ainsi : « Napoléon Bonaparte, traître et parjure, voulait assouvir à l'aide de la guerre civile son ambition effrénée, mais le Peuple, partout debout, déjoue sa criminelle attente et répond majestueusement à son attentat[40]. »

Cependant, les soulèvements qui étaient isolés les uns des autres furent rapidement écrasés, mais ils servirent la cause du président, comme celui-ci le reconnaissait volontiers[41]. Dans une proclamation du 8 décembre, Louis-Napoléon se présenta en sauveur de la société. De fait, beaucoup de notables légitimistes et de libéraux, jusque-là hésitants, s'étaient ralliés au coup d'État à la suite de la prise d'armes des campagnes et de scènes de pillages, de viols et d'assassinats, habilement grossies par Morny. Viel Castel, qui prenait lui-même pour argent comptant toutes les rumeurs, dont le viol collectif des femmes et des filles de notables de Clamecy, notait : « Sans le coup de vigueur du Prince Louis-Napoléon, ce qui se passe dans quelques localités aurait été, en 1852, l'état normal de toute la France. [Il] a accompli courageusement et habilement le plus grand acte politique des Temps modernes[42]. » De nombreux parlementaires de la majorité qui avaient été arrêtés le 2 décembre au matin, avant d'être rapidement libérés, ne pensaient pas autrement[43]. Les anciens représentants du peuple étaient finalement sept sur neuf au sein du nouveau gouvernement et constituaient les deux tiers des cent soixante-dix-huit membres de la Commission consultative dans sa composition finale[44].

L'hôte de l'Élysée venait donc de gagner la partie, mais la façon dont celle-ci s'était déroulée ne pouvait le satisfaire. Il devait renoncer à son espoir de rallier tous les Français. Commencé à gauche, son coup d'État se terminait à droite et lui aliénait les républicains, probablement pour longtemps. Proudhon en rejetait la faute sur ces derniers qu'il accusait d'avoir précipité le président vers la réaction, par des « passions trop animées » et des « ressentiments trop âcres », alors que leur intérêt aurait dû les amener à conclure une alliance avec lui, au lendemain de la proposition des questeurs, de façon à organiser un partage du pouvoir[45]. George Sand était encore plus minoritaire lorsqu'elle écrivait : « Après tout, lorsque les lois fondamentales d'une république sont violées, les coups d'État, ou pour mieux dire les coups de fortune ne sont pas plus illégitimes les uns que les autres [...]. Nous n'étions vraiment plus en république, nous étions gouvernés par une oligarchie, et je ne tiens pas plus à l'oligarchie qu'à l'empire. Je crois que j'aime encore mieux l'empire[46]. » Karl Marx, lui, était beaucoup plus représentatif de l'état d'esprit de la gauche, lorsqu'il qualifiait le président et ses complices de « bandits de grands chemins » qui avaient cherché à se perpétuer au pouvoir pour soigner leurs intérêts et « tirer du trésor public des billets de loterie californienne[47] ».

La mise en place d'une présidence décennale

Le plébiscite des 20 et 21 décembre 1851 demandait aux Français s'ils souhaitaient maintenir leur confiance au chef de l'État et l'autoriser à établir une Constitution sur les bases de sa proclamation du 2 décembre. Il se déroula dans la terreur. L'état de siège était maintenu sur un tiers du territoire. Les opposants se terraient, quand il n'étaient pas en prison ou déjà en exil. Seuls les journaux favorables au pouvoir étaient autorisés à paraître. Les listes électorales avaient été révisées à la hâte. Les pressions administratives furent multiples.

Cependant, le coup d'État satisfaisait la plupart des Français, comme en convenaient des observateurs aussi peu suspects de complaisance que Guizot ou George Sand. À tous ceux pour lesquels il permettait de sortir de l'impasse constitutionnelle et de se débarrasser d'une Assemblée détestée, s'ajoutaient ceux qui, de l'autre côté de l'échiquier politique, estimaient qu'il levait l'hypothèque d'une insurrection rouge. Sur le conseil du nonce apostolique, le clergé s'était rallié, dans son immense majorité, au coup d'État, l'archevêque de Reims, le cardinal Gousset, et celui de Paris, Mgr Sibour, en tête. Plusieurs prélats avaient même écrit au président pour le féliciter[48]. Le grand journal catholique de Louis Veuillot, *L'Univers*, ouvrait ses colonnes aux partisans du « oui », y compris à son ennemi Montalembert qui expliquait : « Voter pour Louis-Napoléon, ce n'est pas approuver tout ce qu'il a fait, c'est choisir entre lui et la ruine totale de la France. [...] Je ne vois [hors de lui] que le gouffre béant du socialisme. » Ce fut aussi le sentiment des grandes puissances conservatrices. Seule l'Angleterre libérale se montra plus réticente. La reine Victoria souhaitait la neutralité[49]. Le *Times* questionnait ironiquement : « Si le peuple était réellement disposé à confier volontairement une puissance illimitée entre les mains de Louis-Napoléon Bonaparte, était-il nécessaire de le conduire à coups de trique, comme du bétail, à l'abattoir ? » et publia une protestation de Tocqueville[50]. Le ministre des Affaires étrangères britannique, Palmerston, qui avait approuvé le coup dans une lettre à l'ambassadeur de France, que celui-ci s'était empressé de diffuser, fut désavoué et dut démissionner le 19 décembre[51].

Mais tout cela n'atteignait pas les campagnes. Le président jouissait toujours d'une immense popularité auprès des paysans[52]. À vrai dire, la nature même de la consultation ne laissait le choix qu'entre l'approbation du fait accompli ou le néant. Le gouvernement se sentit d'ailleurs assez fort pour autoriser les civils à se prononcer au scrutin secret et se contenta de faire voter l'armée et la marine à registres ouverts. En outre, après le vote du 21 par appel nominal, eut lieu un contre-appel le lendemain qui permit d'amener aux urnes un certain nombre de ceux qui envisageaient de s'abstenir. En conséquence, la consultation fut un triomphe. Certes près de 1,4 million d'électeurs s'étaient abstenus, mais 7 439 216 avaient voté « oui » et seulement 640 737 « non », pendant que 36 820 avaient déposé un bulletin nul dans l'urne[53]. Les principaux foyers d'opposition se trouvaient dans les grandes villes et en particulier à Paris. Le seul canton rural qui vota majoritairement « non » fut le canton de Vernoux, en Ardèche, peuplé essentiellement de protestants.

Lorsqu'on vint lui apporter les résultats, le 31 décembre 1851, le chef de l'État affirma, par une curieuse interversion des termes : « La France […] a compris que je n'étais sorti de la légalité que pour rentrer dans le droit », car il était bien plutôt sorti du droit pour établir une nouvelle légalité. Il ajouta : « Plus de sept millions de suffrages viennent de m'absoudre », ce qui revenait à avouer implicitement sa culpabilité. Ces paroles soulignaient les sentiments ambivalents du principal acteur et bénéficiaire du coup. Il avait voulu sauver la société et avait le sentiment de l'avoir fait. Cependant, pour y parvenir, il avait bafoué la loi et le sang avait coulé. Il portait déjà son coup d'État comme un boulet et considéra toujours que qualifier son régime comme celui du 2 Décembre était réducteur[54]. Il y pensait désormais chaque jour ou presque. Cependant, il ne le renia jamais. Il dit plus tard à Victor de Broglie, qui venait lui apporter son discours de réception à l'Académie française, dans lequel il avait mal parlé de son coup d'État alors qu'il avait célébré ailleurs celui de son oncle : « J'espère que votre petit-fils rendra au 2 Décembre autant de justice que vous en avez rendu vous-même au 18 Brumaire. » Et quand il revit l'un des principaux organisateurs de la résistance, Daru, en décembre 1869, il lui lança en lui tendant la main : « Vous m'en avez beaucoup voulu du coup d'État, je le comprends ; vous ne pouviez pas voir d'où vous étiez ce que je voyais[55]. »

Au lendemain de sa victoire, Louis-Napoléon devait poser les bases du nouveau régime. Il était sans doute le seul de tous les constituants français qui savait précisément, au moment où il accédait aux pleins pouvoirs, la forme que revêtiraient les institutions[56]. Il y avait réfléchi pendant plus de vingt ans. Les deux années de conflit qu'il avait vécues avec la Législative l'avaient conforté dans ses idées. Il venait d'en indiquer le cadre général dans ses proclamations du 2 décembre. Dans les semaines qui suivirent, il revint inlassablement sur cette question cruciale à ses yeux, dans les discussions qu'il eut avec son entourage[57].

Il s'agissait de s'inspirer de la Constitution de l'an VIII, œuvre de son oncle, en l'adaptant à l'esprit du temps, autour de quatre piliers : la souveraineté populaire, un chef de l'État puissant et responsable, nommé pour dix ans, des ministres ne dépendant que de lui, trois assemblées aux pouvoirs strictement limités. Ce fut sur cette base qu'un petit comité fut chargé de rédiger la Constitution. Il se composait du comte de Flahaut, le père de Morny, de Persigny et de trois juristes, Rouher, ministre de la Justice, Troplong, président de la cour d'appel de Paris, et Mesnard, président de chambre à la Cour de cassation. Le 11 janvier 1852, le texte n'était toujours pas prêt et le président s'impatientait. Il acheva le travail en une nuit avec Rouher et le texte fut promulgué le 14[58].

Dans le préambule qu'il signait lui-même, le chef de l'État rappelait sa source d'inspiration : « J'ai pris comme modèle les institutions politiques qui déjà, au commencement de ce siècle, dans des circonstances analogues, ont raffermi la société ébranlée et élevé la France à un haut degré de prospérité et de grandeur[59]. » Il rappelait les paroles de son oncle : « Une Constitution est l'œuvre du temps. »

La Constitution du 14 janvier 1852 était donc courte pour laisser place aux améliorations. Elle ne comprenait que cinquante-huit articles[60]. Elle commençait par « reconnaît[re], confirme[r] et garanti[r] les grands principes proclamés en 1789, et qui [étaient] la base du droit public des Français ». Pour raffermir une société ébranlée, un rôle prépondérant était assigné au chef de l'État. Le texte mentionnait nommément Louis-Napoléon Bonaparte et lui confiait la présidence pour dix ans. Au terme de son mandat, il pourrait en solliciter un nouveau. Comme l'affirmait l'article 5, il avait le droit, par plébiscite, de faire appel au peuple et n'avait de comptes à rendre qu'à ce dernier. Il nommait à tous les emplois, recevait un serment de fidélité de tous les agents de l'État, était le seul à pouvoir déclarer la guerre, signer les traités d'alliance et de paix, décréter l'état de siège. La justice se rendait en son nom. Les ministres ne dépendaient que de lui et étaient ses « instruments ». Le président était le seul à avoir l'initiative des lois, à les sanctionner et à les promulguer. Il était donc à la fois au départ et à l'aboutissement du travail législatif. Il existait bien trois assemblées, mais leurs pouvoirs étaient strictement limités et le polycamérisme visait ouvertement à empêcher la toute-puissance d'une chambre unique, « cause permanente de trouble et de discorde ».

Le Sénat qui se composait de quatre-vingts à cent cinquante « illustrations » inamovibles, des membres de droit comme les cardinaux, maréchaux et amiraux et des personnalités nommées par le chef de l'État, était le « pouvoir pondérateur » et le « gardien du pacte fondamental et des libertés publiques ». Il était chargé de vérifier la constitutionnalité des lois. Il pouvait, par sénatus-consulte, « régler tout ce qui n'a[vait] pas été prévu par la Constitution, et qui [était] nécessaire à sa marche », et même proposer à l'exécutif des modifications constitutionnelles. Il avait aussi la faculté de recevoir et d'examiner les pétitions des Français, de régler la législation de l'Algérie et des colonies et d'annuler les votes du Corps législatif, s'il les jugeait « contraires à la religion, à la morale, à la liberté des cultes, à l'inviolabilité des propriétés », mais également à « la liberté individuelle, à l'égalité des citoyens, à l'inamovibilité de la magistrature ».

Enfant chéri du président comme il l'avait été de son oncle, le Conseil d'État rassemblait quarante à cinquante « hommes distingués », techniciens qu'il pouvait nommer et révoquer à sa guise. Il préparait et défendait les projets législatifs et contrôlait l'application des lois, en tant que tribunal du contentieux administratif.

Enfin, un Corps législatif chargé de discuter et de voter les projets de loi et l'impôt était convoqué, ajourné, prorogé ou dissous par le chef de l'État et n'avait pas la faculté de décider de son ordre du jour. Ses membres étaient certes élus au suffrage universel, mais ils n'étaient plus considérés comme des représentants de la nation.

Désignés pour six ans, au scrutin uninominal, dans le cadre de l'arrondissement, ils étaient de simples députés de leurs circonscriptions respectives. Pour garantir le « calme des délibérations », ils n'étaient que deux cent soixante et un, « car trop souvent on a[vait] vu dans les Assemblées, la mobilité et l'ardeur des passions croître en raison du nombre ». Ils ne pouvaient amender que très difficilement les textes qui leur étaient soumis et sans motiver leurs décisions. Ils n'avaient ni le droit d'adresser des remarques au chef de l'État sur la politique générale, ni celui d'interpeller le gouvernement dont les membres n'étaient plus choisis parmi eux, n'étaient pas représentatifs de leur majorité et n'étaient pas responsables devant eux. Ils devaient se contenter d'écouter silencieusement le message annuel par lequel le président leur présentait l'état de la République. Par ailleurs, ils parlaient désormais de leur place, car la tribune était supprimée. Leurs débats n'étaient plus reproduits que sous forme de procès-verbaux officiels par une presse qui n'avait pas le droit de les commenter.

Dictateur de salut public et prince-président

Dans l'immédiat, un régime d'exception était maintenu. Le président bénéficiait des pleins pouvoirs et légiférait par décrets. Il exerçait une dictature, au sens de la Rome antique, et récompensa tous ceux qui l'avaient soutenu. Pendant plusieurs semaines, les colonnes du *Moniteur* furent remplies de promotions dans l'ordre de la Légion d'honneur. Les militaires prenaient du galon, les illustrations se pressaient pour entrer au Sénat[61]. À Montalembert qui lui avait lancé que personne n'accepterait d'y siéger, il avait répliqué incrédule : « Vous croyez ? » Il connaissait bien la nature humaine. Comment résister à l'attrait d'une fonction prestigieuse, inamovible, rare, qui pouvait être richement dotée et s'assortissait de l'espoir permanent de sinécures, de décorations et de gratifications ? Outre les membres de droit, entrèrent au Sénat l'oncle Jérôme qui reçut d'ailleurs la présidence, Napoléon-Jérôme, d'autres cousins, les Murat et les Clary, des membres éminents de la noblesse impériale, les Padoue, Wagram, Cambacérès, Caulaincourt, des amis personnels et des conseillers comme Vieillard, des militaires de haut rang qui constituaient près du tiers des nommés, d'anciens ministres, des hauts fonctionnaires, des magistrats, des banquiers, des industriels, et même quelques héritiers de la grande noblesse d'Ancien Régime, un prince de Beauvau, un duc de Saint-Simon ou encore un comte de Caumont La Force. Les anciens parlementaires ralliés étaient très nombreux, en particulier les pairs de la monarchie de Juillet. Peu rancunier, Louis-Napoléon avait nommé plusieurs de ses juges de 1840. Cependant, il ne suffisait pas de récompenser les « bons », il fallait aussi punir les « méchants ».

Des décrets du 9 janvier 1852 réglèrent le sort des parlementaires hostiles, en les répartissant en trois catégories. Cinq montagnards jugés responsables du soulèvement furent condamnés à la déportation en Guyane, mais un seul fut finalement envoyé en Algérie. Soixante-six autres, présentés comme les « chefs reconnus du socialisme » dont le « séjour en France serait de nature à fomenter la guerre civile », dont Hugo, Schœlcher et Quinet, furent expulsés. Enfin, dix-huit représentants républicains ou orléanistes, parmi lesquels Thiers et Rémusat ainsi que les généraux [62], furent « momentanément éloignés du territoire français ». La répression s'abattit aussi sur plus de vingt-six mille particuliers. Beaucoup de repris de justice et de membres de sociétés secrètes furent déportés en Algérie et en Guyane sans autre forme de procès. À partir du début février, des commissions mixtes, juridictions départementales d'exception composées du préfet, d'un général et d'un magistrat, condamnèrent à huis clos des milliers de personnes à la résidence surveillée, à l'exil ou à la déportation, sans entendre ni les inculpés, ni les témoins.

Malgré les pressions d'une partie de son entourage, le président souhaitait cependant faire preuve d'indulgence. Il créa une commission chargée d'examiner les demandes de clémence à l'égard des condamnés. Il envoya dans les départements trois commissaires pour adoucir les peines. Il écrivit au nouveau conseiller d'État Quentin-Bauchart, qui se montrait beaucoup plus libéral, dans le Sud-Est, que ses deux collègues, le général Canrobert, dans le Centre, et surtout le colonel Espinasse, dans le Sud-Ouest : « Vous seul avez compris ma pensée [63]. » Il gracia lui-même beaucoup de condamnés. Napoléon-Jérôme et George Sand parvinrent ainsi à l'apitoyer sur le sort de leurs amis. Cette dernière qui se vit accorder une audience, le 29 janvier 1852, trouva devant elle un homme très différent de celui qu'on lui avait décrit : « J'ai vu une larme, une vraie larme dans cet œil froid et il m'a tendu les deux mains tout d'un coup [et] m'a dit : “Demandez-moi tout ce que vous voudrez pour qui vous voudrez[64]." » Cependant, elle n'obtint pas l'amnistie générale qu'elle réclamait, mais uniquement des grâces particulières et une nouvelle entrevue, le 6 février, fut suivie des mêmes résultats.

Un ministère de la Police générale, souvenir du Directoire, du Consulat et de l'Empire, fut créé au profit de Maupas. Dans le *Moniteur universel* du 23 janvier 1852, le président expliquait son rôle[65]. Il y voyait non un « ministère d'inquisition », mais un instrument destiné à l'informer de l'état de l'opinion et, plus largement, de tout ce que son gouvernement et son administration lui cachaient ou jugeaient inutile de lui faire connaître : « Ce ne sera[it] donc pas un ministère de provocation et de persécution, cherchant à dévoiler les secrets des familles, voyant partout le mal pour le plaisir de le signaler, interrompant les relations des citoyens entre eux, et faisant planer partout le soupçon et la crainte ; ce sera[it] au contraire une institution essentiellement protectrice, principalement animée de cet esprit de bienveillance et de modération qui n'exclu[ai]t pas la fermeté. En résumé, son rôle [était] de surveiller, au point de vue de l'humanité, de la sécurité publique, de l'utilité générale, des améliorations à introduire, des abus à supprimer, toutes les parties du service public. » Le ministère devait fournir « au gouvernement le moyen le plus puissant de faire le bien ». Cependant, il visait aussi à faire la propagande du régime et de son chef, à contrôler la presse et le colportage et à déjouer les complots. Le cas échéant, il pouvait s'immiscer dans les vies privées. Comme sous Napoléon, un cabinet noir décachetait les lettres des particuliers[66].

Une cascade de décrets-lois, complétée par des circulaires ministérielles, mirent en place les bases du nouveau régime. Symbole de la monarchie bourgeoise, la garde nationale n'en avait pas moins fait défection en février 1848 et n'était pas jugée sûre. Un décret du 11 janvier 1852 la désarma. Le 22 janvier, le président signa deux décrets relatifs aux biens des princes d'Orléans. Le premier leur interdisait d'avoir des biens en France et les astreignait à vendre, dans un délai d'un an, tous ceux qu'ils possédaient. L'autre nationalisait les biens personnels dont Louis-Philippe avait doté ses enfants, avec réserve d'usufruit, lors de son accession au trône, en août 1830[67]. Cette atteinte à la propriété privée choqua. Beaucoup y virent une simple vengeance. La loi du 10 avril 1832 n'avait-elle pas interdit aux Bonaparte de posséder le moindre bien en France ? Dupin qualifia spirituellement la mesure de « premier vol de l'aigle ». Cependant, elle sanctionnait aussi les complots orléanistes de l'automne et l'accueil réservé de la reine Victoria au coup d'État, que le président attribuait à l'influence de l'ancienne famille royale française. Elle devait permettre également de financer partiellement la politique sociale que le chef de l'État entendait relancer[68]. Elle provoqua la démission de quatre ministres, Rouher, Fould, Magne et surtout Morny, le principal organisateur du coup d'État, mais aussi de nombreux membres de la Commission consultative dont Montalembert, ainsi qu'une fronde de quelques jours au sein du Conseil d'État où les anciens orléanistes étaient nombreux[69]. Furieux, Louis-Napoléon tança le rapporteur, Léon Cornudet, en rappelant que « les conseillers d'État [étaient] non des magistrats mais des hommes politiques chez qui [il ne devait] rencontrer aucune résistance ». Les uns et les autres finirent cependant par rentrer dans le droit chemin et par être pardonnés. Rouher et Magne furent nommés dès le 25 janvier présidents de section au Conseil d'État ! Morny, qui avait peut-être saisi le prétexte des deux décrets pour quitter le gouvernement, alors qu'il savait sa disgrâce proche[70], aurait pu retrouver, lui aussi, une place importante au sein du nouveau régime, sans un incident regrettable[71]. Le nouveau pouvoir paraissait trop fort pour être contesté ; l'appât du gain et des honneurs étaient aussi trop importants.

Un décret du 17 février supprima la liberté de la presse. L'autorisation préalable devenait nécessaire pour publier un journal. Des frais de poste et des droits de timbre étaient établis. Le système des avertissements était créé. Il permettait désormais aux autorités, après avoir averti trois fois un périodique, d'en suspendre la parution, ce qui incitait les journalistes à s'autocensurer, même si un journal pouvait être supprimé par décret sans même avoir été averti. Un autre décret imposait aux imprimeurs et aux libraires un brevet délivré par le ministre de la Police pour pouvoir exercer leur profession et soumettait la possession de toutes les presses si petites fussent-elles à autorisation. Les jugements des délits de presse étaient désormais passibles des tribunaux correctionnels généralement plus sévères que les jurys populaires. Parallèlement, les associations et les réunions étaient interdites, la fonction publique était épurée, les enseignants se voyaient interdire le port de la barbe et de vêtements rouges, symboles d'un ancrage politique à gauche. Des maîtres de l'enseignement supérieur, tels Victor Cousin, Jules Michelet ou Jules Simon durent quitter leur chaire, parce qu'ils refusèrent de prêter serment ou parce que leurs propos étaient jugés subversifs. Les autres eurent l'obligation de faire connaître à l'avance le plan de leurs cours. Un décret du 25 mars 1852 augmenta les prérogatives des préfets en faisant d'eux les véritables délégués du président et de ses ministres dans les départements, avec faculté de statuer par délégation sur toutes les affaires n'impliquant pas l'intérêt supérieur de l'État. Désormais, ils nommaient et révoquaient les maires des bourgs et des villages, ainsi que les petits fonctionnaires, accordaient ou refusaient les crédits pour les écoles, les églises et les routes, ouvraient et fermaient les cabarets.

Les élections législatives se déroulèrent les 29 février et 1er mars 1852 dans le même climat que le plébiscite[72]. L'état de siège n'était pas encore levé dans tous les départements. En outre, des mesures avaient été prises contre les réunions et contre la presse libre. Les opposants étaient victimes d'intimidations et de persécutions multiples et variées. Les républicains qui avaient échappé à la proscription et les orléanistes qui ne s'étaient pas ralliés étaient peu disposés à tenter les chances du scrutin. Quant aux légitimistes, ils choisirent le plus souvent de s'abstenir comme le leur demandait le comte de Chambord. Face à eux, le gouvernement présentait ses propres candidats. Le prince-président n'avait pas voulu s'en remettre aux comités bonapartistes pour les désigner. C'eût été accepter la fondation d'un parti, contradiction flagrante avec ses idées de toujours. Morny puis Persigny, son successeur au ministère de l'Intérieur, demandèrent aux préfets de sélectionner des hommes neufs, mais cela ne fut souvent pas possible[73]. Le gouvernement choisit donc une majorité de notables traditionnels, venus le plus souvent de l'orléanisme et plus ou moins ralliés. Tous les frais de campagne des candidats officiels étaient assurés par l'administration qui s'investissait totalement de son sommet à sa base, du préfet jusqu'au garde-champêtre. Le clergé fit lui-même campagne en faveur de ces candidats, car l'immense majorité d'entre eux, à l'exception de quelques protestants, le satisfaisaient.

Depuis le coup d'État, le président s'était d'ailleurs beaucoup rapproché de l'Église catholique. Dès le 6 décembre, il avait rendu le Panthéon au culte. Il avait demandé et obtenu que l'archevêque de Paris célébrât un *Te Deum* à Notre-Dame, le jour de l'an 1852, pour le succès du plébiscite[74]. Il avait fait entrer cardinaux et archevêques au Sénat, lequel pouvait s'opposer, en vertu de l'article 26 de la Constitution, aux lois contraires à la religion, à la morale et à la liberté des cultes. Il encourageait la construction d'édifices religieux et la création des congrégations et venait de remettre la Légion d'honneur à sœur Rosalie qui œuvrait depuis de longues années pour les pauvres parisiens.

Le scrutin uninominal à deux tours dans le cadre de l'arrondissement fut retenu, parce qu'il était plus aisément contrôlable et qu'il rendait difficile la manifestation des grands courants d'opinion. Les circonscriptions furent savamment découpées de façon à noyer les foyers réputés dangereux dans les espaces supposés favorables. Dans ces conditions, les élections furent un triomphe pour le pouvoir, même si le taux d'abstention de 37 % traduisait un certain désintérêt. Sur 261 sièges à pourvoir, 249 candidats officiels furent élus et simplement trois républicains à Paris et à Lyon, trois légitimistes dans l'Ouest et un dans le Gard, trois indépendants, ainsi que deux catholiques avant tout, monarchistes avérés, Mérode et son beau-frère Montalembert, qui n'avaient pas été combattus par le gouvernement. La plupart d'entre eux ne tardèrent d'ailleurs pas à démissionner pour ne pas prêter serment de fidélité au président et à la Constitution [75].

Le 29 mars 1852, le chef de l'État ouvrit la session parlementaire. En la circonstance, il n'avait même pas fait l'effort de se déplacer au Palais-Bourbon, comme jadis les rois des monarchies censitaires, par respect pour le parlementarisme, mais il avait convoqué les grands corps de l'État aux Tuileries où il résidait désormais. Sur l'estrade tendue de draperies où il était entouré par son oncle, le roi Jérôme, par les ministres et par les conseillers d'État, il se tressa des couronnes devant les sénateurs et les députés assis face à lui : « Depuis longtemps la société ressemblait à une pyramide qu'on aurait retournée et voulu faire reposer sur son sommet ; je l'ai replacée sur sa base. » Il leur annonça aussi : « La dictature que le peuple m'avait confiée cesse aujourd'hui. Les choses vont reprendre leur cours régulier. »

Avec la fin d'un état de siège levé la veille dans toute la France, l'abandon du gouvernement par décrets et la réunion des Assemblées, le pays revenait à une vie normale. La République présidentielle n'avait cependant plus rien à voir avec celle qui avait précédé le coup d'État. Comme l'affirma avec force Adolphe Billault, ancien défenseur des prérogatives parlementaires rallié au nouveau cours politique que le chef de l'État venait de nommer à la présidence du Corps législatif : « Nous n'aurons plus autour de l'urne législative toutes les évolutions des partis tenant sans cesse le ministère en échec, le forçant de s'absorber en un souci unique, celui de sa défense, et n'aboutissant le plus souvent qu'à énerver le pouvoir. » De fait, cette première session du Corps législatif fut très calme, à l'exception de la séance du 22 juin, au cours de laquelle Montalembert s'illustra en critiquant la réduction des prérogatives parlementaires, en particulier en matière financière. « Nous sommes une espèce de conseil général à la mesure du conseil de préfecture que voilà », dit-il en désignant les bancs des commissaires du gouvernement. Le Corps législatif l'autorisa par soixante-quinze voix contre cinquante-neuf à publier son discours. Le président fit aussitôt lire un message de rappel à l'ordre : « Le prince Président de la République est convaincu que le Corps législatif, qui a déjà donné tant de preuves de son dévouement au pays, ne s'engagera pas dans une voie qui le conduirait à la violation de notre pacte constitutionnel[76]. »

Le coup d'État du 2 Décembre rappelait celui du 18 Brumaire, la Constitution du 14 janvier 1852 celle de l'an VIII et la présidence décennale le Consulat. Il était fatal que l'on songeât désormais à l'Empire.

En déménageant aux Tuileries, le palais des rois, dans les premiers jours de janvier 1852, Louis-Napoléon donnait une tournure monarchique à son régime[77]. Grâce à la liste civile votée par le Sénat, conformément à l'article 15 de la Constitution, et dont le montant s'éleva à douze millions, il disposait d'une maison civile et d'une maison militaire imposantes et put organiser des fêtes somptueuses dont la réception du 24 janvier donna un avant-goût, mais dont le grand bal du 1er mai fut le premier témoignage éclatant. Il signait désormais « Louis-Napoléon », se faisait appeler « prince », au point qu'il était systématiquement qualifié de « prince-président » et ne corrigeait plus ceux qui lui donnaient de l'Altesse Impériale. L'Église faisait prier pour lui comme jadis pour les rois : *Domine, salvum fac Ludovicum Napoleonem.* Parallèlement, la célébration de la proclamation de la République fut interdite et la devise « Liberté, Égalité, Fraternité » fut effacée du fronton des bâtiments publics. Marianne fut remplacée par l'effigie du prince sur les pièces de monnaie et sur les timbres-poste. Les actes judiciaires étaient rendus en son nom. Dans le même temps, Troplong publiait dans *La Gazette des tribunaux* une apologie de l'empire démocratique sous prétexte d'une étude sur la transmission du pouvoir dans l'Empire romain [78]. Le Code civil redevint le Code Napoléon, tandis qu'une commission *ad hoc* fut chargée de publier les œuvres de l'empereur. Enfin, l'entourage du prince-président échafaudait déjà des projets d'union dynastique.

De son côté, Louis-Napoléon fit célébrer, le 5 mai 1852, un service funèbre à Notre-Dame pour l'anniversaire de la mort de Napoléon Ier. Cinq jours plus tard, il renouvelait la cérémonie de mai 1815 au Champ-de-Mars, en distribuant aux corps d'armée de nouveaux drapeaux surmontés des aigles impériales. Le 15 août suivant, il érigeait par décret la Saint-Napoléon au rang de fête officielle du régime. Ce jour-là, un aigle immense dominait l'Arc de Triomphe. Lors de toutes ces cérémonies, comme lors des revues qu'il passait ou de sa visite à Strasbourg, fin juillet, pour l'inauguration du chemin de fer de l'Est, il était acclamé par les cris de : « Vive Napoléon ! », « Vive l'empereur ! ». Selon, l'ambassadeur d'Autriche, tout cela n'était que « l'avant-propos du livre sous presse intitulé *L'Empire* [79] » !

Le passage à l'Empire

Si le pays marchait vers l'Empire, il fallait encore préparer l'opinion nationale et internationale et vaincre les dernières réticences du principal intéressé. En effet, celui-ci paraissait hésiter. Devenu l'homme fort du gouvernement après avoir succédé à Morny au ministère de l'Intérieur, Persigny affirma devant son ami Falloux : « Vous ne savez pas ce qui retarde l'Empire : c'est l'empereur et l'empereur seul. Un vertige de timidité l'a saisi après le 2 décembre. » De fait, Louis-Napoléon craignait la réaction des puissances qui n'avaient accepté le coup d'État que par peur de la révolution et de l'anarchie, mais qui n'admettraient sans doute ni le reniement des traités de Vienne, ni le danger d'un nouveau Napoléon sur le trône de France [80]. Le roi des Belges pensait, par exemple, qu'il se placerait dans les pas de son oncle, en annexant tout le nord de l'Europe [81].

Lorsque le président prescrivit aux missions et aux consulats français de célébrer le 15 Août, ni la Russie, ni l'Autriche, ni la Prusse n'acceptèrent de s'associer à la manifestation [82]. Il hésitait sans doute à devenir empereur, en pensant au renversement de tous les souverains français depuis 1789, à l'exception de Louis XVIII. Peut-être songeait-il aussi au fait qu'aucune nécessité ne lui imposait de trahir son serment de décembre 1848, contrairement au 2 Décembre, ou estimait-il simplement qu'un accroissement de ses prérogatives et un mandat de dix ans renouvelable suffisaient ? Il avait ainsi rappelé, en ouvrant la session législative, que les occasions de monter sur le trône ne lui avaient pas manqué depuis l'élection présidentielle et il n'en avait pourtant saisi aucune : « Conservons la République ; elle ne menace personne, elle peut rassurer tout le monde. » Il n'admettait le rétablissement de l'Empire que dans le cas où les partis l'empêcheraient de gouverner : « Je n'accepterais de modification à l'état présent des choses que si j'y étais contraint par une nécessité évidente. D'où peut-elle naître ? Uniquement de la conduite des partis. S'ils se résignent, rien ne sera changé. Mais si, par leurs sourdes menées, ils cherchaient à saper la base de mon gouvernement ; si dans leur aveuglement, ils niaient la légitimité du résultat de l'élection populaire ; si, enfin, ils venaient sans cesse par leurs attaques mettre en question l'avenir du pays, alors, mais seulement alors, il pourrait être raisonnable de demander au peuple, au nom du repos de la France, un nouveau titre qui fixât irrévocablement sur ma tête le pouvoir dont il m'a revêtu[83]. » Ces anciens partis étaient bien faibles, mais Louis-Napoléon avait besoin du soutien de leurs notables. Or le rétablissement de l'Empire ne les séduirait pas. Mais certains de ses amis n'avaient pas les mêmes scrupules que lui. Persigny était de ceux-là. Louis-Napoléon résistait toujours. Qu'à cela ne tienne ! « Je le ferai empereur malgré lui ! » aurait déclaré le ministre à Falloux.

Persigny encouragea les conseils généraux à demander le rétablissement de l'Empire, lors de leur session d'été. Quarante-neuf l'exprimèrent de façon nette et vingt-sept autres signèrent des adresses de félicitations. Il parvint ensuite à convaincre le prince-président d'entreprendre un grand voyage à travers la France pour y sonder l'opinion. Le Centre et le Midi, plus hostiles que l'Ouest, le Nord ou l'Est, comme la résistance au coup d'État l'avait prouvé, furent volontairement choisis. Si Louis-Napoléon précisait : « Mon voyage sera une interrogation. Je ne veux pas qu'on prépare la réponse. Je désire l'avoir dans toute sa spontanéité. Je réglerai sur elle ma conduite dans l'avenir », le ministre concevait ce déplacement autrement. Il devait servir de prélude grandiose à la restauration impériale. Au cours d'une séance du conseil des ministres qui précéda d'une dizaine de jours le voyage, il sonda le président et ses collègues. Après les hauts cris de ces derniers, il fut blâmé par celui-là. Il agit donc en secret. Il prescrivit aux préfets de ne négliger aucun moyen pour faire du périple un triomphe : convocation de foules criant et agitant des banderoles pour réclamer l'Empire, illuminations, organisation de festivités diverses[84].

Le départ eut lieu le 14 septembre. De Bourges à Saint-Étienne, l'accueil fut très favorable. À Lyon, où devait être inaugurée une statue de Napoléon, le prince commença à comprendre l'artifice, et la modestie du discours qu'il prononça alors donnait le ton : « Nous sortons à peine de ces moments de crise où les notions du bien et du mal étant confondues, les meilleurs esprits se sont pervertis. La prudence et le patriotisme exigent que, dans de semblables moments, la nation se recueille avant de fixer ses destinées… Si le titre modeste de président pouvait faciliter la mission qui m'est confiée et devant laquelle je n'ai pas reculé, ce n'est pas moi qui, par intérêt personnel, désirerais changer ce titre contre celui d'empereur. »

À Roanne, Louis-Napoléon retrouva Persigny et lui reprocha d'avoir cherché à peser sur sa décision. Le ministre redoubla pourtant de zèle. Dans le Midi, certaines municipalités arrêtèrent préventivement les démocrates les plus en vue, convoquèrent les vieux soldats de l'Empire et demandèrent même aux habitants de pavoiser et d'illuminer sous peine de contravention. Cependant, derrière ces mesures qui visaient à éviter les débordements et voulaient montrer l'enthousiasme, il y avait aussi une ferveur réelle. Grenoble, Valence et Avignon ovationnèrent le président[85]. La découverte d'une machine infernale sur le parcours que devait emprunter la voiture présidentielle ne suffit pas à gâcher le séjour de Marseille. Les 25 et 26 septembre, la capitale de la Provence réserva un triomphe au président qui posa la première pierre de la nouvelle cathédrale, Sainte-Marie-Majeure, et inaugura le palais de la Bourse, ainsi que la Chambre de commerce. Le lendemain, il embarqua pour Toulon où il accorda le déclassement de la vieille enceinte militaire pour détruire les remparts et étendre la ville. Longtemps réclamé par les habitants, le geste lui valut un accueil chaleureux. Le 29, il quitta la Provence pour le Languedoc où des scènes aussi enthousiastes se produisirent. Le prince n'avait plus de doute : la France voulait l'Empire.

Ce fut à Bordeaux, où le préfet Haussmann l'accueillit en grande pompe, qu'il décida de le constater publiquement, le 9 octobre, dans un véritable manifeste : « Jamais peuple n'a témoigné d'une manière plus directe, plus spontanée, plus unanime la volonté de s'affranchir des préoccupations de l'avenir, en consolidant dans la même main un pouvoir qui lui est sympathique. La France semble vouloir revenir à l'Empire [86]. » Cependant, il se faisait rassurant à la fois à l'égard des puissances européennes qui avaient approuvé le coup d'État, mais qui craignaient maintenant l'ébranlement de l'œuvre du congrès de Vienne, des campagnes qui fournissaient leurs enfants à l'armée et des intérêts économiques. Il prononçait d'ailleurs son discours à la Chambre de commerce d'une ville qui avait été hostile à son oncle et qui avait reconnu, la première, Louis XVIII en 1814 : « Par esprit de défiance, certaines personnes se disent : l'Empire, c'est la guerre. Moi je dis : l'Empire, c'est la paix. » Il ajoutait même : « Malheur à celui qui, le premier, donnerait en Europe le signal d'une collision dont les conséquences seraient incalculables ! » Il traçait ensuite le programme de son futur règne qu'il entendait axer sur le progrès économique et social : « J'en conviens, j'ai, comme l'Empereur [Napoléon Ier], bien des conquêtes à faire… Nous avons d'immenses territoires incultes à défricher, des routes à ouvrir, des ports à creuser, des rivières à rendre navigables, des canaux à terminer, notre réseau de chemins de fer à compléter. Nous avons, en face de Marseille, un vaste royaume à assimiler à la France [l'Algérie]. Nous avons partout enfin des ruines à relever, des faux dieux à abattre, des vérités à faire triompher. » Le texte, publié trois jours plus tard dans le *Moniteur*, valait acte de candidature et première étape du processus de restauration impériale [87]. En remontant vers Paris, le prince-président fit le geste d'un seigneur à l'égard d'un autre seigneur. Contre l'avis de Saint-Arnaud, de Baroche et de Bineau qui l'accompagnaient, il s'arrêta à Amboise pour y libérer Abd el-Kader, l'émir musulman, captif depuis 1847 [88].

Le périple présidentiel s'acheva le 16 octobre. Ce jour-là, Louis-Napoléon fut accueilli au « débarcadère » du chemin de fer d'Orléans par les grands corps de l'État, puis traversa la capitale pour se rendre aux Tuileries, sous les acclamations. Pour l'occasion, la ville avait été décorée d'arcs de triomphe portant l'inscription :

« À Napoléon III. Empereur ». « Jamais plus belle réception n'[avait] été faite à un souverain », constata Viel Castel[89]. Sans aller jusqu'à revendiquer le titre de Napoléon V, ce qui serait revenu à nier l'œuvre du congrès de Vienne et l'existence de tous les régimes de la France depuis 1815 et à affirmer que son oncle Joseph et son père Louis l'avaient précédé sur le trône, le futur souverain tenait en effet à porter le chiffre « III », par respect pour son cousin décédé, le roi de Rome, en faveur duquel Napoléon Ier avait abdiqué le 22 juin 1815, même s'il n'avait jamais régné. Malgré l'avis contraire de plusieurs de ses ministres, il resta intransigeant sur ce point, mais accepta de renoncer à porter le titre conjoint de roi d'Algérie auquel il avait aussi songé[90].

Dès lors, les faits se précipitèrent. Le lendemain de son retour, le *Moniteur* annonça que les manifestations éclatantes en faveur du rétablissement de l'Empire faisaient un devoir au président de consulter le Sénat. Convoqué le 4 novembre 1852, celui-ci modifia la Constitution dans le sens souhaité, après que Troplong eût trouvé une formule apaisante pour les consciences des hésitants : « La République est virtuellement dans l'Empire à cause du caractère contractuel de l'institution et la délégation expresse du pouvoir du peuple. » En effet, il était prévu un nouveau plébiscite et Louis-Napoléon dit au Sénat : « Mes appréhensions diminuent par la pensée que, représentant à tant de titres la cause du peuple et la volonté nationale, ce sera la nation qui, en m'élevant au trône, se couronnera elle-même[91]. » Trois jours plus tard, le Sénat adoptait un sénatus-consulte qui proposait au peuple « le rétablissement de la dignité impériale dans la personne de Louis-Napoléon Bonaparte, avec hérédité dans sa descendance directe, légitime ou adoptive », et qui « lui donn [ait] le droit de régler l'ordre de succession au trône dans la famille Bonaparte ». En la circonstance, Vieillard, pourtant très proche du président, mais républicain de cœur, fut le seul des quatre-vingt-sept votants à se prononcer contre le texte[92]. Le prince le comprit et lui pardonna[93].

Le plébiscite fut fixé aux 21 et 22 novembre. Le résultat n'était pas douteux. Ce jour-là, le président donna un bal à Saint-Cloud, « pour fêter, d'après l'ambassadeur d'Autriche, l'enterrement de la République ». De fait, 7 824 129 Français contre 253 145 consacrèrent cet enterrement. Les abstentionnistes n'étaient que 2 062 798, malgré de très fortes pluies durant la journée du dimanche 21[94]. Les chiffres étaient encore meilleurs qu'un an plus tôt. Si les Français avaient voté pour un nom en décembre 1848 et pour leur tranquillité en décembre 1851, ils venaient cette fois de se prononcer clairement pour un homme, devenu immensément populaire.

De façon significative, le chef de l'État tint à ce que ce fût le Corps législatif, issu comme lui du suffrage universel, qui validât les opérations plébiscitaires. Le républicain Jules Ferry reconnut par la suite que « le paysan voulut couronner sa légende, et d'un mot fit l'Empire. Ce mot-là fut passionné, libre, sincère[95] ». Pour bien établir que le vote avait été éclairé, la presse officielle reproduisit d'ailleurs une diatribe enflammée d'Hugo dans laquelle il était écrit que, désormais, « tout citoyen digne de ce nom n'a [vait] qu'une chose à faire, charger son fusil et attendre », ainsi qu'une protestation méprisante du comte de Chambord à l'égard de l'usurpateur : « Le génie et la gloire de Napoléon n'ont pu fonder rien de stable ; son nom et son souvenir y suffiraient bien moins encore. On ne rétablit pas la sécurité en ébranlant le principe sur lequel repose le trône. » Le temps était loin où le « prétendant légitime » considérait en privé le coup d'État comme la providence d'une France menacée de dissolution et d'une démoralisation complète et les décrets sur les biens des Orléans comme une bonne leçon administrée aux héritiers du roi des barricades[96].

Le chef de l'État n'eut pas beaucoup plus de réussite avec le pape. Comme son oncle, il envisageait de se faire sacrer à Notre-Dame. À cet effet, il fit sonder Pie IX, dès l'été 1852, par l'un de ses aides de camp, le général de Cotte, et par le cardinal de Bonnechose. Le souverain pontife pouvait-il refuser une telle faveur à l'homme qui l'avait replacé sur le trône de Saint-Pierre en 1849 ? Il était pourtant réticent. Il ne pouvait, disait-il, paraître favoriser un souverain catholique par rapport aux autres. Il n'opposait pas un refus catégorique, mais entendait obtenir en contrepartie l'abolition des articles organiques joints au Concordat de 1801 et qui restreignaient les libertés de l'Église de France, ainsi que l'obligation d'une consécration religieuse du mariage. Louis-Napoléon ne pouvait admettre ni l'une, ni l'autre. Cela aurait remis en cause l'œuvre de son oncle et porté atteinte aux principes de la laïcité et, ce faisant, le président se serait aliéné une grande partie de l'opinion publique. En outre, le pape suggérait qu'en cas d'accord, la cérémonie se déroulât non à Paris, mais à Rome, comme pour Charlemagne, en l'an 800. Louis-Napoléon craignait « des rapprochements désagréables » avec son complot de 1830. Les discussions échouèrent[97].

Dans la nuit du 1er décembre 1852, les grands corps de l'État se rendirent à Saint-Cloud pour y porter les résultats officiels et pour saluer le nouvel empereur des Français. Le président du Corps législatif lui dit, en ces circonstances : « Sire, [...] la France se livre à vous tout entière. Prenez donc, Sire, prenez des mains de la France cette glorieuse couronne qu'elle vous offre. Jamais aucun front royal n'en aura porté de plus légitime ni de plus populaire[98]. » Il répondit en lançant un appel à la réconciliation nationale. Il demandait à tous de l'aider « à asseoir un gouvernement stable qui [eût] pour base la religion, la probité, la justice, l'amour des classes souffrantes » et se déclarait l'héritier des régimes précédents. Il faisait néanmoins du titre Napoléon III « l'hommage rendu à un gouvernement qui fut légitime et auquel [les Français devaient] les plus belles pages de [leur] histoire moderne ». Il terminait en reprécisant bien l'origine de son pouvoir : « [S] on règne ne dat [ait] pas de 1815, dit-il, il dat [ait] de ce moment même où [les parlementaires venaient lui] faire connaître les suffrages de la nation[99]. » Voilà tout à la fois de quoi montrer sa fierté d'être l'héritier de son oncle, rappeler l'origine populaire de son pouvoir et rassurer les vieux partis et les puissances européennes. Le décret proclamant l'Empire fut publié le lendemain, 2 décembre, pendant que la Constitution de la République décennale ne subissait que quelques retouches pour devenir celle du second Empire.

Quarante-huit ans jour pour jour après le sacre de son oncle et un an après son coup d'État, le nouveau souverain inaugurait son règne en entrant solennellement dans sa capitale. Il passa à cheval sous l'Arc de Triomphe des Champs-Élysées, sous les vivats, puis retourna coucher aux Tuileries où les abeilles et les « N » couronnés venaient de faire leur réapparition. Le passage à l'Empire ne fit pas changer la Constitution. Seul le nom de l'empereur y remplaçait dorénavant celui du président. Profitant du climat d'euphorie, Napoléon III en profita néanmoins pour augmenter ses prérogatives au détriment du Corps législatif. Le sénatus-consulte du 25 décembre 1852 lui donna ainsi le droit de modifier les tarifs douaniers et la signature des traités de commerce. Désormais, il pouvait aussi décider des grands travaux publics par décrets.

Pour l'heure, le principal souci du nouvel empereur était de faire accepter son régime à l'étranger. En Grande-Bretagne, il avait la chance de disposer depuis février d'un allié au ministère des Affaires étrangères, en la personne de son ami Malmesbury. Dans la lettre de félicitations qu'il lui avait envoyée aussitôt, il avait souligné sa volonté d'une bonne entente entre les deux pays : « Vous trouverez toujours mon gouvernement franc, loyal, animé des sentiments les plus amicaux et prêt à s'entendre avec le vôtre pour tout ce qui peut assurer la paix et le progrès de la civilisation[100]. » Malmesbury n'avait de cesse d'essayer de rassurer ses collègues sur les intentions du prince[101]. En septembre, celui-ci n'avait pas hésité à se faire représenter aux obsèques du duc de Wellington, le vainqueur de Napoléon. D'ailleurs, depuis le voyage présidentiel dans le Midi, le cabinet de Londres jugeait inévitable le rétablissement de l'Empire, en avait pris son parti et avait même joué de ses bons offices auprès des autres grandes puissances qui étaient beaucoup plus réticentes. En reconnaissant immédiatement l'empereur, Londres contraignit Vienne, Berlin et Saint-Pétersbourg à en faire de même.

La prétention du chef de l'État français à s'appeler Napoléon III et pas Napoléon II, qui irritait même le cabinet britannique, ne put être empêchée. Le tsar Nicolas Ier, le plus hostile au nouveau souverain de tous, reprit alors une idée qui venait, semble-t-il, du ministre autrichien Buol. Dans les lettres de créance qu'il remit à son nouvel ambassadeur à Paris, Kisseleff, il gratifia Napoléon III d'un « mon bon ami » et non du « monsieur mon frère » habituel dans la correspondance entre souverains. Le chef de l'État français envisagea d'abord de refuser ces lettres, puis il se ravisa et se contenta d'envoyer au tsar une missive pour lui signifier son irritation. Cependant il avait obtenu l'essentiel, avec le rétablissement de l'Empire. Il adopta donc un langage plus diplomatique. Puisque le tsar persistait à lui donner du « Sire et bon ami », il affecta intelligemment d'y voir une marque d'estime et fit publiquement savoir que « si l'on subi[ssai]t ses frères, l'on choisi[ssai]t ses amis[102] ».

CHAPITRE VII

NAPOLÉON III, SA FAMILLE ET SON ENTOURAGE

« Les paroles qu'on lui adressait étaient comme des pierres qu'on jette dans un puits ; on en entendait le bruit mais on ne savait ce qu'elles devenaient*. »

« L'Empereur, au milieu de sa cour, de ses ministres, de ses conseils, de son Sénat, est comme un diamant tombé sur un étron**. »

Le souverain au physique et au moral

En décembre 1852, Napoléon III avait quarante-quatre ans. Il commençait son règne à l'âge où son oncle avait presque achevé le sien. Physiquement, il avait déjà beaucoup changé par rapport à ses années de jeunesse. La goutte et les rhumatismes commençaient à altérer son apparence. Il souffrait de fréquentes migraines et de maux d'estomac [1]. Le tableau officiel que Franz Xaver Winterhalter fit de lui en 1855 l'embellissait. En grand uniforme, sceptre à la main et grand cordon de la Légion d'honneur autour du cou, il avait fière allure. Il semblait encore svelte. Ses cheveux châtain étaient coupés courts et coiffés impeccablement avec une raie sur le côté. Ses moustaches finement lissées et sa barbe à l'impériale, désormais si bien nommée, lui donnaient une distinction inimitable.

Le portrait clinique et réaliste que le docteur Barthez donna de lui, quelques mois plus tard, était tout autre :

---

* Alexis de Tocqueville, *Souvenirs*.

** Horace de Viel Castel, *Mémoires sur le règne de Napoléon III (1851-1864)*.

« L'empereur me parut engraissé, vieilli [...]. [Il] est de petite taille : il a la figure forte et longue, les épaules larges et assez tombantes, le tronc fort, les membres inférieurs très courts. Cette disproportion sensible, surtout quand Sa Majesté est debout, est augmentée par cette longue barbiche que tout le monde connaît et qui allonge encore le visage. En général, l'empereur marche lentement, les pieds en dehors, le corps incliné sur le côté gauche, plus rarement sur le côté droit. Lorsqu'il veut marcher vite ou courir, il fait de grands mouvements de bras et d'épaules comme pour venir en aide à ses petites jambes. [...] Son front est haut, large, découvert aux tempes, bien développé. Ses yeux petits, d'un bleu clair, un peu voilés ont une expression habituelle de sourire ou de bonté. D'autres fois, mais plus rarement, ils ont quelque chose de terne, d'atone, assez singulier. Son nez fort et saillant a des narines épaisses, larges, sensuelles et facilement mobiles. Les attaches supérieures du cou sont grosses et fortes, en arrière de la mâchoire. Il en résulte un effet peu gracieux qui n'est pas reproduit sur nos pièces de monnaie. Cet effet consiste en ceci : que la partie postérieure de sa tête est beaucoup plus grosse par en bas que par en haut et, comme sur cette dernière partie les cheveux sont peu fournis, le haut de la tête paraît aplati et le crâne peu développé en ce point. Tout cela ne fait pas, je l'avoue, un portrait flatteur[2]. »

Le médecin concédait toutefois, un peu plus loin, que l'homme attirait[3]. Des personnalités qui le fréquentaient au quotidien comme Stéphanie Tascher de La Pagerie, Pauline de Metternich et beaucoup d'autres le confirmaient : « Il était franchement laid de figure, et sa tournure laissait beaucoup à désirer ! Le haut du corps semblait trop lourd pour les jambes, et il marchait mal ; cependant, malgré tout, il plaisait et, mieux que cela, il charmait[4]. » La plupart des observateurs l'expliquaient par sa profonde originalité et par la puissance de fascination incroyable qu'il exerçait sur ceux qui l'approchaient. La reine Victoria notait ainsi : « On ne peut douter qu'il ne soit un homme très extraordinaire, [...] je peux même dire un homme mystérieux », ou encore : « Il possède évidemment un courage *indomptable* [...] en même temps il est maître de *lui-même*, il est très calme, *doux* même, et avec une capacité de fasciner dont l'effet est très sensiblement ressenti par tous ceux qui le connaissent dans l'intimité[5]. »

Les « grands notables » ainsi que les « hommes et les femmes d'esprit » qui l'entouraient étaient trop différents de lui pour bien le comprendre. Selon Rémusat, il était « faible dans les domaines où les hommes bien élevés [faisaient] figure de personnages avertis », mais « cet idiot [était] doué d'une faculté rare et puissante, celle de mettre du sien dans les choses humaines, [...] [ce] qui le met [tait] au rang des personnages historiques [6] ». La personne qui le connaissait le mieux « avec [ses] qualités et [ses] défauts [7] », de l'avis même de Napoléon III, à savoir Hortense Cornu, pouvait émettre, à quelques mois de distance, des jugements aussi contradictoires sur son compte que ceux-ci : « Il n'a ni originalité, ni invention » et « sa nature l'avait faite pour être poète. Il a une imagination créatrice, originale et puissante [8]... ». Elle reconnaissait d'ailleurs qu'il était un « être étrange [...] dont on [pouvait] dire avec raison tout le bien et tout le mal possibles [9] ». Même en faisant abstraction d'une certaine rancœur de la part d'Hortense, peut-être due à l'amour inavoué et inassouvi qu'elle lui portait [10], ces notations traduisaient bien la complexité du personnage. En fait, il y avait en Napoléon III deux hommes, le public et le privé. L'un et l'autre sortaient du commun.

En public, le souverain restait souvent sur la réserve et ne trahissait aucune émotion, au point que certains, comme Bismarck, le surnommaient le sphinx et que d'autres, tel Apponyi, lui trouvaient un regard aussi vide qu'un « fumeur d'opium ». Du temps où il était son ministre, Tocqueville avait remarqué que « les paroles qu'on lui adressait étaient comme des pierres qu'on jette dans un puits ; on en entendait le bruit mais on ne savait ce qu'elles devenaient [11] ». En fait, Napoléon III avait travaillé son personnage durant son exil en Suisse alémanique au milieu de populations nativement « taiseuses », mais aussi lors de ses conspirations et lors de son long séjour à Ham [12]. N'avait-il pas écrit jadis : « Ici-bas, tous les hommes sont plus ou moins acteurs [13] » ? Il avait aussi appris la méfiance et la circonspection durant sa présidence. Même si, à force de travail, il avait réussi à estomper son accent étranger, il demeurait handicapé dans le maniement du verbe face aux rhéteurs, parce qu'il n'avait pas d'expérience en la matière et qu'il s'exprimait lentement [14]. Comme il le dit un jour, ses pensées allaient plus vite que ses paroles. Il n'entendait pas non plus se livrer. « Il pens[ait], écrivait Viel Castel, que le grand art de la politique, comme celui de la guerre, [était] de dissimuler ses marches à l'ennemi [15]. » Il craignait que ses projets ne se heurtassent à des oppositions ou ne fussent l'objet de sarcasmes. Il ne voulait ni froisser, ni être froissé. De ce fait, il écoutait beaucoup, mais parlait peu. Juste avant de mourir, Bugeaud racontait[16] : « Il y a quelques années lorsque j'arrivai à Paris, le roi Louis-Philippe me fit appeler pour causer de l'Algérie. – Je désire causer avec vous, dit-il, comme étant l'homme qui connaît le mieux l'Algérie. Puis aussitôt il se mit à parler sans interruption pendant près de deux heures. Après quoi, il me prit la main et me dit : – Je vous remercie, je suis enchanté de votre conversation. Le président [Louis-Napoléon] à son tour [vint] me faire appeler. Il m'[accueillit] par des paroles à peu près semblables à celles de Louis-Philippe. Puis il m'[écouta] deux heures, sans interrompre, ni prononcer un mot. Après quoi, il m[e prit] la main, et il m[e] dit comme le roi Louis-Philippe : – Je vous remercie, je suis enchanté de notre conversation[17]. »

De multiples autres témoignages attestaient ce talent qu'avait Napoléon III de faire accoucher les autres de leur pensée[18]. Il possédait « à un haut degré cette précieuse faculté d'être complètement maître de lui[19] ». Il était désormais capable d'une impassibilité prodigieuse. Ses traits restaient immobiles en toutes circonstances, qu'un domestique maladroit lui projetât l'eau d'un siphon sur le visage ou qu'un attentat manquât de lui coûter la vie[20]. Irritée par son flegme, la princesse Mathilde assurait que rien ne semblait l'émouvoir. Il « ne se met[tait] jamais en colère et sa plus grande parole d'énervement [était] : "C'est absurde !" Moi si je l'avais épousé, ajoutait-elle, je lui aurais cassé la tête pour savoir ce qu'il a[vait] dedans ! » Ce mutisme et cette impassibilité entraînaient souvent des malentendus et faisaient accuser l'empereur de dissimulation, voire de duplicité, dans l'immense majorité des cas à tort[21]. Il ne sortait quasiment jamais de ses gonds devant les autres[22]. Cependant, sous ses dehors impassibles, il était émotif et « bouillait d'une passion toute italienne[23] ». Après avoir réfréné sa colère pendant une conservation publique, il aurait, à en croire certains, passé celle-ci en brisant une partie de son mobilier[24].

En privé, sa séduction jouait pleinement. Ses manières étaient distinguées et, cette fois, du plus parfait *gentleman* britannique. Cependant, il restait simple et ne recherchait pas les effets[25]. Il lui arrivait de risquer une plaisanterie et de rire aux éclats à celles des autres[26]. Sa bonté et sa douceur naturelles ressortaient davantage. Il rassura le domestique maladroit qui l'avait aspergé d'eau de Seltz et qui était pétrifié d'épouvante en lui disant qu'il n'était pas fautif car les leviers des siphons étaient souvent traîtres[27]. « Le souverain que le monde politique appelait quelquefois Guillaume le Taciturne, avait, dans ses causeries intimes, un charme de séduction que le premier venu ne soupçonnait pas[28]… » Cela lui permettait d'arriver à ses fins. « C'était une des personnes auxquelles il était le plus difficile de résister, écrivit Ollivier. Il m'a, plus que personne, fait comprendre qu'il y avait dans la douceur une force bien plus irrésistible que dans la colère[29]. » Il ne savait pas adresser de reproches ou de propos blessants en face des gens, y compris quand l'erreur commise était grave. Persigny le lui reprochait souvent[30]. Cela ressemblait d'autant plus à de la faiblesse qu'il retrouvait son courage sur le papier. Ainsi que le disait le maréchal Vaillant : « Sa Majesté est rude dans sa correspondance ; l'extrême douceur, la patience de saint qu'elle a dans la conversation disparaît entièrement dans ses lettres. » Confronté de nouveau à la personne, le souverain s'excusait de sa dureté[31]. Il était difficile de haïr un tel homme et même ses adversaires politiques ne pouvaient s'y résoudre, quand ils l'avaient vu en privé. Hugo fut bien ici l'exception.

Indolent, Louis-Napoléon avait pu l'être au début de sa présidence. Napoléon III ne l'était plus. Sans avoir la même capacité de travail que son oncle, il consacrait beaucoup de temps au labeur. Il se levait à sept heures, prenait un bain froid, une tasse de café et un petit pain et se mettait immédiatement après au travail, en robe de chambre, et ce jusqu'à neuf heures, puis il s'habillait, recevait ses ministres et travaillait avec eux jusqu'à onze heures, soit en entretiens particuliers, soit en conseil. Il déjeunait à la suite. De midi à quatorze heures, il travaillait ou donnait des audiences, puis il montait à cheval ou se promenait en voiture jusqu'à seize heures. Il se remettait alors au travail jusqu'au dîner et parfois même après celui-ci. Il lui arrivait d'écrire jusqu'à trois heures du matin. Au total, il ne passait pas moins de dix heures par jour au travail dont sept ou huit un crayon à la main[32].

Lent à parler, Napoléon III l'était aussi pour se former une opinion, pour concevoir un plan et pour l'exécuter. Il consacrait le plus grand soin à tous ses projets, qu'ils fussent modestes ou ambitieux, classiques ou avant-gardistes. Il méditait longuement, réclamait des renseignements de première main et lisait beaucoup. Après avoir pesé le pour et le contre, il pouvait donner suite ou abandonner son projet en connaissance de cause. Aussi n'agissait-il jamais sur un coup de tête. « Le bon sens et la mesure le distingu[ai]ent non moins que l'audace. La science de la vie, selon lui, était celle de la limite[33]. »

Quand il avait pris sa décision, il jetait ses idées sur le papier en un style lapidaire et efficace, puis il passait à l'action, avec une « fermeté de direction sans défaillance », selon la formule de la reine Victoria. Il manifestait alors une grande confiance en lui et ne ménageait pas sa peine pour réaliser son projet. Cependant, il serait faux de prétendre qu'il était prêt à tout pour y parvenir[34]. Il savait qu'en certains domaines il ne pouvait brûler les étapes. Durant sa présidence, il avait dû renoncer à réaliser la plupart de ses ambitions, en raison de multiples résistances et obstacles. En les qualifiant de « rêvasseries », Charles de Rémusat traduisait le sentiment de l'immense majorité des élites dirigeantes[35]. Convaincu de leur bien-fondé et obstiné, Louis-Napoléon ne les avait pas abandonnées et envisageait de les reprendre. Cependant, il avait la patience d'attendre le moment opportun. Il disait souvent : « Il ne faut rien brusquer. À celui qui attend tout arrive ; à qui va trop vite tout manque[36]. » D'ailleurs, « rarement un homme [sut] enfoncer ainsi un clou, à petit coup, sans arrêt[37] ». Parce qu'il était certain d'être dans le vrai sur l'essentiel, il savait reconnaître ses fautes, mais il ne supportait pas que d'autres pussent s'attribuer le mérite de ses réussites[38].

Ses certitudes venaient aussi de sa vision du monde et de l'humanité, curieux mélange de religion catholique et de superstitions[39]. Napoléon III avait toujours eu foi en son destin et se croyait investi, par une idée toute romantique, d'une mission providentielle. Parallèlement, il savait les hommes faillibles. « L'homme est plus infirme que méchant », disait-il[40]. Il croyait pouvoir pénétrer ses contemporains « jusqu'au fond de l'âme ». Cela l'amenait non à les mépriser, comme beaucoup de ses contemporains, voire de ses proches, l'ont cru et l'ont écrit[41], mais à relativiser les mérites et les fautes des uns et des autres. Tout en écoutant leurs conseils, il se fiait davantage à son propre jugement.

Viel Castel n'avait pas tort d'écrire qu'il causait « plus avec lui-même qu'avec ceux qui l'entour[ai]ent » et « qu'il entend[ait] plus les voix intérieures de sa pensée, que les voix de ceux qui vou[l]aient le conseiller ». « Personne n'a[vait] fait sa fortune et il ne [voulait] laisser prendre à personne le droit de chercher à la diriger[42]. » Et Persigny le perça au jour lorsqu'il écrivit : « À force de voir, dans la pratique, que les hommes [avaie]nt les défauts de leurs qualités et les qualités de leurs défauts, on dirait que, fatigué d'en chercher la résultante, il en laiss[ait] le soin à la Providence. Pour moi, j'ai toujours pensé que son indifférence dans le choix des hommes provenait du sentiment qu'il a[vait] de sa propre perspicacité. Convaincu qu'il p[ouvai]t aisément deviner les mobiles secrets des actions ou des paroles de ceux qui l'entour[ai]ent, il cro[yai]t n'avoir rien à redouter pour lui-même du milieu où il se pla[çait][43]. »

L'indulgence de Napoléon III, parfois coupable, pour le commun des mortels n'était pas de l'indifférence, mais au contraire une forme d'empathie avec lui. Elle valait reconnaissance des grandeurs et des servitudes de la condition humaine. Cette philosophie expliquait aussi l'attitude du chef de l'État vis-à-vis de ses amis et de ses ennemis. Il était fidèle aux premiers, mais sans doute moins attaché à eux qu'on ne le prétendit. Il respectait les seconds et refusait que l'on se servît de procédés déloyaux à leur encontre. Il ne conservait d'ailleurs aucune rancune à l'égard de ceux qui l'avaient offensé ou maltraité. Les exemples étaient légion. Alors qu'il était au camp de Boulogne, en septembre 1854, il demanda à voir ceux qui l'avaient arrêté en 1840. On lui amena un matelot et un ancien gendarme qu'il décora et auxquels il donna 500 francs chacun[44]. Il n'entrava pas la carrière de ses plus durs geôliers de Ham[45]. D'un commandant écarté des listes d'avancement, il disait : « Je sais bien qu'il m'appelle Badinguet ; ce n'en est pas moins un officier de valeur, et je désire qu'il soit rétabli sur le tableau. » La façon que Napoléon III avait de concevoir les rapports humains expliquait aussi les relations si particulières qu'il entretenait avec sa famille.

La famille impériale

En décembre 1852, Napoléon III n'avait pas d'enfant légitime. Or il ne suffisait pas de rétablir l'Empire, il fallait encore en assurer la pérennité. En attendant d'avoir un héritier direct, il devait composer avec une famille qui n'avait pas cru en lui et ne l'avait pas aidé à accomplir sa destinée et, qu'en retour, il n'appréciait guère.

Un jour où il invoquait Napoléon, et où son cousin Napoléon-Jérôme lui dit, en étant volontairement blessant : « L'Empereur, mais vous n'avez rien de lui », il rétorqua sur le même ton : « J'ai sa famille[46]. » Dans l'ordre fixé par Napoléon, ce même Napoléon-Jérôme – dit le prince Napoléon et plus familièrement « Plon-Plon » – et le père de celui-ci, Jérôme, étaient appelés à lui succéder. À soixante-huit ans, l'ancien roi de Westphalie était davantage un homme du passé que de l'avenir. En outre c'était un viveur qui s'était marié morganatiquement à la marquise Bartolini en 1840, tout en continuant de manifester un intérêt prononcé pour le sexe faible. Charmeur, il séduisait ses interlocuteurs par son abord agréable et par les anecdotes qu'il leur racontait sur l'Empire et sur Napoléon. Il n'avait pas de capacités politiques et avait renoncé par avance à toute succession au trône. Cependant, le chef de l'État honorait en lui le dernier survivant de la grande époque. Il en fit un maréchal de France, mais aussi le gouverneur des Invalides et le président du Sénat.

À l'inverse, le prince Napoléon n'avait que trente ans, était d'une vive intelligence et possédait de véritables dons oratoires. Le républicain Émile Ollivier qui avait fait sa connaissance sous la deuxième République le soulignait en affirmant qu'« il saisissait avec acuité, retenait avec sûreté et formulait avec couleur ». Cependant, il était aussi violent, cyclothymique et manquait de constance dans l'effort. Jacobin et anticlérical, il avait siégé à l'extrême gauche dans les assemblées de la deuxième République et s'était opposé au coup d'État, au point de s'attirer les foudres de son cousin qui l'appréciait pourtant beaucoup. Ne lui envoyait-il pas des cadeaux lorsqu'il était enfant[47] ? N'avait-il pas participé à son éducation[48] ? Ne le considérait-il pas comme son jeune frère[49] ? N'en avait-il pas fait son légataire universel à la veille de sa tentative de Boulogne[50] ? En retour, le prince Napoléon n'avait-il pas été l'un des rares membres de sa famille à lui rester fidèle lors de son emprisonnement à Ham[51] ? Le 12 décembre 1851, le président avait néanmoins exigé du roi Jérôme le départ de son fils pour l'étranger avant le lendemain soir, faute de quoi il avait menacé d'employer des « moyens coercitifs » à son encontre. Le « prince de la Montagne » avait dû se soumettre immédiatement pour éviter l'exil[52].

Si le président conservait de la tendresse pour Napoléon-Jérôme, il savait qu'il ne pouvait compter ni sur lui ni sur son père. Il l'avait d'ailleurs prié de s'éloigner momentanément de la capitale, à la veille de son voyage dans le Midi, « pour rompre des liaisons compromettantes », mais le prince n'avait pas obéi. Le jour même du discours de Bordeaux, Louis-Napoléon avait écrit à Jérôme pour se plaindre du jeune prince. Les démonstrations auxquelles il venait d'assister en faveur du rétablissement de l'Empire lui laissaient « un profond sentiment de tristesse », car l'Empire ne pouvait pas se faire sans hérédité et celle-ci incluait le prince Napoléon. « Votre fils [...], j'ai peine à le dire, ne fait rien pour mériter une si haute destinée. Il croit qu'en voyant des personnes tarées, en entretenant des correspondances dans les départements avec des démagogues connus, il réserve les chances de l'avenir. Il montre son peu de jugement. Aussi, je vous le dis avec franchise : tant que votre fils ne se sera pas rendu digne de gouverner la France, il ne sera pas compris dans l'hérédité[53]. » Il était question de lui donner la faculté d'adopter un héritier. Jérôme répondit cinq jours plus tard en protestant contre « les calomnies de ses ennemis » et en rappelant que « l'adoption a[vait] été interdite aux successeurs de l'Empereur par la Constitution de l'an XII[54] ». Son fils était venu attendre le président à la gare et ils s'étaient embrassés publiquement.

Louis-Napoléon qui envisagea, d'abord, sur le conseil de son entourage qui détestait Napoléon-Jérôme, de l'exclure de sa succession, finit par adopter un compromis. L'article 3 du projet de sénatus-consulte lui conférait le droit, s'il n'avait pas d'enfant mâle, d'adopter les « descendants naturels et légitimes, dans la ligne masculine, des frères de l'empereur Napoléon Ier ». L'article 4 stipulait qu'à défaut d'héritier direct, naturel ou adoptif, la succession de l'Empire reviendrait alors à Jérôme et à ses enfants. Le principe héréditaire était donc reconnu, mais Louis-Napoléon se réservait la faculté d'exclure le prince Napoléon de sa succession, s'il se comportait mal, en adoptant un autre parent. Le Sénat, tout aussi hostile au prince que l'entourage présidentiel, décida de modifier le projet. La commission qui avait été désignée le 4 novembre 1852 pour l'examiner substitua à l'hérédité hors la ligne directe le droit pour le chef de l'État de désigner son successeur comme bon lui semblait. Jérôme et son fils protestèrent de nouveau. Le président rappela fermement le père et le fils à l'ordre[55]. Le 7 novembre, le Sénat alla encore plus loin en formulant le vœu que le futur empereur se mariât rapidement et eût un fils. En signe de protestation, Jérôme qualifia la conduite du Sénat de « criminelle » et démissionna de la présidence de l'assemblée, qui revint à l'éminent juriste Troplong.

Cependant, un décret impérial du 18 décembre 1852 assurait un compromis. Il modifiait la succession de telle sorte que si l'empereur mourait sans aucun héritier direct, légitime ou adoptif, le roi Jérôme et sa descendance naturelle et légitime lui succéderaient. La loi fondamentale de l'Empire distingua donc la famille impériale de la famille civile. La première comprenait Jérôme et ses descendants des deux sexes, appelés à la succession au trône, qui portaient désormais le titre de prince et de princesse français. Ils ne pouvaient se marier sans le consentement de l'empereur. En contrepartie, les hommes devenaient membres de droit du Sénat à l'âge de dix-huit ans accomplis. Jérôme et ses enfants reçurent alors une dotation annuelle qui put s'élever, certaines années, jusqu'à 2,2 millions de francs [56].

Mais Jérôme et son fils en voulaient davantage. Ils aspiraient à être appelés dans les conseils de l'empereur. Irrité par leurs prétentions, celui-ci leur opposa un refus catégorique, en leur précisant que ce n'était pas le rôle des princes de sang de prendre une part directe aux affaires. Cela ne se faisait ni en Angleterre, ni en Autriche. En outre, Louis-Philippe qui n'avait aucune action dans le gouvernement sous la Restauration, n'en exerçait pas moins une grande influence, parce qu'il avait su se « concilier l'opinion de tous ceux qui étaient estimés par leur caractère et par leur patriotisme ». À Jérôme et à son fils de s'en inspirer [57] !

Du reste, Napoléon III reprochait plus que jamais à son cousin ses idées trop avancées et éloignées des nécessités politiques, son inconstance et ses sautes d'humeur. Il savait qu'en chef du bonapartisme de gauche, il fréquentait des libéraux, des républicains et même des socialistes et que ses appartements du Palais-Royal bruissaient souvent de critiques contre sa politique. Il lui confia pourtant des fonctions importantes : général de division en Crimée, ministre de l'Algérie et des Colonies, président des commissions d'organisation des Expositions universelles de 1855 et de 1867, mais le prince les déserta, parce qu'il se considérait incompris. Son impopularité s'accrut d'autant et son départ de Crimée fut même perçu comme une désertion. « Plon-Plon » devint « Craint Plomb [58] ». Le fond du problème était que cet enfant gâté, qui avait la plus haute impression de lui-même, jalousait son cousin et ne comprenait pas pourquoi il n'occupait pas le trône à sa place. Il se cantonna le plus souvent dans une fronde stérile qui rappelait celle d'autres rejetons de branches cadettes. Sa sœur aînée, la princesse Mathilde, n'avait pour sa part aucune raison de s'enfermer dans une opposition aussi boudeuse. Le régime lui apportait le confort avec une dotation qui s'élevait, pour elle, à 200 000 francs, puis à 500 000 francs à partir de 1860, auxquels s'ajoutait la rente de 200 000 francs que lui versait son époux dont elle vivait séparée. Femme très libre et fort intelligente, elle se partageait entre son hôtel de la rue de Courcelles et son château de Saint-Gratien, sur les bords du lac d'Enghien, où elle vivait au milieu d'une cour d'écrivains et d'artistes dont son amant, le très volage comte de Nieuwerkerke, sculpteur amateur, nommé par Napoléon III directeur des Musées impériaux.

Dans sa jeunesse agitée, le roi Jérôme avait eu aussi un fils d'une Américaine qu'il avait épousée outre-Atlantique, Elizabeth Patterson. Napoléon Ier avait déclaré cette union illégale et l'enfant, prénommé Jérôme-Napoléon, illégitime. Pourtant, en 1854, Jérôme-Napoléon et son propre fils se rendirent à Paris. À leur demande et malgré les protestations de Jérôme, du prince Napoléon et de Mathilde, Napoléon III les autorisa à ajouter Bonaparte à leur nom et à prendre la nationalité française. Il accorda une pension de 70 000 francs au père et de 30 000 francs au fils qu'il admit même au service dans l'armée française, comme sous-lieutenant de dragons. Après deux ans de palabres et un conseil de famille, il fut décidé que les Patterson prendraient bien le nom de Patterson-Bonaparte, mais qu'ils seraient déclarés de descendance illégitime sans droit à la succession. Ce compromis ne satisfit personne[59].

L'empereur fixait aussi les titres et déterminait les situations de ses autres parents qui composaient, quant à eux, sa famille civile.

Les cousins Murat avaient été très proches de lui durant ses années d'exil. Ils furent particulièrement bien traités. Lucien, fils du roi de Naples Joachim Murat et de Caroline, avait été l'un de ses conseillers pendant sa présidence[60]. Il devint sénateur et Grand Maître du Grand Orient de France. Cet impulsif et coléreux fut cependant plusieurs fois rappelé à l'ordre par Napoléon III[61]. En mai 1861, celui-ci dut même jouer les médiateurs entre le prince Napoléon et lui car ils s'affrontaient pour la grande maîtrise maçonnique et comptaient régler leur différend sur le pré[62]. Le fils de Lucien, Joachim, devint colonel des guides.

Les Bacciochi descendaient d'une autre sœur de Napoléon, Élisa, et du général Félix Pascal Bacciochi. Napoléon III aimait beaucoup sa cousine germaine, Élisa Bacciochi, princesse Camerata, et son cousin éloigné le comte Félix Marnès Bacciochi qui devint surintendant des spectacles de la Cour.

Quant aux descendants de Lucien Bonaparte, ils furent inégalement acceptés. Son fils aîné, Charles-Lucien, prince de Canino, était un ornithologue de renommée internationale qui s'était compromis en présidant l'Assemblée de la République romaine en 1848-1849 et en frayant avec Mazzini et Garibaldi. Installé en France après la proclamation de l'Empire, il fut bien accueilli comme la plupart de ses huit enfants, en particulier Julie, marquise de Roccagiovine, et Charlotte, comtesse Primoli, qui tinrent des salons réputés. En revanche, Pierre Bonaparte était une véritable tête brûlée. Il avait participé à l'insurrection des Romagnes avec Louis-Napoléon, avait été condamné à mort pour le meurtre d'un garde-chasse et avait dû se réfugier en Amérique. Rentré en France en 1848, il avait siégé à la Constituante, puis s'était engagé dans la Légion étrangère en Algérie avant de déserter. Napoléon III qui le considérait comme « un homme très médiocre et très faux[63] » le maintint à l'écart de la Cour. Quant à Marie-Laetitia Bonaparte-Wyse, petite-fille de Lucien et fille d'un baronnet irlandais, elle se jeta dans l'opposition au coup d'État du 2 Décembre, fut expulsée de France et épousa l'homme politique italien Urbano Rattazi.

Les Tascher de La Pagerie, parents de Joséphine réfugiés en Bavière, avaient été des fidèles d'Hortense dans son exil d'Arenenberg. Ils rentrèrent en France lorsque Louis-Napoléon devint président et celui-ci ne les oublia pas. Le père, le comte Pierre Claude, devint sénateur et grand maître des cérémonies de l'impératrice en 1853. Son fils Charles Joseph fut nommé premier chambellan de cette dernière, puis sénateur, et sa fille, Stéphanie, devint l'une des principales mémorialistes de la Cour.

Sur sa liste civile, Napoléon III accordait chaque année près de 1,5 million de francs de pensions aux membres de sa famille civile[64]. Les mieux dotés furent la princesse Bacciochi qui recevait entre 100 000 et 250 000 francs et les Murat presque 200 000 francs. En outre, Napoléon III épongeait souvent les dettes des uns et des autres et leur offrait des hôtels particuliers ou de somptueux cadeaux. En 1866, la fille de Lucien Murat, Anna, qui était devenue la meilleure amie de l'impératrice, reçut deux millions à l'occasion de son mariage avec le duc de Mouchy. Même Pierre Bonaparte et

Marie-Laetitia Bonaparte-Wyse ne furent pas oubliés par la générosité impériale.

L'impératrice

Le rapport du sénatus-consulte du 7 novembre 1852 avait formulé le vœu d'un prompt mariage du chef de l'État : « La France espère que dans un temps non éloigné, une épouse viendra s'asseoir sur le trône qui va s'élever et donner à l'empereur des rejetons dignes de son grand nom et de ce grand pays. » Cependant l'idée cheminait aussi dans l'entourage de Napoléon III et dans son propre esprit. N'avait-il pas déclaré lui-même dans les considérants du décret qui consacrait à défaut d'héritier direct légitime ou adoptif le droit héréditaire dans la descendance de Jérôme « tout en espérant qu'il nous sera donné de contracter sous la protection divine une alliance qui nous permette de laisser des héritiers directs » ?

Depuis le printemps 1852, l'*Almanach de Gotha* était étudié de près. Des pourparlers avaient été engagés pour trouver la princesse idéale. Cependant, les cours européennes avaient manifesté peu d'empressement. Si aucune démarche n'avait été entreprise du côté de la Russie car le tsar était mal disposé, le comte Tascher de La Pagerie avait sondé les cours d'Autriche, de Prusse et de Saxe, et Walewski celle d'Angleterre. Un mariage aventureux dans un régime naissant et dans un pays qui ne faisait généralement pas bon accueil aux épouses royales et impériales d'origine étrangère, comme l'avait prouvé le sort réservé à Marie-Antoinette, n'avait pas de quoi séduire. De plus, le prince était réputé volage. Londres gardait le souvenir de ses frasques avec miss Howard. L'apparition de cette dernière dans un grand bal aux Tuileries fit scandale à Paris et fut bientôt connue de toute l'Europe.

Les divers projets envisagés dès l'été 1852 durent tous être abandonnés rapidement, à deux exceptions près. Le premier concernait la princesse Carola Wasa, le second la princesse Adélaïde de Hohenlohe-Langenburg, deux princesses de second rang qui étaient, en outre, protestantes. Carola Wasa était la petite-fille d'un roi détrôné de Suède, Gustave IV. Elle était aussi petite cousine de Napoléon III par sa mère, Louise de Bade. Des approches avaient été faites dès la fin du printemps 1852. Fleury était même allé demander la main de la princesse, mais il s'était heurté à un refus de son père, influencé par sa maîtresse, la propre mère de l'empereur d'Autriche François-Joseph[65]. Quant à Adélaïde, elle était la fille d'une sœur utérine de la reine Victoria. Son grand-oncle, le roi des Belges Léopold Ier, était plutôt favorable à une union qui lui permettrait d'améliorer ses relations avec son puissant voisin, mécontent depuis qu'il avait accueilli dans son royaume un grand nombre de proscrits du 2 Décembre. Mais le gouvernement britannique et les parents de la jeune fille se montrèrent beaucoup plus réservés. Par un suprême affront, ce fut cette dernière, laissée libre de choisir, qui déclina la proposition[66].

De toute façon, en ce mois de décembre 1852, Napoléon III n'avait d'yeux que pour une belle et gracieuse Espagnole de vingt-six ans, María Eugenia de Guzmán, comtesse de Teba[67]. Elle était née à Grenade, le 5 mai 1826. Son père, don Cipriano Palafox de Guzmán y Portocarrero, comte de Montijo, était un cadet d'une grande famille qui avait donné un roi à la Castille, un autre au Portugal et un saint à l'Église, saint Dominique, le fondateur de l'ordre des Frères prêcheurs. Il avait pris le parti de la France sous le premier Empire, avait perdu l'usage d'un bras et d'un œil à son service et avait même défendu Paris en mars 1814. Il avait connu la disgrâce après la restauration de Ferdinand VII, puis avait recouvré les faveurs royales. Duc de Peñaranda, grand maréchal de Castille et grand d'Espagne de première classe, il comptait de nouveau beaucoup. Il avait rencontré son épouse, María Manuela de Kirkpatrick, à Paris, chez ses cousins de Lesseps. Elle était la fille d'un riche négociant de Málaga, d'origine écossaise. Ainsi s'expliquaient la chevelure blonde tirant sur le roux, le teint pâle et les yeux bleus de la jeune comtesse de Teba. Elle-même connaissait bien la France pour y avoir vécu une partie de son enfance. À la suite des troubles de la guerre civile et des ravages du choléra, elle avait en effet quitté, en 1835, son pays natal pour s'installer à Paris, avec sa mère et sa sœur aînée, Francisca, dite Paca. Elle avait été admise au couvent du Sacré-Cœur de la rue de Varenne, l'un des hauts lieux de l'éducation des jeunes filles de l'aristocratique faubourg Saint-Germain. Dans le salon de sa mère, elle avait rencontré les Delessert, les Castellane ou encore les écrivains Stendhal et Mérimée. Après la mort de don Cipriano, en mars 1839, la situation de la jeune fille et de sa mère fut plus difficile. La comtesse de Montijo devint quelque temps *camarera mayor* de la reine Isabelle, en 1847. Elle réussit à marier sa fille aînée au duc d'Albe, le plus illustre des grands d'Espagne, puis elle parcourut les capitales et les villes d'eaux d'Europe en quête d'un aussi beau parti pour sa cadette.

En 1849, la mère et la fille cadette furent invitées à une réception à l'Élysée. Louis-Napoléon remarqua Eugénie, mais elle repartit bientôt pour de nouveaux voyages à travers l'Europe. Au printemps 1851, les comtesses de Montijo et de Teba s'installèrent durablement à Paris. Elles furent fréquemment invitées aux Tuileries. À chaque rencontre, le désir du prince-président pour Eugénie ne faisait que croître. Non seulement la jeune comtesse possédait « de la noblesse avec beaucoup de grâce dans le maintien, une distinction native, une démarche aisée et souple », mais elle était d'une grande beauté qu'elle savait mettre en valeur de façon originale, en peignant ses sourcils et ses yeux au crayon noir, ce qui était peu courant à l'époque, ou en décolletant largement sa gorge avantageuse. Elle avait « un charme tout personnel, un peu étrange même, qui faisait qu'on ne pouvait la comparer à aucune autre femme[68] ». Elle était vive, passionnée et parlait haut, en un excellent français, avec une simple pointe d'accent espagnol. Elle accepta l'invitation du prince-président qui lui avait demandé de l'accompagner à Fontainebleau et à Compiègne. Des signes flattèrent les penchants superstitieux du soupirant. Alors qu'il se promenait avec Eugénie, il constata que leurs montres s'étaient arrêtées à la même heure. Il apprit qu'une fleur exotique du Jardin des Plantes s'était épanouie quelques mois plus tôt, pour la première fois depuis le mariage de Napoléon et de Joséphine. La comtesse de Teba qui était elle-même très superstitieuse était ébranlée. Elle se trouvait beaucoup de points communs avec Louis-Napoléon : « Nous appartenions à la même génération d'exaltés ; il y avait dans nos deux natures du romantisme de 1830 et de l'utopisme de 1848. [...] Nous rêvions de travailler au bonheur des peuples et d'améliorer le sort des ouvriers[69]. »

Le président multipliait les cadeaux et les petites attentions. Le 14 novembre, pour la Sainte-Eugénie, il la complimenta, lui offrit le cheval qu'elle avait monté la veille ainsi qu'un superbe bouquet. La jeune comtesse était flattée qu'un souverain lui fît une cour aussi assidue, mais elle refusait de céder à ses avances. Selon la jolie formule d'Adrien Dansette, elle lui fit comprendre que « pour parvenir jusqu'à sa chambre, il lui faudrait passer par la chapelle[70] ». Lors d'une promenade matinale dans le parc de Compiègne, elle s'émerveilla devant une feuille de trèfle parsemée de gouttes de rosée au point de ressembler à un bijou. Dans la journée, Louis-Napoléon envoya quelqu'un acheter à Paris un joyau original : un trèfle dont chaque feuille portait un diamant simulant une goutte de rosée et, le lendemain soir, lors d'une loterie tirée au château, il s'arrangea pour qu'Eugénie gagnât le bijou. Le geste qui équivalait presque à des fiançailles fit beaucoup de bruit dans l'entourage présidentiel[71]. De retour à Paris, la mère et la fille logèrent à l'Élysée.

Lors de la réception du nouvel an 1853, la comtesse de Teba fut humiliée par Julie Fortoul, l'ombrageuse épouse du ministre de l'Instruction publique et des Cultes qui refusa de passer après elle, alors que les invités étaient appelés à souper[72]. Elle menaça aussitôt de retourner dans son pays. « Dès demain, déclara-t-elle au souverain, ma mère et moi quitterons Paris et vous n'entendrez plus jamais parler de nous. » Napoléon III songeait à l'épouser. L'incident précipita sa décision. Son choix n'était pas un pis-aller. À Walewski qui lui proposait de relancer les pourparlers diplomatiques, il rétorqua : « Mon cher, je suis pris. » Son entourage et les milieux dirigeants qui croyaient encore à une passade s'émurent, à l'exception de Morny, de Fould et de Walewski qui étaient favorables à toute union permettant de donner rapidement un héritier au régime et donc d'écarter la perspective d'une accession du prince Napoléon au trône. Selon celui-ci, « on n'épous[ait] pas mademoiselle de Montijo ». De façon plus diplomatique, sa sœur Mathilde, Persigny, Saint-Arnaud, Abbatucci ou encore Troplong firent valoir au souverain qu'il avait tort de renoncer à chercher l'alliance d'une maison souveraine. Le ministre des Affaires étrangères, Drouyn de Lhuys, menaça même de démissionner. Rien n'y fit.

Le 15 janvier 1853, Napoléon III envoya sa demande officielle en mariage à la mère d'Eugénie : « Il y a longtemps que j'aime mademoiselle votre fille et que je désire en faire ma femme. Je viens donc aujourd'hui vous demander sa main, car personne plus qu'elle n'est capable de faire mon bonheur ni digne de porter une couronne. Je vous prierai, si vous y consentez, de ne pas ébruiter ce projet avant que nous ayons pris nos arrangements[73]. » Après l'acceptation de la comtesse de Montijo, de nouvelles tentatives aussi infructueuses que les premières furent faites auprès de Napoléon III pour essayer de le faire renoncer à ce mariage. Il signifia sa « résolution » à ses ministres et se débarrassa de miss Howard. Sa police visita même l'hôtel de sa maîtresse pour y récupérer tous les papiers compromettants. Miss Howard reçut, en cadeaux d'adieu, un château près de Marly-le-Roi et le titre de comtesse de Beauregard, puis, après réclamation de la famille qui portait ce nom, celui de comtesse de Béchevet [74]. Napoléon III commença aussi à lui rembourser une partie des sommes énormes qu'elle lui avait prêtées [75].

Le 22 janvier 1853, Napoléon III expliqua son mariage aux grands corps de l'État, en un langage qui ne manquait ni de grandeur, ni d'habileté vis-à-vis d'un peuple fier et assoiffé d'égalité : « Quand, en face de la vieille Europe, on est porté par la force d'un nouveau principe à la hauteur des anciennes dynasties, ce n'est pas en vieillissant son blason et en cherchant à s'introduire à tout prix dans la famille des Rois, qu'on se fait accepter. C'est bien plutôt en se souvenant toujours de son origine, en conservant son caractère propre et en prenant franchement vis-à-vis de l'Europe la position de parvenu, titre glorieux lorsqu'on parvient par le libre suffrage d'un grand Peuple. » Il répondit ensuite aux salons légitimistes du faubourg Saint-Germain qui lui reprochaient de ne pas épouser une Française de haute et noble naissance, à défaut d'une princesse de lignée royale : « Celle qui est devenue l'objet de ma préférence est d'une naissance élevée. Française par le cœur, par l'éducation, par le souvenir du sang que versa son père pour la cause de l'Empire, elle a, comme Espagnole, l'avantage de ne pas avoir en France de famille à laquelle il faille donner honneurs et dignités. » Et il conclut : « J'ai préféré une femme que j'aime et que je respecte à une femme inconnue dont l'alliance eût eu des avantages mêlés de sacrifices [76]. »

Le mariage civil se déroula dans la salle du trône des Tuileries, dès le 29 janvier, en présence de tous les dignitaires du régime. Fould était l'officier d'état civil. La cérémonie s'acheva par un concert « dont le grand mérite [fut] de finir, à peine commencé [77] ». Le lendemain eut lieu la bénédiction nuptiale, à Notre-Dame de Paris [78]. Comme la veille, le protocole était inspiré du mariage de Napoléon et de Marie-Louise [79]. À midi, sous un beau soleil, le carrosse impérial à huit chevaux et son cortège quittèrent les Tuileries pour la cathédrale en empruntant la rue de Rivoli toute neuve, garnie de tribunes et pavoisée pour la circonstance, comme le reste de la capitale. L'armée et la garde nationale formaient une haie d'honneur. Au bout d'une heure, il arriva sur le parvis de la cathédrale, au son des cloches, clairons et tambours et au bruit lointain du canon des Invalides. Le couple prit place au milieu du transept, face à l'autel, sur une estrade surmontée d'un dais de velours rouge semé d'abeilles d'or et d'une aigle d'or aux ailes éployées. L'archevêque de Paris, Mgr Sibour, officiait. Il était assisté du curé de Saint-Germain-l'Auxerrois, paroisse des Tuileries. Après la cérémonie, le couple impérial regagna les Tuileries. Il y reçut des délégations venues le féliciter, puis il partit pour Saint-Cloud où eut lieu le dîner de mariage. Les jeunes époux ne surent comment prendre congé de leurs invités [80]. Napoléon III paya ensuite les dettes de sa belle-mère qui retourna en Espagne. Cependant, elle revint souvent à Paris. Eugénie était très proche d'elle. Elle eut bientôt aussi la nostalgie de son pays natal. Sans oser le lui dire, le souverain en était gêné.

Les Français furent flattés par la façon dont Napoléon III avait justifié son choix. Leur instinct d'indépendance, de singularité et d'égalité fut satisfait comme rarement [81]. Ils furent aussi séduits par la beauté de l'impératrice et par certains de ses gestes. Elle avait ainsi refusé la parure en diamants que la Ville de Paris voulait lui offrir en cadeau de mariage et avait décidé de fonder une maison d'éducation pour les jeunes filles, avec la somme prévue qui s'élevait à 600 000 francs. Elle avait également gratifié la foule d'une grande révérence avant d'entrer dans la cathédrale pour son mariage. « Ce second coup d'État, pour reprendre l'expression d'Augustin Filon, [fit] presque oublier le premier » et s'accompagna d'ailleurs de près de trois mille grâces. Cependant, le peuple n'aima jamais réellement celle qu'il appelait Eugénie de Montijo, nom qui lui resta. Elle devint de façon plus désobligeante « l'étrangère » ou « l'Espagnole », comme il y avait eu « l'Autrichienne » Marie-Antoinette. Ce parallèle n'échappa pas à Eugénie elle-même [82]. Elle eut toute sa vie une fascination pour la reine de France qui se manifesta par de multiples signes. Elle lut tout ce qui avait rapport avec elle, collectionnait ses reliques et tint, en avril 1860, à visiter le cachot qu'elle avait occupé à la Conciergerie [83]. Dans un bal aux Tuileries, elle parut même dans un costume semblable à celui que portait la reine de France sur le portrait de Mme Vigée-Lebrun [84]. Le peuple lui reprochait son goût pour les futilités qui justifiait aussi la comparaison. Il n'appréciait pas sa ferveur religieuse, son conservatisme et son influence supposée sur son époux, y compris en matière politique. Les Goncourt la trouvaient « tête vide, folle de toilette, [...] montrant en toute sa personne [...] la baisse de niveau de la valeur de la femme du XVIIIe au XIXe siècle, d'une Pompadour à une Montijo ; pleine de tout ce qu'il y a de creux dans une Parisienne ; [...] pieuse, presque légitimiste ; [...] nulle, bonne et sotte [85] ».

Sur tous ces points, la réalité était pourtant plus complexe que ne le laissaient croire les apparences. En matière religieuse, elle était beaucoup plus ouverte que le peuple se l'imaginait. Elle était certes catholique fervente, mais nullement bigote, ni outrancièrement cléricale [86]. Tant que les intérêts vitaux de la papauté ne furent pas menacés, elle apporta son soutien à la politique italienne de son époux. Elle n'avait dans son entourage qu'un prêtre, son confesseur, Mgr Bauer, ancien révolutionnaire de 1848. Elle était l'amie d'anticléricaux et d'athées, comme l'écrivain Prosper Mérimée.

Quoi qu'il en fût, Eugénie prit son rôle d'impératrice très au sérieux, au point de demander des leçons de maintien à l'actrice Rachel. Elle s'intéressa de près, comme son mari, au sort des humbles, prit très à cœur l'adoucissement du régime des jeunes détenus et se montra courageuse en visitant les malades du choléra. « Si le doigt de la Providence m'a marquée d'une place si élevée, disait-elle, c'est pour servir de médiatrice entre ceux qui souffrent et celui qui peut y porter remède. » Elle défendit aussi la cause des femmes. Malgré l'hostilité du clergé, elle encouragea, dans la seconde partie du règne, l'action de Victor Duruy en faveur de l'enseignement primaire, secondaire et supérieur pour les filles [87] ; elle avança l'idée d'une candidature de George Sand à l'Académie française ; elle fit donner la Légion d'honneur au peintre animalier Rosa Bonheur. Pour comprendre son attitude, il faut aussi savoir qu'elle était une femme blessée par les frasques de son époux, ce que la propagande officielle cachait soigneusement au peuple.

Les deux époux vécurent pourtant le grand amour pendant les premières années de leur mariage. Ils se tutoyaient, pratique peu courante à l'époque dans leur milieu, et se prenaient la main lors de réunions [88]. Quelques semaines seulement après leur lune de miel passée dans la retraite de Villeneuve-l'Étang, au milieu du parc de Saint-Cloud, Eugénie fut enceinte. Cependant, elle fit une fausse couche à la suite d'une chute de cheval. Elle en conçut un vif chagrin qui se transforma même, pendant quelques mois, en dépression.

Loin d'elle, l'empereur lui manifestait sa tendresse en lui envoyant des lettres charmantes qu'il terminait par un « Tout à toi » : « Ma chère et bien-aimée Eugénie, ma première pensée en me levant est comme toujours de penser à toi… […] J'ai toujours envie de monter le petit escalier croyant te trouver en haut [89] ! » ou encore : « Depuis ton départ je suis tout dépaysé […], ma bonne petite femme [90]. »

Au début de l'été 1855, l'impératrice fut de nouveau enceinte. Peu après, Napoléon III s'installa seul, à Villeneuve-l'Étang, pendant quelques jours. Des rumeurs circulèrent sur son infidélité. Il se serait installé là pour se rapprocher de Mme H. (miss Howard), mais il écrivit à Eugénie pour démentir : « On croit donc que je ne t'aime pas ? » et il se permit même d'ajouter qu'après un dîner, il avait « conduit en bateau, au clair de la lune une bien ravissante personne. J'espère cependant que tu n'en seras pas jalouse c'était Mme B… [91] » Il était peut-être sincère cette fois-là, mais Eugénie n'avait certainement plus d'illusions sur ses capacités à résister aux tentations. Elle qui considérait l'amour physique comme une « saleté », ainsi qu'elle l'avait confiée à son amie d'enfance, Cécile Delessert, peu après son mariage, devint plus distante à son égard. Lui retourna à ses libertinages de vieux garçon, dont Eugénie ne manqua pas d'être informée par des indiscrétions de cour. Ulcérée, elle lui fit plusieurs scènes violentes dont certaines en public. Le souverain adoptait un profil bas et prévenait les orages en redoublant de précautions ou en fuyant son épouse quand il la savait en colère.

Après la naissance du prince impérial, le 16 mars 1856, Eugénie reporta toute son affection sur celui-ci. Depuis sa jeunesse, elle avait un vif intérêt pour la politique et elle commença, après son mariage, à prendre des notes sur ce que lui disait son époux et à converser avec les ambassadeurs, mais elle s'initia véritablement aux affaires de l'État pour préparer l'avènement de son fils [92]. Elle prit l'habitude de lire les dépêches diplomatiques [93]. Elle fut régente pendant la guerre d'Italie à laquelle participa son époux, en 1859, et présida les conseils des ministres avec un tel tact et une telle autorité que certains ministres demandèrent au souverain qu'elle continuât d'y assister après son retour. Napoléon III accepta. Le prince Napoléon la détestait parce qu'elle l'avait écarté de la succession au trône par sa maternité et parce qu'elle exerçait, selon lui, un rôle occulte. Il se montrait impoli et parfois même odieux à son égard. Ainsi, il refusa publiquement de lui porter un toast le jour de sa fête [94]. De son côté, elle prétendit que « chaque fois [qu'elle lui avait] tendu la main, il [avait] mis la sienne dans le dos[95] ». Cependant, l'influence qu'exerçait Eugénie sur son époux demeurait limitée. C'était bien Napoléon III qui gouvernait.

Les proches du souverain

Napoléon III était plus proche de certains de ses amis que des membres de sa famille. Il les voyait plus et se confiait davantage à eux qu'à son épouse. Il en fit souvent ses collaborateurs et leur attribua des missions dont il n'informait pas ses ministres. Son tempérament, son passé tumultueux et la nature de son pouvoir expliquaient ce souci de s'appuyer sur des proches. S'il se servait beaucoup d'eux, il ne prononça sans doute jamais cette phrase que lui prêtait Hortense Cornu : « Quand on a des amis dévoués on ne doit pas hésiter à les sacrifier[96]. » Son attitude à l'égard de ses compagnons d'infortune, après ses échecs de Strasbourg et de Boulogne, plaidait en sa faveur. En chef de bande, il n'abandonna jamais les siens.

Il confia d'importantes fonctions sous l'Empire à la plupart d'entre eux et fut payé, en retour, d'une fidélité irréprochable. Par mimétisme, quelques-uns comme Thélin, Laity ou d'Almbert en vinrent même à lui ressembler[97]. Beaucoup n'hésitaient cependant pas à le harceler de sollicitations pour qu'il accordât des faveurs à leurs protégés[98].

Qui furent ces hommes ? Ils venaient d'horizons extrêmement variés tant du point de vue social que politique ou religieux, en raison de l'absence de sectarisme de Napoléon III. Les hommes de plume et les militaires étaient les plus nombreux, mais certains autres étaient aussi juristes, médecins ou propriétaires rentiers. Beaucoup avaient suivi des parcours originaux. Conseiller sûr et avisé, Jean-François Mocquard était le plus proche collaborateur du souverain, en tant que directeur de son cabinet civil. Tour à tour diplomate, avocat, sous-préfet et journaliste, il était homme d'expérience. Ce grand amateur de théâtre et de courses de chevaux, extrêmement cultivé, occupa sa fonction dès le début de la présidence et la conserva jusqu'à sa mort, en décembre 1864. Il rassemblait toutes les informations provenant de l'administration et du public comme les adresses, les suppliques, les demandes de subsides ou les dénonciations. Il préparait les réponses de l'empereur que celui-ci n'avait plus qu'à signer. Si Napoléon III, qui adorait écrire, rédigeait lui-même ses discours, ses lettres-programmes ou encore ses avant-projets de décret[99], il arrivait à Mocquard de retoucher quelques tournures de phrases[100]. Il servait aussi d'intermédiaire dans les affaires délicates. Ce fut à lui que revint la tâche de négocier la séparation entre le souverain et miss Howard[101]. Il lui arrivait de renseigner certains ministres sur les sentiments du chef de l'État à leur égard. Il était entouré de plusieurs collaborateurs qu'il avait choisis d'un commun accord avec Napoléon III, comme le sous-chef du cabinet, Albert de Dalmas. Recommandé par son oncle, Pierre-Marie Piétri, un jeune Corse du nom de Franceschini Piétri fut aussi l'un d'entre eux. D'abord simple copiste, il fut remarqué par Napoléon III pour sa diligence et son application et devint son secrétaire particulier. Il voyait le souverain quotidiennement et l'accompagnait dans la plupart de ses déplacements. Il était même souvent le premier à lui parler le matin et le dernier à le quitter le soir. Dès 1858, il se vit confier les chiffres, en raison de sa grande discrétion. Il traduisit donc les nombreuses dépêches que recevait l'empereur auquel il transmettait le contenu, après dîner. Quant à l'huissier du cabinet, il n'était autre que Félix Verwoort, un Belge polyglotte qui avait été courrier de la reine Hortense.

Le commissaire Alphonse Hyrvoix s'occupait de la sécurité rapprochée du souverain, ce qui l'amenait parfois à organiser ses rendez-vous galants. Un autre commissaire, Charles Lagrange, ancien membre des sociétés secrètes, dirigeait la police politique et travaillait en collaboration étroite avec le cabinet de l'empereur, mais il n'hésitait pas, quant à lui, à renseigner l'impératrice sur les escapades amoureuses de son maître[102]. Pour sa part, Fleury continuait de diriger le secrétariat militaire. Comme il entretenait des relations très suivies avec la plupart des officiers tout en étant inamovible, certains prétendaient qu'il était plus puissant que les ministres de la Guerre successifs. Il méritait peut-être même le qualificatif de favori, tant le chef de l'État se reposait parfois sur lui et pouvait, en certaines circonstances, subir son influence, même s'il ne lui dicta jamais sa conduite. Médecin personnel de Napoléon III, Conneau était aussi son ami le plus intime. D'un dévouement absolu, il n'avait qu'un seul vice qui consistait à collectionner des bibles[103]. Il fut chargé de diriger le service des dons et secours. Avaient aussi accès à la cassette du souverain son frère de lait, Bure, devenu trésorier général de la Couronne, et son fidèle valet de chambre, Thélin, appelé familièrement Charles, qui logeait dans une pièce située à côté de sa chambre et qu'il pouvait déranger à toute heure du jour ou de la nuit. Dès son élection à la présidence, Louis-Napoléon avait nommé François de Chabrier-Peloubet, qui avait participé à son éducation, garde général des Archives nationales. En 1853, il en fit le directeur général des Archives impériales. Les anciens compagnons des tentatives de Strasbourg et de Boulogne, les Vaudrey ou Lambert, devinrent respectivement gouverneur du Louvre et des Tuileries et lieutenant de la vénerie impériale et commandant des chasses à courre. Napoléon III plaça d'ailleurs nombre de ses amis, dont Edgar Ney, dans sa Maison ou dans celle de son épouse.

Certains de ces proches rédigeaient des articles ou des brochures pour son compte comme La Guéronnière ou d'Almbert. D'autres accomplissaient des missions secrètes, à sa demande. Toute une diplomatie parallèle se mit même en place. Napoléon III ne fut pas le seul à en user, mais il le fit à une échelle inégalée jusque-là. Outre Fleury et Conneau, il s'appuya sur son cousin, le prince Napoléon, sur Bacciochi, mais aussi sur des Italiens comme Arese, Vimercati ou Pepoli, sur le Hongrois Türr, époux d'une Bonaparte de la branche de Lucien, sur le Saxon Vitzthum et sur un grand nombre d'autres dont le nom ne nous est pas parvenu[104].

Dans les années 1860, il y eut des changements dans l'entourage du souverain. Ancien procureur général et représentant du peuple, Étienne Conti qui était proche de lui depuis l'emprisonnement de Ham remplaça Mocquard. Brouillée avec son parrain depuis le coup d'État, Hortense Cornu rentra en grâce et les Goncourt la qualifièrent même de « Maintenon républicaine de Napoléon III[105] ». Les collaborateurs de l'*Histoire de Jules César* occupaient désormais une grande place dans la vie du souverain. À la fin du règne, le publiciste Clément Duvernois devint un conseiller écouté, au point de briguer un portefeuille ministériel.

Le gouvernement

De par la Constitution, le souverain était non seulement chef de l'État, mais aussi chef du gouvernement. Ses ministres n'étaient que de simples exécutants de sa volonté, ne paraissaient pas devant les chambres et n'avaient de compte à rendre de leurs actes que devant lui. Le ministre d'État dont les bureaux se trouvaient aux Tuileries assurait simplement un rôle d'intermédiaire entre Napoléon III et ses collègues et entre le gouvernement et les assemblées, ainsi qu'une tâche de coordination entre les ministres qui avaient aussi l'habitude, au début du règne, de dîner à tour de rôle chez l'un d'entre eux le vendredi soir.

Le conseil des ministres qui se déroulait aux Tuileries, deux matins par semaine, les mardis ou les mercredis et les samedis, n'était qu'un organe d'information et non de décision. Il n'avait aucune reconnaissance légale. L'ordre du jour en était fixé par Napoléon III lui-même qui était très assidu et très actif, comme l'attestèrent les confidences, les papiers et les Mémoires de ses différents ministres [106]. Lors d'un tour de table au cours duquel chacun pouvait s'exprimer librement, le souverain prenait des notes et posait des questions, puis il donnait son propre avis, toujours bref, car il n'aimait pas les longs discours. « Quand il exposait sa propre pensée, la lenteur voulue de sa parole était un peu comme sa démarche ; elle indiquait l'homme qui écoute une voix intérieure. Il semblait alors converser plus avec lui-même qu'avec ses conseillers. » Il tranchait fréquemment contre l'avis de la majorité [107]. Quand il avait une décision importante à prendre, il se contentait d'ailleurs souvent de convoquer dans son bureau le seul ministre concerné [108]. Les autres n'apprenaient les initiatives du souverain qu'en lisant le *Moniteur*. Napoléon III n'eut d'ailleurs jamais une intimité complète avec ses ministres, sauf avec Vaillant qui « opinait toujours comme son empereur [109] » et Persigny, mais l'étoile de ce dernier finit elle-même par décliner. Il se discrédita « par la forme emportée de ses conseils autant que par ses fanfaronnades d'influence [110] ». Lui aussi n'était ni plus ni moins qu'un « instrument ».

Cependant, comme le souverain ne pouvait tout voir ni tout régler lui-même, les ministres disposaient parfois d'une grande liberté de manœuvre. Napoléon III désapprouvait les initiatives prises en dehors de lui et ne se privait pas de le faire savoir aux intéressés. Il l'expliquait ainsi au maréchal Vaillant : « Pour un gouvernement comme le mien, où je veux et où je dois savoir, où la responsabilité des faits m'incombe seul, [rien ne peut être décidé] en dehors de moi. [...] Autrement nous aurions tous les inconvénients du système représentatif sans en avoir les avantages, car avec ce système, si les ministres étaient responsables de leurs actes, ils avaient le contrôle des Chambres. Mais aujourd'hui, si un ministre, de son plein mouvement et sans s'être concerté avec moi, arrête des mesures hors de la sphère commune de son activité, il se met en opposition directe avec l'esprit de la Constitution, et cela influe d'une manière fâcheuse sur l'administration entière[111]. »

Cela allait même plus loin : « L'Empereur n'avait pas à redouter qu'on ignorât qu'il régnait, il tenait plus encore à ce qu'on sût qu'il gouvernait [...]. Il ne supportait pas de voir d'autres se parer d'une résolution qui, même conseillée par eux, n'existait que par sa propre volonté[112]. » Il donnait sans cesse en exemple Billault qui avait si bien su abandonner ses propres opinions pour défendre les siennes. Après la mort de celui-ci, en 1863, Rouher sut se couler dans le moule. Au prince Napoléon qui dénonçait l'attitude de la plupart des ministres : « Approuvant devant vous, ils vous combattent, vous découvrent et vous calomnient par derrière », il répondit cependant : « Les considérations que tu fais ne sont pas complètement exactes et d'ailleurs n'ont pas dans mon gouvernement toute la valeur que tu y attaches[113]. »

Napoléon III n'aimait pas le changement, appréciait ou avait appris à apprécier les hommes et estimait qu'il fallait bien les connaître pour pouvoir s'en servir comme des pions sur un échiquier : « Il y a dans tout homme, disait-il, à moins qu'il ne s'agisse d'un idiot, une vérité à mettre à profit. La vraie politique consiste à découvrir cette vérité[114]. » Il n'utilisa ainsi que vingt-cinq ministres pour treize portefeuilles, entre la proclamation de l'Empire et son décret du 24 novembre 1860. Il n'y eut même que onze nouveaux venus entre cette date et juillet 1869. Une nouvelle orientation de sa politique ne rendait d'ailleurs pas toujours nécessaire, selon lui, un remaniement ministériel, puisque ses ministres devaient être non des hommes politiques mais de simples exécutants de sa volonté. Si quelques-uns démissionnèrent, en particulier quatre d'entre eux à la suite des décrets sur les biens des Orléans, mais aussi le prince Napoléon ou Drouyn de Lhuys, il n'y eut jamais de changement complet de cabinet et, *a fortiori*, de crise gouvernementale.

La durée dont les ministres disposaient était un réel atout. Quelques-uns siégèrent dans les gouvernements impériaux pendant la plus grande partie du régime. Achille Fould fut ainsi le ministre le plus important du début du règne. Il occupa le ministère d'État jusqu'en 1860, puis devint ministre des Finances et occupa la fonction jusqu'à quelques mois de sa mort, en 1867. Après avoir été président du Corps législatif, Billault fut successivement ministre de l'Intérieur, ministre sans portefeuille chargé de défendre les projets de loi devant les Chambres, puis ministre d'État. Rouher lui succéda dans cette fonction, après avoir été vice-président du Conseil d'État et ministre de l'Agriculture, du Commerce et des Travaux publics. Son ami Baroche fut d'abord président du Conseil d'État, puis ministre sans portefeuille et enfin ministre de la Justice. Magne reçu le département des Travaux publics, de l'Agriculture et du Commerce, devint ensuite ministre des Finances, puis ministre sans portefeuille, avant de regagner les Finances. Quant au fidèle Vaillant, personnage massif et intimidant, passé maître dans l'art d'éconduire les quémandeurs et prince de la boutade, il occupa, outre le grand maréchalat du Palais, le ministère de la Guerre, puis celui de la Maison de l'empereur. « L'inamovibilité de ce grand maître de la liste civile n'étonnait pas : Napoléon III n'aimait confier qu'à une seule personne la gestion des domaines[115]. » D'autres, promis à de brillantes carrières, moururent trop tôt, ainsi le ministre des Finances Bineau et le ministre de la Marine Théodore Ducos en 1855, le ministre de l'Instruction publique et des Cultes Fortoul en 1856, le garde des Sceaux Abbatucci en 1857. Même si ces décès l'attristaient, Napoléon III ne se rendit pas aux obsèques. Il fallait montrer que ces ministres n'étaient que des rouages.

Aucun de ces hommes ne correspondait véritablement à l'image qu'en donnèrent les adversaires de Napoléon III, de Karl Marx à d'Haussonville, celle d'« aventuriers marchant nu-pieds dans des bottes vernies ». Ils appartenaient pour la plupart à la même génération que Napoléon III et avaient commencé leur carrière sous la monarchie de Juillet. Les magistrats, les avocats et les avoués continuaient de dominer les conseils du second Empire, comme ils avaient dominé ceux des régimes précédents. Les officiers supérieurs occupaient, selon une tradition fort ancienne, les ministères de la Guerre et de la Marine. Le gouvernement s'ouvrait à peine plus qu'avant aux professions économiques avec les Fould, Ducos ou Béhic. Il comptait même moins de publicistes et d'universitaires que jadis. Fortoul et Duruy faisaient exception. Dans la première génération des ministres, la plupart venaient de l'ancienne opposition dynastique à Louis-Philippe, du centre gauche ou de leurs sympathisants, tels Baroche, Bineau, Chasseloup-Laubat ou Walewski ; quelques-uns même, comme Morny ou Fould, de l'ancienne majorité guizotiste. Six hommes seulement procédaient du bonapartisme, Persigny, les militaires Vaillant et Espinasse, les Corses Abbatucci et Casabianca et le duc de Padoue, parent éloigné de l'empereur, auquel il fallait toutefois ajouter le prince Napoléon, incarnation de l'aile gauche du parti. Le gouvernement impérial accueillit par la suite le républicain Victor Duruy.

Ces hommes qui venaient, pour l'immense majorité d'entre eux, de la bourgeoisie, étaient attachés à des valeurs comme l'ordre politique et social, la protection des libertés fondamentales et de la propriété, le nécessaire équilibre entre la défense de la religion et de la laïcité. Napoléon III les leur garantissait. En outre, il leur attribua un traitement élevé, leur accorda de multiples gratifications et autorisa les cumuls. Dès le 8 décembre 1852, une promotion de commandeurs de la Légion d'honneur comprit, dans l'ordre du décret, les ministres Fould, Abbatucci, Ducos, Persigny, Fortoul et les anciens ministres Rouher, de Royer, Daviel, Thorigny et Ferdinand Barrot [116]. En 1860, Baroche reçut les insignes de grand-croix de la Légion d'honneur ornés de diamants. Les ministres pouvaient également placer à des postes de choix leurs amis et parents, dans leur cabinet, dans l'administration, au Conseil d'État ou au Corps législatif. Deux des fils de Fould et l'un de ses neveux devinrent ainsi députés. Les ministres recevaient entre 40 000 et 50 000 francs, mais la plupart beaucoup plus, en raison des multiples fonctions qu'ils exerçaient. Rouher, énorme travailleur, constamment aux affaires et principal ministre de la deuxième partie du règne, était sans doute le mieux pourvu, avec plus de 260 000 francs provenant de ses traitements de ministre d'État, de membre du Conseil privé et de sénateur. S'y ajoutaient les somptueux cadeaux du souverain. Persigny reçut 260 000 francs en 1852, Billault un hôtel dont la valeur fut estimée à 700 000 francs et Walewski deux grandes propriétés dans les Landes. Les ministres servaient donc bien Napoléon III, sans pour autant avoir la tentation de se servir. Billault abandonna un cabinet d'avocat qui lui rapportait 80 000 francs par an et Chasseloup-Laubat vendit ses actions en entrant au gouvernement et refusa de toucher ses appointements en devenant ministre présidant le Conseil d'État.

Hommes probes dans leur immense majorité, les ministres n'avaient pas tous une conduite privée irréprochable, mais Napoléon III eût été en peine de les critiquer. En revanche, il leur conseillait de bien tenir leurs épouses, en particulier Mmes Fortoul et Persigny dont le caractère était difficile. Hommes de talent, les ministres de Napoléon III n'étaient cependant pas, pour la plupart d'entre eux, des hommes d'État.

À maints égards, Morny faisait exception. Il occupait une place particulière dans le régime. Principal réalisateur du coup d'État, il avait dû quitter le pouvoir dès janvier 1852, mais s'était réconcilié avec son demi-frère à la veille de la proclamation de l'Empire. Promu grand-croix de la Légion d'honneur le 2 décembre 1852, en considération de ce qu'il avait « rendu au pays des services éclatants au 2 décembre 1851 », il devint président du Corps législatif en novembre 1854 et se montra de première force dans cette fonction. Il parvint en effet à faire croire aux députés qu'ils étaient importants, tout en les empêchant de parler trop haut. De sa position et des informations qui lui parvenaient, il tirait de multiples avantages en nature. À plusieurs reprises, il aurait pu être impliqué dans des scandales équivalents à celui de Teste et de Cubières sous de la monarchie de Juillet, mais le second Empire autoritaire savait mieux que les régimes parlementaires étouffer de pareilles affaires. Napoléon III qui réprouvait les pratiques de son demi-frère lui sauva plusieurs fois la mise, au nom de l'intérêt supérieur de l'État. Il en fut ainsi lorsque le Grand Central, la compagnie de chemins de fer que Morny avait fondée pour desservir le Massif central, périclita en 1856 ou lorsque, l'année suivante, sa maîtresse Fanny Le Hon, avec laquelle il avait rompu, lui réclama les sommes énormes qu'elle lui avait prêtées [117]. Comme pour le prince Napoléon, le souverain éprouvait une forme d'attachement à l'égard de ce parent et précieux conseiller mais qui était, là aussi, constamment mêlée d'irritation. Il ne supportait pas que son demi-frère revendiquât hautement sa filiation, en jouant même les provocateurs. Morny arbora quelque temps un hortensia à la boutonnière et en ajouta un à ses armes avec une devise dénuée d'ambiguïté : *Tace sed memento* (Tais-toi mais souviens-toi). Il fit même accrocher dans son salon deux grands portraits de Flahaut et de la reine Hortense [118].

Napoléon III avait aussi des relais, des yeux et des oreilles dans les assemblées. Au Sénat, il pouvait compter sur Mocquard,

Vieillard, Mérimée, Laity, Ney, Vaudrey et quelques autres. Au Corps législatif, il disposait de Conneau, du faïencier Alexandre de Geiger qui était un ami d'enfance ou encore de plusieurs chambellans dont il avait appuyé l'élection [119]. Au Conseil d'État, le problème était beaucoup plus grave. Abbatucci, qui connaissait bien l'institution où siégeait l'un de ses fils, dénonçait la place démesurée qu'y occupaient, selon lui, les orléanistes, mais plus encore l'état d'esprit orléaniste, cette aspiration « au gouvernement parlementaire et bourgeois [120] ». Quelques jours plus tard, Bavoux qui faisait lui-même partie du Conseil rapportait pour sa part au souverain : « À tout moment, dans nos délibérations, on fait apparaître *Croquemitaine*. Croquemitaine, Sire, c'est vous. » Il ajoutait que certains de ses collègues croyaient lui faire plaisir en étant serviles, pendant que d'autres pensaient faire acte de courage en s'opposant à ses décisions [121].

Ce qui était vrai à l'échelon supérieur l'était aussi aux niveaux inférieurs. La magistrature, le corps préfectoral, les conseils généraux et les conseils municipaux étaient peuplés soit de serviteurs zélés qui ne faisaient pas toujours preuve de discernement, soit, plus fréquemment encore, d'orléanistes qui avaient certes prêté le serment de fidélité au souverain et aux institutions, mais qui n'en faisaient pas moins une opposition larvée au régime. En 1853, le préfet de la Haute-Garonne estimait que sur neuf cent quatre-vingt-cinq fonctionnaires de son département, seuls cinquante-trois étaient authentiquement bonapartistes, alors que six cent vingt-neuf étaient légitimistes ou catholiques avant tout, deux cent quarante et un orléanistes, cinquante-trois républicains et neuf inclassables [122]. La faute en incombait en partie à Napoléon III lui-même qui n'avait pas voulu s'appuyer sur les comités bonapartistes constitués sous la IIe République, au grand dam de Persigny.

Le souverain ne s'en plaignait pas moins constamment d'être insuffisamment informé sur l'état du pays. Il recevait pourtant régulièrement les rapports du corps préfectoral, de la magistrature, de la police et de la gendarmerie. Durant les crises, il s'entretenait quotidiennement avec le préfet de police. Il était aussi en contact fréquent avec le général de La Ruë, inspecteur de la gendarmerie, qui lui faisait parvenir des comptes rendus bimensuels. Mais il doutait que tous ces textes traduisissent la réalité. Il connaissait mal le haut personnel administratif qui les rédigeait et doutait de sa fidélité [123]. En dehors de quelques officiers supérieurs commandant en province, comme le maréchal de Castellane en fonction à Lyon, de quelques préfets, tel celui de la Seine, Haussmann, qui avait rang de quasi-ministre et qu'il voyait plusieurs fois par semaine, des préfets de police successifs, Pierre-Marie Piétri, Symphorien Boitelle et Joseph-Marie Piétri, et de quelques prélats comme son grand aumônier, Mgr Menjaud, ou l'archevêque de Paris, Mgr Sibour d'abord, Mgr Morlot ensuite, Mgr Darboy enfin, il avait peu de contacts avec les élites dirigeantes, en particulier celles qui étaient en poste dans les départements.

Au sommet de l'État, un Conseil de régence fut créé par le sénatus-consulte du 17 juillet 1856 et un Conseil privé par le décret du 1er février 1858. Le second éclipsa le premier, auquel il se substitua. Il avait pour mission de conseiller le souverain quand il le souhaitait et de le suppléer en cas d'absence, ce qu'il fit lors de la guerre d'Italie en 1859, lors du voyage en Algérie en 1865 et lors de la guerre de 1870. Il se composait à l'origine de sept membres : l'archevêque de Paris, le ministre d'État, les présidents des trois assemblées, le maréchal Pélissier et Persigny. Jérôme et son fils qui pouvaient aussi y siéger refusèrent d'abord, parce qu'ils n'aimaient ni Morny, ni Troplong. Napoléon III dut, une nouvelle fois, leur signifier son mécontentement : « Je suis désolé de penser qu'il faut que je me résigne comme l'empereur Napoléon mon oncle à ne trouver dans ma famille que des obstacles à ma volonté [124]. »

Au total, le souverain était conscient des faiblesses de son entourage [125]. On prétendit qu'en apprenant que le comte de Chambord avait manifesté l'intention, s'il montait sur le trône, de s'appuyer sur ses ministres et sur ses principaux collaborateurs, il s'était exclamé : « Ah, vraiment ! s'il s'assure les services de tous les gens de mérite qui sont réunis autour de moi, son règne sera bien court [126]. » Pour être apocryphe, cette boutade n'en traduisait pas moins une triste réalité. Une autre soulignait les divisions des milieux dirigeants : « Quel gouvernement que le mien ! L'impératrice est légitimiste, Napoléon-Jérôme, républicain, Morny, orléaniste ; je suis moi-même socialiste. Il n'y a de bonapartiste que Persigny, mais il est fou [127]. » Cela occasionnait bien des querelles politiques de fond en particulier entre Persigny et le prince Napoléon, les enfants terribles du bonapartisme d'une part et les ministres d'origine orléaniste de l'autre, en particulier le triumvirat Fould-Rouher-Baroche, mais les méthodes de tous ces hommes différaient aussi, leurs ambitions se heurtaient et les personnalités ne s'accordaient pas toujours [128]. C'était pourtant avec eux tous que Napoléon III devait composer pour essayer d'appliquer son programme.

CHAPITRE VIII

LE BONAPARTISME DU TROISIÈME NAPOLÉON

« Depuis vingt-cinq ans la France s'épuise en vains efforts pour établir un état de choses durable. Les causes de troubles renaissent sans cesse, et la société ne fait que passer tour à tour d'une agitation fébrile à une apathie léthargique*. »

« Le nom de Napoléon est à lui seul tout un programme. Il veut dire : à l'intérieur, ordre, autorité, religion, bien-être du peuple ; à l'extérieur, dignité nationale**. »

Le politique, l'homme providentiel et le peuple

En dépit de l'exil auquel les Bonaparte avaient été contraints, après Waterloo, Louis-Napoléon Bonaparte ne crut jamais en l'apparente fatalité de la disparition du bonapartisme. Sa mère et son précepteur Le Bas stimulèrent son goût pour la politique et son envie de découvrir l'œuvre de Napoléon. Alors qu'il n'avait pas encore vingt-cinq ans, il écrivit, en 1832, un premier manifeste politique au titre romantique, *Rêveries politiques*, pour rappeler aux Français l'existence de sa famille. Dans les années 1830, il subit l'influence de Vieillard et de deux nouveaux venus dans son entourage, d'Almbert d'abord, Persigny ensuite. Il vécut aussi en Grande-Bretagne et aux États-Unis. Il y vit le rôle de l'opinion dans un cas

---

* *L'Idée napoléonienne*, 1840.

** Message présidentiel à l'adresse de l'Assemblée du 31 octobre 1849.

et celui de la démocratie dans l'autre. Il multiplia alors les écrits politiques pour mettre en forme son bonapartisme et le faire connaître. Parurent successivement les *Considérations politiques et militaires sur la Suisse* en 1833, mais surtout *Des idées napoléoniennes* en 1839 et *L'Idée napoléonienne* en 1840. Dès cette époque, il avait tracé sa doctrine dans ses grandes lignes, mais il l'enrichit encore par la suite. Alors qu'il était condamné à la réclusion perpétuelle à Ham, il continua ainsi, inlassablement, à la développer et à l'affiner, en faisant retour sur ses échecs et sur l'évolution politique générale. Durant cette période, il publia les *Fragments historiques : 1688 et 1830* en 1841, ainsi que des dizaines d'articles à caractère politique, mais ses autres écrits traduisaient aussi ses réflexions en la matière. Certains adversaires comparaient ce souci constant de brandir sa foi politique à du fanatisme [1]. En 1848, il publia des manifestes dans le cadre des élections législatives et de l'élection présidentielle. Chef de l'État, il eut encore l'occasion de présenter sa doctrine, cette fois à l'épreuve des faits, dans de nombreux messages, discours et proclamations. Ses trois textes affichés sur tous les murs de Paris le 2 décembre 1851 comme la Constitution du 14 janvier 1852 reprenaient ses idées de toujours. La récurrence et le contenu de tous ces textes montraient la place première que le prince accordait au politique. Il estimait que le pouvoir pouvait beaucoup et ce, dans tous les domaines, à condition d'être cohérent et décidé. « Un gouvernement ne peut [...] être fort que lorsque ses principes sont d'accord avec sa nature [2]. » « Si, au lieu de conduire, écrivait-il encore, un gouvernement se laisse entraîner, il court à sa perte, et il compromet la société au lieu de la protéger [3]. » Il exaltait les principes de volontarisme et d'obstination. Il avait élaboré un programme et disposait, pour le réaliser, d'un pouvoir immense qu'il avait lui-même forgé. Aucun de ses prédécesseurs, pas même son oncle qui avait pourtant joué un rôle clé dans l'élaboration de la Constitution de l'an VIII, n'avait été aussi loin dans cette voie.

C'est avec Louis-Napoléon que s'opéra le passage décisif du napoléonisme, le culte de l'Empereur, au bonapartisme, corps de doctrine visant à l'instauration d'institutions napoléoniennes. Néanmoins, le prince notait, dès sa jeunesse, que l'homme public devait savoir s'adapter aux circonstances : « Comme il faut, au départ d'une expédition, laisser de la place dans ses coffres pour ce que l'on en rapportera au retour, il faut, en engageant une action, laisser une part à l'imprévu dans les plans les mieux préparés. » Il était d'une tournure d'esprit essentiellement pratique qui le rapprochait de l'utilitarisme des Anglo-Saxons[4]. Enfant de l'âge scientifique et du positivisme, il savait faire preuve de pragmatisme. Il n'avait de cesse de dénoncer le « mysticisme des théories » et affirmait avec force et constance qu'il n'était pas lui-même un idéologue[5] : « Non seulement un même système ne peut pas convenir à tous les peuples, mais les lois doivent se modifier avec les générations, avec les circonstances plus ou moins difficiles. » Il avait pris conscience de l'existence d'une opinion publique et de la nécessité de la modeler par une propagande appropriée. Voilà pourquoi il adaptait son discours à son auditoire, en particulier lors de la campagne présidentielle de l'automne 1848, puis lors de ses voyages présidentiels en province.

Cependant, Louis-Napoléon croyait en quelques idées fortes qui constituaient le cœur de sa doctrine, qu'il martelait sans cesse et auxquelles il n'entendait renoncer sous aucun prétexte. La Constitution du 14 janvier 1852 fut rédigée dans cet état d'esprit. Ferme, elle entendait donner aux institutions françaises un cadre précis et durable. Courte, elle laissait la possibilité d'aménagements parce que, comme il l'avait affirmé déjà douze ans plus tôt, un peuple a toujours le droit de revoir, de réformer et de changer sa Constitution : « Une génération ne peut assujettir à ses lois les générations futures[6]. » Son bonapartisme avait pour ambition de faire sortir la France de la spirale infernale des révolutions et des contre-révolutions[7]. Il était une synthèse, un centrisme destiné à absorber les extrêmes et à détruire les oppositions. Il s'appropriait des idées parfois contradictoires, voire impopulaires et les fondait dans une doctrine cohérente, ce qui devait permettre à chacun d'entendre celle-ci à sa façon et d'y trouver ce qui lui convenait. « Dans tous les pays, les besoins et les griefs du peuple se formulent en idées, en principes, et forment les partis. Ces associations d'individus [...] se heurtent, se détruisent réciproquement, jusqu'à ce que la vérité nationale, se formant de toutes ces vérités partielles, se soit élevée, d'un commun accord, au-dessus des passions politiques[8]. » Il admirait également la capacité qu'avait eue son oncle d'anéantir les forces centrifuges qui minaient la France : « Napoléon apparut, débrouilla ce chaos de néant et de gloire, sépara la vérité des passions, les éléments de succès des germes de mort et ramena à l'idée de synthèse tous ces grands principes qui, luttant sans cesse entre eux, compromettaient le succès auquel tous étaient intéressés [9]. »

Louis-Napoléon donnait pour modèle la façon dont son oncle avait gouverné la France sous le Consulat et l'Empire, revisitée par la vision idéalisée que proposait Napoléon Ier lui-même dans le *Mémorial de Sainte-Hélène*. À ce compte, l'empereur était bien « le messie des idées nouvelles [10] ». Comme le disait Jean-Jacques Rousseau : « Si le peuple [voulait] toujours son bien, il ne le [voyait] pas toujours. » C'était donc à un homme providentiel qu'il appartenait de le voir pour lui et, au besoin, de le lui imposer. Or, Napoléon avait été l'un de ces hommes, comme avant lui Moïse, Alexandre, César, Constantin, Mahomet et Charlemagne. Saint-Simon, dont Vieillard avait fait découvrir les travaux au prince, ne le disait-il pas lui-même ? Au vrai, le penseur et ses disciples se souciaient peu du régime et de son chef du moment que leur programme fût réalisé.

Dans *L'Idée napoléonienne*, Louis-Napoléon et Persigny développèrent leur théorie de l'homme providentiel : « Les grands hommes ont cela de commun avec la Divinité, qu'ils ne meurent jamais tout entiers. Leur esprit leur survit. [...] Lorsque dans l'histoire des temps passés apparut sur la scène du monde un grand homme qui réfléchissait en lui le double caractère du fondateur et du guerrier, on vit toujours les générations qui le suivirent reprendre après sa mort les institutions qu'il avait sanctionnées, l'allure qu'il avait indiquée [11]. »

Il fallait donc s'inspirer du grand homme national, Napoléon, et c'était à son neveu qu'il appartenait de le faire. Celui-ci ne se pensait pas comme un sauveur occasionnel, mais bien comme le nouveau chef de la quatrième race. Quelques mois plus tôt, Persigny venait déjà, dans ses *Lettres de Londres*, de faire le portrait idéal de cet héritier qui avait un « noble » cœur et une conduite « en tout, digne et réservée [12] ». Il construisit plusieurs fables sur les échanges et les rencontres entre l'oncle et le neveu, en 1815 [13]. Il insista aussi sur leur ressemblance physique : « Il est impossible de ne pas être frappé, comme devant la tête de l'Empereur, de l'imposante fierté de ce profil romain, dont les lignes si pures et si graves, j'ajouterais même si solennelles, sont comme le cachet des grandes destinées [14]. » Persigny faisait de son prince un héros antique : « Infatigable au physique comme au moral, austère, laborieux, le neveu de l'Empereur est un véritable Romain de la République[15]. » La légitimité de l'homme providentiel aspirant – Louis-Napoléon – venait du fait qu'il était « le neveu de l'homme qui a[vait] rendu plus de services à la France en dix ans d'empire que soixante-sept rois en 1 400 ans[16] ». Le prince pouvait désormais affirmer avec le plus grand sérieux : « Je crois qu'il y a certains hommes qui naissent pour servir de moyen à la marche du genre humain, comme ces animaux qui naissent, soit pour détruire d'autres animaux plus nuisibles qu'eux, soit pour servir de germes quand ils seront morts à d'autres êtres plus perfectionnés. Je me considère comme un de ces animaux, et j'attends avec résignation, mais avec confiance, le moment, ou de vivre de ma vie providentielle ou de mourir de ma mort fatale, persuadé que des deux manières je serai utile à la France d'abord, à l'humanité ensuite[17]. » Homme prédestiné, Louis-Napoléon se jugeait désormais le plus apte à comprendre ce qui était nécessaire au bien du peuple. Il affirma ainsi dans sa proclamation du 2 décembre 1851 que son but était de « fermer l'ère des révolutions en satisfaisant les besoins légitimes du peuple ».

Depuis sa jeunesse, il avait la conviction sincère, héritée de sa mère, que son principal appui se trouvait dans le peuple : « Les Bonaparte d[evai]ent se rappeler, lui disait Hortense dans son enfance, que toute puissance leur [venait] de la volonté populaire ; ils [devaient] en attendre l'expression et s'y conformer, leur fût-elle contraire[18]. » Louis-Napoléon bénéficierait là encore de l'héritage de son oncle : « Ce qui le distingu[a] éternellement de tous les souverains aux yeux des masses, c'est qu'il fut le roi du peuple, tandis que les autres furent les rois des nobles et des privilégiés[19] » ; « Un gouvernement populaire a seul chance de durer en France. Ce qu'on fait sans le Peuple est détruit par le Peuple[20] » ; « Quelque puissance matérielle que possède un chef, il ne peut disposer à son gré des destinées d'un grand peuple ; il n'a de véritable force qu'en se faisant l'instrument des vues de la majorité[21]. » Dès son premier ouvrage, Louis-Napoléon chercha donc à contracter l'alliance : « Le pouvoir sera toujours obligé de régner d'après les désirs du peuple[22]. » Sa condamnation du régime censitaire était sans appel : « Tant que le suffrage universel ne sera pas une des lois fondamentales de l'état [*sic*], la représentation nationale ne sera que la représentation d'intérêts particuliers, les députés ne seront les mandataires que d'une classe et la chambre n'aura ni dignité ni influence, elle ne fera que timbrer les actes arbitraires d'un pouvoir passionné et aveugle[23]. » Quelques mois plus tard, il défendait, dans un style imagé, l'idée d'une souveraineté du peuple à laquelle tous les gouvernants et les régimes devaient se plier : « Je considère le peuple comme un propriétaire et les gouvernants quels qu'ils soient comme des fermiers. Si le fermier administre la terre avec habileté et probité, le propriétaire heureux de voir les réserves s'augmenter de jour en jour, laissera le fermier gérer en paix durant toute sa vie le bien qu'il lui a confié. Après la mort du fermier, le propriétaire remettra à la même place les enfants de celui-ci qu'il aimait et qui lui a rendu service. Voilà pour la Monarchie. Mais si, au contraire, le fermier trompe la confiance du maître – dilapide ses revenus et ruine la terre – alors le propriétaire, avec raison, le renverra, fera ses affaires par lui-même et mettra à la gestion de ses domaines des hommes auxquels il laissera moins d'autorité et qu'il remplacera d'année en année afin qu'ils ne prennent point pour un droit irrévocable la place qu'il leur accorde. Voilà pour la République[24]. »

Louis-Napoléon savait qu'il séduirait le peuple car « la cause napoléonienne [allait] à l'âme ; elle ém[ouvai]t, elle réveill[ait] des souvenirs palpitants, et c'[était] toujours par le cœur qu'on remu[ait] les masses, jamais par la froide raison[25] ». Il en avait la conviction intime : « C'est dans cette conformité d'intérêts avec le peuple français qu'est ma force, et elle existe non seulement dans mon esprit et dans mon cœur, mais dans mon sang, dans ma chair, dans mes os[26]… » L'élection par le bulletin confirmerait l'élection divine et tiendrait lieu du sacre de l'ancienne monarchie. Louis-Napoléon avait bien davantage foi dans le suffrage universel que certains républicains et socialistes. Voilà pourquoi lorsque Louis Blanc le visita dans sa prison, à l'hiver 1843, les deux hommes s'opposèrent sur l'opportunité de rendre le peuple souverain. Le penseur socialiste se montrait circonspect : « Jamais le suffrage universel n'a eu de plus chaud partisan que moi, en principe ; mais il faut avoir le regard constamment tourné vers le résultat. Vous n'ignorez pas combien, en France, l'ignorance est grande parmi les paysans et que beaucoup ne savent même pas lire. D'autre part, que les hommes du peuple, dans l'ordre social actuel, dépendent d'autrui, pour leur pain quotidien et celui de leurs familles[27] ! »

À l'inverse, Louis-Napoléon n'était pas inquiet, car le bonapartisme pouvait en appeler à l'âme et aux sentiments des masses, mais aussi gagner leurs faveurs en leur donnant l'instruction qui leur permettrait de se prononcer, en connaissance de cause. Le chef de l'État, renseigné sur les besoins du peuple par ses voyages à travers le pays, par les rapports de son administration et par les pétitions consulterait celui-ci sur ses grands projets par la voie plébiscitaire. S'opérerait alors la rencontre de l'homme providentiel bienveillant et du peuple apaisé qui renonceraient l'un et l'autre à la force pour s'exprimer. « Gouverner, ce n'est plus dominer les peuples par la force et la violence ; c'est les conduire vers un meilleur avenir, en faisant appel à leur raison et à leur cœur[28]. »

En 1852, Troplong qualifia cette nouvelle alliance de « césarisme démocratique » et, l'année suivante, La Guéronnière affirma que « l'empereur n'[était] pas un homme, [mais] un peuple ». Persigny appela, pour sa part dix ans plus tard Napoléon III « l'homme-peuple », reprenant la formule que, trente ans plus tôt, les saint-simoniens avaient appliquée à son oncle. La boucle était bouclée. Cependant, la doctrine se heurtait ici à une contradiction majeure. Que faire pour concilier le principe dynastique et la souveraineté populaire, en d'autres termes, que faire si le peuple n'accordait plus sa confiance aux Bonaparte ? Après avoir envisagé, dans ses *Rêveries politiques*, la possibilité d'un plébiscite pour sanctionner chaque succession[29], Louis-Napoléon éluda, par la suite, la question. Du reste, après la double onction populaire dont il bénéficia à la suite de son coup d'État, puis lors du passage à l'Empire, il ne recourut plus au plébiscite avant 1870, encore ne fut-il pas l'inspirateur de cette troisième consultation[30]. Il décida de se passer de ce rituel de l'unanimité et de se contenter, tous les six ans, d'élections législatives aux résultats orientés par la propagande et le système de la candidature officielle, en guise de confirmation du soutien populaire au régime. Dans l'intervalle, les voyages en province jouèrent le rôle de « plébiscites continus[31] ».

L'esprit du temps, l'ordre et la liberté

La doctrine était, selon son concepteur, parfaitement adaptée à l'époque. Elle reposait en effet sur les principes de 1789 qu'il n'était plus possible de remettre en cause, comme il l'affirma dès ses *Rêveries politiques* : État de droit, gouvernement constitutionnel, principe électif, respect des libertés fondamentales. « Marchez à la tête des idées de votre siècle, ces idées vous suivent et vous soutiennent. Marchez à leur suite, elles vous entraînent. Marchez contre elles, elles vous renversent[32]. » Cependant, il n'était pas question de faire table rase du passé. La doctrine bonapartiste s'appuyait au contraire sur lui. Elle entendait réconcilier les Français avec leur histoire. « L'idée napoléonienne consiste à reconstituer la société française bouleversée par cinquante années de révolution, à concilier l'ordre et la liberté, les droits du peuple et le principe d'autorité. Au milieu de deux partis acharnés, dont l'un ne voit que le passé et l'autre que l'avenir, elle prend les anciennes formes et les nouveaux principes[33]. »

Napoléon avait su réconcilier les deux Frances, celle de l'Ancien Régime et celle de la Révolution, en accordant le principe dynastique né de la première et la souveraineté populaire issue de la seconde, mais aussi en rejetant la nostalgie stérile des apôtres trop zélés de la première pour un passé à jamais révolu et les utopies destructrices de l'ordre social des tenants excessifs de la seconde. Le temps lui avait simplement manqué pour mener sa tâche à bien. Louis-Napoléon lui-même annexait toute l'histoire de France. Lors du passage à l'Empire, il déclara ainsi : « Non seulement je reconnais les gouvernements qui m'ont précédé, mais j'hérite en quelque sorte de ce qu'ils ont fait de bien ou de mal ; car les gouvernements qui se succèdent sont, malgré leurs origines différentes, solidaires de leurs devanciers. » Cependant, il affirmait sa préférence pour « le règne glorieux du chef de [sa] famille[34] ». Napoléon n'avait pas été un chef d'État parfait, mais il avait fait de son mieux pour y parvenir, tout en manquant de temps : « Le malheur du règne de Napoléon, [fut] de n'avoir pu recueillir tout ce qu'il avait semé[35]. » Si Louis-Napoléon admirait son oncle et entendait s'inspirer de lui, il pensait que tout ne pouvait être reproduit à l'identique. Il s'appuyait d'ailleurs sur son illustre parent pour le dire : « Dans les faits contemporains comme dans les faits historiques, a dit Napoléon, on peut trouver des leçons, rarement des modèles. [...] On ne saurait copier ce qui est fait, parce que les imitations ne produisent pas toujours les ressemblances[36]. »

Louis-Napoléon hésita d'ailleurs longtemps entre une république consulaire et un empire. Il évoquait ainsi, dans ses *Rêveries politiques*, un « empereur de la République française ». « Je voudrais un gouvernement qui procurât tous les avantages de la république sans entraîner les mêmes inconvénients ; en un mot, un gouvernement qui fût fort sans despotisme, libre sans anarchie, indépendant sans conquêtes[37]. »

L'influence de sa mère, de Vieillard et de Le Bas n'était sans doute pas étrangère à ses hésitations, de même que la puissance du républicanisme face à la faiblesse du bonapartisme. Dans ses *Rêveries politiques*, il affirmait qu'entre les quatre régimes qui venaient de se succéder en France, deux étaient possibles à l'avenir : la République, même si elle cherchait à exterminer ses ennemis, car elle reposait sur l'égalité, la liberté et l'amour de la patrie, et l'Empire, qui visait à « consolider un trône sur les principes de la Révolution », à « cicatriser toutes les plaies de la France », à « régénérer les peuples » et dont les passions se nommaient « l'amour de la Patrie, de la gloire et de l'honneur ». En revanche, la Restauration qui avait octroyé « la liberté pour faire oublier la gloire » et qui signifiait « le rétablissement des anciens privilèges et la tendance à l'arbitraire » était aussi peu souhaitable que la royauté de 1830, régime de « l'égoïsme » et de « la lâcheté[38] ». À ce propos, Persigny, aussi haineux que lui à l'égard de l'orléanisme, lui écrivit plus tard que ce régime avait transformé la société française en une « petite société bourgeoise, mesquine, sans ambition, sans grandeur[39] ». En 1845, le prince affirmait encore : « Je désire de tout mon cœur l'avènement d'un gouvernement quelconque qui s'efforce d'amener en France les institutions démocratiques, qui s'occupe du bien-être du plus grand nombre et qui fasse triompher la liberté, la vertu, la justice[40]. » Les circonstances lui firent expérimenter successivement la république et l'empire.

S'il hésitait sur la nature du régime, Louis-Napoléon avait des idées arrêtées sur les institutions qui ne devaient, selon lui, « pas être faites pour une seule classe, ou pour un seul parti » mais « favoriser également tout le monde ». L'exécutif devait être fort. Il lui revenait d'incarner les principes d'autorité et d'ordre. Ce fut au nom de ces derniers que son discours sur le coup d'État évolua. En 1843, il répondait encore à Lamartine, pourfendeur du 18 Brumaire, que l'insurrection contre un régime établi pouvait être « une nécessité » si celui-ci était corrompu et décadent, même s'il reconnaissait déjà qu'un coup d'État n'était « jamais un exemple qu'on [pût] convertir en principe[41] ». Lors de sa visite à Ham durant sa présidence, en juillet 1849, il alla plus loin en condamnant ses tentatives de Strasbourg et de Boulogne. Il entendait montrer qu'il était passé dans le camp de l'ordre. Il justifia d'ailleurs son coup d'État du 2 Décembre par la nécessité de protéger ce dernier face aux sombres menées de l'Assemblée.

Dans son système, le parlementarisme ne pouvait avoir de place. Louis-Napoléon lui reprochait d'être un produit d'importation britannique qui ne correspondait pas au tempérament français, de s'interposer entre le chef de l'État et le peuple, de n'être qu'un miroir déformé du pays réel, de céder trop souvent aux questions de personnes et aux intérêts particuliers et de susciter régulièrement des joutes partisanes et des bavardages stériles. À ceux qui continuaient de lui objecter l'exemple anglais, il opposait le manque de maturité politique du peuple français. La monarchie de Juillet avait expérimenté le modèle britannique mais sans réussite : « On a introduit en France les institutions politiques de la Grande-Bretagne, en laissant de côté tous les usages qui, en Angleterre, perfectionnent et fécondent ces institutions [42]. » Chaque nation devait d'ailleurs adopter un gouvernement conforme à ses mœurs, ses habitudes, sa langue, sa religion [43]. « Il faut que toutes les lois portent, gravées sur leur front le cachet national [44]. » À l'instar de son oncle, le prince souhaitait réconcilier tous les Français. « L'idée napoléonienne [...] unit la nation au lieu de la diviser [45]. » Au nom de l'intérêt national, il refusait tout sectarisme, ce qu'il exprima à plusieurs reprises : « L'idée napoléonienne [...] donne à chacun l'emploi qui lui est dû, la place qu'il mérite selon sa capacité et ses œuvres, sans demander compte à personne, ni de son opinion, ni de ses antécédents politiques [46]. » Sa doctrine, toute de fusion et d'unanimité, incluait la disparition des partis qui étaient, selon lui, les ennemis naturels du principe d'autorité [47]. Il fit ce vœu dans son premier discours présidentiel, le 20 décembre 1848 : « Soyons les hommes du pays et non les hommes d'un parti. »

Cependant, si la pratique du pouvoir sous la deuxième République conforta son antiparlementarisme, elle lui montra aussi la difficulté de concilier les extrêmes. Son coup de force lui aliéna l'immense majorité des républicains et des socialistes et lui imposa de chercher l'appui des anciens partis [48]. Il ne désespérait pourtant pas de procéder à une grande réconciliation de tous les Français. Ce fut pourquoi il ne put jamais se résoudre à créer un parti bonapartiste à base populaire, ni même une revue doctrinale, qui lui auraient procuré une armée de fidèles, mais qui auraient été contraires à ses convictions les plus intimes et aveu d'échec. Il formulait déjà cette idée dans la lettre qu'il écrivit à Armand Laity, le 2 juillet 1838, pour l'autoriser à publier sa *Relation historique des événements du 30 octobre 1836* : « On vous demandera : où est le parti napoléonien ? Répondez : le parti est nulle part et la cause partout. Le parti n'est nulle part parce que mes amis ne sont pas enrégimentés ; mais la cause à des partisans partout, depuis l'atelier de l'ouvrier, jusque dans les conseils du roi, depuis la caserne du soldat jusqu'au palais du Maréchal de France. »

Le chef de l'État gouvernerait en effet, en s'appuyant sur un cabinet, des assemblées et une administration composés d'illustrations, mais aussi et surtout de techniciens. Louis-Napoléon reprenait là l'idée chère aux saint-simoniens d'un gouvernement par les hommes spéciaux. Dans sa célèbre parabole, Saint-Simon avait déclaré inutile à la nation les « frelons » improductifs et profiteurs, y compris les plus hauts personnages du pays, et il avait appelé de ses vœux leur remplacement par les « abeilles bienfaisantes », en d'autres termes tous les producteurs, manufacturiers, négociants, artisans, ouvriers et cultivateurs. Quelques années plus tard, Michel Chevalier avait renchéri : « La politique de l'avenir aura pour objet l'administration des biens matériels de la société ; les hommes généraux de l'industrie, les banquiers et les ingénieurs seront alors des hommes politiques à titre au moins égal à celui des raisonneurs, des réglementeurs[49]. »

Louis-Napoléon appliqua d'abord cette idée à son gouvernement idéal. Dans ses articles de Ham, il assurait que chaque ministère devait être dirigé par un technicien et non par un parlementaire passant d'un portefeuille à l'autre en raison des contingences politiques. On voyait trop souvent un avocat diriger les Travaux publics, un industriel l'Agriculture et le Commerce et un écrivain illustre les Affaires étrangères, et « au premier coup de sifflet des Chambres » les rôles étaient intervertis. Un « ministre de la parole » viendrait simplement défendre la politique de ses collègues spécialistes devant les Chambres[50]. Celles-ci se composeraient également d'hommes spéciaux et n'auraient donc plus besoin de tribune : « Avec une tribune, une chambre ressemble trop à un théâtre où les grands acteurs seuls peuvent réussir. Sans tribune, au contraire, les chambres prennent le caractère d'hommes graves, qui discutent leurs intérêts sans emphase et sans apparat » ; « Le grand désavantage de la tribune, c'est de ne permettre qu'aux orateurs consommés de parler, et souvent les grands orateurs ne sont pas les hommes les plus logiques, ni ceux qui approfondissent les questions[51]. » Dans ce régime idéal où toutes les institutions relèveraient de la technique et de l'administration, le seul homme politique responsable serait le chef de l'État.

Comment déclarer ne pouvoir s'accommoder des divisions partisanes, aspirer à occuper l'ensemble de l'échiquier politique à soi seul et vouloir l'unanimité nationale à toute force d'une part et espérer maintenir la liberté d'autre part ? Au docteur Coremans qui lui avait adressé, en 1834, son ouvrage intitulé *Kerkerblumen* (*Fleurs de la prison*) dans lequel, tout en flattant l'auteur, il s'en prenait à son oncle qu'il accusait de liberticide, le prince répondit : « Mon sentiment le plus intime est celui d'une véritable adoration pour Napoléon et pour la Liberté, car, dans mon cœur comme dans mon esprit, ces deux sentiments sont inséparables[52]. » Il créditait son oncle d'avoir sauvé la liberté qui était encore dans l'enfance à son avènement : « L'Empereur Napoléon a contribué plus que tout autre à accélérer le règne de la liberté en sauvant l'influence morale de la révolution, et en diminuant les craintes qu'elle inspirait[53]. »

Louis-Napoléon distinguait les libertés fondamentales, libertés individuelles classiques qui étaient intangibles des libertés publiques, lesquelles ne pouvaient être accordées sans garanties. Il faisait un sort particulier à la liberté de la presse qui conduisait trop souvent les journaux à se dresser en concurrents des pouvoirs publics, alors qu'ils ne disposaient d'aucune légitimité. L'espace public ne pouvait exister hors des institutions légales. Par ailleurs, Louis-Napoléon avait beaucoup réfléchi aux libertés locales, lors de son long séjour en Suisse. Il se prononçait clairement pour la centralisation politique de la France : « Divisez un grand État, et chaque portion voudra s'élever au détriment des autres ; chaque province sera le foyer de nouveaux intérêts, de nouvelles prétentions : elle tendrait toujours à se séparer du centre[54]. » Cependant, il concédait, qu'en matière administrative, « l'excès de centralisation [...] ne [devait] pas être considéré comme un système définitif et arrêté, mais plutôt comme un moyen[55] ». Quant aux autres libertés publiques, elles n'étaient guère mieux loties car elles ne pouvaient se concevoir sans ordre : « Quand le gouvernement, quelle que soit sa forme, n'a plus ni force, ni prestige ; que l'ordre n'existe ni dans l'administration, ni dans l'État, il faut rétablir l'ordre avant que la liberté soit possible[56]. » Il exprimait la même idée de façon plus imagée : « La liberté est comme un fleuve : pour qu'elle apporte l'abondance et non la dévastation, il faut qu'on lui creuse un lit large et profond[57]. »

En décembre 1852, il justifia la restriction provisoire des libertés par l'agitation du pays avant et pendant son coup d'État, tout en assurant que son acte permettrait leur future renaissance. En recevant les résultats du premier plébiscite, le 31 décembre 1851, il affirma ainsi qu'il avait jeté « les véritables bases du seul édifice capable de supporter plus tard une liberté sage et bienfaisante ». En mars suivant, il précisa : « Des restrictions ont été apportées à la liberté de la presse et à la liberté individuelle parce que l'une avait dégénéré en licence et l'autre avait, par d'odieux excès, menacé le droit de tous. » Dans son discours du 14 février 1853, il s'adressa « à ceux qui regrett[aient] qu'une part plus large n'[eût] pas été faite à la liberté », en leur disant encore que celle-ci « n'a[vait] jamais aidé à fonder d'édifice politique durable, elle le couronn[ait] quand le temps l'a[vait] consolidé[58] ». Cela consistait à la renvoyer à un horizon pour le moins lointain[59].

La fibre sociale

Durant ses jeunes années, Louis-Napoléon Bonaparte fut amené à s'intéresser aux questions sociales sous l'influence de plusieurs personnes. Sa mère et son précepteur Philippe Le Bas furent les premiers à l'y sensibiliser. Dans le *Mémorial de Sainte-Hélène*, il put lire combien son oncle regrettait de ne pas s'être davantage soucié du sort du peuple : « Ma grande occupation eût été, du sommet de ma puissance, de m'occuper à fond d'améliorer les conditions de la société ; j'eusse descendu jusqu'à la jouissance individuelle[60]… » Et il prit ces paroles pour argent comptant : « L'amélioration des classes pauvres fut une des premières préoccupations de l'empereur[61]. »

Au cours de ses séjours en Grande-Bretagne en 1832-1833 puis en 1838-1840, il accomplit des voyages d'études dans les régions industrielles, visita des manufactures et des quartiers populaires. Il rencontra le communiste Cabet, exilé comme lui. Il se plongea également dans les écrits de divers réformateurs sociaux. Il fut marqué par les œuvres de Saint-Simon et de ses disciples que lui fit découvrir Vieillard, mais aussi par *Lecture on the New State of Society*, ouvrage dans lequel l'industriel écossais Robert Owen proposait de réformer la société de fond en comble. À Ham, il lut *L'Organisation du travail* de Louis Blanc, *De la misère des classes laborieuses en Angleterre et en France* d'Eugène Buret et les articles de *L'Atelier*, journal d'inspiration socialiste et chrétienne[62].

Cet intérêt du prince pour les couches populaires ne s'expliquait pas seulement par l'influence qu'avaient pu exercer sur lui certaines individualités ou quelques lectures. L'homme était d'une profonde générosité empreinte de sensibilité romantique et même de messianisme. N'avait-il pas donné dans son enfance son manteau, son gilet et ses chaussures à des pauvres[63] ? Curieux de nature, altruiste et observateur de son temps, il savait mieux que d'autres percevoir de quoi les lendemains seraient faits. Or, il avait accédé à l'âge d'homme au moment où la France s'industrialisait, où naissait la question sociale et où émergeaient les socialismes. Il ne pouvait donc se désintéresser du paupérisme. Il était ému devant cette nouvelle population ouvrière créée par la grande industrie qui avait « tous les défauts physiques provenant d'un travail malsain dans des lieux privés d'air, et les défauts moraux résultant de la misère et de l'agglomération d'hommes sur un petit espace ». Mais cet intérêt n'était pas un calcul de sa part pour s'attirer les faveurs des républicains dont la plupart étaient des bourgeois libéraux peu préoccupés par le bien-être des ouvriers, ni même une manœuvre pour séduire les masses[64]. « Cet homme a l'instinct du bien pratique[65] », disait de lui le docteur Barthez. Après l'avoir rencontré, Louis Blanc lui décernait, pour sa part, un brevet de socialisme[66]. Il ne cessait lui-même de s'affirmer socialiste, même lorsque ce qualificatif pouvait lui nuire. Cependant, ses préoccupations sociales rencontraient aussi son intérêt politique. Procurer le bien-être aux classes laborieuses permettrait de les détourner des revendications politiques et d'assurer l'ordre. En 1789, en 1830, et bientôt en 1848, trois crises économiques et sociales que le gouvernement n'était parvenu à résoudre avaient entraîné des révolutions. Pour qui aspirait à devenir un jour chef de l'État, l'enjeu était capital : « La société n'est pas un être fictif : c'est un corps en chair et en os, qui ne saurait prospérer qu'autant que toutes les parties qui le composent sont dans un état de santé parfaite[67]. » Le bonapartisme devait donc épouser son époque et fournir des réponses concrètes aux questions majeures posées par l'état de la société.

Ses écrits confirmaient son intérêt. Dans sa jeunesse, il proposa un projet de Constitution inspiré de celui de 1793 : « Le but de la société est le *bonheur commun* [...]. Les secours publics sont une dette sacrée. La société doit la subsistance aux citoyens malheureux, soit en leur procurant du travail, soit en assurant les moyens d'exister à ceux qui sont hors d'état de travailler. » Il en reprit l'essentiel, quelques mois plus tard, dans ses *Considérations politiques et militaires sur la Suisse*. Par la suite, il était rare que l'une de ses brochures ou que l'un de ses articles ne mentionnât pas les plus humbles, ainsi que la nécessité d'améliorer leur sort. En 1839, *Des idées napoléoniennes* lui donna l'occasion d'évoquer l'œuvre de son oncle en la matière, œuvre certes insuffisante mais pionnière. En 1842, l'*Analyse de la question des sucres* lui permit de féliciter les raffineurs de sucre de fixer la main-d'œuvre dans les campagnes et d'éviter ainsi son déracinement et sa perdition dans les villes.

Il alla plus loin en consacrant un ouvrage entier à la question sociale, *L'Extinction du paupérisme*, opuscule d'une cinquantaine de pages, rédigé pour l'essentiel en 1843 et édité l'année suivante. Dans l'avant-propos, le prince affirmait que son unique but était le bien-être de la classe ouvrière[68]. Il fustigeait l'exode rural, l'entassement dans les villes, l'exploitation des ouvriers, leur vie précaire, leur fin misérable : « C'est une honte pour notre civilisation, disait-il, de penser qu'au XIXe siècle, le dixième au moins de la population est en haillons et meurt de faim en présence de millions de produits manufacturés qu'on ne peut vendre et de millions de produits du sol qu'on ne peut consommer[69]. »

Cependant, comme Saint-Simon, il n'opposait que le pauvre laborieux au riche oisif et non l'ouvrier au patron. Pour remédier à la misère populaire, les plus riches, qualifiés de « sybarites », devraient faire des concessions et en particulier accepter un accroissement des impôts. La réconciliation du travail et du capital ainsi que la paix sociale étaient à ce prix : « La pauvreté ne sera plus séditieuse, lorsque l'opulence ne sera plus oppressive[70]. » Pour éteindre le paupérisme, il préconisait, à la suite des saint-simoniens, de recourir à la grande propriété et, à la suite de Louis Blanc, d'organiser le travail. Il prévoyait d'affecter une grande partie du produit de l'impôt à l'achat de millions d'hectares de terres incultes qui seraient défrichées et mises en valeur par des colonies agricoles. Ces dernières emploieraient les indigents et les chômeurs des campagnes et, plus encore, ceux des villes qui viendraient « retremper en plein air leur esprit et leur corps ». Elles leur permettraient de se relever « par l'association, l'éducation et la discipline[71] ». Louis-Napoléon prévoyait ainsi d'apprendre aux colons le sens de l'ordre et des règles de conduite, mais aussi de leur donner une formation professionnelle et même de les associer à la gestion des domaines sur lesquels ils travailleraient. Ils seraient soumis à une discipline militaire, devraient être provisoirement « baraqués dans des camps » et percevraient des salaires correspondant aux soldes de l'armée, mais, bientôt, ils recevraient des « maisons saines » et placeraient leurs enfants dans des écoles et leurs infirmes dans des hôpitaux. Ils éliraient, à raison d'un pour dix d'entre eux, des prud'hommes, « classe intermédiaire » chargée, comme les sous-officiers dans l'armée, de « donner l'exemple d'une bonne conduite » et de « diriger » leurs camarades. Dotés d'un salaire double, ces hommes stimuleraient « la louable ambition de tous ». Au-dessus d'eux des directeurs, équivalents des officiers militaires, seraient élus par les ouvriers et les prud'hommes et enseigneraient « l'art de la culture des terres ». La colonie serait dirigée par un gouverneur « nommé par les prud'hommes et les directeurs réunis », assisté « d'un comité formé d'un tiers de directeurs et de deux tiers de prud'hommes ». Chaque année les comptes de la colonie seraient « communiqués à l'assemblée générale des travailleurs et soumis au conseil général du département » qui pourrait casser les prud'hommes et les directeurs incapables. Tous les ans, les gouverneurs se rendraient à Paris pour y discuter, sous la présidence du ministre de l'Intérieur, du meilleur moyen de « faire des bénéfices dans l'intérêt de l'association générale[72] ». Les ouvriers auraient ainsi « des droits et un avenir ». Dans son ouvrage sur le canal du Nicaragua, Louis-Napoléon étendait son système à l'étranger[73].

En outre, comme la population parisienne s'était fortement accrue depuis la Restauration, qu'elle s'entassait dans des quartiers insalubres, terreau de toutes les épidémies, comme le choléra en 1849, Louis-Napoléon envisageait de grandes transformations pour la capitale, avant même son accession au pouvoir. Dans un discours qu'il prononça à l'Hôtel de Ville de Paris, pour le deuxième anniversaire de celle-ci, le 10 décembre 1850, il affirma, avec conviction : « Paris est le cœur de la France, et toutes les améliorations utiles qu'on y adopte contribuent puissamment au bien-être général. [...] Mettons tous nos efforts à embellir cette grande cité, à améliorer le sort de ses habitants, à les éclairer sur leurs véritables intérêts. Ouvrons des rues nouvelles, assainissons les quartiers populeux qui manquent d'air et de jour, et que la lumière bienfaisante du soleil pénètre partout dans nos murs, comme la lumière de la vérité dans nos cœurs[74]. »

Cependant, si Louis-Napoléon était indiscutablement de tous les chefs d'État de son temps celui qui se préoccupait le plus des maux sociaux, il n'avait pas, en ce domaine-là comme en politique, la possibilité d'appliquer ses idées. Odilon Barrot et Alfred de Falloux avaient en effet conditionné leur participation gouvernementale à l'abandon des « élucubrations » de *L'Extinction du paupérisme*[75]. Le chef de l'État se défendait pourtant d'être un utopiste : « Je ne bercerai pas le peuple d'illusions et d'utopies qui n'exaltent les imaginations que pour aboutir à la déception et à la misère. Partout où j'apercevrai une idée féconde en résultats pratiques, je la ferai étudier, et si elle est applicable, je vous proposerai de l'appliquer[76]. » S'il obtint qu'une commission fût nommée le 25 avril 1849 pour examiner la question des colonies agricoles[77], les oppositions furent telles parmi ses ministres et au sein de la majorité conservatrice de l'Assemblée législative, nouvellement élue, que rien de concret n'en sortit. Ses autres grands projets subirent le même sort, tels le crédit foncier, la banque de prêt d'honneur qu'il avait envisagée dès 1847 et qui aurait permis aux pauvres d'emprunter sur l'honneur et sans intérêt, ou encore la transformation de Paris qui se heurtait au mauvais vouloir du préfet de la Seine, Berger[78].

Louis-Napoléon fit néanmoins voter un certain nombre de lois en faveur des pauvres. La loi du 14 avril 1850 permettait l'assainissement des logements insalubres. Celle du 18 juin 1850 et le décret du 15 juillet suivant créaient une Caisse nationale des retraites pour la vieillesse. Un règlement général du 24 décembre 1850 aménageait la police sanitaire. La loi du 22 janvier 1851 instituait l'assistance judiciaire gratuite pour les travailleurs pauvres. Celle du 7 août 1851 réorganisait les hospices et les hôpitaux. Pour le reste, le président se contenta de prendre des mesures charitables ou ponctuelles, moins dérangeantes pour les élites traditionnelles. Malgré ses difficultés d'argent, il accorda par exemple une subvention de 50 000 francs pour construire des cités ouvrières dans la capitale. Cependant, il s'agissait là de réalisations modestes au regard du projet développé dans *L'Extinction du paupérisme*.

Louis-Napoléon était décidé à attendre des jours meilleurs pour faire aboutir ses grands desseins.

S'il abordait moins les autres questions de société car il les jugeait moins cruciales que le paupérisme, l'aspirant chef d'État, *a fortiori* le président de la République, ne pouvait se permettre de les éluder. Tout socialiste qu'il se disait, il ne remit jamais en cause le droit de propriété. Dans sa jeunesse, il affirmait déjà : « Le droit de propriété est celui qui appartient à tout citoyen de jouir et de disposer à son gré de ses biens, de ses revenus, du fruit de son travail et de son industrie. » En 1848, le candidat à l'élection présidentielle tint aussi à rassurer les propriétaires qui se sentaient menacés par les discours de Proudhon et de quelques autres tribuns : « Protéger la propriété, c'est maintenir l'inviolabilité des produits de tous les travaux ; c'est garantir l'indépendance et la sécurité de la possession, fondements indispensables de la liberté civile [79]. »

Louis-Napoléon se montrait en revanche hostile à la noblesse. Au fort de Ham, il avait écrit un article très critique à son égard : « Nous trouvons aussi illogique de créer des ducs sans duchés, que de nommer des colonels sans régiments. Car si la noblesse avec privilège est opposée à nos idées, sans privilèges, elle devient ridicule. [...] Faire à la sourdine quelques petits ducs, quelques petits comtes qui seront sans autorité et sans prestige ! c'est froisser sans but et sans résultat les sentiments démocratiques de la majorité des Français ; c'est condamner des vieillards à jouer à la poupée [80]. » La deuxième République ne modifia pas son discours. Seule l'approche de l'Empire le fit. À son cousin, le prince Napoléon, qui lui reprochait de trop s'entourer des élites traditionnelles, il rappela les contraintes et les équilibres qu'impliquait le pouvoir : « Quand on porte notre nom et qu'on est à la tête du Gouvernement, il y a deux choses à faire : satisfaire les intérêts des classes les plus nombreuses, se rattacher les classes élevées [81]. »

Son évolution vis-à-vis de l'esclavagisme fut inverse. Le prince tint compte de ce qu'il estimait être le sens de l'histoire. Dans un article paru en 1843 [82], lui, le petit-fils d'une créole, ne se montrait pas insensible à la cause des colons, inquiets de l'abolition de l'esclavage par les Britanniques dans leurs propres colonies, en 1834, et des dispositions d'esprit de Louis-Philippe et de son principal ministre, Guizot. Il était dangereux, selon Louis-Napoléon, tant pour des raisons économiques que sociales, de procéder à une abolition immédiate dans les colonies françaises. Il fallait le faire graduellement en se concertant avec les autres puissances coloniales et en préparant les esclaves au travail libre. Il dénonçait au passage la démagogie des « faux philanthropes » : « L'ardeur de ces hommes s'accroît toujours en raison directe du carré des distances où se trouvent les objets de leur sympathie. Ils sont insensibles à la misère du prolétaire français, au dénuement de l'ouvrier qui habite le même toit qu'eux ; mais aussitôt qu'à nos antipodes quelques iniquités se commettent, oh ! alors leurs passions s'exaltent, l'humanité qui souffre au bout du monde leur paraît bien plus digne de pitié que celle qui languit dans leur propre patrie. » Il n'en montrait pas moins de la compassion pour la condition des esclaves travaillant dans les plantations. Une fois l'abolition décrétée par les républicains, en 1848, il ne la remit jamais en cause, contrairement à ce qu'avait fait son oncle et ce malgré les pressions d'une partie de son entourage.

Dans sa jeunesse, Louis-Napoléon avait reçu l'enseignement d'incrédules tels que Le Bas, Chabrier-Peloubet ou Vieillard. Catholique non pratiquant, il s'était rapproché de la religion lors de son emprisonnement au fort de Ham et il affirmait avoir toujours la foi, en janvier 1851, lors d'un entretien avec Montalembert[83]. Cependant, il s'intéressait médiocrement aux affaires religieuses et écrivit peu sur le sujet. Dans son esprit, elles étaient toujours subordonnées aux questions politiques et sociales. Il était pourtant conscient, comme son oncle ou les saint-simoniens avant lui, que l'influence de l'Église demeurait un appui indispensable, dans un pays tel que la France, pour tout gouvernement qui se respectait. Il jugeait la religion selon son étymologie. Elle devait être un lien social, une base morale, un guide de vie. Dans son discours de Bordeaux, il affirmait donc vouloir « conquérir à la religion, à la morale, à l'aisance, cette partie encore si nombreuse de la population qui, au milieu d'un pays de foi et de croyance, connai[ssait] à peine les préceptes du Christ[84] ». Par contre, la religion ne devait, en aucune façon, se faire prosélyte. Dans ses *Fragments politiques*, il avait ainsi écrit : « Le plus grand ennemi d'une religion est celui qui veut l'imposer[85]. » Celle-ci devait être tolérante et ne pas remettre en cause la liberté de conscience[86]. Il intervint dans le débat qui, sous la monarchie de Juillet, intéressait la liberté de l'enseignement et la remise en cause du monopole de l'Université napoléonienne sur les collèges, les lycées et les facultés. Selon lui, l'Université ne pouvait pas être athée et devait accorder une place à l'enseignement religieux, mais elle devait conserver un droit de regard sur celui-ci, pour qu'il ne pût inculquer aux enfants la haine de la Révolution et de la liberté. Dans son esprit, les prêtres devaient être citoyens avant que d'être prêtres [87].

Le dessein économique

Louis-Napoléon associa constamment l'économique et le social. En effet, la bonne santé de l'agriculture, de l'industrie et du commerce d'un pays était, d'après lui, le meilleur moyen d'assurer le bien-être de ses populations, objectif principal que devait se fixer tout gouvernement. Tel n'était pourtant pas le seul but de l'économie. Celle-ci devait permettre à la France de retrouver sa fierté nationale mise à mal par les monarchies censitaires. Le pays « a[vait] été si richement doté du ciel [et] renferm [ait] en lui-même tous les éléments de sa prospérité [88] » qu'il eût été coupable de ne pas en profiter. L'Angleterre, dont l'avance économique fascinait Louis-Napoléon, devait ici servir d'exemple. Lors de ses séjours en Grande-Bretagne, il conversa avec des économistes et des industriels. Il parcourut des ouvrages économiques, à Arenenberg et à Londres, mais ce fut à « l'université de Ham » qu'il étudia dans le détail la pensée des maîtres de l'économie politique, en particulier Adam Smith et Jean-Baptiste Say, au travers de leurs œuvres majeures, *Recherches sur la nature et les causes de la richesse des nations* pour le premier et le *Cours complet d'économie politique* pour le second [89]. Dans leur lignée, il chiffrait précisément les dépenses et les recettes que ses projets occasionneraient, de façon à leur donner un caractère scientifique, même si ses calculs n'étaient pas toujours justes [90]. Il défendait la propriété et les initiatives privées dont il avait pu admirer les effets lors de ses séjours britanniques. Selon lui, il fallait « éviter cette tendance funeste qui entraîn[ait] l'État à exécuter lui-même ce que les particuliers [pouvaient] faire aussi bien et mieux que lui ». Il ajoutait que : « La centralisation des intérêts et des entreprises est dans la nature du despotisme. » Il se prononçait par ailleurs contre la croissance excessive de la fonction publique qui risquait de faire des Français des assistés. Il fallait donc « restreindre dans de justes limites le nombre des emplois qui dépendent du Pouvoir, et qui souvent font d'un peuple libre un peuple de solliciteurs [91] ».

Cependant, il affirmait qu'un gouvernement n'était pas « comme l'a[vait] dit un économiste distingué [Jean-Baptiste Say] un *ulcère nécessaire* ; mais c'[était] plutôt le moteur bienfaisant de tout organisme social[92] ». Adam Smith écrivait que l'État devait protéger la société contre la violence et chaque citoyen contre l'arbitraire et l'injustice, instruire la jeunesse et créer des ouvrages d'art coûteux que ne pouvaient financer les entreprises privées. Selon Louis-Napoléon, il avait bien d'autres rôles. Ainsi qu'il l'exprima à de multiples reprises dans ses brochures et dans ses discours, il devait préserver le pays de « l'incertitude de l'avenir, [...] pire de tous les maux[93] ». Il lui revenait, en outre, la glorieuse mission « d'exterminer le paupérisme, de diminuer les charges accablantes des pauvres, de réveiller partout l'activité bienfaisante des citoyens en récompensant le mérite et la vertu », mais aussi de donner l'impulsion générale à l'économie et de la réguler. Il lui incombait ainsi de faciliter le crédit, de développer les infrastructures urbaines et de transports, de stimuler et de protéger l'industrie et d'encourager le commerce par des lois, des décrets, de l'argent. Lui qui ne savait pas, dans sa vie privée, proportionner ses dépenses à ses revenus se montrait prodigue des deniers publics. L'impôt, mais plus encore l'emprunt public, devaient financer son programme économique qui, une fois réalisé, générerait un profit supérieur[94]. Louis-Napoléon venait de concevoir la théorie des dépenses productives. Son système n'était donc déjà plus le capitalisme libéral et s'opposait au « laisser-faire » de la Grande-Bretagne ou de la monarchie de Juillet, mais il n'était pas non plus, à proprement parler, un socialisme.

S'il considérait l'agriculture comme « le premier élément de la prospérité d'un pays, parce qu'elle repos[ait] sur des intérêts immuables et qu'elle form[ait] la population saine, vigoureuse, morale des campagnes[95] », Louis-Napoléon se montrait plus partagé à propos de l'industrie. Le développement de celle-ci était inéluctable, car il était dans le sens de l'histoire. La France avait donc intérêt à ne pas l'empêcher, mais elle devait le contrôler. « Élément indispensable de la richesse des nations, écrivait-il, l'industrie doit être étendue dans son action, tout en étant limitée dans ses effets oppressifs. Il faut encourager son essor et protéger en même temps les bras qu'elle emploie[96]. » Dans *L'Extinction du paupérisme*, il faisait un constat sans concession de la grande industrie sous la monarchie de Juillet : « C'est une machine qui fonctionne sans régulateur ; peu lui importe la force motrice qu'elle emploie. Broyant également dans ses rouages les hommes comme la matière, elle dépeuple les campagnes, agglomère la population dans des espaces sans air, affaiblit l'esprit et le corps, et jette ensuite sur le pavé, quand elle ne sait plus que faire, les hommes qui ont sacrifié, pour l'enrichir, leur force, leur jeunesse, leur existence. Véritable Saturne du travail, l'industrie dévore ses enfants et ne vit que de leur mort[97]. » En s'appuyant sur l'exemple suisse, il vantait l'industrie aux champs qui évitait tous ces maux. Telle pouvait être à ses yeux la voie du développement industriel français face à la britannique. Il avait accepté en grande partie de défendre la cause du sucre métropolitain, parce que les raffineries fixaient les ouvriers dans les campagnes, les occupaient dans les mauvais mois et disséminaient les centres de travail. Les colonies agricoles qu'il présentait dans *L'Extinction du paupérisme* répondraient au même but. Tout en augmentant la richesse nationale grâce à la mise en valeur des terres incultes, elles permettraient de diminuer le chômage et d'augmenter les salaires en raréfiant l'offre de main-d'œuvre pour les autres branches d'industrie. Le prince développait ensuite une vraie théorie de l'investissement social producteur de richesses. Après avoir retrouvé la dignité dans le travail et le goût de la vie et être sortis de la misère, les ouvriers consommeraient et relanceraient l'industrie par leurs achats. Les colonies qui auraient été un déversoir pour le trop-plein de main-d'œuvre des villes deviendraient alors leur réservoir[98]. Les travaux publics auxquels Louis-Napoléon assignait une grande place en auraient besoin.

Depuis ses jeunes années, Louis-Napoléon admirait l'œuvre urbanistique de son oncle. Il avait vu à Londres une métropole moderne. À Ham, il annonçait son ambition de faire lui-même de Paris « le chef-lieu de l'Europe ». « Je veux être un nouvel Auguste, ajoutait-il, parce qu'Auguste a fait de Rome une ville de marbre. » Outre cette quête de prestige, une arrière-pensée stratégique, la volonté de donner du travail au secteur du bâtiment et la nécessité d'accueillir sans cesse de nouveaux habitants, Louis-Napoléon envisagea très tôt d'adapter la ville à la nouvelle économie, en la rendant plus facilement accessible, en particulier par le chemin de fer[99]. Ainsi que le souligna un observateur privilégié, Charles Merruau : « Il considérait d'abord que les têtes ou les gares de chemin de fer étaient désormais les véritables portes de la ville, au lieu des anciennes barrières par lesquelles débouchaient les routes nationales [...]. Il fallait relier ces portes nouvelles afin que le passage de l'une à l'autre, c'est-à-dire d'une région de la France à une autre région, fût commode et rapide à travers un centre commun [100]. » Il s'agissait clairement de permettre à la capitale d'assumer son rôle de cœur économique du pays. Cependant, il ne fallait pas non plus que « tout afflue vers Paris » et que « le centre absorbe à lui seul toute l'activité du pays ». Il importait aussi d'amener « la vie vers les extrémités en faisant agir quatre-vingt-six nouvelles individualités [101] ». Dans son discours programmatique de Bordeaux du 9 octobre 1852, il annonçait la relance des travaux publics à travers tout le pays, ainsi qu'en Algérie [102].

Comme les disciples orthodoxes de Saint-Simon, le Père Enfantin, Michel Chevalier, les banquiers et les industriels, Louis-Napoléon accordait une grande importance à l'organisation du crédit ainsi qu'à la construction des chemins de fer et des canaux. Il considérait que pour réaliser les grandes entreprises, il fallait encourager les sociétés de capitaux, seules capables de drainer l'argent nécessaire auprès d'un large public. Alors qu'Enfantin reprenait le projet de creusement d'un canal entre la Méditerranée et la mer Rouge, il s'intéressait pour sa part au projet d'un canal entre Atlantique et Pacifique, à travers le Nicaragua [103].

Lors de son séjour en Grande-Bretagne de 1846 à 1848, il suivit de près les derniers débats autour de la réforme douanière qui aboutit, grâce à l'initiative de l'industriel Richard Cobden et à la volonté du Premier ministre Robert Peel, à l'abolition des lois protectionnistes sur les céréales. La France, quant à elle, vivait dans une tradition mercantiliste héritée de Colbert. Le traité commercial franco-britannique de 1786 avait été aboli dès la Révolution ; Français et Anglais s'étaient livrés à une guerre commerciale sans merci pendant l'Empire, les Ordres en conseil anglais répliquant au Blocus continental ; la Restauration avait maintenu les droits de douane à un niveau très élevé et la monarchie de Juillet les avait à peine atténués [104]. Jusque-là, le prince était plutôt réservé vis-à-vis de la libéralisation des échanges. Le saint-simonisme et la politique suivie par son oncle en dehors du Blocus continental le poussaient vers elle [105], mais l'étude d'un cas concret, la question des sucres et le sentiment qu'il présentait des analogies avec d'autres secteurs économiques le retenaient. Il pensait que l'avenir était à la liberté des échanges, mais il se montrait sensible au fait que toutes les industries n'étaient pas en état de soutenir la concurrence. Elles devaient donc être protégées. « Pouvoir d'un jour à l'autre être privé de pain, de sucre, de fer, écrivait-il, c'est livrer sa destinée à un décret étranger, c'est une sorte de suicide anticipé qu'on a voulu prévenir en accordant une protection spéciale aux grains et aux fers français. »

« L'agriculture et l'industrie, notait-il encore, étant les deux causes de vitalité, tandis que le commerce extérieur n'en est que l'*effet*, un gouvernement sage ne doit jamais sacrifier les intérêts majeurs des premiers aux intérêts secondaires des derniers [106]. » Le premier souci d'un pays, pensait-il, ne devait pas être le bon marché des produits finis, fussent-ils destinés aux ouvriers, car il nécessitait un travail à vil prix, mais, au contraire, la protection des industries qui épargnait le chômage [107]. Aussi se montrait-il partisan d'un protectionnisme progressiste. Le modèle britannique commença sans doute à faire évoluer ce point de vue. Sa vision du monde dut aussi y contribuer.

La vision planétaire

Dans ses écrits de jeunesse, Louis-Napoléon consacrait une place importante aux questions internationales. Dans ce domaine aussi, il défendait la politique de son oncle telle qu'il l'avait lue dans le *Mémorial de Sainte-Hélène* et telle qu'il l'avait rêvée lui-même.

Des idées napoléoniennes, son ouvrage qui présentait le plus amplement la politique impériale, prenait des accents de panégyrique : « L'idée napoléonienne n'est point une idée de guerre mais une idée sociale, industrielle, commerciale, humanitaire [108]. » Selon lui, Napoléon Ier n'avait fait que des guerres défensives pour protéger les bienfaits de la Révolution et l'intégrité de la France. Il avait eu la volonté de libérer les peuples asservis, de bâtir une Europe plus juste et de garantir la paix et le progrès de la civilisation, par une large confédération des nations, véritable Sainte-Alliance des peuples. Le congrès de Vienne et la Sainte-Alliance des trônes avaient anéanti ses projets. Reprenant une image chère à Persigny, qui l'avait aidé à mettre ses idées en forme et en formules, Louis-Napoléon comparait les guerres napoléoniennes aux crues du Nil.

Initialement dévastatrices, elles avaient laissé, en se retirant, la terre fertile, et avaient permis aux sentiments nationaux et libéraux de germer[109].

Cependant, le système international reposait depuis 1815 sur le « concert européen » qui impliquait que les quatre grandes puissances d'origine, l'Autriche, la Russie, l'Angleterre et la Prusse, se réunissent régulièrement pour gérer ensemble les problèmes internationaux, au nom d'une responsabilité commune envers l'Europe. Les deux grands objectifs de ce concert étaient de maintenir l'équilibre entre les puissances et de garantir l'acte final du congrès de Vienne et les frontières qui y avaient été définies. Or, la France, qui avait été réduite par le traité de Paris de 1815, avait intégré ce concert dès la Restauration, mais n'y occupait toujours qu'une place secondaire. Sans remettre en cause le concert européen, Louis-Napoléon souhaitait que son pays recouvrât une position digne de son rang. Patriote, il pensait à la gloire nationale. Il espérait plus largement un remaniement de la carte de l'Europe en faveur des nationalités. Selon lui, le gouffre des révolutions risquait de se rouvrir irrémédiablement si rien n'était fait. « L'appui étranger est toujours impuissant à sauver les gouvernements que la nation n'adopte pas[110]. »

Depuis la Révolution, la France était investie d'une mission. Elle était la patrie des droits de l'homme et avait montré que l'unité nationale était un formidable ressort du progrès face aux provinces et aux potentats rétrogrades, aux traditions et aux privilèges d'un autre temps. En conséquence, la « Grande Nation » était l'initiatrice naturelle des peuples. Si ceux-ci ne pouvaient jouir de leurs nationalités et des institutions qu'ils réclamaient, c'était à la France de les leur donner. Louis-Napoléon « croyait que la véritable manière d'illustrer, d'élever la France au XIXe siècle, était non de reculer ses frontières à quelques territoires de peu d'étendue, mais de la faire rayonner protectrice et bienfaisante sur tous les territoires où retentissait l'appel à l'indépendance et à la liberté ». Napoléon Ier avait conquis pour affranchir, lui voulait affranchir sans conquérir. « Chaque nation a[vait] sa destinée ; [celle de la France] [était] d'être tour à tour l'apôtre, le soldat, le martyr du droit éternel. […] [Le prince] avait l'ambition d'ajouter une pierre de plus, la dernière, à cette rayonnante pyramide de gloire et de générosité[111]. » « Alors tous les peuples ser[aie]nt frères, et ils s'embrasser[aie]nt à la face de la tyrannie détrônée, de la terre consolée et de l'humanité satisfaite [112]. » Il fallait être fier de soi, libre et heureux pour pouvoir fraterniser avec ses voisins et établir une paix durable. Selon Ollivier, cette foi dans le principe des nationalités résumait, à elle seule, la politique extérieure qu'entendait appliquer Louis-Napoléon. Il aurait pris pour *credo* une formule utilisée par son oncle à Sainte-Hélène : « Le premier souverain qui, au milieu de la grande mêlée, embrassera de bonne foi la cause des peuples se trouvera à la tête de l'Europe et pourra tenter tout ce qu'il voudra [113]. » Cette idée le rapprochait de la gauche. Elle fut, selon l'impératrice, sa faute majeure [114].

Le sort de l'Italie préoccupait particulièrement Louis-Napoléon. « C'était l'objet principal qu'il donnait à son activité extérieure, l'action d'éclat par laquelle il voulait se montrer digne de son nom, la manière dont il espérait introduire dans les faits le principe des nationalités, et détruire les traités de 1815 [115]. » Pour libérer l'Italie, il croyait inévitable un choc avec l'Autriche, puissance qui lui était peu sympathique depuis le congrès de Vienne et plus encore depuis ses aventures italiennes de 1831 [116]. Cependant, il était aussi réaliste. Il se rendit rapidement compte que le principe des nationalités ne pouvait s'appliquer de façon absolue, sous peine d'entraîner l'Europe dans une spirale de révolutions. Les considérations historiques, géographiques et politiques avaient leur importance. Comme il l'exprima plus tard : « Les nationalités ne se reconnaissent pas seulement par l'identité des idiomes et la conformité des races ; elles dépendent surtout de la configuration géographique et de la conformité des idées qui naît d'intérêts et de souvenirs communs. » Et de citer l'Alsace qui était française, quoique d'origine germanique, et les cantons de Vaud et de Neuchâtel qui étaient suisses, malgré leurs affinités françaises [117]. Dans une note de trois pages intitulée « Rôle que la France doit jouer en Europe » et sans doute rédigée à Ham, il proposait un programme qui cherchait à concilier principe des nationalités et satisfaction des grandes puissances : « Pour établir de nouveau quelque chose de durable, il faut considérer l'Europe comme une seule nation à l'abri de tout esprit de système, de tout désir de domination. [...] Mettez-vous à la tête des idées et des besoins du siècle et vous serez plus fort que César, que Charlemagne, que Napoléon car ce qui a pénalisé les efforts de ces grands hommes c'est que leurs vastes projets pour le bien de l'humanité n'étaient compris que par eux, leur grand dessein n'était que dans leur tête avant d'être dans les masses. » Il était légitime que la Pologne retrouvât son indépendance et l'Allemagne et l'Italie leurs nationalités respectives, mais la France pouvait briguer la rive gauche du Rhin, les îles Baléares et des comptoirs en Amérique, l'Angleterre l'Égypte et la Syrie de façon à s'ouvrir la route des Indes, et la Russie, Constantinople [118]. Par ailleurs, l'idée d'une confédération ou d'une fédération d'États le séduisait, y compris pour l'Italie [119]. Ce projet n'était-il pas d'ailleurs celui de nombre d'hommes du *Risorgimento* ? De l'autre côté de l'Atlantique n'avait-il pas permis à une grande puissance d'émerger ?

Comme Tocqueville qu'il avait lu, le prince annonçait l'essor de « deux colosses », la Russie et les États-Unis, entre lesquels le « vieux centre européen » n'était plus qu'un volcan qui se consumait dans son cratère [120]. Sans être hostile, dans l'absolu, à l'expansion coloniale, il considérait que l'arrivée sur l'avant-scène mondiale de la Russie et des États-Unis et la situation de l'Europe n'autorisaient pas la France à disperser son énergie et ses troupes dans des conquêtes outre-mer, en particulier quand celles-ci risquaient de dégénérer en conflits. Les colonies, écrivait-il, étaient « onéreuses en temps de paix », à l'exception de l'Algérie et de la Guyane qu'il épargnait comme les saint-simoniens, mais elles pouvaient être « désastreuses en temps de guerre [121] ». Ce qui s'était produit sous la Révolution et l'Empire, en particulier à Saint-Domingue, la « perle des Antilles », le prouvait suffisamment.

Louis-Napoléon était même l'un des premiers à s'inquiéter du fait que les puissances européennes, en quête de nouveaux débouchés pour écouler leurs produits, fussent prêtes à les chercher, à coups de canon, dans les pays lointains. La France devait plutôt renforcer son armée en abandonnant le remplacement qu'il qualifiait de « traite des Blancs » et la garde nationale qui ne faisait appel qu'à la bourgeoisie, et en adoptant le système prussien du service militaire personnel et universel à court terme avec une forte réserve. Cette organisation était « la seule qui conv[înt] à notre nation démocratique, à nos mœurs égalitaires, à notre situation politique ; car elle se bas[ait] sur la justice, l'égalité, l'économie, et a[vait] pour but non la conquête, mais l'indépendance ». « Il ne suffi[sait] plus, ajoutait-il, qu'une nation [eût] quelques centaines de chevaliers bardés de fer, ou quelques milliers de *condottieri* et de mercenaires, pour maintenir son rang et son indépendance ; il lui fa[llai]t des millions d'hommes armés, car lorsque la guerre éclat[ait], c'[était] des peuples entiers qui s'entre-choqu[ai]ent, et, lorsque la lutte [était] engagée, c'[était] le génie qui décid[ait] de la victoire ; mais c'[était] l'organisation seule qui résist[ait] dans les revers [122]. »

Cependant, la France devait avant tout vouloir la paix et en donner l'exemple [123]. D'ailleurs, isolée, elle ne pouvait quasiment rien. Elle devait conclure une alliance étroite et durable avec l'Angleterre. « Il la croyait indispensable au progrès de la civilisation et il avait le sentiment superstitieux que la durée de sa dynastie en dépendait [124]. » L'Angleterre n'avait-elle pas triomphé du génie de son oncle ? La Restauration et la monarchie de Juillet n'étaient-elles pas tombées au moment où elles s'étaient séparé d'elle ? Mais il ne fallait pas se lier à une seule puissance sous peine de laisser croire que la France « eût besoin d'une autre force que la sienne propre pour se faire respecter, d'une autre voix que la sienne pour être écoutée dans le congrès des rois [125] ». Elle devait donc aussi s'entendre avec les autres pays et en particulier les peuples latins : les Italiens pour lesquels Louis-Napoléon avait une affection particulière, mais aussi les Espagnols, les Portugais, les Moldo-Valaques ou encore les Sud-Américains qui étaient proches des Français par leur culture et par leur religion [126].

Le prince était l'un des hommes de son temps les plus ouverts sur le monde et les plus préoccupés du devenir de l'humanité. Quand on était français, d'origine corse par son père et créole par sa mère, que ses parents avaient régné sur la Hollande, que l'on avait vécu près des deux tiers de sa vie en exil en Suisse, en Bavière, dans le pays de Bade, à Florence, à Rome, en Angleterre et aux États-Unis, que l'on pouvait s'exprimer avec la même aisance en français, en italien, en allemand et en anglais, il n'était pas étonnant que l'on se sentît Européen et même mondialiste. Louis-Napoléon le revendiquait haut et fort et se plaisait à répéter à propos de son oncle une formule qu'il eût pu s'appliquer aussi bien à lui-même : « Celui-là fut un homme de génie qui reconnut que l'équilibre européen n'[était] plus comme autrefois sur les Alpes, les Pyrénées, sur la Vistule ou sur le Pont-Euxin, mais qu'il embrass[ait] le monde entier. » Au final, son système consistait à établir une société des nations qui éviterait à ses membres deux écueils, la réaction et la révolution, et qui garantirait la paix mondiale. Il fallait qu'à chaque tension internationale, les puissances se réunissent en congrès pour trouver une solution pacifique.

Louis-Napoléon n'attendit pas d'être au pouvoir pour essayer de mettre en pratique ses idées. À la fin des années 1820, il envisagea d'aller libérer la Grèce du joug ottoman. En 1831, il participa avec son frère aîné à l'insurrection de la Romagne contre le pouvoir temporel du pape. Certes, pour obtenir le soutien du parti de l'ordre lors de l'élection présidentielle de 1848, il s'engagea à rétablir le souverain pontife sur son trône et il tint parole une fois élu, mais il demanda, en contrepartie, que des mesures réactionnaires et des proscriptions ne fussent pas décrétées [127]. Dès cette époque, il essaya de faire prévaloir son idée d'un congrès international pour résoudre la crise.

Son coup d'État fut plutôt bien accueilli par les grandes puissances car il apparaissait alors comme celui qui ramènerait la France turbulente dans le droit chemin. Seule l'Angleterre s'émut de la répression. Le passage à l'Empire fut plus délicat. Le congrès de Vienne avait exclu à perpétuité les Bonaparte du trône de France. En prenant le titre de Napoléon III, Louis-Napoléon tint pour valable la proclamation éphémère du roi de Rome, fils de Napoléon Ier, comme empereur et semblait prétendre à une sorte de continuité impériale. Enfin, ne cachait-il pas les mêmes ambitions que son oncle ? Beaucoup le croyaient et le roi de Prusse le comparait même à un oiseau de proie [128]. Le prince se voulut rassurant et proclama dans son discours de Bordeaux : « L'Empire, c'est la paix [129]. » Il joua surtout habilement la carte de l'Angleterre où il disposait d'un grand capital de sympathie. Non seulement celle-ci reconnut son titre, mais elle intercéda auprès des autres puissances pour qu'elles en fissent autant. Même le tsar finit par s'incliner. Le nouvel empereur avait désormais tout les atouts en main pour appliquer sa doctrine.

Troisième époque

LES AVATARS D'UN GRAND POUVOIR (1853-1861)

CHAPITRE IX

LE CAVALIER AUTORITAIRE

« Afin d'éviter une lutte, j'ai été aussi loin
que me le permettait l'honneur. L'Europe sait maintenant,
à n'en plus douter, que, si la France tire l'épée,
c'est qu'elle y aura été contrainte*. »

« Le danger, quoi qu'on en dise,
n'est pas dans les prérogatives excessives du pouvoir,
mais plutôt dans l'absence de lois répressives**. »

L'acteur principal de la guerre d'Orient

La période qui s'étendit de 1853 à 1859 fut marquée par une série d'événements heureux pour Napoléon III, tant sur le plan intérieur qu'extérieur. Elle s'ouvrit ainsi par une guerre victorieuse contre la Russie. Ce conflit résultait de la volonté du tsar Nicolas Ier de profiter du déclin accéléré de l'Empire ottoman, l'« homme malade de l'Europe », pour prendre le contrôle des Balkans et des détroits donnant accès à la Méditerranée, le Bosphore et les Dardanelles. La Grande-Bretagne qui entendait conserver la maîtrise de la route des Indes par le Proche-Orient ne pouvait tolérer cette ambition expansionniste. De plus, « la querelle des Lieux saints » opposait depuis plusieurs années la France, protectrice des moines latins chargés de gérer les sanctuaires de Palestine, à la Russie,

---

* Discours de Napoléon III à la veille de la guerre d'Orient, 2 mars 1854.
** Discours de Napoléon III après l'attentat d'Orsini, 19 janvier 1858.

principal soutien des moines grecs qui souhaitaient remplacer les premiers.

Par un firman du 5 mai 1853, le sultan maintint le privilège des moines latins, tout en accordant quelques avantages aux grecs. Le gouvernement de Saint-Pétersbourg se saisit de ce prétexte pour envoyer un ultimatum au pouvoir ottoman. Encouragé à résister par les Britanniques et en particulier par le très influent ambassadeur de Sa Gracieuse Majesté, lord Stratford de Redcliffe, le sultan refusa de s'y soumettre. Le tsar qui était persuadé que les autres puissances étaient trop divisées et trop craintives pour s'attaquer à la Russie choisit la confrontation. En juillet 1853, ses troupes envahirent les provinces roumaines de Moldavie et de Valachie qui dépendaient de Constantinople.

La France n'avait pas d'intérêt direct à faire valoir dans la crise. D'ailleurs, Napoléon III savait l'opinion peu favorable à la guerre [1]. Ayant déclaré dans son discours de Bordeaux « l'Empire, c'est la paix », il fit tout pour éviter l'escalade [2]. Il privilégia la diplomatie et modéra l'emballement des Turcs. Le cabinet de Londres qui voulait encore moins de la guerre que lui agissait maintenant dans le même sens [3]. Or, Napoléon III était très attaché à l'entente cordiale avec les Britanniques, meilleur moyen selon lui de briser l'isolement de la France. Il se plaisait à dire que si les autres puissances étrangères était ses maîtresses, l'Angleterre était sa femme. En février 1853, il avait ainsi écrit à lord Malmesbury : « Mon désir le plus fervent est de maintenir avec votre pays, que j'ai toujours tant aimé, les relations les plus amicales et les plus intimes [4]. » Le mois suivant alors que celui-ci était en visite à Paris, il lui avait même dit souhaiter « aller *bras-à-bras* avec l'Angleterre dans toutes les occasions, non *pour ses beaux yeux*, mais dans l'intérêt général [5] ».

Cependant, lorsque Louis-Napoléon et son ministre des Affaires étrangères, Drouyn de Lhuys, se rendirent compte de la mauvaise volonté russe, ils furent les premiers à prêcher la fermeté. Il s'agissait d'empêcher l'hégémonie russe en Méditerranée orientale. Napoléon III voyait aussi dans un conflit avec Saint-Pétersbourg un moyen d'ébranler l'œuvre du congrès de Vienne [6]. Il pensait que la victoire serait aisée, qu'elle lui procurerait la gloire militaire et qu'elle permettrait à la France d'occuper, pour la première fois depuis 1815, la place centrale du concert européen. Les

Britanniques, exaspérés par l'attitude du tsar, prônaient aussi la fermeté.

Paris et Londres envoyèrent une flotte dans le Bosphore, de façon à montrer leur détermination. Après l'invasion des provinces danubiennes, Napoléon III eut toutefois des scrupules et tenta de sauver la paix. Il obtint une médiation autrichienne et la rédaction d'un mémorandum ferme mais conciliant à l'égard du tsar, la note de Vienne. L'Angleterre et la Prusse y souscrivirent, mais le sultan déclara la guerre à la Russie début octobre. Le 30 novembre 1853, la flotte russe écrasa son homologue turque à Sinope, dans la mer Noire. En janvier 1854, l'escadre franco-britannique se portait sur place. Pourtant, Napoléon III cherchait encore une issue. Le 29 janvier, il écrivit personnellement au tsar pour lui proposer le retrait simultané des troupes russes des principautés et de l'escadre franco-britannique de la mer Noire. Nicolas qui s'obstinait à l'appeler « mon bon ami », contre tout usage, refusa[7]. Dès lors, l'empereur des Français ne pouvait plus reculer.

En ouvrant la session législative, le 2 mars 1854, il annonça la probabilité d'une entrée en guerre imminente : « Afin d'éviter une lutte, j'ai été aussi loin que me le permettait l'honneur. L'Europe sait maintenant, à n'en plus douter, que, si la France tire l'épée, c'est qu'elle y aura été contrainte. Elle sait que la France n'a aucune idée d'agrandissement. Elle veut uniquement résister à des empiétements dangereux […] [d'une] puissance colossale qui, par ses envahissements successifs, embrasse le Nord et le Midi, qui possède presque exclusivement deux mers intérieures, d'où il est facile à ses armées et à ses flottes de s'élancer sur notre civilisation […]. [Nous allons à Constantinople] avec l'Angleterre pour défendre la cause du Sultan, et néanmoins pour protéger les droits des chrétiens ; nous y allons pour défendre la liberté des mers et notre juste influence en Méditerranée. […] Nous y allons enfin avec tous ceux qui veulent le triomphe du bon droit, de la justice et de la civilisation[8]. »

Le 12 mars 1854, les puissances occidentales s'allièrent à la Turquie. Deux jours plus tard, elles envoyèrent un ultimatum à la Russie, en vue d'une évacuation immédiate des provinces danubiennes. Devant le refus de Saint-Pétersbourg, elles lui déclarèrent la guerre, le 27 mars[9]. L'empereur et Drouyn de Lhuys incitèrent alors l'Autriche et la Prusse à en faire autant, en leur proposant de recréer le grand-duché de Varsovie, tout en leur garantissant la possession de leurs provinces polonaises respectives [10]. Ils échouèrent. Cependant, le 8 août, une note rédigée à Vienne et concertée entre les représentants de la France, de l'Angleterre et de l'Autriche détermina, en les réduisant à quatre, les points en litige : le protectorat russe sur les provinces danubiennes serait remplacé par un protectorat collectif des puissances, la navigation sur le Danube deviendrait libre, le régime des Détroits serait révisé, la Russie renoncerait à tout patronage sur les sujets orthodoxes de la Porte. Cependant, les Russes n'étaient pas prêts à négocier. Ils avaient évacué sans tarder les provinces danubiennes à la suite d'un débarquement allié et ils venaient de subir plusieurs déconvenues maritimes avec la destruction du port d'Odessa, l'attaque des îles Aland à l'entrée du golfe de Finlande, la destruction d'une partie de leur flotte de la Baltique et le blocage des navires restants à Cronstadt, mais ils se préparaient à défendre leur territoire.

Le prince Albert, époux de Victoria, vint à Boulogne du 4 au 8 septembre 1854 [11]. Cette visite témoignait du rapprochement entre les deux puissances. Cependant, Napoléon III inquiéta le prince en évoquant devant lui son projet d'une Union ibérique qui risquait de mettre à mal la domination commerciale des Anglo-Saxons dans la péninsule [12]. Les deux hommes s'entendirent toutefois sur le cours à donner à la guerre d'Orient.

Selon le plan approuvé par Napoléon III dès le mois d'avril, les opérations se concentreraient désormais dans la péninsule de Crimée, au nord de la mer Noire, dans l'espoir de prendre le grand arsenal de Sébastopol. Les Franco-Britanniques débarquèrent dans la baie d'Eupatoria, le 14 septembre. Après la brillante victoire de l'Alma, au cours de laquelle s'illustrèrent les zouaves, le 20, les alliés arrivèrent devant leur objectif, repoussèrent deux contre-offensives russes à Balaklava et Inkermann, mais tergiversèrent.

Le siège de Sébastopol se transforma rapidement en guerre de tranchées. Le choléra décima l'armée. Le commandant en chef, le général de Saint-Arnaud, fut d'ailleurs l'une de ses premières victimes et dut être remplacé par Canrobert. L'hivernage sur le plateau glacial de Chersonèse démoralisait les troupes. Au choléra succédèrent bientôt le typhus et la dysenterie. Le prince Napoléon qui, comme son père, avait essayé de dissuader l'empereur d'entreprendre cette guerre, puis qui avait fini par y accepter un commandement, s'était comporté courageusement dans les premiers combats, mais il suppliait maintenant son cousin de l'autoriser à rentrer en France. Celui-ci refusa en lui faisant valoir qu'un retour, alors que le sort des armes était incertain, serait du plus mauvais effet sur l'opinion [13]. Les relations avec l'Autriche semblaient, en revanche, au beau fixe. Le 2 décembre, Vienne signa avec Paris et Londres un traité d'alliance qui devait prendre sous peu un caractère offensif, si Saint-Pétersbourg refusait de négocier sur la base des quatre points et si les autres États allemands acceptaient également d'y souscrire. François-Joseph remit à Napoléon III les insignes de l'ordre de Saint-Étienne et, en retour, celui-ci conféra à son « bon frère » la Légion d'honneur [14]. En outre, soucieux d'élargir le plus possible les alliances contre la Russie, il obtint sans difficulté l'entrée dans la coalition du Piémont. Celui-ci souhaitait se ménager le soutien de la France et de l'Angleterre en vue de futurs agrandissements en Italie. En janvier 1855, il envoya à son tour un contingent en Crimée.

Cependant, le peuple souffrait du renchérissement du prix du pain occasionné par les mauvaises récoltes des mois précédents et l'opinion qui avait cru en une guerre courte commençait à s'impatienter. L'empereur lui-même ne trouvait les opérations ni assez rapides, ni assez percutantes, se voyait des qualités de chef de guerre et regrettait de ne pas avoir pris lui-même le commandement des troupes [15]. Il estimait qu'il fallait battre les armées russes de secours et ne pas se confiner dans les tranchées, comme le faisait Canrobert. Il dépêcha sur place des *missi dominici* dont l'un de ses aides de camp, le général Niel, pour avoir plus de prise sur les décisions du commandant en chef [16].

Dès les premiers jours de 1855, Napoléon III songea à se rendre lui-même sur place et à signer une paix séparée avec la Russie. L'exemple de son oncle en tête, il avait toujours pensé qu'un souverain devait commander aux armées. Ce fut début février qu'il prévint ses ministres. Le gouvernement entra en ébullition. Personne ne voulait que l'oncle Jérôme assurât l'intérim du pouvoir. Tous avaient à l'esprit la campagne de Russie de 1812. Vaillant faisait valoir les conséquences d'une défaite. Persigny agitait le spectre de Charles XII. Fleury craignait même la mort du souverain, alors que la dynastie n'était pas fondée. Les alliés accueillirent aussi défavorablement ce projet qui risquait à la fois de permettre aux Russes de se tirer d'affaire à bon compte et de donner le beau rôle à la France [17]. L'empereur d'Autriche, François-Joseph, écrivit à

Napoléon III qu'il désapprouvait son initiative. La paix était peut-être imminente. Nicolas venait en effet de mourir et son fils et successeur, Alexandre II, serait sans doute enclin à mettre fin à une guerre dont il n'était pas l'instigateur. L'empereur des Français répondit à François-Joseph, en fustigeant les tergiversations autrichiennes : « La France est une nation militaire, soulignait-il en outre, qui ne comprend pas que le destin du pays se décide sans que son chef en prenne la responsabilité pratique comme il en a la responsabilité morale. » Par cette grande initiative, il entendait hâter le dénouement du conflit [18].

Elle-même inquiète [19], la reine Victoria invita Napoléon III en Angleterre. Pendant l'absence du souverain du 17 au 22 avril 1855, plusieurs ministres ne se privèrent pas de critiquer son désir de partir en Crimée, lors d'un conseil de gouvernement. Magne voyait déjà la banqueroute se profiler. Fould craignait un renversement de la dynastie. Billault parlait de démission collective pour faire reculer le souverain. Rouher suggérait de faire rédiger une protestation par le Sénat. Les parlementaires inquiets se précipitaient d'ailleurs dans les ministères pour en savoir plus [20]. Pendant ce temps, l'empereur était reçu très chaleureusement à Windsor et à Buckingham, assistait à deux conseils de guerre et était décoré de l'ordre de la Jarretière [21]. Le couple royal britannique parvint à le convaincre de renoncer à son projet et, de fait, après son retour à Paris, Napoléon III fit connaître sa décision dès le 26 avril [22]. Deux jours plus tard, un attentat manquait de lui coûter la vie et confirmait les craintes de ses ministres [23].

Le souverain fut cependant amené à s'impliquer de plus en plus dans la conduite des opérations, tant au niveau diplomatique qu'au niveau militaire. Le 5 mai 1855, Drouyn de Lhuys quitta le ministère des Affaires étrangères. L'événement surprit toutes les chancelleries car le prestige du ministre était immense. Il passait pour pro-autrichien et Napoléon III dénonçait désormais de plus en plus ouvertement les valses-hésitations de Vienne qui n'avait pas donné suite à ses engagements. On y vit donc un changement de cap de la politique impériale. En fait, le ministre, très susceptible, avait démissionné, car l'empereur lui avait donné tort, la veille, devant l'ambassadeur anglais, sur un point secondaire. Après avoir tenté de le faire revenir sur sa décision, Napoléon III nomma pour lui succéder Walewski, son ambassadeur à Londres, qui était au cœur des négociations en cours, mais la nomination fit sourire…

car la personnalité du nouveau ministre n'était pas du même niveau que celle du démissionnaire. Par ailleurs, le 16 mai, Canrobert cédait son commandement à Pélissier. Soucieux de se faire valoir, celui-ci lança un assaut contre Sébastopol le 18 juin, mais il échoua. À Paris où la rumeur d'un succès avait d'abord circulé, la déception fut immense. Furieux, Napoléon III n'hésitait pas à déplorer publiquement l'incapacité des généraux français : « Tous les généraux d'Afrique sont de même calibre, affirma-t-il à sir Greville. [...] La guerre qu'ils ont faite en Algérie ne les rend pas aptes aux grandes opérations militaires [24]. » Après quelques jours d'hésitations, il se décida, le 3 juillet, à remplacer Pélissier par son fidèle Niel, de surcroît officier du génie, donc certainement plus propre à mener une guerre de siège qu'un sabreur. Vaillant prit sur lui d'envoyer l'ordre par la poste et non par le télégraphe, ce qui permit de reprendre la dépêche à Marseille, après que Fleury eut réussi à faire revenir l'empereur sur sa décision [25]. Disposant peu après d'une liaison télégraphique avec la Crimée, Napoléon III harcelait désormais son général en chef.

Alors que le pays grondait, l'empereur dut convoquer le Corps législatif en session extraordinaire pour voter un emprunt qui était déjà le troisième depuis le début de la guerre, pour maintenir le contingent et pour garantir un emprunt turc. Tout en critiquant l'obstination de la Russie et la mollesse de l'Autriche, il expliquait la nécessité de continuer la lutte : « Une nation doit ou abdiquer tout rôle politique, ou, si elle a l'instinct et la volonté d'agir conformément à sa nature généreuse, à son histoire séculaire, à sa mission providentielle, elle doit par intervalles savoir supporter des épreuves qui seules peuvent la retremper et la porter au rang qui lui est dû [26]. » Si les votes furent unanimes, comme l'avaient été les précédents, la guerre fut publiquement critiquée par Montalembert [27].

Ce fut dans ce climat qu'en août Victoria rendit sa visite à l'empereur, à l'occasion de l'Exposition universelle de Paris. Ce voyage était le premier d'un souverain britannique en France depuis la guerre de Cent Ans. La reine reçut un accueil triomphal, inaugura une avenue portant son nom et se rendit au tombeau de Napoléon, quarante ans après Waterloo. Cet acte hautement symbolique était la meilleure preuve de la réconciliation entre les deux ennemis de jadis. Victoria nota : « C'était touchant et agréable à l'extrême de voir cette alliance scellée si parfaitement – et sans que la fierté nationale d'aucun des deux pays n'en souffre – et de vieilles inimitiés être totalement effacées sur la tombe de Napoléon Ier devant le cercueil duquel je me suis recueillie à la lueur des flambeaux, au bras de Napoléon III, devenu mon allié le plus proche et le plus cher. » Victoria demanda à son fils, le prince de Galles, du reste totalement conquis par la gentillesse de l'empereur : « Agenouillez-vous devant le tombeau du grand Napoléon. » À son retour en Angleterre, elle écrivit à son hôte pour le remercier de lui avoir offert un souvenir qui ne s'effacerait jamais de sa mémoire, ainsi qu'un gage précieux de l'entente cordiale entre leurs deux pays[28].

En Crimée, les alliés venaient de repousser, au pont de Traktir, un effort désespéré des Russes pour dégager Sébastopol. Début septembre, Pélissier sentit que les positions françaises étaient désormais suffisamment fortes pour ordonner l'assaut de la tour de Malakoff qui défendait la ville. Le 8, Mac-Mahon réussit à la prendre et Sébastopol capitula aussitôt. Quatre jours plus tard, Napoléon III offrit un bâton de maréchal à Pélissier et lui accorda l'année suivante le titre de duc de Malakoff. Le 29 décembre 1855, il fit défiler les troupes de retour de Crimée de la Bastille à la place Vendôme.

Napoléon III ne considérait cependant pas la chute de Sébastopol comme la fin de la guerre. Il reprit même certains des projets grandioses qu'il avait échafaudés au printemps : chasser les Russes de toute la Crimée après avoir remis Sébastopol en état pour s'en servir d'abord comme une base arrière puis comme un gage[29]. Parallèlement, Alexandre II consentit à entamer des pourparlers de paix. Les négociations furent difficiles. Napoléon III et Walewski n'obtinrent pas de l'Angleterre que la recréation de la Pologne fût l'une des conditions du rétablissement de la paix[30]. De son côté, il ne suivit pas les Anglais qui voulaient que l'on forçât les Russes à recevoir des consuls étrangers et qui étaient prêts à détruire Cronstadt pour parvenir à leurs fins. Face à ses alliés et aux Russes qui tergiversaient, il se faisait de plus en plus impératif. « Je comprends, disait-il, comment [Napoléon], même sans son génie, eût pu vaincre seul la coalition. Il voulait seul et les autres étaient obligés de se concerter[31]. » Il menaçait de rouvrir la question polonaise si la guerre s'éternisait : « Je désire la paix. Si la Russie consent à la neutralisation de la mer Noire, je la ferai malgré les objections de l'Angleterre. Mais si, au printemps, on n'arrivait point à s'entendre, je ferai appel aux nationalités, notamment à la nationalité polonaise. La guerre aurait pour base non plus le droit européen, mais l'intérêt égoïste des divers États[32]. » Et il atteignit son objectif. La Prusse et l'Autriche prirent peur et firent pression sur le nouveau tsar qui finit par approuver l'essentiel des conditions de son vainqueur. Comme les Britanniques continuaient à estimer que les Russes étaient trop bien traités, Napoléon III écrivit à Victoria le 14 janvier 1856. Son peuple ne comprendrait pas la poursuite de la lutte [33]. Le 4 février, des préliminaires de paix furent enfin signés.

L'arbitre du continent

La France avait fourni le plus gros effort de guerre dans le camp des vainqueurs, avait joué le rôle décisif dans la victoire et avait payé un lourd tribut avec plus de 95 000 morts, dont les trois quarts de maladie, contre 22 000 pour les Anglais et 2 000 pour les Sardes. Il était donc légitime qu'elle accueillît le congrès chargé de conclure la paix. Ce fut le cabinet de Londres qui le suggéra car il fallait « délibérer là où [était] l'homme le plus juste et le plus honnête de l'Europe [34] ». La proposition fut approuvée par la Russie, puis par les autres puissances [35].

Le congrès se réunit donc à Paris, de février à avril 1856, dans l'hôtel flambant neuf du ministère des Affaires étrangères, au Quai d'Orsay. Il s'agissait de la plus importante réunion diplomatique depuis le congrès de Vienne. Les ministres des Affaires étrangères des différents pays y étaient secondés par les ambassadeurs en poste à Paris, respectivement le comte Clarendon et lord Cowley, pour la Grande Bretagne, le comte Buol et le baron de Hübner, pour l'Autriche, le grand vizir Aali Pacha et Djémil Bey, pour l'Empire ottoman, bientôt les comtes de Manteuffel et de Hatzfeldt, pour la Prusse. La Russie préféra envoyer des hommes d'expérience, le comte Orloff et le baron de Brunow, l'ancien ambassadeur à Londres. Le roi du Piémont-Sardaigne, Victor-Emmanuel II, dépêcha son président du Conseil, Cavour, et le marquis de Villamarina. Quant à la France, elle était représentée par son propre ministre des Affaires étrangères, Walewski qui reçut la présidence dès la première réunion, le 25 février, et par le baron de Bourqueney, ambassadeur à Vienne. Napoléon III y donna les premiers témoignages de son intérêt pour les nationalités.

Le traité général du 30 mars 1856 prévoyait outre le rétablissement de la paix et la restitution réciproque des territoires occupés pendant les hostilités, le respect de l'intégrité de l'Empire ottoman, l'engagement formel du sultan d'améliorer le sort des populations chrétiennes sous sa responsabilité, la neutralisation de la mer Noire, la fermeture des Détroits, l'institution d'une commission européenne du Danube et l'autonomie de la Moldavie, de la Valachie et de la Serbie dans le cadre de l'Empire ottoman, sous la garantie collective des puissances. L'Autriche, qui convoitait les provinces danubiennes après les avoir occupées au lendemain de l'évacuation russe, fut déboutée. En revanche, la Russie, ménagée de la volonté même de Napoléon III, ne perdit qu'une partie de la Bessarabie et du Caucase. Après avoir pacifié l'Orient, les diplomates abordèrent la situation générale de l'Europe, au grand dam des Britanniques et des Autrichiens. Mais telle était la volonté du souverain français. Grâce à lui, les Piémontais purent poser, lors de la dernière séance du congrès, le 8 avril, la question de l'occupation autrichienne des Légations et du duché de Parme.

Grand seigneur, Napoléon III n'avait rien demandé pour la France qui avait agi pour l'intérêt général et l'équilibre européen. Sa modération faisait son prestige. La France se payait du repos de l'Europe et de son retour au premier rang des grandes puissances [36]. Le congrès de Paris était l'éclatante revanche de celui de Vienne et effaçait les humiliations infligées à la France par les grandes puissances du nord, en particulier en 1840, lorsqu'elle avait dû abandonner à son sort son allié égyptien Méhémet-Ali [37]. Même s'il refusa l'érection d'une colonne à la gloire de l'armée d'Orient comme le lui suggérait le Sénat, Napoléon III donna bientôt les noms de l'Alma et de Sébastopol à un pont et à un boulevard de sa capitale [38].

L'empereur des Français apparaissait désormais comme l'arbitre du continent, et Bourqueney traduisait le sentiment le plus répandu dans une lettre à l'un de ses collègues : « Elle est belle, elle est grande cette paix que nous venons de signer : durera-t-elle quarante ans comme l'autre ? Quant à l'acteur principal [Napoléon III], il n'a jamais eu plus de sang-froid et de calme : l'Europe s'en va enivrée de lui [39]. » Tout en ne lui cachant pas qu'elle trouvait, comme son peuple, la paix trop précoce et trop douce pour les Russes, Victoria écrivit pour le féliciter [40]. Comme le notait Bismarck dans un rapport du 26 avril 1856 : « Pour l'instant, tous les cabinets, grands et petits s'évertuent à briguer l'amitié de la France ou à la conserver. Si neuves et fragiles que paraissent les racines de sa dynastie en France elle-même, l'empereur Napoléon peut faire son choix parmi les alliances qui s'offrent à lui[41]. » Quatre jours plus tard, le roi de Prusse, Frédéric-Guillaume, annonça à Napoléon III qu'il venait de le décorer de l'ordre de l'Aigle noir[42], mais surtout la Russie, qui estimait avoir été lâchée par ses alliés traditionnels, se rapprocha de son vainqueur magnanime. Dès avril, Napoléon III porta à sa connaissance la convention secrète qu'il avait signée avec l'Angleterre et l'Autriche, pour la garantie de l'indépendance et de l'intégrité de l'Empire ottoman. Après avoir reçu la garantie que les Russes traiteraient bientôt la question polonaise, il accepta que celle-ci ne fût pas abordée par le congrès, malgré le fait que Walewski, lui-même de naissance polonaise, puisque fils naturel de Napoléon et de Maria Walewska, présidait les débats. Il envoya le président du Corps législatif, Morny, qui n'avait pas caché son hostilité à la guerre, en ambassade extraordinaire à Saint-Pétersbourg, le 2 juillet 1856, pour assister au couronnement et au sacre du nouveau tsar[43].

Le demi-frère de l'empereur y fut reçu comme un roi et épousa une princesse russe, Sophie Troubetzkoï, que certains prétendaient même sœur naturelle du nouveau tsar. Mais Morny outrepassa quelque peu la mission qui lui avait été assignée. Comme il l'avait déjà exposé clairement à Kisseleff, représentant russe à Paris : « La carte de l'Europe est à refaire. Sur le continent, il n'y a que deux grandes puissances, la France et la Russie. Alliées à l'Angleterre, prépondérante sur mer, ces trois puissances domineraient le monde[44]. » Et cette alliance valait bien, selon lui, que l'on y sacrifiât le soutien au mouvement indépendantiste de la Pologne et du Monténégro. L'ambassadeur extraordinaire voyait en effet dans Alexandre un chef d'État loyal et susceptible d'appuyer la révision du traité de Paris de 1815[45]. Il lui fit donc des ouvertures en vue d'une alliance, tout en poussant son demi-frère sur la même voie. Grâce à l'obligeance intéressée du tsar qui ne répugnait pas, contrairement à son père, à donner du « monsieur mon frère » au souverain français[46], il lui fit même envoyer des lettres de Napoléon à Alexandre Ier, provenant des archives russes, qui soulignaient le prix que son oncle apportait à cette alliance.

Par loyauté envers la Grande-Bretagne qu'il considérait comme son incontournable alliée, la seule sur laquelle il put réellement compter avec l'Espagne et le Piémont[47], Napoléon III montra les dépêches de Morny à lord Cowley qui manifesta son mécontentement. La visite en France du grand-duc Constantin, frère cadet d'Alexandre et grand amiral de la flotte russe, au printemps 1857, émut le gouvernement et l'opinion publique britanniques, au point que le prince Albert écrivit à Napoléon III pour chercher à le détourner d'une « alliance orientale », alors que tout rapprochait au contraire la France et l'Angleterre[48]. Du reste l'empereur lui-même se méfiait et il ne s'engagea pas plus avant sur la voie des négociations avec la Russie. Il entendait encourager la réunion de la Moldavie et de la Valachie sous un seul prince pour éviter que les deux provinces ne tombassent dans l'orbite russe. « Dans les congrès jusqu'ici on n'a fait attention qu'aux intérêts des souverains ; je me préoccupe avant tout de l'intérêt des peuples. » En la circonstance, il ne craignait pas non plus de mécontenter le sultan. « Je perdrai un peu d'influence, je l'avoue, à Constantinople, confia-t-il à Persigny, mais j'en gagnerai parmi les populations qui souffrent et qui partout se tournent vers la France lorsqu'elles ont des griefs à faire valoir ou une espérance à réaliser. » Il avait fait la guerre pour éviter la prépondérance russe en Méditerranée orientale, non pour « soutenir aveuglément le gouvernement stupide, immoral, barbare et païen des Turcs ». « Le démembrement de l'Empire ottoman, ajoutait-il, est le dernier de mes soucis pourvu qu'il ne se fasse pas au profit de la Russie[49]. »

Le rôle d'arbitre convenait si bien à Napoléon III qu'il l'exerçait dès que l'occasion s'en présentait. Lorsqu'une insurrection libérale éclata en Espagne, en juillet 1856, à la suite de la nomination par la reine du conservateur O'Donnell à la tête du gouvernement, il décida d'intervenir contre l'avis de ses ministres et au grand mécontentement de l'Angleterre. En la circonstance, il affirma au cabinet de Londres que lui seul avait réussi à faire « accepter sincèrement en France » l'alliance anglaise, mais qu'il ne pouvait y subordonner « les grands intérêts » du pays. Or, il était primordial qu'il y eût un gouvernement stable en Espagne. Il n'eut d'ailleurs pas à intervenir puisque O'Donnell rétablit la situation dès le mois d'août[50].

La Prusse était une puissance effacée depuis 1850, n'avait pas accueilli favorablement la restauration impériale et avait peu soutenu les alliés durant la guerre d'Orient. Elle était néanmoins sympathique à plus d'un titre à Napoléon III. Germanophile et admirateur de la culture allemande, le souverain avait été en contact avec de nombreux Prussiens dans sa jeunesse. Frédéric-

Guillaume IV était un roi cultivé et un esprit romantique comme lui-même. La Prusse était susceptible de contrebalancer l'influence autrichienne en Allemagne. Enfin, il importait d'entretenir de bonnes relations avec une puissance frontalière depuis 1815. En 1849, le chef de l'État avait envoyé Persigny à Berlin avec des paroles d'amitié. Au congrès de Paris, il avait imposé la présence de la Prusse. Une affaire lui donna l'occasion de se rapprocher encore davantage d'elle. Tout en faisant partie de la Confédération helvétique, la principauté de Neuchâtel était possession personnelle du roi de Prusse. La révolution de 1848 y avait introduit les principes démocratiques et Frédéric-Guillaume avait même dû délier ses sujets de leur serment de fidélité. En accord avec les cercles conservateurs de Berlin et le représentant prussien à Berne, les partisans locaux du roi se soulevèrent le 4 septembre 1856, pour essayer de le rétablir dans toutes ses prérogatives. Quelques heures suffirent pour les arrêter et les emprisonner. Le roi ressentit cet échec comme un affront personnel. Il se tourna d'abord vers l'Autriche et l'Angleterre pour obtenir la restauration de ses droits héréditaires et l'élargissement des prisonniers, mais les deux puissances lui donnèrent tort. Contre toute attente, ce fut Napoléon III qui s'entremit. Le souverain français obtint à la fois la libération des prisonniers et la renonciation du roi à ses droits sur le Neuchâtelois[51].

En août 1857, il retrouva le couple royal britannique à Osborne, dans l'île de Wight. Entre promenades en mer et visite de fermes-modèles, il eut de longs entretiens avec le prince Albert au cours desquels il critiqua la duplicité autrichienne et le sonda sur certains de ses projets, en particulier dans la péninsule ibérique et en Italie. Le prince manifesta peu d'enthousiasme. Il était toujours inquiet d'un possible rapprochement de la France et de la Russie et mit en garde son hôte : « Ce que veulent les Russes, c'est faire de l'Empire ottoman une sorte d'Allemagne avec de petits États qu'ils pourraient gouverner absolument sans frais et sans responsabilité[52]. » Cela n'empêcha pas le souverain français de rencontrer Alexandre, le mois suivant, à Stuttgart, où il était en visite auprès de sa belle-famille. Dans une ambiance qui n'était pas sans rappeler l'entrevue de Tilsit entre Napoléon et Alexandre Ier, les deux empereurs eurent plusieurs entretiens. Napoléon III avait besoin de la neutralité bienveillante du tsar pour mener à bien ses projets. Il lui fit part du prix qu'il attachait à l'amitié russe, mais il n'entendait pas tout lui sacrifier. Il osa même dire à Alexandre que la situation de la Pologne était le principal obstacle à un rapprochement plus étroit entre les deux pays[53]. Il suivait aussi avec attention le sort des principautés danubiennes qu'il ne manquait jamais d'aborder dans ses discussions avec les autres chefs d'État. Dans une brochure officieuse, *L'Empereur Napoléon et les principautés roumaines*, l'union des principautés sous un même dirigeant appelé hospodar était envisagée. À la conférence de Paris qui se réunit de mai à août 1858, Napoléon III ne réussit pas à faire prévaloir ce principe auquel les autres puissances et en particulier l'Autriche étaient hostiles. Cependant, les Assemblées de Moldavie et de Valachie élirent toutes les deux des majorités unionistes, puis en janvier et février 1859, le même hospodar, le francophile Alexandre Ion Cuza, qui se plaça aussitôt sous la « protection tutélaire » de l'empereur[54]. En ouvrant la session législative, le 8 février suivant, Napoléon III expliqua les raisons de son implication : « Si l'on me demandait quel intérêt la France avait dans ces contrées lointaines qu'arrose le Danube, je répondrais que l'intérêt de la France est partout où il y a une cause juste et civilisatrice à faire prévaloir[55]. » Il fit envoyer une mission militaire et des armes sur place et accueillit des Moldaves et des Valaques dans les écoles militaires françaises[56].

Écouté et respecté, Napoléon III l'était aussi parce qu'il était craint. Son armée était alors, sans nul doute, la plus puissante du monde, comme elle l'avait prouvé en Crimée. D'ailleurs, le souverain s'intéressait de près à tout ce qui avait rapport avec l'armée, de son organisation générale jusqu'aux uniformes[57]. Il portait un grand intérêt au progrès technique, en particulier dans l'artillerie et dans la marine. La guerre d'Orient avait été décisive en la matière.

Napoléon III s'était rallié à la généralisation de la propulsion à vapeur, au système des blindages et aux batteries flottantes. Il n'hésitait pas à financer sur sa propre cassette des inventions rejetées par le Conseil des travaux, pour près de 600 000 francs par an en moyenne, et faisait faire les essais à Vincennes, pour pouvoir y assister[58]. Il encouragea l'adoption de la grande loi de programmation navale du 23 novembre 1857 qui prévoyait de consacrer soixante-cinq millions en treize annuités à la modernisation des infrastructures et à la transformation de la flotte, en multipliant, entre autres, les cuirassés à vapeur dotés d'hélices. Il trouva en l'ingénieur Dupuy de Lôme l'homme idéal pour l'appliquer. À présent, la France se donnait les moyens de rivaliser sur mer avec la Grande-Bretagne, pour la première fois depuis Trafalgar[59]. Par ailleurs, Napoléon III décida d'installer un camp militaire permanent pour l'instruction et les manœuvres des troupes sur la terre de Champagne qui, depuis les temps les plus reculés, avait été le lieu de passage des grandes invasions. Jusque-là, la France n'avait connu que des camps temporaires, de celui de Coudun sous Louis XIV à celui de Boulogne sous le Consulat. En 1856, l'empereur envoya des agents sur le terrain afin de repérer le lieu le plus propice. Ceux-ci s'arrêtèrent d'abord sur les plaines comprises entre les rivières de la Suippes, de la Vesle et de la Noblette, mais l'empereur qui se rendit lui-même sur place trouva le terrain trop accidenté. Il porta son choix sur des terrains situés sur dix communes du canton de Suippes, à une vingtaine de kilomètres au nord de Châlons. Les travaux furent rondement menés et Napoléon III vint inaugurer le « camp de Châlons » le 30 août 1857. Dès lors, le souverain vint presque tous les ans, au mois d'août, pour assister aux grandes manœuvres. Il était fier d'y accueillir ses hôtes de marque qu'il entendait impressionner[60]. À partir de 1860, il y emmena son fils qu'il s'agissait de préparer à l'art de la guerre et qu'il avait fait inscrire sur le registre des enfants de troupe du 1er régiment des grenadiers de la garde à neuf mois[61].

Le seul homme politique de l'Empire

Dans la nuit du 15 au 16 mars 1856, en plein congrès de Paris, l'impératrice Eugénie avait donné un héritier au régime qui fut prénommé Napoléon Eugène Louis Jean Joseph[62]. En juin suivant, une foule immense et enthousiaste se pressa aux abords de la cathédrale Notre-Dame où se déroula le baptême de l'enfant, en présence de plusieurs têtes couronnées et du légat de Pie IX. Selon Napoléon III, « un tel baptême va[lai]t un sacre ». La France avait organisé brillamment l'Exposition universelle de 1855 ; elle était sortie victorieuse de la guerre d'Orient ; son économie était florissante. Malgré une récente épidémie de choléra, de mauvaises récoltes, la maladie du ver à soie et de grandes inondations dans les vallées de la Loire, du Rhône et de la Garonne[63], l'apogée du régime se situa sans doute à ce moment-là. L'avenir de la dynastie semblait assuré, alors que l'opposition paraissait moribonde. Tout en ayant présents à l'esprit les précédents fâcheux de Louis XVII, du roi de Rome et du duc de Bordeaux, l'impératrice se prenait à rêver : « Par mon fils, la dynastie napoléonienne s'enracinera sur la terre de France comme il y a neuf siècles la dynastie capétienne [64]. »

S'il était plus prudent, Napoléon III pensait cependant que la situation était favorable. En pleine guerre de Crimée, il s'était déjà permis de remettre en liberté le révolutionnaire Barbès qui, depuis la forteresse de Belle-Île où il était enfermé, avait formulé, dans une correspondance privée, des vœux patriotiques pour le succès de l'épée de France [65]. Il décida de dissoudre le Corps législatif avec un an d'avance. Un triomphe lui semblait d'autant plus assuré que le système de la candidature officielle était parvenu à verrouiller totalement le jeu politique. Les élections partielles de la législature avaient été triomphales. Plusieurs députés avaient pourtant fait preuve d'indépendance au cours des années précédentes, comme ces « budgétaires » qui déploraient les faibles prérogatives du Corps législatif en matière financière et le gonflement des dépenses publiques, ou encore ces quarante-sept députés qui, en 1854, n'avaient pas voulu que leur collègue Montalembert fût poursuivi après la publication par la presse d'une de ses lettres hostile au pouvoir [66]. Cependant, la session de 1857 fut très calme. Quasiment tous les députés qui pressentaient la fin prochaine de leur mandat étaient rentrés dans le giron de la majorité par peur de perdre l'investiture gouvernementale.

Les légitimistes dont la clientèle populaire se situait surtout dans l'Ouest et le Midi continuaient, pour la plupart, la politique des bras croisés souhaitée par le comte de Chambord. Quelques-uns acceptaient le régime comme La Rochejaquelein, propre fils de l'ancien général en chef de l'armée royaliste de Vendée, qui était entré au Sénat en décembre 1852. De leur côté, la plupart des orléanistes ne pouvaient certes se satisfaire d'un régime aussi autoritaire que le second Empire, mais pensaient qu'il était amendable. Beaucoup étaient restés ou entraient dans la fonction publique et participaient aux élections législatives partielles et aux élections locales, soit comme candidats officiels, soit comme opposants libéraux. Signe plus expressif que tout autre, Dupin, président de l'Assemblée au 2 Décembre qui avait démissionné de son poste de procureur général à la Cour de cassation, après les décrets sur les biens des Orléans, avait demandé et obtenu de le retrouver, car il considérait désormais que la dynastie selon son cœur n'avait plus de chance de remonter sur le trône [67].

Quant au républicanisme, il restait vivant dans les quartiers populaires des grandes villes, dans le monde des étudiants, dans la petite bourgeoisie des bourgs ou encore dans les campagnes du Centre et du Midi, mais il avait été très affaibli par la répression qui avait suivi le coup d'État. Les chefs du parti ne s'entendaient pas sur la stratégie à adopter. Émile Ollivier, jeune avocat qui avait été le benjamin des commissaires de la République en 1848 et était le fils d'un proscrit, décrivait ainsi leurs divisions : « Trois opinions se partageaient le parti républicain : les uns voulaient qu'on s'abstînt purement et simplement ; les autres qu'on votât, mais pour refuser le serment, on se serait succédé à toutes les élections de manière à maintenir perpétuelle la protestation contre le coup d'État ; d'autres pensaient qu'il n'y avait qu'à voter, à se faire élire si on pouvait, à prêter serment et à se servir au Corps législatif des moyens légaux qui même réduits, n'étaient pas sans efficacité[68]. » Les deux premiers groupes réunissaient l'essentiel des vieilles barbes de 1848, le troisième une jeune génération inexpérimentée dont Ollivier lui-même faisait partie.

À la demande de Morny, tous les gouvernementaux sortants qui souhaitaient se représenter aux élections législatives de juin 1857 reçurent l'investiture gouvernementale, à l'exception de dix d'entre eux qui étaient jugés trop faibles ou trop indépendants, comme Montalembert. Dans ces conditions, ces élections furent un indéniable succès pour le pouvoir dont les candidats recueillirent près de 5,5 millions de voix contre seulement 665 000 aux opposants. Sur 267 élus, 253 avaient bénéficié de l'appui du gouvernement et quelques-uns parmi les autres étaient d'anciens candidats officiels et donc peu dangereux. Les oppositions légitimiste et orléaniste étaient totalement éliminées du Palais-Bourbon. Montalembert avait perdu son siège. Seuls quelques républicains avaient été élus : Émile Ollivier, Darimon, ancien secrétaire de Proudhon, et le docteur Hénon, ainsi que trois anciens quarante-huitards, Carnot, Cavaignac et Goudchaux qui refusèrent de prêter serment et furent déclarés démissionnaires. Deux d'entre eux furent remplacés l'année suivante par Jules Favre et Ernest Picard. Le « groupe des cinq » qui formait à lui seul l'opposition parlementaire à l'Empire était constitué[69]. Cependant, ces élections qui étaient le fait des quartiers populaires de Paris et de Lyon incitèrent plusieurs ministres comme Fould à proposer de supprimer le suffrage universel ou, au moins, à reprendre la politique de compression. Il ne pouvait être question pour Napoléon III d'adopter la première solution. La seconde le séduisit. Il avait été lui-même déçu par les résultats, comme il l'écrivit ainsi à Eugénie : « Je suis bien ennuyé des élections de Paris. Il y a dans cette capitale 20 000 hommes incorrigibles et les autres [...] ne sont que des moutons[70]. » « Tout consiste à trouver les moyens de diminuer de Paris à Lyon le nombre de mécontents, affirma-t-il par ailleurs à son ministre de l'Intérieur, Billault. [...] Il y a longtemps que j'aurais voulu [...] empêcher la construction de toute nouvelle usine à Paris. » Il décida d'accentuer la politique de rénovation urbaine qu'il avait initiée au lendemain du coup d'État[71]. Attentif aux élections, il l'était aussi aux discussions parlementaires et ne supportait pas qu'un député de la majorité s'en prît à sa politique. Comme le banquier Calley de Saint-Paul, beau-père de Fleury, s'était permis de critiquer en séance le budget de l'État, il lui lança à la réception des Tuileries qui suivit : « Vous avez prononcé, monsieur, un discours révolutionnaire ; je ne souffrirai pas qu'on attaque la Constitution, et je vous engage à ne pas recommencer[72]. » Calley se le tint pour dit et ne recommença pas.

En dehors du Corps législatif, l'opposition ne trouvait guère à s'exprimer. La presse qui était étroitement surveillée se devait de rester mesurée. L'administration faisait un usage très large de l'avertissement, mais avait rarement besoin de suspendre ou de supprimer un journal, tant l'autocensure fonctionnait bien. À ce compte, elle tolérait l'existence de quelques journaux d'opposition. Le plus habile dans l'art de la litote et de la prétérition était l'orléaniste *Journal des débats* que l'empereur lui-même lisait. *La Presse*, libérale, et *Le Siècle*, républicain et anticlérical, servaient de caution au régime par leur existence même. L'administration lâchait même la bride à ce dernier en matière religieuse, depuis qu'en 1854 l'adoption d'une loi renforçant l'emprise de l'État sur l'enseignement avait tendu les rapports entre le trône et l'autel. S'ensuivaient de vives polémiques avec le journal catholique *L'Univers* qu'elle arbitrait en faveur tantôt de l'un, tantôt de l'autre. Elle jugea même peu dangereux d'autoriser en 1858 un nouveau périodique libéral, *Le Courrier du dimanche*. Moins intéressants, les autres journaux étaient aussi moins lus. Quelques charivaris contre des fonctionnaires et plus encore quelques enterrements d'opposants de renom auraient pu être l'occasion de manifester son hostilité, comme cela se faisait jadis sous les monarchies censitaires, mais le second Empire savait profiter de cette expérience et faisait preuve d'habileté. Il n'eut guère à utiliser la force que lors des obsèques de Michel de Bourges, en mars 1853. Lorsque Béranger mourut, le 16 juillet 1857, le régime s'appropria ses funérailles en les organisant aux frais de la liste civile, au prétexte que le chansonnier avait été, sous la Restauration et la monarchie de Juillet, l'un des principaux promoteurs du napoléonisme [73].

L'Académie française fut l'un des principaux foyers de l'opposition libérale à Napoléon III. Si elle avait jugé plus prudent de ne pas suivre le comte de Saint-Aulaire qui lui avait demandé, en 1852, de manifester son soutien à trois de ses membres exilés, Hugo, Thiers et Rémusat, elle accueillit dans ses rangs Berryer, l'évêque Dupanloup, Silvestre de Sacy, le duc Victor de Broglie, Falloux, Victor de Laprade et bientôt l'abbé Lacordaire, tous adversaires de Napoléon III. Chaque discours de réception devint l'occasion de critiquer le souverain, à mots plus ou moins couverts [74]. L'Académie des sciences morales et politiques qui était aussi frondeuse fut, quant à elle, l'objet d'un « coup d'État académique ». En avril 1855, Napoléon III et Fortoul y créèrent une section de dix membres nommés par le pouvoir de façon à en faire basculer la majorité.

Les salons, ceux par exemple de Mme Dosne, de Mme d'Haussonville, de Mme de Montalembert, de Mme d'Agoult, de Carnot ou de Jules Simon méprisaient le chef de l'État qui le leur rendait bien [75]. Ils devaient en fait se contenter de commenter ses quelques revers et d'organiser des lectures de pamphlets, tels *Napoléon le Petit* ou *Les Châtiments* d'Hugo qui entraient en France dans des pendules, des bustes en plâtre ou encore dans la doublure de vêtements. Ils étaient espionnés et le cabinet noir décachetait la correspondance des participants, comme il le faisait aussi pour celle des exilés [76]. Jamais cependant le souverain « ne permit que l'on abusât d'un secret, même contre les adversaires qui se vantaient d'être irréconciliables ». Il se refusa ainsi à autoriser la publication de lettres d'Hugo qui auraient pu nuire à la réputation littéraire du poète [77].

De Jersey puis de Guernesey pour celui-ci, de Londres ou de Bruxelles, plus souvent, les exilés en étaient eux-mêmes réduits à d'hasardeuses spéculations que l'historien Pierre de La Gorce décrivit, avec ironie mais non sans justesse : « Souvent le soir les proscrits se rassemblaient en quelque brasserie [...]. Ils se pressaient en un coin, bien à l'abri des espions ; car ils voyaient partout des agents provocateurs ou [...] des mouchards, et il n'était pas un seul d'entre eux qui, dans sa folle importance, ne se crût l'objet de la haine personnelle de Bonaparte. C'était l'heure des épanchements, des confidences, des opiniâtres illusions. À l'Empereur, à Badinguet, [...] ils attribuaient généreusement toutes sortes d'infirmités qui sans doute le coucheraient prochainement dans la tombe : ils annonçaient tantôt qu'il avait fait une chute de cheval, tantôt qu'il était atteint du diabète, d'une maladie de la moelle épinière, d'un ramollissement du cerveau. Quand le Prince impérial naquit, leur déconvenue fut grande ; puis une correspondance fantaisiste ayant annoncé qu'il était né aveugle [...] adoucit leur déception[78]. »

En fait, beaucoup de ces exilés avaient le mal du pays et ne voyaient pas le régime s'effondrer de sitôt. Voilà pourquoi Napoléon III proclamait des amnisties à l'occasion de son mariage, lors des fêtes du 15 Août ou encore à la naissance du prince impérial, pour tous ceux qui reconnaissaient la légalité de son pouvoir. Il était soucieux de se montrer magnanime, jugeait opportun de réaliser dès cette époque la grande réconciliation nationale qu'il avait toujours envisagée et n'était plus même hostile au fait que se développât une « opposition de Sa Majesté », comme sous les monarchies censitaires. À défaut, il savait qu'il diviserait davantage encore ses opposants. En effet beaucoup d'exilés décidèrent de saisir ces occasions pour rentrer. Thiers était revenu d'exil avec ses amis dès l'été 1852. En 1857, Napoléon III le qualifia dans son discours du trône d'« historien illustre et national » pour son *Histoire du Consulat et de l'Empire* et il faillit se laisser tenter par une place au gouvernement[79]. Pour renverser le régime, les extrémistes devaient songer à d'autres voies qu'à une conjonction des oppositions, *a fortiori* à un vaste mouvement venu des profondeurs du pays.

La cible des complots

Dès le coup d'État, des sociétés secrètes projetèrent le renversement du régime, comme cela avait été le cas sous la monarchie de Juillet. Aussi, le ministre de la Police générale, Maupas, se montrait-il fort habile à infiltrer ces groupes et à déjouer leurs plans.

Il découvrit la conspiration de Marseille, celle des canons ou encore celle des incendiaires. Cependant, il comptait beaucoup d'ennemis au sein du gouvernement. Il empiétait en effet sur les compétences du ministre de l'Intérieur, Persigny, et sur celles du ministre de la Guerre, Saint-Arnaud. En outre, il s'était mis à dos Morny, dont il surveillait de près les agissements financiers. Pour consolider sa position, il n'hésitait pas non plus à inventer certains complots de toutes pièces. En juin 1853, l'un d'entre eux fut d'ailleurs découvert par ses ennemis et dénoncé à Napoléon III, qui supprima aussitôt le ministère [80]. Les différentes polices du régime n'en furent pas moins efficaces pour contrecarrer les noirs desseins des conspirateurs de la Solidarité révolutionnaire, de la Fraternité universelle, de la Jeune Montagne et surtout de la Marianne [81]. Lorsque cinq à six cents ardoisiers de Trélazé marchèrent sur Angers, dans la nuit du 26 au 27 août 1855, à l'instigation de cette dernière, ils furent rapidement arrêtés. Napoléon III se sentait suffisamment fort pour demander que cette affaire fût évoquée par le *Moniteur* [82].

Les conspirations en vue d'assassiner le souverain constituaient un péril bien plus grand encore. En effet, Napoléon III, courageux et fataliste, se laissait difficilement protéger [83]. Excepté quand il se rendait au spectacle, il répugnait à être accompagné quand il montait à cheval ou quand il conduisait son phaéton [84]. Il était particulièrement vulnérable quand il prenait un bain de foule ou quand il se rendait discrètement chez l'une de ses maîtresses. Il refusait de porter toute protection sous son gilet [85]. Ce fut d'ailleurs à son insu que certaines de ses voitures furent blindées.

Chaque année se déroulaient plusieurs complots contre sa vie et Mme Baroche assurait même que la police en déjoua seize entre décembre 1851 et avril 1855 [86]. Si la plupart étaient découverts avant même de connaître un début de réalisation, quelques-uns menacèrent réellement la vie de Napoléon III. Le 5 juillet 1853, une quinzaine d'hommes furent ainsi arrêtés à l'Opéra-Comique, alors qu'ils projetaient de tirer sur le souverain [87]. L'année suivante, une bombe fut découverte sur la voie de chemin de fer du Nord qu'il devait emprunter quelques heures plus tard. Le 28 avril 1855, l'Italien Giovanni Pianori tira deux coups de feu sur lui alors qu'il passait à cheval sur les Champs-Élysées pour rejoindre l'impératrice au bois de Boulogne [88]. Arrêté, il fut exécuté. Le 8 septembre suivant, un illuminé, Dieudonné Bellemare, essaya encore de tuer Napoléon III au théâtre [89]. En juin 1857, un Italien nommé Paolo

Tibaldi fut arrêté avec deux complices. Une importante cache d'armes et des plans d'assassinat furent découverts chez lui. Dans les lettres saisies et les témoignages recueillis, la police découvrit d'importantes complicités. Alors que Tibaldi était envoyé à Cayenne et ses deux complices en prison pour quinze ans, Mazzini dont la connivence était certaine et Ledru-Rollin, impliqué sans doute à tort, furent aussi condamnés par contumace.

La récurrence des tentatives d'assassinat marquait les mentalités populaires et les rumeurs les plus folles se propageaient. En janvier 1857, une ménagère de Toulouse prétendit devant son épicier que Napoléon III avait été « empoisonné par des macaronis ». L'histoire se répandit comme une traînée de poudre à travers tout le département et les arrondissements limitrophes[90]. Un an plus tard, un attentat qui ne relevait pas, lui, du fantasme, fut bien près de réussir.

Le soir du 14 janvier 1858, alors que le couple impérial arrivait à l'Opéra de la rue Lepeletier où il devait assister à une représentation exceptionnelle en l'honneur du baryton Massol, qui prenait sa retraite, retentit une explosion « semblable à un coup de canon[91] ». L'un des deux chevaux de la calèche impériale se cabra et tomba mort, pendant que l'autre fit un écart qui projeta le véhicule contre le bâtiment. Deux autres explosions retentirent à quelques secondes d'intervalle. La verrière de l'Opéra s'effondra et les vitres de toutes les maisons environnantes volèrent en éclats. Les réverbères s'éteignirent. Dans une quasi-pénombre, le désordre et la confusion régnaient. Une foule affolée courait en tous sens en criant, pendant que des blessés gémissaient. Cent cinquante-six personnes avaient été atteintes par les projectiles ou par le verre brisé ; douze décédèrent dans les heures qui suivirent. Miraculeusement, ni Napoléon III ni son épouse ne furent touchés, alors que leur voiture portait soixante-seize impacts, que le bicorne du souverain avait été traversé par un projectile et que le général Roguet, qui était assis à côté du souverain, fut touché au cou. Avec le plus grand calme, l'empereur demanda à un agent en civil qui s'était précipité à la portière d'abaisser le marchepied, puis il se rendit au spectacle avec son épouse. Dans la salle, les spectateurs qui avaient cru à une explosion de gaz les applaudirent comme de coutume, puis l'orchestre donna *En partant pour la Syrie*, une romance composée par la reine Hortense et érigée au rang d'hymne du régime par

Napoléon III[92]. Pendant le spectacle, le souverain reçut, dans un salon contigu à sa loge, les principaux dignitaires de l'Empire venus aux nouvelles dont le ministre de l'Intérieur, Billault, et le préfet de police, Piétri, qui furent accueillis froidement. Il demanda au premier s'il avait convenablement dîné et lança au second : « Votre police se fait joliment bien. » Lorsque le couple impérial sortit de l'Opéra, les blessés avaient été emportés, du sable recouvrait les taches de sang et la foule remplissait de nouveau les rues et les boulevards. La vie reprenait son cours.

Servie par la chance, la police arrêta l'un des coupables au moment même de l'attentat. Grâce à ses aveux, elle ne mit que quelques heures pour se saisir de ses complices. Il s'agissait de quatre Italiens dont le chef, le comte Felice Orsini, était un fils de *carbonaro*, ancien mazziniste et membre de l'Assemblée constituante romaine de 1849. Il avoua qu'il avait cherché à éliminer Napoléon III, pour permettre l'avènement d'une République qui n'aurait pas manqué d'aider l'Italie à s'affranchir du joug autrichien. Cependant, il fut aussi rapidement montré que les auteurs de l'attentat avaient été en contact avec les exilés républicains réfugiés à Londres, et en particulier avec Simon Bernard. Cet ancien chirurgien de la marine devenu journaliste et habitué des clubs, en 1848, avait procuré les bombes et l'argent nécessaire.

L'attentat d'Orsini, qui faillit réussir et provoqua tant de victimes, eut un immense retentissement, tant en France qu'à l'étranger. Il apportait un argument décisif à tous ceux qui, dans l'entourage de l'empereur, le poussaient depuis les élections à adopter une politique répressive. Au cours des semaines précédentes, plusieurs procureurs généraux avaient signalé dans leur ressort un climat délétère et des insurrections en préparation. En conséquence, des républicains avaient été arrêtés de façon préventive et arbitraire[93]. Napoléon III hésitait pourtant encore. Le 16 janvier, il reçut les grands corps de l'État aux Tuileries et Morny prononça devant lui un discours violent : « Les populations [...] s'inquiètent des effets de votre clémence qui se mesure trop à la bonté de votre cœur. » De nombreuses adresses, plus ou moins spontanées, commençaient à arriver de toute la France et l'encourageaient d'ailleurs à sévir.

En ouvrant la session du Corps législatif, le 19 janvier 1858, Napoléon III annonça que l'heure de la répression avait sonné :

« Comme je n'ai pas accepté le pouvoir de la nation dans le but d'acquérir cette popularité éphémère, prix trompeur de concessions arrachées à la faiblesse, mais afin de mériter un jour l'approbation de la postérité en fondant en France quelque chose de durable, je ne crains pas de vous le déclarer aujourd'hui, le danger, quoi qu'on en dise, n'est pas dans les prérogatives excessives du Pouvoir, mais plutôt dans l'absence de lois répressives[94]. »

Un projet de loi dit de « sûreté générale », élargissant la notion de crime politique et permettant, entre autres, d'interner ou d'expulser du territoire toute personne condamnée depuis juin 1848 et susceptible d'être à nouveau dangereuse pour la sécurité publique, fut déposé au Conseil d'État[95]. Il se heurta à une telle levée de boucliers qu'il dut être revu et ne fut finalement adopté que par trente et une voix contre vingt-sept. Au Palais-Bourbon, l'accueil fut à peine plus favorable. Seize amendements furent déposés par des députés libéraux pour en restreindre la portée et, lors de la discussion, Ollivier dénonça une véritable « loi des suspects » qui ouvrait la voie à toutes les proscriptions et abus de pouvoir et rappelait les heures sombres de la Terreur sous la Révolution. Il fallut toute l'habileté de Morny, qui s'était fait nommer rapporteur, pour que le projet fût voté par une large majorité de 217 voix contre vingt-quatre. Au Sénat, quelques protestations se firent encore entendre, même si un seul membre, le général de Mac-Mahon, osa voter contre un texte qui fut finalement promulgué le 27 février.

Par ailleurs, Napoléon III remplaça Billault par un « tapedur », le général Espinasse, qui reçut le titre de ministre de l'Intérieur et de la Sûreté générale, ainsi qu'une lettre de mission sans équivoque : « Le corps social est rongé par une vermine dont il faut coûte que coûte se débarrasser. […] Ne cherchez pas, par une modération hors de saison, à rassurer ceux qui vous ont vu venir au ministère avec effroi. Il faut qu'on vous craigne. » En vertu de la nouvelle loi, les républicains arrêtés préventivement furent maintenus en prison ou expulsés de France. Plusieurs centaines d'autres subirent le même sort. Des journaux d'opposition furent interdits. L'organisation militaire fut renforcée par la création de cinq grands commandements militaires confiés à des maréchaux et le *Moniteur* écrivit que l'armée serait désormais appelée « à jouer un rôle politique dans les moments de crise ». Ce fut aussi à l'occasion de cet attentat que le Conseil privé fut créé le 1er février[96] et qu'un sénatus consulte du 17 février imposa le serment d'obéissance à la Constitution et de fidélité à l'empereur non plus aux seuls députés, mais également aux candidats, pour éviter de voir les élus républicains démissionner ostensiblement pour ne pas le prêter.

Parallèlement, Orsini reçut, dans sa cellule de Mazas, la visite du préfet Piétri, très italophile, qui le convainquit qu'il s'était trompé de cible. Loin d'être un obstacle à la cause italienne, Napoléon III en était le meilleur espoir. Par un revirement soudain, Orsini écrivit alors à l'empereur, le 16 février, pour lui demander « de rendre à l'Italie l'indépendance que ses enfants [avaie]nt perdue en 1849 par la faute même des Français ». Jules Favre, l'avocat républicain d'Orsini, obtint l'impériale autorisation de lire cette lettre à l'audience. Le *Moniteur* publia même sa plaidoirie dans laquelle il faisait parler son client : « Prince, les racines de votre pouvoir tiennent à une souche révolutionnaire ; soyez assez fort pour assurer l'indépendance et la liberté, elles vous rendront invulnérable. »

Orsini et deux de ses complices, Pieri et Rudio, n'en furent pas moins condamnés à mort, cependant que le dernier prévenu, Gomez, se voyait infliger la peine des travaux forcés à perpétuité. Le 11 mars, la Cour de cassation rejeta leur pourvoi. Dans une nouvelle lettre du même jour, Orsini désavoua le meurtre politique : « Que mes compatriotes, au lieu de compter sur le moyen de l'assassinat, le rejettent loin d'eux. » Napoléon III, qui répugnait ordinairement à donner la mort[97], fut touché et envisagea de le gracier. Le lendemain, le Conseil privé qui se réunissait, en la circonstance, pour la première fois, fut consulté[98]. Il se prononça majoritairement contre, y compris l'archevêque de Paris, Mgr Morlot. Il y avait eu trop d'attentats et celui-ci avait fait trop de victimes. Napoléon III s'inclina. Seul Rudio sauva sa tête. Le 13, Orsini et Pieri furent exécutés. La politique de rigueur extrême fit néanmoins rapidement long feu. Sans être abrogée, la loi de sûreté générale entra en sommeil dès la fin mai et, le 11 juin, Espinasse fut remplacé par un magistrat modéré, Delangle, à la tête d'un ministère de l'Intérieur qui retrouva une configuration normale.

Cependant, l'attentat eut ses plus grandes conséquences en politique étrangère. La France demanda à la Belgique, à la Suisse, au Piémont et à l'Angleterre des mesures de précaution et de répression contre les comploteurs et les journaux qui les excitaient ou les encourageaient. L'Angleterre qui servait de base arrière à la plupart des conspirateurs fut ainsi montrée du doigt par Morny ; le *Moniteur* publia des centaines d'adresses qui la dénonçaient, de façon indignée. Certaines parlaient même de la nécessité d'aller à Londres, pour y détruire le « repaire des assassins ». Le gouvernement de Palmerston se sentit alors contraint de déposer un projet de loi pour réprimer les conspirations préparant des attentats depuis son territoire et de poursuivre Bernard en justice. Mais ni le Parlement, ni l'opinion publique ne le suivirent. Une grande manifestation francophobe eut lieu à Hyde Park. Le *bill* fut repoussé et Palmerston fut contraint de quitter le pouvoir d'une part, le jury acquitta Bernard d'autre part [99]. Napoléon III chercha l'apaisement. À son ambassadeur à Londres, Persigny, qui était sur la ligne de la fermeté, il écrivit le 11 mars : « Je n'aime la *furia francese* que le sabre à la main [100]. » Il le remplaça par le duc de Malakoff qui rappelait les souvenirs communs de Crimée. Quelques semaines plus tôt, l'empereur avait ouvert ses frontières, à la grande satisfaction de Londres, pour permettre aux troupes britanniques de se rendre plus facilement en Inde de façon à y réprimer la révolte des Cipayes, mais le temps de l'entente cordiale semblait désormais révolu. Par ailleurs, le souverain français était maintenant décidé à agir en faveur de l'Italie.

Sur les traces du vainqueur de Rivoli

Le langage d'Orsini réveilla en Napoléon III son désir de faire un geste pour l'Italie. Dès les premières semaines de la présidence de la République, il l'avait manifesté devant des Italiens [101]. Il l'avait ensuite réaffirmé à Victor-Emmanuel pour l'encourager à entrer dans la guerre d'Orient. La question italienne avait été évoquée avec le roi et Cavour lorsqu'ils étaient venus visiter l'Exposition universelle en novembre 1855, puis Napoléon III l'avait fait poser au congrès de Paris en avril suivant. Symboliquement, il fit entrer dans son gouvernement, le 24 juin 1858, le principal avocat de la cause italienne, le prince Napoléon.

Outre l'intérêt qu'il portait depuis toujours à la péninsule, le souverain pensait qu'y intervenir pour en chasser les Autrichiens lui permettrait de réaliser enfin l'union patriotique de tous les Français autour de son régime, d'abolir définitivement les traités de 1815 et d'accroître encore son prestige. Il se souvenait que son oncle Napoléon Ier avait écrit certaines des pages les plus glorieuses de son histoire à Lodi, à Arcole et à Rivoli. Il espérait aussi accroître son influence à Turin, à Rome, à Naples, et plus largement en Méditerranée, tout en mettant un terme aux menées des révolutionnaires italiens des deux côtés des Alpes[102]. Enfin, peut-être obtiendrait-il pour prix de son intervention la Savoie et Nice qui, à l'époque de son oncle, faisaient partie de l'Empire ? S'ils entrèrent en ligne de compte, le désir de satisfaire une nationalité amie et de désarmer le bras de ceux qui cherchaient à l'assassiner ne furent donc pas ses seules motivations[103]. Contrairement à ce que prétendirent ses ennemis, il n'agit pas non plus pour respecter un quelconque serment de *carbonaro* prêté dans sa jeunesse, puisqu'il n'adhéra, selon toute vraisemblance, jamais au mouvement[104].

Un puissant parti italien s'agitait aux Tuileries et encourageait l'empereur dans la voie d'une intervention. Il comprenait le prince Napoléon, Piétri ou encore Conneau, mais aussi plusieurs Italiens, en particulier le ministre résident du Piémont, Villamarina, l'homme de confiance du président du Conseil, le comte Nigra, l'attaché militaire à Paris, le comte Vimercati ou encore la comtesse de Castiglione qui avait été, quelques mois auparavant, la favorite du souverain et qui servait auprès de lui les intérêts de son parent, Cavour.

Le 20 février 1858, Napoléon III avait autorisé le général Della Rocca, que Victor-Emmanuel lui avait envoyé, à dire à son roi « d'une manière confidentielle, mais positive, qu'en cas de guerre du Piémont contre l'Autriche, il viendrait combattre, avec sa puissante armée, aux côtés de son fidèle allié ». Début juillet, l'empereur dépêcha Conneau, l'un des principaux agents de sa diplomatie secrète auprès du roi, pour lui confirmer son désir d'agir en faveur de l'Italie et pour lui dire qu'il partait en cure à Plombières, dans les Vosges. Victor-Emmanuel comprit qu'il y avait là une invitation à négociation. Il répondit que Cavour se rendrait en Suisse et espérait pouvoir rencontrer le souverain[105]. De fait, le président du Conseil piémontais passa la frontière et vint retrouver l'empereur dans la petite ville thermale, le 20 juillet. Le lendemain, les deux hommes conversèrent sept heures à la résidence impériale d'abord, puis au cours d'une promenade en phaéton, sans témoin et sans que le ministre des Affaires étrangères, Walewski, n'en fût même averti. Ils décidèrent d'une guerre contre l'Autriche pour remanier et simplifier la carte de l'Italie. Après la victoire, une Confédération italienne serait créée. Placée sous la présidence honorifique du pape, elle se composerait seulement de quatre entités :

un royaume de Haute-Italie réunissant le Piémont, ses gains de guerre, la Lombardie et la Vénétie, les duchés et éventuellement les Romagnes, un royaume d'Italie centrale constitué à partir de la Toscane, des Marches et de l'Ombrie, le reste des États pontificaux conservés au pape, enfin le royaume des Deux-Siciles, au sud de la péninsule. Pour prix de son aide, la France recevrait du Piémont le comté de Nice et la Savoie. Si Cavour ne vit pas d'objection à ce que la seconde, qui était francophone, devînt française, quoique berceau de la dynastie piémontaise, il émit des réserves pour la première qui était terre italienne. Que faisait l'empereur du principe des nationalités ? Celui-ci répliqua que l'affaire se réglerait plus tard. Il y avait plus important. Comme il souhaitait apparaître en libérateur et non en agresseur, il exigeait que ce fût l'Autriche qui déclenchât les hostilités. Une insurrection dans le duché de Modène fut envisagée pour l'obliger à le faire. Les deux hommes prévoyaient un traité secret. L'empereur suggéra aussi, pour consolider l'alliance, un mariage entre le prince Napoléon et la fille de Victor-Emmanuel, Clotilde, âgée de quinze ans. Comme Cavour objectait la jeunesse de la princesse et la mauvaise réputation du prince, l'empereur affirma que son cousin avait « beaucoup d'esprit, plus de jugement qu'on ne cro [ya] it et un très bon cœur ». Il savait aussi être fidèle à ses amis et… à ses maîtresses [106] !

Malgré l'hostilité de la majorité de son entourage et de son personnel politique, qui finirent par être mis au courant non des détails mais des grandes lignes du projet, Napoléon III se sentit d'abord assez fort pour franchir les étapes qui conduiraient à la guerre. Lorsqu'il fit part de l'éventualité d'un conflit contre l'Autriche au couple royal britannique, venu assister en août à l'inauguration du nouveau port de Cherbourg, il ne reçut aucun encouragement. En septembre, il envoya le prince Napoléon à Varsovie pour y rencontrer le tsar et lui proposer une alliance offensive, mais Alexandre refusa de s'engager, même contre cession de la Galicie [107]. L'empereur n'en continua pas moins à suivre son idée.

En recevant le corps diplomatique, le 1er janvier 1859, Napoléon III avoua ses sentiments en s'adressant à l'ambassadeur d'Autriche : « Je regrette que nos rapports ne soient pas aussi bons que je désirerais qu'ils fussent… » Il avait prononcé ces paroles avec bonhomie et ajouté : « Mes sentiments personnels pour l'Empereur sont toujours les mêmes » et donna même affectueusement la main à l'ambassadeur, le lendemain, ce qu'il n'avait pas même fait l'année précédente. Ces paroles n'en firent pas moins le tour de l'Europe et furent généralement interprétées comme un signe inquiétant [108]. Dix jours plus tard, le roi de Sardaigne déclarait de son côté, dans son discours du trône, qu'il ne pouvait rester « insensible au cri de douleur » qui s'élevait « de tant de parties de l'Italie ». Le 26 janvier 1859, le traité d'alliance franco-piémontais était signé [109]. Quatre jours plus tard, le prince Napoléon épousait la fille de Victor-Emmanuel. Le 4 février, parut *L'Empereur Napoléon III et l'Italie*, brochure rédigée par La Guéronnière, mais dont le souverain avait inspiré, lu et corrigé le texte. Cette publication qui s'arracha à dix mille exemplaires en quelques heures fit sensation. Elle stigmatisait l'attitude des princes inféodés à l'Autriche, encourageait le pape à réformer ses États et s'achevait sur le souhait d'une Italie fédérée et débarrassée de toute domination étrangère. Tout en dénonçant les révolutions, elle défendait le principe des nationalités. Elle rappelait au passage une formule de Napoléon : « J'ai toujours eu l'intention de créer libre et indépendante la nationalité italienne », en ajoutant : « L'empereur Napoléon Ier a cru devoir conquérir les peuples pour les affranchir ; Napoléon III veut les affranchir sans les conquérir [110]. »

Cependant, devant les provocations des Piémontais, qui cherchaient à acculer les Autrichiens à leur déclarer la guerre, l'inquiétude de l'opinion publique française et la froideur des chancelleries européennes, la volonté impériale fléchit [111]. Napoléon III sentait bien que l'immense majorité des élites dirigeantes, des milieux économiques, des catholiques et des ruraux étaient hostiles à un conflit. Il craignait de passer pour un fauteur de troubles aux yeux de l'Europe. Au prince Napoléon, il avait écrit, fin janvier : « Dans tous les cas, il faut du repos aujourd'hui pour quelque temps, car la question est très mal emmanchée et l'opinion publique en Europe se montre toujours davantage contre moi, et surtout contre toi, parce que l'on croit que nous voulons la guerre [112] », mais aussi : « Si le Piémont a l'air de chercher une mauvaise querelle, si de mon côté j'ai l'air d'approuver sa conduite dans mon désir de la guerre, l'opinion publique en France comme en Europe m'abandonne et je risque d'avoir toute l'Europe sur les bras [113]. » Dans son discours du trône du 7 février 1859, Napoléon III essaya de rassurer les députés et les sénateurs qui accueillirent pourtant fraîchement ses paroles : « L'état de l'Italie et sa situation anormale [...] inquiètent justement la diplomatie [...]. Ce n'est pas un motif suffisant de croire à la guerre [...]. La paix, je l'espère, ne sera point troublée [114]. » Il cherchait maintenant à freiner Victor-Emmanuel. Il sentait, lui écrivit-il, que l'Angleterre et la Prusse étaient mal disposées. « En France, ajouta-t-il, même l'opinion publique a besoin de se former et de comprendre tout l'intérêt que le pays doit attacher à avoir près de ses frontières un peuple libre et un allié sincère [115]. »

L'empereur envisageait maintenant de réunir les puissances en congrès. Cavour et le prince Napoléon s'en offusquèrent. Le 5 mars, le *Moniteur* publia un article inspiré par le souverain qui était destiné à apaiser les esprits. Le jour même, son cousin démissionna du gouvernement. La Russie, qui venait de signer un traité de « neutralité bienveillante » avec la France, accepta d'ailleurs de prendre l'initiative du congrès et le *Moniteur* annonça la prochaine réunion de celui-ci. Il n'était même plus question d'y admettre le Piémont. Au vrai, l'empereur était très irrité par des indiscrétions parties de Turin qui avaient fait état de l'imminence de la guerre [116]. Cavour se rendit à Paris pour essayer de faire renoncer Napoléon III à son projet, mais il n'y parvint pas, au cours des deux entretiens qu'il eut avec lui, les 26 et 29 mars [117]. Cependant, l'Autriche refusait qu'un congrès se mêlât d'affaires qui ne concernaient qu'elle. L'initiative échoua. En revanche, elle assura à Napoléon III la neutralité de l'Angleterre, mécontente de l'intransigeance de Vienne.

Un coup de théâtre dénoua la situation. Depuis quelques semaines, Autrichiens et Piémontais avaient commencé à mobiliser. Le 23 avril, Vienne, qui ne pouvait maintenir une armée importante sur le pied de guerre en raison de sa situation intérieure, adressa un ultimatum à Turin exigeant que le Piémont désarmât sous les trois jours. Soutenu par Napoléon III, celui-ci refusa. Dès lors, le traité franco-piémontais jouait pleinement. Les premières troupes françaises partirent aussitôt pour l'Italie. L'empereur demanda au Corps législatif les crédits nécessaires au conflit.

Si une grande partie de l'opinion avait maintenant basculé en faveur de la guerre, la majorité des députés lui demeuraient hostiles et se reconnaissaient dans les paroles de leur collègue Plichon : « On ne saurait être révolutionnaire en Italie et conservateur en France », mais ils ne pouvaient aller à l'encontre de la volonté du souverain. Les crédits furent votés, le 30 avril, par

248 voix contre aucune [118]. Dans une proclamation du 3 mai, aussitôt affichée sur les murs de Paris, Napoléon III s'expliquait : « L'Autriche [...] a amené les choses à cette extrémité, qu'il faut qu'elle domine jusqu'aux Alpes ou que l'Italie soit libre jusqu'à l'Adriatique. » Il espérait encore une diversion russe du côté de la Galicie. Il dut se contenter de l'assurance que le tsar respecterait le traité qu'il avait signé le 3 mars précédent [119]. Il s'entendit en revanche avec Kossuth qu'il reçut alors pour soutenir une révolte de la Hongrie contre l'Autriche [120]. Il tint, par ailleurs, à rassurer le pape : « Dans mon cœur je ne sépare pas la cause de la religion et du pouvoir temporel du Saint-Père de la cause de l'indépendance de l'Italie, car je dois l'avouer elles me sont également chères. » Celui-ci le remercia tout en déplorant que deux puissances catholiques se fissent la guerre [121].

Après avoir confié la régence à son épouse, Napoléon III tint à prendre lui même le commandement de son armée [122]. Fleury était pourtant dubitatif sur ses capacités à assumer cette charge suprême : « La tâche est bien lourde pour un souverain qui commence la guerre à cinquante ans. [...] Je ne crois pas qu'il puisse longtemps continuer le métier de général et d'Empereur dans ces conditions modernes [123]. » En outre, le ministre de la Guerre, le maréchal Vaillant qui fut nommé major général, avait déjà soixante-neuf ans et était un piètre commandant.

L'armée française impréparée et difficilement mobilisée ne comptait que 104 000 hommes face à 160 000 Autrichiens, mais avec toutefois l'apport espéré de 60 000 Piémontais. Quant au matériel et aux services, ils étaient notoirement déficients [124]. Cette guerre n'en suscitait pas moins l'enthousiasme de beaucoup de républicains dont George Sand [125] et du peuple des villes qui la percevaient comme le prélude à la libération d'une nation amie. Le souverain en reçut de multiples preuves. En quittant les Tuileries, le 10 mai, il fut acclamé par les ouvriers parisiens. Il fallut même empêcher la foule de dételer les chevaux pour tirer la voiture impériale jusqu'à la gare de Lyon [126]. L'accueil reçu tout au long du trajet vers Marseille fut du même ordre [127]. Le 12 mai, l'empereur débarqua à Gênes. Dans son ordre du jour à l'armée, il se plaça dans les pas de son oncle : « Nous allons seconder la lutte d'un peuple revendiquant son indépendance et le soustraire à l'oppression étrangère. C'est une cause sainte qui a les sympathies du monde civilisé. Je n'ai pas besoin de stimuler votre ardeur : chaque étape vous rappellera une victoire. Dans la Voie Sacrée de l'ancienne Rome, les inscriptions se pressaient sur le marbre pour rappeler au peuple ses hauts faits ; de même aujourd'hui, en passant par Mondovi, Marengo, Lodi, Castiglione, Arcole, Rivoli, vous marcherez dans une autre voie sacrée au milieu de ces glorieux souvenirs [...]. La nouvelle armée d'Italie sera digne de sa sœur aînée [128]. » Le lendemain, le roi Victor-Emmanuel venait se placer sous ses ordres et le surlendemain, les deux souverains arrivaient à Alexandrie.

Napoléon III envisageait de rééditer les exploits de son oncle. Il tint à aller visiter le champ de bataille de Marengo, sur lequel Bonaparte avait été victorieux en 1800, et se fit lire le récit de la bataille rédigé par Thiers. Son plan initial envisageait de prendre les Autrichiens à revers par le sud, en forçant le Pô à Plaisance [129]. Mais le général en chef autrichien, Giulay, avait lu dans la pensée impériale et réussit à bloquer la route. Une première bataille indécise eut lieu à Montebello, le 20 mai. Comme son oncle, l'empereur sut alors changer de stratégie. Il opta pour une attaque au nord, par Novare. Deux autres combats importants se déroulèrent à Palestro, les 30 et 31, mais ils ne furent pas plus décisifs que le premier.

Prudemment, Giulay décida alors de se replier au-delà du Tessin, pour couvrir Milan. Le 4 juin vers midi, Mac-Mahon à la tête de l'avant-garde alliée arriva à son contact, près du pont de Magenta. Napoléon III dut engager toutes ses forces pour le soutenir. Au milieu du combat, les Français étaient en si fâcheuse posture que le souverain en oubliait de fumer ses cigarettes. L'élan de la troupe et l'arrivée de renforts firent pourtant basculer la situation en fin d'après-midi et obligèrent les Autrichiens à battre en retraite, sous une pluie diluvienne qui protégea leur fuite [130]. Le commandement français avait fait preuve de bravoure et Espinasse avait été tué dans la mêlée, mais il s'était montré déficient. Napoléon III distingua néanmoins Mac-Mahon, en en faisant un maréchal et un duc de Magenta.

Si la Lombardie était conquise, Napoléon III ne fit preuve d'aucun triomphalisme. Les événements allaient « moins vite qu'[il] ne l'avai [t] espéré [131] ». Le 8 juin, il ne voulut d'ailleurs pas d'une entrée solennelle à Milan. Selon lui, c'eût été ridicule et prématuré. La population n'en manifesta pas moins sa joie : « Ce n'était pas de l'enthousiasme mais du délire. Tous les hommes dans les rues se mettaient à genoux ou cherchaient à me toucher ou à embrasser mes genoux. [...] Je suis accueilli au nom de *libérateur*[132]. » Il tint à s'installer non dans le Palais du gouvernement, mais dans la villa Bonaparte où avait résidé son oncle.

Vaincus à Marignan par Baraguey d'Hilliers, les Autrichiens repassèrent bientôt la Trebbia, l'Adda, puis la Chiese. Les Français, qui s'étaient lancés à leur poursuite, arrivèrent à leur contact le 23. Le lendemain, vers quatre heures du matin, Niel se heurta à l'ennemi, au milieu des collines qui entouraient le bourg de Solferino. Napoléon III donna alors l'ordre à son armée de le soutenir et se porta lui-même à Castiglione, d'où il suivit les opérations sur une hauteur. Durant toute la journée du 24 juin, le combat fit rage autour de la tour de Solferino, sous une chaleur accablante[133]. Longtemps indécise, la bataille s'acheva vers vingt heures par un nouveau succès pour les Alliés, qui poursuivirent les Autrichiens au-delà du Mincio. Ils pouvaient maintenant envisager de faire la conquête de la Vénétie.

Napoléon III était pourtant inquiet[134] car les batailles avaient été meurtrières. S'il se considérait comme un chef de guerre en digne héritier de son oncle, le souverain était beaucoup plus sensible que lui à la vue des morts et des blessés qui jonchaient les champs de bataille[135]. En outre, les troupes françaises étaient atteintes par le choléra et la dysenterie. L'empereur estimait que ses alliés l'avaient mal secondé, en particulier lors de la bataille de Magenta. Encouragées par des agents piémontais, les populations du grand-duché de Toscane, des duchés de Modène et de Parme et des États pontificaux s'étaient soulevées à la nouvelle des victoires. La péninsule était sous la menace d'une révolution générale. En outre, les Autrichiens n'étaient pas écrasés et s'étaient repliés au-delà de l'Adige, dans les forteresses inexpugnables du Quadrilatère, à l'abri desquelles ils refaisaient leurs forces. Les nouvelles que le Quai d'Orsay faisait parvenir à l'empereur étaient alarmantes. Les opinions publiques de la plupart des États allemands se sentaient solidaires des Autrichiens[136], même si Berlin était peu motivé pour aller secourir ces derniers, dont l'affaiblissement servait ses intérêts, mais l'opinion était pressante et les succès français inquiétants. La Prusse commença donc à mobiliser son armée. Le danger était d'autant plus grand que Napoléon III n'avait pu laisser que cinq divisions sur le Rhin pour la tenir en respect[137]. En France, le parti de la paix grossissait chaque jour. L'empereur se disait enfin qu'il donnerait de lui l'image d'un souverain modéré en proposant un armistice à son adversaire [138]. Il suggéra donc à François-Joseph une rencontre que celui-ci s'empressa d'accepter, car il n'entendait pas être sauvé par les Prussiens [139]. Le 10 juillet 1859, les deux souverains se retrouvèrent à Villafranca et convinrent, dans un entretien d'une heure en tête-à-tête, d'une suspension d'armes jusqu'au 15 août et des principales bases d'une future paix. Dans son ordre du jour, Napoléon III annonçait qu'il revenait immédiatement en France en laissant le commandement en chef au maréchal Vaillant [140]. Le lendemain, les préliminaires de paix furent signés. L'Autriche acceptait la création d'une Confédération italienne sous la présidence honoraire du pape. Elle renonçait à la Lombardie, moins Mantoue et Peschiera, au profit de la France qui serait libre de la céder au Piémont. Elle conservait en revanche la Vénétie. Les princes qu'elle protégeait restaient sur leurs trônes, moyennant une amnistie de leurs sujets révoltés. En outre, le pape serait invité à réformer ses États.

François-Joseph avait tout lieu d'être satisfait de la clémence de Napoléon III. Il pressentait « une longue ère de paix et d'amitié avec la France [141] ». En revanche, Victor-Emmanuel estimait qu'il avait été abandonné. Même s'il n'avait pas les moyens de continuer seul la lutte, il refusa de s'associer aux préliminaires de paix [142]. Indigné par l'attitude des Français, Cavour démissionna. L'empereur n'avait pu atteindre ses objectifs initiaux. En conséquence, il renonça à Nice et à la Savoie. D'une certaine façon, il s'était aussi perdu dans l'opinion italienne. Il regagna Saint-Cloud sans passer par Paris. Aux corps constitués venus le féliciter, le 19 juillet, il répondit avec franchise : « Après une heureuse campagne de deux mois […], la lutte allait inévitablement changer de nature. […] Il fallait […] accepter la lutte sur le Rhin comme sur l'Adige. Il fallait partout, franchement, se fortifier du concours de la révolution. Il fallait répandre encore un sang précieux qui n'avait que trop coulé déjà : en un mot, pour triompher, il fallait risquer ce qu'il n'est permis à un souverain de mettre en jeu que pour l'indépendance de son pays. […] Pour servir l'indépendance italienne, j'ai fait la guerre contre le gré de l'Europe ; dès que les destinées de mon pays ont pu être en péril, j'ai fait la paix [143]. »

Cependant, le 14 août, Napoléon III défila triomphalement dans sa capitale, à la tête de son armée désormais unanimement considérée comme la première au monde. Le lendemain, jour de la

Saint-Napoléon, il était assez confiant pour décréter une amnistie générale des proscrits que seuls quelques irréductibles dont Hugo, Quinet et Schœlcher repoussèrent avec dédain. L'Europe se demandait où s'arrêterait son ambition.

CHAPITRE X

L'ÉTOILE DE LA FÊTE IMPÉRIALE

« Faire une monarchie au rabais n'était certainement pas dans les aspirations des grandes masses populaires qui avaient acclamé l'Empire*. »

« Tout ce qui touchait aux Lettres et aux Beaux-Arts semblait lui échapper**. »

L'empereur et sa Cour aux Tuileries

« Quoique simple en ses goûts, sobre, n'aimant ni le luxe, ni l'ostentation[1] », le souverain tint à organiser une cour fastueuse et brillante qui rompît délibérément avec les précédentes. Celle du premier Empire souffrait de l'absence quasi constante du maître, parti guerroyer à travers l'Europe, celle de la Restauration de la vieillesse et du manque de charisme du roi, ainsi que de l'absence d'une reine susceptible de l'animer, celle de la monarchie de Juillet enfin des mœurs modestes, voire austères du couple royal.

Selon Napoléon III, la Cour était un élément indispensable à la grandeur de la France, au prestige de sa dynastie et à la santé de l'industrie parisienne du luxe. Elle faillit pourtant ne jamais avoir les moyens de sa grandeur et il fallut tout le zèle de Persigny pour les lui donner. Au moment du passage à l'Empire, la plupart des ministres et des sénateurs pensaient en effet que la nouvelle monarchie, qui était d'essence populaire, n'avait pas besoin de disposer

* Duc de Persigny, *Mémoires*.

** Maxime du Camp parlant de Napoléon III, *Souvenirs d'un demi-siècle*.

d'autant d'argent que celles du passé. Le projet de sénatus-consulte accepté par le chef de l'État fixait la liste civile à douze millions, soit un montant inférieur de six millions à celle de la monarchie de Juillet et de treize à celle de la Restauration. Cependant, Persigny ne voulait pas d'une « monarchie au rabais ». « Il serait singulier, disait-il, que la dynastie du peuple fût moins bien traitée que les deux autres [celle des nobles et celle des bourgeois]. » Il prit sur lui d'aller trouver le président du Sénat, Troplong, pour lui dire que Napoléon III accueillerait favorablement le doublement de la somme proposée. Le nouveau texte en tint compte. L'empereur fut stupéfait de l'audace de son ami, mais il se garda bien de dévoiler sa supercherie et lui avoua plus tard qu'il avait eu raison d'agir ainsi. Le sénatus-consulte du 12 décembre 1852 accordait donc vingt-cinq millions au souverain qui s'ajoutaient aux sept millions de revenus des domaines de la Couronne dont il disposait par ailleurs [2].

La Maison de l'empereur en absorbait le cinquième [3]. Son organisation et ses règlements inspirés de ceux du premier Empire furent élaborés par Fleury [4]. Dirigée par un ministre qui fut d'abord Achille Fould puis, à partir de 1860, le maréchal Vaillant, par ailleurs grand maréchal du palais dès l'origine, cette Maison comprenait plusieurs centaines de personnes, depuis les grandes fonctions de cour jusqu'aux domestiques. Vaudrey conserva la charge de gouverneur du palais qu'il occupait sous la présidence. Deux héritiers de la noblesse d'Empire, le duc de Cambacérès et le duc de Bassano, devinrent respectivement grand maître des cérémonies et grand chambellan, deux maréchaux, Saint-Arnaud et Magnan, grand écuyer et grand veneur. Fleury et Ney qui étaient de fidélité plus ancienne en furent dépités. Respectivement premier écuyer et premier veneur, ils durent attendre 1866 pour devenir « grands [5] ». Le grand aumônier qui célébrait la messe tous les dimanches pour le couple impérial fut Mgr Menjaud, évêque de Nancy, puis comme des conflits de préséance et d'attribution eurent lieu avec l'archevêque de Paris, ce fut ce dernier qui exerça la fonction à partir de 1857, le cardinal Morlot d'abord, Mgr Darboy ensuite [6]. Ces charges donnaient à chacun des titulaires autorité sur plusieurs dizaines de personnes et rapportaient de 60 000 à 300 000 francs l'an.

L'impératrice avait aussi sa Maison sous le comte de Tascher et la princesse d'Essling. Outre des écuyers et chambellans, elle comprenait une dame d'honneur, la duchesse de Bassano, épouse du grand chambellan, une dizaine de dames du palais dont Winterhalter représenta certaines autour d'Eugénie sur l'un de ses tableaux les plus célèbres [7], ainsi que des lectrices, parmi lesquelles Amélie Bouvet, future Mme Carette qui entra au service en 1864 et devint l'une des grandes mémorialistes de la Cour [8].

S'ajoutait aux deux précédentes une Maison militaire comprenant une quinzaine de généraux et d'aides de camp et une foule d'officiers d'ordonnance. La garde de la Cour relevait à la fois du régiment de cavalerie d'élite des Guides créé en 1848 et réformé en 1852 par Fleury qui en devint le colonel, de la Garde impériale et du corps d'apparat des Cent-Gardes, tous deux créés en 1854.

Outre Jérôme et ses enfants presque tous les membres de la famille élargie de Napoléon III fréquentaient la Cour, ainsi que les parents d'Eugénie quand ils séjournaient en France. Si la plupart des familles de la vieille noblesse du faubourg Saint-Germain et la quasi-totalité de la grande bourgeoisie orléaniste la boudaient, elle accueillait la noblesse du premier Empire, des ministres, des membres des assemblées, des diplomates, des hauts fonctionnaires, des prélats, des hommes de lettres, des artistes ou encore de riches oisifs, parfois excentriques, comme le duc de Brunswick. Cet ancien associé de l'empereur vivait maintenant à Paris, dans un palais rose, et se rendait aux Tuileries dans des habits constellés de pierres précieuses d'une valeur de vingt et un millions de francs en se faisant précéder d'un grand homme de couleur [9].

La Cour était aussi le point de ralliement de la fine fleur de l'aristocratie européenne, des Mexicains en exil ou encore des « belles du Sud » des États-Unis, ce qui faisait sans doute d'elle la plus variée et la plus cosmopolite de toutes celles de l'époque [10]. Elle fut jugée avec une sévérité excessive par les Goncourt qui traduisaient néanmoins un sentiment fort répandu : « Une cour de hasard et d'aventure, à beaux noms tout neufs, à titres frais-volés, une cour de parade et de cohue, traversée, déchirée de sabres et de prétoriens dorés, qui arrachent les dentelles en passant [...]. Une cour sans hiérarchie, mêlée, où il suffit d'entrer pour avoir place – et souvent une grande. Des parvenus, des millions sans passé ; des gens dont, un jour, on a jeté le nom en l'air devant l'impératrice et qui sont tombés dans son intimité on ne sait d'où. [...] Une cour où rien n'est respecté et n'est estimé, que les quatre choses qu'une cour doit mépriser : les diamants, la jeunesse, la beauté, une robe [11]. »

Napoléon III, qui avait jadis condamné la création des titres nobiliaires et qui craignait de heurter la fibre démocratique des Français, n'abusa pas en la matière. Certes un décret du 24 janvier 1852 révoqua la suppression des anciens titres nobiliaires proclamée par la deuxième République, mais le chef de l'État attribua moins de cent cinquante titres et en régularisa moins de trois cents. Il ne fit que quatre ducs, deux civils, Morny et Persigny [12], et deux militaires, Pélissier, duc de Malakoff, et Mac-Mahon, duc de Magenta. Une loi du 18 mai 1858 réprima même sévèrement l'usage illicite des titres et le mot « distinction honorifique » fut substitué à celui de « noblesse ». Malgré le conseil d'une partie de son entourage, il refusa de créer une noblesse comme son oncle lui-même l'avait fait en 1808 [13].

Cette Cour, dont les dépenses représentaient le quart des revenus de la Couronne, suscita l'attention des contemporains, les brocards des détracteurs du régime, puis la curiosité des générations suivantes, parce qu'elle fut l'une des toutes premières de son temps, la seule digne de ce nom au XIXe siècle en France et la dernière de notre histoire.

Quand le souverain était à Paris, soit la moitié de l'année, la Cour et son personnel résidaient aux Tuileries. Napoléon III manifestait un attachement sentimental pour ce palais où son oncle avait vécu, et ce en dépit de son inconfort. Il y avait transféré sa résidence, d'abord temporairement et symboliquement, quelques jours seulement après le plébiscite qui avait approuvé son coup d'État, puis vint s'y établir définitivement avant même le passage à l'Empire.

Édifié par Philibert Delorme au XVIe siècle, le palais avait été abandonné par Louis XIV lorsqu'il était allé s'installer à Versailles. En octobre 1789, les Parisiennes y avaient ramené Louis XVI et sa famille, « le boulanger, la boulangère et le petit mitron », puis les Tuileries avaient été prises d'assaut à chaque renversement de la royauté, en août 1792, en juillet 1830 et en février 1848. Le palais avait alors été si endommagé que la République avait entrepris sa restauration qui fut poursuivie sous l'Empire, sous la direction de Louis Visconti d'abord, d'Hector Lefuel ensuite. Ce dernier fit même aboutir, en 1857, le projet fort ancien de rattachement du Louvre aux Tuileries, ce qui permit de réaliser une véritable cité impériale. Les témoignages furent très partagés à l'égard des Tuileries. Imbert de Saint-Amand notait : « Jamais Rome, même au temps des Césars, n'avait eu pareil édifice [14] », mais Stéphanie Tascher de La Pagerie qui y vivait était moins enthousiaste : « On n'y trouve ni ce confort, ni cette diversité qui plaisent à l'œil et au goût. »

L'appartement privé de l'empereur était situé au rez-de-chaussée, entre le pavillon de l'Horloge et le pavillon de Flore. Au fond était « établie la vaste chambre à coucher [...]. Des deux côtés du lit [étaient] suspendus les portraits du roi Louis et de la reine Hortense ; à droite, en une sorte d'écrin, façon de retable, le reliquaire de Charlemagne, le talisman qui assur[ait] l'Empire à son détenteur [15] ». Napoléon III avait d'ailleurs fait de son appartement un vrai musée, puisqu'il y avait également placé des bustes de son père et de son oncle, des miniatures représentant divers membres de sa famille, une vitrine contenant des reliques de toutes sortes, des scènes de chevalerie, ainsi que sa précieuse collection d'armes [16]. Il avait choisi de le meubler « à l'anglaise », dans le style à la fois cossu et sobre des clubs aristocratiques londoniens, ce qui contrastait avec le raffinement des appartements de l'impératrice, situés au premier étage et décorés par les artistes qu'elle appréciait, comme les peintres Dubufe et Chaplin.

L'envers du décor était moins brillant. Alors que les appartements impériaux étaient surchauffés en hiver, car Napoléon III qui souffrait du froid demandait à ce que le calorifère qu'il avait fait installer fonctionnât constamment à plein régime, le reste du palais ne possédait ni chauffage, ni eau courante. Il régnait des odeurs pestilentielles dans les étages élevés et les combles de cette « ruche surpeuplée », qui abritaient des centaines de chambres de domestiques desservies par des couloirs étroits et mal éclairés et par des escaliers en colimaçon.

L'étiquette des Tuileries réglée sur celle de la cour de Bavière était assez stricte. Le déjeuner, que le couple impérial prenait généralement seul, y échappait [17]. Par contre, quand Napoléon III ne recevait pas d'hôtes de marque ou d'amis, le dîner obéissait à un rituel strict et immuable. Toutes les personnes constituant le service de la semaine étaient tenues d'y assister. Elles attendaient dans le salon d'Apollon le signal du départ, vers dix-neuf heures, pour se rendre dans le salon de Louis XIV voisin, où la table était dressée. Le préfet du palais précédait le couple impérial, puis le reste de l'assistance. Le menu comportait quatre services doubles, mais le repas ne durait que trois quarts d'heure car Napoléon III n'aimait pas s'attarder à table. Tout le monde revenait ensuite au salon d'Apollon pour y prendre le café et y jouer aux cartes, aux échecs ou au loto. L'empereur participait volontiers aux parties, faisait des patiences ou discutait avec les uns et les autres, tout en fumant cigarette sur cigarette. Vers vingt-deux heures, une collation de thé et de gâteaux secs était proposée, puis l'empereur se retirait. Les conversations et les jeux de société se poursuivaient alors plus librement, jusqu'à minuit passé [18].

Âgé déjà de quarante-sept ans au moment de la naissance de son fils, Napoléon III fut toujours un père aimant et attentionné, mais aussi laxiste. Le tempérament du souverain et les circonstances l'expliquaient. Il avait cru perdre l'enfant et sa mère lors de l'accouchement qui s'était déroulé dans la nuit du 15 au 16 mars 1856 et qui avait été difficile, puisqu'il avait nécessité l'emploi des forceps. Aussi avait-il embrassé toute l'assistance en apprenant l'heureux dénouement [19]. Les souverains avaient distribué pensions et décorations et s'étaient institués parrain et marraine des enfants légitimes nés le même jour en France [20]. Dans les semaines qui avaient suivi, l'empereur était venu contempler le bébé toutes les heures dans son berceau [21]. Par la suite, il accepta les espiègleries de son cher « Loulou [22] », « maître absolu de [sa] volonté », y compris quand celui-ci organisait avec ses camarades dont Louis Conneau, le fils du médecin particulier de Napoléon III, des chasses à courre à travers les salles des Tuileries [23].

L'impératrice était plus sévère, mais elle n'en chérissait pas moins son fils auquel elle consacrait beaucoup de temps. Dès sa naissance, le prince avait bénéficié de sa propre Maison. Dans la tradition du premier Empire, sa gouvernante, l'amirale Bruat, et ses deux sous-gouvernantes étaient trois veuves de guerre. Une nourrice bourbonnaise et une nurse anglaise s'occupaient également de lui. À sept ans, le prince reçut un précepteur, Francis Monnier, professeur au collège Rollin qui préparait une thèse sur Alcuin, puis, comme celui-ci ne se faisait pas à la vie de Cour et manifestait peu de qualités pédagogiques, il fut remplacé, en 1867, par un autre normalien, Auguste Filon. Des professeurs des grands lycées parisiens venaient aussi donner des cours au prince, dont Ernest Lavisse pour l'histoire [24].

Quand ils étaient à Paris, les souverains aimaient se promener en voiture au bois de Boulogne. Chaque semaine, ils assistaient à un spectacle. S'ils se rendaient à l'Opéra par pure convention, ils étaient attirés par le théâtre. Ils n'hésitaient d'ailleurs pas à faire jouer aux Tuileries les pièces, les opérettes et les opéras-bouffes à succès, comme *Les Deux Aveugles*, premier triomphe du compositeur allemand Jacques Offenbach. L'impératrice affectionnait les spectacles émouvants ; l'empereur ceux qui faisaient rire. Il appréciait particulièrement Offenbach et ses librettistes Ludovic Halévy et Hector Crémieux et il s'amusa beaucoup, en octobre 1858, à voir la Cour parodiée dans l'Olympe d'*Orphée aux Enfers*. Mais les Tuileries furent aussi le théâtre de nombreuses séances de spiritisme, en particulier en 1857-1858, lorsque l'impératrice, passionnée par les phénomènes surnaturels, invita un jeune médium écossais de réputation internationale, Dunglass Hume. Celui-ci mit toute la Cour en émoi en faisant tourner les tables et bouger les meubles. S'il ne fut pas aussi crédule qu'une grande partie de son entourage, Napoléon III n'écouta pas le prince Napoléon et Mocquard qui lui conseillaient de congédier le charlatan. Intrigué, il participa même à certaines séances[25].

Cependant, les Tuileries étaient aussi le lieu de réunions plus sérieuses. Elles étaient le siège du pouvoir. Napoléon III travaillait et recevait les grands commis de l'État, les hôtes de marque et les ambassadeurs étrangers dans son cabinet d'audience et de travail qui était situé près de sa chambre, en rez-de-jardin. Sur l'un des murs, il avait fait poser un immense plan de Paris et sur un autre, le *Jules César* d'Ingres, deux de ses sujets de prédilection. À la suite d'une antichambre dans laquelle s'ouvrait l'escalier conduisant à l'appartement de l'impératrice, se trouvait le bureau de son chef de cabinet. De l'autre côté, étaient installés sa bibliothèque et son salon de lecture. C'était en les traversant que l'empereur arrivait dans la salle ornée des portraits de son frère et de l'impératrice, où les conseils des ministres se tenaient deux fois par semaine[26].

Les villégiatures impériales

Malgré son attachement sentimental pour le lieu, Napoléon III confiait qu'il considérait les Tuileries comme une prison et il aimait s'en échapper pour aller s'installer plus au calme, à la campagne[27]. Là où il résidait se trouvait *de facto* le gouvernement, et la Cour le suivait aussi dans ses déplacements. En mai, l'empereur et elle quittaient le « grand meublé » du centre de Paris pour le palais de Saint-Cloud. Cependant Saint-Cloud était encore un peu la capitale et le souverain se rendait fréquemment aux Tuileries, en calèche, pour y travailler de dix heures du matin à la fin de l'après-midi, car il ne fallait que quarante minutes pour faire le trajet d'un palais à l'autre[28].

À Saint-Cloud, Napoléon III n'abandonnait pas ses dossiers, mais il se laissait davantage distraire. L'étiquette y était plus souple qu'aux Tuileries et l'ambiance plus calme et plus intime. Dans ce palais, Napoléon III chercha certainement à pratiquer l'hospitalité et la liberté qu'il avait connues dans les châteaux d'outre-Manche. Il aimait se promener dans le parc avec ses chiens, dont le plus célèbre fut Néro, offert par l'un de ses chambellans, le baron Zorn de Bulach, ou faire retraite avec ses dossiers dans l'ermitage de Villeneuve-l'Étang. Un jour, il s'amusa avec Eugénie à visiter la foire de Saint-Cloud sous l'*incognito* d'un déguisement. Le lendemain, il fit un don généreux aux commerçants qui avaient su faire preuve de silencieuse délicatesse[29].

Au début de l'été, la Cour émigrait à Fontainebleau. Le cadre y avait peu changé depuis le premier Empire, ce qui ne plaisait guère à l'impératrice, mais son époux tenait à séjourner dans un palais qui évoquait son baptême, les émouvants adieux de son oncle en 1814 et le pèlerinage qu'il avait effectué avec sa mère en 1831. Du reste, le séjour ne durait jamais plus de six semaines, car Napoléon III voulait être à Paris pour la fête du 15 Août. À Fontainebleau, l'empereur s'abandonnait dans de grandes conversations et participait plus fréquemment aux jeux qu'aux Tuileries ou à Saint-Cloud. Lorsque le temps le permettait, il montait à cheval, chassait, excursionnait pour voir les principaux sites de la forêt, car il avait toujours aimé contempler les paysages, rendait visite à Rosa Bonheur dans son atelier ou encore assistait à l'échenillage des arbres et au forage de puits artésiens[30]. Il aimait aussi canoter sur l'étang des Carpes où il chavira une fois, puis, après avoir regagné la rive à la nage, rit de son infortune[31].

Ce fut sans doute à Fontainebleau que Mérimée fit faire au couple impérial et à leurs invités sa fameuse dictée remplie de pièges périlleux. L'empereur fit quarante-cinq fautes, précédant seulement son épouse qui en commit soixante-deux. La princesse de Metternich en fit trois de moins que lui. Les écrivains Alexandre Dumas fils et Octave Feuillet n'en eurent respectivement que vingt-quatre et dix-neuf. Mais ce fut le prince de Metternich qui vécut son heure de gloire avec trois fautes seulement. Il fut vivement complimenté et encouragé, tout Autrichien qu'il était, à postuler à l'Académie française[32]. Le couple Metternich était entré dans la vie de Napoléon III au lendemain de la guerre d'Italie. François-Joseph avait alors envoyé comme ambassadeur en France le prince Richard de Metternich, fils de l'ancien maître d'œuvre du congrès de Vienne, pour resserrer les liens entre les deux Empires. L'épouse du plénipotentiaire, Pauline, qui était aussi sa propre nièce, avait alors vingt-trois ans. Elle n'était pas belle, mais avait un charme infini. Dotée d'un sens inné de l'organisation, d'une vive intelligence et de beaucoup d'esprit, elle devint vite indispensable car elle inventait sans cesse de nouveaux jeux et de nouvelles saynètes où elle distribuait les rôles. Elle amusait par ses mots d'esprit et ses imitations. Elle était aussi une excellente musicienne et une sportive intrépide qui accompagnait l'impératrice dans ses escapades à cheval, en mer ou en montagne.

Juillet et parfois août étaient les mois des cures à Plombières, puis à Vichy. Napoléon III avait souvent entendu parler de la petite station thermale de Plombières dans les Vosges par ses parents et par ses deux grands-mères qui y avaient séjourné. Lui-même y avait passé quelques jours dans sa tendre enfance. Il s'y rendit sept fois entre 1856 et 1868, pour y soigner ses rhumatismes, puis pour y suivre l'état des travaux qu'il avait entrepris, la rue de l'Impératrice d'abord, les thermes ensuite, le parc dont il avait lui-même dessiné les plans et la nouvelle église enfin[33].

Vichy devint à son tour villégiature impériale en 1861. Conneau, qui s'était entretenu à plusieurs reprises avec des spécialistes sur la santé de l'empereur, avait en effet conseillé à celui-ci un changement d'eau pour vaincre ses rhumatismes et son anémie et pour soigner son foie[34]. De 1861 à 1864, Napoléon III effectua donc, chaque année, un séjour de quatre semaines à Vichy, ce qui transforma la petite station de l'Allier en « reine des villes d'eaux[35] ». Napoléon III y fit construire une mairie, une gare de chemin de fer, huit « routes thermales », un casino, vingt-cinq hôtels de luxe, un grand nombre de chalets, et un parc de onze hectares protégé des crues de l'Allier par une digue empierrée. Mais le souverain vit sa santé se dégrader au cours des deux étés 1865 et 1866, ce qui fut imputé à ses séjours dans la station. Il n'y revint plus après[36]. Indéniablement, pour paraphraser la formule de

Baroche, si Vichy ne fit pas de bien à l'empereur, on peut dire que l'empereur fit du bien à Vichy [37].

Dans la deuxième partie du mois d'août, Napoléon III se rendait systématiquement au camp de Châlons qu'il avait inauguré en 1857, pour assister aux manœuvres de son armée.

Depuis 1854, septembre était le mois de Biarritz, simple petit village de la côte basque qu'Eugénie affectionnait, car il la rapprochait de son pays natal. Elle y avait également séjourné dans son enfance. Napoléon III, auquel elle le fit découvrir, décida, dès l'année suivante, que le train y arriverait. Il fit aussi construire pour son épouse une immense demeure de briques et de pierres surplombant la mer, qui fut achevée en 1859 et qui prit le nom de « Villa Eugénie ». L'année précédente, les Bains Napoléon et le casino avaient ouvert leurs portes. Le couple impérial se rendit à Biarritz tous les ans, sauf en 1860 et en 1869 ; il n'accueillait que ses intimes et quelques invités de prestige, d'autant plus sensibles à cet honneur qu'il était rarissime. Napoléon III et Eugénie se promenaient en mer, sur la plage, dans la campagne environnante, en montagne, voire en Espagne pour y visiter Saint-Sébastien ou encore la maison de saint Ignace, le couvent et l'église de Loyola. En 1859 et en 1863, leur séjour biarrot fut précédé d'une visite aux eaux pyrénéennes de Saint-Saveur, occasion d'aller saluer Achille Fould en sa villa de Tarbes [38]. En 1861, ce fut à Biarritz que le prince impérial prit son premier bain de mer, véritable événement car les journées étaient plutôt monotones. Les souverains n'en envisagèrent pas moins, à la fin des années 1860, de s'y installer à demeure, une fois que leur fils aurait atteint sa majorité. Après le séjour basque, la famille impériale revenait à Saint-Cloud pour quelques jours, puis se rendait à Compiègne.

Ce palais rappelait des souvenirs heureux au couple, ceux de leurs premiers émois amoureux [39]. L'âge d'or de Compiègne commença en 1856 et se poursuivit jusqu'en 1869. Durant cette période, Napoléon III s'y rendit tous les ans, à deux exceptions près. Les « séries » hebdomadaires, rapidement surnommées les « Compiègne », se succédaient, au nombre de trois à six, selon les années, entre la fin octobre et le début décembre, faisant de novembre « le mois de Compiègne ». Chacune réunissait une soixantaine de princes, de diplomates, d'officiers supérieurs, de ministres, de parlementaires, d'industriels, de banquiers, d'artistes et d'hommes de lettres. L'impératrice composait elle-même les listes, travail plus long qu'il n'y paraissait au premier abord car il fallait prendre soin « de ménager toutes les susceptibilités, toutes les exigences, de réunir des personnalités sympathiques, d'éviter les froissements, de mélanger chaque série, en sorte que les éléments agréables et les éléments sérieux fussent également répartis[40] ». Chaque « Compiègne » avait cependant sa coloration particulière. Il y avait des séries plus politiques et d'autres plus artistiques, des séries mondaines et des séries solennelles, quand des hôtes de marque étaient accueillis comme le grand-duc de Toscane en 1856, le roi de Prusse en 1861 ou le couple royal du Portugal en 1865. Les invités les plus communs arrivaient par un train spécial depuis la gare du Nord, avec domestiques et bagages, puis ils étaient emmenés en voitures jusqu'au palais. Chacun attendait ses bagages qui n'arrivaient que plus tard car il fallait six lourds fourgons pour les transporter. Les dames se devaient en effet de changer de tenue plusieurs fois par jour et la princesse de Metternich vint même une fois avec dix-huit malles et presque autant de cartons à chapeaux. L'invité était accueilli par le couple impérial ou par l'impératrice seule, puis découvrait la suite ou la chambre qui lui avait été réservée, signe de la faveur plus ou moins grande dont il jouissait. Dès le premier soir, un somptueux dîner réunissait tous les participants à la série, dans la grande galerie des Fêtes.

Les activités s'enchaînaient ensuite. Napoléon III se donnait beaucoup de mal pour faire plaisir à ses hôtes[41]. On chassait beaucoup. Le souverain dirigeait lui-même les chasses à courre et les chasses à tir. « C'était une faveur très appréciée d'être admis à [ces dernières] et, outre le rang, il fallait être un tireur émérite : généralement, l'Empereur désignait onze personnes pour l'accompagner[42]. » Le meilleur chasseur était l'industriel Armand Béhic, dont Napoléon III fit un ministre en 1863. L'empereur tirait lui-même très bien. Il négligeait d'ailleurs les coups faciles au profit de coups de longueur qu'il réussissait souvent. Cependant, ceux qui l'accompagnaient lui laissaient parfois faire feu, alors qu'ils étaient en meilleure position. Il arrivait aussi que des gardes fissent sortir de boîtes des faisans et des perdrix à quelques mètres des tireurs pour obtenir de meilleurs résultats. Lors de la saison de chasse 1860-1861 qui se déroula à Compiègne, mais aussi en forêt de Rambouillet, de Saint-Germain, de Versailles, de Marly, de Fontainebleau et dans le parc de Saint-Cloud, l'empereur abattit 2 047 pièces dont

83 chevreuils, 233 lièvres, 343 lapins, 884 faisans, 271 poules faisanes, 208 perdrix… Malgré le luxe de précautions que l'on prenait, des accidents restaient possibles car tous les chasseurs n'étaient pas aussi expérimentés. Le ministre Rouland, piètre tireur, manqua ainsi de tuer l'empereur en faisant feu sur une poule qui passait un mètre au-dessus de sa tête.

Les dames suivaient généralement en voiture, quelques-unes à cheval, dont l'impératrice, excellente cavalière, qui tirait même parfois au fusil[43]. Le soir de la chasse à courre, une curée froide aux flambeaux était organisée dans la cour d'honneur du château. Il s'agissait de l'un des grands moments de la semaine.

Par ailleurs, on se promenait à pied en forêt. On se rendait aussi en excursion avec l'empereur aux fouilles archéologiques du cimetière gallo-romain du mont Chyprès, à Champlieu ou au Mont-Berny, ou avec l'impératrice au château médiéval de Pierrefonds que restaura Viollet-le-Duc à partir de 1862 et dont Napoléon III envisagea de faire un jour l'une de ses résidences d'été[44]. On jouait à colin-maillard ou au palet qu'adorait l'empereur. On assistait, au théâtre de la Cour, aux représentations de spectacles à succès de la capitale ou à des avant-premières comme *Le Point de mire* de Labiche, en 1864. On participait soi-même à quelque comédie, charade ou tableau vivant qui avait souvent un metteur en scène prestigieux, Camille Doucet, Octave Feuillet ou encore Émile Augier. On en empruntait parfois le thème à la peinture comme *La Cruche cassée* de Greuze ou *Le Déjeuner champêtre* de Watteau. On dansait aussi fréquemment au son du piano mécanique dont il arrivait à l'empereur de tourner la manivelle, sans grande mesure, il est vrai. Parfois, Napoléon III valsait ou conduisait à travers les salons, les galeries et les corridors du palais, une longue chaîne de danseurs que l'on appelait alors une « boulangère ».

Le 15 novembre, la Sainte-Eugénie était le temps fort du séjour et la série qui avait la chance d'y assister se composait de privilégiés. Ce jour-là, les festivités commençaient par une salve des canonniers de la garde nationale, puis se succédaient les défilés des officiers de la garnison, des autorités civiles et des sociétés de toutes sortes. La journée s'achevait généralement par un feu d'artifice dont Napoléon III aimait allumer la première fusée. Début décembre, la Cour regagnait les Tuileries.

Les grandes festivités

De retour à Paris, l'empereur était à nouveau en représentation. Dîners d'apparat, réceptions, concerts et bals se succédaient[45]. Le nouvel an et ses festivités constituaient un temps fort de la saison. Le 2 janvier, les dames présentées défilaient devant les souverains et devaient faire leurs deux révérences aux accents de la marche du *Prophète*.

Ensuite, jusqu'au carême, quatre grands bals réunissaient trois à cinq mille personnes dont beaucoup avaient remué « ciel et terre » pour recevoir une invitation et avaient dépensé des sommes considérables pour parer dignement leurs épouses[46]. À vingt et une heures, l'impératrice en crinoline et l'empereur en grand uniforme de général de division rejoignaient leurs invités dans la galerie de Diane, puis ils pénétraient dans la salle des Maréchaux afin d'ouvrir le bal. Celui-ci était orchestré par le Strasbourgeois Émile Waldteufel, « pianiste de la Chambre de Sa Majesté l'impératrice » et introducteur de la valse en France. Ils s'installaient ensuite sur une estrade que l'empereur quittait parfois pour aller converser avec l'un des invités. Les salons environnants permettaient à ceux qui le souhaitaient de discuter ou de se reposer. Vers vingt-deux heures trente, le couple impérial en faisait le tour. Chacun cherchait alors à être au premier rang pour pouvoir échanger quelques mots avec lui et essayer d'être invité plus intimement. Les hôtes de marque passaient ensuite dans la galerie de Diane pour un souper que présidait l'empereur, pendant que les autres invités se rendaient dans celle des Travées pour un buffet. Vers minuit, le couple impérial se retirait et le bal s'achevait trois heures plus tard par le cotillon.

À partir de 1856, l'impératrice multiplia, pendant la période du carnaval, les bals costumés qu'affectionnait Marie-Antoinette à laquelle elle vouait un culte. Sous le masque, certains se permettaient d'intriguer, de plaisanter ou d'essayer de séduire les dames. L'empereur, qui y apparaissait d'ordinaire en seigneur vénitien, n'était pas le dernier à profiter de l'aubaine. Au cours de ses évolutions, il était discrètement protégé par des policiers en civil, car la crainte de l'attentat demeurait permanente. Le roi de Suède Gustave III n'avait-il pas été assassiné, en 1792, à la faveur d'un bal de ce type ? À ce propos, le ministre Chasseloup-Laubat alla jusqu'à dire que « lorsque l'Empereur se retirait, tout le monde se sentait soulagé et alors seulement on avait de l'entrain[47] ».

Après Pâques, les « petits lundis de l'impératrice » réunissaient des familiers de la souveraine et des personnalités dont elle voulait faire la connaissance, parfois avant qu'elles ne fussent présentées à l'empereur[48]. Les plus importants rassemblaient jusqu'à six cents personnes. On y conversait librement, on y pratiquait des petits jeux, on y dansait. Napoléon III faisait parfois une apparition, soit parce qu'il tenait à voir un invité, soit simplement pour se détendre. Le maréchal du palais, le grand chambellan de l'empereur et le grand maître de la Maison de l'impératrice avaient aussi leurs soirées hebdomadaires, au cours desquelles l'empereur pouvait, occasionnellement, se rendre. Il recevait lui-même, tous les jeudis, des hommes d'État pour un grand dîner[49].

Mais la fête impériale ne se limitait pas au Palais, elle s'étendait à la Ville. Tout y concourait, de la prospérité économique aux victoires militaires, en passant par l'esprit du temps. Cependant, la volonté du souverain était déterminante. Selon lui, la fête devait témoigner de la vitalité et de la grandeur retrouvées de la France, détourner les élites de la politique et faire travailler l'industrie du luxe. L'impératrice fit ainsi la fortune du parfumeur Guerlain et lui-même lança la mode de la vaisselle en ruolz. Tous les dignitaires de l'État, des ministres aux préfets, durent être les relais de cette fête. Par application extensive de la théorie des dépenses productives, leurs traitements avaient été augmentés en partie à cette fin. De fait, tous rivalisaient pour donner les réceptions les plus somptueuses possibles. Celles du président du Corps législatif, Morny, en l'hôtel de Lassay, et celles du préfet de la Seine, Haussmann, à l'Hôtel de Ville, étaient parmi les plus prisées du tout-Paris[50]. Elles avaient une contrepartie. Le déploiement de luxe et les rumeurs de bacchanales, dont le palais impérial et les hôtels des ministres auraient été le théâtre, desservaient l'empereur et son régime auprès des masses qui y restaient étrangères. En revanche, d'autres cérémonies, plus grandioses encore, permettaient d'essayer de faire communier le peuple avec son souverain. Contrairement à ses prédécesseurs, Napoléon III entendait en effet associer la totalité des Français aux événements heureux de son règne. Il ambitionnait d'établir un nouveau rapport de l'État à la foule. Celle-ci était désormais regardée avec bienveillance quand elle se réunissait pour une bonne cause et était encadrée.

Le régime organisa ainsi des fêtes et des cérémonies autour de tous les événements dynastiques. La plus belle d'entre elles fut, sans conteste, le baptême du prince impérial, le samedi 14 juin 1856. Le cérémonial s'inspirait de celui du baptême du roi de Rome, en juin 1811 [51]. La journée s'ouvrit par une salve d'artillerie dès six heures du matin [52], mais l'essentiel fut consacré à peaufiner les préparatifs de la cérémonie qui avait coûté 150 000 francs. La foule, composée d'une grande partie des Parisiens et de trois cent mille provinciaux et étrangers, s'était pressée sur le parcours du cortège et aux abords de la cathédrale Notre-Dame, recouverte d'un décor peint dans l'esprit du temps. L'attente fut longue. Ce ne fut qu'à seize heures trente que le cardinal-légat Costantino Patrizi, envoyé par le pape, parrain de l'enfant, pour donner la bénédiction pontificale, quitta les Tuileries suivi, une demi-heure plus tard, par les huit voitures impériales. Dans la cathédrale, six mille privilégiés assistaient à la cérémonie dont la grande-duchesse de Bade qui représentait la marraine, la reine de Suède et de Norvège, cousine de l'empereur. Étaient également présents la plus grande partie de la famille impériale, la reine mère d'Espagne Marie-Christine, le prince Oscar de Suède et de Norvège, le duc d'Albe, le duc et la duchesse de Hamilton, l'archevêque de Paris, les cardinaux, archevêques et évêques de France, le corps diplomatique, les ministres, les maréchaux, les amiraux, les maires des chefs-lieux de tous les départements, des députations de la garde nationale et de l'armée, etc. [53]

À la suite du baptême, Napoléon III présenta son fils à la foule qui l'acclama. Après le renvoi du prince aux Tuileries, le couple impérial se rendit avec ses invités à l'Hôtel de Ville pour un banquet de quatre cents couverts à trois potages, deux relevés, dix entrées, sorbets, quatre rôts, six entremets et farandole de desserts, arrosé des vins les plus fins de France, d'Espagne et du Portugal. Un concert fut donné ensuite, avec en point d'orgue une cantate de Camille Doucet et d'Auber composée pour l'occasion : « Sur un berceau la France était penchée, N'osant encore croire à tant de bonheur, Quand à son doute elle fut arrachée : C'était un Fils !... c'était un Empereur !... » Il s'acheva par le *Vive l'Empereur* de Lefranc et Gounod. Les jours suivants, les festivités se poursuivirent par des feux d'artifice et des illuminations de la cathédrale et des édifices publics. Un aérostat lança même des dragées aux Parisiens.

L'empereur pour qui « pareil baptême valait bien un sacre » multiplia les grâces, les amnisties et les remises de peine. Il fit frapper une petite médaille d'argent qui fut offerte à tous les enfants des écoles de la capitale et de la banlieue.

Lorsque, quatre ans plus tard, le 24 juin 1860, son oncle Jérôme s'éteignit, l'empereur organisa de somptueuses funérailles pour le dernier frère de Napoléon. Les officiels défilèrent pendant quatre jours dans la chapelle ardente qui avait été installée au Palais-Royal. Lors des obsèques qui se déroulèrent le 3 juillet, le prince Napoléon conduisait le deuil pendant que Fould, ministre d'État et de la Maison de l'empereur, l'amiral Hamelin, ministre de la Marine, Troplong, président du Sénat, et le maréchal Vaillant, grand maréchal du palais, tous désignés par l'empereur, tenaient les cordons du poêle. En l'église des Invalides, ce fut le cardinal Morlot qui reçut le corps, l'évêque de Troyes qui prononça l'oraison funèbre, puis de nouveau le grand aumônier qui intervint pour donner l'absoute. Le corps fut ensuite placé à côté de celui de son illustre frère[54].

La fête du 15 Août, commémoration de la naissance de Napoléon Ier, devint officielle dès février 1852 et le chef de l'État ambitionna même d'en faire, outre sa propre fête, la fête nationale, sans économiser les moyens pour y parvenir[55]. Dans sa jeunesse, il participait à la Saint-Napoléon que les bonapartistes organisaient spontanément et plus ou moins clandestinement. Ce fut d'ailleurs lors de celle de 1834, à Bade, qu'il aurait fait le serment de renverser Louis-Philippe[56].

Ni la Saint-Napoléon sous le premier Empire, ni la Saint-Louis et la Saint-Charles sous la Restauration, ni la Saint-Philippe et la célébration des Trois Glorieuses sous la monarchie de Juillet, ni les fêtes de la deuxième République ne sauraient être comparées avec ce qu'il fit de la Saint-Napoléon. Notons que la coïncidence de date avec la fête de l'Assomption de la Vierge servit l'entreprise de Napoléon III. La religion fut d'autant plus instrumentalisée en la circonstance que les premières années du régime s'accompagnèrent de l'alliance du trône et de l'autel, de l'essor extraordinaire du culte marial et de la proclamation du dogme de l'Immaculée Conception par le pape Pie IX en 1854. Toutes les autorités civiles et religieuses étaient ainsi mobilisées pour que la Saint-Napoléon fût un succès. Quand il le pouvait, Napoléon III y assistait dans sa capitale. Il se rendait alors au *Te Deum* de la Madeleine en matinée et à la revue militaire de l'après-midi. Des régates étaient organisées sur la Seine, des lancers de montgolfières à partir des Invalides, des représentations théâtrales et musicales gratuites, un concert d'un orchestre symphonique dans le jardin des Tuileries. Les grandes artères et les édifices publics étaient illuminés pour l'occasion. En soirée, des bals se déroulaient dans les différents quartiers et un feu d'artifice gigantesque était tiré dont le seul bouquet comprit quinze mille pièces en 1854[57].

En province, la fête commençait souvent par des distributions d'aumônes aux pauvres, se poursuivait là aussi par un *Te Deum* à l'église locale, par une revue militaire, par des jeux et des divertissements publics, avant de s'achever en soirée par des feux d'artifice ou des feux de joie dans les communes plus pauvres, suivis de banquets, de bals et de divertissements musicaux. La figure de Napoléon III était au centre de toutes ces festivités. Le bouquet du feu d'artifice bordelais du 15 août 1854 représentait ainsi le souverain avec au-dessus de sa tête une grande aigle rouge feu, les ailes ouvertes et, sous l'empereur, la formule « À l'immortalité ». Selon les endroits, la propagande insistait sur l'aspect laïque et populaire de Napoléon III ou sur son caractère paternel et chrétien, comme à Sainte-Anne-d'Auray, où le couple impérial fit halte, le 15 août 1858, au milieu de son voyage dans la Bretagne catholique[58].

Le plus souvent, la fête fut un succès populaire, tant à Paris qu'en province, avec d'incontestables moments de liesse collective comme lors de la remise de la Légion d'honneur aux plus méritants des maires de village et, plus encore, lors de celle de la médaille de Sainte-Hélène, décoration que le souverain avait instituée par décret du 12 août 1857 aux vétérans des guerres de la Révolution, du Consulat et de l'Empire. Indéniablement, cette démocratisation du système des honneurs, à laquelle Napoléon III était très attaché, fut une réussite[59]. Au fil du temps et des difficultés du régime, la fête du 15 Août connut cependant des aléas. Elle fut le théâtre des tensions croissantes entre l'Église et l'État, l'objet des tentatives de subversion des opposants et le témoin d'une certaine désaffection populaire.

Les Expositions universelles de 1855 et de 1867[60], les visites de souverains étrangers, les inaugurations de grandes artères, de monuments ou, à un degré moindre, de statues étaient également l'occasion de grandes festivités, dont l'empereur constituait aussi le centre lorsqu'il était présent. Les parades militaires occupaient aussi une place de choix dans un régime qui avait mené deux grandes guerres en cinq ans. Le protocole était dressé dans ses moindres détails plusieurs jours à l'avance[61]. Il en fut ainsi lors du retour des troupes de Crimée, le 29 décembre 1855, ou de celui de l'armée d'Italie, le 14 août 1859. Ce jour-là, l'empereur précédé par les Cent-Gardes conduisit en personne ses troupes de la Bastille à la place Vendôme. Tout au long du parcours, les maisons avaient été pavoisées, des arcs de triomphe érigés, des statues de la victoire et de la paix ainsi que des obélisques dressés. Sur la place Vendôme, transformée en cirque romain, dix mille personnes avaient pris place dès l'aube pour être sûres d'être bien placées. Napoléon III y fit monter son fils sur son cheval. Le défilé et la présentation des troupes se poursuivirent jusqu'à près de quinze heures. Au banquet qui suivit, l'empereur annonça la création d'une nouvelle médaille commémorative[62].

Les petits plaisirs

Un tableau de la fête impériale ne saurait être complet s'il n'évoquait ce que Napoléon III appelait lui-même ses « petits plaisirs » ou ses « petites distractions », en d'autres termes ses aventures galantes.

Celles que la Cour désignait sous le nom de « petites impératrices » étaient innombrables. Comme sa mère et sa grand-mère, Napoléon III avait un tempérament amoureux, ainsi qu'il l'avait prouvé dès ses jeunes années. En ce domaine, il avait la passion de la conquête, que le pouvoir ne fit qu'accentuer. Durant la présidence, il avait eu pour maîtresses, outre miss Howard, l'actrice Augustine Brohan, Alice Ozy, modèle du peintre Théodore Chassériau, et beaucoup d'autres encore. Sous le second Empire, il aurait avoué à la princesse Mathilde n'avoir été fidèle à l'impératrice que durant les six premiers mois de son mariage[63]. Il ne fut en fait que le symbole d'une époque où les mœurs des élites se relâchèrent. Certaines vieilles fortunes de France se dilapidaient dans le demi-monde, comme d'autres, rapidement acquises à la Bourse.

Premier chambellan et surintendant des spectacles de la Cour, le comte Bacciochi servit souvent d'intermédiaire entre Napoléon III et ses maîtresses. Il recevait d'ailleurs, à en croire Viel Castel, des propositions plus ou moins voilées : « Toutes les jolies femmes font leur cour à Bacciochi pour coucher avec l'Empereur !... Coucher avec l'Empereur mène à tout[64]. » De fait, certaines femmes mariées devinrent les maîtresses de l'empereur pour favoriser la carrière de leurs époux et Napoléon III accorda effectivement à ces derniers titres, honneurs et argent : l'infortune du cœur eut sa contrepartie dans les fortunes matérielles. Cependant, l'empereur sut toujours faire la part des choses et n'alla pas jusqu'à placer des incompétents à des postes clés, sous prétexte qu'il avait à acheter leur pardon ou leur oubli. Le comte Walewski dont l'épouse fut sa maîtresse reçut le domaine d'Orx dans les Landes, un siège au Conseil privé et le ministère d'État, mais il était déjà ministre des Affaires étrangères au moment où la liaison débuta. Alors que celle-ci continuait, il n'en perdit pas moins ce portefeuille et dut attendre onze mois avant d'en obtenir un autre. Une fois qu'elle fut terminée, il devint président du Corps législatif. En revanche, l'empereur n'oubliait pas ses anciennes conquêtes. Lorsque Walewski mourut, en septembre 1868, en laissant son épouse dans le besoin, le souverain racheta à cette dernière le domaine landais à un prix élevé[65], la nomma dame d'honneur de l'impératrice et lui attribua une pension de 20 000 francs.

Sur le plan politique, Napoléon III ne se laissait pas non plus circonvenir par ses conquêtes, leurs époux ou leurs proches. Il remarqua un jour : « Comme les esprits s'échauffent sur l'influence que l'on suppose aux femmes. [...] Cette influence ne dépasse pas la ceinture. » « Il avait coutume de répéter que l'amour des femmes était un obstacle aux grands desseins[66]. » En fait, ses conquêtes étaient trop nombreuses pour qu'aucune occupât une place importante. En dépit de ce que crurent beaucoup de contemporains et de ce que rapportèrent quelques historiens, cela valait aussi pour la plus célèbre de ses maîtresses, « la Castiglione ».

Florentine, Virginia Oldoini était fille de diplomate. Elle avait épousé à dix-sept ans Francesco Verasis, comte de Castiglione d'Asti, attaché à la maison royale de Victor-Emmanuel[67]. D'une grande beauté, ce vrai Narcisse méprisait la plupart des autres femmes, parlait surtout aux hommes et, sous des dehors frivoles, ne manquait pas de finesse. Elle « avait l'instinct politique des Florentines[68] ». Son mari, querelleur et chagrin, supportait mal son succès auprès du roi et de la haute société turinoise. Cavour, qui connaissait le penchant de Napoléon III pour les femmes, songea alors à utiliser la belle Florentine – elle était sa parente – pour servir les desseins du Piémont. La jeune femme qui était une vraie patriote et qui parlait couramment le français accepta. Elle arriva à Paris dans les derniers jours de 1855, sous prétexte de rendre visite à sa cousine, Marie-Anne Ricci, épouse du comte Walewski, et s'installa avec son époux… rue de Castiglione. Lors d'une réception, chez la princesse Mathilde qu'elle connaissait depuis son enfance, elle rencontra l'empereur qui ne fut pas, tout d'abord, subjugué par son charme : « Elle est belle, dit-il à sa cousine, mais elle paraît être sans esprit. » Peut-être avait-elle été impressionnée par le souverain. Elle le retrouva bientôt chez le prince Napoléon et surtout aux Tuileries, à l'occasion du plus grand bal de la saison, en janvier 1856. Elle avait passé l'après-midi à se parer et à se coiffer et fit une entrée éblouissante au point que la princesse de Metternich concéda : « Elle est Vénus descendue de l'Olympe ! Jamais je n'ai vu une beauté pareille, jamais je n'en verrai plus comme celle-là ! » Napoléon III dont l'épouse, alors enceinte de huit mois, était absente, discuta longuement avec elle et revint sur son premier jugement. Cependant, il ne poussa pas plus loin l'affaire. Il s'apprêtait à accueillir toute l'Europe au congrès de Paris, puis il fut tout à la joie de la naissance du prince impérial.

Ce ne fut que le 27 juin 1856, lors d'une fête de nuit à Villeneuve-l'Étang, à laquelle il l'avait conviée avec quelques intimes, qu'il la retrouva. Il l'invita à une promenade en barque sur le lac, puis lui fit visiter l'île qui en occupait le centre. L'impératrice qui se souvint sans doute qu'elle avait passé sa lune de miel, trois ans plus tôt, au même endroit, dansa pour apaiser ses nerfs. Cependant, elle était encore faible après ses couches et s'évanouit. Le souverain et sa nouvelle conquête ne rejoignirent les autres convives que tard dans la soirée. Il n'avait échappé à aucun invité que la robe de la belle Florentine était froissée[69].

L'événement fit rapidement le tour de Paris et des chancelleries européennes. Eugénie fit une scène à son époux, mais celui-ci était désormais épris de la Castiglione et ne renonça pas à la voir. La favorite fut invitée à Compiègne en octobre suivant. Lors d'une représentation au théâtre, elle s'éclipsa suivie de près par l'empereur, sous les murmures de l'assistance. L'impératrice eut sa revanche lorsque la belle se cassa le poignet dans les ruines de Pierrefonds. Seul l'empereur et Fleury se préoccupèrent de son état durant les deux jours qui suivirent. De retour à Paris, la comtesse parada. Son apparition en dame de cœur au bal travesti du Quai d'Orsay, à la mi-février 1857, fit doublement sensation, par l'allusion claire à sa liaison d'abord, par l'audace de sa tenue ensuite. Elle ne laissait quasiment rien ignorer d'elle : « La Castiglione est une courtisane comme les Aspasie, elle est fière de sa beauté et ne la voile qu'autant qu'il le faut pour être reçue dans un salon [70]. » Elle avait emménagé dans un hôtel particulier de l'avenue Montaigne, où son amant avait l'habitude de venir la rejoindre. Ce fut lors de l'une de ses escapades nocturnes, en avril 1857, que Napoléon III faillit être assassiné par Tibaldi et ses complices [71]. Le scandale fut tel qu'il dut éloigner quelque temps la Castiglione. Invitée de nouveau à Compiègne à l'automne suivant, celle-ci retrouva les faveurs du souverain, mais son heure était passée. Ce retour de flamme fut violent, mais bref et sans lendemain. Napoléon III avait alors commencé deux autres liaisons, l'une avec la comtesse de La Bédoyère, aussi fine que son mari, chambellan de l'empereur, était obèse, et l'autre avec la comtesse Walewska, propre cousine de la Castiglione.

Aux heures capitales de Plombières et à celles encore plus décisives de l'hiver 1858-1859 et du printemps suivant où se décida la guerre d'Italie, la jeune femme n'avait plus prise sur le souverain, si tant elle qu'elle n'en eût jamais eu. Elle ne se remit jamais totalement de cette rupture. Séparée de son époux, elle se partagea dès lors entre sa patrie et Paris où elle reparut quelquefois à la Cour. Dans son testament, elle demanda à être enterrée dans la chemise qu'elle portait à Compiègne, lors de sa dernière nuit avec le souverain.

Selon Viel Castel, la comtesse Walewska était « une véritable petite rouée qui a [vait] su, tout en couchant avec l'Empereur, se faire l'amie de l'Impératrice [72] ». Comme sa liaison commençait à s'ébruiter, elle serait venue trouver cette dernière, début janvier 1858, et lui aurait tenu ce langage : « Je me vois forcée de demander à Votre Majesté de ne plus m'inviter à ses soirées particulières, car dans le monde on m'accuse d'être la maîtresse de l'Empereur et je ne veux pas que cette calomnie me nuise dans l'esprit de Votre Majesté ; qu'Elle m'éloigne donc de sa personne jusqu'à ce que tous ces vilains bruits soient apaisés. » Très émue, Eugénie l'aurait alors embrassée et l'intimité entre les deux femmes serait devenue plus grande[73]. La liaison dura sans doute jusqu'à l'automne 1861, puis la comtesse passa « au rang des sultanes réformées[74] », selon la formule du même Viel Castel.

Napoléon III eut plus tard de multiples autres maîtresses dont la jolie Mme Rimski-Korsakov qui n'avait pas froid aux yeux, au point d'apparaître dans un bal travesti en Salammbô. Les frasques impériales alimentèrent les commérages de la Cour et du tout-Paris. Le Jupiter coureur de jupons de l'*Orphée aux Enfers* d'Offenbach fit beaucoup rire, y compris l'illustre intéressé. Dans la seconde partie du règne, le théâtre de boulevard, les chansonniers et les caricaturistes multiplièrent ce genre d'allusions, mais le petit peuple des villes et plus encore celui des campagnes ne sut jamais la vérité. Il n'en fut pas de même de l'impératrice, puisque certains ne se privaient pas de la lui faire connaître, y compris par lettres anonymes. Napoléon III qui ne se vantait pas de ses bonnes fortunes, mais qui ne les dissimulait pas si on le questionnait, s'employa néanmoins à rassurer son épouse en lui disant qu'il recevait lui-même des centaines de lettres anonymes tous les ans depuis son accession au pouvoir[75]. Eugénie n'était pas dupe et en prenait presque son parti, mais elle ne voulait pas que ces liaisons s'affichassent, comme celle avec la Castiglione. Elle ne voulait pas non plus que son époux descendît jusqu'à prendre pour maîtresses des filles du peuple. Ce fut pourtant ce qu'il fit avec une ancienne couturière devenue comédienne, Marguerite Bellanger. Venue s'installer à Fontainebleau, celle-ci n'avait eu de cesse de se placer sur sa route pour le séduire, ce qu'elle était parvenue à faire au bout de quelques jours. Indiscrète, elle montrait ses lettres à des tiers et le suivait dans ses déplacements. Alors que Napoléon III se promenait avec l'impératrice dans les rues de Vichy en juillet 1863, il fut reconnu par le chien de sa maîtresse qui lui fit la fête. Il eut droit à une terrible scène d'Eugénie et dut lui avouer, pour la première fois, ses infidélités[76]. L'impératrice rentra précipitamment à Paris et ne revint jamais à Vichy, mais obtint, quelque temps plus tard, que l'empereur renonçât à cette maîtresse[77]. Cela ne l'empêcha pas de fréquenter d'autres comédiennes dont Valtesse de la Bigne et d'entretenir une longue relation, à la fin de son règne, avec la comtesse Louisa de Mercy-Argenteau. Comme l'on ne prêtait qu'aux riches, d'aucuns prétendirent même que Napoléon III eut un enfant avec Valentine Haussmann, la fille cadette de son préfet de la Seine[78].

Le mécène, le bienfaiteur et le héros

Napoléon III poussait-il le goût des belles choses jusque dans les arts et les lettres ? « Tout ce qui touchait aux Lettres et aux Beaux-Arts semblait lui échapper, assurait Maxime du Camp. La peinture, lettre close ; la musique, lettre morte ; la poésie, lettre indéchiffrée [79]. »

Si la musique était la passion de sa mère, le souverain n'y entendait rien et ne s'en cachait guère. Il affirmait en riant : « C'est comme la goutte, cela passe une génération, mon fils l'aimera peut-être [80]. » Il avait avoué, une fois, ne connaître qu'un air intitulé *T'en souviens-tu ?* [81] et félicita Liszt, une autre fois, pour son excellente imitation du tonnerre, alors que le compositeur interprétait des variations sur le *Moïse* de Rossini. À en croire Maxime du Camp, ses connaissances picturales n'étaient pas plus brillantes. Lors de l'exposition de peinture de 1853, il serait passé devant les meilleures toiles avec une indifférence non dissimulée. Arrivé dans la dernière salle où s'entassaient les œuvres médiocres, il se serait arrêté devant une représentation pitoyable du Mont-Blanc et aurait lancé à Morny, vrai amateur d'art et président du jury : « Le peintre aurait dû indiquer les hauteurs comparatives [82]. » Lorsqu'il était à Ham, il confessait ne connaître d'autre livre intéressant « capable de former le cœur et l'esprit » que *Picciola*, roman fade que Saintine avait publié en 1836 et qui contait l'histoire d'une fleur et d'un prisonnier [83].

Les anecdotes de ce type sont légion. En fait, le souverain « n'aimait guère l'art pour l'art, et ne savait pas apprécier à leur juste valeur les œuvres dues au sens esthétique ou à l'imagination poétique. Il aimait les faits et non les choses imaginées [84] ». Cependant, il n'était pas aussi inculte qu'il y paraissait ou qu'il le disait. Il connaissait bien Shakespeare et adorait les romantiques allemands, Goethe et Schiller [85]. Dans le domaine artistique, il avait les goûts dominants de son temps. Ses préférences allaient à l'opérette, au boulevard et à l'académisme. Il appréciait ainsi Offenbach et la musique militaire, le théâtre de Dumas fils, de Feuillet et de Labiche, la peinture d'histoire d'Horace Vernet, de Cabanel, de Gérôme et de Meissonnier, ainsi que les œuvres animalières de Rosa Bonheur et de Barye. Il partageait même l'engouement populaire pour le café-concert et en particulier sa grande vedette du moment, Thérésa, l'interprète impérissable de *La Gardeuse d'ours* en 1863, de *Rien n'est sacré pour un sapeur !* en 1864 ou encore de *La Femme à barbe* en 1865 !

Son coup d'État avait déjà provoqué une sécession d'une partie de l'intelligence et lui avait aliéné de nombreux talents dont l'historien Jules Michelet, qui perdit la direction des Archives nationales ainsi que sa chaire au Collège de France par refus de serment. De tels goûts et de telles maladresses expliquèrent le mépris d'un grand nombre d'hommes de lettres et d'artistes à son égard. Quel contraste avec sa cousine, la princesse Mathilde, qui était une grande connaisseuse des arts, qui vivait elle-même avec le sculpteur Nieuwerkerke et qui recevait le tout-Paris artistique et littéraire dans son salon de la rue de Courcelles et dans son château de Saint-Gratien : Sainte-Beuve, Théophile Gautier, Alexandre Dumas fils, Flaubert, les Goncourt, Eugène Giraud, Carpeaux, Hébert ! Napoléon III s'en rendait bien compte et cela ne faisait qu'accentuer son embarras. Sa bonne volonté se retournait souvent contre lui. Selon Maxime du Camp, il dit « un jour à Mme Gabriel Delessert, qui était artiste jusque dans ses moelles : "Que faut-il faire pour protéger les arts ?" Elle fit la révérence et répondit : "Sire, il faut les aimer[86]." »

Napoléon III n'attacha son nom à aucun style particulier. Le second Empire fut éclectique. Si le souverain ne fut pas non plus l'un des grands mécènes de l'histoire, ni même de son temps, il fit néanmoins pour les arts et lettres bien davantage que ses détracteurs le prétendirent[87]. Le comte de Nieuwerkerke qu'il avait nommé directeur des Musées nationaux en 1849 et dont il fit en 1863 son surintendant des Beaux-Arts déclarait à ce sujet, dès l'été 1852 : « Mieux que personne [il] sait ce que la France a toujours dû de renommée au genre des artistes dont les travaux soutiennent l'honneur du nom français chez toutes les nations du monde. »

Chaque année, 2 % du budget de l'État étaient consacrés à la politique artistique. L'empereur créa de nombreux musées dont l'un, portant son nom, était dédié à l'art industriel, sur le modèle du musée Kensington de Londres[88]. L'éclectisme du second Empire se retrouvait aussi dans les commandes officielles. À côté de toiles de maîtres du passé comme Zurbarán, Rembrandt, Vermeer ou Chardin et d'artistes conventionnels comme Meissonnier ou Cabanel, Napoléon III fit aussi acquérir par les musées des œuvres de Courbet et de Corot. Quand il estimait qu'il en allait de l'intérêt national, il n'hésitait pas à s'investir personnellement dans certaines acquisitions. Tel fut par exemple le cas lorsqu'il donna 615 000 francs sur sa cassette, en 1852, pour acheter *La Conception* de Murillo. En 1860, il joua aussi un rôle décisif dans l'obtention par la France de la collection du marquis Campana, qui était sans doute alors la plus belle collection privée au monde de vases étrusques et grecs et de statues antiques, au point que tous les grands musées d'Europe la convoitaient. Son interventionnisme se limitait en fait à un rôle bienfaisant. Ainsi prit-il sur lui, contre l'avis de Nieuwerkerke, d'organiser en 1863 un Salon des refusés, pour les œuvres dont n'avait pas voulu le jury du Salon des artistes.

Il multipliait les gestes en faveur des écrivains et des artistes. En dépit de la fronde d'une partie de l'Institut, il recevait toujours avec bienveillance les nouveaux élus qui venaient se présenter aux Tuileries et il fit rapporter, dès 1857, la plupart des innovations introduites par le « coup d'État académique » qui avait eu lieu deux ans plus tôt[89]. Il invita de multiples écrivains et artistes aux réceptions des Tuileries et aux séries de Compiègne, prenant souvent conseil auprès de sa filleule, Hortense Cornu, avec laquelle il avait renoué, après une brouille occasionnée par le coup d'État[90]. Outre Mérimée, Sainte-Beuve, Augier, Feuillet, Théophile Gautier, Cabanel ou Viollet-le-Duc qui étaient des proches du régime et du couple impérial, furent ainsi conviés Vigny, Dumas fils, Flaubert, About, Féval, Renan, Fustel de Coulanges, Carpeaux, Gustave Doré, Meyerbeer ou encore Verdi, pour ne citer que quelques noms[91].

La plupart de ces hommes de lettres et artistes reçurent la Légion d'honneur. Scribe entra au conseil municipal de Paris en 1859 et Labiche devint maire de son village en 1868. Mérimée, Ingres et Sainte-Beuve furent même nommés sénateurs. Napoléon III accorda l'insigne honneur au philosophe Victor Cousin de donner son nom, de son vivant, à une rue bordant la Sorbonne[92]. Ce fut grâce à lui que Wagner put monter son *Tannhäuser* à l'Opéra, en mars 1861[93]. Il autorisa tous les écrivains et les historiens qui le lui demandaient, comme l'Allemand Theodor Mommsen, à consulter les manuscrits de la Bibliothèque impériale[94]. Napoléon III essaya aussi de rapprocher de son régime Courbet, dont les paysages et les scènes animalières ne lui déplaisaient pas, mais le farouche artiste républicain ne se laissa jamais circonvenir, organisa ses propres expositions en marge des Salons et de l'Exposition universelle de 1855 et refusa la Légion d'honneur en janvier 1870. L'empereur prit souvent sur lui de lever la censure qui frappait certaines pièces, comme *La Dame aux camélias* de Dumas fils [95]. Non seulement il ne fut pour rien dans l'interdiction de *Lorenzaccio* et dans les procès de *Mme Bovary* et des *Fleurs du mal*, mais Musset, Flaubert et Baudelaire furent soutenus ou aidés à un titre ou à un autre. Il protégea également le philosophe Taine des foudres cléricales [96].

Il ne restait jamais insensible aux cas de détresse d'artistes ou d'écrivains que lui signalaient ses cousins, le prince Napoléon et la princesse Mathilde, Morny, Fleury, Mocquard, Conneau, son premier huissier, Félix Verwoort [97] et beaucoup d'autres. En s'inspirant d'un rapport que lui avait remis Sainte-Beuve, en mars 1856, il en aida beaucoup à leur insu, de façon à ménager leur amour-propre. Les commandes de l'État constituaient un moyen idéal d'y parvenir. Il fit aussi remettre de l'argent à Béranger par son éditeur, en lui faisant croire qu'il s'agissait du produit de ses droits d'auteur [98]. Il envisagea de pensionner six pauvres poètes [99] et institua, en février 1869, un prix quinquennal de 100 000 francs dit prix de l'Empereur, en faveur de « l'artiste français, peintre, sculpteur ou architecte qui aura[it] produit une œuvre glorieuse [100] ». Chaque année, il consacrait ainsi 200 000 francs sur les cinq millions qu'il se réservait sur sa liste civile à des dons, secours et subventions déguisées, en faveur des hommes de lettres et des artistes [101].

Si le désintéressement du souverain ne pouvait, en la circonstance, être mis en doute et s'il lui arrivait parfois de désapprouver les excès de zèle de la propagande [102], il entendait toutefois que la plume, le pinceau ou le burin fussent utilisés pour sa gloire et celle de sa dynastie.

Dès le début du régime, les ouvrages de propagande furent légion, comme l'*Histoire du prince Napoléon, sa naissance, son exil, ses entreprises* due à Jean-Baptiste Renault et publiée par la Librairie populaire des villes et des campagnes. Le souverain fit aussi rapidement exécuter son portrait par Winterhalter et par Flandrin. Parallèlement, Auguste Barré, Nieuwerkerke et Marie-Louise Lefebvre-Deumier réalisèrent des bustes de lui. Ces œuvres étaient reproduites par des copistes et destinées à une large diffusion. L'État effectuait des dons aux municipalités à l'occasion des fêtes du

15 Août, à charge pour les maires de mettre les œuvres en évidence. En ce domaine aussi, Napoléon III fut un précurseur [103]. Les Imageries Wentzel de Wissembourg et Pellerin d'Épinal qu'il alla visiter – décorant à cette occasion son propriétaire, Nicolas Pellerin – furent aussi mobilisées à fin de propagande. Les colporteurs diffusaient largement ces images dans les campagnes.

Il en fut de même avec la photographie dont le souverain fut l'un des premiers à percevoir l'importance et à bénéficier [104]. Il se fit photographier par les plus grands, Disdéri ou encore Mayer et Pierson, dans des poses moins figées que sur les portraits officiels, de façon à se rapprocher de ses sujets. Il popularisa le genre du portrait-carte, en particulier grâce à la vente à plusieurs milliers d'exemplaires de celui où il apparaissait en grand uniforme, à la veille de la campagne d'Italie. La même année, il commanda à Charles Nègre une « monographie photographique » sur le tout nouvel asile impérial de Vincennes destiné aux ouvriers convalescents. Il s'agissait de donner de lui l'image d'un souverain paternel.

Napoléon III déploya aussi de grands moyens pour honorer la mémoire de son oncle, tant parce qu'il le vénérait que parce qu'il se voulait son continuateur au sein de la quatrième dynastie. Il ne pensait d'ailleurs pas son régime en tant que « second Empire » mais comme une « restauration impériale ». Voilà pourquoi l'iconographie le représentait souvent en compagnie du premier empereur ou, comme dans cette illustration appelée *Les Napoléons*, avec Napoléon, le roi de Rome et le prince impérial [105]. Voilà aussi pourquoi il accorda un grand intérêt à la diffusion de l'*Histoire des trois Napoléon* [106]. Par ailleurs, il fit régulièrement éditer, à partir de 1849, l'*Almanach de Napoléon* illustré par Charlet et Raffet qui devint l'un des organes privilégiés du culte napoléonien. Il fit achever le tombeau impérial aux Invalides et, dans le musée des Souverains qu'il fit ouvrir au Louvre pour honorer la mémoire de tous les souverains français depuis les origines, et qui comprenait cinq salles, il voulut que l'une d'elles fût entièrement consacrée à Napoléon et au roi de Rome. En outre, il fit restaurer la maison natale de son oncle à Ajaccio [107]. Dans cette ville, comme dans plusieurs autres de l'Empire, il fit édifier une statue équestre du premier empereur.

La « recherche en légitimité » de Napoléon III passa aussi par l'édification d'un « monument de papier », l'édition de la correspondance de son oncle. Elle était destinée, en grande partie, à montrer la continuité entre les deux règnes[108]. Par décret du 7 septembre 1854, une commission fut instituée à cette fin, sous la présidence de Vaillant. Le premier volume qui parut, en 1858, s'ouvrit sur une lettre du jeune Bonaparte au siège de Toulon, premier fait d'armes de l'épopée. Quatorze autres volumes suivirent jusqu'à la fin 1863. Les difficultés du régime venant, Napoléon III et le prince Napoléon s'accordèrent pour procéder à une sélection. Selon le souverain, il fallait « retrancher tout ce qui [était] blessant et inutile à l'histoire, mais il fa[llai]t y laisser tout ce qui montr[ait] et le génie militaire et les sentiments patriotiques de l'Empereur[109] ». Une seconde commission, formée le 3 février 1864 et à la tête de laquelle Napoléon III avait placé son cousin, censura davantage. Les dix-sept derniers volumes dont la publication s'échelonna jusqu'en 1870 firent davantage ressortir le chef de guerre triomphant. Alors que son propre régime connaissait des difficultés extérieures croissantes, cette réorientation n'était pas innocente et visait à mobiliser les esprits. Les représentations de Napoléon III, dont la santé déclinait, étaient elles-mêmes héroïsées. Alors qu'il avait de plus en plus de mal à monter à cheval, il n'y eut jamais autant de représentations équestres de lui. Ce fut ainsi, en 1866, que Barye cisela, pour le guichet du Louvre, son relief monumental figurant le souverain en césar à cheval[110].

Les voyages en province que le chef de l'État avait pris l'habitude de faire, dès les premiers mois de sa présidence, lui permettaient d'inaugurer statues, monuments et voies publiques. Ils lui donnaient aussi l'occasion de se rapprocher du peuple et d'apparaître comme un héros bienfaisant qui ouvrait largement sa bourse pour secourir le miséreux ou la victime d'une calamité. Tel était l'un des buts premiers de la liste civile, tels que Persigny les avaient définis en 1852[111]. Rien ne le montra mieux que son action lors des inondations du printemps 1856[112]. Le 31 mai de cette année-là, le Rhône déborda à Lyon. Bientôt, la vallée du Grésivaudan, la plaine de Vaucluse, Arles et la Camargue furent submergées. Accompagné de son ministre de l'Agriculture, du Commerce et des Travaux publics, Rouher, de Fleury et de Niel, Napoléon III se rendit sur place, dès le 1er juin, pour distribuer les secours, pour ranimer les populations abattues et pour diriger les premiers travaux[113]. Trois jours durant, il ne s'économisa pas. À Lyon, il tint à examiner minutieusement tous les dégâts. Il entra dans la mairie de Valence sur le dos d'un portefaix. Depuis la barque sur laquelle il avait pris place à Tarascon, il donna des vivres et de l'argent aux populations réfugiées sur les toits. Toutes ces scènes furent complaisamment décrites par les journalistes. Sur décision du conseil des ministres, elles furent reproduites par les imagiers et par les peintres [114]. Le souverain n'eut que le temps de revenir à Saint-Cloud pour apprendre que le même fléau venait de frapper la vallée de la Loire. Orléans, Blois, Amboise et Tours où la crue du Cher se conjuguait avec celle de la Loire étaient sous les eaux. Il se remit aussitôt en route et reproduisit ce qu'il avait fait dans la vallée du Rhône. Il dépensa en tout 500 000 francs de sa cassette pour secourir les victimes [115]. Il fit aussi mettre à l'étude des projets de reboisement des montagnes et d'édification de barrages de retenue [116]. Dans son discours du trône du 16 février 1857, il n'hésita pas à affirmer : « Tout me fait espérer que la science parviendra à dompter la nature. Je tiens à honneur qu'en France les fleuves, comme la Révolution, rentrent dans leur lit, et qu'ils n'en puissent plus sortir [117]. » Le souverain saint-simonien était à l'œuvre.

CHAPITRE XI

LE JANUS SAINT-SIMONIEN

> « Bonaparte voudrait apparaître comme le bienfaiteur patriarcal de toutes les classes de la société. Mais il ne peut rien donner à l'une qu'il ne prenne à l'autre*. »

> « Sa place dans l'histoire ne sera pas déterminée par sa politique, mais par les chemins de fer en province et les monuments à Paris**. »

La timidité des réformes sociales

Le président Louis-Napoléon Bonaparte n'avait cessé de se plaindre, durant son « ministère de la captivité » d'abord, lors de son conflit avec l'Assemblée législative ensuite, de ne pouvoir réaliser son ambitieux programme social. Qu'en fut-il durant la période de dictature légale de quatre mois qui suivit son coup d'État ? Qu'en fut-il ensuite durant les années les plus autoritaires de son Empire ?

Les premières semaines de 1852 semblèrent indéniablement marquer un changement de cap que tous les observateurs qu'ils fussent à droite, au centre ou à gauche de l'échiquier politique soulignèrent. À Guizot qui constatait dans sa correspondance : « C'est le triomphe complet et définitif du socialisme ! », Proudhon faisait écho : « Nous sommes en plein socialisme [1] ! » Embarrassé, Karl Marx convint de l'originalité de l'action, même s'il en tirait une explication réductrice : « Pressé par les exigences contradic-

* Karl Marx, *Le 18 Brumaire de Louis Bonaparte.*

** Bernard-Adolphe Granier de Cassagnac, *Souvenirs du second Empire.*

toires de sa situation, et contraint, d'autre part, tel un prestidigitateur de tenir par quelque tour surprenant les yeux du public constamment fixés sur lui comme sur le "succédané" de Napoléon, et par conséquent, de faire tous les jours un coup d'État en miniature, Bonaparte met toute l'économie de la société bourgeoise sens dessus-dessous, touche à tout ce qui avait paru intangible à la révolution de 1848, rend les uns résignés à la révolution et les autres désireux d'en faire une et crée l'anarchie au nom même de l'ordre[2]. » Le retournement de la conjoncture économique déjà perceptible depuis plusieurs mois et la possibilité de légiférer par décrets permirent ainsi au chef de l'État d'agir vite et largement.

Une série de décrets concrétisèrent des projets qu'il n'avait pu sortir de ses cartons jusque-là[3]. Dès le 29 décembre 1851, le travail fut interdit les dimanches et jours fériés. Une partie du produit des biens de la famille d'Orléans, confisqués le 22 janvier 1852, fut affectée à l'amélioration de la condition ouvrière, en particulier au logement. Le 28 février, le président signa un décret qui favorisait la création des organismes de crédit foncier et qui visait, de la sorte, à alléger le coût de la dette hypothécaire, l'un des maux dont souffraient alors le plus les paysans. Le 21 mars, un corps d'aumôniers fut institué pour dispenser gratuitement les dernières prières aux pauvres parisiens. Le 24, les monts-de-piété furent réglementés et réorganisés de façon à mieux protéger les humbles clients contre les usuriers et des succursales furent ouvertes à travers toute la France. Le lendemain, un bureau de placement fut institué dans la capitale.

Le chef de l'État estimait aussi que le mouvement ouvrier devait être encouragé à partir du moment où il était encadré et dissocié du républicanisme. Le 26 mars, les sociétés de secours mutuels dont il avait posé les fondements dans un premier décret du 15 juillet 1850 reçurent le droit de se constituer librement. Cet important texte auquel Persigny et Armand de Melun avaient mis la main s'inspirait du mutuellisme cher à Proudhon. Il permettait aux ouvriers d'aider leurs camarades malades ou accidentés. Il distinguait les sociétés autorisées qui étaient simplement reconnues, en vertu de la demande qu'elles avaient faite, des sociétés approuvées qui étaient plus strictement contrôlées, puisque leur président était nommé par le pouvoir et leurs membres honoraires étaient recrutés parmi les notables locaux, mais qui, en contrepartie, recevaient des subventions et un local gratuit pour se réunir[4]. Le chef de l'État prit la tête d'une société chargée de les encourager.

Comment expliquer qu'après ces débuts positifs, le nouveau maître de la France n'alla guère plus loin au cours des années qui suivirent ? Certains prétendirent qu'il avait manqué de suite dans les idées[5]. D'autres évoquèrent sa crainte d'affaiblir la discipline des masses par des concessions hâtives[6]. En fait, si la Constitution lui avait accordé de larges prérogatives, il disposait d'une marge de manœuvre limitée. Il devait prendre garde de ne pas s'aliéner les élites conservatrices, qui l'avaient soutenu lors de son coup d'État, et dont il avait besoin puisqu'il s'était coupé de l'immense majorité des républicains et des socialistes. En outre, il avait refusé de créer un parti bonapartiste à base populaire qui lui aurait procuré une armée de fidèles, mais qui aurait été contraire à sa doctrine.

Dès lors, son gouvernement et les trois assemblées du régime étaient majoritairement peuplés de notables venus de l'orléanisme. Il se heurtait à des manières de penser et de sentir différentes des siennes et il était souvent démuni pour lutter contre elles. « Gouverner c'est bien, disait-il tristement, mais il faut encore administrer. » Il en était incapable ce qui permettait à des hommes inférieurs qui maîtrisaient bien les rouages de l'administration, des finances et de la législation, d'avoir prise sur lui. Certains ministres lui objectaient de prétendues impossibilités techniques et il ne savait quoi leur opposer[7]. Ses freins les plus puissants et les plus constants furent cependant les conseillers d'État : « Au Conseil d'État, écrivit Darimon en janvier 1860, Napoléon III passe pour un utopiste. Toutes les fois qu'arrive au grand Rôle un projet contenant l'estampille du cabinet de l'Empereur, on le rogne, on le taille, on le châtre, on l'arrange de telle façon qu'il est voué à un avortement certain. Que de projets restés ainsi à l'état de lettre morte[8] ! » Plus tard, l'empereur lui fit cette confidence : « Le Conseil d'État renferme certainement une foule d'esprits éclairés mais les réformes l'effraient. Il a toujours quelque texte à m'opposer. J'aurais fait beaucoup plus pour les classes ouvrières que je ne l'ai fait si j'avais rencontré dans le Conseil un puissant auxiliaire[9]. » En raison de ces mauvaises volontés, il ne put faire aboutir des projets auxquels il tenait comme celui sur le remplacement des impôts sur la consommation, tels les octrois et les droits sur les boissons, qui touchaient proportionnellement plus les couches populaires, par un impôt progressif sur les revenus, un impôt sur la rente, un droit de mutation sur les charges ou le rachat des compagnies d'assurances.

Malgré les nouvelles promesses de son discours de Bordeaux du 9 octobre 1852 : « Je veux conquérir […] à l'aisance, cette partie encore si nombreuse de la population qui, […] au sein de la terre la plus fertile du monde, peut à peine jouir de ses produits de première nécessité [10] », il dut donc renoncer temporairement à poursuivre son programme social, même s'il envisageait de le reprendre quand les circonstances seraient plus favorables. Ce fut une déception pour ceux qui avaient cru en la possibilité de réformes profondes au lendemain du coup d'État. Les saint-simoniens de gauche étaient de ceux-là ; Proudhon aussi. Dans *La Révolution sociale démontrée par le coup d'État du 2 Décembre* qu'il écrivit au printemps 1852, il releva les ambiguïtés du Janus qui dirigeait la France, tiraillé entre ses aspirations et ses soutiens. Cependant, il le qualifiait encore de « nouveau Constantin » et l'exhortait à faire le bien : « Qu'il crée en hommes ces prolétaires, grande armée du suffrage universel, baptisés enfants de Dieu et de l'Église, et qui manquent à la fois de science, de travail et de pain. Tel est son mandat, telle est sa force. Faire des citoyens avec les serfs de la glèbe et de la machine ; changer en sages des croyants ahuris […]. Il y a de quoi satisfaire l'ambition de dix Bonaparte [11]. » Mais il en revint vite et en juillet suivant, il écrivit dans une correspondance privée que « l'orléanisme et le jésuitisme » gouvernaient [12]. Une loi supprima la mort civile le 31 mai 1854 et une autre institua la liberté provisoire le 4 avril 1855. Mais ce furent là les seules mesures d'ampleur et sans retenue de la période.

La méfiance du régime à l'égard des ouvriers se traduisit par le remaniement de l'organisation des prud'hommes par la loi du 1er juin 1853. Trois ans de domicile devenaient nécessaires pour voter, ce qui excluait de fait tous les travailleurs itinérants. Le principe de l'égalité de représentation entre patrons et ouvriers était posé, mais les contremaîtres et les chefs d'ateliers qui faisaient partie du collège électoral patronal sous la deuxième République repassaient dans celui des ouvriers. L'empereur nommait dorénavant les présidents et les vice-présidents des conseils. Rien ne montrait mieux l'ambiguïté de la politique suivie alors, que la loi sur le livret ouvrier du 22 juin 1854. Créé sous l'Ancien Régime pour certains secteurs, mais institutionnalisé et généralisé par le Consulat en 1803, celui-ci était un passeport intérieur attribué à chaque ouvrier qui ne pouvait se déplacer sans lui, mais qui ne pouvait pas non plus quitter une entreprise sans l'accord de son patron, maître d'écrire sur le livret ou de le conserver. Au fil du temps, il était tombé en désuétude, car certains entrepreneurs qui avaient besoin de main-d'œuvre se montraient peu regardants. Le second Empire décida de le remettre en vigueur, mais l'ouvrier en gardait désormais la possession et le patron ne pouvait plus l'annoter.

Pour le reste et pour l'essentiel, Napoléon III dut revenir à de simples mesures paternalistes et charitables qui s'apparentaient à celles de ses prédécesseurs, même si elles étaient d'une ampleur inconnue jusque-là et si la propagande les grossissait encore[13]. Symboliquement, il réserva ses deux premières visites d'empereur, le 2 décembre 1852, aux pauvres malades de l'Hôtel-Dieu et du Val-de-Grâce[14]. À la suite de son mariage, en janvier 1853, il trouva en la nouvelle impératrice la personne idéale pour le seconder dans cette tâche. Elle refusa, on l'a vu, le somptueux collier que voulait lui offrir la Ville de Paris et proposa de créer, avec l'argent, une institution pour les jeunes filles pauvres. Par le décret du 3 février 1853, elle reçut le patronage de toutes les œuvres dites de charité maternelle gérées par l'État : crèches, salles d'asile, orphelinats, maisons d'enseignement professionnel pour jeunes filles, etc. Elle visitait, avec force publicité, les pauvres, les malades, les filles-mères.

Le même modernisme se retrouvait chez Napoléon III. Lors des catastrophes naturelles comme les inondations du printemps 1856, il vint mesurer l'ampleur des dégâts, écouter les plaintes, réconforter, distribuer des dons et prendre des dispositions pour éviter leur retour[15]. Les voyages officiels lui donnaient également l'occasion de venir encourager et décorer les patrons paternalistes et les ouvriers dignes d'éloges. Il en avait inauguré la pratique sous la deuxième République et s'était, par exemple, rendu à l'usine de Javel, le 15 avril 1851, pour remettre la Légion d'honneur au propriétaire bienfaisant Fouché-Lepelletier[16]. Il la poursuivit au lendemain du coup d'État. Lors de son voyage de l'été, il se fit ainsi présenter le personnel des établissements industriels de Saint-Étienne et décora les mineurs les plus méritants du bassin du Forez[17]. Sous l'Empire, il généralisa les visites de ce genre. Le 26 novembre 1858, il se rendit à l'usine de la Soudière, à Chauny, dans l'Aisne, puis à la manufacture de glaces de Saint-Gobain, pour s'enquérir des besoins des ouvriers [18].

Par ailleurs, Napoléon III multipliait les créations philanthropiques de tous ordres. Il institua des consultations médicales gratuites et des visites à domicile dans les grandes villes ainsi qu'un système de médecins cantonaux dans les campagnes à partir de 1853. Lorsqu'une crise des subsistances toucha la France, la même année, il suspendit l'échelle mobile sur les grains, fit ouvrir des fourneaux économiques pour les pauvres de Paris et fonda, sur le conseil du préfet Haussmann et à l'exemple de son oncle, une caisse de la boulangerie, pour subventionner le prix du pain à un niveau inférieur à son coût réel. Il essayait constamment d'obtenir l'abaissement du prix des denrées de base. « Je vous recommande, déclarait-il aux conseillers municipaux de Paris, le 13 août 1861, dans l'examen de votre budget, de réduire autant que les finances le permettront, les droits pesant sur les produits de première nécessité. Par là, vous acquerrez de nouveaux titres à ma reconnaissance [19]. » Il développait les crèches, les salles d'asile et les ouvroirs. Il imposa, en 1855, les asiles du Vésinet et de Vincennes pour les ouvriers âgés, malades ou infirmes de la Seine, en les faisant financer par un prélèvement de 1 % sur le montant des travaux publics du département. Il créa les orphelinats de l'Œuvre du prince impérial en 1856. Préoccupé de longue date par le logement populaire, il avait fait traduire et publier l'ouvrage du Britannique Henry Roberts, *Des habitations de classes ouvrières* en 1850 et avait été le promoteur de la première grande cité ouvrière de la capitale, rue Rochechouart, inaugurée l'année suivante. À la suite, il en fit construire de multiples autres à Paris et dans les principales villes industrielles de province. Comme les ouvriers refusaient de loger dans ce qu'ils considéraient être des casernes, il sut arrêter le programme de construction, pour subventionner, avec de meilleurs résultats, la création de logements à bon marché par les établissements industriels.

Généreux, l'empereur prélevait des sommes considérables sur sa liste civile et puisait abondamment dans sa cassette personnelle pour faire le bien. Après la naissance du prince impérial, il fit ainsi un don personnel de 500 000 francs à la caisse de retraite des travailleurs qui avait été fondée sous la deuxième République. En 1859, il collabora pour 100 000 francs à l'amélioration des logements ouvriers de Lille. L'année suivante, après avoir visité les malades de l'Hôtel-Dieu de Lyon, les ateliers des canuts de la Croix-Rousse et un asile de trois mille enfants à la Guillotière, il laissa 32 000 francs au préfet Vaïsse pour diverses destinations de bienfaisance.

Ces multiples initiatives ne constituaient pas pour autant une politique d'ensemble. Onze ans de pratique du pouvoir semblaient avoir dessillé les yeux de celui qui se présentait naguère comme socialiste. En fait, il appliquait désormais une autre stratégie, déjà évoquée dans ses écrits de jeunesse et développée par l'aile droite du saint-simonisme dont de nombreux représentants gravitaient autour de lui [20]. Il s'agissait de favoriser le développement économique comme il ne l'avait encore jamais été en France, en encourageant de grandes entreprises dans le domaine de la banque, de l'agriculture, de l'industrie, du commerce et des transports, pour en faire découler mécaniquement le bien-être des plus humbles. De ce point de vue, le discours de Bordeaux du 9 octobre 1852 était explicite [21]. La lettre que Napoléon III adressa le 5 janvier 1860 à son ministre d'État, Fould, le fut plus encore : « Il n'y a [...] qu'un système général de bonne économie politique qui puisse, en créant la richesse nationale, répandre l'aisance dans la classe ouvrière [22]. »

Les grandes réalisations économiques

Les années 1850 furent celles d'un grand essor économique de la France. Napoléon III eut la chance de bénéficier d'une conjoncture très favorable. Depuis 1849, la crise, qui avait été l'une des causes de la chute de la monarchie de Juillet puis de l'échec du Gouvernement provisoire républicain, était achevée. La découverte de l'or en Californie et en Australie procurait une abondance de numéraire, puisque les deux cinquièmes de la production arrivaient en France. Mais cet essor s'accompagna jusqu'en 1856 d'une forte hausse des prix et des profits. Cependant, le chef de l'État sut aussi se donner les moyens de ses ambitions économiques. En s'adressant le 25 novembre 1851 aux entrepreneurs français de retour de l'Exposition universelle de Londres, il s'était engagé à assurer la stabilité politique au pays, gage de la bonne marche des affaires [23]. Une semaine plus tard, il avait réalisé son coup de force qui avait été bien accueilli par la Bourse. Les acteurs économiques, qu'ils partageassent ou non ses idées politiques, étaient rassurés par le retour à l'ordre et séduits par le nouveau discours du pouvoir.

« L'économie politique du 2 Décembre [24] » qui s'inspirait de la pensée saint-simonienne et de la théorie des dépenses productives [25] passait en effet par une mobilisation rapide des capitaux nécessaires à la modernisation économique et par l'investissement massif. Les dépenses d'investissement seraient financées par des emprunts et non par de nouveaux impôts qui risqueraient de briser la croissance tout en faisant souffrir les Français. Elles favoriseraient le développement qui accroîtrait à son tour les revenus et permettrait un remboursement de la dette. Le déficit budgétaire ne serait donc qu'un mal provisoire dont devaient sortir de grands bienfaits. Le président se garda bien, cependant, de dévoiler les détails de ce système. La confiance des milieux d'affaires qu'il venait de gagner était un bien trop précieux. Il n'en prit pas moins des mesures fortes et rapides.

Dès les semaines qui suivirent le coup d'État, la Banque de France dut se résigner, pour conserver son privilège, à abaisser pour la première fois depuis sa création en 1800 le taux de son escompte et le taux d'intérêt de ses avances. Les capitaux qui s'étaient accumulés au cours des années précédentes s'employèrent de nouveau sans tarder. Cependant, le chef de l'État et ses conseillers voyaient plus grand. Ils envisageaient une véritable révolution du crédit qui permettrait de démocratiser celui-ci, de rendre l'argent meilleur marché et de drainer les capitaux vers l'économie. Il s'agissait d'instaurer le « suffrage universel des capitaux », selon l'expression qui fut bientôt utilisée. Deux organismes fondés en 1852 visaient à réaliser cet objectif. Le Crédit mobilier des frères Pereire, qui ambitionnait de diriger l'épargne des particuliers vers les grandes affaires industrielles, fut autorisé par un décret présidentiel du 15 novembre. Le chef de l'État et son ministre de l'Intérieur, Persigny, le considéraient aussi comme un moyen de faire pièce à la haute banque orléaniste, symbolisée par les Rothschild, anciens banquiers de Louis-Philippe [26]. Le Crédit foncier de France, qui vit le jour le 10 décembre suivant, par fusion des banques foncières de Paris, de Marseille et de Nevers créées huit mois plus tôt et par extension de leurs activités à tout le territoire, ne répondit que très imparfaitement au même objectif que le Crédit mobilier pour l'agriculture. Les capitaux qu'il réunit furent rapidement détournés au profit du développement urbain. Il n'en allégea pas moins la dette des paysans et encouragea, de ce fait, l'activité agricole.

Pour financer la guerre de Crimée, Napoléon III recourut à de grands emprunts qui, pour la première fois, furent émis directement dans le public. Le succès l'incita à en étendre le principe[27]. Par ailleurs, il autorisa la création du Crédit industriel et commercial en 1859, première grande banque de dépôt française qui permit de drainer l'épargne des particuliers. Encouragées par les lois de 1863 et de 1867 sur les sociétés anonymes, d'autres banques du même type suivirent comme le Crédit lyonnais en 1863, la Société générale en 1864 et la Banque de Paris en 1869.

Le chef de l'État appliqua le même volontarisme et le même souci de l'efficacité dans tous les secteurs. L'économie relevait traditionnellement de trois ministères, sans compter celui des Finances, comme cela était encore le cas dans son gouvernement du 3 décembre 1851. Dans son cabinet du 22 janvier 1852, il ne la partagea plus qu'entre le ministère de l'Intérieur qui reçut, sous Persigny, l'Agriculture et le Commerce, et le ministère des Travaux publics confié à Lefebvre-Duruflé, puis bientôt à Magne qui l'avait déjà occupé. En juin 1853, il chercha encore une plus grande rationalité en regroupant les départements de l'Agriculture, du Commerce et des Travaux publics et en créant, de ce fait, un véritable ministère de l'Économie avant la lettre. Magne en fut le premier titulaire puis, en février 1855, Rouher, devint le second. Le président institua une commission de statistiques à l'été 1852 et fit réaliser des enquêtes pour tenter de quantifier le progrès.

Dans le programme économique du chef de l'État, les transports occupaient une place primordiale. Dès les premiers mois de sa présidence, il souhaita développer le télégraphe électrique connu depuis plus de dix ans mais que les autorités regardaient jusque-là de façon suspicieuse et que l'administration du télégraphe aérien percevait, à juste titre, comme un redoutable concurrent. En deux ans, toutes les métropoles du pays furent reliées à Paris et, en 1855, la dernière préfecture, celle de Mende, le fut à son tour. Parallèlement, le trafic s'ouvrit, de la volonté même du président, aux agents économiques, puis au grand public. En 1853, 142 000 télégrammes furent transmis, soit près de trois fois plus que l'année précédente. En 1860, il y en eut près de dix fois plus[28].

Dans l'esprit saint-simonien, le chef de l'État donna surtout une vive impulsion aux chemins de fer, secteur clé, car susceptible à la fois de désenclaver les régions en retard, de faciliter les déplacements des personnes et les échanges de marchandises et de stimuler les industries du charbon, du fer et de la construction mécanique. Il était d'autant plus nécessaire d'agir que la France accusait en la matière un sérieux retard sur ses voisins[29]. Le boom ferroviaire des années 1840 avait pris fin avec la crise de 1847 puis la Révolution de 1848, et le mouvement tardait à repartir. La France ne comptait que 3 870 kilomètres construits et exploités. Or, le président avait des idées précises en la matière dont beaucoup lui venaient de ses séjours outre-Manche. Selon lui, l'État devait définir les grandes orientations et les priorités ferroviaires, financer les plus grosses dépenses, en particulier la construction des gares et des viaducs, mais aussi stimuler l'initiative privée, car il ne pouvait tout entreprendre. Il conserverait simplement un droit de contrôle sur les entreprises gestionnaires qui créeraient les lignes, recevraient un bail de quatre-vingt-dix-neuf ans pour avoir le temps d'amortir leurs emprunts et seraient encouragées à fusionner pour atteindre la rentabilité.

Sur ordre du président, le nouveau ministre des Travaux publics, Magne, convoqua dès le 6 décembre 1851 les compagnies qui cherchaient des concessions pour la construction d'un chemin de fer en banlieue parisienne et ne leur laissa que vingt-quatre heures pour se décider. À ce compte, un accord fut trouvé dès le 10 décembre et les travaux du chemin de fer de ceinture purent rapidement commencer. Le 5 janvier 1852, la ligne Paris-Lyon fut concédée, en même temps que fut lancée dans le public l'obligation à 300 francs, titre accessible et à revenu fixe qui allait permettre de drainer l'épargne et devenir « la pierre d'angle du financement des grands réseaux pendant les décennies suivantes[30] ». En juin, le Lyon-Avignon et le Marseille-Avignon fusionnèrent. Trois ans plus tard, le Paris-Lyon et le Lyon-Marseille étaient rassemblés à leur tour. Au cours des années suivantes, Napoléon III ne cessa de suivre de très près les affaires de chemins de fer avec les ministres compétents, Magne, Bineau et Rouher, n'hésitant pas à leur manifester son impatience quand la réalisation d'une ligne tardait[31].

Dès 1859, le réseau principal qui comprenait 9 500 kilomètres de voies était achevé. Les conventions signées cette année-là le partageaient, pour l'essentiel, entre six grandes compagnies qui exerçaient un quasi-monopole dans l'espace géographique qu'elles desservaient : le Paris-Lyon-Marseille, le Nord, l'Ouest, le Paris-Orléans, l'Est et le Midi. Cependant, il n'était pas possible de s'arrêter là et pas souhaitable de continuer sur la base du tracé établi sous la monarchie de Juillet, la fameuse « étoile de Legrand ». Si le président avait approuvé jadis celle-ci, il convenait maintenant qu'elle risquait de provoquer une centralisation excessive. Dès septembre 1856, il souligna l'importance des liaisons transversales : « La question que je voudrais voir poser est celle-ci : Quel est le meilleur moyen d'établir la communication la plus directe entre Bordeaux et Mulhouse ? entre Bordeaux et Lyon ? entre Nantes et Mulhouse ? entre Nantes et Lyon ? entre Nantes et Marseille ? entre Lyon et Calais ? entre Calais et Strasbourg ? entre Toulouse et Paris ? entre Toulouse et Lyon [32] ? » Par ailleurs, il savait qu'il fallait réaliser les lignes secondaires, promises à l'approche des élections de 1857, même s'il déplorait qu'en l'occurrence ses ministres eussent privilégié les intérêts particuliers au détriment de l'intérêt général. Enfin, il lui paraissait indispensable de construire des lignes qui permissent l'essor industriel et agricole du pays, en facilitant le transport des matières premières [33]. Ce fut la contrepartie des conventions de 1859 pour les compagnies que d'avoir à construire les unes et les autres au cours des années qui suivirent. Dix ans plus tard, non seulement la France avait rattrapé son retard, mais elle devançait la plupart de ses voisines. Elle comptait alors 17 440 kilomètres de voies ferrées.

En revanche, la voie d'eau pâtit de l'accent porté sur les chemins de fer. La construction de canaux progressa peu dans les années 1850 et la batellerie fluviale souffrit beaucoup de la concurrence du rail [34]. La route connut les mêmes désagréments. Le chef de l'État le comprit bien. La vraie politique d'aménagement du territoire qu'il envisageait nécessitait un rééquilibrage [35]. Aussi, sa lettre du 5 janvier 1860 souligna-t-elle la nécessité de développer routes et voies d'eau et d'établir « une juste concurrence entre les canaux et les chemins de fer [36] ».

Les grands travaux entrepris dans les campagnes avec l'assainissement et la mise en valeur de terres incultes participaient, eux aussi, de cette politique. La Sologne à laquelle le président était lié par son ascendance maternelle bénéficia, dès juillet 1852, d'une loi sur la bonification des terres [37]. D'autres régions marécageuses comme la Brenne, la Dombes et la Champagne furent assainies, à la suite d'une loi de 1856. Dans les Landes de Gascogne, le chef de l'État acheta 7 400 hectares qu'il fit drainer et boiser. Une loi de 1857 décida de planter systématiquement des pins dans les départements des Landes et de la Gironde. Le village agricole de Solferino fut fondé pour les soldats réformés de la guerre d'Italie. La Provence fut dotée, quant à elle, de canaux d'irrigation. La surface cultivée du pays s'accrut de 1,5 million d'hectares pour atteindre, en 1862, son maximum historique à 26,5 millions d'hectares.

Napoléon III qui croyait en la pédagogie de l'exemple se fit cultivateur sur ses domaines de La Motte-Beuvron et de Mimizan. Il contrôlait lui-même l'expérimentation du matériel et soutint la campagne de Georges Ville pour l'essai d'engrais minéraux. Il visitait les comices agricoles et assista, en 1860, aux travaux du jury du concours international des moissonneuses. Cela ne suffit pas. Rares furent les paysans qui suivirent son impulsion, en raison du morcellement de leurs terres, de leur manque de ressources, de leur individualisme, de leur mentalité routinière ou encore de leur faible instruction[38].

Dès l'ouverture de la session législative de 1853, l'empereur s'accorda un *satisfecit* : « La richesse nationale s'est élevée à un tel point que la partie de la fortune mobilière, dont on peut chaque jour apprécier la valeur, s'est accrue à elle seule de deux milliards environ. L'activité du travail s'est développée dans toutes les industries[39]. » De fait, le début des années 1850 se caractérisa par un taux de croissance qui avoisinait les 4 %, l'un des taux d'investissement les plus élevés du siècle, une grande innovation, un vif essor du commerce, de hauts prix et des profits élevés. Cependant, Napoléon III s'inquiétait déjà de certaines dérives. Il était hostile à l'agiotage, à l'affairisme et à la spéculation boursière excessive que symbolisait son demi-frère, Morny. « L'argent facile » était d'ailleurs un thème que l'opposition commençait à exploiter contre le régime.

En octobre 1855, le souverain chercha à limiter la puissance du Crédit mobilier en interdisant une importante émission d'obligations destinée à doubler son capital. Lorsque s'ouvrit le congrès de Paris, il fit insérer en première page du *Moniteur* une note capitale : « La prévision de la paix fait naître de nombreux projets d'entreprises. [...] Il est du devoir du Gouvernement de résister à des entraînements exagérés qui pourraient compromettre les affaires déjà engagées et porter atteinte au crédit. » En conséquence, il n'accorderait plus, pour l'année en cours, d'autorisation de créer des entreprises donnant lieu à émission de valeurs[40]. Trois mois plus tard, le 15 juin 1856, il écrivit à François Ponsard pour le féliciter de sa nouvelle pièce *La Bourse* : « J'ai été vraiment heureux de vous entendre flétrir de toute l'autorité de votre talent, et combattre par l'inspiration des sentiments les plus nobles le funeste entraînement du jour[41]. » Dans son discours d'ouverture de la session législative de 1857, il revint à la charge : « L'exagération de la spéculation entraîne bien des ruines individuelles[42]. » La liquidation du Grand Central, la compagnie de chemin de fer par laquelle Morny envisageait la desserte du Massif central, venait de lui causer des tracas. Il en eut plus encore lorsque le financier Jules Mirès, qui avait été arrêté en février 1861 pour des malversations, dénonça un certain nombre de personnalités de son entourage, dont Ernest Baroche, le propre fils de l'un de ses ministres. Furieux, Napoléon III démit l'indélicat de toutes ses fonctions et refusa qu'il se présentât aux élections législatives, ainsi qu'il en avait eu l'intention[43].

Comme son oncle avant lui, Napoléon III professait moins d'admiration pour les hommes d'affaires que pour les industriels, les ingénieurs et les savants. Aussi encouragea-t-il son ministre de l'Instruction publique et des Cultes, Fortoul à développer l'enseignement des sciences. Cela aboutit, dès le 10 avril 1852, au très saint-simonien décret-cadre qui instaurait la bifurcation de l'enseignement secondaire, après la classe de quatrième, en créant une branche scientifique, à côté de la branche littéraire classique. Il n'eut aussi de cesse d'inciter les ouvriers à fonder leurs propres entreprises. Il tint à donner le nom de Richard-Lenoir à l'un des nouveaux boulevards de Paris parce que l'homme, fils d'un petit fermier normand, s'était élevé par son talent et par son énergie jusqu'au sommet de l'industrie cotonnière sous le premier Empire[44]. Au même moment, il promut au grade d'officier de la Légion d'honneur Jean-François Cail, lui-même fils d'un charron des Deux-Sèvres, qui avait fait de son entreprise de construction mécanique la première de la capitale[45]. Grâce à cette politique volontariste, la France devint la deuxième puissance économique de la planète derrière l'Angleterre. Ce développement eut sa vitrine : Paris.

Les immenses chantiers urbains

De tous les chefs de l'État que connut la France, aucun ne modifia autant Paris que Napoléon III. En cela, il s'inscrivit davantage dans la tradition des souverains édilitaires de l'Antiquité, comme Auguste, que dans celle de ses prédécesseurs immédiats. Son oncle n'avait pas été inactif, mais, à la fin du premier Empire, « les rues [demeuraient] étroites, fangeuses ; plusieurs non pavées ; d'autres, ouvertes, mais non bâties, étaient impraticables. Il n'existait qu'un très petit nombre d'égouts [46] ». Beaucoup des monuments prestigieux dont Napoléon avait décidé l'édification n'étaient pas même achevés en 1815, tel l'Arc de Triomphe de l'Étoile. La ville qui avait connu une forte croissance démographique sous la Restauration et sous la monarchie de Juillet avait été modernisée, en particulier par le préfet Rambuteau, mais la peur de grever les finances de l'État et la chute des deux régimes avaient empêché les transformations de fond [47]. Quant aux quarante-huitards, ils avaient manqué de temps et d'argent.

En 1852, Paris ressemblait encore, en maints endroits, à une cité médiévale avec un lacis de rues étroites, mal éclairées, propices aux coups de main et aux barricades. La circulation était difficile. Les palais, les églises, les hôtels particuliers, les masures insalubres se mêlaient, s'entassaient et laissaient peu de place aux espaces verts. La plupart des observateurs étrangers insistaient aussi sur la saleté de la ville et ses odeurs pestilentielles.

Napoléon III s'était intéressé très tôt aux questions d'urbanisme. Certes, il ne les avait quasiment pas évoquées dans ses écrits de jeunesse et il connaissait peu Paris, mais il avait vu ce qu'il était possible de faire dans une métropole en arpentant les rues de Londres. À la suite de l'épidémie de choléra de 1832, il avait été frappé par les solutions que les saint-simoniens du *Globe* proposaient pour assainir Paris, à savoir la destruction des îlots insalubres et l'ouverture de grandes artères pour diffuser la lumière et l'air [48]. Les projets des utopistes Fourier et Cabet avaient également retenu son attention. Lors de son séjour à New York, il aurait été impressionné par le plan d'une cité idéale que lui aurait montré un jeune Américain [49]. Par ailleurs, l'architecture fut de tous les arts celui qui le passionna le plus, le plus tôt et le plus constamment [50] et il n'utilisa certainement pas innocemment sa métaphore du « couronnement de l'édifice [51] ». « Je veux être un second Auguste, parce qu'Auguste [...] fit de Rome une cité de marbre », écrivit-il à la forteresse de Ham [52]. Il entendait faire de Paris non seulement la plus belle ville qui existât, la plus belle ville qui eût existé, mais encore la plus belle ville qui pût exister [53]. L'art des jardins ne le laissait pas non plus indifférent. Il réaménagea ainsi le parc de Brodrick Castle pour le compte du duc de Hamilton qui trouva le résultat merveilleux [54].

En arrivant dans la capitale, en septembre 1848, pour y exercer son mandat parlementaire, il n'était donc pas surprenant que Louis-Napoléon eût dans ses bagages un grand plan de Paris. Pendant sa présidence, il y indiqua les aménagements qu'il envisageait, en les hiérarchisant au moyen de couleurs différentes [55]. Dès son installation aux Tuileries, il le plaça sur l'un des murs de son bureau. Les transformations qu'il projetait répondaient à plusieurs objectifs. Il entendait d'abord adapter la ville à sa croissance démographique et aux nécessités de la nouvelle économie, celle de l'éclairage au gaz, de la circulation en omnibus et de l'essor des chemins de fer, les embarcadères comme l'on disait alors, devant être les portes de la ville moderne, préoccupation saint-simonienne s'il en fut [56]. Il comptait aussi faire d'une métropole sale et insalubre la plus saine et la plus belle capitale du monde. Il était persuadé que les grands travaux procureraient des emplois et produiraient, une fois réalisés, de la richesse tout en permettant des économies grâce à une meilleure circulation. La formule « Quand le bâtiment va tout va » était déjà un poncif de l'époque [57]. Enfin, il ne niait pas des considérations stratégiques [58]. Ouvrir « des brèches, au milieu des quartiers jusqu'alors fermés comme des citadelles d'insurrection, tels que les environs de l'Hôtel de Ville, le faubourg Saint-Antoine, les deux versants de la montagne Sainte-Geneviève [59] » et créer de grandes voies rectilignes et bien éclairées, c'était s'assurer qu'en cas de troubles, la troupe et le canon ne rencontreraient pas de barricades pour passer et nettoyer la ville [60].

Pour y parvenir, il décida de dépenser sans compter, en vertu de la théorie des dépenses productives, également chère à Persigny [61]. La stabilité de son régime, les pouvoirs que la Constitution lui accordait et la faculté qu'il reçut lors du passage à l'Empire de décider lui-même les travaux d'utilité générale lui en donnaient les moyens. Sa volonté fut surtout déterminante face à l'hostilité de ses ministres des Finances successifs, des membres du Corps législatif, et en particulier des « budgétaires » de la commission du budget et de la plupart des Parisiens, attachés à leurs vieilles pierres et gênés par les travaux. Le préfet de la Seine, Berger, était d'ailleurs lui-même peu favorable aux projets du chef de l'État. Ce proche de Morny refusait de recourir aux gros budgets et à l'emprunt pour achever la rue de Rivoli, joindre le Louvre aux Tuileries et construire les Halles, dont la première pierre avait été posée le 15 septembre 1851 [62]. De son propre chef [63] ou sur le conseil de Persigny [64], Napoléon III le remplaça le 22 juin 1853 par le préfet de la Gironde, Haussmann, dont il avait fait la connaissance en janvier 1849 et dont il avait pu admirer le talent d'organisateur lors de son séjour à Bordeaux en octobre précédent. Haussmann occupa cette fonction jusqu'en janvier 1870. Comme le préfet le reconnut, Napoléon III conserva toujours le rôle primordial du concepteur et du décideur [65]. En outre, il institua le 2 août 1853 une commission des embellissements de Paris présidée par le comte Siméon, dont le rapport du 20 décembre suivant joua un rôle important dans les aménagements [66].

Néanmoins, Haussmann fut beaucoup plus qu'un simple exécutant [67]. Il avait ses idées propres, qu'il imposait quand l'empereur n'avait pas d'avis et parfois même contre son avis [68]. Alors que Napoléon III entendait systématiquement privilégier l'utilité, selon une approche britannique, il parvint plus d'une fois à faire triompher l'esthétique [69]. Collaborateur direct du souverain, il n'avait ni le titre ni le rang d'un ministre, mais il était plus puissant que la plupart des membres du gouvernement. Il s'attira rapidement des jalousies et des haines tenaces, l'épouse de Baroche n'hésitant pas à comparer ses méthodes à celles d'Attila. De fait, Haussmann partait du principe que la fin justifiait les moyens. Il fit donc de Paris un immense chantier, expropria des milliers de Parisiens grâce au décret du 26 mars 1852 qui facilitait cette opération pour cause d'utilité publique, éventra les vieux centres révolutionnaires comme les faubourgs ouvriers et, parce qu'il avait besoin de plus en plus de fonds et que les subventions de l'État et les emprunts classiques ne suffisaient plus, développa à partir de 1858, avec l'aval du souverain, un crédit parallèle et illégal. Un décret impérial créa la Caisse des travaux de Paris qui émettait des bons analogues à ceux du Trésor, gagés sur les terrains acquis puis revendus par la Ville. À partir de 1861, Haussmann utilisa le procédé des « bons de délégation » pour emprunter sans autorisation législative par l'intermédiaire des compagnies concessionnaires, des banques et du Crédit foncier sur lequel Napoléon III faisait pression. Après son départ, le préfet estima lui-même que son œuvre avait englouti près de deux milliards et demi de francs-or.

À ce prix, les travaux furent colossaux et l'œuvre réalisée grandiose. « Ce n'était plus des bandes d'insurgés qui parcouraient la ville, mais des escouades de maçons, de charpentiers, d'ouvriers de toutes sortes allant à leurs travaux : si l'on remuait les pavés, c'était non pour les entasser en barricades, mais pour faire circuler sous les rues l'eau et le gaz ; les maisons n'étaient plus menacées par le canon ou l'incendie, mais par l'indemnité féconde de l'expropriation[70]. » Une grande croisée jugée prioritaire par l'empereur vit le jour de l'embarcadère de l'Est à l'Observatoire et de la barrière du Trône à l'Étoile. Au centre, les Halles devinrent le « ventre de Paris » où arrivaient les produits de la France entière dans des édifices élancés de fonte et de verre, ressemblant à de vastes parapluies que Baltard réalisa après le rejet par Napoléon III d'un projet en pierre, jugé trop massif. « C'était un pur produit du saint-simonisme, un résultat direct de l'ère industrielle[71]. » De grandes places carrefours, l'Étoile, la Bastille, le Trône ou le Château-d'Eau constituèrent autant de nœuds du nouveau réseau urbain d'où partaient des avenues et des boulevards agrandis ou créés de toutes pièces. Rayonnèrent ainsi de l'Étoile les avenues de l'Impératrice, du Roi-de-Rome, de Joséphine, de la Reine-Hortense et du Roi-Jérôme. De nouveaux ponts comme celui de l'Alma facilitèrent le franchissement de la Seine. Les anciens embarcadères furent transformés et devinrent des gares. D'autres furent édifiées. Comme les premières se trouvaient au centre-ville, Napoléon III tint à ce que les nouvelles fussent plus périphériques, « afin de multiplier les habitations[72] ». Des perspectives furent ouvertes pour mettre en valeur les édifices publics et les monuments comme l'Hôtel de Ville ou Notre-Dame. L'île de la Cité fut d'ailleurs totalement réaménagée, à la suite des modifications de la place Dauphine et du Palais de justice, de la reconstruction de l'Hôtel-Dieu et de la destruction de blocs de maisons insalubres. Le Louvre rejoignit les Tuileries, réalisation typique du volontarisme de Napoléon III, puisque la plupart de ses prédécesseurs avaient eu en tête ce projet, mais aucun n'avait osé l'entreprendre. Non seulement il le lança, mais il multiplia ses visites sur le chantier pour hâter les travaux et permit son achèvement en un temps record[73]. Des églises, des hôpitaux, des écoles et des casernes furent construits. Les Parisiens découvrirent de nouveaux lieux de plaisir, comme le Cirque d'Hiver ou la Gaîté-Lyrique. De hauts immeubles d'aspect bourgeois et uniforme remplacèrent des milliers de maisons lépreuses.

Cette politique que l'on qualifia d'« haussmannisation », mais que l'on eût pu tout aussi bien appeler de « napoléonisation » ne connut guère de limites. Dès le début de son règne, Napoléon III eut la volonté d'agrandir la ville en en repoussant les limites aux fortifications construites sous Louis-Philippe. Le souverain ayant en tête le grand Londres, il envisagea même d'annexer tout le département de la Seine, de façon à rationaliser l'urbanisation, mais le projet se heurta à plusieurs obstacles dont le refus des propriétaires d'usines d'être soumis à l'octroi. Ce fut finalement un projet plus modeste qui fut voté par le Corps législatif.

Au 1er janvier 1860, Paris doubla sa superficie par l'adjonction de sa proche banlieue, d'Auteuil à Belleville et de Grenelle à Bercy et passa de douze à vingt arrondissements. L'éclairage au gaz se répandit. Il fit de Paris, « Ville lumière », une capitale plus sûre. Le système d'adduction d'eau fit des progrès décisifs. Si l'empereur s'empressa d'en approuver la modernisation, celle-ci fut suggérée par son préfet et conçue et réalisée par l'ingénieur Belgrand. Les eaux de la Seine, de l'Ourcq et de la Marne, le plus souvent impropres à la consommation, servirent au nettoyage des rues et à l'alimentation des fontaines publiques. La capture des eaux pures de deux affluents de la Marne, la Dhuys et le Surmelin, et d'un autre de l'Yonne, la Vanne, acheminées vers la capitale par un système d'aqueducs satisfit les besoins des particuliers. Comme à Londres, un système de tuyaux en fonte permit de recevoir directement l'eau dont on avait besoin à son domicile. Les égouts que Napoléon III visita le 17 avril 1858[74] quadruplèrent durant le régime. Un grand collecteur recueillait désormais les eaux usées de Paris avant de les déverser dans la Seine à hauteur d'Asnières, assainissant ainsi le parcours parisien du fleuve.

L'ingénieur Alphand s'occupa, quant à lui, des espaces verts sur lesquels le souverain, qui avait admiré ceux de Londres, avait beaucoup insisté. Cependant, contrairement à ceux-ci, Napoléon III voulait qu'à Paris les parcs et jardins fussent accessible à tous et devinssent « lieux de délassement et de récréation [pour] toutes les familles, [pour] tous les enfants, riches ou pauvres[75] ». Outre la création de jardins publics et de squares et la plantation d'arbres le long des avenues, de grands parcs périphériques furent aménagés, dans la plaine Monceau, à Montsouris et aux Buttes-Chaumont. La transformation du bois de Boulogne, que l'État céda à la Ville de Paris par décret du 8 juillet 1852, passionna Napoléon III. Il eut l'idée d'y établir des rivières sur le modèle de Hyde Park et s'il dut y renoncer en raison d'un problème de dénivellation, il décida finalement de créer deux lacs reliés entre eux par une cascade[76]. Il suivait l'exécution des travaux de près et n'hésitait pas, quand il séjournait à Saint-Cloud, à venir de bon matin en prendre lui-même la direction. Parfois, il se saisissait même d'un marteau pour planter des piquets et montrer ainsi la ligne que devait suivre les nouvelles allées[77]. Beaumont-Vassy témoigna de cet intérêt dans la relation qu'il fit de sa visite du bureau impérial : « Demeuré seul pendant quelques instants, mon attention se portait naturellement sur de grandes cartes piquées de nombreuses épingles multicolores et qui, étalées par terre, encombraient le tapis en gênant le passage. Je pensais que c'étaient des cartes des bords du Rhin ou de la Belgique, et que Napoléon III, imitant Napoléon Ier, les consultait en se couchant par terre, comme faisait le grand homme dont il portait le nom. Erreur ! Je me penchai et je reconnus que c'étaient des plans reproduisant les diverses allées et les deux lacs nouvellement dessinés du bois de Boulogne[78]. » Par ailleurs, le souverain tint à ce que l'Est parisien, plus populaire, ne fût pas négligé et le bois de Vincennes, cédé à son tour par la Couronne à la Ville de Paris, en 1860, fut le pendant oriental du bois de Boulogne[79]. Cependant, Baroche et le Conseil d'État bloquèrent le projet impérial de créer une ceinture verte autour de Paris[80]. En outre, et malgré de réels efforts, l'Est demeura sous-équipé, de même que les nouveaux arrondissements.

Les villes de province ne furent pas oubliées, de Lille à Marseille et de Cherbourg à Besançon. Rares furent celles comme Beauvais qui ne changèrent quasiment pas. La plupart des cités impériales reçurent des préfets et des maires dynamiques qui eurent pour mandat principal de les moderniser. À Caen et à Avignon, ce furent ainsi les maires Bertrand et Pamard qui œuvrèrent, à Lyon le préfet Vaïsse[81]. Bien davantage que Paris, la cité rhodanienne, où Napoléon III avait fixé lui-même les mesures et le tracé des nouvelles voies, servit de modèle aux autres villes[82]. À Marseille, où beaucoup avait déjà été fait dans les années 1850, de la cathédrale

Sainte-Marie-Majeure au parc Borelly, l'empereur décida, lors de sa visite, en septembre 1860, de donner un nouvel élan à la cité phocéenne, pièce maîtresse de sa politique méditerranéenne. Il nomma à sa tête Maupas doté de larges pouvoirs. Il tint également à marquer de son empreinte chacun de ses lieux de villégiature : à Biarritz, à Plombières ou à Vichy, il y eut un avant et un après-Napoléon III[83]. Animé par un souci de gloire nationale et par un amour profond pour l'histoire, encouragé aussi par Mérimée qui était inspecteur général des Monuments historiques, le souverain développa une politique patrimoniale à l'égard des cités d'art. Viollet-le-Duc fut ainsi chargé de restaurer Carcassonne[84].

Cependant, nulle part le régime n'imposa sa trace autant qu'à Paris. Cette œuvre avait de nombreux détracteurs. Les provinciaux et leurs députés ne comprenaient pas que des sommes aussi énormes fussent dépensées pour une seule ville. Au printemps 1858, lorsque le Corps législatif fut saisi d'une convention entre l'État et la Ville pour réaliser un second réseau de voirie, après l'achèvement du premier par l'inauguration du boulevard de Sébastopol, le député de la Drôme, Monier de La Sizeranne, se demanda s'il était juste que les départements et les villes qui manquaient de ressources dussent financer des projets destinés à la seule grandeur de la capitale[85]. L'opposition critiquait l'exclusion des pauvres du centre et la ségrégation sociale. Les nostalgiques dénonçaient la disparition du vieux Paris si romantique disaient les uns, si authentique prétendaient les autres. Ainsi, les Goncourt abhorraient « ces boulevards nouveaux sans tournants, sans aventures et perspectives, implacables de ligne droite, qui ne sent[ai]ent plus le monde de Balzac, qui sent[ai]ent Londres, quelque Babylone de l'avenir[86] ». Pour Théophile Gautier, pourtant bien disposé vis-à-vis du souverain : « C'[était] Philadelphie, c'[était] Saint-Pétersbourg, ce n'[était] plus Paris. » La capitale n'en rattrapa pas moins son retard en terme de salubrité, ce qui valut à Napoléon III les éloges d'Edward Chadwick, principal croisé de la santé publique outre-Manche : « Sire, il fut dit d'Auguste qu'il trouva Rome faite de briques et qu'il la laissa couverte de marbre. Il pourra être dit de vous que vous trouvâtes un Paris de mauvaises odeurs et que vous le laissâtes agréable[87]. » Les progrès des transports permirent également l'essor des grands magasins dont l'archétype fut le Bon Marché qui ouvrit ses portes dès juin 1853. La capitale de l'Empire se visitait désormais comme une exposition permanente dédiée au progrès et fut bientôt copiée à travers le monde, de Bruxelles à Mexico, en passant par Vienne. Ce fut dans ce Paris en pleine transformation que l'empereur organisa l'une des manifestations les plus symboliques de son règne.

L'Exposition universelle de 1855

Depuis 1798, Paris était le théâtre d'expositions nationales des produits de l'industrie[88]. Jusqu'en 1849, onze manifestations de ce type avaient permis aux manufacturiers de confronter leurs productions, et aux meilleurs d'entre eux d'être primés par le jury nommé par le gouvernement. À deux reprises, il avait été proposé d'élargir la compétition aux producteurs étrangers, mais, les deux fois, les industriels protectionnistes avaient fait front pour refuser.

Ce fut donc à l'Angleterre que revint l'honneur d'organiser la première Exposition universelle de l'histoire. En 1851, une « Grande Exposition des œuvres de l'industrie de toutes les nations » s'était déroulée à Londres, à l'initiative du prince Albert. Le Crystal Palace, palais de verre et de métal construit pour l'occasion, avait accueilli six millions de visiteurs et avait démontré la domination industrielle de l'Angleterre. La France y avait occupé le deuxième rang par le nombre de ses exposants et la qualité de ses produits.

En 1854, La France devait tenir une nouvelle exposition quinquennale. Dès mai 1851, le président s'en préoccupa. Il approuva alors un projet festif, de forte inspiration saint-simonienne, qui prévoyait de dépasser le cadre habituel de la manifestation pour exalter la puissance économique, la production intellectuelle, les triomphes historiques et les institutions publiques de la France[89]. Par ailleurs, il estimait qu'il fallait construire un bâtiment permanent pour accueillir désormais les manifestations de ce type, plutôt qu'un édifice provisoire que l'on dressait à la hâte, tous les cinq ans, pour le détruire sitôt l'exposition achevée. En 1852, il concéda, dans ce but, un terrain au pied des Champs-Élysées, à une compagnie privée, à charge pour elle d'y édifier un palais de l'Industrie. Très vite cependant, il envisagea de relever le défi britannique et d'organiser à son tour une Exposition universelle. Le passage à l'Empire lui en fournit l'occasion. Par décret du 8 mars 1853, il annula donc le projet initial pour le remplacer par un autre, plus grandiose encore qu'à Londres, puisqu'il s'agirait d'exposer, outre les produits de l'industrie, ceux de l'agriculture[90]. On se donnerait simplement un an de plus. Un nouveau décret du 22 juin décida même d'élargir l'événement aux beaux-arts, car aucun pays au monde ne pouvait rivaliser en ce domaine avec la France[91].

Moins de deux ans séparaient cette annonce de l'ouverture prévue, ce qui constituait un véritable défi. Alors que Napoléon III s'en réjouissait, son entourage s'inquiétait. Une exposition du même type venait d'avoir lieu à New York et avait été loin de remporter le succès de celle de Londres.

Le 24 décembre 1853, l'empereur nomma une commission d'organisation présidée par son cousin, le prince Napoléon, et composée de personnalités politiques, d'industriels, de banquiers, de savants et d'artistes[92]. S'y côtoyaient ainsi les ministres Fould et Magne, le président du Sénat Troplong, le président du Corps législatif Billault, le vice-président de cette Assemblée, le maître de forges du Creusot Eugène Schneider, le patron du textile de Roubaix Auguste Mimerel, son collègue de Mulhouse Jean Dollfus, le chimiste Jean-Baptiste Dumas, les peintres Ingres et Delacroix et de nombreux saint-simoniens enthousiasmés par le projet, Émile Pereire, Michel Chevalier ou encore Arlès-Dufour. Cette composition traduisait les préoccupations économiques, sociales et culturelles de Napoléon III et l'orientation qu'il entendait donner à la manifestation. La présence en son sein de l'ingénieur Frédéric Le Play, qui était alors en train de collecter les dernières informations monographiques pour son ouvrage sur *Les Ouvriers européens*, était la plus significative de toutes. Le Play finit même, le 23 mai 1855, par succéder au poste de commissaire général de l'Exposition au général Morin, directeur du Conservatoire impérial des arts et métiers. La commission sélectionna les industriels et les artistes français qui devaient se mesurer à leurs homologues étrangers, organisa la participation des autres nations, procéda à l'acheminement, au classement et à l'installation des produits, offrit aux exposants et au public tous les services nécessaires à leur bon séjour, et s'assura, en particulier, que l'Exposition serait hébergée convenablement.

La construction du palais de l'Industrie fut la grande affaire de l'année 1854[93]. En effet, le bâtiment que l'empereur avait souhaité devait être une immense ellipse de 250 mètres sur 100 et devait se composer de pierre, de fer, de fonte, de briques et de verre, mélange d'avant-garde dont on ne maîtrisait pas encore toutes les contraintes. La réalisation en fut confiée à l'architecte Victor Viel et à l'ingénieur saint-simonien Alexis Barrault. Il fut décidé que la façade de pierre portant à son sommet une statue d'Élias Robert, représentant la France couronnant l'Art et l'Industrie, dissimulerait une nef vitrée de 192 mètres de long sur 48 de large et, de part et d'autre, deux niveaux de galeries. Le bâtiment qui fut achevé au début de l'année 1855 se révéla plus disgracieux que son homologue britannique de Hyde Park, mais aussi trop petit. Il fallut recourir à des expédients et multiplier les annexes, plus ou moins bien coordonnées avec le bâtiment principal. Pour recevoir les machines et les matières premières, une galerie de 1 200 mètres de long et de 28 mètres de large fut édifiée le long de la Seine et la rotonde du Panorama fut réquisitionnée. Il fallut construire à la hâte des galeries de jonction, pour donner une unité à l'ensemble. Comme le palais du Louvre était alors en plein chantier, Hector Lefuel dut élever en six mois un palais des Beaux-Arts sur l'avenue Matignon. Le jour de l'inauguration, le 15 mai 1855, il fut le seul, avec le palais de l'Industrie, à pouvoir ouvrir ses portes. Comme le nota Fortoul : « La cérémonie a été horriblement froide et courte. Le prince Napoléon a lu un long discours tout à fait vide ; l'Empereur a fait une réponse brève qu'il n'a pas voulu qu'on entendît. Puis il a fait quelques pas et a laissé le public déconcerté [94]. » L'Exposition universelle débutait donc timidement, alors que la guerre de Crimée battait son plein.

Elle n'en fut pas moins un franc succès, surtout à partir de juillet, lorsque tous les bâtiments furent ouverts au public et que les provinciaux et les étrangers profitèrent des beaux jours pour affluer dans la capitale [95]. On comptait plus de vingt-cinq mille exposants, dont plus de la moitié d'étrangers venus de vingt-cinq pays. Dans le palais de l'Industrie et dans la galerie principale à laquelle une invention d'avenir, le tourniquet, donnait accès, Vicat exposait son ciment hydraulique et Sainte-Claire Deville son aluminium produit grâce au soutien financier de l'empereur. Plus loin, Marinoni dévoilait sa presse à réaction, l'Anglais Whitworth ses machines-outils, le Belge Sax son saxophone, l'Américain Singer sa machine à coudre et son compatriote Colt son revolver.

L'exposition des Beaux-Arts fut, elle, marquée par la confrontation de quatre grands artistes vivants : Ingres, Delacroix,

Vernet et Decamps, pendant que Courbet qui n'avait pas été retenu présentait ses propres toiles dans un pavillon voisin, loué à ses frais. L'exposition de la rotonde du Panorama qui rassemblait les joyaux de la Couronne et les chefs-d'œuvre de l'industrie française du luxe comme le grand surtout de l'empereur par Christofle connut des records d'affluence.

Au total, du 15 mai au 31 octobre 1855, l'Exposition accueillit plus de cinq millions de visiteurs et plusieurs hôtes de marque, les rois de Piémont et de Portugal, la plupart des princes allemands et, surtout, la reine Victoria, accompagnée de son époux et de ses enfants. Cette première visite officielle d'un souverain britannique en France suscita un grand intérêt des Parisiens [96]. Napoléon III fit lui-même les honneurs de l'Exposition à la reine. Il la ramena ensuite à l'Élysée où elle était logée. En soirée, eut lieu une somptueuse réception, puis un magnifique feu d'artifice. Les fêtes organisées en l'honneur de la reine, à l'Hôtel de Ville de Paris et à Versailles, constituèrent deux des points d'orgue de l'Exposition [97].

Une grandiose cérémonie des récompenses vint clore l'événement le 15 novembre [98]. Près de quarante mille personnes réunies dans la grande nef du palais de l'Industrie, débarrassée de ses stands, écoutèrent le discours de l'empereur : « Les progrès de l'agriculture, de l'industrie, du commerce d'une nation contribuent au bien-être de toutes les autres. [...] Plus les rapports réciproques se multiplient, plus les préjugés nationaux tendent à s'effacer [99]. » La cérémonie s'acheva par un grand concert exécuté par mille deux cent cinquante musiciens et choristes dirigés par Hector Berlioz.

Si l'Exposition fut déficitaire, contrairement à celle de Londres, elle n'en fut pas moins une incontestable réussite. Hymne au progrès et au rapprochement des peuples, elle fut l'apothéose du saint-simonisme. Napoléon III avait aussi prouvé que la France était la seule avec l'Angleterre à pouvoir organiser une manifestation de stature internationale. Ses produits avaient été une nouvelle fois les seuls à rivaliser véritablement avec les produits britanniques. Face à l'Angleterre spécialisée dans la production de masse à bon marché, la France avait brillé par ses œuvres de luxe et de bon goût dues à l'orfèvre Christofle, à l'ébéniste Fourdinois ou encore au fabricant de papiers peints Desfossé. L'Exposition symbolisait la place que Napoléon III entendait donner à la France sur la scène mondiale.

L'Algérie, la Méditerranée et le monde

Ce fut aussi en saint-simonien que l'empereur conçut et appliqua une politique active en Algérie, en Méditerranée et dans le monde. Après avoir longtemps considéré les colonies comme des fardeaux, il avait changé d'avis, en particulier au sujet de l'Algérie qui offrait des potentialités immenses, mais qui n'était pas encore totalement conquise et qui, de ce fait, demeurait sous administration militaire.

À la fin de la monarchie de Juillet, Louis-Napoléon avait été frappé par la lecture d'un ouvrage de Prosper Enfantin, intitulé *De la colonisation de l'Algérie*. Le chef de l'école saint-simonienne y insistait sur quelques idées fortes : le primat des considérations économiques dans l'essor de la colonie, la nécessité d'y organiser sans tarder la propriété, l'intervention souhaitable de l'État, par le biais d'un ministère de l'Algérie et des Colonies, confié à un prince qui, de par sa condition, serait au-dessus des luttes partisanes et qui saurait s'entourer d'une élite d'hommes décidés, dévoués et compétents venus de tous les horizons [100]. Dans son discours de Bordeaux, Louis-Napoléon évoqua l'existence de l'autre côté de la Méditerranée d'« un vaste royaume à assimiler à la France [101] » qu'il avait même envisagé, quelques semaines auparavant, d'aller visiter. Encore fallait-il soumettre la Grande Kabylie qui résistait à la domination française. Le général Randon, nommé gouverneur général de l'Algérie au lendemain du coup d'État, y parvint enfin en 1857. Au même moment, l'affaire Doineau, du nom du chef du bureau arabe de Tlemcen accusé d'avoir assassiné un chef de tribu pour le voler, fit grand bruit ; elle apportait de l'eau au moulin des colons qui ne cessaient de réclamer le passage au régime civil [102]. Sans être encore totalement convaincu de son bien-fondé car il craignait qu'il ne livrât les terres et les ressources des indigènes à la convoitise des colons, Napoléon III décida d'en tenter l'expérience [103].

Il songea d'abord à nommer son fils roi d'Alger, mais le projet rappelait trop le roi de Rome. Il envisagea ensuite de faire du prince Napoléon, qui manifestait un grand intérêt pour l'Algérie et qui était très populaire auprès des colons, son lieutenant général sur place. Mais son cousin voulait résider à Paris une grande partie de l'année pour pouvoir lui présenter les affaires importantes, défendre ses projets face aux complots de ses multiples ennemis et négocier avec les corps de l'État les crédits nécessaires à son action. Le souverain se décida donc à le nommer plutôt ministre de l'Algérie et des Colonies, par décret du 24 juin 1858 [104].

Le prince Napoléon mena une politique avancée, consistant à faire entrer progressivement l'Algérie dans le droit commun, avec l'espoir d'assimiler rapidement la population arabe. Cependant, il fut rapidement absorbé par les affaires italiennes et confronté à l'hostilité de ses collègues du gouvernement. Dès le mois de décembre 1858, il ne fut plus qu'un ministre par intermittences et finit par donner sa démission le 5 mars 1859 [105].

Après un intérim de trois semaines exercé par Rouher, Napoléon III lui donna pour successeur le comte de Chasseloup-Laubat qui avait été ministre de la Marine et des Colonies en 1851, qui avait réglé la question de l'indemnisation des colons à la suite de l'abolition de l'esclavage et qui était l'ami de nombreux Arabes dont Abd el-Kader. Napoléon III l'avait choisi car il le savait aussi sceptique que lui à l'égard de l'assimilation rapide et forcée des Arabes. Avec lui, il entendait mener une politique de « juxtaposition pacifique » des communautés, de recherche de soutien des chefs locaux et d'exploitation économique par de grandes sociétés privées. La justice musulmane fut réorganisée. Les grands travaux commencés sous Randon et poursuivis sous le prince Napoléon reçurent un élan supplémentaire : encouragement à l'irrigation et au drainage [106], extension des opérations du Crédit foncier de France à l'Algérie, modernisation d'Alger, d'Oran, de Bône et de Philippeville, développement du réseau télégraphique intérieur, création d'une compagnie pour construire trois lignes de chemin de fer, vaste programme pour la construction de routes, « premier besoin de la colonisation », de ports et de phares, pour l'assainissement des marais et lagunes et pour la multiplication des forages artésiens [107].

Cependant, le ministre qui cherchait à pratiquer un « subtil jeu d'équilibre [108] » entre les colons, les militaires et les indigènes ne satisfaisait ni les uns, ni les autres. Lorsqu'à l'automne 1859 des incidents éclatèrent sur les confins de l'Ouest, Randon, devenu ministre de la Guerre, grossit les faits et essaya de démontrer à Napoléon III que la politique de Chasseloup-Laubat en était la cause [109]. L'agitation de la Kabylie, quelques mois plus tard, lui apporta des arguments supplémentaires. L'empereur décida alors de se rendre sur place pour prendre la mesure de la situation. Son séjour, le premier d'un chef de l'État français depuis la conquête, ne dura que du 17 au 19 septembre 1860, car la mort de la sœur de l'impératrice obligea le couple impérial à rentrer précipitamment en Europe [110]. Ces trois jours suffirent néanmoins pour confirmer à Napoléon III la mésentente entre les militaires et les fonctionnaires que lui avaient signalée ses conseillers et ses informateurs. Ils renforcèrent aussi ses préventions à l'égard des colons et son estime pour les Arabes, qui lui avaient offert une sublime fantasia de dix mille cavaliers. « Notre premier devoir est de nous occuper du bonheur des trois millions d'Arabes que le sort des armes a fait passer sous notre domination », lança-t-il aux colons aussi médusés qu'irrités [111]. Enfin, ce bref séjour acheva de convaincre le souverain de l'inefficacité d'une administration civile dont les effectifs étaient démesurés par rapport au nombre de colons et dont le coût était supérieur à celui du ministère de l'Intérieur du royaume de Belgique ! Il profita de la réforme libérale et du remaniement gouvernemental qui l'accompagna, le 24 novembre 1860, pour supprimer le ministère [112]. Les colonies firent leur retour au ministère de la Marine dont Chasseloup-Laubat prit la direction. Quant à l'Algérie, elle reçut de nouveau un gouverneur général en la personne du maréchal Pélissier [113]. Cependant, si l'expérience du ministère de l'Algérie et des Colonies avait cessé au bout de trente mois seulement, elle n'avait pas été inutile. Un grand essor économique avait été donné à l'Algérie et elle avait achevé de convaincre Napoléon III de l'intérêt du territoire. Il n'en revint pas moins à un strict régime militaire comme en témoignèrent son décret du 10 décembre 1860, qui faisait de Pélissier un véritable ministre résidant [114], et sa décision de nommer sur place, trois mois plus tard, un conseiller spécial, Ismaïl Urbain, saint-simonien converti à l'islam, qui serait ses yeux et ses oreilles, défendrait les Arabes et s'assurerait de l'application de ses décisions. L'Algérie était appelée à devenir la pièce maîtresse de sa grande politique méditerranéenne.

Bismarck assura que Napoléon III lui avait affirmé, en 1857, vouloir faire de la Méditerranée un « lac français ». Que cette assertion fût vraie ou fausse, elle traduisait parfaitement l'importance que le souverain français assignait à cette mer. À l'ouest de l'Algérie, il cherchait alors à créer une Union ibérique alliée à son Empire [115]. À l'est, il s'apprêtait à soutenir un projet ambitieux qui n'était pas sans rappeler l'un de ses grands rêves de Ham. L'idée d'un canal reliant la Méditerranée à la mer Rouge venait de l'Antiquité. Une voie d'eau avait été ouverte par les derniers pharaons puis avait été abandonnée pendant mille cinq cents ans. Pendant son expédition d'Égypte, Bonaparte en avait visité les vestiges et avait songé à la rouvrir. Rappelé en France, il avait fini par y renoncer. Les saint-simoniens à leur tour s'étaient intéressés à la question.

En octobre 1833, Enfantin et plusieurs disciples s'étaient rendus sur place. Treize ans plus tard, des Français, des Anglais et des Allemands avaient même créé une société d'études pour le canal de Suez. Mais ce fut sous le second Empire que Ferdinand de Lesseps donna vie à ce projet, à force de courage et de persévérance et grâce à l'appui de Napoléon III dont l'aide fut plusieurs fois déterminante [116]. Avant de devenir le négociateur du chef de l'État à Rome, en 1849, Lesseps avait été consul au Caire et avait pris connaissance des différents projets de canal. Il vit tout de suite l'intérêt d'ouvrir une route vers l'Asie beaucoup plus courte que celle du Cap, mais il fut rapidement appelé à d'autres postes diplomatiques. Au début du second Empire, il vivait retiré dans l'Indre et pensait que son rêve de jeunesse ne se réaliserait pas avant longtemps, lorsqu'une chance unique se présenta. Son ami Mohammed Saïd devint vice-roi d'Égypte. Il s'embarqua aussitôt pour Alexandrie et obtint, le 30 novembre 1854, « le pouvoir de constituer et de diriger une compagnie universelle pour le percement de l'isthme de Suez et l'exploitation d'un canal entre les deux mers ». Cependant, il fallait l'accord du sultan ottoman, suzerain du pays. Ce dernier refusa de souscrire au projet que Lesseps était venu lui présenter en février 1855. Il y avait été vivement encouragé par les Britanniques et en particulier par lord Stratford de Redcliffe, ambassadeur auprès de la Sublime Porte, et par lord Palmerston, secrétaire d'État aux Affaires étrangères, inquiets de voir les Français s'implanter dans la région et menacer la route des Indes.

Par l'intermédiaire de sa cousine, l'impératrice, Lesseps s'ouvrit de son projet à Napoléon III qui fut intéressé. N'avait-il pas essayé lui-même de promouvoir le canal du Nicaragua dix ans plus tôt ? Cependant, il hésitait à s'engager, car il craignait de froisser ses alliés britanniques. Lors de l'audience qu'il accorda à Lesseps, à l'été 1855, il se contenta de lui dire : « Lorsque vous serez très fort, tout le monde vous soutiendra, moi le premier » et de l'envoyer prêcher sa cause à Londres [117]. Le gouvernement britannique continua à se montrer hostile au projet. En revanche, l'infatigable apôtre du canal obtint, le 5 janvier 1856, un firman de Mohammed Saïd qui confirmait la concession et donnait sa charte à l'entreprise. En juin 1857, il fit une tournée de vingt *meetings* à travers la Grande-Bretagne et obtint un grand succès populaire. En novembre 1858, il lança donc une émission publique pour récolter des fonds qui lui permit de recueillir près de cent millions de francs, pour près de moitié, il est vrai, en France. Dès le mois suivant, il créa la Compagnie universelle du canal maritime de Suez dont il prit la présidence.

Un premier coup de pioche symbolique fut donné le 25 avril 1859, mais devant l'opposition persistante des Britanniques et des Turcs et la neutralité française, le vice-roi hésitait maintenant à poursuivre l'entreprise. Lesseps obtint une nouvelle audience de Napoléon III qui accepta enfin de patronner l'entreprise. Par l'intermédiaire de l'ambassadeur de France à Constantinople, Thouvenel, il réussit à faire reculer le sultan. À défaut d'approuver le projet, celui-ci ne ferait plus pression sur Mohammed Saïd pour qu'il l'abandonnât. Dès lors, l'ouvrage avança vite. Le gouvernement égyptien mit plusieurs milliers de fellahs à disposition de Lesseps. En novembre 1862, un premier tronçon de 76 kilomètres fut achevé. Les eaux de la Méditerranée se jetaient dans le lac Timsah. Il ne restait plus que la moitié du canal à construire.

Achevé, ce canal permettrait d'ouvrir encore davantage la France sur le monde. Outre l'Algérie, Napoléon III avait hérité d'un petit empire colonial qui se composait de la Martinique, de la Guadeloupe, de la Guyane française, de la Réunion, des comptoirs de l'Inde, de Saint-Pierre-et-Miquelon, de Sainte-Marie, de Mayotte et de ses dépendances et de quelques îles polynésiennes. S'il n'avait en matière coloniale ni programme, ni vision d'ensemble, il n'en fut pas moins actif. Il s'attacha tout d'abord à donner un cadre plus précis à l'empire. Ce fut l'objet du sénatus-consulte du 3 mai 1854 qui instaura un comité consultatif des colonies. Il rapprocha aussi le statut des vieilles colonies des Antilles de celui de la métropole, même si celles-ci avaient perdu le droit, deux ans plus tôt, d'élire des députés. La création du ministère de l'Algérie et des Colonies témoigna aussi de l'intérêt de l'empereur pour les possessions d'outre-mer.

À la suite du grand rapport de Chasseloup-Laubat du 25 février 1860, il affecta des sommes importantes pour développer les ports coloniaux [118]. De fait, la marine de guerre dont la France était en train de se doter [119] nécessitait des points d'appui pour faire relâche et se ravitailler en charbon, car elle comprenait de plus en plus de navires à vapeur dont les canonnières qui permettaient de remonter le cours des fleuves et de s'implanter à l'intérieur des terres. En septembre 1853, une escadre française prit possession de la Nouvelle-Calédonie. Quelques mois plus tard, le Sénégal qui végétait autour du port de Saint-Louis reçut un gouverneur jeune et dynamique, Faidherbe. Celui-ci étendit rapidement la domination française vers l'intérieur au détriment des Maures et des Toucouleurs, créa l'école des otages pour les fils de chefs ainsi qu'un bataillon de tirailleurs sénégalais, développa la culture de l'arachide souhaitée par les négociants bordelais, fonda le port de Dakar et la Banque du Sénégal, puis essaya d'implanter la culture du coton [120]. En Extrême-Orient aussi, ces années furent capitales.

À la suite de l'assassinat de missionnaires français et d'un évêque espagnol en Indochine, Napoléon III décida une expédition franco-espagnole sous l'amiral Rigault de Genouilly. La prise de Saigon, en février 1859, marqua le début de l'implantation française dans la péninsule indochinoise. La Cochinchine orientale fut rapidement contrôlée, puis le Cambodge passa sous protectorat français en 1863. La Cochinchine occidentale fut occupée à son tour en 1867 et l'influence française s'étendit bientôt aux petits royaumes du Laos. Avec les projets de percement de l'isthme de Suez, il devenait par ailleurs capital de disposer d'une base navale au débouché de la mer Rouge. En 1859, le gouvernement impérial entama des négociations avec les princes locaux qui aboutirent trois ans plus tard à l'acquisition d'Obock. L'implantation française à Madagascar et aux Comores se consolida aussi. L'empire colonial français qui représentait moins de 300 000 kilomètres carrés en 1851 dépassa le million de kilomètres carrés en 1870. En outre, comme Napoléon III en avait exprimé le désir dès sa captivité de Ham, le pays se dota d'agences consulaires aux Amériques. Celles de Québec et de Sydney ouvrirent sous sa présidence, en 1850. D'autres suivirent à Terre-Neuve et à Halifax en 1854 ou encore au Nouveau-Brunswick en 1856. Il s'agissait de renforcer la présence diplomatique de la France, mais aussi sa présence commerciale [121].

Napoléon III qui voyait dans le développement du commerce international un moyen de pacifier les relations entre les peuples estimait aussi que la France devait y occuper une place centrale. Il incita le capitalisme français à investir à l'étranger et il lui en donna les moyens. Les grandes lignes françaises de chemins de fer furent reliées aux réseaux existants en Belgique, en Allemagne et en Italie. En août 1857, l'empereur et Victor-Emmanuel II inaugurèrent ainsi les travaux du tunnel du Mont-Cenis, à travers les Alpes. Quand les lignes n'existaient pas encore comme en Espagne, les hommes d'affaires français étaient encouragés à agir. En décembre 1858, les Pereire fondèrent la Compagnie des chemins de fer du nord de l'Espagne. Pour les saint-simoniens et Napoléon III, nul obstacle n'était d'ailleurs infranchissable. Reprenant une idée formulée sous le Consulat, l'ingénieur Thomé de Gamond imagina un tunnel ferroviaire sous la Manche que le souverain français et la reine Victoria appuyèrent quelques années plus tard, avant que la chute de l'Empire n'envoyât le projet aux oubliettes [122]. Dès 1850, les deux souverains avaient donné leur accord à la pose d'un câble télégraphique sous-marin entre leurs pays qui entra en fonctionnement l'année suivante. Napoléon III appuya le projet d'un autre câble entre la France et l'Algérie, mais celui-ci ne put être posé en raison des grands fonds méditerranéens. En 1854, il réunit à Paris une conférence dont sortit l'Union télégraphique de l'Europe de l'Ouest qui passa bientôt des accords avec l'Union austro-allemande créée peu de temps auparavant. Dix ans plus tard, il organisa une nouvelle conférence qui permit de constituer l'Union télégraphique internationale [123]. Parallèlement, il développa la marine marchande et la navigation commerciale au long cours, en modernisant les ports de Marseille, de Bordeaux, de Saint-Nazaire, de Brest, du Havre ou encore de Dunkerque. La Compagnie des messageries impériales, anciennement Messageries nationales, multiplia sous son égide les lignes à travers la Méditerranée, puis vers des horizons plus lointains, pendant que les Pereire fondaient de leur côté, en 1854, la Compagnie générale maritime pour les liaisons avec le continent américain. Après une grande consultation auprès des chambres de commerce et des ingénieurs de la marine commencée dès l'année précédente, Napoléon III fit voter en 1857 un projet de loi autorisant son ministre des Finances à subventionner trois lignes transatlantiques au départ du Havre, de Saint-Nazaire et de Bordeaux [124]. Le développement du commerce en métropole, aux colonies et à travers le monde passait aussi par la libéralisation des échanges, réclamée de longue date par les saint-simoniens. D'abord hésitant, Napoléon III finit par s'y convertir, car elle s'inscrivait dans sa politique générale des années 1860-1861.

CHAPITRE XII

LE PROMOTEUR DE LA LIBÉRALISATION DE L'EMPIRE

« [Nous] voul [ons] donner aux grands corps de l'État une participation plus directe à la politique générale de notre Gouvernement et un témoignage éclatant de notre confiance*. »

« Êtes-vous révolutionnaires, êtes-vous conservateurs, ou bien resterez-vous simples spectateurs du combat** ? »

Le traité commercial franco-britannique

De l'été 1859 à l'hiver 1861, les deux mots que Napoléon III employa avec le plus de constance furent ceux de « liberté » et de « paix ». Il les appliqua successivement à tous les domaines, mais d'abord à l'économie. Dans la lettre qu'il adressa à son ministre d'État, Fould, le 5 janvier 1860 et qui fut rapidement surnommée le « programme de la paix », il affirmait vouloir « inaugurer [...] une nouvelle ère de paix », entre autres, par la liberté commerciale [1]. Une intensification des échanges commerciaux entre les peuples ne pouvait qu'amener une pacification des relations internationales et un enrichissement général. « Plus un pays est riche et prospère, écrivait-il quelques semaines plus tard, plus il contribue à la richesse et à la prospérité des autres [2]. »

---

* Décret impérial du 24 novembre 1860.

** Le député Émile Keller s'adressant à Napoléon III et à son gouvernement à propos des affaires italiennes, le 13 mars 1861.

En France, le protectionnisme était une tradition ancienne, puisque Colbert en avait déjà fait une doctrine officielle sous le règne de Louis XIV. En s'intéressant à la question des sucres, durant son emprisonnement à Ham, Louis-Napoléon avait lui-même défendu l'idée d'un protectionnisme modéré et progressiste [3], mais son séjour à Londres entre 1846 et 1848, au moment précis où les Britanniques venaient d'abroger les principales taxes à l'importation des céréales et autres produits de première nécessité, avait ébranlé ses convictions. En France, les économistes libéraux disciples de Jean-Baptiste Say, comme Frédéric Bastiat et Adolphe Blanqui, mais aussi les saint-simoniens, tel Michel Chevalier, défendaient le libre-échange. Selon eux, ce dernier devait permettre l'accroissement notable des échanges et, par contrecoup, l'augmentation de la production et la prospérité économique. La concurrence stimulerait l'industrie française encline à la routine, en la forçant à améliorer la qualité de ses produits. Surtout, les prix chuteraient, ce qui rendrait la vie plus facile pour les classes laborieuses. Même s'il n'avait pas encore arrêté une philosophie définitive en matière commerciale [4], le chef de l'État fut sensible à tous ces arguments et entendait bien, en tout cas, mettre un terme aux prohibitions absolues. Il savait aussi qu'en réduisant le coût de la vie, il pourrait peut-être détacher les couches populaires des tentations révolutionnaires. Il entendit se donner les moyens d'agir dès qu'il en eut la possibilité. La Constitution du 14 janvier 1852 lui attribua le droit de conclure des traités de commerce. Le sénatus-consulte du 25 décembre suivant lui accorda la faculté de modifier les tarifs stipulés par les traités.

En décembre 1853, il décida d'abaisser les droits sur l'entrée du fer et du charbon, pour répondre à la forte demande des chemins de fer. Le système de l'échelle mobile qui visait à adapter les droits sur les grains, lors des périodes de disette ou d'abondance, qui fonctionnait toujours avec un temps de retard et qui se révélait souvent contre-productif, fut suspendu la même année, dans l'attente d'une meilleure solution. En février 1855, il nomma Rouher, qui était libre-échangiste, au ministère de l'Agriculture, du Commerce et des Travaux publics. La guerre de Crimée battait son plein et Napoléon III voulait procéder à de nouvelles modifications, tant pour renforcer l'amitié franco-britannique que pour stimuler l'activité économique. L'Exposition universelle de 1855 montra les réussites brillantes de l'industrie française et laissa espérer que celle-ci serait en mesure de rivaliser avec son homologue britannique. À l'ouverture du congrès de Paris, l'empereur dit à lord Clarendon, chef du *Foreign Office* : « Je sais que vous êtes libre-échangiste. Eh bien, je suis heureux de vous annoncer que notre Conseil d'État achève l'élaboration d'un projet qui répondra à vos tendances[5]. » Il tint parole.

En juin 1856, un projet visant à remplacer la prohibition d'entrée sur les produits textiles par des droits fut déposé. Cependant, devant la mobilisation des manufacturiers, l'hostilité d'une grande partie du Conseil d'État et du Corps législatif et les premiers signes d'une crise économique, il fut retiré en octobre. L'empereur reculait, mais, comme toujours, il ne renonçait pas. Il était décidé à attendre le moment propice et à procéder, cette fois, par voie d'autorité.

La plupart des industriels, en particulier les métallurgistes et les filateurs, demeuraient farouchement hostiles à la liberté du commerce. Cependant, celle-ci faisait de nouveaux adeptes car non seulement elle était la seule que Napoléon III laissait prêcher, mais elle finissait par convaincre une grande partie de l'opposition qu'elle pouvait servir de prélude à la liberté politique. Elle disposait d'avocats de talent parmi les saint-simoniens, en particulier Chevalier qui la défendait au Collège de France, au Conseil d'État, dans le *Journal des débats* et au conseil général de l'Hérault dont il exerçait la présidence. Ce département comme la plupart des départements viticoles, les grands ports, la soierie lyonnaise et la haute banque y étaient aussi favorables. Au lendemain de la guerre d'Italie, Chevalier rédigea un projet de traité commercial entre la France et la Grande-Bretagne qu'il soumit à l'industriel britannique Richard Cobden, chef de l'École libre-échangiste de Manchester[6]. L'Anglais s'y rallia d'enthousiasme. Sous le prétexte d'aller présider un congrès international des poids et mesures à Londres, Chevalier traversa la Manche et obtint, le 15 octobre 1859, une audience du chancelier de l'Échiquier, Gladstone, lui-même partisan du libre-échange. « Je crois, lui dit-il, que le moment est venu. Je n'ai aucune mission de l'empereur ; il ignore que je suis en Angleterre. J'ai des raisons de penser qu'il accepterait la proposition d'un traité de commerce. » Ce récit pourrait faire croire que Chevalier joua, en la circonstance, le rôle déterminant, Napoléon III un rôle second et tous ses autres ministres et conseillers un rôle négligeable[7]. Or, le souverain, prévenu ou non de la démarche de l'économiste, était lui-même déjà convaincu de la nécessité d'un tel traité. Voilà pourquoi lui qui était si attaché à ses prérogatives ne lui adressa jamais aucun reproche. En fait, il cherchait alors à regagner la confiance de la Grande-Bretagne, très irritée par le lancement de sa flotte cuirassée ainsi que par sa politique en Indochine, dans les principautés danubiennes et plus encore en Italie. Dès l'été 1859, Persigny qui était alors ambassadeur à Londres lui avait suggéré un traité avec l'Angleterre et un « programme de la paix », pour rassurer les Britanniques. L'empereur avait été séduit par l'idée et si le désir d'amadouer le voisin d'outre-Manche ne fut évidemment pas la seule cause du traité de commerce, contrairement à ce que prétendirent ses détracteurs, il ne fait aucun doute qu'il joua un rôle[8]. Il avait demandé à son ambassadeur d'entamer, de concert avec Rouher, des négociations avec le cabinet britannique[9]. En outre, il avait commencé à discuter avec plusieurs autres saint-simoniens, dont Arlès-Dufour, de mesures destinées à libéraliser le commerce, car l'emprunt de la guerre d'Italie et les dépenses dues aux nouvelles lignes de chemin de fer risquaient de provoquer une importante hausse du loyer de l'argent et d'entraver la croissance. Au cours d'un conseil des ministres tenu à Saint-Cloud, le 19 octobre, il fit même état d'un mémoire bardé de chiffres des Pereire, libre-échangistes eux aussi, qui affirmait que le maintien de l'essor économique passait par le développement du commerce international et qui concluait à la nécessité d'une réforme douanière. La coïncidence n'était évidemment pas fortuite. Après avoir consulté, dès son retour à Paris, Fould et les deux principaux ministres libre-échangistes, Rouher et Baroche, Chevalier obtint d'ailleurs immédiatement une entrevue de l'empereur. Lors de celle-ci, le 27 octobre au matin, le souverain approuva sans aucune réserve son projet. L'après-midi, il reçut Cobden. Au manufacturier britannique qui lui rappela opportunément l'inscription gravée au pied de la statue de Robert Peel, le Premier ministre qui avait aboli les *Corn laws*, « Il améliora le sort des classes laborieuses et souffrantes par l'abaissement du prix des denrées de première nécessité », Napoléon III répliqua avec émotion que, de toutes les récompenses, c'était celle qu'il envierait le plus. Il demanda à ses deux visiteurs du jour de se mettre au travail sans tarder et leur recommanda le plus grand secret, en particulier parce que certains de ses ministres dont Billault et Magne étaient hostiles et que des fuites étaient possibles.

Ce fut dans une atmosphère de complot, qui n'était pas sans rappeler la diplomatie secrète que menait le souverain, que le traité fut élaboré [10]. Ne participaient aux discussions que Chevalier et Rouher côté français et Cobden et lord Cowley, l'ambassadeur de Sa Gracieuse Majesté, côté britannique. Les quatre hommes se retrouvaient le soir dans des lieux discrets auxquels ils se rendaient sous des déguisements. Mme Rouher servait elle-même de secrétaire. Des indiscrétions eurent néanmoins lieu du côté britannique. Le *Morning Post* du 12 janvier 1860 fit état de la conclusion imminente du traité. Ce fut la raison pour laquelle Napoléon III décida de faire insérer au *Moniteur* du 15 la lettre qu'il avait adressée, dix jours plus tôt, à Fould. Elle confirmait « la substitution de droits protecteurs au système prohibitif », tout en annonçant un vaste programme économique destiné à donner à la France les moyens d'affronter la concurrence [11]. Le traité fut signé le 23 janvier 1860. Il n'instaurait pas le libre-échange, mais constituait une vraie révolution commerciale pour un pays habitué au protectionnisme le plus étroit. Il prévoyait en effet la suppression de toutes les prohibitions et leur remplacement par des droits modérés n'excédant pas 30 % de la valeur, plafond abaissé sous cinq ans à 25 %. L'accord valable pour dix ans était renouvelable. En outre, s'appliquerait la clause de la nation la plus favorisée, en d'autres termes, chacun des deux contractants ferait bénéficier l'autre des concessions qu'il pourrait accorder à un tierce pays. Napoléon III récompensa les deux principaux auteurs français du traité. Rouher fut promu grand-croix de la Légion d'honneur deux jours après la signature et Chevalier entra au Sénat le 14 mars suivant [12].

Le traité du 23 janvier fit l'effet d'un coup de tonnerre, alors que Napoléon III avait pourtant annoncé, lors du retrait du projet de 1856, que le régime douanier serait libéralisé sous cinq ans [13]. Même s'il était prévu des prêts pour que l'industrie française pût soutenir la concurrence britannique, les patrons et les ouvriers se mobilisèrent, en particulier en Normandie et dans le Nord. Quatre cents industriels de Lille, de Roubaix, de Rouen ou encore d'Elbeuf, vinrent par trains spéciaux solliciter une audience de l'empereur, qui la leur refusa. Napoléon III lâcha cependant du lest sur les modalités d'application du traité et sur le détail des droits qui s'appliqueraient désormais. Il autorisa Rouher à lancer une grande enquête qui permit à plus d'un millier d'industriels de s'exprimer.

Par ailleurs, si le Corps législatif n'avait pas été consulté sur le traité lui-même à la grande irritation de certains élus de la majorité qui n'hésitaient pas à le qualifier de « coup d'État économique », le souverain, qui n'avait pourtant fait qu'user de ses prérogatives, décida d'associer les députés aux mesures d'accompagnement. En avril, le filateur normand Pouyer-Quertier fut élu rapporteur du projet sur le dégrèvement des laines et des cotons bruts, fit de son rapport le manifeste du parti protectionniste et fut vivement applaudi. Si le projet fut finalement voté à une très large majorité, il montrait le réveil de plus en plus marqué de l'esprit de contrôle de la Chambre. Les droits sur les textiles furent très modérés. Ceux sur la métallurgie furent généralement diminués des deux tiers et ceux sur le charbon de moitié. Cependant, cette réduction s'accompagna d'un crédit de quarante millions de francs destiné à financer des prêts à 5 % remboursables en vingt ans pour les industriels désireux de renouveler leur matériel pour pouvoir soutenir la concurrence britannique. En outre, les vins et alcools français pouvaient désormais entrer sur le sol britannique avec des droits très réduits, et la plupart des articles de luxe, les articles de mode et les soieries en franchise.

L'opposition au traité ne désarma pas lors des sessions suivantes. En effet, le mouvement de libéralisation se poursuivit, alors que la dégradation de la conjoncture semblait donner raison aux oiseaux de mauvais augure. En raison de l'effet de contagion de la clause de la nation la plus favorisée, des traités du même genre furent ainsi signés au cours des années suivantes avec la plupart des États européens : la Belgique et l'Empire ottoman dès 1861, la Prusse en 1862, l'Italie en 1863… Un décret du 11 février 1860 permit à la plupart des produits algériens d'entrer sur le marché métropolitain. En mars suivant, deux nouveaux décrets étendirent le traité franco-britannique à l'Algérie et permirent aux pays étrangers de commercer avec elle par le port de Collo. Un quatrième du 25 juin 1860 ouvrit la frontière sud de l'Algérie aux produits du Sahara et du Soudan. La loi du 31 juillet 1861 abrogea le système de l'exclusif. Le pacte colonial qui interdisait aux colonies de commercer avec d'autres puissances que la métropole prenait fin [14]. Une loi du 15 juin 1861 remplaça l'échelle mobile par un droit faible et uniforme sur les grains. La taxe sur le pain fut supprimée et un décret de juin 1863 établit la liberté de la boulangerie, non sans hésitations de la part de Napoléon III qui craignait un renchérissement du prix du pain, base de l'alimentation populaire. Par ailleurs, la guerre de Sécession, en supprimant les arrivages de coton, plongea l'industrie textile dans la crise. Si la politique de libéralisation des échanges fut sans doute bénéfique à long terme, car elle permit de moderniser l'industrie, de développer le commerce et de dégager des excédents croissants des capitaux placés à l'étranger sans pour autant renchérir le coût de la vie, elle ne pouvait être analysée facilement par les contemporains, car ses effets variaient selon les secteurs et selon les moments. Elle fut une source constante de mécontentement à laquelle s'en ajoutait une autre.

Le libérateur de l'Italie malgré lui

Après la victoire contre l'Autriche, l'agitation n'était pas retombée en Italie [15]. Toute la partie centrale de la péninsule, soulevée contre ses princes, réclamait maintenant son rattachement au Piémont, à l'instigation des agents de Turin et des patriotes de la Société nationale. Cavour qui avait démissionné et s'était retiré sur ses terres ne restait pas lui-même inactif. Napoléon III avait tenté de prévenir le mouvement. Dès le 14 juillet 1859, il avait écrit au pape pour lui proposer d'accorder aux Légations et aux Marches une administration séparée et un gouvernement laïque et de prendre la tête de la Confédération italienne, mais il s'était heurté à un refus et à des critiques [16]. Il regrettait de n'avoir pu tenir ses engagements de Plombières et ne désespérait pas d'y parvenir dans un avenir proche, y compris au détriment de l'accord de Villafranca, mais ce n'était pas aux Piémontais d'en décider, ni de remodeler la carte de l'Italie à leur unique avantage. Cependant, il n'entendait pas reprendre les armes de sitôt. Un congrès se profilait d'ailleurs à l'horizon [17]. Devant son ami de jeunesse, le comte Arese que Victor-Emmanuel lui avait envoyé, début août 1859, pour le sonder sur ses intentions, il se borna à donner des conseils. Il consentait à l'annexion du duché de Parme par le Piémont, au prix d'un échange pour sa duchesse avec la principauté de Modène dont le souverain était fort impopulaire, mais ce deuxième duché devait, selon lui, rester indépendant, de même que la Toscane dont le passé était glorieux. Quant à la Romagne, elle devait être laissée au pape. « Entre les deux avis diamétralement opposés de défendre ou de permettre, l'Empereur en adopta donc un troisième : déconseiller sans interdire [18]. » Mais son langage variait selon ses interlocuteurs. Dans sa correspondance avec son ambassadeur à Londres, Persigny, il affirmait clairement vouloir que les Autrichiens fussent chassés d'Italie : « Je me consolerai facilement de voir que mes conseils ne sont pas suivis et je serai très heureux que l'Angleterre m'aidât pour le développement des bases de la paix qui, je le répète, n'a été conclue que dans un seul but, l'anéantissement de l'influence autrichienne en Italie[19]. » Il essayait parallèlement de négocier avec François-Joseph l'autonomie de la Vénétie contre la restauration des princes, tout en soulignant que les souhaits des Italiens ne pouvaient être totalement ignorés : « Votre Majesté ne reconnaît qu'un droit, celui des souverains ; moi, d'après mon origine, je ne puis méconnaître les vœux légitimes des populations[20]. » Avec le tsar, il s'efforçait de ménager la duchesse de Parme, protégée de la Russie[21].

Lorsque les assemblées constituantes élues dans les principautés votèrent leur annexion au Piémont, Napoléon III s'en tint à ce qu'il avait dit à Arese, dans la note qu'il fit insérer dans le *Moniteur* du 9 septembre[22], lors de l'audience qu'il accorda aux délégués des principautés le 16 octobre, puis dans la lettre qu'il envoya à Victor-Emmanuel quatre jours plus tard. Si le roi admettait publiquement qu'il ne pouvait accepter le vœu des assemblées sans l'assentiment de la France et de l'Autriche, des agents piémontais encourageaient celles-ci à passer outre. L'Angleterre qui était indifférente à l'égard du pape et qui connaissait les hésitations de Napoléon III soutenait le mouvement. Le 7 novembre, les assemblées choisirent pour régent commun le prince de Carignan, cousin du roi. Deux jours plus tard, Napoléon III télégraphia à Victor-Emmanuel pour lui dire qu'il ne pouvait accepter cette décision. Cependant, il ne s'opposa pas au fait accompli. Le même jour, il avoua à l'ambassadeur d'Autriche : « Mon idée fut grande et belle, mes intentions pures et désintéressées. En envahissant le Piémont vous m'aviez offert un bon prétexte de réaliser un des désirs de ma vie : rendre l'Italie à elle-même. Je croyais avoir réussi à Villafranca ; maintenant je vois que les difficultés se sont accrues et je suis au bout de mes ressources[23]. » De fait, aucune des stipulations de Villafranca ne fut respectée par la paix de Zurich du 10 novembre 1859. Il y eut pire. Le traité de paix lui-même était déjà caduc avant d'avoir pu entrer en vigueur.

Napoléon III n'avait pas abandonné l'idée de son congrès international pour créer l'Italie confédérale et le ministre des

Affaires étrangères, Walewski, lança même les invitations fin novembre. Il apparut vite que les grandes puissances étaient réticentes. L'empereur inspira alors une nouvelle brochure à La Guéronnière, *Le Pape et le Congrès*, qui parut le 22 décembre. Tout en réaffirmant que la question italienne ne se réglerait que par un congrès, l'auteur et son inspirateur invitaient Pie IX à renoncer à ses États, sauf Rome et sa campagne. Une formule lapidaire résumait l'ouvrage : « Plus le territoire sera petit, plus le souverain sera grand. »

Le Pape et le Congrès provoqua un tollé parmi les catholiques de France et fit rapidement le tour de l'Europe. Partout l'impression fut la même : Napoléon III avait décidé d'aller dans le sens souhaité par le Piémont. En recevant les officiers du corps français qui protégeait Rome depuis 1849, à l'occasion du nouvel an, Pie IX qualifia l'opuscule de La Guéronnière de « monument insigne d'hypocrisie » et de « tissu ignoble de contradictions » et feignit de croire que l'empereur pouvait encore le condamner. Il recevait peu après la lettre que l'empereur lui avait écrite la veille pour l'inviter à faire le sacrifice des Romagnes contre la garantie de tous ses autres États[24]. Cette lettre que Napoléon III fit publier dans le *Moniteur* du 11 janvier 1860 allait moins loin que la brochure, mais infléchissait son discours officiel[25]. Le 4, il changeait d'ailleurs de ministre des Affaires étrangères. L'italianissime Thouvenel remplaçait le catholique Walewski. Le pape écrivit le 8 au souverain pour refuser sa proposition, critiqua le 19 son attitude dans une encyclique et le qualifia peu après de « fourbe » et de « traître » dans une allocution publique. De son côté, Napoléon III renonça définitivement au congrès, commença à négocier avec Cavour, revenu aux affaires le 20, par l'intermédiaire d'Arese et du chevalier Nigra, interdit *L'Univers* de Veuillot qui avait publié le texte de l'encyclique, fit pleuvoir une pluie d'avertissements sur la presse favorable au Saint-Siège et laissa les journaux anticléricaux se déchaîner. La rupture avec les catholiques ultramontains semblait consommée.

Au cours des semaines suivantes, l'empereur essaya encore de faire reculer le Piémont au sujet de la Toscane, mais il n'y parvint pas. Il fit alors de la cession de Nice et de la Savoie la condition *sine qua non* de son acceptation. En ouvrant la session législative, le 1er mars 1860, il fit l'aveu des inquiétudes suscitées par la paix. « Les difficultés touchent, je l'espère, à leur terme », ajouta-t-il avec plus d'optimisme que de réelle confiance [26]. Comme l'avait suggéré l'Angleterre au Piémont, des plébiscites seraient organisés dans les territoires appelés à changer de souveraineté. Napoléon III ne pouvait guère s'opposer à une idée qui reposait sur deux grands principes de sa doctrine : le suffrage universel et le droit des peuples à disposer d'eux-mêmes. Son ralliement à ce principe constitua l'une des grandes révolutions du droit international. Le 12 mars, Modène, Parme et la Romagne qui s'étaient fédérées en une province d'Émilie votèrent leur rattachement au Piémont par un vote presque unanime. La Toscane fit de même, avec moins de 4 % de suffrages négatifs.

Le cabinet de Londres était en revanche hostile à l'agrandissement de la France. Il appuya la protestation des Suisses, eux-mêmes très remontés. La Confédération alla jusqu'à réclamer la cession du Chablais et du Faucigny, situés au nord de la Savoie, en s'appuyant sur un article de l'acte final du congrès du Vienne qui prévoyait leur neutralisation. Après avoir hésité, l'empereur refusa de céder, car les Savoyards étaient très hostiles [27]. Le gouvernement britannique qui avait poussé au remaniement de la carte de l'Italie et qui avait créé sur le flanc de la France un puissant État manquait d'arguments. Il n'en demeurait pas moins que « les Anglais n'eussent pas été plus exaspérés si on leur eût annoncé le blocus de la Tamise [28] ».

Le 24 mars, le Piémont signa le traité de cession de la Savoie et du comté de Nice. Il fallait s'attendre à des scrutins proches de ceux que venaient de connaître l'Italie. Le comté de Nice se rattachait pas sa culture et sa population au moins autant à la France qu'à l'Italie. Quant à la Savoie, elle parlait français, se trouvait en-deçà des Alpes, s'était toujours considérée comme le parent pauvre du Piémont et, très catholique, avait été choquée par la politique de sécularisation des biens d'Église menée par Cavour. Le 15 avril, 99,3 % des votants du comté de Nice se prononcèrent en faveur du rattachement à la France. Le résultat dépassa toutes les attentes, même si la plus grande partie des abstentionnistes qui furent près de 8,5 % n'étaient sans doute pas favorables [29]. En Savoie, une semaine plus tard, le triomphe annoncé eut bien lieu. Le « oui » recueillit plus de 99,7 % des suffrages exprimés qui étaient eux-mêmes très représentatifs puisque près de 97 % des électeurs avaient voté [30]. Les deux provinces formèrent bientôt trois départements. Le comté de Nice grossi d'une partie du Var constitua le département des Alpes-Maritimes, pendant que la province de Savoie, plus étendue, fut divisée entre les départements de Savoie et de Haute-Savoie, ce qui permit de satisfaire Annecy, érigée au rang de préfecture, à côté de la capitale historique, Chambéry. Napoléon III put se vanter d'avoir donné 668 000 habitants à la France sans livrer bataille.

Le souverain pouvait se croire sorti des difficultés italiennes la tête haute. Il envisageait même de se désengager des affaires de la péninsule en rapatriant le corps expéditionnaire chargé de protéger Rome. En effet, le pape était en train d'organiser une armée de zouaves pontificaux, dirigée par un ancien proscrit du 2 Décembre, le général Lamoricière, composée de volontaires venus des divers pays catholiques et financée grâce à un emprunt et une œuvre chargée de collecter les dons, le denier de Saint-Pierre, que l'empereur avait autorisés. Cependant, de nouvelles difficultés surgirent.

Début avril 1860, le jeune roi des Deux-Siciles, François II, fut confronté à une insurrection à Palerme que son armée parvint à réprimer sans grande difficulté, mais l'agitation se poursuivit les jours suivants dans la campagne sicilienne. Cavour décida de profiter de la situation. Il parvint à convaincre Garibaldi qui était sur le point d'embarquer à Gênes pour aller perturber le plébiscite de Nice, sa patrie, d'intervenir en Sicile. Avec l'argent du Piémont, le général républicain leva un millier de volontaires, les « Mille », dont les chemises rouges allaient entrer dans la légende en quelques jours.

Débarqués le 11 mai à Marsala, les garibaldiens prirent Palerme une semaine plus tard avec le soutien de la population. Les villes de Sicile tombaient les unes après les autres et les rangs des « chemises rouges » grossissaient de jour en jour. Napoléon III suivait tous ces développements d'un œil inquiet. Il avait ajourné son projet de rappel du corps expéditionnaire de Rome. À François II qui le suppliait de l'aider, il écrivit le 4 juin qu'il n'entendait renoncer au principe de la non-intervention que contre des concessions substantielles[31]. Huit jours plus tard, il se fit plus précis devant les deux émissaires que le roi lui avait envoyés. Il subordonnait son appui à une organisation autonome de la Sicile, à l'établissement d'un régime constitutionnel dans le royaume et à une entente préalable avec le Piémont. « Cavour est homme de sens ; il sent les périls de la révolution, ne veut procéder que progressivement : entendez-vous avec lui[32]. » François II suivit ses conseils, mais ne rencontra que du dédain à Turin. Napoléon III proposa aux Anglais une démonstration navale commune pour interdire aux garibaldiens, qui venaient de s'emparer de Messine, le franchissement du détroit et endiguer ainsi la contagion révolutionnaire. Londres refusa et l'empereur eut alors beau jeu de dégager sa responsabilité. Le 25 juillet, il écrivit à Persigny une lettre destinée à être rendue publique et dont une phrase fit le tour de l'Europe : « Je désire que l'Italie se pacifie, n'importe comment, mais sans intervention étrangère[33]. » C'était affirmer haut et fort le principe de la non-intervention qui guidait désormais sa politique italienne. Le 20 août, les garibaldiens franchirent le détroit. Ce fut le signal d'un soulèvement général de la Calabre, alors que les troupes napolitaines se débandaient ou désertaient. Garibaldi marchait maintenant sur Naples. On lui prêtait même le dessein de poursuivre jusqu'à Rome et peut-être Venise. Cavour avait joué un jeu dangereux. Certes, Garibaldi s'était proclamé dictateur au nom de Victor-Emmanuel, mais serait-il loyal ? Ne proclamerait-il pas la république ? Surtout, les grandes puissances et en particulier la France resteraient-elles longtemps inactives, malgré les affirmations de Napoléon III ? Si Garibaldi mettait à exécution sa menace d'attaquer Rome, le heurt avec la garnison française n'était-il pas inéluctable ? Les succès obtenus par le Piémont ne seraient-ils pas remis en cause ? Cavour décida d'agir sans tarder en adoptant la seule solution possible à ses yeux : envoyer son roi à Naples pour qu'il prît la tête du mouvement national en passant par les États du pape. Tout était conditionné par l'accord de Napoléon III.

Alors qu'il visitait triomphalement la Savoie, vivant quelques-unes des heures les plus heureuses de son règne[34], l'empereur reçut, le 28 août 1860 à Chambéry, deux émissaires de Cavour, le ministre de l'Intérieur Farini et le général Cialdini. Toujours inquiet d'une contagion révolutionnaire et confiant dans la bonne foi du président du Conseil piémontais, il donna son accord pour une intervention du Piémont, même s'il ne dit peut-être pas à Farini et à Cialdini « Faites, mais faites vite », comme ils le prétendirent ensuite[35].

Le temps pressait. Le 7 septembre, Garibaldi entra triomphalement à Naples, pendant que François II se réfugiait dans la place forte de Gaète avec les troupes qui lui étaient restées fidèles. Sous prétexte de réduire une insurrection dans les États pontificaux, le général Fanti passa la frontière à la tête d'une armée de

35 000 hommes et écrasa à Castelfidardo, le 18 septembre, Lamoricière et ses 15 000 zouaves pontificaux. Au vrai, il ne s'agissait que d'une escarmouche qui fit moins de cent cinquante morts. Mais le choc fut immense, en particulier en France où les catholiques reprochèrent à Napoléon III son inertie, d'autant plus qu'après la prise d'Ancône, le 29 septembre, les Marches et l'Ombrie pontificales étaient totalement occupées par les Piémontais.

Victor-Emmanuel prit alors le commandement de son armée et entra dans le royaume des Deux-Siciles. Garibaldi vint se ranger sous sa bannière et les deux hommes firent leur entrée dans Naples le 7 novembre 1860. Les Piémontais avaient déjà commencé le siège de Gaète. Napoléon III procura alors une demi-assistance à François II, en envoyant sur place l'escadre française de la Méditerranée, de façon à empêcher le blocus complet de la place[36]. Il ne pouvait en faire plus car il ne souhaitait par irriter les Britanniques[37]. Des plébiscites avaient déjà ratifié les nouvelles annexions du royaume des Deux-Siciles, des Marches et de l'Ombrie. En dix-huit mois, le petit Piémont qui ne comptait que cinq millions d'habitants était devenu l'un des royaumes les plus peuplés d'Europe avec vingt-deux millions d'âmes. S'il n'avait pas envisagé, ni même voulu, cet enchaînement incroyable de bonnes fortunes pour son allié d'hier, Napoléon III l'avait cautionné. Non seulement il n'en tirait aucun profit, mais il lui aliénait les catholiques.

Les expéditions lointaines

Trois expéditions outre-mer offrirent au souverain la possibilité de se rapprocher à la fois des Britanniques et des catholiques, que les affaires italiennes venaient d'éloigner de lui[38]. La première fut celle de Chine[39].

L'Empire du Milieu s'était révolté contre la pénétration européenne, lors des guerres de l'Opium entre 1839 et 1842. Vaincu, il avait dû accepter des traités, mais avait refusé de les appliquer car il les jugeait humiliants. En pleine révolte des Taiping, des missionnaires avaient été massacrés, des navires saisis et des factoreries brûlées. L'Angleterre qui possédait des intérêts très importants en Chine, en particulier à Hongkong, à Canton et à Shanghai, avait été la plus touchée et avait décidé d'intervenir. La France, plus modestement implantée, n'avait pas voulu la laisser agir seule. L'un de ses ressortissants, l'abbé Chappedelaine, avait d'ailleurs été égorgé et quelques-unes de ses factoreries avaient aussi été détruites. Une flotte franco-britannique avait bombardé Canton en décembre 1857, puis elle avait remonté le cours du Pei-ho jusqu'à quelques dizaines de kilomètres de Pékin. Les Chinois avaient alors accepté de signer les traités de T'ien-tsin des 26 et 28 juin 1858. Cependant, ils ne les avaient pas plus respectés que les précédents. Le 25 juin 1859, lendemain de Solferino, ils avaient infligé de lourdes pertes à l'escadre franco-britannique venue pour faire appliquer les traités de l'année précédente [40]. Napoléon III apprit la nouvelle début septembre, alors qu'il séjournait à Biarritz. Les relations avec l'Angleterre s'était distendues à propos des affaires italiennes et la France possédait maintenant de nouveaux intérêts dans la région depuis la prise de Saigon [41]. L'empereur décida donc de se concerter avec les Britanniques pour examiner le meilleur moyen d'infliger à la Chine « le châtiment de sa perfidie [42] ». Les préparatifs de l'expédition allèrent bon train et un corps expéditionnaire de 8 000 hommes s'embarqua à Toulon en décembre. Il fut rejoint en février suivant par son commandant en chef, le général Cousin-Montauban. Les forces britanniques, venues d'Inde, se composaient pour leur part de 12 000 hommes, sous sir Hope Grant.

Comme deux ans plus tôt, l'objectif était de remonter le cours du Pei-ho jusqu'à T'ien-tsin et de là, si les Chinois se refusaient à traiter, de s'attaquer à Pékin. Après quelques échauffourées, des négociations furent ouvertes. Elles furent vite interrompues devant la mauvaise foi des Chinois. Les alliés reprirent alors leur marche vers Pékin. Le 21 septembre 1860, les Franco-Britanniques dispersèrent plus de 40 000 Chinois armés d'arcs et de vieux fusils à mèche ainsi que la cavalerie tartare, près du village de Palikao [43]. Le palais d'Été, situé à quelques kilomètres de Pékin, fut pris quinze jours plus tard. Le 13 octobre, le corps expéditionnaire fit enfin son entrée dans la capitale. Les Chinois acceptèrent alors de traiter. Ils verseraient une lourde indemnité de guerre, ouvriraient de nouveaux ports aux Européens, garantiraient l'immunité aux ressortissants anglais et français, la liberté du commerce et le libre exercice du christianisme dans l'Empire. Cinq jours plus tard, le palais d'Été fut pillé des fabuleux trésors qui y avaient été entassés depuis des siècles, puis incendié. Même s'il fut condamné par la suite par les gouvernements français et britannique, cet épisode ternit l'expédition. Certaines œuvres d'art partirent d'ailleurs enrichir les collections du château de Fontainebleau.

Au total, Napoléon III pouvait estimer que la campagne avait atteint ses objectifs. Les Chinois avaient été vaincus et avaient signé une convention irrévocable avec les puissances européennes, traitées pour la première fois sur un pied d'égalité. Comme en Crimée, la fraternité des armes avait permis de rapprocher Français et Anglais. Enfin, l'intervention française avait empêché que la prépondérance britannique dans l'Empire du Milieu ne se transformât en monopole, même si ce résultat ne fut pas exploité par la suite. En récompense, l'empereur nomma Cousin-Montauban sénateur et comte de Palikao, même s'il ne parvint pas à lui faire voter une dotation par le Corps législatif[44].

À la même époque la Syrie était en ébullition. À la suite du congrès de Paris de l'hiver 1856, le sultan avait donné l'égalité aux chrétiens et aux musulmans dans toute l'étendue de l'Empire turc. Mais dans les montagnes du Liban, la situation était mal vécue. Y cohabitaient des agriculteurs chrétiens traditionnellement protégés par la France, les Maronites, et des éleveurs pratiquant majoritairement une religion dérivée de l'Islam, les Druses, clients des Britanniques. À partir de la fin avril 1860, des heurts sanglants opposèrent les deux communautés ; ils tournèrent au massacre des Maronites à partir du 29 mai. Le pacha de Beyrouth laissait les Druses agir en toute impunité. Paris et Londres dépêchèrent alors des navires sur la côte, qui recueillirent plus de deux mille réfugiés. Cependant, le mouvement gagna la Syrie début juillet. L'émir Abd el-Kader, qui vivait retiré à Damas, proposa généreusement l'asile de sa maison aux Français et aux Arabes chrétiens menacés par une populace ivre de sang et en sauva près de quinze cents d'une mort certaine. Plusieurs milliers d'autres n'eurent pas cette chance.

En France, lorsque la nouvelle du massacre de Damas fut connue, le 16 juillet, l'émotion fut considérable et générale. Napoléon III décida aussitôt d'intervenir. Son humanitarisme le lui imposait ; le devoir de la France vis-à-vis de ses clients maronites aussi. En outre, il voulait donner satisfaction à l'opinion publique et en particulier aux catholiques inquiets de sa politique italienne. Pour essayer de le dissuader d'intervenir, le sultan lui écrivit une lettre dans laquelle il flétrissait les excès, puis il se décida à châtier les coupables, à indemniser les victimes et à récompenser ceux qui les avaient secourues. Abd el-Kader reçut la plaque ottomane du Medjidie qui s'ajouta au grand cordon de la Légion d'honneur que lui avait fait envoyer Napoléon III. À Damas, plusieurs centaines de coupables ou présumés tels furent pendus, fusillés, condamnés au bagne ou exilés. Cela ne fit pas reculer l'empereur. Il devait cependant ménager la susceptibilité britannique. En effet, les Anglais ne pouvaient guère intervenir contre leurs clients druses. Ils défendaient la thèse de la provocation maronite. Ils craignaient surtout que la France ne prît prétexte des massacres pour s'implanter solidement dans la région, alors que le canal de Suez était en projet. Une nouvelle fois, l'opinion publique britannique s'enflamma[45]. Napoléon III demanda à son ambassadeur à Londres de rassurer le cabinet britannique sur ses intentions[46].

Le 3 août, le ministre français des Affaires étrangères, Thouvenel, et les ambassadeurs des quatre autres grandes puissances se réunirent à Paris et convinrent qu'un corps expéditionnaire de 6 000 hommes serait envoyé sur place « pour aider le sultan à rétablir la paix ». La Grande-Bretagne obtint que Napoléon III n'agirait qu'en tant que mandataire de l'Europe et que son intervention se limiterait à six mois. L'empereur ne cessa, au cours des semaines qui suivirent, d'employer un langage pacifique et rassurant. À ce prix, le corps expéditionnaire, salué par le souverain au camp de Châlons et commandé par le général Beaufort d'Hautpoul, put se mettre en route, avant même que l'acte du 3 août ne fût transformé en convention définitive le 5 septembre[47]. Débarqué à Beyrouth, il se rendit dans les montagnes du Liban et y constata l'ampleur des destructions. Il ne put se saisir des responsables qui avaient fui grâce à des complicités turques et dut se contenter de secourir les victimes et d'aider les villageois à reconstruire leurs maisons. Une commission d'enquête réunissant un représentant de chacune des cinq grandes puissances européennes arriva à son tour sur place. Elle exigea du sultan de lourdes sanctions pour les coupables, ainsi que l'indemnisation des victimes. Mais la Porte fit traîner les négociations jusqu'à l'expiration du mandat du corps expéditionnaire français. Les Anglais ne tardèrent d'ailleurs pas à rappeler ses engagements à Napoléon III : « Nous ne voulons pas créer en Orient un nouvel État pontifical, écrivit lord Russell le 21 février 1861, et donner à la France un nouveau prétexte d'occupation indéfinie[48]. » Devant la menace d'un nouveau massacre, tant que la région ne serait pas pacifiée et contrôlée par un pouvoir fort, la France obtint néanmoins une prolongation de la mission jusqu'au 5 juin. Cela permit d'obliger le sultan à créer, par un firman, la région semi-autonome du Mont-Liban, formée de deux districts, l'un maronite et l'autre druse, sous l'autorité d'un gouverneur chrétien. Par la suite, les Maronites surent entretenir le souvenir de leur bienfaiteur, même si son action avait été incomplète. Celui-ci se devait en effet de ménager les Britanniques. Il avait aussi d'autres fers au feu.

La troisième expédition débuta comme les précédentes, mais revêtit rapidement une importance bien plus grande aux yeux de Napoléon III, qui y avait songé peut-être dès 1858[49]. Depuis son indépendance en 1821, le Mexique n'était pas arrivé à trouver la stabilité. Les conservateurs dirigés par Miramón et les libéraux dont le chef était un avocat d'origine indienne, Benito Juárez, s'affrontaient pour le pouvoir, même si les seconds semblaient devoir l'emporter. Pour financer leur lutte les uns et les autres extorquaient des fonds aux ressortissants européens qui ne cessaient de s'en plaindre auprès de leurs gouvernements. En France, Morny poussait à l'expédition. Un banquier d'origine suisse, Jecker, l'avait habilement intéressé à la créance de soixante-quinze millions qu'il réclamait au gouvernement mexicain. Si le président du Corps législatif agissait en sa faveur, il lui avait promis le tiers de la somme récupérée[50]. Par ailleurs, des conservateurs, dont le chef historique José Hidalgo, étaient reçus à la cour des Tuileries par une impératrice ravie de parler espagnol. Ils dénonçaient l'intention de leurs rivaux de saisir tous les biens de l'Église pour restaurer les finances de l'État et réclamaient l'instauration d'une monarchie catholique dans leur pays. L'impératrice, catholique et aventureuse, y poussait. Napoléon III s'y montrait favorable. Il écoutait son épouse, son demi-frère et ses hôtes mexicains avec complaisance, mais il avait surtout ses propres motivations[51]. La Grande-Bretagne à laquelle il souhaitait donner satisfaction semblait vouloir intervenir ; l'Espagne qui était la plus concernée par les créances mexicaines et se sentait des devoirs vis-à-vis de son ancienne colonie, aussi. L'empereur pensait qu'une expédition aux côtés du pays de son épouse, où le capitalisme français investissait beaucoup, permettrait encore de resserrer les liens avec lui. La colonie espagnole de Cuba constituerait une base idéale pour les opérations. Après la Syrie et la Chine, une nouvelle intervention pour défendre les intérêts de l'Église achèverait peut-être aussi de le réconcilier avec le parti catholique.

Intéressé par les questions de l'Amérique centrale depuis les années de Ham et son projet de canal au Nicaragua, Napoléon III échafauda surtout un plan grandiose, celui d'une grande monarchie latine et catholique, cliente de la France, qui contrebalancerait la puissante et arrogante république des États-Unis, anglo-saxonne et protestante [52]. Cette dernière avait arraché au Mexique le Texas, le Nouveau-Mexique et la Californie et refusait aux Européens le droit d'intervenir sur le continent américain, en dehors du Canada, en vertu de la doctrine Monroe, mais elle était affaiblie par de graves dissensions qui aboutirent, à partir de décembre 1860, à la sécession des États du Sud et, peu après, à la guerre civile [53]. Il s'agissait d'en profiter. Mal renseigné sur l'état des forces au Mexique, en particulier par le nouveau représentant français sur place, Dubois de Saligny, Napoléon III était persuadé qu'« un parti considérable [était] prêt à s'emparer du pouvoir, à convoquer une assemblée nationale et à proclamer la monarchie [54] ». Le Mexique offrait aussi d'immenses possibilités économiques. Il possédait de grandes mines d'argent, métal faisant cruellement défaut à la France [55]. Il donnait l'espoir de développer la production du coton qui risquait de manquer à cause de la guerre civile américaine [56]. Cet eldorado recelait peut-être d'autres trésors cachés. Le destin d'un aventurier, Gaston de Raousset-Boulbon, qui avait failli se rendre maître, au début des années 1850, de la province mexicaine de la Sonora et de ses immenses richesses avec une poignée d'hommes et dont le récit hagiographique arriva opportunément à la cour des Tuileries *via* son associé Jecker, contribua peut-être aussi à décider Napoléon III [57]. L'empereur voyait enfin dans le Mexique une future plaque tournante du commerce mondial, en particulier si l'idée du canal interocéanique était reprise. Placer sur le trône mexicain un prince qui serait redevable à la France, donnerait les meilleures chances d'exploiter toutes ces ressources. Aux Tuileries, le nom de l'archiduc autrichien Maximilien, frère de l'empereur François-Joseph, commençait à circuler. Cette solution achèverait la réconciliation avec Vienne et faciliterait peut-être la cession de la Vénétie au Piémont.

Si le souverain français avait de multiples raisons d'intervenir, l'Espagne en avait certes moins, mais de tout aussi valables. En revanche, l'Angleterre était moins motivée, même si ses ressortissants se plaignaient des vols, des pillages et des confiscations qu'ils subissaient. Elle contrôlait les douanes mexicaines et pensait avoir prise sur le gouvernement libéral qui s'imposa définitivement en janvier 1861. Napoléon III lui faisait miroiter les intérêts commerciaux de l'opération, mais sans grand succès[58]. Elle n'entendait simplement pas laisser les deux puissances latines agir seules, aussi participait-elle à des conférences avec elles.

Tout changea lorsque Juárez, qui était à bout de ressources, décida le 17 juillet 1861 de suspendre pour deux ans le règlement de la dette extérieure mexicaine. En outre, la guerre civile qui venait de reprendre menaçait les ambassades. Par la convention de Londres du 31 octobre 1861, les trois puissances décidèrent d'envoyer un corps expéditionnaire qui se composerait de 6 000 Espagnols, 2 500 Français et 700 Britanniques. Il s'agissait de forcer le gouvernement libéral à protéger plus efficacement les ressortissants européens et à remplir ses obligations financières. Les opérations ne se limiteraient pas à une simple démonstration navale, mais consisteraient à saisir et à occuper « les différentes forteresses et positions militaires du littoral mexicain ». En revanche, la formulation volontairement ambiguë de la convention ne permettait pas de savoir si les alliés entendaient entreprendre aussi des opérations à l'intérieur des terres. Elle traduisait les divergences d'objectifs entre les trois puissances. Celles-ci devinrent évidentes après le débarquement des troupes espagnoles à Veracruz en décembre 1861, puis celui des troupes françaises et britanniques en janvier 1862[59].

L'auteur du coup de théâtre du 24 novembre 1860

Un coup de théâtre avait ouvert l'année 1860, un autre l'acheva. En 1859, les orléanistes avaient lancé une campagne de presse, de brochures et de pétitions en faveur du rétablissement des institutions parlementaires. L'une d'elles, *Les Anciens Partis*, qui était l'œuvre d'un jeune publiciste du *Journal des débats*, Prévost-Paradol, avait fait grand bruit, car elle dénonçait dans le bonapartisme le plus vieux parti du monde, celui de la démagogie et du despotisme, et réclamait face à lui l'union de tous les libéraux. Elle avait valu à son auteur une condamnation à trois mois de prison. Parallèlement, la pensée républicaine avait commencé à se renouveler sous l'influence de Littré et du positivisme de gauche. L'idéalisme romantique des quarante-huitards était de plus en plus critiqué par une jeune génération plus pragmatique qui prônait aussi la liberté. En 1859, un ouvrage de Jules Simon, *La Liberté*, avait marqué les esprits [60]. Par ailleurs, il était visible, depuis plusieurs mois, que la Constitution tendait à s'altérer et que les décrets de 1852 n'étaient plus appliqués avec autant de rigueur qu'auparavant. En septembre 1859, l'empereur avait autorisé la parution d'un nouveau quotidien, *L'Opinion nationale*, dirigé par un proche du prince Napoléon, Adolphe Guéroult, et qui était susceptible de défendre sa politique italienne et de lutter contre la presse catholique. Le titre n'en était pas moins éloigné de l'orthodoxie bonapartiste. Cette création était si extraordinaire que le *Moniteur universel* dut signaler que le décret du 17 février 1852 sur la presse était toujours en vigueur. Fin janvier 1860, *L'Univers* en fit d'ailleurs les frais [61]. Face aux critiques du pape, du clergé et des fidèles ultramontains, le ministre de l'Instruction publique et des Cultes, Rouland, contrôlait strictement les interventions du nonce auprès des évêques, s'en prenait aux congrégations, encourageait le gallicanisme et appliquait la législation sur les protestants beaucoup plus libéralement qu'elle ne l'avait été au début du régime [62]. Au cours de la session législative, des députés catholiques profitèrent du vote annuel du contingent pour interpeller le gouvernement sur la politique italienne et leurs collègues protectionnistes utilisèrent la discussion du projet de loi sur les laines et cotons bruts pour critiquer le traité de commerce. La réduction des dépenses militaires et l'extension des prérogatives de la Chambre en matière financière furent réclamées avec plus de force qu'au cours des sessions précédentes, car Fould, lui-même, encourageait les députés en coulisse. L'élection douteuse d'un candidat officiel, Albert de Dalmas, sous-chef de cabinet de Napoléon III, ne fut validée le 22 mars 1860 que par douze voix de majorité [63].

Le président du Corps législatif, Morny, encourageait les tendances libérales. Il essayait de montrer à son demi-frère qu'une telle évolution était inéluctable et que l'Empire, pour durer, devait l'encourager et non la subir. Il disait éprouver de plus en plus de difficultés à empêcher, du haut de son perchoir, les interpellations incessantes des opposants, même si elles étaient illégales. Il soulignait aussi que les cléricaux et les protectionnistes, qui étaient généralement des conservateurs sociaux mais plutôt des libéraux politiques, attachés aux prérogatives parlementaires, rentreraient dans le giron gouvernemental si Napoléon III faisait un geste. En outre, le souverain pouvait-il refuser encore longtemps la liberté dans son propre pays alors qu'il l'avait apportée à l'Italie ? L'heure n'était-elle pas venue de couronner l'édifice ? Il rédigea un mémoire qui proposait de donner aux députés le droit d'amendement et d'interpellation, de permettre aux ministres à portefeuille de venir défendre leur politique dans l'enceinte du Corps législatif et de publier le compte rendu sténographique des débats parlementaires. Napoléon III qui le reçut le soumit à Walewski, lui-même partisan de la libéralisation, et le ministre en parla à Thiers, son ancien mentor. Sans que l'empereur le sût, ce fut sans doute celui-ci qui suggéra de rétablir l'adresse, ce texte que les parlementaires votaient en début de session sous les monarchies censitaires pour faire part au souverain de leurs critiques et de leurs vœux sur la politique générale.

Sensible aux arguments de Morny, Napoléon III pensait effectivement pouvoir désamorcer, par une grande initiative, les critiques protectionnistes et cléricales qui, si elles se conjuguaient, risquaient de mettre en péril la cohésion de la majorité. Il y voyait aussi un moyen de donner un gage de bonne volonté à l'Angleterre[64]. Il croyait surtout pouvoir rallier les jeunes générations de modérés et de libéraux qui n'avaient pas connu les troubles précédant le coup d'État et qui ne pouvaient s'expliquer les rigueurs de son régime. Il estimait enfin que l'opinion publique à laquelle il avait toujours attaché le plus grand prix serait sensible à une mesure de cette importance accordée sans aucune contrainte[65]. En effet, rien ne l'obligeait fondamentalement à faire des concessions. Tel était bien là l'essentiel. S'il libéralisa son régime, comme il en avait toujours formulé le souhait[66], ce fut avant tout parce qu'il considéra, à la suite des conseils qu'il reçut et de ses propres impressions, que le moment était venu[67]. Lorsque le 22 novembre, il informa ses ministres et les membres du Conseil privé de la réforme qu'il envisageait, il ne se heurta pas moins à un tollé quasi général. Comme il l'écrivit à son épouse, partie se changer les idées outre-Manche à la suite du décès de sa sœur : « Tout le monde y a été opposé, *comme toujours*. Walewski seul m'a soutenu et *comme toujours* aussi, j'ai suivi ma pensée[68]. »

Ce fut le 24 novembre 1860 que Napoléon III signa son décret le plus important depuis 1852. Il donnait « aux grands corps de l'État une participation plus directe au gouvernement[69] ». Chaque année, à l'ouverture de la session, le Sénat et le Corps législatif pourraient désormais débattre d'une adresse en réponse au discours du trône. Le droit d'amendement serait élargi. Trois ministres sans portefeuille, véritables avocats du pouvoir, viendraient expliquer et défendre la politique gouvernementale devant les Chambres[70]. En outre, les journaux recevraient le compte rendu intégral des débats et non plus de simples résumés.

La surprise fut complète. Comme le nota le *Times* : « Les gouvernements comme celui de l'Empereur français prennent souvent les mesures les plus inattendues. Personne n'aurait pu prévoir que, dans un moment de tranquillité, alors que sa renommée était parfaitement établie, le souverain de la France croirait devoir proposer un changement dans la Constitution de son pays. » Comme la majorité des ministres, le personnel impérial fut, pour l'essentiel, hostile à la réforme. Certains ultrabonapartistes n'hésitèrent pas à parler de « l'attentat du 24 novembre ». « As-tu jamais mis ton pied dans une fourmilière, écrivit Napoléon III à son épouse ; eh bien voilà l'état dans lequel je suis depuis huit jours. Dès que ma pensée d'opérer quelques changements a été connue, tous les amours-propres se sont mis en mouvement, toutes les répugnances, toutes les préférences se sont fait jour et c'était toujours un travail de Pénélope[71]. »

Les partisans du régime finirent par en prendre leur parti, puisque le maître en avait décidé ainsi. Magne approuva sans doute la réforme pour rester aux affaires et Persigny pour y revenir. Cependant, Napoléon III s'illusionnait quelque peu sur les sentiments réels de son entourage lorsqu'il notait : « Aujourd'hui je reçois des félicitations de tous les côtés et ceux qui étaient opposés rougissent de leur opposition[72]. » La plupart des opposants ne voyaient qu'une mystification dans la réforme. D'autres reconnaissaient cependant son importance. Prévost-Paradol écrivit : « Ceux qui n'apprécient pas encore ce progrès à sa juste valeur lui rendront bientôt plus de justice en sentant se répandre dans l'air ce je ne sais quoi qui annonce dans un grand pays le réveil de la vie publique[73]. »

Beaucoup entendaient utiliser le décret comme une arme pour renverser plus vite l'Empire. Une idée fort répandue était que le régime, autoritaire par essence, ne pouvait se réformer[74]. Le républicain Hippolyte Carnot affirma ainsi à Darimon : « Le décret du 24 novembre est l'arrêt de mort de l'Empire. Un gouvernement qui abandonne son principe se suicide[75]... » Au contraire, Ollivier prit acte de la bonne volonté du pouvoir et estima, quant à lui, que l'Empire empruntait la voie qui lui permettrait de durer. Rencontrant Morny, il lui déclara : « Si c'est une fin, vous êtes perdus ; si c'est un commencement, vous êtes fondés. »

Le régime qui était issu du décret du 24 novembre n'était pas parlementaire. Comme l'indiqua Napoléon III, en ouvrant la session, le 4 février 1861, le pouvoir restait libre de ne pas suivre les avis que lui donnait le Corps législatif et lui-même n'était pas contraint de changer de cabinet lorsque sa politique générale n'était pas soutenue par la majorité. « C'est un avertissement dont le gouvernement tient compte, mais qui n'ébranle pas le pouvoir, n'arrête pas la marche des affaires et n'oblige pas le souverain à prendre des hommes qui n'auraient pas sa confiance[76]. » Il s'était refusé à autoriser les ministres en charge des dossiers à venir les défendre devant les chambres ce qui aurait marqué, à ses yeux, un trop grand pas vers le parlementarisme. *A fortiori*, il ne pouvait envisager d'accorder la responsabilité ministérielle. Maupas n'avait sans doute pas tort d'affirmer que le souverain considérait alors une telle concession comme une abdication de son pouvoir[77]. Napoléon III savait que le prix à payer serait la difficulté qu'auraient les ministres sans portefeuille à défendre la gestion de leurs collègues avec autant de conviction et de compétence qu'eux. En outre, les sénateurs interprétèrent de façon restrictive la concession faite à la presse par son décret. Le sénatus-consulte du 2 février 1861 qui rendait effectives les mesures qu'il avait décidées indiquait bien que les journaux pourraient désormais reproduire les séances des assemblées *in extenso*, mais il renouvelait l'interdiction des commentaires[78]. Napoléon III avait d'ailleurs pris lui-même une garantie supplémentaire en nommant Persigny à l'Intérieur[79]. Il pensait que son fidèle serviteur saurait mener à bien la libéralisation, « sans pour autant fissurer l'édifice impérial[80] ». La réforme n'en était pas moins capitale. L'importance des hommes choisis pour devenir ministres sans portefeuille, Billault, Baroche et Magne, indiquait bien la place que les débats parlementaires allaient de nouveau prendre dans la vie du pays[81]. Les faits confirmèrent rapidement que le décret du 24 novembre annonçait bien le réveil de la vie politique française.

L'application et les suites de la réforme

La session parlementaire de 1861 fut marquée par les affaires italiennes. Victor-Emmanuel allait être proclamé roi d'Italie et les États pontificaux étaient menacés comme ils ne l'avaient jamais été. De ce fait, le premier débat de l'adresse donna lieu à un très vif affrontement entre partisans et adversaires du pouvoir temporel du pape qui n'épargna pas Napoléon III. Dans l'atmosphère feutrée du Sénat, plusieurs orateurs de droite condamnèrent les spoliations successives dont le Saint-Siège avait été la victime. Le 1er mars, le prince Napoléon répliqua en défendant son cousin et sa politique : « Il est des outrages qui honorent. » Il s'en prit ensuite au droit divin, attaqua le pouvoir temporel et conseilla au pape de renoncer à Rome, qui devait devenir la capitale d'une Italie unitaire[82]. Son discours fut accueilli froidement. Lors du vote, la politique gouvernementale en Italie ne fut approuvée qu'à la majorité de soixante-dix-neuf voix contre soixante et une[83]. Touché que le prince l'eût passionnément défendu, l'empereur lui envoya un mot de remerciement. Il tança en revanche Persigny qui avait envoyé le discours en province sans le consulter. Il ne fallait pas envenimer la situation.

De fait, le débat se prolongea au Corps législatif et y prit un tour plus violent encore. Le 13 mars, un député alsacien et catholique nommé Keller qui avait peu fait parler de lui jusque-là répondit au prince Napoléon, puis élargit son propos en plaçant le gouvernement devant ses responsabilités : « Êtes-vous révolutionnaire, êtes-vous conservateur, ou bien resterez-vous simplement spectateur du combat ? Vous avez reculé pas à pas devant Garibaldi, tout en vous proclamant son plus grand ennemi. [...] D'une main, vous avez protégé le Saint-Siège, de l'autre dressé son acte d'accusation. » Défiant les Cinq du regard, il s'écria : « Il est temps de regarder la Révolution en face et de lui dire : tu n'iras pas plus loin ! » Il traduisait les sentiments d'un grand nombre de ses collègues et fut applaudi comme rarement un orateur l'avait été depuis 1852[84].

Craignant que le succès remporté par ce discours n'entraînât le pouvoir dans une voie réactionnaire, Ollivier passa une nuit blanche. Le lendemain, il proposa son appui à Napoléon III à condition que le souverain poursuivît sa politique réformatrice[85]. Le 22 mars, les députés cléricaux déposèrent un amendement réclamant que fût retranchée de l'adresse une phrase qui accusait le pape de résister aux « sages conseils » de Napoléon III. Leur texte recueillit quatre-vingt-onze voix. Le courant clérical s'affirmait et menaçait de faire éclater la majorité. Dressant le bilan de la session de 1861, Ollivier écrivit : « Dans aucune assemblée républicaine ou monarchique, les actes du gouvernement n'ont été discutés avec autant de liberté et un tel éclat. »

Napoléon III percevait différemment la situation. Il était décidé à laisser se poursuivre l'expérience commencée. Il ne pouvait d'ailleurs faire autrement à moins de se déjuger gravement. Cependant, il se rendait compte que loin de désamorcer les critiques, la réforme les avait amplifiées. Tous les regards se tournaient désormais vers les Chambres. Les parlementaires étaient incités à se signaler à l'attention publique. En retour, la presse et l'opinion redoublaient d'agitation. Lorsque *Le Temps* préconisa, à deux reprises, la responsabilité ministérielle et *L'Ami de la religion* écrivit « qu'une phalange *sui generi* s'[était] formée pour faire en toute occasion cortège à César et à sa suite », le souverain réclama des sanctions à Persigny, en lui reprochant de ne pas être assez répressif[86].

La politique extérieure ne lui donnait guère plus de satisfaction. Napoléon III n'avait fait que prolonger artificiellement l'agonie de François II, comme le lui en faisait grief le cabinet britannique. Il finit par conseiller au roi Bourbon de se rendre et de renoncer au trône[87]. Devant son refus, il rappela son escadre le 19 janvier 1861. Noblement, celui-ci préféra continuer à résister plutôt que d'accepter l'asile que lui proposait l'empereur[88]. Il n'en fut pas moins contraint de capituler devant les Piémontais le 13 février. À la suite des élections qui avaient eu lieu dans tous les territoires du royaume de Piémont, le premier Parlement italien réuni à Turin proclama Victor-Emmanuel roi d'Italie, le 14 mars 1861.

Malgré les justifications du roi, Napoléon III en voulait à son ancien allié, en particulier à propos du siège de Gaète[89]. Il attendit fin juin pour le reconnaître et le fit parce que Cavour était mort, le 6 juin, et que le nouveau royaume risquait de se trouver dans une situation délicate[90]. François II et Pie IX n'en furent pas moins irrités[91]. L'empereur des Français et le pape avaient eu un vif échange épistolaire quelques mois plus tôt[92]. Pie IX avait eu de nouveaux motifs d'inquiétude lorsque le 27 mars, le Parlement italien avait manifesté le vœu que, dans un avenir proche, Rome devînt la capitale du nouveau royaume. Pourtant, Napoléon III envisageait toujours de rappeler ses troupes de la Ville éternelle. Des discussions avaient été entamées à ce sujet avec Cavour, mais la mort du président du Conseil les avaient ajournées. L'empereur souhaitait les reprendre sans tarder. À cette fin, Thouvenel nomma en août son ami La Valette, italianissime comme lui, ambassadeur près le Saint-Siège. Même si Napoléon III attendait de sérieuses garanties des Italiens sur la protection du pape et de ses États [93], le souverain pontife et les ultramontains ne décoléraient plus contre lui. Ils eurent bientôt un nouveau motif de mécontentement. Par une circulaire du 18 octobre 1861, Persigny démantela le conseil supérieur de la Société Saint-Vincent-de-Paul, l'institution charitable fondée en 1833 par Frédéric Ozanam, car il l'accusait de propagande cléricale.

Hors d'Italie, la situation n'était pas meilleure. Au printemps 1861, les relations entre Napoléon III et le tsar s'étaient sérieusement tendues. L'impératrice Eugénie, Walewski, une partie de la presse et de l'opinion françaises avaient vivement condamné les Russes pour avoir noyé dans le sang les manifestations que venaient d'organiser les Polonais pour réclamer l'indépendance. L'empereur avait eu beau s'en expliquer dans une lettre à Alexandre, celui-ci en avait voulu davantage. Il avait demandé à Napoléon III de faire savoir publiquement qu'il désavouait son entourage et condamnait la campagne de presse russophobe [94]. Le souverain avait poliment refusé, en s'abstenant même d'ajouter qu'il ne pouvait se permettre d'exiger le silence de ses sujets comme le tsar des siens. La crise laissa des traces [95].

À l'automne, l'empereur invita le nouveau roi de Prusse, Guillaume Ier, à Compiègne. Les chancelleries s'inquiétaient. L'empereur français ne s'apprêtait-il pas à s'allier à la Prusse et, en échange, à autoriser celle-ci à entreprendre en Allemagne ce qu'il avait permis au Piémont de réaliser en Italie ? Si aucun accord ne fut conclu comme Palmerston l'écrivit à la reine Victoria pour la rassurer [96], celle-ci n'en avait pas moins révisé son jugement sur Napoléon III. Son « cher empereur » de jadis était devenu le « grand agitateur de l'Europe ». Elle n'était pas la seule à le considérer ainsi. Napoléon III ne semblait plus trouver grâce qu'auprès des souverains de second rang. Le roi de Suède et de Norvège, Charles XV, lui avait bien écrit en mai 1861 : « Un jeune Roi comme moi inexpérimenté doit apprendre bien des choses, et de qui pourrais-je le faire mieux que dans l'école de celui qui guide la politique de l'Europe ! », mais il était son parent[97] !

Devant les critiques dont il était l'objet de tous côtés, Napoléon III prit la décision d'accorder ce qui lui coûtait le moins, des concessions financières. Il entendait ainsi faire un nouveau geste à l'égard des libéraux et se concilier les milieux financiers. Il souhaitait aussi prouver à l'étranger, au pape comme à tous ceux qui lui demandaient son aide ou qui craignaient qu'il ne préparât la guerre par de gros budgets, qu'il ne pouvait tout se permettre. Il s'agissait là aussi d'un changement de cap complet. En effet, le 5 janvier 1860, il avait envoyé son programme saint-simonien de relance économique à Achille Fould. Celui-ci était alors l'homme le plus important de son gouvernement en tant que ministre d'État, mais il était aussi le moins susceptible de l'accepter, car il s'était toujours montré soucieux d'économiser les deniers publics. Napoléon III qui considérait ses ministres comme ses instruments n'en avait eu cure. Lors du remaniement ministériel qui avait accompagné le décret du 24 novembre, il avait même proposé à l'ancien banquier de prendre les Finances. Fould qui avait craint de devoir endosser la dérive budgétaire due au programme du 5 janvier avait préféré rester au ministère d'État, mais le souverain l'avait remplacé par Walewski[98]. Au même moment, Haussmann, qui s'était plaint de ne pas pouvoir traiter sur un pied d'égalité avec les ministres dont il qualifiait certains de pygmées, s'était certes vu refuser par l'empereur le poste de ministre de Paris pour ne pas « violer les principes, le bon sens et la grammaire », mais avait obtenu de prendre séance au conseil des ministres et de participer aux délibérations du Conseil d'État[99]. De son côté, Fould s'était ostensiblement retiré dans sa villa des Hautes-Pyrénées. Il n'en orchestrait pas moins une campagne active contre la politique économique de l'empereur. Il alimentait la presse et ses amis députés en notes documentées et chiffrées. Aux yeux de beaucoup, il était devenu le « nouveau Necker ». Le 29 septembre, il signa un mémoire intitulé *Sur l'état des finances* qu'il s'empressa d'envoyer à Napoléon III. Le texte qui fut par la suite surnommé le programme de Tarbes stigmatisait la dérive budgétaire et insistait sur l'inquiétude du monde des affaires. Il prônait le retour à l'orthodoxie budgétaire et le rétablissement du contrôle des finances publiques par le Parlement.

L'oracle impérial prit quelques semaines pour rendre son verdict. Le 12 novembre 1861, Napoléon III fit venir Fould à Compiègne pour qu'il lût son mémoire devant le Conseil privé et le conseil des ministres. Seuls les amis de l'ancien ministre, Rouher et Baroche, le soutinrent. Comme à son habitude, l'empereur ne tint pas compte de l'avis majoritaire. Deux jours plus tard, il fit savoir par la voie du *Moniteur* qu'il approuvait le programme de Tarbes, qu'il confiait à son auteur le ministère des Finances et qu'il le chargeait de préparer les réformes préconisées [100]. Il tenait à justifier la réforme : « En renonçant au droit qui était également celui des souverains, même constitutionnels, qui m'ont précédé, je pense faire une chose utile à la bonne gestion de nos finances. Fidèle à mon origine, je ne puis regarder les prérogatives de la couronne, ni comme un dépôt sacré auquel on ne saurait toucher, ni comme l'héritage de mes pères, qu'il faille avant tout transmettre intact à mon fils. Élu du peuple, représentant ses intérêts, j'abandonnerai toujours, et sans regret, toute prérogative inutile au bien public, de même que je conserverai inébranlable dans mes mains, tout pouvoir indispensable à la tranquillité et à la prospérité du pays [101]. » Il fut plus explicite au conseil des ministres du 22 novembre : « L'entraînement vers les dépenses utiles est grand et facile. Aussi ai-je voulu imposer à mes ministres et m'imposer à moi-même une barrière qu'on ne franchira qu'après y avoir bien réfléchi. J'ai voulu d'ailleurs détruire cette pensée qu'on affecte d'avoir à l'étranger que le Gouvernement est tellement absolu que je tiens dans ma main toute la fortune de la France et que j'en puis à mon gré disposer, même pour mes besoins personnels ou les travaux de Paris. C'est là une des causes de cette défiance, de cette crainte qu'inspire la France au dehors parce qu'on pense que brusquement, sans délibération préalable et par conséquent, sans publicité, je puis d'un jour à l'autre disposer de sommes énormes, par exemple pour des préparatifs militaires. J'ai voulu que tout le monde sût bien que cela était impossible [102]. »

Ce fut le sénatus-consulte du 31 décembre 1861 qui opéra le changement. Sans abolir la pratique des virements qui permettrait de poursuivre les grands travaux, ce texte préparé par Fould et par Baroche autorisait les députés à examiner le budget en détail et à le voter par sections. Il imposait désormais leur accord pour l'ouverture de crédits supplémentaires ou extraordinaires. À ce prix, le souverain retrouva la confiance des milieux financiers. Le 16 décembre 1862, le baron de Rothschild le reçut en grande pompe à son château de Ferrières [103]. L'événement avait valeur de symbole. Les chroniqueurs qui l'avaient suivi en nombre parlèrent de la revanche de l'orthodoxie financière sur la théorie des dépenses productives, de Fould et Rothschild sur Persigny, Haussmann et les Pereire. Après avoir libéralisé son régime sur le plan commercial et politique, Napoléon III venait donc de poursuivre son œuvre sur le plan financier. Les années 1860-1861 constituaient bien un tournant.

QUATRIÈME ÉPOQUE

DU DÉCLIN À LA PERTE DU POUVOIR (1862-1873)

CHAPITRE XIII

LE SOUVERAIN DANS LA TOURMENTE

> « Comme je suis le souverain auquel on prête le plus de projets ambitieux, j'ai à cœur de prouver [...] que mon unique but est d'arriver sans secousse à la pacification de l'Europe*. »

> « Des points noirs sont venus assombrir notre horizon**. »

Maladies, lubies et nouvelles affections impériales

Entre 1862 et 1867, Napoléon III vieillit rapidement. Il n'avait pourtant pas encore soixante ans. Les portraits officiels ne parvenaient plus à cacher la dégradation de son état physique. Sur le tableau de Flandrin réalisé en 1862, il apparaissait encore majestueux, debout, en uniforme. Trois ans plus tard, celui de Cabanel le montrait en costume sombre, gagné par l'embonpoint, le regard vague, le front élargi, la moustache et la barbe grisonnantes. Sur les photographies de 1867, c'était un vieil homme mafflu et fatigué qui posait assis. Il était alors miné par les soucis, mais aussi par diverses maladies [1].

Sa santé avait toujours été fragile, mais l'humidité et l'inactivité de Ham l'avaient encore dégradée. Il avait eu, à partir de ce moment-là, des douleurs rhumatismales, des poussées hémorroïdaires et des crises de goutte. Après un répit relatif durant ses années

---

* Napoléon III aux souverains de l'Europe, le 4 novembre 1863.

** Napoléon III, discours de Lille du 27 août 1867.

de présidence, ces maux l'avaient repris au début de l'Empire. Lors de la réception du nouvel an 1855, il souffrit tellement qu'il dut recevoir ses invités en pantoufles et la canne à la main[2].

Sa santé chancelante était encore affaiblie par son appétit frénétique des femmes[3]. S'il avait cessé depuis longtemps toute relation conjugale, il continuait de fréquenter plusieurs maîtresses, parfois en même temps. Au début de l'automne 1863, il fit ainsi deux malaises après une nuit trop bien remplie à Biarritz[4]. Très fatigué, il faillit aussi se trouver mal lors d'une réception aux Tuileries le 12 décembre suivant. En août 1864, il fut victime d'une crise cardiaque, au cours de l'une de ses visites nocturnes au domicile de Marguerite Bellanger. L'impératrice et Mocquard se rendirent alors chez la dame pour exiger l'arrêt de la liaison, au nom de l'intérêt supérieur de l'État[5]. Ce fut Napoléon III qui y mit un terme, plus tard et de sa propre volonté.

Cependant, un mal bien plus grave l'affecta à partir de 1863 : la lithiase ou maladie de la pierre, en d'autres termes la présence d'un calcul dans sa vessie. Cette année-là, il eut une hématurie prolongée et commença à se plaindre d'une vive douleur dans le bas-ventre. Comme les médecins ne parvenaient pas à diagnostiquer l'origine du mal, il partit en cure à Vichy, mais les eaux fortement minéralisées et alcalines de la station ne firent que grossir le caillou. L'été suivant, les douleurs au bas-ventre devinrent plus aiguës et s'associèrent à des accès de fièvre et à des gênes urinaires. Au début de 1865, l'empereur souffrait tellement qu'il manqua plusieurs séances du conseil des ministres. Une terrible nuit d'août de la même année, il crut même sa dernière heure arrivée. On appela alors le docteur Larrey, fils du chirurgien des armées de Napoléon Ier, qui l'examina, soupçonna la maladie de la pierre et préconisa, pour s'en assurer, une exploration de la vessie. Napoléon III refusa, en raison des impératifs politiques[6]. Il devait recevoir Bismarck à Biarritz et se sentait d'ailleurs beaucoup mieux. En juillet 1866, il eut de nouveau une grave crise lors de son séjour à Vichy et fut ramené d'urgence à Saint-Cloud où il resta alité pendant plusieurs jours. Il dut renoncer à se rendre à Nancy pour les fêtes du centenaire du rattachement de la Lorraine à la France. En 1867, les crises furent moins longues et moins violentes, mais plus fréquentes. Aucun des médecins appelés en consultation ne renouvela le diagnostic juste de Larrey.

Napoléon III devint alors un souverain intermittent. Entre deux crises, il dirigeait la France comme à l'ordinaire ; pendant, il n'était pas en état de le faire. Le chloral que ses médecins lui administraient le faisait somnoler. Tant que des décisions rapides dans des domaines graves ne s'imposaient pas, le pays n'eut pas à en souffrir. Le régime personnel montrait néanmoins toute sa fragilité. Les autorités faisaient tout pour cacher la gravité du mal aux Français, mais les rumeurs les plus folles circulaient.

Au sortir de la crise de 1866, l'empereur fut exhibé en calèche pour rassurer ses sujets, mais l'effet fut inverse, tant le malade portait encore les stigmates de la douleur sur le visage. Ses ennemis les plus intransigeants se prirent à rêver. Un correspondant d'Auguste Blanqui notait ainsi, en novembre suivant : « Ses médecins ne lui donnent pas plus d'un an de vie [7]. » Lorsque Bacciochi, l'organisateur des rendez-vous galants, était mort, deux mois plus tôt, les mauvaises langues avaient prétendu que son successeur ne manquerait pas de tuer le souverain, par excès de zèle !

Bafouée, Eugénie faisait preuve d'indépendance. En 1863, elle navigua longuement autour de la péninsule ibérique. L'année suivante, elle partit en cure à Schwalbach ; de retour, elle confia à Mérimée qu'« il y a [vait] désormais l'Impératrice, il n'y a [vait] plus d'Eugénie ». Délaissée par son impérial époux, elle avait reporté son affection sur son fils, qui monterait sur le trône peut-être plus tôt que prévu. En cas de décès prématuré de son mari, elle pouvait en effet être appelée à exercer durablement la régence, car le prince impérial n'avait pas dix ans. Elle fut d'ailleurs encouragée très tôt par le souverain à s'y préparer, non, comme ses ennemis le prétendirent, parce que celui-ci voulait avoir la paix dans son ménage, mais parce qu'il entendait préparer l'avenir. Cette tendance ne fit que s'accentuer au fil des années.

Après avoir confié la régence à Eugénie lors de la campagne d'Italie, Napoléon III le fit de nouveau, de façon beaucoup plus significative, lors de son second voyage en Algérie en 1865, alors qu'il ne quittait pourtant pas le sol de l'Empire et qu'il ne s'absentait que quelques jours. Il avait rédigé deux jours plus tôt, le 24 avril, son testament par lequel il recommandait son fils aux grands corps de l'État, au peuple et à l'armée. Il se disait serein car le prince impérial montrait « des dispositions et un jugement qui le rendr[aie]nt digne de ses hautes destinées ». Le ton et l'ampleur du propos soulignaient la gravité du geste. Napoléon III exhortait son fils à ne jamais oublier la devise « Tout pour le peuple français », à se pénétrer des écrits du prisonnier de Sainte-Hélène et de sa correspondance et à se rappeler que « la cause des peuples [était] la cause de la France ». Il présentait ensuite le pouvoir comme un fardeau et exprimait enfin des regrets à l'égard de son épouse : « J'espère que mon souvenir lui sera cher et qu'après ma mort elle oubliera les chagrins que j'ai pu lui causer. » Il lui laissait tout son domaine privé, en formulant le vœu qu'à la majorité de son fils, elle habitât l'Élysée et Biarritz[8].

S'il cachait sa maladie, Napoléon III ne faisait en revanche pas mystère de sa passion pour l'histoire romaine et en particulier pour la vie de Jules César. Son entourage ne la comprenait pas toujours et y voyait un caprice saugrenu, tel son intérêt pour les armes et les armures anciennes, pour les tours à bois et pour les presses à imprimer[9], ou plus gravement comme une perte de temps et d'énergie inadmissible. La préoccupation venait pourtant de loin et répondait à des motivations profondes[10].

Napoléon III fut le souverain français qui fit le plus pour l'histoire ancienne et les fouilles archéologiques[11]. En juillet 1858, il nomma une commission de topographie chargée de dresser une carte de la Gaule. Il créa des chaires d'Antiquité à l'École normale, à l'École des chartes et au Collège de France. Il fit établir une édition quasi définitive des *Res gestae* d'Auguste. Outre la collection Campana[12], il acheta sur sa cassette les jardins Farnèse sur le Palatin et y fit exhumer les palais des Césars. Il envoya Renan, recommandé par Hortense Cornu, en mission en Syrie en 1860 et d'autres savants en Espagne, en Macédoine, en Algérie, en Tunisie, en Égypte, en Grèce et en Asie Mineure. Il n'hésita jamais à écrire personnellement aux souverains de ces pays pour obtenir les autorisations nécessaires. Dès qu'il en avait la possibilité, il allait lui-même visiter les sites. En 1862, il fit aussi ouvrir le musée des Antiquités nationales à Saint-Germain-en-Laye. Trois ans plus tard, il fit ériger au mont Auxois une immense statue de Vercingétorix avec cette phrase sur le piédestal : « La Gaule unie ne formant qu'une seule Nation, animée d'un même esprit peut défier l'univers. Napoléon III à la mémoire de Vercingétorix. » En honorant son chef, il rendait hommage à l'incarnation de l'esprit de liberté, d'indépendance et d'individualité du peuple gaulois. Cependant, il admirait surtout le grand rival de Vercingétorix, Jules César, homme d'ordre et d'autorité qui offrit à la Gaule les trésors de la civilisation romaine.

Napoléon III envisagea très tôt de rédiger une vie de l'homme d'État romain[13]. L'idée lui vint peut-être dès 1836, lorsqu'il lut le *Précis des guerres de César* de son oncle. Elle le séduisait car elle lui permettrait de satisfaire à la fois son goût pour l'histoire et pour l'armée, sa curiosité sur les origines de la nation et son besoin d'établir sans cesse des parallèles entre Napoléon et les autres grandes personnalités du passé. Elle se précisa lorsqu'il devint lui-même un acteur de la grande histoire. Sous l'Empire, il éprouva le besoin de justifier son coup d'État, sa pratique du pouvoir que Troplong avait qualifiée de césarisme[14], mais aussi sa politique extérieure. Il avait été marqué par une phrase de Tite-Live : « Il était donc une nation sur terre qui, à ses frais, au prix de ses fatigues et ses périls, faisait la guerre pour la liberté de peuples même éloignés de ses frontières et de son continent ; elle traversait les mers afin que dans le monde entier il n'existât pas une seule domination, et que le droit, l'équité, la loi, fussent partout les plus puissants. »

Le projet prit d'ailleurs corps, à la suite de la guerre d'Italie, en 1859. Cette année-là, l'empereur fit venir aux Tuileries l'historien Victor Duruy qui avait publié plusieurs travaux d'histoire romaine. Quoique républicain, l'auteur y avait replacé l'action de César dans son contexte et y avait trouvé certaines justifications. Napoléon III avait été séduit et parla de son projet à Duruy[15]. Il parvint à s'assurer sa collaboration[16] et, au printemps suivant[17], constitua une équipe de travail autour de lui, d'Hortense Cornu, de Mocquard, de Mérimée qui avait donné lui-même un *Essai sur la guerre sociale* en 1841 et une *Conjuration de Catilina* en 1847[18], mais aussi de plusieurs membres de l'Institut. Parmi ces derniers se trouvaient l'archéologue et spécialiste de la géographie de la Gaule, Alfred Maury, que Napoléon III nomma bibliothécaire aux Tuileries en 1860 et qui fut son « dictionnaire vivant[19] », l'épigraphiste Léon Rénier, le numismate Félicien de Saulcy et le conservateur des antiquités au Louvre, Adrien de Longpérier. Pendant six ans, Napoléon III « césarisa » passionnément avec eux[20]. Au fil des années, son équipe s'étoffa, le souverain faisant appel à toutes les compétences : officiers, ingénieurs, savants français comme étrangers, en particulier des Allemands recommandés par Hortense Cornu[21]. Le jeune Badois, Froehner, qui lui avait été présenté par son compatriote le peintre Winterhalter et par Nieuwerkerke, devint son collaborateur journalier, à partir de février 1862. Les deux hommes passaient leurs soirées dans le cabinet de travail de l'empereur dont le plus grand meuble était tout entier réservé à Jules César[22].

Sur sa cassette, Napoléon III finança pour plus de huit millions de francs de recherches archéologiques, d'études expérimentales et de travaux cartographiques. Il fit construire une trirème par l'amiral Jurien de La Gravière, et la fit mettre à flot sur la Seine[23]. Sous la direction du colonel Stoffel, de grandes fouilles furent réalisées à Alise-Sainte-Reine, identifiée de façon quasi certaine comme étant Alésia[24]. L'empereur visita le site en juin 1861, puis celui de Gergovie en juillet 1862[25]. Tout cela irritait une grande partie de son entourage, dont Persigny, lui-même pourtant féru d'histoire romaine : « Je comprendrais un livre de considérations générales qu'on écrit à ses moments perdus, mais un livre d'érudit ! Au lieu de raconter un grand homme, il ferait mieux de faire un grand règne[26]. »

Le premier volume de l'*Histoire de Jules César* parut en février 1865, bénéficia d'une forte publicité et suscita un vif intérêt en raison de son auteur. À Paris, quatorze mille exemplaires furent vendus en trois heures. Napoléon III envoya son livre à la plupart des souverains européens[27]. L'ouvrage fut rapidement traduit en plusieurs langues. Dans la préface à laquelle il avait travaillé dès 1860 et qu'il avait signée le 20 mars 1862, le souverain développait sa théorie de l'homme providentiel[28]. Il évoquait la « prééminence de ces êtres privilégiés qui apparaissent de temps à autre dans l'histoire comme des phares lumineux ». « Lorsque la Providence suscite des hommes tels que César, Charlemagne, Napoléon, écrivait-il encore, c'est pour tracer aux peuples la voie qu'ils doivent suivre, marquer du sceau de leur génie une ère nouvelle, et accomplir en quelques années le travail de plusieurs siècles. Heureux les peuples qui les comprennent et les suivent ! Malheur à ceux qui les méconnaissent et les combattent ! [...] Ils sont aveugles et coupables : aveugles, car ils ne voient pas l'impuissance de leurs efforts à suspendre le triomphe définitif du bien ; coupables, car ils ne font que retarder le progrès, en entravant sa prompte et féconde application. » De ce fait, ces hommes providentiels ne relevaient pas de la morale ordinaire et pouvaient recourir au coup de force pour sauver leur pays de l'anarchie. Seuls Dieu et l'histoire étaient à même de les juger[29].

De tels propos suscitèrent les plus vives critiques des opposants[30]. Néanmoins, ceux qui restaient objectifs concédèrent, à la suite des meilleurs spécialistes, que l'ouvrage présentait un grand intérêt historique[31]. Un second volume fut publié en mai 1866. Il retraçait la guerre des Gaules et le différend entre le proconsul et le Sénat jusqu'au passage du Rubicon. Le conflit entre le président et l'Assemblée législative sous la deuxième République s'y lisait entre les lignes. Ce deuxième volume était aussi érudit que le premier, mais la curiosité était passée. Il connut moins de succès et Ludovic Halévy parla même d'un « impérial fiasco ». Le souverain aurait été touché d'être élu à l'Institut. Sous les régimes précédents, des ministres l'avaient été avec moins de titres à faire valoir que lui. Il présenta même son souhait en conseil des ministres et Walewski fut chargé de sonder Thiers. Les académiciens firent savoir qu'ils ne s'opposeraient pas, mais ils manifestaient peu d'enthousiasme. Napoléon III renonça[32]. Il ne poursuivit pas non plus la rédaction de son ouvrage, en raison de la gravité de l'actualité, mais aussi parce que les deux premiers volumes lui avaient déjà permis de se justifier[33].

Passionné par l'histoire, le souverain l'était plus largement par toutes les sciences. Il possédait en ce domaine de réelles connaissances, bien supérieures à celles de la plupart des hommes d'État de son temps. Il était informé avant tout le monde des inventions importantes, grâce aux rapports que lui faisait le colonel Favé, l'un de ses aides de camp. Il tenait également à avoir des rapports privilégiés avec les savants et y parvenait assez bien[34]. Il se plaisait à écouter leurs conférences et à suivre leurs expériences. N'en avait-il pas lui-même réalisé un grand nombre durant son emprisonnement de Ham ?

Il se rendait fréquemment dans les laboratoires et invitait un grand nombre d'hommes de sciences aux Tuileries et à Compiègne. Deux de ses fidèles, le chimiste Jean-Baptiste Dumas et l'astronome Le Verrier devinrent sénateurs. Chevreul, Cuvier, Claude Bernard, Milne-Edwards ou encore Sainte-Claire-Deville le fréquentèrent. Aucun d'entre eux ne connut cependant la faveur de Pasteur. En mars 1863, le savant qui venait d'être élu à l'Académie des sciences pour avoir réfuté la thèse de la génération spontanée, grâce à la découverte des animalcules qui furent appelés par la suite microbes, fut présenté au souverain. Les deux hommes dialoguèrent longuement.

Pasteur fut invité à Compiègne, fin novembre 1865, multiplia, au cours de « sa » semaine, les expériences et subjugua le couple impérial. Dès lors, il devint un familier. Lorsque Napoléon III et Eugénie vinrent visiter son laboratoire et celui de ses collègues à la Sorbonne, il fit lui-même le compte rendu de l'événement pour la presse officielle [35]. Il se vit proposer de passer une année entière au château de Compiègne, pour y poursuivre ses expériences en étant déchargé de tout souci matériel, fut nommé membre de la commission pour la réforme de l'enseignement supérieur et reçut la cravate de commandeur de la Légion d'honneur. Lorsqu'il fut victime d'une attaque d'hémiplégie, en novembre 1868, le souverain lui envoya les plus grands spécialistes pour le soigner et s'informa régulièrement de sa santé jusqu'à son complet rétablissement. Il le nomma lui aussi sénateur, en juillet 1870 [36].

Avant d'envoyer Pasteur dans le Gard pour y lutter contre la pébrine qui menaçait les précieux élevages de vers à soie, Napoléon III lui avait demandé des recherches sur les différentes épizooties susceptibles de toucher l'Algérie. Depuis son voyage de novembre 1860, il s'était pris d'une véritable passion pour ce pays et pour les Arabes auxquels il voulait maintenant apporter, outre les « bienfaits de la civilisation », « l'égalité parfaite » avec les Européens [37]. En novembre 1862, il invita cinq chefs arabes aux chasses de Compiègne [38]. Sous l'influence d'Ismaël Urbain et du colonel Lapasset, il développait sa politique du royaume arabe. Il adressa ainsi une lettre au gouverneur général de l'Algérie, le maréchal Pélissier, qui fut rendue publique et dans laquelle il se disait être « aussi bien l'Empereur des Arabes que l'Empereur des Français », car « l'Algérie n'[était] pas une colonie proprement dite, mais un royaume arabe ». Il affirmait également vouloir « rendre les tribus ou fractions de tribus propriétaires incommutables des territoires qu'elles occup[ai]ent » et limiter la colonisation agricole [39].

Les sénateurs durent se mettre au travail sans tarder et le sénatus-consulte du 22 avril 1863 fit de la volonté impériale une réalité. Cependant, ce texte provoqua une véritable fronde des colons et les Arabes se révoltèrent une nouvelle fois. Malgré sa maladie, Napoléon III décida donc de traverser à nouveau la Méditerranée, en mai 1865. Au cours d'un périple de trente-six jours et de 3 084 kilomètres, il visita le territoire avec le nouveau gouverneur général, le maréchal de Mac-Mahon. À cette occasion, l'empereur prit une mesure assez juste de la situation, même si ne lui furent montrées que les régions les plus sûres et les plus prospères. De retour à Paris, il adressa, le 20 juin, au gouverneur général une très longue lettre-programme qui cherchait à définir l'Algérie : « Ce pays est à la fois un royaume arabe, une colonie européenne et un camp français » et qui ambitionnait de « réconcilier les colons et les Arabes, en ramenant les uns et les autres dans la voie tracée par [la] lettre du 6 février 1863 ». Les terres, les droits, les lois et la religion des Arabes devaient être respectés, mais les Arabes étaient français et ceux qui le demandaient pourraient « sans conditions de stage [être] investis des droits de citoyens français[40] ».

Sa proclamation au peuple arabe, en arrivant à Alger le 5 mai 1865, annonçait déjà cette évolution en donnant aux Arabes un exemple qui lui était cher : « Les Gaulois vaincus se sont assimilés aux Romains vainqueurs, et de l'union forcée entre les vertus contraires de deux civilisations opposées est née, avec le temps, cette nationalité française qui, à son tour, a répandu ses idées dans le monde entier[41]. » Le sénatus-consulte du 14 juillet 1865, peut-être le texte le plus libéral de toute la législation coloniale du XIXe siècle après l'abolition de l'esclavage, accordait la nationalité française à tous les Arabes qui en faisaient la demande avec la seule obligation d'abandonner la polygamie. « De l'association des peuples chère aux saint-simoniens, l'Empereur gliss[ait] inconsciemment vers le concept assimilationniste de “fusion des races”[42]. » Mais l'« arabomanie » de l'empereur suscitait la colère des colons.

La montée de l'opposition

Les attaques à l'égard de Napoléon III étaient encore plus vives en métropole. Les conspirateurs n'avaient pas désarmé. Rien qu'en 1862, les procureurs généraux dénoncèrent une dizaine de complots contre la vie du souverain. En 1864, un Calabrais, Pasquale Greco, et trois complices, tous mazziniens, furent arrêtés alors qu'ils projetaient de renouveler la tentative d'Orsini. La presse hasardait quelques critiques, mais la grande nouveauté venait du Palais-Bourbon.

Les discussions du Corps législatif s'animaient et les Français commençaient à les suivre avec un vif intérêt. Lorsqu'au début de la session de 1862, l'empereur voulut accorder une dotation au comte de Palikao pour son comportement lors de l'expédition de Chine, il se heurta à l'hostilité des députés, mécontents du coût des aventures lointaines et choqués par le sac du palais d'Été. Alors que ses ministres et même le principal intéressé lui demandaient de renoncer, il commença par prendre de haut l'attitude des parlementaires et publia une lettre cinglante dans le *Moniteur* : « Les nations dégénérées marchandent seules la reconnaissance publique[43]. » Cependant, le Corps législatif ne céda pas. Il élit une commission unanimement hostile pour examiner le projet. Dans son rapport, Jouvenel expliqua l'attitude de la majorité : « Nous avons pensé que l'indépendance de notre langage était la meilleure preuve de la sincérité de notre dévouement. » Napoléon III finit par reculer devant cette résistance aussi inattendue que ferme. Pour masquer son échec, il remplaça le projet par un autre qui visait à récompenser les services militaires exceptionnels « depuis le maréchal jusqu'au soldat[44] ». En la circonstance, le président du Corps législatif avait couvert sa majorité[45]. Napoléon III le lui reprocha d'abord, puis finit par lui pardonner. En juillet 1862, il se rendit en visite dans le Puy-de-Dôme, département dont Morny présidait le conseil général, et lui conféra le titre ducal, le premier qu'il accordait à un civil.

La France n'était pas mûre, selon lui, pour la liberté politique. Aux industriels français qui avaient pris part à l'Exposition de Londres, l'année précédente, il dit : « Vous avez dû […] être frappés en Angleterre de cette liberté sans restriction laissée à la manifestation de toutes les opinions comme au développement de tous les intérêts […]. C'est que la liberté anglaise respecte toujours les bases principales sur lesquelles reposent la société et le pouvoir. […] La France y parviendra aussi le jour où nous aurons consolidé les bases indispensables de l'établissement d'une entière liberté[46]. » Mais Morny tenait à la libéralisation. En mai 1863, il mit un terme à la législature en insistant sur les bienfaits des mises en garde adressées au pouvoir : « Un gouvernement sans contrôle et sans critique est comme un navire sans lest. L'absence de contradiction aveugle et égare quelquefois le pouvoir et ne rassure pas le pays. Nos discussions ont plus affermi la sécurité que ne l'eût fait un silence trompeur. » Ni l'empereur, ni la plupart de ses ministres ne partageaient cet enthousiasme feint ou réel.

En vue des élections législatives, le ministre de l'Intérieur, Persigny, proposa que le gouvernement refusât son patronage à trente-neuf membres de la majorité qu'il jugeait trop impopulaires ou qu'il entendait sanctionner pour avoir critiqué la politique impériale. Malgré les conseils contraires de Morny, Napoléon III accepta de le suivre. De son côté, l'opposition s'organisait. Les succès remportés par les Cinq incitaient la plupart des chefs du parti républicain à se rallier à la lutte légale. Par ailleurs, une alliance de circonstance se constituait entre des catholiques libéraux, des légitimistes conciliants et des républicains modérés, sous le nom d'Union libérale.

Persigny décida donc d'adopter une stratégie plus offensive. Il modifia un grand nombre de circonscriptions. La pression et la fraude électorales atteignirent des proportions phénoménales[47]. Mais cela ne suffit pas : les élections des 31 mai et 1er juin 1863 renforcèrent l'opposition. Alors que les candidats gouvernementaux obtenaient presque autant de voix qu'en 1857, l'opposition triplait de son côté les siennes, en grande partie grâce à la chute du taux d'abstention à 27 %. Les campagnes restaient fidèles au régime, mais la plupart des grandes villes, et en particulier Paris, votaient désormais massivement contre lui. Sur deux cent quatre-vingt-un sièges à pourvoir, trente-trois revenaient ainsi à l'opposition. Si l'Union libérale fut un cuisant échec pour la droite puisque son seul succès notoire fut la victoire du légitimiste Berryer, les républicains renforcèrent leurs positions avec treize élus. Quelques ténors de la politique, qui avaient disparu du Palais-Bourbon depuis 1852, firent leur réapparition. Tel fut le cas de Thiers dont l'élection fut perçue comme un véritable camouflet à l'égard du pouvoir, car Persigny avait usé de moyens considérables pour le faire échouer, alors que Napoléon III le lui avait pourtant défendu[48]. Les résultats globaux étaient loin d'être catastrophiques, tant la campagne électorale avait été vive[49], mais ils traduisaient la progression de l'opposition qui avait ses raisons dans le détachement des catholiques à la suite de la politique italienne de l'empereur, dans les difficultés économiques, et dans le temps qui s'écoulait. Il effaçait les troubles des régimes antérieurs, enterrait ceux qui les avaient connus et les remplaçait par une jeune génération éprise de liberté.

Ce qui n'était qu'un demi-échec fut perçu par le souverain qui aspirait toujours à obtenir l'assentiment général comme une véritable défaite. Il décida d'abord de sanctionner Persigny. Le ministre avait conduit la campagne. Il lui avait désobéi. Il était aussi l'objet de vives critiques. En effet, Walewski, qui avait eu maille à partir avec Persigny quand ils étaient respectivement ministre des Affaires étrangères et ambassadeur à Londres et qui lui reprochait son intransigeance vis-à-vis de Thiers, relayait auprès du souverain les plaintes de ses collègues et des députés[50]. Napoléon III annonça à son vieux compagnon qu'il devait se séparer momentanément de lui : « Votre maintien aux affaires entretiendrait l'agitation, exciterait les esprits et rendrait la vérification des pouvoirs désastreuse pour le gouvernement[51]. » En fait, si Persigny continua à siéger au Sénat et au Conseil privé et s'il reçut le titre de duc, il ne fit plus jamais partie du gouvernement. L'empereur lui donna pour successeur un conseiller d'État à la personnalité moins forte, Boudet.

Il procéda, plus largement, au premier remaniement de grande ampleur de son gouvernement autour de quatre piliers : Fould, Billault, Baroche et Rouher. Il souhaita aussi donner à ce cabinet les moyens de lutter contre une opposition parlementaire renforcée. Les ministres sans portefeuille défendaient parfois mal les affaires de leurs collègues, qu'ils n'eussent pas toujours les éléments pour le faire ou qu'ils les désapprouvassent parfois. Tel était en particulier le cas de Magne qui devait se faire l'interprète de Fould, son rival et successeur aux Finances. Par le décret du 23 juin 1863, Napoléon III remplaça donc l'institution par un ministère à part entière aux larges pouvoirs, le ministère d'État[52]. Celui-ci existait déjà, mais il fut totalement transformé. Il fut débarrassé de ses attributions administratives et artistiques pour devenir un ministère parlementaire, le seul du gouvernement. Napoléon III avait créé la fonction pour Billault qui avait brillé comme ministre sans portefeuille, mais celui-ci mourut avant de pouvoir l'exercer. « C'est pour moi une perte irréparable, écrivit alors le souverain à son épouse, surtout dans le moment actuel. [...] Je supprimerai je crois le ministère d'État et je chargerai Rouher (bien entouré) de toute la défense parlementaire[53]. » Il savait celui-ci doté d'une puissance de travail hors du commun, excellent connaisseur des dossiers et combatif. Il venait d'ailleurs de le nommer ministre présidant le Conseil d'État pour seconder Billault, mais il le jugeait moins brillant orateur et pensait qu'il n'aurait peut-être pas l'étoffe nécessaire. Cependant, il se ravisa, maintint le ministère d'État et le confia à Rouher.

Morny aurait souhaité que Napoléon n'organisât pas de la sorte la résistance, mais qu'il concédât, au contraire, de nouvelles libertés. Il lui fit parvenir une note : « Les élections n'ont laissé en présence que deux forces, l'Empereur et la démocratie. Les forces de la démocratie grandissent sans cesse. Il est urgent de la satisfaire si on ne veut être emporté par elle. » Un coup d'État était, selon lui, matériellement possible, mais il ne ferait que reculer les échéances. Il demanda à son demi-frère « sinon immédiatement toute la liberté politique, du moins la liberté civile ». À la fin de l'année 1863, ce dernier lui présenta même un programme précis visant à étendre le droit d'amendement, à favoriser l'interpellation et à permettre aux ministres d'apparaître au Palais-Bourbon. Il avança aussi l'idée d'un grand ministère libéral de fusion où entreraient les hommes de bonne volonté de toutes les tendances. Napoléon III jugeait toute nouvelle concession prématurée. Lorsque Girardin lui glissa quelques mots en faveur de la liberté de la presse, il reçut cette réponse : « Jamais [54] ! » En ouvrant la session du Corps législatif, Morny ne se réjouit pas moins du retour des « anciennes illustrations parlementaires », en s'adressant à Berryer et à Thiers [55]. Ce dernier fit d'ailleurs sa rentrée politique par un discours d'ouverture, le 11 janvier 1864. Selon lui, le régime pouvait être soutenu s'il accordait cinq « libertés nécessaires » : la liberté individuelle avec l'abrogation de la loi de sûreté générale, la liberté de la presse par la suppression du système des avertissements, la liberté électorale avec la fin des abus de la candidature officielle, la liberté de la représentation nationale par le rétablissement du droit d'interpellation, et enfin la liberté de la majorité avec le retour de la responsabilité ministérielle.

Thiers donnait là son programme à un tiers parti qui émergeait entre les bonapartistes purs, hostiles à tout changement, et les opposants intransigeants qui réclamaient toutes les libertés. De nombreux facteurs attestaient d'ailleurs ce vent de liberté qui soufflait sur les Assemblées. En novembre 1863, la vérification des pouvoirs des nouveaux députés avait pris près d'un mois, car plus du tiers des élections avaient été contestées et trois élections de candidats officiels et une autre d'un candidat officieusement soutenu par le préfet avaient été invalidées. Un nombre croissant de pétitions arrivaient au Sénat, pendant que des plaintes électorales étaient déposées au Conseil d'État. Les unes comme les autres étaient examinées scrupuleusement. Par ailleurs, la discussion de l'adresse occupait désormais le Corps législatif durant plusieurs mois et donnait lieu à de véritables joutes oratoires entre les opposants et les partisans du gouvernement. Enfin, si les interpellations demeuraient illégales, Morny les autorisait sous le nom d'« observations », à condition qu'elles fussent « présentées avec tact, loyauté et bon esprit ». Certains opposants s'en firent une spécialité.

Face à cette opposition déchaînée, Rouher eut d'abord du mal à entrer dans sa nouvelle fonction. Napoléon III lui reprocha sa réplique trop molle au discours de Thiers. Il aurait dû opposer la situation de la France et celle de l'Angleterre : « Tant qu'il y aura[it] des partis en France qui [voudraient] renverser le gouvernement la liberté absolue [serait] impossible[56]. » Quelques semaines plus tard, le souverain lui reprocha de méconnaître l'esprit des institutions et de se comporter en Premier ministre d'un gouvernement parlementaire, alors qu'il ne devait être que le représentant de ses idées devant les Chambres. Il lui donna l'exemple de Billault qui savait si bien s'approprier ses idées par dévouement[57]. Durant l'été, il songea même à supprimer le ministère d'État dont il ne voulait pas faire un organe trop puissant. De Vichy où il était en cure avec lui, Fould écrivit à Baroche : « Il est clair qu'il y a dans son esprit un combat entre le sentiment de la nécessité du concours de Rouher et l'inquiétude de lui donner une trop grande prépondérance[58]. » Finalement, l'influence du triumvirat Rouher-Fould-Baroche prévalut et le ministère fut maintenu.

Le début de la session de 1865 fut marqué par la grave maladie, puis la mort de Morny, le 10 mars. La veille, Napoléon III était venu lui rendre une dernière visite avec l'impératrice[59]. L'empereur lui réserva des obsèques grandioses[60]. Certains prétendaient qu'elles étaient aussi celles du processus de libéralisation. C'était exagérer l'influence du président du Corps législatif. Quelques jours après sa mort, le souverain rappela que « son principal mérite était de laisser faire et de céder toujours ».

Au vrai, Napoléon III était excédé par les attaques dont son régime et lui-même étaient perpétuellement les objets. Alors qu'il venait de faire paraître le premier volume de son *Histoire de Jules César*, un pamphlet intitulé *Les Propos de Labienus* lui donnait les traits de Néron et de Tibère. Pour la première fois, le 29 mars, un député, Picard, qualifia publiquement le 2 Décembre de « crime ». Le 15 avril, un nouvel amendement clérical à l'adresse recueillit quatre-vingt-quatre voix. De nombreux députés critiquèrent un emprunt destiné à poursuivre la guerre du Mexique et la croissance des dépenses de la Ville de Paris.

Le prince Napoléon se proposa alors de reprendre le programme de Morny, en l'élargissant même avec la fin des candidatures officielles, l'élection des maires par les conseils municipaux, l'admission des députés de Paris au sein de la commission municipale, le remplacement de Fould, d'Haussmann et d'une quarantaine de préfets. Napoléon III repoussa ces demandes. Il expliqua clairement, dans sa réponse à l'adresse du Corps législatif, le 16 avril 1865 : « Sans vouloir sans cesse tout changer, contentons-nous d'apporter chaque jour une pierre nouvelle à l'édifice. La base est large ; il ne saurait s'élever trop haut [61]. » Lorsqu'un mois plus tard, le prince profita de l'inauguration de la statue de Napoléon Ier à Ajaccio pour vanter le Napoléon libéral de 1815 et pour égratigner au passage son cousin germain, il fut aussitôt désavoué. L'empereur, alors en Algérie, avait été alerté par son épouse. Il rappela son cousin à l'ordre par une lettre très dure, rendue publique le 27 mai : « Le programme politique que vous placez sous l'égide de l'Empereur ne peut servir qu'aux ennemis de mon gouvernement [62]. » Vexé, le prince démissionna aussitôt de la vice-présidence du Conseil privé, poste qu'il avait accepté quelques mois plus tôt contre la promesse que le processus de libéralisation se poursuivrait. Il quitta également la présidence de la commission de l'Exposition universelle qui devait se tenir à Paris deux ans plus tard [63]. Le 19 juin, Napoléon III lui expliqua sa position, au cours d'un long entretien : « Personne ne doit faire de programme dans mon gouvernement en dehors de moi, fût-il bon. […] Il ne peut y avoir deux têtes dans un bonnet, cela ne peut et ne doit être. […] Le pays a déjà trop de liberté. Tu dis que j'ai le despotisme et je ne puis rien faire sans le Conseil d'État, les ministres, que sais-je ! Je ne puis rien [64]. »

Au cours des jours suivants, l'empereur fut amené à réviser quelque peu son jugement, sous l'effet des élections et d'une rencontre. En effet, le 25 juin, les électeurs du Puy-de-Dôme choisirent l'opposant libéral Girot-Pouzol pour succéder à Morny, malgré l'implication très forte de Rouher dans la campagne [65]. Quelques semaines plus tard, eurent lieu des élections municipales en demi-teinte. Entre-temps, l'empereur avait fait la connaissance d'Ollivier. Il savait que ce député républicain était un orateur talentueux et se rapprochait du régime à mesure que celui-ci se libéralisait. Son demi-frère n'avait cessé de le lui présenter comme l'homme à rallier en priorité. Ollivier avait d'ailleurs rapporté, en 1864, un projet de loi cher à Napoléon III [66], avait prononcé le 27 mars 1865 un grand discours d'ouverture dans lequel il se disait disponible « le jour où le souverain entrera[it] dans la voie libérale politique avec autant de décision qu'il [était] entré dans la liberté civile et sociale », puis avait accepté de faire partie d'une commission instituée par l'impératrice pour réformer le régime pénitentiaire des jeunes détenus. Cependant, l'empereur, encouragé sans doute par Rouher, le tenait jusque-là pour un ambitieux.

Le 27 juin 1865, Napoléon III profita de la venue d'Ollivier aux Tuileries, chez son épouse, pour faire sa connaissance [67]. Il vit en lui un homme sincère et fut séduit. Le 1er septembre, il décida de faire un geste en direction des libéraux, en désignant à la présidence du Corps législatif Walewski, libéral politique, catholique et protectionniste, plutôt que Baroche, partisan du régime autoritaire, du gallicanisme et du libéralisme économique qui avait eu d'abord sa préférence. Aussitôt, le bruit se répandit dans Paris qu'Ollivier deviendrait ministre. Mais Rouher déconseilla fortement une initiative que l'empereur jugeait lui-même prématurée. Le 22 septembre, une note très explicite parut au *Moniteur* : « Les journaux s'évertuent depuis quelque temps à prédire un changement dans les hommes et dans les choses du gouvernement. […] Nous sommes autorisés à déclarer que ces bruits n'ont aucun fondement et sont inventés par la malveillance [68]. » En ouvrant la session de 1866, le souverain fit d'ailleurs l'éloge de la Constitution de 1852 et rappela qu'il y aurait un grand danger à poursuivre hâtivement les réformes politiques ; il s'éleva contre « ces esprits inquiets » qui confondaient « l'instabilité avec le progrès [69] ». Napoléon III pensait que le régime gagnerait, en revanche, à substituer le droit d'interpellation que les députés s'arrogeaient d'ailleurs parfois illégalement, au droit d'adresse qui avait produit des débats houleux depuis son instauration. Mais ce changement n'eut aucun avocat, pas même Walewski, lors des conseils des ministres et du Conseil privé qu'il réunit du 7 au 14 mars. Ce fut précisément le moment que choisirent quarante-deux députés libéraux inspirés par Ollivier pour déposer un amendement qui commençait ainsi : « La France, fermement attachée à la Dynastie qui lui garantit l'ordre ne l'est pas moins à la liberté, qu'elle considère comme nécessaire à l'accomplissement de ses destinées » et qui se poursuivait par une série de revendications : le droit d'interpellation pour les parlementaires, l'obligation pour les ministres concernés de venir expliquer leur politique devant les Chambres, l'assouplissement du régime de la presse, la liberté de réunion en période électorale.

Rouher riposta en accusant les signataires d'aspirer au rétablissement du parlementarisme, alors que le régime cheminait paisiblement vers la liberté, et menaça les membres de la majorité tentés de voter l'amendement. Le 19 mars, le texte recueillit malgré tout soixante-trois voix [70]. Un tiers parti dynastique et libéral s'affirmait entre la majorité impériale et les opposants irréductibles. Napoléon III chercha à le rallier ou, au moins, à paralyser ses futures initiatives par le sénatus-consulte du 18 juillet 1866. Il autorisait le Corps législatif à discuter des amendements repoussés par le Conseil d'État, ne limitait plus à trois mois la durée de ses sessions et revalorisait l'indemnité des députés, mais il rappelait que « toute discussion ayant pour objet la critique ou la modification de la Constitution » était interdite au Palais-Bourbon comme dans la presse [71]. Ces demi-mesures ne pouvaient satisfaire les hommes du tiers parti qui en avaient demandé beaucoup plus.

Recherche de nouveaux soutiens sociaux et difficultés économiques

À partir de 1862, la politique impériale à l'égard des masses se fit nettement plus audacieuse, novatrice et confiante que dans les années 1850. Napoléon III, déçu par les effets de sa libéralisation de 1860-1861 sur les élites, fut tenté de chercher de nouveaux soutiens dans les masses [72]. Sa doctrine de l'unanimité, la volonté de faire aboutir ses projets de jeunesse avant de céder la place à son fils et la crise survenue lors de l'hiver 1861-1862 qui se prolongea dans le secteur textile, en raison de la pénurie de coton due à la guerre de Sécession, l'incitaient aussi à hâter la réalisation de son programme social.

En mai 1862, l'empereur créa la Société du prince impérial pour prêter de l'argent aux travailleurs qui en faisaient la demande, pour leur fournir du matériel et pour aider les familles laborieuses qui, accidentellement et temporairement, se trouvaient dans le besoin. Il encouragea tous les dignitaires du régime à y souscrire généreusement[73]. Cependant, il se heurtait encore à la mauvaise volonté du Conseil d'État, quand il avait besoin de lui pour faire passer une réforme sociale. Ainsi, la même année, il voulut créer une Inspection générale du travail, pour que la loi de 1841 sur le travail des enfants dans les manufactures fût enfin respectée, mais dut y renoncer provisoirement, en raison de l'hostilité de la majorité des conseillers d'État.

Le groupe du Palais-Royal, qui s'était constitué autour du prince Napoléon et qui comprenait des publicistes, les députés Darimon et Guéroult et une partie de l'élite ouvrière réformiste, encourageait l'empereur à persister sur cette voie, malgré les embûches qu'il rencontrait. Il répandait l'image d'un empereur social, par l'intermédiaire de *L'Opinion nationale* et de brochures bon marché de couleur orange, comme *L'Empereur, le Peuple et les Anciens Partis*. Il proposa aussi l'envoi de délégations ouvrières élues à l'Exposition universelle de Londres, en 1862.

Non seulement l'empereur accepta l'initiative, mais il la subventionna. Lorsque la délégation revint, il l'autorisa à se réunir pour préparer ses rapports et remit la Légion d'honneur à ses trois chefs. Alors qu'en France la loi Le Chapelier de 1791 et les articles 414 à 416 du Code pénal qui interdisaient aux travailleurs de se coaliser, en d'autres termes de se syndiquer et de s'attrouper étaient encore en vigueur, les Britanniques bénéficiaient d'une législation beaucoup plus souple. Les délégués en demandèrent l'application aux ouvriers français. Au Palais-Bourbon, Darimon relaya leur vœu avec le soutien du président du Corps législatif. Morny pensait en effet que les libertés civiles et sociales seraient un excellent prélude aux libertés politiques. Il suggéra lui-même à Napoléon III d'agir. Il n'eut aucun mal à le convaincre. Le souverain jugeait déjà que la loi s'appliquait souvent avec trop de rigueur. En novembre 1862, il avait reçu à Compiègne des typographes parisiens condamnés pour fait de grève et les avait graciés. À l'ouverture de la session parlementaire, le 5 novembre 1863, il annonça le dépôt imminent d'un projet de loi destiné à modifier la législation[74].

Avec son accord, Morny parvint à faire désigner comme rapporteur du texte le républicain Ollivier. Le député amenda d'ailleurs le projet dans un sens très libéral. Toutes les coalitions seraient acceptées, sauf celles qui donnaient lieu à des violences, des menaces ou des manœuvres frauduleuses susceptibles d'entraîner des atteintes à la liberté du travail[75]. Lors du débat, Ollivier plaça ses anciens amis devant leurs responsabilités, en opposant le progrès social à leur intransigeance. Malgré la réticence de nombreux conseillers d'État et députés de tous bords, Napoléon III fit savoir qu'il ne renoncerait pas à son projet. La majorité s'inclina. Le 2 mai 1864, le Corps législatif vota le texte en première lecture, par deux cent vingt et une voix contre trente-six. Le Sénat l'approuva par soixante-quatre voix contre treize. La loi du 25 mai 1864 reconnut le droit de grève, ce qu'aucun régime depuis 1791 n'avait osé faire.

Le souverain ne s'arrêta pas là [76]. Il toléra l'Association internationale des travailleurs, créée à l'automne suivant par des ouvriers français et britanniques, car elle était inspirée par le proudhonisme et ne faisait pas de politique. Conscient qu'il serait difficile aux ouvriers de se coaliser sans s'être préalablement concertés, il fit demander aux préfets, par une circulaire du 23 février 1866, de laisser se tenir les rassemblements purement économiques.

D'autres mesures suivirent. Une lettre du ministre du Commerce du 21 mars 1866 promit le même libéralisme pour les associations à caractère syndical. Napoléon III ressuscita aussi l'idée d'association ouvrière qui avait été oubliée depuis l'échec de 1848, sous le terme d'associations coopératives. On parla désormais de coopératives de crédit, de consommation ou de production. Pour les financer, un décret du 5 août 1866 créa une Caisse impériale des associations coopératives, au capital d'un million auquel Napoléon III souscrivit pour moitié. La loi du 26 juillet 1867 sur les sociétés commerciales ne les oublia pas et leur permit de récolter des capitaux. Parallèlement, Duruy, dont le souverain avait fait son ministre de l'Instruction publique en juin 1863 en le laissant libre d'agir, mit l'accent sur l'enseignement populaire [77]. Il multiplia ainsi les cours pour adultes qui étaient peu nombreux avant lui et développa l'instruction primaire. Les lois Guizot de 1833 et Falloux de 1850 avaient permis d'ouvrir des milliers d'écoles, mais il restait beaucoup à faire. Plus du quart du contingent était encore illettré. Duruy voulut rendre l'école gratuite et obligatoire. Il reçut le soutien de Napoléon III qui affirma dans son discours du trône du 15 février 1865 : « Dans le pays de suffrage universel tout citoyen doit savoir lire et écrire [78]. » Il entendait prouver que, contrairement aux accusations dont il était victime, il n'entretenait pas l'ignorance pour s'assurer des triomphes électoraux. Il dut cependant renoncer à l'obligation, devant les critiques de ses autres ministres et le tollé de l'Église, et à la gratuité à la suite des objections financières de Fould[79]. La loi sur l'enseignement primaire du 10 avril 1867 n'en fut pas moins une grande étape vers la gratuité, en aidant les communes les plus pauvres à ouvrir des écoles et en améliorant la situation des instituteurs et des institutrices.

Dix jours plus tôt, la deuxième Exposition universelle de Paris avait ouvert ses portes[80]. Napoléon III s'était beaucoup impliqué dans son organisation et avait tenu à lui donner une coloration plus sociale qu'économique. Dans ce but, il avait nommé commissaire général son cousin, puis après la démission de celui-ci Le Play. L'Exposition consacrait l'un de ses dix groupes aux « objets spécialement exposés en vue d'améliorer la condition physique et morale de la population », le seul à être disséminé sur tous les sites, de façon à lui donner le plus grand impact possible. Elle proposait une grande rétrospective sur l'histoire du travail et montrait des modèles de maisons ouvrières. Cinq d'entre elles avaient été dessinées par l'empereur lui-même et furent primées lors de la remise des récompenses, le 1er juillet. Le souverain vint plusieurs fois à l'Exposition, ne manquant jamais de faire un détour par la section sociale, pour y féliciter les chefs de métier et pour y acheter quelques objets populaires. Il tint aussi à ce que 325 000 visiteurs aux revenus modestes pussent bénéficier de réduction sur les billets d'entrée. À l'occasion de cette Exposition, il autorisa aussi l'élection d'un véritable « parlement du travail » réunissant 354 délégués, dans une ancienne école du passage Raoul à Paris, pour réfléchir à de nouveaux projets de lois sociales.

De nombreux ouvriers furent séduits par cette politique et s'ajoutèrent à ceux qui étaient déjà acquis au régime, mais le ralliement ne fut pas massif. Dans *L'Opinion nationale* du 17 février 1864, une partie de l'élite ouvrière dénia aux bourgeois républicains le droit de représenter les classes laborieuses, mais les candidatures ouvrières aux élections législatives qui précédèrent et suivirent ce « Manifeste des Soixante » ne recueillirent que des nombres dérisoires de suffrages. La Société nationale pour l'extinction du paupérisme fondée l'année suivante par un ancien quarante-huitard qui s'était rapproché du pouvoir, Gabriel Hugelmann, parvint rapidement à rassembler plusieurs dizaines de milliers de membres, mais commença à se radicaliser à mesure que sa base s'élargissait[81]. Les grèves se multiplièrent rapidement, grâce à la nouvelle législation.

Aux revendications sociales elles ajoutèrent souvent des critiques à l'égard des autorités, rarement cependant à l'encontre de Napoléon III lui-même.

Les incertitudes de la politique économique impériale, la persistance de la crise cotonnière et l'apparition d'une récession contribuèrent à limiter le ralliement ouvrier. Napoléon III ne compléta son programme social ni par la suppression des octrois, ni par la mise en place d'un impôt sur le revenu qui eussent séduits les masses, mais qui auraient, pour la première, amputé gravement les ressources financières et, pour le second, suscité une vive opposition des élites.

En juin 1863, le souverain avait nommé le saint-simonien Armand Béhic au ministère de l'Agriculture, du Commerce et des Travaux publics pour appliquer son programme de janvier 1860, mais celui-ci ne put lancer le grand « emprunt de la paix » qu'il projetait en raison de l'opposition de Fould. Celui-ci n'était guère plus satisfait, car il devait financer l'expédition du Mexique. Après le départ des deux hommes du gouvernement, l'empereur lança un programme de huit cents millions sur dix ans pour compléter le réseau des chemins vicinaux. Les ouvriers ne comprirent pas que l'on dépensât autant pour les campagnes[82]. Malgré des hésitations, l'empereur continuait sa politique de liberté économique, sous l'influence du triumvirat Rouher-Baroche-Fould. Il établit ainsi la liberté de la boucherie et celle, beaucoup plus délicate encore, de la boulangerie, avec toutefois deux réserves importantes pour la capitale, le plafonnement du prix du pain à cinquante centimes le kilogramme et le maintien de la Caisse de la boulangerie[83].

Il poursuivit aussi les grands travaux parisiens, après avoir rendu leur financement moins opaque et en cherchant maintenant à les expliquer et à hiérarchiser les priorités. Sous la direction de Charles Garnier, la construction d'un nouvel Opéra avait commencé en 1861. Le bâtiment devait être grandiose et devenir, selon l'architecte lui-même, le symbole du règne, le « monument Napoléon III ». Parallèlement, l'empereur avait décidé la reconstruction de l'Hôtel-Dieu sur l'île de la Cité. Le 31 juillet 1864, il fit publiquement savoir que le second bâtiment était prioritaire : « J'attache un grand prix à ce que le monument consacré au plaisir ne s'élève pas avant l'asile de la souffrance[84]. »

Ce fut aussi pour ne pas froisser l'opinion populaire et le sentiment égalitaire qu'il renonça à créer une noblesse en novembre

1865 pour récompenser ses fidèles. Il se contenta d'attribuer avec retenue titres et dotations. Malgré ces explications et ces précautions, les dotations et la politique urbaine étaient impopulaires. Après avoir autorisé la vente d'une partie du jardin du Luxembourg, le souverain fut victime d'une manifestation hostile des habitants et des étudiants du Quartier latin lorsqu'il se rendit, en mars 1866, à une représentation théâtrale à l'Odéon[85]. Les ouvriers que les travaux expulsaient du centre de la capitale et qui devaient se reloger à la périphérie, souvent très loin de leur lieu de travail, étaient mécontents. Les sommes considérables que Napoléon III dépensait sur sa cassette, pour construire des logements populaires ou pour améliorer l'alimentation des masses, ne changeaient rien. Pourtant, au nombre des réussites, citons celle du chimiste Mège-Mouriès, chargé par l'empereur en 1867 de trouver un moyen d'augmenter la production de matières grasses, et qui inventa la margarine deux ans plus tard.

De telles mesures apparurent dérisoires, lorsque la récession frappa la France à partir de 1866. Les calamités s'enchaînaient : épidémie de choléra, inondations, mauvaises récoltes. Les bruits de guerre faisaient baisser la bourse et immobilisaient les capitaux qui exigeaient de gros intérêts et ne s'investissaient plus guère. L'encaisse de la Banque de France atteignait des chiffres sans précédents, au point que l'on parla bientôt de la « grève du milliard ». Le bâtiment souffrait d'un hiver particulièrement rigoureux. Après la pénurie, le coton connaissait de nouveaux jours difficiles, car la fin de la guerre de Sécession provoquait la ruine des fabricants qui avaient spéculé sur les cours. Son retour affectait les autres branches du textile. Les hauts-fourneaux au bois continuaient à s'éteindre peu à peu. Quant aux banques, elles faisaient faillite les unes après les autres. Le chômage sévissait dans de nombreux secteurs de la plupart des régions. S'y ajoutait l'augmentation du prix du pain et de plusieurs produits de base. Le coût de la vie des ouvriers s'éleva brutalement[86]. Des émeutes ouvrières éclatèrent comme à Roubaix, le 16 mars 1867[87].

La conséquence la plus symbolique de la crise fut cependant la chute des Pereire. En avril 1867, le Crédit mobilier passa sous contrôle des Rothschild et sa liquidation, à l'automne suivant, provoqua de gros remous. L'économie mise en place par le chef de l'État en 1851-1852 venait de montrer ses limites. Une page se tournait alors que le régime connaissait également de grandes difficultés à l'extérieur. Comme le reconnut l'empereur, dans le discours qu'il prononça à l'occasion du bicentenaire du rattachement de Lille à la France le 27 août 1867, des « points noirs » assombrissaient désormais l'horizon[88].

Les déboires extérieurs

À partir de 1862, Napoléon III avait eu à réaliser son projet mexicain et les difficultés s'étaient accumulées[89]. Après le débarquement des troupes au Mexique, le général espagnol Prim, qui dirigeait le plus gros contingent et qui était une personnalité dans son pays, s'imposa à ses homologues français et anglais. Le 19 février 1862, il signa avec l'un des ministres de Juárez la convention de la Soledad, qui reconnaissait la République contre l'engagement des Mexicains de payer leurs dettes.

Dès qu'il apprit cet accord qui n'entrait pas dans ses vues, Napoléon III le désavoua. Il envoya au contraire 4 500 hommes supplémentaires, soulignant ainsi sa volonté de s'investir davantage et renversant au profit de la France l'équilibre des forces au sein de la coalition. Les Espagnols et les Anglais ne voulurent pas cautionner les projets impériaux et se retirèrent aussitôt, pendant que les Français commençaient à marcher sur Mexico. Cependant, en mai 1862, ils ne parvinrent pas à prendre Puebla.

Lorsque la nouvelle de cet échec arriva en France, elle fit grand bruit, car la ville n'était pas connue et beaucoup, empereur compris, croyaient qu'il ne s'agissait que d'une bourgade. Au Corps législatif, Jules Favre attaqua l'expédition. Napoléon III décida de laver l'affront de Puebla pour faire taire les critiques et rendre son honneur à l'armée française. Il envoya un corps d'armée sous le général Forey, auquel il avait confié la seule carte du Mexique qu'il possédait et qu'il dut ensuite faire copier pour pouvoir continuer de suivre les opérations[90]. Ce furent bientôt 30 000 soldats français parmi les plus aguerris dont disposait l'Empire qui furent engagés sur place. Le 17 mai 1863, Puebla capitula enfin. Trois semaines plus tard, les Français entraient à Mexico.

À l'initiative de Dubois de Saligny et de Forey, une assemblée des notables fut convoquée qui vota l'instauration de la monarchie. Napoléon III jugea l'initiative prématurée et décida le rappel du représentant français dont il se rendait compte qu'il lui avait envoyé jusque-là des informations d'un optimisme excessif. En septembre, il remplaça aussi Forey par Bazaine, puis il demanda à celui-ci d'organiser un plébiscite qui donna un résultat favorable à la monarchie. Mais il n'y avait pas eu de listes électorales, les notables avaient massivement fait voter leurs clients et les nombreux territoires hors de contrôle n'avaient pu être consultés. Abusé, l'empereur fut conforté dans l'idée du bien-fondé de son intervention.

L'archiduc autrichien Maximilien, auquel il avait parlé de son souhait de le voir monter sur le trône du Mexique dès septembre 1861, avait donné son accord le 2 janvier suivant. Celui-ci avait même préparé son avènement avec le général mexicain Almonte, avant de reculer début juin 1862 devant les difficultés [91]. Il fut de nouveau approché. Des émissaires mexicains vinrent le voir à son château de Miramar, puis Napoléon III lui-même acheva de le convaincre. Par la convention de Miramar, l'archiduc s'engagea à rembourser les créanciers français du Mexique, ainsi qu'à payer les frais de l'expédition, pendant que Napoléon III assurait le maintien sur place de forces françaises importantes jusqu'en 1867 et le passage, après cette date, de la Légion étrangère au service du gouvernement mexicain. Conclue à l'automne 1863, cette convention ne fut pas rendue publique immédiatement, car il fallait encore que le frère de Maximilien, l'empereur François-Joseph, donnât son accord définitif. Cela permettait aussi de limiter les critiques du Corps législatif où Favre et Thiers se déchaînaient déjà contre la durée et le coût de l'expédition. Ce fut le 10 avril 1864 que l'acceptation fut officielle [92]. La convention put alors être divulguée.

Arrivé sur place avec son épouse Charlotte en mai 1864, Maximilien réussit le tour de force de s'aliéner en quelques mois la plupart de ses partisans sans se concilier ses ennemis. Son trône ne tint rapidement plus qu'au soutien du commandant en chef du corps expéditionnaire français, le général Bazaine, qui devint maréchal, épousa la parente d'un ancien président du Mexique et commença à nourrir de grandes ambitions. Les deux hommes se brouillèrent vite [93]. Napoléon III recevait à présent les doléances des deux hommes. Grâce à de multiples correspondances d'officiers, il avait aussi un état plus réel du pays que celui que lui offraient les canaux officiels. Or, en 1865, les États-Unis venaient de terminer leur guerre civile et le succès du Nord sur le Sud constituait un revers pour Napoléon III. S'il avait joué les médiateurs avant le conflit, pour essayer de sauvegarder les approvisionnements de coton, il avait ensuite affiché sa préférence pour les États confédérés[94].

Les Américains le sommèrent alors de rappeler ses troupes et appuyèrent les rebelles en leur envoyant des hommes et du matériel. Les Français furent rapidement confrontés à une terrible guerre de harcèlement et le Mexique devint pour le second Empire ce que l'Espagne avait été pour le premier.

À Paris et même aux Tuileries, on parlait désormais du « guêpier mexicain » comme on évoquait un demi-siècle plus tôt le « guêpier espagnol ». En annonçant, en décembre 1865, qu'il ne pourrait plus défrayer les troupes françaises comme il s'y était engagé, en raison du déficit des finances mexicaines, Maximilien fournit à Napoléon III un prétexte pour se désengager. L'empereur des Français décida de hâter le retour des troupes. Le 22 janvier 1866, il s'efforça de donner le change dans un discours du trône abusivement optimiste : « Au Mexique, le gouvernement fondé par la volonté du peuple se consolide ; les dissidents, vaincus et dispersés, n'ont plus de chef ; les troupes nationales ont montré leur valeur, et le pays a trouvé des garanties d'ordre et de sécurité… » Il y annonça cependant l'ouverture de pourparlers pour le retour des troupes[95]. Trois semaines plus tard, il écrivit à Bazaine : « Mes intentions se résument ainsi : évacuer le plus tôt possible, mais faire tout ce qui dépendra de nous pour que l'œuvre que nous avons fondée ne s'écroule pas le lendemain de notre départ[96]. » Au printemps le calendrier du retour du corps expéditionnaire était fixé.

Les préoccupations mexicaines expliquèrent en grande partie la prudence de la politique européenne de Napoléon III durant les années 1862-1865. Les mouvements révolutionnaires en Italie et en Pologne y contribuèrent aussi. Le 20 mai 1862, l'empereur invita Thouvenel à tenter un suprême effort auprès du pape pour l'inviter à reconnaître la perte de la plus grande partie de ses États contre la garantie du restant, faute de quoi il accélérerait les négociations en vue du retrait des troupes françaises de Rome. Pie IX refusa. Le 9 juin, devant plusieurs centaines de prélats venus assister à la canonisation des martyrs d'Extrême-Orient, le pape réaffirma l'intangibilité du pouvoir temporel. Napoléon III était embarrassé. Il savait que l'opinion publique française ne lui pardonnerait pas un abandon du pape sans garanties. À Eugénie qui lui demandait des éclaircissements sur la conduite qu'il entendait suivre en Italie, il répondit : « Le but de mes démarches ainsi que je l'ai déjà dit a toujours été de chercher les moyens de quitter Rome, sans que la retraite des troupes françaises ne mette en péril le pouvoir du Pape [97]. »

Le débarquement de Garibaldi en Calabre, le 25 août, et sa marche sur Rome lui permirent d'une certaine façon de sortir de l'embarras où il s'était lui-même placé. Il invoqua la menace révolutionnaire pour demander fermement au gouvernement italien de réagir. Sur sa pression, l'armée royale arrêta les chemises rouges, le 29, sur les hauteurs de l'Aspromonte. Garibaldi fut battu, blessé et fait prisonnier. Cependant, le gouvernement italien n'avait pas renoncé à ses revendications romaines. Il affirmait dans une circulaire diplomatique du 10 septembre qu'il saurait remplir le mandat qu'il avait reçu du Parlement à l'égard de Rome. Par ailleurs, il libéra Garibaldi. Napoléon III fut irrité par l'attitude de ses anciens alliés. Au dernier conseil des ministres avant son départ pour Biarritz, il s'opposa à Thouvenel, Rouher et Persigny qui venaient de critiquer le pouvoir temporel du pape : « Moi aussi, Messieurs, je tâte deux fois par jour le pouls de la France, je connais son tempérament et je n'abandonnerai pas le pape [98]. » Il invita Walewski, dont les sympathies pour le pape étaient connues, à l'accompagner au Pays basque. Début octobre, il envisagea de constituer autour de lui un gouvernement à forte coloration catholique, mais il dut renoncer devant le refus de trois de ses principaux ministres, Fould, Baroche et Rouher [99].

Pour la première fois, Napoléon III recula devant une telle menace. Il se contenta d'un remaniement plus modeste. Thouvenel fut remplacé aux Affaires étrangères par Drouyn de Lhuys dont le nom tranquillisait les catholiques. Aussitôt, par solidarité avec leur ami qui les avait nommés, les italianissimes Benedetti et La Valette quittèrent les ambassades de Turin et de Rome. Parallèlement, la France chercha à se rendre sympathique aux quatre grandes puissances du Nord. Malgré les tensions des deux années précédentes avec l'Angleterre et celles du printemps 1861 avec la Russie, les relations avec ces deux puissances restaient plutôt bonnes. Par ailleurs, Drouyn de Lhuys plaidait pour un rapprochement avec Vienne, pendant que Napoléon III, séduit par les paroles engageantes de Bismarck, le nouvel ambassadeur en poste à Paris, envisageait une alliance avec Berlin [100].

L'insurrection polonaise de la mi-janvier 1863 vint tout bouleverser, car les Russes, qui en étaient responsables pour avoir décrété l'enrôlement forcé des jeunes Polonais dans leur armée, usèrent une nouvelle fois de la manière forte pour la réprimer. La France, pays de la Révolution et des droits de l'homme, pouvait-elle laisser un souverain autocrate opprimer les Polonais ? Pouvait-elle rester sans réaction quand un peuple qui était traditionnellement son allié et qui s'était distingué à ses côtés dans les guerres du premier Empire était persécuté ? Pouvait-elle seulement tolérer que des catholiques fussent maintenus sous le joug par des orthodoxes ? L'impératrice, Walewski, le prince Napoléon, les républicains et les catholiques pensaient que non.

Des milliers de pétitions arrivèrent au Sénat et des souscriptions s'ouvrirent à travers toute la France. Cependant, Napoléon III ne poussa pas son amour des nationalités jusqu'à engager la France dans un nouveau conflit avec la Russie [101]. Fin mars, il rappela fermement à l'ordre son cousin, qui venait de s'en prendre violemment à celle-ci au Sénat [102]. Depuis les événements italiens, la peur de la révolution et celle d'apparaître comme son complice l'incitaient à la prudence. Il déclara d'ailleurs au prince de Metternich : « On a beau avoir de la sympathie pour les aspirations nationales de tel ou tel peuple, c'est la révolution qui en s'interposant, gâte tout. C'est parce que je ne veux et je ne puis transiger avec la révolution que j'ai tant d'embarras aujourd'hui, c'est la révolution qui perd les meilleures causes, qui détruit les sympathies que l'on pourrait avoir, qui me rend l'Italie odieuse et me dégoûte de la Pologne [103]. »

L'empereur ne pouvait cependant pas rester totalement insensible à la répression et à l'émotion de l'opinion française. Les élections législatives approchaient. Il offrit l'asile et l'assistance aux réfugiés polonais [104]. Alors que la Prusse avait apporté son soutien à la Russie pour réprimer l'insurrection par la convention d'Alvensleben, ce qui internationalisait la question, Napoléon III essaya de constituer une alliance tripartite avec l'Angleterre et l'Autriche, mais il ne parvint pas à les entraîner. Les trois puissances se contentèrent d'envoyer à Saint-Pétersbourg des notes séparées qui précisaient les réformes à effectuer en Pologne. Comme celles-ci n'eurent aucun effet, Napoléon III en envoya une seconde qui n'eut pas plus de succès. Il changea alors de stratégie. Le 4 novembre 1863, il écrivit aux souverains européens pour leur proposer un congrès international de façon à « régler le présent » et à « assurer l'avenir ». « Comme je suis le souverain auquel on prête le plus de projets ambitieux, ajouta-t-il, j'ai à cœur de prouver par cette démarche franche et loyale que mon unique but est d'arriver sans secousse à la pacification de l'Europe. » Il en profita même pour réclamer la création d'un tribunal européen pour vider pacifiquement les querelles entre les États [105]. En fait, il ne se faisait guère d'illusion sur sa démarche, mais il lui fallait sauver la face, en particulier devant l'opinion publique française et les catholiques. Il ne fit qu'irriter encore davantage le tsar. Il proposa alors et sans plus de succès un second congrès à la Russie, à la Prusse et à l'Italie en vue d'un remaniement de frontières au détriment de l'Autriche. Lorsque cette dernière l'apprit, elle dénonça la duplicité du souverain français. La crise polonaise venait d'éloigner la Russie de la France et de la rapprocher de la Prusse. Elle venait aussi de révéler combien l'Autriche et l'Angleterre se méfiaient des projets de Napoléon III.

Celui-ci fut-il plus heureux dans les affaires italiennes dont il se préoccupa beaucoup en 1864 ? Lorsque Pie IX tomba gravement malade, au début de l'année, l'empereur crut sa mort prochaine et rouvrit les négociations avec les Italiens. Le 15 septembre, il parvint à s'entendre avec Victor-Emmanuel et signa avec lui une convention dite de septembre, par laquelle il s'engageait à rapatrier sous deux ans des troupes françaises qui protégeaient Rome contre l'engagement solennel du roi de défendre le territoire pontifical et de renoncer définitivement à faire de la Ville éternelle sa capitale au profit de Florence. Cette dernière clause fut tenue secrète pour ne pas indigner le peuple italien. Le pape qui, entre-temps, s'était rétabli, et qui ne connaissait pas la deuxième partie de l'accord, le prit très mal. Il fulmina l'encyclique *Quanta cura* et lui joignit le *Syllabus*, « recueil des principales erreurs de notre temps » dans lequel il dénonçait la liberté de conscience, le libéralisme, la souveraineté populaire et la civilisation moderne. Même si l'évêque d'Orléans, Mgr Dupanloup, s'attacha à en donner une vision modérée dans *La Convention du 15 septembre et l'encyclique du 8 décembre*, les rapports entre Napoléon III et Pie IX s'envenimèrent de nouveau. L'empereur interdit la diffusion de l'encyclique en France. Les Italiens n'approuvaient pas plus le compromis que le pape. L'empereur pensait se réconcilier avec eux et les détourner de Rome, en obtenant pour eux la Vénétie, comme il s'y était engagé à Plombières. Il crut bientôt trouver le moyen de le faire en se servant de l'opposition croissante entre l'Autriche et la Prusse.

En 1850, l'Autriche avait humilié la Prusse en l'obligeant à renoncer à constituer un Empire allemand autour d'elle. Cependant, au cours des années qui suivirent, l'équilibre s'était modifié entre les deux puissances. Alors que l'Autriche avait été défaite par la France en 1859, la Prusse profitait d'un formidable essor économique pour moderniser et renforcer ses infrastructures et son armée.

Le nouveau roi Guillaume Ier nourrissait de grandes ambitions pour son pays et appela Bismarck au poste de chancelier pour les réaliser, en septembre 1862. Prêt à mener une « politique de fer et de sang », celui-ci se fixa pour premier objectif de chasser les Autrichiens d'Allemagne. Il devait pour cela s'assurer de la bienveillante neutralité de la Russie et de la France. Il conclut avec la première la convention d'Alvensleben, puis la soutint lorsqu'elle réprima dans le sang l'insurrection polonaise. C'était un succès, même s'il demeurait très limité et que le prix payé avait été lourd [106]. Restait la France. Napoléon III considérait inéluctable la fin de l'influence autrichienne en Allemagne et l'agrandissement de la Prusse, véritable « Piémont du Nord », même s'il le souhaitait limité. Cependant, il n'envisagea jamais une quelconque unité de l'Allemagne autour d'elle [107]. La France ne pourrait-elle pas, en revanche, favoriser l'établissement d'une confédération de l'Allemagne du Nord contre des compensations territoriales sur le Rhin ?

L'empereur reçut Bismarck à Biarritz, en octobre 1865. Les deux hommes eurent de longues conversations en bord de mer, au pied de la Villa Eugénie. Par la suite, Napoléon III assura que Bismarck avait parlé « beaucoup, mais en des termes généraux et vagues ». Il ajouta : « Je n'ai jamais pu démêler au juste ce qu'il voulait, et il ne me fit aucune proposition formelle. De mon côté, je ne lui exprimai aucun désir personnel quelconque [108]. » L'art de la dissimulation des hommes d'État rend cette version crédible. Il était cependant plus que probable que Bismarck avait « emporté quelques paroles qui lui avaient donné de l'assurance [109] ». Tout en le trouvant « fort intéressant comme le comte de Cavour », l'empereur croyait que le chancelier prussien n'aurait pas les moyens de ses ambitions, car il n'avait pas, selon lui, l'habileté de l'ancien Premier ministre piémontais pour manœuvrer un Parlement. De son côté, Bismarck vit en Napoléon III une « grande incapacité méconnue ». Il se sentit suffisamment sûr pour déclencher les hostilités, en prenant le prétexte des duchés danois.

Depuis 1864, Prussiens et Autrichiens occupaient ensemble les duchés du Schleswig et du Holstein, possessions personnelles du roi de Danemark depuis le congrès de Vienne, sous le triple prétexte que le nouveau roi Christian IX avait accédé au trône sous une forme non prévue dans les accords initiaux, qu'il avait rattaché les deux duchés à son royaume et que le Holstein, dont la population était majoritairement allemande, faisait partie de la Confédération germanique. Bien que le Danemark fût l'allié traditionnel de la France, Napoléon III agit comme dans l'affaire polonaise [110]. Il avait été, avec les Britanniques, à l'initiative d'une conférence internationale, mais rien d'important n'en était sorti. Il s'était alors contenté de demander un plébiscite pour le Schleswig, à population majoritairement danoise, sans réellement insister. Prussiens et Autrichiens n'avaient pas tardé à se brouiller à propos de l'administration des duchés, avant de trouver un compromis, à Gastein, en août 1865. La Prusse avait alors reçu le Schleswig et l'Autriche le Holstein, mais ce dernier était bien loin. Napoléon III avait craint que Berlin eût en fait garanti à Vienne la possession indéfinie de la Vénétie contre l'annexion, à terme, des deux duchés. Or, il ne voulait ni de l'une, ni de l'autre. À Biarritz, Bismarck l'avait rassuré. Le chancelier fit d'ailleurs tout pour pousser les Autrichiens à bout au cours des mois qui suivirent. Il les accusa tour à tour d'entretenir l'anarchie dans le Holstein, de chercher à humilier la Prusse et de préparer une guerre contre elle. Il parlait aussi de la nécessité de réorganiser la Confédération germanique sur des bases démocratiques, en remettant en cause la Diète de Francfort et, à travers elle, le rôle de l'Autriche en Allemagne.

Tout en considérant qu'il était impossible de s'opposer totalement au vœu unitaire des Allemands, Drouyn de Lhuys prônait la fermeté vis-à-vis de Berlin. Il estimait que la France devait obtenir des garanties et des compensations [111]. Mais Napoléon III n'était pas dans le même état d'esprit. En mars 1866, il avait fait savoir au roi de Prusse qu'il resterait neutre dans le conflit qui s'annonçait [112]. S'il espérait que le conflit serait long, affaiblirait les deux ennemis et lui permettrait d'imposer sa médiation pacifique [113], il souhaitait un succès prussien pour chasser les Autrichiens d'Allemagne. Il encouragea ainsi l'accord italo-prussien du 8 avril 1866. Dirigé contre l'Autriche, il permettrait aux Italiens d'obtenir la

Vénétie en cas de victoire. En signe de bonne volonté, il favorisa aussi une solution prussienne pour succéder à Alexandre Cuza sur le trône de Roumanie. Il désigna son petit-cousin par les Murat et les Beauharnais, Charles de Hohenzollern-Sigmaringen qui appartenait à la branche aînée et catholique de la famille du roi de Prusse[114].

Le 3 mai 1866, Thiers dénonça le jeu dangereux de l'empereur au Corps législatif en un retentissant discours qui fit le tour de l'Europe. Trois jours plus tard, Napoléon III lui répondit à Auxerre en s'en prenant aux traités de 1815[115]. Le discours fit, lui aussi, « l'effet d'un coup de canon au milieu d'un concert[116] ». Cependant, devant le danger, l'Autriche fit des ouvertures à l'empereur des Français et, comme toujours en pareil cas, celui-ci proposa un congrès par une circulaire du 26 mai de façon à régler à la fois les problèmes pendants des duchés, de la Confédération germanique et de l'Italie. Bismarck fut d'abord contrarié, puis rapidement rassuré. La proposition impériale n'eut, en effet, pas plus de succès que les précédentes.

La guerre devenant imminente, l'Autriche signa un accord secret avec Napoléon III le 12 juin[117]. Contre la neutralité française, elle s'engageait, en cas de victoire, à créer un État indépendant sur le Rhin détaché de la Prusse et, en cas de défaite, à céder la Vénétie à Napoléon III qui pourrait ensuite la donner à l'Italie. Quelle que fût l'issue de la guerre, l'empereur pourrait donc honorer sa promesse de Plombières. Bismarck déclencha les hostilités le 8 juin. Ce jour-là, l'armée prussienne franchit la frontière du Holstein. La Diète de la Confédération germanique se joignit à l'Autriche qui était agressée. L'Europe attendait une lutte longue, acharnée et sans doute victorieuse pour l'Autriche. La guerre fut très brève et triomphale pour la Prusse.

Du cataclysme de Sadowa à l'isolement de la France et de son souverain

La Prusse écrasa l'Autriche en une bataille, à Sadowa, le 3 juillet 1866, date clé du règne de Napoléon III. Ce jour-là, le souverain prit brusquement conscience du danger. S'il avait été de ceux qui croyaient possible la victoire de la Prusse, au point de s'être réservé, lors des tractations de l'hiver précédent, le droit de réclamer une concertation internationale en cas de « modification de l'équilibre européen[118] », la rapidité du dénouement le stupéfia[119]. L'ambassadeur d'Autriche à Paris notait : « Jamais depuis que je connais l'empereur, je ne l'ai vu dans un tel état de prostration complète. » Il était dans l'une des crises de sa maladie qui tombait au plus mauvais moment, mais elle n'eut sans doute pas l'impact que lui attribuèrent beaucoup de contemporains et d'historiens, au moment où il fallut décider d'une riposte[120].

La nouvelle de Sadowa était un cataclysme qui pouvait, à lui seul, expliquer les hésitations et la démoralisation. Thiers et l'opposition parlaient de « la honte de Sadowa » qui faisait descendre la France au second rang. Dès le 4 juillet, Napoléon III se saisit de la demande de médiation autrichienne pour télégraphier au roi de Prusse : « Sire, les succès si prompts et éclatants de Votre Majesté ont amené des résultats qui me forcent à sortir de mon rôle de complète abstention[121]. » Le lendemain, il réunit d'urgence le conseil des ministres et le Conseil privé à Saint-Cloud[122]. Drouyn de Lhuys, appuyé par le maréchal Randon, Magne, Persigny et l'impératrice, prôna la fermeté, y compris si cela devait conduire à la guerre[123]. La Prusse n'avait d'ailleurs pu laisser que deux divisions sur le Rhin. La Valette, Rouher et Baroche soutinrent au contraire que la France devait rester prudente. Ni l'armée, ni l'opinion n'étaient prêtes. Paris avait illuminé en apprenant la victoire prussienne.

Même s'il demeurait indécis, Napoléon III sembla d'abord opter pour la première solution qui prévoyait la convocation des Assemblées pour demander des crédits de mobilisation, le départ immédiat de 50 000 hommes sur le Rhin et l'envoi à Berlin d'une note comminatoire. En soirée, Rouher, le prince Napoléon et La Valette firent son siège. Ils avancèrent que la politique de fermeté contredirait tous les encouragements donnés à la Prusse au cours des mois précédents. Leur argument décisif fut sans doute l'impréparation militaire de la France. Napoléon III jugeait, lui aussi, malgré les assurances de Randon, l'armée française insuffisamment préparée, inférieure à son homologue prussienne et non mobilisable dans l'immédiat. Il contremanda tous ses ordres.

En apprenant le revirement impérial, Randon s'exclama : « C'est nous qui avons été battus à Sadowa [124]. » De fait, Napoléon III eut le sentiment dès la semaine suivante de s'être trompé. Il ne parvint pas à imposer un congrès pour mettre un terme au conflit. Le vainqueur ne souhaitait pas l'immixtion des autres puissances dans ses négociations avec l'Autriche [125]. L'empereur des Français serait parvenu à imposer son congrès avec l'appui d'Alexandre II si les deux souverains avaient trouvé un accord sur l'Autriche [126]. Or, contrairement au tsar, Napoléon III ne voulait pas du maintien des Autrichiens en Allemagne [127]. La Prusse put donc mener rondement son affaire, et François-Joseph dut accepter les dures conditions de son vainqueur lors de l'armistice de Nikolsburg le 26 juillet, puis lors de la paix de Prague le 23 août suivant. Avec la bénédiction de Napoléon III, l'Autriche fut chassée d'Allemagne où la Prusse s'agrandit. En outre, celle-ci constitua avec les autres États allemands situés au nord du Main la Confédération de l'Allemagne du Nord qu'elle domina. François-Joseph tint l'engagement qu'il avait contracté vis-à-vis de Napoléon III, même s'il eut le sentiment d'avoir été joué. L'Autriche abandonna la Vénétie à l'empereur des Français qui la céda à son tour au royaume d'Italie. Tel fut bien le seul motif de satisfaction que Napoléon III tira du conflit.

L'opinion publique française, d'abord heureuse d'avoir évité la guerre, s'était totalement retournée en quelques jours et était devenue prussophobe [128]. Le régime cherchait à donner le change. Lors de la fête du 15 Août, Napoléon III eut le droit à une ode intitulée *Le Drapeau de la paix* et à des affiches qui proclamaient : « Gloire à celui qui préfère à la guerre, cruel fléau des peuples redoutés, la douce paix qui vient rendre à la terre le gai travail, l'amour, la liberté [129]. » Il cherchait lui-même des compensations en obtenant la cession de la Sarre ou du Palatinat pour apaiser l'opinion et atténuer l'échec de sa politique. Cependant, dès le 5 août, le chancelier prussien avait fait savoir publiquement qu'il ne céderait pas un pouce du territoire allemand. Après avoir effrayé les États du sud de l'Allemagne avec les prétentions françaises, Bismarck conclut avec eux des conventions qui plaçaient, en cas de guerre, leurs armées sous le commandement du roi de Prusse.

Repoussé dans ses prétentions rhénanes, Napoléon III porta donc ses regards vers le Luxembourg, voire la Belgique comme l'y incitait le chancelier prussien [130]. À la mi-août, l'empereur eut un long entretien avec Rouher à ce sujet. Il avait en effet toujours considéré la Belgique comme une création artificielle dirigée contre la France [131]. Le ministre d'État rédigea aussitôt une note qui proposa une alliance à la Prusse et précisa les revendications françaises. On y lisait la phrase suivante : « Il importe d'établir dès à présent qu'il n'existe point de nationalité belge et de fixer ce point essentiel avec la Prusse. » La note fut communiquée à Bismarck par l'intermédiaire de l'ambassadeur français à Berlin, Benedetti [132]. Le chancelier la garda précieusement. Jusqu'à la conclusion de la paix avec l'Autriche, il laissa entendre, pour ménager la France, que les solutions proposées étaient envisageables. Après, il railla publiquement cette demande de « pourboires ». Napoléon III fut contraint de la désavouer et d'en rendre responsable Drouyn de Lhuys qui démissionna [133].

Le 16 septembre, La Valette qui exerçait l'intérim en attendant l'arrivée à Paris du nouveau ministre, Moustier, ambassadeur à Constantinople, signa une circulaire qui avait été rédigée par Rouher et inspirée par le souverain. Elle fut aussitôt rendue publique. La France était sereine, y était-il écrit pour rassurer l'opinion. N'avait-elle pas obtenu la fin des traités de 1815 ? N'était-elle pas l'arbitre de l'Europe ? N'avait-elle pas la chance d'être plus peuplée que les puissances voisines ? Elle continuerait sa politique de neutralité qui lui avait si bien réussi en encourageant la constitution de grandes formations territoriales. Cependant, la seconde partie de la circulaire changeait complètement de ton. La France pouvait être menacée par la nouvelle Confédération de l'Allemagne du Nord. Elle renforcerait donc légitimement son armée et continuerait de réclamer des compensations [134]. Napoléon III vit rapidement dans le grand-duché de Luxembourg, que le roi de Hollande possédait mais souhaitait vendre, une seconde Savoie. Il se porta acquéreur. Or, le grand-duché relevait aussi de la Confédération de l'Allemagne du Nord et une garnison prussienne gardait sa capitale depuis 1815. Après avoir semblé approuver le rattachement à la France, Bismarck vit dans la résistance un moyen de favoriser l'union de tous les Allemands, car le projet était fort impopulaire outre-Rhin. La transaction paisible devint une menace pour la sécurité de la patrie commune.

Le chancelier connaissait parfaitement les difficultés que Napoléon III rencontrait pour faire passer son projet de réforme militaire [135]. Il le savait affaibli par la maladie et envisageait même la possibilité de sa mort prochaine, qui entraînerait des divisions intestines en France et lui laisserait les mains libres [136]. Il décida donc de s'opposer par tous les moyens à la vente du Luxembourg et révéla l'alliance offensive et défensive que la Confédération de l'Allemagne du Nord avait conclue avec les États du Sud. Le 1er avril 1867, il fit aussi savoir que rien ne serait possible sans l'accord préalable du peuple allemand. Napoléon III annonçait maintenant : « J'ai eu confiance en Bismarck et il m'a trahi. »

Pendant quelques jours, Paris et Berlin semblèrent au bord de la guerre, mais ni le chancelier prussien, ni l'empereur français n'étaient décidés à en découdre. Napoléon III jugeait impossible d'entraîner la France dans une lutte périlleuse pour le petit Luxembourg [137]. L'armée française qui était en cours de réorganisation n'était toujours pas prête [138]. Le souverain était préoccupé par sa santé et plus encore par celle de son fils qui venait de tomber gravement malade. Par ailleurs, le roi des Pays-Bas prit peur des conséquences de la vente et finit par y renoncer. À l'initiative de l'Angleterre, soucieuse d'éviter l'humiliation complète de la France, une conférence se tint à Londres pour régler la question. Contre la renonciation définitive de Paris à son projet d'acquisition, Berlin accepta de retirer sa garnison et de démanteler les fortifications de Luxembourg [139]. Le grand-duché fut neutralisé sous garantie des puissances. Ainsi, la politique des compensations s'achevait par un nouvel échec impérial. L'affaire eut pour seul mérite de dessiller les yeux de l'empereur sur les intentions de Bismarck [140].

Sadowa avait conforté Napoléon III dans son idée de rappeler le corps expéditionnaire du Mexique au plus vite, car il aurait désormais besoin de toutes ses forces disponibles en Europe. Dès lors, les préparatifs de l'évacuation allèrent bon train [141]. Rien ne fit renoncer Napoléon III, pas même la visite à Paris de l'impératrice Charlotte. Lors de l'entrevue qu'il lui accorda, il était au plus mal. Alité depuis plusieurs jours à cause de la maladie de la pierre, il ne s'était levé que pour la recevoir. Il ne céda pourtant pas lorsque Charlotte le menaça d'une abdication de son époux, puis fut victime d'une crise de nerfs sous ses yeux [142]. Elle se rendit ensuite à Rome pour essayer d'obtenir le soutien du pape, puis sombra dans la folie et ne revit jamais ni le Mexique, ni son époux. Entre-temps, Napoléon III avait écrit à Maximilien pour lui montrer sa fermeté et son impassibilité face à son désir d'abandonner sa couronne : « Nous ne pouvons plus nous bercer d'illusions, avait-il conclu, et il faut à tout prix que la question mexicaine, en ce qui regarde la France, soit définitivement résolue [143]. » Les dernières troupes françaises quittèrent Mexico en février 1867. Maximilien renonça finalement à abdiquer et resta courageusement sur place, en s'enfermant avec ses derniers partisans à Querétaro. Il fut fait prisonnier par les rebelles, puis fusillé le 19 juin 1867. L'aventure mexicaine que Rouher avait qualifiée imprudemment, à ses débuts, de « plus grande pensée du règne », se terminait en tragédie.

La nouvelle parvint en France en pleine Exposition universelle. Le télégramme qui l'annonça arriva de Vienne le 1er juillet, au moment même où Napoléon III s'apprêtait à distribuer les récompenses et les prix aux exposants. Plusieurs témoins rapportèrent que le souverain, d'habitude impassible, pâlit en l'apprenant et parla d'une voix pleine d'émotion [144]. Dix jours plus tard, il était toujours affecté et envisageait une grande cérémonie funèbre à Notre-Dame. Ses ministres l'en dissuadèrent à grand-peine et il fut simplement décidé de donner des messes dans toutes les églises [145]. Il ne fallait pas accorder une trop grande publicité à cette désastreuse affaire, alors que l'Exposition battait son plein. Avec ses cinquante-deux mille exposants venus de plus de trente pays et ses neuf millions de visiteurs, ses fêtes, ses bals et ses revues, elle donnait l'illusion d'un apogée du régime. Victor Cousin, peu complaisant d'ordinaire pour le souverain, lança même : « Napoléon III n'est pas seulement l'Empereur de la France, il est l'Empereur de l'Europe [146] ! » Une « pluie de princes étrangers » s'était abattue sur l'Exposition, au point que, selon le mot de Mérimée, on allait peut-être devoir les coucher à deux dans le même lit. Même le sultan ottoman Abdül-Aziz avait fait le déplacement. C'était la première fois qu'un souverain de la Sublime Porte sortait de son Empire depuis la chute de Constantinople en 1453. Cependant, ni la reine d'Angleterre, ni le roi d'Italie ne se déplacèrent, même s'ils envoyèrent leurs héritiers. La première avait été irritée par l'affaire du Luxembourg, le second par la fermeté de Napoléon III à propos de Rome. Si les troupes françaises avaient achevé l'évacuation de la ville, en décembre 1866, à la consternation du Saint-Siège, Napoléon III demeurait en effet intraitable sur le maintien de l'État pontifical.

Les visiteurs de l'Exposition pouvaient admirer, outre les ascenseurs et les scaphandres, le canon géant du sidérurgiste allemand Krupp, lourd de menaces pour l'avenir… alors que la France venait de montrer sa faiblesse militaire. En juin, Guillaume et Bismarck arrivèrent à Paris, ce que Napoléon III avait voulu éviter, en raison de la prussophobie grandissante de l'opinion française. Cependant, ce fut le séjour du tsar Alexandre II qui lui causa surtout du souci. Certes, il se réjouissait de sa venue, car il pensait qu'elle apaiserait les relations tendues entre les deux pays depuis l'insurrection de la Pologne, mais il s'inquiéta lorsqu'il sut qu'Alexandre arriverait aussi en juin. Son oncle Guillaume n'allait-il pas obtenir de lui une alliance contre la France ?

Surtout, le tsar devant lequel Napoléon III avait déplié le tapis rouge et qu'il logeait à l'Élysée repartit de Paris très irrité à la suite de deux graves incidents. Alors qu'il visitait la Sainte-Chapelle et le Palais de justice, il fut apostrophé par l'avocat républicain Charles Floquet : « Vive la Pologne, monsieur ! » Après une revue à Longchamp, le 6 juin, il fut victime d'un attentat. Un Polonais nommé Berezowski tira sur lui au milieu du bois de Boulogne pour venger sa patrie [147]. L'impératrice dut alors supplier Alexandre de ne pas rentrer immédiatement à Saint-Pétersbourg. Quelques semaines plus tard, la justice française se contenta de condamner Berezowski aux travaux forcés et non à la peine capitale. La perspective d'une alliance franco-russe s'éloignait encore. Le tsar, surtout préoccupé par les Balkans, recherchait de toute façon le soutien prussien.

Ce fut ensuite François-Joseph qui arriva à Paris. Il entretenait des relations très cordiales avec le couple impérial au point qu'en public, l'impératrice l'embrassait sur les deux joues, contre tout usage protocolaire. Il resta une semaine entière et eut droit à un somptueux banquet offert par la Ville de Paris. Napoléon III était désormais demandeur d'une alliance et l'avait déjà proposée à la mi-août lors de son séjour à Salzbourg, où il venait présenter ses condoléances à François-Joseph à la suite de la mort de son frère [148]. L'intérêt de l'Autriche la poussait à accepter, pour obtenir sa revanche de Sadowa, mais les Magyars qui étaient devenus les égaux des Autrichiens dans l'Empire au lendemain de la défaite l'accepteraient difficilement car ils n'avaient pas d'intérêts directs dans les affaires allemandes. François-Joseph pouvait-il d'ailleurs compter sur Napoléon III ? Sa politique italienne, sa neutralité bienveillante à l'égard de la Prusse en 1866, son refus de voir entrer Vienne dans la Confédération de l'Allemagne du Sud et l'abandon de Maximilien plaidaient contre l'empereur des Français. Les discussions se poursuivirent néanmoins, mais elles devraient inclure l'Italie. L'Autriche ne tenait pas, comme l'année précédente, à avoir un ennemi sur son flanc sud en cas de nouveau conflit avec la Prusse.

Or de l'autre côté des Alpes, la situation se compliqua de nouveau pour Napoléon III. En vertu de la convention de septembre, les dernières troupes françaises avaient quitté Rome en décembre 1866. Consterné, Pie IX avait dit de l'empereur aux officiers français venus prendre congé de lui : « On dit que sa santé n'est pas bonne, je prie pour sa santé ; on dit que son âme n'est pas tranquille, je prie pour son âme. » En France, quelques évêques avaient ordonné des prières publiques et rédigé des mandements vifs. Quelques prêtres avaient prononcé des sermons enflammés, puis le calme avait fini par revenir.

Ce fut une nouvelle entreprise de Garibaldi qui mit l'empereur dans l'embarras. Lorsqu'en septembre 1867, les « chemises rouges » essayèrent de porter secours aux Romains qui s'étaient soulevés contre Pie IX, Napoléon III demanda à Victor-Emmanuel d'appliquer la convention et de barrer la route aux révolutionnaires, en le menaçant dans le cas contraire d'intervenir. Le roi qui tenait à éviter le retour des Français lui promit d'agir, mais il craignait de heurter l'opinion publique italienne. Il fit arrêter Garibaldi le 24 septembre, puis le laissa s'échapper et rejoindre ses troupes quelques jours plus tard. Napoléon III décida alors de régler lui-même le problème et de répondre à l'appel que venait de lui adresser le pape. Le 26 octobre, il envoya une division sur place [149]. Le 3 novembre, les troupes françaises écrasèrent les garibaldiens à Mentana et se réinstallèrent dans les États pontificaux. Les nouveaux fusils français, les « chassepots », avaient fait merveille, comme le général Failly le câbla à l'empereur. Contre l'avis de celui-ci, le ministre de la Guerre fit publier le télégramme pour rassurer l'opinion publique sur les capacités militaires de la France dans le cas d'une éventuelle guerre contre la Prusse, mais la formule malheureuse de Failly indigna les Italiens. La popularité de Napoléon III dans la péninsule acheva de s'évanouir. « Mentana avait tué Magenta. »

Le 4 décembre, Thiers réclama des garanties supplémentaires pour la défense du pape. Le lendemain, Rouher se laissa entraîner par les acclamations des députés et surenchérit : « Nous le déclarons au nom du gouvernement français, l'Italie ne s'emparera pas de Rome !... Jamais... Jamais, la France ne supportera pareille violence à son honneur et à la catholicité... » Après un quart d'heure de suspension de séance, Rouher, sur la remarque de plusieurs députés dont Berryer, reprit la parole pour préciser que lorsqu'il parlait de la défense de Rome, il entendait celle du territoire du Saint-Siège dans son intégralité [150]. L'empereur reprocha ces paroles à son ministre d'État, en lui rappelant qu'il ne fallait jamais dire « Jamais ! ». Ce véritable « Mentana parlementaire [151] » l'engageait moralement vis-à-vis du pape et des catholiques. La majorité avait réussi à imposer ses vues au gouvernement et à l'empereur. La division française resterait à Rome. Alors qu'il avait joué un rôle déterminant dans le processus d'unification de l'Italie, Napoléon III apparaissait désormais comme le principal obstacle à son achèvement.

CHAPITRE XIV

LE CRÉATEUR DE L'EMPIRE LIBÉRAL

« Est-ce qu'à la hauteur où vous êtes vous faire petit, n'est-ce pas vraiment vous faire grand* ? »,

« La France veut la liberté, mais avec l'ordre. L'ordre j'en réponds ; aidez-moi, messieurs, à fonder la liberté**. »

La lettre du 19 janvier 1867

À la fin de l'année 1866, Napoléon III décida d'accorder de nouvelles libertés politiques. Il entendait toujours procéder au « couronnement de l'édifice » par la liberté, mais il n'avait pas dit s'il le ferait en une fois ou par étapes et n'avait pas fixé de calendrier. Qu'est-ce qui le poussa à agir à ce moment précis ? Comment expliquer les concessions qu'il fit alors ? L'impératrice, qui apprit tardivement sa décision et en fut profondément surprise comme la plupart de son entourage, des opposants, des Français et des étrangers, affirma plusieurs décennies après : « Il ne se croyait plus capable de supporter longtemps le fardeau, si lourd, du pouvoir suprême [1]. » Elle rappela, en la circonstance, que son époux et elle avaient pris la résolution d'abdiquer en 1874, lorsque leur fils atteindrait ses dix-huit ans, pour se retirer à Pau et à Biarritz. Elle ne comprenait pas ce qui lui semblait être un renoncement au pouvoir. La lassitude et la maladie qu'elle invoquait n'étaient pourtant pas

* Émile Ollivier à Napoléon III, le 18 novembre 1869.
** Napoléon III devant les députés, le 29 novembre 1869.

les motivations principales de son époux, ainsi que l'attestaient ses écrits. Après Sadowa, Napoléon III jugeait indispensable de moderniser l'armée française, mais il savait la mesure impopulaire et espérait la faire accepter plus facilement en concédant des libertés. Dans son esprit, ces dernières n'iraient pas jusqu'au régime parlementaire qu'il considérait toujours comme une hérésie. Il répliqua vivement à l'un de ses préfets, Henri Chevreau, qui en avait envisagé l'avènement devant lui au cours de l'été : « Tant que je vivrai, vous n'aurez pas ce gouvernement[2]. » Comme il en avait déjà eu l'idée quelques mois plus tôt, il pensait simplement substituer à l'adresse qui donnait des débats bien trop vifs à son goût le droit d'interpellation que les députés s'étaient déjà arrogé, sans que ni Morny, ni Walewski après lui n'eussent eu la volonté et le désir de le leur ôter[3]. Enfin, il entendait toujours se concilier les jeunes générations. Il y avait donc dans le geste qu'il s'apprêtait à accomplir à la fois de la sincérité, du pragmatisme et du calcul.

Ce fut Walewski qui parvint à le convaincre en novembre 1866, lors du séjour à Compiègne, d'élargir son programme en libéralisant le régime de la presse et en réduisant les attributions du ministère d'État, en particulier par l'envoi des ministres au Corps législatif. Il réussit même à lui faire accepter l'idée de remplacer au ministère de l'Instruction publique Duruy, dont les projets inquiétaient ses amis catholiques et lui-même, par Ollivier. Il fut convenu que l'éloquent député que l'empereur avait appris à découvrir l'année précédente[4] remplacerait Rouher comme orateur du gouvernement devant les Chambres.

Le 31 décembre, le président du Corps législatif reçut Ollivier et lui mit le marché en main[5]. Après avoir d'abord refusé, le député accepta de réfléchir. Les jours suivants se passèrent en échange de lettres et en conciliabules. Napoléon III lut ou relut les discours du député et soutint à Walewski : « Il est impossible que je ne m'entende pas avec un homme qui parle ainsi. » Le député écrivit finalement que son concours serait plus efficace à l'extérieur du gouvernement qu'à l'intérieur. Il l'accorderait à condition que le régime de la presse fût libéralisé, que les fonctions de ministre et de député pussent devenir compatibles et que la réforme militaire fût abandonnée. L'empereur ne pouvait admettre la dernière demande. Il fit toutefois appeler Ollivier aux Tuileries. L'entretien qui se déroula le 10 janvier 1867 dura plus d'une heure et demie.

Il fut chaleureux et très libre. Napoléon III se montra une fois encore intraitable sur la réorganisation de l'armée[6] : « Je sais que mon projet est impopulaire, mais il faut savoir braver l'impopularité pour remplir son devoir », mais il parut se ranger à l'avis du député sur la présence des ministres à la Chambre, la réforme de la presse et évoqua même celle des réunions. Il déplora ensuite le refus d'Ollivier d'entrer au gouvernement, mais comptait bien qu'il ne serait que momentané. Il lui demanda aussi de lui indiquer des noms nouveaux. « Mon cousin, qui a beaucoup d'esprit, surtout quand il s'agit de critiquer, me disait : "Vos ministres sont des Maîtres Jacques ; vous les habillez tantôt en cochers, tantôt en cuisiniers." Cette disette d'hommes est affligeante. » Il lui suggéra ensuite d'essayer de convaincre l'impératrice et Rouher.

Ollivier vit Eugénie dès le lendemain. Sans rejeter le principe des réformes, celle-ci les jugeait inopportunes : « Précisément parce que le gouvernement traverse une crise, ce n'est pas le moment de faire des concessions. » Quant à Rouher, il reprocha d'abord au souverain de s'être laissé circonvenir par le président du Corps législatif. « Je ne permettrai pas qu'on dise cela, répliqua Napoléon III, c'est moi qui ai voulu, c'est moi qui me suis adressé à Walewski », puis, le 13, le ministre se déroba au rendez-vous qu'avait fixé le souverain à Ollivier. Les deux hommes en profitèrent pour converser encore une heure. Napoléon III se réjouit à l'idée de la surprise qu'il préparait aux Français et à certains de ses ministres et lança sous forme de boutade : « Ces messieurs me consultent sur certaines affaires, mais, en général, je ne sais pas ce qu'ils font. » Il lut ses projets de décrets réformateurs à Ollivier qui n'y trouva rien à redire, même s'il aurait voulu davantage. La veille, le souverain lui avait expliqué son dilemme dans une lettre : « Croyez bien que ce qui me retient n'est ni l'incertitude ni une vaine infatuation de mes prérogatives, mais la crainte de m'ôter les moyens de rétablir dans ce pays troublé par tant de passions diverses l'ordre moral base essentielle de la liberté. Néanmoins, pour frapper les esprits par des mesures décisives, je voudrais d'un coup établir ce qu'on a appelé le couronnement de l'édifice ; je voudrais le faire afin de ne plus y revenir, car il m'importe et il importe surtout au pays d'être définitivement fixé. Il faut tracer résolument le but que je veux atteindre sans avoir l'air d'être entraîné d'années en années à des concessions successives[7]. »

Au conseil des ministres du 17, il exposa son plan de réformes et demanda à Rouher de s'entendre avec Ollivier. Le ministre d'État se récria. Baroche fut encore plus véhément. Soucieux d'éviter un éclat, l'empereur conclut la discussion par un « Nous en reparlerons une autre fois [8] » dont il avait l'habitude. Le lendemain, la plupart des ministres menacèrent de donner leur démission pour essayer de le faire revenir sur sa décision. Dans la journée, Ollivier qui s'inquiétait, écrivit au souverain pour le conjurer « de ne pas [se] laisser ébranler » et « de ne pas tomber dans le piège qui consistera[it] à reprendre par le détail ce qu'[il aurait] concédé en principe ». Si ses ministres lui faisaient défaut, il se mettait à son service. Napoléon III lui répondit aussitôt : « Le retard vient uniquement de la difficultés du remaniement ministériel, car les questions de personnes sont plus longues à résoudre que les questions de principes. » En réalité, il était embarrassé par la résistance de ses ministres. Alors qu'il s'orientait vers de grandes réformes, il était inquiet à l'idée de devoir se passer de son fidèle personnel. Il pensait le talent de Rouher indispensable pour les mettre en œuvre. Le ministre d'État avait pris une grande importance à la faveur des difficultés du régime et de sa maladie et avait prouvé son utilité. Maupas qui le détestait exagérait néanmoins son pouvoir en prétendant qu'« il ne relevait que de la volonté souveraine dont lui-même était trop souvent l'arbitre », en parlant de « l'Empire par délégation » et en affirmant que l'on était descendu du « gouvernement personnel » au « gouvernement sous-personnel [9] ». Rien ne le montra mieux que ce qu'il advint finalement.

Napoléon III se montra inflexible et maintint l'ensemble de son programme de réformes. Ce furent Rouher et ses collègues qui s'inclinèrent et acceptèrent de rester. De façon très significative, l'empereur décida de procéder comme le 5 janvier 1860, en s'adressant publiquement à son ministre le plus important, mais aussi le plus rétif, pour montrer que tous devaient se plier à sa volonté. Le 19 janvier 1867, il envoya donc une lettre à son ministre d'État et la fit publier le lendemain au *Moniteur* : « Aujourd'hui je crois qu'il est possible de donner aux institutions de l'Empire tout le développement dont elles sont susceptibles et aux libertés publiques une extension nouvelle sans compromettre le pouvoir que la nation m'a confié. » Il annonçait le remplacement de l'adresse qui avait « parfois, passionné inutilement l'opinion, donné lieu à des débats stériles et fait perdre un temps précieux pour les affaires », par « le droit d'interpellation sagement réglementé », la faculté accordée aux ministres de venir expliquer leurs actes devant les Chambres « en vertu d'une délégation spéciale » et le dépôt de deux grands projets de lois sur l'assouplissement du régime de la presse et sur le droit de réunion[10]. Un décret du même jour précisait ce qu'il entendait par un droit d'interpellation « sagement réglementé ». La demande devrait être signée par au moins cinq parlementaires et approuvée par deux bureaux sur cinq au Sénat et quatre sur neuf au Corps législatif[11]. Mais là n'était pas ce qui limitait le plus la portée de sa lettre.

Napoléon III conserva La Valette à l'Intérieur et surtout Rouher au ministère d'État en lui confiant en plus les Finances, car il fallait sauver le Crédit mobilier alors en grande difficulté[12]. En outre, un proche du ministre d'État, Forcade de La Roquette, prenait le portefeuille de l'Agriculture, du Commerce et des Travaux publics. Un véritable « rouhernement », comme l'on disait alors, serait donc chargé de procéder au « couronnement de l'édifice ».

Walewski et le prince Napoléon furent consternés. Selon eux, l'empereur perdait tout le bénéfice de ses concessions en ne sacrifiant pas son personnel autoritaire. Le prince écrivit à son cousin : « À des choses nouvelles, il faut des hommes nouveaux. Rappelez-vous Sire votre oncle en 1815 s'entourant de Benjamin Constant, de Sismondi, nommant Carnot, le membre du Comité de salut public, ministre de l'Intérieur. Quelle confiance inspireront les paroles d'un ministre qui viendra lancer ce qu'il a condamné il y a un an comme factieux[13] ? » Napoléon III lui répondit : « Tes observations seraient justes si mon gouvernement était un gouvernement parlementaire comme celui de Louis-Philippe. » Sous l'Empire, les ministres s'adaptaient aux changements décidés par le maître. Il ajoutait cependant : « Je ne pouvais, en prenant des hommes nouveaux, complètement étrangers à ce qui s'est fait, abandonner la majorité du Corps législatif qui m'a toujours montré un dévouement absolu[14]. »

Thiers s'écria : « C'est une attrape mais nous saurons en profiter[15] » et Mme Baroche écrivit que le 19 janvier n'était qu'« une journée de dupes[16] ». À l'inverse, l'impératrice considéra que cette date inaugurait l'Empire libéral[17]. De son côté, Ollivier estimait avoir œuvré « pour [sa] cliente, la liberté[18] » et jugeait la réforme importante, mais attendait de voir comment elle serait appliquée. À la demande de Napoléon III, Rouher et lui se rencontrèrent, le 23 janvier. Le ministre d'État se dit converti au nouveau programme impérial et certain que « la majorité, pour assurer sa réélection, votera[it] ce qu'on voudra[it] [19] ». Un décret du 5 février suivant rétablissait la tribune, supprimée en 1852, mais interprétait de façon restrictive l'interpellation, qui ne pouvait se terminer que par un ordre du jour pur et simple ou par le renvoi au gouvernement [20]. Seule l'ouverture de la session permettrait de voir comment les uns et les autres allaient se comporter et quelle allait être réellement la portée du changement.

L'échec des réformes

Le 14 février 1867, Napoléon III fut accueilli froidement par les parlementaires auxquels il présentait ses réformes [21]. De ce fait, il lut son discours d'une voix mal assurée, en faisant trembler son papier dans ses mains. Cette ouverture de la session n'augurait rien de bon. Comme le confiait La Valette à Darimon : « La majorité se sent empoisonnée [par le virus du 19 janvier]. Elle s'efforce de le vomir, sentant que si elle l'assimile, elle est perdue. » Sa partie droite constitua rapidement, sous l'égide de Jérôme David, fils naturel du roi Jérôme et figure montante de l'Assemblée, le cercle de la rue de l'Arcade, du nom de la rue où il s'était installé. Ces hommes, appelés « Arcadiens » ou « Mamelucks », entendaient lutter contre les réformes avec le soutien du *Pays* de Granier de Cassagnac. Il se révéla vite que Rouher les appuyait discrètement, tout en dénonçant publiquement leurs excès. Son propre gendre, Samuel Welles de Lavalette, fils adoptif de son collègue et ami, ministre de l'Intérieur, y siégeait aussi. Le ministre d'État joua un rôle décisif dans l'adoption du sénatus-consulte du 14 mars qui accordait au Sénat un veto suspensif d'un an sur les décisions du Corps législatif [22].

Alors que la session était très agitée et qu'il avait en particulier à affronter les attaques répétées de Thiers et de Jules Favre, Rouher reprochait à Walewski son inaptitude à tenir l'Assemblée, en particulier dans la discussion du 18 mars, l'une des plus houleuses jamais connues par le Corps législatif [23]. Le 29, il obtint son départ et demanda à l'empereur de le remplacer par Jérôme David. Napoléon III préféra nommer le maître de forges du Creusot, Eugène Schneider, qui était d'une nuance politique moins accusée. De plus, il était déjà vice-président et avait exercé à plusieurs reprises l'intérim présidentiel. Ollivier et Rouher se rendaient coup pour coup. Alors que le ministre s'en prenait soit directement, soit par ses affidés au député et qu'il venait de s'opposer à sa nomination comme rapporteur du projet sur la presse, celui-ci écrivit de son côté à Napoléon III, le 8 avril, pour l'inciter à renvoyer son gouvernement et à dissoudre le Corps législatif, faute de quoi, disait-il, il ne pourrait jamais faire passer ses réformes.

Cependant, les journaux libéraux attaquaient le souverain comme jamais auparavant, puisque l'administration avait renoncé à user de ses pouvoirs discrétionnaires contre eux, dès le 19 janvier. L'empereur en venait presque à regretter son projet sur la presse et il répondit à son correspondant, le 10 : « Ce n'est pas lorsque le capitaine voit des nuages à l'horizon qu'il change son équipage. Je vois avec peine que notre pays est moins mûr que je ne le croyais pour des réformes [24] ! » Le 12 juillet, Ollivier réclama à la tribune du Corps législatif la suppression du ministère d'État qui empêchait la réalisation du programme du 19 janvier et dénonça en Rouher un « vice-empereur sans responsabilité ». L'attaque fit mouche et l'épithète était destinée à rester. Napoléon III envoya aussitôt à son ministre la plaque de grand-croix de la Légion d'honneur en diamants avec une lettre qu'il fit insérer dans le *Moniteur* : « Au milieu des attaques injustes dont vous êtes l'objet, [cette] attention amicale vous fera oublier, je l'espère, les ennuis inséparables de votre position [25]. » Il donna donc raison à Rouher dans le duel qui l'opposait à Ollivier et cessa toute relation avec le député libéral [26]. Il connaissait d'ailleurs, au même moment, les pires difficultés pour faire adopter les trois grandes réformes qu'il avait annoncées. Même si Rouher ne leur était pas favorable, le ministre savait tenir la majorité et son concours lui semblait indispensable pour les faire adopter.

L'intérêt du souverain pour les questions militaires et sa compétence en la matière étaient incontestables et anciens. Dans sa jeunesse, Napoléon III avait été officier dans l'armée suisse et avait publié un manuel d'artillerie [27]. La France avait créé la conscription par la loi Jourdan de 1798, l'avait réformée par les lois Gouvion-Saint-Cyr de 1818 et Soult de 1832 et avait été victorieuse, depuis, sur tous les théâtres d'opérations au point d'être considérée comme la première puissance militaire mondiale. Mais Napoléon III estimait qu'elle manquait de troupes, en raison des dispenses, des exemptions et des remplacements. Il défendit continûment ce point de vue, depuis ses articles de Ham jusqu'à son discours du trône du 14 février 1867 où il affirma que « l'influence d'une nation dépend[ait] du nombre d'hommes qu'elle p[ouvai]t mettre sous les armes ». Sa conviction avait été renforcée par la guerre de Crimée et par celle d'Italie, où il avait dû signer précipitamment l'armistice de Villafranca avec l'Autriche devant la menace prussienne, faute d'avoir une armée numériquement suffisante [28]. La première guerre lui avait donné l'occasion, par une loi de 1855, de substituer le système de l'exonération à celui du remplacement, véritable « traite des Blancs » qui permettait au riche « d'envoyer un homme du peuple pour se faire tuer à sa place » comme il l'avait écrit à Ham. Le nouveau système imposait à ceux qui ne voulaient pas servir de verser à une caisse de l'État une somme qui permettait de payer les primes de rengagement. Il moralisait donc le recrutement et maintenait sous les drapeaux des soldats expérimentés. Il ne résolvait pourtant pas le problème du nombre. Au lendemain de la guerre d'Italie qui avait été meurtrière et avait coûté cher, Napoléon III avait renoncé à augmenter les effectifs de l'armée et s'était contenté de faire réfléchir ses officiers généraux à un projet destiné à décentraliser l'administration militaire et l'intendance, en vue d'une mobilisation plus rapide. Il avait reculé devant les dépenses [29]. Le problème restait entier, et Sadowa rendait la réforme urgente [30]. La France, peuplée de trente-six millions d'habitants, disposait de moins de 450 000 soldats dont plus du tiers était immobilisé au Mexique, en Algérie et à Rome. De son côté, la Prusse comptait quatorze millions d'habitants de moins, mais pouvait disposer, avec ses réserves, de plus de 750 000 hommes, sans compter les contingents de la Confédération de l'Allemagne du Nord.

Dès le 20 août 1867, Napoléon III fit rédiger par le général Castelnau une note préconisant le service obligatoire. Cependant, il était isolé. La plupart des hommes politiques dont Thiers, considéré comme une haute autorité en la matière, et des officiers supérieurs, tels les maréchaux Randon, ministre de la Guerre, et Vaillant, ministre de la Maison de l'empereur, ne croyaient pas en la vertu des réserves et du nombre, mais en celle d'une armée expérimentée aux effectifs réduits. L'enquête agricole révélait en plus que les campagnes réclamaient la réduction du contingent.

Un premier projet audacieux fut enterré et Napoléon III se contenta, par la circulaire La Valette du 16 septembre 1866, de préparer les Français à la réforme militaire, en en soulignant la nécessité[31]. Après plusieurs réunions préparatoires, il nomma, en novembre, une haute commission militaire composée de trois membres civils de son gouvernement, Rouher, Fould et Vuitry, le ministre présidant le Conseil d'État, du prince Napoléon, des maréchaux et de quelques généraux, soit vingt-trois membres au total. Dans les réunions qui se tinrent à Saint-Cloud et à Compiègne, de fin octobre à début décembre, à raison de deux séances par jour, six projets furent successivement discutés dont celui de l'empereur, le plus radical, qui consistait en un service obligatoire sans remplacement possible et dans lequel le tirage au sort n'intervenait plus que pour répartir les hommes entre le contingent et la réserve. Il se heurta à la majorité des chefs militaires qui opposaient la qualité à la quantité, et aux ministres qui parlaient coût financier et nécessité de ménager l'opinion publique[32].

Le 12 décembre 1866, le souverain fit publier au *Moniteur* un projet sorti de son cabinet qui était déjà moins ambitieux. Tous les Français âgés de vingt ans révolus non exemptés seraient soumis à un service de neuf ans. Ils seraient répartis en trois catégories aux effectifs voisins : l'armée d'active, les réserves et la garde nationale mobile. Les jeunes gens que le tirage au sort placeraient dans l'active ou les réserves y effectueraient six ans avant de se retrouver pendant trois ans dans la garde nationale mobile, destinée à défendre les places fortes, à protéger les frontières et à maintenir l'ordre. L'exonération serait maintenue, mais tous ceux qui en bénéficieraient seraient versés dans cette garde pendant neuf ans, même s'il était précisé, pour rassurer les Français, que les exonérés ne seraient astreints qu'à de « rares rassemblements[33] ». Le tout devait procurer à la France 1 232 000 hommes.

Napoléon III profita du remaniement ministériel du 19 janvier suivant pour se séparer de Fould, dont il craignait les rigueurs budgétaires et pour remplacer à la Guerre le maréchal Randon toujours réticent par le maréchal Niel qui était l'un de ses proches. Ce dernier avait travaillé au projet et était un excellent orateur. En effet Napoléon III s'attendait à de vives résistances parlementaires. Ce fut d'abord le cas au Conseil d'État qu'il avait tenu à présider pour souligner l'importance de la réforme. Il fallut que Niel modifiât le texte pour qu'il fût voté.

Le projet Niel, comme on l'appela dès lors, fut déposé au Corps législatif le 7 mars 1867. Il suscita immédiatement quantité d'articles de presse et de brochures hostiles. Une campagne de pétitions fut même lancée à travers la France pour obtenir son retrait et recueillit des dizaines de milliers de signatures dans toutes les couches sociales. Les bourgeois craignaient la fin de leurs exemptions, les patrons la raréfaction de la main-d'œuvre, les paysans le départ plus massif de leurs fils vers l'armée. Alors que depuis 1863, Erckmann et Chatrian connaissaient un grand succès populaire avec leurs ouvrages sur le premier Empire, qui dénonçaient l'esprit de conquête et les armées permanentes, Lanfrey publia opportunément le premier volume de son *Histoire de Napoléon Ier*, très malveillant, et qui fit grand bruit dans les milieux éclairés. Aubaine pour les députés de l'opposition, le projet militaire n'était pas mieux accueilli par ceux de la majorité. Quand ils n'étaient pas convaincus de ses méfaits, ils y voyaient la perte de l'une de leurs prérogatives les plus importantes, le vote annuel du contingent, et songeaient qu'il leur coûterait sans doute leur réélection. De la commission d'examen parlementaire sortit un véritable contre-projet qui fut envoyé au Conseil d'État. La fin de session arriva sans que rien ne fût décidé.

L'empereur envisagea alors de dissoudre le Corps législatif, mais Rouher objecta que des élections faites sur un projet aussi impopulaire seraient catastrophiques. Deux candidats officiels réputés favorables à la réforme venaient d'être battus lors de partielles. Abattu, Napoléon III changea alors radicalement de tactique. Comme il ne restait presque plus rien de son projet, il décida d'y renoncer pour satisfaire l'opinion. En ouvrant la session, le 18 novembre 1867, il ne parla plus que de « simples modifications à la loi de 1832[34] ». De fait, si les trois ensembles dont la garde nationale mobile et les neuf ans de service dont cinq dans l'active étaient maintenus, le remplacement fut rétabli. Certains Français continueraient donc d'échapper au service militaire.

Le nouveau projet qui vint en discussion le 19 décembre n'en fut pas moins combattu par Thiers, Jules Simon qui prônait une simple milice sur le modèle suisse, ou encore Jules Favre qui souhaitait que la France donnât l'exemple du désarmement. La loi fut finalement votée par le Corps législatif, le 14 janvier 1868, par deux cents voix contre soixante, validée par le Sénat, le 28 janvier, par cent vingt-six voix contre une, celle de Michel Chevalier, et sanctionnée par le souverain le 1er février suivant. Sa seule nouveauté était la garde nationale mobile dont les effectifs s'annonçaient importants, mais qui ne serait pas soumise à la discipline militaire, ne ferait que quinze jours d'exercice par an et disposerait de moyens matériels réduits.

Le pays n'était pourtant pas encore rassuré. Quelques semaines plus tard, la réunion des conseils de révision servit de prétexte à des troubles à Toulouse, à Bordeaux, à Béziers, à Nîmes ou encore à Montauban. Napoléon III avait dû lutter presque seul contre tous pour imposer sa réforme. Malgré sa maladie et les difficultés de tous ordres qui s'étaient abattues sur lui, il avait d'abord fait preuve d'énergie, mais avait fini par reculer. Son impuissance à faire passer le projet qui lui tenait le plus à cœur traduisait le déclin de son autorité. « Le second Empire cumul[ait] ici les faiblesses de la dictature et des gouvernements libéraux. Il ne dispos[ait] plus de la vertu contraignante propre aux régimes autoritaires ; et il ne [pouvait] obtenir spontanément des sacrifices patriotiques[35]. »

Napoléon III suivit de près l'application de la réforme au cours des mois suivants, et se désola de ses piètres résultats[36]. À l'été 1869, la garde nationale mobile fut appelée à Paris pour maintenir l'ordre, mais elle fut si agitée qu'elle ne fut plus convoquée !

Le premier des deux projets promis par le souverain, en janvier 1867, était destiné à assouplir le régime de la presse. Il prévoyait qu'une autorisation préalable ne serait plus nécessaire pour créer un journal. Il suffirait de faire une déclaration et de fournir un cautionnement. L'impôt du timbre serait abaissé. Les professions d'imprimeur et de libraire seraient affranchies de l'obligation du brevet. Les affaires de presse ne relèveraient plus de l'administration et le système des avertissements serait aboli. Sauf en cas de crime, elles seraient désormais toutes jugées par les tribunaux correctionnels. En revanche, les anciens délits seraient maintenus, les débats parlementaires ne pourraient toujours pas être commentés et les juges auraient la possibilité d'interdire la publicité des procès. Comme le gouvernement avait tenu à appliquer le contenu du projet de loi avant même son vote, de façon à éviter les critiques, un grand nombre de procès de presse étaient en cours, dont celui des « comptes rendus parasites[37] ». La justice prononçait des condamnations, mais les peines étaient le plus souvent légères. Girardin avait ainsi été condamné à six mille francs d'amende pour avoir violemment attaqué le 2 Décembre dans *La Liberté*[38].

Le souverain eut rapidement le sentiment que les journalistes, qui avaient auparavant peur des avertissements, cherchaient maintenant les condamnations judiciaires pour apparaître comme des martyrs à bon compte. Rouher connaissait ses doutes et l'incitait à renoncer à la réforme [39] ; certains députés de la majorité aussi [40]. Il ne céda pas et la discussion put s'ouvrir au Corps législatif le 29 janvier 1868 [41]. Les ténors de l'opposition se déchaînèrent contre ce projet qu'ils jugeaient insuffisamment libéral. Jules Simon résuma leurs sentiments en une formule incisive : « Nous sommes tous d'accord dans le parti de la liberté pour préférer la nouvelle loi à l'ancienne et pour déclarer que la nouvelle loi ne vaut rien. » De son côté, la majorité la trouvait au contraire trop libérale. Le 31 janvier, l'arcadien Granier de Cassagnac mit en garde le gouvernement contre une loi que même l'opposition ne souhaitait pas et qui créerait un quatrième pouvoir, rival des pouvoirs institués.

À la suite de ce discours qu'ils ovationnèrent, de nombreux députés de la majorité étaient décidés à rendre à l'empereur le « service » de repousser le texte. Le soir même puis le 2 février, Napoléon III convoqua le Conseil privé et le conseil des ministres et écouta les avis des uns des autres. Il changea trois fois d'opinion en trois jours. Il pensa d'abord laisser les députés libres de voter ou de rejeter le projet. Tel fut le sens de l'intervention de Baroche au Corps législatif, le 1er février [42]. Sans aller aussi loin que Persigny qui proposait un coup d'État, ou que Rouher qui suggérait d'abandonner la réforme et était appuyé par l'impératrice, Baroche, Vuitry et Troplong, Napoléon III envisagea un ajournement suivi d'une dissolution du Corps législatif. Il se rallia finalement à l'avis de Walewski, Magne, Duruy, Schneider et La Valette, dont le revirement impressionna. Le souverain trancha en faveur du maintien et du soutien du projet, pour ne pas donner au pays le sentiment qu'il manquait de suite dans les idées [43]. Les membres des deux conseils n'en étaient déjà plus là. Le maréchal Vaillant consigna dans ses carnets la « versatilité […] vraiment inquiétante » du maître [44]. Quant à Rouher et Vuitry, ils démissionnèrent.

Le 4, Schneider, qui avait pris l'humeur de l'Assemblée, informa Napoléon III que sans une intervention du ministre d'État le projet ne passerait pas. Le souverain dut envoyer chercher Rouher qui commençait déjà à préparer son déménagement. Comme il refusait de céder en se plaignant de ne plus être écouté face au crédit croissant de ses ennemis, le souverain lui dit tristement : « Ainsi donc, vous aussi, vous voulez m'abandonner », pendant qu'Eugénie pleurait. Le fidèle serviteur se jeta alors dans les bras du maître et reprit sa démission [45]. Face aux députés, il plaida une cause qu'il détestait, assura que seule l'opportunité de la réforme avait été débattue dans les conseils et non son intérêt, et insista sur « la volonté nette du souverain de tenir énergiquement devant [eux] le projet de loi ». Seuls sept membres de la majorité, « les sept sages de la Grèce », selon Granier de Cassagnac qui en faisait partie, osèrent voter contre l'article 1er qui supprimait l'autorisation préalable. Le 9 mars, le Corps législatif adopta l'ensemble du projet à la majorité trompeuse de deux cent vingt-deux voix contre une, celle de Berryer, le député légitimiste qui refusait de cautionner le parti pris de la justice dans les procès de presse. Une forte minorité du Sénat eut beau réclamer le réexamen du texte, ce dernier n'en devint pas moins la loi du 11 mai 1868.

Le deuxième projet de janvier 1867 proposait d'autoriser les gens à se réunir sur simple déclaration, à condition que leur rassemblement ne menaçât pas la sécurité publique, qu'il ne fût pas tumultueux et qu'il ne traitât pas les questions religieuses et politiques, en dehors des campagnes électorales. Pour s'assurer que les participants resteraient dans le cadre de la loi, il était prévu une surveillance policière. Malgré les nombreuses restrictions envisagées, les conseillers d'État et les députés de la majorité étaient aussi hostiles à cette réforme qui risquait d'agiter le pays et de rendre les élections difficiles qu'à celle sur la presse [46]. Le rapporteur au Corps législatif, Peyrusse, ne cessait de le répéter. Cependant, il n'osa pas s'opposer publiquement au projet et ses collègues n'exprimèrent pas leurs critiques avec la même vivacité que Granier de Cassagnac l'avait fait à propos du projet sur la presse, puisque Napoléon III avait tranché définitivement en faveur des réformes. Seul Maupas, au Sénat, fut virulent [47]. De leur côté, les républicains manifestèrent le plus profond dédain pour un projet qui laissait au pouvoir la faculté de suspendre ou d'interdire toute réunion qui lui déplaisait. Pelletan lança ainsi au gouvernement : « Vos réunions publiques ne sont que des provocations à la police correctionnelle. » Le projet fut voté, le 25 mars 1868, par deux cent douze voix contre vingt-deux. Une nouvelle fois, une forte minorité sénatoriale se prononça pour un second débat sur le projet, mais sans plus de réussite que pour celui sur la presse. La loi du 6 juin 1868 parut aussi transitoire que la précédente.

Napoléon III développait parallèlement ses projets sur l'Algérie, l'enseignement et les ouvriers. Dans ces trois domaines, il continuait cependant de se heurter à de multiples obstacles et il obtenait des résultats très contrastés. À partir de 1867, une série de fléaux s'abattit ainsi sur l'Algérie. Se succédèrent le choléra, la sécheresse, une invasion de sauterelles, une famine et un tremblement de terre ! Ils nourrissaient le mécontentement et donnaient des arguments aux adversaires des réformes impériales[48]. En avril 1868, une commission d'enquête présidée par un député, Léopold Le Hon, se rendit sur place. En juillet suivant, elle remit ses conclusions qui allaient dans le sens des colons et réclamaient un régime civil. Quelques mois plus tard, Napoléon III accepta de nommer une commission de l'Algérie présidée par le maréchal Randon, de façon à préparer un nouveau statut de la colonie. Il renonçait, de fait, à sa politique du royaume arabe[49].

Duruy qui n'avait pu réformer l'instruction primaire aussi largement qu'il l'aurait voulu[50] se heurta à des difficultés plus grandes encore avec l'enseignement secondaire[51]. Son programme concernant les garçons ne prêta guère à la controverse, car il était assez modeste et ne faisait que reprendre ce qui existait déjà sous une autre forme. Il se contenta presque, en effet, de supprimer la bifurcation mise en place par Fortoul, sous prétexte qu'elle intervenait trop tôt dans la scolarité[52], et de créer à la place l'enseignement spécial destiné à former les futurs cadres de l'économie, grâce à des cours pratiques de droit civil, de langues vivantes, de géographie commerciale ou encore de dessin industriel. En revanche, il provoqua un tollé en s'attaquant à l'enseignement des jeunes filles qui était, jusque-là, l'apanage de l'Église. En octobre 1867, le *Bulletin de l'Instruction publique* annonça la création de cours publics en leur faveur dont on apprit bientôt qu'ils seraient dispensés par les professeurs de l'enseignement secondaire masculin dans les locaux municipaux. Mgr Dupanloup écrivit trois brochures à gros tirages pour dénoncer l'initiative et se demander quelle prime serait donnée aux professeurs qui épouseraient leurs élèves[53]. Il reçut les félicitations du pape et fut soutenu par une grande partie du clergé. De ce fait, et malgré le soutien du couple impérial et de quelques ministres et hauts fonctionnaires, qui envoyèrent leurs filles suivre les cours, ceux-ci ne purent être ouverts que dans une quarantaine de villes et connurent une audience très limitée.

D'un autre côté, Duruy ne parvint pas à réformer l'enseignement supérieur. S'il créa l'École pratique des hautes études, il ne put instaurer la liberté de l'enseignement supérieur sur laquelle il comptait pour faire sortir les facultés de leur apathie[54]. En ce domaine, il se heurta à trois reprises à l'empereur et aux gallicans qui l'entouraient, en particulier Troplong et Bonjean, qui craignaient une diffusion des doctrines ultramontaines par le biais de facultés catholiques. Il fallut paradoxalement que Napoléon III se rapprochât des cléricaux, à la suite des élections législatives du printemps 1869, et renvoyât Duruy pour que la situation évoluât. Peu rancunier, l'ancien ministre déposa l'année suivante au Sénat, où il siégeait désormais, une proposition de loi en faveur de l'ouverture d'établissements d'enseignement supérieur sur simple déclaration au recteur. Seule la chute du régime empêcha son adoption.

Par ailleurs, Napoléon III s'appuya sur le compte rendu des travaux de la commission ouvrière du cours Raoul[55] de janvier 1868 pour compléter sa législation sociale. Dès le 31 mars suivant, les chambres syndicales furent tolérées. La loi du 6 juin leur permit de se réunir facilement. Une autre loi du 11 juillet 1868 créa des caisses d'assurances en cas de décès ou d'accidents du travail[56]. Le 18 août suivant, la parole de l'ouvrier fut reconnue l'égale de celle de l'employeur devant les tribunaux. Un décret impérial du 7 décembre réorganisa l'inspection des manufactures en la confiant aux ingénieurs des mines qui avaient déjà l'expérience de faire appliquer la loi interdisant le travail aux enfants de moins de dix ans[57]. Dans une assemblée générale du Conseil d'État tenue le 21 mars 1869, le souverain se prononça pour l'abolition du livret ouvrier, malgré une enquête qui concluait en sens contraire. Une loi du 5 mai suivant se pencha sur le sort des enfants assistés. En ce domaine, c'était moins les résistances du Conseil d'État qui causaient désormais du souci à l'empereur que le peu d'échos de sa générosité dans les masses. Celles-ci se montraient de plus en plus sensibles au message de l'opposition.

L'empereur face aux assauts de ses ennemis politiques

À son congrès de Lausanne en septembre 1867, l'Internationale avait affirmé, sous l'influence des marxistes, présents pour la première fois en nombre, que l'émancipation sociale des travailleurs devait s'accompagner d'une émancipation politique. Deux jours plus tard, au congrès de la paix et de la liberté de Genève, Quinet s'en était violemment pris à Napoléon III. Au retour de ces congrès, le bureau parisien de l'Internationale, autour de Tolain, avait renoncé à son réformisme proudhonien pour se lancer dans la lutte active et organiser des manifestations. Il avait été condamné en justice et bientôt remplacé par une équipe plus radicale, dont émergeaient les fortes personnalités de Varlin et de Malon, et qui faisait de la révolution politique l'un de ses mots d'ordre. Si les internationalistes n'étaient encore que quelques centaines, ils n'étaient pas les seuls à vouloir renverser le régime. Blanqui avait lui-même organisé ses partisans dans une nouvelle société secrète hiérarchisée et cloisonnée qui avait des ramifications dans les grandes usines métallurgiques de la capitale, Cail et Gouin. Si les internationalistes envisageaient la grève comme moyen d'action et les blanquistes le coup de main, les opposants plus modérés se servaient, quant à eux, des réformes accordées en 1868.

Au lieu de prévenir l'orage comme l'avait souhaité l'empereur, celles-ci déclenchèrent des tempêtes. Les réunions prévues par la loi du 6 juin ne pouvaient pas être politiques, en dehors des campagnes électorales. Elles le devinrent, par la voie détournée. Le moindre thème abordé était prétexte à glisser des allusions que les commissaires chargés de surveiller les débats ne perçaient pas toujours ou n'osaient pas condamner. En évoquant Tibère ou Caligula, telle réunion critiquait par exemple le despotisme impérial. La presse n'était pas en reste. Dès février 1867, l'ultramontain *Univers* de Louis Veuillot avait ressuscité, puis, deux mois plus tard, le gouvernement avait autorisé la parution de l'orléaniste *Journal de Paris* de Jean-Jacques Weiss.

Grâce à la loi sur la presse, les journaux d'opposition se multiplièrent à Paris comme en province. Plus de cent quarante titres firent ainsi leur apparition en moins d'un an et couvrirent tout l'éventail politique depuis *Le Français*, organe des libéraux catholiques comme Augustin Cochin, jusqu'au *Réveil* du jacobin Delescluze et au *Peuple* du socialiste Jules Vallès, en passant par *La Tribune* et *L'Électeur libre*, les journaux de la représentation républicaine au Corps législatif[58]. Un titre éclipsa cependant tous les autres, *La Lanterne* que son unique rédacteur, Henri Rochefort, lança le 31 mai 1868[59]. Jusque-là, l'auteur à l'aspect clownesque avec sa grande mèche « en flamme de punch », qui avait été simultanément employé à la préfecture de la Seine, vaudevilliste et journaliste, n'était connu que de rares initiés. En quelques semaines, il devint une idole. Sur la couverture rouge brique de son petit hebdomadaire figurait une lanterne qui, comme il l'expliquait, pouvait « servir à la fois à éclairer les honnêtes gens et à pendre les malfaiteurs ». Il craignait que le prix élevé de quarante centimes le numéro que lui imposaient ses commanditaires ne fît fuir les lecteurs, mais il en vendit régulièrement vingt mille exemplaires, certains numéros dépassant même les cent mille et d'autres s'arrachant vingt francs au marché noir. *La Lanterne* se lisait dans la rue comme dans les couloirs des Tuileries, à Paris comme en province. Ce succès prodigieux s'expliquait parce que l'auteur faisait la guerre au régime et au souverain à coups de bons mots. La première phrase du premier numéro donnait le ton : « La France contient, dit l'*Almanach impérial*, trente-six millions de sujets sans compter les sujets de mécontentement. » Rochefort poursuivait en donnant sa profession de foi : « Je suis profondément bonapartiste. On me permettra bien cependant de choisir mon héros dans la dynastie. [...] Je préfère Napoléon II [qui n'a jamais régné]. [...] Il représente pour moi l'idéal du souverain. »

Le succès aidant, il devint de plus en plus impertinent : « On prétend que les chaleurs prématurées que nous subissons doivent être attribuées à la présence d'une comète encore imparfaitement visible. On sait qu'à toutes les époques l'apparition d'une comète a précédé un grand événement. Je n'attends qu'un seul grand événement au monde [le renversement de la dynastie], mais j'ai si peu de chance ! Vous verrez qu'il n'arrivera pas encore cette année[60]. »

En août, les autorités se décidèrent à saisir *La Lanterne* puis à poursuivre le pamphlétaire. Plusieurs ministres suggérèrent de décommander la revue militaire prévue pour la Saint-Napoléon de crainte d'une manifestation. Le souverain refusa une aussi pitoyable reculade. Rochefort passa à l'étranger pour échapper à son procès qui le condamna par contumace à treize mois de prison et à dix mille francs d'amende. Il continua sa publication, expédiée clandestinement en France dans des bustes en plâtre de l'empereur. Ses attaques redoublèrent, en particulier à l'égard du souverain dont il ne cessait de mettre en doute la filiation. Son quinzième numéro donna un florilège de citations de jeunesse de l'empereur pour le placer devant ses contradictions[61]. Dans le vingtième, il lança : « La statue équestre où Napoléon III est représenté en César (rions-en, pendant que nous y sommes) [...] est l'œuvre de M. Barye. On sait que M. Barye est le plus célèbre de nos sculpteurs d'animaux[62]. »

Face aux tirages de certains journaux d'opposition, ceux des titres bonapartistes étaient dérisoires. En dehors des périodiques officiels, le plus important d'entre eux, *La Patrie*, ne tirait qu'à quinze mille exemplaires. Réprouvant les procédés déloyaux qui lui étaient suggérés pour faire taire les opposants comme celui de révéler les scandales qui les touchaient[63], le souverain chercha lui-même à leur riposter par voie de presse. Depuis son élection à la présidence de la République, il faisait passer des billets dans le *Moniteur*, mais aussi dans *Le Constitutionnel* qui les publiait sous un pseudonyme. Il les continua quand les temps devinrent difficiles : « Le gouvernement de l'Empereur est le plus honnête qui ait jamais existé, écrivit-il dans un projet d'article, mais il s'est laissé contaminer par des hommes qui, sans être au pouvoir, étaient en relation avec le gouvernement, et qui le compromettaient par leurs spéculations[64]. » Il voulut avoir son propre journal pour diffuser plus facilement sa pensée. À partir d'avril 1868, il subventionna secrètement *L'Époque*, confiée à un jeune journaliste libéral, Clément Duvernois, qui s'était opposé à sa politique algérienne puis s'était rallié à la suite de la lettre du 19 janvier. En septembre, Rouher s'empara du journal qu'il trouvait trop libéral. Mécontent, Napoléon III lui demanda de se préoccuper davantage des organes officiels. « Notre grand défaut, lui précisa-t-il, est de ne pas parler assez à l'opinion publique[65]. »

Quand son ministre d'État s'arrogea un monopole de cette même information gouvernementale, en substituant, à partir du 1er janvier 1869, le *Journal officiel de l'Empire français* au *Moniteur*, Napoléon III riposta en fondant un mois plus tard *Le Peuple*, confié encore à Duvernois. Il traça aussi, à ses heures perdues, le plan d'un roman, *Dix-huit ans après* : Benoît, un « honnête épicier », était parti en 1847 pour l'Amérique. Quelques réfugiés lui disaient que la France souffrait du despotisme. Lorsqu'il revint, en 1868, il fut surpris de la trouver au contraire heureuse et prospère, jouissant du suffrage universel et de multiples progrès sociaux[66]. Le roman qu'il envisageait de rédiger avec la collaboration de l'auteur à succès de *Rocambole*, Ponson du Terrail, était destiné à paraître en feuilleton dans un journal à grand tirage. Finalement, il ne fut pas écrit.

Au printemps 1869, le souverain accepta un projet de biographie à très large diffusion que Claudin lui soumit. Il espérait rallier ainsi les jeunes générations qui ne voyaient en lui qu'un souverain vieillissant et faux, par une juste narration de son passé : « Racontez ma vie, ne cachez ni mes misères ni mes défauts, dites que j'ai été malheureux, fugitif, sans ressources et couvert de dettes. Je puis bien l'avouer maintenant que j'ai pu réparer tous mes torts, et surtout épargnez-moi ces flagorneries que pour me plaire on me décerne dans des journaux très dévoués, je le sais, mais qui me nuisent auprès de ceux qui ne sont pas pour moi[67]. »

Pendant ce temps, les attaques des opposants redoublaient et leur audience croissait. De décembre 1867 à mai 1868, Jules Ferry publia une série d'articles dans *Le Temps* pour dénoncer les pratiques douteuses du préfet de la Seine, puis il les réunit en brochure sous le titre *Les Comptes fantastiques d'Haussmann*. Le succès fut tel que Napoléon III dut demander à son préfet de faire preuve de plus de transparence et de consolider la dette de la capitale au moyen d'un emprunt. Début août 1868, le fils du général Cavaignac, lauréat du concours général, refusa, sur l'injonction de sa mère, farouche républicaine, de recevoir sa récompense des mains du prince impérial lors de la cérémonie solennelle en Sorbonne, et son geste fut applaudi par ses camarades[68]. L'impératrice en pleura : « Maintenant, on ne nous passe plus rien ! »

Devant le déchaînement des attaques, Napoléon III et son gouvernement envisageaient, depuis le début de l'été, d'organiser des élections législatives anticipées, avant que la situation ne devînt ingérable. Baroche avait été chargé de sonder les procureurs généraux. Il avait transmis les rapports à l'empereur le 31 juillet. Sur vingt-huit, dix-neuf avaient dit qu'il ne fallait pas tarder[69]. Cependant, l'empereur sortait à peine de l'une de ses crises les plus graves, son entourage était divisé et les troubles occasionnés par les poursuites contre Rochefort ne laissaient présager rien de bon. L'élection du républicain Jules Grévy, le 17 août, dans une circonscription rurale du Jura réputée sûre effraya. Les élections furent ajournées. Le plus grave était encore à venir.

Au même moment, un publiciste du *Siècle*, Eugène Ténot, publia une étude intitulée *Paris en décembre 1851*, qui rappelait les détails du coup d'État et le décès du représentant Baudin sur sa barricade. L'ouvrage eut un grand retentissement. Le 2 novembre, jour des Morts, des républicains se rassemblèrent sur la tombe du « martyr » pour y prononcer des discours. Parallèlement, quatre périodiques de gauche dont *Le Réveil* de Delescluze ouvrirent une souscription pour élever un monument à Baudin [70]. Un grand nombre de républicains envoyèrent leur obole, mais aussi des monarchistes libéraux comme Berryer ou Odilon Barrot. Alors que le directeur du *Temps*, Nefftzer, lui suggérait d'envoyer une participation pour couper court à l'affaire et que Baroche et Rouher lui conseillaient de ne pas réagir, Napoléon III, qui était toujours très sourcilleux quand il s'agissait de la presse, décida de poursuivre les journaux et leurs rédacteurs [71].

Maladroitement, ce fut en vertu de la loi de sûreté générale, la plus arbitraire de l'Empire, dont on ne se servait d'ailleurs plus, que les responsables furent traduits devant la sixième chambre correctionnelle de la Seine. Les inculpés se choisirent plusieurs défenseurs républicains de renom et un jeune avocat prometteur, mais encore peu connu, Léon Gambetta. Lors du procès, celui-ci profita de sa plaidoirie pour se livrer à un réquisitoire contre le coup d'État et ses responsables. De victime, Napoléon III devint l'accusé : « Le 2 décembre, autour d'un prétendant se sont groupés des hommes que la France ne connaissait pas jusque-là, qui n'avaient ni talent, ni honneur, ni rang, ni situation. [...] Un tas d'hommes perdus de dettes et de crimes. [...] C'est avec ce personnel que l'on sabre depuis des siècles les institutions et les lois. » Après ce plaidoyer transformé en réquisitoire, les accusés furent condamnés à des amendes et Delescluze à six mois de prison. Napoléon III avait gagné le procès devant le tribunal, mais l'avait perdu devant l'opinion. Les paroles de Gambetta publiées en brochure firent le tour de France et le talentueux avocat devint l'espoir et le porte-drapeau de son parti. L'empereur n'avait pas la chance de pouvoir s'appuyer sur de tels talents. Comme Granier de Cassagnac l'écrivit dans *Le Pays* : « Cherchez donc les jeunes gens ambitieux qui se lancent dans la voie conservatrice, et nommez les noms ! L'opposition prend tout, ramasse tout, réunit tout. »

« La matière ministériable se raréfi[ait] [72]. » Les meilleurs serviteurs du régime étaient morts ou se détestaient. Après Fortoul, Billault et Morny, Fould mourut en octobre 1867, Walewski en septembre 1868, et Troplong en mars 1869. En novembre 1867, Persigny avait commis l'imprudence d'envoyer un mémoire à l'empereur pour dénoncer l'influence fâcheuse de son épouse sur les affaires. Le hasard voulut que le souverain, alité après avoir pris froid au cours d'une chasse, se fît lire le texte par Eugénie. Vexée, celle-ci ne reparut plus au conseil pendant plusieurs mois, mais le crédit de Persigny tomba encore [73]. Tenu à l'écart par la plupart de ses collègues, Duruy œuvrait solitairement. Rouher avait beaucoup d'ennemis. Lorsqu'il s'était agi de trouver un successeur à son ami La Valette, pour le ministère de l'Intérieur, il avait soumis une liste de noms à l'empereur, en queue de laquelle figurait un jeune talent, Pinard, dont il savait qu'il avait les faveurs du couple impérial et dans lequel il craignait donc un rival possible [74]. Le petit homme s'était distingué comme procureur dans les procès contre *Madame Bovary* de Flaubert et *Les Fleurs du mal* de Baudelaire, puis comme conseiller d'État. Il était fervent catholique, bonapartiste convaincu et bon orateur. Ce fut lui qui fut choisi par Napoléon III, en novembre 1867. Cependant, il dut garder pour directeur général Saint-Paul, nommé par La Valette et hostile à la politique qu'il cherchait à mettre en place, l'« union dynastique » des conservateurs libéraux de tous bords autour du souverain. Rouher réussit à le faire renvoyer sous le prétexte qu'il avait procédé à un déploiement de forces exagéré, lors d'une nouvelle manifestation organisée sur la tombe de Baudin, le 3 décembre 1868. S'il n'obtint pas que Fleury qu'il accusait d'être un ministre de la Guerre occulte fût aussi congédié par le souverain, il eut le plaisir de voir nommer ses amis Forcade de La Roquette et La Valette respectivement à l'Intérieur et aux Affaires étrangères.

Le « vice-empereur » cherchait à éloigner de Napoléon III tous ceux qui pouvaient lui faire de l'ombre et à placer tous ses amis et clients. En février 1869, il défendit mal Haussmann qui devait faire voter son projet d'emprunt par le Corps législatif [75]. Il réprouvait autant ses pratiques qu'il jalousait son intimité avec le souverain. Il prit très mal une remarque de Thiers : « On a appelé M. Rouher vice-empereur. Il croit qu'on l'a flatté : le vice-empereur, c'est M. le préfet de la Seine. » Tout en affirmant que l'œuvre d'Haussmann resterait, le ministre d'État le lâcha pour mieux couvrir l'empereur : « La responsabilité [des irrégularités] ne s'élève pas jusqu'en haut, elle se borne à l'agent d'exécution. » Le projet d'emprunt fut voté, mais le Corps législatif contrôlerait désormais les opérations financières du préfet. L'ère des grands travaux s'acheva et « Osman Pacha » devint « préfet constitutionnel ». « L'agent d'exécution » ne pouvait qu'en vouloir au ministre d'État.

De son côté, Maupas, ancien chantre du régime autoritaire et préfet de police du 2 Décembre, ne cessait de réclamer, depuis la tribune du Sénat, la fin de la toute-puissance de Rouher et l'instauration du régime parlementaire.

De telles querelles et rivalités avaient toujours existé, mais Napoléon III avait eu, jusque-là, l'énergie de les faire taire. Tel n'était plus le cas. Comment pouvait-il trouver de nouvelles fidélités, rajeunir les cadres et donner un second souffle à son régime ? Sans doute en faisant appel aux plus modérés des jeunes opposants. Il appelait cette politique « rajeunir son système ». Le contact fut rétabli avec Ollivier. Duvernois fut fréquemment reçu aux Tuileries. Quant à Gambetta, il fut approché, mais soit que l'avocat fût trop exigeant, soit qu'il fût réfractaire, l'affaire n'alla pas plus loin [76]. Plus largement sur quelles forces s'appuyer ? Le souverain attendait le verdict des urnes pour décider. Rien ne traduisait mieux son état d'esprit que son dernier discours du trône de la législature : « Bientôt la nation, convoquée dans ses comices, sanctionnera la politique que nous avons suivie ; elle proclamera une fois de plus, par ses choix, qu'elle ne veut pas de révolutions, mais qu'elle veut asseoir les destinées de la France sur l'intime alliance du pouvoir et de la liberté. » Napoléon III se disait « résolu à persévérer dans la voie [des] progrès véritables, mais aussi à maintenir hors de toute discussion les bases fondamentales de la Constitution ». Il ne pouvait être question d'envisager le retour au régime parlementaire [77].

Les élections législatives de mai-juin 1869 marquèrent la renaissance de la vie politique française [78]. Certes, le ministère de l'Intérieur n'avait pas renoncé, sous l'autoritaire Forcade de La Roquette, aux moyens utilisés lors des trois consultations nationales précédentes. Vingt-cinq circonscriptions furent remaniées pour favoriser l'élection des candidats du gouvernement, alors que celles de la Seine auraient dû l'être en raison de l'accroissement de la population de la capitale et ne le furent pas pour le même motif. Des exemplaires des journaux bonapartistes et des brochures sur l'œuvre sociale de l'empereur furent distribués gratuitement, mais aussi des numéros de journaux révolutionnaires et un travail d'Auguste Vitu sur les réunions publiques, de manière à effrayer la bourgeoisie. Cependant, les pressions de l'administration se firent plus discrètes. Les préfets ne suspendirent plus les maires qui refusaient leur concours. De leur côté, les candidats officiels hésitaient à revendiquer le patronage du pouvoir et préféraient se présenter comme « indépendants dynastiques » ou « conservateurs libéraux ».

Grâce à une presse devenue libre et aux réunions publiques, les candidats de l'opposition purent se faire connaître et défendre leurs idées. L'Union libérale ne réunissait plus guère que des orléanistes tel Prévost-Paradol et des légitimistes comme Falloux, car les républicains modérés préférèrent se présenter seuls. Sur leur gauche, ces derniers étaient menacés par des radicaux ou des socialistes. À Paris, Gambetta, Rochefort et Raspail se portèrent ainsi candidats contre des quarante-huitards, respectivement Carnot, Jules Favre et Garnier-Pagès.

Le scrutin qui se déroula les 23 et 24 mai 1869 vit le resserrement de l'écart entre les candidats du gouvernement qui réunirent à peine plus de 4,4 millions de voix et les opposants qui en obtinrent plus de 3,3 millions. Les grandes villes avaient généralement voté pour les opposants, mais les campagnes étaient restées très largement favorables aux candidats du pouvoir. À la suite du scrutin de ballottage des 6 et 7 juin, il devenait possible de tirer des premiers enseignements. Les opposants déclarés obtenaient soixante-douze sièges et les bonapartistes autoritaires environ quatre-vingts sur deux cent quatre-vingt-huit. Entre ces deux tendances, environ cent trente-cinq élus, dont la plupart s'étaient présentés comme dynastiques et libéraux, attendaient de voir la tournure des événements pour choisir plus nettement leur camp. Rouher apparaissait comme le grand vaincu du scrutin. Entre les deux tours, Persigny avait déjà formulé ses conclusions dans une lettre à Ollivier, bientôt rendue publique : « L'Empereur n'a donc qu'à persévérer dans les voies libérales qu'il a ouvertes, mais en appelant à lui toute une nouvelle génération jeune, forte, intelligente et surtout courageuse et convaincue. Quant aux hommes du Deux-Décembre comme moi [...] notre rôle est fini. » Il ne fallait pas s'attendre à un tel renoncement de la part du ministre d'État, mais tout restait suspendu à la décision de l'empereur.

Le choix et l'avènement de l'Empire libéral

Napoléon III avait signifié à Persigny sa désapprobation au sujet de sa lettre : « Ce n'[était] pas dans des moments difficiles qu'il fa[llai]t semer la discorde dans les rangs des amis dévoués du gouvernement[79]. » Cependant, sur le fond, il faisait le même constat que son ancien ministre. À lire ses déclarations publiques et à suivre ses actes durant les trois semaines qui suivirent les élections, il était possible de le croire décidé à revenir à un régime de rigueur. En fait, il restait dans le droit-fil de son dernier discours du trône. Comme il l'écrivit au prince Napoléon, il envisageait des réformes, mais attendait le retour au calme et la décantation de la situation politique pour les annoncer[80]. Or, après le scrutin de ballottage et l'échec électoral de Rochefort, Paris connut quatre jours d'émeutes. Sur les boulevards, des vitrines furent brisées, des kiosques renversés, des bancs arrachés. À Belleville, des maisons furent pillées. Nouvellement élu, Ferry qui réprouvait la violence n'en prononça pas moins un discours très vif devant douze cents personnes. Napoléon III demanda son arrestation, mais ni Rouher, ni Forcade de La Roquette ne la jugèrent opportune[81]. De fait, l'agitation de la capitale retomba vite, mais pour reprendre en province.

Dans le bassin minier de la Loire quinze mille mineurs cessèrent le travail. Le 16 juin 1869, à La Ricamarie, la troupe menacée par quelques grévistes ouvrit le feu et fit quatorze morts et de nombreux blessés[82]. D'autres grèves éclatèrent. Le réveil des partis extrêmes, l'émeute urbaine et la grève sanglante ! La France n'avait rien connu de tel depuis dix-sept ans. Certains conseillaient déjà une ferme reprise en main politique. Lorsque *Le Peuple français* publia la réponse de l'empereur à un jeune député bonapartiste, le baron de Mackau, qui lui avait écrit quelques jours plus tôt, ils se crurent écoutés[83]. « Un gouvernement qui se respecte, y affirmait l'empereur, ne doit céder ni à la pression, ni à l'entraînement, ni à l'émeute. » Au camp de Châlons, il ajouta même : « L'esprit militaire, c'est le triomphe des nobles passions sur les passions vulgaires. » Le libéral Schneider, qu'il renomma président du Corps législatif, ne comprit pas qu'il désignât son compétiteur, l'autoritaire Jérôme David, vice-président, en le faisant même grand-officier de la Légion d'honneur. Il y vit un désaveu et proposa sa démission. En fait, Napoléon III n'avait fait que compenser son refus d'accorder la présidence à David comme le lui demandait Rouher. Il rejeta la démission de Schneider, par une lettre rendue publique, pour rassurer les partisans de l'évolution : « Mon gouvernement continuera l'œuvre entreprise […], la conciliation d'un pouvoir fort avec des institutions sincèrement libérales. »

En fait, l'empereur pensait que le moment était venu de faire de nouvelles réformes. Il voulait préserver l'essentiel de son pouvoir, transmettre la couronne au prince impérial dans de bonnes conditions, alors que pas un fils n'avait pu succéder à son père sur le trône de France depuis 1789, et être jugé avantageusement par la postérité. Il savait que tous les régimes précédents avaient été emportés pour avoir refusé de faire à temps des concessions au libéralisme.

Si ses ouvertures vers le peuple avaient manifestement échoué, le verdict des urnes avait été favorable à un grand nombre de membres et de sympathisants du tiers parti, de protectionnistes et de catholiques. Tous ces libéraux conservateurs avaient été effrayés par l'agitation qui avait accompagné et suivi les élections. Napoléon III pensait pouvoir s'entendre avec eux. Il rédigea un programme destiné à les satisfaire et le soumit à Rouher. Il y proposait « l'extension des attributions des conseils électifs, le droit pour la Chambre de voter les traités de commerce et de plus grandes facilités pour l'exercice des droits d'interpellation et d'amendement ». Il suggérait, en outre, des mesures en faveur de l'agriculture, de l'industrie et du commerce, comme l'ouverture d'une enquête sur les tarifs douaniers et l'instauration de commissions économiques consultatives[84]. Le texte était tenu secret. Seuls Rouher et quelques initiés dont La Valette le connaissaient. « L'empereur ne dit pas ce qu'il veut, parce qu'il ne sait pas ce qu'il veut », assurait celui-ci. En fait, il attendait de voir l'attitude du Corps législatif qui permettrait de dire si son programme était suffisant.

Le 28 juin 1869 s'ouvrit une session extraordinaire du Corps législatif pour vérifier les pouvoirs des élus[85]. Tel devait en être l'unique objet. Napoléon III n'avait d'ailleurs accepté une réunion si proche des élections et des émeutes que sous de multiples pressions dont celle de Rouher, soucieux de montrer ses capacités à tenir la nouvelle majorité[86]. Le ministre d'État monta à la tribune pour y lire un message de l'empereur qui promettait une future réforme, mais la renvoyait à la session ordinaire. Les chefs du tiers parti, en particulier Buffet et Brame, n'étaient pas disposés à attendre. Ils se réunirent et proposèrent à Ollivier d'assister à leurs colloques. Très vite, ils convinrent de préparer un texte d'interpellation qui insistait sur « la nécessité de faire participer le pays d'une manière plus efficace et plus complète à la direction des affaires publiques ».

Le 30 juin, quarante-deux députés seulement avaient signé. La signature du duc de Mouchy, allié à la famille impériale par sa femme, Anna Murat, et celle de Mackau, le destinataire de la lettre impériale, semblaient indiquer que l'empereur n'était pas hostile à la demande d'interpellation. Les indécis vinrent alors « signer comme un troupeau », selon l'expression d'Ollivier. Le 6 juillet, cent seize députés avaient paraphé le texte. Thiers et la gauche avaient préféré s'abstenir. Quant à la droite extrême, elle avait signé, par dépit, un texte rival, préparé à la demande de Rouher. Les « 116 », joints à l'opposition de gauche et aux indépendants, constituaient désormais une majorité de neuf voix. Cette dernière était incapable de gouverner, tant les points de vue divergeaient, mais, le cas échéant, elle pouvait mettre en minorité tout gouvernement hostile aux réformes.

À trop vouloir temporiser, Napoléon III avait été pris de court. Il commença par protester : « On veut me mettre au pied du mur », puis, après avoir parlé avec Schneider, il se rendit compte qu'il fallait concéder davantage que ce qu'il prévoyait et changer d'équipe dirigeante [87]. Après Ollivier, le prince Napoléon, Persigny, Maupas, Fleury et Conti, le président du Corps législatif venait de lui demander le sacrifice de son ministre d'État et il venait de l'accepter. Le 12 juillet dans l'après-midi, Rouher vint lire à la tribune du Corps législatif un message impérial d'une importance capitale. Il exposait les nouvelles réformes envisagées par le souverain qui prévoyaient principalement l'augmentation des prérogatives du Corps législatif et la compatibilité de la fonction ministérielle et du mandat parlementaire et annonçait un prochain sénatus-consulte [88]. Au conseil des ministres qui suivit, l'empereur parla de la prochaine suppression du ministère d'État et demanda leur démission à ses ministres. Contrairement à Baroche, Rouher ne résista pas. Il se disait las des attaques dont il était perpétuellement l'objet [89]. Peut-être espérait-il, sans oser le dire, revenir au pouvoir une fois que les réformes auraient échoué.

Par un curieux hasard de l'histoire, deux ans jour pour jour après le discours d'Ollivier, le règne du « vice-empereur » prenait fin. Une révolution pacifique venait de s'accomplir. Napoléon III ne l'avait acceptée que dans la mesure où elle lui permettait de conserver ce qui avait toujours été et demeurait l'essentiel à ses yeux : sa responsabilité devant le peuple français, le droit de nommer et de révoquer les ministres, de dissoudre le Corps législatif et d'en appeler au peuple par plébiscite, la présidence du conseil des ministres, enfin la faculté constante de revenir sur ses concessions. Schneider qui craignait une manœuvre de dernière minute de Rouher obtint la prorogation du Corps législatif, alors qu'il restait pourtant cinquante-cinq élections à vérifier.

Le 17 juillet 1869, Napoléon III nomma un gouvernement de transition, avec les débris de l'ancien, en lui confiant la mission de faire entériner les changements, par le Sénat, « gardien du pacte fondamental », dont Rouher avait pris la présidence. L'homme fort de la nouvelle équipe était Chasseloup-Laubat qui avait été un grand ministre de la Marine et des Colonies et un sénateur attentif aux réformes. Duruy fit les frais de la nouvelle alliance du trône et de l'autel. Napoléon III le sacrifia à regret[90]. Signe des temps nouveaux, le gouvernement comprenait trois députés. Ollivier avait décliné un portefeuille, car il attendait mieux.

Les sénateurs se mirent au travail dès le 2 août. Le projet qui leur était soumis amplifiait encore le message impérial du 12 juillet. Il étendait tout d'abord les droits du Corps législatif qui pourrait désormais élire la totalité de son bureau, ferait lui-même son règlement, aurait l'initiative des lois de concert avec le souverain, ainsi que les droits d'amendement et d'interpellation pleins et entiers, voterait le budget dans tous ses détails et contrôlerait les tarifs douaniers. De son côté, le Sénat maîtriserait son règlement, tiendrait ses séances en public, aurait lui aussi le droit d'interpellation et pourrait suspendre provisoirement l'adoption des textes votés par le Corps législatif. Quant aux ministres, ils pourraient être députés ou sénateurs, délibéreraient en conseil sous la présidence du souverain et seraient responsables, même si le texte recelait une part d'ambiguïté, puisqu'ils ne dépendraient toujours que de l'empereur qui conserverait, en outre, la faculté de les révoquer, de dissoudre le Corps législatif et d'en appeler à tout moment au peuple.

Beaucoup de sénateurs pensaient néanmoins que Napoléon III avait perdu la raison pour se dessaisir ainsi de ses pouvoirs. Dans les couloirs, l'un d'eux dit même : « Il paraît que le meilleur moyen de ne pas être renversé, c'est de se renverser soi-même. » Rares étaient les sénateurs qui, dans leur for intérieur, approuvaient l'évolution. Plus rares encore ceux qui en réclamaient davantage. Dans l'un de ces discours dont il avait le secret, le prince Napoléon qualifia d'une phrase le sénatus-consulte : « Tout ce qui s'y trouve est bon, mais tout ce qui est bon ne s'y trouve pas » ! Le texte fut voté le 6 septembre avec seulement trois votes défavorables[91]. Le sénatus-consulte, promulgué le 8 septembre 1869, donna au régime des institutions libérales et ménagea une évolution possible vers le parlementarisme, même si l'empereur demeurait hostile à cette dernière et entendait rester ferme sur ce point fondamental. Le second Empire entrait dans une voie originale, « semi-parlementaire[92] ».

Au cours des mois d'août et de septembre 1869, le souverain traversa la crise la plus longue et la plus douloureuse de sa maladie[93]. Elle commença le 9 août et l'empêcha dès lors de suivre correctement les débats du Sénat. Le 11, il ne put présider le conseil des ministres que quelques minutes. La rente baissa de trois francs. Il ne put pas davantage aller saluer la dépouille de son ministre de la Guerre, le maréchal Niel, mort deux jours plus tard. La célébration du centenaire de la naissance de Napoléon Ier, le 15 août, arrivait mal. Le régime qui venait d'amnistier les derniers proscrits avait vu grand avec l'illumination de l'Arc de Triomphe du nom du premier Napoléon, la transformation des Champs-Élysées en parc d'attraction et un grand feu d'artifice depuis le quai de Bercy. Le souverain ne put assister aux festivités, puis il dut différer et enfin ajourner son départ pour le camp de Châlons. Il fit plusieurs syncopes. Soigné à l'opium, il restait hébété pendant des heures et demanda un jour des nouvelles de Saint-Arnaud, mort lors de la guerre de Crimée. Sa voix s'assourdissait et son écriture devenait pénible et quasi illisible.

À la Cour, certains parlaient d'agonie. Alors que le *Journal officiel* et les journaux favorables évoquaient de simples douleurs rhumatismales ou hémorroïdales, la nouvelle que le docteur Nélaton avait procédé à un sondage sur l'empereur, puis celle qu'un grand spécialiste des voies urinaires avait été mandé d'Heidelberg se répandirent rapidement. La Bourse baissa brutalement début septembre. Pendant que le *Journal officiel* s'obstinait à donner des nouvelles rassurantes, Rochefort ironisait sur les rhumatismes que l'on sondait. Pour calmer les rumeurs, le malade fut transporté, sur ordre de l'impératrice, dans un fauteuil roulant au conseil du 7 septembre, mais il fit une nouvelle syncope. Cependant, son état s'améliora à partir du lendemain. Deux jours plus tard, il put se montrer sur les boulevards pour rassurer l'opinion. Une dépêche de l'agence Havas du 25 vint clore l'épisode : « La santé de l'Empereur ne laisse rien à désirer. Sa Majesté est allée avant-hier à Villeneuve-l'Étang et a fait une promenade de deux heures et demie. [...] L'exercice à pieds qui est très favorable au rétablissement de Sa Majesté est la seule chose que les médecins lui recommandent. Ils n'ont plus d'autre prescription à faire [94]. »

Cette crise incita Napoléon III à organiser la régence. Un décret du 7 octobre prévit ainsi qu'elle serait exercée par l'impératrice assistée du prince Napoléon, de Rouher, de Persigny, de Rigault de Genouilly, de La Valette, de l'archevêque de Paris, du premier président de la Cour de cassation et du ministre de la Guerre en exercice. En cas d'impossibilité de l'impératrice, le prince Napoléon deviendrait régent mais seraient alors adjoints au conseil, par prudence, deux de ses ennemis, Laity et Jérôme David, ainsi que le commandant de l'armée de Paris. Quant à la garde du prince impérial, elle serait confiée au général Frossard [95].

Par ailleurs, Napoléon III avait laissé son épouse partir seule à l'inauguration du canal de Suez le 30 septembre. Cet événement qui intervint les 17 et 18 novembre suivants aurait pu être exploité par la propagande officielle, tant le souverain avait œuvré pour la réalisation du canal. Il l'avait en effet sauvé une première fois, en 1863-1864, en le soutenant face au nouveau vice-roi d'Égypte, Ismaïl, beaucoup moins bien disposé que Saïd et face aux menées des Britanniques et de Morny [96] ; une deuxième fois, en 1865-1866, en faisant pression sur le sultan pour qu'il accordât enfin son firman d'autorisation [97] ; enfin une troisième fois, en 1868, lorsqu'il consentit un emprunt sur la place de Paris, alors que la compagnie de Lesseps était au plus mal. Cependant, sa santé précaire et le contexte social et politique de l'automne 1869 ne permettaient ni son éloignement, ni de grandes réjouissances.

En effet, les grèves continuaient. Le 8 octobre à Aubin, dans l'Aveyron, l'une d'elle tourna même au drame. Les soldats perdirent leur sang-froid, tirèrent sur les grévistes et firent quatorze morts. Les ennemis de l'Empire pouvaient être dédaigneux de la Constitution, ils savaient l'invoquer quand cela les arrangeait. Au terme de la loi fondamentale, le nouveau Corps législatif devait se réunir au plus tard six mois après la dissolution de l'ancien. La clôture de la troisième législature remontait au 26 avril 1869 et le décret de dissolution au lendemain. Les républicains estimaient donc que l'Assemblée devait siéger à nouveau à partir du 26 octobre. Un député de gauche, Émile de Kératry, suggéra à l'opposition de se réunir sur la place de la Concorde et de marcher ensuite sur le

Palais-Bourbon pour en forcer les grilles. Sa proposition fut soutenue un temps par Gambetta. En raisonnant ainsi, les républicains ne tenaient pas compte de la session extraordinaire de juin et juillet, l'empereur, si. Il n'entendait donc pas convoquer le Corps législatif avant le 29 novembre, pour se donner du champ[98].

Lorsque la menace se précisa, Chasseloup-Laubat et Magne lui conseillèrent de céder pour éviter l'émeute. Il resta ferme et envisagea même de les renvoyer s'ils insistaient[99], mais il se désola : « L'hiver ne se passera pas sans coups de fusils. Ce pays est malheureusement incapable de supporter la liberté[100]. » Le jour venu, Napoléon III se rendit à Paris pour rassurer l'opinion par sa présence[101]. Cependant, la grande majorité des députés républicains n'étaient pas des ennemis de l'ordre. Ils craignaient de fournir un prétexte à la répression. La manifestation fut décommandée. Par suite de doubles élections et d'options, quatre sièges étaient devenus vacants dans la Seine. Rochefort se présenta de nouveau. Alors qu'il était toujours sous le coup de sa condamnation, il décida de venir lui-même faire campagne à Paris. Arrêté à la frontière, il fut libéré sur l'ordre de Napoléon III. L'empereur magnanime pardonna à son adversaire et l'autorisa à être candidat. Lors des élections qui se déroulèrent les 21 et 22 novembre, les quatre sièges furent remportés par la gauche. Rochefort triompha du républicain modéré Carnot et, plus nettement encore, du candidat gouvernemental. Il siégerait à l'extrême gauche en compagnie du seul Raspail.

Dans l'adversité, Napoléon III gardait le cap. Comme Forcade de La Roquette émettait des doutes : « La France n'est pas faite pour la liberté », il rétorqua : « Elle s'y fera. » Il lui fallait cependant chercher des personnalités pour l'aider à faire vivre l'Empire libéral naissant. Il n'était plus question des hommes de la vieille équipe autoritaire comme Rouher ou Baroche. Le passé les condamnait. Parmi les personnalités libérales du Corps législatif, trois hommes émargeaient : Thiers, Buffet et Ollivier. Il allait devoir s'entendre avec l'un d'eux.

Thiers était certainement le plus qualifié des trois. L'homme d'État avait dirigé la France sous la monarchie de Juillet et était très influent au Corps législatif. L'empereur reconnaissait son talent. Il l'avait qualifié d'« historien national » pour son *Histoire du Consulat et de l'Empire*. Thiers était patriote, avait su vaincre sa répulsion pour celui qui l'avait exilé au lendemain du 2 Décembre et lui avait même offert ses services le jour où il accorderait les « libertés nécessaires ». C'était quasiment chose faite. Les réticences venaient plutôt du souverain. Napoléon III n'aimait pas le petit Provençal qui incarnait à ses yeux l'orléanisme, le parlementarisme bourgeois dénué de préoccupations sociales, le protectionnisme, la politique favorable à Rome et à l'Autriche. Il savait que, sitôt au pouvoir, Thiers essaierait de le contraindre à régner sans gouverner.

Avec Buffet, il courait le même risque. Il connaissait bien l'austère Vosgien, député depuis 1864, pour l'avoir pratiqué comme ministre au temps de sa présidence. L'homme était très exigeant en matière de responsabilité ministérielle et Napoléon III qui avait commencé avec l'ancienne rue de Poitiers disait ne pas vouloir finir avec une nouvelle [102].

Il restait donc Ollivier. Le député du Var présentait un certain nombre d'atouts. À quarante-quatre ans, il était encore jeune. Orateur brillant, il savait convaincre l'Assemblée. Il avait certainement l'étoffe d'un chef. Napoléon III s'était pris d'une réelle sympathie pour cet homme qui avait quitté courageusement le camp républicain pour se rallier à l'Empire et avec lequel il avait déjà failli s'entendre, en janvier 1867. Comme lui, il était libre-échangiste, ouvert aux problèmes sociaux et favorable aux nationalités. Résolument tourné vers l'avenir, Ollivier échafaudait parfois des projets généreux et grandioses qui n'étaient pas sans rappeler ses propres rêves. En revanche, il n'avait aucune expérience du pouvoir. Son ralliement lui valait des haines tenaces à gauche et des soupçons à droite.

Cependant, le temps pressait. Duvernois, devenu lui-même député, servit d'intermédiaire, mais Ollivier, malgré son désir du pouvoir, jugea insuffisantes les propositions que lui faisait l'empereur. Il quitta Paris pour sa propriété de La Moutte, à Saint-Tropez. Ce fut là que plusieurs émissaires dont Duvernois vinrent le chercher. Napoléon III était décidé à le recevoir. Le 1er novembre, le député prit le train de Compiègne, en gare du Nord. Pour ne pas éveiller les curiosités, il avait retiré ses lunettes et entouré son visage d'un épais cache-nez. Laissons la parole à Ollivier : « À 10 h 15 sans que personne m'eût aperçu, je suis entré dans le cabinet de l'Empereur. Il est venu vers moi, m'a remercié de m'être dérangé, puis il a fait apporter deux tasses de thé ; je lui ai servi le thé, il m'a servi le sucre, nous nous sommes assis devant la table et nous avons causé jusqu'à minuit passé[103]. » Le souverain dit à son interlocuteur qu'il entendait lui confier d'importantes responsabilités et voulait le nommer immédiatement au gouvernement. Le député lui répondit qu'il préférait faire partie d'un nouveau gouvernement. Il ne pouvait admettre que Forcade de La Roquette qui symbolisait la pression électorale fût maintenu. Napoléon III lui expliqua que sa présence montrait qu'il ne reniait pas le passé. Elle était aussi un gage pour la droite et une garantie du maintien du traité commercial de 1860. Il lui dit qu'il souhaitait « pour ministres des hommes qui aim[ass]ent le peuple et qui [fussent] désireux de soulager ses misères » et qu'il nourrissait des craintes, à ce sujet, avec les chefs du tiers parti. Il ne voulait pas plus du prince Napoléon et du journaliste Émile de Girardin, amis d'Ollivier qu'il qualifia d'« esprits faux ».

Les deux hommes se séparèrent donc sans conclure d'accord, mais convaincus qu'ils pouvaient s'entendre. Ils convinrent d'attendre la réouverture de la session législative pour évaluer les forces en présence. Ollivier repartit pour La Moutte, mais il continua à correspondre avec le souverain. Celui-ci défendait toujours Forcade de La Roquette, « trait d'union entre le passé et l'avenir » dont le renvoi avant la fin de la vérification des pouvoirs signifierait aveu de tricheries électorales qui n'avaient pas eu lieu[104]. Il eut quelques moments de découragement devant l'ingratitude des Français, les exigences d'Ollivier et plus encore devant celles des personnalités que le député du Var envisageait d'inclure dans sa combinaison ministérielle[105].

Le 29 novembre 1869, l'empereur inaugura la reprise de la session extraordinaire du Corps législatif par un discours qui expliquait la position qu'il entendait désormais suivre : « La France veut la liberté, mais avec l'ordre. L'ordre, j'en réponds ; aidez-moi, Messieurs, à fonder la liberté. Entre ceux qui prétendent tout conserver sans changements et ceux qui aspirent à tout renverser, il y a une place glorieuse à prendre[106]. » Les députés qui avaient la possibilité d'élire leur président confirmèrent Schneider, acquis à l'évolution libérale. Entre la gauche républicaine et la droite bonapartiste et autoritaire, s'imposait un centre dynastique et libéral puissant. Les « 116 » de juillet étaient maintenant plus de cent soixante. Lorsqu'il fallut définir les réformes dont le régime avait besoin, ils se divisèrent néanmoins en deux groupes. Un centre droit, fort de cent vingt-sept députés, demandait « l'application du régime parlementaire, forme nécessaire du gouvernement du pays par le pays sous une monarchie », un ministère homogène et responsable, la liberté de la presse et des élections et la décentralisation. Ollivier se reconnut dans ce programme, mais dut y accepter l'ajout de deux revendications : la liberté de l'enseignement supérieur chère aux catholiques et une enquête sur les conséquences du traité de commerce destinée à satisfaire les protectionnistes. Par ailleurs, un centre gauche d'esprit plus nettement orléaniste, comprenant trente-neuf députés, joignit à ce programme deux exigences supplémentaires : la possibilité pour le Corps législatif de concourir au pouvoir constituant et l'élection des maires par les conseils municipaux.

Ollivier disposait désormais d'un programme et d'un parti, le centre droit. Il avait simplement besoin d'un appoint pour bénéficier d'une majorité. Telle était la principale question en suspens lorsque Napoléon III l'appela au pouvoir le 27 décembre 1869. « Les ministres m'ayant donné leur démission, lui écrivit-il, je m'adresse avec confiance à votre patriotisme pour vous prier de me désigner les personnes qui peuvent former, avec vous, un cabinet homogène, représentant fidèlement la majorité du Corps législatif et résolues à appliquer, dans sa lettre comme dans son esprit, le sénatus-consulte du 8 septembre. »

Ollivier, qui recevait déjà les rapports de police depuis quelques jours pour se familiariser avec les affaires, n'avait pas attendu la lettre impériale pour essayer de constituer son futur gouvernement [107]. Il redoubla simplement d'efforts, mais eut du mal à trouver une combinaison satisfaisante. Alors qu'il souhaitait associer la partie la plus modérée de la droite et le centre droit, la majorité de celui-ci ne voulut pas entendre parler d'une telle alliance. Les chefs de son parti et Magne qu'il pressentait pour un portefeuille lui firent savoir qu'ils n'entreraient en affaires qu'avec le centre gauche. L'empereur se conforma aux usages parlementaires classiques et resta totalement en dehors de ces tractations.

Le ministère fut finalement constitué le 2 janvier 1870. Il comprenait huit députés dont trois vice-présidents du Corps législatif sur douze membres. Ollivier, qui s'était réservé la Justice et les Cultes, n'avait pas le titre de vice-président du conseil que Napoléon III était disposé à lui accorder, car les deux chefs du centre gauche qui entraient dans la combinaison, Buffet aux Finances et le comte Daru aux Affaires étrangères, ne le voulaient pas. En tant que garde des Sceaux, il présiderait simplement les séances du conseil, en l'absence du souverain. Unanimement reconnu comme un orateur de premier plan, il serait aussi le porte-parole du gouvernement dans les grands débats parlementaires.

L'entrée au gouvernement de Daru, ancien vice-président de la Législative qui s'était opposé au 2 Décembre, fit sensation. En comparaison, les membres du centre droit qui obtinrent l'essentiel des autres postes faisaient pâle figure, même s'ils avaient du poids et qu'ils étaient talentueux. Chevandier de Valdrôme reçut l'Intérieur, Segris l'Instruction publique, le marquis de Talhouët les Travaux publics, Louvet l'Agriculture et le Commerce et Maurice Richard, qui devait surtout sa place à sa fidélité à Ollivier, le nouveau ministère des Beaux-Arts. Par ailleurs, Napoléon III s'était réservé les nominations militaires. Il conserva le successeur de Niel, le général Le Bœuf, à la Guerre, et l'amiral Rigault de Genouilly à la Marine et aux Colonies. Un ancien du bonapartisme autoritaire, Parieu, devint ministre présidant le Conseil d'État. L'empereur garda aussi son fidèle Vaillant à la tête de sa Maison, mais il fut convenu que le maréchal n'assisterait plus aux séances du conseil. Ainsi constitué, le « ministère Ollivier », comme le nomma l'opinion, put se mettre au travail.

Napoléon III et le gouvernement du 2 janvier 1870

Dès les premiers jours du nouveau gouvernement, il fut possible de se rendre compte de l'ampleur du changement. Le 7 janvier, Daru s'engagea au nom de ses collègues devant le Sénat : « Nos intentions sont connues. [...] Nos actes répondront à nos paroles. Nous sommes d'honnêtes gens. » Si l'expression déplut à l'empereur, car elle revenait à considérer que ceux qui l'avaient servi jusque-là ne l'avaient pas été, elle fit fortune. On parla vite du « ministère des honnêtes gens » ou du « gouvernement des bonnes intentions ». Le cabinet procéda à une épuration modérée mais significative de ceux qui, dans le haut personnel administratif, s'étaient rendus coupables d'« excès inadmissibles ». Un homme symbolisait la période autoritaire : Haussmann. Napoléon III ne put le sauver, malgré son attachement pour lui. Sur les instances d'Ollivier, il dut lui demander sa démission. Le préfet refusa et fut révoqué [108]. La justice reçut des conseils de mansuétude. La presse fut particulièrement ménagée. Il fut convenu de ne plus sanctionner que quelques actes gravissimes, comme les outrages envers l'empereur ou les provocations à la révolte et au meurtre.

Si Napoléon III continuait à présider le conseil des ministres, les décisions y étaient désormais prises collégialement et des conseils de gouvernement se tenaient, hors de sa présence, à la chancellerie, place Vendôme. Ollivier, satisfait de l'attitude loyale du souverain, assura avec sincérité : « Nous ferons à l'empereur une vieillesse heureuse. » L'impératrice n'assistait plus aux séances, affectait de se tenir à l'écart et répondait à ceux qui continuaient à la solliciter : « Adressez-vous aux ministres, je n'ai plus de crédit. » L'opinion accueillit avec faveur cette « révolution pacifique » qui s'opérait à la tête de l'État. Ollivier appelait d'ailleurs de ses vœux une réconciliation nationale. Le 10 janvier, il affirma dans son discours de politique générale à la tribune du Corps législatif vouloir faire triompher, grâce au concours de tous, « le progrès sans la violence et la liberté sans la révolution ». Au nom des républicains, Gambetta repoussa ses avances car, lança-t-il au nouveau gouvernement et à l'Empire libéral, « vous n'êtes qu'un pont entre la République de 1848 et la République à venir et nous passerons le pont [109] ».

Cependant, les libéraux de tous bords et les indépendants étaient sensibles aux paroles du garde des Sceaux et aux premiers actes du gouvernement. Les orléanistes semblaient même prêts à se détacher des Orléans. En désignant les places des ministres, Thiers n'hésita pas à dire : « Nos opinions sont assises sur ces bancs » ; « Je ne pouvais ignorer, raconta même son ami Rémusat, que la tentative d'un Empire libéral était pour les Orléans la plus pénible épreuve, puisqu'elle risquait de leur enlever à la fois leurs amis, leur mot de ralliement, leur titre unique au pouvoir, ce monopole de libéralisme dans la monarchie, qui semblait attaché à leur nom [110]. » Les salons officiels accueillaient des personnalités qui n'étaient plus habituées à s'y rendre depuis 1852. Aux réceptions de la place Vendôme, Ollivier et sa jeune épouse de vingt ans recevaient les grandes figures de l'orléanisme. Le gouvernement multipliait les gestes pour satisfaire ces dernières. Dès le 9 janvier 1870, il avait mis un terme provisoire à l'admission en franchise d'un certain nombre de produits semi-manufacturés en métal et en textile, puis lança des enquêtes parlementaires sur la marine marchande et sur le régime commercial, espoir, pour les protectionnistes, d'un prochain abandon du traité de janvier 1860. Quinze jours plus tard, il proposa la préfecture du Nord à Léon Masson, démissionnaire du corps au 2 décembre 1851, et celui-ci l'accepta après avoir reçu les encouragements de ses amis orléanistes. Le gouvernement déposa un projet conférant au jury la connaissance des délits de presse et fit abroger la loi de sûreté générale. Il réunit des commissions extraparlementaires, en particulier sur la décentralisation et sur la liberté de l'enseignement supérieur, confiant la présidence de la première à Odilon Barrot et celle de la seconde à Guizot. Le 9 mars, il laissa même le Corps législatif condamner la politique algérienne du souverain par un ordre du jour aux termes duquel « l'avènement du régime civil parai[ssai]t concilier les intérêts des Européens et des indigènes ».

Après avoir hésité, il n'intervint pas dans les affaires du concile général que Pie IX avait réuni au Vatican et qui s'apprêtait à proclamer son infaillibilité [111]. En signe de réconciliation, l'Académie française cessa de fronder et élut triomphalement, le 7 avril, Ollivier au fauteuil de son maître, Lamartine [112]. Une fusion entre les élites orléanistes et bonapartistes semblait sur le point de se réaliser. Napoléon III l'acceptait. Comme il l'avait dit à un ami proche le 2 janvier, l'Empire libéral était « une expérience ». « Pourquoi ne la tenterais-je pas ? Si elle réussit, on ne peut que m'en savoir gré. Si elle échoue, j'aurai prouvé ma bonne volonté en ne la repoussant pas d'avance [113]. » Cependant, il lui imposait une double condition. Elle ne devait pas remettre en cause son lien privilégié avec le peuple [114] et elle devait s'accompagner de réformes sociales, contrepartie de ses propres concessions.

En novembre 1869, il avait fait venir à Saint-Cloud Le Play, dont l'avis faisait autorité sur les questions ouvrières depuis qu'il avait publié ses monographies sur les ouvriers européens en 1855 et *La Réforme sociale en France* en 1864. Au terme d'une soirée de discussion, il avait retrouvé l'espoir de résoudre pacifiquement et rapidement les conflits sociaux et d'être enfin compris des masses. Il avait demandé au père de l'économie sociale de publier ses idées sous une forme simplifiée et facilement applicable. Ce fut *L'Organisation du travail* que Le Play lui présenta dès janvier 1870 et publia deux mois plus tard. Il répéta à plusieurs reprises à Ollivier qui était ouvert aux questions sociales, quoique moins que lui : « Tâchez donc de me proposer quelque mesure dans l'intérêt du peuple [115]. » Les deux hommes essayèrent de réunir une Chambre du travail permanente composée pour un tiers de patrons, pour un tiers d'ouvriers et pour un tiers de publicistes et d'économistes. Des projets furent mis à l'étude et des enquêtes lancées sur les conseils de prud'hommes, la suppression du livret ouvrier, la réglementation du travail des enfants, le louage, les retraites ouvrières à partir de soixante ans. Le 26 juin, Ollivier déposa un projet de loi qui prévoyait de créer une véritable inspection du travail salariée et hiérarchisée [116]. Napoléon III avait alors en tête plusieurs autres projets dont un système coopératif dans les mines qui permettrait aux employés de recevoir une proportion fixe des bénéfices réalisés [117].

Cependant, le gouvernement rencontrait des difficultés. Au moment même où Ollivier prononçait sa déclaration de politique générale un drame avait déjà failli compromettre gravement la position du ministère. Ce jour-là, le cousin germain de l'empereur, Pierre Bonaparte, s'était rendu coupable d'un crime [118]. Ce sanguin au passé extrêmement agité vivait à l'écart de la Cour, trompant le temps en tirant au revolver dans le jardin de sa propriété d'Auteuil, quand il ne pratiquait pas la chasse dans ses domaines des Ardennes ou en Corse. En décembre 1869, il avait traité de « lâches Judas » le directeur et les rédacteurs d'un périodique insulaire, *La Revanche*, qui s'en étaient pris à lui. Paschal Grousset qui dirigeait le journal depuis Paris lui en avait demandé réparation. Entre-temps, Rochefort s'était lancé à son tour dans la polémique, dans les colonnes de son nouveau journal, *La Marseillaise*, en s'attaquant au prince qui, en guise de réponse, lui avait envoyé une lettre incendiaire le 9 janvier : « Je viens [...] vous demander si votre encrier est garanti par votre poitrine. » Deux duels se préparaient donc, pour lesquels Grousset et Rochefort ne semblaient pas s'être concertés. Le 10 janvier, les témoins de Grousset, le journaliste Ulric de Fonvielle et un grand gaillard illettré de vingt-deux ans, Victor Noir, arrivèrent les premiers à Auteuil. Le prince qui ne se souvenait même plus de sa polémique avec Grousset attendait les témoins de Rochefort. Le quiproquo tourna rapidement au tragique, lorsqu'il refusa de lire la lettre de Grousset que Fonvielle et Noir lui apportaient. Le ton monta. Des coups furent échangés. Pierre Bonaparte sortit de sa robe de chambre le revolver dont il ne se séparait jamais et tira sur Victor Noir qui, touché en plein cœur, mourut quelques secondes plus tard, pendant que Fonvielle s'enfuyait. Le prince se constitua prisonnier peu après.

En apprenant la nouvelle, Napoléon III fut très affecté. Il entendit que la justice suivît son cours et que de lourdes sanctions fussent infligées à son parent [119]. Le lendemain, dans *La Marseillaise* encadrée de noir, Rochefort écrivait : « J'ai eu la faiblesse de croire qu'un Bonaparte pouvait être autre chose qu'un assassin. J'ai osé m'imaginer qu'un duel loyal était possible dans cette famille où le meurtre et le guet-apens sont de tradition et d'usage. [...] Voilà dix-huit ans que la France est entre les mains ensanglantées de ces coupe-jarrets qui, non contents de mitrailler les républicains dans les rues, les attirent dans des pièges immondes pour les égorger à domicile. Peuple français, est-ce que décidément tu ne trouves pas qu'en voilà assez ? » Le journal fut saisi. Le jour même, le polémiste renouvela ses attaques à la tribune du Corps législatif : « On se demande si on est sous les Bonaparte ou sous les Borgia. » Il invita « tous les citoyens à s'armer et à se faire justice eux-mêmes ». Ollivier s'engagea aussitôt à entamer des poursuites contre le meurtrier, mais il lança un avertissement à ceux qui entendaient profiter de la situation pour exciter le peuple : « Nous sommes la loi, nous sommes le droit, nous sommes la modération, nous sommes la liberté, et, si vous nous y contraignez, nous serons la force [120]. »

Le 12 janvier devait se dérouler l'enterrement de Victor Noir. Les révolutionnaires voulurent en profiter pour renverser le régime ou, au moins, mettre en péril le gouvernement. Pour déjouer ces plans, les obsèques avaient été déplacées du Père-Lachaise, lieu initialement prévu, à Neuilly où se trouvaient le domicile et la dépouille du jeune homme. Plus de cent mille personnes se rendirent sur place. Certains meneurs tentèrent de les entraîner vers Paris. Les troupes barrèrent la route à la hauteur du rond-point des Champs-Élysées. Aux Tuileries, l'empereur tint un conseil de guerre. Il avait revêtu son uniforme, prêt à monter à cheval si la nécessité l'imposait [121]. Tout le monde avait en tête la procession des morts, après la fusillade du boulevard des Capucines, qui avait fait chuter Louis-Philippe en février 1848. Contre toute attente, Delescluze et Rochefort firent comprendre aux plus exaltés qu'il n'y avait rien à attendre de la journée. Le convoi reprit sa route vers le cimetière. Malgré l'agitation de quelques bandes, le retour de la foule à Paris se produisit sans trop d'incidents. Le gouvernement frappa Rochefort. Le 17 janvier, il obtint du Corps législatif la levée de son immunité parlementaire. Cinq jours plus tard, le député fut condamné à six mois de prison pour offense à l'empereur et provocation à la guerre civile. Il fut arrêté le 7 février. Cela provoqua trois jours de troubles dans la capitale. Quelques barricades furent érigées et des boutiques saccagées. Quant à Pierre Bonaparte, il fut déféré devant la Haute Cour chargée par la Constitution de 1852 de juger les membres de la famille impériale. Le procès se déroula à Tours, loin de l'agitation parisienne. L'accusé se défendit mal, mais la plupart des témoignages lui furent favorables et Fonvielle et Grousset se discréditèrent par leur violence haineuse. Le procureur général retint que Pierre Bonaparte avait été frappé le premier, mais ne lui reconnut pas la légitime défense. Cependant, le jury, composé de trente-six conseillers généraux, ne suivit pas ses réquisitions. Le 27 mars, il acquitta le prince, lui imposant simplement de dédommager la famille de sa victime. Les journaux républicains crièrent au scandale. Comme Ollivier, Napoléon III aurait préféré une condamnation. Il exila son indésirable parent [122].

Pendant l'affaire Victor Noir, deux grandes grèves éclatèrent au Creusot. Le gouvernement hésita d'abord à envoyer la troupe, car il tenait à éviter une nouvelle catastrophe, mais il finit par s'y résoudre. Le Creusot était le fief du président du Corps législatif, Schneider. Les meneurs furent arrêtés et plus d'une centaine d'ouvriers licenciés. L'agitation sociale s'étendit à travers la France. L'Internationale parvenait quelquefois à exploiter politiquement le mécontentement, même s'il était rare que l'empereur fût lui-même attaqué [123]. En revanche, la révolution était ouvertement réclamée dans certaines réunions, quand ce n'était pas l'assassinat de Napoléon III, comme lors du banquet de Saint-Mandé, le 21 janvier, au cours duquel fut porté le « toast à la balle », « balle providence » que tout le monde attendait [124].

Les députés républicains, surnommés par *La Marseillaise* « les Burgraves de la démocratie », réprouvaient ce genre de manifestation, de même qu'ils n'étaient pas venus aux obsèques de Victor Noir. Ils avaient d'autres armes pour attaquer le gouvernement. Ils l'interpellèrent sur les candidatures officielles. La tactique était habile. Si les ministres revendiquaient l'ancienne pratique électorale, que deviendrait leur réputation de libéralisme ? S'ils la répudiaient, ne devraient-ils pas renoncer définitivement aux voix de la droite, voire au soutien de l'empereur ? Après avoir cherché à repousser l'interpellation, le ministre de l'Intérieur, Chevandier de Valdrôme, finit par y répondre avec embarras. Selon lui, le gouvernement renonçait à la pratique de la candidature officielle, mais entendait conserver le droit d'indiquer aux électeurs quels étaient ses amis et ses adversaires. Ces paroles ne satisfirent pas les républicains et Grévy souligna qu'il y avait bien peu de différences entre une candidature préférée et une candidature officielle, et que la tentation serait grande pour le pouvoir de continuer à faire pression sur les élections. Granier de Cassagnac fit, au contraire, un vibrant plaidoyer en faveur de la candidature officielle.

Ollivier décida alors d'intervenir. Il n'entendait pas renier les paroles qu'il prononçait quand il était dans l'opposition. Désormais, le gouvernement ferait donc preuve de la plus complète neutralité. Le 24 février, le Corps législatif abandonna la candidature officielle. Au moment du vote, le gouvernement reçut l'appui des centres, mais aussi celui de la gauche. En revanche, pour la première fois depuis le 2 janvier, cinquante-six voix de droite lui firent défaut. Napoléon III qui n'avait pas été consulté par Ollivier lui signifia son mécontentement. Certains ministres dont le garde des Sceaux lui-même parlèrent de démissionner. À Daru qui l'en avertit, l'empereur répondit : « Je sais que ce ministère m'est indispensable [...], mais ne me mettez pas trop souvent le marché en main, car moi aussi je suis fier. » Finalement, il fit un geste de réconciliation en supprimant la subvention de Duvernois qui, sans doute déçu de ne pas avoir été appelé au sein du gouvernement, venait d'attaquer violemment Ollivier dans *Le Peuple français*[125].

Parallèlement, Daru et Buffet s'opposaient à l'empereur sur le mode de désignation des maires. Alors que celui-ci voulait conserver leur nomination, moyen essentiel de contrôler le pays, les ministres du centre gauche entendaient que les maires fussent désignés par l'exécutif sur une liste dressée par le conseil municipal. Ollivier donna plutôt raison au souverain, mais sans que la question fût réellement tranchée[126]. Il y avait plus urgent.

Voilà en effet plus de deux mois et demi que le gouvernement était aux affaires et il ne s'était toujours pas attaqué au problème constitutionnel qui figurait à la fois dans le programme du centre droit et dans celui du centre gauche. Napoléon III avait des idées très arrêtées en la matière. Fin février, le prince Napoléon lui avait soumis une note et lui avait demandé une audience pour la lui présenter[127]. Il proposait de faire de l'Empire libéral « une monarchie constitutionnelle et représentative comportant des ministres responsables, deux chambres nommées, l'une au suffrage universel, l'autre au suffrage indirect, le droit d'appel au peuple avec l'approbation des deux chambres », en d'autres termes un régime parlementaire, car les ministres n'étaient responsables que devant les chambres et l'usage du plébiscite était subordonné au Parlement. Irrité, Napoléon III refusa de recevoir son cousin et lui répondit sèchement le 4 mars : « Les idées qui sont émises dans ton mémoire sont diamétralement, radicalement opposées aux miennes. Il serait donc superflu d'en écouter le développement. Je sombrerai peut-être, mais non pourri. » Il persistait donc dans son refus absolu du régime parlementaire [128].

Le 21 mars, il chargea Ollivier de mettre en forme un projet de sénatus-consulte qui adaptait la Constitution de 1852 aux réformes réalisées depuis 1860, sans instaurer pour autant le parlementarisme. Il ne croyait pas souhaitable non plus de faire du Sénat une deuxième chambre législative à part entière, comme le lui suggérait le garde des Sceaux. Il estimait avoir déjà beaucoup accordé depuis un an : « Mettons un terme au désir immodéré de changement qui menace de tout détruire, écrivit-il à Ollivier. Évitons d'abroger toujours nos lois suivant les impressions du moment et conservons, sauf à ne pas nous en servir, celles qui peuvent, à un jour donné, présenter un moyen de salut. L'exemple de l'Angleterre qui modifie bien plus ses mœurs politiques que sa législation est bon à suivre [129]. » Cependant, il accepta, une nouvelle fois, de s'incliner dans la mesure où l'essentiel était préservé [130].

Dès le 28 mars, le garde des Sceaux put donc lire son projet en conseil. Le texte, court, ne comprenait que quarante-cinq articles. Il consacrait les progrès du parlementarisme, en reprenant et en élargissant le sénatus-consulte du 8 septembre précédent. Il ôtait au Sénat son pouvoir constituant et faisait de lui une chambre législative dotée de l'initiative des lois, comme le souverain et le Corps législatif. Il autorisait celui-ci à recevoir des pétitions, à fixer la dotation de la Couronne et la liste civile et à présenter au peuple un candidat au trône en cas d'absence d'héritier. Il mentionnait la responsabilité des ministres, mais sans indiquer devant qui, sans doute pour ménager la susceptibilité de l'empereur. En effet, il s'agissait désormais d'une double responsabilité devant les chambres et le souverain. Celui-ci ne gouvernait plus « au moyen », mais « avec le concours » des ministres, du Sénat, du Corps législatif et du Conseil d'État, mais, et là était l'essentiel pour Napoléon III, il restait seul responsable devant le peuple français, auquel il pouvait faire appel par plébiscite, y compris pour modifier la Constitution et reprendre ce qu'il avait accordé. Ce projet, s'il était adopté, doterait donc la France d'un système hybride orléano-bonapartiste. Il ne correspondait plus à la doctrine qu'avait développée l'empereur dans ses jeunes années, mais il ne fondait pas non plus un régime parlementaire. En cas de crise, le chef de l'État détiendrait toujours cette fameuse clé qui lui avait manqué en 1851.

Très rapidement, Rouher et la majorité des sénateurs firent valoir que le projet entraînait une transformation radicale des institutions. Ils demandèrent que le peuple fût consulté, comme en 1852 [131]. Les arguments étaient fondés, mais Rouher et la droite avaient des arrière-pensées. Ils savaient que le gouvernement serait gêné et espéraient retrouver leur influence. À la faveur d'un scrutin réussi qui lui donnerait un prestige nouveau, Napoléon III ne rappellerait-il pas son ancien personnel ? Contre toute attente l'orléaniste Daru soutint l'idée d'un plébiscite qui permettrait, à ses yeux, de garantir les réformes parlementaires [132]. Ollivier l'approuva. Il restait à savoir quelle serait la décision du souverain.

Au moment où le garde des Sceaux préparait le sénatus-consulte, Napoléon III avait repoussé l'idée du plébiscite de ratification. Il ne concevait ce type de consultation qu'en deux circonstances : en début de règne pour établir le pacte fondamental entre le nouvel empereur et le peuple et en cas de crise. Cependant, il se laissa convaincre. La perspective de retremper sa dynastie dans le suffrage universel lui plut. Alors qu'on lui prêtait le vœu d'abdiquer en cas d'échec [133], il était décidé, au contraire, à conserver le pouvoir dans cette éventualité. Il respecterait le vote populaire, mais interpréterait le résultat non comme un désaveu de sa personne ou de son régime mais de l'évolution libérale : « Si les non sont en majorité, j'en conclurai que le peuple n'approuve pas les réformes opérées depuis 1860, et je me considérerai comme obligé de revenir peu à peu au système primitif de la Constitution de 1852. Dans tous les cas, nous aurons obtenu la stabilité, et mis terme à ces incertitudes constitutionnelles qui, si elles se prolongeaient, finiraient par paralyser les affaires et troubler la paix sociale [134]. » Il se convainquit donc des avantages du plébiscite quelle qu'en fût l'issue. Au vrai, le seul risque à ses yeux était celui d'une abstention massive. Ce fut alors que le centre gauche fit connaître son hostilité. L'appel au peuple n'était-il pas la négation du système parlementaire ? Buffet démissionna le 9 avril, suivi, deux jours plus tard, par

Daru, qui avait été rappelé à l'ordre par Thiers et par ses amis. Talhouët voulut faire de même, mais il accepta de rester jusqu'au lendemain du plébiscite pour ne pas provoquer une crise gouvernementale et hypothéquer le résultat du scrutin. La situation était pour le moins paradoxale. Alors que l'on s'apprêtait à couronner l'Empire libéral, les plus libéraux quittaient le gouvernement et la droite se réjouissait de l'évolution du régime. En effet, le 20 avril 1870, le Sénat vota à l'unanimité le sénatus-consulte.

Le 8 mai, les Français furent invités à se prononcer sur le texte suivant : « Le peuple approuve les réformes libérales opérées dans la Constitution depuis 1860 par l'empereur avec le concours des grands corps de l'État, et ratifie le sénatus-consulte du 20 avril 1870. » La rédaction était volontairement ambiguë. Les Français devaient répondre par un seul « oui » ou un seul « non » à deux questions distinctes, celle des réformes et celle du régime. Comme l'affirmait la proclamation qui suivait le décret, il s'agissait d'« asseoir sur une base solide l'ordre et la liberté », mais aussi de préparer la transmission de la couronne au prince impérial. Même si Napoléon III avait envisagé toutes les hypothèses, la victoire du « oui » n'était pas douteuse, en raison de la fidélité des campagnes. En revanche, on pouvait craindre un grand nombre d'abstentions qui témoignerait d'un désintérêt des Français, voire d'une désapprobation silencieuse.

Ollivier s'investit totalement pour le succès du plébiscite. Tous les fonctionnaires, le clergé et les amis de l'Empire furent donc encouragés à faire campagne pour le « oui ». Un Comité central plébiscitaire fut constitué. Il comprenait des députés et des sénateurs de la droite et du centre droit et se ramifiait dans toute la France. En revanche, les adversaires de l'Empire allèrent au combat dans la plus grande confusion. Tous les partis étaient divisés. Le comte de Chambord prêchait l'abstention, mais l'extrémiste *Gazette de France* réclamait un vote négatif, moyennant quoi beaucoup de légitimistes votèrent « oui » ! Les orléanistes manifestaient plus d'embarras encore. « Quand je lis *Le Pays*, dit l'un d'eux, je me décide à voter "non" ; mais voici que je lis *La Marseillaise*, et derechef, je me résigne à voter "oui". » Quelques-uns prônaient le « non », Thiers l'abstention, Guizot le « oui », comme Buffet qui avait pourtant démissionné du gouvernement à cause du plébiscite ! Les républicains eux-mêmes étaient divisés. Alors qu'une « gauche fermée » avec Grévy, Favre, Ferry et Gambetta se disait plus irréconciliable que jamais, apparaissait une « gauche ouverte » autour de Picard. Certains y voyaient déjà l'antichambre d'un prochain ralliement. Beaucoup d'électeurs ne savaient plus où donner de la tête. Quelques jours avant le scrutin, un nouveau complot contre l'empereur fut découvert. Il était bien réel et de sérieuses menaces pesaient sur la vie du souverain[135]. Il rallia un grand nombre d'indécis au « oui ».

Le 8 mai au soir, ce furent les résultats de Paris qui arrivèrent les premiers aux Tuileries[136]. Ils étaient mauvais. Les chiffres de plusieurs autres grandes villes allaient dans le même sens. L'entourage impérial commença à s'inquiéter. Napoléon III s'efforça de donner le change : « Les Parisiens ont toujours été frondeurs, fit-il observer en souriant. Quoique je me sois montré vis-à-vis d'eux moins avare que ne l'était Mazarin, ils votent contre moi, comme ils chansonnaient contre lui. C'est leur droit. » Dans les heures suivantes, la tendance s'inversa. Un peu après minuit, le triomphe était assuré. Napoléon III congédia l'assistance et alla se coucher. La France rurale avait massivement voté « oui ». Tous les départements lui donnaient la majorité, à l'exception de la Seine, des Bouches-du-Rhône et de deux des trois départements algériens où les colons faisaient payer à l'empereur sa politique du royaume arabe.

L'Empire libéral triomphait. Au total, on dénombra 7,3 millions de « oui », 1,5 million de « non » et 1,9 million d'abstentions[137]. C'était beaucoup mieux qu'aux élections législatives de 1869. Napoléon III était radieux. Il avait retrouvé son « chiffre » de 1852. Le lendemain, il dit même à son fils : « Tu es sacré par ce plébiscite. » Cependant, des émeutes eurent lieu trois jours durant aux abords de la caserne du Prince-Eugène où résidait un bataillon qui avait voté « non ». Le calme rétabli, Napoléon III se rendit sur place pour prouver qu'il avait la situation en main et qu'il ne redoutait rien contre sa personne.

Le 21 mai, les résultats définitifs furent proclamés au cours d'une cérémonie grandiose au Louvre. Napoléon III y proposa une interprétation habile du scrutin : « Le plébiscite n'avait pour but que la ratification d'une réforme constitutionnelle. Dans l'entraînement de la lutte, le débat a été porté plus haut. Ne le regrettons pas. Les adversaires de nos institutions ont posé la question entre la révolution et l'Empire. Le pays l'a tranchée. » Il ajoutait : « Nous devons plus que jamais envisager l'avenir sans crainte[138]. » De fait, l'opposition désespérait des Français. Pour Gambetta, « c'[était] un écrasement, l'Empereur [était] plus fort que jamais ». Selon Jules Favre, « il n'y a[vait] plus rien à faire en politique[139] ».

En mai 1870, la greffe libérale de l'Empire semblait donc avoir réussi. Néanmoins, dans la réalité, la situation n'était pas aussi favorable. Ollivier prenait la consultation électorale pour un succès personnel et celui de ses idées alors que les électeurs ruraux avaient voté pour leur empereur et pour la sécurité qu'il leur apportait[140]. Si la gauche était déprimée et divisée, la droite autoritaire jubilait. Elle revendiquait, elle aussi, la victoire du plébiscite comme la sienne. Au Sénat, elle multipliait maintenant les interpellations malveillantes et Rouher descendit même de son fauteuil pour combattre un ministre. Jérôme David réclamait de nouveau la présidence du Corps législatif. Quant aux orléanistes et au centre gauche, ils faisaient décidément défection. Ils n'acceptaient plus que rarement les invitations officielles et, à l'exception de quelques jeunes esprits indépendants, refusaient les postes qui leur étaient proposés.

Pour remplacer Buffet, Daru et Talhouët, Ollivier dut faire appel à deux membres du centre droit pendant que le duc de Gramont, ambassadeur à Vienne, prenait le ministère des Affaires étrangères. Pour peu que la droite, la gauche et le centre gauche se réunissent, le cabinet risquait d'être renversé. Lors de deux scrutins, il ne dut son salut qu'au soutien inattendu de la gauche. En juin, il dut adopter la thèse de ses ennemis coalisés pour ne pas être mis en minorité. Sa position apparaissait précaire.

Le souverain conservait pourtant sa confiance à ses ministres et se renfermait, le plus souvent, dans son rôle constitutionnel. Il entendait conduire loyalement l'expérience de l'Empire libéral à son terme. Ce fut lui qui émit des réserves sur l'arrivée au gouvernement de Laboulaye et du duc de Gramont, bien que parent de son ami, le comte d'Orsay, car ils n'étaient pas parlementaires. Ce fut lui qui, s'il obtint gain de cause pour le premier, céda devant la volonté d'Ollivier pour le second. Ce fut encore lui qui s'inclina lorsque son garde des Sceaux, contrairement à son avis, ne voulut pas du retour aux affaires de Magne, envers lequel Ollivier gardait rancune de s'être défilé en décembre 1869. Ce fut enfin lui qui écrivit personnellement à Jérôme David pour lui demander de modérer ses critiques à l'égard du gouvernement. Cependant, le pacifisme et le refus de voir le danger prussien de son principal ministre l'irritaient [141].

Duvernois rentra en grâce et reçut de nouveau sa subvention. Haussmann affirma même, dans ses *Mémoires* parus plus de vingt ans après les faits, que l'empereur qui l'avait invité, le 13 juin, à Saint-Cloud lui avait confié à cette occasion : « Je veux changer mon ministère. [...] Oui ! Jamais, je n'avais supposé qu'il pût exister des incapacités pareilles à celles qui le composent. [...] Il faut, continua-t-il, que nous fassions un Grand Ministère ensemble, à la fin de la session. [...] L'expérience que je viens de faire prouve que, chez nous, pour être respecté, le Pouvoir doit être un et fort [142]. » Ollivier parla d'imposture et écrivit à l'impératrice pour lui demander sa version des faits. Elle lui fit répondre : « C'est absurde ! L'Empereur a toujours été loyal et de bonne foi. Quant à moi, je ne me souviens pas d'avoir vu M. Haussmann et je n'ai ni pensé, ni aidé à renverser des ministères [143]. » Trois semaines après l'ancien préfet, Napoléon III reçut au même endroit le conseiller d'État Bavoux qui lui tint le même langage critique vis-à-vis de l'Empire libéral, mais l'empereur refusa d'y souscrire [144]. Alors, que dire du récit d'Haussmann ? Que l'ancien préfet ne fit sans doute que traduire par une exagération les doutes réels de Napoléon III. Ollivier lui-même concéda : « L'Empereur était quelquefois troublé par ce bourdonnement venimeux qu'il entendait sans cesse résonner à ses oreilles », même s'il s'empressa d'ajouter : « Dès qu'il avait assisté à une séance du Conseil, il se rassérénait. [...] En toute occasion, il me manifestait sa confiance [145]. »

C'étaient indéniablement un gouvernement ébranlé, dont les succès semblaient déjà loin, et un empereur gravement malade et hésitant qui allaient devoir affronter la crise de l'été 1870.

CHAPITRE XV

LE COMMANDANT EN CHEF DE LA DÉBÂCLE

« C'est toujours une chose terrible que la guerre, même quand on est sûr de la victoire ; et on n'en est jamais sûr*. »

« Je sens que ma carrière est brisée, que mon nom a perdu son éclat. Je suis au désespoir**. »

Napoléon III, Bismarck et les causes de la guerre de 1870

Depuis Sadowa, beaucoup d'observateurs tenaient pour inévitable un choc entre la France et la Prusse. La primauté française était en effet remise en cause par les Prussiens, la politique des compensations et l'affaire du Luxembourg avaient été de cuisants échecs pour Paris [1]. Bismarck hésitait d'autant moins à humilier la France qu'une guerre contre ce pays lui permettrait peut-être de réaliser l'unité de la patrie allemande. Même si la perspective d'un nouveau conflit ne le réjouissait guère, Guillaume Ier était soldat dans l'âme, avait porté depuis plusieurs années toutes ses pensées et celles de son peuple vers l'armée et n'était pas insensible aux perspectives de gloire. Le chef d'état-major, Moltke, affirmait de son côté que l'armée prussienne était supérieure à son homologue française et devait la vaincre, mais à condition de ne pas tarder à attaquer.

Dans ses rapports, l'ambassadeur de France à Berlin, Benedetti, ne cessait de souligner le danger [2] et Napoléon III se

* Napoléon III, juillet 1870.

** Napoléon III après la capitulation de Sedan, 2 septembre 1870.

convainquit peu à peu qu'une guerre était devenue inéluctable. Il réforma l'armée et fit placer le texte de la loi, à la fin de ses *Œuvres complètes* publiées en 1869, pour en souligner l'importance et préparer les esprits à l'éventualité d'un conflit[3]. L'autre priorité était de s'assurer des soutiens extérieurs.

Après Sadowa, un rapprochement s'était opéré avec l'Autriche. François-Joseph semblait lui-même bien disposé. Il avait nommé Beust, son ancien messager auprès de Napoléon III, au poste de chancelier. L'entrevue de Salzbourg et les entretiens lors de l'Exposition universelle de 1867 avaient souligné les intérêts communs des deux pays. Il y avait cependant plusieurs obstacles à la conclusion d'un accord. Vienne craignait de devenir impopulaire en Allemagne du Sud, mais aussi d'être entraînée dans une guerre sur deux ou trois fronts, si la Russie et l'Italie s'alliaient avec la Prusse. En outre, les Autrichiens devaient désormais compter avec les Hongrois avec lesquels ils avaient dû procéder à un partage des pouvoirs au sein de l'Empire. Or, ceux-ci devaient leur nouvelle position à Sadowa et n'entendaient pas se laisser entraîner dans un conflit où ils avaient plus à perdre qu'à gagner. Ils éprouvaient aussi du ressentiment à l'égard de Napoléon III qui ne les avait pas soutenus en 1859[4].

Une entente avec l'Italie était également nécessaire pour les Français, mais semblait difficile. Florence entendait monnayer son soutien par une cession du sud du Tyrol autrichien, tandis que les Italiens étaient remontés contre les Français depuis Mentana. La protection apportée par Napoléon III au Saint-Siège constituait en effet une pomme de discorde majeure entre les deux peuples. Le 4 juin 1869, jour du dixième anniversaire de Magenta, un projet de traité fut certes élaboré, mais le gouvernement du général Menabrea imposa deux conditions à sa signature : l'entrée immédiate des Italiens à Rome et la promesse de ne rien tenter contre l'unité allemande. L'empereur opposa un refus. Son honneur, la sécurité de la France, la victoire des cléricaux aux élections législatives qui venaient d'avoir lieu le lui imposaient[5]. Au cours des mois suivants, l'ambassadeur autrichien Metternich et son homologue italien Nigra continuaient néanmoins à évoquer les dispositions favorables de leurs pays à l'égard de la France[6]. En septembre et octobre 1869, Napoléon III, François-Joseph et Victor-Emmanuel II échangèrent des lettres qui parlaient de détermination commune et de nécessité de se soutenir les uns les autres en cas de conflit[7]. L'empereur d'Autriche manifesta son désir de faire la guerre à la Prusse aux côtés de la France dans une note qu'il fit remettre à Napoléon III par le comte Vitzthum, son ministre à Bruxelles[8]. Le souverain français avait foi en un tel langage[9]. Pourtant, les paroles de monarques constitutionnels ne signifiaient pas l'engagement de leurs États. Elles n'avaient pas valeur de traité.

En 1868 et 1869, une affaire périphérique montra l'extrême tension qui existait entre la France et la Prusse alors qu'elle n'engageait au départ aucun des deux gouvernements[10]. En janvier 1868, la Compagnie française des chemins de fer de l'Est avait obtenu le droit d'exploiter les lignes luxembourgeoises pour quarante-cinq ans. En octobre suivant, deux sociétés belges très endettées étaient entrées à leur tour en négociation avec la même compagnie pour leur rachat. Cette opération qui assurerait un avantage stratégique considérable à la France en cas de guerre contre la Prusse était soutenue par Paris, mais irritait Bruxelles qui y voyait une ingérence dans ses affaires.

En février 1869, le gouvernement belge refusa d'accorder son autorisation. À Paris, les ministres, les députés, et en particulier Thiers, les journalistes et l'opinion publique virent alors l'influence de Berlin derrière ce refus. Des rumeurs de guerre contre la Belgique et contre la Prusse circulaient déjà. Napoléon III semblait lui-même se ranger à cette idée. Le 19 février, il écrivit à son ministre de la Guerre, Niel : « Un gouvernement comme un homme doit accepter le défi quand on le provoque et saisir l'occasion qui se présente de prouver sa virilité[11]. » Sous l'influence avisée du chef du *Foreign Office*, Clarendon, l'Angleterre offrit sa médiation. De mars à juillet 1869 se déroulèrent des négociations difficiles. Finalement, la Compagnie de l'Est signa des conventions avec ses homologues belges, mais dut renoncer à en prendre le contrôle.

Même si l'honneur était sauf, Paris avait dû, une nouvelle fois, reculer. Bismarck qui était resté en dehors de l'affaire se frottait les mains. Dans les premiers mois de 1870, il se rangea à l'idée que seule une confrontation armée avec la France permettrait de lever les obstacles à l'unité allemande. Sans le choc d'une guerre, les États et les populations de l'Allemagne du Sud la refuseraient. Dans le cas contraire, la Prusse pourrait s'ériger en protectrice de tous les Allemands et pousser son avantage.

Il fallait cependant trouver un *casus belli* valable et pousser Paris à déclencher les hostilités car une grande partie des Allemands, qu'ils fussent Bavarois ou Rhénans, catholiques ou non, craignaient la Prusse, étaient francophiles et éprouvaient une vive sympathie pour l'empereur des Français [12]. Du reste, la convention défensive signée par la Confédération de l'Allemagne du Nord avec les États du Sud, au lendemain de Sadowa, ne jouerait que dans le cas d'une agression étrangère.

Ce fut l'Espagne qui fournit à Bismarck l'occasion qu'il cherchait pour une rupture avec la France. Les contemporains ne connaissaient pas alors les ressorts de l'intrigue. Le chancelier de la Confédération de l'Allemagne du Nord prétendit d'ailleurs qu'il ne fut pas associé avant juillet 1870 au traitement de cette affaire. Les historiens, après Ollivier lui-même [13], mirent en lumière qu'il n'en était rien [14].

Après avoir été chassés d'Espagne par un coup d'État militaire, en septembre 1868, la reine Isabelle II et son fils Alphonse, prince des Asturies, qui étaient liés à Eugénie, trouvèrent refuge en France, au château de Pau, puis à Paris. La junte au pouvoir à Madrid et en particulier son chef, le maréchal Prim, se mirent aussitôt en quête d'un nouveau souverain. Bismarck soutint d'abord la candidature du duc de Montpensier, fils de Louis-Philippe et beau-frère d'Isabelle, qui était susceptible d'irriter Napoléon III. Lorsque le gouvernement français fit savoir que ce candidat était inacceptable, il fut soutenu par son homologue britannique et l'affaire s'arrêta là. Ensuite, l'idée d'une candidature portugaise sembla séduire un temps Londres et Paris. L'empereur des Français y vit même un moyen de faire enfin aboutir son projet d'Union ibérique [15]. Cependant, ce nouveau projet échoua, en raison de l'hostilité des Portugais et des Espagnols. Bismarck avança alors la candidature d'un prince de la famille royale, Léopold de Hohenzollern-Sigmaringen, qui servait comme colonel dans l'armée prussienne. Il subventionna des journaux madrilènes pour la soutenir et la junte espagnole se montra très tôt intéressée. Selon elle, le prince présentait le double avantage d'être de confession catholique et apparenté à Napoléon III. Le souverain français avait joué un rôle déterminant dans le choix de son frère Charles comme roi de Roumanie [16]. À Madrid, on pensait donc qu'il ne s'opposerait pas à la montée de Léopold sur le trône.

Or Napoléon III, irrité par Charles qui ne jurait que par l'armée prussienne, avait fini par rappeler les conseillers envoyés en Roumanie, en janvier 1869[17]. En outre, il ne pouvait accepter cette candidature dont il avait été informé de l'éventualité dès mars suivant[18], car elle plaçait la France sous la menace d'un encerclement et serait très mal perçue par l'opinion. Benedetti fut chargé d'en avertir Bismarck[19], ravi de la colère française. Cependant, le projet était suspendu à l'accord du roi de Prusse qui était le chef de la famille de Léopold. Bismarck chercha donc à faire pression sur son roi. Il lui fit remettre deux rapports qui recommandaient de donner une suite favorable aux ouvertures espagnoles. Cela ne suffit pas. Lors du conseil de la couronne du 15 mars 1870, Guillaume se montra réticent devant les complications que cela risquait de provoquer avec la France. Il annonça toutefois que Léopold resterait libre de son choix. Or, celui-ci refusa de se porter candidat[20].

Bismarck ne se tint pas pour battu. Il parvint à faire entrer dans sa combinaison le père de Léopold, Antoine, en arguant du devoir patriotique et en affirmant qu'il convaincrait bientôt le roi de changer d'avis. Léopold céda à son tour à ses instances. Le chancelier envoya aussi deux proches à Madrid pour travailler à la candidature avec les dirigeants espagnols. L'information filtra et parvint à Paris. En mai 1870, Napoléon III relança alors l'idée d'une candidature portugaise, mais il se heurta une nouvelle fois au refus de Lisbonne. Il proposa ensuite l'accession au trône du prince des Asturies avec une régence d'Isabelle, mais la junte ne voulut pas en entendre parler. De son côté, le roi de Prusse apprit, le 19 juin, les manœuvres de son chancelier. S'il en fut irrité, il n'y mit pas son veto. Bismarck put donc les poursuivre et l'affaire avança dès lors rapidement. Alarmé par les renseignements qui lui parvenaient de Madrid, Napoléon III fit pression sur Isabelle pour qu'elle abdiquât, ce qu'elle fit le 25 juin[21]. Il proposa alors à la junte sa nouvelle solution : une proclamation du prince des Asturies sous le nom d'Alphonse XII et un conseil de régence, qui ferait la part belle aux militaires. Elle arrivait trop tard. Bismarck venait d'obtenir de Prim que la candidature de Léopold fût présentée aux Cortès dès leur ouverture, le 20 juillet.

Bismarck s'était permis de conduire l'affaire espagnole sans retenue, car il jugeait le second Empire affaibli. Il avait une piètre opinion de Napoléon III, malade et indécis, et une pire encore du gouvernement parlementaire du 2 janvier. Il savait Ollivier et Daru pacifiques et favorables aux nationalités, en particulier à la Prusse.

Le garde des Sceaux joua d'ailleurs l'apaisement à tous les niveaux. Ainsi, il ne voulut pas que le gouvernement français se mêlât du concile du Vatican[22]. Le ministre des Affaires étrangères du gouvernement Chasseloup-Laubat, La Tour d'Auvergne, puis Daru ne souhaitaient pas, quant à eux, un accroissement démesuré des prérogatives du pape, mais la démission de ce dernier, à cause du plébiscite, permit à Ollivier de prendre l'intérim du ministère et de faire prévaloir ses vues[23]. Napoléon III était plus hésitant sur cette question, mais ne la jugeait pas prioritaire. Le plus important, à ses yeux, était de surveiller de près les agissements prussiens et de poursuivre les négociations avec Vienne et Florence, alors que ses ministres, au contraire, n'entendaient rien faire et dire qui pût alarmer la Prusse.

Comme l'Autriche conditionnait sa participation à une guerre aux côtés de la France à l'attitude russe, Napoléon III avait confié à son ami Fleury l'ambassade de Saint-Pétersbourg en novembre 1869 de façon à resserrer les liens avec la Russie. Celui-ci reçut de Daru la consigne de ne pas pousser plus avant les discussions[24]. Le ministre proposa même un désarmement bilatéral à la Prusse que celle-ci refusa.

Quoique de réputation prussophile, Rouher prônait au contraire la fermeté au souverain[25]. Il avait pris conscience du danger et voyait peut-être là un moyen d'affaiblir le gouvernement du 2 janvier. L'empereur et lui continuaient à négocier avec l'Autriche et l'Italie, sans en référer toujours aux ministres. En mars 1870, l'archiduc Albert, chef de l'armée autrichienne, vint à Paris, puis Napoléon III envoya le général Lebrun, l'un de ses aides de camp et homme de confiance, à Vienne pour mettre au point un plan de campagne commun aux deux pays, en cas de guerre[26]. L'Autriche ne s'engageait cependant pas davantage et prévenait même qu'il lui faudrait six semaines pour se mettre en campagne.

Si le climat international semblait à la détente, le feu couvait sous la cendre. Napoléon III doutait de son ministère et les paroles de défiance qu'il prononça parfois à son égard s'expliquaient sans nul doute, pour partie, par des considérations de politique étrangère[27]. Lorsque Ollivier voulut passer de la Justice aux Affaires étrangères, l'empereur s'y opposa, en arguant du fait qu'il devait se consacrer tout entier aux importantes réformes intérieures et que sa politique d'apaisement ne nécessitait pas sa présence au Quai d'Orsay[28]. « N'importe qui conviendra, lui aurait-il dit, puisque nous sommes décidés à ne rien faire [en politique étrangère]. » Ollivier chercha alors, selon ses propres termes, « un diplomate qui tiendrait la place tant que durerait [la] période d'effacement, et qui la [lui] rendrait au moment opportun ». Le choix se porta, le 15 mai, sur le duc de Gramont, ambassadeur à Vienne. Cependant, cette nomination fut perçue comme un nouveau témoignage du rapprochement entre la France et l'Autriche.

Bismarck savait qu'en poussant plus loin l'affaire espagnole, il rencontrerait face à lui un gouvernement et un peuple français plus divisés que jamais. Le Corps législatif sortait d'une discussion sur le tunnel du Saint-Gothard, où les ambitions prussiennes avaient été dénoncées par les républicains, et Thiers venait de prononcer des paroles alarmantes et de réclamer une paix armée. Alors qu'Ollivier s'apprêtait à demander une réduction du contingent, Napoléon III prépara une lettre pour demander aux députés de ne pas la voter : « Le budget de la guerre est toujours en butte aux attaques de ces esprits à courte vue qui, pour se donner un vernis de popularité, ne craignent pas de désorganiser notre armée sans alléger notablement les charges budgétaires. [...] Il est des hommes auxquels l'expérience n'apprend rien. [...] En présence de l'Allemagne qui peut mettre *sur pied un million d'hommes exercés*, on parle encore de réduire les cadres. » Par scrupule de souverain constitutionnel, il ne l'envoya pas[29]. Le 30 juin, Ollivier qualifia le plébiscite de « Sadowa français », affirma qu'« à aucune époque, le maintien de la paix ne lui a[vait] paru plus assuré » et proposa au Corps législatif de diminuer le contingent de dix mille hommes[30]. Le lendemain, la réduction fut votée par deux cent neuf voix contre vingt-huit provenant de la gauche fermée[31].

Napoléon III désapprouvait cet optimisme. Il connaissait d'ailleurs de nouveaux soucis de santé[32]. Peu après le plébiscite, Malmesbury qui ne l'avait pas vu depuis trois ans le trouva « très changé », « prématurément vieilli et affaissé[33] ». Quelques jours plus tard, à la fin d'un dîner chez la princesse Mathilde, il dut rentrer précipitamment aux Tuileries[34]. « Je me sens là un paquet de pointes d'aiguilles qui m'enlève toutes mes forces », avoua-t-il à Franceschini Piétri, en lui montrant son bas-ventre. Son calcul provoquait une inflammation de la vessie et une infection urinaire. Alors que le printemps 1870 était doux et ensoleillé, il grelotta pendant plusieurs jours, au point de passer des heures près du feu. Il y eut ensuite un léger mieux. Le 19 juin, le docteur Germain

Sée, mandé à Saint-Cloud, trouva d'ailleurs l'état de tous les organes du patient plutôt bon, à l'exception de sa vessie. Il se dit persuadé de la présence d'un calcul et conclut à l'intérêt de profiter de l'accalmie des derniers jours pour procéder à une exploration [35]. Le 1er juillet, une consultation de quatre médecins, Nélaton, Corvisart, Ricord et Fauvel, confirma le diagnostic de Sée, déconseilla cependant le sondage immédiat qui risquait d'être fatal, recommanda le plus grand repos et prescrivit, par la suite, l'opération. Aucun procès-verbal ne fut rédigé [36]. Quant au résultat de l'examen de Sée, il fut placé par Conneau sous enveloppe cachetée dans un tiroir, d'où il ne fut sorti qu'après la chute du régime, par les républicains. Le médecin de l'empereur cacha la gravité du mal à l'impératrice pour l'épargner et se contenta de lui parler de rhumatismes et de cystite [37].

Napoléon III connut-il lui-même le diagnostic de Sée et le résultat de la consultation du 1er juillet ? Il affirma plus tard : « Si j'avais su que j'étais atteint de la maladie de la pierre, jamais je n'aurais déclaré la guerre. » Son fidèle Conneau ne voulut peut-être pas l'inquiéter, alors qu'il le pensait condamné à brève échéance. En fait, Napoléon III fut sans doute prévenu de son état, mais refusa de voir la vérité. Il ne pouvait d'ailleurs se résoudre ni au sondage, ni à l'opération. Tout en étant très courageux, il était très sensible à la douleur physique et craignait de finir comme Niel qui avait succombé justement à une opération de la vessie [38]. De toute façon, la crise espagnole ajourna toute décision.

L'entrée en guerre

Quelques heures plus tard, le 2 juillet, la nouvelle de l'acceptation de la candidature Hohenzollern par les Espagnols parvint à Paris [39]. Elle fut confirmée le lendemain, en fin d'après-midi, par une dépêche de l'agence Havas. La colère fut quasi unanime. Trente-six ans plus tard, l'impératrice affirma : « Reculer, transiger, nous ne le pouvions pas, nous aurions soulevé contre nous le pays tout entier !... On accusait déjà notre faiblesse ; un mot terrible arrivait jusqu'à nous : “La candidature Hohenzollern, c'est un second Sadowa qui se prépare !” [...] Oh ! ce nom de Sadowa ! [...] Nous ne pouvions pas exposer l'Empire à un deuxième Sadowa ; il n'y eût pas résisté [40]. »

Des négociations secrètes s'ouvrirent entre Saint-Cloud, Paris, Madrid, Berlin, Varzin où se trouvait Bismarck, Ems où le roi de Prusse était en cure et Sigmaringen où résidait le prince Antoine. Paris commença par demander des explications à Berlin. L'un des principaux collaborateurs du chancelier prussien qui fut questionné osa demander de quel prince il s'agissait. La réponse irrita le Quai d'Orsay et l'empereur.

Dans la journée du 4, Napoléon III reçut le conseiller d'État Bavoux, qui venait lui présenter son dernier écrit, *La Prusse et le Rhin*, dans lequel il affirmait que la Prusse était l'ennemie de la France et qu'il fallait se saisir du Rhin. Même s'il lui dit qu'il fallait un motif valable pour entrer en guerre, il approuva le texte et le laissa publier[41]. Le 5 juillet au matin, un conseil se tint à Saint-Cloud. L'empereur, Ollivier et Gramont décidèrent d'exprimer publiquement le mécontentement de la France. L'après-midi, Thiers demanda à l'un de ses proches, Cochery, d'interpeller le gouvernement sur la candidature Hohenzollern. La question fut renvoyée à la séance du lendemain.

Dans un nouveau conseil des ministres tenu le matin du 6, le ministre de la Guerre, le maréchal Le Bœuf, assura que l'armée française était prête, comme il ne cessait d'ailleurs de le répéter depuis plusieurs semaines, optimisme fanfaron qui lui valut de se voir prêter une formule qu'il ne prononçât sans doute jamais : « Pas un bouton de guêtre ne manque au fourniment du soldat[42] ! » Napoléon III se déclarait encore partisan de la solution pacifique, tout en avouant ne pas craindre la guerre, car l'Autriche et l'Italie ne manqueraient pas de soutenir la France. Il donna alors lecture des lettres de François-Joseph et de Victor-Emmanuel. Une note fut mise au point que le ministre des Affaires étrangères vint lire l'après-midi au Corps législatif[43]. Elle parlait du déséquilibre européen qui risquait de résulter de l'affaire, au détriment de la France, et concluait : « Pour l'empêcher, nous comptons à la fois sur la sagesse du peuple allemand et sur l'amitié du peuple espagnol. S'il en était autrement, fort de votre appui et de celui de la nation, nous saurions remplir notre devoir sans hésitation et sans faiblesse[44]. » Malgré les paroles plus modérées que prononça ensuite Ollivier, cela valait quasiment ultimatum. Dans le climat d'effervescence de la capitale, la presse, belliqueuse à de rares exceptions près comme *Le Journal des débats*, applaudit, comme l'opinion de la capitale et l'entourage des souverains.

Or, l'empereur se montrait maintenant très préoccupé par la perspective d'une guerre[45]. Il était plus lucide que Le Bœuf sur l'état de préparation de l'armée. Il savait qu'une défaite risquait de mettre en péril son trône. Comme son oncle en avait l'habitude et comme lui-même l'avait fait en 1859, il lui faudrait conduire en personne les opérations. Or, il n'en aurait probablement ni l'énergie, ni la force.

Tout en déplorant devant l'ambassadeur d'Espagne Olózaga que Madrid eût accepté d'entrer dans les combinaisons de Bismarck, Napoléon III fit tout ce qui était possible pour éviter l'escalade. Il multiplia les démarches officielles et officieuses à travers toute l'Europe pour obtenir le retrait de la candidature Hohenzollern. Devant les menaces qui pesaient sur le trône de son autre fils, Charles, si la France courroucée décidait de s'en prendre à lui et les risques d'apparaître comme le fauteur d'une déflagration européenne, Antoine accepta de faire pression sur Léopold pour qu'il renonçât au trône espagnol. Celui-ci se fit prier, car il se considérait désormais engagé vis-à-vis de Prim et de Bismarck, mais il finit par céder aux instances paternelles. Le matin du 12 juillet, la nouvelle de la renonciation du père au nom du fils parvint à l'empereur[46]. Quelques heures plus tard, elle fut rendue publique. La France venait d'emporter un grand succès diplomatique. Guizot parla même de « la plus belle victoire [qu'il eût] vue de [sa] vie ». Bismarck était dépité.

Cependant, alors que la crise semblait terminée, elle se rouvrit aussitôt. La cause en fut l'intransigeance de la droite bonapartiste frustrée par la renonciation du « père Antoine ». Alors qu'Ollivier l'annonçait triomphalement au Corps législatif, dans l'après-midi du 12, il ne pouvait assurer pour autant que le roi de Prusse était d'accord. Les arcadiens y virent la possibilité de rétablir l'Empire autoritaire et la prépondérance française en Europe, par une humiliation de Berlin ou une victoire militaire facile. Ainsi Duvernois déposa immédiatement une demande d'interpellation sur les garanties que le gouvernement avait prises ou comptait prendre pour éviter qu'une pareille crise ne se reproduisît. Au même moment, Napoléon III, qui ne partageait pas l'enthousiasme du garde des Sceaux, dit à Nigra qu'il recevait aux Tuileries : « C'est la paix [...] bien que l'opinion en France eût préféré une autre solution. »

En rentrant à Saint-Cloud, l'empereur fut vivement impressionné par les manifestations de rues hostiles à la Prusse. La capitale n'était pourtant pas la France. La perspective d'une guerre ne réjouissait pas la province et en particulier la grande majorité des campagnes[47], mais le souverain n'avait pas moyen de connaître l'état d'esprit de ses sujets au jour le jour. Les rapports des préfets et des procureurs généraux ne lui parvenaient que tous les quinze jours ou tous les mois. En outre, il faisait grand cas de l'opinion des Parisiens, si hostiles au régime et si dangereux lorsqu'ils étaient mécontents[48]. L'élan patriotique qui les soulevait, comme en 1859, l'ébranlait[49]. Ne pouvait-il pas, en adoptant un langage ferme vis-à-vis de la Prusse, les rassembler de nouveau autour de son trône ? S'il désapprouvait l'interpellation de Duvernois qui mettait son gouvernement en position délicate, il la comprenait donc.

À son arrivée à Saint-Cloud, l'impératrice et son entourage lui tinrent le même langage que la droite parlementaire[50]. Le général Bourbaki, bon connaisseur de la Prusse, lui affirma même : « Sur dix chances, nous en avons huit ! » Napoléon III, convaincu de la duplicité de Berlin, se laissa fléchir. Sans en avertir Ollivier, il rédigea, avec Gramont qui l'avait rejoint, une demande de garanties que Benedetti devrait soumettre sans délai au roi de Prusse. En soirée, deux arcadiens, Jérôme David et Granier de Cassagnac, accoururent au palais. Ils firent valoir à l'empereur qu'il se payait d'une satisfaction ridicule qui achevait d'abaisser la France en Europe, que l'armée et le peuple grondaient, que l'opposition ricanait et que Gambetta préparait un discours furibond. L'empereur demanda alors à Gramont d'envoyer une seconde dépêche à Benedetti encore plus intransigeante que la première. Il exigeait désormais un engagement catégorique du roi de Prusse qu'il ne permettrait jamais à Léopold de monter sur le trône espagnol. Au conseil qui se tint le lendemain matin, Ollivier qui avait été tenu à l'écart de la demande de garanties manifesta son mécontentement. Il n'alla cependant pas jusqu'à démissionner, par loyauté à l'égard du souverain, pour ne pas hypothéquer l'Empire libéral et pour ne pas quitter le navire dans la tempête et apparaître comme un lâche.

En ce même 13 juillet, une autre scène du drame se jouait à Ems. Ayant rencontré Guillaume Ier, Benedetti avait obtenu qu'il approuvât la renonciation de son parent, mais le roi refusa de s'engager pour l'avenir. À la demande de Gramont, l'ambassadeur dut solliciter deux nouvelles audiences pour essayer de le faire céder. Il ne les obtint pas. Tout en restant courtois, le roi commençait à s'irriter de l'insistance française. De retour à Berlin, Bismarck fut informé, vers dix-huit heures trente, des démarches répétées de l'ambassadeur et de leur échec et vit aussitôt le profit qu'il pouvait en tirer. Il était plus que jamais décidé à la guerre[51]. Il rédigea un récit qui, sans être inexact sur le fond, aggravait l'incident. Sous la plume du chancelier, le refus du roi se transformait en affront pour la France : « L'ambassadeur de France ayant demandé à S. M. le roi de l'autoriser à télégraphier à Paris qu'elle s'engageait pour l'avenir à ne pas donner son consentement à la candidature du prince de Hohenzollern, si elle venait à se poser de nouveau, le Roi a refusé de recevoir encore l'ambassadeur et lui a fait dire par l'aide de camp de service qu'il n'avait plus rien à lui communiquer[52]. » Il ordonna la diffusion du texte à Berlin par une édition spéciale et gratuite de la *Norddeutsche Zeitung* distribuée vers vingt-deux heures et le fit envoyer à toutes les chancelleries européennes. Le récit de Bismarck, bientôt appelé improprement la « dépêche d'Ems », fit le tour de l'Europe en quelques heures. Le chancelier espérait qu'il produirait « sur le taureau gaulois l'effet du drapeau rouge ». Il ne fut pas déçu.

En apprenant la nouvelle, le 14 juillet au matin, l'ambassadeur d'Angleterre à Paris, lord Lyons, analysa la situation avec perspicacité. Il estimait que pour contenir l'explosion populaire qui s'annonçait, Napoléon III et son gouvernement auraient la tentation de céder à la vengeance[53]. Lors du conseil qui suivit et qui dura six heures, Gramont qui considérait avoir « reçu une gifle » parla en effet de la probabilité d'une guerre. Le Bœuf évoqua ensuite la rapidité des préparatifs prussiens et réclama la mobilisation que le conseil décida à l'unanimité. Cependant, une dépêche de Benedetti arriva alors qui rétablissait les faits. Le doute s'immisçait dans les esprits du souverain et de ses ministres. Comme toujours devant l'imminence d'un conflit qui le concernait directement, Napoléon III hésitait.

Lorsque Gramont émit l'idée d'un congrès international pour trouver une issue à la crise, il l'approuva vivement. Ollivier rédigea même une note en ce sens. En soirée, à Saint-Cloud, l'impératrice fit part de son scepticisme. Selon elle, la proposition de congrès échouerait comme celles qui avaient été faites à propos de l'Italie, de la Pologne ou du Danemark. Même si le roi de Prusse ne s'était pas comporté comme le prétendait la « dépêche d'Ems », la mauvaise foi de Bismarck était patente. L'empereur, retourné une nouvelle fois, convoqua d'urgence un nouveau conseil. Plusieurs ministres ne reçurent pas la convocation à temps. Lorsque Ollivier arriva, Napoléon III lui dit : « Réflexion faite, je trouve peu satisfaisante la Déclaration que nous avons arrêtée tantôt. » Le garde des Sceaux qui avait également réfléchi approuva : « Si nous la portions à la Chambre, on jetterait de la boue sur nos voitures et on nous huerait. » Après quelques instants de silence, le souverain reprit : « Voyez dans quelle situation un gouvernement peut se trouver parfois : n'aurions-nous aucun motif avouable de guerre, nous serions cependant obligé de nous y résoudre pour obéir à la volonté du pays ! » Devant la gravité de la situation, l'impératrice s'introduisit dans le conseil et aucun ministre ne lui demanda de quitter les lieux. La presse favorable au prince Napoléon prétendit par la suite qu'elle avait dit, en la circonstance : « C'est ma guerre », ce qui fut démenti par les principaux témoins et par Eugénie elle-même[54]. Tout le monde savait en revanche qu'elle penchait nettement en faveur du conflit. Napoléon III, lui, mesurait les risques. Cependant, le rappel des réserves fut confirmé et Ollivier et Gramont furent chargés de préparer, pour le lendemain, une déclaration destinée à demander les crédits de guerre aux parlementaires.

Le conseil qui se tint à Saint-Cloud, le 15 juillet au matin, examina le texte et l'approuva à l'unanimité. Arbitre suprême, Napoléon III aurait pu l'écarter. Mais, influencé par son entourage, impressionné par la résolution nouvelle de l'ensemble de son gouvernement[55] et par les manifestations de plus en plus belliqueuses des Parisiens devant l'ambassade de Prusse et sur les boulevards, il n'en eut pas la volonté. Cependant, il « se retrouva, à ce dernier moment de la crise, ce qu'il avait été depuis le commencement : regrettant les gloires de la guerre dès que la paix prévalait et se rejetant vers la paix avec effroi dès que la guerre s'imposait[56] ». Alors que ses ministres se rendaient devant les Chambres, il reçut Vitzthum en route vers Vienne et lui demanda d'obtenir de son souverain qu'il prît l'initiative d'un congrès.

Au Corps législatif, Ollivier dit accepter la responsabilité qui lui incombait d'un cœur léger, propos malheureux qu'il corrigea aussitôt : « Je veux dire d'un cœur que le remords n'alourdit pas, d'un cœur confiant, parce que la guerre que nous ferons, nous la subissons [...], parce que nous avons fait tout ce qui était humainement et honorablement possible de tenter pour l'éviter et enfin parce que notre cause est juste et qu'elle est confiée à l'armée française. » Un grand élan patriotique aveugla alors les membres de la commission d'urgence qui se laissèrent trop facilement convaincre par les assurances de Le Bœuf. Il ne permit pas à la gauche d'obtenir la discussion qu'elle réclamait sur les preuves de l'insulte prussienne. Il expliqua aussi les huées et les menaces à l'encontre de Thiers lorsqu'il en appela à la raison.

Les crédits de guerre furent votés par deux cent quarante-cinq voix contre dix, toutes républicaines et sept abstentions seulement. Même Ferry, Gambetta et Jules Simon les accordèrent [57]. Quelques heures plus tôt, la reine Victoria avait entamé une démarche auprès des autres grandes puissances en vue d'une médiation commune, mais il était déjà trop tard. Londres avait perdu des heures précieuses en tergiversations. L'un des drames de la crise fut le décès, peu avant qu'elle n'éclatât, de lord Clarendon, le chef du *Foreign Office*, que Napoléon III écoutait souvent et qui, mieux que nul autre, avait percé les désirs intimes de Bismarck et mesuré la puissance prussienne [58].

Le 19 juillet 1870, Paris déclara la guerre à Berlin. Trois jours plus tard, l'empereur revint sur les causes qui l'avaient décidé dans une proclamation aux Français et dans un discours prononcé aux Tuileries pour clore la session parlementaire. À défaut de pouvoir évoquer un évident désir de revanche sur Sadowa et de traduire l'état d'esprit réel de la France profonde, il expliqua que le pays n'avait fait que répondre à la provocation prussienne. « Il y a dans la vie des peuples, des moments solennels où l'honneur national, violemment excité, s'impose comme une force irrésistible [59]. […] C'est la nation tout entière qui, dans son irrésistible élan, a dicté nos résolutions [60]. »

Mais l'Europe refusa la thèse de la provocation. Au moment où la crise avait éclaté, la plupart des chancelleries et de la presse étrangère considéraient que la France ne pouvait accepter la candidature Hohenzollern [61]. Le *Times* avait même démonté alors toute la trame de l'affaire et le rôle de Bismarck [62]. Huit jours seulement s'étaient écoulés et il écrivait dorénavant : « Il est maintenant clair que la guerre est en France le fait d'un homme ; c'est le résultat désastreux du gouvernement personnel [63]. » Entre-temps, Guillaume avait cédé et Napoléon III, au contraire, avait demandé des garanties supplémentaires. Les exigences françaises retournèrent les neutres et firent même croire à certains que l'empereur avait prémédité son agression [64]. Bismarck fit opportunément ressurgir la note de l'été 1866 par laquelle l'empereur lui demandait, en compensation de Sadowa, le Luxembourg ou la Belgique et le *Times* la publia [65]. Gramont proposa aussitôt à Napoléon III de démentir [66]. Le souverain ne le put, car tout était vrai, et le texte provoqua une indignation générale [67]. La duplicité de la France en 1866 fournit un motif commode à tous ceux qui hésitaient à la soutenir quatre ans plus tard [68]. Quant aux États du sud de l'Allemagne, ils ne marquèrent aucune hésitation à honorer les traités d'alliance qui les unissaient à la Prusse depuis Sadowa. La méfiance de plusieurs gouvernements à l'égard de Bismarck ne résista pas à la crainte d'une invasion française et à la francophobie nourrie par les crises de 1840, 1859 et 1867. Par ailleurs, l'Autriche et l'Italie ne répondirent pas favorablement aux nouveaux appels du souverain français [69].

Le 15 juillet, Gramont réunit au Quai d'Orsay Metternich, Vitzthum, Nigra et Vimercati et rédigea avec eux un projet d'alliance offensive et défensive. Le soir même, Vitzthum l'emporta à Vienne et Vimercati à Florence [70]. Cependant, lors du Conseil de la Couronne du 18, le gouvernement autrichien se contenta de formuler tous ses vœux en faveur de l'épée de la France. S'il continua de négocier avec Paris, il attendait de voir la tournure des premières opérations pour intervenir [71]. L'Italie était tout aussi attentiste. Le 21 juillet, Napoléon III écrivit à Victor-Emmanuel pour lui annoncer qu'il retirerait ses troupes de Civitavecchia si l'Italie garantissait l'application de la convention du 15 septembre [72]. Pouvait-il raisonnablement « défendre son honneur sur le Rhin et le sacrifier sur le Tibre [73] » ? Le roi qui aurait sincèrement aimé remplir la dette d'honneur qu'il avait contractée à l'égard de l'empereur en 1859 ne put répondre favorablement. Face à son gouvernement et à son opinion publique, il estimait impossible d'accorder la garantie demandée. De larges fractions de la population italienne étaient d'ailleurs prussophiles. Lorsque, dans la deuxième moitié du mois d'août, l'empereur fit revenir ses troupes de Rome, sans rien demander, car la France avait désormais un impérieux besoin d'hommes, le royaume d'Italie n'intervint pas pour autant en faveur de la France et les garibaldiens en profitèrent même, quelques jours plus tard, pour s'emparer de la Ville éternelle. Le duel entre les deux plus grandes puissances militaires de l'époque avait alors déjà basculé. Il ne s'était pas engagé à armes égales.

Les premières défaites et le découragement de l'empereur

Napoléon décida, comme en 1859, de commander personnellement son armée en confiant la régence à l'impératrice. Son état physique aurait pourtant dû l'inciter à la prudence. La princesse Mathilde, qui se rendit à Saint-Cloud le 20 juillet, essaya de le lui faire comprendre. Pour toute réponse, son cousin lui adressa un geste de fatale résignation[74]. Au vrai, il était lucide. Il confia au maréchal Randon : « Je suis bien vieux pour une pareille campagne et je ne suis pas valide du tout[75]. » Cependant, il ne pouvait envisager de rester en retrait, alors que l'avenir de la France et celui de sa dynastie allaient se jouer. Il décida même d'emmener le prince impérial avec lui, en espérant que ce baptême du feu sacrerait le garçon qui avait maintenant quatorze ans[76].

Le 28 juillet au matin, le souverain, son fils, l'état-major et une suite nombreuse s'apprêtèrent à partir de la petite gare de Villeneuve-l'Étang, aménagée jadis à l'extrémité du parc de Saint-Cloud pour y accueillir les hôtes de marque dans le faste et la joie. Napoléon III n'avait pas voulu traverser Paris, non par crainte de l'hostilité des Parisiens qui soutenaient généralement la guerre, mais parce qu'il ne voulait pas répondre aux vivats. Il savait combien incertaine était l'issue de la campagne. Il ne pourrait non plus faire bonne figure avec son teint blafard, ses gestes lents et les stigmates de la douleur que causait son énorme caillou. Il emmenait d'ailleurs avec lui un jeune chirurgien, élève de Nélaton, Théophile Anger[77].

Les adieux furent tristes et graves. Comme un courtisan lui disait : « Dans quinze jours Votre Majesté sera à Berlin », l'empereur répliqua : « Non, n'espérez pas cela, *même* si nous sommes heureux[78]. » Contraste terrible avec le départ enthousiaste pour la campagne d'Italie, onze ans plus tôt ! Au passage à niveau de Montretout, Napoléon III fut reconnu et applaudi par quelques spectateurs. Il aperçut une dernière fois, au-dessus des frondaisons du bois de Boulogne, la capitale qu'il avait tant transformée. Le convoi impérial fut encore ovationné dans la plupart des gares du trajet, témoignage du grand élan patriotique que connaissait la France de l'Est[79]. Arrivé à Metz à dix-huit heures quarante, l'empereur était épuisé. Il tint néanmoins un conseil de guerre au cours duquel l'état lamentable de l'armée française lui apparut dans toute son étendue. Il nota alors : « Tout n'est que désordre, incohérence, retards, dispute et confusion. » Mais pour ne pas inquiéter son épouse, il se contenta de lui télégraphier : « Les choses ne sont pas aussi avancées que je le croyais[80]. » Il en portait une part de responsabilité.

En 1868, Niel avait prévu d'organiser trois armées, mais le 11 juillet, l'empereur avait finalement opté, comme le lui avait suggéré l'archiduc Albert lors de sa venue à Paris, pour une seule, dite armée du Rhin, répartie en huit corps, garde comprise, et placée sous son commandement direct. Malgré les objections des militaires sur ce revirement de dernière minute, il s'y était tenu, en invoquant l'autorité de son oncle : « Il ne faut qu'une armée, car l'unité de commandement est de première nécessité à la guerre[81]. » Comme il pensait alors pouvoir compter sur les Autrichiens et les Italiens, il avait aussi renoncé au plan défensif prévu par le général Frossard dès 1867, pour retenir une audacieuse offensive au centre de l'Allemagne. Celle-ci ambitionnait de couper les troupes de la Confédération du Nord de celles de la Confédération du Sud, de forcer cette dernière à traiter, de perturber la concentration prussienne que l'on croyait lente, de rejoindre l'armée autrichienne pendant que les Italiens feraient diversion, avant d'aller chercher la décision vers Berlin. Cette stratégie correspondait à l'esprit national et aurait permis d'entretenir le moral des troupes, mais l'attente hypothétique de la concrétisation des alliances, le manque d'énergie du commandement, la lenteur de la mobilisation empêchèrent de la mettre en œuvre.

La mobilisation et la concentration des troupes avaient en effet pris du retard et se déroulaient dans la plus grande confusion. La piètre instruction des réservistes et de la garde mobile frappait, mais aussi leur indiscipline et leur mauvais état d'esprit. Plusieurs incidents survinrent au camp de Châlons avant même le début des hostilités. Le 31 juillet, le maréchal Canrobert fut violemment pris à partie, alors qu'il passait les troupes en revue ; des aigles impériales furent brisées ; l'empereur et son gouvernement insultés[82]. Par ailleurs, le commandement était défaillant. Napoléon III avait chargé Le Bœuf de diriger les opérations avec le titre de major général en confiant l'intérim du ministère de la Guerre au général Dejean, mais le maréchal ne connaissait rien au service d'état-major. La plupart de ses seconds n'avaient pas les compétences requises[83].

Ils devaient leurs titres au courage qu'ils avaient jadis manifesté, mais ils l'avaient perdu avec l'âge. Sortis du rang, ils n'avaient que de faibles connaissances tactiques et stratégiques. Beaucoup craignaient les responsabilités. L'état-major ne possédait pas de cartes complètes et devait se contenter de croquis tracés à la hâte. Le matériel, à l'exception du fusil chassepot, supérieur au fusil à aiguille prussien et de la mitrailleuse, d'invention récente, était dépassé. L'intendance était déficiente. Surtout, l'armée française ne comprenait que 280 000 hommes.

À l'inverse, les Allemands étaient remarquablement commandés par le chef de l'état-major, Moltke, qui avait clairement choisi l'offensive, en prévoyant de couper le plus tôt possible l'armée française de ses communications vers Paris, de la refouler vers le nord, de l'envelopper et de se retourner ensuite vers la capitale, au moyen de trois armées confiées au général von Steinmetz, au prince Frédéric-Charles et au Kronprinz Frédéric. Ils disposaient d'un excellent matériel et d'une puissance de feu très supérieure à celle de l'armée française, mais aussi d'une intendance plus au point. Grâce au récent conflit contre l'Autriche, ils profitaient de l'expérience de la guerre moderne qui faisait défaut aux troupes françaises. Ils bénéficiaient surtout d'une écrasante supériorité numérique puisqu'ils alignaient, avec leurs alliés, 520 000 hommes, tout en gardant des réserves au moins aussi nombreuses. La proclamation que Napoléon III adressa aux soldats, au soir du 28 juillet, fut lucide et prudente. Elle traduisait les doutes et les craintes du souverain et n'était pas susceptible de stimuler les ardeurs : « Soldats, je viens me mettre à votre tête pour défendre l'honneur et le sol de la Patrie. Vous allez combattre une des meilleures armées de l'Europe [...]. La guerre qui commence sera longue et pénible[84]. » Elle serait effectivement pénible. En revanche, elle ne serait pas longue.

Au cours des premiers jours, Napoléon III tint encore fermement les rênes du pouvoir. Il était en contact quotidien avec la régente, Ollivier et Piétri et continuait de diriger les affaires[85]. Il s'impliqua aussi beaucoup dans les opérations. Alors qu'il écrivait à Ollivier : « Nous avons tout intérêt à traîner la guerre en longueur puisqu'il nous est impossible de la terminer par ce qu'on appelle un coup de foudre[86] », il voulait cependant calmer « l'impatience de l'armée et de la nation[87] ».

Il décida donc un coup de main sur Sarrebruck qui était la base arrière des opérations allemandes en Lorraine et un important nœud ferroviaire. Inquiète, Eugénie le supplia de protéger leur fils, pendant qu'elle demandait à Louis de surveiller la santé de son père[88]. Celui-ci en eut bien besoin. Pour cette première journée de combat, le 2 août, il fit l'effort de monter à cheval, mais il souffrit rapidement le martyr. Il dut descendre de sa monture avec l'aide du prince impérial, s'appuyer contre un arbre pour ne pas tomber et gagner finalement sa voiture au bras d'un aide de camp[89]. La ville qui n'était défendue que par une petite garnison fut prise sans difficulté, par une armée très nombreuse et qui n'exploita pas ce succès en s'enfonçant plus avant en territoire ennemi. Néanmoins, le souverain essaya de faire preuve d'optimisme. Il souligna l'enthousiasme des Lorrains[90]. Dans une dépêche envoyée en fin d'après-midi, il annonça fièrement à son épouse : « Louis vient de recevoir son baptême du feu ; il a été admirable de sang-froid. Il n'était nullement impressionné et semblait se promener au bois de Boulogne. […] Nous étions en première ligne, mais les balles et boulets tombaient à nos pieds. Louis a conservé une balle qui est tombée près de lui, il y a des hommes qui pleuraient en le voyant si calme[91]. » Le garde des Sceaux, à qui Eugénie apprit l'anecdote, décida de la rendre publique pour toucher les foules : « L'effet sera prodigieux », assura-t-il. Les Parisiens préférèrent railler « l'enfant de la balle », ce qui affecta profondément l'impératrice[92]. L'affaire de Sarrebruck se retourna même contre l'armée française. Croyant à une attaque générale en Sarre, Moltke lança une contre-offensive violente et massive.

Le 4 août, une des divisions du corps de Mac-Mahon fut surprise par des Prussiens dix fois plus nombreux, à Wissembourg, et son commandant, le général Abel Douay, tué dans l'engagement.

Le 6, le maréchal fut lui-même vaincu entre Wœrth et Frœschwiller et dut sacrifier sa cavalerie à Reichshoffen pour se dégager. Il fut contraint d'abandonner l'Alsace à l'ennemi et de rétrograder jusqu'à Châlons. Le même jour, Frossard fut bousculé à Spicheren, à proximité de Forbach. Les Allemands prenaient sérieusement pied en Lorraine, pendant que les Français se regroupaient autour de Metz sous le commandement de Bazaine. Quelques heures avaient suffi à anéantir le prestige militaire de la France.

Napoléon III prit ces défaites avec fatalité, n'accabla pas ses généraux et confirma dans ses fonctions Le Bœuf qui parlait de démissionner[93]. Il voyait pourtant tout en noir. Il ne montait plus à cheval, mais était malgré tout au supplice lors des moindres secousses de sa berline. Il lui arrivait même de devoir la quitter, pour essayer d'atténuer la douleur en enlaçant un arbre et en y enfonçant les ongles. Il devait garnir son corps de serviettes pour cacher les effets de l'incontinence. De plus, un rhume de cerveau intense lui embrumait l'esprit. Lorsque Maurice Richard, envoyé par ses collègues du ministère, arriva aux nouvelles, le 7, il trouva un empereur « désolé, gémissant, atterré par les lugubres dépêches qui arrivaient à tout instant[94] ».

Encouragé par le prince Napoléon et par les généraux Castelnau et Lebrun, Napoléon III envisageait maintenant de rétrograder avec l'armée sur la Champagne, de concentrer des troupes venues de la France entière au camp de Châlons et de barrer ainsi la route de Paris aux Allemands. Lors d'un conseil de guerre tenu le 7 au soir, l'idée d'une retraite fut cependant repoussée par la majorité des militaires comme une honte inacceptable[95]. Napoléon III se rangea provisoirement à cet avis. Cependant, dans les heures qui suivirent, Lebrun et Franceschini Piétri prêchèrent de nouveau son retour, en arguant de sa faiblesse physique et du fait qu'éloigné de l'armée, un nouveau revers ne retomberait pas entièrement sur lui. Napoléon III autorisa Piétri à télégraphier ce changement à l'impératrice. Celle-ci envoya bientôt un télégramme de réponse : « Avez-vous réfléchi aux conséquences qu'amènerait votre rentrée à Paris sous le coup de deux revers ? Pour moi, je n'ose prendre la responsabilité d'un conseil. Si vous vous y décidez, il faudrait au moins que la mesure fût présentée au pays comme provisoire[96]. » À partir de ce moment les considérations politiques entrèrent en ligne de compte.

Même si l'impératrice avait déjà exercé la régence à deux reprises, elle n'avait pas l'expérience de la conduite des affaires de l'État. Comme Conti, très malade, était parti se soigner en Italie, elle avait choisi pour secrétaire personnel Filon, le précepteur de son fils qui était encore plus inexpérimenté qu'elle. Les lettres patentes instituant la régence prévoyaient de renvoyer toutes les décisions importantes au souverain, « à moins qu'il n'y [eût] urgence et utilité pour [les] intérêts [de la Couronne] et ceux de l'État à prendre un parti immédiat », mais l'empereur n'arrivait plus, après les premières défaites, à faire preuve de décision et de fermeté.

Or, depuis l'avènement de l'Empire libéral, la répartition des attributions entre la régente et le gouvernement n'était pas clairement définie. Dans la capitale, certains membres de l'extrême gauche ne cachaient plus qu'ils souhaitaient une victoire de la Prusse qui signifierait la fin de l'Empire. En outre, le moral de la population avait brutalement chuté. Si la masse du peuple restait patriote, le revers de Wissembourg, appris le 5 août à la mi-journée, avait provoqué la consternation[97]. Le lendemain, vers midi, la nouvelle d'une grande victoire s'était répandue à la Bourse[98]. L'armée prussienne aurait été écrasée. Les Français auraient fait 25 000 prisonniers dont le Kronprinz. La rumeur publique en avait encore ajouté. On avait parlé de 60 000 Allemands hors de combat. Les drapeaux étaient alors sortis aux fenêtres et la foule s'était mise à chanter *La Marseillaise*, tolérée par le gouvernement depuis l'entrée en guerre comme l'hymne de la patrie en armes. Quelques groupes s'étaient dirigés vers le ministère de la Justice, place Vendôme, où Ollivier avait dû avouer qu'il n'avait aucune information. Les nouvelles avaient fini par arriver à vingt-deux heures trente, sous forme d'une dépêche de Napoléon III à son épouse : « Nous sommes en pleine retraite. [...] Il faut déclarer l'état de siège et se préparer à la défense de la capitale. »

Devant la gravité de la situation, Eugénie avait aussitôt fait le voyage de Saint-Cloud aux Tuileries. En arrivant, elle avait dit que la dynastie était perdue et qu'il ne fallait plus songer qu'à la France[99]. Elle avait convoqué les ministres, les membres du Conseil privé, les présidents des Assemblées et les principaux généraux présents à Paris. Au cours de la réunion qui s'était prolongée jusqu'à cinq heures du matin, le général Trochu, qui était sans commandement puisque l'opération en Baltique qu'il devait commander avait été annulée, avait critiqué les fautes du gouvernement et les errances du commandement. Les ministres avaient décidé d'appeler les forces mobilisables et d'organiser la défense de Paris. Sans consulter le souverain et contre l'avis d'Ollivier et de Chevandier de Valdrôme qui estimaient que « l'heure était aux soldats et point aux parleurs », l'impératrice et la majorité étaient parvenus à imposer le rappel des assemblées, en session extraordinaire, à partir du 11, pour prendre appui sur la représentation nationale[100]. À l'aube, les dépêches détaillant les défaites du 6 étaient arrivées. L'état de siège avait été décrété.

Des affiches placardées dans Paris au matin du 7 avaient appris aux Parisiens les batailles perdues et la convocation du Corps législatif. Sollicité par ses collègues, le président Schneider avait ensuite obtenu l'avancement de la réunion au 9. Si la guerre avait d'abord suspendu la vie politique, les revers réveillaient l'opposition. Les députés républicains avaient réclamé d'abord « l'armement de tous les citoyens de Paris », puis la création d'un comité de défense composé de parlementaires et, au premier chef, d'eux-mêmes. De leur côté, les centres et la droite s'étaient réunis et avaient décidé de députer six d'entre eux auprès de l'impératrice pour lui demander de renvoyer le gouvernement et de confier le ministère de la Guerre au général Trochu. Eugénie avait répondu qu'un changement de cabinet aurait créé un péril de plus et que seul l'empereur avait pouvoir de le décider. Elle avait cependant laissé le Corps législatif libre de prendre ses responsabilités. Quelques manifestations hostiles au gouvernement avaient eu lieu à Paris, mais aussi en province. Chevandier de Valdrôme avait alors suggéré à Ollivier une riposte foudroyante consistant à arrêter les députés républicains et les principaux agitateurs de rue et à les envoyer à Belle-Île. Quoique fils de proscrit du 2 Décembre, Ollivier ne s'était pas montré hostile à l'idée d'entreprendre ce « coup de justice », si la nécessité l'imposait. En revanche, Eugénie avait refusé d'y souscrire, par peur de déclencher une guerre civile [101].

Le 9 août au matin, Maurice Richard de retour de Metz fit à ses deux collègues et amis un tableau crûment réaliste de la situation : l'armée démoralisée, désorganisée, mal commandée avec un empereur malade à sa tête. Les trois hommes convinrent que « l'empereur [était] un obstacle à la victoire. [...] Il ne p[ouvai]t pas commander et il empêch[ait] qu'un autre ne command[ât] ». Ils se rendirent aux Tuileries pour demander à l'impératrice de le rappeler à Paris. Elle refusa d'abord car « ce retour aurait l'air d'une fuite ». Elle lança même : « Il peut se faire tuer. [...] Laissez-le se faire tuer. » Comme le préfet Piétri soutenait la demande, elle sembla toutefois l'accepter. Devant la gravité de la situation, les membres du Conseil se réunissaient depuis la veille avec les ministres. Une nouvelle réunion eut lieu en milieu de matinée, au cours de laquelle Persigny s'opposa au retour : « L'empereur n'a pas le droit de se déshonorer, dit-il ; il ne peut quitter l'armée que victorieux ou y mourir ; la légende napoléonienne renaîtrait même s'il perdait le trône ; elle ne se relèverait pas du déshonneur. » Rouher l'appuya.

Les calculs politiques doublaient sans doute les considérations militaires. Le retour de l'empereur à Paris signifierait le statu quo gouvernemental. À l'inverse, son maintien aux armées permettrait sans doute aux bonapartistes autoritaires de reprendre le pouvoir, avec la bénédiction de l'impératrice et de la majorité parlementaire. Sur ordre d'Eugénie, la décision de rappeler l'empereur à Paris fut rapportée.

Dans l'après-midi, Ollivier vint lire une déclaration optimiste au Corps législatif : « Quelques corps de notre armée ont éprouvé des échecs ; mais la plus grande partie n'a été ni vaincue, ni même engagée », puis il annonça des mesures de défense. Sans cesse interrompu, il ne put aller au bout de son discours. Toutes les fractions de l'Assemblée réclamaient son départ. Aux républicains qui demandaient un comité exécutif formé de députés, Granier de Cassagnac lança : « Si j'avais l'honneur de siéger au gouvernement […], vous tous, signataires, vous seriez devant un conseil de guerre. » Dans ce climat houleux, Duvernois qui était devenu l'ennemi personnel d'Ollivier déposa une motion insultante : « La Chambre décidée à soutenir un cabinet capable d'organiser la défense du pays, passe à l'ordre du jour. » Le gouvernement fut renversé par assis et levés, à la quasi-unanimité, fait unique dans les annales parlementaires [102]. En cours de journée, une petite foule envahit les jardins du Corps législatif. Elle réclamait la déchéance de la dynastie...

L'abdication virtuelle

Le 8 août, à neuf heures du matin, l'impératrice et Ollivier avaient mandé le général comte de Palikao qui commandait à Lyon [103]. Ce fut à lui qu'Eugénie confia finalement le portefeuille de la Guerre et la responsabilité de former un nouveau gouvernement. Le général eut beaucoup de mal à constituer une équipe. Il aurait voulu prendre des personnalités représentatives du Corps législatif, mais la plupart se défilèrent [104]. Il dut se contenter d'un cabinet composé d'une majorité de bonapartistes autoritaires dont Jérôme David aux Travaux publics et Duvernois au Commerce. Un proche des Tuileries, Henri Chevreau, préfet de la Seine depuis janvier, prit le ministère de l'Intérieur. Les libéraux ne purent guère se satisfaire que du retour de Magne aux Finances et de l'arrivée de Brame à l'Instruction publique. Sans doute sur le conseil de ce dernier, Palikao laissa cependant le Corps législatif siéger en permanence, respecta les usages parlementaires et accepta même, par la suite, la réunion d'un Conseil de défense qui comprit plusieurs députés dont Thiers. Des mesures d'urgence furent rapidement décrétées comme la création de nouvelles armées, le rétablissement de la garde nationale sédentaire et la préparation de la capitale en vue d'un siège.

Toutes ces décisions se prenaient en dehors de Napoléon III, dont l'autorité n'avait pas survécu aux premières grandes défaites de son régime. Il en était averti après-coup et se trouvait contraint de les entériner. Il en avait d'abord été ainsi lors de la convocation du Corps législatif. Lorsque Eugénie et Ollivier avaient ensuite voulu changer de ministre de la Guerre et de commandant en chef, car ils jugeaient impossible de maintenir Le Bœuf, ils avaient dû le prévenir, car il fallait un décret impérial pour rendre la mesure effective. Alors que le maréchal lui-même avait donné sa démission, Napoléon III l'avait refusée. En fin d'après-midi du 9, il avait nommé Palikao ministre de la Guerre, mais n'avait pas fait de Bazaine le généralissime de ses armées, comme le lui avaient demandé Paris, une partie de son entourage et son vieil ennemi Changarnier, arrivé depuis peu au quartier général pour y prodiguer ses conseils. L'empereur s'était contenté de confier à Bazaine le commandement de trois corps de l'armée du Rhin [105]. Il n'avait appris le vote du Corps législatif du même jour, la démission du cabinet du 2 janvier et la composition du nouveau ministère que plusieurs heures après [106]. Placé devant le fait accompli, il n'avait pu que dire au prince Napoléon : « Ce n'est pas au milieu de la tempête qu'on change de pilote et d'équipage » et à Le Bœuf : « Je ne sais pas ce qu'ils font à Paris ; ils perdent la tête. [...] Quel ministère [107] ! »

Napoléon III dut bientôt céder aussi sur le commandement en chef. À la suite d'une interpellation de Kératry au Corps législatif, le 11 août, Palikao s'engagea à remplacer Le Bœuf par Bazaine. Le lendemain, il menaça Napoléon III de procéder lui-même au changement, s'il ne le faisait pas dans les deux heures. L'empereur qui ne voulait pas provoquer une crise au sommet de l'État céda. Il alla même remettre personnellement le commandement suprême à Bazaine [108]. Il ne renonçait cependant pas à donner des ordres. Alors que les élections municipales venaient d'avoir lieu, il demanda à ce que les maires en exercice fussent maintenus dans leur fonction pour ne pas ajouter à la confusion générale [109]. Il entendait aussi être informé de tous les événements politiques majeurs. Il se préoccupa ainsi du coup de main tenté par les blanquistes contre la caserne des pompiers de la Villette, le 14 août. Cependant, les affaires les plus importantes se traitaient de plus en plus en dehors de lui entre l'impératrice, Palikao et le Corps législatif, à Paris, Mac-Mahon et Bazaine aux armées. Lorsqu'il avait dû retirer le commandement en chef à Le Bœuf, il lui avait lancé : « Nous sommes destitués tous les deux ! » Il s'agissait d'une boutade, mais elle n'était plus très éloignée de la vérité.

Bazaine, qui n'avait que cinquante-neuf ans, était robuste et paraissait énergique. On le présentait déjà comme l'ultime recours. « Depuis nos défaites successives, écrivit le général Lebrun, il semblait qu'il n'y eût dans tous les rangs de l'armée qu'un cri pour proclamer que le maréchal Bazaine seul pouvait la relever des revers qu'elle venait d'essuyer. » Le petit maréchal accomplissait même le tour de force d'être soutenu par l'opposition qui s'imaginait, à tort, qu'il avait été disgracié au lendemain de l'expédition du Mexique et qu'il était toujours tenu à l'écart, sous prétexte qu'il ne s'était pas vu confier, dès juillet, le commandement suprême [110].

Pourtant, le « glorieux Bazaine » était aussi peu l'homme de la situation que ne l'avait été Le Bœuf. Il échafaudait des combinaisons compliquées, quand il n'était pas arrêté par les détails. Le 14 août, il chercha à éviter de se laisser encercler dans Metz en quittant la ville avec l'empereur. Pendant qu'il affrontait Steinmetz à Borny, Napoléon III s'installait à Longeville [111]. Ce fut là que le nouveau généralissime vint lui apprendre sa défaite. Le souverain lui recommanda d'essayer de gagner Verdun, s'il le pouvait, mais surtout sans livrer de bataille hasardeuse, car il persistait à croire que l'Autriche et l'Italie entreraient bientôt en guerre. Il passa tristement la Saint-Napoléon entre Longeville et Gravelotte. Chaque commune avait d'ailleurs été invitée par le gouvernement à se recueillir dans des prières publiques pour son salut et celui de l'armée. Pendant que Bazaine achevait de se faire enfermer dans Metz, à la suite de deux nouvelles batailles perdues face à Steinmetz et au prince Frédéric-Charles, à Rezonville puis à Saint-Privat, les

16 et 18 août, Napoléon III gagnait le camp de Châlons pour y retrouver l'autre partie de son armée.

Vaincue et démoralisée, celle-ci y avait reflué dans le plus grand désordre. L'esprit des soldats était détestable. Des zouaves ivres dansaient entièrement nus devant leurs officiers qui ne les sanctionnaient plus. Arrivé dans la nuit du 16 au 17, le souverain jugea plus prudent de ne pas signaler sa présence. Il refusa que les honneurs militaires lui fussent rendus et que le drapeau fût hissé. Il fut cependant reconnu et, dès lors, systématiquement hué quand il sortait de son pavillon. Au vrai, il offrait le spectacle pitoyable d'un homme qui était rongé par la souffrance, qui encombrait et qui n'arrivait plus à se faire respecter. Le prince Napoléon envers lequel il se montrait jadis si dur et si ferme n'hésitait plus à le rabrouer. Lors du conseil de guerre du 17, il lui lança : « Vous avez abdiqué à Paris le gouvernement ; à Metz, vous venez d'abdiquer le commandement. À moins de passer en Belgique, il faut que vous repreniez l'un ou l'autre. Pour le commandement, c'est impossible. Pour le gouvernement, c'est difficile et périlleux, car il faut rentrer à Paris ; mais, diable ! si nous devons tomber, tombons au moins comme des hommes ! »

De concert avec Mac-Mahon et Trochu, le prince Napoléon proposa alors le retour sur Paris, la nomination du maréchal au poste de commandant de l'armée de Châlons et celle du général comme gouverneur de Paris. Après avoir concédé que son cousin avait raison, en affirmant qu'il avait l'air d'avoir abdiqué, Napoléon III accepta les deux premiers points. Il hésita sur le troisième, car il se méfiait de Trochu qui n'était pas impérialiste et n'avait cessé de critiquer sa politique militaire, mais il céda aussi. À sa demande, le prince Napoléon rédigea alors une note sur ce qu'il conviendrait de faire après son retour dans la capitale. Il suggéra une dictature de salut public exercée par l'empereur ou, à défaut, par un régent qui pourrait être lui-même, pour le compte du prince impérial. Arriva alors un télégramme impératif d'Eugénie : « Ne pensez pas à revenir ici si vous ne voulez déchaîner une épouvantable révolution. » Et soupçonnant sans doute l'influence de son cousin, l'impératrice terminait perfidement : « N'oubliez pas comme a pesé sur toute la vie du prince Napoléon son départ de l'armée de Crimée [112]. » Napoléon III changea alors d'avis et avertit le prince que, dans ces conditions, il ne pouvait rentrer : « L'impératrice qui a de la tête et du courage, m'a répondu que ma situation ne serait pas tenable », puis il ajouta, les yeux pleins de larmes : « La vérité est qu'on me chasse : on ne veut pas de moi à l'armée ; on n'en veut pas à Paris. » On se contenta donc d'envoyer Trochu, muni de son décret de nomination. Le matin du 18, Napoléon III télégraphia à son épouse pour lui dire qu'il se rangeait à sa position[113]. Le lendemain, il éloigna son cousin qui ne décolérait pas en Italie pour qu'il essayât d'obtenir l'entrée en guerre de son beau-père[114].

À partir de ce même 19 août, Eugénie et Palikao demandèrent avec insistance à Mac-Mahon de porter secours à Bazaine[115]. Le maréchal, discipliné, télégraphia au ministre de la Guerre : « Veuillez dire qu'il peut compter sur moi et que je ferai tout pour rejoindre Bazaine. » Il hésitait pourtant. Les communications venaient d'être définitivement coupées avec Metz, ce qui signifiait sans doute que le généralissime était bloqué. Le lendemain, il se rendit compte que l'armée du Kronprinz s'approchait dangereusement du camp de Châlons et que sa position devenait intenable. Le 21, il gagna donc Reims avec son armée, Napoléon III et le prince impérial, de façon à se laisser la possibilité de rejoindre Paris ou Metz, selon les circonstances.

Ce fut au château de Courcelles où il venait d'établir ses quartiers qu'il reçut la visite de Rouher. Le président du Sénat avait pris sur lui de se rendre sur place pour rallier Mac-Mahon et l'empereur au plan de Palikao. Le maréchal demeura inébranlable dans sa volonté de regagner Paris et ce fut Rouher qui se laissa convaincre[116]. Il servit même de secrétaire à l'empereur pour rédiger une proclamation annonçant le retour dans la capitale : « Pour moi, qu'aucune préoccupation politique ne domine, autre que celle du salut de la patrie, assura Napoléon III, je veux être votre premier soldat, combattre et vaincre ou mourir à côté de vous au milieu de mes soldats. » Le drame voulut qu'au même moment parvint à Reims la nouvelle que l'armée de Metz se porterait sur Montmédy et atteindrait l'Aisne le 24. Alors que ce télégramme portait la date du 19 et que Bazaine n'avait pu, en fait, sortir de Metz, Mac-Mahon se sentit engagé, par l'honneur militaire, de lui porter secours. Avec les débris de son armée, l'empereur et le prince impérial, il se mit donc en route le 23, mais en choisissant toutefois de passer par le nord-est, de façon à éviter un affrontement direct avec les Allemands et à se donner encore une chance de revenir à son plan initial. Comme ses troupes manquaient de vivres, il dut rapidement bifurquer vers le nord pour aller s'approvisionner à Rethel où des heures précieuses furent perdues.

Cependant, Moltke, informé du mouvement français, ordonna, pour lui barrer la route, la conversion des deux armées allemandes en marche vers Paris, celle du Kronprinz et la nouvelle armée confiée au prince royal de Saxe. Lorsqu'il apprit, à son arrivée au Chêne Populeux le 27, qu'il aurait à affronter des effectifs deux fois plus nombreux que les siens et que Bazaine n'avait pas bougé, Mac-Mahon fut d'avis de faire retraite vers Mézières, à l'ouest. Il était encore temps. Au milieu de la nuit, arrivèrent deux nouvelles dépêches de Palikao. La première était adressée à l'empereur : « Si vous abandonnez Bazaine, la révolution est dans Paris et vous serez attaqué vous-même par toutes les forces de l'ennemi [117]. » La seconde était destinée à Mac-Mahon et était impérative : « Au nom du conseil des ministres et du Conseil privé, je vous demande de porter secours à Bazaine en profitant des trente heures d'avance que vous avez sur le prince royal de Prusse. » Mac Mahon céda et ordonna la marche vers l'est : « On veut que nous allions nous faire casser les reins, dit-il ; allons-y ! »

Napoléon III lui fit observer que la retraite sur Mézières était plus prudente, puis, voyant que Mac-Mahon était résolu, il n'insista pas. Comme sa santé s'améliorait depuis quelques jours, il décida le 28 de quitter le Chêne Populeux à cheval. Il fut alors victime d'un attentat qui faillit lui coûter la vie. Un franc-tireur caché entre deux buissons le mit en joue à dix pas et s'apprêtait à faire feu lorsqu'un lieutenant s'interposa. Le souverain passa une grande partie de la journée suivante à réfléchir, dans sa chambre, chez le maire de Raucourt. Il avait pris la précaution d'éloigner son fils dès l'avant-veille. Pour sa part, il ne voulut pas, à l'heure du suprême péril, séparer son sort de celui de ses soldats. Alors que les trois armées allemandes poursuivaient leur mouvement enveloppant, les troupes de Mac-Mahon tentèrent de passer la Meuse, le 30, à hauteur de Mouzon. Le corps de Failly se laissa surprendre à Beaumont et fut taillé en pièces. Les Français étaient maintenant acculés à la frontière belge et commençaient à s'entasser dans la ville de Sedan et à ses abords immédiats. Napoléon III qui passa la journée du 30 août à attendre des nouvelles à Carignan, les y rejoignit par le train, en soirée.

Sedan

Sedan ! La ville fortifiée par Vauban disposait d'une citadelle. En réalité, de place forte elle n'avait que le nom. Située dans une cuvette, elle était indéfendable. Un ennemi disposant d'une puissance de feu suffisante aurait tôt fait d'investir les hauteurs qui l'entouraient et d'obtenir soit sa reddition, soit son écrasement. Moltke ne l'ignorait pas. Le rapport des forces lui donnait aussi un net avantage. Il disposait d'environ 180 000 hommes alors que les Français étaient à peine 100 000.

Napoléon III avait dormi à la sous-préfecture[118]. Il passa la moitié de la matinée du 31 à arpenter sa chambre, puis le jardin, l'autre moitié en discussions avec ses proches et avec l'état-major. Avant qu'il ne fût trop tard, ceux-ci l'implorèrent de se rendre à Mézières par la voie ferrée. Il ne le voulut pas. En début d'après-midi, puis de nouveau en soirée, il monta sur l'un des points culminants des fortifications pour voir l'ennemi et ses batteries prendre position. Il rédigea une ultime proclamation pour dire à ses soldats qu'il ne les abandonnerait pas. Fataliste, il ajouta pour les personnes qui l'entouraient : « Nous ne sortirons jamais d'ici[119]. » Un Napoléon ne fuyait pas le danger. Il était venu chercher à Sedan une fin shakespearienne digne de son extraordinaire destin.

Le 1er septembre à l'aube, le pilonnage des positions françaises commença[120]. Vers six heures du matin, Mac-Mahon fut grièvement blessé par un éclat d'obus, au cours d'une reconnaissance et céda son commandement à son principal adjoint, Ducrot, car Failly avait été démis de ses fonctions à la suite de son échec de l'avant-veille.

La mauvaise coordination entre les pouvoirs civil et militaire et entre les chefs de l'armée eux-mêmes ne fut jamais aussi évidente qu'en ces heures dramatiques. En effet, le général Wimpffen, arrivé la veille et muni d'une lettre de Palikao qui lui confiait la direction des opérations en cas d'incapacité de Mac-Mahon, revendiqua le commandement et finit par l'obtenir après des tergiversations. Alors que Ducrot estimait que le seul espoir de salut résidait dans une retraite immédiate sur Mézières qu'il avait commencée à opérer, le nouveau généralissime voulut résister. Après la défensive voulue par Mac-Mahon, la retraite prônée par Ducrot, voilà que les soldats se voyaient imposer une troisième stratégie en quelques heures :

l'offensive. Malgré de multiples actes d'héroïsme comme la défense de Bazeilles par l'infanterie de marine, les Français ne parvenaient pas à desserrer l'étreinte et perdaient progressivement pied. De son côté, Napoléon III voulait tomber au champ d'honneur pour assurer la couronne à son fils. En sortant de la ville, il croisa la voiture qui ramenait Mac-Mahon et s'efforça de réconforter le maréchal. Entouré seulement de son aide de camp de service, le général Pajol, de son premier écuyer, Davilliers, d'un officier d'ordonnance, le capitaine d'Hendecourt, de Corvisart et d'Anger, il erra ensuite pendant plus de quatre heures sur le champ de bataille. Il prononçait quelques mots d'encouragement ou de réconfort aux uns et aux autres, mais ne donnait plus aucun ordre. Il cherchait manifestement la mort en se portant aux points les plus durs du combat [121]. Il n'eut pas même cette satisfaction. Des obus éclatèrent pourtant à quelques pas de lui. D'Hendecourt fut tué à ses côtés et deux autres officiers grièvement blessés. Il rentra tristement à la sous-préfecture des Ardennes pour prendre quelques instants de repos, puis alla prendre des nouvelles de Mac-Mahon.

Lorsque qu'il voulut remonter à cheval, en début d'après-midi, on vint le prévenir que depuis midi les Allemands avaient achevé l'encerclement de Sedan. Sur les hauteurs, cinq cent quarante canons étaient désormais pointés sur la ville vers laquelle refluaient les troupes vaincues. L'encombrement devenait tel qu'il était quasiment impossible de sortir [122]. Napoléon III reçut cependant un billet de Wimpffen l'invitant à le rejoindre pour tenter une trouée vers Carignan. Contrairement à son oncle lors de la retraite de Russie ou au soir de Waterloo, il n'entendait pas plus fuir maintenant que le matin ou la veille. Du reste, la tentative était vouée à l'échec et Carignan occupé, comme le lui signifièrent les généraux qui l'entouraient, Ducrot, Lebrun et Félix Douay. Il fut très affecté de voir le brave général Margueritte en train d'agoniser après qu'une balle lui eut arraché le bas du visage. Pour éviter un carnage, il décida peu après de faire hisser le drapeau blanc sur la citadelle. Aussitôt, Wimpffen le fit descendre et continua à se battre, malgré les ordres du souverain. Cependant, il dut lui-même renoncer devant le déséquilibre des forces.

Les Prussiens qui avaient aperçu le drapeau blanc envoyèrent des émissaires. Napoléon III écrivit alors au roi de Prusse une lettre que le général Reille partit aussitôt lui porter : « Monsieur mon frère, n'ayant pu mourir à la tête de mes troupes, il ne me reste qu'à remettre mon épée entre les mains de Votre Majesté... » Guillaume fut stupéfait d'apprendre que l'empereur était encore à Sedan. Bismarck et Moltke qui l'entouraient laissèrent éclater leur joie. Le roi répondit aussitôt : « Monsieur mon frère, en regrettant les circonstances dans lesquelles nous nous rencontrons, j'accepte l'épée de Votre Majesté, et je vous prie de bien vouloir nommer un de vos officiers munis de vos pleins pouvoirs pour traiter des conditions de la capitulation de l'armée qui s'est si bravement battue sous vos ordres [123]. » Vers dix-huit heures, Wimpffen envoya sa démission à l'empereur qui la refusa en lui signifiant : « Le malheur qui nous frappe est assez grand pour que des récriminations ne viennent pas en augmenter l'amertume. » Suprême humiliation, le nouveau généralissime dut prendre la tête de la délégation qui rencontra les Prussiens en soirée. Comme Napoléon III ne semblait disposé qu'à rendre son épée et non celle de la France, Moltke ne voulut pas se perdre dans des discussions secondaires. Il menaça de reprendre le bombardement, dès neuf heures du matin le lendemain, si la place ne capitulait pas. Dans la nuit, Wimpffen rentra à Sedan, totalement abattu par cet ultimatum.

Le 2 septembre, au petit matin, Napoléon III réunit un conseil de guerre et mit ses généraux devant leurs responsabilités. Toute résistance était inutile. La capitulation s'imposait. Se posait à l'empereur une question autrement capitale. Fallait-il faire de cette capitulation celle d'une armée ou celle de toute l'armée ? En d'autres termes, fallait-il se considérer prisonnier et refuser de traiter avec l'ennemi ou signer un armistice, voire entamer des pourparlers de paix ? Cette dernière option permettrait sans doute de sauver le régime. Les Prussiens étaient d'ailleurs demandeurs, en particulier Bismarck. En cas de chute de l'Empire, le chancelier craignait la mise en place à Paris d'un pouvoir révolutionnaire et jusqu'au-boutiste qui, pour asseoir sa légitimité, décréterait une levée en masse comme en 1792 et se lancerait dans une guerre à outrance. Napoléon III préféra se considérer prisonnier et dégager sa responsabilité, ce qui risquait de sceller le sort de sa dynastie, mais préserverait les chances militaires de la France. En renvoyant Reille auprès de lui la veille, Bismarck avait précisé que le roi de Prusse souhaitait s'entretenir avec lui le plus tôt possible [124]. Le chancelier entendait bien en profiter pour imposer son point de vue au souverain français.

Dès le conseil de guerre terminé, Napoléon III, en tenue de général et accompagné par quatre officiers de son état-major, quitta donc Sedan et prit la route de Donchéry où se trouvait le quartier général allemand. Cependant, Reille qu'il avait envoyé en éclaireur tardait à revenir. L'empereur décida de faire une halte dans la masure d'un tisserand et commença à fumer, nerveusement, cigarette sur cigarette [125]. Au lieu de Reille, ce fut Bismarck qui vint à sa rencontre. Dans une petite pièce seulement meublée d'une table en pin et de deux chaises en jonc, le vainqueur chercha, pendant une heure, à faire accepter des préliminaires de paix au vaincu [126]. Celui-ci demeura inflexible. Il se donna pour prisonnier de guerre, affirma que désormais les Allemands auraient à négocier avec l'impératrice régente et son gouvernement et demanda le transfert de son armée en Belgique. Moltke arriva à son tour. Devant l'attitude de l'empereur, Bismarck et lui se montrèrent intraitables. Ils refusèrent de laisser passer la frontière à l'armée vaincue. La capitulation serait sans condition. Laissé seul, Napoléon III se promena dans l'allée du potager en attendant qu'un escadron de cuirassiers prussien le conduisît au château de Bellevue où il devait être gardé. Ce fut là que Wimpffen vint lui annoncer qu'il avait signé la capitulation dans les conditions exigées par l'ennemi.

Dans l'après-midi, Guillaume et le Kronprinz Frédéric lui rendirent visite [127]. L'entrevue ne dura qu'un quart d'heure mais fut très cordiale. Par la suite, l'empereur en fit le récit et assura que le roi avait les larmes aux yeux en évoquant la douleur qu'il devait éprouver. Napoléon III tint à lui dire qu'il n'avait pas voulu la guerre et que l'opinion la lui avait imposée. Contrairement à ce qu'il espérait, il ne put rien obtenir du roi.

Dans l'esprit des Prussiens, il était désormais clair que le souverain français et son armée n'étaient plus que des gages pour traiter avec Paris. Le soir, Napoléon III écrivit à son épouse : « Il m'est impossible de te dire ce que j'ai souffert et ce que je souffre. Nous avons fait une marche contraire à tous les principes et au sens commun. Cela devait amener une catastrophe. Elle a été complète. J'aurais préféré la mort à être témoin d'une capitulation si désastreuse et cependant dans les circonstances présentes c'était la seule manière d'éviter une boucherie de 100 000 personnes [128]. » Il revint ensuite sur sa rencontre du jour avec Guillaume, fit part à son épouse de son inquiétude sur les dangers qu'elle courait, tout en lui confiant les pleins pouvoirs et donna son état d'esprit du moment : « Je vois que ma carrière est brisée, que mon nom a perdu son éclat. Je suis au désespoir[129]. »

CHAPITRE XVI

LE PROSCRIT

« Après le rôle que nous avons joué en Europe, toutes nos actions doivent avoir un caractère de dignité et de grandeur en rapport avec la situation que nous avons occupée*. »

« N'est-ce pas que nous n'avons pas été lâches [à Sedan]** ? »

Le 4 septembre en Belgique et à Paris

Le roi de Prusse et son chancelier décidèrent que la captivité du souverain français se déroulerait au château de Wilhelmshöhe, près de Cassel, en Westphalie. Il s'agissait de l'ancienne demeure des électeurs de Hesse, où Jérôme Bonaparte avait résidé pendant son règne, sous le premier Empire. Napoléon III y avait lui-même séjourné dans son enfance.

Il était prévu de passer par la Belgique pour s'y rendre, de façon à éviter un long cheminement en pays occupé. Un détour par Donchéry fut même prévu pour épargner à Napoléon III la vue des prisonniers français parqués dans la presqu'île d'Iges, rapidement surnommée « le camp de la misère ».

Le départ eut lieu le 3 septembre 1870, à onze heures du matin, sous une pluie battante [1]. Enveloppé dans une grande cape, l'empereur monta avec le prince de la Moskowa dans un coupé de poste à deux places dans lequel il était possible de se dissimuler en

* Napoléon III à Eugénie, le 21 décembre 1870.

** Paroles prononcées par Napoléon III, lors de son agonie, le 8 janvier 1873.

relevant les volets, pendant que sa suite et quelques domestiques avaient pris place dans d'autres voitures. Le convoi fut escorté jusqu'à la frontière belge par deux officiers prussiens et par un détachement de hussards de la mort. Il dut traverser les troupes allemandes qui se montrèrent dignes dans la victoire. Malgré toutes les précautions prises, il croisa aussi plusieurs groupes de prisonniers. La plupart furent indifférents ; certains levèrent le poing ou proférèrent des injures. À la frontière, le détachement de hussards s'arrêta pendant que les voitures continuaient leur trajet. Aussitôt, un colonel de chasseurs belges accouru au galop en s'écriant : « Arrêtez ! Vous violez la neutralité du territoire ! » Le général allemand, resté seul avec les prisonniers, lui répliqua qu'il n'avait pas la qualité de belligérant et qu'il accompagnait le comte de Pierrefonds en voyage, puis, l'attirant à l'écart, il lui expliqua qui se cachait sous ce nom. Les voitures furent ainsi autorisées à poursuivre leur route et furent même bientôt rejointes par un ministre et un général belges.

L'empereur était déprimé, épuisé et souffrant. Il urinait du sang. Le voyage dut s'accomplir à petites étapes. Les populations belges ignoraient la nature du convoi, et les rares personnes qui la devinaient se montraient généralement indifférentes. Quelques « Vive l'empereur ! » se faisaient parfois entendre. Le soir, Napoléon III et son escorte prirent leurs quartiers à l'hôtel de la Poste, à Bouillon. Le souverain monta dans sa chambre sans même dîner. Là, ses nerfs craquèrent. Il se mit à pleurer en écrivant à Eugénie, comme le constata la servante qui lui apporta alors du thé. Sans évoquer ses soucis de santé, il s'enquit, comme la veille, de ce qui se passait dans sa capitale et du sort de son épouse, souligna l'issue inéluctable de la bataille de Sedan, donna quelques nouveaux détails sur l'« atroce » défaite et lui confirma qu'il lui donnait les pleins pouvoirs[2]. Peut-être songea-t-il pendant quelques heures à regagner Paris. Sur un petit annuaire des chemins de fer belges qui fut retrouvé par la suite, il avait en effet tracé l'itinéraire Namur-Reims-Paris[3].

Le 4, à sept heures du matin, l'empereur remonta en voiture pour se rendre à Libramont où il prit le train. Lors d'un arrêt, son cousin Pierre Bonaparte vint le saluer. En fin d'après-midi, il passa Liège et en soirée, arriva à Verviers où la population se montra hostile. Malade et fatigué, il demanda néanmoins à faire étape dans la ville. Ce fut dans la nuit qu'il apprit que son fils était en sécurité et s'apprêtait lui-même à passer en Belgique pour, de là, gagner l'Angleterre. Les autres nouvelles étaient dramatiques. Son régime venait de chuter et l'impératrice était en fuite. Certains témoins prétendirent qu'il ne parut pas surpris, d'autres qu'il fut abattu. Tous affirmèrent qu'il se contenta de dire, d'une voix sourde : « On ne pardonne pas à tant de malheur. »

Après avoir reçu des nouvelles contradictoires du front, les Parisiens avaient été sevrés d'informations à partir du 29 août[4]. Des rumeurs faisant état de lourdes pertes prussiennes avaient circulé. Elles ne faisaient que confirmer le sentiment que l'armée ennemie était inférieure et incapable de soutenir un effort prolongé.

Le 1er septembre, le *Journal officiel* s'était lui-même répandu en considérations rassurantes : l'emprunt avait connu un immense succès, les gardes nationales mobiles faisaient preuve d'enthousiasme, l'ennemi venait de subir un véritable « holocauste » sous Metz, toute l'Europe rendait hommage au calme et à la résolution des Français et se montrait de mieux en mieux disposée à l'égard de l'Empire[5]. En réalité, personne, y compris dans les milieux dirigeants, ne savait réellement ce qui était en train de se passer dans les Ardennes. Vers seize heures, une dépêche du général Vinoy était enfin arrivée, laissant prévoir un désastre : Mac-Mahon était blessé ; on ne savait ce qu'il était advenu de l'empereur ; toutes les communications avec Sedan étaient interrompues. Le lendemain, 2 septembre, vers dix-huit heures, Jérôme David avait reçu l'annonce de la catastrophe par un ami se trouvant sur place et en avait informé les Tuileries.

Le 3 à midi, une dépêche belge évoquant Sedan au travers d'une lettre du roi de Prusse à son épouse l'avait confirmée. Parallèlement, des voyageurs provenant des zones de combats avaient répandu la nouvelle à travers toute la France. Au cours de la séance du Corps législatif de l'après-midi qui avait été très orageuse, Palikao avait encore tenté de masquer l'ampleur du désastre : « Nous avons d'abord culbuté une partie de l'armée prussienne en la jetant dans la Meuse [...], mais ensuite nous avons dû, un peu accablés par le nombre, nous retirer soit dans Mézières, soit dans Sedan, soit même [...] sur le territoire belge, mais en petit nombre. » Pourtant, la gauche n'avait pas été dupe, et Jules Favre avait lancé que le gouvernement avait cessé d'exister[6]. La formule était prématurée, mais les républicains avaient posé un jalon. En fin d'après-midi, arriva aux Tuileries la dépêche laconique de Napoléon III annonçant que son armée et lui-même avaient été défaits et étaient désormais prisonniers[7]. En en prenant connaissance, Eugénie avait été victime d'une crise de nerfs. « Un Napoléon ne capitule pas, avait-elle hurlé à Chevreau, le ministre de l'Intérieur et à Conti, le chef du cabinet particulier de son époux. Il est mort ! [...] On veut me le cacher [...] Pourquoi ne s'est-il pas fait tuer ? [...] Il n'a donc pas senti qu'il se déshonorait ? » À la suite, un conseil des ministres extraordinaire n'était parvenu, au bout de deux heures et demie, à prendre aucune décision importante autre que l'affichage d'une proclamation et que la convocation du Corps législatif pour le lendemain. Cependant, les députés de toutes tendances avaient réclamé une séance de nuit et Schneider avait accepté. Furieux, le chef du gouvernement avait fini par avouer la catastrophe aux députés[8]. Au nom de vingt-sept élus républicains, Jules Favre avait alors demandé la déchéance de la dynastie et la nomination d'une commission de gouvernement nommée par le Corps législatif et investie de tous les pouvoirs. Au sein d'une majorité abattue, une seule voix avait osé protester, celle de l'ancien ministre Pinard. L'Assemblée avait finalement renvoyé l'examen de la proposition au lendemain après-midi.

Le dimanche 4 septembre 1870, pendant que des affiches apprenaient enfin la capitulation aux Parisiens, Trochu, très discret au cours des jours précédents, parce qu'il était en conflit avec Palikao, vint néanmoins informer l'impératrice qu'il la protégerait. À neuf heures, s'ouvrit le dernier conseil des ministres du régime[9]. Il décida qu'à la séance du Corps législatif de l'après-midi, il serait proposé de créer un conseil de régence nommé par les députés et présidé par l'impératrice et de confier la lieutenance générale de l'Empire à Palikao[10]. Eugénie reçut ensuite une délégation parlementaire des centres et de la droite conduite par Buffet et venue lui présenter une proposition élaborée la veille en accord avec Schneider : la remise du pouvoir exécutif à une commission issue de toutes les fractions du Corps législatif, à l'exception de la gauche. Après avoir d'abord résisté, elle finit par céder, à condition que les députés s'entendissent avec Palikao qui venait de se rendre au Corps législatif[11].

Alors que la révolution avait déjà éclaté à Lyon, à Bordeaux, à Marseille et dans d'autres villes de moindre importance, la foule s'était massivement portée devant le Palais-Bourbon pour y manifester sa colère. La séance s'ouvrit à treize heures quinze[12]. À la proposition de la gauche et à celle du gouvernement s'en ajouta bientôt une troisième, celle de Thiers et de quarante-sept de ses collègues qui suggéraient une commission nommée par la Chambre dans l'attente de l'élection d'une Constituante. Alors que cette dernière, intermédiaire entre les deux autres, semblait devoir l'emporter, le Palais-Bourbon, mal défendu, fut envahi par une foule qui réclamait la République[13]. Schneider monta au perchoir pour essayer de rétablir le calme. Il n'y parvint pas, leva la séance et se retira sous les insultes et les coups.

Les députés républicains prirent alors la situation en main pour éviter d'être débordés sur leur gauche par les jacobins et les socialistes. Gambetta harangua la foule et lui lança que « Louis-Napoléon Bonaparte et sa dynastie [avaie]nt à jamais cessé de régner sur la France », puis Jules Favre l'entraîna vers l'Hôtel de Ville où se proclamait traditionnellement les républiques. Un gouvernement provisoire y fut formé qui prit bientôt le nom de gouvernement de la Défense nationale. Il se composa de tous les députés de la Seine, à l'exception de Thiers qui refusa, ainsi que des élus de Paris qui avaient opté pour d'autres départements, Gambetta, Jules Simon et Picard. Rochefort, libéré de prison, servit de caution à la gauche. Le populaire général Trochu qui était prudemment resté en retrait au cours de la journée fut placé à la tête du gouvernement pour rassurer la province. Les nouveaux ministres s'adjoignirent bientôt quatre spécialistes pour les portefeuilles plus techniques et Picard rédigea la première proclamation gouvernementale : « Le peuple a devancé la Chambre qui hésitait. [...] Il a mis ses représentants non au pouvoir, mais au péril. [...] La République est proclamée[14]. » Pendant ce temps, les Tuileries étaient à leur tour menacées. Des cris de mort partaient de la foule massée devant les grilles. Le palais était indéfendable. L'impératrice le quitta sur le conseil des rares personnes qui l'entouraient encore dont Chevreau, Conti, Metternich et Nigra. Après avoir cherché refuge chez plusieurs amis, tous absents, elle échoua chez son dentiste américain, Evans[15].

Ainsi, par ce chaud dimanche d'été, le second Empire prenait fin. Le 4 Septembre était la contrepartie du 2 Décembre. Jamais talion ne fut plus complet. Le pouvoir exécutif était chassé par la représentation nationale à laquelle il avait lui-même donné congé, dix-neuf ans plus tôt.

Thiers était partagé. Le patriote souffrait car l'ennemi allait fondre sur Paris, comme il l'avait prophétisé dès l'entrée en guerre, mais le parlementaire tenait sa revanche, même si les événements ne s'étaient pas déroulés comme il l'entendait, avec l'arrivée au pouvoir des républicains. Au moins put-il dire qu'il n'avait jamais vu « de révolution accomplie plus aisément et avec moins de frais ». Aucune déprédation n'avait eu lieu. Le sang n'avait pas coulé. Le système politique de Napoléon III qui paraissait encore si solide deux mois plus tôt s'était écroulé sans résistance. Les soutiens traditionnels du régime, l'armée et la paysannerie, étaient trop loin ; le traumatisme de la capitulation et de la captivité de l'empereur trop important ; la pression populaire à Paris comme dans les grandes villes de province trop forte. L'impératrice qui avait en tête août 1792, juillet 1830 et février 1848 avait saisi l'inutilité d'une résistance. Elle n'avait pas voulu porter la responsabilité d'un massacre et peut-être d'une guerre civile en présence de l'ennemi. Le 5, elle se rendit à Deauville et y embarqua, le lendemain à l'aube, sur le petit yacht d'un officier britannique. Malgré une terrible tempête, elle parvint à gagner l'île de Wight. Elle ne s'y attarda pas. Ayant appris que le prince impérial était à Hastings, elle alla le rejoindre. À Paris comme en province, les autres dirigeants démoralisés et paralysés avaient eux-mêmes démissionné devant la révolution et les plus compromis avaient également pris le chemin de l'exil[16].

Pendant ce temps, Napoléon III avait repris de grand matin le train à Verviers en direction de la Hesse. Il arriva le soir à Cassel. Le roi de Prusse avait télégraphié pour recommander « tous égards de la part des autorités et une attitude convenable du public ». Malgré l'heure tardive et une pluie violente, une foule nombreuse de curieux était venue à la gare. Le gouverneur de Cassel, le général comte de Monts, qui était d'origine française mais dont le fils unique avait été tué à Saint-Privat, accueillit dignement le prisonnier. Napoléon III faisait pâle figure : « Quelques boucles de cheveux pendaient en désordre sur son front, et sa moustache négligée tombait lourdement sur ses lèvres fermées, montrant le désespoir qui régnait dans son âme. [...] Ce n'était pas une figure vivante, une figure humaine [...] ; c'était un masque sans vie et sans expression[17]. » Il reçut les honneurs d'une compagnie d'infanterie, puis fut escorté par un escadron de uhlans jusqu'au château de Wilhelmshöhe, situé à quelques kilomètres. Il y commença ainsi un séjour qui devait durer six mois. Au même moment, Hugo, le vieil ennemi, faisait un retour triomphal à Paris après presque dix-neuf ans d'exil [18].

La captivité

Le château de Wilhelmshöhe était une construction somptueuse avec ses innombrables fenêtres et son portique à colonnes, très agréable à vivre et qui n'était pas sans rappeler à Napoléon III certains de ses palais. Le lendemain de son arrivée, il demanda à le parcourir. Secoué par les épreuves morales et physiques qu'il venait de vivre, par les informations inquiétantes provenant de Paris et par l'absence de nouvelles d'Eugénie, il paraissait abattu, marchait courbé et jetait un œil distrait sur les salles qui défilaient les unes après les autres. Tout à coup, il fut saisi en arrivant devant un portrait de jeunesse de sa mère. Il fit un signe de la main pour dire qu'il voulait rester seul et s'absorba pendant plusieurs minutes devant l'image de celle à laquelle il vouait un culte idolâtre. Il revint apaisé par cette méditation [19]. D'une certaine façon, il était au milieu des siens. Le roi de Prusse avait d'ailleurs voulu rendre sa captivité la plus douce possible. La reine lui avait envoyé l'un des ses cuisiniers et des domestiques. Au total, Napoléon III disposait d'une centaine de serviteurs, mais il décida vite de se séparer de la plupart d'entre eux. Sa suite ne comprenait d'ailleurs que treize personnes dont son cousin Achille Murat, le prince de la Moskowa, les fidèles généraux Castelnau et Reille, son secrétaire Piétri et les médecins Conneau et Corvisart. Il se contenta aussi d'un appartement de six pièces.

Que faisait le captif ? « Ici j'écris, je me promène et je pense », indiqua-t-il au prince impérial [20]. De fait, il avait été laissé libre de ses mouvements et accomplissait presque tous les jours, après déjeuner, une longue promenade dans le beau parc du château, et en particulier autour du grand étang. Dans l'après-midi et le soir après le dîner, il conversait longuement avec ses amis. Il passait le reste de son temps dans son bureau à travailler, à lire la presse et à rédiger sa correspondance. Il essaya de se remettre au dessin, mais sans grande réussite. Sa vie était plutôt monotone. « Nous faisons tous les jours la même chose », écrivit-il encore à son fils [21]. Le côté positif de ce régime était qu'il se reposait beaucoup et que sa santé s'améliorait nettement. Les six mois passés à Wilhelmshöhe furent les plus calmes depuis le déclenchement de son mal. Calmes, ils le furent aussi parce que Napoléon III refusa la plupart des visiteurs que le roi de Prusse lui avait pourtant libéralement accordé le droit de recevoir. Il repoussa ainsi le prince Napoléon, qui lui avait proposé de venir s'installer avec lui[22]. Il ne voulait pas non plus qu'Eugénie et son fils vinssent partager son sort, car la régente et l'héritier du trône devaient rester libres. La séparation lui pesait pourtant beaucoup. L'impératrice s'était éloignée de son époux infidèle, puis s'était montrée très dure envers lui en août, en refusant son retour à Paris et en lui assénant qu'il valait mieux mourir que de se déshonorer. Cependant, le malheur commun et l'éloignement resserrèrent les liens. À partir de la deuxième quinzaine de septembre, les trois premières lettres d'Eugénie datées des 3, 14 et 15 septembre et retardées par des incidents de transmission parvinrent au souverain : « Des grandeurs passées, il ne reste rien de ce qui nous séparait. Nous sommes unis plus que jamais parce que nos souffrances et nos espérances se confondent sur cette chère petite tête de Louis. Plus l'avenir se rembrunit et plus se fait sentir le besoin de s'appuyer l'un sur l'autre. » Napoléon III fut ému et heureux. Il répondit à son épouse qui s'apprêtait à emménager dans le Kent[23] : « Les expressions tendres qui respirent dans tes lettres m'ont fait grand bien, car j'étais bien peiné de ton silence[24]. » Dans une autre missive, Napoléon III exprima son désir de finir sa vie avec elle et leur fils en Angleterre, « dans un petit cottage avec des *bow-windows* et des plantes grimpantes[25] ». À cette perspective, il retrouvait le moral et semblait libéré du fardeau du pouvoir. En revanche, il souffrait toujours de l'humiliation de la défaite, de la chute de son régime et du déchaînement d'attaques dont il était victime. Face à son entourage et dans ses lettres à son épouse, il gardait contenance en affirmant que cela ne l'atteignait pas[26]. Mais il traduisit davantage son état d'esprit dans une lettre à son fils : « Je suis bien affecté quand je vois les calomnies qu'on répand sur moi, mais au bout de quelque tems [*sic*] je me redresse en songeant que j'ai fait mon devoir[27]. »

Cependant, il faisait la part des critiques. Journalistes, caricaturistes et chansonniers se déchaînaient pourtant. Un dessin de Frondas représentait « Napoléon le petit » attaché à un poteau, avec un écriteau attaché à son cou sur lequel on lisait : « Badingue misérable lâche a vendu son pays et livré son armée. Tous les honnêtes gens peuvent lui cracher au visage », pendant que la chanson du *Sire de Fish ton Kan* obtenait un grand succès avec les paroles suivantes : « C'est un fameux capitaine/ Qui t'nait avant tout à sa peau/ Un jour il voit qu'son sabre l'gêne/ Aux ennemis il en fait cadeau [28]. »

Lorsqu'éclata le scandale de ses placements à l'étranger, il laissa à ceux qui tenaient ses comptes et sa cassette le soin de répondre. Une note retrouvée aux Tuileries indiquait que 23 325 000 francs avaient été transférés à la banque londonienne Baring frères de 1852 à 1866 [29]. Parallèlement, *Le Siècle* publia une lettre de Max Pol prétendant que l'empereur avait placé soixante-trois millions de francs à l'étranger entre 1854 et 1870. Par voie de presse, Piétri et Thélin s'inscrivirent en faux contre ces allégations. Chiffres à l'appui, ils démontrèrent que les sommes correspondaient, pour une petite part, au remboursement des créances du duc de Brunswick et, pour l'essentiel, au paiement d'œuvres de bienfaisance et de mécénat que l'empereur effectuait à partir d'une somme de cinq millions qu'il prélevait chaque année sur sa liste civile. Suivait la longue énumération de la générosité impériale : augmentation de la pension des amputés militaires, dons aux sociétés coopératives de Paris et de Lyon, construction de logements ouvriers, allocations pour des écoles, aide aux sinistrés des inondations du Rhône et de la Loire, etc. [30] Quant à la banque Baring, elle démentit de façon catégorique le transfert de fonds impériaux chez elle : « À aucune époque, nous n'avons fait de placement pour le compte de l'Empereur, et [...] nous n'avons aucune valeur qui lui appartienne [31]. » Les calomniateurs furent confondus et Napoléon III sortit grandi de cette affaire aux yeux des observateurs objectifs. Les rumeurs n'en continuèrent pas moins. Pierre Bonaparte croyait savoir de source sûre que son cousin disposait encore d'au moins deux cents millions et probablement d'infiniment plus [32]. On était loin du compte. Napoléon III avait écrit le 17 septembre à son épouse : « J'ai avec moi deux cent soixante mille francs. C'est tout ce que j'ai de libre, mais comme toi je suis fier de tomber du trône sans avoir placé de l'argent à l'étranger [33]. » Il dut même vendre rapidement le palais qu'il possédait à Rome pour 600 000 francs. Prodigue, il avait peu et ne laissa à sa mort que trois millions de francs, somme que des réclamations réduisirent de moitié.

En fait, Napoléon III se concentrait sur ce qui était l'essentiel à ses yeux, sa prétendue responsabilité dans le déclenchement de la guerre, dans la conduite des opérations et dans le désastre de Sedan. Alors qu'il était encore dans sa chambre d'hôtel, à Vervins, il avait éprouvé le besoin de s'expliquer et avait commencé le récit de la campagne. Dès son arrivée à Wilhelmshöhe, il se remit au travail et signa, le 8 septembre 1870, *Conduite de l'Empereur depuis le commencement de la guerre*[34]. Lorsqu'Ollivier, réfugié en Italie, lui fit part de son projet de rédiger une brochure sur le déroulement de la guerre, il l'encouragea[35]. Il décida aussi de se confier à un écrivain allemand, correspondant du *Times*. L'homme qui s'appelait Mels avait porté pendant trois ans l'uniforme français en Afrique, avait publié dans son pays, en 1865, une série d'articles favorables au coup d'État, puis avait défendu la position de Paris dans la crise du Luxembourg. Ce fut lui qui demanda à rencontrer Napoléon III[36]. Le premier entretien eut lieu le 10 octobre 1870. D'autres suivirent. Dès l'année suivante, le « modeste Las Cases[37] » publia *Wilhelmshöhe. Souvenirs de la captivité de Napoléon III*[38]. Dans cette brochure, comme dans sa note sur l'organisation militaire de la Confédération de l'Allemagne du Nord, le seul écrit qu'il fit éditer durant sa captivité[39] ou dans sa correspondance, Napoléon III tentait de se justifier, d'expliquer le fatal enchaînement des faits, mais aussi d'envisager l'avenir et ce avec une remarquable cohérence qui, si elle n'emportait pas toujours l'adhésion, montrait au moins sa sincérité.

Tout en se reconnaissant une part de responsabilité dans le déclenchement du conflit et dans la défaite, l'empereur refusait d'en endosser la totalité. Sadowa avait bien été le point de départ du tragique engrenage. Napoléon III disait avoir pris alors la mesure de la menace prussienne. Il rappelait son grand projet militaire. Tout en ne cessant de répéter qu'il fallait que la France prît sa revanche, « M. Thiers, Jules Favre et *tutti quanti* » avaient rejoint le mouvement général pour le refuser. La Prusse avait ensuite cherché à pousser la France à lui déclarer la guerre. Sur une opinion chauffée à blanc par l'opposition, il avait alors « suffi d'une étincelle pour créer un vaste incendie[40] ». Monarque constitutionnel, il avait laissé agir son gouvernement et le Corps législatif qui avait accordé très facilement les crédits de guerre. Dès son arrivée à Metz, il avait vu que l'armée n'était pas prête. Ensuite, écrivit-il à Ollivier, « il y eut dans cette malheureuse campagne une suite non interrompue de guignons qui ont amené les plus tristes résultats[41] ». Pour évoquer la révolution du 4 Septembre à laquelle il n'avait pas assisté, il se fiait aux témoignages de son épouse et de ses proches. Comme Eugénie, il la mettait sur le compte d'un complot ourdi par les chefs du parti républicain aidés par Trochu. Il déplorait l'anarchie qui régnait en France et la défaite inéluctable qui attendait sa patrie mal gouvernée. « Des choses terribles se passeront en France, annonça-t-il, on les réprimera, on les punira, mais on ne détruira pas les racines. » Selon lui, les Français lui restaient fidèles, dans leur immense majorité. Il gardait donc l'espoir de retrouver rapidement le pouvoir par le biais d'une consultation populaire. Questionné par Mels sur l'éventualité d'un coup d'État et sur sa grande pratique en la matière, il fut d'abord évasif, puis s'enflamma et rappela que le roi de Prusse et son chancelier n'avaient pas procédé autrement en gouvernant plusieurs années sans que le Parlement prussien ne votât le budget. Il prophétisa enfin une guerre de revanche dans vingt ou trente ans et une défaite de l'Allemagne qui se rendrait alors compte des méfaits de la politique de Bismarck.

Le chancelier de l'Allemagne du Nord méprisait d'ailleurs les Français qu'il qualifiait de « nation de nullités » et de « troupeau » et avait encore moins de sympathie pour les républicains qui n'avaient, à ses yeux, aucune légitimité et qui risquaient même d'être débordés sur leur gauche. Il constatait que Paris dont le siège commença le 19 septembre 1870 était d'ailleurs prêt à résister et que la politique du gouvernement de la Défense nationale était hésitante.

Le ministre des Affaires étrangères, Jules Favre, avait signé le 6 septembre une circulaire extrêmement ferme : « Nous ne céderons ni un pouce de notre territoire, ni une pierre de nos forteresses. Une paix honteuse serait une guerre d'extermination à courte échéance », puis il avait ouvert des négociations et avait même décidé, en gage de bonne volonté, d'avancer le scrutin destiné à élire une Assemblée nationale du 16 au 2 octobre, puisque les Allemands tenaient à traiter avec un pouvoir légitime. Cependant, l'entrevue de Ferrières des 19 et 20 septembre entre Bismarck et Favre échoua. Alors que le chancelier exigeait la cession de l'Alsace et de divers autres territoires, l'installation des Allemands, pendant l'armistice, à Strasbourg, à Toul, à Phalsbourg et dans un fort dominant Paris, ainsi qu'une indemnité de guerre, le ministre français ne souscrivait qu'à ce dernier point. Pragmatique, Bismarck entendait garder plusieurs fers au feu. Il avait perçu très tôt l'intérêt de maintenir l'empereur dans son jeu, alors que Moltke et les militaires ne voyaient déjà plus en lui qu'un prisonnier. La conviction du chancelier ne fit que se renforcer après l'échec de Ferrières. Il se disait que la perspective d'une restauration impériale effraierait les républicains et les amènerait à composition. Comme il l'écrivit à son fils, le 23 septembre : « Un Napoléon bien traité nous est *utile*, et c'est cela seul qui m'importe. La vengeance appartient à Dieu. Les Français doivent rester dans l'incertitude qu'il leur sera rendu. Cela favorisera leurs dissensions [42]. »

Du reste, Napoléon III restait manifestement populaire. Un grand nombre de paysans considéraient qu'il avait été trahi par les riches et par les républicains [43]. Beaucoup tentaient de s'opposer au remplacement de leurs maires. Des manifestations bonapartistes eurent lieu dans les Charentes, en Normandie, dans le Puy-de-Dôme et en Limousin. Plusieurs révoltes éclatèrent en Corse. Quasiment silencieuse à la chute du régime, partie par abattement, partie par crainte de la révolution sociale, partie par réflexe patriotique, la presse bonapartiste se réveillait [44]. Des agents bonapartistes commençaient à battre la campagne en vue des élections. Duvernois fut bientôt chargé par l'impératrice de s'appuyer sur les anciens fonctionnaires impériaux, de mettre sur pied une organisation militante pyramidale et de rechercher les meilleurs candidats [45]. Le gouvernement de la Défense nationale jugea plus prudent d'ajourner les élections municipales prévues pour les 25 et 28 septembre, puis les élections législatives qui devaient se dérouler le 2 octobre, puisque les négociations avec la Prusse avaient échoué.

Selon Bismarck, les impérialistes n'étaient donc pas seulement des épouvantails, mais aussi des interlocuteurs valables [46]. Persigny qui ne voulait pas voir s'effondrer l'édifice qu'il avait construit et qui gardait de nombreux contacts à Berlin, depuis sa mission de 1849, prit sur lui de négocier avec les Prussiens. Il rencontra le comte de Bernstorff, ambassadeur de Prusse à Londres. Il fut question de restauration impériale contre cession de Strasbourg et indemnité de guerre de deux milliards de francs. Cependant, le duc fut désavoué par l'impératrice [47]. Eugénie prenait une nouvelle dimension dans l'adversité. Elle restait régente et se considérait « comme le seul gouvernement légitime, le seul investi de pouvoirs réguliers par la délégation de l'empereur dont le droit demeur[ait] indiscutable, tant qu'un plébiscite librement voté n'aura[it] pas détruit le plébiscite du mois de mai [précédent] [48] ». Le 11 septembre, elle écrivit au roi de Prusse pour lui « demander une paix généreuse » et se disait « prête à tous les sacrifices personnels[49] ».

Ce fut à ce moment-là qu'intervint un aventurier nommé Victor Régnier[50]. Ancien médecin auxiliaire, puis journaliste, l'homme avait épousé une riche Anglaise qui lui permettait de vivre dans l'aisance et de se consacrer à des projets plus extravagants les uns que les autres. Après Sedan, il décida d'œuvrer en vue de la conclusion d'une paix honorable pour la France. Le 16 septembre, il essaya d'obtenir une entrevue avec Eugénie, à Hastings, pour lui proposer ses services. L'impératrice refusa de le recevoir, mais Filon, le précepteur du prince impérial, prit sur lui de l'envoyer à Wilhelmshöhe en lui remettant, en guise de recommandation, trois cartes postales qu'il avait fait signer par son élève. Muni de ce précieux sésame, Régnier ne se rendit pas en Allemagne, mais à Ferrières où il rencontra Bismarck qui venait d'échouer dans ses pourparlers avec Favre et qui lui fit bon accueil[51]. Le voyageur lui décrivit son plan qui avait, disait-il, le soutien d'Eugénie, et lui fit part de son désir de se rendre à Metz pour inciter Bazaine à capituler, puis à seconder l'œuvre de restauration impériale. Muni d'un sauf-conduit, il poursuivit son périple. À Metz, les 23 et 24 septembre, il vit effectivement le maréchal qui se dit intéressé et qui dépêcha en Angleterre le général Bourbaki, frère de Mme Lebreton, la lectrice de l'impératrice, pour être sûr qu'elle avait donné son accord et pour examiner avec elle, le cas échéant, les modalités d'exécution du plan[52]. De son côté, Régnier revint à Ferrières et rendit compte à Bismarck de sa mission. Celui-ci se montra plus circonspect que huit jours plus tôt et demanda un accord formel de l'impératrice. Régnier retraversa alors la Manche et eut droit à des remerciements sans doute indirects d'Eugénie, qui ne s'engageât cependant pas, car il fallait que Napoléon III donnât son avis. L'infatigable missionnaire se rendit alors auprès de l'empereur qui trouva toute cette affaire « extraordinaire[53] » et ne lui donna pas suite. Peut-être ne l'était-elle pas tant que cela ? Peut-être que les facilités qu'eut Régnier pour la mener à bien jusqu'à son étape ultime s'expliquaient-elles parce qu'il n'était pas ce simple aventurier que beaucoup crurent voir en lui, mais un parent de Bazaine[54] et parce que les uns et les autres trouvaient un intérêt à sa mission ?

Bismarck avait lui-même envoyé un émissaire officieux nommé Helwitz à l'empereur et à l'impératrice, pour leur proposer une paix immédiate et le déblocage de l'armée de Metz contre la satisfaction de toutes ses exigences. Napoléon III refusa de faire passer son intérêt personnel et celui de sa dynastie avant la patrie et de souscrire à des conditions aussi humiliantes. Le 6 octobre, il le signifia très clairement à son épouse. Le chancelier, écrivit-il, « voudrait traiter avec nous et nous amener à signer une paix désastreuse. Quelle conduite faut-il tenir dans ces circonstances ? Je commence d'abord par dire ce qu'il ne faut pas faire : 1°) Tant que le sort de Paris n'aura pas été décidé, il ne faut rien dire ni faire qui aurait l'air de nuire dans un intérêt dynastique à la défense nationale. 2°) Je n'ai pas besoin vis-à-vis de toi d'exprimer ma détermination de ne point signer une paix qui ne serait point favorable. Ces deux points écartés, qu'y a-t-il à faire ? *That is the question*[55]. » Lorsqu'Eugénie formula le désir de se rendre à Metz, il s'y opposa vivement : « Il faut que tout ce qui se passe en France ait le caractère de la spontanéité et de la foi politique et non d'une intrigue ourdie par nous[56]. »

De son côté, Bazaine avait envoyé Boyer, son premier aide de camp et homme de confiance, auprès de Bismarck pour négocier avec lui. La rencontre eut lieu le 14 octobre, mais le chancelier maintenait ses exigences et l'émissaire du maréchal n'eut rien d'autre à proposer à l'impératrice lorsqu'il la vit le 22. Eugénie refusait toujours la moindre cession de territoire. Moltke était agacé par ces tergiversations et n'entrait pas dans ces combinaisons. Il voulait la capitulation immédiate et sans condition de Metz dont il estimait la chute imminente car l'armée du Rhin et la population de la ville manquaient de vivres. Bismarck jugea lui-même inutile de poursuivre les négociations avec les impérialistes et les rompit définitivement le 23. Une ultime entrevue avec un nouvel envoyé d'Eugénie, le fils de Théophile Gautier, ne le fit pas revenir sur sa décision[57]. Bazaine, découragé, capitula le 27[58]. La reddition de Metz, deux jours plus tard, privait le couple impérial de son principal atout vis-à-vis des Prussiens.

Inutilité et déchéance

Le 30 octobre, Eugénie arriva à Wilhelmshöhe et y revit son mari pour la première fois depuis son départ pour le front, trois mois plus tôt. Elle avait voyagé *incognito* et Napoléon III n'avait pas été informé de sa venue[59]. Les retrouvailles sur le perron du château furent, en apparence, assez froides. En présence du gouverneur et des officiers de son état-major, l'ancien empereur voulait faire bonne contenance. En réalité, il était très ému. Lorsqu'ils furent seuls, les deux époux tombèrent dans les bras l'un de l'autre, puis évoquèrent leurs malheurs, l'intrigue de Régnier, la capitulation de Metz et les perspectives qui s'offraient à eux. Dès le 1er novembre, Napoléon III demanda cependant à Eugénie de regagner l'Angleterre où elle était plus utile. Il lui donna raison dans la querelle qui l'opposait au prince Napoléon. Le 15 octobre précédent, le prince, soutenu par Persigny, avait vivement attaqué l'impératrice en lui reprochant d'avoir quitté bien vite les Tuileries le 4 septembre, puis de mener sans conviction les négociations avec Bismarck. Lorsqu'il avait menacé de se rallier à la République, elle lui avait lancé : « Vous êtes notre plus dangereux ennemi [60]. » Napoléon III écrivit à son cousin : « Le malheur aigrit les caractères au lieu de réunir ceux qui ont les mêmes intérêts [...]. Si tu veux que je te dise la vérité, tu as manqué de tact et l'Impératrice de sang-froid [...]. Il est bien triste, dans la position où nous nous trouvons, de voir les dissensions de famille [61] », mais il ajouta qu'il approuvait l'attentisme de son épouse vis-à-vis des Prussiens. Il écrivit d'ailleurs à Eugénie le 25 novembre : « Nous n'avons pour le moment rien à faire. La réaction en notre faveur viendra d'elle-même, car l'anarchie qui règne en France ne peut durer [62]. »

Dans l'adversité, le couple se rapprochait. Les deux époux s'occupèrent ensemble des prisonniers de guerre français en Allemagne en leur faisant envoyer des colis [63]. À l'occasion, des journaux de propagande étaient joints. Le 19 décembre, Eugénie écrivit à son époux : « Ma tendresse et mon affection ne font qu'augmenter pour toi. Je voudrais, au prix de bien des sacrifices, te rendre la vie plus douce que les circonstances ne l'ont faite jusqu'à présent, mais plus tout se rembrunit, et plus nous devons croire que tout a une fin, les bons comme les mauvais jours. Je t'embrasse, mon ami, de tout cœur. Je t'aime tendrement. À toi pour toujours [64]. » Cependant, lorsque Napoléon III apprit qu'elle projetait de se rendre à Amiens, d'y convoquer les Assemblées de l'Empire et d'y rétablir le régime, il l'en dissuada dans une lettre du 21 décembre : « Toutes nos actions doivent avoir un caractère de dignité et de grandeur en rapport avec la situation que nous avons occupée ; nous ne pouvons donc pas risquer de ces dangers qui prêtent au ridicule comme d'être arrêté par quatre gendarmes. Or, dans l'état actuel des choses, si tu allais en France, ce serait le premier risque que tu courrais[65]. » Le lendemain, il précisa encore : « Tant qu'une ville de la France n'a pas arboré de son propre mouvement le drapeau de l'Empire notre devoir est de rester dans l'obscurité et de laisser les événements s'accomplir[66]. »

De son côté, Bismarck n'avait pas totalement renoncé à l'option impérialiste[67]. Les officiers supérieurs faits prisonniers à Sedan et à Metz et assignés à résidence en Allemagne furent autorisés à rendre visite à Napoléon III. Si Mac-Mahon resta à l'écart et si l'ancien souverain refusa de voir Palikao, auquel il reprochait sans doute la marche sur Sedan, il reçut la visite de Le Bœuf, de Canrobert, de Bazaine et de nombreux généraux. Les discussions étaient stériles et les disputes fréquentes. Bismarck demanda à plusieurs reprises à l'empereur et à l'impératrice de lui envoyer des négociateurs. Napoléon III fondait beaucoup d'espoir dans la réunion des conseils généraux élus en août et qui ne manqueraient pas, selon lui, de voter la restauration de l'Empire[68]. Irrité par les républicains qui continuaient de repousser les élections législatives, Bismarck fit savoir qu'il y était favorable et encouragea même le gouvernement de la Défense nationale dans cette voie[69]. « De tous les côtés, écrivait l'ancien empereur, il m'arrive des renseignements qui disent qu'il se produit une grande réaction en ma faveur[70]. » Devant le danger, le ministre de l'Intérieur, Gambetta, décréta la dissolution des conseils le 25 décembre.

Bismarck fit alors savoir aux impérialistes qu'il fallait renoncer à cette solution[71], mais Napoléon III vit, au contraire, dans la décision de Gambetta la pertinence de ses vues et s'y tint. Selon lui, un mouvement s'appuyant sur des personnalités de premier plan comme Changarnier et Talhouët devait permettre de convoquer, malgré tout, les conseils généraux. Sur la suggestion du prince Napoléon, le premier pourrait être nommé lieutenant général de l'Empire et être placé à la tête d'une armée constituée par les prisonniers de guerre libérés par les Allemands. Rallié désormais au principe du retour en France de son épouse, Napoléon III pensait qu'elle pourrait alors convoquer une assemblée pour décider de la poursuite de la lutte ou de la conclusion de la paix. Certains impérialistes commençaient à réclamer son abdication ou son retrait de la politique active, mais il n'entendait pas renoncer. Seule sa popularité donnerait une chance au projet. « Il y avait aussi en 1815 des hommes consciencieux qui voulaient proclamer Napoléon II, expliqua-t-il. Ils n'ont fait qu'accélérer la victoire des Bourbons. Quand on traite avec des assemblées, ce sont alors les transactions et les nuances qui réussissent. Quand on traite en face du peuple il n'y a que les situations nettes, que les couleurs tranchées qui obtiennent le succès [72]. » Encore fallait-il obtenir l'accord de Changarnier et de Bismarck. Le comte Clary et Duvernois s'afférèrent. Cependant, Changarnier se défila. Quant au chancelier prussien, il annonça à Duvernois qu'il allait s'entendre avec le gouvernement de la Défense nationale. Il aurait préféré traiter avec les impérialistes, mais « l'empereur se décid[ait] toujours trop tard [73] » ! Napoléon III avait pensé disposer de temps et n'avait pas vu venir le dénouement [74].

L'armée de Chanzy venait d'être défaite au Mans, le 11 janvier 1871 [75]. Celles du Nord et de l'Est reculaient. Paris était au bord de la famine. Les Allemands se sentirent alors suffisamment fort pour proclamer l'Empire allemand, au palais de Versailles, le 18 janvier, et pour en confier la couronne au roi de Prusse. Le gouvernement français se décida donc à négocier sur des bases très défavorables. Lors de l'armistice des 26 et 28 janvier, il accepta les conditions de Bismarck. Le plan impérial était anéanti.

Napoléon III jugea très sévèrement les républicains. S'il considérait lui-même que la perte de l'Alsace était devenue inéluctable, il estimait qu'il n'aurait pas fallu abandonner en plus la Moselle et accepter une indemnité de guerre supérieure à trois milliards. Il prophétisa alors : « Cette paix ne peut être qu'une trêve et elle prépare bien des malheurs pour l'Europe [76]. » Gambetta le pensait aussi. En désaccord avec ses collègues, il envisagea de résister, puis finit par convoquer les électeurs pour le 8 février, mais en prenant soin de déclarer inéligibles le haut personnel impérial et tous les anciens candidats officiels. Désavoué par les autres membres du gouvernement et condamné par Bismarck, il démissionna le 6 février. Même s'il considérait « la convocation d'une Constituante à si bref délai » comme une « comédie » et si l'issue du scrutin s'annonçait défavorable, Napoléon III y voyait un aspect positif : l'Assemblée « aura l'avantage de discuter des conditions de paix et comme ces conditions ne sont pas favorables il est préférable que ce soit elle qui s'en charge que nous [77] ». Il ne pouvait d'ailleurs envisager l'abstention et souhaitait que les bonapartistes s'investissent dans la campagne [78]. Le 4 février, il lança une proclamation dont il savait qu'elle lui vaudrait critiques et outrages [79] : « Maintenant que la lutte est suspendue, écrivit-il, que la capitale malgré une résistance héroïque a succombé, et que toute chance raisonnable de vaincre a disparu, il est temps de demander compte à ceux qui ont usurpé le pouvoir du sang répandu sans nécessité, des ruines amoncelées sans raison, des ressources du pays gaspillées sans contrôle. » Il fallait que le peuple fût consulté « sur le gouvernement le plus capable de réparer les maux de la patrie ». « Quant à moi, poursuivit-il, meurtri par tant d'injustices et d'amères déceptions, je ne viens pas aujourd'hui réclamer des droits que, quatre fois en vingt ans, vous m'avez librement conférés. En présence des calamités qui nous entourent, il n'y a pas de place pour une ambition personnelle ; mais tant que le peuple régulièrement réuni dans ses comices n'aura pas manifesté sa volonté, mon devoir, comme véritable représentant de la nation, sera de m'adresser à elle et de lui dire : "Tout ce qui est fait sans votre participation directe est illégitime. Il n'y a qu'un gouvernement issu de la souveraineté nationale qui, s'élevant au dessus de l'égoïsme des partis, ait la force de cicatriser vos blessures, de rouvrir vos cœurs à l'espérance comme les églises profanées à vos prières, et de ramener au sein du pays le travail, la concorde et la paix [80]." »

Cependant les chefs du bonapartisme étaient en exil et l'immense majorité des Français rendaient l'Empire responsable de la défaite et aspiraient à la paix. En outre, le remplacement du scrutin d'arrondissement par celui de liste obligea les bonapartistes à s'allier aux autres monarchistes. Ils ne reçurent que peu de places et en rang généralement modeste sur les listes communes. Les élections furent une déroute pour la cause impériale. Les bonapartistes eurent moins de vingt élus sur six cent soixante-quinze et seulement cinq d'entre eux osèrent se présenter comme tels [81]. Dans le même temps, Thiers était élu chef du pouvoir exécutif.

Après quelques jours de découragement, Napoléon III se ressaisit. Peut-être abusé par Bismarck qui souhaitait maintenir la pression sur le gouvernement français, il était maintenant persuadé que les républicains seraient bientôt contraints d'organiser un plébiscite sur la nature du prochain régime de la France [82]. À cette fin, il autorisa l'impératrice à réaliser les biens qu'il avait en France de façon à se procurer les fonds nécessaires à la campagne et envoya lui-même 300 000 francs [83]. Il dépêcha aussi le baron de Farincourt, ancien préfet du Doubs, auprès du chancelier pour s'assurer de ses intentions[84]. Il connut une nouvelle désillusion, puisqu'il ne put disposer immédiatement du produit de ses biens et que le plébiscite n'eut pas lieu.

Le 1er mars 1871, l'Assemblée réunie à Bordeaux répondit à ses critiques et à son activisme en votant sa déchéance et celle de sa dynastie et en le déclarant « responsable de la ruine, de l'invasion et du démembrement de la France ». Seuls six parlementaires s'y opposèrent. La France se déchargeait de toutes ses défaillances sur un seul homme. Le 6 mars, Napoléon III protesta en affirmant que l'Assemblée outrepassait ses pouvoirs, car elle avait été élue pour signer la paix, non pour se faire constituante et se substituer à la volonté de la nation. Il réclama de nouveau un plébiscite. « Hors de là, poursuivit-il, il n'y a qu'usurpation pour les uns, oppression pour les autres. Aussi, suis-je prêt à m'incliner devant la libre expression de la volonté nationale, mais devant elle seulement[85]. » Le 3, les représentants du peuple avaient voté les préliminaires de paix. Napoléon III fut définitivement abandonné par Bismarck qui n'avait plus besoin de lui. Le 19 mars, il fut libéré. Il ne lui restait plus qu'à prendre la route de l'exil.

L'ex-empereur avait un temps envisagé un retour à Arenenberg. Il finit par y renoncer, craignant une protestation des puissances. Son épouse et la plupart de ses fidèles se trouvaient déjà en Angleterre. Tout le ramenait décidément vers cette île qui avait déjà été si hospitalière pour lui[86]. En prenant congé de ses compagnons de captivité, il leur dit qu'il ne serait plus dorénavant qu'un simple particulier. Sur le quai de la gare de Cassel, il apprit que Paris s'était soulevé, la veille, contre les décisions du gouvernement. La Commune venait de naître. « Deux révolutions devant l'ennemi, murmura-t-il tristement… » À la frontière belge, il embrassa sa cousine Mathilde. Il rejoignit ensuite Ostende, où il s'embarqua sur le yacht du roi des Belges à destination de l'Angleterre.

Dernier exil et derniers projets

Lorsque le souverain déchu posa pied sur le sol britannique, à Douvres, le 20 mars 1871, il laissa échapper une larme, parce qu'il était ému de revoir son épouse et son fils et flatté par les acclamations d'une foule nombreuse. Eugénie et Louis l'emmenèrent à Chislehurst, un village du Kent où ils demeuraient depuis le 24 septembre précédent. À son arrivée en Angleterre, l'impératrice avait chargé le docteur Evans de lui trouver une demeure. Celui-ci s'était rappelé que Napoléon III lui avait jadis parlé de Turnbridge Wells comme d'un endroit agréable. Il s'y rendit, ne trouva pas ce qu'il cherchait, mais y reçut le conseil d'aller voir une propriété appelée Camden Place et située à Chislehurst[87]. L'endroit n'était pas non plus inconnu de Napoléon III, qui y avait séjourné en 1846 et y avait courtisé Emily Rowles, la fille du propriétaire d'alors.

Le village présentait de multiples avantages. Il possédait une église catholique et n'était situé qu'à une vingtaine de kilomètres de la capitale, à laquelle il était relié par le chemin de fer. Camden Place n'était pas le « petit cottage » dans lequel l'empereur parlait de se retirer, mais un imposant manoir en briques et en pierres, dans le goût italien, flanqué de deux pavillons et entouré par un magnifique jardin planté de cèdres. Le nouveau maître des lieux, Nathaniel Strode, était un francophile, ancien fondé de pouvoir de miss Howard qui connaissait Napoléon III depuis 1846. Il avait installé la grille qui fermait l'avenue des souverains à l'Exposition universelle de 1867, à l'entrée de sa propriété, une copie de la Lanterne de Diogène que Bonaparte avait fait ériger à Saint-Cloud, dans le parc et les boiseries provenant de la démolition du château de Bercy, dans la salle à manger. Il fut flatté de louer sa maison à Eugénie, ne lui demanda qu'un loyer symbolique à peine supérieur à cinq mille francs et se replia dans une aile du bâtiment.

L'impératrice avait été plus prévoyante que son époux. Elle avait transféré plusieurs millions à l'étranger à la veille du 4 Septembre, se sépara ensuite de ses bijoux contre une grosse somme d'argent et se rendit en Espagne, au second semestre 1871, pour y vendre ses nombreuses propriétés. Comme Napoléon III, plein de gratitude, le reconnaissait volontiers, ce fut elle qui permit au couple de vivre dans l'aisance et d'entretenir une petite cour[88]. Celle-ci comprit jusqu'à soixante-deux personnes sous les ordres du duc de Bassano, qui reprit ainsi du service comme grand chambellan. De nombreux familiers tels Conneau, Corvisart, Piétri, Jérôme David, Chevreau, les Clary, les Aguado ou les Mouchy s'installèrent dans les dépendances, au voisinage ou à Londres. En outre, le couple entretint d'excellentes relations avec la famille royale et l'aristocratie britanniques. Dès le 26 mars, le prince de Galles vint porter à Napoléon III une invitation de sa mère à venir la voir le lendemain à Windsor. Les retrouvailles entre la reine et l'empereur déchu furent émouvantes. Le 3 avril, Victoria se rendit, à son tour, à Chislehurst[89]. Si ni Gladstone, ni aucun membre de son cabinet n'avaient accueilli Napoléon III à Douvres, pour ne pas irriter le gouvernement français, le Premier ministre fit, par la suite le voyage de Chislehurst à titre privé. Le 27 février 1872, ce fut au couple impérial et à son fils d'assister en bonne place à la grandiose cérémonie organisée à Londres pour la guérison miraculeuse du prince de Galles de la fièvre typhoïde[90].

Napoléon III s'était modestement installé au premier étage du manoir. Sa chambre avec balcon ne comportait qu'un lit à colonnes, une commode, une cheminée surmontée d'une pendule portative et une table sur laquelle reposait, dans un reliquaire admirable, le talisman de Charlemagne. Il se fit aménager en bureau une minuscule pièce attenante. « Une petite bibliothèque, une panoplie d'armes à feu, deux chaises, un fauteuil et un petit bureau en bois blanc en composaient l'ameublement plus que modeste. Un portrait en miniature de l'Impératrice, un autre du Prince impérial et une petite pendule de voyage étaient les seuls ornements placés sur le bureau où des papiers divers, travaux de chaque jour, étaient rangés avec ordre[91]. »

Très vite, Napoléon III organisa sa vie selon un emploi du temps bien réglé, qui rappelait celui de Wilhelmshöhe. Il consacrait ses matinées à ses travaux d'écriture. Il ne voulait toujours pas s'abaisser à répondre directement aux attaques qui persistaient contre lui. Comme son épouse le confia par la suite, il n'eut « jamais un mot de plainte, de blâme ou de récrimination !… Souvent, je le suppliais de se défendre, de repousser les attaques impudentes, les malédictions ignominieuses dont il était l'objet, d'arrêter enfin ce torrent d'injures qui se déversait continuellement sur nous. Il me répondait avec placidité : “Non, je ne me défendrai pas… Certaines catastrophes sont si douloureuses pour une nation, qu'elle a le droit d'en rejeter, même injustement, toute la faute sur son chef… Un monarque, un empereur surtout, se dégraderait en cherchant à se disculper, car il plaiderait sa cause contre celle de son peuple… Il n'y a pas d'excuses, pas de circonstances atténuantes pour un souverain. Sa plus haute prérogative est d'assumer sur lui seul toutes les responsabilités encourues par ceux qui l'ont servi… ou trahi[92]…” »

Il considéra ainsi la publication des papiers trouvés aux Tuileries comme une infamie, mais n'y répondit pas[93]. Comme il en avait pris l'habitude à Wilhelmshöhe, il préférait donner sa propre version des faits dans des récits détaillés, en se disant que l'histoire ferait le partage entre la vérité et le mensonge. Alfred de La Chapelle, ancien correspondant de guerre du *Standard* britannique pendant la guerre, avait publié une brochure intitulée *Les Forces militaires de la France*, qu'il lui porta personnellement le 28 mars 1871. L'ancien souverain accepta de la revoir et d'en publier une seconde édition avec son auteur, dont il fit son secrétaire. Les deux hommes s'y désolaient que la réforme militaire de 1867 eût avortée, proposaient leur version de la campagne de l'été 1870 et insistaient beaucoup, de la volonté même de l'ancien souverain, sur Sedan et sur le rôle de Wimpffen[94]. En suivant un plan que lui remit Napoléon III, La Chapelle rédigea ensuite une brochure « sur l'abandon des principes, source première de tous les malheurs qui frapp[ai]ent l'Europe », dans laquelle le reniement des alliances était fustigé et Jules Favre accusé d'avoir fait disparaître des documents d'archives prouvant que « l'Empire allait avoir des alliances, et que l'intégrité du territoire français serait protégée par plusieurs des grandes puissances ». En outre, la publication imputait à la Commune le relâchement des mœurs[95]. Au début de 1872, l'intarissable secrétaire publia à Londres un journal intitulé *La Chronique européenne* qui permit à Napoléon III de propager ses idées[96]. Cependant, à partir de septembre 1871, l'ancien souverain se consacra surtout, presque tous les jours, à un nouvel ouvrage intitulé *La France et la campagne de 1870*[97]. Il aurait voulu se dégager des tragiques événements de l'été précédent, mais il y était « toujours ramené comme un homme qui nage au milieu d'un marais et qui fait des efforts infructueux pour en sortir[98] ». Achevé en janvier 1872, son travail comprenait deux parties. La première tentait de montrer que le second Empire n'avait pas négligé les efforts militaires. Napoléon III la retoucha pendant la discussion du projet de loi sur l'armée et la fit publier sous le nom de La Chapelle, en mai 1872[99]. La seconde partie évoquait la campagne de 1870 et ne fut publiée qu'après sa mort[100].

Napoléon III revint aussi à son projet des années 1863-1865 d'un code de droit international et d'une cour d'arbitrage chargée de l'appliquer et de maintenir la paix dans le monde. Il projeta d'y consacrer une brochure à l'automne 1872[101]. En outre, il manifestait de nouveau son goût pour la technique. Il envisagea un nouvel ouvrage sur l'artillerie, mit au point un mortier[102], mais aussi un calorifère économique capable de réduire de moitié les besoins en combustible. Deux premiers prototypes furent construits et montrèrent leur efficacité. Il travailla sur un troisième jusqu'à ses derniers jours[103]. Son intérêt pour les couches populaires lui fit aussi reprendre la rédaction d'un projet visant à assurer des retraites aux travailleurs de plus de soixante-cinq ans et le fit réfléchir à la suppression des octrois qu'il se reprochait de ne pas avoir réalisée pendant son règne.

L'après-midi, il quittait tous ces travaux pour se promener, au bras de l'impératrice, tout en fumant des cigarettes, pour accorder des audiences et pour recevoir ses amis, Arese, Malmesbury ou Hortense Cornu, plus fidèle que jamais dans les mauvais jours[104]. Il passait ses soirées en famille, dans le grand salon. Il lisait dans un fauteuil placé près de la cheminée, conversait avec les uns et les autres ou faisait une réussite. Publiquement, il se comportait en *gentleman farmer* et fut vite adopté par la société locale, comme il l'avait jadis été en Suisse. Dans ce cadre champêtre, il était à l'aise et heureux. Selon Evans : « Il aimait la campagne et l'existence qu'on y men[ait]. » Le dentiste lui avait entendu dire, quelques années auparavant, « que rien ne lui aurait mieux convenu que d'être agriculteur. Il était heureux lorsqu'il voyait des champs, des vergers, des jardins ; il eût été plus heureux encore s'il avait pu en planter ou en cultiver[105] ». Chaque dimanche, il se rendait à pied avec Eugénie à la messe, dans la petite église de Chislehurst. Lors de ses promenades, il avait toujours quelques mots gentils pour les passants et quelques pièces pour les enfants. Il poussait sa volonté d'assimilation jusqu'à assister aux parties de cricket du club local. Il répondait aussi aux invitations des casernes, des usines et des écoles, reçut les cadets de l'école de Woolwich et alla visiter le musée de Kensington[106]. Il se rendait d'ailleurs fréquemment dans les clubs de Londres, en prenant le train de Charing Cross, comme un simple particulier.

Après lui avoir donné quelques soucis au printemps 1871, sa santé semblait de nouveau s'améliorer. À la fin de l'été, il se rendit dans le sud-ouest de l'Angleterre où il reçut un accueil chaleureux, séjourna trois semaines à Torquay, puis quelques jours dans la ville d'eau de Bath[107]. Outre les Conneau père et fils, il avait emmené avec lui le prince impérial, car son épouse avait dû se rendre, de son côté, en Espagne pour y régler ses affaires. Alors qu'il s'impatientait de son retour et faisait état de rumeurs évoquant leur séparation [108], elle lui témoignait son attachement dans les lettres qu'elle lui écrivait : « C'est aujourd'hui l'anniversaire de notre mariage. Il se passera tristement, loin de l'autre, mais du moins, je puis te dire que je te suis bien profondément attachée. Dans le bonheur, ces liens ont pu se relâcher. Je les ai crus rompus, mais il a fallu un jour d'orage pour m'en démontrer la solidité, et plus que jamais je me souviens de ces mots de l'Évangile : “La femme suivra son mari partout, en santé, en maladie, dans le bonheur et dans le malheur.” Toi et Louis, vous êtes tout pour moi. Être réunis enfin, ce sera le but de mes désirs. Pauvre cher ami, puisse mon dévouement te faire oublier un instant les épreuves par lesquelles ta grande âme a passé [109]. » Durant ce séjour, Napoléon III s'occupa beaucoup de son fils. Il excursionna avec lui, monta à cheval [110], lui fit donner des cours de mathématiques par un professeur qu'il avait fait venir de l'université de Londres, lui enseigna lui-même l'histoire et lui fit surtout de multiples confidences [111]. Quelques années plus tard, le prince reconnut : « Mon père était, prétend-on, silencieux, mais que de choses il m'a dites, qui me restent gravées dans la mémoire et dans le cœur [112]. » À la rentrée, Napoléon III inscrivit son fils au King's College de Londres pour qu'il y suivît, deux fois par semaine, les cours de physique et de mécanique [113]. Il commença aussi à le mettre au courant des affaires politiques et à le préparer à devenir un jour empereur.

Il n'avait en effet pas renoncé à rétablir sa dynastie sur le trône. S'il lui arrivait de traverser des moments de doute, il était rassuré par les visites et les lettres qu'il recevait. Mels lui indiqua par exemple qu'une restauration impériale serait bien vue dans les sphères dirigeantes politiques et financières de l'Allemagne et ce jusque dans la famille du nouvel empereur [114]. À son tour, il donnait confiance à son entourage. « Il a un tel aplomb, il paraît tellement sûr de son fait, dit une fois Rouher après l'avoir entendu répété “Lorsque je serai revenu à Paris”, que je finis par en être troublé [115]. » Il continuait d'ailleurs d'inquiéter le gouvernement français qui le faisait surveiller. Un agent anglais du nom d'Edwin Levy avait ainsi placé des hommes dans un moulin à vent situé de l'autre côté du parc et envoyait régulièrement ses rapports à Thiers. Napoléon III le faisait lui-même espionner et pouvait ainsi lire les copies de ses dépêches[116]. Il tint à ce que Thiers sût ce qu'il envisageait réellement : « Je trouve au-dessous de ma dignité de conspirer, au-dessous de mon patriotisme de chercher à troubler notre malheureux pays ; [...] l'instant des bons citoyens est de soutenir le provisoire actuel pourvu que dans un tems [*sic*] indéterminé il veuille en appeler à la nation pour décider de la forme du gouvernement[117]. »

Il réclamait donc toujours un appel au peuple sur la nature du régime. Parallèlement, il laissa à Rouher le soin de mettre les forces bonapartistes en ordre de bataille, en vue des élections législatives complémentaires de juillet 1871. Même s'il jugeait toujours que la France n'était pas mûre pour le parlementarisme[118], il fallait « faire feu des quatre pieds afin d'avoir au moins quelques amis à l'Assemblée », lui écrivit-il[119]. Des agents furent nommés au niveau des régions, des départements, des cantons, des communes. Les élections ne permirent qu'à trois nouveaux bonapartistes d'entrer à l'Assemblée nationale, mais Rouher fut lui-même élu en février 1872 et fonda le groupe parlementaire de l'Appel au peuple qui pouvait compter sur des journaux comme *Le Pays* des Cassagnac, *La Patrie* de Soubeyran et *L'Ordre*, lancé en octobre 1871 par Duvernois. Napoléon III suivait de près toutes les affaires et en particulier les élections.

Cependant, la République avait réussi à signer la paix à Francfort, le 10 mai 1871, à écraser la Commune dans le sang, le 28 mai, et à lancer avec succès des emprunts pour payer l'indemnité de guerre et les dépenses de Paris dues à la politique impériale. Les bonapartistes se divisaient tant sur la stratégie à suivre que sur les questions personnelles. Jérôme David, Dréolle et Granier de Cassagnac polémiquaient avec Ollivier sur les responsabilités dans le déclenchement de la guerre. Comme l'ancien garde des Sceaux ne supportait plus les attaques dont il était l'objet, il écrivit, ulcéré, au prince Napoléon : « Si cela continue, je ferai un éclat, et le coup que je porterai à l'Empire sera bien autrement terrible que ceux qu'il a reçus. » Le prince fit part de son mécontentement à Napoléon III qui reprit, dans sa réponse du 21 juillet 1871, sa théorie des responsabilités partagées : « Il y avait, en 1870, trois pouvoirs également responsables : le souverain, le ministère, le Corps législatif. Si le souverain avait blâmé la politique du ministère, il l'aurait renvoyé. Si celui-ci avait été en désaccord avec le souverain, il aurait donné sa démission. Si enfin le Corps législatif avait blâmé la conduite du gouvernement, il aurait renversé le ministère. Les trois pouvoirs ont donc été d'accord et ils doivent chacun porter le poids de leur part de responsabilité [120]. » La controverse ne s'en poursuivit pas moins.

Napoléon III se désolait de ces divisions et demandait à son ancien ministre d'État d'user de son « légitime ascendant » pour y mettre un terme [121]. Il souhaitait néanmoins que le bonapartisme pût s'exprimer dans toute sa diversité. Rentré en grâce auprès de son cousin après s'être vu refuser l'accès à Chislehurst à la suite de sa brouille avec l'impératrice, le prince Napoléon prônait l'organisation d'un parti bonapartiste sur une base plus démocratique que ce que voulait Rouher et Napoléon III ne lui donna pas tort [122]. Lorsque Jules Amigues publia ses *Lettres au peuple*, audacieux programme de bonapartisme antiparlementaire et populaire dans lequel il se retrouvait, il le reçut à Chislehurst, l'encouragea et subventionna le journal qu'il fonda en juillet 1872, *L'Espérance nationale* [123].

Comme les élections législatives n'amenaient pas la vague bonapartiste escomptée et comme les républicains refusaient d'organiser le plébiscite qu'il réclamait, l'ancien empereur envisagea d'abord de s'enfermer dans une politique attentiste : « Je dois attendre les événements, ne jamais être une cause de trouble, affirma-t-il à Ollivier, mais un point de ralliement contre l'anarchie [124]. » Cependant, une partie de son entourage dont Fleury lui firent part des dispositions favorables de l'opinion française à son égard et lui suggérèrent un mouvement militaire à partir de Lyon où commandait le fidèle Bourbaki. Napoléon III donna, semble-t-il, son accord. Trois commandants en chef, selon le prince Napoléon, et neuf selon le dernier préfet de police de l'Empire, Piétri, tous deux dans la confidence, auraient accepté de participer au complot. Les fonds nécessaires auraient alors été déposés à la Banque d'Angleterre. Fleury aurait ensuite fait sonder Bismarck, au cours de l'été, par un diplomate russe, le comte Chouvaloff. Le chancelier se serait montré favorable à une restauration impériale présentant, à ses yeux, davantage de garanties contre une éventuelle revanche française qu'un maintien des républicains au pouvoir [125]. Quels que furent l'implication réelle du souverain dans le projet, le niveau de préparation de celui-ci et ses soutiens réels, un fait vint tout remettre en cause.

La mort

Les rangs des proches de l'empereur déchu s'éclaircissaient. Mérimée était mort en septembre 1870, Baroche en octobre 1871 et Persigny en janvier 1872. Lorsqu'il avait appris que son vieux compagnon qu'il ne voyait plus, sans doute à la suite de nouvelles médisances contre l'impératrice à l'hiver 1870, était gravement malade, Napoléon III lui avait envoyé une lettre de vœux pour son rétablissement : « Je tiens à vous dire que j'oublie ce qui a pu nous diviser pour ne me souvenir que des preuves de dévouement que vous m'avez données pendant de longues années [126]. » L'infortuné fidèle mourut avant de pouvoir la lire.

Un mois plus tard, Conti décéda à son tour, puis, en juillet suivant, ce fut le maréchal Vaillant. À ce moment-là, Napoléon III eut une nouvelle atteinte de sa maladie. Sir Henry Thompson, un célèbre urologue qui avait opéré avec succès le roi des Belges d'un calcul rénal, fut consulté et préconisa une opération que l'ancien souverain différa.

Alors que son épouse et son fils étaient en Écosse, il se rendit sur la côté méridionale de l'Angleterre pour se soigner. Il séjourna d'abord à Bognor. « La plage est très belle, écrivit-il à Eugénie, le 7 août, mais elle n'est fréquentée que par des nourrices et des enfants [127]. » Il passa ensuite quelques jours à Brighton, avant de retrouver son épouse à Cowes, dans l'île de Wight. Les soins de l'établissement thermal ne furent d'aucun d'effet sur son mal. Au retour, il dut laisser Eugénie et Louis se rendre seuls à leurs nombreuses invitations. À son grave souci de santé, s'ajouta bientôt la tristesse de voir s'éloigner son fils. Le passage de Louis par King's College n'avait pas été une réussite, car les matières scientifiques étaient son point faible et les autres élèves, plus âgés et issus de la *gentry*, le tenaient à l'écart. Napoléon III, qui gardait un bon souvenir de sa formation à Thoune, obtint qu'il passât le concours d'entrée à l'Académie royale militaire de Woolwich. Reçu début octobre, à la grande fierté de son père, le jeune prince ne revint plus à Chislehurst que le dimanche [128].

S'il voulait mener à bien son projet de coup d'État, Napoléon III devait être en forme [129]. Il fit appeler sir Henry Thompson qui souhaita recueillir l'avis de confrères avant de suggérer de nouveau une opération [130]. Conneau et Evans amenèrent alors de

Londres un praticien réputé, sir James Paget [131]. Victoria envoya de son côté son médecin personnel, sir William Gull. Le 18 novembre, les trois spécialistes prônèrent un examen approfondi sous chloroforme qui fut pratiqué le 6 décembre et qui confirma le diagnostic initial. Dès lors, une lithotritie s'imposait. L'opération qui consistait à broyer la pierre directement dans la vessie avant d'en évacuer les débris par les voies naturelles fut suggérée au malade qui hésita encore. Même s'il allait très mal [132], il craignait autant les risques de l'opération que le retard que prendrait son projet [133]. En effet, le prince Napoléon arriva à Camden Place pour en arrêter les derniers détails [134]. Lors d'une réunion entre les conjurés qui eut lieu le 9 décembre 1872, le jour de l'action fut fixé au 31 janvier suivant. Le prince quitterait l'Angleterre avec l'uniforme militaire de l'empereur. Celui-ci s'embarquerait secrètement pour la Hollande puis gagnerait, par l'Allemagne, la propriété de son cousin à Prangins. Le yacht du prince traverserait ensuite le lac Léman et débarquerait ses passagers à Thonon. Là, Napoléon III et ses compagnons trouveraient le 6e régiment de dragons en garnison à Chambéry et rejoindraient Lyon avec lui. Le corps de Bourbaki dont tous les officiers étaient acquis marcherait ensuite sur Paris. Napoléon III rallierait les Français sur son passage comme son oncle en mars 1815. À la préfecture de police, les conjurés pourraient compter sur les anciens collaborateurs de Piétri qui étaient restés en place et dont la plupart étaient fidèles.

Malgré son mal, Napoléon III semblait plus décidé que jamais. Il voyait sans doute dans cette ultime tentative un moyen d'effacer la capitulation de Sedan ou, au moins, de mourir en défendant ses idées : « Ce qui peut m'arriver de pis, c'est d'être fusillé, comme ce pauvre empereur Maximilien ; ça vaut mieux que de mourir en exil et dans mon lit. » Le prince Napoléon lui demanda alors si son état lui permettrait réellement d'y participer. Le souverain lui répondit qu'il le pensait, mais décida de se mettre à l'épreuve. Il tenta de se rendre à Woolwich pour voir son fils, mais dut rebrousser chemin après quelques centaines de mètres, tant la douleur était intense. L'accès de fièvre qui s'ensuivit dura trois jours.

Il ne pouvait pas montrer aux Français l'image d'un souverain impotent, tel Louis XVIII, alors qu'il prétendait une nouvelle fois jouer Napoléon lors de son vol de l'aigle. Dès lors, il accepta l'opération. Un nouveau sondage effectué le jour de Noël permit d'ailleurs de conclure qu'il ne fallait plus attendre, car le calcul avait la taille d'un œuf de pigeon. Incrédule, Gull demanda même à Corvisart : « Comment cet homme-là s'est tenu cinq heures à cheval sur le champ de bataille de Sedan ? Comme il a dû souffrir. » L'opération fut repoussée de quelques jours pour permettre à Napoléon III de passer les fêtes de fin d'année en compagnie de son fils et de deux de ses camarades anglais. Finalement tentée le 2 janvier 1873, elle entama à peine le caillou. Il fallut en prévoir une nouvelle, mais Thompson se montrait très pessimiste, car Napoléon III était très affaibli et subissait une vive inflammation des reins et de l'urètre. Il écrivit au prince de Galles qui avait tenu à être informé : « Je considère ce cas comme extrêmement grave. [...] Je vais avoir besoin de toutes mes forces, de toutes mes ressources pour le tirer de là, et je pourrai échouer. Je suis très anxieux[135]. » La nouvelle opération eut lieu le 6. Elle fut plus efficace que la première, mais aussi plus laborieuse. Napoléon III demeura prostré durant toute la journée du 7. Eugénie demanda à son époux s'il voulait que l'on fît venir son fils, reparti à Woolwich : « Il ne faut pas le déranger, il travaille », répondit-il[136].

La presse anglaise publiait régulièrement des bulletins de santé. L'*Evening* écrivit : « L'ancien empereur a passé une bonne nuit. Le pouls est meilleur et l'état général est plus satisfaisant qu'il y a deux jours. » La prostration du malade persista néanmoins le 8. Comme il restait de gros débris dans la vessie, Thompson décida de procéder à une troisième opération, pour éviter d'avoir à ouvrir la vessie, intervention de dernier recours et à haut risque. Elle devait se dérouler le 9 à midi, mais elle ne put jamais avoir lieu.

Le malade auquel de l'opium et du chloroforme étaient administrés en permanence alternait les moments d'intense douleur et de délire profond. Lors d'un bref retour de lucidité, il reconnut Conneau, lui dit dans un souffle : « Henri, tu étais à Sedan ? » et sur la réponse affirmative de son ami, ajouta : « N'est-ce pas que nous n'avons pas été lâches ? » Dans la soirée du 8, il reçut du chloral hydraté pour passer une nuit tranquille. Il sembla dormir paisiblement. Conneau lui rendit visite à deux heures du matin, Corvisart à quatre heures et Thompson à six heures.

Le 9 janvier, à neuf heures quarante-cinq, les trois médecins l'examinèrent et jugèrent préférable de repousser l'opération. Eugénie sortait déjà pour aller porter des nouvelles à son fils, lorsqu'elle fut rappelée. L'état du malade venait de se dégrader brutalement. On envoya chercher le père Goddard, curé de Chislehurst et intime de Camden Place depuis deux ans, ainsi que le prince impérial. Seul le premier eut le temps d'arriver. Napoléon III reçut l'extrême onction et s'éteignit à dix heures quarante-cinq [137]. Il avait soixante-cinq ans. L'autopsie pratiquée le lendemain confirma la taille de la pierre et révéla qu'il avait sans doute succombé à une destruction du parenchyme rénal.

Dans sa dernière redingote, le portefeuille en cuir jaune dont il ne se séparait jamais livra ses secrets. Il contenait le billet par lequel Napoléon Ier complimentait la reine Hortense pour sa naissance, la dernière lettre de sa mère, quelques mots d'Eugénie, des dessins émouvants envoyés par des sujets parfois très humbles, « une liasse de billets de banque pour les besoins [des] charités quotidiennes », des cheveux du prince impérial et une lettre de celui-ci alors âgé de cinq ans : « Mon cher papa, je vous adore et j'ai le cœur bien gros quand vous n'êtes pas là [138]. »

Le 13 janvier eut lieu le dépôt des testaments du défunt chez un notaire parisien. Dans le dernier, celui du 24 avril 1865, Napoléon III avait écrit à son fils : « Le pouvoir est un lourd fardeau parce que l'on ne peut pas toujours faire le bien qu'on voudrait, et que vos contemporains vous rendent rarement justice ; aussi faut-il, pour accomplir sa mission, avoir en soi la foi et la conscience de son devoir. Il faut penser que du haut des cieux ceux que vous avez aimés vous regardent et vous protègent ; c'est l'âme de mon grand oncle qui m'a toujours inspiré et soutenu [139]. »

En Angleterre, l'émotion fut très vive et la presse s'en fit l'écho. Le *Times* consacra aussitôt douze colonnes à l'événement et assura qu'aucun autre décès n'avait autant peiné le pays depuis la mort du prince Albert, en 1861. Il fit l'éloge du souverain : « Il a vécu un long règne qui laissera une grande place dans l'histoire. » Le *Daily News* renchérit : « Cette vie qui vient de s'éteindre, Napoléon III l'avait dépensée à faire le bien de son peuple et celui de ses alliés. » La reine Victoria voulut rendre un dernier hommage à l'ancien souverain, mais ne le put car son gouvernement craignait que les bonapartistes ne profitassent de l'occasion pour proclamer le prince impérial Napoléon IV et qu'il n'en résultât un incident diplomatique avec la France. Cependant, le prince de Galles vint s'incliner devant la dépouille mortelle dès le 11 janvier et revint le 14 en compagnie de son frère, le duc d'Édimbourg. La cour d'Angleterre prit le deuil pendant douze jours. La plupart des autres cours européennes en firent autant, adressèrent leurs condoléances à l'impératrice et dépêchèrent leurs ambassadeurs à Camden Place. Des souscriptions furent ouvertes dans les principales villes italiennes pour élever un monument en l'honneur du vainqueur de Magenta[140].

En revanche, les réactions furent beaucoup plus partagées en France. À l'exception des journaux bonapartistes, la presse se montra très critique, à l'exemple du *Journal des débats* : « Napoléon est mort ! Ce n'est pas un malheur pour la France, voilà ce qu'on se dira. Quelle surprise et quel châtiment ! Il a été, cet homme, la grande illusion de notre pays que les illusions ont perdu[141]. » À l'initiative des impérialistes, des prières et des messes eurent lieu à travers tout le pays, mais principalement dans la moitié ouest, le Nord, le Pas-de-Calais et la Corse[142]. De nombreux Français furent sans doute peinés par la nouvelle sans pour autant le manifester publiquement. Quelques témoignages soulignèrent cependant le chagrin de nombreux ouvriers et paysans[143]. Rouher fit ouvrir des registres de condoléances au siège de l'Appel au peuple qui furent rapidement couverts de milliers de signatures. Après avoir annoncé le décès à l'Assemblée, l'ancien ministre d'État traversa la Manche, comme des milliers de Français, dignitaires de l'ancien régime, sympathisants de tous milieux et anonymes. Jules Amigues conduisit une délégation d'ouvriers.

Selon les estimations de 20 000 à 200 000 personnes firent ainsi le voyage de Chislehurst[144]. La réalité fut sans doute proche des 60 000 pèlerins, dont un dixième de Français. En tout état de cause, le chiffre était supérieur à celui des précédents souverains français morts en exil, Charles X et Louis-Philippe. Pour faire face à l'affluence, le corps embaumé du souverain fut déplacé, le 13 au matin, de sa chambre au hall d'entrée du manoir, transformé en chapelle ardente. Ce fut le lendemain soir que le corps fut mis en bière dans un uniforme de général de division, petite tenue, avec son alliance et l'anneau de son oncle et, sur la poitrine, un crucifix en nacre, le grand cordon et la plaque de la Légion d'honneur, ses décorations, des photographies de son épouse et de son fils, des fleurs naturelles et artificielles et des bouquets d'immortelles[145].

À la demande du gouvernement de Thiers, les obsèques qui se déroulèrent le 15 janvier revêtirent un aspect purement privé et il fut entendu que les personnes qui y assisteraient le feraient à titre personnel. À dix heures, en présence d'une foule massive, le corbillard emmena Napoléon III de Camden Place à l'église de Chislehurst [146]. Il était précédé par la délégation ouvrière. Le prince impérial, très ému, conduisait le deuil, suivi par les membres de sa famille, les dignitaires de l'Empire dont Rouher, Schneider, Haussmann, Chasseloup-Laubat, Palikao, Duruy ou encore le maréchal Canrobert pourtant très malade [147], le grand chambellan qui représentait Victoria et le corps diplomatique accrédité à la Cour britannique. Deux cents personnes prirent place dans la petite église, pendant que les autres attendaient dans le cimetière, au milieu des tombes. « Aucune âme n'a été plus noble, plus généreuse que celle de l'Empereur, dit l'abbé Goddard dans son éloge funèbre. La grandeur de son esprit, son amour de l'humanité, vertus si rares et si belles suffisaient seules pour le désigner roi parmi les hommes. » L'évêque de Southwark donna l'absoute.

Lady Cowley relata la journée à la reine Victoria : « L'enterrement fut la scène la plus touchante à laquelle j'ai jamais assisté. Dans l'Église, tout le monde était dans les larmes, et les dignitaires qui marchaient avec le cercueil et se tenaient auprès de celui-ci sanglotaient. Toutes les pompes et les cérémonies de Notre-Dame n'auraient pu rivaliser avec la scène dans la petite église de Saint-Mary [148]. »

De son côté, Ollivier qui se trouvait encore en Italie et qui avait appris trop tardivement la nouvelle pour se rendre aux obsèques, écrivit à l'impératrice : « L'Histoire commence et avec elle la Justice [149]. »

EN GUISE D'ÉPILOGUE

Victor Cousin à un ami : « Votre Hugo est fou avec son Napoléon le Petit.
Napoléon le Petit, c'est celui de la Colonne*. »

Louis Pasteur au maréchal Vaillant : « L'Empereur peut attendre
avec confiance le jugement de la postérité.
Son règne restera comme l'un des plus glorieux
de notre histoire**. »

Ecce homo

Louis-Napoléon Bonaparte fut un être rare. Son alchimie personnelle se composait d'un nom, d'une pensée longuement élaborée, originale et cohérente et du romantisme de l'action. Habité par une foi superstitieuse dans son étoile, le prince eut très tôt la certitude de gouverner un jour la France, en raison de sa naissance au sein du premier cercle familial de Napoléon Ier et de l'enseignement de sa mère [1]. La chute de la Restauration, la mort de son frère aîné et celle du duc de Reichstadt, événements capitaux survenus en mois de deux ans, l'incitèrent à se préparer sans tarder à exercer le pouvoir. Avec une ténacité extraordinaire, il abattit tous les obstacles qui se dressaient devant lui, pour y parvenir enfin, après dix-huit années d'effort.

---

* Propos rapporté par Allain-Targé dans une lettre à ses parents de décembre 1864.

** Lettre du 5 septembre 1870.

Il arriva au sommet de l'État, en décembre 1848, avec un programme et une volonté inébranlable de le réaliser. Il entendait fonder « un gouvernement, juste, ferme, qui [fût] animé d'un sincère amour du progrès, sans être réactionnaire ou utopiste[2] » et qui pût réaliser la synthèse bonapartiste qu'il avait lui-même conçue. Celle-ci aspirait à redonner au pays la grandeur perdue, en réconciliant les Français avec eux-mêmes. Elle empruntait à la gauche la souveraineté du peuple, la cause des nationalités et d'audacieuses réformes sociales, et à la droite le culte de l'autorité, le goût de l'ordre et les valeurs religieuses. 1789 et Napoléon, la liberté et l'ordre, « les deux grandes choses du siècle », comme le concédait son vieil ennemi, Hugo ! Louis-Napoléon croyait possible de les concilier et s'efforça de le faire dans l'exercice de ses fonctions, même s'il eut parfois des moments de découragement. Au cours de l'un d'eux, en juin 1861, il lança à Liszt : « Il est des questions insolubles. Par moment, il me semble que j'aie un siècle. » Le pianiste lui répondit : « C'est que vous êtes le siècle[3]. » La formule n'était pas que compliment courtisan ou hommage en romantisme. Elle traduisait une réalité. Mieux que personne, Louis-Napoléon comprit et incarna l'esprit du XIXe siècle dans ses espérances et ses illusions, comme dans sa grandeur et ses limites.

Durant sa présidence, il ne put conduire la France à sa guise. Enfermé dans le cercle étroit de ses attributions, il fut en butte à un conflit permanent avec l'Assemblée. Il comptait peu de vrais partisans, y compris au sein de sa propre famille. Il avait d'ailleurs refusé de créer un parti qui eût été contraire aux fondements de sa doctrine. Même si le nombre de ses soutiens ne fit que croître, il dut toujours, comme son oncle avant lui, compter avec des hommes issus des élites traditionnelles dont les manières de penser et d'agir différaient des siennes. Au lendemain de son coup d'État, puis sous l'Empire, il bénéficia de prérogatives supérieures, mais ne put, ni ne voulut jamais, gouverner en autocrate. Il fut souvent mal compris et mal servi, même par ses plus proches collaborateurs[4]. En ce sens, rarement une personnalité de l'histoire contemporaine ne fut plus seule dans l'exercice du pouvoir.

Concepteur de système, Louis-Napoléon sut cependant s'adapter et se montrer pragmatique. Le terme d'« expérience » revenait d'ailleurs souvent dans sa bouche et sous sa plume. Il avançait une idée, essayait de l'appliquer, reculait sans vanité ni amour-propre déplacé quand le moment était inopportun, savait alors attendre plusieurs années si nécessaire pour la proposer à nouveau, se donnait ensuite tous les moyens pour la mettre en œuvre, mais n'hésitait pas à l'abandonner, s'il jugeait l'essai infructueux. Cela valait dans tous les domaines. Il n'appliqua ainsi que progressivement au pays ses conceptions sociales, économiques et urbanistiques, et encore ne put-il le faire complètement en raison de la mauvaise volonté de certains de ses ministres, de l'opposition du Conseil d'État et d'une partie de la haute fonction publique, mais aussi des contraintes budgétaires. Ce fut également de façon expérimentale et pragmatique qu'il envisagea la libéralisation de son régime, fait rarissime chez un souverain autoritaire. La liberté avait toujours été au cœur de sa doctrine politique, mais il jugeait la France insuffisamment mûre, contrairement à l'Angleterre, pour la recevoir dans sa plénitude. Tout en conservant sa responsabilité vis-à-vis du peuple, son lien direct avec celui-ci et la faculté de toujours reprendre ce qu'il avait accordé, il considéra cependant qu'il était possible d'octroyer au pays des libertés politiques à partir de 1860 et même de donner un habillage parlementaire à son régime, en 1869, sans se renier[5]. Il fit loyalement l'expérience de l'Empire libéral. Il fit preuve du même pragmatisme en politique extérieure. Sa sympathie pour la cause des nationalités n'alla jamais jusqu'à sacrifier les intérêts de la France. Il aida l'Italie à s'affranchir de la domination autrichienne, mais il demanda la Savoie et Nice pour prix de son aide, s'efforça d'endiguer la vague révolutionnaire et protégea le pape. Il s'émut des malheurs de la Pologne et du Danemark, mais refusa de se laisser entraîner dans une guerre pour les défendre. Il soutint la Prusse dans sa volonté d'unifier les Allemands du Nord, mais lorsqu'il vit, tardivement, le danger qu'elle représentait, il fit son possible pour armer la France et se trouver des alliés. Il fit alors taire son inimitié pour l'Autriche, héritée de ses aventures de jeunesse, et chercha à s'entendre avec elle.

Son passage aux affaires ne fut exempt ni de fautes, ni d'abus de pouvoir. Président, il joua d'abord et longtemps le jeu des institutions républicaines, mais n'hésita pas à sortir de la légalité pour rester en fonction. Certes, le pays voulait le réélire et la Constitution jointe aux résistances de l'Assemblée ne le permettait pas. Certes, il ne fit, selon toute vraisemblance, que devancer un coup de force d'une partie des parlementaires contre lui. Certes, les échéances électorales de 1852 faisaient craindre l'anarchie. Certes, il agit au nom du rétablissement du suffrage universel et fut approuvé, après coup, par l'immense majorité des Français. Il n'en commit pas moins un forfait et aurait dû être jugé en Haute Cour pour un acte dont il avait solennellement dénoncé la pratique quelques mois plus tôt, sur le lieu même où il avait payé les échecs de deux premières tentatives. Il prit ensuite des mesures d'exception qui s'étendirent des premières proscriptions et du régime très sévère imposé à la presse, en 1852, au vote de la loi de sûreté générale, en 1858. L'aventure mexicaine, beau projet au demeurant, mais mal préparé et mal conduit, finit en désastre. Conquérant résolu du pouvoir, puis chef d'État ferme et énergique, Napoléon III devint avec l'âge, la maladie et l'usure du pouvoir un empereur velléitaire qui laissait parfois échapper les fils, en particulier en politique extérieure, pour ne plus les ressaisir que par intermittence. Bismarck sut en profiter. Parallèlement, l'ouverture qui fut tentée vers la jeune génération libérale fut, au mieux, un demi-succès, tant étaient nombreux ceux qui ne la croyaient pas sincère ou qui l'estimaient insuffisante. Comme sous les monarchies précédentes, les couches nouvelles de la société furent insuffisamment associées au pouvoir et le régime continua de s'appuyer sur les notables. Ces derniers ne renversèrent pas Napoléon III alors qu'ils avaient voté la déchéance de son oncle, mais ils restèrent passifs le 4 Septembre. L'éloignement de l'armée et de la paysannerie, deux des soutiens les plus fidèles du souverain, fit le reste.

Les hésitations de Napoléon III venaient, partiellement, de son caractère même. Humain, il se savait faillible et développait un fort sentiment de culpabilité qui ne fit que s'accentuer au cours du temps. Le coup d'État du 2 Décembre auquel il avouait penser constamment[6] fut sa première tunique de Nessus, Sadowa la seconde. L'image qu'il donnait de lui et celle qu'il léguerait à la postérité lui importaient beaucoup. Il écrivit en grande partie son *Histoire de Jules César* pour essayer de justifier le 2 Décembre et revint inlassablement après le 4 Septembre sur les raisons qui l'avaient amené à déclarer la guerre à la Prusse et qui expliquaient, selon lui, la campagne désastreuse du mois d'août 1870.

Napoléon III fut peut-être plus grand dans son infortune que dans l'éclat de son triomphe. Sa jeunesse avait été romantique. Sa chute le fut aussi. Le souverain tint à ne pas séparer son sort de celui de son armée dans l'ultime épreuve, chercha la mort sur le champ de bataille et préféra capituler, en risquant de sacrifier sa dynastie et de tout perdre, pour épargner le sang de ses compagnons d'armes et laisser à la France l'espoir de redresser la situation militaire. Le geste ne fut pas compris. En 1870, les esprits n'étaient plus au romantisme qui avait suivi l'épopée napoléonienne, accompagné la diffusion du *Mémorial de Sainte-Hélène* et contribué à son élection, en 1848, mais au réalisme bismarckien, froid comme l'acier d'un canon Krupp. Vaincu, Napoléon III s'effaça dans un héroïsme obscur dont ne vint le tirer qu'un ultime projet romantique pour reprendre le pouvoir et ne pas mourir sur un échec, dans son lit. Ses dernières années furent attristées par les critiques justifiées ou pas et par les multiples calomnies qui s'abattirent sur son règne et sur sa personne. Il ne s'abaissa pas à y répondre, tant il était persuadé que l'histoire se chargerait de lui donner raison.

Modernité et postérité

Homme du passé et du présent, Napoléon III fut aussi un homme de l'avenir. « La tête de l'empereur Napoléon ressemble à une garenne, lança un jour lord Palmerston sur le mode de la raillerie ; les idées s'y reproduisent continuellement, comme des lapins[7]. » Indéniablement, l'empereur eut beaucoup d'idées dont toutes ne furent pas bonnes, mais dont certaines firent de lui un précurseur. Il sut mieux que les autres décrypter un monde complexe, prophétiser son évolution et chercher à en maîtriser le cours. Une grande partie du fossé qui le séparait des élites s'expliquait par le fait qu'il voyait souvent trop grand, trop loin et surtout trop vite pour elles. Ses détracteurs le présentaient comme un utopiste, alors qu'il était davantage qu'eux dans le sens de l'histoire.

Il instaura ainsi un lien direct et personnel avec le peuple qu'il estimait mieux comprendre et dont il pensait être mieux compris que les autres dirigeants de son temps. Il rétablit le suffrage universel masculin dans sa plénitude et le plébiscite, déjà utilisé par son oncle. Il multiplia les voyages à travers la France et se rendit, en particulier, sur le lieu des catastrophes naturelles pour porter des paroles de réconfort et des secours. Il fit davantage que ses prédécesseurs usage de la propagande pour glorifier son nom, sa personne et ses actes, son régime. En retour, il porta toujours un grand intérêt à l'opinion de ses concitoyens, puis de ses sujets. Comme l'écrivit justement Cucheval-Clarigny : « L'opinion publique [fut] toujours la grande préoccupation de Napoléon III. Lorsque, dans une occasion solennelle, il proclamait que la victoire appart[enait] toujours à l'opinion publique, il exprimait une des convictions les plus arrêtées de son esprit, et le résumé de son expérience[8]. » Nombre de ses décisions de politique intérieure, comme de politique extérieure, s'expliquèrent par sa volonté de satisfaire les aspirations réelles ou imaginées des Français.

En faisant abstraction de ses motivations profondes qui furent extrêmement variées, Napoléon III accomplit une œuvre sociale, économique et urbanistique sans précédent et très en avance pour l'époque. Lui qui s'était toujours qualifié de socialiste fut le premier chef d'État à engager aussi nettement les pouvoirs publics dans le domaine social, abandonné jusque-là à la bonne volonté patronale et à la charité religieuse. En la matière, il dota la France d'une législation de grande ampleur, ce qui lui permit d'affirmer, après sa chute : « Qui donc sur les trônes ou dans les conseils suprêmes, s'est jamais préoccupé de l'ouvrier ? Moi seul. » La troisième République attendit ensuite 1884 pour légaliser les syndicats, 1890 pour supprimer le livret ouvrier, 1892 pour créer une Inspection du travail et 1894 pour accorder des retraites facultatives aux mineurs, projets qu'il avait fait mettre à l'étude à la fin de l'Empire. L'Allemagne ne se lança dans une politique équivalente qu'au début des années 1880 et la Grande-Bretagne dans les années 1900. Sa pensée toute saint-simonienne fit aussi de lui le souverain de son temps le plus préoccupé par l'économie. Il entendait mettre celle-ci au service de la société et de l'homme. Convaincu que l'État avait un rôle d'impulsion et de régulation à jouer, même s'il ne pouvait et ne devait tout faire, Napoléon III adopta une politique volontariste, en développant les banques, les transports, l'agriculture et l'industrie. Son œuvre urbanistique grandiose procura à Paris un regain de rayonnement et modernisa les infrastructures d'une multitude d'autres villes. Dans ses *Souvenirs*, le marquis de Chennevières, directeur des Beaux-Arts sous l'Empire, lui rendit un vibrant hommage : « L'empereur a été, par son initiative personnelle en vrai chef d'État, le créateur des monuments qui datent de son règne. [...] Les dix-huit ans de l'Empire forment ce qu'en histoire on appelle un siècle[9]. »

Sur le plan commercial, Napoléon III ne fut jamais partisan du protectionnisme outrancier ni du libre-échange complet. Le traité franco-britannique et ceux qui le suivirent répondirent à de multiples considérations qui n'étaient pas toutes d'ordre économique, comme celle de resserrer les liens avec l'Angleterre, ce que le souverain jugeait primordial, et celle de pacifier les relations entre les peuples. L'Union latine, cette communauté monétaire créée en décembre 1865 entre la France, la Belgique, la Suisse et l'Italie, répondit partiellement au même objectif.

De tous les hommes politiques du XIXe siècle, Napoléon III fut le plus ouvert sur l'extérieur, le plus préoccupé du devenir du monde, le plus attaché à le conduire. Il avait durablement vécu en Allemagne, en Suisse, en Italie, aux États-Unis et en Angleterre, avait eu une éducation cosmopolite et parlait couramment quatre langues. L'esprit des Lumières, l'exemple de son oncle et l'altruisme saint-simonien l'influencèrent, mais il eut le mérite de développer sa propre doctrine en la matière et de chercher à l'appliquer courageusement, contre vents et marées. En dépit de quelques échecs et de la tragédie finale, son règne fut, pour la France, un moment de grandeur sur la scène internationale et connut de belles réussites dans les Balkans, au Moyen-Orient et outre-mer. Napoléon III estimait que son pays avait une glorieuse mission à remplir, celle d'être l'initiatrice des peuples sur la voie de la liberté, du progrès et de la civilisation. Il envisagea de transformer l'Algérie en un royaume arabe, car il pressentit l'émergence d'une nation dont il voulut faire de la France la protectrice et l'amie. Il essaya d'accompagner les unifications italienne et allemande qu'il jugeait inéluctables, en partie pour mieux les contenir. Il incita le pape à renoncer à son pouvoir temporel en l'assurant que, de la sorte, son autorité morale augmenterait. « Plus l'État sera petit, plus le souverain sera grand », fit-il écrire à La Guéronnière. Cette prophétie se réalisa soixante-dix ans plus tard, avec les accords du Latran. En la circonstance, Pie XI lui fit écho en parlant du « minimum de corps pour le maximum d'âme ».

S'il ne crut jamais aux États multinationaux comme l'empire d'Autriche, devenu d'ailleurs, au cours de son règne, l'empire d'Autriche-Hongrie, Napoléon III encouragea l'Union ibérique et fut très tôt convaincu que l'avenir était aux grands rassemblements humains. Comme Tocqueville qui devint son ministre des Affaires étrangères, il fut l'un des premiers à annoncer le grand destin qui attendait les géants américain et russe. Il se persuada surtout de la nécessité d'établir « un système de paix générale[10] ». Il modernisa les relations internationales en ce sens. Sous son impulsion, le congrès de Paris de mars 1856 et les conférences internationales qui furent organisées à sa suite réglementèrent la navigation sur les fleuves et les mers, harmonisèrent les réseaux télégraphiques et établirent des conventions sanitaires applicables pendant les conflits et les déplacements internationaux de populations. En novembre 1863, Napoléon III proposa même aux autres souverains un congrès permanent pour régler les litiges entre États [11]. Après l'échec de ce grand projet de « tribunal européen » et d'« arbitrage suprême », comme il l'appelait lui-même [12], il ne renonça pas. Apôtre de la sécurité collective, il écrivit jusqu'à ses derniers jours sur la question. Il n'eut certainement pas renié la Société des Nations, puis l'Organisation des Nations unies. Malheureusement, ses rêves d'anticipation, beaux, généreux et justes lui firent négliger certaines réalités immédiates, ne furent pas partagés par les autres souverains et servirent même les desseins de ses ennemis.

Si Napoléon III sut développer une pensée et une action extrêmement originales, il reconnut sa dette envers son oncle dont il s'inspira de l'exemple et des idées et qui lui permit d'accéder au pouvoir, en 1848. Il fut bien le « fils de la légende napoléonienne [13] ». Il n'eut pas, pour sa part, de successeur. Après sa mort, le bonapartisme ne put et ne voulut assumer son héritage. Les déchirements avaient toujours existé au sein de sa famille et parmi ses partisans, mais Napoléon III avait su les faire taire. Ils reprirent et s'accentuèrent au lendemain de ses obsèques [14]. Le prince Napoléon refusa d'admettre le testament de l'empereur qui datait de 1865 et qui conférait la régence à Eugénie jusqu'à la majorité du prince impérial. Si le souvenir encore vivace de l'Empire dans les campagnes, l'énergie de Rouher et l'existence d'un jeune prince prometteur permirent aux bonapartistes de connaître une embellie électorale à partir de 1874, la mort tragique de Louis en combattant les Zoulous, au sein de l'armée britannique, en juin 1879 porta un coup fatal à la cause bonapartiste. Le prince Napoléon et son fils Victor se déchirèrent pour la succession. Le parti lui-même se divisa entre plusieurs bonapartismes. Tous se revendiquaient de Napoléon III. Aucun, et surtout pas le courant conservateur dominant, n'était représentatif de ses idées et de ses actes. Le phénomène boulangiste, en 1887-1889, et les élections législatives qui suivirent la Grande Guerre ne furent que des feux de paille. Le parti bonapartiste mourut officiellement en 1940, lorsque ses dernières organisations furent dissoutes par le prince Louis, fils de Victor et petit-fils du prince Napoléon. Aujourd'hui, le bonapartisme ne survit plus guère qu'au travers d'organes aussi confidentiels que *France bonapartiste* et que le *Centre d'études et de recherches bonapartistes*. Il ne compte plus que quelques élus locaux en Corse.

Napoléon III subit tant d'influences diverses et conduisit des actions dans des domaines si variés qu'il a toujours été facile de façonner de lui une image complaisante aux besoins d'une cause, à partir d'un choix orienté de ses propos et de ses actes [15]. Ainsi, les totalitarismes du XXe siècle ont souvent été comparés au bonapartisme. Même recours au chef charismatique, même quête d'un lien direct et personnel d'ordre affectif entre celui-ci et les masses, même sacralisation du peuple souverain, même rejet du parlementarisme, même recherche de l'unité nationale, même souci de moderniser l'économie et d'améliorer le sort des plus pauvres, tout en respectant les hiérarchies en place, même *praxis* privilégiant le fait sur la doctrine, même culte de la patrie... Mais nous voyons aussi dans le bonapartisme du troisième Napoléon et dans sa pratique du pouvoir tout autant de différences avec ces mêmes totalitarismes : le rappel constant aux principes de 1789, le refus du parti unique, l'absence de tout État policier, ne serait-ce que par le défaut des moyens et par la subversion précoce du régime par les notables, la libéralisation progressive de ce même régime, une profonde xénophilie et une sympathie réelle pour le genre humain [16]. Des parallèles audacieux furent pourtant esquissés entre le souverain français et le *Duce*, voire le *Führer* ou le Petit Père des peuples [17]. Au moment précis où certains peignaient Napoléon III en empereur noir, brun ou rouge, d'autres faisaient de lui le père de la sécurité collective, de la relance par la consommation, de l'État providence, ou encore de l'Europe communautaire ! Briand, Keynes, Beveridge et Monnet ! Sous le prétexte que les expériences populistes de l'Amérique latine présentèrent, plus encore que les fascismes, de réelles analogies avec le bonapartisme, au point d'être qualifiées de « néobonapartistes » par des politologues et des journalistes à leur suite, certains se permirent de voir en l'Argentin Juan Domingo Perón ou dans le Brésilien Getúlio Vargas de « nouveaux Napoléon III [18] ». Dans les familles de la droite française, le gaullisme put être présenté, avec plus de raison, comme l'héritier du bonapartisme [19]. De fait, les convergences sont indéniables entre le bonapartisme du troisième Napoléon et le gaullisme de De Gaulle[20]. Il est en revanche plus hasardeux de risquer un parallèle entre les vies des deux chefs d'État et le « grand » Charles ne professa jamais une admiration immodérée pour son prédécesseur.

Au jeu des comparaisons faciles, l'actuel président de la République Nicolas Sarkozy devient le nouveau Napoléon III[21]. On relèvera certes comme l'historien britannique Sudhir Hazareesingh qu'« il est piquant de voir à quel point le discours du nouvel hôte de l'Élysée rappelle celui de Louis-Napoléon à l'aube du second Empire : on retrouve la même exaltation du thème bonapartiste du maintien de l'ordre, le même pragmatisme, accompagné du désir de dépasser les clivages politiques traditionnels, la même célébration du culte de la volonté, la même fascination pour la modernité, et surtout la même insistance sur la nécessaire reconquête d'un sentiment de fierté nationale[22] ». On ajoutera même, en vrac, une croyance en sa bonne étoile, une relation particulière au peuple français, une forme d'hyperactivité, une passion de la réforme, une volonté d'absorber tout l'exécutif au détriment des ministres, un rapport identique à la puissance dominante du moment, là l'Angleterre, ici les États-Unis, mélange de fascination, de sympathie et de volonté de dépassement, un sens certain de la formule[23]… Tout est toujours dans tout et il n'est pas étonnant de trouver certaines similitudes à des pouvoirs forts et chez des personnalités affirmées. Là doivent s'arrêter les comparaisons. Napoléon III fut et demeure un être singulier. C'est bien par sa vie et par son œuvre et non par des ressemblances plus ou moins pertinentes qu'il doit rester dans la mémoire collective de la nation française.

La juste mémoire

Après la chute de Napoléon III, la République procéda à une élision quasi complète de la toponymie impériale à l'exception des batailles remportées durant le régime. Les boulevards de Sébastopol et de Magenta, la rue de Solferino ou encore le pont de l'Alma purent ainsi conserver leur nom. En revanche, l'avenue Napoléon devint l'avenue de l'Opéra, celle de l'Empereur l'avenue du Président-Wilson, celle de l'Impératrice l'avenue Foch, la rue du

2 Décembre celle du 4 Septembre… Cette amnésie dura jusqu'à la fin des années 1980.

Un arrêté municipal du 9 janvier 1987 décida enfin de baptiser la modeste place qui se trouve au droit de la gare du Nord, à Paris, gare construite et ouverte sous le second Empire, du nom de Napoléon III [24]. Encore fallut-il attendre trois ans et l'insistance de Philippe Séguin auprès du maire de Paris de l'époque, Jacques Chirac, pour que la place fût enfin inaugurée. Parallèlement, et pour la première fois depuis 1870, un gouvernement français se faisait représenter discrètement à une cérémonie organisée à la mémoire de Napoléon III. Le 9 janvier 1988, le ministre des Anciens Combattants et un détachement de la garde républicaine vinrent rendre les honneurs de l'État à Napoléon III, lors de la messe de requiem qui se déroula en l'église Saint-Louis-des-Invalides, à l'occasion du centenaire du transfert de sa dépouille de Chislehurst à Farnborough.

À la suite du décès de son fils, l'impératrice Eugénie s'était installée dans cette localité du Hampshire, située non loin du palais royal de Windsor, ce qui lui permettait de rendre plus facilement visite à son amie Victoria. Puisque l'exil se prolongeait dans la mort, elle avait fait construire, non loin de son manoir, l'abbaye Saint-Michel, sur les plans de l'église Saint-Augustin à Paris, inaugurée vingt ans plus tôt sous le second Empire et qui était destinée à recevoir sa sépulture et celle de son époux. Ce fut là qu'elle fit inhumer Napoléon III et son fils, le 9 janvier 1888, puis qu'elle vint elle-même les rejoindre, en 1920. Sans espoir de retour en France, elle avait chargé, dès l'origine, une communauté religieuse d'y rendre les offices *in perpetuum*. Mais l'éternité n'est pas de ce monde.

À l'ordre du jour de la Chambre des députés, le 12 mai 1840, un projet de loi sur les sucres était en discussion, lorsque le ministre de l'Intérieur, Charles de Rémusat, vint interrompre les débats. « Messieurs, annonça-t-il d'une voix solennelle, le Roi à ordonné à Son Altesse Royale Monseigneur le prince de Joinville de se rendre avec sa frégate à l'île de Sainte-Hélène pour y recueillir les restes mortels de l'empereur Napoléon. » Le compte rendu de la séance indiqua qu'alors des acclamations et des applaudissements éclatèrent dans toutes les parties de l'assemblée. Rémusat poursuivit : « Nous venons vous demander les moyens de les recevoir dignement sur la terre de France et d'élever à Napoléon son dernier tombeau. [...] Le Gouvernement, jaloux d'accomplir un grand devoir national, s'est adressé à l'Angleterre. Il lui a redemandé le précieux dépôt que la fortune avait remis dans ses mains. » Puis le ministre justifia, s'il en était besoin, la décision gouvernementale : « Il fut empereur et roi ; il fut souverain légitime de notre pays. [...] Son tombeau, comme sa renommée, n'appartiendra à personne qu'à son pays[25]. » Il acheva sa courte allocution sous les bravos et dans l'enthousiasme général.

Peut-être n'est-il plus si loin le temps où les députés de la cinquième République interrompront à leur tour leurs débats pour écouter l'un des successeurs de Rémusat leur dire : « Nous venons vous demander les moyens de recevoir dignement les restes mortels de Napoléon III sur la terre de France. Il fut empereur ; il fut souverain légitime de notre pays. Son tombeau, comme sa renommée, n'appartiendra à personne qu'à son pays[26]. » Deux des plus récents biographes de l'empereur, Philippe Séguin et Pierre Milza, ont réclamé ce retour[27]. Nous nous garderons, pour notre part, d'émettre un jugement en la matière. Indiscutablement, l'hommage serait grandiose, mais la question s'est déjà posée lors des panthéonisations de personnalités, comme Alexandre Dumas. Faut-il privilégier la volonté de la famille ou considérer qu'un grand homme appartient à la nation ? Faut-il déplacer un mort ou le laisser reposer en paix dans un lieu superbe et grandiose, desservi par une communauté dévouée ? *Requiescat in pace*. Ne faudrait-il pas songer alors à réclamer également les restes de Charles X ?

Il est d'autres manières d'honorer la mémoire et nous pensons, peut-être parce que nous sommes de nature optimiste, que la France comprendra bientôt qu'un grand pays ne peut osciller perpétuellement de l'autoglorification à l'autoflagellation, qu'un grand pays ne doit pas laisser à des associations si estimables soient-elles au demeurant, comme la Fondation Napoléon, le Souvenir napoléonien, les Amis de Napoléon III et l'Académie du second Empire, le monopole d'honorer la mémoire de son premier président et de son dernier souverain, qu'un grand pays enfin est celui qui sait assumer son passé.

Du reste, si Napoléon III eut, outre de singulières grandeurs, d'indiscutables faiblesses, aucune ne mérite de lui valoir une flétrissure éternelle. En 2006, le Quai d'Orsay a brillamment célébré les cent cinquante ans du congrès de Paris de 1856, apogée du règne, mais aussi de la diplomatie française du XIXe siècle. Le 4 septembre 2007, le Tribunal de commerce de Paris a inauguré une statue de celui auquel il doit ses locaux actuels dans l'île de la Cité. En 2008, la République commémore officiellement le bicentenaire de la naissance du souverain. Gageons que dans les prochaines années des témoignages encore plus importants contribueront à donner à Napoléon III sa juste place dans la mémoire nationale.

Annexes

Annexe 1

PROCLAMATION DE LOUIS-NAPOLÉON AU PEUPLE FRANÇAIS LORS DE SA TENTATIVE DE COUP D'ÉTAT DE STRASBOURG LE 30 OCTOBRE 1836[1]

Français,

On vous trahit ! Vos intérêts politiques, vos intérêts commerciaux, votre honneur, votre gloire sont vendus à l'étranger.

Et par qui ? Par les hommes qui ont profité de notre Révolution et qui en renient les principes. Est-ce donc pour avoir un gouvernement sans parole, sans honneur, sans générosité, des institutions sans force, des lois sans liberté, une paix sans prospérité et sans calme, enfin, un présent sans avenir, que nous avons combattu depuis quarante ans ? En 1830, on imposa un gouvernement à la France sans consulter ni le peuple de Paris, ni le peuple des provinces, ni l'armée française ; tout ce qui a été fait sans vous est illégitime.

Un congrès national, élu par tous les citoyens, peut seul avoir le droit de choisir ce qui convient le mieux à la France.

Fier de mon origine populaire, fort de quatre millions de votes qui me destinaient au trône, je m'avance devant vous comme représentant de la souveraineté du peuple.

Il est temps qu'au milieu du chaos des partis une voix nationale se fasse entendre ; il est temps qu'aux cris de la liberté trahie vous renversiez le joug honteux qui pèse sur notre belle France ; ne voyez-vous pas que les hommes qui règlent nos destinées sont encore les traîtres de 1814 et de 1815, les bourreaux du maréchal Ney ?

Pouvez-vous avoir confiance en eux ? Ils font tout pour complaire à la Sainte-Alliance ; pour lui obéir, ils ont abandonné les peuples, nos alliés ; pour se soutenir ils ont armé le frère contre le frère ; ils ont ensanglanté nos villes, ils ont foulé aux pieds nos sympathies, nos volontés, nos droits. Les ingrats ! Ils ne se souviennent des barricades que pour préparer les forts détachés. Méconnaissant la grande nation, ils rampent devant les puissants et insultent les faibles. Notre vieux drapeau tricolore s'indigne d'être plus longtemps entre leurs mains ! Français ! Que le souvenir du grand homme qui fit tant pour la gloire et la prospérité de la patrie vous ranime. Confiant dans la sainteté de ma cause, je me présente à vous, le testament de l'empereur Napoléon d'une main, l'épée d'Austerlitz de l'autre. Lorsqu'à Rome, le peuple vit les dépouilles ensanglantées de César, il renversa ses hypocrites oppresseurs. Français ! Napoléon est plus grand que César ; il est l'emblème de la civilisation du dix-neuvième siècle !

Fidèle aux maximes de l'Empereur, je ne connais d'intérêts que les vôtres, d'autre gloire que d'être utile à la France et à l'humanité. Sans haine, sans rancune, exempt de l'esprit de parti, j'appelle sous l'aigle de l'Empire tous ceux qui sentent un cœur français battre dans leur poitrine !

J'ai voué mon existence à l'accomplissement d'une grande mission. Du rocher de Sainte-Hélène un rayon du soleil mourant a passé dans mon âme. Je saurai garder ce feu sacré ; je saurai vaincre ou mourir pour la cause du peuple.

Hommes de 1789, hommes du 20 mars 1815, hommes de 1830, levez-vous ! Voyez qui vous gouverne ; voyez l'aigle, emblème de gloire, symbole de liberté, et choisissez. Vive la France ! Vive la liberté !

Napoléon

Annexe 2

TRAITÉ CONCLU ENTRE LE DUC DE BRUNSWICK ET LOUIS-NAPOLÉON BONAPARTE LE 25 JUIN 1845 [2]

À Ham, 1845.

Nous Charles-Frédéric-Auguste-Guillaume, duc de Brunswick-Wolfenbüttel et nous prince Napoléon-Louis Bonaparte, convenons et arrêtons ce qui suit :

Article I

Charles, duc de Brunswick à rentrer en possession du duché de Brunswick, et à faire s'il se peut de toute l'Allemagne une seule nation unie, et à lui donner une constitution adaptée à ses mœurs, à ses besoins, et au progrès de l'époque ; et nous prince Napoléon-Louis Bonaparte à faire rentrer la France dans le plein exercice de la souveraineté nationale dont elle a été privée en 1830 et à la mettre à même de se prononcer librement sur la forme de gouvernement qu'il lui convient de se donner.

Art. II

Celui d'entre nous qui le premier arriverait au pouvoir suprême, sous quelque titre que ce soit, s'engage à fournir à l'autre, en armes et en argent, les secours qui lui sont nécessaires pour atteindre le but qu'il se propose ; et, de plus, à autoriser et faciliter l'enrôlement volontaire d'un nombre d'hommes suffisant pour l'exécution de ses projets.

Art. III

Tant que durera l'exil qui pèse sur nous, nous nous engageons à nous aider réciproquement en toute occasion, afin de rentrer en possession des droits politiques qui nous ont été ravis ; et, en supposant que l'un de nous pût rentrer dans sa patrie, l'autre s'engage à soutenir la cause de son allié par tous les moyens possibles.

Art. IV

Nous nous engageons en outre à ne jamais promettre, faire, ni signer aucune renonciation, abdication en détriment de nos droits politiques ou civils, mais au contraire à nous consulter et à nous soutenir en frères dans toutes les circonstances de la vie.

Art. V

Si par suite et lorsque jouissant de notre pleine liberté, nous jugeons convenable d'apporter au présent traité des modifications dictées soit par notre position respective, soit par l'intérêt commun, nous nous engageons à les faire d'un commun accord, et à réviser les dispositions de cette convention dans tout ce qu'elles contiendront de défectueux par suite des circonstances sous lesquelles elle a été faite.

Fort de Ham, le 25 juin 1845.

Approuvé le traité ci-dessus

Napoléon-Louis Bonaparte.

ANNEXE 3

MANIFESTE DE LOUIS-NAPOLÉON BONAPARTE, CANDIDAT À LA PRÉSIDENCE DE LA RÉPUBLIQUE EN DÉCEMBRE 1848 [3]

Pour me rappeler de l'exil, vous m'avez nommé représentant du peuple. À la veille d'élire le premier magistrat de la République, mon nom se présente à vous comme symbole d'ordre et de sécurité.

Ces témoignages d'une confiance si honorable s'adressent, je le sais, bien plus à mon nom qu'à moi-même, qui n'ai rien fait encore pour mon pays ; mais plus la mémoire de l'Empereur me protège et inspire vos suffrages, plus je me sens obligé de vous faire connaître mes sentiments et mes principes. Il ne faut pas qu'il y ait d'équivoque entre vous et moi.

Je ne suis pas un ambitieux qui rêve tantôt l'Empire et la guerre, tantôt l'application de théories subversives. Élevé dans les pays libres, à l'école du malheur, je resterai toujours fidèle aux devoirs que m'imposeront vos suffrages et les volontés de l'Assemblée.

Si j'étais nommé Président, je ne reculerais devant aucun danger, devant aucun sacrifice, pour défendre la société si audacieusement attaquée ; je me dévouerais tout entier, sans arrière-pensée, à l'affermissement d'une république sage par ses lois, honnête par ses intentions, grande et forte par ses actes.

Je mettrais mon honneur à laisser, au bout de quatre ans, à mon successeur, le pouvoir affermi, la liberté intacte, un progrès réel accompli.

Quel que soit le résultat de l'élection, je m'inclinerai devant la volonté du peuple, et mon concours est acquis d'avance à tout gouvernement juste et ferme, qui rétablisse l'ordre dans les esprits comme dans les choses ; qui protège efficacement la religion, la famille, la propriété, bases éternelles de tout État social ; qui provoque les réformes possibles, calme les haines, réconcilie les partis, et permette ainsi à la patrie inquiète de compter sur un lendemain.

Rétablir l'ordre, c'est ramener la confiance, pourvoir par le crédit à l'insuffisance passagère des ressources, restaurer les finances.

Protéger la religion et la famille, c'est assurer la liberté des cultes et la liberté de l'enseignement.

Protéger la propriété, c'est maintenir l'inviolabilité des produits de tous les travaux ; c'est garantir l'indépendance et la sécurité de la possession, fondements indispensables de la liberté civile.

Quant aux réformes possibles, voici celles qui me paraissent les plus urgentes :

Admettre toutes les économies qui, sans désorganiser les services publics, permettent la diminution des impôts les plus onéreux au peuple ; encourager les entreprises qui, en développant les richesses de l'agriculture, peuvent en France et en Algérie donner du travail aux bras inoccupés ; pourvoir à la vieillesse des travailleurs par des institutions de prévoyance ; introduire dans nos lois industrielles les améliorations qui tendent, non à ruiner le riche au profit du pauvre, mais à fonder le bien-être de chacun sur la prospérité de tous ;

Restreindre dans de justes limites le nombre des emplois qui dépendent du Pouvoir, et qui souvent font d'un peuple libre un peuple de solliciteurs ;

Éviter cette tendance funeste, qui entraîne l'État à exécuter lui-même ce que les particuliers peuvent faire aussi bien et mieux que lui. La centralisation des intérêts et des entreprises est dans la nature du despotisme. La nature de la République repousse le monopole ;

Enfin, préserver la liberté de la presse des deux excès qui la compromettent toujours : l'arbitraire et sa propre licence.

Avec la guerre, point de soulagement à nos maux. La paix serait donc le plus cher de mes désirs. La France, lors de sa première révolution, a été guerrière parce qu'on l'avait forcée de l'être. À l'invasion, elle répondit par la conquête. Aujourd'hui qu'elle n'est pas provoquée, elle peut consacrer ses ressources aux améliorations pacifiques, sans renoncer à une politique loyale et résolue. Une grande nation doit se taire, ou ne jamais parler en vain.

Songer à la dignité nationale, c'est songer à l'armée, dont le patriotisme si noble et si désintéressé a été souvent méconnu. Il faut, tout en maintenant les lois fondamentales qui font la force de notre organisation militaire, alléger et non aggraver le fardeau de la conscription. Il faut veiller au présent et à l'avenir, non seulement des officiers, mais aussi des sous-officiers et des soldats, et de préparer aux hommes qui ont servi longtemps sous les drapeaux, une existence assurée.

La République doit être généreuse et avoir foi dans son avenir ; aussi, moi qui ai connu l'exil et la captivité, j'appelle de tous mes vœux le jour où la patrie pourra sans danger faire cesser toutes les proscriptions et effacer les dernières traces de nos discordes civiles.

Telles sont, mes chers concitoyens, les idées que j'apporterais dans l'exercice du pouvoir, si vous m'appeliez à la présidence de la République.

La tâche est difficile, la mission immense, je le sais ! Mais je ne désespérerais pas de l'accomplir en conviant à l'œuvre, sans distinction de parti, les hommes que recommandent à l'opinion publique leur haute intelligence et leur probité.

D'ailleurs, quand on a l'honneur d'être à la tête du peuple français, il y a un moyen infaillible de faire le bien : c'est de le vouloir.

Annexe 4

CHARLES DE RÉMUSAT PRÉSENTE LE PRÉSIDENT AU PHYSIQUE, AU MENTAL ET DANS L'ACTION[4]

Un long visage et des traits lourds, un teint livide et maladif, un grand nez de perroquet, une bouche gâtée comme tous les Beauharnais, point de regard, des yeux nuls, petits, de la couleur des joues, et à qui leur tour plissé ne donne d'autre expression qu'un soupçon de lubricité, enfin une tête trop longue pour son corps, trop long lui-même pour ses jambes, des gestes lents et apprêtés, une démarche molle et comme embarrassée dans les reins, un son de voix sourd et nasillard, une manière de parler froide et monotone. Voilà l'homme physique, il est fort déplaisant ; malgré tout cela, il a l'air d'un homme bien élevé, mais étranger, empesé et gauche. Ses mouvements cadencés rappellent le beau Léandre. Il accueille les gens avec une extrême politesse, mais sans aisance ; il leur adresse des banalités bientôt épuisées, et la *stérilité de son expression* fait souvenir *à tout coup* du vers de Molière. Lui-même a dit qu'il n'aimait pas la conversation ; on devine pourquoi en l'écoutant, et sa figure éteinte, immobile, ne supplée pas à l'insuffisance de la parole. Au total, ce qui domine en lui, c'est l'insignifiance.

Il trompe de mine, pourtant. Ce n'est pas un homme ordinaire. À toute force, si l'on voulait chercher un sens à sa physionomie, on y trouverait de la douceur et de la fausseté. […]

Plus d'un habile en a été dupe. Il lui manque tant de qualités d'un homme de mérite ordinaire, jugement, instruction, conversation, expérience, tout cela chez lui est sujet à tant de lacunes qu'on est prompt à le classer au-dessous du médiocre. […]

Mais cet idiot est doué d'une faculté rare et puissante, celle de mettre du sien dans les choses humaines. C'est un don qui ne se rencontre guère chez les hommes d'État de ce siècle. L'esprit du temps, l'empire de l'opinion, la force des choses ne laissent à la plupart des hommes, qui se mêlent aujourd'hui du gouvernement, que la liberté de suivre le courant et de faire avec plus ou moins de talent ce que d'autres et quelquefois tous les autres ont pensé. Guizot et Thiers, moins que Guizot mais Thiers aussi, ne savent guère que cela. Bien d'autres avec moins d'esprit, moins d'éclat, auraient fait ce qu'ils ont fait. Il n'en est pas de même de Louis Bonaparte. Sa présence a changé le cours de l'histoire. On me dira que c'est à cause de son faux jugement, de ses idées aventureuses, de sa mauvaise tête enfin. Soit, mais ce n'est pas sa droiture de sens que je vante, je dis seulement que celui qui fait intervenir son imagination dans les affaires du monde et produit ou modifie les événements en vertu de sa fantaisie possède je ne sais quel don de hardiesse et de force, qui le tire de la foule et le met au rang des personnages historiques.

Avec une éducation de prince et d'exilé, son instruction incohérente et superficielle, les rêvasseries d'un esprit oisif, ses goûts de paresse et de plaisir, ses habitudes de dissipation, il lui a fallu des facultés d'une certaine valeur pour ne pas tomber dans l'inertie intellectuelle, pour produire ce mélange d'idées fausses et justes, de visions saugrenues et d'inspirations heureuses qui ont croisé la trame bariolée de sa vie. Les zélateurs de la légitimité pourront y voir la preuve de la vertu de ce principe qui, même mal appliqué, devient un appui et un mobile puissant, mais il est certain que la foi de Louis Bonaparte dans sa prédestination politique, sa confiance dans l'étoile de sa dynastie est un légitimisme nouveau style, une religion du droit divin selon le siècle. […] Je crains bien que, par la réflexion et l'expérience, il n'ait depuis transformé la sienne et fait d'un dogme un moyen politique. Mais tout ce qui a jeté sa première racine dans l'imagination garde un certain empire en devenant calcul et continue de dominer celui-là même qui s'en sert pour tromper les autres. Ce qui a été de bonne foi garde de sa force dans la mauvaise foi, et les fondateurs de religion peuvent être en même temps enthousiastes et imposteurs. […] Il ne s'est jamais étonné d'être tout-puissant.

Un esprit d'une certaine fécondité, mais lente et laborieuse, une volonté assez forte, souvent égarée par l'imagination, l'ignorance et la vanité, un jugement hasardeux mais que la nécessité contient ou rectifie, voilà ses qualités assez bien servies par une dose suffisante de sang-froid, de patience, de dissimulation, d'obstination qui explique le bien et le mal de la conduite de Napoléon III. Comme homme d'exécution, il ne se maintient pas au même rang ; il n'a ni présence d'esprit, ni ressources ; il est embarrassé et indécis. Il ne manque pas de courage ; il a des éclairs de hardiesse, mais quand le danger est sensible, immédiat, il se trouble et perd la tête, comme on l'a vu pendant les jours qui ont suivi l'attentat d'Orsini. En général, tout ce qui est subit le dépasse. Il a besoin de temps ; il faut qu'il rêve aux choses en fumant comme un despote d'Orient, pour prendre un parti. Il s'y refuse le plus longtemps possible, et abrite son irrésolution derrière son imprévoyance. Lorsque, enfin, sa volonté est faite, il la notifie avec une certaine autorité ; mais si, pour être obéie, elle avait besoin de se transformer en un commandement précis, détaillé, pratique, il en serait incapable, encore moins de vaincre la résistance et décider l'hésitation ; n'ayant point de feu, il ne peut enflammer personne, et l'on ne saurait guère être moins doué que lui du don d'agir sur les autres, de les entraîner et de les séduire. Il est singulier qu'un prétendant, un chef de parti, un artisan de complot, ait été aussi complètement dénué de tout ce qui gagne les hommes, les persuadent et en fait des partisans zélés et des instruments dociles. La facilité avec laquelle il enrôla dans sa bande, pour l'attentat de 1851, tous les gens dont il eut besoin, n'en est que plus extraordinaire.

ANNEXE 5

TOCQUEVILLE JUGE LE PRÉSIDENT DONT IL EST LE DEVENU LE MINISTRE EN JUIN 1849, DANS UN TEXTE ÉCRIT UN AN PLUS TARD[5]

Louis Napoléon avait, comme homme privé, certaines qualités attachantes : une humeur bienveillante et facile, un caractère humain, une âme douce et même assez tendre, sans être délicate, beaucoup de sûreté dans les rapports, une parfaite simplicité, une certaine modestie pour sa personne au milieu de l'orgueil immense que lui donnait son origine, plus de fidélité à la reconnaissance qu'aux ressentiments. Capable de ressentir de l'affection, il était propre à la faire naître chez ceux qui l'approchaient. Sa conversation était rare et stérile ; chez lui, nul art pour faire parler les autres et se mettre en rapport intime avec eux ; aucune facilité à s'énoncer lui-même, mais des habitudes écrivassières et un certain amour-propre d'auteur. Sa dissimulation qui était profonde comme celle d'un homme qui a passé sa vie dans les complots, s'aidait singulièrement de l'immobilité de ses traits et de l'insignifiance de son regard : car ses yeux étaient ternes et opaques, comme ces verres épais destinés à éclairer la chambre des vaisseaux qui laissent passer la lumière, mais à travers lesquels on ne voit rien. Très insouciant du danger, il avait un beau et froid courage dans les jours de crise et, en même temps, chose assez commune, il était fort vacillant dans ses desseins. On le vit souvent changer de route, avancer, hésiter, reculer à son grand dommage : car la nation l'avait choisi pour tout oser, et ce qu'elle attendait de lui, c'était l'audace et non la prudence. Il avait toujours, dit-on, été très adonné aux plaisirs et peu délicat dans le choix. Cette passion de jouissances vulgaires et ce goût du bien-être s'étaient encore accrus avec les facilités du pouvoir. Il y alanguissait chaque jour son énergie, y amortissait et rabaissait son ambition même. Son intelligence était incohérente, confuse, remplie de grandes pensées mal appareillées qu'il empruntait tantôt aux exemples de Napoléon, tantôt aux théories socialistes, quelquefois aux souvenirs de l'Angleterre où il avait vécu ; sources très différentes et souvent fort contraires. Il les avait péniblement ramassées dans des méditations solitaires, loin du contact des faits et des hommes, car il était naturellement rêveur et chimérique. Mais, quand on le forçait de sortir de ces vagues et vastes régions pour resserrer son esprit dans les limites d'une affaire, celui-ci se trouvait capable de justesse, quelquefois de finesse et d'étendue, et même d'une certaine profondeur, mais jamais sûr et toujours prêt à placer une idée bizarre à côté d'une idée juste.

En général, il était difficile de l'approcher longtemps et de très près sans découvrir une petite veine de folie, courant ainsi au milieu de son bon sens, et dont la vue, rappelant sans cesse les escapades de sa jeunesse, servait à les expliquer. On peut dire, au demeurant, que ce fut sa folie plus que sa raison qui, grâce aux circonstances, fit son succès et sa force : car le monde est un étrange théâtre. Il s'y rencontre des moments où les plus mauvaises pièces sont celles qui y réussissent le mieux. Si Louis Napoléon avait été un homme sage, ou même un homme de génie, il ne fût jamais devenu président de la république.

Il se fiait à une étoile ; il se croyait fermement l'instrument de la destinée et l'homme nécessaire. J'ai toujours cru qu'il était réellement convaincu de son droit, et je doute que Charles X ait jamais été plus entiché de sa légitimité qu'il l'était de la sienne ; aussi incapable, du reste, que celui-ci, de rendre raison de sa foi : car s'il avait une sorte d'adoration abstraite pour le peuple, il ressentait très peu de goût pour la liberté. Le trait caractéristique et fondamental de son esprit, en matière politique, était la haine et le mépris des assemblées. Le régime de la monarchie constitutionnelle lui paraissait plus insupportable que celui même de la république. L'orgueil que lui donnait son nom, qui était sans bornes, s'inclinait volontiers devant la nation, mais se révoltait à l'idée de subir l'influence d'un parlement. Il avait eu, avant d'arriver au pouvoir, le temps de renforcer ce goût naturel que les princes médiocres ont toujours pour la valetaille, par les habitudes de vingt ans de conspirations passés au milieu d'aventuriers de bas étage, d'hommes ruinés ou tarés, de jeunes débauchés, seules personnes qui, pendant tout ce temps, avaient pu consentir à lui servir de complaisants ou de complices. Lui-même à travers ses bonnes manières, laissait percer quelque chose qui sentait l'aventurier et le prince de hasard. Il continuait à se plaire au milieu de cette compagnie subalterne, alors qu'il n'était plus obligé d'y vivre. Je crois que la difficulté qu'il avait à exprimer ses pensées autrement que par écrit l'attachait aux gens qui étaient depuis longtemps au courant de ses idées et familiers avec ses rêveries, et que son infériorité dans la discussion lui rendait, en général, le contact des hommes d'esprit assez pénible. Il désirait, d'ailleurs, avant tout, rencontrer le dévouement à sa personne et à sa cause (comme si sa personne et sa cause avaient pu le faire naître) ; le mérite le gênait pour peu qu'il fût indépendant. Il lui fallait des croyants en son étoile et des adorateurs vulgaires de sa fortune. On ne pouvait donc l'approcher qu'en passant à travers un groupe de serviteurs intimes et d'amis particuliers, dont le général Changarnier me disait, dès ce temps-là, qu'on pouvait les définir presque tous par ces deux mots qui rimaient ensemble : escrocs et marauds. En somme rien n'était au-dessous de ses familiers si ce n'est sa famille composée en majeure partie de vauriens et de drôlesses. Tel est l'homme que le besoin d'un chef et la puissance d'un souvenir avaient mis à la tête de la France, et avec lequel nous allions avoir à la gouverner.

ANNEXE 6

APPEL AU PEUPLE DU PRÉSIDENT LE 2 DÉCEMBRE 1851 [6]

Français !

La situation actuelle ne peut durer plus longtemps. Chaque jour qui s'écoule aggrave les dangers du pays. L'Assemblée, qui devait être le plus ferme appui de l'ordre, est devenue un foyer de complots. Le patriotisme de trois cents de ses membres n'a pu arrêter ses fatales tendances. Au lieu de faire des lois dans l'intérêt général, elle forge des armes pour la guerre civile ; elle attente au pouvoir que je tiens directement du peuple ; elle encourage toutes les mauvaises passions ; elle compromet le repos de la France : je l'ai dissoute, et je rends le peuple entier juge entre elle et moi.

La Constitution, vous le savez, avait été faite dans le but d'affaiblir d'avance le pouvoir que vous alliez me confier. Six millions de suffrages furent une éclatante protestation contre elle, et cependant je l'ai fidèlement observée. Les provocations, les calomnies, les outrages m'ont trouvé impassible. Mais aujourd'hui que le pacte fondamental n'est plus respecté de ceux-là même qui l'invoquent sans cesse, et que les hommes qui ont déjà perdu deux monarchies veulent me lier les mains, afin de renverser la République, mon devoir est de déjouer leurs perfides projets, de maintenir la République et de sauver le pays en invoquant le jugement solennel du seul souverain que je reconnaisse en France, le peuple.

Je fais donc un appel loyal à la nation entière, et je vous dis : Si vous voulez continuer cet État de malaise qui nous dégrade et compromet notre avenir, choisissez un autre à ma place, car je ne veux plus d'un pouvoir qui est impuissant à faire le bien, me rend responsable d'actes que je ne puis empêcher, et m'enchaîne au gouvernail quand je vois le vaisseau courir vers l'abîme.

Si, au contraire, vous avez encore confiance en moi, donnez-moi les moyens d'accomplir la grande mission que je tiens de vous.

Cette mission consiste à fermer l'ère des révolutions en satisfaisant les besoins légitimes du peuple et en le protégeant contre les passions subversives. Elle consiste surtout à créer des institutions qui survivent aux hommes et qui soient enfin des fondations sur lesquelles on puisse asseoir quelque chose de durable.

Persuadé que l'instabilité du pouvoir, que la prépondérance d'une seule assemblée sont des causes permanentes de trouble et de discorde, je soumets à vos suffrages les bases fondamentales suivantes d'une constitution que les assemblées développeront plus tard.

1° Un Chef responsable nommé pour dix ans ;

2° Des ministres dépendants du Pouvoir exécutif seul ;

3° Un Conseil d'État formé des hommes les plus distingués, préparant les lois et en soutenant la discussion devant le Corps législatif ;

4° Un Corps législatif discutant et votant les lois, nommé par le suffrage universel, sans scrutin de liste qui fausse l'élection ;

5° Une seconde Assemblée, formée de toutes les illustrations du pays, pouvoir pondérateur, gardien du pacte fondamental et des libertés publiques.

Ce système, créé par le premier Consul au commencement du siècle, a déjà donné à la France le repos et la prospérité ; il les lui garantirait encore.

Telle est ma conviction profonde. Si vous la partagez, déclarez-le par vos suffrages. Si, au contraire, vous préférez un gouvernement sans force, monarchique ou républicain, emprunté à je ne sais quel passé ou à quel avenir chimérique, répondez négativement.

Ainsi donc, pour la première fois depuis 1804, vous voterez en connaissance de cause, en sachant bien pour qui et pour quoi.

Si je n'obtiens pas la majorité de vos suffrages, alors je provoquerai la réunion d'une nouvelle Assemblée, et je lui remettrai le mandat que j'ai reçu de vous.

Mais si vous croyez que la cause dont mon nom est le symbole, c'est-à-dire la France régénérée par la révolution de 89 et organisée par l'Empereur, est toujours la vôtre, proclamez-le en consacrant les pouvoirs que je demande.

Alors la France et l'Europe seront préservées de l'anarchie, les obstacles s'aplaniront, les rivalités auront disparu, car tous respecteront, dans l'arrêt du peuple, le décret de la Providence.

Annexe 7

VICTOR HUGO DRESSE LE PORTRAIT CARICATURAL DE LOUIS-NAPOLÉON BONAPARTE DANS SON PAMPHLET *NAPOLÉON LE PETIT* RÉDIGÉ AU LENDEMAIN DU COUP D'ÉTAT DU 2 DÉCEMBRE 1851[7]

Louis Bonaparte est un homme de moyenne taille, froid, pâle, lent, qui a l'air de n'être pas tout à fait réveillé. […] Sa parole traîne avec un léger accent allemand. Ce qu'il a d'histrion en lui a paru au tournoi d'Eglington. Il a la moustache épaisse et couvrant le sourire comme le duc d'Albe, et l'œil éteint comme Charles IX.

Si on le juge en dehors de ce qu'il appelle « ses actes nécessaires » ou « ses grands actes », c'est un personnage vulgaire, puéril, théâtral et vain. […] Il aime la gloriole, le pompon, l'aigrette, la broderie, les paillettes et les passequilles, les grands mots, les grands titres, ce qui sonne, ce qui brille, toutes les verroteries du pouvoir. En sa qualité de parent de la bataille d'Austerlitz, il s'habille en général.

Peu lui importe d'être méprisé, il se contente de la figure du respect.

Cet homme ternirait le second plan de l'histoire, il souille le premier. […]

Avant le 2 décembre, les chefs de la droite disaient volontiers de Louis Bonaparte : *C'est un idiot.* Ils se trompaient. Certes, ce cerveau est trouble, ce cerveau a des lacunes, mais on peut y déchiffrer par endroit plusieurs pensées de suite et suffisamment enchaînées. C'est un livre où il y a des pages arrachées. Louis Bonaparte a une idée fixe, mais une idée fixe n'est pas l'idiotisme. Il sait ce qu'il veut, et il y va. À travers la justice, à travers la loi, à travers la raison, à travers l'honnêteté, à travers l'humanité, soit, mais il y va.

Ce n'est pas un idiot. C'est un homme d'un autre temps que le nôtre. Il semble absurde et fou parce qu'il est dépareillé. […]

Il y a en lui du Moyen Âge et du bas Empire. […] Seulement il oublie ou il ignore qu'au temps où nous sommes, ses actions auront à traverser ces grandes effluves de moralité humaine dégagées par nos trois siècles lettrés et par la révolution française, et que dans ce milieu ses actions prendront leur vraie figure et apparaîtront ce qu'elles sont, hideuses. […]

Cet homme ment comme les autres hommes respirent. Il annonce une intention honnête, prenez garde ; il affirme, méfiez-vous ; il fait un serment, tremblez.

Machiavel a fait des petits. Louis Bonaparte en est un.

Annexe 8

DISCOURS PRONONCÉ PAR LE PRÉSIDENT À BORDEAUX LE 9 OCTOBRE 1852[8]

Messieurs,

L'invitation de la chambre et du tribunal de commerce de Bordeaux, que j'ai acceptée avec empressement, me fournit l'occasion de remercier votre grande cité de son accueil si cordial, de son hospitalité si pleine de magnificence ; et je suis bien aise aussi, vers la fin de mon voyage, de vous faire part des impressions qu'il m'a laissées.

Le but de ce voyage, vous le savez, était de connaître par moi-même nos belles provinces du Midi, d'approfondir leurs besoins. Il a, toutefois, donné lieu à un résultat beaucoup plus important.

En effet, je le dis avec une franchise aussi éloignée de l'orgueil que d'une fausse modestie, jamais peuple n'a témoigné d'une manière plus directe, plus spontanée, plus unanime, la volonté de s'affranchir des préoccupations de l'avenir, en consolidant dans la même main un pouvoir qui lui est sympathique. C'est qu'il connaît, à cette heure, et les trompeuses espérances dont on le berçait et les dangers dont il était menacé. Il sait qu'en 1852 la société courait à sa perte, parce que chaque parti se consolait d'avance du naufrage général par l'espoir de planter son drapeau sur les débris qui pourraient surnager. Il me sait gré d'avoir sauvé le vaisseau en arborant seulement le drapeau de la France.

Désabusé d'absurdes théories, le peuple a acquis la conviction que les réformateurs prétendus n'étaient que des rêveurs, car il y avait toujours inconséquence, disproportion entre leurs moyens et les résultats promis.

Aujourd'hui la France m'entoure de ses sympathies, parce que je ne suis pas de la famille des idéologues. Pour faire le bien du pays, il n'est pas besoin d'appliquer de nouveaux systèmes ; mais de donner, avant tout, confiance dans le présent, sécurité dans l'avenir. Voilà pourquoi la France semble vouloir revenir à l'Empire.

Il est néanmoins une crainte à laquelle je dois répondre. Par esprit de défiance, certaines personnes se disent : l'Empire, c'est la guerre. Moi je dis : l'Empire, c'est la paix.

C'est la paix, car la France le désire, et lorsque la France est satisfaite, le monde est tranquille. La gloire se lègue bien à titre d'héritage, mais non la guerre. Est-ce que les princes qui s'honoraient justement d'être les petits-fils de Louis XIV ont recommencé ses luttes ? La guerre ne se fait pas par plaisir, elle se fait par nécessité ; et, à ces époques de transition où partout, à côté de tant d'éléments de prospérité, germent tant de causes de mort, on peut dire avec vérité : Malheur à celui qui, le premier, donnerait en Europe le signal d'une collision, dont les conséquences seraient incalculables !

J'en conviens, cependant, j'ai comme l'Empereur, bien des conquêtes à faire. Je veux, comme lui, conquérir à la conciliation les partis dissidents et ramener dans le courant du grand fleuve populaire les dérivations hostiles qui vont se perdre sans profit pour personne.

Je veux conquérir à la religion, à la morale, à l'aisance, cette partie encore si nombreuse de la population qui, au milieu d'un pays de foi et de croyance, connaît à peine les préceptes du Christ ; qui, au sein de la terre la plus fertile du monde, peut à peine jouir de ses produits de première nécessité.

Nous avons d'immenses territoires incultes à défricher, des routes à ouvrir, des ports à creuser, des rivières à rendre navigables, des canaux à terminer, notre réseau de chemins de fer à compléter. Nous avons, en face de Marseille, un vaste royaume à assimiler à la France. Nous avons tous nos grands ports de l'Ouest à rapprocher du continent américain par la rapidité de ces communications qui nous manquent encore. Nous avons partout enfin des ruines à relever, de faux dieux à abattre, des vérités à faire triompher.

Voilà comment je comprendrais l'Empire, si l'Empire doit se rétablir. Telles sont les conquêtes que je médite, et vous tous qui m'entourez, qui voulez, comme moi, le bien de notre patrie, vous êtes mes soldats.

Annexe 9

LETTRE DE L'EMPEREUR AU MINISTRE D'ÉTAT DU 5 JANVIER 1860[9]

Palais des Tuileries, le 5 janvier 1860.

Monsieur le Ministre,

Malgré l'incertitude qui règne encore sur certains points de la politique étrangère, on peut prévoir avec confiance une solution pacifique. Le moment est donc venu de nous occuper des moyens d'imprimer un grand essor aux diverses branches de la richesse nationale.

Je vous adresse dans ce but les bases d'un programme dont plusieurs parties devront recevoir l'approbation des Chambres et sur lequel vous vous concerterez avec vos collègues, afin de préparer les mesures les plus propres à donner une vive impulsion à l'agriculture, à l'industrie et au commerce.

Depuis longtemps on proclame cette vérité qu'il faut multiplier les moyens d'échange pour rendre le commerce florissant ; que sans concurrence l'industrie reste stationnaire et conserve des prix élevés qui s'opposent aux progrès de la consommation ; que sans une industrie prospère qui développe les capitaux, l'agriculture elle-même demeure dans l'enfance. Tout s'enchaîne donc dans le développement successif des éléments de la prospérité publique ! Mais la question essentielle est de savoir dans quelles limites l'État doit favoriser ces divers intérêts et quel ordre de préférence il doit accorder à chacun d'eux.

Ainsi, avant de développer notre commerce étranger par l'échange des produits, il faut améliorer notre agriculture et affranchir notre industrie de toutes les entraves intérieures qui la placent dans des conditions d'infériorité. Aujourd'hui non seulement nos grandes exploitations sont gênées par une foule de règlements restrictifs, mais encore le bien-être de ceux qui travaillent est loin d'être arrivé au développement qu'il a atteint dans un pays voisin. Il n'y a donc qu'un système général de bonne économie politique qui puisse, en créant la richesse nationale, répandre l'aisance dans la classe ouvrière.

En ce qui touche l'agriculture, il faut la faire participer aux bienfaits des institutions de crédit : défricher les forêts situées dans les plaines et reboiser les montagnes, affecter tous les ans une somme considérable aux grands travaux de desséchement, d'irrigation et de défrichement. Ces travaux, transformant les communes incultes en terrains cultivés, enrichiront les communes sans appauvrir l'État, qui recouvrera ses avances par la vente d'une partie de ces terres rendues à l'agriculture.

Pour encourager la production industrielle, il faut affranchir de tout droit les matières premières indispensables à l'industrie et lui prêter, exceptionnellement et à un taux modéré, comme on l'a déjà fait à l'agriculture pour le drainage, les capitaux qui l'aideront à perfectionner son matériel.

Un des plus grands services à rendre au pays est de faciliter le transport des matières de première nécessité pour l'agriculture et l'industrie ; à cet effet le ministre des travaux publics fera exécuter le plus promptement possible les voies de communication, canaux, routes et chemins de fer qui auront surtout pour but d'amener la houille et les engrais sur les lieux où les besoins de la production les réclament, et il s'efforcera de réduire les tarifs en établissant une juste concurrence entre les canaux et les chemins de fer.

L'encouragement au commerce par la multiplication des moyens d'échange viendra alors comme conséquence naturelle des mesures précédentes. L'abaissement successif de l'impôt sur les denrées de grande consommation sera donc une nécessité, ainsi que la substitution de droits protecteurs au système prohibitif qui limite nos relations commerciales.

Par ces mesures, l'agriculture trouvera l'écoulement de ses produits , l'industrie, affranchie d'entraves intérieures, aidée par le Gouvernement, stimulée par la concurrence, luttera avantageusement avec les produits étrangers, et notre commerce, au lieu de languir, prendra un nouvel essor.

Désirant avant tout que l'ordre soit maintenu dans nos finances, voici comment, sans en troubler l'équilibre, ces améliorations pourraient être obtenues :

La conclusion de la paix a permis de ne point épuiser le montant de l'emprunt. Il reste une somme considérable disponible qui, réunie à d'autres ressources, s'élève à environ 160 millions. En demandant au Corps législatif l'autorisation d'appliquer cette somme à de grands travaux publics, et en la divisant en trois annuités, on aurait environ 50 millions par an à ajouter aux sommes considérables déjà portées annuellement au budget.

Cette ressource extraordinaire nous facilitera non seulement le prompt achèvement des chemins de fer, des canaux, des voies de navigation, des routes, des ports, mais elle nous permettra encore de relever en moins de temps nos cathédrales, nos églises, et d'encourager dignement les sciences, les lettres et les arts.

Pour compenser la perte qu'éprouvera momentanément le Trésor par la réduction des droits sur les matières premières et sur les denrées de grande consommation, notre budget offre la ressource de l'amortissement, qu'il suffit de suspendre jusqu'à ce que le revenu public, accru par l'augmentation du commerce, permette de faire fonctionner de nouveau l'amortissement.

Ainsi en résumé :

Suppression des droits sur la laine et les cotons ;

Réduction successive sur les sucres et les cafés ;

Amélioration énergiquement poursuivie des voies de communication ;

Réduction des droits sur les canaux, et par suite abaissement général des frais de transport ;

Prêts à l'agriculture et à l'industrie ;

Travaux considérables d'utilité publique ;

Suppression des prohibitions ;

Traité de commerce avec les puissances étrangères.

Telles sont les bases générales du programme sur lequel je vous prie d'attirer l'attention de vos collègues, qui devront préparer sans retard les projets de loi destinés à le réaliser.

Il obtiendra, j'en ai la ferme conviction, l'appui patriotique du Sénat et du Corps législatif, jaloux d'inaugurer avec moi une nouvelle ère de paix et d'en assurer les bienfaits à la France.

Sur ce, je prie Dieu qu'il vous ait en sa sainte garde.

Napoléon.

ANNEXE 10

VICTOR DURUY JUGE NAPOLÉON III DONT IL A ÉTÉ LE MINISTRE PENDANT SIX ANS [10]

Parce que, gravement malade, trompé par l'impéritie de ses ministres et par l'insuffisance de ses généraux, Napoléon III a fini dans un épouvantable désastre, on l'appelle un rêveur et un halluciné. Je l'ai vu, il est vrai, rêver le bien ; n'est-ce pas la condition nécessaire pour le rencontrer quelquefois ? Des fautes ont été certainement commises, à commencer par le début, ce coup d'État inutile qui fut « un boulet que l'Empereur traîna vingt ans à son pied » (le mot n'est pas de moi, mais de l'Impératrice, qui me le dit un jour à Chislehurst), et ce pouvoir absolu qui lui fit prendre le rôle de la Providence sur la terre, en un temps et un pays où l'on ne croit plus aux missions providentielles. [...]

Je relèverais bien d'autres erreurs. Mais toutes réunies ne m'amèneront pas à croire que la postérité sera aussi injuste pour Napoléon III que le sont ses détracteurs d'aujourd'hui. [...]

Napoléon III a été l'homme de deux idées libérales : relever la classe ouvrière et affranchir les peuples opprimés ; la première aurait été un progrès pour l'humanité, si elle avait pu être continuée dans les limites où le gouvernement impérial l'avait retenue ; la seconde qui eût été glorieuse si l'unité de l'Allemagne et celle de l'Italie ne nous avaient été funestes. [...]

Je ne pense pas que jamais souverain ait été plus préoccupé que Napoléon III du bien qu'il pourrait faire. Que de fois l'ai-je vu arriver au Conseil avec des projets d'assistance pour les faibles et les dépourvus ! Sa main était ouverte : elle s'ouvrait même trop, car il ne savait pas répondre par un refus à ceux qui imploraient sa générosité. L'ancien Gouverneur du Crédit Foncier, Frémy, m'a dit avoir été maintes fois obligé de lui avancer un mois de sa liste civile. Quand il n'eut plus d'autre asile que l'Angleterre, on loua pour lui une villa dont ne se serait pas contenté un bourgeois de Londres. Le bail était de douze mille cinq cents francs, et l'Empereur ne pouvait y mettre davantage. Le propriétaire, il faut le dire à son honneur, avait lui-même fixé ce chiffre qui ne représentait pas la moitié du prix ordinaire.

Il avait horreur des tripotages de bourse. Mme Cornu, son amie d'enfance, m'a raconté avoir entendu de lui cette parole, à propos de quelqu'un qui lui tenait de fort près et qui contribua à nous jeter dans une guerre lointaine et lamentable pour tirer parti de spéculations véreuses : « Cet homme sera la honte de mon règne » ; et je faisais écho à sa pensée, lorsque je lui disais : « Dans l'état actuel de nos mœurs, le premier besoin pour un gouvernement est d'être honoré ; par conséquent honnête. »

Cependant on aurait pu trouver dans son entourage quelques hommes dont la conscience n'était pas immaculée. C'est qu'un autre sentiment les sauvait près de lui. Ils l'avaient aidé dans les jours difficiles jusqu'à tout risquer avec lui, et il se croyait tenu de leur en garder de la gratitude, en fermant les yeux sur des abus d'influence qu'il n'a certainement pas toujours connus.

Un jour, le Ministre de l'Intérieur, M. de la Valette, vint me dire qu'il ne pouvait pas imprimer au Moniteur des paroles que j'avais prononcées la veille sur l'Histoire du Travail, devant quatre ou cinq cents ouvriers de l'Association philotechnique. Ses raisons étaient que ce discours contenait bien des choses contraires à la politique du Gouvernement. Je le laissai perfidement s'engager à fond sur cette question et, lorsqu'il eut fini, j'ouvris un tiroir et en tirai l'exemplaire que l'Empereur m'avait renvoyé avec ces mots écrits de sa main : « Discours très politique. » Il en resta stupéfait, se tut et se retira, mais, en autre lieu, on parla beaucoup de l'incident.

Un système politique qui ramenait tout au Prince avait deux inconvénients : c'était un régime d'autrefois, ce n'était plus celui d'aujourd'hui, et il laissait dans l'opposition ceux à qui leurs talents, leur ambition ou la logique de notre histoire faisaient souhaiter d'autres institutions ; mais il possédait cet avantage qu'aucune solidarité n'étant établie entre les conseillers du Prince, ils n'étaient pas soumis à l'instabilité ministérielle, une des plaies du Gouvernement des Chambres. Ces ministres, d'ailleurs, restaient libres, en se retirant, de ne prendre dans les actes généraux que la part de responsabilité qui leur convenait. J'ai donné trois ou quatre fois ma démission et ne l'ai retirée qu'après satisfaction reçue, ou quand il fut fait appel à mon dévouement scolaire.

Annexe 11

« CE QUE NOUS VOULONS » (PROJET D'ARTICLE DE LA MAIN DE NAPOLÉON III[11])

Nous voulons l'affermissement du gouvernement actuel et le respect de la Constitution ; L'anéantissement des anciens partis ;

La conciliation pour tous ceux qui se rallient franchement ;

Le progrès sous toutes ses formes ;

La dignité vis-à-vis de l'étranger ;

Le bien-être des classes agricoles et industrielles.

Il est un fait réel, c'est que l'Empereur est resté aussi populaire qu'il y a quinze ans, tandis que son gouvernement ne l'est pas.

D'où vient cette anomalie ?

C'est que les agents du pouvoir, au lieu d'imiter la bienveillance extrême du chef de l'État, sa modestie et sa simplicité, ont été infatués des pouvoirs qui leur étaient délégués, et qu'ils ne sont pas assez occupés de suivre les inspirations des populations et ne se sont pas assez occupés de leurs intérêts.

Les administrations sont restées avec le même esprit que sous Louis-Philippe, hautaines et routinières.

Les préfets ont voulu faire les pachas et imposer leurs volontés aux populations.

Le gouvernement de l'Empereur est le plus honnête qui ait jamais existé, mais il s'est laissé contaminer par des hommes qui, sans être au pouvoir, étaient en relation avec le gouvernement et qui le compromettaient par leurs spéculations.

La presse, au lieu de contrôler les actes de tous les agents du pouvoir, ou a été servile ou rebelle.

Dévoués sans réserve à l'Empereur, notre tâche est de le servir, non en aveugles, mais avec les yeux ouverts. Blâmant tout ce qui est blâmable, osant résolument dire notre opinion sur les hommes comme sur les choses, ne donnons notre éloge que sur ce qui est bon et éclairons le gouvernement sur ce qu'il doit savoir.

La gloire de la France, le bonheur du peuple, la prospérité de l'Empire et de l'Empereur, telle est notre devise.

Annexe 12

PLAN DE ROMAN DE LA MAIN DE L'EMPEREUR RETROUVÉ DANS SES PAPIERS AUX TUILERIES [12]

M. Benoît, honnête épicier de la rue de la Lune, était parti en 1847 pour l'Amérique. Après avoir voyagé dans les contrées qui s'étendent depuis l'Hudson jusqu'au Mississippi, il revint en France en avril 1868, ayant passé près de dix-neuf ans hors de son pays. Il avait recueilli les lointains échos de tout ce qui s'était passé en France depuis 1848, sans se rendre bien compte des changements survenus. Quelques réfugiés français lui avaient dit que la France gémissait sous le despotisme et qu'il allait revoir bien avilie et bien appauvrie la patrie qu'il avait quittée si florissante du temps de Louis-Philippe. Notre ami Benoît arrive donc à Brest dans le paquebot transatlantique. Il arrive dans la rade plein de préjugés, de regrets et d'appréhension : « Quels sont donc ces vaisseaux tout noirs, si laids en comparaison des beaux vaisseaux à voile que j'avais laissés ? » demande-t-il au premier marin qu'il rencontre. « Mais ce sont des vaisseaux cuirassés, l'invention de l'Empereur. Revêtus de fer, ils sont à l'abri du boulet, et cette transformation a détruit jusqu'à un certain point la suprématie sur mer de l'Angleterre. – C'est possible, mais je regrette nos vieux bâtiments avec leurs mâts et leurs voiles poétiques. » Passeports supprimés. Il voit, vers la mairie, la foule se porter aux élections. Étonnement du suffrage universel.

Étonnement des chemins de fer qui sillonnent la France ; du télégraphe électrique.

Arrivée à Paris ; embellissement. L'octroi porté aux fortifications.

Il veut acheter des objets, qui sont meilleur marché, grâce au traité de commerce. Le fer moitié moins cher, etc.

Il croit qu'il y a beaucoup d'écrivains en prison. Erreur.

Point d'émeutes ; point de détenus politiques ; point d'exilés.

Point de détentions préventives.

Accélération des procès.

La marque supprimée.

La mort civile supprimée.

La caisse pour la vieillesse.

Les aziles [*sic*] de Vincennes.

Les coalitions.

Police de roulage détruite.

Réglementations abolies.

Service militaire allégé, solde augmentée, médaille instituée, retraite augmentée.

Réserve augmentant la force de l'armée.

Fonds pour les prêtres infirmes.

Contrainte par corps.

Courtiers : un marchand qui envoyait un commis vendre ou acheter des marchandises était arrêté.

Les conseils généraux.

ANNEXE 13

ÉMILE OLLIVIER REVIENT À LA FIN DE SA VIE SUR LA PERSONNALITÉ DE L'EMPEREUR DONT IL A ÉTÉ LE PRINCIPAL MINISTRE EN 1870[13]

« L'Empereur n'avait pas à redouter qu'on ignorât qu'il régnait ; il tenait plus encore à ce qu'on sût qu'il gouvernait. Peu de souverains ont été aussi impersonnels ; aucun de ses actes n'a été dicté par un intérêt égoïste ou de famille, tous l'ont été par le bien public, par le désir de rendre son peuple grand et prospère. Toutefois, il ne supportait pas de voir d'autres se parer d'une résolution qui, même conseillée par eux, n'existait que par sa volonté. Prêt à supporter la responsabilité du mal auquel il ne s'était pas opposé, il n'admettait pas qu'on lui dérobât le mérite du bien qu'il avait permis ; en ce sens, il était personnel, ombrageux, jaloux de son pouvoir. […]

Persigny et Morny perdirent peu à peu leur crédit pour n'avoir pas assez tu leur part en certaines mesures. L'Empereur en vint à dire : « Je traîne deux boulets, Persigny et Morny. » Fleury eût éprouvé le même sort s'il se fût permis alors tout haut les vanteries de ses Souvenirs. Rouher se maintint par l'adresse avec laquelle il fit le maître sans le paraître. Au lendemain du jour où l'Empereur lui envoya publiquement une plaque de diamants, le prince Napoléon se récriait sur cette faveur exceptionnelle : « Ah ! S'il avait eu ton caractère, je ne la lui aurais pas envoyée, mais je suis sûr que lui ne me gênera pas. » Aussi ai-je porté un coup sensible au ministre tout-puissant, lorsque, démasquant la réalité, je l'ai appelé dans l'un de mes discours : le Vice-Empereur.

Dans sa conception du pouvoir, l'Empereur ne s'était pas assez rendu compte qu'un souverain dont le temps est dévoré par les exigences de la représentation officielle, travaillât-il au-delà des forces humaines, ne saurait suffire seul à l'écrasante tâche de gouverner un État de premier ordre. […]

Dans ce gouvernement où l'Empereur voulait faire tout, sa principale qualité était l'audace. « Qui ne risque rien n'a rien », m'a-t-il dit en une circonstance grave de sa politique intérieure ; au maréchal Vaillant qui lui représentait les périls de l'offensive, il répondait : « Si on ne veut pas s'exposer à être battu, il ne faut jamais livrer bataille. » Son audace, comme celle des vaillants, était d'autant plus tranquille et ferme que les périls grossissaient : il la considérait alors comme étant la véritable prudence. Seulement, sans réflexion l'audace n'est qu'une témérité comme sans persistance elle n'est qu'une velléité. Avant de s'engager, il pesait lentement, mûrement le pour et le contre, embrassait les divers aspects de la situation, parfois passait, pour un instant, avant de se fixer, d'un parti à l'autre : c'est ce que les historiens « qui n'ont jamais mis le nez aux conseils » (Agrippa d'Aubigné) ont appelé ses hésitations.

Son parti arrêté, il était imperturbable. [...] Parfois, c'était au moment même où l'on se flattait de l'avoir enfin ramené que sa volonté se relevait plus énergique.

Mais l'homme le plus décidé se trouve tout à coup aux prises soit avec des forces connues dont il a mal calculé la puissance, soit avec des forces imprévues qu'il ne soupçonnait pas ; alors persister serait de la folie. Lui reculait sans craindre d'être accusé de versatilité ; il reculait comme la machine qui perce les rocs, pour reprendre l'impulsion et revenir plus vigoureusement en avant au moment propice ; il différait sans renoncer : c'est ce qu'on a appelé ses défaillances. Pas plus que qui que ce soit, il n'a pu mener à bout tout ce que sa hardiesse tenace aurait voulu, ni surtout comme elle l'aurait voulu, mais suivi et d'accord avec soi-même, il n'a pas perdu de vue un instant, au milieu des atermoiements inévitables, le but final.

Le bon sens et la mesure le distinguent non moins que l'audace. La science de la vie, selon lui, était celle de la limite. Ce qui était excessif lui inspirait une aversion presque physique. Pour le convaincre, il fallait lui parler posément, sans brusquerie et surtout sans exagération. Persigny s'est discrédité par la forme emportée de ses conseils autant que par ses fanfaronnades d'influence. Les chimériques lui déplaisaient à l'égal des excessifs, car nul ne l'a été moins. Son esprit juste et net, quand il prenait la peine d'approfondir un sujet, allait droit aux solutions positives et pratiques. Lui expliquait-on une affaire ou une opinion, il écoutait attentivement ; s'il n'avait pas d'objection péremptoire à opposer, ne fût-il pas convaincu, il laissait aller, sauf à voiler son regard si cela devenait décidément trop long. Mais la dissertation se fût-elle prolongée longtemps, si on avait laissé échapper une contradiction ou un non-sens, il les relevait d'un mot décisif, et à l'occasion gai ou plaisant.

On ne conteste plus qu'il ne fût très bon, mais de toutes les qualités c'est la moins royale : elle incline les souverains à la faiblesse ou à l'arbitraire. Selon le dicton du vieux Côme de Médicis, on ne conduit pas les États avec des *pater noster*. La qualité royale, c'est la justice ; elle est la véritable bonté des rois. L'Empereur la possédait à un haut degré ; cela corrigeait un peu l'excessif de sa bonté, sans cependant détruire assez ce qu'elle conserva d'inquiétant et parfois d'intempestif. Il en convenait à la fin de sa vie. Causant à Chislehurst avec une amie, il gémissait sur sa faiblesse d'autrefois envers ceux qui l'entouraient : « Croyez-vous que mon fils sera ainsi ? – Non, répondit-elle car il a de la sévérité dans le visage. – Tant mieux ! S'il doit gouverner, il ne faut pas qu'il soit faible. »

Son infériorité était que, très instruit des théories de la guerre et de la diplomatie, très familier avec les idées générales de la politique et de l'histoire, il ignorait les détails et ne les aimait pas, sauf les détails militaires. « Gouverner c'est bien, disait-il tristement, mais il faut encore administrer. » Et il en était incapable. Il le sentait, cela le rendait défiant de lui-même, et donnait autorité sur son esprit à des hommes qui lui étaient inférieurs, mais qui, connaissant les routines de l'administration, des finances, et de la législation, lui en imposaient ou l'embarrassaient par de prétendues impossibilités techniques auxquelles il ne savait rien opposer.

Les ministres en abusaient. Par courtisanerie, pour ne pas compromettre leur position, ils se donnaient rarement le courage et la peine de dire non, puis ils agissaient comme s'ils l'avaient dit, suivant leurs volontés et non les siennes, ne les heurtant pas, les tournant. […]

L'Empereur n'était pas sans s'en apercevoir parfois ; souvent il en était avisé par la dénonciation d'un rival aux aguets, par la lettre d'un informateur subalterne, par le hasard. Alors il gourmandait le ministre pris en faute. […] Les ministres s'inclinaient, promettaient de ne plus recommencer, et recommençaient incontinent, sauf à prendre mieux leurs précautions afin de n'être pas surpris de nouveau.

« Gouverner par lui-même, a dit Saint-Simon de Louis XIV, fut la chose dont il se piqua le plus, dont on le loua et le flatta davantage et qu'il exécuta le moins. » Il serait injuste d'appliquer sans restriction un jugement pareil à Napoléon III. Surtout dans la première portion de son règne, il a réellement gouverné lui-même ; dans les hautes sphères, il a été vraiment le maître de sa politique. Même alors, et à plus forte raison plus tard, quand l'implacable maladie eut affaibli son activité, il n'a pas été dans les détails de l'exécution plus obéi que Louis XIV ni moins mal secondé. C'était vrai dans la politique intérieure et surtout dans la politique extérieure.

Annexe 14

LETTRE AU PRÉSIDENT DE L'ASSEMBLÉE NATIONALE À BORDEAUX, DE WILHELMSHÖHE, LE 6 MARS 1871 [14]

Monsieur le Président,

Au moment où tous les Français profondément attristés par les conditions de paix ne songeaient qu'aux maux de la patrie l'Assemblée nationale a prononcé la déchéance de ma dynastie et a affirmé que j'étais seul responsable des calamités publiques.

Je proteste contre cette déclaration injuste et illégale. Injuste car lorsque la guerre fut déclarée, le sentiment national surexcité par des causes indépendantes de ma volonté avait produit un entraînement général et irrésistible ; illégale, car l'Assemblée nommée dans le seul but de faire la paix a outrepassé ses pouvoirs en tranchant des questions au-dessus de sa compétence, et fût-elle même constituante, elle serait impuissante à substituer sa volonté à celle de la nation. L'exemple du passé est là pour le prouver. L'hostilité de la Constituante en 1848 est venue échouer devant l'élection du dix décembre et, en 1851, le peuple par plus de 7 millions de suffrages m'a donné raison contre l'assemblée législative.

La passion politique ne saurait prévaloir contre le droit et le droit français pour la fondation de tout gouvernement légitime, c'est le Plébiscite. Hors de là, il n'y a qu'usurpation pour les uns, oppression pour les autres. Aussi suis-je prêt à m'incliner devant la libre expression de la volonté nationale mais devant elle seulement.

En présence d'événements douloureux qui imposent à tous l'abnégation et le désintéressement j'aurais voulu garder le silence mais la déclaration de l'assemblée me force de protester au nom de la vérité outragée et des droits de la nation méconnus.

Recevez, Monsieur le Président, l'assurance de ma haute estime.

Napoléon

Annexe 15

GEORGE SAND JUGE NAPOLÉON III AU MOMENT DE SA MORT [15]

Quand j'ai lu hier dans un journal que l'état du malade de Chislehurst était grave, j'ai senti qu'il était mort au moment où nous lisions cette dépêche. « N'était-il pas déjà mort à Sedan ? Pourquoi ne s'y est-il pas fait tuer ? » S'écrie-t-on de toutes parts. – Sans doute il a manqué là une belle occasion de mourir, mais la raison qui la lui a fait manquer est bien simple : un mort ne peut pas courir la mort.

Il y avait déjà trois ans que Napoléon III n'existait plus. Les événements n'agissaient plus sur lui que comme la pile de Volta sur un cadavre. Ses velléités libérales de la dernière heure étaient, dans la situation où il se plaçait, des illusions que le raisonnement ne contrôlait plus. […]

Au reste, pour qui aurait étudié de près, sans prévention d'aucun genre, toute la vie de cet homme funeste, je crois que l'observateur se serait assuré d'une chose nouvelle à dire, mais ancienne dans l'histoire : c'est que certains personnages historiques n'ont pas eu de libre arbitre et n'ont pas existé dans l'acception que nous donnons au mot existence comme conscience de la vie. Celui-ci a été traité d'homme chimérique. Le mot est juste s'il désigne un cerveau nourri de chimères, encore plus juste s'il dépeint un être problématique, insaisissable à l'analyse. Moi, je dirai simplement l'impression qu'il m'a causée personnellement. […]

Il jouait tout le monde et lui-même. Il croyait à ce qu'il disait ; mais, en se regardant comme unique moyen de salut, comme l'instrument investi d'une mission inévitable, ne se sentant pas l'énergie physique et morale nécessaire, mais comptant la trouver dans l'arrangement fatal des circonstances, il adoptait toutes les idées qu'on voulait lui suggérer, sous forme d'oracles : « Allons toujours ! se disait-il ; si telle chose est impossible, je passerai à une autre, et si elle est mauvaise, le résultat me l'apprendra. » L'exercice du pouvoir absolu aidant, cette illusion de jouer à pile ou face avec les événements devint une monomanie, et le fatalisme tranquille et patient prit toutes les apparences d'une force et d'une habileté. […]

Une prétendue, une fausse raison d'État frappa d'impuissance l'homme de sentiment qui déplorait, dans le principe, les moyens dont on s'était servi pour lui donner le pouvoir, qui paraissait en ignorer les excès, être prêt à les désavouer. Il ne désavoua rien et accepta avec une lâche douleur les meurtres de la rue et les iniquités de la persécution dans toute la France. Lui, sans haine et sans ressentiment, chevaleresque au besoin quand il s'agissait d'oublier une injure personnelle, il servit les haines aveugles, les vengeances odieuses, je ne dirai pas d'une classe de citoyens, ce ne serait pas vrai, mais de la légion de ces gens de proie qui, dans toute localité et en toute circonstance, sont sur la brèche dans les mauvais jours pour dénoncer, maudire et calomnier leurs ennemis personnels ou seulement les adversaires dont ils redoutent l'influence et la moralité. [...]

Homme à principes erronés, il gouverna une nation qui manquait de principes et qui mettait un idéal de prospérité romanesque à la place de la vraie civilisation, le succès et la chance à la place du droit et de la justice. [...]

La France l'avait trop accepté, elle était devenue chimérique comme lui, elle partagea sa décadence en la précipitant. Elle se trouva désorganisée, anarchique et sans conscience d'elle-même. Elle le maudit avec excès quand elle se vit perdue, l'implacable colère ne s'avoua pas qu'elle était trop tardive pour être digne. [...] Napoléon III ne mérita jamais « ni cet excès d'honneur ni cette indignité » d'être traité comme un monstre. Il ne mérita pas davantage d'être rabaissé jusqu'à l'idiotisme. Il eut, comme homme privé, des qualités réelles. J'ai eu l'occasion de voir en lui un côté vraiment sincère et généreux. Il eut aussi un rêve de grandeur française qui ne fut pas d'un esprit sain, mais qui ne fut pas non plus d'un esprit médiocre. Vraiment la France serait trop avilie si elle avait subi pendant vingt ans la toute-puissance d'un crétin travaillant pour lui seul. Il faudrait désespérer d'elle à tout jamais. La vérité est qu'elle prit ce météore pour un astre et ce songeur silencieux pour un homme profond. Puis, quand elle le vit succomber à des désastres qu'elle eût dû prévoir et prévenir, elle le prit pour un lâche. [...]

Si l'on me dit que j'ai parlé du trépassé de Sedan avec trop d'indulgence, je répondrai ceci pour me résumer : « Le grand coupable, c'est l'esprit aventureux de la France. » Je voudrais avoir encore plus de bien à dire du caractère de Napoléon III. [...] Et devant cet homme investi du pouvoir suprême, homme parfait, je le suppose tel, qui ne sait pas, qui ne voit pas, qui marche dans un rêve, qui dispose d'une nation dont il ignore les ressources et dont il contrarie les besoins en lui supposant ceux qu'elle n'a pas, je crois qu'il y aurait enfin à reconnaître que le meilleur des hommes peut être le plus funeste des souverains, que remettre les destinées de tous à un seul est l'acte le plus coupable et le plus insensé que puisse commettre un peuple civilisé. »

Notes

Notes de l'avant-propos

1. *Le Plus Grand Français de tous les temps*, France 2, les 14 mars et 4 avril 2005.

2. Sur Guéroult, on peut se reporter au volumineux travail de Bernard Coste, *Un journaliste saint-simonien sous le second Empire, Adolphe Guéroult et l'Opinion nationale*, Paris, 1969, thèse de droit dactyl., ou, à défaut, à la notice que nous lui avons consacrée dans notre *Dictionnaire des députés du second Empire*, Rennes, PUR, 1999.

3. Ainsi dans une fiche individuelle destinée à préparer *Son Excellence Eugène Rougon*, Bibliothèque nationale de France [BNF], Mss N.a.f. n° 10 292, f. 195.

4. *Souvenirs d'un demi-siècle, 1830-1882*, Hachette, 1949, t. 2, p. 294.

5. *Clair de lune. Le coup d'État*, Ollendorff, 1893, 8e éd., p. 38.

6. « Dans les bois », 1873, p. 19 de *Dernières pages*, Calmann-Lévy, 1877. Nous donnons ce texte en annexe.

7. Charles-Édouard Temblaire, *Louis-Napoléon Bonaparte, sa vie politique et ses ouvrages*, Temblaire, 1846.

8. Jean Claude Barthélemy Gallix et Guy de l'Hérault, *Histoire complète et authentique de Louis-Napoléon Bonaparte depuis sa naissance jusqu'à ce jour* [Morel, 1852-1853, 2 vol.], Arthur de La Guéronnière, *Napoléon III, portrait politique* [Amyot, 1853] ou encore Hippolyte Castille, *Parallèle entre César, Charlemagne et Napoléon : l'Empire et la démocratie, philosophie de la légende impériale* [Plon, 1858].

9. Le plus célèbre de ces ouvrages est naturellement *Le 18 Brumaire de Louis-Napoléon Bonaparte* écrit par Karl Marx peu de temps après le coup d'État.

10. Les deux premiers ouvrages parurent chez Armand Le Chevalier en 1868, le premier volume du troisième chez Germer-Baillère, l'année suivante.

11. William Kinglake, *Histoire du 2 décembre 1851 et portrait historique de Napoléon III*, Paris, 1873.

12. *Life of Napoleon III*, Londres, Longmans, 1874-1882, 4 vol.

13. *L'Empire libéral, études, récits, souvenirs*, Garnier frères, 1895-1917.

14. *Histoire du second Empire*, Plon, 7 volumes, 1894-1904. Dans le t. 1 (p. IV), l'auteur comparait le souverain à Machiavel et à Don Quichotte.

15. *Le second Empire (1852-1870)*, volume X de l'*Histoire socialiste* de Jean Jaurès, Rouf, 1907.

16. T. VI, *La Révolution de 1848. Le second Empire* et t. VII, *Le Déclin de l'Empire et l'établissement de la III*^e^ *République*, Hachette, 1921.

17. *Napoléon III*, A. Fayard et Cie, 1929.

18. *Napoléon III et sa politique*, Plon, 1933.

19. Respectivement *The Rise of Louis Napoleon* [Londres, J. Murray, 1909] et *Louis Napoleon and the Recovery of France* [Londres, Longman, 1923], pour le premier, *Napoleon III. The Modern Emperor* [Ayer Co. Pub., 1933] traduit en français sous le titre *Napoléon III. Un précurseur* [Plon, 1935], pour le deuxième, et *Rêve et Réalité dans l'œuvre économique et sociale de Napoléon III* [La Haye, Martinus Nijhoff, 1936], pour le troisième.

20. Comment ne pas citer d'abord les travaux de l'historien nazi Karl-Heinz Bremer qui firent de Napoléon III un « empereur national-socialiste ». Sans oser aller aussi loin, Max Aghion avec *Le Fils de la reine Hortense* [Bruxelles, 1939] et Jacob Salwyn Schapiro dans *Liberalism and the Challenge of Fascism, Social Forces in England and France, 1815-1870* [New York, McGraw-Hill, 1949] virent une parenté entre l'empereur des Français et les dictateurs du XXe siècle.

21. Albert Guérard, *Napoleon III, An Interpretation* [Cambridge, Harvard UP, 1943].

22. Parmi ceux-ci, Jean-Baptiste Barbier et sa trilogie consacrée aux outrances, aux mensonges et aux silences sur le second Empire [La Librairie française, 1956-1962], Suzanne Desternes et Henriette Chandet avec *Napoléon III, homme du XX*^e^ *siècle* [Hachette, 1961] ou encore Georges-Édouard Boilet et sa *Doctrine sociale de Napoléon III* en 1969, puis en 1980. Jean Étévenaux vient d'en fournir un exemple récent avec *Napoléon III, un empereur visionnaire*, De Vecchi, 2006.

23. Samuel M. Osgood (dir.), *Napoleon III, Buffoon, Modern Dictator or Sphinx ?*, Boston, D. C. Heath, 1963.

24. À la suite de celle de Jean Maurain sur la politique ecclésiastique, la vie ouvrière (Georges Duveau), les travaux publics (Louis Girard), le système politique (Theodor Zeldin), le Conseil d'État (Vincent Wright), la politique algérienne (Annie Rey-Goldzeiguer), la Banque de France (Alain Plessis), le bonapartisme populaire (Bernard Ménager), la capitale religieuse de l'Empire (Jacques-Olivier Boudon), la fête du 15 Août (Sudhir Hazareesingh)…

25. Entre autres celles d'Alain Plessis, de Roger Price ou encore de Jean-Claude Yon pour lesquelles nous renvoyons à la bibliographie.

26. *Louis-Napoléon à la conquête du pouvoir, Du 2 Décembre au 4 Septembre* et *Naissance de la France moderne. Le second Empire*, Hachette 1961, 1972 et 1976.

27. *Napoleon III*, Londres, Wayland, 1972, éd. française Hachette, 1982, rééd. Marabout, 1984.

28. Gallimard, 1974, t. I, p. 23.

29. *Napoléon III*, Fayard, 1986, rééd. Hachette, Pluriel, 1993.

30. *Napoléon III*, « Que sais-je ? », PUF, 1995.

31. N° 221 de juin 1997.

32. *Napoléon III*, Perrin, 2004.

33. Jean-Pierre Dufreigne a même fait de lui un héros de roman : *Napoléon III*, t. 1, *L'Enfant du siècle* et t. 2, *Un empereur qui rêvait*, Plon, 2007.

34. C'est déjà ainsi qu'Ollivier entendait parler de l'empereur, *L'Empire libéral...*, *op. cit.*, t. 1, p. 5.

35. *Louis-Napoléon...*, *op. cit.*, p. 430.

36. Pour ne prendre que trois exemples, les archives Napoléon n'ont été déposées aux Archives nationales qu'en 1979, le fonds Ollivier et le fonds Persigny n'y sont consultables que depuis le début du XXIe siècle.

37. Theodor Zeldin écrivit l'inverse dans *The Political System of Napoleon III*, Londres, McMillan, 1958, p. 1.

38. Archives nationales [A.N.] 400 AP 25 à 150 et en particulier 39 à 79. Il faut toutefois préciser qu'elles ont été expurgées, sans doute par l'impératrice elle-même, et que l'on n'y trouve quasiment rien sur les affaires de Strasbourg et de Boulogne ou sur une personnalité comme Morny.

39. Principalement *Œuvres de Napoléon III*, Plon et Amyot, 1869, 5 vol., et *Œuvres posthumes*, La Chapelle, 1973.

40. Soc. des publications littéraires illustrées, 1909, 2 vol.

41. Voir *L'Intermède des chercheurs et curieux*, numéros d'octobre 1921, de mars et juin 1933, et d'avril et septembre 1993. Beau-frère de Pouchkine qu'il tua en duel en 1837, Heeckeren fut représentant du peuple sous la deuxième République et sénateur du second Empire, alors que d'Ambès affirmait avoir refusé honneurs et responsabilités. En outre, sa biographie et celle de l'auteur diffèrent par plus de dix dates. Ainsi, pour n'en citer que trois : Heeckeren ne pouvait être ni à Arenenberg au moment de la maladie terminale de la reine Hortense, ni en Italie au moment de la guerre contre l'Autriche, au printemps 1859, ni à Chislehurst à la mort de l'empereur. Sa famille démentit qu'il fût le baron d'Ambès, après la parution du premier volume des *Mémoires* et les éditeurs le confirmèrent. Né le 1er janvier 1815 – et donc de deux ans le cadet du baron d'Ambès –, Henri Lambert était le fils de Jean-François Lambert, intendant général de la Grande Armée et inspecteur en chef des revues. Chef d'escadron, il devint sous l'Empire lieutenant de la vénerie impériale et commandant des chasses à courre. On voit mal, par conséquent, pourquoi il aurait été invité aux séries de Compiègne, comme d'Ambès. Voir à ce sujet l'ouvrage du duc de Conegliano, *Le Second Empire. La Maison de l'Empereur*, Calmann-Lévy, 1897, pp. 238-239. Son fils, le baron Tristan Lambert (1846-1929), partagea la captivité de Napoléon III à Wilhelmshöhe.

42. Né à Nancy le 7 juin 1813 et mort à Paris le 9 juin 1887, fils de Jean-François d'Almbert, proche de Jérôme Bonaparte à Cassel, il rencontra le prince pour la première fois à Arenenberg, en août 1833, devint son secrétaire et fut présent à l'affaire de Boulogne comme il l'évoquait dans son récit et comme l'attestent les archives judiciaires. En 1848, il se fit propagandiste pour son ami, puis l'accompagna souvent dans ses déplacements lorsqu'il devint président. Sous l'Empire, il fut moins présent, écrivit une *Physiologie du duel* (1853) et une *Flânerie parisienne aux États-Unis* (1856), mais conserva ses entrées auprès du souverain. Resté d'une grande fidélité après le 4 septembre 1870, fidélité qu'il poussait jusqu'à porter l'impériale, il fit le voyage de Chislehurst et voulut rester optimiste après la mort de Napoléon III, en publiant, quelques semaines plus tard, *Quatrième dynastie. Le bonapartisme, son passé, son avenir.*

43. AN, CC 762-772.

44. Services historiques de l'armée de Terre : C^6 10 et C^{18} 47-52.

45. Même si une partie des archives de Napoléon III passa en Angleterre à la chute du régime et si, selon le comte d'Hérisson, Conti, chef de cabinet du souverain, fit déchirer et noyer dans une baignoire un certain nombre de dossiers compromettants avant de quitter les Tuileries, des papiers restèrent néanmoins sur place. Le gouvernement de la Défense nationale institua sans tarder une commission chargée de les recueillir, de les classer et de les publier (*Journal officiel de la République française* du 7 septembre 1870). Cependant, la publication ne fut jamais que partielle et partiale : *Papiers et correspondance de la famille impériale*, Imprimerie nationale, 1870, rééd. L. Beauvais, 1872, 2 vol. La totalité de ces papiers restés aux Tuileries sont aujourd'hui aux Archives nationales en AB XIX 159 à 178.

46. *Du passé et de l'avenir de l'artillerie*, *Œuvres complètes*, t. IV, Plon et Amyot, 1869, p. 12.

NOTES DU CHAPITRE PREMIER

1. AN, 400 AP 34. Aujourd'hui rue Laffitte dans l'actuel IXe arrondissement.

2. *Mémoires de la reine Hortense*, Paris, 1927, t. II, p. 1 et suiv.

3. Louis Bonaparte, *Notes et réflexions historiques*, AN, 400 AP 36.

4. *Mémoires de la reine Hortense*, *op. cit.*, t. I, p. 92 et suiv.

5. Louis Bonaparte, *op. cit.*

6. Le contrat et l'acte de mariage se trouvent en AN, 400 AP 34.

7. *Mémoires de la reine Hortense*, *op. cit.*, t. I, p. 333.

8. *Ibid.*, pp. 194-195 et p. 245.

9. Louis Bonaparte, *op. cit.*

10. *Mémoires de la reine Hortense*, *op. cit.*, t. I, pp. 281-282.

11. *Id.*, t. III, p. 145 et suiv.

12. Lettre du 4 avril 1807 reproduite dans Blanchard Jerrold, *The Life of Napoleon III*, Londres, 1874, t. I, p. 429. À Sainte-Hélène, Napoléon confiait encore à Las Cases à propos de son frère : « L'esprit de Louis est naturellement porté au travers et à la bizarrerie. Il a été gâté encore par la lecture de Jean-Jacques [Rousseau]. » *Mémorial de Sainte-Hélène*, chez l'auteur, 1823, t. II, p. 375.

13. Lettre de Louis à Briatte du 2 décembre 1814. AN, 400 AP 33.

14. Lettre de Louis à Hortense du 3 mars 1808. AN, 400 AP 33.

15. Lettre de Louis à Hortense du 24 avril 1808. AN, 400 AP 33.

16. Alors qu'ils nommaient leur fils aîné Napoléon, les parents prirent rapidement l'habitude de l'appeler Louis. Par commodité et pour éviter toute confusion, nous emploierons dorénavant les noms qu'ils utilisèrent eux-mêmes, une fois devenus adultes : Louis-Napoléon pour lui, Napoléon-Louis pour son aîné.

17. Dans sa lettre du 24 avril (voir note 15), Louis subordonnait son désir à celui de l'empereur.

18. *Mémoires de la reine Hortense*, *op. cit.*, t. I, p. 293 et suiv.

19. Voir à ce sujet la communication de Marcel Émerit au Congrès des sociétés savantes de Rennes en 1951. *Actes du LXXVIe Congrès des sociétés savantes*, Imp. nat., 1952, pp. 232-243, Adrien Dansette, *Louis-Napoléon à la conquête du*

pouvoir, Hachette, 1961, p. 27 et suiv., et Charles-H. Pouthas, « Note sur la naissance de Napoléon III », *Revue d'Histoire moderne et contemporaine*, 1962, p. 207 et suiv.

20. On ne voit pas comment le fait d'indiquer qu'elle avait renvoyé en Hollande son écuyer sous le prétexte qu'il mettait sa vie en péril après avoir fait « plusieurs chutes dangereuses en s'obstinant à [la] suivre à travers des routes trop difficiles pour son âge » aurait pu la rendre suspecte. *Mémoires de la reine Hortense*, *op. cit.*, t. I, p. 297.

21. Françoise Wagener, *La Reine Hortense*, Jean-Claude Lattès, 1992, p. 250.

22. *Mémoires de la reine Hortense*, *op. cit.*, t. II, p. 7 et suiv.

23. Ce texte serait devenu par la suite la propriété de Laetitia Bonaparte-Wyse qui l'aurait vendu à Napoléon III contre 500 000 francs et une pension annuelle de 24 000 livres. Maxime du Camp qui rapporta l'anecdote l'aurait tenue à la fois de la principale intéressée et de Joseph-Marie Piétri qui aurait servi d'intermédiaire. *Souvenirs d'un demi-siècle*, *op. cit.*, t. 1, p. 128.

24. Comme en témoignait, par exemple, sa lettre à Hortense du 20 juin 1807. AN, 400 AP 33.

25. *Mémoires de la reine Hortense*, *op. cit.*, t. I, p. 298 et suiv.

26. *Ibid.*, p. 315.

27. Ainsi, par exemple, dans la lettre déjà citée du 2 décembre 1814.

28. En 1830, Valérie Masuyer fut ainsi frappée par cette ressemblance qui apparaissait aussi sur les portraits. *Mémoires, lettres et papiers*, Plon, 1937, p. 61.

29. Alfred Maury constata lui-même cette ressemblance au milieu de l'Empire. Bibliothèque de l'Institut, papiers d'Alfred Maury, Mss 2649 *Souvenirs d'un homme de lettres, années 1851-1860.*

30. Il le signala d'ailleurs lui-même à Louis-Napoléon, dans une lettre du 3 janvier 1825. AN, 400 AP 33.

31. Du Camp et d'Ambès, pourtant bien disposés, appartiennent à la première catégorie. À l'inverse, à en croire son fils Charles, que l'on ne peut soupçonner de complaisance à l'égard de Napoléon III, la comtesse de Rémusat, bien informée puisque dame d'honneur de Joséphine, lui aurait confié avoir la certitude de la légitimité de l'enfant. Charles-H. Pouthas, art. cit. Mme Cornu avait la même conviction (William Nassau Senior, *Conversations with M. Thiers, M. Guizot and other Distinguished Persons during the Second Empire (1852-1860)*, Londres, Hurst et Blackett, 1878-1880, t. II, p. 335), de même qu'Émile Ollivier (*L'Empire libéral…*, Garnier frères, 1897, t. 2, p. 9). Voir aussi la lettre de Charles de Flahaut à Morny du 4 mai 1849, *Le Secret du coup d'État, correspondance inédite du prince Louis-Napoléon…, publié avec une introduction de lord Kerry*, Émile-Paul frères, 1928, p. 84.

32. *Mémoires de la reine Hortense*, *op. cit.*, t. II, p. 33 et p. 372.

33. Lettre de Louis à Briatte déjà citée et *Mémoires de la reine Hortense*, *op. cit.*, t. II, p. 51 et suiv. Voir aussi Frédéric Masson, *Napoléon et sa famille*, P. Ollendorff, rééd. 1937, t. V, p. 152.

34. *Mémoires de la reine Hortense*, *op. cit.*, t. II, p. 72 et suiv. et pp. 379-380.

35. Louis-Napoléon affirma plus tard que son baptême fut le « premier souvenir de [sa] vie. « Souvenirs de ma vie ». AN, 400 AP 40.

36. Acte de baptême. AN, 400 AP 34.

37. *Mémoires de la reine Hortense*, *op. cit.*, t. II, p. 133, et F. Masson, *Napoléon et sa famille*, *op. cit.*, t. VII, p. 126.

38. AN, 400 AP 39. Voir par exemple la lettre du 10 juin 1813.

39. *Mémoires de la reine Hortense*, *op. cit.*, t. II, p. 1 et suiv.

40. William Nassau Senior, *op. cit.*, conversation de mai 1860 avec Mme Cornu, t. II, pp. 335-338, et « Napoléon III et Mme Cornu », *Revue de Paris*, 1er juillet 1897, p. 194.

41. Baron d'Ambès (pseud.), *Mémoires inédits de Napoléon III. Le Mémorial de Chislehurst*, Paris, 1909, p. 44, et Stéfane Pol, *La Jeunesse de Napoléon III*, *Correspondance inédite de son précepteur Philippe Le Bas*, F. Juven, 1902, p. 6.

42. *Mémoires de la reine Hortense*, *op. cit.*, t. II, p. 131. Voir aussi Louis-Napoléon, « Souvenirs de ma vie ». AN, 400 AP 40.

43. Louis-Napoléon, « Souvenirs de ma vie ». AN, 400 AP 40.

44. Voir notre préface à Horace de Viel Castel, *Mémoires sur le règne de Napoléon III (1851-1864)*, Bouquins, R. Laffont, 2005, p. VII.

45. Baron d'Ambès (pseud.), *op. cit.*, pp. 47-48.

46. *Mémoires de la reine Hortense*, *op. cit.*, t. II, p. 251.

47. *Ibid.*, p. 193 et suiv., et Louise Cochelet, *Mémoires sur la reine Hortense*, Paris, 1836, t. I, p. 233 et suiv.

48. Hortense avait en outre hérité de plus de deux millions à la mort de sa mère. *Mémoires de la reine Hortense*, *op. cit.*, t. II, p. 212 et suiv. ainsi que p. 256, et Louise Cochelet, *op. cit.*, t. 1, p. 299.

49. Lettre du chevalier de La Caze, fondé de pouvoir de Louis à ce dernier du 21 juin 1814. AN, 400 AP 33. Voir aussi *Mémoires de la reine Hortense, op. cit.*, t. II, p. 230 et suiv.

50. Lettre de Louis à Briatte déjà citée, et *Mémoires de la reine Hortense*, *op. cit.*, t. II, p. 168 et p. 262 et suiv.

51. *Mémoires de la reine Hortense*, *op. cit.*, t. II, p. 277 et suiv.

52. Louis-Napoléon, « Souvenirs de ma vie ». AN, 400 AP 40, *Mémoires de la reine Hortense*, *op. cit.*, t. II, p. 311, et Louise Cochelet, *op. cit.*, t. 2, p. 339 et suiv.

53. *Mémoires de la reine Hortense*, *op. cit.*, t. II, p. 331 et suiv.

54. *Ibid.*, *op. cit.*, t. II, p. 357 et p. 385 ainsi que t. III, pp. 3-4, et F. Masson, *Napoléon et sa famille*, *op. cit.*, t. X, p. 203 et suiv.

55. Victor de Persigny rapporta complaisamment l'anecdote qu'il tenait de Louis-Napoléon lui-même dans la cinquième lettre de Londres du 10 août 1839 de son ouvrage de propagande : *Visite au prince Napoléon-Louis. Lettres de Londres*, A. Levasseur, 1840. Le baron d'Ambès en fit de même (*op. cit.*, p. 53) et Émile Ollivier également (*op. cit.*, t. 2, p. 14). Voir aussi S. Pol, *op. cit.*, p. 7.

56. Baron d'Ambès (pseud.), *op. cit.*, p. 55.

57. Louise Cochelet, *op. cit.*, t. 3, p. 150.

58. *Mémoires de la reine Hortense*, *op. cit.*, t. III, p. 50 et suiv.

59. Baron d'Ambès (pseud.), *op. cit.*, p. 54.

60. Lettre du 20 novembre 1815. AN, 400 AP 40.

61. Cette dernière était une cousine d'Hortense, mais elle était aussi, d'une certaine façon, sa sœur, puisque Napoléon avait adopté les deux jeunes filles. Voilà pourquoi Louis-Napoléon la considéra toujours comme sa tante.

62. *Mémoires de la reine Hortense*, *op. cit.*, t. III, p. 104 et suiv.

63. *Moniteur universel* n° 14 du 14 janvier 1816, p. 49.

64. *Mémoires de la reine Hortense*, *op. cit.*, t. III, p. 120.

65. Billet du printemps 1816. AN, 400 AP 35.

66. Lettre du 14 septembre 1816, reproduite par Jules Claretie dans *L'Empire, les Bonaparte et la Cour*, 1871, p. 32 et suiv.

67. *Mémoires de la reine Hortense*, *op. cit.*, t. III, pp. 126-127.

68. *Ibid.*, *op. cit.*, t. III, p. 137 et suiv., S. Pol, *op. cit.*, p. 63, et F. Masson, *op. cit.*, t. XII, p. 441.

69. *Mémoires de la reine Hortense*, *op. cit.*, t. III, p. 142 et suiv.

70. Comme celles du 2 janvier 1816 et du 28 juin 1817 conservées aux AN, en 400 AP 33.

71. *Mémoires de la reine Hortense*, *op. cit.*, t. II, p. 283.

72. B. Jerrold, *op. cit.*, p. 49 et suiv.

73. *Mémoires de la reine Hortense*, *op. cit.*, t. III, pp. 120-121, et baron d'Ambès (pseud.), *op. cit.*, p. 55.

74. Cité par Odette Merlat-Guitard, *Louis-Napoléon Bonaparte, de l'exil à l'Élysée*, Hachette, 1939, p. 20.

75. Lettre de Le Bas à son beau-père du 14 juillet 1820 dans S. Pol, *La Jeunesse de Napoléon III*, p. 41 et suiv.

76. Lettre de Le Bas à son beau-père du 10 août 1820, *id.*, pp. 53-54.

77. Comme Louis-Napoléon le souligna lui-même par la suite, dans une lettre à sa mère datée du 27 août 1823. AN, 400 AP 39.

78. Lettre de Le Bas du 25 août 1820. S. Pol, *op. cit.*, p. 54.

79. Voir par exemple sa lettre à sa mère du 15 juin 1821. AN, 400 AP 39.

80. Lettre de Le Bas au baron de Vaux du 17 septembre 1820, S. Pol, *op. cit.*, p. 54.

81. Lettre de Le Bas à M. Lembert de décembre 1820, *id.*, pp. 70-71.

82. É. Ollivier, *L'Empire libéral…*, *op. cit.*, t. 2, p. 19.

83. Lettre du 9 avril 1821. AN, 400 AP 33.

84. É. Ollivier, *L'Empire libéral…*, *op. cit.*, t. 2, p. 21.

85. Lettres de Le Bas à Vieillard du 10 juin 1821 et à Mocquard du 15 juillet suivant dans S. Pol, *op. cit.*, p. 21 et suiv. et p. 88 et suiv.

86. Lettre de Le Bas à son beau-père du 7 février 1822, *id.*, p. 109 et suiv.

87. Lettre de Louis-Napoléon à sa mère du 30 juillet 1822. AN, 400 AP 39.

88. Le pseudo-baron d'Ambès recueillit sur le sujet les confidences des deux principaux intéressés, *op. cit.*, p. 56.

89. Lettre de Louis-Napoléon à sa mère du 27 août 1822. AN, 400 AP 39.

90. Lettre de Le Bas à son beau-père du 22 février 1823. S. Pol, *op. cit.*, p. 164 et suiv.

91. Lettres des 19 juin 1822 et 23 juin 1823. 400 AP 39.

92. É. Ollivier, *L'Empire libéral*, *op. cit.*, t. 2, p. 22.

93. Lettre de Le Bas à son épouse du 8 janvier 1824. S. Pol, *op. cit.*, p. 226 et suiv.

94. Lettre de Le Bas à son beau-père du 9 mars 1826, *id.*, p. 322 et suiv.

95. Lettre de Le Bas à son beau-père du 7 septembre 1827, *id.*, p. 358 et suiv.

96. Baron d'Ambès (pseud.), *op. cit.*, p. 58 et suiv.

97. V. Masuyer, *op. cit.*, p. 212.

98. *Ibid.*, p. 14.

99. Lettre de la reine Hortense à son frère Eugène citée par Pierre de Lacretelle, *Secrets et malheurs de la reine Hortense*, Hachette, 1936, p. 205.

100. Lettre du 24 juillet 1821. AN, 400 AP 39.

101. Jacques Jourquin, *Souvenirs et biographie du commandant Parquin*, Tallandier, 2003, p. 403 et suiv.

102. Jacob Hugentobler, « La famille Bonaparte à Arenenberg », *Revue des études napoléoniennes*, septembre 1932.

103. Voir à ce sujet la lettre de Le Bas à sa famille du 24 mars 1823. S. Pol, *op. cit.*, p. 167.

104. Dans une lettre du 27 août 1823. AN, 400 AP 39.

105. Voir S. Pol, *op. cit.*, p. 241.

106. Dans une lettre du 24 juillet 1826, Louis-Napoléon félicitait son « tendre frère et ami » et lui réclamait un neveu « bien respectueux pour son grave oncle ». AN, 400 AP 40.

107. Lettre à sa mère du 14 octobre 1821. AN, 400 AP 39.

108. Voir en particulier la lettre qu'il adressa, le 9 juin 1829, à Hortense. AN, 400 AP 33.

109. D'Ambès s'appuyait sur les confidences d'Arese, mais celles-ci étaient ambiguës : Louis-Napoléon « ne l'était pas, d'abord [carbonaro], mais il le devint sûrement. Il ne l'était pas parce qu'il détestait les sectes, quelles qu'elles fussent. Il le devint quand on donna ce nom à tous ceux qui voulaient chasser les Autrichiens de l'Italie » (*op. cit.*, p. 64). Voir aussi A. Hübner, *Neuf ans de souvenirs d'un ambassadeur d'Autriche à Paris sous le second Empire, 1851-1859...*, Plon, 1904, 2 vol. t. 1, p. 47. Sans avancer de preuves, Hippolyte Thirria se dit également convaincu de l'affiliation du prince dans « Napoléon III carbonaro », *Le Correspondant*, 1899, p. 6.

110. Le témoignage de ce dernier est capital. Voir en particulier sa lettre adressée à la reine Victoria le 7 mars 1858 dans *La Reine Victoria d'après sa correspondance personnelle inédite*, t. III 1854-1861, Hachette, 1907, p. 426 et suiv.

111. Par exemple le 15 novembre 1871 à Chislehurst. Le prince expliquait généralement la rumeur par une confusion entre son frère et lui. Voir Amélie Carette, *Souvenirs intimes de la Cour des Tuileries*, Paul Ollendorff, 1889-1891, t. 3, p. 124 et suiv.

112. Lettres de Louis-Napoléon à son père des 19 janvier, 3 mars et 21 avril 1829. AN, 400 AP 40.

113. É. Ollivier, *L'Empire libéral*, *op. cit.*, t. 2, p. 21.

114. Lettre de Louis à son fils du 1er septembre 1829. AN, 400 AP 39.

115. V. Masuyer, *op. cit.*, p. 9.

116. J. Hugentobler, art. cit., p. 118.

117. Lettre de Louis-Napoléon à Mme Cornu de février 1843 dans Marcel Émerit, *Lettres de Napoléon III à Mme Cornu*, Éd. des Presses Modernes, 1937, t. II, p. 47.

118. James Howard Harris de Malmesbury, *Mémoires d'un ancien ministre...*, P. Ollendorff, 1885, p. 22.

119. Deuxième lettre de Londres du 7 août 1839 dans Victor de Persigny, *Visite au prince Napoléon-Louis. Lettres de Londres*, A. Levasseur, 1840.

120. J. H. de Malmesbury, *op. cit.*, pp. 21-22.

121. Lettre du 1er décembre 1829. AN, 400 AP 40.

122. Lettre à son père du 13 avril 1830 (AN, 400 AP 40) et lettre à Vieillard du 19 mai 1830 (AN, 400 AP 41).

123. Lettre à son père du 17 juin 1830. AN, 400 AP 40.

124. Lettres de Louis-Napoléon à sa mère des 17 et 21 juillet 1830. AN, 400 AP 39.

125. Voir par exemple les lettres de Louis-Napoléon à sa mère des 17 et 24 août 1830. AN, 400 AP 39.

Notes du Chapitre II

1. Correspondance entre Louis-Napoléon et sa mère en août 1830. AN, 400 AP 39.

2. *Moniteur universel* du 13, p. 1075.

3. Valérie Masuyer, *Mémoires, lettres et papiers*, Plon, 1937, p. 149.

4. Louis-Napoléon lui avait aussi écrit, mais sa lettre fut, semble-t-il, interceptée et ne parvint jamais à son destinataire. Baron d'Ambès (pseud.), *Mémoires inédits de Napoléon III. Le Mémorial de Chislehurst*, Paris, 1909, p. 73.

5. Lettre de Louis-Napoléon à sa mère du 14 décembre 1830. AN, 400 AP 39.

6. Dans la lettre à sa mère du 21 janvier 1831, Louis-Napoléon n'évoquait que la fugue de son chien. Dans celle du 8 février suivant, il lui parlait du prochain carnaval. AN, 400 AP 39.

7. Le fil des événements se retrouve à partir de la correspondance du prince, du *Récit* publié par Hortense trois ans plus tard (*La Reine Hortense en Italie, en France et en Angleterre pendant l'année 1831 ou Récit de mon passage en France et des causes qui l'ont amené*, Levavasseur, 1834) et des *Mémoires* de Valérie Masuyer (p. 117 et suiv.).

8. Lettre de Spolète du 22 février 1831. AN, 400 AP 39.

9. *Id.* du 25 février 1831. AN, 400 AP 40.

10. Baron d'Ambès (pseud.), *op. cit.*, p. 68.

11. Lettre de Louis à Hortense du 28 février 1831. AN, 400 AP 33.

12. Voir par exemple la lettre d'Armandi à Hortense depuis Monsanvito du 3 mars 1831. AN, 400 AP 27.

13. Lettre de Spolète du 1er mars 1831. AN, 400 AP 39.

14. Lettre de Louis-Napoléon à sa mère depuis Bologne, le 5 mars 1831. AN, 400 AP 39.

15. Baron d'Ambès (pseud.), *op. cit.*, p. 129, et Hippolyte Thirria, « Napoléon III carbonaro », *Le Correspondant*, 1899, p. 15.

16. Acte de décès, nécroscopie du 21 mars 1831 et procès-verbal d'exhumation du 23 avril 1831. AN, 400 AP 34.

17. Lettre de Louis-Napoléon à son père du 20 mars 1831 depuis Pesaro. AN, 400 AP 40.

18. Dans son récit, Hortense parlait de mort naturelle pendant que le *Journal des débats* du 10 octobre 1837 prétendait que le prince était mort les armes à la main. De son côté, Valérie Masuyer affirmait que la vérité avait été cachée à la duchesse de Saint-Leu pour ne pas la choquer. Comme elle le consigna sur un

papillon que retrouva Jean Bouguignon, l'éditeur de ses Mémoires, Valérie Masuyer aurait appris, quant à elle, l'assassinat du prince par Zappi lui-même (« Introduction » à ses Mémoires, pp. XXVIII-XXIX). Le secret aurait été gardé jusqu'au second Empire où Hippolyte Larrey, le fils du chirurgien de Napoléon, l'aurait révélé dans la biographie qu'il consacra à Madame Mère. Par la suite, le comte Kératry décrivit la fin supposée du prince dans *Le Dernier Napoléon*. L'exécuteur du prince aurait été le comte Orsini, le père de celui qui chercha, par la suite, à assassiner Napoléon III. Cette version fut suivie par plusieurs historiens dont Françoise Wagener dans *La Reine Hortense*, Jean-Claude Lattès, 1992, p. 406 et suiv. À la fin du XIXe siècle, quelques témoins survivants affirmèrent au syndic de Forlì, fort dubitatif, que Napoléon-Louis avait été non pas exécuté, mais empoisonné.

19. Lettre à son père depuis Londres le 26 mai 1831. AN, 400 AP 40.

20. Selon les tenants de l'assassinat, elle était mensongère.

21. Lettre du 22 mars 1831. AN, 400 AP 33.

22. Pour ce qui suit et sauf indication contraire, nous suivons le récit d'Hortense déjà cité.

23. V. Masuyer, *op. cit.*, p. 180.

24. Elle avait obtenu de Napoléon une pension de 400 000 francs pour la duchesse d'Orléans alors en difficulté financière.

25. Il confia plus tard que si le roi lui avait alors proposé de devenir son aide de camp, il aurait accepté et se serait trouvé dans une position fausse. Adrien Dansette, *Louis-Napoléon à la conquête du pouvoir*, Hachette, 1961, p. 69.

26. *Mémoires de la reine Hortense*, Paris, 1927, t. III, p. 305.

27. V. Masuyer, *op. cit.*, p. 253.

28. Dans ses Mémoires posthumes (J. Rouff, 1881-1883, 10 vol.) rédigés en fait par le journaliste Labourieu, Claude, chef de la sûreté sous le second Empire et pour l'heure jeune fonctionnaire de police, rapportait qu'il aurait rencontré dans un cabaret de l'île de la Cité le prince « vêtu en ouvrier » qui cherchait à rallier le peuple à la cause impérialiste. Le gouvernement, qui l'aurait arrêté par hasard, n'aurait pas ébruité l'affaire. Eugène Sue, proche des Bonaparte-Beauharnais, aurait eu vent de cette histoire, s'en serait servi pour ses *Mystères de Paris* et aurait fait de Louis-Napoléon le modèle du prince Rodolphe.

29. V. Masuyer, *op. cit.*, p. 282 et suiv.

30. Dans une lettre du 22 août, il lui donnait un itinéraire fantaisiste de Calais à Bâle en passant par Amiens, Melun, Troyes et Belfort. AN, 400 AP 40.

31. Lettre à Vieillard du 12 décembre 1831. AN, 400 AP 41.

32. Baron d'Ambès (pseud.), *op. cit.*, pp. 72-73, et Stanislaw Bobr-Tylingo, « Napoléon III et le problème polonais, 1830-1859 », *Revue internationale d'histoire politique et constitutionnelle*, s.d., pp. 259-260. À défaut de son concours, le prince offrit l'année suivante au comité polonais de Berne un nécessaire en argent ayant appartenu à Napoléon et qui, mis en vente, rapporta 20 000 francs.

33. Il s'en excusait auprès de lui dans une lettre du 27 septembre 1831. AN, 400 AP 40.

34. V. Masuyer, *op. cit.*, p. 251, et André Lebey, *Les Trois Coups d'État de Louis-Napoléon Bonaparte*, Perrin, 1906, p. 61.

35. Lettre d'Hortense à Vieillard du 9 décembre 1831. AN, 400 AP 35.

36. Lettre de Louis-Napoléon à son père du 15 décembre 1831. AN, 400 AP 40.

37. Lettre du 4 mai 1832. AN, 400 AP 52.

38. Chateaubriand séjourna à Arenenberg en août 1832.

39. Lettre du 7 septembre 1832. AN, 400 AP 52.

40. *Œuvres de Napoléon III*, t. I, Plon et Amyot, 1869, pp. 373-387.

41. Baronne du Montet, *Souvenirs..., 1785-1866*, Plon-Nourrit et Cie, 1904, p. 485.

42. Lettre à sa mère du 7 décembre 1832. AN, 400 AP 39.

43. Il s'en justifia auprès de son père par le souci de distinguer son nom du sien. Lettre du 9 juillet 1833 (AN, 400 AP 40). Voir aussi la lettre à sa mère du 15 août 1834 (AN, 400 AP 39).

44. Voir à ce sujet la lettre du 20 novembre 1832 par laquelle Hortense prit la défense de son fils devant son mari. AN, 400 AP 35.

45. Lettre de Louis-Napoléon à sa mère de Bruxelles, le 14 novembre 1832. AN, 400 AP 39.

46. Lettre de Louis-Napoléon à Joseph du 12 juillet 1837 (AN, 400 AP 41). Pour rassurer sa mère, le prince affirmait pourtant qu'il avait été bien reçu, dans une lettre du 19 novembre 1832 (AN, 400 AP 39).

47. AN, CC 762 et Armand Laity, *Le Prince Napoléon à Strasbourg...*, 1838, p. 17. Les négociations auraient été assez loin selon Gabriel Perreux, *Au temps des sociétés secrètes. La propagande républicaine au début de la monarchie de Juillet (1830-1833)*, Hachette, 1931.

48. Baron d'Ambès (pseud.), *op. cit.*, pp. 94-95.

49. Lettres de Louis-Napoléon à sa mère des 1er et 7 décembre 1832. AN, 400 AP 39.

50. Lettres à sa mère des 20 et 25 février 1833 (AN, 400 AP 39) et lettre à son père du 24 (AN, 400 AP 40).

51. Lettre de Louis à son fils du 7 mars 1833. AN, 400 AP 33.

52. *Id.* du 10 mai 1833. AN, 400 AP 40.

53. Lettres à sa mère des 22 et 25 avril 1833. AN, 400 AP 39.

54. Lettre de Louis-Napoléon à son père du 2 septembre 1833. AN, 400 AP 33.

55. Lettre de Louis-Napoléon à Vieillard du 11 décembre 1833. AN, 400 AP 41.

56. Voir par exemple la lettre de Louis-Napoléon à Vieillard du 28 février 1834 (AN, 400 AP 41) et la réponse du 14 mars 1834 (AN, 400 AP 52).

57. Lettres de Louis-Napoléon à sa mère des 11 et 18 avril 1834. AN, 400 AP 39.

58. Lettre du 10 juillet 1834. AN, 400 AP 39.

59. Lettre du 30 janvier 1835. AN, 400 AP 41.

60. Voir par exemple sa lettre à sa mère du 13 juillet 1834. AN, 400 AP 39.

61. Lettre de Louis à son fils du 16 septembre 1834. AN, 400 AP 33.

62. Lettre à sa mère du 17 août 1834. (AN, 400 AP 39). En 1832, il avait déjà essayé de rassurer son père et sa grand-mère en leur affirmant qu'il n'aurait jamais accepté le droit de bourgeoisie si cela lui avait fait perdre la nationalité française (AN, 400 AP 40).

63. Lettre de Louis-Napoléon à son père du 25 juin 1835. AN, 400 AP 40.

64. Lettre de Louis à son fils du 23 juillet 1835. AN, 400 AP 33.

65. Lettre à son père du 28 juillet 1835. AN, 400 AP 40.

66. Il en évoquait déjà le projet dans une lettre à Vieillard du 21 septembre

1830. AN, 400 AP 41. Voir aussi les lettres d'Hortense à Vieillard du 9 janvier 1835 et à Mme Vieillard du 28 janvier suivant. AN, 400 AP 35.

67. V. Masuyer, *op. cit.*, p. 275.

68. Comme celle qu'il entretint, à l'été 1833, avec une jeune Suissesse. Voir baron d'Ambès (pseud.), *op. cit.*, p. 79 et suiv.

69. Voir par exemple les lettres d'Hortense à son fils du 16 décembre 1832 (AN, 400 AP 35) et de Louis au même du 19 décembre 1833 (AN, 400 AP 33).

70. Lettre de Louis-Napoléon à son père du 31 juillet 1833. AN, 400 AP 40.

71. Lettre de Louis-Napoléon à sa mère du 17 août 1834. (AN, 400 AP 39). Voir aussi la lettre à son père du 25 juin 1835 (AN, 400 AP 40).

72. Baron d'Ambès (pseud.), *op. cit.*, p. 85.

73. Lettre de Louis à son fils du 17 février 1834 (AN, 400 AP 33).

74. Lettres de Louis-Napoléon à sa mère du 4 décembre 1835 (AN, 400 AP 39), du même à son père du 8 décembre suivant (AN, 400 AP 40) et d'Hortense à Vieillard du 19 du même mois (AN, 400 AP 35).

75. Lettres de Mathilde à Hortense de Stuttgart des 6 et 9 janvier 1836. AN, 400 AP 31.

76. *Journal* de Valérie Masuyer, *Revue des Deux Mondes*, novembre-décembre 1915, p. 30, repris dans V. Masuyer, *Mémoires, lettres et papiers*, Plon, 1937, p. 289 et suiv.

77. Lettre de Jérôme à Louis d'Arenenberg du 6 mars 1836. AN, 400 AP 31.

78. Lettre du 9 juin 1836. AN, 400 AP 53.

79. Ce projet comme l'ensemble des tractations autour du mariage se trouvent en AN, 400 AP 35.

80. V. Masuyer, *op. cit.*, p. 252.

81. Voir en particulier le n° du 12 mai 1836 du *National de 1834*.

82. A. Laity, *op. cit.*, p. 20, et baron d'Ambès (pseud.), *op. cit.*, p. 88. Voir aussi Édouard Driault, « Un républicain napoléonien : Armand Carrel », *Revue des études napoléoniennes*, juillet-décembre 1936, et Gilles Crochemore, *Armand Carrel (1800-1836). Un républicain réaliste*, Rennes, PUR, 2006, pp. 223-224.

83. Sudhir Hazareesingh, *La Légende de Napoléon*, Tallandier, 2005, p. 248 et suiv.

84. V. Masuyer, *op. cit.*, p. 330.

85. Baron d'Ambès (pseud.), *op. cit.*, p. 90.

86. Pascal Clément, *Persigny, l'homme qui a inventé Napoléon III*, Perrin, 2006, pp. 46-47.

87. V. Masuyer, *op. cit.*, p. 308 et suiv.

88. Il est impossible de mesurer l'étendue des complicités et le degré d'implication de Voirol puisque le prince, devenu président de la République, fit détruire une partie du dossier de cette affaire. Voir p. 151.

89. V. Masuyer, *op. cit.*, p. 346.

90. Comme le montre sa réaction en apprenant le coup et la lettre que lui envoya son fils le 1er novembre 1836. AN, 400 AP 39.

91. Le récit qui suit repose sur les papiers de la Cour des pairs (AN, CC 767-772), sur l'excellent travail de compilation de documents d'Albert Fermé (*Les Grands Procès politiques. Strasbourg*, Paris, 1868) et sur les témoignages des principaux acteurs dont Louis-Napoléon lui-même (lettre à Odilon Barrot du

15 novembre 1836 en AN, 400 AP 41, lettre à sa mère, *Œuvres de Napoléon III*, t. II, Plon et Amyot, 1869, p. 65 et suiv., et relation des faits en AN, 400 AP 39).

92. Nous suivons la *Relation par Mme de Salvage du voyage d'Hortense en France à la suite de l'affaire de Strasbourg* (AN, 400 AP 35) et V. Masuyer, *op. cit.*, p. 353 et suiv.

93. Guy Antonetti, *Louis-Philippe*, Fayard, 1994, pp. 771-772.

94. Voir par exemple sa lettre à Vieillard du 19 novembre 1836 ou celle au président des États-Unis du 6 juin 1837. AN, 400 AP 41.

95. Lettre de Louis-Napoléon à Odilon Barrot du 15 novembre 1836 (AN, 271 AP C 20) et lettre à sa mère du même jour (AN, 400 AP 39).

96. Le jury n'avait mis que vingt-deux minutes pour se prononcer. Lettre de Gabrielle Barrot à son beau-frère Odilon. AN, 271 AP C 20.

97. Lettre d'Hortense à Jérôme du 19 décembre 1836. AN, 400 AP 35.

98. Il nous offre un récit du voyage par le menu. AN, 400 AP 39.

99. Elle comprend douze feuillets et est aussi conservée aux AN, en 400 AP 39.

100. Lettre de Louis-Napoléon au colonel Vaudrey du 15 avril 1837. AN, 400 AP 41.

101. Il s'en plaignit par la suite dans une lettre à son père écrite à Arenenberg, le 31 octobre 1837. AN, 400 AP 40.

102. Lettre d'Hortense à Louis-Napoléon du 12 mars 1837. AN, 400 AP 35.

103. Voir à ce sujet la lettre de remerciement d'Hortense à Jérôme du 19 décembre 1836 déjà citée. Dans une lettre à Louis du 4 décembre 1836, Joseph n'en dénonçait pas moins « cette folle tentative qui pouvait nous compromettre tous » (AN, 400 AP 33).

104. Lettres de Louis-Napoléon à Hortense des 15 et 19 novembre 1836. AN, 400 AP 39.

105. Lettre d'Hortense à Vieillard du 25 mai 1837. AN, 400 AP 35.

106. Lettre de Louis-Napoléon à sa mère du 17 avril 1837. AN, 400 AP 39.

107. Baron d'Ambès (pseud.), *op. cit.*, p. 120.

108. Lettre de Louis-Napoléon à sa mère du 24 avril 1837. AN, 400 AP 39.

109. Lettre à Vieillard du 30 avril 1837. AN, 400 AP 41.

110. Gustave Claudin, *Mes souvenirs, les boulevards de 1840 à 1870*, C. Lévy, 1884, p. 320.

111. Lettre d'Hortense du 3 avril 1837. AN, 400 AP 34.

112. Lettre du 10 juillet 1837. AN, 400 AP 33.

113. Lettre écrite à Londres du 12 juillet 1837. Il s'était déjà permis un jugement très sévère sur son compte dans une lettre qu'il lui avait adressée le 22 avril précédent. AN, 400 AP 41.

114. Lettre du 12 juillet 1837. AN, 400 AP 40.

115. Émile Félix Fleury, *Souvenirs*, Plon, 1897, t. 1, p. 7.

116. Lettre d'Hortense à son fils du 17 juillet 1837. AN, 400 AP 35.

117. Voir en particulier ses lettres aux princes Esterházy et à von Bülow des 13 et 20 juillet 1837. AN, 400 AP 41.

118. Extrait du livre mortuaire de la paroisse d'Ermatingen. AN, 400 AP 34.

119. Lettre du 11 novembre 1837. AN, 400 AP 33.

120. Testament d'Hortense du 2 avril 1837 qui fut acté le 3 et annulait le précédent qui datait de 1824. AN, 400 AP 33.

121. Lettre de Louis-Napoléon à son père du 11 mai 1838. AN, 400 AP 40.

122. Baron d'Ambès (pseud.), *op. cit.*, p. 125 et suiv.

123. Lettre de Louis-Napoléon à Vieillard du 20 juin 1842. AN, 400 AP 41.

124. AN, 464 AP 1 papiers Laity.

125. Lettre de Louis-Napoléon au président du petit conseil du canton de Thurgovie du 6 août 1838. AN, 400 AP 41.

126. *Id.* du 22 septembre 1838. AN, 400 AP 41.

127. Sur ce quatrième séjour londonien du prince, voir le pseudo-baron d'Ambès (pseud.), *op. cit.*, p. 132 et suiv., et Ivor Guest, *Napoleon III in England*, Londres, BTGP, 1952.

128. Victor de Persigny, *Visite au prince Napoléon-Louis. Lettres de Londres*, A. Levasseur, 1840 : huitième lettre du 19 août 1839.

129. Lettre de Louis-Napoléon à son père du 22 décembre 1838. AN, 400 AP 40.

130. Lord Malmesbury, *Mémoires d'un ancien ministre...*, P. Ollendorff, 1885, pp. 59-60.

131. Le 17 mai 1839, il publia ainsi dans le *Times* un démenti à ceux qui prétendaient qu'il avait participé à l'insurrection de Barbès du 12 : « Si j'étais l'âme d'un complot, j'en serais aussi le chef le jour du danger et je ne le nierais pas après une défaite. »

132. Lord Malmesbury, *op. cit.*, p. 63, et baron d'Ambès (pseud.), *op. cit.*, p. 134.

133. Lettre à Vieillard du 1er juin 1839. AN, 400 AP 41.

134. Charles de Rémusat, *Mémoires de ma vie*, t. III, livre XLVI, Plon, 1960, p. 403, et Maxime du Camp, *op. cit.*, t. 1, p. 38.

135. Baron d'Ambès (pseud.), *op. cit.*, p. 138.

136. Lettre de Louis à son fils du 8 août 1838 en AN, 400 AP 33, et réponse du 25 août suivant en AN, 400 AP 40.

137. Il remerciait la reine d'Angleterre dans une lettre du 21 juin 1840. AN, 400 AP 40.

138. *Op. cit.*, neuvième lettre du 21 août 1839.

139. Baron d'Ambès (pseud.), *op. cit.*, p. 124.

140. Nous nous appuyons principalement sur les papiers de la Cour des pairs (AN, CC 762-766), le recueil d'Albert Fermé, *Les Grands Procès politiques. Boulogne...* (A. Le Chevalier, 1868) et les témoignages des principaux protagonistes dont Louis-Napoléon avec ses « Impressions d'un prisonnier » (AN, 400 AP 40).

141. Élias Regnault, *Histoire de huit ans (1840-1848)*, Pagnerre, 1860, 3 vol.

142. On en trouve le texte dans le n° 260 du 16 septembre 1840 du *Moniteur* et dans A. Fermé, *op. cit.*, p. 15.

143. L'idée de son implication a longtemps circulé. Selon certains, il aurait servi d'intermédiaire entre le roi Louis et son fils pour le transfert d'argent dont les conjurés avaient besoin. Selon d'autres, il aurait tendu un piège. Questionné par Blanchard Jerrold en 1874, Thiers démentit ces assertions. *Life of Napoleon III*, t. II, p. 160.

144. Dans ses Mémoires (*op. cit.*, t. III, livre XLVI, p. 402 et suiv.), Rémusat notait qu'avant son arrivée au ministère de l'Intérieur, il s'agissait du cocher suisse du prince, mais qu'il avait été remplacé avantageusement par un homme beaucoup

plus proche de ce dernier. « Un avis, digne de toute confiance, en date du 1er août, m'informait que Louis Bonaparte levait décidément son drapeau. »

145. Le pseudo-baron d'Ambès affirmait que le prince ne croyait pas en sa culpabilité (*op. cit.*, p. 155). Selon André Lebey et Adrien Dansette, celui-ci était pourtant le coupable le plus probable. Le biographe le plus récent de Montholon, Jacques Macé, ne verse pas de nouvelles pièces au dossier et n'a pas d'avis tranché sur la question (*L'Honneur retrouvé du général de Montholon*..., Christian, 2000, p. 173 et suiv.).

146. Rémusat resta même jusqu'au dernier moment dans l'incertitude sur le lieu central de rassemblement entre Lille, Metz, Lyon et Besançon. *Mémoires de ma vie*, *op. cit.*, t. III, livre XLVI, p. 402 et suiv.

147. Il l'affirma lors de son procès. Sa version est plausible car, d'une part, il était un excellent tireur, comme nous l'avons vu, et, d'autre part, il avait donné l'ordre préalable d'éviter toute effusion de sang.

148. C'est ce qu'affirmait par exemple ce dernier dans son rapport. A. Fermé, *op. cit.*, p. 3.

149. Rapports du commandant de la place de Boulogne et du préfet du Pas-de-Calais dans A. Fermé, *op. cit.*, p. 3 et suiv.

150. Respectivement dans leurs numéros des 7, 8 et 9 août.

151. La note publiée par Rémusat, dans *Le Moniteur universel* du 8 août (n° 221), ne le traduisait évidemment pas et visait à rassurer l'opinion.

Notes du Chapitre III

1. *Moniteur universel*, n° 222 du 9 août 1840.

2. « Notes inédites des faits qui se sont passés au château de Ham du 8 août 1840 au 25 mai 1846 annotés par P. Flajollot [...] chargé du service du génie dans cette place » (AN, 400 AP 52), et Albert Fermé, *Les Grands Procès politiques. Boulogne*..., A. Le Chevalier, 1868, p. 26.

3. Rapport du 11 août 1840. AN, F^7 3890.

4. Mandat de dépôt de la Cour des pairs contre Louis-Napoléon Bonaparte signé par le chancelier Pasquier le 29 août 1840. AN, 400 AP 40, et *Moniteur universel*, n° 227 du 14 août 1840.

5. Lettre du 24 août 1840. AN, 400 AP 13.

6. Lettre à son père du 6 septembre 1840. AN, 400 AP 40.

7. Frédéric Briffault, *Le Prisonnier de Ham*, Paris, 1849, pp. 33-35, et baron d'Ambès (pseud.), *Mémoires inédits de Napoléon III. Le Mémorial de Chislehurst*, Paris, 1909, p. 152.

8. « L'idéal », *Œuvres de Napoléon III*, t. II, Plon et Amyot, 1869, pp. 97-99.

9. Voir André Lebey, *Les Trois Coups d'État de Louis-Napoléon Bonaparte*, Perrin, 1906, chapitres VI et VII.

10. Ordonnance royale du 9 août 1840, *Moniteur universel*, n° 223 du 10.

11. Sur la visite de Louis-Philippe à Boulogne, voir en particulier le n° 234 du 21 août du *Moniteur universel*.

12. Elle avait à sa tête Pasquier lui-même et comprenait cinq membres de la Chambre haute et deux juges d'instruction du tribunal de la Seine. *Moniteur universel*, n° 236 du 23 août 1840.

13. *Moniteur universel*, n°s 240 et 241 des 16 et 17 septembre 1840.

14. Ils se montaient à 15 000 francs pour Berryer, 4 000 pour Ferdinand Barrot et pour Marie, 1 500 pour Barrillon, Nogent-Saint-Laurens, Jules Favre, Lignier et Ducluzeau. Lettre à Mme de Salvage du 5 octobre 1840. AN, 400 AP 41.

15. *Moniteur universel*, n° 273 du 29 septembre 1840 et numéros suivants, ainsi qu'A. Fermé, *op. cit.*, p. 56 et suiv.

16. On en trouve la version manuscrite en AN, 400 AP 40.

17. *Moniteur Universel* n° 281 du 7 octobre 1840 et A. Fermé, *op. cit.*, p. 31 et suiv. Une copie du jugement se trouve aux AN, en 400 AP 41

18. Pour étayer la thèse de leur complicité, notons que Magnan fut nommé par le prince devenu président commandant en chef de l'armée de Paris, en juin 1851, puis sénateur en janvier 1852 et enfin maréchal de France et grand veneur lors du passage à l'Empire. Husson entra également au palais du Luxembourg dès janvier 1852 et fut élevé à la dignité de grand-officier de la Légion d'honneur en 1854, alors qu'aucun titre ne paraissait devoir justifier cette promotion.

19. L'affaire fut suivie à travers toute l'Europe entre juillet et octobre 1840. Mme Lafarge fut condamnée aux travaux forcés à perpétuité après un procès mélodramatique devant la cour d'assises de Tulle. Voir Esprit Victor Boniface de Castellane, *Journal du maréchal de Castellane, 1804-1862*, Plon, 1895-1897, t. 3, p. 228.

20. Odette Merlat-Guitard, *Louis-Napoléon Bonaparte de l'exil à l'Élysée*, Hachette, 1939, p. 160.

21. Il n'existe plus aujourd'hui car il a été détruit dans les bombardements de la Première Guerre mondiale.

22. Ministère de la Défense, SHAT C^{6} 10 registre d'écrou des prisonniers d'État au fort de Ham.

23. « Notes inédites… par P. Flajollot… », AN, 400 AP 52.

24. Henry Wikoff, *A Visit to the Prince Louis Bonaparte at the Castle of Ham in 1845*, New York, George Putnam, 1849.

25. Lettre de Louis-Napoléon à Mme de Salvage du 16 octobre 1840. AN, 400 AP 41.

26. Texte de la protestation et lettre à Mme de Salvage du 4 juin 1841 aux AN, en 400 AP 41. Voir aussi Alfred Stern, « Une protestation de Louis-Napoléon », *Revue napoléonienne*, juillet-décembre 1910.

27. Adrien Dansette, *Louis-Napoléon à la conquête du pouvoir*, Hachette, 1961, p. 196.

28. D'après le pseudo-baron d'Ambès, Louis-Napoléon lui aurait lancé : « J'appartiens trop à l'avenir pour essayer de me soustraire au présent ». *Op. cit.*, p. 170.

29. Lettre de Louis-Napoléon à Mme de Salvage du 16 octobre 1840. AN, 400 AP 41.

30. Le registre de correspondance du fort de Ham témoigne de cette hantise (archives de la Défense, SHAT, C^{18} 49). Voir aussi la lettre de Louis-Napoléon à Mme de Salvage du 18 décembre 1840. AN, 400 AP 41.

31. Lettre de Louis-Napoléon à Mme de Salvage du 31 janvier 1841. AN, 400 AP 41.

32. Lettres de Louis-Napoléon à Vieillard du 20 février 1841 (AN, 400 AP 41), à Mme Cornu du 12 mars suivant (*Lettres de Napoléon III à Mme Cornu*, Éd. des

Presses Modernes, 2 t., 1937, t. I, p. 7) et à Mme de Salvage du 7 mai 1841 (AN, 400 AP 41).

33. *Lettres... à Mme Cornu, op. cit.*, t. I, p. 18, et t. II, lettre du 30 juillet 1841, p. 11.

34. « Notes inédites… par P. Flajollot… », AN, 400 AP 52.

35. Lettre de protestation déjà citée (AN, 400 AP 41). Le pseudo-baron d'Ambès en donne une version différente, *op. cit.*, pp. 174-175.

36. Lettre de Louis-Napoléon à Napoléon-Jérôme du 22 janvier 1842, *Correspondance inédite publiée par Ernest d'Hauterive*, Calmann-Lévy, 1925, p. 7 et suiv.

37. Lettre de Louis-Napoléon à Napoléon-Jérôme du 6 juillet 1842, *Correspondance..., op. cit.*, p. 9 et suiv.

38. Registre de correspondance du fort de Ham (archives de la Défense, SHAT, C 18-49).

39. Il eut trois autres enfants avec Éléonore Vergeot, Pierre-Edmond né en 1850, Léon-Hadrien né en 1858 et Blanche-Marie née en 1861.

40. *Lettres... à Mme Cornu, op. cit.*, t. I, p. 151 et suiv.

41. On le trouve aux AN, en 400 AP 40.

42. « Notes inédites… par P. Flajollot… », AN, 400 AP 52.

43. Louis Blanc, *Révélations historiques*, Leipzig, 1859, t. II, pp. 215 à 230 et baron d'Ambès (pseud.), *op. cit.*, p. 171.

44. Lettre du 8 novembre 1844, *Lettres... à Mme Cornu, op. cit.*, t. II, p. 125 et suiv. Voir aussi Jules Claretie, *L'Empire, les Bonaparte et la Cour*, Dentu, 1871, et André Lefèvre, *Les Finances particulières de Napoléon III*, Librairie des célébrités contemporaines, 1873.

45. Il l'accusait de l'avoir calomnié. Elle et Vaudrey prétendaient en effet qu'il était tombé dans un piège à Boulogne, comme un enfant, et que Persigny l'avait trahi. Voir lettres de Louis-Napoléon à Mme de Salvage des 19 juin et 4 juillet 1841. AN, 400 AP 41.

46. *Lettres... à Mme Cornu, op. cit.*, t. I, p. 165 et suiv.

47. Lettre de Louis-Napoléon à Vieillard du 10 avril 1842. AN, 400 AP 41.

48. Lettres de Louis-Napoléon à Napoléon-Jérôme des 26 décembre 1843, 25 octobre 1844 et 28 décembre 1844, *Correspondance..., op. cit.*, p. 12 et suiv.

49. Lettre de Louis-Napoléon à son oncle Jérôme du 6 mars 1843. AN, 400 AP 90.

50. Lettre de Louis-Napoléon à Hortense Cornu du 29 juillet 1842, *Lettres... à Mme Cornu, op. cit.*, t. II, p. 26.

51. Lettre de Louis-Napoléon à Vieillard du 30 novembre 1843. AN, 400 AP 41.

52. Voir la présentation par Marcel Émerit des *Lettres... à Mme Cornu, op. cit.*

53. *Lettres... à Mme Cornu, op. cit.*, t. II, p. 31.

54. Lettre de Louis-Napoléon à Mme de Salvage du 16 octobre 1840. AN, 400 AP 41.

55. Nous empruntons cette jolie formule à William H. C. Smith, *Napoléon III*, Hachette, 1982, p. 92.

56. Lettre de Louis-Napoléon à Mme de Salvage du 18 décembre 1840. AN, 400 AP 41.

57. *Œuvres de Napoléon III*, Plon et Amyot, 1869, t. I, pp. 435-437.

58. Voir les lettres de Louis-Napoléon à Napoléon-Jérôme du premier semestre 1841 (*Correspondance inédite publiée par Ernest d'Hauterive, op. cit.*), ainsi que Marcel Émerit, *Les Sources des idées sociales et coloniales de Napoléon III*, s.l.n.d., p. 9.

59. Voir en particulier les lettres de Louis-Napoléon à Vieillard du 20 février et du 27 décembre 1841 (AN, 400 AP 41), la lettre du même à Mme Cornu du 17 décembre 1841 (*Lettres... à Mme Cornu, op. cit.*) et celle de Montholon à Laity du 27 avril 1844 (AN, 464 AP 1).

60. Volume XVI, mai 1843.

61. Lettre déjà citée de Louis-Napoléon à Vieillard du 30 novembre 1843 et *Lettres... à Mme Cornu, op. cit.*, t. I, pp. 20-21.

62. Lettre de Louis-Napoléon à Hortense Cornu du 5 octobre 1842, *Lettres... à Mme Cornu, op. cit.*, t. II, p. 37.

63. Réponse de Vieillard à la demande de renseignements de Louis-Napoléon, le 8 mai 1835 (AN, 400 AP 52) et lettre de celui-ci à Hortense Cornu du 8 août 1841 (*Lettres... à Mme Cornu, op. cit.*, t. II, p. 13).

64. Elle devait prendre des informations en Allemagne et s'enquérir de l'état du Danube à l'époque carolingienne. Lettres de Louis-Napoléon des 8 juin, 8 août et 3 octobre 1841, *Lettres... à Mme Cornu, op. cit.*, t. II, p. 9 et suiv.

65. Lettres de Louis-Napoléon à Chateaubriand du 28 juin 1841 et à Napoléon-Jérôme du 15 novembre suivant. AN, 400 AP 52.

66. Lettre de Sismondi à Louis-Napoléon du 22 juin 1841. AN, 400 AP 52.

67. Le colonel Favé publia les suivants, sous l'Empire, à partir de ses notes.

68. Le prince rendait d'ailleurs un hommage appuyé à son amie : « Si mon ouvrage a quelque valeur, c'est à elle que je le devrais, car c'est par elle que me sont venus les documents les plus intéressants et les plus précieux. » *Œuvres de Napoléon III, op. cit.*, t. IV, p. 20. Voir aussi *Lettres... à Mme Cornu, op. cit.*, t. I, p. 23 et suiv.

69. Lettre du 20 mars 1841. AN, 400 AP 41.

70. « L'opposition », numéro du 1er avril 1843 du *Progrès du Pas-de-Calais*.

71. Quelques années plus tard, Pagnerre, rédacteur du *Journal du Loiret*, lui écrivit dans le même sens : « La démocratie, vous l'avez compris, offre seule des horizons assez vastes pour occuper l'esprit de l'héritier de Napoléon. » Lettre du 23 mai 1847. AN, 400 AP 41.

72. Numéro des 21 et 26 octobre 1843 du *Journal du Loiret*.

73. Lettre à Vieillard du 10 juin 1842. AN, 400 AP 41.

74. Numéro d'avril 1843.

75. Lettre du 23 août 1843 au baron Alceste Chapuys de Montlaville, biographe de Lamartine. AN, 400 AP 41. Parallèlement, il incitait Montholon à publier un récit de la captivité de Sainte-Hélène qui donnât le beau rôle à son oncle et affirmait à Louis Blanc que l'Empire était le régime selon son cœur. Voir Louis Blanc, *Révélations historiques*, Bruxelles, 1859, t. II, p. 221 et suiv.

76. « L'opinion de l'empereur sur les rapports de la France avec les puissances de l'Europe », « La paix ou la guerre » ou encore « Les conservateurs et Espartero », numéros des 22 mars, 26 juin et 6 juillet 1843 du *Progrès du Pas-de-Calais*.

77. « Nos colonies dans l'océan Pacifique » et « La traite des nègres », numéros du 14 juin 1841 et du 4 février 1843 du *Progrès du Pas-de-Calais*.

78. « Le clergé et l'État », numéro du 13 décembre 1843 du *Progrès du Pas-de-Calais.*

79. L'ouvrage parut à la fin du printemps chez Pagnerre, le grand éditeur républicain.

80. *Lettres... à Mme Cornu, op. cit.*, t. I, p. 21.

81. *Œuvres de Napoléon III, op. cit.*, t. II, pp. 166-167.

82. Voir par exemple la lettre de Louis-Napoléon à Mme de Salvage du 25 septembre 1842. AN, 400 AP 41.

83. Voir en particulier la lettre de Louis-Napoléon à Hortense Cornu du 2 février 1843, *Lettres... à Mme Cornu, op. cit.*, t. II, p. 48.

84. Lettre de Louis-Napoléon à Hortense Cornu du 15 février 1843, *Lettres... à Mme Cornu, op. cit.*, t. II, p. 49.

85. Georges Duveau, *La Vie ouvrière en France sous le second Empire*, Gallimard, 1946, p. 62

86. Lettres de Louis-Napoléon à Hortense Cornu du 15 avril, du 20 avril et du 3 août 1844, *Lettres... à Mme Cornu, op. cit.*, t. II, p. 102.

87. Voir Hippolyte Thirria, *Napoléon III avant l'Empire*, Plon, Nourrit et Cie, t. 1, 1895, p. 265.

88. Lettre du 14 octobre 1844. AN, 400 AP 40.

89. Jean Sagnes, *Les Racines du socialisme de Louis-Napoléon Bonaparte. Le paupérisme des années 1840*, Toulouse, Privat, 2006, pp. 14-15.

90. George Sand, *Correspondance générale*, Garnier frères, 1969, t. VI, lettres n° 3020, pp. 700-701, et n° 3026 du 26 novembre 1844, p. 708 et suiv.

91. AN, BB[18] 1432 (283). Rapports des 8 et 16 mai 1845.

92. Marcel Émerit a souligné l'analogie frappante entre ce système et celui qu'Enfantin exposa en 1843 dans *La Colonisation de l'Algérie*. Par ailleurs, les saint-simoniens s'apprêtaient à fonder une Société d'études pour le canal de Suez dans la lignée des travaux de celui-ci.

93. *Lettres... à Mme Cornu, op. cit.*, t. I, p. 167 et suiv.

94. Lettre au baron de Rothschild du 14 avril 1846. AN, 400 AP 41.

95. Lord Malmesbury, *Mémoires d'un ancien ministre...*, P. Ollendorff, 1885 pp. 80-82.

96. AN, 400 AP 33.

97. Lettres de Louis-Napoléon à son père du 19 septembre 1845 (AN, 400 AP 40) et d'Odilon Barrot à lady Londonderry du 17 octobre 1845 (AN, 271 AP C 20).

98. AN, 400 AP 45.

99. Correspondance entre Louis-Napoléon, Barrot et Duchâtel en AN, 271 AP C 20 et en 400 AP 41 et 52.

100. *Lettres... à Mme Cornu, op. cit.*, t. II, p. 222.

101. Correspondance entre Louis-Napoléon, Vieillard, Barrot et Duchâtel en AN, 271 AP C 20 et en 400 AP 41 et 52.

102. Lettre de Louis-Napoléon à Vieillard du 20 juin 1842. AN, 400 AP 41.

103. Lettre du 17 février 1844. « Lettres du fort de Ham » dans *La Nouvelle Revue*, août-septembre 1894.

104. AN, 400 AP 40.

105. Lettre de Louis-Napoléon à Vieillard du 26 juin 1845 (AN, 400 AP 41),

Lettres... à Mme Cornu, *op. cit.*, t. I, p. 168 et suiv., et baron d'Ambès (pseud.), *op. cit.*, p. 191.

106. *Lettres... à Mme Cornu*, *op. cit.*, t. II, pp. 179-180.

107. Lettre à Napoléon-Jérôme du 24 août 1845. *Correspondance inédite publiée par Ernest d'Hauterive*, *op. cit.*, p. 33 et suiv.

108. Lettre de Louis-Napoléon à son père du 20 août 1845. AN, 400 AP 40.

109. Jacques Jourquin, *Souvenirs et biographie du commandant Parquin*, Tallandier, 2003, p. 457 et suiv.

110. Par la suite, il n'invoqua constamment que le premier motif. Voir par exemple sa lettre à Degeorge de début juin 1846. AN, 400 AP 41.

111. Rapport de celui-ci au chef de cabinet du ministre des Affaires étrangères au printemps 1848 reproduit par Jean-Claude Yon, *Le Second Empire. Politique, société, culture*, A. Colin, 2004, p. 16.

112. Début juin 1846, il relata son évasion dans la longue lettre envoyée à Degeorge que nous avons déjà citée et sur laquelle nous nous appuyons principalement pour le récit qui suit. Voir aussi *La Gazette des tribunaux* des 10, 11 et 12 juillet 1846, les articles d'Orsi dans *Le Figaro* des 5 et 19 janvier et du 2 février 1881, ainsi que F. Briffault, *op. cit.* et baron d'Ambès (pseud.), *op. cit.*, p. 193 et suiv.

113. Lord Malmesbury, *Mémoires d'un ancien ministre…*, *op. cit.*, pp. 87-88.

114. Lettre du 27 mai 1846. AN, 400 AP 40.

115. Lettre de Louis-Napoléon à Vieillard du 1er juin 1846. AN, 400 AP 41.

116. Lettre de Louis-Napoléon à Vieillard du 6 juin 1846. AN, 400 AP 41.

117. Baron d'Ambès (pseud.), *op. cit.*, pp. 198-199.

118. Jacques Bourgeat, « Pourquoi Badinguet ? », *Miroir de l'Histoire*, janvier 1957.

119. Baron d'Ambès (pseud.), *op. cit.*, p. 172.

120. Lettre déjà citée de Louis-Napoléon à Vieillard du 1er juin 1846.

121. Sa tante, la grande-duchesse de Bade, lui avait suggéré d'écrire à ce sujet directement à Metternich, en lui assurant qu'elle appuierait sa demande. Lettre à Louis-Napoléon du 10 juin 1846. AN, 400 AP 45.

122. Lettre de Louis-Napoléon du 15 juin 1846. AN, 400 AP 41.

123. Testament (AN, 400 AP 34) et lettre de Jérôme à Louis-Napoléon du 27 juillet 1846 (AN, 400 AP 33).

124. Lettre de Louis-Napoléon à Vieillard du 11 août 1846. AN, 400 AP 41.

125. Lettre de Louis-Napoléon à Vieillard du 8 novembre 1847. AN, 400 AP 41.

126. Lettre de Louis-Napoléon à Vieillard du 15 février 1847. AN, 400 AP 41.

127. Lettre de Louis-Napoléon à Napoléon-Jérôme du 7 juin 1847. *Correspondance inédite publiée par Ernest d'Hauterive*, *op. cit.*, p. 41 et suiv.

128. Baron d'Ambès (pseud.), *op. cit.*, p. 200 et suiv.

129. Lettres à son oncle Jérôme du 28 décembre 1846 (AN, 400 AP 90) et à Napoléon-Jérôme du 28 avril 1847 (*Correspondance inédite publiée par Ernest d'Hauterive*, *op. cit.*, pp. 39-40).

130. Lettre de Louis-Napoléon à Hortense Cornu du 12 novembre 1846 (*Lettres... à Mme Cornu*, *op. cit.*, t. II, p. 256) et numéro du *Siècle* du 15 novembre suivant.

131. Lettre déjà citée de Louis-Napoléon à Vieillard du 8 novembre 1847.

132. Voir Simone André-Maurois, *Miss Howard, la femme qui fit un empereur*, Gallimard, NRF, 1956.

133. Lettre déjà citée de Louis-Napoléon à Vieillard du 8 novembre 1847.

134. Lettre de Louis-Napoléon à Vieillard du 10 décembre 1847. AN, 400 AP 41.

135. Évariste Bavoux, *Chislehurst-Tuileries. Souvenirs intimes sur l'Empereur*..., E. Dentu, 1873, témoignage d'Henri Monier de La Sizeranne, p. 23.

136. Lettre déjà citée de Louis-Napoléon à Vieillard du 8 novembre 1847.

137. Cité par Paul Chrétien, *Le Duc de Persigny, 1808-1873*, Toulouse, F. Boisseau, 1943.

Notes du Chapitre IV

1. Même s'il doit être suivi avec circonspection, le récit du retour par le comte Orsi est incontournable. *Recollections of the Last Half Century*, Londres, Longmans, Green et Co., 1881, p. 225 et suiv.

2. Jean Lucas-Dubreton, *Le Culte de Napoléon, 1815-1848*, Albin Michel, 1960, p. 424.

3. De très nombreux dirigeants, rédacteurs et correspondants de ce journal fréquentaient désormais les allées du pouvoir. Voir Éric Anceau, « L'échec des bleus du *National* et de leur projet de "république du centre" (1848-1849) » dans Sylvie Guillaume (dir.), *Le Centrisme en France aux* XIXe *et* XXe *siècles : un échec*, Pessac, MSH Aquitaine, 2005, pp. 29-40.

4. Voir André Lebey, *Louis-Napoléon Bonaparte et la Révolution de 1848*, Félix Juven, 1907, pp. 170-172.

5. Lord Malmesbury, *Mémoires d'un ancien ministre*..., P. Ollendorff, 1885, p. 110.

6. Lettre non datée. AN, 44 AP 6.

7. Lord Malmesbury, *op. cit.*, p. 114.

8. Le 12 mars, il écrivit à Odilon Barrot pour lui demander conseil et semblait encore beaucoup hésiter. AN, 271 AP C 20.

9. Voir par exemple Frederick A. de Luna, *The French Republic under Cavaignac. 1848*, Princeton, Princeton UP, 1969, p. 107.

10. Comme l'affirmait l'organe de la gauche du parti républicain, *La Réforme*, dans son numéro du 18.

11. Robert Pimienta, *La Propagande bonapartiste en 1848*, E. Cornély, 1911, p. 34 et suiv. Voir aussi Bernard Ménager, *Les Napoléon du peuple*, Aubier, 1988.

12. On appelait alors républicains de la veille les républicains authentiques, ceux qui l'avaient été avant la Révolution de Février. Parmi les républicains du lendemain, ceux qui l'étaient devenus après la chute de la monarchie, plusieurs étaient sincèrement convertis, mais la plupart étaient attentistes, opportunistes, voire malveillants à l'égard du nouveau régime.

13. AN, 400 AP 41.

14. *Ibid.*

15. André Lebey soutint le contraire dans *Louis-Napoléon Bonaparte et la Révolution de 1848*, *op. cit.*, pp. 195-196.

16. Aristide Ferrère, *Révélations sur la propagande napoléonienne faite en*

1848 et en 1849 pour servir à l'histoire secrète des élections du prince Napoléon-Louis Bonaparte, Turin, 1863, p. 76 et suiv.

17. *Citoyens électeurs de la Seine. Londres, le 30 mai 1848*, Batignolles, Imp. Hennuyer, s.d. Sur l'un des exemplaires conservés à la Bibliothèque nationale de France (Lb[54] 283), une notation manuscrite marginale précise d'ailleurs : « Commandée par une personne inconnue qui avait remis une pièce portant la fausse signature du citoyen Bonaparte. L'imprimeur a été appelé au parquet. »

18. Lettres de Louis-Napoléon à Persigny des 25 mai, 1er et 2 juin 1848. AN, 44 AP 6.

19. Il obtint 23 022 voix pour 65 179 votants et 136 115 inscrits en Charente-Inférieure, 14 621 voix sur 37 571 votants et 107 994 inscrits dans l'Yonne et 84 420 voix pour 248 392 votants et 414 317 inscrits dans la Seine. Dans la Sarthe, il recueillit 19 390 voix. AN, C 1325, C 1326, C 1328 et 1329.

20. Comme le montre le rapport que le policier Vidocq, qui le rencontra alors à Londres, envoya à ses chefs. Voir Jean-Claude Yon, *Le Second Empire. Politique, société, culture*, A. Colin, 2004, p. 16.

21. A. Lebey, *op. cit.*, p. 213 et suiv.

22. Le 5 juin, il écrivit à Napoléon-Jérôme pour lui dire qu'il n'accepterait pas de mandat et qu'il préférait rester dans l'ombre (*Correspondance inédite publiée par Ernest d'Hauterive*, Calmann-Lévy, 1925, p. 46). Dans une lettre du 9 juin, il demanda par contre à Vieillard quel était le délai légal dont il disposait pour se rendre à Paris, car il avait encore quelques affaires à régler à Londres. (AN, 400 AP 41.)

23. *Aux électeurs des départements de la Seine, de l'Yonne, de la Sarthe et de la Charente-Inférieure*, Londres, Imp. de Chassaignon, s.d. (le texte est du 11 juin 1848).

24. Voir la lettre d'un témoin oculaire à l'imprimeur du *Représentant du peuple*, BHVP Coll. Liésville, année 1848, carton 2, et Daniel Stern, *Histoire de la révolution de 1848*, G. Sandré, 1850-1853, 3 vol., t. II, p. 323.

25. Outre le *Moniteur universel* n° 164-165 des 12 et 13 juin, p. 1346 et suiv., voir Paul Bastid, *Doctrines et institutions politiques de la seconde République*, Hachette, 1945, t. I, p. 225 et suiv., et Jean-Paul Charnay, *Les Scrutins politiques en France de 1815 à 1962*, Cahiers de la FNSP, A. Colin, 1964, p. 37 et suiv.

26. *Moniteur universel* n° 166 du 14 juin, p. 1358 et suiv.

27. R. Pimienta, *op. cit.*, p. 41 et suiv., André-Jean Tudesq, *L'Élection présidentielle de Louis-Napoléon Bonaparte*, A. Colin, Kiosque, 1965, p. 51 et suiv., et Frédéric Bluche, *Le Bonapartisme. Aux origines de la droite autoritaire, 1800-1850*, Nouvelles éditions latines, 1980, p. 300.

28. *Moniteur universel*, n° 169 du 17, p. 1396.

29. Lettre de Louis-Napoléon à Napoléon-Jérôme du 16 juin 1848. *Correspondance inédite…*, *op. cit.*, p. 47.

30. Numéro du 17 juin.

31. AN, 400 AP 41.

32. Il emportait le seul siège à pourvoir dans ce département avec 35 903 voix pour 38 197 votants. AN, C 1325.

33. . *Aux électeurs de la Corse…*, *Londres, le 8 juillet 1848*, Ajaccio, Imp. de G. Marchi, 1848.

34. Outre Lamartine, Louis Antoine Garnier-Pagès (*Histoire de la Révolution*

de 1848, Pagnerre, 1872, 11 vol., t. XI, p. 95 et p. 447 et suiv.) ou encore Martin Nadaud (*Mémoires de Léonard, ancien garçon maçon*, Egloff, 1948, p. 194-195) développèrent la thèse du complot bonapartiste.

35. Numéro du 23 juin.

36. Personne ne peut raisonnablement suivre André Lebey qui niait toute participation des bonapartistes (*op. cit.*, pp. 332-346). Voir Alexandre Quentin-Bauchart, *Études et souvenirs sur la deuxième République et le second Empire (1848-1870)*, Plon, 1901-1902, 2 vol., t. I, p. 103. Daniel Stern (*Histoire de la révolution de 1848*, G. Sandré, 1850-1853, 3 vol., t. III, p. 166) et Louis Blanc (*Histoire de la révolution de 1848*, Lacroix, 1870, 2 vol., t. II, pp. 176-178) ont souligné qu'un sentiment bonapartiste prononcé animait nombre d'insurgés.

37. R. Pimienta, *op. cit.*, pp. 72-74.

38. Frederick de Luna, *op. cit.*, p. 154.

39. Louis Blanc, *Révélations historiques, en réponse au livre de lord Normanby intitulé « A Year of Revolution in Paris »*, Bruxelles, 1859, et A. Parménie et C. Bonnier de La Chapelle, *Histoire d'un éditeur et de ses auteurs, P.-J. Hetzel*, Paris, 1953, pp. 305-310.

40. Lettre du 30 juin 1848 dans *Lettres de Napoléon III à Mme Cornu*, Éd. des Presses Modernes, 2 t., 1937, t. II, p. 258.

41. Émile Ollivier, *L'Empire libéral...*, Garnier frères, 1897, t. II, p. 89.

42. Lettres de Louis-Napoléon à Persigny des 19 et 28 juillet 1848. AN, 44 AP 6.

43. Lettre du 16 août citée par Adrien Dansette, *Louis-Napoléon à la conquête du pouvoir*, Hachette, 1961, p. 254.

44. Lettre de Louis-Napoléon à Napoléon-Jérôme du 17 juillet, *Correspondance inédite publiée par Ernest d'Hauterive*, *op. cit.*, pp. 48-49.

45. Lettre de Louis-Napoléon à Persigny du 7 août 1848. AN, 44 AP 6.

46. *Correspondance inédite publiée par Ernest d'Hauterive*, *op. cit.*, pp. 49-50.

47. Lettre de Londres du 24 août 1848 citée par Pascal Clément, *Persigny, l'homme qui a inventé Napoléon III*, Perrin, 2006, pp. 105-106.

48. AN, 400 AP 90.

49. Il était le seul élu dans l'Yonne avec 42 086 voix sur 50 445 votants et 108 477 inscrits, en Charente-Inférieure avec 39 820 voix sur 47 332 votants et 136 174 inscrits et en Corse avec 30 193 votants sur 32 968 votants et 51 420 inscrits. Le résultat mosellan était moins remarquable et s'expliquait surtout par une très forte abstention. Le prince qui était, là encore, le seul élu, obtenait 17 813 voix sur 36 489 votants et 104 006 inscrits. Dans la Seine, il obtenait 110 752 voix sur 247 242 votants et 406 896 inscrits. Voir AN, C 1325 à 1329.

50. Numéro du 23 septembre 1848. Voir aussi le numéro du 25.

51. Victor Hugo, *Choses vues*, rééd. Gallimard, Quarto, 2002, p. 588. Mérimée qui le rencontra en janvier 1849 lui trouva encore un accent sans pouvoir « lui assigner une origine ». Lettre à Francisque Michel du 20 janvier 1849. *Correspondance générale*, Toulouse, Privat, 1941-1964, 17 vol., t. V, p. 434.

52. *Moniteur universel*, n° 271 du 27 octobre 1848.

53. Numéro du 27 septembre.

54. Charles de Rémusat, *Mémoires de ma vie, 1797-1875*, Plon, 1958-1967, 5 vol., t. IV, p. 356. Voir aussi les confidences de Trouvé Chauvel à William Nassau Senior en 1860, *Conversations with M. Thiers, M. Guizot and Other*

Distinguished Persons during the Second Empire (1852-1860), Londres, Hurst et Blackett, 1878-1880, 2 vol., t. II, p. 338.

55. Victor Hugo, *op. cit.*, p. 616.

56. Il se prononça contre les amendements Grévy et Leblond (voir pp. 131-132) et pour l'élection du président au suffrage universel et l'ensemble de la Constitution.

57. Confidences de Trouvé Chauvel à William Nassau Senior en 1860, *op. cit.*, t. II, p. 338.

58. *Moniteur universel*, n° 312 du 7 novembre, p. 3101.

59. Voir Éric Anceau, « Tocqueville et le pouvoir exécutif sous la deuxième République ou l'épreuve des faits », *The Tocqueville Review, la Revue Tocqueville*, vol. XXVIII, n° 1, 2007, pp. 138-139.

60. *Moniteur universel*, n° 280 du 6 octobre, pp. 2723-2724.

61. Sur ses prétentions, voir par exemple Frédéric de Falloux, *Mémoires d'un royaliste*, Didier, Perrin et Cie, 1888, 3 vol., t. I, p. 355.

62. *Moniteur universel*, n° 281 du 7 octobre, p. 2732 et suiv.

63. *Moniteur universel*, n° 282 du 8 octobre, p. 2746 et suiv.

64. É. Anceau, art. cité, p. 139.

65. *Moniteur universel*, n° 284 du 10 octobre, p. 2769 et suiv.

66. *Moniteur universel*, n° 286 du 12 octobre, p. 2800 et suiv.

67. *Moniteur universel*, n° 300 du 26 octobre, p. 2974 et suiv.

68. Le prince faisait ici allusion à ses trois élections que l'Assemblée venait de valider.

69. Celui du 11 octobre qui abolit la loi d'exil.

70. *Moniteur universel*, n° 301 du 27 octobre, p. 2983 et suiv.

71. *Moniteur universel*, n° 309 du 4 novembre, p. 3073 et suiv.

72. Le témoignage de la belle-mère de celui-ci, Mme Dosne, est ici fondamental, même s'il est d'un évident parti pris. *Mémoires…*, Plon, 1928, t. I, p. 233 et suiv.

73. É. Ollivier, *op. cit.*, t. II, p. 109.

74. Bernard-Adolphe Granier de Cassagnac, *Souvenirs du second Empire*, Dentu, 1879, t. I, p. 38.

75. C. de Rémusat, *op. cit.*, t. IV, pp. 370-371.

76. Mme Dosne, *op. cit.*, t. I, p. 264 et suiv., et F. de Falloux, *op. cit.*, t. I, p. 358.

77. Voir en particulier R. Pimienta, *op. cit.*, p. 85 et suiv.

78. Émile-Félix Fleury, *Souvenirs…*, Plon, 1897-1898, 2 vol., t. I, p. 62 et suiv.

79. Paris, Au bureau, passage des Panoramas, 1848.

80. R. Pimienta, *op. cit.*, p. 81 et suiv.

81. *Lettres de Napoléon III à Mme Cornu*, *op. cit.*, t. I, p. 168 et suiv.

82. Voir par exemple *Louis-Napoléon Bonaparte… candidat à la présidence de la République française*, Werdet, 20 novembre 1848, pp. 3-4.

83. *Louis-Napoléon jugé par Chateaubriand, Armand Carrel, George Sand, Béranger, Odilon Barrot, Louis Blanc, « Le National »…*, Napoléon Chaix, 1848.

84. Voir en particulier *La Presse* du 27 octobre, *L'Événement* du 28 et Louis Véron, *Mémoires d'un bourgeois de Paris*, G. de Gonet, 1853-1855, 6 vol., t. VI, pp. 87-89.

85. *Lettres de Napoléon III à Mme Cornu*, *op. cit.*, t. I, p. 35.

86. Mme Dosne, *op. cit.*, t. I, pp. 279-311. Voir aussi Thomas-William Evans, *Mémoires*..., Plon-Nourrit, 1910, p. 38.

87. *Adresse de M. Louis-Napoléon Bonaparte à ses concitoyens*, Le Mans, Imp. Monnoyer, 1848, et *Œuvres de Napoléon III*, Plon et Amyot, 1869, t. III, pp. 24-28.

88. Voir p. 56.

89. *Moniteur universel*, n° 331 du 26 novembre, p. 3351 et suiv.

90. Voir en particulier les numéros des 6, 9, 13 et 30 novembre.

91. Numéro du 6 décembre.

92. Numéro du 2 décembre.

93. George Sand, *Correspondance*, t. VIII, pp. 696, 710-711 et 717-719.

94. L'un des plus significatifs est celui du procureur général de Metz, en date du 1er décembre 1848. AN, BB18 1471.

95. Voir par exemple la lettre d'Odilon Barrot à une correspondante anglaise du 9 décembre 1848. AN, 271 AP C 20.

96. V. Hugo, *op. cit.*, p. 616.

97. É.-F. Fleury, *op. cit.*, t. I, p. 67.

98. É. Anceau, art. cité, p. 143.

99. Très peu d'incidents furent à déplorer. Haussmann avoua cependant que les hommes de sa compagnie de la garde nationale et lui-même soufflaient « pensez au neveu du petit caporal » à l'oreille des électeurs du bureau de vote qu'ils étaient chargés de garder. *Mémoires*, Victor Havard, 1890-1893, 3 vol., t. I, p. 280.

100. Baron d'Ambès (pseud.), *Mémoires inédits de Napoléon III. Le Mémorial de Chislehurst*, Paris, 1909, p. 250.

101. Les chiffres officiels et définitifs tels qu'ils furent publiés au *Moniteur universel* n° 357 du 22 décembre (p. 3647) sont les suivants : votants : 7 449 471, exprimés : 7 426 252, Louis-Napoléon Bonaparte : 5 534 520, Cavaignac : 1 448 302, Ledru-Rollin : 371 431, Raspail : 36 964, Lamartine : 17 914, Changarnier : 4 687, divers : 12 434. Il y avait en outre 23 219 bulletins blancs et inconstitutionnels.

102. Frederick Arthur Simpson vit davantage dans son succès le rejet de la politique républicaine. *The Rise of Louis Napoleon*, Londres, J. Murray, 1909, pp. 307-308.

103. A.-J. Tudesq, *op. cit.*, p. 202.

104. *Le 18 Brumaire de Louis Bonaparte*, Éditions sociales, 1969, p. 172. Voir aussi ses articles de la *Neue Reinische Zeitung* de 1850 rassemblés dans *Les Luttes de classes en France*.

105. Éditorial du *Peuple* du 19 décembre 1848 intitulé « Les paysans ».

106. Daniel Stern, *Histoire de la révolution de 1848*, G. Sandré, 1850-1853, 3 vol., t. III, p. 343.

107. Lettre au roi des Belges du 13 décembre 1848, *La Reine Victoria d'après sa correspondance personnelle inédite*, t. II « 1844-1853 », Hachette, 1907, p. 305.

108. Victor de Persigny, *Mémoires*..., Plon, 1896, p. 5.

109. Fleury prétendit que le général avait refusé de serrer la main du prince, *op. cit.*, t. I, p. 78, mais les témoins directs assuraient le contraire. Voir *Moniteur universel*, n° 356 du 21 décembre, p. 3632 et suiv., *Journal des débats* du même jour, Alexandre Quentin-Bauchart, *Études et souvenirs sur la deuxième République et le second Empire (1848-1870)*, Plon, 1901-1902, 2 vol., t. I, p. 181, et

Mme Dosne, *op. cit.*, t. II, p. 61. Victor Hugo proposa, pour sa part, deux versions de cette séance mémorable, la première dans *Choses vues* (*op. cit.*, pp. 621-622) et la seconde, tout aussi subjective mais plus étoffée, dans *Napoléon le Petit* (J.-J. Pauvert, Libertés, 1964, pp. 25-32).

Notes du Chapitre V

1. Lettre d'Hortense Cornu à Louis-Napoléon du 18 décembre 1848, *Lettres de Napoléon III à Mme Cornu*, Éd. des Presses Modernes, 2 t., 1937, t. II, p. 35.

2. Victor de Persigny, *Mémoires...*, Plon, 1896, p. 2. Voir aussi *id.*, p. 80 et suiv.

3. Alphonse de Lamartine, *Mémoires politiques*, *Œuvres complètes*, t. IV, p. 57 et suiv., Émile Ollivier, *L'Empire libéral*, Garnier frères, 1897, t. II, p. 169 et suiv., et André Lebey, *Louis-Napoléon Bonaparte et le ministère Odilon Barrot*, E. Cornély, 1912, p. 6 et suiv.

4. Voir en particulier Rodolphe Apponyi, *Vingt-Cinq ans à Paris (1826-1852). Journal...*, Plon-Nourrit, 1913-1926, t. IV, p. 218, É. Ollivier, *op. cit.*, t. II, p. 168 et suiv., et Mme Dosne, *Mémoires...*, Plon, 1928, t. II, p. 12 et suiv.

5. Lettre de Louis-Napoléon à Odilon Barrot du 4 décembre 1848. AN, 271 AP C 20.

6. Frédéric de Falloux, *Mémoires d'un royaliste*, Didier, Perrin et Cie, 1888, 3 vol., t. II, p. 1 et suiv., V. de Persigny, *op. cit.*, p. 11, et Odilon Barrot, *Mémoires posthumes...*, Charpentier, 1875-1876, 4 vol., t. III, p. 40.

7. L'expression fut trouvée par Ollivier qui en fit le titre du chapitre IV du tome 2 de *L'Empire libéral*, *op. cit.* « Ces ministres étaient des geôliers plus que des conseillers », précisait-il, p. 174.

8. Voir F. de Falloux, *op. cit.*, t. II, p. 21 et suiv., et Mme Dosne, *op. cit.*, t. II, p. 72.

9. Voir p. 82.

10. Même s'il est difficile de suivre André Lebey qui estimait que le président cherchait avant tout, au travers de cette affaire, à se débarrasser de Maleville (*op. cit.*, p. 38 et suiv.). Adrien Dansette n'était pas loin de partager ce jugement (*Louis-Napoléon à la conquête du pouvoir*, Hachette, 1961, p. 293). Voir aussi *La Réforme*, numéro du 13 janvier 1849.

11. É. Ollivier, *op. cit.*, t. II, p. 231.

12. Lettre non datée du président à Odilon Barrot. AN, 271 AP C 20.

13. O. Barrot, *op. cit.*, t. III, p. 101.

14. *Id.*, p. 102 et suiv., et Paul Bastid, *Doctrines et institutions politiques de la seconde République*, Hachette, 1945, t. II, p. 169.

15. Il envoya le général Pelet à Turin le 13 janvier et Persigny en Allemagne le 17. Il écrivit aussi, le 22, à la reine Victoria pour la remercier de son hospitalité lors de ses nombreux séjours outre-Manche et pour lui dire combien il espérait le resserrement des liens entre leurs deux pays, *La Reine Victoria d'après sa correspondance personnelle inédite*, t. II « 1844-1853 », Hachette, 1907, pp. 311-312.

16. Selon les confidences de Lanjuinais à William Nassau Senior, *Conversations with M. Thiers, M. Guizot and Other Distinguished Persons during the Second Empire (1852-1860)*, Londres, Hurst et Blackett, 1878-1880, 2 vol., t. I,

p. 351. Voir aussi Victor Hugo, *Napoléon le Petit*, Londres, Jeffs, 1852, 6e éd., p. 27 et pp. 44-45.

17. Voir à ce sujet sa correspondance avec Persigny. AN, 44 AP 6.

18. Émile-Félix Fleury, *Souvenirs...*, Plon, 1897-1898, 2 vol., t. I, p. 86 et suiv., A. Lebey, *op. cit.*, p. 68 et suiv., et Paul Bastid, *op. cit.*, t. II, p. 170 et suiv.

19. Victor Hugo, *Choses vues*, rééd. Gallimard, Quarto, 2002, p. 625.

20. R. Apponyi, *op. cit.*, t. IV, p. 114.

21. Voir par exemple R. Apponyi, *op. cit.*, t. IV, p. 254 et suiv.

22. É.-F. Fleury, *op. cit.*, t. I, p. 81 et p. 111.

23. *Id.*, t. I, pp. 70-71, Mme Dosne, *op. cit.*, t. II, p. 12 et suiv., et baron d'Ambès (pseud.), *Mémoires inédits de Napoléon III. Le Mémorial de Chislehurst*, Paris, 1909, p. 260.

24. Hugo le constatait déjà lors du premier dîner à l'Élysée déjà évoqué.

25. Lors d'un déplacement à Tours, en août 1849, le président avait fait réquisitionner l'hôtel particulier du receveur général d'Indre-et-Loire, André, absent à ce moment-là, pour y loger sa maîtresse. L'homme, protestant fort austère, s'était plaint à Odilon Barrot et Louis-Napoléon avait alors dû expliquer à son président du Conseil les « faiblesses de sa vie privée ». Lettres à Barrot, d'André du 23 août 1849 et du président du 27 août suivant. AN, 271 AP C 20, O. Barrot, *op. cit.*, t. III, pp. 361-363, et baron d'Ambès (pseud.), *op. cit.*, p. 331. Voir aussi Simone André-Maurois, *Miss Howard, la femme qui fit un empereur*, Gallimard, NRF, 1956, p. 68 et suiv.

26. Thomas-William Evans, *Mémoires...*, Plon-Nourrit, 1910, p. 3.

27. É. Ollivier, *op. cit.*, t. VII, pp. 282-283.

28. Auguste de Morny, « La genèse du coup d'État. Mémoires... », *Revue des Deux Mondes*, t. 30, novembre-décembre 1925, p. 515 et suiv., *Le Secret du coup d'État, correspondance inédite du prince Louis-Napoléon..., publié avec une introduction de lord Kerry*, Émile-Paul frères, 1928, p. 86 et suiv., et É.-F. Fleury, *op. cit.*, t. I, p. 113 et suiv.

29. *Moniteur universel*, n° 128 du 8 mai, p. 1700 et suiv.

30. Odilon Barrot, *op. cit.*, t. III, p. 193 et suiv., et É. Ollivier, *op. cit.*, t. II, p. 220 et suiv.

31. Lettre de remerciements de Louis-Napoléon à Barrot du 9 mai 1849. AN, 271 AP C 20.

32. Baron d'Ambès (pseudo.), *op. cit.*, p. 273.

33. V. de Persigny, *op. cit.*, p. 24 et suiv. Voir aussi A. Lebey, *op. cit.*, p. 297.

34. Voir par exemple, pour le cas sarthois, le rapport du préfet du 27 avril 1849. AD de la Sarthe 3 M 298.

35. Lettre du président à Napoléon-Jérôme du 10 avril 1849. *Correspondance inédite publiée par Ernest d'Hauterive*, Calmann-Lévy, 1925, p. 53 et suiv.

36. Voir Gaston Génique, *L'Élection de l'Assemblée législative en 1849...*, F. Rieder et Cie, 1921, et Éric Anceau, chapitre 4 : « Le Parlement à l'heure de l'apprentissage démocratique : la deuxième République et le second Empire », pp. 191-245 de Jean Garrigues (dir.), *Histoire du Parlement de 1789 à nos jours*, Assemblée nationale et Armand Colin, 2007.

37. Ils remplaçaient respectivement Faucher, Drouyn de Lhuys et Buffet. Si Louis-Napoléon se satisfaisait du départ des deux derniers, trop catholiques à son goût, il regretta davantage Léon Faucher, mais celui-ci s'était rendu impossible,

car il avait été blâmé par une Constituante quasi unanime pour avoir envoyé, en pleine campagne électorale, une dépêche à tous les préfets pour leur indiquer les représentants du peuple hostiles au gouvernement. Le président ne voulait surtout pas pour le remplacer de Dufaure, qui avait été le principal agent de Cavaignac lors de la campagne présidentielle, mais il dut céder à Barrot qui faisait de l'arrivée de celui-ci la condition *sine qua non* de sa propre participation. Voir P. Bastid, *op. cit.*, t. II, pp. 194-195, 208-209 et p. 211.

38. Lettre de Louis-Napoléon à Odilon Barrot du 30 mai 1849. AN, 271 AP C 20, et O. Barrot, *op. cit.*, t. III, pièce justificative n° 9, pp. 500-502.

39. Pierre de La Gorce, *Histoire de la seconde République française*, Plon-Nourrit, 1904, t. II, p. 105 et suiv.

40. *Id.*, t. II, p. 151 et suiv.

41. *Moniteur universel* n° 164 du 13 juin 1849, p. 2052 et suiv.

42. *Œuvres de Napoléon III*, Plon et Amyot, 1869, t. III, p. 83 et suiv., Esprit Victor Boniface de Castellane, *Journal du maréchal de Castellane*, *1804-1862*, Plon, 1895-1897, t. IV, p. 169, Charlemagne Émile de Maupas, *Mémoires sur le second Empire*, E. Dentu, 1884-1885, 2 vol., t. I, pp. 65-66, et Alexis de Tocqueville, *Souvenirs,* Gallimard, NRF, 1964, t. IV, p. 169, pp. 324-325.

43. Sur toutes ces scènes voir en particulier E. V. B. de Castellane, *op. cit.*, t. IV, p. 160 et suiv., baron d'Ambès (pseudo.), *op. cit.*, p. 276 et suiv., et A. Lebey, *op. cit.*, p. 333 et suiv.

44. *Œuvres de Napoléon III*, *op. cit.*, t. III, p. 86 et suiv., E. V. B. de Castellane, *op. cit.*, t. IV, pp. 184-185, V. de Persigny, *op. cit.*, p. 138, F. de Falloux, *op. cit.*, t. II, p. 100 et suiv., O. Barrot, *op. cit.*, t. III, p. 361 et suiv., et baron d'Ambès (pseud.), *op. cit.*, p. 330 et suiv. Voir aussi la lettre du président à Barrot du 31 juillet 1849. AN, 271 AP C 20.

45. *Œuvres de Napoléon III*, *op. cit.*, t. III, pp. 101-103.

46. F. de Falloux, *op. cit.*, t. II, p. 132 et suiv.

47. P. de La Gorce, *op. cit.*, t. II, p. 234 et suiv.

48. AN, 271 AP C 20, et O. Barrot, *op. cit.*, t. III, pp. 444-445.

49. *Moniteur universel*, n° 294 du 21 octobre 1849, p. 3248 et suiv.

50. Même si ce dernier fut aussi très critique à son égard. Voir en annexe le portrait qu'il fit de lui, il est vrai, peu après son départ du ministère. Éric Anceau, « Tocqueville et le pouvoir exécutif sous la deuxième République ou l'épreuve des faits », *The Tocqueville Review, la Revue Tocqueville*, vol. XXVIII, n° 1, 2007, p. 144.

51. Lettre du président à Barrot du 31 octobre 1849. AN, 271 AP C 20 et O. Barrot, *op. cit.*, t. III, p. 476-477.

52. *Moniteur universel*, n° 305 du 1er novembre 1849, p. 3460 et suiv., et *Œuvres de Napoléon III*, *op. cit.*, t. III, pp. 110-113.

53. É.-F. Fleury, *op. cit.*, t. I, pp. 104-105. Voir aussi Blanchard Jerrold, *The Life of Napoleon III*, Londres, 1874, t. III, p. 111.

54. *Moniteur universel*, supplément extraordinaire n° 304 du 31 octobre 1849, p. 3427.

55. . *Moniteur universel*, nos 306-307 des 2 et 3 novembre 1849, p. 3482.

56. Alfred d'Almbert, *Dictionnaire politique napoléonien. Opinions, pensées, maximes*, Furne et Goubaud, 1849.

57. Baron d'Ambès (pseud.), *op. cit.*, p. 276 et p. 292.

58. E. V. B. de Castellane, *op. cit.*, t. IV, p. 164.

59. Voir H. Laferrière, *La Loi du 31 mai 1850*, Paris, 1910, P. Raphaël, « La loi du 31 mai 1850 », *Revue d'histoire moderne et contemporaine*, t. XIII et XIV, 1909-1910, et R. Balland, « De l'organisation à la restriction du suffrage universel en France (1848-1850) » dans *Réaction et suffrage universel en France et en Allemagne (1848-1850)*, Bibliothèque de la Révolution de 1848, t. XXII, Paris, 1963.

60. *Moniteur universel*, n° 152 du 1er juin 1850, p. 1888 et suiv.

61. William Nassau Senior, *op. cit.*, confidence de Mme Cornu en mai 1860, p. 338.

62. Maxime du Camp, *Souvenirs littéraires*, Aubier, 1994, p. 317.

63. *Moniteur universel*, n° 176 du 25 juin 1850, p. 2165 et suiv.

64. Lettre de Louis-Napoléon à Odilon Barrot du 8 août 1849. AN, 271 AP C 20.

65. V. de Persigny, *op. cit.*, p. 130.

66. Baron d'Ambès (pseud.), *op. cit.*, p. 308.

67. Hippolyte Fortoul, *Journal*, Droz, 1979, t. I, p. 21.

68. Lettre de Louis-Napoléon à son oncle Jérôme du 28 juillet 1850. AN, 400 AP 90.

69. Même si parfois, le président fatigué ou étourdi pouvait sauter une page de son petit carnet et provoquer méprises et quiproquos. Baron d'Ambès (pseud.), *op. cit.*, p. 328.

70. Voir *Le National* du mois d'août 1850 et en particulier le numéro du 15, E. V. B. de Castellane, *op. cit.*, t. IV, p. 269, baron d'Ambès (pseud.), *op. cit.*, p. 335 et suiv., et la lettre de Bineau à Baroche du 13 août citée par Jean Maurain, *Un bourgeois français au XIXe siècle : Baroche, ministre de Napoléon III*, Félix Alcan, 1936, p. 85.

71. *Œuvres de Napoléon III*, *op. cit.*, t. III, p. 131.

72. *Œuvres de Napoléon III*, *op. cit.*, t. III, p. 145. Sur cette visite à Lyon, E. V. B. de Castellane, *op. cit.*, t. IV, p. 266 et suiv.

73. *Œuvres de Napoléon III*, *op. cit.*, t. III, p. 153.

74. *Œuvres de Napoléon III*, *op. cit.*, t. III, p. 154.

75. Voir E. V. de Castellane, *op. cit.*, t. IV, p. 351 et suiv., et A. Lebey, *op. cit.*, p. 327.

76. É.-F. Fleury, *op. cit.*, t. I, p. 121 et suiv.

77. Baron d'Ambès (pseud.), *op. cit.*, p. 311.

78. Le récit qui suit s'appuie principalement sur les différents numéros du *Moniteur universel* de janvier 1851 et en particulier le n° 4 du 4 janvier, p. 17 et suiv., sur les mémorialistes dont V. de Persigny, *op. cit.*, p. 142 et suiv., et sur quelques historiens qui ont apporté un éclairage neuf sur certains moments de la crise. Voir en particulier Jean Maurain, *op. cit.*, p. 95 et suiv.

79. É. Ollivier, *op. cit.*, t. II, p. 306.

80. Nous reproduisons ce discours dans Éric Anceau (dir.), *Les Grands Discours parlementaires du XIXe siècle de Benjamin Constant à Adolphe Thiers*, Assemblée nationale et Armand Colin, 2005, p. 257 et suiv.

81. *Moniteur universel*, n° 19 du 19 janvier 1851, p. 193 et suiv.

82. *Moniteur universel*, n° 25 du 25 janvier 1851, p. 251.

83. A. de Lamartine, *op. cit.*, t. IV, p. 611.

84. Horace de Viel Castel, *Mémoires sur le règne de Napoléon III (1851-1864)*, R. Laffont, Bouquins, 2005, p. 106.

85. *Moniteur universel*, n° 42, p. 434. Voir aussi Alexandre Hübner, *Neuf ans de souvenirs d'un ambassadeur d'Autriche à Paris sous le second Empire, 1851-1859...*, Plon, 1904, 2 vol., t. I, p. 10.

86. *Papiers secrets et correspondance du second Empire*, A. Ghio, 1873, 2e éd., p. 356.

87. Les deux hommes furent parmi les premiers à l'inciter à adopter cette solution. Voir par exemple la lettre de Morny à sa belle-mère du 16 mai 1849 (*Le Secret du coup d'État*, *op. cit.*, p. 87). Le 2 mars 1851, le demi-frère du président déplorait sa « loyale résignation » (lettre à son père, *id.*, p. 122).

88. *Moniteur universel*, n° 101 du 11 avril 1851, p. 1065.

89. Précisément 1 456 577 signatures recueillies principalement dans les campagnes du Bassin parisien, de l'Aquitaine et du Nord qui avaient déjà voté massivement pour le prince lors de l'élection présidentielle. AN, C 2327 et 2328.

90. H. de Viel Castel, *op. cit.*, p. 95.

91. Voir Maxime du Camp, *op. cit.*, t. I, p. 107 et suiv.

92. *Œuvres de Napoléon III*, *op. cit.*, t. III, p. 211.

93. *Moniteur universel*, n° 154 du 3 juin 1851, p. 1559. Voir aussi E. V. B. de Castellane, *op. cit.*, t. IV, pp. 311-312.

94. *Moniteur universel*, n° 155 du 4 juin 1851, p. 1573 et suiv.

95. Nous suivons ici les papiers de Tocqueville (AN, 177 Mi 418) et les récits des principaux intéressés dont les *Mémoires posthumes* d'Odilon Barrot, *op. cit.*, t. IV.

96. É. Anceau, « Tocqueville... », art. cité, p. 146 et suiv.

97. *Moniteur universel*, n° 199 du 18 juillet 1851, p. 2044 et suiv. Il avait pourtant écrit dans le numéro du 28 octobre 1848 de son journal *L'Événement* : « Nous lui faisons confiance. Il porte un grand nom. L'Europe ne peut connaître un grand et un petit Napoléon. Ce nom ne peut pas se rapetisser. »

98. *Moniteur universel*, n° 201 du 20 juillet 1851, p. 2070.

99. A. de Morny, « La genèse du coup d'État. Mémoires... », *Revue des Deux Mondes*, t. 30, novembre-décembre 1925, p. 526.

Notes du Chapitre VI

1. François Maspero, *L'Honneur de Saint-Arnaud*, Plon, 1993, et Alger, Casbah éd., 2004.

2. Émile-Félix Fleury, *Souvenirs...*, Plon, 1897-1898, 2 vol., t. I, p. 128 et suiv.

3. Ce dernier avait un intérêt direct à voir le coup se réaliser sans tarder. Il était très endetté et son hôtel était menacé d'être vendu. Gerda Grothe, *Le Duc de Morny*, Fayard, 1967, p. 75.

4. Auguste de Morny, « La genèse du coup d'État » dans *Revue des Deux Mondes*, t. XXX, novembre-décembre 1925.

5. Émile Ollivier, *L'Empire libéral*, Garnier frères, 1897, t. II, pp. 433-434.

6. En la circonstance, les motivations présidentielles étaient, nous semble-t-il, complexes et donc ni aussi sombres que Maurice Agulhon les présenta dans *1848 ou l'Apprentissage de la République* (Le Seuil, Point, 1973, rééd. 1992, p. 159),

ni aussi pures que d'autres auteurs comme Adrien Dansette, William Smith et surtout Philippe Séguin l'écrivirent (*Louis Napoléon le Grand*, Grasset et Fasquelle, 1990, rééd. Livre de Poche, 1992, pp. 193-194).

7. *Moniteur universel*, n° 300 du 27 octobre 1851, p. 2719.

8. Maupas se serait d'abord vu proposer l'Intérieur par le président, mais il aurait refusé parce qu'il s'estimait trop jeune et mal préparé pour les joutes parlementaires. Charlemagne Émile de Maupas, *Mémoires sur le second Empire*, E. Dentu, 1884-1885, 2 vol., t. I, p. 178 et suiv.

9. *Œuvres de Napoléon III*, Plon et Amyot, 1869, t. III, p. 258 et suiv.

10. *Moniteur universel*, n° 318 du 14 novembre 1851, p. 2835.

11. *Moniteur universel*, n° 311 du 7 novembre 1851, p. 2775.

12. Lettre de Louis-Napoléon à Saint-Arnaud du 10 novembre 1851. AN, 400 AP 41.

13. *Moniteur universel*, n° 322 du 18 novembre 1851, p. 2869 et suiv.

14. C. É. de Maupas, *op. cit.*, t. I, p. 252 et suiv.

15. Durant tout le mois de novembre, les carnets du comte de Viel Castel sont remplis de notations à ce sujet. Horace de Viel Castel, *Mémoires sur le règne de Napoléon III (1851-1864)*, R. Laffont, Bouquins, 2005. Voir par exemple pp. 142-143.

16. C'est Palmerston lui-même qui a souligné ces mots. Lord Palmerston, *Mémorandum de certaines circonstances se rapportant au coup d'État* et *Correspondance intime*, Auguste Craven, trad. française, 1879. Voir aussi la lettre de Victoria au roi des Belges du 9 décembre 1851, *La Reine Victoria d'après sa correspondance personnelle inédite*, t. II « 1844-1853 », Hachette, 1907, p. 502 et suiv., Evelyn Arthley, *Biographie de lord Palmerston*, Londres, 1876, t. I, en particulier p. 287, la lettre du comte de Flahaut à son épouse du 10 décembre 1851, *Le Secret du coup d'État, correspondance inédite du prince Louis-Napoléon...*, Émile-Paul frères, 1928, p. 174, et Maxime du Camp, *Souvenirs d'un demi-siècle, 1830-1882*, Hachette, 1949, 2 vol., t. 1, p. 114 et suiv.

17. H. de Viel Castel, *op. cit.*, p. 155, et lettre du comte de Flahaut à son épouse du 14 décembre 1851. *Le Secret du coup d'État*, *op. cit.*, pp. 134-135 et p. 178.

18. Alexandre Quentin-Bauchart, *Études et souvenirs sur la deuxième République et le second Empire (1848-1870)*, Plon, 1901-1902, 2 vol., t. I, p. 421.

19. *Œuvres de Napoléon III*, *op. cit.*, t. III, pp. 267-271.

20. *Id.*, pp. 265-266.

21. Simone André-Maurois, *Miss Howard, la femme qui fit un empereur*, Gallimard, NRF, 1956, p. 81.

22. Voir Alain Plessis, *La Politique de la Banque de France de 1851 à 1870*, Genève, Droz, 1985.

23. C. É. de Maupas, *op. cit.*, t. I, p. 276.

24. À l'exception notoire de Louis-Napoléon, les principaux conjurés ont laissé des récits du coup d'État qui se recoupent largement. Voir par exemple É. F. Fleury, *op. cit.*, t. I, p. 161 et suiv., et C. É. de Maupas, *op. cit.*, t. I, p. 285.

25. Thomas-William Evans, *Mémoires...*, Plon-Nourrit, 1910, p. 6.

26. Baron d'Ambès (pseud.), *Mémoires inédits de Napoléon III. Le Mémorial de Chislehurst*, Paris, 1909, p. 354.

27. C. É. de Maupas, *op. cit.*, t. I, p. 220.

28. C. É. de Maupas, *op. cit.*, t. I, p. 301. Fleury parla, pour sa part, de 50 000 francs qui devaient servir à acheter du pain et du vin aux soldats pour éviter qu'ils ne se ravitaillassent auprès du peuple. É. F. Fleury, *op. cit.*, t. I, pp. 164-165.

29. C. É. de Maupas, *op. cit.*, t. I, p. 298 et suiv. Voir aussi Louis Véron, *Mémoires d'un bourgeois de Paris*, G. de Gonet, 1853-1855, 6 vol., t. VI, p. 175.

30. Maxime du Camp, *Souvenirs littéraires*, Aubier, 1994, p. 369.

31. *Moniteur universel*, n° 337 du 3 décembre 1851, p. 3019.

32. Voir aussi Émile Ollivier, *Journal (1848-1869)*, Julliard, 1961, 2 vol., t. I, p. 96, et Alexandre Hübner, *Neuf ans de souvenirs d'un ambassadeur d'Autriche à Paris sous le second Empire, 1851-1859...*, Plon, 1904, 2 vol., t. I, p. 34.

33. C. É. de Maupas, *op. cit.*, t. I, p. 385, et É.-F. Fleury, *op. cit.*, t. I, p. 168. Selon le pseudo-baron d'Ambès, il aurait alors été électrisé par les ovations et aurait voulu se faire proclamer empereur. Son oncle aurait dû le ramener au calme, en lui disant que cette initiative était prématurée (*op. cit.*, p. 366). Cette assertion semble toutefois peu vraisemblable.

34. Pour cette réunion et ce qui suit, voir Éric Anceau, « Les représentants du peuple et le coup d'État du 2 décembre 1851 », *Parliaments, Estates and Representation*, vol. 23, 2003, pp. 69-87.

35. Dans une lettre datée du 1er décembre, Louis-Napoléon s'excusait auprès de Fortoul de ne pas l'avoir mis dans la confidence, mais comptait sur lui pour occuper le portefeuille de l'Instruction publique et des Cultes. AN, 246 AP 27 dossier 3.

36. *Papiers secrets et correspondance du second Empire*, A. Ghio, 1873, 2e éd., p. 123.

37. Roger Price, *The French Second Empire. An Anatomy of Political Power*, Cambridge, Cambridge UP, 2001, p. 37, et É. Anceau, « Les représentants du peuple... », art. cité.

38. C. É. de Maupas, *op. cit.*, t. I, p. 285, G. Grothe, *op. cit.*, p. 86, et Claude Vigoureux, *Maupas et le coup d'État de Louis-Napoléon, le préfet de police du 2 décembre 1851*, éd. SPM, coll. Kronos, 2002.

39. Dans une dépêche du 9 décembre 1851, lord Normanby, ambassadeur de Grande-Bretagne en France, évoquait plus de 2 000 victimes et le *Times* du 28 août 1852 avançait celui de 1 200 tués ou blessés. Hübner donna un chiffre intermédiaire dans ses *Mémoires* de 1 700 morts. Les estimations officielles étaient naturellement inférieures. Dans un premier rapport du 15 décembre 1851, Maupas parla de 183 tués et 115 blessés, sans inclure les soldats. Dans un second du 25, il donna 215 tués et 119 blessés et, pour les pertes militaires, 26 tués et 184 blessés. Répondant au *Times* du 28 août 1852, le *Moniteur* du 30 s'arrêta, pour sa part, au chiffre global de 380 victimes (*Moniteur Universel*, n° 243, p. 1331). Voir aussi *Le Secret du coup d'État...*, *op. cit.*, p. 204 et suiv., et Frederick Arthur Simpson, *Louis Napoleon and the Recovery of France*, Londres, Longman, 1923, p. 172.

40. Voir Ted W. Margadant, *French Peasants in Revolt. The insurrection of 1851*, Princeton, Princeton UP, 1979.

41. Ainsi dans un entretien avec l'ancien ambassadeur d'Autriche, le 12 décembre. Rodolphe Apponyi, *Vingt-Cinq ans à Paris (1826-1850). Journal...*, Plon-Nourrit, 1913-1926, t. IV, p. 368.

42. H. de Viel Castel, *op. cit.*, p. 153 et suiv.

43. Voir par exemple Frédéric de Falloux, *Mémoires d'un royaliste*, Didier,

Perrin et Cie, 1888, 3 vol., t. II, p. 167, et É. Anceau, « Les représentants du peuple… », art. cité.

44. *Moniteur universel*, n° 338 du 4 décembre 1851, p. 3023, et É. Anceau, « Les représentants du peuple… », art. cité.

45. Pierre Joseph Proudhon, *Napoléon III*, Rochel, 1900, p. 243 et suiv., et É. Ollivier, *op. cit.*, t. III, pp. 445-446.

46. Lettre à P.-J. Hetzel du 29 décembre 1851, *Correspondance générale*, Garnier frères, t. X.

47. *Le 18 Brumaire de Louis Bonaparte*, Éditions sociales, 1969, nouvelle éd., 1984, p. 188 et suiv.

48. Ainsi l'évêque de Nancy, dans une adresse du 10 décembre 1851. AN, AB XIX 173.

49. Lettre de la reine à lord Russell du 4 décembre 1851. *La Reine Victoria d'après sa correspondance personnelle inédite*, t. II « 1844-1853 », Hachette, 1907, p. 502 et suiv.

50. Numéro du *Times* du 11 décembre 1851, et Alexis de Tocqueville, *Œuvres complètes*, Gallimard, NRF, t. VI, pp. 119-129.

51. *Le Secret du coup d'État…*, *op. cit.*, p. 180 et suiv., et É. Ollivier, *op. cit.*, t. II, p. 313 et suiv.

52. Voir par exemple à ce sujet Hippolyte Taine, *Du suffrage universel et de la manière de voter*, 1872, p. 16.

53. *Moniteur universel*, n° 1 du 1er janvier 1852, p. 1.

54. L'impératrice Eugénie raconta beaucoup plus tard qu'un jour où elle voyait son époux absorbé dans une triste rêverie dont elle avait découvert le motif, elle se permit de lui dire : « Tu portes le 2 Décembre comme une tunique de Nessus » et il répliqua : « J'y pense constamment. » Maurice Paléologue, *Les Entretiens de l'impératrice Eugénie*, Plon, 1928. Il faut toutefois noter que, selon William Smith, il s'agit là d'une œuvre de pure fiction.

55. É. Ollivier, *op. cit.*, t. II, pp. 522-523 et t. 12, p. 195.

56. Marcel Prélot, « La signification constitutionnelle du second Empire », *Revue française de science politique*, janvier-mars 1953, III-1, p. 37.

57. C. É. de Maupas, *op. cit.*, t. I, p. 224 et suiv.

58. Voir Adolphe Granier de Cassagnac, *Souvenirs du second Empire*, Paris, 1881, t. II, pp. 81-86.

59. *Œuvres de Napoléon III*, *op. cit.*, t. III, p. 287 et suiv.

60. *Id.*, p. 297 et suiv.

61. Éric Anceau, chapitre 4 : « Le Parlement à l'heure de l'apprentissage démocratique : la deuxième République et le second Empire », pp. 191-245 de Jean Garrigues (dir.), *Histoire du Parlement de 1789 à nos jours*, Assemblée nationale et Armand Colin, 2007, pp. 214-215.

62. À la notable exception de Cavaignac que le président souhaitait ménager, car il l'avait précédé au pouvoir.

63. Quentin-Bauchart procéda à 3 441 grâces ou commutations de peines, contre 727 à Canrobert et 300 à Espinasse. É. Ollivier, *op. cit.*, t. II, p. 527, et A. Quentin-Bauchart, *op. cit.*, t. I, p. 454 et suiv.

64. Lettre à P.-J. Hetzel du 30 janvier 1852, *Correspondance générale*, *op. cit.*, t. X.

65. *Moniteur universel*, n° 23 du 23 janvier 1852, p. 119. Texte reproduit par Maupas dans ses *Mémoires sur le second Empire*, *op. cit.*, t. I, p. 570 et suiv.

66. Voir Howard C. Payne, *The Police State of Louis Napoleon Bonaparte (1851-1860)*, Seattle, Univ. of Washington Press, 1966.

67. *Moniteur universel*, n° 23 du 23 janvier 1852, p. 119.

68. Voir p. 344.

69. Sur les tensions qui traversaient le Conseil d'État, voir Vincent Wright, *Le Conseil d'État sous le second Empire*, A. Colin et Presses de la FNSP, 1972, en particulier p. 67 et suiv.

70. Maupas qui ne l'aimait pas affirma dans ses *Souvenirs* que le départ de Morny était arrêté dès le 14 janvier, en raison des opérations financières douteuses auxquelles il avait participé, *op. cit.*, t. I, p. 561 et suiv.

71. Il se vit proposer par son demi-frère une place au Sénat qu'il déclina car il briguait la présidence du Corps législatif. Louis-Napoléon semblait disposé à la lui accorder, lorsqu'il prit connaissance, le 1er mars, d'une lettre interceptée par sa police et dans laquelle une « personne haut placée » écrivait à la duchesse d'Orléans pour se réjouir de cette éventualité : « Le Président peut disparaître par un accident de la scène politique et alors nous sommes sûrs que toutes les sympathies de M. de M. seraient pour V.A.R. » Le 2, Louis-Napoléon écrivit à Morny : « Je n'attache pas à ce renseignement plus d'importance qu'il n'en mérite. Cependant, mon but est d'être par tous les moyens honnêtes, l'espoir de tous les partis et je vois donc avec regret que votre nomination [...] irait contre mes intentions. » *Le Secret du coup d'État...*, *op. cit.*, p. 259 et suiv. et p. 289 et suiv.

72. É. Anceau, chapitre 4 : « Le Parlement à l'heure de l'apprentissage démocratique... » de J. Garrigues (dir.), *op. cit.*, p. 215.

73. Éric Anceau, *Les Députés du second Empire. Prosopographie d'une élite du XIXe siècle*, Champion, 2000, pp. 64-65, pp. 536-537.

74. *Moniteur universel*, n° 2 du 2 janvier 1852, p. 7.

75. É. Anceau, *Les Députés...*, *op. cit.*, p. 65.

76. *Moniteur universel*, n° 176 du 24 juin 1852, p. 959 et suiv.

77. Le *Moniteur universel* n° 2 du 2 janvier 1852 (p. 7) annonçait que « le palais des Tuileries sera[it] à l'avenir la résidence officielle du président de la République ». L'installation était alors imminente et le 7, Louis-Napoléon signait ses premiers décrets du palais.

78. Numéros des 23 avril et 9 mai 1852.

79. A. Hübner, *op. cit.*, t. I, p. 68. Voir aussi R. Apponyi, *op. cit.*, t. IV, pp. 435-436, et baron d'Ambès (pseud.), *op. cit.*, p. 424.

80. Tel fut par exemple le sentiment de l'ambassadeur d'Autriche. A. Hübner, *op. cit.*, t. 1 p. 72.

81. William Nassau Senior, *Conversations with M. Thiers, M. Guizot and Other Distinguished Persons during the Second Empire (1852-1860)*, Londres, Hurst et Blackett, 1878-1880, 2 vol., t. I, p. 88.

82. É. Ollivier, *op. cit.*, t. III, p. 41.

83. *Œuvres de Napoléon III*, *op. cit.*, t. III, pp. 323-325.

84. V. de Persigny, *Mémoires*, Plon, p. 171 et suiv.

85. Esprit Victor Boniface de Castellane, *Journal du maréchal de Castellane, 1804-1862*, Plon, 1895-1897, t. IV, p. 398.

86. Le même jour, il s'exprimait dans des termes quasi identiques dans une lettre à son oncle Jérôme. AN, 400 AP 90.

87. *Moniteur universel*, n° 286 du 12 octobre, p. 1607, Voir annexe 3, p. 581.

88. Jean Maurain, *Un bourgeois français au* XIXe *siècle : Baroche, ministre de Napoléon III*, F. Alcan, 1936, p. 123.

89. H. de Viel Castel, *op. cit.*, p. 226.

90. Jean Maurain, *op. cit.*, p. 124.

91. *Œuvres de Napoléon III*, *op. cit.*, t. III, p. 348, message présidentiel au Sénat du 4 novembre.

92. *Moniteur universel*, n° 312 du 7 novembre 1852, supplément extraordinaire, p. 1815 et suiv.

93. Dans une lettre du 9 novembre 1852, il lui écrivit : « Comment pouvez-vous croire que votre vote puisse nuire en quoi que ce soit à la vieille amitié que je vous porte. » Il le convia d'ailleurs à déjeuner. « Le nouveau titre que je recevrai de la nation ne changera pas plus mes habitudes que mes sentiments pour vous. » AN, 400 AP 41.

94. Les bulletins blancs s'élevaient à 63 326. *Moniteur universel*, n° 337 du 2 décembre 1852, p. 2011.

95. *La Lutte électorale en 1863*, E. Dentu, 1863, p. 11.

96. R. Apponyi, *op. cit.*, t. IV, p. 424.

97. Elles furent bientôt reprises par l'intermédiaire d'un jeune abbé français, Gaston de Ségur, auditeur de la rote, qui suggérait de ne donner qu'un caractère religieux au sacre, car les objectifs politiques arrêtaient le pape, effrayaient les cardinaux et irritaient les puissances. Cependant, l'affaire traîna pendant toutes les années 1853 et 1854, puis le projet finit par perdre de son intérêt. Correspondance entre Gaston de Ségur, Napoléon III et Pie IX du 10 décembre 1852 à juin 1853 (AN, 400 AP 48 et 52). Voir aussi Pierre de La Gorce, *Histoire du second Empire*, Plon, 7 vol., 1894-1904, t. II, p. 147 et suiv., et Marthe de Hédouville, *Monseigneur de Ségur. Sa vie, son action*, Nouvelles éditions latines, 1957, chapitre IX.

98. *Moniteur universel*, n° 337 du 2 décembre 1852, p. 2007.

99. *Œuvres de Napoléon III*, *op. cit.*, t. III, pp. 353-354.

100. James Howard Harris de Malmesbury, *Memoirs of an ex-Minister*, Londres, Longmans, 1884, éd. française *Mémoires d'un ancien ministre...*, P. Ollendorff, 1885, p. 308 et p. 151.

101. É. Ollivier, *L'Empire libéral*, *op. cit.*, t. III, p. 113.

102. La correspondance entre les deux souverains se trouve en AN, 400 AP 47 et 48. Voir aussi *La Reine Victoria...*, *op. cit.*, t. II, pp. 599-600, lord Malmesbury, *op. cit.*, p. 168 et suiv., A. Hübner, *op. cit.*, t. 1 p. 93 et suiv., et T. W. Evans, *op. cit.*, p. 57.

Notes du Chapitre VII

1. Voir par exemple ses lettres à Eugénie du 27 juin et du 7 juillet 1855. AN, 400 AP 43.

2. Ernest Barthez, *La Famille impériale à Saint-Cloud et à Biarritz*, Calmann-Lévy, 1913, p. 31 et pp. 71-72. Cette description physique rappelait celle, tout aussi peu flatteuse, que Charles de Rémusat donna dans ses *Mémoires de ma vie* [t. IV, p. 358] et que nous reproduisons en annexe 2, p. 584.

3. E. Barthez, *op. cit.*, p. 73.

4. Pauline de Metternich, *Souvenirs (1859-1871)*, Plon, 1922, p. 9.

5. *Letters of Queen Victoria*, Londres, Murray, 1926, 2e série, t. I, p. 132.

6. C. de Rémusat, *op. cit.*, t. IV, p. 359.

7. Marcel Émerit, *Lettres de Napoléon III à Mme Cornu*, Éd. des Presses Modernes, 1937, t. I, p. 179.

8. William Nassau Senior, « Madame Cornu et Napoléon III », *Revue de Paris*, 1er juillet 1897, pp. 190-192.

9. Émile Ollivier, *Journal (1848-1869)*, Julliard, 1961, 2 vol., t. I, p. 178.

10. Tel était le sentiment de Marcel Émerit, *Lettres de Napoléon III à Mme Cornu*, *op. cit.*, t. I, p. 10.

11. Alexis de Tocqueville, *Souvenirs*, *Œuvres complètes*, t. XII, Gallimard, 1964, p. 230.

12. Entretien de William Nassau Senior avec Mme Cornu, *Revue politique et littéraire* du 14 juillet 1883.

13. *Fragments historiques... Œuvres de Napoléon III*, Plon et Amyot, 1869, t. I, p. 337.

14. Il l'avouait d'ailleurs lui-même. Voir W. N. Senior, « Madame Cornu et Napoléon III », *Revue de Paris*, 1er juillet 1897, p. 190.

15. Note du 19 janvier 1853. Horace de Viel Castel, *Mémoires sur le règne de Napoléon III (1851-1864)*, R. Laffont, Bouquins, 2005, p. 248.

16. Walewski qui tenait l'anecdote du maréchal lui-même la rapporta à Ollivier. É. Ollivier, *Journal...*, *op. cit.*, t. II, pp. 99-100.

17. É. Ollivier, *op. cit.*, t. II, pp. 99-100.

18. Voir par exemple la lettre de Mérimée à Mme de La Rochejaquelein du 21 juin 1860. Prosper Mérimée, *Correspondance générale...*, Toulouse, Privat, 1941-1964, 17 vol., 2e série, t. III, p. 509.

19. E. Barthez, *op. cit.*, p. 90.

20. Thomas-William Evans, *Mémoires...*, Plon-Nourrit, 1910, p. 50.

21. Confidence du prince Napoléon à Ollivier en mai 1865 dans É. Ollivier, *Journal*, *op. cit.*, t. II, p. 195.

22. Confidence de Montalembert à William Nassau Senior en 1854, *Conversations with M. Thiers, M. Guizot and Other Distinguished Persons during the Second Empire (1852-1860)*, Londres, Hurst et Blackett, 1878-1880, 2 vol., t. I, p. 363, et confidence du prince Napoléon à Ollivier en mai 1865 dans É. Ollivier, *Journal*, *op. cit.*, t. II, p. 195.

23. Confidence d'H. Cornu à W. N. Senior, *Conversations with M. Thiers...*, *op. cit.*, t. II, p. 214.

24. Charles Nauroy, *Les Secrets des Bonaparte*, Bouillon, 1889, p. 19.

25. Pauline de Metternich, *Souvenirs (1859-1871)*, Plon, 1922, p. 10.

26. E. Barthez, *op. cit.*, p. 90.

27. T.-W. Evans, *op. cit.*, p. 50.

28. Pierre Ernest Pinard, *Mon journal*, E. Dentu, 1892-1893, 3 vol., t. I, p. 186.

29. É. Ollivier, *op. cit.*, t. II, p. 447.

30. Victor de Persigny, *Mémoires...*, Plon, 1896, p. 345 et suiv.

31. Émile Ollivier, *L'Empire libéral*, Garnier frères, 1898, t. III, p. 72. Voir aussi du même auteur *Journal...*, *op. cit.*, t. II, pp. 274-275.

32. Confidences du docteur Evans à W. N. Senior, en avril 1857, *Conversations with M. Thiers...*, *op. cit.*, t. II, pp. 106 et 143. Toutefois, Mérimée se montrait plus sceptique sur les facultés de travail de l'empereur. *Id.*, t. II, p. 143.

33. É. Ollivier, *L'Empire libéral*, *op. cit.*, t. III, p. 77.

34. *Lettres de Napoléon III à Mme Cornu*, t. I, p. 149, et W. N. Senior, *Conversations with M. Thiers...*, t. II, p. 263.

35. C. de Rémusat, *op. cit.*, t. IV, p. 360.

36. Confidence d'Hortense Cornu à William Nassau Senior, en mai 1860. *Conversations with M. Thiers...*, *op. cit.*, t. II, p. 334.

37. Baron d'Ambès (pseud.), *Mémoires inédits de Napoléon III. Le Mémorial de Chislehurst*, Paris, 1909, p. 305.

38. É. Ollivier, *L'Empire libéral*, *op. cit.*, t. III, p. 73, et W. N. Senior, « Madame Cornu et Napoléon III », *Revue de Paris*, 1er juillet 1897, p. 199.

39. Hortense Cornu l'attribuait à un héritage des Beauharnais : « Croiriez-vous qu'il est incapable de faire un pas sans invoquer la Vierge Marie. Il a adoré sa mère la reine Hortense et on dirait qu'il confond dans son culte sa propre mère et la mère de Dieu, sans lequel il ne conçoit pas le monde. » *Lettres de Napoléon III à Mme Cornu*, *op. cit.*, t. I, p. 149.

40. P. E. Pinard, *op. cit.*, t. I, p. 189.

41. Confidence du prince Napoléon à Ollivier en mai 1865 dans É. Ollivier, *Journal*, *op. cit.*, t. II, p. 195. Voir aussi les notations d'Horace de Viel Castel des 19 janvier et 24 août 1853 dans *op. cit.*, p. 248 et p. 301.

42. Notation du 19 janvier 1853, *op. cit.*, pp. 248-249.

43. V. de Persigny, *op. cit.*, p. 43 et suiv.

44. H. de Viel Castel, *op. cit.*, p. 371 et suiv.

45. É. Ollivier, *L'Empire libéral*, *op. cit.*, t. XI, p. 260.

46. T.-W. Evans, *op. cit.*, p. 48. Alfred de Falloux affirmait que la scène avait eu lieu non avec Napoléon-Jérôme mais avec le père de celui-ci. *Mémoires d'un royaliste*, Didier, Perrin et Cie, 1888, 3 vol., t. II, p. 92.

47. Voir sa correspondance en AN, 400 AP 31.

48. Voir lettre de Louis-Napoléon à Vieillard du 29 janvier 1836. AN, 400 AP 41.

49. Lettre de Louis-Napoléon à Napoléon-Jérôme du 16 juillet 1845. *Correspondance inédite publiée par Ernest d'Hauterive*, Calmann-Lévy, 1925, p. 31.

50. Lettre de Louis-Napoléon à Napoléon-Jérôme du 11 février 1841. *Id.*, p. 5.

51. Voir p. 95.

52. Lettre de Louis-Napoléon à Jérôme du 12 décembre 1851. AN, 400 AP 90.

53. Lettre de Louis-Napoléon à Jérôme du 9 octobre 1852. AN, 400 AP 90.

54. Lettre de Jérôme à Louis-Napoléon du 14 octobre 1852. AN, 400 AP 53.

55. Lettre de Louis-Napoléon au prince Napoléon du 6 novembre 1852. *Correspondance inédite publiée par Ernest d'Hauterive*, *op. cit.*, p. 58.

56. Voir en particulier le rapport du ministre de la Maison de l'empereur du 6 juillet 1853. AN, 400 AP 54.

57. Lettre de Napoléon III à Jérôme du 22 mars 1853. AN, 400 AP 90.

58. H. de Viel Castel, *op. cit.*, p. 406.

59. Les différentes pièces de cette affaire se trouvent aux AN, en 400 AP 53 et 90. Voir en particulier les lettres de Jérôme du 20 juillet et du 14 octobre 1854, les décrets impériaux des 30 août et 5 septembre 1854, la lettre de Napoléon III à Jérôme du 2 décembre 1855 et le mémorandum de Jérôme et de ses enfants légitimes du 28 avril 1856.

60. Voir AN, 31 AP 57.

61. Voir en particulier les lettres du chef de l'État à Lucien Murat du 4 juillet 1852 et de novembre 1853. AN, 31 AP 57.

62. Lettre de Napoléon III à Lucien Murat du 18 mai 1861 (AN, 31 AP 57) et correspondance entre Napoléon III et le prince Napoléon de mai 1861. *Correspondance inédite publiée par Ernest d'Hauterive*, *op. cit.*, p. 218 et suiv.

63. Lettre de Louis-Napoléon à Napoléon-Jérôme du 27 ocotbre 1845. *Correspondance inédite publiée par Ernest d'Hauterive*, *op. cit.*, p. 37.

64. Voir le rapport du ministre de la Maison de l'empereur du 6 juillet 1853. AN, 400 AP 54, et *Papiers secrets et correspondance du second Empire*, A. Ghio, 1873, 2e éd., p. 366.

65. Émile-Félix Fleury, *Souvenirs...*, Plon, 1897-1898, 2 vol., t. I, p. 211 et suiv.

66. Alexandre Hübner, *Neuf ans de souvenirs d'un ambassadeur d'Autriche à Paris sous le second Empire, 1851-1859...*, Plon, 1904, 2 vol., p. 189.

67. Voir en particulier Amélie Carette, *Souvenirs intimes de la Cour des Tuileries*, Paul Ollendorff, 1889-1891, 3 vol., t. I, p. 45 et suiv. En outre, les biographies d'Eugénie ne manquent pas. Les plus récentes sont celles de William Smith, Jean Autin et Jean des Cars (voir bibliographie). Nous les suivons ici, pour l'essentiel.

68. A. Carette, *op. cit.*, t. I, p. 45 et suiv. Voir aussi E. Barthez, *op. cit.*, p. 91 et suiv.

69. J. A. Primoli, *Revue des Deux Mondes*, XXIV, 1924, conversation avec l'impératrice, pp. 80-81.

70. Adrien Dansette, *Du 2 Décembre au 4 Septembre*, Hachette, 1972, p. 44.

71. Charlemagne Émile de Maupas, *Mémoires sur le second Empire*, E. Dentu, 1884-1885, 2 vol., t. II, pp. 16-17.

72. Pierre-Augustin Filon, *Souvenirs sur l'impératrice Eugénie*, Calmann-Lévy, 1920, p. 26. Alexandre Hübner, dont la mémoire défaillait sur ce point, mais qui fut suivi par maints historiens, situait l'anecdote le 12 janvier et en rendait responsable l'épouse de Drouyn de Lhuys qui aurait refusé de céder sa place à Eugénie sur une banquette réservée. *Neuf ans de souvenirs d'un ambassadeur d'Autriche à Paris sous le second Empire, 1851-1859...*, Plon, 1904, 2 vol., t. 1, p. 100.

73. William H. C. Smith, *Napoléon III*, Hachette, 1982, p. 51.

74. Simone André-Maurois, *Miss Howard, la femme qui fit un empereur*, Gallimard, NRF, 1956, p. 117 et suiv.

75. Le premier acompte d'un million fut versé le 25 mars 1853. Jusqu'au 1er janvier 1855, miss Howard reçut 5 449 000 francs. Sans doute par dépit, elle se plaignit cependant que les engagements pris envers elle n'étaient pas tenus. *Papiers secrets et correspondance du second Empire*, A. Ghio, 1873, 2e éd., pp. 99-100.

76. *Œuvres de Napoléon III*, Plon et Amyot, 1869, t. III, pp. 358-359.

77. A. Hübner, *op. cit.*, t. I, p. 105.

78. Le texte officiel se trouve en AN, 400 AP 39.

79. *Programme de la cérémonie du mariage civil de l'Empereur* et *Programme de la cérémonie du mariage religieux de l'Empereur* arrêtés par le grand maître des cérémonies Cambacérès, Imprimerie impériale, 26 janvier 1853, AN, 31 AP 57.

80. A. Hübner, *op. cit.*, t. I, pp. 106-107.

81. Bernard Ménager l'a montré en s'appuyant sur les rapports administratifs. *Les Napoléon du peuple*, Aubier, 1988, pp. 151 152.

82. Voir en particulier sur ce sujet P. A. Filon, *Souvenirs sur l'impératrice Eugénie*, Calmann-Lévy, 1920, p. 84.

83. Céleste Baroche née Letellier, *Mme Jules Baroche. Second Empire. Notes et Souvenirs*, G. Crès et Cie, 1921, p. 149.

84. A. Carette, *op. cit.*, t. I, p. 241.

85. Edmond et Jules de Goncourt, *Journal*, t. I (1851-1865), R. Laffont, Bouquins, 1989, p. 865.

86. Plus tard, elle s'en défendit elle-même. Maurice Paléologue, *Les Entretiens de l'impératrice Eugénie*, Plon, 1928, p. 57.

87. Celui-ci lui rendit d'ailleurs hommage dans ses Mémoires. Victor Duruy, *Notes et souvenirs...*, Hachette et Cie, 1901, 2 vol. rééd. 1902, t. II, p. 173 et suiv.

88. Voir par exemple la lettre de Mérimée à Théodore de Lagrené du 5 juillet 1853. P. Mérimée, *Correspondance générale...*, *op. cit.*, 2e série, t. I, pp. 96-97.

89. Lettre du 29 août 1854. AN, 400 AP 43.

90. Lettre du 27 juin 1855. AN, 400 AP 43.

91. Lettre du 2 juillet 1855. AN, 400 AP 43.

92. M. Paléologue, *op. cit.*, p. 73 et suiv.

93. Voir par exemple la lettre de Napoléon III à Eugénie du 3 juillet 1856. AN, 400 AP 43.

94. L'incident se déroula à Compiègne, le 15 novembre 1863. Le prince fut aussitôt invité à quitter les lieux par son cousin. Voir A. Carette, *op. cit.*, t. III, p. 152 et suiv.

95. Voir M. Paléologue, *op. cit.*, p. 59.

96. Conversation d'Hortense Cornu avec Ollivier en novembre 1853. É. Ollivier, *Journal...*, *op. cit.*, t. I, p. 178.

97. T.-W. Evans, *op. cit.*, p. 7.

98. À ce titre, la correspondance d'Edgar Ney avec sa mère est très instructive. AN, 137 AP 27 dossier 21.

99. Voir par exemple la lettre de Napoléon III à Eugénie du 2 juillet 1855. AN, 400 AP 43.

100. É. Ollivier, *L'Empire libéral*, *op. cit.*, t. III, p. 70.

101. *Papiers secrets et correspondance du second Empire*, A. Ghio, 1873, 2e éd., pp. 99-100.

102. . Article « Lagrange (Charles Michel) » dans Jean Tulard (dir.), *Dictionnaire du second Empire*, Fayard, 1995.

103. Voir A. Carette, *op. cit.*, t. III, p. 291 et suiv., et T.-W. Evans, *op. cit.*, p. 7.

104. Sur le Corse Griscelli, voir Jacques-François Griscelli, *Mémoires...*, Bruxelles, Genève et Londres, 1867, ouvrage condamné à la destruction par arrêt du tribunal correctionnel de Lille du 6 mai 1868.

105. Edmond et Jules de Goncourt, *Journal...*, Bouquins, Robert Laffont, 1989, 3 vol., t. I, p. 917.

106. Outre les Mémoires d'Abbatucci, de Fortoul, de Baroche, de Maupas ou encore de Pinard, les procès-verbaux des conseils des ministres de janvier à juillet 1856, rédigés par Fould, sont très éclairants. AN, 154 Mi 1.

107. Émile Ollivier, *L'Empire libéral...*, Garnier frères, 1898, t. III, p. 71, P.-E. Pinard, *op. cit.*, t. I, pp. 185-186, et C. É. de Maupas, *op. cit.*, t. II, p. 19.

108. Voir à ce sujet le *Journal* d'Hippolyte Fortoul, Genève, Droz, 1979-1989, 2 vol., en date du 7 mai 1855, p. 172, et du 5 juin 1855, p. 195. Duruy défendit ce système en affirmant qu'il avait permis à certains de ses projets, impopulaires auprès de ses collègues, d'être approuvés. Victor Duruy, *Notes et souvenirs...*, Hachette et Cie, 1901, 2 vol. rééd. 1902, t. II, p. 85.

109. P.-E. Pinard, *op. cit.*, t. I, p. 167.

110. É. Ollivier, *L'Empire libéral...*, *op. cit.*, t. III, pp. 78-79.

111. Lettre du 6 septembre 1856 cité par Émile Ollivier, *L'Empire libéral...*, *op. cit.*, t. III, p. 74.

112. Émile Ollivier, *L'Empire libéral...*, *op. cit.*, t. III, p. 73.

113. Échange de lettres du 5 mars 1859. *Correspondance inédite publiée par Ernest d'Hauterive*, *op. cit.*, p. 140 et suiv. Le prince revint à la charge dans une lettre du 20 avril suivant et Napoléon III lui répondit deux jours plus tard sur le même ton que précédemment. *Id.*, p. 159 et suiv.

114. Baron d'Ambès (pseud.), *op. cit.*, p. 492.

115. P.-E. Pinard, *op. cit.*, t. I, p. 167.

116. *Moniteur universel*, n° 346 du 11 décembre 1852, p. 2079.

117. De 1832 à 1856, elle aurait donné à Morny 7,68 millions de francs et reçu de lui seulement 2 millions. La transaction se fit à hauteur de 3,5 millions. AN, 116 AP 2 dossier 9, Jacques-François Griscelli, *Mémoires...*, *op. cit.*, p. 49 et suiv., H. de Viel Castel, *op. cit.*, pp. 593-594. Robert Schnerb, *Rouher et le second Empire*, A. Colin, 1949, p. 121 et suiv., et Gerda Grothe, *Le Duc de Morny*, Fayard, 1967, p. 206 et suiv.

118. M. Paléologue, *op. cit.*, pp. 85-87, É. Ollivier, *L'Empire libéral*, *op. cit.*, t. VII, p. 283, et G. Grothe, *op. cit.*, pp. 116-117.

119. Éric Anceau, « Les députés chambellans du second Empire », *Revue du souvenir napoléonien*, n° 415, octobre-novembre 1997, pp. 24-39.

120. Jacques Pierre Charles Abbatucci, « Les souvenirs d'un homme d'État du second Empire », *Revue bleue*, n° février-mars 1908, à la date du 14 juin 1858.

121. Évariste Bavoux, *Chislehurst-Tuileries. Souvenirs intimes sur l'Empereur...*, E. Dentu, 1873, pp. 42-45.

122. Howard C. Payne, *The Police State of Louis Napoleon Bonaparte (1851-1860)*, Seattle, Univ. of Washington Press, 1966, p. 169.

123. É. Bavoux, *op. cit.*, pp. 45-46.

124. Lettre à Jérôme du 2 février 1858. AN, 400 AP 90.

125. Les uns et les autres ne se privaient pas de les lui dénoncer, en pointant la responsabilité de leurs rivaux. Voir par exemple la note confidentielle de Morny de mai 1853. AN, 116 AP 2 dossier 10.

126. T.-W. Evans, *op. cit.*, p. 48.

127. Marcel Blanchard, *Le Second Empire*, A. Colin, 1950, p. 29. Nous pensons que cette phrase est une version remaniée de celle, authentique, qu'il prononça, devant vingt témoins, le 15 novembre 1871, dans son dernier exil anglais. Il dit alors que l'impératrice était fanatique du comte de Chambord, Mme Lebreton, sa lectrice, qui avait été dans son enfance la compagne de jeu des princes d'Orléans, orléaniste, Conneau *carbonaro*... contrairement à lui. « Mais, papa, demanda le Prince Impérial lorsque l'Empereur eut parlé, je vois maman qui est légitimiste,

Mme Lebreton orléaniste, le docteur Conneau républicain. Où sont donc les Impérialistes ici ? Alors l'Empereur, passant sa main sur la tête de son fils, et l'attirant tendrement : – Les Impéralistes, c'est toi. » A. Carette, *op. cit.*, t. III, p. 124 et suiv.

128. Sur l'opposition de Persigny à la toute-puissance de Fould, ce « juif triomphant » qui a fait de son ministère d'État « une monstruosité administrative », voir la lettre de Persigny à Napoléon III de septembre 1854 en AN, 44 AP 3, et sur les relations très conflictuelles entre Walewski, ministre des Affaires étrangères, et ce même Persigny, ambassadeur à Londres, voir AN, 44 AP 5 dossier 2 et AP 6.

Notes du Chapitre VIII

1. Voir par exemple M. G. de Molinari, *Napoléon III publiciste. Sa pensée cherchée dans ses écrits. Analyse et appréciations de ses œuvres*, Bruxelles, A. Lacroix, Van Meenen et Cie, 1861, p. 155.

2. *Rêveries politiques…*, *Œuvres de Napoléon III*, Plon et Amyot, 1869, t. I, pp. 376-377.

3. *Des idées napoléoniennes*, *Œuvres…*, *op. cit.*, t. I, p. 41.

4. Thomas-William Evans, *Mémoires…*, Plon-Nourrit, 1910, p. 33 et p. 42 et suiv.

5. Comme dans son discours de Bordeaux, *Moniteur universel*, n° 286 du 12 octobre, p. 1607.

6. *Rêveries politiques*, *Œuvres…*, *op. cit.*, t. I, p. 380.

7. *L'Idée napoléonienne*, *Œuvres…*, *op. cit.*, t. I, p. 3 et suiv.

8. *Fragments historiques*, *Œuvres…*, *op. cit.*, t. I, p. 244.

9. *Des idées napoléoniennes…*, *Œuvres…*, *op. cit.*, t. I, p. 28.

10. *Id.*, t. I, p. 31.

11. *L'Idée napoléonienne*, *Œuvres…*, *op. cit.*, t. I, p. 7.

12. Victor de Persigny, *Visite au prince Napoléon-Louis. Lettres de Londres*, A. Levasseur, 1840, pp. 3 et 107.

13. *Id.*, pp. 41-46 et p. 57.

14. *Id.*, p. 55.

15. *Id.*, p. 75.

16. Lettre de Louis-Napoléon à Hortense Cornu du 26 août 1843. *Lettres de Napoléon III à Mme Cornu*, Éd. des Presses Modernes, 1937, t. II, p. 67.

17. Lettre de Louis-Napoléon à Hortense Cornu du 19 septembre 1845. *Id.*, t. II, p. 201.

18. *Mémoires de la reine Hortense*, Paris, 1927, t. III, p. 274.

19. *Réponse à Lamartine*, *Œuvres…*, *op. cit.*, t. I, p. 368.

20. Confidence de Louis-Napoléon en août 1833. Baron d'Ambès (pseud.), *Mémoires inédits de Napoléon III. Le Mémorial de Chislehurst*, Paris, 1909, p. 78.

21. *Fragments historiques*, *Œuvres…*, *op. cit.*, t. I, p. 303.

22. *Rêveries politiques*, *Œuvres…*, *op. cit.*, t. I, p. 384.

23. Lettre à sa mère du 4 juillet 1834. AN, 400 AP 39.

24. Lettre à Vieillard du 29 janvier 1836. AN, 400 AP 41.

25. Lettre de Louis-Napoléon à Vieillard du 10 juin 1842. AN, 400 AP 41.

26. Lettre de Louis-Napoléon à Hortense Cornu du 28 août 1841, *Lettres de Napoléon III à Mme Cornu*, *op. cit.*, t. II, p. 16.

27. Louis Blanc, *Révélations historiques...*, 1859, p. 222 et suiv.

28. *L'Extinction du paupérisme*, *Œuvres...*, *op. cit.*, t. II, p. 122.

29. *Œuvres...*, *op. cit.*, t. I, p. 385.

30. Voir Frédéric Bluche (dir.), *Le Prince, le peuple et le droit. Autour des plébiscites de 1851 et de 1852*, PUF, 2000.

31. Maurice Deslandres, *Histoire constitutionnelle de la France de 1789 à 1870*, Paris, 1933, t. II, p. 509.

32. *Fragments historiques...*, *Œuvres...*, *op. cit.*, t. I, p. 342.

33. *L'Idée napoléonienne*, *Œuvres...*, *op. cit.*, t. I, p. 8.

34. Discours du 1er décembre 1852. *Œuvres...*, *op. cit.*, t. III, p. 353.

35. *Rêveries politiques*, *Œuvres...*, *op. cit.*, t. I, p. 379.

36. *Des idées napoléoniennes*, *Œuvres...*, *op. cit.*, t. I, p. 171.

37. *Rêveries politiques*, *Œuvres...*, *op. cit.*, t. I, p. 383.

38. *Id.*, t. I, p. 377.

39. Lettre de la citadelle de Doullens du 28 novembre 1841 dans *Dix lettres inédites de Persigny...*, É. Cornély, 1909.

40. Lettre à George Sand du 24 janvier 1845. G. Sand, *Correspondance générale*, 1969, Garnier frères, t. VI, lettre nº 3074, pp. 779-780.

41. *Réponse à Lamartine*, *Œuvres...*, *op. cit.*, t. I, p. 357.

42. « Améliorations à introduire dans nos mœurs et nos habitudes parlementaires », article publié dans *Le Progrès du Pas-de-Calais* du 18 septembre 1843, *Œuvres...*, *op. cit.*, t. II, p. 19.

43. *Considérations politiques et militaires...*, *Œuvres...*, *op. cit.*, t. II, p. 339.

44. « Des gouvernements et de leurs soutiens », article publié dans *Le Progrès du Pas-de-Calais* du 4 octobre 1843. *Œuvres...*, *op. cit.*, t. II, p. 61.

45. *L'Idée napoléonienne*, *Œuvres...*, *op. cit.*, t. I, p. 9.

46. *Ibid.*

47. Lettre de Louis-Napoléon à Laity du 2 juillet 1838. AN, 464 AP 1 Papiers Laity.

48. Le problème de l'orientation politique du bonapartisme a été débattu lors du colloque franco-allemand d'Augsbourg, publié sous le titre *Le Bonapartisme, phénomène historique et mythe politique*, Munich, 1977.

49. Numéro du *Globe* du 16 décembre 1831.

50. « Les spécialités », article publié dans *Le Progrès du Pas-de-Calais* du 17 novembre 1843, *Œuvres...*, *op. cit.*, t. I, p. 29.

51. « Améliorations à introduire dans nos mœurs et nos habitudes parlementaires », article publié dans *Le Progrès du Pas-de-Calais* du 18 septembre 1843, *Œuvres*, p. 23.

52. Lettre du 14 juin 1834. « Une lettre de Napoléon-Louis Bonaparte », s.l.n.d., D. Brismée, BNF, Lb55 2671.

53. *Des idées napoléoniennes*, *Œuvres...*, *op. cit.*, t. I, pp. 57-58.

54. *Considérations politiques et militaires sur la Suisse*, *Œuvres...*, *op. cit.*, t. II, p. 344.

55. *Des idées napoléoniennes*, *Œuvres...*, *op. cit.*, t. I, p. 57.

56. *Id.*, t. I, p. 18 et p. 43.

57. *Id.*, t. I, p. 42.

58. *Œuvres…, op. cit.*, t. III, p. 362.

59. Dans *La Démocratie inachevée. Histoire de la souveraineté du peuple en France* (Gallimard, NRF, 2000, p. 41, p. 183 et suiv. et p. 199 et suiv.), Pierre Rosanvallon qualifie le second Empire de « démocratie illibérale ». Le régime en fut indéniablement une dans sa première phase, mais ni dans la doctrine qui le sous-tendait, ni dans son évolution au cours des années 1860.

60. Tome V, p. 100 de l'édition de 1824. On sait pourtant que la politique sociale du Consulat et de l'Empire était avant tout inspirée par les institutions et les pratiques charitables de l'Ancien Régime et guidée par le souci de l'ordre comme en témoignait, par exemple, l'instauration du livret ouvrier. Voir E. Levasseur, *Histoire des classes ouvrières et de l'industrie en France de 1789 à 1870*, 2e éd. Paris, 1904.

61. *Des idées napoléoniennes, Œuvres…, op. cit.*, t. I, p. 68.

62. Lettres à Hortense Cornu des 15 février et 7 mars 1843, *Lettres de Napoléon III à Mme Cornu, op. cit.*, t. II, p. 48 et suiv.

63. *Mémoires de la reine Hortense, op. cit.*, t. III, pp. 120-121, et baron d'Ambès (pseud.), *op. cit.*, p. 55.

64. Comme Frédéric Bluche a pu l'écrire. *Le Bonapartisme. Aux origines de la droite autoritaire*, Nouvelles éditions latines, 1980, p. 231.

65. Ernest Barthez, *La Famille impériale à Saint-Cloud et à Biarritz*, Calmann-Lévy, 1913, p. 247.

66. Louis Blanc, *Révélations historiques*, 1859, pp. 222-224.

67. *L'Extinction du paupérisme, Œuvres…, op. cit.*, t. II, pp. 112-113.

68. *Id.*, t. II, p. 109.

69. *Id.*, t. II, p. 148.

70. *Id.*, t. II, p. 150.

71. *Id.*, t. II, p. 117.

72. *Id.*, t. II, p. 121 et suiv. et p. 129 et suiv.

73. *Canal du Nicaragua, Œuvres…, op. cit.*, t. II, pp. 463-543.

74. « Discours au banquet de l'Hôtel de Ville », *Œuvres…*, t. III, p. 200 et suiv.

75. Odilon Barrot, *Mémoires posthumes*, 1876, t. III, pp. 37-39, et Alfred de Falloux, *Mémoires d'un royaliste*, 1888, t. I, p. 420.

76. Message à l'Assemblée législative du 7 juin 1849, *Œuvres…, op. cit.*, t. III, p. 79.

77. *Id.*, t. III, pp. 53-54.

78. Sur la banque de prêt d'honneur, voir baron d'Ambès (pseud.), *op. cit.*, pp. 228 et 307.

79. Manifeste du candidat Louis-Napoléon à l'élection présidentielle, *Œuvres…, op. cit.*, t. III, p. 26.

80. « Les nobles », article publié dans *Le Progrès du Pas-de-Calais* du 23 décembre 1844, *Œuvres…, op. cit.*, t. II, pp. 51-55.

81. Lettre du 6 novembre 1852. AN, 400 AP 90.

82. « La traite des nègres. Les philanthropes et le droit de visite », article du *Progrès du Pas-de-Calais* du 4 février 1843, *Œuvres…, op. cit.*, t. I, pp. 462-466.

83. André Trannoy, « Lettres et notes de Montalembert » dans *Revue historique*, novembre-décembre 1946.

84. *Moniteur universel*, n° 286 du 12 octobre, p. 1607. Voir annexe 8, p. 594.

85. *Œuvres...*, *op. cit.*, t. I, p. 339.

86. T.-W. Evans, *op. cit.*, p. 54.

87. « Le clergé et l'État », article publié dans *Le Progrès du Pas-de-Calais* du 13 décembre 1843.

88. *L'Extinction du paupérisme*, *Œuvres...*, *op. cit.*, t. II, p. 148.

89. Voir p. 101.

90. Comme le soulignait Hendrik Nicolaas Boon, il omettait ainsi d'intégrer dans le coût de ses colonies que les terres les plus pauvres avaient des rendements inférieurs à la moyenne, que les chômeurs des villes ne pouvaient se muer en robustes paysans rompus aux travaux des champs et que l'abondance des produits agricoles en ferait nécessairement baisser les prix. *Rêve et réalité dans l'œuvre économique et sociale de Napoléon III*, La Haye, Martinus Nijhoff, 1936, p. 38.

91. Manifeste du candidat Louis-Napoléon à l'élection présidentielle, *Œuvres...*, *op. cit.*, t. III, pp. 26-27.

92. *Des idées napoléoniennes*, *Œuvres...*, *op. cit.*, t. I, p. 21.

93. *Analyse de la question des sucres*, *Œuvres...*, *op. cit.*, t. II, p. 209.

94. *Des idées napoléoniennes* et *L'Extinction du paupérisme...*, *Œuvres...*, *op. cit.*, t. II, p. 116.

95. *Analyse de la question des sucres*, *Œuvres...*, *op. cit.*, t. II, p. 211.

96. *Ibid.*

97. *Œuvres...*, *op. cit.*, t. II, 1869, p. 112.

98. *Id.*, t. II, p. 129.

99. Baron d'Ambès, *op. cit.*, t. II, p. 506. Voir aussi *infra*.

100. *Souvenirs de l'Hôtel de Ville de Paris, 1848-1852*, Plon, 1875, p. 364 et suiv.

101. *L'Extinction du paupérisme*, *Œuvres...*, *op. cit.*, t. II, p. 150.

102. *Moniteur universel*, n° 286 du 12 octobre, p. 1607.

103. Voir p. 111.

104. Voir Éric Anceau, « La réforme du régime douanier devant le Parlement (1830-1837) » dans Patrick Harismendy (dir.), *La France des années 1830 et l'esprit de réforme*, Rennes, PUR, Coll. Carnot, 2006, pp. 137-148.

105. *Des idées napoléoniennes...*, *Œuvres...*, *op. cit.*, t. I, pp. 80-81.

106. *Analyse de la question des sucres*, *Œuvres...*, *op. cit.*, t. II, pp. 238-239.

107. *Id.*, t. II, pp. 233-234.

108. *Des idées napoléoniennes*, *Œuvres...*, *op. cit.*, t. I, p. 172.

109. *Id.*, t. I, pp. 128-152.

110. *Fragments historiques*, *Œuvres...*, *op. cit.*, t. I, p. 342.

111. Émile Ollivier, *L'Empire libéral*, Garnier frères, 1898, t. III, p. 99.

112. *Rêveries politiques*, *Œuvres...*, *op. cit.*, t. I, p. 387.

113. É. Ollivier, *op. cit.*, t. III, pp. 97-98.

114. Maurice Paléologue, *Les Entretiens de l'Impératrice Eugénie*, Plon, 1928, p. 27.

115. É. Ollivier, *op. cit.*, t. III, p. 141.

116. *Id.*, p. 156.

117. Lettre de Napoléon III à Ollivier du 7 novembre 1869. AN, 400 AP 52. Elle est reproduite par Émile Ollivier dans *L'Empire libéral*, t. XII, p. 146.

118. Elle se trouve aux AN, en 400 AP 40.

119. É. Ollivier, *op. cit.*, t. III, p. 142.

120. *Des idées napoléoniennes*, *Œuvres…*, *op. cit.*, t. I, p. 24.

121. « Nos colonies dans l'océan Pacifique », article du *Progrès du Pas-de-Calais* du 14 juin 1841, *Œuvres…*, *op. cit.*, t. II, pp. 3-8.

122. *De l'organisation militaire de la France*, *Œuvres…*, *op. cit.*, t. I, p. 423 et suiv., et série de quatre articles parus dans *Le Progrès du Pas-de-Calais* en avril et mai 1843, *Œuvres…*, *op. cit.*, t. II, pp. 301 à 323.

123. *L'Idée napoléonienne*, *Œuvres…*, *op. cit.*, t. I, p. 13, et « La paix », article du *Progrès du Pas-de-Calais* du 5 novembre 1844.

124. É. Ollivier, *op. cit.*, t. III, p. 105.

125. « Opinion de l'Empereur sur les rapports de la France avec les puissances étrangères », article publié dans *Le Progrès du Pas-de-Calais* du 22 mars 1843.

126. Voir à ce sujet l'impression de Maxime du Camp, *Souvenirs littéraires*, Aubier, 1994, p. 595.

127. Lettre au lieutenant-colonel Edgar Ney du 18 août 1849, *Œuvres…*, *op. cit.*, t. III, pp. 101-103.

128. É. Ollivier, *op. cit.*, t. III, p. 110.

129. *Moniteur universel*, n° 286 du 12 octobre, p. 1607.

Notes du chapitre IX

1. Voir Lynn M. Case, *French Opinion on War and Diplomacy during the Second Empire*, Philadelphie, Univ. of Pennsylvania Press, 1954, réimp. New York, 1972, chapitre II.

2. Ainsi qu'il ressort des papiers de Napoléon III. C'est aussi la thèse que défend Alain Gouttman dans *La Guerre de Crimée, 1853-1856. La première guerre moderne*, Perrin, 2003.

3. L'empereur n'entra donc pas en guerre pour complaire aux Anglais. La majeure partie de l'historiographie le prétendit pourtant. Pierre Renouvin, dans le tome 5 de son *Histoire des relations internationales* (Hachette, 1954) et Alain Gouttman dans l'ouvrage déjà cité montrèrent que c'était faux. Rappelons qu'Alexander William Kinglake qui s'appuyait sur les papiers de lord Raglan (*The Invasion of Crimea. Its Origin and Progress to the Death of Lord Raglan*, New York, Harper, 1863-1886) soutenait, au contraire, que l'Angleterre avait été entraînée dans la guerre par Napoléon III, ce qui apparaît tout aussi excessif.

4. Lord Malmesbury, *Memoirs of an ex-Minister*, Londres, 1884, t. I, p. 383 et p. 177 dans l'édition française.

5. *Id.*, t. I, p. 389. Les mots en italique sont en français dans le texte. Cette citation se trouve p. 180 de l'édition française.

6. Tel fut le principal motif de Napoléon III, selon Émile Ollivier qui intitula le chapitre de son *Empire libéral* consacré aux causes de la guerre « Comment l'Empereur travaille à dissoudre la Sainte-Alliance », *L'Empire libéral*, Garnier frères, 1898, t. III, p. 162 et suiv.

7. Voir l'échange de lettres entre Napoléon III et Nicolas Ier en janvier 1854 aux AN, en 400 AP 47, et les *Œuvres de Napoléon III*, Plon et Amyot, 1869, *op. cit.*, t. III, pp. 373-379.

8. *Moniteur universel*, n° 61 *bis* du 2 mars 1854, supplément extraordinaire, p. 245, et *Œuvres de Napoléon III…*, *op. cit.*, t. III, p. 379 et suiv.

9. *Moniteur universel*, n° 87 du 28 mars 1854, p. 345 et suiv.

10. Échange de lettres entre Napoléon III et François-Joseph en mars 1854. AN, 400 AP 45. Voir aussi Stanislaw Bobr-Tylingo, « Napoléon III et le problème polonais, 1830-1859 », *Revue internationale d'histoire politique et constitutionnelle*, s.d., p. 265.

11. Sur les préparatifs de ce voyage, voir l'échange de lettres avec le prince Albert. AN, 400 AP 48.

12. William H. C. Smith, « Napoleon III, England and Iberia », *Bulletin des études portugaises et brésiliennes*, n° 27, 1956.

13. Voir la correspondance de Jérôme et du prince Napoléon avec Napoléon III d'août à décembre 1854 en AN, 400 AP 53, ainsi que *Correspondance inédite publiée par Ernest d'Hauterive*, Calmann-Lévy, 1925, et en particulier la lettre de Napoléon III au prince du 23 novembre et celle du prince à l'empereur du 18 décembre.

14. Échange de lettres entre l'empereur et François-Joseph entre novembre 1854 et janvier 1855. AN, 400 AP 45.

15. Confidence de Mme Cornu à William Nassau Senior, *Revue de Paris* du 1er juillet 1897, p. 193.

16. Germain Bapst, *Le Maréchal de Canrobert, souvenirs d'un siècle*, Plon, 1898-1913, 6 vol., t. II, 1902, chapitre XIII, p. 441 et suiv.

17. Lettre de Persigny à Napoléon III du 6 février 1855 (AN, 44 AP 3) et lettre de Napoléon III à Eugénie du 28 février 1855 (AN, 400 AP 43). Voir aussi Hippolyte Fortoul, *Journal...*, Genève, Droz, 1979-1989, 2 vol., t. I, p. 85, Esprit Victor Boniface de Castellane, *Journal du maréchal de Castellane, 1804-1862*, Plon, 1895-1897, 5 vol., t. V, p. 75 et suiv., et É. Ollivier, *op. cit.*, t. 15, p. 362.

18. Lettre de François-Joseph à Napoléon III du 8 mars et réponse du 22 mars 1855. AN, 400 AP 45. Voir aussi Alexandre Hübner, *Neuf ans de souvenirs d'un ambassadeur d'Autriche à Paris sous le second Empire, 1851-1859...*, Plon, 1904, 2 vol., t. I, p. 314 et suiv.

19. Voir la lettre de Victoria au roi des Belges du 27 février 1855. *La Reine Victoria d'après sa correspondance personnelle inédite*, Hachette, 1907, t. III, 1854-1861, pp. 170-171.

20. H. Fortoul, *op. cit.*, t. I, pp. 154-155.

21. *La Reine Victoria...*, t. III, pp. 182-186.

22. Lettre de Napoléon III à son oncle Jérôme du 26 avril 1855 (AN, 400 AP 90) et lettre de Victoria à Napoléon III du 27 (AN, 400 AP 45).

23. Voir p. 297.

24. Charles Greville, *The Greville Memoirs...*, Londres, Longmans, Green et Cie, t. VII, p. 270.

25. Outre le témoignage de Fleury qui pourrait être suspect, voir H. Fortoul, *op. cit.*, t. II, p. 84, Bernard-Adolphe Granier de Cassagnac, *Souvenirs du second Empire*, t. III, E. Dentu, 1882, pp. 68-69, et Camille Rousset, *La Guerre de Crimée*, Hachette, 1877, t. II, p. 293.

26. *Moniteur universel*, n° 184 du 3 juillet, p. 729, et *Œuvres de Napoléon III...*, t. III, p. 420 et suiv.

27. *Moniteur universel*, n° 89 du 8 juillet 1855, p. 749 et suiv.

28. Lettres de Victoria au roi des Belges du 23 et du 29 août 1855 et à Napoléon III du 29. AN, 400 AP 58, et *La Reine Victoria...*, *op. cit.*, t. III, p. 211

et suiv. Le 3 septembre 1855, le prince de Galles écrivit lui-même à l'empereur pour le remercier de son inoubliable séjour à Paris. Ils entretinrent dès lors une correspondance suivie. AN, 400 AP 45. Voir aussi Céleste Baroche, *Mme Jules Baroche. Second Empire. Notes et Souvenirs*, G. Crès et Cie, 1921, p. 16.

29. Pierre de La Gorce, *Histoire du second Empire*, Plon, Nourrit et Cie, 1894, t. I, pp. 445-446.

30. S. Bobr-Tylingo, art. cité, p. 270.

31. H. Fortoul, *op. cit.*, t. II, p. 155.

32. Otto von Bismarck, *Correspondance diplomatique, 1851-1859*, Plon, 1883, t. II, p. 71.

33. Lettre de Napoléon III à Victoria du 14 janvier 1856. *La Reine Victoria...*, *op. cit.*, pp. 253-254. Sur l'importance accordée par le souverain français à l'opinion publique, voir par exemple H. Fortoul, *op. cit.*, t. II, p. 316.

34. *Id.*, t. II, p. 211.

35. Yves Bruley, dans Coll., *Napoléon III et l'Europe, 1856 : le congrès de Paris*, Artlys, 2006, p. 65.

36. É. Ollivier, *op. cit.*, t. III, p. 342 et suiv.

37. Voir William E. Echard, *Napoleon III and the Concert of Europe*, Baton Rouge, Louisiana State UP, 1983.

38. *Moniteur universel*, n° 157 du 6 juin 1857, p. 613, *Journal officiel de l'Empire français* du 18 décembre 1869, n° 347, p. 1651, et Alexandre Quentin-Bauchart, *Études et souvenirs sur la deuxième République et le second Empire (1848-1870)*, Plon, 1902, t. II, p. 172.

39. Cité par Yves Bruley dans Coll., *Napoléon III et l'Europe…*, *op. cit.*, p. 67.

40. Lettre du 3 avril 1856. AN, 400 AP 48.

41. Cité par Isabelle Nathan dans Coll., *Napoléon III et l'Europe…*, *op. cit.*, p. 100.

42. Lettre du 30 avril 1856. AN, 400 AP 46.

43. Gerda Grothe, *Le Duc de Morny*, Fayard, 1967, p. 178 et suiv.

44. Cité par Marie-Christine Midrouillet dans Coll., *Napoléon III et l'Europe…*, *op. cit.*, p. 104.

45. Auguste de Morny, *Extraits des Mémoires... Une ambassade en Russie, 1856*, P. Ollendorff, 1892, p. 138.

46. Comme dans la lettre du 29 septembre 1856. AN, 400 AP 47.

47. Lettre de Napoléon III à Eugénie du 1er août 1856. AN, 400 AP 43.

48. Lettre du 27 avril 1857 (AN, 400 AP 48). Voir aussi les lettres d'Alexandre II à Napoléon III du 21 mai 1857 et de Napoléon III à Alexandre du 19 juin 1857 (AN, 400 AP 47).

49. Deux lettres à Persigny, l'une sans date et l'autre du 16 novembre 1856. AN, 44 AP 6.

50. Jean Maurain, *Un bourgeois français au XIXe siècle : Baroche, ministre de Napoléon III*, F. Alcan, 1936, p. 167 et suiv.

51. Correspondance du second semestre 1856 et du premier semestre 1857 entre Frédéric-Guillaume IV et Napoléon III (AN, 400 AP 48) et note de l'empereur à destination de la Suisse du 25 décembre 1856 (AN, 400 AP 54). Voir aussi la lettre de Napoléon III à Persigny du 9 janvier 1857. AN, 44 AP 6.

52. *Journal du prince Albert* en date du 6 août 1857. Voir Théodore Martin, *The Life of the Prince Consort*, t. IV, p. 99 et suiv.

53. S. Bobr-Tylingo, art. cité, p. 274 et suiv.

54. Lettre de remerciement de Cuza à Napoléon III du 5 février 1859. AN, 400 AP 46.

55. *Œuvres de Napoléon III…*, *op. cit.*, t. V, p. 76.

56. Carol Iancu, « Napoléon III et la politique française à l'égard de la Roumanie », *Revue d'histoire diplomatique*, 1974, ainsi que Dan Berindei, « Napoléon III et les nationalités : le cas des Roumains » et Jean-Noël Grandhomme, « Les relations militaires franco-roumaines sous le règne de Napoléon III », Actes du colloque Napoléon III dans *Études danubiennes*, t. XXII, n° 1-2, 2006.

57. Voir l'ensemble du tome V du *Journal* de Castellane qui fut son principal conseiller et confident en la matière.

58. *Papiers secrets et correspondance du second Empire*, A. Ghio, 1873, 2e éd., p. 86 et suiv.

59. Michèle Battesti, *La Marine de Napoléon III. Une politique navale*, SHM, 1997. Sur l'inquiétude britannique à ce sujet voir par exemple la lettre de la reine Victoria au comte Derby du 13 janvier 1859. *La Reine Victoria...*, *op. cit.*, t. III, p. 484 et suiv.

60. Voir à ce sujet Françoise Maison, « La famille impériale au camp de Châlons à travers la presse illustrée du second Empire », *Les Amis de Napoléon III, nouveaux cahiers du second Empire*, n° 43, 2007, pp. 16-22.

61. Jean-Claude Lachnitt, *Le Prince impérial, « Napoléon IV »*, 1999, p. 28 et suiv., p. 50.

62. L'acte de naissance se trouve aux AN, en 400 AP 39.

63. Voir p. 341.

64. Maurice Paléologue, *Les Entretiens de l'impératrice Eugénie*, Plon, 1928, p. 16 et suiv.

65. P. de La Gorce, *op. cit.*, t. II, p. 80.

66. Éric Anceau, *Les Députés du second Empire. Prosopographie d'une élite du XIXe siècle*, Champion, 2000, p. 36 et suiv.

67. É. Ollivier, *op. cit.*, t. IV, p. 53.

68. *Id.*, p. 14.

69. Éric Anceau, art. « groupe des cinq » dans Jean Tulard (dir.), *Dictionnaire du second Empire*, Fayard, 1995.

70. Lettre du 7 juillet 1857. AN, 400 AP 43.

71. Voir p. 356.

72. É. Ollivier, *op. cit.*, t. IV, pp. 73-74.

73. Voir à ce sujet les lettres de Napoléon III à Eugénie des 10 et 17 juillet 1857. AN, 400 AP 43.

74. Comte Fleury et Louis Sonolet, *La Société du second Empire*, A. Michel, 1968, 2e éd., 4 vol., t. III, p. 299 et suiv., et duc de Castries, *La Vieille Dame du quai Conti. Une histoire de l'Académie française*, Perrin, 1985.

75. Confidence de Mérimée à William Nassau Senior en mai 1859. *Conversations with M. Thiers, M. Guizot and Other Distinguished Persons during the Second Empire (1852-1860)*, Londres, Hurst et Blackett, 1878-1880, 2 vol., t. II, p. 242.

76. Jules Simon, *Le Soir de ma journée*, Flammarion, 1901, p. 99 et suiv.

77. Maxime du Camp, *Souvenirs d'un demi-siècle*, Hachette, 1949, t. 1, p. 170.

78. P. de La Gorce, *op. cit.*, t. II, p. 76.

79. Charlemagne Émile de Maupas, *Mémoires sur le second Empire*, Dentu, 1884-1885, 2 vol., t. II, p. 60 et suiv.

80. H. Fortoul, *op. cit.*, t. II, p. 132.

81. Roger Price, *The French Second Empire. An Anatomy of Political Power*, Cambridge, CUP, 2001, p. 159 et suiv.

82. L'article demandé parut dans le numéro du 2. Voir H. Fortoul, *op. cit.*, t. II, p. 73.

83. Confidence de Mérimée à W. N. Senior en mai 1857. *Conversations with M. Thiers..., op. cit.*, t. II, p. 142.

84. Marquis de Massa, *Souvenirs et impressions, 1840-1871*, Calmann-Lévy, 1897, p. 89.

85. Confidence du docteur Evans à W. N. Senior en avril 1857. *Conversations with M. Thiers…*, t. II, p. 106.

86. Céleste Baroche, *op. cit.*, p. 3.

87. Horace de Viel Castel, *Mémoires sur le règne de Napoléon III (1851-1864)*, R. Laffont, Bouquins, 2005, p. 279, et P. de La Gorce, *op. cit.*, t. II, p. 85 et suiv.

88. Voir à ce sujet la réaction d'Émile Ollivier dans son *Journal, (1848-1869)*, Julliard, 1961, 2 vol., t. I, p. 213.

89. H. Fortoul, *op. cit.*, t. I, p. 81.

90. François Ploux, « L'imaginaire social et politique de la rumeur dans la France du XIXe siècle (1815-1870) », *Revue historique*, n° 614, avril-juin 2000, p. 399.

91. Nous suivons ici pour l'essentiel les pièces de l'affaire en AN, 400 AP 54, ainsi qu'Adrien Dansette, *L'Attentat d'Orsini*, Del Duca, 1964.

92. Selon Maxime du Camp, il aurait préféré conserver *La Marseillaise*, mais il en fut dissuadé par ses ministres. M. du Camp, *op. cit.*, t. I, p. 131.

93. Jeanne Gaillard, « Pourquoi la loi de sûreté générale de 1858 ? », *Information historique*, mars-avril 1955, pp. 58-59.

94. *Œuvres de Napoléon III…, op. cit.*, t. V, pp. 56-57.

95. L'article fondamental sur le sujet est celui de Vincent Wright, « La loi de sûreté générale », *Revue d'histoire moderne et contemporaine*, juillet-septembre 1969, t. XVI, pp. 414-430. Voir aussi Éric Anceau, chapitre 4 : « Le Parlement à l'heure de l'apprentissage démocratique : la deuxième République et le second Empire », pp. 226-227 de Jean Garrigues (dir.), *Histoire du Parlement de 1789 à nos jours*, Armand Colin, 2007.

96. Voir p. 242.

97. Hippolyte Fortoul, *op. cit.*, t. I, p. 146.

98. Le procès-verbal de la séance rédigé par Fould se trouve aux AN, en 154 Mi 1.

99. É. Ollivier, *L'Empire libéral*, *op. cit.*, t. III, p. 466 et suiv.

100. La lettre se trouve dans les Papiers de Persigny. AN, 44 AP 6.

101. Confidence de Mme Cornu à W. N. Senior, en mai 1859, *Conversations with M. Thiers…, op. cit.*, t. II, pp. 262-263.

102. En août 1858, un nouvel Italien, Angelo Donati, arriva à Paris pour tuer l'empereur. Il fut arrêté le 7 décembre suivant. AN, 400 AP 54.

103. C. É. de Maupas, *op. cit.*, t. II, p. 78 et suiv.

104. Voir p. 47.

105. Lettre de Victor-Emmanuel à Napoléon III, s.d., AN, 400 AP 48.

106. P. de La Gorce, *op. cit.*, t. II, p. 356 et suiv. citant le rapport de Cavour à son roi du 24 juillet 1858, seul témoignage que nous ayons sur cette entrevue capitale.

107. Voir les documents sur cette négociation en AN, 400 AP 53, ainsi que la lettre d'Alexandre II à Napoléon III du 18 septembre 1858, à la suite de l'entrevue de Varsovie (AN, 400 AP 47). Voir aussi S. Bobr-Tylingo, art. cité, p. 278 et suiv.

108. A. Hübner, *op. cit.*, t. II, p. 244 et suiv. La lettre que Napoléon III adressa au prince Napoléon le 7 montre pourtant qu'il n'avait pas encore arrêté une position définitive. *Correspondance inédite publiée par Ernest d'Hauterive*, *op. cit.*, pp. 124-125.

109. Sur les négociations, voir les lettres du prince Napoléon à Napoléon III des 18, 23 et 24 janvier 1859. AN, 400 AP 53.

110. E. Dentu, 1859, 64 p.

111. Sur l'attitude britannique, voir les lettres très significatives que Victoria adressa au roi des Belges le 2 février 1859 (*La Reine Victoria...*, *op. cit.*, t. III, pp. 491-492) et à Napoléon III le 4 (AN, 400 AP 48).

112. *Correspondance inédite publiée par Ernest d'Hauterive*, *op. cit.*, pp. 130-131.

113. *Id.*, p. 132.

114. *Moniteur universel*, n° 39 du 8 février 1859, p. 149, et *Œuvres de Napoléon III...*, *op. cit.*, t. V, pp. 76-77.

115. Lettre de février non datée. AN, 400 AP 46.

116. Lettre de Napoléon III au prince Napoléon du 19 mars 1859 et lettre du prince à Napoléon III du 22. AN, 400 AP 53 et *Correspondance inédite publiée par Ernest d'Hauterive*, *op. cit.*, p. 150.

117. Aussi l'affirmation du prince Napoléon selon laquelle le souverain avait peur de voir Cavour, car celui-ci était le seul à avoir une influence réelle sur lui, paraît-elle exagérée. Confidence à Ollivier en mai 1865. É. Ollivier, *Journal... op. cit.*, t. II, p. 195.

118. *Moniteur universel*, n° 122 du 2 mai, p. 502.

119. Lettre de Napoléon III à Alexandre II du 5 mai 1859 et réponse du lendemain. AN, 400 AP 47.

120. Il lui renouvela sa promesse après Solferino, mais y renonça après Villafranca. Voir Erzsebet Hanus, « Napoléon III, l'Autriche et les espoirs déçus de la Hongrie » dans Bruno Béthouart, « Napoléon III, Boulogne et l'Europe », *Les Cahiers du littoral*, 2, n° 2, novembre 2002, p. 361 et suiv.

121. Lettre de Napoléon III à Pie IX du 1er mai 1859 et réponse du 12. AN, 400 AP 47.

122. Sauf mention différente, le récit de la campagne qui suit s'appuie sur le témoignage des principaux acteurs dont Fleury, sur les dépêches de Napoléon III à l'impératrice et sur P. de La Gorce, *op. cit.*, t. III, p. 1 et suiv.

123. Voir aussi à ce sujet le jugement de Maupas, *op. cit.*, t. II, p. 81.

124. Napoléon III en rendit Vaillant responsable et le remplaça au ministère de la Guerre par Randon, tout en lui conservant sa fonction de major général de l'armée. É. Ollivier, *L'Empire libéral*, *op. cit.*, t. IV, p. 125 et suiv.

125. Éric Anceau, « George Sand et le pouvoir politique du coup d'État du 2 décembre 1851 à la révolution du 4 septembre 1870 » dans Noëlle Dauphin (dir.), *George Sand. Terroir et histoire*, Rennes, PUR, 2006, p. 255.

126. Mme Baroche, *op. cit.*, p. 123, H. de Viel Castel, *op. cit.*, pp. 751-752, et É. Ollivier, *L'Empire libéral*, *op. cit.*, t. IV, pp. 111-112.

127. Dépêches de Napoléon III à Eugénie du 10 au 12 mai 1859. AN, 400 AP 57.

128. *Œuvres de Napoléon III...*, *op. cit.*, t. V, pp. 81-82.

129. É. Ollivier, *L'Empire libéral*, *op. cit.*, t. IV, p. 128 et suiv.

130. Dans ses Souvenirs, Fleury se vanta d'avoir été décisif en incitant Napoléon III à faire donner la garde au moment opportun. Émile-Félix Fleury, *Souvenirs...*, Plon, 1897-1898, 2 vol., t. II, p. 88.

131. Lettre de Napoléon III à Eugénie du 5 juin 1859. AN, 400 AP 43.

132. *Id.* du 8 juin 1859. AN, 400 AP 43.

133. *Id.* du 25 juin 1859. AN, 400 AP 43.

134. É.-F. Fleury, *op. cit.*, t. II, p. 131 et suiv.

135. Voir par exemple sa lettre à Eugénie du 31 mai 1859 (AN, 400 AP 43). Le Suisse Henry Dunant qui l'accompagnait improvisa le secours aux blessés de toutes nationalités sur le champ de bataille de Solferino, mais, dès juin 1855, l'empereur avait parlé à ses ministres « de l'idée suggérée par un pasteur protestant de faire considérer les chirurgiens sur les champs de bataille comme neutres » (H. Fortoul, *op. cit.*, t. I, p. 206). Voir aussi M. Descombes, *Henry Dunant*, Genève et Lucerne, 1988.

136. Nous devons cette précision à Yves Bruley que nous remercions.

137. Émile Ollivier y vit la raison essentielle du désir du souverain de conclure la paix au plus vite. *L'Empire libéral*, *op. cit.*, t. IV, p. 222 et suiv.

138. Lettre de Napoléon III à Eugénie du 8 juillet 1859. AN, 400 AP 43.

139. Correspondance entre Napoléon III et François-Joseph du 7 au 9 juillet 1859 (AN, 400 AP 45) et É.-F. Fleury, *op. cit.*, t. II, p. 108 et suiv.

140. *Œuvres de Napoléon III...*, *op. cit.*, t. V, p. 87.

141. Lettre à Napoléon III du 12 juillet 1859. AN, 400 AP 45.

142. Lettre de Victor-Emmanuel II à Napoléon III du 11 juillet 1859. AN, 400 AP 46.

143. *Œuvres de Napoléon III...*, *op. cit.*, t. V, p. 89 et suiv.

Notes du chapitre X

1. Émile Ollivier, *L'Empire libéral*, Garnier frères, t. III, 1898, p. 66. Voir aussi le témoignage d'Hortense Cornu à ce sujet dans William Nassau Senior, *Conversations with M. Thiers, M. Guizot and Other Distinguished Persons during the Second Empire (1852-1860)*, Londres, Hurst et Blackett, 1878-1880, 2 vol., t. I, p. 257.

2. Victor de Persigny, *Mémoires...*, Plon, 1896, p. 187 et suiv.

3. Un dossier sur elle se trouve aux AN, en 400 AP 71. L'ouvrage du duc de Conegliano, *Le Second Empire. La Maison de l'Empereur* (Calmann-Lévy, 1897) est capital. En outre, la plupart des mémorialistes de la Cour lui ont consacré d'importants développements. Voir par exemple Stéphanie Tascher de La Pagerie, *Mon séjour aux Tuileries, 1852-1871*, P. Ollendorff, 1893-1895, 3 vol., t. II, p. 107 et suiv.

4. Émile Félix Fleury, *Souvenirs...*, Plon, 1897-1898, 2 vol., t. I, p. 237 et suiv.

5. É.-F. Fleury, *op. cit.*, t. I, p. 239 et suiv., et t. II, p. 241 et suiv.

6. Lettre d'acceptation de Mgr Darboy du 10 janvier 1864. AN, 400 AP 52.

7. Amélie Carette, *Souvenirs intimes de la cour des Tuileries*, P. Ollendorff, 1889-1891, 3 vol., t. I, p. 67 et suiv.

8. *Id.*, t. I, p. 1 et suiv., et p. 101 et suiv.

9. *Lettres de Napoléon III à Mme Cornu*, Éd. des Presses Modernes, 2 t., 1937, t. I, p. 175.

10. Thomas-William Evans, *Mémoires...*, Plon-Nourrit, 1910, p. 96.

11. Edmond et Jules de Goncourt, *Journal...*, Bouquins, Robert Laffont, 1989, 3 vol., t. I, p. 864.

12. Fould refusa, pour sa part, de le devenir.

13. Voir à ce sujet la séance du conseil des ministres du 8 février 1855. Hippolyte Fortoul, *Journal*, Droz, 1989, t. II, pp. 227-228.

14. Arthur Léon Imbert de Saint-Amand, *Napoléon III et sa Cour*, Dentu, 1897, p. 33.

15. É. Ollivier, *op. cit.*, t. III, p. 66.

16. H. Fortoul, *op. cit.*, t. II, p. 272, et T.-W. Evans, *op. cit.*, p. 36. Voir aussi, au sujet de la collection d'armes, le chapitre intitulé « Napoléon III collectionneur » dans Marie-René de Belleval, *Souvenirs de ma jeunesse*, Lib. hist. É. Lechevallier, 1895.

17. A. Carette, *op. cit.*, t. I, p. 114.

18. *Id.*, t. I, p. 194 et suiv.

19. Voir par exemple H. Fortoul, *op. cit.*, t. II, p. 271.

20. Napoléon III versa à ces filleuls 60 000 francs par an sur sa liste civile, soit 840 000 francs pour la totalité de l'Empire. *Papiers secrets et correspondance du second Empire*, A. Ghio, 1873, 2e éd., p. 86 et suiv.

21. S. Tascher de La Pagerie, *op. cit.*, t. I, p. 120.

22. Ce surnom fut très vite attribué au prince impérial qui l'utilisa lui-même pour se qualifier, ainsi dans l'une de ses toutes premières lettres : « Cher Papa, je voudrais bien rester toujours avec papa et avec maman. Petit Loulou Bonaparte ». AN, 400 AP 75.

23. A. Carette, *op. cit.*, p. 294.

24. *Id.*, t. I, p. 213 et suiv., et t. III, p. 287 et suiv., S. Tascher de La Pagerie, *op. cit.*, t. I, p. 120, P.-A. Filon *Souvenirs sur l'impératrice Eugénie*, Calmann-Lévy, 1920, p. 1 et suiv., et Jean-Claude Lachnitt, *Le Prince impérial, « Napoléon IV »*, 1999, p. 95 et suiv.

25. Horace de Viel Castel, *Mémoires sur le règne de Napoléon III (1851-1864)*, R. Laffont, Bouquins, 2005, pp. 542-543, Prosper Mérimée, *Correspondance générale...*, Toulouse, Privat, lettres de Mérimée à Mme de Montijo des 4 mars et 11 avril 1857, *Lettres familières de l'impératrice Eugénie, publiées par le duc d'Albe*, Le Divan, 1935, 2 vol., t. I, pp. 136-141, S. Tascher de La Pagerie, *op. cit.*, t. I, p. 193 et suiv., Céleste Baroche, *Mme Jules Baroche. Second Empire. Notes et Souvenirs*, G. Crès et Cie, 1921, p. 64 et p. 84, et comte Fleury et Louis Sonolet, *La Société du second Empire*, A. Michel, 1968, 2e éd., 4 vol., t. I, p. 290 et suiv.

26. É. Ollivier, *op. cit.*, t. III, pp. 66-67.

27. Confidences de Mme Cornu à William Nassau Senior, *Conversations with M. Thiers...*, *op. cit.*, t. II, p. 336, et T.-W. Evans, *op. cit.*, p. 31.

28. A. Carette, *op. cit.*, t. III, p. 88.

29. S. Tascher de La Pagerie, *op. cit.*, t. II, p. 7 et suiv.

30. Confidences de Mme Cornu à William Nassau Senior, *Conversations with M. Thiers…*, *op. cit.*, t. II, p. 336, et comte Fleury et L. Sonolet, *op. cit.*, t. I, p. 377 et suiv.

31. L'incident se produisit le 8 juin 1864. P. Mérimée, *op. cit.*, 2e série, t. VI, lettre à Panizzi du 13 juin 1864, pp. 156-157.

32. Pauline de Metternich, *Souvenirs (1859-1871)*, Plon, 1922, p. 117 et suiv. Certains prétendirent que la dictée eut lieu en fait à Compiègne. Comte Fleury et L. Sonolet, *op. cit.*, t. IV, p. 123 et suiv.

33. Les séjours furent assez longs en 1856-1858, puis en 1865 et en 1868. S'y ajoutèrent deux brèves visites en 1859 et en 1861. Voir Jean Kastener, *Napoléon III à Plombières*, Plombières, Cie des Thermes, 1967, et Évariste Bavoux, *Chislehurst-Tuileries. Souvenirs intimes sur l'Empereur…*, E. Dentu, 1873, p. 38.

34. Baron d'Ambès (pseud.), *Mémoires inédits de Napoléon III. Le Mémorial de Chislehurst*, Paris, 1909, p. 837.

35. Voir à ce sujet Charles Brainne et François Barthez, *Vichy sous Napoléon III*, Bougarel, 1863, et Alain Carteret, *Napoléon III, bienfaiteur de Vichy et de la France*, Olliergues, éd. Montmarie, 2003.

36. Baron d'Ambès (pseud.), *op. cit.*, p. 848.

37. Il dépensa plus de 600 000 francs de sa liste civile pour embellir Plombières et Vichy, sans compter ce qu'il donna pour les églises de ces deux stations. *Papiers secrets et correspondance du second Empire*, *op. cit.*, p. 86 et suiv.

38. H. de Viel Castel, *op. cit.*, p. 808, et L. Bondidier, *Vacances impériales*, Tarbes, 1937.

39. Une abondante littérature évoque les séjours de Compiègne et quasiment tous les mémorialistes du régime y consacrèrent de longs développements. Voir en particulier P. de Metternich, *op. cit.*, p. 77 et suiv., A. Carette, *op. cit.*, t. III, p. 133 et suiv., S. Tascher de La Pagerie, *op. cit.*, t. I, p. 152 et suiv., et P.-A. Filon, *op. cit.*, p. 54 et suiv. Voir aussi Pierre Quentin-Beauchart, *Les Chroniques du château de Compiègne*, P. Roger, 1932, et Éric Georgin, *Mémoire de Compiègne*, J. Marseille, 2003.

40. A. Carette, *op. cit.*, t. III, p. 135.

41. Voir par exemple le long article consacré aux séries dans *Le Progrès de l'Oise* du 6 décembre 1865.

42. A. Carette, *op. cit.*, t. III, p. 191.

43. Nous puisons l'essentiel des informations qui précèdent dans l'intéressant dossier sur les chasses impériales conservé aux AN, en 400 AP 71.

44. Le souverain donna 3,5 millions de francs sur sa liste civile pour cette restauration. *Papiers secrets et correspondance du second Empire*, *op. cit.*, p. 86 et suiv.

45. S. Tascher de La Pagerie, *op. cit.*, t. I, p. 43 et suiv.

46. A. Carette, *op. cit.*, t. I, p. 221.

47. Maxime du Camp, *Souvenirs d'un demi-siècle*, Hachette, 1949, t. I, p. 129.

48. Duc de Conegliano, *op. cit.*, p. 129 et suiv.

49. A. Carette, *op. cit.*, t. I, p. 221.

50. Voir à cet égard le récit par Mme Baroche de la réception organisée par le préfet en l'honneur de la reine Victoria en août 1855, *op. cit.*, p. 13.

51. Les principaux documents se trouvent aux AN, en 400 AP 71. Voir aussi AN, 31 AP 57, *Baptême de Son Altesse Impériale Mgr le prince impérial en l'église Notre-Dame de Paris par le grand maître des cérémonies, Cambacérès*, Imprimerie impériale, juin 1856, et AN, 246 AP 27 dossier 1.

52. *Moniteur universel*, n° 167 du 15 juin 1856, pp. 653-654, et numéros des jours précédents pour les préparatifs. Voir aussi H. Fortoul, *op. cit.*, t. II, p. 369, É.-F. Fleury, *op. cit.*, t. I, p. 357 et suiv., et Alexandre Hübner, *Neuf ans de souvenirs d'un ambassadeur d'Autriche à Paris sous le second Empire, 1851-1859...*, Plon, 1904, 2 vol., t. I, p. 435 et suiv.

53. Acte de baptême aux AN, en 400 AP 39. Si l'ancien roi de Westphalie et son fils faillirent ne pas venir (voir à ce sujet la lettre de Jérôme à Napoléon III du 10 juin 1856. AN, 400 AP 53), ils finirent par se raviser et la signature du prince Napoléon sur l'acte de baptême ne fut pas aussi déformée que les mauvaises langues le prétendirent.

54. *Moniteur universel*, n° 186 du 4 juillet 1860, p. 789, et lettre de Napoléon III au ministre des Cultes du 29 juin 1860, AN, AB XIX 3322.

55. Nous disposons de plusieurs ouvrages qui nous permettent de bien la connaître, en particulier Bernard Ménager, *Les Napoléon du peuple*, Aubier, 1988, p. 153 et suiv., et Sudhir Hazareesingh, *La Saint-Napoléon. Quand le 14 Juillet se fêtait le 15 Août*, Tallandier, 2007.

56. Jean Lucas-Dubreton, *Le Culte de Napoléon, 1815-1848*, A. Michel, 1960, p. 333.

57. S. Hazareesingh, *op. cit.*, p. 47 et suiv.

58. A. Carette, *op. cit.*, t. I, p. 1 et suiv., et S. Hazareesingh, *op. cit.*, p. 53 et suiv.

59. Sudhir Hazareesingh, *La Légende de Napoléon*, Tallandier, 2004, pp. 295-296.

60. Voir p. 363 et suivantes et p. 426.

61. AN, 246 AP 27 dossier 1.

62. *Moniteur universel*, n° 227 du 15 août 1859, p. 941. Voir aussi C. Baroche, *op. cit.*, p. 129.

63. Ainsi que celle-ci le confia à Viel Castel, en octobre 1858. H. de Viel Castel, *op. cit.*, p. 714.

64. *Id.*, p. 824.

65. Il le donna par la suite à l'un des deux fils qu'il avait eu d'Éléonore Vergeot, voir p. 94.

66. Confidence d'Hortense Cornu à Ollivier en novembre 1853. Émile Ollivier, *Journal (1848-1869)*, Julliard, 1961, 2 vol., t. I, p. 178.

67. Alain Decaux lui a consacré une précieuse biographie sous le titre *La Castiglione, dame de cœur de l'Europe*, Amiot, 1953.

68. A. Carette, *op. cit.*, t. I, p. 238.

69. H. de Viel Castel, *op. cit.*, p. 494, note du 23 juillet 1856.

70. *Id.*, pp. 538-539, note du 18 février 1857. Voir aussi C. Baroche, *op. cit.*, p. 57.

71. H. de Viel Castel, *op. cit.*, pp. 550-551, note du 6 avril 1857.

72. *Id.*, p. 713, note du 28 octobre 1858.

73. *Id.*, pp. 651-652, note du 11 janvier 1858.

74. *Id.*, *op. cit.*, p. 949, note du 22 novembre 1861.

75. Lettre de Napoléon III à Eugénie du 27 juillet 1856, AN, 400 AP 43, et H. de Viel Castel, *op. cit.*, p. 714.

76. Marguerite Bellanger, *Confessions. Mémoires anecdotiques*, Librairie populaire, 1882, et P. de Metternich, *op. cit.*, pp. 112-113. Voir aussi A. Carteret, *op. cit.*, p. 81 et suiv.

77. Voir p. 408.

78. Le garçon naquit le 26 février 1865 et Valentine aurait épousé le vicomte Pernety le mois suivant pour faire taire les rumeurs. Voir Hector Fleischmann, *Napoléon III et les femmes*, Bibl. des curieux, 1913, p. 276.

79. M. du Camp, *op. cit.*, t. I, p. 130. Arthur de La Guéronnière émet un jugement similaire dans ses *Portraits politiques contemporains*, 1851.

80. É. Ollivier, *L'Empire libéral*, *op. cit.*, t. V, p. 74.

81. Lettre à Mme de Salvage du 31 janvier 1840. AN, 400 AP 41.

82. M. du Camp, *op. cit.*, t. I, p. 130.

83. Lettres à Hortense Cornu des 26 juillet 1843 et 26 août 1845. *Lettres de Napoléon III à Mme Cornu*, *op. cit.*, t. II, p. 64 et p. 193.

84. T.-W. Evans, *op. cit.*, p. 36.

85. Confidence d'Hortense Cornu à W. N. Senior, *op. cit.*, t. II, p. 59.

86. M. du Camp, *op. cit.*, t. I, p. 130. Le pseudo-baron d'Ambès affirmait, pour sa part, que cet échange avait eu lieu entre Napoléon III et Augier, à Compiègne, en octobre 1853. *Op. cit.*, t. II, p. 534.

87. Sauf autre mention, nous nous appuyons principalement, pour le passage qui suit, sur l'ouvrage de Catherine Granger, *L'Empereur et les arts. La liste civile de Napoléon III*, École nationale des chartes et Champion, 2005, et sur le catalogue d'exposition, *Le Comte de Nieuwerkerke : art et pouvoir sous Napoléon III*, RMN, 2000.

88. *Lettres de Napoléon III à Mme Cornu*, *op. cit.*, t. I, p. 83 et suiv.

89. Voir p. 295.

90. Voir par exemple la lettre qu'il lui adressa le 30 juin 1863. *Lettres de Napoléon III à Mme Cornu*, *op. cit.*, t. II, p. 276.

91. A. Carette, *op. cit.*, t. III, p. 202, S. Tascher de La Pagerie, *op. cit.*, t. II p. 239 et suiv. et A. Hübner, *op. cit.*, t. II, pp. 438-439.

92. La lettre de remerciement de Cousin se trouve aux AN, en 400 AP 52.

93. Cependant, victime d'une cabale politique menée par les républicains, les légitimistes et la jeunesse des écoles, l'œuvre n'eut que trois représentations. É. Ollivier, *L'Empire libéral*, *op. cit.*, t. V, p. 75 et suiv.

94. Lettre de Theodor Mommsen à Napoléon III du 14 juin 1866. *Papiers secrets et correspondance du second Empire*, *op. cit.*, p. 389, et É. Ollivier, *L'Empire libéral*, *op. cit.*, t. V, p. 74.

95. M. du Camp, *op. cit.*, t. I, p. 145.

96. *Lettres de Napoléon III à Mme Cornu*, *op. cit.*, t. I, pp. 108-109, et lettre de Napoléon III à Randon du 20 mai 1865, Alexandre Randon, *Mémoires*, Typ. Lahure, 1875-1877, 2 vol., t. II, p. 87.

97. AN, AB XIX 3322 dossier 3.

98. H. de Viel Castel, *op. cit.*, p. 590.

99. Maxime du Camp, *Souvenirs littéraires*, Aubier, 1994, p. 608.

100. *Moniteur universel*, du 16 février 1869, p. 192. Ce fut Duc, architecte du

Palais de justice, qui reçut le prix, en août 1869, au terme d'un scrutin extrêmement disputé.

101. *Papiers secrets et correspondance du Second Empire*, *op. cit.*, p. 86 et suiv.

102. Ainsi écrivit-il à Eugénie à la suite d'une visite au chantier du Louvre, le 29 août 1854 : « Le Louvre est très avancé et très beau. Seulement on a mis trop d'N couronnés ce qui a fait dire aux Parisiens : Ce pauvre empereur a des *ennemis partout* (des N mis partout). » AN, 400 AP 43.

103. Maurice Agulhon, *Marianne au combat*, Flammarion, 1992, p. 39.

104. Sylvie Aubenas (dir.), *Des photographes pour l'empereur. Les albums de Napoléon III*, BNF, 2004.

105. Juliette Glikman, *L'Imaginaire impérial et la logique de l'histoire. Étude des assises du régime du second Empire*, thèse dirigée par J.-O. Boudon, Paris-Sorbonne, 2007.

106. Voir Jean-Jacques Darmon, *Le Colportage de librairie en France sous le second Empire*, Plon, 1972, en particulier p. 82 et pp. 160-168.

107. Il la visita avec son épouse le 12 septembre 1860.

108. Introduction générale de Jacques-Olivier Boudon à la *Correspondance générale de Napoléon Bonaparte*, t. I, Fondation Napoléon et Fayard, 2004, t. I, p. 20.

109. Lettre de Napoléon III du 20 juillet 1863 et note remise par le prince Napoléon à l'empereur du 11 novembre suivant. *Correspondance inédite publiée par Ernest d'Hauterive*, Calmann-Lévy, 1925, p. 366 et suiv., et J.-O. Boudon, Introduction générale citée, p. 25 et suiv.

110. Il se trouve aujourd'hui au musée de Compiègne.

111. V. de Persigny, *op. cit.*, p. 187 et suiv.

112. É.-F. Fleury, *op. cit.*, t. I, p. 345 et suiv., Esprit Victor Boniface de Castellane, *Journal du maréchal de Castellane, 1804-1862*, Plon, 1895-1897, 5 vol., t. V, pp. 139-141, et Pierre de La Gorce, *Histoire du second Empire*, Plon, Nourrit et Cie, 1894, t. II, pp. 40-41.

113. Il le fit peut-être sur le conseil d'Hortense Cornu. M. du Camp, *Souvenirs d'un demi-siècle*, *op. cit.*, t. I, p. 174.

114. H. Fortoul, *op. cit.*, t. II, p. 359.

115. *Papiers secrets et correspondance du second Empire*, *op. cit.*, p. 86 et suiv.

116. À ce sujet, voir la lettre au ministre des Travaux publics du 19 juillet 1856. *Œuvres de Napoléon III*, *op. cit.*, t. V, p. 13 et suiv.

117. *Œuvres de Napoléon III*, *op. cit.*, t. V, p. 30.

Notes du chapitre XI

1. *La Révolution sociale démontrée par le coup d'État du 2 Décembre*, Garnier frères, 1852, p. 278.

2. *Le 18 Brumaire de Louis Bonaparte*, Éditions sociales, 1969, nouvelle éd. 1984, conclusion de la 7e partie.

3. Georges Bourgin, « La législation ouvrière du second Empire », *Revue des études napoléoniennes*, IV, pp. 220-236.

4. Pierre Rosanvallon voit dans la réhabilitation de ces corps intermédiaires la contrepartie de l'hypercentralisme politique du régime, *La Démocratie inachevée*, Gallimard, 2000, p. 201 et suiv.

5. Georges Duveau, *La Vie ouvrière sous le second Empire*, Gallimard, 1946, p. 390.

6. Pierre-Léon Fournier, *Le Second Empire et la législation ouvrière*, Sirey, 1911, p. 5 et suiv.

7. Émile Ollivier, *L'Empire libéral*, Garnier frères, 1898, t. III, p. 80.

8. Alfred Darimon, *Les Cinq sous l'Empire*, E. Dentu, 1885, p. 317. Cela a été confirmé par les études de Jean Maurain et de Vincent Wright, respectivement *Un bourgeois français au XIXe siècle : Baroche, ministre de Napoléon III*, Félix Alcan, 1936, et *Le Conseil d'État sous le second Empire*, A. Colin et Presses de la FNSP, 1972.

9. Alfred Darimon, *Les Irréconciliables sous l'Empire, 1867-1869*, Dentu, 1888, p. 391.

10. *Moniteur universel*, n° 286 du 12 octobre 1852, p. 1607.

11. *Op. cit.*, p. 116.

12. Cité par Albert Thomas, *Le Second Empire*, t. X de l'*Histoire socialiste* de Jean Jaurès, Rouff, s.d., p. 35 et suiv.

13. Voir David I. Kulstein, *Napoleon III and the Working Class. A Study of Government Propaganda under the Second Empire*, The California State College, 1969, en particulier p. 71 et suiv.

14. Lettre de Napoléon III à Persigny du 2 décembre 1852. AN, 44 AP 6.

15. Voir p. 341.

16. *Moniteur universel*, n° 107 du 17 avril 1851, pp. 1125-1126.

17. Bernard Ménager, *Les Napoléon du peuple*, Aubier, 1988, pp. 146-147.

18. Prosper Mérimée, *Correspondance générale...*, Toulouse, Privat, 2e série, t. II, pp. 616-617, lettre à Edward Ellice du 5 décembre 1858 et t. III, p. 7, lettre du 5 janvier 1859 à Mme de Montijo.

19. Georges Haussmann, *Mémoires*, Victor Havard, 1890-1893, 3 vol., t. II, p. 279.

20. Comme Auguste Chevalier qui fut son secrétaire général à la présidence avant de devenir député, le frère de celui-ci, Michel, auquel il rendit sa chaire au Collège de France et son fauteuil au Conseil d'État dont les républicains l'avaient privé, puis qu'il fit sénateur, les Pereire, les ministres Billault, Bineau et Fortoul, pour ne citer que les principaux. Voir par exemple Georges Weill, *L'École saint-simonienne*, Alcan, 1896, pp. 236-253, ainsi que l'anecdote, sans doute apocryphe, rapportée par Maxime du Camp dans ses *Souvenirs littéraires*, Aubier, 1994, p. 412.

21. *Œuvres de Napoléon III*, Plon et Amyot, 1869, t. III, pp. 341-344.

22. . *Id.*, t. V, p. 108.

23. *Id.*, t. III, p. 267 et suiv.

24. Selon l'heureuse formule de Louis Girard, *La Politique des Travaux publics du second Empire*, A. Colin, 1951, p. 396.

25. Voir p. 265.

26. Très inquiet, James de Rothschild avait envoyé une note au président trois jours plus tôt pour l'alerter sur le risque de toute-puissance du nouvel organisme. Jean Bouvier, *Les Rothschild*, Fayard, 1967, p. 151 et suiv.

27. Les trois emprunts destinés au financement de la guerre se montaient

respectivement à 250, 500 et 750 millions. Ils rapportèrent 464 millions pour près de 100 000 souscripteurs, 2 175 millions pour 128 000 souscripteurs et 3 690 millions pour près de 314 000 souscripteurs. L'emprunt de 500 millions lancé au moment de la guerre d'Italie fut souscrit par plus de 690 000 personnes, à hauteur de 2 300 millions. Adrien Dansette, *Naissance de la France moderne...*, Hachette, 1976, pp. 126-127.

28. Catherine Bertho-Lavenir, « Télégraphe électrique » dans Jean Tulard (dir.), *Dictionnaire du second Empire*, Fayard, 1995.

29. François Caron, « Chemins de fer » dans Jean Tulard (dir.), *op. cit.*, et du même auteur, *Histoire des chemins de fer en France*, t. I : *1740-1883*, Fayard, 1997.

30. Jean Bouvier, *Les Rothschild*, Fayard, 1967, p. 157.

31. Comme en témoigne par exemple sa correspondance avec Rouher. AN, 45 AP 2.

32. Lettre à Rouher du 12 septembre 1856. AN, 45 AP 2.

33. Comme il le souligna dans sa lettre à Fould du 5 janvier 1860. *Œuvres de Napoléon III*, *op. cit.*, t. V, p. 109.

34. Voir Michèle Merger, « La concurrence rail-navigation en France », *HES*, n° 1-1990.

35. Voir Marcel Roncayolo, « L'aménagement du territoire (XVIIIe-XXe siècle) » dans André Burguière et Jacques Revel (dir.), *L'Espace français*, *Histoire de la France*, Le Seuil, 1989, pp. 507-643.

36. *Œuvres de Napoléon III*, *op. cit.*, t. V, p. 109.

37. Au printemps précédent, il avait visité incognito la région qu'il voulait voir de ses propres yeux avant d'y faire réaliser des travaux. À cette occasion, il avait fait un détour par le manoir de Laferté-Beauharnais. Baron d'Ambès (pseud.), *Mémoires inédits de Napoléon III. Le Mémorial de Chislehurst*, Paris, 1909, p. 422.

38. Georges Kuhnholtz-Lordat, *Napoléon III et la paysannerie française*, Monte-Carlo, Regain, 1962, en particulier p. 48.

39. *Œuvres de Napoléon III*, *op. cit.*, t. III, p. 361.

40. *Moniteur universel*, n° 69 du 9 mars 1856, p. 273.

41. *Moniteur universel*, n° 181 du 29 juin 1856, p. 714.

42. *Œuvres de Napoléon III*, *op. cit.*, t. V, p. 29.

43. J. Maurain, *op. cit.*, p. 260 et suiv., et Louis Girard, « L'affaire Mirès », *Bulletin de la Société d'histoire moderne et contemporaine*, 1951.

44. Comme il le rappela en inaugurant un autre boulevard, celui du Prince Eugène, le 7 décembre 1862. *Œuvres de Napoléon III*, *op. cit.*, t. V, p. 172 et suiv. Voir aussi P. Mérimée, *op. cit.*, 2e série, t. V, p. 257, lettre à Panizzi du 13 décembre 1862, et p. 264, lettre à Mme de Montijo du 21 décembre 1862.

45. Jean-Louis Thomas, « Jean-François Cail, 1804-1871, un génial novateur du XIXe siècle », *Bulletin de la Société historique et scientifique des Deux-Sèvres*, 1994.

46. François-Louis Poumiès de La Siboutie, *Souvenirs d'un médecin de Paris*, Paris, 1910, pp. 81-82.

47. Rambuteau avait obtenu de gros moyens mais n'avait pu les utiliser en raison de la Révolution de Février 1848. Voir *Moniteur universel* du 1er mars 1847 et Charles Merruau, *Souvenirs de l'Hôtel de Ville de Paris, 1848-1852*, Plon, 1875, pp. 109-110.

48. *Le Globe*, numéros des 2, 11 et 16 avril 1832.

49. Arsène Houssaye, *Les Confessions…*, Dentu, 1885, t. IV, p. 88 et pp. 93-94.

50. Devenu président, il lui arrivait d'emprunter des ouvrages d'architecture à la Bibliothèque nationale. Voir « An Espistolary Chat from Paris » dans *Builder*, juin 1852, p. 380.

51. Voir p. 257.

52. Cité par Alfred des Cilleuls, *Histoire de l'administration parisienne au XIXe siècle*, Paris, 1900, t. II, p. 208.

53. Marcel Poëte, *La Transformation de Paris sous le second Empire*, Paris, 1910, p. 8.

54. Thomas-William Evans, *Mémoires...*, Plon-Nourrit, 1910, pp. 31-32.

55. G. Haussmann, *op. cit*, t. II, 53, et C. Merruau, *op. cit.*, p. 366.

56. Charles Merruau en faisait la raison première des transformations dans ses *Souvenirs*, *op. cit.*, p. 364 et suiv., et Jeanne Gaillard partageait aussi ce sentiment dans sa thèse *Paris, la ville : 1850-1870*, H. Champion, 1977, rééd. L'Harmattan, 1997, p. 13 et suiv.

57. Chambre de commerce de Paris, *Statistique de l'industrie à Paris pour les années 1847-1848*, part. I, p. 89.

58. Voir p. 294.

59. C. Merruau, *op. cit.*, p. 364 et suiv.

60. Si Persigny ne faisait pas de cette préoccupation la raison principale des transformations, sans doute à juste titre (Victor de Persigny, *Mémoires…*, Plon, 1896, pp. 239-240), le baron Haussmann concédait qu'elle entra en ligne de compte (G. Haussmann, *op. cit.*, t. II, 318 et t. III, p. 21 et pp. 54-55). Voir aussi les numéros du *Moniteur universel* des 28 mars 1855, 2 mai 1861 et 11 décembre 1867.

61. V. de Persigny, *op. cit.*, p. 244 et suiv. et p. 256 et suiv.

62. *Œuvres de Napoléon III*, *op. cit.*, t. III, pp. 220-221. Voir sur ce point C. Merruau, *op. cit.*, pp. 375-376, et V. de Persigny, *op. cit.*, p. 240.

63. G. Haussmann, *op. cit.*, t. II, p. 10. À en croire le pseudo-baron d'Ambès, Napoléon III aurait eu en tête le nom de ce « magicien » dès la fin de l'année 1852. *Op. cit.*, p. 506.

64. V. de Persigny, *op. cit.*, p. 250 et suiv. Comme Georges Valance l'a montré, avec une quasi-certitude, dans un ouvrage récent, en s'appuyant sur la correspondance inédite entre Haussmann et Persigny. *Haussmann le Grand*, Flammarion, 2001, p. 185.

65. Voir G. Haussmann, *op. cit.*, en particulier t. II, p. 59, et T.-W. Evans, *op. cit.*, p. 127. Ce fut la thèse défendue par David H. Pinkney, *Napoleon III and the rebuilding of Paris*, Princeton, Princeton UP, 1958, Irene Anne Earls, *Napoléon III, l'architecte et l'urbaniste de Paris*, Levallois, CEN, 1991, et Michel Carmona, *Haussmann*, Fayard, 2000.

66. La découverte des archives de cette commission par Pierre Casselle en 1997 permit de lui rendre l'importance qu'Haussmann avait occultée. Voir Pierre Casselle, « Commission des embellissements de Paris, rapport à l'empereur Napoléon III », *Cahiers de la Rotonde*, n° 23, Commission du Vieux Paris, 2000.

67. Même s'il est difficile de suivre Georges Valance qui a affirmé que, sans lui, les projets impériaux n'auraient pu aboutir (*op. cit.*, en particulier p. 190).

68. Ainsi le réaménagement des Champs-Élysées pendant que Napoléon III était parti faire la guerre en Italie. G. Haussmann, *op. cit.*, t. III, p. 495.

69. G. Haussmann, *op. cit.*, t. II, p. 523.

70. C. Merruau, *op. cit.*, p. 496.

71. I. A. Earls, *op. cit.*, p. 104.

72. Lettre à Rouher du 15 décembre 1857. AN, 45 AP 2 dossier 1.

73. Horace de Viel Castel, *Mémoires sur le règne de Napoléon III (1851-1864)*, R. Laffont, Bouquins, 2005, pp. 112-113 et p. 126. Voir aussi David H. Pinkney, *op. cit.*, p. 80, et Christiane Aulanier, *Le Nouveau Louvre de Napoléon III*, Paris, 1971, en particulier pp. 14-15.

74. Voir le reportage de *L'Illustration* du 24 avril 1858, pp. 268-270.

75. G. Haussmann, *op. cit.*, t. III, p. 240.

76. C. Merruau, *op. cit.*, p. 367.

77. T.-W. Evans, *op. cit.*, p. 31.

78. Édouard de Beaumont-Vassy, *Histoire intime du second Empire*, Sartorius, 1874, pp. 189-190. Voir aussi C. Merruau, *op. cit.*, p. 364.

79. AN, C 1067 Corps législatif session 1860, dossier nº 43, et G. Haussmann, *op. cit.*, t. III, pp. 214-215.

80. G. Haussmann, *op. cit.*, t. II, p. 232-233.

81. V. de Persigny, *op. cit.*, p. 261 et suiv.

82. Esprit Victor Boniface de Castellane, *Journal du maréchal de Castellane, 1804-1862*, Plon, 1895-1897, 5 vol., t. V, p. 18, p. 24, p. 297 et suiv. et p. 309 et suiv. Voir aussi Bernard Gauthiez et Corinne Porieux, *Lyon, le centre-ville au XIXe siècle, de Bellecour aux Terreaux*, Lyon, Éd. lyonnaises, 1998.

83. Voir p. 321.

84. Voir par exemple la lettre de recommandation de son ami Mérimée à Fould du 29 mars 1853, P. Mérimée, *op. cit.*, supplément aux deux premières séries, Privat, 1961, p. 330.

85. *Moniteur universel*, nº 130 du 10 mai 1858, p. 601.

86. Edmond et Jules de Goncourt, *Journal...*, Bouquins, R. Laffont, 1989, 3 vol., t. I, p. 632. Note du 18 novembre 1860.

87. George Malcom Young, *Victorian England : Portrait of an Age*, Londres, Oxford UP, 1936, p. 11.

88. Sur le concepteur, François de Neufchâteau, voir Dominique Margairaz, *François de Neufchâteau. Biographie intellectuelle*, Publ. de la Sorbonne, 2005.

89. Hector Horeau, Charles Place et Ruggieri, *Projet de fêtes offertes à toutes les nations du globe*, Paris, 1861.

90. *Moniteur universel*, nº 70 du 11 mars 1853, p. 281.

91. *Moniteur universel*, nº 174 du 23 juin 1853, p. 689.

92. *Moniteur universel*, nºs 360-361 des 26 et 27 décembre 1853, p. 1129.

93. Voir *Le Livre des Expositions universelles, 1851-1889*, Union centrale des arts décoratifs, 1983.

94. Hippolyte Fortoul, *Journal*, Droz, 1989, t. II, et Céleste Baroche, *Notes et Souvenirs*, G. Crès et Cie, 1921, pp. 3-4.

95. Voir l'*Album de l'Exposition universelle de 1855*, Plon 1855, *Exposition universelle de Paris 1855. Rapport du jury mixte international...*, Imprimerie impériale, 1856, et Pascal Ory, *Les Expositions universelles de Paris*, Ramsay, 1982.

96. Voir p. 283.

97. C. Baroche, *op. cit.*, pp. 14-15

98. *Moniteur universel*, n° 320 du 16 novembre 1855, pp. 1269-1270. Voir aussi maréchal de Castellane, *op. cit.*, t. V, pp. 114-115.

99. *Id.* et *Œuvres de Napoléon III*, *op. cit.*, p. 428 et suiv.

100. Ouvrage publié chez P. Bertrand en 1843. Voir en particulier les pp. 451 et suiv.

101. *Moniteur universel*, n° 286 du 12 octobre 1852, p. 1607.

102. Voir Gaston Delayen, *Les Deux Affaires du capitaine Doineau*, Éd. des Juris-Classeurs, 1924, et Jacques Frémeaux, *Les Bureaux arabes dans l'Algérie de la conquête*, Denoël, 1993.

103. Nous nous appuyons principalement pour ce qui suit sur les papiers de Chasseloup-Laubat (AN, 230 Mi 1) et sur ceux du prince Napoléon (AN, 400 AP 136), sur les *Mémoires* du maréchal Randon, Typ. Lahure, 1875-1877, 2 vol. t. I, ainsi que sur les ouvrages d'Horace Giraud, *Le Gouvernement de l'Algérie. Trente mois de ministère spécial*, Aux bureaux de la *Revue contemporaine*, 1861, de Robert-Frédéric Moulis, *Le Ministère de l'Algérie (24 juin 1858-24 novembre 1860)*, Alger, J. Carbonel, Paris, Rousseau et Cie, 1926, de Charles-André Julien, *Histoire de l'Algérie contemporaine*, t. I, PUF, 1964, 3e éd. 1986, du général Georges Spillmann, *Napoléon III, prophète méconnu*, Presses de la Cité, 1972 et *Napoléon III et le royaume arabe d'Algérie*, Travaux et Mémoires de l'Académie des sciences d'outre-mer, nouvelle série n° 3, Acad. des sc. d'outre-mer, 1975, ainsi que sur l'*Histoire de la France coloniale*, t. I, *Des origines à 1914*, A. Colin, 1991.

104. *Moniteur universel*, n° 176 du 25, p. 801.

105. Ernest d'Hauterive donna sa lettre de démission dans *Correspondance de Napoléon III et du prince Napoléon*, Calmann-Lévy, 1925, p. 138 et suiv.

106. Voir par exemple *Moniteur universel*, n° 254 du 11 septembre 1859, p. 1043.

107. Rapport à l'empereur du 25 février 1860, *Moniteur universel*, n° 59 du 28, p. 246.

108. G. Spillmann, *Napoléon III et le royaume...*, *op. cit.*, p. 22.

109. Voir à ce sujet l'ensemble du chapitre 13 de l'ouvrage du général Derrecagaix, *Le Général de division comte de Martimprey*, Chapelot, 1913.

110. R.-F. Moulis, *op. cit.*, p. 262 et suiv., et G. Spillmann, *Napoléon III et le royaume...*, *op. cit.*, p. 23 et suiv.

111. Discours au banquet offert par la ville d'Alger, le 19 septembre 1860, *Œuvres de Napoléon III*, *op. cit.*, t. V, p. 126.

112. Voir p. 393.

113. *Moniteur universel*, n° 329 du 25 novembre 1860, p. 1393, et *Bulletin officiel de l'Algérie et des Colonies*, n° 896, p. 1288.

114. *Moniteur universel*, n° 345 du 11 décembre 1860, p. 1457.

115. Voir p. 280.

116. Le deuxième volume des *Souvenirs de quarante ans* de Ferdinand de Lesseps publié par *La Nouvelle Revue* en 1887 est fondamental. L'ouvrage de Ghislain de Diesbach, *Ferdinand de Lesseps* (Perrin, 1998), permet de compléter l'information.

117. F. de Lesseps, *op. cit.*, p. 725.

118. *Moniteur universel*, n° 59 du 28 février 1860, p. 246.

119. Voir p. 290.

120. Lettre de Chasseloup-Laubat à Faidherbe du 22 mars 1860. AN, 230 Mi 1.

121. Robert Pichette, « Napoléon III et la première agence consulaire de France au Canada atlantique », *Nouveaux Cahiers du second Empire*, n° 43, 2007, pp. 30-35.

122. Voir Bertrand Lemoine, *Sous la Manche, le tunnel*, Gallimard, 1994.

123. C. Bertho-Lavenir, « Télégraphe électrique » dans Jean Tulard (dir.), *op. cit.*

124. L'approche de cette question a été renouvelée par la thèse de Marie-Françoise Berneron-Couvenhes. M.-F. Berneron-Couvenhes *et alii*, *Les Messageries maritimes. L'essor d'une grande compagnie de navigation française, 1851-1894*, Publ. de la Sorbonne, 2007.

Notes du chapitre XII

1. *Moniteur universel*, n° 15 du 15 janvier 1860, p. 61, et *Œuvres de Napoléon III*, Plon et Amyot, 1869, t. V, pp. 108-110.

2. Discours du trône du 1er mars 1860. *Œuvres de Napoléon III*, Plon et Amyot, 1869, t. V, p. 119.

3. Voir p. 100 et suiv.

4. Voir à ce sujet la confidence pessimiste mais significative de Chevalier à William Nassau Senior de novembre 1855. *Conversations with M. Thiers, M. Guizot and Other Distinguished Persons during the Second Empire (1852-1860)*, Londres, Hurst et Blackett, 1878-1880, 2 vol., t. II, p. 61.

5. Cité par Adrien Dansette, *Naissance de la France moderne...*, Hachette, 1976, p. 250.

6. Pour tout ce qui suit, les témoignages de Chevalier sont fondamentaux, même s'ils doivent être confrontés à d'autres sources. Michel Chevalier, *Journal*, *Revue des Deux Mondes*, 1932, et *Revue historique*, 1933, ainsi que William Nassau Senior, *op. cit.*, t. II, pp. 314-315, confidences de Chevalier en mai 1860.

7. Comme beaucoup d'historiens l'écrivirent. Voir par exemple Albert Louis Dunham, *The Anglo-French Treaty of Commerce of 1860 and the Progress of the Industrial Revolution in France*, Ann Arbor, Univ. of Michigan Press, 1930.

8. Voir par exemple Charlemagne Émile de Maupas, *Mémoires sur le second Empire*, E. Dentu, 1884-1885, 2 vol., t. II, p. 116. Beaucoup d'observateurs constatèrent d'ailleurs que Napoléon III attendit la signature du traité pour laisser dévoiler, de façon officieuse, que la France s'apprêtait à annexer Nice et la Savoie, nouvelle dont il savait qu'elle ne manquerait pas de susciter le trouble à Londres.

9. Voir la correspondance entre Napoléon III et Persigny du second semestre 1859, en particulier les lettres capitales de l'ambassadeur des 20 juillet et 1er août 1859. AN, 44 AP 4, et BNF 23066 Mss Persigny.

10. Voir en particulier Jean Maurain, *Un bourgeois français au XIXe siècle : Baroche, ministre de Napoléon III*, F. Alcan, 1936, p. 187 et suiv., et Robert Schnerb, *Rouher et le second Empire*, A. Colin, 1949, p. 104.

11. *Moniteur universel*, n° 15 du 15 janvier 1860, p. 61, et *Œuvres de Napoléon III*, *op. cit.*, t. V, pp. 108-110.

12. *Moniteur universel*, n° 26 du 26 janvier 1860, p. 105, et n° 76 du 16 mars 1860, p. 317.

13. La mesure devait toutefois intervenir au 1er juillet 1861. Voir Pierre de La Gorce, *Histoire du second Empire*, Plon, Nourrit et Cie, 1894, t. III, p. 203.

14. Horace Giraud, *Le Gouvernement de l'Algérie. Trente mois de ministère spécial*, Aux bureaux de la *Revue contemporaine*, 1861, p. 34 et suiv., et Robert-Frédéric Moulis, *Le Ministère de l'Algérie (24 juin 1858-24 novembre 1860)*, Alger, J. Carbonel, Paris, Rousseau et Cie, 1926, p. 204 et suiv.

15. Sauf autre mention, les développements qui suivent s'appuient sur P. de La Gorce, *op. cit.*, t. III, p. 125 et suiv.

16. Émile Ollivier, *L'Empire libéral*, Garnier frères, 1899, t. IV, p. 290 et suiv.

17. Voir sa note générale sur l'Italie aux AN, en 400 AP 54.

18. É. Ollivier, *L'Empire libéral*, *op. cit.*, t. IV, p. 321.

19. Lettre de Napoléon III à Persigny du 17 août 1859. AN, 44 AP 6.

20. Correspondance entre les deux empereurs du mois d'août 1859, et en particulier lettre de Napoléon III du 26. AN, 400 AP 45.

21. Voir par exemple la lettre d'Alexandre II à Napoléon III du 10 septembre 1859. AN, 400 AP 47.

22. *Moniteur universel*, n° 252, p. 1037.

23. Sir V. Wellesley et Robert Sencourt, *Conversations with Napoleon III*, Londres, 1934, p. 174.

24. Lettre de Napoléon III à Pie IX du 31 décembre 1859. AN, 400 AP 47.

25. *Moniteur universel*, n° 11 du 11 janvier 1860, p. 45.

26. *Œuvres de Napoléon III*, *op. cit.*, t. V, p. 112 et suiv., et P. de La Gorce, *op. cit.*, t. III, p. 198.

27. La députation savoyarde reçue par l'empereur le 21 mars et de multiples adresses venues de toute la province et, au premier chef, des deux districts concernés protestèrent contre l'éventualité d'un démembrement. Voir *Moniteur universel*, n° 82 du 22 mars 1860, p. 341.

28. É. Ollivier, *L'Empire libéral*, *op. cit.*, t. IV, pp. 411-412.

29. Les résultats officiels furent les suivants : 25 933 votants, 25 743 « oui », 160 « non », 30 suffrages non exprimés pour 30 706 électeurs inscrits. *Moniteur universel*, n° 118 du 27 avril 1860, p. 493.

30. Sur 135 449 inscrits, les votants furent 130 839. On compta 130 533 « oui » pour seulement 235 « non », 71 « nuls » et 4 610 suffrages non exprimés. *Moniteur universel*, n° 121 du 30 avril 1860, p. 509.

31. Lettre de Napoléon III à François II. AN, 400 AP 46.

32. Cité par P. de La Gorce, *op. cit.*, t. III, p. 389.

33. Elle fut par exemple publiée dans le *Morning Post* du 30.

34. Ainsi que l'affirma l'impératrice à Maurice Paléologue bien des années plus tard. *Les Entretiens de l'impératrice Eugénie*, Plon, 1928, p. 19. Voir Auguste Marc, « Voyage de LL. MM. impériales dans le sud-est de la France, en Corse et en Algérie », *L'Illustration*, 1860, et Amélie Carette, *Souvenirs intimes de la Cour des Tuileries*, P. Ollendorff, 1889-1891, 3 vol., t. I, p. 45 et suiv.

35. Voir les confidences du prince Napoléon à Ollivier. Émile Ollivier, *Journal, (1848-1869)*, Julliard, 1961, 2 vol., t. II, p. 246, et, plus largement, P. de La Gorce,

op. cit., t. III, p. 406 et suiv. Dans son *Empire libéral*, Ollivier estima, par la suite, que la formule avait bien été employée par Napoléon III, mais deux mois plus tard, à propos du siège de Gaète, *op. cit.*, t. IV, pp. 596-597.

36. Voir la correspondance entre François II et Napoléon III, en particulier les lettres du roi Bourbon des 6 et 16 octobre 1860. AN, 400 AP 46.

37. É. Ollivier, *L'Empire libéral*, *op. cit.*, t. IV, p. 450 et suiv.

38. Les t. III et IV de l'*Histoire du second Empire* de Pierre de La Gorce et le livre de Georges Spillmann, *Napoléon III, prophète méconnu* (Presses de la Cité, 1972) proposent de bonnes synthèses sur ces expéditions.

39. P. de La Gorce, *op. cit.*, t. III, p. 235 et suiv.

40. *Moniteur universel*, n° 257 du 14 septembre 1859, p. 1057.

41. Voir p. 372.

42. Selon l'expression qu'il employa dans son discours du trône du 1er mars 1860. *Œuvres de Napoléon III*, *op. cit.*, t. V, p. 113.

43. Rapport du général Cousin-Montauban du 24 septembre 1859, *Moniteur universel*, n° 333 du 29 novembre 1860, p. 1409.

44. Voir p. 416.

45. Voir à ce sujet *La Reine Victoria d'après sa correspondance personnelle inédite*, t. III « 1854-1861 », Hachette, 1907, p. 594 et suiv.

46. Lettre de Napoléon III à Persigny du 25 juillet 1860. AN, 44 AP 6.

47. Lettre de Napoléon III à Eugénie du 7 août 1860, AN, 400 AP 43, et *Œuvres de Napoléon III*, *op. cit.*, t. V, p. 122.

48. P. de La Gorce, *op. cit.*, t. III, p. 339.

49. L'ouvrage de Christian Scheffer, *La Grande Pensée de Napoléon III. Les origines de l'expédition du Mexique (1858-1862)*, M. Rivière, 1939, est ici capital. Voir aussi P. de La Gorce, *op. cit.*, t. IV, p. 1 et suiv.

50. Voir la lettre que Jecker adressa à Conti, chef de cabinet de Napoléon III, le 8 décembre 1869 dans *Papiers secrets et correspondance du second Empire*, A. Ghio, 1873, 2e éd., p. 1 et suiv.

51. Dans sa lettre à Flahaut du 9 octobre 1860, Napoléon III dévoilait la plupart d'entre elles. AN, 400 AP 63. Par ailleurs, Hidalgo concéda n'avoir eu aucune influence sur l'empereur. Voir C. Scheffer, *op. cit.*, p. 32.

52. L'impératrice confia plus tard que cela avait été la principale raison de l'expédition. M. Paléologue, *op. cit.*, p. 102 et suiv.

53. C. Scheffer, *op. cit.*, p. 245 et suiv.

54. Lettre à Flahaut déjà citée. AN, 400 AP 63.

55. S. Black, « Napoléon III et le Mexique : un triomphe monétaire », *Revue historique*, t. CCLIX, 1978, pp. 55-73.

56. Frédéric Mauro, « L'économie du Nord-Est et la résistance à l'Empire » dans A. Arnáiz et C. Bataillon, *La Intervención francesa y el imperio de Maximiliano*, Mexico, 1965.

57. Louis-Napoléon Bonaparte-Wyse et Marie-Christine d'Aragon, *Gaston Ier. Le rêve mexicain du comte de Raousset-Boulbon*, France Empire, 2000.

58. Lettre à Flahaut déjà citée. AN, 400 AP 63.

59. Voir p. 429.

60. Georges Weill, *Histoire du parti républicain en France (1814-1870)*, F. Alcan, 1928, p. 329 et suiv.

61. Voir p. 383.

62. Trois ouvrages sont ici fondamentaux : Jean Maurain, *La Politique ecclésiastique du second Empire*, F. Alcan, 1930, Jacques-Olivier Boudon, *L'Épiscopat français de l'époque concordataire, 1802-1905*, CERF, 1996, et Michèle Sacquin, *Entre Bossuet et Maurras. L'antiprotestantisme en France de 1814 à 1870*, Éd. de l'École nationale des chartes, 1999.

63. *Moniteur universel*, n° 83 du 23, p. 345 et suiv., et n° 84 du 24, p. 349 et suiv.

64. La lettre qu'il envoya à l'impératrice le 2 décembre 1860 montre bien l'importance qu'il accordait alors à l'opinion des Britanniques. AN, 400 AP 43.

65. C. É. de Maupas, *op. cit.*, t. II, p. 103. Voir aussi Athanase Cucheval-Clarigny, *Histoire de la Constitution de 1852*, A. Sauton, 1869.

66. Voir p. 251.

67. Ainsi que Charles Pouthas et Theodor Zeldin le soulignèrent, à la suite d'Émile Ollivier (*Journal...*, *op. cit.*, t. I, p. 445, et *L'Empire libéral*, *op. cit.*, t. V, pp. 89-90), respectivement dans *Histoire politique du second Empire*, CDU, 1954-1955, en particulier p. 100, et dans *The Political System of Napoleon III*, Londres, McMillan, 1958, et « The Myth of Napoleon III », *History Today*, 1958, 8, 2, pp. 103-110.

68. Lettre de Napoléon III à Eugénie du 26 novembre 1860. AN, 400 AP 43.

69. *Moniteur universel*, n° 329 du 25 novembre 1860, p. 1393.

70. Il avait envisagé la fonction lors de son emprisonnement à Ham. Voir p. 255.

71. Lettre de Napoléon III à Eugénie du 26 novembre 1860. AN, 400 AP 43.

72. *Ibid.*

73. *Journal des débats*, numéro du 2 décembre 1860.

74. Voir à ce sujet C. É. de Maupas, *op. cit.*, t. II, pp. 112-113.

75. Alfred Darimon, *Histoire d'un parti. Les Cinq sous l'Empire (1857-1860)...*, Dentu, 1885, p. 420. Note du 12 décembre 1860.

76. *Œuvres de Napoléon III*, *op. cit.*, t. V, p. 133.

77. C. É. de Maupas, *op. cit.*, t. II, p. 104 et suiv.

78. Décret du 3 février 1861. *Moniteur universel*, n° 35 du 4, pp. 153-154.

79. Décret du 26 novembre 1860. *Moniteur universel*, n° 331 du 27, p. 1401.

80. Pascal Clément, *Persigny...*, Perrin, 2006, p. 180.

81. Cependant, Morny qui voulait se venger de Rouher contre lequel il était très remonté depuis l'affaire Le Hon (voir p. 240) suggéra à Napoléon III de remplacer celui-ci au ministère de l'Agriculture, du Commerce et des Travaux publics par Haussmann et de faire de lui l'un des trois ministres sans portefeuille. Rouher refusa, parce qu'il voulait mener à bien la réforme douanière dirent les uns, parce qu'il jugeait la nouvelle fonction insuffisante assurèrent les autres. Voir M. Chevalier, *Journal*, *op. cit.*, C. É. de Maupas, *op. cit.*, E. V. B. de Castellane, *Journal du maréchal de Castellane, 1804-1862*, Plon, 1895-1897, 5 vol., J. Maurain et R. Schnerb, *op. cit.*

82. *Moniteur universel*, n° 61 du 2 mars, p. 274

83. *Moniteur universel*, n° 66 du 7 mars, p. 310 et suiv.

84. *Moniteur universel*, n° 73 du 14 mars 1861, p. 356 et suiv.

85. É. Ollivier, *Journal*, *op. cit.*, t. II, pp. 11-12, et *L'Empire libéral*, *op. cit.*, t. V, pp. 142-144.

86. Lettre du 7 décembre 1861. AN, 44 AP 6.

87. Lettre du 6 décembre 1860. AN, 400 AP 46.

88. Lettre de François II à Napoléon III du 17 janvier 1861. AN, 400 AP 46.

89. Voir par exemple la lettre de Victor-Emmanuel II à Napoléon III du 12 juillet 1861. AN, 400 AP 46.

90. É. Ollivier, *L'Empire libéral*, *op. cit.*, t. V, p. 183 et suiv.

91. François II le reprocha à Napoléon III dans une lettre du 16 juillet 1861. AN, 400 AP 46.

92. Lettre de Pie IX à Napoléon III du 25 décembre 1860 et réponse de l'empereur quelques jours plus tard. AN, 400 AP 47.

93. Lettre au prince Napoléon du 22 octobre 1861, *Correspondance inédite publiée par Ernest d'Hauterive*, Calmann-Lévy, 1925, pp. 226-227.

94. Lettre d'Alexandre II à Napoléon III du 29 avril 1861. AN, 400 AP 47.

95. Dans une lettre du 22 septembre 1861, Napoléon III demanda à Persigny de mettre un terme à la presse officieuse qui faisait désormais plus de tort que de bien à sa politique extérieure. AN, 44 AP 6.

96. Lettre du 13 novembre 1861, *La Reine Victoria d'après sa correspondance personnelle inédite*, *op. cit.*, t. III, pp. 728-730.

97. Lettre du 14 mai 1861. AN, 400 AP 47.

98. *Moniteur universel*, n° 328 du 24 novembre 1860, p. 1389.

99. Georges Haussmann, *Mémoires*, V. Havard, 1890-1893, 3 vol., t. II, p. 213, et Georges Valance, *Haussmann le Grand*, Flammarion, 2001, p. 239 et suiv.

100. *Moniteur universel*, n° 318 du 14 novembre, pp. 1615-1616. Par une lettre du 15 novembre, Fould remercia l'empereur et l'assura de la satisfaction des députés. Par une autre du 19 décembre, il lui confirma son diagnostic et la nécessité de la réforme. AN, 400 AP 52.

101. Lettre de Napoléon III au ministre d'État du 12 novembre 1861. *Moniteur universel*, n° 318 du 14 novembre, p. 1615, et *Œuvres de Napoléon III*, *op. cit.*, t. V, pp. 146-147.

102. Cité par J. Maurain, *Un bourgeois français...*, *op. cit.*, pp. 226-227.

103. *Moniteur universel*, n° 351 du 17, p. 1725. Voir aussi Céleste Baroche, *Notes et Souvenirs*, G. Crès et Cie, 1921, pp. 218-219.

NOTES DU CHAPITRE XIII

1. L'ouvrage fondamental sur le sujet est celui de Roger L. Williams, *The Mortal Napoleon III*, Princeton, Princeton UP, 1971.

2. La crise de goutte se prolongea tout l'hiver et les premiers jours du printemps. Hippolyte Fortoul, *Journal*, Droz, 1979, t. I, p. 47, p. 49 et p. 132.

3. Sur les illusions de Mérimée à ce sujet, voir sa lettre à Panizzi du 27 novembre 1864, Prosper Mérimée, *Correspondance générale...*, Toulouse, Privat, 2e série, t. VI, p. 285.

4. Horace de Viel Castel, *Mémoires sur le règne de Napoléon III, 1851-1864*, Bouquins, R. Laffont, 2005, pp. 1023-1024.

5. Confidence du prince Napoléon à Ollivier. Émile Ollivier, *Journal, (1848-1869)*, Julliard, 1961, 2 vol., t. II, p. 195.

6. Émile Ollivier, *L'Empire libéral*, Garnier frères, t. VII, 1903, p. 491.

7. BNF Papiers Blanqui, n.a.f. 9595, fol. 225-228. Voir aussi Henri Allain-Targé, *La République sous l'Empire. Lettres (1864-1870)*, Grasset, 1939, pp. 88-89.

8. É. Ollivier, *L'Empire libéral*, *op. cit.*, t. VII, p. 378 et suiv.

9. Voir par exemple la lettre de l'ingénieur Delhambre à Napoléon III. AN, F^{21} 814.

10. Maxime du Camp, *Souvenirs littéraires*, Aubier, 1994, p. 368.

11. Voir à ce sujet Coll., *Napoléon III et l'archéologie. Une politique archéologique nationale sous le second Empire*, Compiègne, Bulletin de la Société historique de Compiègne, 2001.

12. Voir p. 337.

13. La bibliographie sur la question est abondante. Françoise Maison en a proposé une bonne synthèse avec « *L'Histoire de Jules César* par Napoléon III » dans Coll., *Napoléon III et l'archéologie. Fouilles en forêt de Compiègne sous le second Empire*, Ville de Compiègne, 2000, pp. 21-29.

14. Voir aussi É. Ollivier, *L'Empire libéral*, *op. cit.*, t. V, p. 77.

15. Victor Duruy, *Notes et souvenirs...*, Hachette et Cie, 1901, 2 vol. rééd. 1902, t. I, pp. 108-119.

16. Dans ses *Notes et souvenirs* (*op. cit.*, t. I p. 172), Duruy précisa qu'il s'investit réellement dans le projet, lorsqu'il fut nommé par l'empereur inspecteur général de l'Instruction publique, en février 1862.

17. Correspondance du prince Napoléon et de Napoléon III, en particulier la lettre du 18 avril 1860 (AN, 400 AP 53), lettre de Napoléon III à Hortense Cornu du 6 mai 1860 (*Lettres de Napoléon III à Mme Cornu*, Éd. des Presses Modernes, 2 t., 1937, t. II, p. 268) et confidence d'Hortense Cornu à William Nassau Senior en mai 1860 (*Conversations with M. Thiers, M. Guizot and Other Distinguished Persons during the Second Empire (1852-1860)*, Londres, Hurst et Blackett, 1878-1880, 2 vol., t. II, p. 316).

18. Voir par exemple les lettres que celui-ci adressa à l'empereur les 10 et 12 octobre 1862 pour lui communiquer des renseignements sur le droit romain et la façon dont se mesurait le temps dans l'Antiquité (AN, 400 AP 52), mais aussi la lettre de Mérimée à Mme de la Rochejaquelein du 21 juin 1860, *Correspondance*, *op. cit.*, 2e série t. III, p. 509.

19. Philippe de Chennevières, *Souvenirs d'un directeur des Beaux-Arts*, rééd. Arthena, 1979, IV, p. 68.

20. Rien ne le montre mieux que la correspondance de Mérimée tout au long de ces années.

21. Voir par exemple la lettre de Saint-René Taillandier à l'empereur du 23 janvier 1870. *Papiers et correspondance de la famille impériale*, Imp. nationale, 1870, rééd. L. Beauvais, 1872, 2 vol. t. II, p. 27.

22. Voir à ce sujet Wilhelm Froehner, *Souvenirs...*, Nogent-le-Rotrou, Imp. Daupeley-Gouverneur, 1931.

23. Maxime du Camp, *Souvenirs d'un demi-siècle*, Hachette, 1949, t. I, p. 140.

24. Joël Le Gall, *Alésia. Archéologie et histoire*, Fayard, 1963.

25. Baron d'Ambès (pseud.), *Mémoires inédits de Napoléon III. Le Mémorial de Chislehurst*, Paris, 1909, p. 843.

26. Confidence à Ollivier en mars 1865. É. Ollivier, *Journal*, *op. cit.*, t. II, pp. 186-187.

27. Correspondance de Napoléon III au cours du premier semestre 1865. AN, 400 AP 45-47.

28. Il l'avait lue quelques semaines après à Mérimée qui l'avait trouvée « très remarquable pour les idées et pour le style ». *Correspondance*, *op. cit.*, 2e série, t. IV, lettre à Mme de Montijo du 14 novembre 1860, p. 72.

29. *Op. cit.*, Plon, 1865, pp. I à VII.

30. Sur la réaction de George Sand voir Éric Anceau, « George Sand et le pouvoir politique du coup d'État du 2 décembre 1851 à la révolution du 4 septembre 1870 » dans Noëlle Dauphin (dir.), *George Sand. Terroir et histoire*, Rennes, PUR, 2006, pp. 257-258. Voir aussi la lettre d'Allain-Targé à son père du 28 février 1865. Henri Allain-Targé, *La République sous l'Empire. Lettres (1864-1870)*, Grasset, 1939, p. 13.

31. Ce que confirment aujourd'hui les meilleurs spécialistes de l'Antiquité. Voir par exemple Claude Nicolet, *La Fabrique d'une nation*…, Perrin, 2003, p. 162, ou encore Christian Goudineau, *Le Dossier Vercingétorix*, Actes Sud Errance, 2001, p. 62.

32. Voir *La Presse* du 9 février 1865, Xavier Marmier, *Journal (1848-1890)*, Genève, 1968, 2 vol. p. 104, et Pierre Guiral, *Prévost-Paradol (1829-1870). Pensée et action d'un libéral sous le second Empire*, PUF, 1955, p. 406.

33. Même s'il parla de la reprendre, en août 1867, il ne le fit jamais. Il confia ses dossiers à Stoffel qui publia la suite à partir de 1887.

34. De ce point de vue, le jugement émis par Maury dans ses Souvenirs était beaucoup trop sévère. Bibliothèque de l'Institut. Papiers Maury, Ms 2651 années 1864-1870, pp. 40-41.

35. Voir *Moniteur universel* n° 28 du 28 janvier 1868.

36. Correspondance de Louis et Marie Pasteur avec Napoléon III. AN, 400 AP 52.

37. L'ouvrage fondamental sur le sujet est celui d'Annie Rey-Goldzeiguer, *Le Royaume arabe. La politique algérienne de Napoléon III, 1861-1870*, Alger, Soc. nationale d'édition et de diffusion, 1977.

38. Céleste Baroche, *Notes et Souvenirs*, G. Crès et Cie, 1921, p. 215.

39. *Œuvres de Napoléon III*, *op. cit.*, t. V, pp. 189-194.

40. *Id.*, pp. 321-420.

41. *Id.*, pp. 241-244.

42. Anne Rey-Goldzeiguer dans Jean-Marie Mayeur *et alii*, *Histoire de la France coloniale*, t. I : *Des origines à 1914*, A. Colin, 1991, p. 414.

43. *Moniteur universel*, n° 54 du 23 février 1862, p. 239.

44. Éric Anceau, *Les Députés du second Empire. Prosopographie d'une élite du XIXe siècle*, Champion, 2000, p. 46. Voir aussi C. Baroche, *op. cit.*, p. 201 et suiv., et Alfred Darimon, *L'Opposition libérale sous l'Empire (1861-1863)*, Dentu, 1886, p. 162.

45. Lettre de Morny à l'empereur. AN 116 AP 2 dossier 11.

46. Discours du 25 janvier 1863. *Œuvres de Napoléon III*, *op. cit.*, t. V; pp. 185-188.

47. Voir Éric Anceau, « Les irrégularités et les incidents lors des élections législatives de 1852 à 1870 ou le difficile apprentissage du suffrage universel sous le second Empire » dans Philippe Bourdin *et alii*, *L'Incident électoral de la*

Révolution française à la Vᵉ République, Clermont-Ferrand, PUB Pascal, 2002, p. 131 et suiv.

48. Lettre d'Haussmann à Persigny non datée. AN, 44 AP 11.

49. En insistant sur ce fait, Charles Pouthas parla même de victoire pour le gouvernement. *Histoire politique du second Empire*, CDU, 1954-1955, p. 414.

50. Lettre de Walewski à Napoléon III du 3 juin 1863. AN, 400 AP 52. Ce que disait Walewski était exact. Persigny s'était mis quasiment tous ses collègues à dos. Sur le mécontentement de Baroche, voir Jean Maurain, *Un bourgeois français au XIXᵉ siècle : Baroche, ministre de Napoléon III*, F. Alcan, 1936, p. 275 et suiv.

51. Lettre du 21 juin 1863. AN, 44 AP 6.

52. *Moniteur universel*, nº 175 du 24, p. 897.

53. Lettre du 16 octobre 1863. AN, 400 AP 43.

54. Cité par Adrien Dansette, *Du 2 Décembre au 4 Septembre*, Hachette, 1972, p. 192.

55. Cela déplut à Napoléon III. C. Baroche, *op. cit.*, pp. 241-242.

56. Lettre de Napoléon III à Rouher du 12 janvier 1864. AN, 400 AP 44.

57. *Id.* du 1ᵉʳ avril 1864. AN, 400 AP 44.

58. . J. Maurain, *op. cit.*, p. 367.

59. É. Ollivier, *L'Empire libéral*, *op. cit.*, t. VII, p. 277.

60. *Moniteur universel*, nº 73 du 14 mars 1865, p. 261.

61. *Œuvres de Napoléon III*, *op. cit.*, t. V, p. 239.

62. *Correspondance inédite publiée par Ernest d'Hauterive*, Calmann-Lévy, 1925, p. 267 et suiv.

63. Lettre du prince Napoléon à Napoléon III du 27 mai 1865. AN, 400 AP 45.

64. *Correspondance inédite...*, *op. cit.*, p. 373 et suiv.

65. Robert Schnerb, *Rouher et le second Empire*, A. Colin, 1949, p. 165.

66. Voir p. 424 et suiv..

67. É. Ollivier, *Journal*, *op. cit.*, t. II, p. 196 et suiv.

68. *Moniteur universel*, nº 265 du 22 septembre 1865, p. 1252.

69. *Œuvres de Napoléon III*, *op. cit.*, t. V, pp. 251-259.

70. *Moniteur universel*, nº 79 du 20 mars 1866, p. 336.

71. *Moniteur universel*, nº 203 du 22 juillet 1866, p. 945.

72. Nous suivons l'explication qu'adoptèrent la majorité des historiens pour expliquer l'infléchissement de la politique sociale de l'empereur, en la nuançant toutefois. Voir par exemple Hendrik Nicolaas Boon, *Rêve et réalité dans l'œuvre économique et sociale de Napoléon III*, La Haye, Martinus Nijhoff, 1936, pp. 144-145.

73. À partir de mai 1862, les différents numéros du *Moniteur universel* sont remplis de listes de donateurs.

74. *Œuvres de Napoléon III*, *op. cit.*, t. V, p. 205.

75. Jean Albertini, « Le rapporteur de la loi des coalitions » dans Anne Troisier de Diaz (dir.), *Regards sur Émile Ollivier*, Publ. de la Sorbonne, 1985, pp. 97-121.

76. É. Ollivier, *L'Empire libéral*, *op. cit.*, t. VI, 1902, p. 537.

77. Duruy rapporta le premier entretien qu'il eut avec le souverain après sa nomination de la façon suivante : « À ma première parole : "Comment Votre Majesté a-t-elle pu songer à faire de moi un ministre ?", l'Empereur répondit par ces seuls mots : "Ça ira bien." Ce furent toutes les instructions que je reçus

jamais », V. Duruy, *op. cit.*, t. I, pp. 191-192. Sur l'enseignement primaire, *id.*, p. 206 et suiv. Deux ouvrages sont fondamentaux sur Duruy : Jean Rohr, *Victor Duruy, ministre de Napoléon III, essai sur la politique de l'instruction publique au temps de l'Empire libéral*, LGDJ, 1967, et Jean-Charles Geslot, *Une histoire du XIXe siècle : la biographie de Victor Duruy (1811-1894)*, thèse universitaire de Versailles-Saint-Quentin, J.-Y. Mollier (dir.), 2003.

78. *Œuvres de Napoléon III*, *op. cit.*, t. V, p. 229.

79. É. Ollivier, *L'Empire libéral*, *op. cit.*, t. VII, p. 295 et suiv.

80. Pascal Ory, *Les Expositions universelles de Paris*, Ramsay, 1982, Édouard Vasseur, *L'Exposition universelle de 1867 à Paris : aperçu d'un phénomène de mode français au XIXe siècle*, thèse Paris-Sorbonne, D. Barjot (dir.), 2005, 2 vol., et du même auteur, « Frédéric Le Play et l'Exposition universelle de 1867 » dans Antoine Savoye et Fabien Cardoni (dir.), *Frédéric Le Play. Parcours, audience, héritage*, Mines de Paris et Paris Tech, 2007, pp. 79-97.

81. Dossier « Société nationale pour l'extinction du paupérisme ». AN, 45 AP 5.

82. É. Ollivier, *L'Empire libéral*, *op. cit.*, t. IX, pp. 556-557.

83. J. Maurain, *op. cit.*, p. 246 et suiv.

84. Lettre au ministre de sa Maison. *Œuvres de Napoléon III*, *op. cit.*, t. V, p. 222. Voir aussi Thomas-William Evans, *Mémoires...*, Plon-Nourrit, 1910, p. 135.

85. Voir P. Mérimée, *Correspondance*, *op. cit.*, 2e série, t. VIII, lettre à Augier du 5 avril 1866, p. 77, H. Allain-Targé, *op. cit.*, pp. 61-62, et M. du Camp, *op. cit.*, t. I, p. 216.

86. Georges Duveau, *La Vie ouvrière en France sous le second Empire*, Gallimard, 1946, p. 329 et suiv.

87. Claude Fohlen, *L'Industrie textile au temps du second Empire*, Plon, 1956, p. 413.

88. *Œuvres de Napoléon III*, *op. cit.*, t. V, p. 295.

89. Pierre de La Gorce, *Histoire du second Empire*, t. IV, p. 31 et suiv., et Jean-François Lecaillon, *Napoléon III et le Mexique...*, L'Harmattan, 1994.

90. Voir à ce sujet AN, AB XIX 3322 dossier 3.

91. Lettres de Maximilien à Napoléon III des 2 janvier et 3 juin 1862. AN, 400 AP 46.

92. Lettre de François-Joseph à Napoléon III du 10 avril 1864. AN, 400 AP 45.

93. Voir l'ensemble de la correspondance entre Bazaine et le souverain de septembre 1863 à mars 1867 (AN, 400 AP 63) et la lettre de Maximilien à Napoléon III du 27 juillet 1865 (AN, 400 AP 46).

94. Sans aller toutefois jusqu'à les reconnaître officiellement sur le conseil de Thouvenel et de Palmerston. Napoléon III chargea d'ailleurs son dentiste américain, Evans, d'aller rassurer le président Lincoln à ce sujet, T.-W. Evans, *op. cit.*, p. 114 et suiv. Voir aussi Pierre Renouvin, *Histoire des relations internationales*, Hachette, 1949, t. V, vol. 1, pp. 345-346, et Lynn M. Case et Warren F. Spencer, *The United States and France : Civil War Diplomacy*, Philadelphie, 1970.

95. *Œuvres de Napoléon III*, *op. cit.*, t. V, pp. 252-253. Voir aussi la lettre de Napoléon III à Maximilien du 15 janvier 1866, la réponse du 18 février suivant, la nouvelle lettre de l'empereur des Français du 4 avril 1866 (AN, 400 AP 46) ainsi que la dépêche de Napoléon III au général Castelnau du 10 janvier 1866 (AN, 400 AP 42).

96. Lettre du 16 février 1866. AN, 400 AP 63.

97. Lettre de Napoléon III à Eugénie du 21 août 1862. AN, 400 AP 43.

98. H. de Viel Castel, *op. cit.*, pp. 955-956, p. 974 et p. 977.

99. É. Ollivier, *L'Empire libéral*, *op. cit.*, t. V, p. 500.

100. Bismarck la déconseilla à son souverain. Otto von Bismarck, *Gedanken und Erinnerungen*, Darmstadt, Wissenschaftliche Buchgesellschaft, 1998. Voir aussi É. Ollivier, *L'Empire libéral*, *op. cit.*, t. V, p. 553 et suiv.

101. Par la suite, il agit de même lors des soulèvements des Crétois contre les Turcs et des Irlandais contre les Anglais. Voir par exemple sa lettre au roi de Grèce de janvier 1869. AN, 400 AP 45.

102. Lettre de Napoléon III au prince Napoléon du 29 mars 1863. AN, 400 AP 53. Il lui avait d'ailleurs recommandé la prudence dès le 22 janvier. *Correspondance inédite publiée par Ernest d'Hauterive*, *op. cit.*, p. 237 et suiv.

103. Stanislaw Bobr-Tylingo, *Napoléon III, l'Europe et la Pologne en 1863-1864*, Rome, IHP, 1963, p. 14.

104. Andrzej Nieuwazny, « Napoléon III et la Pologne » dans Bruno Bethouart, (dir.), *Napoléon III, Boulogne et l'Europe*, Boulogne-sur-Mer, *Les Cahiers du littoral*, 2002, p. 298.

105. Lettre aux souverains de l'Europe du 4 novembre 1863. *Œuvres de Napoléon III*, *op. cit.*, pp. 200-202.

106. À ce sujet voir la thèse de Stéphanie Burgaud qui propose une révision du rôle traditionnellement prêté à la Russie tsariste dans la politique d'unification prussienne, *Le Rôle de la politique russe de Bismarck dans la voie prussienne vers l'unité allemande 1863-1871. Die getäuschte Clio ?*, Paris-Sorbonne, dir. J.-P. Bled, 2007, 2 vol.

107. Note sans date. AN, 400 AP 67.

108. É. Ollivier, *L'Empire libéral*, *op. cit.*, t. VII, p. 464 et suiv. et en particulier p. 475.

109. Alexandre Randon, *Mémoires*, Typ. Lahure, 1875-1877, 2 vol., t. II, pp. 129-130.

110. É. Ollivier, *L'Empire libéral*, *op. cit.*, t. VII, p. 120 et suiv.

111. Note de Drouyn de Lhuys à l'empereur du 11 avril 1866. AN, 400 AP 67.

112. Lettre de Napoléon III à Guillaume Ier du 7 mars 1866. AN, 400 AP 46.

113. É. Ollivier, *L'Empire libéral*, *op. cit.*, t. VII, p. 484.

114. Lettre du prince Charles à Napoléon III du 16 mai 1866. AN, 400 AP 47, *Lettres de Napoléon III à Mme Cornu*, Éd. des Presses Modernes, 2 t., 1937, t. II, p. 58 et suiv., et É. Ollivier, *L'Empire libéral*, *op. cit.*, t. VIII, p. 63 et suiv.

115. En s'appuyant sur le récit de témoins, Mme Baroche assura que le discours ne contenait que des paroles anodines. Ce fut le soir, aux Tuileries, que l'empereur aurait dicté son manifeste à son officier d'ordonnance. C. Baroche, *op. cit.*, pp. 302-303.

116. P. Mérimée, *Correspondance,* 2e série, t. VII, lettre de Mérimée à Panizzi du 9 mai 1866, p. 101.

117. Voir à ce sujet la lettre de François-Joseph à Napoléon III du 24. AN, 400 AP 45.

118. Lettre déjà citée de Napoléon III à Guillaume Ier du 7 mars 1866. AN, 400 AP 46.

119. Note impériale non datée. AN, 400 AP 67.

120. Ainsi que l'a montré William Smith en s'appuyant sur les dépêches des principaux ambassadeurs en poste à Paris, *Napoléon III*, Hachette, 1982, p. 277 et suiv.

121. É. Ollivier, *L'Empire libéral*, *op. cit.*, t. VIII, 1903, p. 412.

122. Les principaux acteurs ont laissé leur témoignage. Voir en particulier A. Randon, *op. cit.*, t. II, p. 146, Maurice Paléologue, *Les Entretiens de l'impératrice Eugénie*, Plon, 1928, p. 117 et suiv. Voir aussi É. Ollivier, *L'Empire libéral*, *op. cit.*, t. XII, 1908, p. 146.

123. Walewski se rangeait aussi nettement dans le camp des premiers. Voir sa lettre à Napoléon III de la veille. AN, 400 AP 52.

124. A. Randon, *op. cit.*, t. II, p. 145, et Robert Schnerb, *Rouher et le second Empire*, A. Colin, 1949, p. 186.

125. Correspondance entre l'empereur des Français et le roi de Prusse du 6 au 15 juillet 1866. AN, 400 AP 46.

126. Correspondance entre le tsar et l'empereur des Français du 10 au 16 juillet 1866. AN, 400 AP 47.

127. Pour une étude plus précise de la position russe à l'été 1866, voir Stéphanie Burgaud, « La politique de Gortchakov face à la Prusse à l'été 1866 à la lumière des archives russes », *Revue d'histoire diplomatique*, 2005, vol. 2, pp. 135-149.

128. Rapport de Magne à l'empereur du 20 juillet 1866. *Papiers secrets et correspondance du second Empire*, A. Ghio, 1873, 2e éd., p. 136. Voir aussi Lynn M. Case, *French Opinion on War and Diplomacy during the Second Empire*, Philadelphie, Univ. of Pennsylvania Press, 1954, chap. VIII et IX, et J. Bariety et R. Poidevin, *Les Relations franco-allemandes, 1815-1975*, A. Colin, 1977, chap. VI.

129. Sudhir Hazareesingh, *La Saint-Napoléon. Quand le 14 Juillet se fêtait le 15 Août*, Tallandier, 2007, p. 92.

130. Voir Théodore Juste, *Napoléon III et la Belgique. Le traité secret d'après des documents nouveaux*, Bruxelles, Merzbach, 1870.

131. É. Ollivier, *L'Empire libéral*, *op. cit.*, t. III, p. 101.

132. R. Schnerb, *op. cit.*, p. 190.

133. En fait, le ministre avait laissé la direction effective de la diplomatie à Rouher depuis le revirement impérial du 5 juillet.

134. *Moniteur universel*, nº 260 du 17, p. 1119.

135. Voir p. 453 et suiv.

136. V. Duruy, *op. cit.*, t. II, p. 141 et suiv.

137. É. Ollivier, *L'Empire libéral*, *op. cit.*, t. IX, p. 327 et p. 340 et suiv.

138. Même Walewski le concédait dans son rapport très hostile à la Prusse du 10 avril 1867. AN, 400 AP 52. Voir p. 453 et suiv.

139. Napoléon III avait fait savoir dès la mi-avril qu'il en faisait la condition de sa renonciation. Lettre de l'empereur à Moustier du 14 avril 1867. AN, 400 AP 42.

140. Voir Vincent Benedetti, *Ma mission en Prusse*, Plon, 1871.

141. Voir par exemple la dépêche de Napoléon III au général Castelnau du 13 décembre 1866. AN, 400 AP 42.

142. Amélie Carette, *Souvenirs intimes de la Cour des Tuileries*, Paul Ollendorff, 1889-1891, 3 vol., t. I, p. 266 et suiv., et É. Ollivier, *L'Empire libéral*, *op. cit.*, t. IX, 1904, p. 81.

143. Lettre de Napoléon III à Maximilien du 29 août 1866. AN, 400 AP 46.

144. C. Baroche, *op. cit.*, p. 378.

145. É. Ollivier, *L'Empire libéral*, *op. cit.*, t. IX, p. 528.

146. Alexandre Quentin-Bauchart, *Études et souvenirs sur la deuxième République et le second Empire (1848-1870)*, Plon, 1901-1902, 2 vol., t. II, p. 408.

147. Rapport de police. AN, 400 AP 54. Voir aussi É. Ollivier, *Journal*, *op. cit.*, t. II, p. 293.

148. É. Ollivier, *L'Empire libéral*, *op. cit.*, t. IX, p. 578 et suiv.

149. Correspondance entre Napoléon III et Victor-Emmanuel II du 14 au 28 octobre 1867. AN, 400 AP 42.

150. *Moniteur universel*, n° 340 du 6 décembre 1867, pp. 1516-1517.

151. Selon l'expression d'Augustin Cochin dans *Mes lettres et ma vie*, Bloud et Gay, 1926, en date du 7 décembre 1867.

Notes du chapitre XIV

1. Maurice Paléologue, *Les Entretiens de l'impératrice Eugénie*, Plon, 1928, p. 89 et suiv.

2. Émile Ollivier, *Journal, (1848-1869)*, Julliard, 1961, 2 vol., t. II, p. 314.

3. Voir p. 394.

4. Voir p. 422.

5. É. Ollivier, *Journal*, *op. cit.*, t. II, p. 257 et suiv., et *L'Empire libéral*, Garnier frères, t. IX, 1904, p. 174 et suiv.

6. Voir p. 453 et suiv.

7. Lettre du 12 janvier 1867. AN, 400 AP 52.

8. É. Ollivier, *L'Empire libéral*, *op. cit.*, t. IX, p. 211. L'auteur s'appuyait sur les carnets du maréchal Vaillant, témoin direct des faits.

9. Charlemagne Émile de Maupas, *Mémoires sur le second Empire*, E. Dentu, 1884-1885, 2 vol., t. II, pp. 149-151 et p. 211.

10. *Moniteur universel*, n° 20 du 20 janvier, p. 57, et *Œuvres de Napoléon III*, Plon et Amyot, 1869, t. V, pp. 275-276. Le brouillon de cette lettre se trouve aux AN en 400 AP 42.

11. *Moniteur universel*, n° 20 du 20 janvier, p. 57, et *Bulletin des lois*, année 1867, n° 1461.

12. Voir p. 429.

13. Lettre du prince Napoléon à Napoléon III du 24 janvier 1866. AN, 400 AP 53.

14. *Correspondance inédite publiée par Ernest d'Hauterive*, Calmann-Lévy, 1925, p. 280 et suiv. Lettre du prince Napoléon du 24 janvier et réplique de Napoléon III du 28.

15. Cité par le prince Napoléon dans sa lettre à Napoléon III du 24 janvier 1866. AN, 400 AP 53.

16. Céleste Baroche, *Notes et Souvenirs*, G. Crès et Cie, 1921, p. 349 et suiv.

17. M. Paléologue, *op. cit.*, p. 89 et suiv.

18. É. Ollivier, *Journal*, *op. cit.*, t. II, p. 278.

19. *Id.*, p. 279.

20. Articles 81 et 99 du décret. *Moniteur universel*, n° 39 du 8 février 1867, pp. 115-116, et *Bulletin des lois*, année 1867, n° 1466.

21. *Œuvres de Napoléon III*, *op. cit.*, t. V, p. 278 et suiv.

22. *Moniteur universel*, n° 74 du 15 mars 1867, p. 292, et Jean Maurain, *Un bourgeois français au* XIX*e siècle : Baroche, ministre de Napoléon III*, F. Alcan, 1936, p. 381.

23. Éric Anceau, *Les Députés du second Empire. Prosopographie d'une élite du* XIX*e siècle*, Champion, 2000, p. 51 et pp. 656-657.

24. É. Ollivier, *Journal*, *op. cit.*, t. II, p. 288 et suiv.

25. N° 196 du 15 juillet 1867, p. 945.

26. É. Ollivier, *Journal*, *op. cit.*, t. II, pp. 295-297, et *L'Empire libéral*, t. IX, *op. cit.*, p. 538 et suiv.

27. Voir p. 64.

28. Voir p. 310.

29. É. Ollivier, *L'Empire libéral*, *op. cit.*, 1900, t. V, p. 61 et suiv.

30. Nous suivons ici, sauf autre mention, Jean Casevitz, *Une loi manquée, la loi Niel (1866-1868). L'armée française à la veille de la guerre de 1870*, SEVPEN, 1960.

31. Voir p. 440.

32. Général Lebrun, *Souvenirs militaires, 1866-1870...*, E. Dentu, 1895, p. 8 et suiv., et É. Ollivier, *L'Empire libéral*, *op. cit.*, t. X, 1905, p. 316 et suiv.

33. Le projet était daté du 11. *Moniteur universel*, n° 346 du 12, p. 1399.

34. *Œuvres de Napoléon III*, *op. cit.*, t. V, p. 298 et suiv.

35. Adrien Dansette, *Du 2 Décembre au 4 Septembre*, Hachette, 1972, p. 293.

36. Voir à ce sujet sa correspondance des années 1868-1869 avec Niel aux AN, en 400 AP 42.

37. Il concernait des journaux qui avaient commenté les débats parlementaires au lieu de se contenter de reproduire le compte rendu officiel, comme l'imposait le sénatus-consulte du 2 février 1861 (voir p. 397).

38. J. Maurain, *op. cit.*, p. 401 et suiv.

39. Note de Rouher adressée à Napoléon III le 27 septembre 1867. *Papiers secrets et correspondance du second Empire*, A. Ghio, 1873, 2e éd., p. 210 et suiv.

40. Lettre de Calley de Saint-Paul à Napoléon III du 25 novembre 1867. *Papiers et correspondance de la famille impériale*, 1870, t. III, p. 201 et suiv.

41. C. É. de Maupas, *op. cit.*, t. II, p. 228 et suiv.

42. J. Maurain, *op. cit.*, p. 407 et suiv.

43. É. Ollivier, *Journal*, *op. cit.*, t. II, pp. 310-311.

44. É. Ollivier, *L'Empire libéral*, *op. cit.*, t. X, p. 406 et suiv.

45. *Id.*, t. X, p. 410, et Robert Schnerb, *Rouher et le second Empire*, Clermont-Ferrand, G. de Bussac, 1949, p. 225.

46. É. Ollivier, *L'Empire libéral*, *op. cit.*, t. X, p. 428 et suiv.

47. C. É. de Maupas, *op. cit.*, t. II, p. 282 et suiv.

48. Voir p. 414 et suiv.

49. Anne Rey-Goldzeiguer dans Jean-Marie Mayeur *et alii*, *Histoire de la France coloniale*, t. I, *Des origines à 1914*, A. Colin, 1991, p. 514 et suiv.

50. Voir p. 425 et suiv.

51. Victor Duruy, *Notes et souvenirs...*, Hachette et Cie, 1901, 2 vol., t. I, p. 252 et suiv.

52. Voir p. 355.
53. V. Duruy, *op. cit.*, t. I, p. 325 et suiv.
54. *Id.*, t. II, p. 1 et suiv.
55. Voir p. 426.
56. Napoléon III avait déjà adressé une lettre en ce sens au ministre d'État le 28 juillet 1866. *Œuvres de Napoléon III*, *op. cit.*, t. V, pp. 269-270.
57. *Moniteur universel*, n° 344 du 9 décembre, p. 1551.
58. Claude Bellanger *et alii*, *Histoire générale de la presse française*, PUF, 1969, t. II, p. 345 et suiv.
59. Voir Roger L. Williams, *Henri Rochefort*, Trévise, 1970, et Éric Vatré, *Henri Rochefort ou la comédie du XIXe siècle*, Lattès, 1984.
60. N° 5 du 27 juin 1868, p. 1.
61. N° d'Aix-la-Chapelle du 4 septembre 1868.
62. N° d'Aix-la-Chapelle du 10 octobre 1868.
63. Ainsi lorsqu'on lui apprit que Jules Favre vivait maritalement avec la femme d'un autre, en avait eu plusieurs enfants et avait falsifié l'état civil pour donner un soupçon de régularité à cette liaison. É. Ollivier, *L'Empire libéral*, t. X, *op. cit.*, p. 511 et suiv.
64. Ses archives en ont conservé certains. Voir par exemple notre annexe 11, p. 601.
65. Lettres à Rouher des 25 septembre et 1er octobre 1868. AN, 400 AP 44.
66. Voir notre annexe 12, pp. 602-603.
67. Gustave Claudin, *Mes souvenirs, les boulevards de 1840 à 1870*, C. Lévy, 1884, pp. 317-319.
68. É. Ollivier, *L'Empire libéral*, *op. cit.*, t. XI, 1907, p. 12.
69. J. Maurain, *op. cit.*, p. 416.
70. É. Ollivier, *L'Empire libéral*, *op. cit.*, t. XI, p. 78 et suiv.
71. Lettre de Napoléon III à Rouher du 5 novembre 1868. AN, 400 AP 44.
72. Rapport anonyme à l'empereur du 6 août 1868. *Papiers secrets et correspondance du second Empire*, *op. cit.*, p. 195 et suiv.
73. Victor de Persigny, *Mémoires...*, Plon, 1896, p. 387 et suiv. Par la suite, l'impératrice confirma les faits. M. Paléologue, *op. cit.*, p. 81 et suiv.
74. Note de Rouher dans *Papiers et correspondance de la famille impériale*, *op. cit.*, p. 132 et suiv., et Pierre-Ernest Pinard, *Mon journal*, E. Dentu, 1892-1893, 3 vol., t. I, p. 145 et suiv.
75. *Journal officiel de l'Empire français*, n° 54 du 23 février 1869, p. 231 et suiv. au n° 66 du 7 mars suivant, p. 299 et suiv.
76. Maxime du Camp, *Souvenirs d'un demi-siècle*, Hachette, 1949, t. I, p. 202 et suiv.
77. Discours du 18 janvier 1869. *Œuvres de Napoléon III*, *op. cit.*, t. V, p. 313 et suiv. Il est donc impossible de suivre l'affirmation de Maupas : « Jamais, depuis 1852, le Souverain n'avait tenu un langage plus autoritaire. » *Op. cit.*, t. II, p. 304.
78. Voir Louis Girard *et alii*, *Les Élections de 1869*, Rivière, 1960, Éric Anceau, « Les irrégularités et les incidents lors des élections législatives de 1852 à 1870 ou le difficile apprentissage du suffrage universel sous le second Empire » dans Philippe Bourdin *et alii*, *L'Incident électoral de la Révolution française à la Ve République*, Clermont-Ferrand, PUB Pascal, 2002, p. 131 et suiv., et du même « Faire entendre sa voix : les expressions oppositionnelles lors des élections

législatives françaises de 1852 à 1870 », *Parliaments, Estates and Representation*, n° 24, 2004, p. 221 et suiv.

79. Lettre du 7 juin 1869. AN, 44 AP 6.

80. Selon Ollivier, il n'avait guère le choix. É. Ollivier, *L'Empire libéral*, *op. cit.*, t. XII, 1908, p. 1.

81. Lettre de Napoléon III à Rouher du 11 juin 1869. AN, 400 AP 44.

82. Il s'agissait de la première catastrophe de ce type depuis le 2 Décembre. Le chef de l'État était soucieux d'éviter de faire tirer sur le peuple lors des grèves et des manifestations. Voir Michelle Perrot, *Les Ouvriers en grève, France (1871-1890)*, Mouton, 1974, 2 vol., t. I, pp. 182-183.

83. É. Ollivier, *L'Empire libéral*, *op. cit.*, t. XII, pp. 2-3. Voir aussi les confidences de Persigny à Ollivier. *Journal*, *op. cit.*, t. II, p. 369.

84. Note de Napoléon III à Rouher du 9 juin 1869. AN, 400 AP 44.

85. Le récit d'Ollivier est ici capital. *L'Empire libéral*, *op. cit.*, t. XII, p. 1 et suiv.

86. É. Ollivier, *L'Empire libéral*, *op. cit.*, t. XII, p. 10, et R. Schnerb, *op. cit.*, pp. 253-254.

87. Les écrits de Napoléon III infirment l'assertion de Duruy selon laquelle il céda uniquement à cause de sa maladie et de sa lassitude. V. Duruy, *op. cit.*, t. II, p. 141 et suiv. Voir aussi É. Ollivier, *Journal*, *op. cit.*, t. II, pp. 374-375.

88. *Journal officiel de l'Empire français*, n° 191 du 13 juillet 1869, p. 967.

89. J. Maurain, *op. cit.*, p. 471 et suiv.

90. V. Duruy, *op. cit.*, t. II, p. 145.

91. *Journal officiel de l'Empire français*, n° 246 du 7 septembre 1869, p. 1195 et suiv.

92. Selon l'expression de René Rémond dans *La Vie politique en France*, A. Colin, 1969, t. II, p. 195.

93. É. Ollivier, *L'Empire libéral*, *op. cit.*, t. XII, p. 60 et suiv. La plupart des mémorialistes évoquèrent cette crise. Voir en particulier Germain Bapst, *Le Maréchal de Canrobert, souvenirs d'un siècle*, Plon, 1909, t. IV, p. 115 et suiv.

94. Nous suivons ici la presse des mois d'août et de septembre, en particulier le *Journal officiel de l'Empire français*, *L'Indépendance belge*, toujours bien informée, les journaux bonapartistes, *La Patrie* et *Le Public*, l'indépendante *Presse*, et l'ironique *Lanterne*.

95. *Papiers secrets et correspondance du second Empire*, *op. cit.*, p. 58, et É. Ollivier, *L'Empire libéral*, *op. cit.*, t. XII, pp. 60-61.

96. Gerda Grothe, *Le Duc de Morny*, Fayard, 1967, p. 300 et suiv.

97. Voir à ce sujet Ferdinand de Lesseps, « Souvenirs de quarante ans… », *Nouvelle Revue*, 1887, 2 vol., t. II, p. 758.

98. Décret du 2 octobre 1869. *Journal officiel de l'Empire français*, n° 272 du 3, p. 1299.

99. Lettre de Napoléon III à Eugénie du 9 octobre 1869. AN, 400 AP 43.

100. *Id.* du 19 octobre 1869. AN, 400 AP 43.

101. *Id.* du 26 octobre 1869. AN, 400 AP 43.

102. Voir *supra*, p. 149 et suiv.

103. Pour cela comme pour ce qui suit, É. Ollivier, *L'Empire libéral*, *op. cit.*, t. XII, p. 130 et suiv., et *Journal, (1848-1869)*, Julliard, 1961, 2 vol., t. II, lettre à sa femme du 4 novembre 1869, p. 390 et suiv.

104. Lettre de Napoléon III à Ollivier du 7 novembre 1869. AN, 400 AP 52.

105. Voir par exemple ses lettres à Eugénie du 4 novembre 1869 (AN, 400 AP 43) et à Ollivier du 19 novembre suivant (AN, 400 AP 52).

106. *Journal officiel de la République française*, n° 329 du 30 novembre 1869, p. 1531.

107. É. Ollivier, *Journal*, *op. cit.*, t. II, p. 405.

108. É. Ollivier, *L'Empire libéral*, *op. cit.*, t. XII, pp. 358-359, et C. Baroche, *op. cit.*, p. 571. Le principal intéressé affirma par la suite ne pas avoir voulu participer à l'avènement de ce qu'il appelait l'« Empire parlementaire ». Georges Haussmann, *Mémoires*, V. Havard, 1890-1893, 3 vol., t. II, p. 535 et suiv.

109. *Journal officiel de l'Empire français*, n° 11 du 11 janvier 1870, p. 54 et suiv.

110. Charles de Rémusat, *Mémoires de ma vie, 1797-1875*, Plon, 1967, t. V, pp. 257-258.

111. Voir *infra*, p. 500.

112. É. Ollivier, *L'Empire libéral*, *op. cit.*, t. XIII, 1908, p. 221 et suiv.

113. Baron d'Ambès (pseud.), *Mémoires inédits de Napoléon III. Le Mémorial de Chislehurst*, Paris, 1909, t. II, p. 941 et suiv.

114. Voir *infra*, p. 488.

115. É. Ollivier, *L'Empire libéral*, *op. cit.*, t. XIII, p. 239.

116. *Id.*, pp. 450-460.

117. Comme l'attesta un document signé de Napoléon III, daté du 5 juillet 1870 et retrouvé dans les papiers des Tuileries. Voir Thomas-William Evans, *Mémoires*..., Plon-Nourrit, 1910, p. 135.

118. É. Ollivier, *L'Empire libéral*, *op. cit.*, t. XII, p. 396 et suiv.

119. *Id.*, p. 409 et suiv.

120. *Journal officiel de l'Empire français*, n° 12 du 12 janvier 1870, p. 62 et suiv.

121. Voir É. Ollivier, *Journal*, *op. cit.*, t. II, p. 448, et Maxime du Camp, *op. cit.*, p. 273 et suiv., qui rapportait le témoignage de Lavisse présent ce jour-là aux Tuileries.

122. É. Ollivier, *L'Empire libéral*, *op. cit.*, t. XII, p. 593 et suiv.

123. Fernand L'Huillier, *La Lutte ouvrière à la fin du second Empire*, A. Colin, 1957, en particulier p. 70, Jean Rougerie, « Les sections françaises de l'AIT », dans coll., *L'Association internationale des travailleurs*, Éditions sociales, 1968, pp. 93-129, David I. Kulstein, *Napoleon III and the Working Class. A Study of Government Propaganda under the Second Empire*, Los Angeles, Ward Ritchie Press, 1969, p. 198 et suiv., M. Perrot, *op. cit.*, t. I, p. 177.

124. É. Ollivier, *L'Empire libéral*, *op. cit.*, t. XII, p. 459 et suiv.

125. *Id.*, t. XII, p. 584 et suiv., et *Journal*, *op. cit.*, t. II, p. 421.

126. É. Ollivier, *Journal*, *op. cit.*, t. II, p. 421.

127. Note du 18 février 1870 et lettre du 3 mars. Voir AN, 400 AP 53 et *Correspondance*..., *op. cit.*, p. 406 et suiv.

128. *Correspondance*..., *op. cit.*, p. 303.

129. Note non datée de l'empereur à Ollivier. AN, 400 AP 52.

130. É. Ollivier, *L'Empire libéral*, *op. cit.*, t. XIII, p. 259 et suiv.

131. *Id.*, t. XIII, p. 266.

132. *Id.*, t. XII, p. 267.

133. Le plus souvent en s'appuyant sur ce qu'il avait dit, après la consultation, à Ollivier lui-même, *L'Empire libéral*, *op. cit.*, t. XIII, p. 389.

134. Note non datée de la main de Napoléon III. AN, 400 AP 52.

135. Voir à ce titre la lettre de Mérimée à Panizzi du 4 mai 1870, *Correspondance...*, lettres à Panizzi, t. II, pp. 415-416.

136. Stéphanie Tascher de La Pagerie, *Mon séjour aux Tuileries, 1852-1871*, Paul Ollendorff, 1893-1895, 3 vol., t. III, p. 196 et suiv., et marquis de Massa, *Souvenirs et impressions, 1840-1871*, Calmann-Lévy, 1897, p. 263 et suiv.

137. Les chiffres exacts furent les suivants : 7 358 786 bulletins positifs, 1 571 939 bulletins négatifs et 113 978 bulletins nuls pour 10 939 384 inscrits et 9 044 703 votants. AN, 400 AP 54.

138. Dossier sur cette séance. AN, 400 AP 54.

139. É. Ollivier, *L'Empire libéral*, *op. cit.*, t. XIII, p. 401.

140. De ce point de vue, Ernest Pinard n'avait pas tort, *op. cit.*, t. II, p. 15.

141. Voir p. 501.

142. G. Haussmann, *op. cit.*, t. II, p. 564 et suiv.

143. É. Ollivier, *L'Empire libéral*, *op. cit.*, t. XIII, p. 522 et suiv.

144. Évariste Bavoux, *Chislehurst-Tuileries. Souvenirs intimes sur l'Empereur...*, E. Dentu, 1873, pp. 65-69.

145. É. Ollivier, *L'Empire libéral*, *op. cit.*, t. XIII, p. 521.

Notes du chapitre XV

1. Voir p. 439 et suiv.

2. Vincent Benedetti, *Ma mission en Prusse*, Plon, 1871.

3. *Œuvres de Napoléon III*, Plon et Amyot, 1869, t. V, pp. 423-444.

4. Voir p. 307 et suiv. et Erzsebet Hanus, « Napoléon III, l'Autriche et les espoirs déçus de la Hongrie », dans Bruno Béthouart, « Napoléon III, Boulogne et l'Europe », *Les Cahiers du littoral*, n° 2, novembre 2002, p. 361 et suiv.

5. Sur les élections de mai-juin 1869, voir p. 469.

6. Maurice Paléologue, *Les Entretiens de l'impératrice Eugénie*, Plon, 1928, p. 60.

7. Voir en particulier la lettre de François-Joseph à Napoléon III du 6 octobre 1869 (AN, 400 AP 45) et celle de Victor-Emmanuel II à Napoléon III, s.d. (AN, 400 AP 46).

8. Maxime du Camp, *Souvenirs d'un demi-siècle, 1830-1882*, Hachette, 1949, 2 vol., t. I, p. 301 et suiv.

9. Douglas Porch, « Un des aspects de la guerre de 1870 : l'alliance franco-autrichienne » dans Coll., *Forces armées et systèmes d'alliances*, Cahiers de la Fondation pour les études de défense nationale, 1983, t. I, p. 381 et suiv.

10. Émile Ollivier, *L'Empire libéral*, Garnier frères, 1907, t. XI, p. 359.

11. Émile Ollivier reproduisit cette lettre au t. XI de *L'Empire libéral*, *op. cit.*, p. 375 et suiv.

12. Les 1 800 lettres d'Allemands qu'il reçut, au cours de sa présidence et de son règne, étaient éloquentes. Henri Bordier, *L'Allemagne aux Tuileries de 1850 à 1870...*, P. L. Beauvais, 1872.

13. Il intitula le chapitre XII du t. XIII de son *Empire libéral* (1908) « Le

guet-apens Hohenzollern » et le chapitre premier du t. XIV (1909) « Le guet-apens Hohenzollern éclate. »

14. Deux ouvrages sont ici capitaux, celui de Georges Bonnin, *Bismarck and the Hohenzollern Candidature for the Spanish Throne* (Londres, 1957) qui utilise les archives de Berlin, et la somme plus récente de Josef Becker qui fait quasiment le tour de la question, *Bismarcks spanische « Diversion » 1870 und der preußisch-deutsche Reichsgründungskrieg*, Ferdinand Schöning Verlag, Paderborn, 2002-2004, 3 vol. Nous les suivons pour l'essentiel dans la suite du récit. Nous nous appuyons aussi sur les livres d'Eberhard Kolb, *Der Weg aus dem Krieg. Bismarcks Politik im Krieg und die Friedensanbahnung 1870-1871* (Munich, Oldenburg, 1990) et de Jean-Paul Bled, *Bismarck de la Prusse à l'Allemagne* (Alvick, 2005). Les travaux de Jeffrey Wawro, *The Franco-Prussian War : The German Conquest of France in 1870-1871* (Cambridge, CU Press, 2003) et de David Wetzel, *A Duel of Giants : Bismarck, Napoleon III and the Origins of the Franco-Prussian War* (Madison, Univ. of Wisconsin Press, 2001) présentent aussi un grand intérêt, même s'ils dressent tous les deux un tableau excessif de la politique bismarckienne, l'un dans le sens de la préméditation du chancelier, l'autre dans celui de sa bonne foi.

15. Voir p. 280.

16. Voir p. 437.

17. Jean-Noël Grandhomme, « Les relations militaires franco-roumaines sous le règne de Napoléon III », Actes du colloque Napoléon III dans *Études danubiennes*, t. XXII, n°s 1-2, 2006, p. 99 et suiv.

18. É. Ollivier, *op. cit.*, t. XI, 1907, p. 55. Voir aussi la note de Drouyn de Lhuys du 17 novembre 1869. *Papiers secrets du second Empire*, Bruxelles, 1870, 2 vol., 4e série, p. 86.

19. V. Benedetti, *op. cit.*, p. 307.

20. É. Ollivier, *op. cit.*, t. XIII, p. 43 et suiv.

21. Lettre d'abdication d'Isabelle. AN, 400 AP 45.

22. É. Ollivier, *op. cit.*, t. XIII, p. 154 et suiv.

23. Pierre de La Gorce, *Histoire du second Empire*, Plon, Nourrit et Cie, 1894, t. VI, p. 57 et suiv.

24. Voir à ce sujet la lettre de Verdière, attaché au général Fleury, à Amiot, du 9 février 1870. *Papiers secrets et correspondance du second Empire*, A. Ghio, 1873, 2e éd., p. 73 et suiv.

25. Robert Schnerb, *Rouher et le second Empire*, A. Colin, 1949, p. 270 et suiv.

26. Voir Barthélemy Louis Joseph Lebrun, *Souvenirs militaires, 1866-1870...*, E. Dentu, 1895.

27. Voir p. 492.

28. É. Ollivier, *op. cit.*, t. XIII, p. 429 et suiv.

29. Germain Bapst, *Le Maréchal de Canrobert, Souvenirs d'un siècle*, Plon, 1898-1913, 6 vol., t. IV, p. 125 et suiv.

30. *Journal officiel de l'Empire français*, n° 178 du 1er juillet 1870, p. 1139 et suiv.

31. *Id.*, n° 179 du 2 juillet 1870, p. 1147 et suiv.

32. É. Ollivier, *op. cit.*, t. XIII, p. 614 et suiv. Voir aussi Georges Lecomte, *Napoléon III, sa maladie, son déclin*, Lyon, Laboratoire Ciba, 1937.

33. Lord Malmesbury, *Memoirs of an ex-Minister*, Londres, Longmans, 1884, éd. française, pp. 371-373.

34. Marquis de Massa, *Souvenirs et impressions, 1840-1871*, Calmann-Lévy, 1897, p. 272.

35. « Consultation du docteur G. Sée », *Papiers et correspondance de la famille impériale,* Imp. nationale, 1870, rééd. L. Beauvais, 1872, 2 vol.t. II, p. 59 et suiv.

36. É. Ollivier, *op. cit.*, t. XIII, p. 613 et suiv. Voir aussi Évariste Bavoux, *Chislehurst-Tuileries. Souvenirs intimes sur l'Empereur...*, E. Dentu, 1873, pp. 29-30.

37. M. Paléologue, *op. cit.*, p. 153 et suiv.

38. Thomas-William Evans, *Mémoires...*, Plon-Nourrit, 1910, p. 16.

39. Les pièces essentielles de la correspondance échangée lors de la crise diplomatique de juillet 1870 se trouvent aux Archives nationales en 400 AP 67. Par ailleurs, Émile Ollivier consacra l'ensemble du t. XIV de son *Empire libéral* à la crise de juillet. Dans les développements qui suivent, nous nous appuyons principalement sur ces sources, en les complétant par le récit des autres témoins.

40. M. Paléologue, *op. cit.*, pp. 145-146.

41. É. Bavoux, *op. cit.*, pp. 67-69.

42. *Id.*, pp. 69-70.

43. On prétendit que sa déclaration fut plus menaçante que le texte préparé en conseil. C'était faux. Ni Napoléon III, ni Ollivier ne lui reprochèrent quoi que ce fût après la parution du *Journal officiel*. Gramont se défendit dans *La France et la Prusse*, Dentu, 1872, p. 49 et suiv., et Ollivier confirma ses dires dans *L'Empire libéral*, *op. cit.*, t. XIV, p. 107 et suiv. et dans *Philosophie d'une guerre*, Flammarion, 1910, p. 72.

44. É. Ollivier, *op. cit.*, t. XIV, p. 110.

45. *Id.*, p. 118 citant les précieux *Carnets* du maréchal Vaillant.

46. Dépêche d'Antoine de Hohenzollern à Prim, le 12 juillet 1870 à 10 heures 35 du matin. AN, 400 AP 68.

47. Stéphane Audoin-Rouzeau, *1870. La France dans la guerre*, A. Colin, 1989, p. 42 et suiv. Par exemple, le décalage entre les sentiments des Gardois et ceux des Parisiens était complet, Raymond Huard, *La Préhistoire des partis, le mouvement républicain en Bas-Languedoc (1848 -1881)*, Presses de la FNSP, 1982, pp. 240-241.

48. Voir Ministère des Affaires étrangères, *Les Origines diplomatiques de la guerre de 1870-1871*, t. XXVIII, *1er-15 juillet 1870*, Lavauzelle, 1931, en particulier p. 252.

49. Voir à ce sujet ce qu'en dit l'impératrice dans ses entretiens avec Maurice Paléologue. *Op. cit.*, pp. 152-153.

50. Comme Eugénie le reconnut elle-même plus tard. M. Paléologue, *op. cit.*, p. 148 et suiv. De Filon qui assurait qu'« elle acceptait la lutte comme une douloureuse nécessité » au couple Metternich qui la prétendait très favorable à la guerre, en passant par l'ambassadeur de Belgique, Beyens, qui notait qu'elle avait critiqué les tentatives d'arrangement sans pour autant prononcer les paroles qu'on lui prêtait, l'attitude de l'impératrice divisa ses contemporains. Il en fut de même pour les historiens. Alors que William Smith minimisa son rôle, Claude Dufresne assura qu'elle avait apostrophé l'empereur, le 12, à Saint-Cloud et Jean Autin en

fit une impératrice « belliciste » qui s'était « rangée d'emblée dans le camp des faucons ».

51. Ernst Engelberg, *Bismarck*, DTV, Munich, 1990, t. I, pp. 614-615.

52. Otto von Bismarck, *Gedanken und Erinnerungen*, Stuttgart, 1898, t. II, p. 91.

53. É. Ollivier, *op. cit.*, t. XIV, p. 354 et suiv.

54. Selon Ollivier : « Seule l'Impératrice écouta sans prononcer une parole ». É. Ollivier, *op. cit.*, t. XIV, p. 622 et suiv., et M. Paléologue, *op. cit.*, p. 136 et suiv.

55. Beaucoup comme Maupas et Du Camp attribuèrent le revirement du garde des Sceaux à son désir forcené de se maintenir au pouvoir, alors que la façon dont Ollivier s'était comporté avant le 2 janvier, la démission qu'il avait proposée au souverain le 26 février et, surtout, son attitude dans la crise attestaient le contraire. Voir à ce sujet Charlemagne Émile de Maupas, *Mémoires sur le second Empire*, E. Dentu, 1884-1885, 2 vol., t. II, p. 482 et p. 499 et suiv., et M. du Camp, *op. cit.*, t. I, p. 292 et suiv.

56. É. Ollivier, *op. cit.*, t. XIV, p. 393.

57. *Journal officiel de l'Empire français*, n° 193 du 16 juillet 1870, p. 1259 et suiv.

58. Herbert Maxwell, *The Life and Letters of George Villiers 4th Earl of Clarendon*, Londres, 1913, t. II, p. 366.

59. « Proclamation de l'empereur au peuple français ». *Journal officiel de l'Empire français*, n° 200 du 23 juillet 1870, p. 1312.

60. « Discours devant le Corps législatif ». *Ibid.* Le souverain reprit d'ailleurs cette idée devant Guillaume Ier au lendemain de la défaite de Sedan. Voir M. du Camp, *op. cit.*, t. I, p. 296, et, de façon plus critique, C. É. de Maupas, *op. cit.*, t. II, pp. 530 et 538.

61. Voir à ce sujet É. Ollivier, *op. cit.*, t. XIV, p. 115 et suiv.

62. *The Times*, numéro du 8 juillet 1870.

63. *Id.*, numéro du 16 juillet.

64. É. Ollivier, *op. cit.*, t. XV, 1911, p. 403 et suiv.

65. *The Times*, numéro du 25 juillet.

66. Lettre de Gramont à Napoléon III du 25 juillet 1870. AN, 400 AP 67.

67. É. Ollivier, *op. cit.*, t. XV, p. 403 et suiv.

68. Voir par exemple la lettre du comte Beust à Metternich. AN, 400 AP 67.

69. É. Ollivier, *op. cit.*, t. XV, p. 441 et suiv.

70. *Id.*, p. 110 et suiv.

71. Les principales pièces se trouvent aux AN en 400 AP 67 et 68. Voir aussi la lettre de François-Joseph à Napoléon III du 25 juillet 1870. AN, 400 AP 45.

72. AN, 400 AP 46.

73. Gramont et Ollivier ne cessaient de lui conseiller de se comporter honorablement contrairement aux Prussiens qui étaient « sans foi ni loi » et donc de ne pas abandonner le pape pour conclure une alliance. La lettre qu'Ollivier écrivit à Napoléon III le 25 juillet 1870 prônait ainsi l'inverse complet de la *realpolitik* bismarckienne. AN, 400 AP 52.

74. M. Paléologue, *op. cit.*, p. 157.

75. Alexandre Randon, *Mémoires*, Typ. Lahure, 1875-1877, 2 vol., t. II, p. 308.

76. « Proclamation au peuple français », *Journal officiel de l'Empire français*, n° 200 du 23 juillet 1870, p. 1312.

77. Théophile Anger, *Notes de guerre, 1870-1871*, Imp. A. Noël et Chalvon, 1914, p. IV, et É. Ollivier, *op. cit.*, t. XV, pp. 304-305.

78. T.-W. Evans, *op. cit.*, p. 170.

79. Lettre de Napoléon III à Eugénie du 29 juillet 1870. AN, 400 AP 43.

80. *Ibid.*

81. É. Ollivier, *op. cit.*, t. XV, pp. 105-106.

82. Voir les dépêches à ce sujet en AN, 400 AP 68 et G. Bapst, *op. cit.*, t. IV, p. 150 et suiv.

83. Comme le montra remarquablement William Serman dans un article, « Les généraux français de 1870 », *Revue de la Défense nationale*, août-septembre 1970, pp. 1319-1330, et dans sa thèse, *Le Corps des officiers sous la deuxième République et le second Empire*, Lille III, ART, 1979, 3 vol.

84. É. Ollivier, *op. cit.*, t. XV, pp. 308-309.

85. Le 1er août, il fit annuler par le ministre de la Guerre la nomination d'un général à l'armée qu'avait décrétée son épouse. *Papiers secrets et correspondance du second Empire*, A. Ghio, 1873, 2e éd., p. 236.

86. É. Ollivier, *op. cit.*, t. XV, p. 327.

87. *Œuvres posthumes et autographes inédits de Napoléon III en exil...*, E. Lachaud, 1873, p. 214.

88. Dépêches aux AN en 400 AP 68 et 75.

89. M. Paléologue, *op. cit.*, p. 218 et suiv. Devant la gravité du mal, Nélaton dut faire le voyage de Paris et resta une journée auprès de Napoléon III. É. Ollivier, *op. cit.*, t. XV, pp. 338-339.

90. Dépêche du 2 août 1870 annonçant l'arrivée de l'empereur à Forbach. AN, 400 AP 68.

91. Dépêche expédiée à 15 heures 55. AN, 400 AP 68.

92. M. Paléologue, *op. cit.*, p. 158 et suiv.

93. Baron Napoléon Faverot de Kerbrec'h, *Mes Souvenirs...*, Plon, 1905, p. 9 et suiv.

94. É. Ollivier, *op. cit.*, t. XVI, 1912, p. 385. Voir aussi M. du Camp, *op. cit.*, t. II, p. 12.

95. É. Ollivier, *op. cit.*, t. XVI, 1912, p. 274 et suiv.

96. Fragments de télégramme sans date retrouvés par les républicains après le 4 Septembre. *Papiers et correspondance de la famille impériale*, Imprimerie nationale, 1870, p. 64. Voir aussi M. Paléologue, *op. cit.*, p. 209.

97. « Résumé des événements du 28 juillet au 4 septembre 1870 », AN, 400 AP 69.

98. Les télégrammes échangés entre le ministère de la Justice, celui de l'Intérieur, les préfets et l'impératrice permettent de suivre le déroulement de cette affaire, heure par heure. AN, 400 AP 68.

99. Plusieurs témoins confirmèrent par la suite ces paroles. M. Paléologue, *op. cit.*, p. 199.

100. Eugénie prétendit qu'Ollivier s'était opposé à son initiative parce qu'il craignait d'être renversé. M. Paléologue, *op. cit.*, p. 202. Voir aussi É. Ollivier, *op. cit.*, t. XVI, p. 319 et suiv.

101. M. Paléologue, *op. cit.*, pp. 204-205.

102. *Journal officiel de l'Empire français*, n° 218 du 10 août 1870, p. 1393 et suiv.

103. Dépêche d'Ollivier à Palikao, AN, 400 AP 68. La relation des faits par Palikao est incontournable, mais doit être confrontée à d'autres témoignages. Comte de Palikao, *Un ministère de la Guerre de 24 jours*, Plon, 1874, p. 48 et suiv.

104. É. Ollivier, *op. cit.*, t. XVI, p. 467.

105. Dépêche de Napoléon III à Eugénie du 9 août à 18 heures. AN, 400 AP 68.

106. L'impératrice lui en donna la composition dans une dépêche du 10 envoyée à 23 heures 50 et qu'il ne reçut que le lendemain. AN, 400 AP 68.

107. É. Ollivier, *op. cit.*, t. XVI, pp. 485-486.

108. Dépêche de Napoléon III à Eugénie du 12 août (AN, 400 AP 68), marquis de Massa, *op. cit.*, p. 289, et É. Ollivier, *op. cit.*, t. XVI, p. 502 et suiv.

109. Dépêche de Napoléon III à Eugénie du 13 août. *Papiers secrets du second Empire*, Bruxelles, 1870, 2 vol., 13e série, p. 45.

110. En septembre 1869, l'empereur et l'impératrice avaient porté sur les fonts baptismaux sa fille qu'il avait d'ailleurs prénommée Eugénie et, en octobre suivant, il avait été nommé commandant en chef de la garde impériale. Maurice Baumont, *Bazaine. Les secrets d'un maréchal (1811-1888)*, Imprimerie nationale, 1978, p. 99 et suiv.

111. É. Ollivier, *op. cit.*, t. XVII, p. 36 et suiv. et p. 257 et suiv.

112. Voir p. 281.

113. Télégramme du 18 à 9 heures 14. AN, 400 AP 68.

114. Napoléon III et le prince Napoléon, *Correspondance inédite publiée par Ernest d'Hauterive*, Calmann-Lévy, 1925, p. 306 et suiv.

115. La plupart des dépêches échangées entre l'impératrice, Palikao, Mac-Mahon et Napoléon III sont conservées aux AN en 400 AP 68.

116. R. Schnerb, *op. cit.*, p. 279 et suiv.

117. AN, 400 AP 68.

118. Marquis de Massa, *op. cit.*, p. 313 et suiv.

119. T. Anger, *op. cit.*, p. 17.

120. Nous nous appuyons principalement ici sur les témoignages déjà cités, sur le rapport du général Wimpffen au ministre de la Guerre du 5 septembre 1870 (AN, 400 AP 69), sur le récit manuscrit de Napoléon III (AN, 400 AP 43) et sur ses *Œuvres posthumes…*, *op. cit.*, p. 21 et suiv. et p. 238 et suiv.

121. Tous ceux qui entouraient alors Napoléon III le confirmèrent, comme par exemple Davilliers (M. du Camp, *op. cit.*, t. II, p. 116) et Anger (*op. cit.*, p. 21). Le journal officiel prussien, le *Staatsanzeiger* de Berlin, l'affirma aussi dans son numéro du 10 septembre 1870, en s'appuyant sur des témoignages oculaires.

122. Lettres de Napoléon III à Wimpffen des 25 septembre et 3 octobre 1870. AN, 400 AP 42.

123. AN, 400 AP 46.

124. Récit du général Reille daté du 2 septembre 1870. AN, 400 AP 69.

125. Récits de Napoléon III et de Reille déjà cités et marquis de Massa, *op. cit.*, p. 330 et suiv.

126. Lettre de Bismarck à son épouse du 3 septembre 1870. Otto von Bismarck, *Lettres de Bismarck à sa femme pendant la guerre de 1870*, Tallandier, 1903, p. 63 et suiv.

127. Récit des faits par Napoléon III déjà cité.

128. Alors que les Allemands avaient perdu dans la bataille moins de 9 000 hommes, tués, blessés ou disparus, les Français en comptaient 13 000 dont cinq généraux, auxquels s'ajoutaient 75 000 prisonniers. Seuls 15 000 hommes avaient pu fuir. François Roth, *La Guerre de 1870*, Fayard, 1990, rééd. Hachette, Pluriel, 2007, p. 128.

129. AN, 400 AP 43. Elle fut aussi reproduite dans la *Revue des Deux Mondes*, t. LIX, septembre 1930.

Notes du chapitre XVI

1. Lettre du 3 septembre (AN, 400 AP 43). Elle fut publiée, comme l'ensemble de la correspondance du couple durant ces journées tragiques, par la *Revue des Deux Mondes* dans son t. LIX de septembre 1930. Voir aussi la dépêche de Napoléon III à Eugénie du 3 au soir (AN, 400 AP 68).

2. Le voyage fut relaté par Théophile Anger au début de ses *Notes de guerre, 1870-1871* (Imp. A. Noël et Chalvon, 1914), par le baron Albert Verly dans *Les Étapes douloureuses* (Daragon, 1910) et par le marquis de Massa dans ses *Souvenirs et impressions, 1840-1871* (Calmann-Lévy, 1897, en particulier p. 338 et suiv.).

3. Comte Fleury et Louis Sonolet, *La Société du second Empire*, Albin Michel, 1968, 2e éd., t. IV, p. 491.

4. « Résumé des événements du 28 juillet au 4 septembre 1870 » (AN, 400 AP 69) et Maurice Paléologue, *Les Entretiens de l'impératrice Eugénie*, Plon, 1928, p. 210 et suiv.

5. *Journal officiel de l'Empire français*, n° 240, p. 1505 et suiv.

6. *Id.*, n° 243 du 4 septembre 1870, p. 1522.

7. Voir p. 523 et suiv..

8. Éric Anceau, chapitre 4 : « Le Parlement à l'heure de l'apprentissage démocratique : la deuxième République et le second Empire », pp. 191-245 de Jean Garrigues (dir.), *Histoire du Parlement de 1789 à nos jours*, Assemblée nationale et A. Colin, 2007, p. 244.

9. Comte de Palikao, *Un ministère de la Guerre de vingt-quatre jours*, Plon, 1874, p. 129 et suiv.

10. Émile Ollivier, *L'Empire libéral*, Garnier frères, t. XVII, 1915, p. 466 et suiv.

11. *Id.*, p. 479 et suiv.

12. É. Anceau, *op. cit.*, pp. 244-245.

13. Sur le mélange d'improvisation et de préméditation de la journée, voir Rémi Gossez, « Le 4 Septembre. Initiatives et spontanéité », *Actes du 77e congrès des sociétés savantes*, Grenoble, 1952, pp. 505-534.

14. *Journal officiel de la République française*, n° 1, p. 1.

15. É. Ollivier, *op. cit.*, t. XVII, p. 497 et suiv.

16. *Id.*, p. 506.

17. Témoignage de l'écrivain allemand Paul Lindau rapporté par Thomas-William Evans, *Mémoires...*, Plon-Nourrit, 1910, p. 344.

18. Victor Hugo, *Choses vues*, rééd. Gallimard, Quarto, 2002, p. 1052.

19. Comte Fleury et L. Sonolet, *op. cit.*, t. IV, pp. 495-496.

20. Lettre de Napoléon III au prince impérial du 4 octobre 1870. AN, 400 AP 75.

21. *Id.* du 24 octobre 1870. AN, 400 AP 75.

22. Lettre de Napoléon III au prince Napoléon du 17 septembre 1870. *Correspondance inédite publiée par Ernest d'Hauterive*, Calmann-Lévy, 1925, pp. 312-313.

23. Voir p. 548.

24. Lettre du 17 septembre 1870. AN, 400 AP 43.

25. Lettre du 29 septembre 1870. AN, 400 AP 43.

26. Voir par exemple sa lettre à Eugénie du 29 septembre 1870. AN, 400 AP 43.

27. Lettre de Napoléon III au prince impérial du 28 septembre 1870. AN, 400 AP 75.

28. Pierre Barbier et France Vernillat, *Histoire de France par les chansons*, t. VII, *La République de 1848 et le second Empire*, Gallimard, 1959, p. 183.

29. Note de décembre 1866. *Papiers secrets et correspondance du second Empire*, A. Ghio, 1873, 2e éd., p. 86 et suiv.

30. Numéros des 17, 20 et 25 octobre 1870 de *L'Indépendance belge*.

31. *The Times*, numéro du 22 octobre 1870.

32. Lettre de Pierre Bonaparte à son frère Louis-Lucien du 14 octobre 1870. AN, 400 AP 52.

33. AN, 400 AP 43.

34. AN, 400 AP 69.

35. Lettre de Napoléon III à Ollivier du 30 septembre 1870. AN, 542 AP 16.

36. Lettres de Mels à Piétri des 23 septembre et 9 octobre 1870. AN, 400 AP 45.

37. Louis Girard, *Napoléon III*, Fayard, 1986, p. 489.

38. L'ouvrage fut réédité par Paul Dupont en 1880.

39. *Note sur l'organisation militaire de la Confédération de l'Allemagne du Nord*, Wilhelmshöhe, 1871. En avril, Mels la fit traduire et diffuser en Allemagne. Lettre de Mels à Piétri du 24 avril 1871. AN, 400 AP 45.

40. Lettre de Napoléon III à Ollivier du 30 septembre 1870. AN, 542 AP 16.

41. *Ibid.*

42. Otto von Bismarck, *Lettres de Bismarck à sa femme pendant la guerre de 1870*, Tallandier, 1903, p. 90 et suiv.

43. Voir par exemple le rapport du nouveau préfet du Nord, Testelin, cité par Bernard Ménager, *La Vie politique dans le département du Nord de 1851 à 1877*, Lille, ANRT., 1983, 3 vol., t. III, p. 919. Voir aussi du même auteur, *Les Napoléon du peuple*, Aubier, 1988, p. 270.

44. Aimé Dupuy, *1870-1871 : la guerre, la Commune et la presse*, Kiosque, 1959, p. 72 et suiv., et John Rothney, *Bonapartism after Sedan*, Ithaca, New York, 1969, p. 10 et suiv.

45. Instructions d'octobre 1870. AN, 400 AP 69.

46. Eberhard Kolb, *Der Weg aus dem Krieg. Bismarcks Politik im Krieg und die Friedensanbahnung 1870-1871*, Munich, Oldenburg, 1990, pp. 254-272.

47. Victor de Persigny, *Mémoires…*, Plon, 1896, p. 509, et G. Rotha, « M. de Persigny à Berlin », *Revue des Deux Mondes*, 15 mai 1889.

48. « Notes sur les événements d'août et septembre 1870 », AN, 400 AP 69.

49. Lettre aux AN, en 400 AP 69.

50. Victor Régnier, *What is your name ? Quel est votre nom ?*, Bruxelles, 1870, Pierre-Augustin Filon, *Souvenirs sur l'impératrice Eugénie*, Calmann-Lévy, 1920, chap. IX, p. 178 et suiv., et général Palat, « L'affaire Régnier », *La Nouvelle Revue*, t. XX, mars-avril 1911, p. 289 et suiv. et p. 479 et suiv. et t. XXI, mai-juin 1911, p. 69 et suiv. Le personnage laissa Amélie Carette perplexe, *Souvenirs intimes de la Cour des Tuileries*, Paul Ollendorff, 1889-1891, 3 vol., t. I, p. 217 et suiv.

51. Rapport de Régnier du 19 septembre 1870. AN, 400 AP 69.

52. Rapport de Bourbaki du 28 septembre 1870. AN, 400 AP 69.

53. Lettre de Napoléon III à Eugénie du 5 octobre 1870. AN, 400 AP 43.

54. En se fondant sur la ressemblance physique entre Bazaine et Régnier et sur la naissance obscure du maréchal, plusieurs contemporains avancèrent que les deux hommes étaient frères ou père et fils. Dans la biographie qu'il consacra à Bazaine, Maurice Baumont repoussa ces hypothèses. *Les Secrets d'un maréchal (1811-1888)*, Imprimerie nationale, 1978, p. 42. En fait, une lettre de Catherine Régnier de Strasbourg, du 16 novembre 1880, retrouvée dans les Archives Napoléon (AN, 400 AP 69), tendrait à montrer que Bazaine était… l'oncle de Régnier.

55. AN, 400 AP 43.

56. Lettre de Napoléon III à Eugénie du 20 octobre 1870. AN, 400 AP 43.

57. Théophile Gautier fils, « Une visite à Bismarck », *Revue de Paris*, numéro du 15 août 1903.

58. Voir à ce sujet maréchal Bazaine, *L'Armée du Rhin*, Plon, 1872.

59. Comme en témoignait la lettre qu'il lui avait envoyée la veille pour lui demander de venir, avec le prince impérial, passer un mois en sa compagnie. AN, 400 AP 43.

60. « Récit de ce qui s'est passé entre l'Impératrice et le Prince Napoléon le 15 octobre 1870 ». AN, 400 AP 53.

61. Lettres du prince Napoléon à Napoléon III du 1er novembre et de Napoléon III au prince des 8 et 25 novembre 1870. *Correspondance*, *op. cit.*, p. 314 et suiv.

62. AN, 400 AP 43.

63. Lettres de Napoléon III à Eugénie des 7, 15 et 17 novembre 1870. AN, 400 AP 43.

64. AN, 400 AP 43, et *Revue des Deux Mondes*, t. LIX, septembre 1930, p. 20.

65. *Id.*, p. 25.

66. Lettre de Napoléon III à Eugénie du 22 décembre 1870. AN, 400 AP 43.

67. E. Kolb, *op. cit.*, pp. 311-326.

68. Voir en particulier la lettre de Napoléon III à Eugénie du 19 novembre 1870. AN, 400 AP 43.

69. Lettre de Bismarck à Napoléon III du 6 décembre 1870 (AN, 400 AP 67) et Maxime du Camp, *Souvenirs d'un demi-siècle, 1830-1882*, Hachette, 1949, 2 vol., t. II, p. 185 et suiv.

70. Lettre de Napoléon III à Eugénie du 24 décembre 1870. AN, 400 AP 43.

71. Lettre de Bismarck au général Castelnau du 29 décembre 1870. AN, 400 AP 67.

72. Lettre de Napoléon III à Eugénie du 9 janvier 1871. Voir aussi celles des 21 et 26 janvier. AN, 400 AP 43.

73. Correspondance Duvernois-Eugénie de janvier-février 1871. Voir en particulier la lettre de Duvernois du 8 février. AN, 400 AP 69.

74. Lettre de Napoléon III à Ollivier du 18 janvier 1871. AN, 542 AP 16.

75. Yves-Émile Brocherie, « La bataille du Mans. Épilogue de la guerre 1870-1871 » dans *Revue historique et archéologique du Maine*, Le Mans, 4e série, tome 5, 2005, p. 121.

76. Lettre de Napoléon III à Eugénie du 28 février 1871. AN, 400 AP 43.

77. *Id.* du 30 janvier 1871. AN, 400 AP 43.

78. *Id.* du 3 février 1871. AN, 400 AP 43.

79. *Id.* du 6 février 1871. AN, 400 AP 43.

80. *Napoléon III au peuple français*, Cassel, Imp. de Gotthelft. Le journal bonapartiste, *La Patrie*, la reproduisait dans son numéro du 8 février 1871.

81. J. Rothney, *op. cit.*, p. 12 et suiv., et Patrick André, *Les Parlementaires bonapartistes de 1871 à 1893*, maîtrise dir. par M. Agulhon, Paris I, 1983, p. 6 et suiv.

82. Lettre de Napoléon III au prince Napoléon du 22 février 1871. *Correspondance…*, *op. cit.*, p. 319.

83. Lettres de Napoléon III à Eugénie des 17 et 20 février 1871 et note du 20 proposant la nomenclature suivante : fermes du camp de Châlons, 2 millions, terre de la Châtaigneraie près de Saint-Cloud, 800 000 francs, domaine en Bretagne, 300 000, terre près d'Alger, 400 000, château de Biarritz, 1 million, cabinet d'armes de Pierrefonds, 500 000, musée de Saint-Germain, 275 000, musée chinois de Fontainebleau, 800 000, trois chalets à Vichy, 200 000, pierres précieuses, 100 000, bibliothèque du château de Pau, 40 000, ameublements nouveaux du Palais, 2 millions, pour un total de 8 540 000 francs. Un autre état du même jour donnait 7,4 millions dont 1 million pour le domaine de la Malmaison (AN, 400 AP 43).

84. Note de Napoléon III à Farincourt du 27 février 1871. AN, 400 AP 69.

85. *Protestation de l'Empereur Napoléon III adressée à M. le Président de l'Assemblée nationale*, Cassel, Imp. de Gotthelft, 1871. AN, 400 AP 54. Voir annexe 14, p. 605.

86. Sa cousine, la duchesse de Hamilton, lui avait écrit le 10 septembre 1870 pour mettre à sa disposition son palais de Hamilton et son château de Brodick Castle (AN, 400 AP 46), lady Cowley, épouse de l'ancien ambassadeur britannique en France, avait été l'une des premières à faire le voyage de Wilhelmshöhe et la reine avait elle-même rendu visite à Eugénie en novembre 1870, avant de la recevoir à Windsor en décembre suivant. Antoine d'Arjuzon, *Victoria et Napoléon III…*, Atlantica, 2007, pp. 249-250.

87. T.-W. Evans, *op. cit.*, p. 326 et suiv.

88. Voir à ce sujet la lettre de Napoléon III à Eugénie du 27 septembre 1871. AN, 400 AP 43.

89. A. d'Arjuzon, *op. cit.*, pp. 252-253.

90. Jean-Claude Lachnitt, *Le Prince impérial, « Napoléon IV »*, Perrin, 1999, p. 168.

91. Note d'Alfred de La Chapelle dans *Œuvres posthumes et autographes inédits de Napoléon III en exil…*, E. Lachaud, 1873, p. 6. Voir aussi P.-A. Filon, *op. cit.*, p. 260.

92. M. Paléologue, *op. cit.*, p. 12. Voir aussi A. Carette, *op. cit.*, t. II, p. 252.

93. Lettre de Napoléon III à Eugénie du 13 novembre 1871. AN, 400 AP 43.

94. *La Guerre de 1870 par le comte de La Chapelle, ouvrage annoté par l'Empereur, Œuvres posthumes…*, *op. cit.*

95. *Œuvres posthumes*..., *op. cit.*, p. 7 et suiv.

96. *Œuvres posthumes*..., *op. cit.*, p. 115.

97. Voir par exemple la lettre de Napoléon III à Eugénie du 2 novembre 1871. AN, 400 AP 43.

98. Lettre de Napoléon III à Eugénie du 27 septembre 1871. AN, 400 AP 43.

99. Rapporteur du projet, son ancien ministre Chasseloup-Laubat lui rendit hommage dans une lettre qu'il lui adressa en avril 1872. AN, 400 AP 52.

100. *Œuvres posthumes*..., *op. cit.*, p. 115 et suiv.

101. *Id.*, p. 259 et suiv.

102. P.-A. Filon, *op. cit.*, p. 261.

103. *Œuvres posthumes*..., *op. cit.*, p. 263 et suiv., et T.-W. Evans, *op. cit.*, p. 34.

104. Lord Malmesbury, *Mémoires d'un ancien ministre*..., P. Ollendorff, 1885, p. 374 et suiv., et et P.-A. Filon, *op. cit.*, p. 261.

105. T.-W. Evans, *op. cit.*, p. 31.

106. Voir en particulier les lettres de Napoléon III à Eugénie des 7 et 10 novembre 1871. AN, 400 AP 43.

107. Sur ce séjour, voir les lettres de Napoléon III à Eugénie du 12 septembre au 19 octobre 1871 (AN, 400 AP 43), les lettres du prince impérial à l'impératrice durant la même période (AN, 400 AP 75) et Ivor Guest, *Napoleon III in England*, Londres, BTGP, 1952, en particulier p. 186.

108. Lettre de Napoléon III à Eugénie du 1er décembre 1871. AN, 400 AP 43.

109. Lettre du 30 janvier 1872. AN, 400 AP 43.

110. J.-C. Lachnitt, *op. cit.*, p. 166.

111. P.-A. Filon, *Le Prince impérial. Souvenirs et documents, 1856-1879*, Hachette et Cie, 1912, p. 115 et suiv.

112. Évariste Bavoux, *Chislehurst-Tuileries. Souvenirs intimes sur l'Empereur*..., E. Dentu, 1873, p. 29.

113. Lettres de Napoléon III à Eugénie des 23 et 26 octobre 1871. AN, 400 AP 43.

114. Correspondance de mars 1871. AN, 400 AP 45.

115. M. du Camp, *op. cit.*, t. II, p. 279.

116. William H. C. Smith, *Napoléon III*, Hachette, 1982, p. 358.

117. Lettre de Napoléon III à Rouher du 14 août 1871. AN, 400 AP 44.

118. Il en resta convaincu jusqu'à sa mort. Voir par exemple sa lettre à un lord anglais du 28 mai 1872. AN, 400 AP 54.

119. Lettre de Napoléon III à Rouher du 10 juin 1871. AN, 45 AP 2 dossier 1.

120. *Correspondance*..., *op. cit.*, p. 321 et suiv.

121. Lettre déjà citée de Napoléon III à Rouher du 14 août 1871.

122. Voir en particulier les lettres du prince à Napoléon III des 8 septembre et 10 octobre 1871 et sa note du 7 septembre. AN, 400 AP 53.

123. J. Rothney, *op. cit.*, p. 93 et suiv.

124. Lettre du 6 janvier 1872. AN, 542 AP 16.

125. Maxime du Camp rapporta l'affaire, en faisant état d'une lettre du 11 janvier 1872 qui prônait déjà le coup (*op. cit.*, t. II, p. 279 et suiv.). Il ne donna pas le nom du mystérieux auteur qui n'était autre que lui-même. La lettre qui se trouve aux AN, en 400 AP 52, ne fut sans doute pas envoyée avant le 11 décembre suivant.

126. Lettre du 12 janvier 1872. Victor de Persigny, *Mémoires…*, Plon, 1896, p. 508.

127. AN, 400 AP 43.

128. P.-A. Filon, *Le Prince impérial*, *op. cit.*, p. 115 et suiv.

129. La lettre-programme qu'il adressa au duc de Padoue le 14 octobre 1872 montrait qu'il avait l'intention de remonter rapidement sur le trône (AN, 400 AP 54). Ce fut donc à tort que La Chapelle affirma par la suite qu'il avait renoncé à toute ambition, en raison des progrès de son mal (*Œuvres posthumes…*, *op. cit.*, p. 266 et suiv.).

130. Récit des derniers jours de l'empereur aux AN, en 400 AP 54, et P.-A. Filon, *Souvenirs sur l'impératrice Eugénie*, *op. cit.*, 1920, chapitre XII, p. 273 et suiv.

131. Selon la version d'Evans, Paget arriva avant Thompson. *Op. cit.*, p. 409 et suiv.

132. Lors d'une visite au cimetière de Chislehurst, fin novembre, il aurait même cherché un emplacement pour se faire enterrer. *Le Monde illustré*, n° 823 du 18 janvier 1873.

133. Voir la lettre du prince Napoléon à Napoléon III du 12 novembre 1872. AN, 400 AP 53.

134. M. du Camp, *op. cit.*, t. II, p. 284 et suiv.

135. Jasper Ridley, *Napoleon III and Eugenie*, Londres, Constable, 1979, p. 586.

136. Eugénie cherchait, par ailleurs, à rassurer son fils sur l'état de santé du malade. Voir à ce sujet ses lettres du 20 novembre 1872 et du 1er janvier 1873. AN, 400 AP 75.

137. Acte de décès. AN, 400 AP 54.

138. Blanchard Jerrold, *Life of Napoleon III*, Londres, Longmans, 1875, vol. II, p. 22, et P.-A. Filon, *Souvenirs sur l'impératrice Eugénie*, *op. cit.*, t. I, p. 38.

139. Le premier était du 14 avril 1855 et le second du 24 avril 1865 (voir p. 409). AN, 400 AP 54. Sur le cachet qui lui venait de sa mère, qu'il portait dans sa montre et qu'il laissa à son fils, voir l'article de Michel Duchamp dans la *Revue du souvenir Napoléonien*, n° 404, novembre-décembre 1995.

140. Voir *Le Monde illustré*, n° 823 du 18 janvier 1873.

141. Numéro du 10 janvier 1873.

142. Le carton F^7 12430 des AN donne les détails de ces mouvements dans trente départements.

143. Voir M. du Camp, *op. cit.*, t. II, p. 293, et B. Ménager, *op. cit.*, p. 279 et suiv.

144. É. Bavoux, *op. cit.*, pp. 71-72.

145. Procès-verbal d'inhumation rédigé par le duc de Bassano. AN, 400 AP 54.

146. Relation des funérailles de Napoléon III (AN, 400 AP 54) et Fernand Giraudeau, *La Mort et les funérailles de Napoléon III*, Amyot, 1873.

147. *L'Ordre* en donna la liste dans son numéro du 17 janvier 1873. On y relevait environ vingt anciens ministres, soixante-dix anciens sénateurs, députés et conseillers d'État et quarante-deux anciens préfets et sous-préfets. Voir aussi F. Giraudeau, *op. cit.*

148. Cité par I. Guest, *op. cit.*, p. 198.

149. Lettre du 10 janvier 1873. AN, 400 AP 52.

Notes de l'Épilogue

1. Charles de Rémusat, *Mémoires de ma vie, 1797-1875*, Plon, 1958-1967, 5 vol., t. IV, p. 360, et Alexandre Hübner, *Neuf ans de souvenirs d'un ambassadeur d'Autriche à Paris sous le second Empire, 1851-1859...*, Plon, 1904, 2 vol., t. I, p. 15.

2. Proclamation du 20 décembre 1848 à l'Assemblée nationale après son élection à la présidence de la République, *Œuvres de Napoléon III*, Plon et Amyot, 1869, t. III, p. 29.

3. Émile Ollivier, *Journal...*, Julliard, t. II, 1861-1869, p. 22.

4. Il s'en plaignit à maintes reprises comme dans un projet d'article publié dans les *Papiers et correspondance de la famille impériale*, Imprimerie nationale, 1870, p. 387.

5. Frédéric Bluche estima au contraire que l'essentiel de la doctrine était abandonné. *Le Bonapartisme*, PUF, « Que sais-je ? », 1980, p. 102.

6. Maurice Paléologue, *Les Entretiens de l'impératrice Eugénie*, Plon, 1928, p. 31.

7. *Ibid.*, p. 109.

8. Athanase Cucheval-Clarigny, *Histoire de la Constitution de 1852, son développement et sa transformation*, A. Santon, 1869.

9. Charles-Philippe de Chennevières-Pointel, *Souvenirs d'un directeur des Beaux-Arts*, Aux bureaux de L'Artiste, 1883-1889.

10. *L'Idée napoléonienne*, *Œuvres de Napoléon III*, Plon et Amyot, 1869, t. I, p. 135.

11. Lettre de l'empereur aux souverains de l'Europe du 4 novembre 1863. *Œuvres...*, *op. cit.*, t. V, p. 200 et suiv.

12. Discours du trône du 5 novembre 1863. *Id.*, p. 203 et suiv.

13. François Furet, *La Révolution de Turgot à Ferry*, Hachette, 1988, t. II, p. 266.

14. Voir, entre autres, John Rothney, *Bonapartism after Sedan*, Ithaca, New York, 1969, Patrick André, *Les Parlementaires bonapartistes de la troisième République (1871-1940)*, thèse dir. par J.-M. Mayeur, Paris IV, 1995, 2 vol., et Laetitia de Witt, *Le Prince Victor Napoléon*, Fayard, 2007.

15. Adrien Dansette n'écrivit pas autre chose, voilà trente-cinq ans, dans *Du 2 Décembre au 4 Septembre*, Hachette, 1972, p. 429.

16. Voir à ce sujet ce qu'en dirent les historiens anglo-saxons Theodor Zeldin, *The Political System of Napoleon III*, Londres, McMillan, 1958, Howard Payne, *The Police State of Louis-Napoleon Bonaparte, 1851-1860*, Seattle, 1966, et Roger Price, *The French Second Empire. An Anatomy of Political Power*, Cambridge, CU Press, 2001.

17. Sans aller aussi loin que Karl-Heinz Bremer et son délirant *Sozialistiche Kaiser* (Die Tat, XXX, juin 1938), Maurice Vaussard, moderne Plutarque, brossa des vies parallèles de Napoléon III et de Mussolini dans son *Histoire de l'Italie moderne* (Hachette, 1950, rééd. 1971, pp. 187-188) qui méritent le détour.

18. Dans une bibliographie très fournie, relevons les ouvrages récents de Guy Hermet, *Les Populismes dans le monde. Une histoire sociologique* XIXe-XXe *siècles*,

Fayard, 2001, de Pierre-André Taguieff, *L'Illusion populiste*, Berg International, 2002 et Flammarion, 2007, de Daniele Albertazzi et Duncan McDonnell, *Twenty-First Century Populism : The Spectre of Western European Democracy*, Londres, Palgrave, McMillan, 2007, et de Jean-Pierre Rioux (dir.), *Les Populismes*, Perrin, Tempus, 2007.

19. René Rémond, *Les Droites en France*, rééd. Aubier, 1982.

20. Francis Choisel, *Bonapartisme et Gaullisme*, Albatros, 1987.

21. Voir à ce sujet le n° 532 du 30 juin au 6 juillet 2007 de l'hebdomadaire *Marianne* avec son titre choc : « Le troisième Empire » qui affirmait abruptement : « Depuis l'élection de Nicolas Sarkozy, leader très bonapartiste, s'installe une atmosphère qui rappelle furieusement le règne de Napoléon III. Pour le pire comme pour le meilleur… » Dans son papier, Nicolas Domenach trouvait chez le nouveau président « un cocktail relevé de romantisme, de libéralisme autoritaire et de socialisme utopique » et « une ambition forcenée de réformer, de bouger [la] société, d'imprimer partout une avancée » qui rappelaient Napoléon III, et Jean-François Kahn dénonçait le pouvoir ultrapersonnel du nouveau chef de l'État, son néopopulisme et son emprise sur les médias, puis évoquait la présence de trois admirateurs de l'empereur dans l'entourage présidentiel : « Philippe Séguin [biographe de *Louis-Napoléon le Grand*], l'un des inspirateurs de Nicolas Sarkozy, Henri Guaino, sa plume, et Jacques Marseille, l'un de ses idéologues. » Les papiers de Marc Ferro et de Pierre Milza apportaient quelques heureuses nuances au tableau.

22. *La Saint-Napoléon. Quand le 14 Juillet se fêtait le 15 Août*, Tallandier, 2007, pp. 9-10.

23. Les mots par lesquels Nicolas Sarkozy a conclu son intervention télévisée du 29 novembre 2007 sur TF 1 et France 2 ne sont pas sans rappeler ceux que prononça son prédécesseur à la présidence de la République, le 9 novembre 1851 (voir p. 186) : « Le chef n'est pas celui qui se met derrière. Moi, mon tempérament, c'est plutôt de me mettre devant [*sic*]. »

24. L'ancienne place de Roubaix.

25. *Moniteur universel*, n° 134 du 13 mai 1840, p. 1032 et suiv.

26. Secrétaire d'État à l'Outre-mer, président du conseil général des Alpes-Maritimes et candidat aux élections municipales à Nice, en mars 2008, Christian Estrosi s'est rendu à Farnborough le 10 décembre 2007 pour rendre hommage à celui qui rattacha Nice à la France, premier pas d'une démarche vers le retour en France de la dépouille de Napoléon III.

27. Philippe Séguin, *Louis-Napoléon le Grand*, Grasset et Fasquelle, 1990, rééd. Livre de Poche, 1996, p. 551, et Pierre Milza, *Napoléon III*, Perrin, 2004, p. 648.

Notes des annexes

1. Reproduit par H. Thirria, *Napoléon III avant l'Empire*, Plon, Nourrit et Cie, 1895, t. I, pp. 65-67.

2. Reproduit par Thomas Slingsby Duncombe, *The Life and Correspondance of T.S. Duncombe*, Londres, Hurst et Blackett, 1868, t. II, p. 10.

3. *Œuvres de Napoléon III*, t. III, Plon et Amyot, 1869, p. 24 et suiv.

4. Charles de Rémusat, *Mémoires de ma vie*, t. IV, Plon, pp. 358-361.

5. *Souvenirs*, Gallimard, 1964, pp. 211-213.

6. *Œuvres de Napoléon III*, t. III, Plon et Amyot, 1869, p. 271 et suiv.

7. Victor Hugo, *Napoléon le petit*, Londres, Jeffs, 1852, 6e éd., p. 39 et suiv.

8. *Moniteur universel*, nº 286 du 12 octobre 1852. *Œuvres de Napoléon III*, t. III, Plon et Amyot, 1869, p. 341 et suiv.

9. *Œuvres de Napoléon III*, t. V, Plon et Amyot, 1869, p. 107 et suiv.

10. Victor Duruy, *Notes et souvenirs...*, Hachette et Cie, 1901, 2 vol., rééd. 1902, t. II, pp. 78-85.

11. *Papiers secrets et correspondance du second Empire*, A. Ghio, 1873, 2e éd., pp. 218-219.

12. *Papiers secrets et correspondance du second Empire*, A. Ghio, 1873, 2e éd., pp. 125-126.

13. Émile Ollivier, *L'Empire libéral...*, Garnier frères, t. III, 1898, p. 73 et suiv.

14. AN 400 AP 54.

15. George Sand, « Dans les bois », 1873, pp. 3-20 de *Dernières pages*, Calmann-Lévy, 1877.

SOURCES
ET BIBLIOGRAPHIE SÉLECTIVE

Note : Paris est le lieu d'édition des ouvrages figurant dans cette rubrique sauf indication contraire. Par souci d'alléger cette bibliographie, nous ne mentionnons pas les articles utilisés. Le lecteur en trouvera la référence dans les notes des chapitres.

SOURCES MANUSCRITES

Fonds Napoléon des Archives nationales 400 AP

400 AP 25 à 38 : papiers de Louis, roi de Hollande, et de son épouse Hortense et en particulier 33 et 35 (lettres et dossiers divers concernant Louis-Napoléon).
400 AP 39 à 79 : papiers de Napoléon III, de son épouse Eugénie et de leur fils, le prince impérial :
39 : actes de baptême, correspondance ;
40 à 53 : correspondance active et passive ;
54 : pièces diverses dont testament et procès-verbal d'inhumation de Napoléon III ;
55 et 56 : documents sur la campagne de Crimée ;
57 et 58 : documents sur la campagne d'Italie ;
59 : documents sur la régence ;
60 : documents sur l'Algérie et sur l'Italie ;
61 à 63 : documents sur la campagne du Mexique ;
64 à 66 : documents sur l'Italie de 1863 à 1870 ;
67 et 69 : documents sur la guerre de 1870 et sur la captivité à Wilhelmshöhe ;
70 à 74 : documents provenant du ministère de la Maison de l'empereur en particulier pièces relatives à la mort et aux funérailles ;
75 à 79 : papiers du prince impérial, en particulier 75 : correspondance avec Napoléon III ;
400 AP 90 : correspondance du roi Jérôme avec Napoléon III ;
400 AP 139 : rapports du prince Napoléon-Jérôme à Napoléon III ;
400 AP 144 : correspondance du prince Napoléon-Jérôme et de Napoléon III ;
400 AP 150 : notes diverses rédigées par le prince Napoléon-Jérôme.

Autres fonds des Archives nationales

AB XIX 159 à 178 : dossier du cabinet de Napoléon III de 1852 à 1870 (dont papiers trouvés aux Tuileries en septembre 1870 en 173-175).
AB XIX 3038 : fonds Lavalette (correspondance et papiers concernant Napoléon III).
AB XIX 3322 (dossier 3) : papiers de Félix Verwoort dit M. Félix, premier huissier de Napoléon III.
B^2 958-943 : élections présidentielles de 1848.
BB^{18} 1460 : menées bonapartistes en 1848.
BB^{18} 1472 : élection présidentielle de 1848.
BB^{18} 1487 : voyage du président dans l'Est en 1850.
C 1325 à 1329 : élections à l'Assemblée nationale constituante de 1848.
CC 762-766 : Cour des pairs : affaire de Boulogne.
CC 767-772 : Cour des pairs : affaire de Strasbourg.
F^7 6668, 6669 et 6890 : surveillance de la famille impériale et en particulier de la reine Hortense pendant la Restauration.
F^7 12428 à 12430 : agissements bonapartistes (1871-1893).
F^{70} 422 : voyages de l'empereur.

Fonds Murat 31 AP

31 AP 57 : pièces sur la Maison de l'empereur et correspondance avec Napoléon III.
31 AP 58 : instructions du président de la République à son cousin Lucien Murat sur le Piémont.
31 AP 65 : papiers de Joachim IV Murat relatifs à Napoléon III.

Fonds Persigny 44 AP

44 AP 3, 4, 5 et 6 : correspondance avec Louis-Napoléon Bonaparte puis Napoléon III.
44 AP 25 : funérailles de Napoléon III.

Fonds Rouher 45 AP

45 AP 2 : correspondance avec Napoléon III.
45 AP 3 : pièces sur le coup d'État du 2 décembre 1851.
45 AP 11 : affaires administratives et de presse, rapports et notes ministérielles.

Fonds Duruy 114 AP

114 AP 1 : dossier de ministre de l'Instruction publique et des Cultes.
114 AP 2 : papiers personnels.

Fonds Morny 116 AP

116 AP 1 (dossier 1) : pièces sur le coup d'État du 2 décembre 1851.
116 AP 2 (dossier 9) : relations avec Fanny Le Hon.
116 AP 2 (dossier 11) : correspondance avec Napoléon III.

Fonds Ney 137 AP

137 AP 27 (dossier 21) : correspondance d'Edgard Ney comme officier d'ordonnance du président puis aide de camp et grand veneur de l'empereur.

Fonds Daru 138 AP

138 AP 247 : papiers de Daru lors de son passage au ministère des Affaires étrangères (janvier-avril 1870).

Fonds Mackau 156 AP I

156 AP I 50 : correspondance de l'amiral de Mackau avec Napoléon III.
156 AP I 91 : dossier sur le baron de Mackau en 1869.

Fonds Fortoul 246 AP

246 AP 16 : passages au gouvernement et correspondance avec Napoléon III.
246 AP 27 : correspondance avec Napoléon III.

Fonds Randon 249 AP

249 AP 5 : lettres de Napoléon III au général Randon.

Fonds Odilon Barrot 271 AP

271 AP C 20 : correspondance des Bonaparte ou les concernant.

Fonds d'archives de la Maison de France (branche d'Orléans) 300 AP

300 AP III 32 à 46 : monarchie de Juillet : politique intérieure, correspondance et divers.
300 AP III 47 à 50 : monarchie de Juillet : attentats et grâces.

Fonds Laity 464 AP

464 AP 1 : papiers divers et correspondance.

Fonds Émile Ollivier 542 AP

542 AP 8 : correspondance avec Napoléon III.
542 AP 9 : lettres échangées entre Émile et Thérèse Ollivier.
542 AP 16 : 52 lettres à Napoléon III.
542 AP 26 et 27 : gouvernement du 2 Janvier.
542 AP 28 à 33 : guerre de 1870.

Fonds Canrobert 595 AP

595 AP 3 : papiers et correspondance du maréchal.

Fonds Fould 154 Mi

154 Mi 1 : correspondance d'Achille Fould avec Napoléon III pendant la campagne d'Italie et procès-verbaux de conseils des ministres et de conseils privés des années 1856-1859.

Fonds Tocqueville 177 Mi

177 Mi 418 : la IIe République après son passage au ministère.

Autres fonds d'archives

Les fonds d'archives qui contiennent des lettres ou, plus largement, des documents concernant Napoléon III sont très nombreux et ne peuvent être tous cités ici. Ont été consultés :

Archives de la préfecture de police

Série Aa 427-429 : événements de 1848 ; 433 : coup d'État de décembre 1851 ; 434 : attentats et complots sous le second Empire.
Série Ba 68 : mort de Napoléon III.

Ministère de la Défense, SHD

C^{6}10 registre d'écrou des prisonniers d'État au Fort de Ham.
C^{18}47-52 : incarcération de Louis-Napoléon au Fort de Ham.

Bibliothèque historique de la Ville de Paris

Collection de Liesville, année 1848, 4 cartons.

Bibliothèque de l'Institut

Papiers d'Alfred Maury, Ms 2647-2656 en particulier « Souvenirs d'un homme de lettres » 1871-1873 en Ms 2649, années 1851-1860, 2 650 années 1866-1864 et 2 651 années 1864-1870 ainsi que Ms 2654 correspondance.
Fonds Maxime du Camp 3753.

Bibliothèque nationale de France

Manuscrits Naf 1066-1067 : correspondance Hortense Cornu ; 1309 : lettres de Napoléon III ; 12759, 12760, 12765 : correspondance Napoléon III ; 20617-20619 : correspondance Thiers, 23064-23066 : correspondance Persigny, en particulier 23066 correspondance avec Napoléon III et enfin 24844 et 24866 : papiers Germain Bapst.

Fondation Thiers

Papiers Baroche, Ms 1014, correspondance avec Louis-Napoléon Bonaparte ; Ms 1163, présidence de Louis-Napoléon Bonaparte.

SOURCES IMPRIMÉES ET TÉMOIGNAGES CONTEMPORAINS

Œuvres de Napoléon III

Rêveries politiques, Londres, 1832.
Considérations politiques et militaires sur la Suisse..., A. Levavasseur, 1833.
Manuel d'artillerie à l'usage des officiers d'artillerie de la République helvétique..., Zurich, Orel Fussli, 1836.
Des idées napoléoniennes, Paulin, 1839.
L'Idée napoléonienne, Chamerot, 1840.
L'Avenir des idées impériales, Charpentier, 1840.
Aux mânes de l'Empereur..., Imp. de P. Baudouin, 1840.
Fragments historiques : 1688 et 1830, Imp. de Vve Dondey-Dupré, 1841.
Notes sur les amorces fulminantes et sur les attelages..., Gaultier-Laguionie, 1841.
Analyse de la question des sucres, Administration de librairie, 1842.
Projet de loi sur le recrutement de l'armée, Arras, J. Degeorge, 1843.
Extinction du paupérisme, Pagnerre, 1844, Temblaire, Bonaventure et Ducessois, 1848, N. Chaix, Vialat et Cie, 1849 et 1870.
Canal of Nicaragua or a Project to Connect the Atlantic and Pacific Oceans by Means of a Canal, Londres, Mills and Son, 1846.
Études sur le passé et l'avenir de l'artillerie..., J. Dumaine, 1846-1871, 6 vol.
Œuvres de Louis-Napoléon Bonaparte, Librairie napoléonienne, Temblaire, 1848, 3 vol.
Histoire du canon dans les armées modernes..., Martinon, 1848.
Précis historique sur l'arme de l'artillerie..., Pagnerre, 1849.
Discours et proclamations, Plon frères, 1860.
Annales de la présidence, ou Recueil méthodique des discours du prince Louis-Napoléon..., D. Giraud et J. Dagneau, 1852.
Œuvres de Napoléon III, Plon et Amyot, 1854-1869, 5 vol.
Histoire de Jules César, Plon, 1865-1866, 3 vol.
Lettre sur la politique de la France en Algérie adressée par l'Empereur au maréchal de Mac Mahon..., gouverneur général de l'Algérie, Imprimerie impériale, 1865.
La Politique impériale exposée par les discours et proclamations de l'empereur Napoléon III..., Plon, 1868.
À chacun sa part dans nos désastres. Sedan, ses causes et ses suites, Amyot, 1871.
Note sur l'organisation militaire de la Confédération de l'Allemagne du Nord, Wilhelmshöhe, 1871.
Œuvres posthumes et autographes inédits de Napoléon III en exil..., E. Lachaud, 1873.

Correspondances

Henri Allain-Targé, *La République sous l'Empire. Lettres (1864-1870)*, Grasset, 1939.
Prosper de Barante, *Souvenirs..., 1782-1866*, Calmann-Lévy, 1890-1901, 7 vol.

Otto von Bismarck, *Lettres de Bismarck à sa femme pendant la guerre de 1870*, J. Tallandier, 1903.

Augustin Cochin, *Mes Lettres et ma vie*, Bloud et Gay, 1926.

Marc Dufraisse, « Lettres d'exil », *Bulletin de la Société historique et archéologique du Périgord*, Périgueux, Imp. Joucla, 1973.

Pierre Guiral et Raoul Brunon, *Aspects de la vie politique et militaire en France à travers la correspondance reçue par le maréchal Pélissier (1828-1864)*, Bibliothèque nationale, 1968.

François Guizot, *Lettres à sa famille et à ses amis*, Hachette, 1884.

Prosper Mérimée, *Correspondance générale...*, Toulouse, Privat, éd. M. Parturier, 1941-1964, 17 vol.

Napoléon III, « Lettres du fort de Ham », présentation de Marc Peauger, *La Nouvelle Revue*, 1894.

Id., « Lettres de la reine Hortense et de son fils Louis Napoléon à l'abbé Bertrand (1824-1836) », *Revue d'histoire diplomatique*, 1923, p. 5, 129 et 276.

Id., *Lettres de Napoléon III à Mme Cornu*, présentation de Marcel Émerit, Éd. des Presses Modernes, 1937, 2 vol.

Napoléon III et le prince Napoléon, *Correspondance inédite publiée par Ernest d'Hauterive*, Calmann-Lévy, 1925.

Émile Ollivier, *Lettres de l'exil, 1871-1874*, Hachette, 1921.

Papiers et correspondance de la famille impériale, Imp. nationale, 1870, rééd. L. Beauvais, 1872, 2 vol.

Papiers sauvés des Tuileries, Imp. nationale, 1870-1871, 3 vol.

Papiers secrets du second Empire, Bruxelles, Office de publicité, 1870, 2 vol.

Papiers secrets et correspondance du second Empire, A. Ghio, 2e éd., 1873.

Victor de Persigny, *Visite au prince Napoléon-Louis. Lettres de Londres*, A. Levasseur, 1840.

Id., *Dix lettres inédites de Persigny..., publiée par A. Lebey*, É. Cornély, 1909.

Edgar Quinet, *Lettres d'exil*, Calmann-Lévy, 1885-1886, 4 vol.

George Sand, *Correspondance*, édition Georges Lubin, Garnier frères, Classiques Garnier, t. VI à XXII, 1969-1987 et t. XXV, 1991 pour les premiers suppléments ; 2e volume de suppléments, t. XXVI, Du Lérot, Tusson, Charente, 1995.

Le Secret du coup d'État, correspondance inédite du prince Louis-Napoléon..., publié avec une introduction de Lord Kerry, Émile-Paul frères, 1928.

Eugène Stoffel, *Rapports militaires écrits de Berlin, 1866-1870*, A. Lacroix et Verboeckhoven, 1871.

Édouard Thouvenel, *Le Secret de l'Empereur, correspondance secrète et inédite*, Calmann-Lévy, 1889, 2 vol.

Une lettre de Napoléon-Louis Bonaparte (au docteur Coremans, datée d'Arenenberg, le 14 juin 1834), s.l., D. Brismée, s.d.

Reine Victoria, *La Reine Victoria d'après sa correspondance inédite*, Hachette, 1907, 3 vol.

Id., *Letters of Queen Victoria*, Londres, Murray, 1926, 2e série.

Jacques Vier, *Daniel Stern. Lettres républicaines du second Empire*, Éd. du Cèdre, 1951.

Alexandre Walewski, « Les papiers inédits du comte Walewski. Souvenirs et correspondance », *Revue de France*, no du 1er janvier au 15 juillet 1925.

Mémoires et récits d'époque

Jacques Pierre Charles Abbatucci, « Les souvenirs d'un homme d'État du second Empire », *Revue Bleue*, n° du 15 février au 14 mars 1908.

Alfred d'Almbert, *Dictionnaire politique napoléonien. Opinions, pensées, maximes*, Furne et Goubaud, 1849.

Id., *Quatrième dynastie. Le bonapartisme, son passé, son avenir*, E. Lachaud, 1873.

Baron d'Ambès (pseud.), *Mémoires inédits de Napoléon III. Le Mémorial de Chislehurst*, Société des publications littéraires illustrées, 1909.

Théophile Anger, *Notes de guerre, 1870-1871*, Imp. A. Noël et Chalvon, 1914.

Rodolphe Apponyi, *Vingt-Cinq ans à Paris (1826-1852). Journal...*, Plon-Nourrit, 1913-1926, t. IV.

Ferdinand Bac, *La Cour des Tuileries sous le second Empire*, Hachette, 1930.

Id., *Intimités du second Empire*, Hachette, 1931-1932.

Id., *Souvenirs de Compiègne. Second Empire*, Imp. de Compiègne, 1946.

Marcel de Baillehache, *Souvenirs d'un lancier de la garde sous le second Empire*, Imp. G. Picquoin, 1888.

Id., *Souvenirs intimes d'un lancier de la garde impériale*, Paul Ollendorff, 1894.

François Charles du Barail, *Mes Souvenirs, 1820-1879*, Plon, 1894-1896, 3 vol.

Céleste Baroche née Letellier, *Mme Jules Baroche. Second Empire. Notes et Souvenirs*, G. Crès et Cie, 1921.

Docteur Ernest Barthez, *La Famille impériale à Saint-Cloud et à Biarritz*, Calmann-Lévy, 1913.

Évariste Bavoux, *Chislehurst-Tuileries. Souvenirs intimes sur l'Empereur...*, E. Dentu, 1873.

Hortense de Beauharnais, *La Reine Hortense en Italie, en France et en Angleterre pendant l'année 1831 ou Récit de mon passage en France et des causes qui l'ont amené*, Levavasseur, 1834.

Id., *Mémoires*, Paris, 1927, 3 vol.

Édouard Ferdinand de Beaumont-Vassy, *Histoire de mon temps*, Perrotin puis Amyot, 1855-1865, 6 vol.

Marie René de Belleval, *Souvenirs de ma jeunesse*, Lib. Hist. Émile Lechevallier, 1895.

Vincent Benedetti, *Ma mission en Prusse*, Plon, 1871.

Auguste Beyens, *Le Second Empire vu par un diplomate belge*, Bruxelles, Desclée, De Brouwer et Cie, 1924-1926, 2 vol.

Otto von Bismarck, *Mémoires authentiques...*, Lib. H. Le Soudier, 1899, 2 vol.

Id., *Lettres de Bismarck à sa femme pendant la guerre de 1870*, J. Tallandier, 1903.

Id., *Gedanken und Erinnerungen*, Darmstadt, Wissenschaftliche Buchgesellschaft, 1998.

Louis Blanc, *Révélations historiques, en réponse au livre de lord Normanby intitulé « A Year of Revolution in Paris »*, Bruxelles, 1859.

Id., *Histoire de la révolution de 1848*, Lacroix, 1870, 2 vol.

Id., *Histoire de dix ans*, Pagnerre, 1842-1844, 5 vol.

Charles Philippe Bocher, *Mémoires, 1816-1907...*, Flammarion, 1907, 2 vol.

Mathilde Bonaparte, « Souvenirs des années d'exil », *Revue des Deux Mondes*, n° du 15 décembre 1927 au 15 janvier 1928.
Maxime du Camp, *Souvenirs d'un demi-siècle, 1830-1882*, Hachette, 1949, 2 vol.
Id., *Souvenirs littéraires*, Hachette, 1883, 2 vol., rééd. Aubier, 1994.
Aurélie Carette, *Souvenirs intimes de la Cour des Tuileries*, Paul Ollendorff, 1889-1891, 3 vol.
Esprit Victor Boniface de Castellane, *Journal du maréchal de Castellane, 1804-1862*, Plon, 1895-1897, 5 vol.
François René de Chateaubriand, *Mémoires d'outre-tombe*, rééd. Bibliothèque de la Pléiade, 1983, 2 vol.
Charles-Philippe de Chennevières-Pointel, *Souvenirs d'un directeur des Beaux-Arts*, Aux bureaux de L'Artiste, 1883-1889.
Michel Chevalier, « Journal », extraits publiés par Marcel Blanchard dans la *Revue des Deux Mondes*, 1932 et la *Revue historique*, janvier 1933.
Antoine François Claude, *Mémoires de M. Claude, chef de la police de sûreté sous le second Empire*, Jules Rouff, 1881-1883, 10 vol.
Gustave Claudin, *Mes souvenirs, les boulevards de 1840 à 1870*, C. Lévy, 1884.
Anatole Claveau, *Souvenirs politiques et parlementaires d'un témoin (1865-1870)*, Plon, 1913, 2 vol.
Louise Cochelet, *Mémoires sur la reine Hortense*, Ladvocat, 1842, 2e édit., 4 vol.
Duc de Conegliano, *Le Second Empire. La Maison de l'Empereur*, Calmann-Lévy, 1897.
Antoine Cousin-Montauban, comte de Palikao, *Un ministère de la Guerre de vingt-quatre jours*, Plon, 1874.
Comte Henry Richard Charles Cowley, *The Paris Embassy during the Second Empire*, Londres, Butterworth, 1928.
Alfred Darimon, *Histoire de douze ans (1857-1869)...*, Dentu, 1883.
Id., *À travers une Révolution (1847-1855)...*, Dentu, 1884.
Id., *Histoire d'un parti. Les Cinq sous l'Empire (1857-1860)...*, Dentu, 1885.
Id., *L'Opposition libérale sous l'Empire (1861-1863)*, Dentu, 1886.
Id., *La Maladie de l'Empereur...*, Dentu, 1886.
Id., *Histoire d'un parti. Le Tiers Parti sous l'Empire (1863-1866)*, Dentu, 1887.
Id., *Histoire d'un jour. La journée du 12 juillet 1870...*, Dentu, 1888.
Id., *Histoire d'un parti. Les Irréconciliables sous l'Empire...*, 2e éd., Dentu, 1888.
Id., *Notes pour servir à l'histoire de la guerre de 1870...*, P. Ollendorff, 1888.
Id., *Histoire d'un parti. Les Cent Seize et le ministère du 2 janvier (1869-1870)...*, Dentu, 1889.
Id., *L'Agonie de l'Empire...*, P. Ollendorff, 1891.
Jérôme David, *Actualités et souvenirs politiques*, Amyot, 1874.
Eurydice Sophie Matheron Dosne, *Mémoires de Mme Dosne, l'égérie de M. Thiers*, Plon, 1928.
François Charles de Barail, *Mes Souvenirs*, 1820-1879, Plon, 1894-1896, 3 vol.
Baronne du Montet, *Souvenirs..., 1785-1866*, Plon-Nourrit et Cie, 1904.
Henri Dugué de La Fauconnerie, *Souvenirs d'un vieil homme (1866-1879)*, P. Ollendorff, s.d.
Victor Duruy, *Notes et souvenirs...*, Hachette et Cie, 1901, 2 vol., rééd. 1902.
Jules Espinasse, *Mémoires*, Étampes, 1928.
Thomas-William Evans, *Mémoires...*, Plon-Nourrit, 1910.

Frédéric de Falloux, *Études et souvenirs...*, Didier, Perrin et Cie, 1885.
Id., *Mémoires d'un royaliste*, Didier, Perrin et Cie, 1888, 3 vol.
Napoléon Faverot de Kerbrec'h, *Mes souvenirs. La guerre contre l'Allemagne (1870-1871)*, Plon, 1905.
Albert Fermé, *Les Grands Procès politiques. Strasbourg*, Paris, 1868.
Id., *Les Grands Procès politiques. Boulogne*, Paris, 1868.
Aristide Ferrère, *Révélations sur la propagande napoléonienne faite en 1848 et en 1849 pour servir à l'histoire secrète des élections du prince Napoléon-Louis Bonaparte*, Turin, 1863.
Jules Ferry, *Discours et opinions*, A. Colin, t. I, 1893.
Mme Octave Feuillet, *Quelques années de ma vie*, Calmann-Lévy, 1894.
Id., *Souvenirs et correspondance...*, Calmann-Lévy, 1896.
Pierre-Augustin Filon, *Le Prince impérial. Souvenirs et documents, 1856-1879*, Hachette et Cie, 1912.
Id., *Souvenirs sur l'impératrice Eugénie*, Calmann-Lévy, 1920.
Émile-Félix Fleury, *Souvenirs...*, Plon, 1897-1898, 2 vol.
Hippolyte Fortoul, *Journal...*, Genève, Droz, 1979-1989, 2 vol.
Wilhelm Froehner, *Souvenirs...*, Nogent-le-Rotrou, Imp. Daupeley-Gouverneur, 1931.
Louis Antoine Garnier-Pagès, *Histoire de la Révolution de 1848*, Pagnerre, 1872, 11 vol.
Georges Girard, *La Vie et les souvenirs du général de Castelnau, 1814-1890*, Calmann-Lévy, 1930.
Fernand Giraudeau, *La Mort et les funérailles de Napoléon III*, Amyot, 1873.
Id., *Napoléon III intime*, P. Ollendorff, 1895.
Edmond et Jules de Goncourt, *Journal...*, Robert Laffont, 1989, 3 vol., coll. « Bouquins ».
Agénor de Gramont, *La France et la Prusse*, Dentu, 1872.
Bernard-Adolphe Granier de Cassagnac, *Souvenirs du second Empire*, E. Dentu, 1879-1882, 3 vol.
Charles Greville, *The Greville Memoirs*, Londres, Longmans, Green et Cie, 3 vol.
Jacques-François Griscelli de Vezzani, *Mémoires...*, Bruxelles, Genève et Londres, 1867.
François Guizot, *Mémoires pour servir à l'histoire de mon temps*, Michel Lévy, 1858-1867, 8 vol.
Ludovic Halévy, *Carnets*, Calmann-Lévy, 1934-1935, 2 vol.
Bernard d'Harcourt, *Les Quatre Ministères de M. Drouyn de Lhuys*, Plon, 1882.
Georges Haussmann, *Mémoires*, Victor Havard, 1890-1893, 3 vol.
Alphonse d'Hautpoul, *Mémoires...*, Perrin, 1906.
Arsène Houssaye, *Les Confessions. Souvenirs d'un demi-siècle, 1830-1890*, Dentu, 1885-1891, 6 vol.
Alexander von Hübner, *Neuf ans de souvenirs d'un ambassadeur d'Autriche à Paris sous le second Empire, 1851-1859...*, Plon, 1904, 2 vol.
Victor Hugo, *Histoire d'un crime*, J. Hetzel et A. Quantin, rééd. 1883-1884, 2 vol.
Id., *Choses vues...*, rééd. Gallimard, 2002, coll. « Quarto ».
Alfred de La Chapelle, *La Guerre de 1870...*, Londres, Joseph Ruelens, 1871.
Id., *Journal de la guerre...*, Londres, Joseph Ruelens, 1871.
Id., *Les Forces militaires de la France en 1870*, Amyot, 1872.

Emmanuel de Las Cases, *Mémorial de Sainte-Hélène*, chez l'auteur, 1823, 8 vol., rééd. Seuil, 1968.

Alphonse de Lamartine, *Mémoires politiques. Œuvres complètes*, t. IV, chez l'auteur, 1863.

Emmanuel de Las Cases, *Mémorial de Sainte-Hélène*, chez l'auteur, 1823, 8 vol., rééd. Le Seuil, 1968.

Barthélemy-Louis-Joseph Lebrun, *Souvenirs militaires, 1866-1870...*, E. Dentu, 1895.

Gustave Lefrançais, *Souvenirs d'un révolutionnaire*, La Tête des feuilles, rééd. 1972.

Ferdinand de Lesseps, « Souvenirs de quarante ans... », *Nouvelle Revue*, 1887, 2 vol.

Louis-Philippe, *Mémoires*, Plon, 1973-1974, 2 vol.

Pierre Magne, « Notes et souvenirs », *Revue hebdomadaire*, n°s 25 et 26, pp. 328-353 et pp. 510-533.

James Howard Harris de Malmesbury, *Memoirs of an ex-Minister*, Londres, Longmans, 1884, éd. française *Mémoires d'un ancien ministre...*, P. Ollendorff, 1885.

Xavier Marmier, *Journal (1848-1890)*, Genève, 1968, 2 vol.

Karl Marx, *Les Luttes de classes en France, 1848-1850*, prés. de R. Huard, Éditions sociales, 1984.

Id., *Le 18 Brumaire de Louis Bonaparte*, prés. R. Huard, Éditions sociales, 1969, nouv. éd., 1984.

Valérie Masuyer, *Mémoires, lettres et papiers*, Plon, 1937.

Charlemagne-Émile de Maupas, *Mémoires sur le second Empire*, E. Dentu, 1884-1885, 2 vol.

A. Mels, *Wilhelmshöhe. Souvenirs de la captivité de Napoléon III*, P. Dupont, 1880.

Comtesse de Mercy-Argenteau, *The Last Love of an Emperor. Reminiscences of the Comtesse Mercy-Argenteau*, Garden City, Doubleday Page and Co., 1926.

Charles Merruau, *Souvenirs de l'Hôtel de Ville de Paris, 1848-1852*, Plon, 1875.

Pauline de Metternich, *Souvenirs (1859-1871)*, Plon, 1922.

Arthur Meyer, *Ce que mes yeux ont vu*, Plon, 1911.

Robert Mitchell, *Un demi-siècle de mémoires*, Librairie nationale, 1911.

Carl von Monts, *Napoleon III auf Wilhelmshöhe, 1870-1871...*, Berlin, Mittler et Sohn, 1909.

Id., *La Captivité de Napoléon III en Allemagne. Souvenirs...*, Pierre Lafitte et Cie, 1910.

Auguste de Morny, *Extrait des mémoires du duc de Morny. Une ambassade en Russie*, Paul Ollendorff, 1892.

Id., « La genèse du coup d'État. Mémoires... », *Revue des Deux Mondes*, t. XXX, nov.-déc. 1925.

William Nassau Senior, « Souvenirs historiques de Napoléon III », *Revue britannique*, juillet 1873.

Émile Ollivier, *Démocratie et liberté (1861-1867)*, A. Lacroix, 1867.

Id., *Le 19 Janvier. Compte rendu aux électeurs de la 3e circonscription de la Seine*, Librairie internationale, 1869.

Id., *L'Empire libéral, études, récits, souvenirs*, Garnier frères, 1895-1917, 17 tomes et un volume de table.
Id., *Philosophie d'une guerre*, Flammarion, 1910.
Id., *Journal (1848-1869)*, texte choisi et annoté par T. Zeldin et A. Troisier de Diaz, Paris, 1961, 2 vol.
Marie-Thérèse Ollivier, *J'ai vécu l'agonie du second Empire*, Fayard, 1970.
Geneviève Ollivier-Troisier, *Autour d'Émile Ollivier, souvenirs de sa fille*, Boulogne, 1965.
Comte Orsi, *Recollections of the Last Half Century*, Londres, Longmans, Green et Co., 1881.
Maurice Paléologue, *Les Entretiens de l'impératrice Eugénie*, Plon, 1928.
Lord Palmerston, *Correspondance intime*, Auguste Craven, trad. française, 1879.
Victor de Persigny, *Mémoires…*, Plon, 1896.
Pierre-Ernest Pinard, *Mon journal*, E. Dentu, 1892-1893, 2 vol.
Pierre-Joseph Proudhon, *La Révolution sociale démontrée par le coup d'État du 2 Décembre*, Garnier, 1852.
Alexandre Quentin-Bauchart, *Études et souvenirs sur la deuxième République et le second Empire (1848-1870)*, Plon, 1901-1902, 2 vol.
Arthur Ranc, *Sous l'Empire. Mémoires d'un républicain*, Dreyfous, 1878.
Alexandre Randon, *Mémoires*, Typ. Lahure, 1875-1877, 2 vol.
Alexandre-Philippe Régnier, marquis de Massa, *Souvenirs et impressions, 1840-1871*, Calmann-Lévy, 1897.
Charles de Rémusat, *Mémoires de ma vie, 1797-1875*, Plon, 1958-1967, 5 vol.
Julie de Roccagiovine, née Bonaparte, *Mémoires inédits (1853-1870)*, Rome, Edizioni di storia e lettre letteratura, 1975.
Gustave de Romand, *Souvenirs politiques et administratifs*, Bruxelles et Leipzig, Mayer et Flatau, 1855.
Henri de Saint-Simon et Prosper Enfantin, *Œuvres*, E. Dentu, 1865, 48 vol.
George Sand, *Impressions et souvenirs*, Michel Lévy frères, 1873.
Auguste Scheurer-Kestner, *Souvenirs de jeunesse*, Charpentier, 1905.
Id., « Madame Cornu et Napoléon III », *Revue de Paris*, juillet-août 1897.
Id., *Conversations with M. Thiers, M. Guizot and other Distinguished Persons during the Second Empire (1852-1860)*, Londres, Hurst et Blackett, 1878-1880, 2 vol.
Id., *Conversations with Distinguished Persons during the Second Empire from 1860 to 1863*, Londres, Hurst, 1880, 2 vol.
Daniel Stern, *Histoire de la révolution de 1848*, G. Sandré, 1850-1853, 3 vol.
Stéphanie de Tascher de La Pagerie, *Mon séjour aux Tuileries, 1852-1871*, Paul Ollendorff, 1893-1895, 3 vol.
Édouard Thouvenel, *Pages de l'histoire du second Empire*, Plon, 1903.
Alexis de Tocqueville, *Souvenirs*, Gallimard, 1964, coll. « NRF ».
Albert D. Vandam, *Undercurrents of the Second Empire. Notes and Recollections*, Londres, 1897.
Jacques-Albert Verly, *Souvenirs du second Empire*, Paul Ollendorff et H. Daragon, 1894-1908, 3 vol.
Louis Véron, *Mémoires d'un bourgeois de Paris*, Gabriel de Gonet, 1853-1855, 6 vol.
Id., *Nouveaux mémoires d'un bourgeois de Paris…*, Verboeckhoven et Cie, 1866.

Victoria (reine), *Journal en Écosse, 1862-1882*, Rouveyre et Blond, 1884.
Horace de Viel Castel, *Mémoires sur le règne de Napoléon III, 1851-1864*, éd. É. Anceau, R. Laffont, 2005, coll. « Bouquins ».
Sir V. Wellesley et Robert Sencourt, *Conversations with Napoleon III*, Londres, 1934.

Principaux périodiques consultés

Almanach de Napoléon illustré par Charlet et Raffet, *1849-1870, Almanach des victoires de Napoléon III, 1870, Almanach impérial* présenté à Leurs Majestés, *1867-1870, Les Annales du Sénat et du Corps législatif, L'Assemblée nationale, L'Avenir national, Le Bulletin officiel de la République française, Le Bulletin officiel de l'Empire français, La Chronique européenne, Le Commerce, Le Constitutionnel, Le Correspondant, Le Courrier de Paris, Le Courrier français, Le Drapeau, L'Électeur libre, L'Époque, L'Événement, La Gazette de France, Le Guetteur de Saint-Quentin, L'Illustration, L'Indépendance belge, Le Journal de Paris, Le Journal des débats, Le Journal du Loiret, Le Journal du Maine-et-Loire, La Lanterne, La Liberté, La Marseillaise, Le Monde, Le Monde illustré, Le Moniteur industriel, Le Moniteur universel, The Morning Post, Le National de 1834, L'Opinion nationale, L'Ordre, La Patrie, Le Pays, Le Petit Caporal, Le Peuple français, La Presse, Le Progrès du Pas-de-Calais, La Réforme, La Revue contemporaine, La Revue de l'Occident français, Revue des Deux Mondes, Le Siècle, The Sun, Le Temps, The Times, La Tribune, L'Union* et *L'Univers*.

BIOGRAPHIES ET TRAVAUX SUR NAPOLÉON III

Biographies anciennes

Octave Aubry, *Napoléon III*, Fayard et Cie, 1929.
Ferdinand Bac, *Napoléon III inconnu*, F. Alcan, 1932.
Auguste Barthélemy, *Louis-Napoléon Bonaparte*, Plon, 1852.
Bauduin de Wiers, *Louis-Napoléon...*, Garnier frères, 1852.
Michael Paget Baxter, *Louis Napoleon, the destined monarch of the world and personal Antichrist...*, Philadelphie, Martien, s.d.
Jules Bertaut, *Napoléon III secret*, Grasset, 1939.
Jean-Claude Bésuchet de Saunois, *Louis-Napoléon Bonaparte, président de la République*, Imp. de F. Malteste, s.d.
Sylvain Blot, *Napoléon III*, Société d'études scientifiques, 1898.
J.-E. Bousquet, *Napoléon III. Vingt ans de règne...*, Dupont, 1869.
Alphonse Bressier, *Napoléon III*, Marseille, E. Camoin, 1874.
Eduard Brinckmeier, *Louis Napoleon Bonaparte, Präsident der französischen Republik...*, Brunswick, J. H. Meyer, 1849.
Graham Brooks, *Napoleon III*, Londres, Duckworth, 1933.
Robert Burnand, *Napoléon III*, Gründ, 1939.
J. Canden, *Napoleon III. The Story of his Life...*, Londres, J. Canden, Horten, s.d.
Jean-Baptiste Fellens, *Louis-Napoléon, sa vie politique et privée...*, Marescq, 1852.

Constantin Frantz, *Louis Napoleon, Masse und Volk*, rééd. Vienne, Karolinger, 1990.

William Fraser, *Napoleon III*, Londres, S. Law, 1895.

Jean Claude Barthélemy Gallix et Guy de l'Hérault, *Histoire complète et authentique de Louis-Napoléon Bonaparte depuis sa naissance jusqu'à ce jour*, Morel, 1852-1853, 2 vol.

Philip Guedalla, *The Second Empire. Bonapartism. The Prince, The President, The Emperor*, Londres, 1922.

Albert Guerard, *Napoleon III, An Interpretation,* Cambridge, Harvard UP, 1943.

Paul Guériot, *Napoléon III*, Paris, 1933, rééd. Payot, 1980, 2 vol.

P. Henrichs, *Napoléon III, président et empereur...*, Garnier frères, 1857.

Lucien Herbert, *Louis-Napoleon. Roman und Geschichte...*, Leipzig, Grunow, s.d.

Victor Hugo, *Napoléon le petit*, Londres, Jeffs, 6e éd., 1852.

Blanchard Jerrold, *Life of Napoleon III*, Londres, Longmans, 1874-1882, 4 vol.

William Kinglake, *Histoire du 2 décembre 1851 et portrait historique de Napoléon III*, Paris, 1873.

Arthur de La Guéronnière, *Napoléon III, portrait politique*, Amyot, 1853.

Id., *L'Homme de Sedan*, Bruxelles, Office de Publicité, 1870.

Élisée Lecomte, *Louis-Napoléon Bonaparte, la Suisse et le roi Louis-Philippe...*, J. Cherbuliez, 1856, 3e éd., 1865.

Louis Napoléon Bonaparte jugé par Chateaubriand, Armand Carrel..., Imp. de Chaix, s.d.

Louis-Napoléon, die Sphinx..., Hambourg, Meissner, 1859.

Louis Napoleon ohne Schminke..., Munich, Homolatsch, s.d.

Albert Mansfeld, *Napoléon III*, Rue du Cherche-Midi, 1860, 2 vol.

Charles Marchal, *Louis-Napoléon Bonaparte, représentant du peuple*, Lévy, 1848.

Eugène de Mirecourt, *Napoléon III*, Librairie des contemporains, 1870.

Auguste Morel, *Napoléon III, sa vie, ses œuvres et ses opinions...*, Le Chevalier, 1870.

Napoléon III devant la presse contemporaine en 1873, Londres, 1873, 3 vol.

Napoléon III devant les catholiques, Dentu, 1867.

Andor Németh, *Napoléon III*, Barcelone, Atlantida, 1942.

James Augustus Saint-John, *Louis-Napoleon, emperor of the French, a biography*, Londres, Chapman et Hall, 1857.

Robert Sencourt, *Napoléon III. Un précurseur*, éd. française, Plon, 1935.

Truman Slater, *Louis Napoleon, the Patriot or the Conspirator ?...*, Londres, Partridge et Oakley, 1852.

Heinrich von Sybel, *Napoléon III...*, Bonn, Cohen, 1873.

Charles-Édouard Temblaire, *Louis-Napoléon Bonaparte, sa vie politique et ses ouvrages*, Temblaire, 1846.

Mélanie Waldor, *Louis-Napoléon dans le Midi, impression et souvenirs*, Leclaire, 1852.

Edward Walford, *Louis Napoleon, ex-Emperor of the French. A Biography...*, Londres, Routledge, 1873.

Guillaume Louis Wesche, *Napoléon III, Kaiser der Franzosen...*, Leipzig, E. Wengler, 1853.

Biographies récentes

Heinrich Berl, *Napoleon III, Demokratie und Diktatur*, Munich, H. Rinn, 1946.

John Bierman, *Napoleon III and his Carnival Empire*, New York, St Martin's Press, 1988.

Georges Bordonove, *Napoléon III*, Pygmalion, 1998.

Fenton Bresler, *Napoleon III*, Londres, Harper et Collins, 1999.

André Castelot, *Napoléon III*, Perrin, 1973-1974, 2 vol., rééd. 1999, 1 vol.

Id., *Napoléon III et le second Empire*, Tallandier, 1975.

Robert Christophe *et alii*, *Napoléon III au tribunal de l'histoire*, France-Empire, 1971.

Georges Conchon, *Nous, la gauche, devant Louis-Napoléon*, Flammarion, 1969.

Thomas Anthony Buchanan Corley, *Democratic Despot : A Life of Napoleon III*, Londres, Barrie et Rockliff, 1961.

Suzanne Desternes et Henriette Chandet, *Napoléon III, homme du XXe siècle*, Hachette, 1961.

Jean Étévenaux, *Napoléon III, un empereur visionnaire*, De Vecchi, 2006.

Louis Girard, *Napoléon III*, Fayard, 1986, rééd. Hachette, 1993, coll. « Pluriel ».

Brison D. Gooch (dir.), *Napoleon III, Man of Destiny, Enlighted Statesman or Profascist*, New York, Holt Rinehart et Winston, 1962.

Jean Guétary et Henry Frichet, *Centenaire de Napoléon III*, Meulan, A. Rety, 1973.

Jeanne Henri-Pajot, *Napoléon III, l'empereur calomnié*, La Tour du guet, 1949, rééd. Beauchesne, 1972.

Franz Herre, *Napoleon III. Glanz und Elend des Zweiten Kaiserreichs*, Munich, Bertelsmann, 1990.

Raphaël Lahlou, *Napoléon III ou l'Obstination couronnée*, B. Giovanangeli, 2006.

Éric Leguèbe, *Napoléon III le Grand*, Authier, 1978.

Thierry Lentz, *Napoléon III*, PUF, 1995, coll. « Que sais-je ? ».

James F. McMillan, *Napoleon III*, Londres, Longman, 1991.

Pierre Milza, *Napoléon III*, Perrin, 2004.

Alain Minc, *Louis-Napoléon revisité*, Gallimard, 1996.

Samuel M. Osgood (dir.), *Napoleon III, Buffoon, Modern Dictator or Sphinx ?*, Boston, D. C. Heath, 1963.

Id., *Napoleon III and the Second Empire*, Lexington, Mass., 1973.

Heinz Rieder, *Napoleon III*, Hambourg, 1956.

Georges Roux, *Napoléon III*, Flammarion, 1969.

Philippe Séguin, *Louis-Napoléon le Grand*, Grasset et Fasquelle, 1990, rééd. Livre de Poche, 1992.

William H. C. Smith, *Napoléon III*, Londres, Wayland, 1972, éd. française Hachette, 1982, rééd. Marabout, 1984.

René Thomasset, *Napoléon III*, F. Nathan, 1950.

Roger Lawrence Williams, *The World of Napoleon III*, Free Press Paperbacks, 1965.

Id., *The Mortal Napoleon III*, Princeton, Princeton UP, 1971.

Sur quelques périodes et aspects de la vie de Napoléon III

Actes du colloque Napoléon III de l'automne 2005 à Paris, Études danubiennes, t. XXII, n°s 1 et 2, 2006.

Charles-Robert Ageron, *L'Algérie algérienne de Napoléon III à de Gaulle*, Sinbad, 1980.

Sylvie Aubenas (dir.), *Des photographes pour l'empereur. Les albums de Napoléon III*, BNF, 2004.

David Baguley, *Napoleon III and his Regime : An Extravaganza*, Baton Rouge, Louisiana SUP, 2000.

Bruno Béthouart (dir.), *Napoléon III, Boulogne et l'Europe*, Boulogne-sur-Mer, Les Cahiers du littoral, 2002.

Shirley J. Black, *Louis Napoleon and Strasbourg*, Silverston, Ferrell Publications, 2004.

Frédéric Bluche (dir.), *Le Prince, le peuple et le droit : autour des plébiscites de 1851 et de 1852*, PUF, 2000, coll. « Léviathan ».

Stanislaw Bobr-Tylingo, « Napoléon III et le problème polonais, 1830-1859 », Extrait de la *Revue internationale d'histoire politique et constitutionnelle*, s.d.

Id., *Napoléon III, l'Europe et la Pologne*, Rome, Institutum historicum polonicum, 1963.

Georges Édouard Boilet, *La Doctrine sociale de Napoléon III*, Téqui, 1969.

Hendrik Nicolaas Boon, *Rêve et réalité dans l'œuvre économique et sociale de Napoléon III*, La Haye, Martinus Nijhoff, 1936.

Édouard Bornecque-Winandy, *Napoléon III empereur social*, Téqui, 1980.

Émile Bourgeois et E. Clermont, *Rome et Napoléon III*, A. Colin, 1907.

Raymond Bourgerie, *Magenta et Solferino (1859), Napoléon III et le rêve italien*, Économica, 1993.

Gheorghe Ioan Bratianu, *Napoléon III et les nationalités*, Droz, 1934.

Walter Bruyère-Ostells, *Napoléon III et le second Empire*, Vuibert, 2004.

Robert Burnand, *Napoléon III et les siens*, Hachette, 1948.

John P. T. Bury, *Napoleon III and the Second Empire*, Londres, English univ. Press, 1964.

Renée Casin, *Napoléon III ou le Catholicisme social en action*, Bordeaux, La Parole-Dossiers d'Aquitaine, 1995.

Hippolyte Castille, *Napoléon III et le clergé*, Dentu, 1860.

Collectif, *Napoléon III et l'Europe*, Brépols, 1966.

Collectif, *Napoléon III et l'archéologie. Fouilles en forêt de Compiègne sous le second Empire*, ville de Compiègne, 2000.

Collectif, « Napoléon III et l'archéologie. Une politique archéologique nationale sous le second Empire », Compiègne, *Bulletin de la Société historique de Compiègne*, 2001.

Collectif, *Napoléon III et l'Europe, 1856 : le congrès de Paris*, Ministère des Affaires étrangères et Artlys, 2006.

André Conquet, *Napoléon III et les chambres de commerce*, ACFCI et Cirnov, 1990.

Édouard Henri Cordier, *Napoléon III et l'Algérie*, Alger, V. Heintz, 1937.

Adrien Dansette, *Louis Napoléon à la conquête du pouvoir*, Hachette 1961.

Georges Dethan, *Napoléon III et l'opinion française devant la question romaine, 1860-1870*, A. Pedone, 1958.
Karl Döhler, *Napoleon III und die deutsch-danische Frage...*, Halle, H. John, 1913.
Pierre Dominique, *Louis Napoléon et le coup d'État du 2 Décembre*, SFELT, 1951.
Jacques Dumont de Montroy, *Napoléon III et la réorganisation de l'armée de 1866 à 1870...*, Imp. Launay, 1996.
Georges Duval, *Napoléon III. Enfance-jeunesse*, Flammarion, 1894.
Irene Anne Earls, *Napoleon III, l'architecte et l'urbaniste de Paris*, Levallois, C.E.N., 1991.
Adolf Ebeling, *Napoleon III und sein Hof*, Cologne, A. Ahn, 1891-1894, 3 vol.
William E. Echard, *Napoleon III and the Concert of Europe*, Baton Rouge et Londres, Louisiana SUP, 1983.
Francesco Garoffolo, *Napoleone e Cavour. Nuove note sui due personaggi*, Reggio di Calabria, Romeo, 1969.
Paul Guériot, *La Captivité de Napoléon III en Allemagne*, Perrin, 1926.
Robert Holmes Edelston, *Napoleon III and Italy. A Brief Historical Survey...*, Darlington, Bailey, 1908.
Marcel Émerit, *Les Sources des idées sociales et coloniales de Napoléon III*, s.l.n.d.
Lodoïx Enduran, *Napoléon III à Vichy*, Riom, Leboyer, 1861.
Heinrich Euler, *Napoleon III in seiner Zeit...*, Würzburg, A. G. Ploetz, 1961.
Hector Fleischmann, *Napoléon III et les femmes*, Bibliothèque des curieux, 1913.
Catherine Granger, *La Liste civile de Napoléon III : le pouvoir impérial et les arts*, EPHE, thèse dirigée par J.-M. Leuniaud, 2000.
Id., *L'Empereur et les arts. La liste civile de Napoléon III*, École nationale des Chartes et Champion, 2005.
Ivor Guest, *Napoleon III in England*, Londres, BTGP, 1952.
Henri Guillemin, *Le Coup du 2 Décembre*, Gallimard, 1951.
Pierre Hachet-Souplet, *Louis-Napoléon prisonnier au fort de Ham...*, E. Dentu, 1894.
Arthur-Léon Imbert de Saint-Amand, *Les Femmes des Tuileries. Napoléon III et sa cour...*, Dentu, 1897.
Théodore Juste, *Napoléon III et la Belgique...*, Bruxelles, Merzbach, 1870.
Id., *Napoléon III. Comment on cesse d'être empereur*, Verviers, Gilon, 1888.
Jean Kastener, *Napoléon III à Plombières*, Plombières, Cie des Thermes, 1967.
Joachim Kühn, *Napoleon III. Ein Selbstbildnis in ungedruckten und zerstreuten Briefen und Aufzeichnungen*, Arenenberg, Napoleon-Museum, 1993.
Georges Kuhnholtz-Lordat, *Napoléon III et la paysannerie française*, Monte-Carlo, Regain, 1962.
David I. Kulstein, *Napoleon III and the Working Class. A Study of Government Propaganda under the Second Empire*, Los Angeles, Ward Ritchie Press, 1969.
Louis Labarre, *Napoléon III et la Belgique*, Bruxelles, Les Libraires, 1860.
Pierre Labracherie, *Napoléon III et son temps*, Évreux, Le Cercle du bibliophile, s.d.
Alexandre de La Cerda, *Napoléon III, Eugénie et la chapelle impériale de Biarritz*, Biarritz, CBR, 1998.
Prosper Lacombe, *Napoléon III, empereur des Français au sacre impérial*, Blot, 1853.

Maurice de La Fuye et Émile-Albert Babeau, *Louis-Napoléon Bonaparte avant l'Empire*, éd. françaises d'Amsterdam, 1951.
Pierre de La Gorce, *Napoléon III et sa politique*, Plon, 1933.
André Lebey, *Les Trois Coups d'État de Louis-Napoléon Bonaparte*, Perrin, 1906.
Id., *Louis-Napoléon Bonaparte et la Révolution de 1848*, Félix Juven, 1907.
Id., *Louis-Napoléon Bonaparte et le ministère Odilon Barrot*, E. Cornély, 1912.
Jean-François Lecaillon, *Napoléon III et le Mexique*…, L'Harmattan, 1994.
Georges Lecomte, *Napoléon III, sa maladie, son déclin*, Lyon, Lab. Ciba, Imp. L. et B. de Plas, 1937.
André Lefèvre, *Les Finances particulières de Napoléon III*, Librairie des célébrités contemporaines, 1873.
Jean Léo, *Napoléon III et la Belgique*, Bruxelles, Racine, 2003.
Jean Maîtron, *Dictionnaire biographique du mouvement ouvrier français, première série : 1789-1864*, Éditions ouvrières, 1er vol. notice sur Louis-Napoléon Bonaparte, 1964.
Odette Merlat-Guitard, *Louis-Napoléon Bonaparte, de l'exil à l'Élysée*, Hachette, 1939.
Gustave de Molinari, *Napoléon III publiciste*…, Bruxelles, Lacroix, Van Meenen et Cie, 1861.
Charles Nauroy, *Les Secrets des Bonaparte*, Bouillon, 1889.
Jocelyn-Émile Ollivier, *La Dépêche d'Ems*, Librairie Croville, 1937.
Franklin C. Palm, *England and Napoleon III. A Study of the Rise of an Utopian Dictator*, Durham, 1948.
Gabriel Perreux, *Les Conspirations de Louis-Napoléon Bonaparte*, Hachette, 1926.
Robert Pichette, *Napoléon III, l'Acadie et le Canada français*, Moncton, Éd. d'Acadie, 1998.
David H. Pinkney, *Napoleon III and the rebuilding of Paris*, Princeton, Princeton UP, 1958.
Stéfane Pol, *La Jeunesse de Napoléon III, correspondance inédite de son précepteur Philippe Le Bas*, Félix Juven, 1902.
Roger Price, *Napoleon III and the Second Empire*, Londres et New York, Routledge, 1997.
Joseph Reinach, « Napoléon III et la paix », *Revue historique*, 1921, t. CXXXVI.
Jules Richard, *Napoléon III en Italie. Deux mois de campagne*…, F. Sartorius, 1859.
Jasper Ridley, *Napoleon III and Eugenie*, Londres, Constable, 1979.
Jean Sagnes, *Les Racines du socialisme de Louis-Napoléon Bonaparte. Le paupérisme des années 1840*, Toulouse, Privat, 2006.
Jean Savant, « L'énigme de la naissance de Napoléon III », *Cahiers de l'Académie d'histoire*, 1972.
Christian Scheffer, *La Grande Pensée de Napoléon III. Les origines de l'expédition du Mexique (1858-1862)*, M. Rivière, 1939.
C. de Senneval, *Napoléon III et la France libérale*, H. Dumineray, 1861.
Pietro Silva, *La politica di Napoleone III in Italia*, Milan, Alighieri di Albrighi, Segati, 1927.
Frederick Arthur Simpson, *The Rise of Louis Napoleon*, Londres, J. Murray, 1909.
Id., *Louis Napoleon and the Recovery of France*, Londres, Longman, 1923.
Georges Spillmann, *Napoléon III, prophète méconnu*, Presses de la Cité, 1972.

Octave Teissier, *Napoléon III en Algérie*, Challamel aîné, 1865.
Chantal Thibault, *Napoléon III à travers l'imagerie de son temps*, CNAM, 1977.
Hippolyte Thirria, *Napoléon III avant l'Empire*, Plon, Nourrit et Cie, 1895-1896, 2 vol.
Id., « Napoléon III carbonaro », *Le Correspondant*, 1899.
James Matthew Thompson, *Louis Napoleon and the Second Empire*, Oxford, Basil Blackwell, 1954.
Matthew Truesdell, *Spectacular Politics. Louis-Napoleon Bonaparte and the Fête impériale, 1849-1870*, New York, Oxford UP, 1997.
André-Jean Tudesq, *L'Élection présidentielle de Louis-Napoléon Bonaparte*, A. Colin, Kiosque, 1965.

QUELQUES OUVRAGES UTILES À LA COMPRÉHENSION D'ASPECTS GÉNÉRAUX OU DE POINTS PARTICULIERS

Généralités

Maurice Agulhon, *1848 ou l'Apprentissage de la République*, Seuil, 1973, coll. « Points », rééd. 1992.
Éric Anceau, *Comprendre le second Empire*, Saint-Sulpice éd., 1999, coll. « Tranches d'histoire ».
Id., *La France de 1848 à 1870. Entre ordre et mouvement*, Le Livre de Poche, 2002, coll. « Références ».
Octave Aubry, *Le Second Empire*, 1938.
Jean-Baptiste Barbier, *Outrances sur le second Empire*, La Librairie française, 1956.
Id., *Mensonges sur le second Empire*, La Librairie française, 1959.
Id., *Silences sur le second Empire*, La Librairie française, 1962.
Dominique Barjot, Jean-Pierre Chaline, André Encrevé, *La France au XIXe siècle*, PUF, rééd. 1995.
Guillaume de Bertier de Sauvigny, *Au soir de la monarchie. Histoire de la Restauration*, Flammarion, 1955, réimp. Champs, 1990.
Marcel Blanchard, *Le Second Empire*, A. Colin, 1950.
Id., *La Révolution de 1830 en France*, A. Colin, 1970.
Jacques-Olivier Boudon, *Histoire du Consulat et de l'Empire*, Perrin, 2000.
Christophe Bourachot, *Bibliographie critique des mémoires sur le second Empire*, La Boutique de l'Histoire, 1994.
François Caron, *La France des patriotes (1851-1918)*, Fayard, 1985.
Jean-Claude Caron, *La France de 1815 à 1848*, A. Colin, 1993.
Jean-Pierre Chaline, *La Restauration*, PUF, 1998, coll. « Que sais-je ? », n° 1214.
Sébastien Charléty, *La Restauration, 1814-1830*, dans Ernest Lavisse (dir.), *Histoire de la France contemporaine*, Hachette, 1921-1922.
Jacques Chastenet, *Histoire de la IIIe République*, Hachette, 1963, 1er des 7 vol.
Collectif, *Pourquoi réhabiliter le second Empire ?*, Bernard Giovanangeli, 1997.
Adrien Dansette, *Du 2 Décembre au 4 Septembre*, Hachette, 1972.

Jean Dautry, *1848 et la IIe République*, Éditions sociales, 1957.
Taxile Delord, *Histoire du second Empire (1848-1870)*, Germer-Baillère, 1869-1876, 6 vol.
Francis Démier, *La France du XIXe siècle*, Seuil, 2000, coll. « Points ».
Prosper Duvergier de Hauranne, *Histoire du gouvernement parlementaire en France, 1814-1848*, Lévy frères, 1857-1871, 10 vol.
William E. Echard, *Historical Dictionary of the French Second Empire (1852-1870)*, Londres, Aldwych Press, 1985.
François Furet, *La Révolution de Turgot à Ferry*, t. IV de l'*Histoire de France illustrée*, Hachette, 1988.
Jean Garrigues, *La France de 1848 à 1870*, A. Colin, 2002.
Alice Gérard, *Le Second Empire, innovation et réaction*, PUF, 1973.
Louis Girard, *Naissance et mort. La seconde République*, Calmann-Lévy, 1968.
Henri Guillemin, *La Première Résurrection de la République*, Gallimard, 1967, coll. « Les trente journées qui ont fait la France ».
Pierre Guiral *et alii*, « L'historiographie du second Empire », n° spécial de la *Revue d'histoire moderne et contemporaine*, t. XXI, janvier-mars 1974.
André Jardin et André-Jean Tudesq, *La France des notables*, Seuil, 1973, 2 vol., coll. « Points ».
Pierre de La Gorce, *Histoire de la seconde République*, Plon, 2 vol., 1887.
Id., *Histoire du second Empire*, Plon, 7 vol., 1894-1904.
Émile Le Gallo, *Les Cent-Jours*, F. Alcan, 1924.
Roger Magraw, *France : 1815-1914, the Bourgeois Century*, Fontana Press, 1983.
Jean-Marie Mayeur, *Les Débuts de la troisième République, 1871-1898*, Seuil, 1973, coll. « Points ».
Inès Murat, *La Deuxième République, 1848-1851*, Fayard, 1987.
Alfred Nettement, *Histoire de la Restauration*, J. Lecoffre, 1860-1872, 8 vol.
Alain Plessis, *De la fête impériale au mur des fédérés*, Seuil, 1979, coll. « Points ».
Georges Pradalié, *Le Second Empire*, PUF, 1957, coll. « Que sais-je ? ».
Georges Renard, *La République de 1848*, t. IX de l'*Histoire socialiste* dirigée par Jean Jaurès, Rouf, 1907.
Jacques Rougerie, *Le Second Empire*, dans Georges Duby (dir.), *Histoire de France*, t. III, Larousse, 1972.
Charles Seignobos, *Histoire de la France contemporaine*, t. VI : *La Révolution de 1848. Le Second Empire* et t. VII : *Le Déclin de l'Empire et l'établissement de la IIIe République*, Hachette, 1921.
Albert Thomas, *Le Second Empire*, t. X de l'*Histoire socialiste* dirigée par Jean Jaurès, Rouf, 1907.
Paul Thureau-Dangin, *Histoire de la monarchie de Juillet*, Plon-Nourrit, 1888-1914, 7 vol.
Robert Tombs, *France. 1814-1914*, Londres et New York, Longman, 1996.
Jean Tulard, *Les Révolutions (1789-1851)*, Fayard, 1985.
Jean Tulard (dir.), *Dictionnaire Napoléon*, Fayard, 1987, rééd. 1999.
Id., *Dictionnaire du second Empire*, Fayard, 1995.
Jean Vidalenc, *La Restauration*, PUF, 1968, coll. « Que sais-je ? ».
Louis de Viel Castel, *Histoire de la Restauration*, Lévy frères, 1860-1878, 20 vol.
Philippe Vigier, *La Monarchie de Juillet*, PUF, 1962, coll. « Que sais-je ? ».
Id., *La Seconde République*, PUF, 1967, coll. « Que sais-je ? ».

Emmanuel de Waresquiel et Benoît Yvert, *Histoire de la Restauration (1814-1830). Naissance de la France moderne,* Perrin, 1996.

Jean-Claude Yon, *Le Second Empire. Politique, société, culture*, Armand Colin, 2004.

Aspects politiques

1848, Actes du colloque du cent cinquantenaire, Créaphis, 2002.

Maurice Agulhon, *Les Quarante-huitards*, Gallimard-Julliard, Archives, 1975, rééd. 1992, coll. « Folio histoire ».

Éric Anceau, *Dictionnaire des députés du second Empire*, Presses Universitaires de Rennes, 1999, coll. « Carnot ».

Id., *Les Députés du second Empire. Prosopographie d'une élite du XIXe siècle*, Champion, 2000.

Éric Anceau (dir.), *Les Grands Discours parlementaires du XIXe siècle de Benjamin Constant à Adolphe Thiers*, Assemblée nationale et A. Colin, 2005.

Sylvie Aprile, *Histoire politique de la France. La IIe République et le second Empire, 1848-1870. Du prince-président à Napoléon III,* Pygmalion/Gérard Watelet, 2000.

Isabelle Backouche, *La Monarchie parlementaire 1815-1848*, Pygmalion, 2000.

Paul Bastid, *Doctrines et institutions politiques de la seconde République*, Hachette, 1945, 2 vol.

Avner Ben Amos, *Funerals, Politics and Memory in Modern France, 1789-1996*, Oxford, Oxford UP, 2000.

Paul Bénichou, « Le temps des prophètes, doctrines de l'âge romantique », *NRF*, 1977.

Serge Berstein (dir.), *Les Cultures politiques en France*, Seuil, 1999.

Frédéric Bluche, *Le Bonapartisme. Aux origines de la droite autoritaire, 1800-1850*, Nouvelles éditions latines, 1980.

Id., *Le Bonapartisme*, PUF, 1980, coll. « Que sais-je ? ».

Georges et Édouard Bonnefous, *Histoire politique de la IIIe République*, PUF, 1956, 1er des 7 vol.

Jean-Louis Bory, *La Révolution de Juillet, 29 juillet 1830*, Gallimard, 1972, coll. « Les trente journées qui ont fait la France ».

Jean-Paul Charnay, *Les Scrutins politiques en France de 1815 à 1962*, Cahiers de la FNSP, A. Colin, 1964.

Jean-Jacques Chevallier, *Histoire des institutions et des régimes politiques de la France de 1789 à nos jours*, A. Colin, 9e éd., 2001.

Francis Choisel, *Bonapartisme et gaullisme*, Albatros, 1986.

Collectif, *Le Bonapartisme. Phénomène historique et mythe politique*, Munich, Artemis Verlag, 1977.

Hugh A. C. Collingham et Robert S. Alexander, *The July Monarchy. A Political History of France, 1830-1848*, Londres et New York, Longman, 1988.

Armand Cuvillier, *Hommes et idéologies de 1840*, Marcel Rivière, 1956.

Adrien Dansette, *L'Attentat d'Orsini*, Del Duca, 1964.

Frederick A. De Luna, *The French Republic under Cavaignac, 1848*, Princeton, Princeton UP, 1969.

Maurice Deslandres, *Histoire constitutionnelle de la France de 1789 à 1870*, A. Colin, 1932-1933, 2 vol.
Georges Dethan, *La Gauche française de 1860 à 1870*, Florence, 1965.
Jacques Droz (dir.), *Histoire générale du socialisme*, t. I : *Des origines à 1875*, PUF, 1972.
Jean El Gammal, *Histoire politique de la France de 1814 à 1870*, Nathan, 1999, coll. « Fac Histoire ».
Gisela Geywitz, *Das Plebiscit von 1851 in Frankreich*, Tübingen, 1965.
Louis Girard *et alii*, *Les Élections de 1869*, Rivière, 1960.
Louis Girard, *Problèmes politiques et constitutionnels du second Empire*, CDU, 1964.
Id., *Questions politiques et constitutionnelles du second Empire*, CDU, 1965.
Raoul Girardet, *Mythes et mythologies politiques*, Seuil, 1986.
Jacques Godechot, *Les Constitutions de la France depuis 1789*, Garnier, 1970.
Sudhir Hazareesingh, *From Subject to Citizen. The Second Empire and the Emergence of Modern French Democracy*, Princeton, Princeton UP, 1998.
Raymond Huard, *Le Suffrage universel en France (1848-1946)*, Aubier, 1991.
Pierre Lévêque, *Histoire des forces politiques en France*, t. I : *1789-1880*, Armand Colin, 1992.
François Luchaire, *Naissance d'une constitution : 1848*, Fayard, 1998.
Ted W. Margadant, *French Peasants in Revolt. The Insurrection of 1851*, Princeton, Princeton UP, 1979.
Jean Maurain, *La Politique ecclésiastique du second Empire*, Alcan, 1930.
Bernard Ménager, *Les Napoléon du peuple*, Aubier, 1988.
John M. Merriman, *The Agony of the Republic*, New Haven, Connecticut, 1978.
Claude Nicolet, *L'Idée républicaine en France*, Gallimard, 1982.
Pascal Ory, *Nouvelle histoire des idées politiques*, Hachette, 1989.
Howard C. Payne, *The Police State of Louis Napoleon Bonaparte (1851-1860)*, Seattle, Univ. of Washington Press, 1966.
Gabriel Perreux, *Au temps des sociétés secrètes. La propagande républicaine au début de la monarchie de Juillet (1830-1833)*, Hachette, 1931.
Jean-Christian Petitfils, *La Droite en France de 1789 à nos jours*, PUF, 1973, coll. « Que sais-je ? », n° 1539.
Pamela Pilbeam, *The 1830 Revolution in France*, Londres, Palgrave, 1991.
Robert Pimienta, *La Propagande bonapartiste en 1848*, E. Cornely, 1911.
David H. Pinkney, *Decisive Years in France, 1840-1847*, Princeton, Princeton UP, 1986.
Id., *The French Revolution of 1830*, Princeton, Princeton UP, 1972, éd. française PUF, 1988.
Félix Ponteil, *Les Institutions de la France de 1814 à 1870*, PUF, 1950, rééd. 1966.
Charles-Hippolyte Pouthas, *Histoire politique du second Empire*, CDU, 1954-1955.
Marcel Prelot et Georges Lescuyer, *Histoire des idées politiques*, Dalloz, 1966.
Roger Price (dir.), *Revolution and Reaction. 1848 and the Second French Republic*, Londres et New York, 1975.
Roger Price, *The French Second Empire. An Anatomy of Political Power*, Cambridge, Cambridge UP, 2001.

René Rémond, *La Vie politique en France*, t. II : *1848-1879*, A. Colin, 1969.
Id., *Les Droites en France*, Aubier-Montaigne, 1982.
Stéphane Rials, *Révolution et contre-révolution au XIX*[e] *siècle*, DUC-Albatros, 1987.
Hervé Robert, *L'Orléanisme*, PUF, 1992, coll. « Que sais-je ? ».
Pierre Rosanvallon, *Le Sacre du citoyen. Histoire du suffrage universel en France*, Gallimard, 1992.
Id., *La Démocratie inachevée. Histoire de la souveraineté du peuple en France*, Gallimard, 2000.
John Rothney, *Bonapartism after Sedan*, New York, Ithaca, 1969.
Jean-François Sirinelli (dir.), *Histoire des droites en France*, Gallimard, 1992, 3 vol.
Iouda Tchernoff, *Le Parti républicain au coup d'État et sous le second Empire*, A. Pedone, 1906.
Jean Touchard, *Histoire des idées politiques*, PUF, 1959, 8e éd., 1981, coll. « Thémis ».
Mauro Volpi, *La democrazia autoritaria*, Bologne, Il Mulino, 1979.
Georges Weill, *L'École saint-simonienne*, Alcan, 1896.
Id., *Histoire du parti républicain en France 1814-1870*, Alcan, 1928, rééd. Genève, Slatkine, 1980.
Vincent Wright, *Le Conseil d'État sous le second Empire*, A. Colin et Presses de la FNSP, 1972.
Vincent Wright et Bernard Le Clère, *Les Préfets du second Empire*, A. Colin, 1973.
Theodor Zeldin, *The Political System of Napoleon III*, Londres, McMillan, 1958.
Id., *English Ideas in French Politics in the XIX*[th] *Century*, Londres, *Historical Journal*, 1959, 2 vol.

Autres aspects

Charles-Robert Ageron, *L'Algérie algérienne de Napoléon III à de Gaulle*, Sindbad, 1980.
Linda Aimone et Carlo Olmo, *Les Expositions universelles, 1851-1900*, Belin, 1993.
Jean-Claude Allain *et alii*, *Histoire de la diplomatie française*, Perrin, 2005.
Maurice Allem, *La Vie quotidienne sous le second Empire*, Hachette, 1948.
Henri-René d'Allemagne, *Les Saint-simoniens, 1827-1837*, Gründ, 1930.
André Armengaud, *L'Opinion publique en France et la crise nationale allemande en 1866*, Les Belles Lettres, 1962.
A. Arnaiz et C. Bataillon, *La Intervención francesa y el imperio de Maximiliano*, Mexico, 1965.
Stéphane Audoin-Rouzeau, *1870. La France dans la guerre*, A. Colin, 1989.
Christiane Aulanier, *Le Nouveau Louvre de Napoléon III*, Paris, 1971.
Pierre Barbier et France Vernillat, *Histoire de France par les chansons*, t. VII : *La République de 1848 et le second Empire*, Gallimard, 1959.
Dominique Barjot, Éric Anceau, Isabelle Lescent-Giles et Bruno Marnot (dir.), *Les Entrepreneurs du second Empire*, PUPS, 2003.
Michèle Battesti, *La Marine de Napoléon III*, SHM, 1997, 2 vol.

Winfried Baumgart, *Europäischer Konzert und nationale Bewegung. Internationale Beziehungen, 1830-1878*, Paderborn, Schöningh, 1999.

Maurice Baumont, *L'Échiquier de Metz*, Hachette, 1971.

Claude Bellanger *et alii*, *Histoire générale de la presse française*, t. II : *1815-1871*, PUF, 1969.

Roger Bellet, *Presse et journalisme sous le second Empire*, A. Colin, 1967.

Dan Berindei, *L'Union des principautés roumaines*, Bucarest, 1967.

Denise Bouche, *Histoire de la colonisation française*, t. II : *Flux et reflux, 1815-1962*, Fayard, 1991.

Jacques-Olivier Boudon, *L'Épiscopat français de l'époque concordataire, 1802-1905*, CERF, 1996.

Id., *Paris, capitale religieuse sous le second Empire*, CERF, 2001.

Jacques Boulenger, *Les Tuileries sous le second Empire*, Calmann-Lévy, 1932.

Jean Bouvier, *Le Crédit lyonnais de 1863 à 1882*, SEVPEN, 1961.

Fernand Braudel et Ernest Labrousse (dir.), *Histoire économique et sociale de la France*, PUF, t. III, 1976 et t. IV, 1979.

Jean-Paul Brunet, *La Police de l'ombre. Indicateurs et provocateurs dans la France contemporaine*, Seuil, 1990.

Stuart L. Campbell, *The Second Empire Revisited. A Study in French Historiography*, New Brunswick, Rutgers UP, 1978.

François Caron, *Histoire des chemins de fer en France*, t. I : *1740-1883*, Fayard, 1997.

Jean des Cars et Pierre Pinon, *Paris-Haussmann*, Arsenal et Picard, 1991.

Lynn M. Case et Warren F. Spencer, *The United States and France : Civil War Diplomacy*, Philadelphie, 1970.

Lynn M. Case, *French Opinion on War and Diplomacy during the Second Empire*, Philadelphie, Univ. of Pennsylvania Press, 1954, réimp. New York, 1972.

Jean Casevitz, *Une loi manquée, la loi Niel (1866-1868). L'armée française à la veille de la guerre de 1870*, SEVPEN, 1960.

Robert Castel, *Les Métamorphoses de la question sociale. Une chronique du salariat*, Fayard, 1995.

André Castelot, *La Féerie impériale*, Perrin, 1952.

Muriel Chamberlain, *Pax Britannica, British Foreign Policy, 1789-1914*, Londres, Harlow Longman, 1988.

Michel Chanal, *La Guerre de 1870*, Bordas, 1972.

Christophe Charle, *Histoire sociale de la France au XIXe siècle*, Seuil, 1991, coll. « Points », rééd. 2001.

François Charles-Roux, *Rome, asile des Bonaparte*, Hachette, 1952.

Sébastien Charléty, *Histoire du saint-simonisme (1825-1864)*, Paul Hartmann, 1931.

Louis Chevalier, *Classes laborieuses et classes dangereuses à Paris pendant la première moitié du XIXe siècle*, Plon, 1958.

Gérard Cholvy et Yves-Marie Hilaire (dir.), *Histoire religieuse de la France contemporaine*, Toulouse, Privat, t. I, 1985.

Collectif, *Marseille sous le second Empire*, Plon, 1961.

Collectif, *L'Art en France sous le second Empire*, RMN, 1979.

Alain Corbin, *Le Village des cannibales*, Aubier, 1990, rééd. Flammarion, 1995.

Alain Corbin *et alii*, *Les Usages politiques des fêtes au XIX*^e^ *et au XX*^e^ *siècle*, Publ. de la Sorbonne, 1994.

Rémi Dalisson, *Les Trois Couleurs, Marianne et l'Empereur. Fêtes libérales et politiques symboliques en France, 1815-1870*, La Boutique de l'Histoire, 2004.

Adrien Dansette, *Naissance de la France moderne. Le second Empire*, Hachette, 1976.

George Delamare, *La Tragédie mexicaine, une faute de Napoléon III*, Liège, Thone, 1963.

Jean Delmas (dir.), *Histoire militaire de la France*, dirigée par André Corvisier, t. II : *de 1715 à 1871*, PUF, 1992.

Jean-René Derré (dir.), *Regards sur le saint-simonisme et les saint-simoniens*, Lyon, PUL, 1986.

Albert Louis Dunham, *The Anglo-French Treaty of Commerce of 1860 and the Progress of the Industrial Revolution in France*, Ann Arbor, Univ. of Michigan Press, 1930.

Georges Dupeux, *La Société française (1789-1970)*, rééd. A. Colin, 1986, coll. « U ».

Pierre Dupont-Ferrier, *Le Marché financier de Paris sous le second Empire*, Alcan, 1925.

Georges Duveau, *La Vie ouvrière en France sous le second Empire*, Gallimard, 1946.

Comte Fleury et Louis Sonolet, *La Société du second Empire*, Albin Michel, 1968, 2e éd., 4 vol.

Claude Fohlen, *L'Industrie textile au temps du second Empire*, Plon, 1956.

Pierre-Léon Fournier, *Le Second Empire et la législation ouvrière*, thèse, Paris, 1911.

Jeanne Gaillard, *Paris, la ville : 1850-1870*, H. Champion, 1977, rééd. L'Harmattan, 1997.

Éric Georgin, *Mémoire de Compiègne*, Jacques Marseille, 2003.

Louis Girard, *La Politique des travaux publics du second Empire*, A. Colin, 1951.

Id., *Paris pendant la deuxième République et le second Empire*, Hachette, 1981, coll. « Nouvelle histoire de Paris ».

Christian Goudineau, *Le Dossier Vercingétorix*, Actes Sud/Errance, 2001.

Alain Gouttman, *La Guerre de Crimée, 1853-1856. La première guerre moderne*, Perrin, 2003.

André Guérin, *La Folle Guerre de 1870*, Hachette, 1970.

André Gueslin, *Les Origines du Crédit agricole (1840-1914)*, Nancy, Annales de l'Est et Univ. de Nancy II, 1978.

Vicomte Eugène de Guichen, *La Guerre de Crimée (1854-1856) et l'attitude des puissances européennes*, Pedone, 1936.

Henri Guillemin, *Cette curieuse guerre de 1870. Thiers, Trochu, Bazaine*, Gallimard, 1956.

Pierre Guiral, *La Vie quotidienne en France à l'âge d'or du capitalisme*, Hachette, 1976.

Sudhir Hazareesingh, *La Légende de Napoléon*, Tallandier, 2005.

Id., *La Saint-Napoléon. Quand le 14 Juillet se fêtait le 15 Août*, Tallandier, 2007.

David Higgs, *Nobles, titrés, aristocrates en France après la Révolution, 1800-1870*, Liana Levi, 1990.

Michael Howard, *The Franco-Prussian War*, Londres, Hart-Davis, 1960.
Marie-Louise Jacotey, *L'Entrevue de Plombières et l'unité italienne*, 1983.
Annie Jourdan, *Mythes et légendes de Napoléon*, Toulouse, Privat, 2004.
Charles-André Julien, *Histoire de l'Algérie contemporaine*, PUF, 1964.
Ernest Labrousse, *Le Mouvement ouvrier et les idées socialistes en France, 1815-1900*, CDU, 1949.
Adolphe Lair, *L'Institut de France sous le second Empire*, Plon, 1908.
J.-G. Larregola, *Le Gouvernement français face à la guerre de Sécession*, Pedone, 1970.
Jacques Le Goff et René Rémond (dir.), *Histoire de la France religieuse*, t. III, Seuil, 1991.
Bertrand Lemoine, *L'Architecture de fer : France XIXe siècle*, Seyssel, Champ Vallon, 1986.
Yves Lequin, *Histoire des Français XIXe-XXe siècles*, A. Colin, 1984.
Dominique Lerch, *Imagerie et sociétés. L'imagerie Wentzel de Wissembourg au XIXe siècle*, Publ. de la Soc. savante d'Alsace et des régions de l'Est, 1982.
Maxime Leroy, « Histoire des idées sociales en France », *NRF*, 1954.
Alphonse Levaux, *Le Théâtre de la Cour à Compiègne*, Tresse, 1882-1885.
Philippe Levillain et Rainer Riemenschneider (dir.), *La Guerre de 1870-1871 et ses conséquences*, Bonn, Bouvier, 1990.
Jean Lhomme, *La Grande Bourgeoisie au pouvoir (1830-1880)*, PUF, 1960.
Fernand L'Huillier, *La Lutte ouvrière à la fin du second Empire*, A. Colin, 1957.
Jean Lucas-Dubreton, *Le Culte de Napoléon, 1815-1848*, Albin Michel, 1960.
Françoise Maison, « Le second Empire ou le temps des séries », *Connaissance des arts*, n° hors-série, Compiègne, 1991.
Hervé Manéglier, *Paris impérial. La vie quotidienne sous le second Empire*, Armand Colin, 1990.
Jean Martin, *L'Empire renaissant, 1789-1871. L'aventure coloniale de la France*, Denoël, 1987.
Geneviève Massa-Gille, *Histoire des emprunts de la ville de Paris (1814-1875)*, Commission historique des travaux de la ville de Paris, 1973.
Jean Maurain, *La Politique ecclésiastique du second Empire*, Alcan, 1930.
Ministère des Affaires étrangères, *Les Origines diplomatiques de la guerre de 1870-1871*, t. XXVIII, *1er-15 juillet 1870*, Lavauzelle, 1931.
Jean Mistler, François Blandez et André Jacquemin, *Épinal et l'imagerie populaire*, Hachette, 1961.
Patrice de Moncan et Christian Mahout, *Le Paris du baron Haussmann. Paris sous le second Empire*, Seesam-RCI, 1991.
Patrice de Moncan et Claude Heurteux, *Villes haussmanniennes, Bordeaux, Lille, Lyon, Marseille*, Les éditions du Mécène, 2003.
Werner E. Mosse, *The European Powers and the German Question, 1848-1871*, Cambridge, 1958.
Annie Moulin, *Les Paysans dans la société française de la Révolution à nos jours*, Seuil, Points, 1988.
Pierre Musso, *Saint-Simon et le saint-simonisme*, PUF, 1999.
Claude Nicolet, *La Fabrique d'une nation. La France entre Rome et les Germains*, Perrin, 2006, coll. « Tempus »

Gérard Noiriel, *Les Ouvriers dans la société française XIXe-XXe siècles*, Seuil, 1986, coll. « Points ».
Odile Nouvel-Kammerer, *Le Style second Empire*, Flammarion, 1999, coll. « Tout l'art ».
Natalie Petiteau, *Élites et mobilités : la noblesse d'Empire au XIXe siècle (1808-1914)*, La Boutique de l'Histoire, 1997.
Id., *Napoléon de la mythologie à l'histoire*, Seuil, 1999.
Antoine Picon, *Les Saint-simoniens. Raison, imaginaire et utopies*, Belin, 2002.
Pierre Pierrard, *La Vie ouvrière à Lille sous le second Empire*, Bloud et Gay, 1965.
Alain Plessis, *La Banque de France et ses deux cents actionnaires sous le second Empire*, Genève, Droz, 1982.
Id., *Régents et gouverneurs de la Banque de France sous le second Empire*, Genève, Droz, 1985.
Id., *La Politique de la Banque de France de 1851 à 1870*, Genève, Droz, 1985.
François Ploux, *De bouche à oreille. Naissance et propagation des rumeurs dans la France du XIXe siècle*, Aubier, 2003.
Raymond Poidevin et Jacques Bariéty, *Les Relations franco-allemandes, 1815-1975*, A. Colin, 1977.
Raymond Poidevin et Heinz Otto Sieburg, *Aspects des relations franco-allemandes à l'époque du second Empire, 1851-1866*, Metz, 1982.
Dominique Poulot, *Patrimoine et musées. L'institution de la culture*, Hachette, 2001, coll. « Hachette supérieur ».
Christophe Prochasson, *Saint-Simon ou l'anti-Marx : figures du saint-simonisme français, XIXe-XXe siècles*, Perrin, 2005.
Antoine Prost, *L'Enseignement en France de 1800 à 1967*, A. Colin, U, 1968.
Philippe Régnier, *Les Saint-simoniens en Égypte (1833-1851)*, Banque de l'Union européenne, 1989.
Philippe Régnier (dir.), *Études saint-simoniennes*, Lyon, PUL, 2002.
Pierre Renouvin, *La Politique extérieure du second Empire*, CDU, 1947.
Id., *Histoire des relations internationales*, t. II : *De 1789 à 1871*, Hachette, 1954, rééd. 1994.
Annie Rey-Goldzeiguer, *Le Royaume arabe. La politique algérienne de Napoléon III, 1861-1870*, Alger, Soc. nationale d'édition et de diffusion, 1977.
Georges Ribeill, *La Révolution ferroviaire. La formation des compagnies de chemin de fer en France (1823-1870)*, Belin, 1993.
Michèle Riot-Sarcey, Thomas Bouchet et Antoine Picon (dir.), *Dictionnaire des utopies*, Larousse, 2002.
François Roth, *La Guerre de 1870*, Fayard, 1990.
Camille Rousset, *Histoire de la guerre de Crimée*, Hachette, 1877, 2 vol.
Id., *La Guerre franco-allemande*, Librairie illustrée, 1895-1898, 7 vol.
Commandant Schneider, *Le Second Empire à Saint-Cloud*, Victor Harvard, 1894.
Brigitte Schroder-Gudehus et Anne Rasmussen, *Les Fastes du progrès. Le guide des Expositions universelles, 1851-1992*, Flammarion, 1992.
Louis Sonolet, *La Vie parisienne sous le second Empire*, Payot, 1929.
Pierre Sorlin, *La Société française*, t. I : *1840-1914*, Arthaud, 1969.
A. J. P. Taylor, *The Struggle for Mastery in Europe, 1848-1918*, Oxford U.P., 1954.
André-Jean Tudesq, *Les Grands Notables en France (1840-1849), étude historique d'une psychologie sociale*, PUF, 1964, 2 vol.

Jean Tulard, *Le Mythe de Napoléon*, A. Colin, 1971.
Philippe Vigier, *1848, les Français et la République*, Hachette, rééd. 1998.
Armand Wallon, *La Vie quotidienne dans les villes d'eaux (1850-1914)*, Hachette, 1981.
Maurice Wallon, *Les Saint-simoniens et les chemins de fer*, Pédone, 1908.
Geoffrey Wawro, *The Franco-Prussian war...*, Cambridge, CUP, 2003.
Georges Weill, « Les saint-simoniens sous Napoléon III », *Revue des études napoléoniennes*, 1913.
Karl Werner (dir.), *Hof, Kultur und Politik im 19 Jahrhundert*, Bonn, 1985.
Ronald Zins, *Les Maréchaux de Napoléon III*, Lyon, Horvath, 1996.

BIOGRAPHIES DE CONTEMPORAINS

La famille

Caroline d'Arjuzon, *Mme Louis Bonaparte*, Calmann-Lévy, 1901.
Octave Aubry, *L'Impératrice Eugénie*, Fayard, 1931.
Jean Autin, *L'Impératrice Eugénie ou l'Empire d'une femme*, Fayard, 1990.
Ferdinand Bac, *Le Mariage de l'impératrice Eugénie*, Hachette, 1928.
Id., *La Princesse Mathilde, sa vie et ses œuvres*, Hachette, 1928.
Id., *Le Prince Napoléon*, Éditions des Portiques, 1932.
Françoise de Bernardy, *Eugène de Beauharnais*, Perrin, 1973.
Jules Bertaut, *Napoléon Ier aux Tuileries*, Hachette, 1949.
Id., *Le Roi Jérôme*, Flammarion, 1953.
Id., *L'Impératrice Eugénie et son temps*, Amiot-Dumont, 1956.
François Berthet-Leleux, *Le Vrai Prince Napoléon*, Grasset, 1932.
Jean des Cars, *La Princesse Mathilde*, Perrin, 1988.
Marguerite Castillon du Perron, *La Princesse Mathilde, un règne féminin sous le second Empire*, Amiot-Dumont, 1953 et Perrin, 1973.
Duc de Castries, *La Reine Hortense*, Paris, 1984.
Bernard Chevallier et Christophe Pincemaille, *L'Impératrice Joséphine*, Paris, 1988.
Jules Claretie, *L'Empire, les Bonaparte et la Cour*, Dentu, 1871.
Paul Debussy, *L'Impératrice Eugénie*, P. Lafitte, 1913.
Id., *Eugénie, la dernière impératrice*, Perrin 2000.
Suzanne Desternes et Henriette Chandet, *Louis, prince impérial*, Hachette, 1957.
Id., *L'Impératrice Eugénie intime*, Hachette, 1964.
David Duff, *Eugénie and Napoleon III*, Londres, Collins, 1978.
Claude Dufresne, *L'Impératrice Eugénie*, Perrin, 1986.
Id., *La Reine Hortense*, Pygmalion, 2000.
Steven Englund, *Napoléon*, De Fallois, 2004.
Jules Flammarion, *Un neveu de Napoléon Ier, le prince Napoléon (Jérôme)*, Tallandier, 1939.
Charles Gailly de Taurines, *La Reine Hortense en exil*, Hachette, 1914.
Comte Maurice d'Hérisson, *Le Prince impérial*, P. Ollendorff, 1890.
Abel Hermant, *Eugénie, impératrice des Français*, Hachette, 1942.
Theodore Iung, *Lucien Bonaparte et ses Mémoires*, Paris, 1882-1883, 3 vol.

Joachim Kühn, *La Princesse Mathilde*, Plon, 1933.
Harold Kurtz, *The Empress Eugenie, 1826-1920*, Londres, Hamish Hamilton, 1964.
Jean-Claude Lachnitt, *Méconnue et calomniée, l'impératrice Eugénie*, Les Amis de Napoléon, 1982.
Id., *Le Prince impérial, « Napoléon IV »*, Perrin, 1999.
Georges Lacour-Gayet, *L'Impératrice Eugénie*, A. Morancé, 1925.
Pierre de Lacretelle, *Secrets et malheurs de la reine Hortense*, Hachette, 1936.
Jacques de La Faye, *La Princesse Mathilde. Une nièce de Napoléon*, É. Paul frères, 1928.
André Martinet, *Jérôme Napoléon, roi de Westphalie*, P. Ollendorff, 1902.
Francine de Martinoire, *Mathilde et Eugénie : deux cousines pour un empereur*, Critérion, 1992.
Frédéric Masson, *Napoléon et sa famille*, P. Ollendorff, 1897-1913, 13 vol., rééd. 1937.
Bernardine Melchior-Bonnet, *Jérôme Bonaparte ou l'envers de l'épopée*, Perrin, 1978.
Bernard Nabonne, *Joseph Bonaparte, le roi de philosophie*, Hachette, 1949.
Id., *La Reine Hortense*, Hachette, 1951.
Charles Napoléon, *Les Bonaparte. Des esprits rebelles*, Perrin, 2006.
Suzanne Normand, *La Reine Hortense*, Paris, 1948.
Jasper Ridley, *Napoleon III and Eugenie*, Londres, Constable, 1979.
Jean-Pierre Rioux, *Les Bonaparte*, Lausanne, Rencontre, 1968.
Robert Sencourt, *La Vie de l'impératrice Eugénie*, Gallimard, 1933.
William H. C. Smith, *Eugénie, impératrice et femme, 1826-1920*, O. Orban, 1989.
Jean Tulard, *Napoléon ou le mythe du sauveur*, Fayard, 1977.
Jean Tulard, *Napoléon II*, Fayard, 1992.
Françoise Wagener, *La Reine Hortense*, Jean-Claude Lattès, 1992.
Laetitia de Witt, *Le Prince Victor Napoléon*, Fayard, 2007
Constance Wright, *Hortense, reine de l'Empire*, Arthaud, 1964.

Les milieux politiques

Charles Alméras, *Odilon Barrot, avocat et homme politique (1791-1873)*, Le Puy, Mappus, et Paris, PUF, 1950.
Luigi Ambrosoli, *Giuseppe Mazzini. Una vita per l'unità d'Italia*, Manduria, Lacaita, 1993.
Daniel Amson, *Adolphe Crémieux. L'oublié de la gloire*, Seuil, 1988.
Id., *Gambetta ou le Rêve brisé*, Tallandier, 1994, coll. « Figures de proue ».
Armand d'Andigné, *Armand de Melun. Un apôtre de la charité*, Nouvelles Éditions latines, 1961.
Guy Antonetti, *Louis-Philippe*, Fayard, 1994.
Pierre Antonmattei, *Gambetta, héraut de la République*, Michalon, 1999.
Antoine d'Arjuzon, *Victoria et Napoléon III*, *Histoire d'une amitié*, Atlantica, Sceptre et Couronne.
Frédéric Barbier, *Finance et politique en France à l'époque contemporaine. La dynastie des Fould (XVIII*e*-XX*e* siècles)*, A. Colin, 1991.
Jean-Jacques Becker (dir.), *Eugène Rouher*, Clermont-Ferrand, Institut d'études du Massif Central, 1985.

Jean-Louis Benoît, *Tocqueville. Un destin paradoxal*, Bayard, 2005.
Françoise de Bernardy, *Alexandre Walewski (1810-1868), le fils polonais de Napoléon*, Perrin, 1976.
Philipp A. Bertocci, *Jules Simon, Republican Anticlericalism and Cultural Politics in France : 1848-1886*, Columbia, Missouri, 1978.
Noël Blayau, *Billault, ministre de Napoléon III d'après ses papiers personnels, 1805-1863*, C. Klincksieck, 1969.
Jean-Paul Bled, *François-Joseph*, Fayard, 1989.
Id., *Bismarck. De la Prusse à l'Allemagne*, Alvick, 2005.
Jean-Pierre Bois, *Bugeaud*, Fayard, 1997.
Georges Bonnin, *Bismarck and the Hohenzollern Candidature for the Spanish Throne*, Londres, Chatto et Windus, 1957.
Édouard Bornecque-Winandy, *Achille Fould, ministre de Napoléon III*, Neuilly-sur-Seine, chez l'auteur, 1985.
Jacques de Brabant, *Achille Fould et son temps (1800-1867). L'homme clé du second Empire*, Éd. Cairn, 2001.
Gabriel de Broglie, *Guizot*, Perrin, 1990.
John P. T. Bury, *Gambetta*, Londres, Longman, 1973-1982, 2 vol.
John P. T. Bury et Robert Tombs, *Thiers (1797-1877). A Political Life*, Londres, Boston, Sydney, Allen et Unwin, 1986.
José Cabanis, *Charles X, roi ultra*, Gallimard, 1972.
Michel Carmona, *Haussmann*, Fayard, 2000.
Id., *Morny, le vice-empereur*, Fayard, 2005.
Jean des Cars, *Haussmann. La gloire du second Empire*, Perrin, 1978.
Lynn M. Case, *Édouard Thouvenel et la diplomatie du second Empire*, A. Pedone, 1976.
Raymond Cazelles, *Le Duc d'Aumale*, Tallandier, 2005.
Frédéric Chalaron, *Eugène Rouher*, Riom, 1984.
Édouard Chapuisat, *Le Général Dufour*, Lausanne, Payot, 1935.
Monica Charlot, *Victoria*, Flammarion, 1989.
Jacques Chastenet, *Gambetta*, Fayard, 1968.
Nicolas Chaudun, *Haussmann au crible*, Éditions des Syrtes, 2000.
Paul Chrétien, *Le Duc de Persigny, 1808-1873*, Toulouse, F. Boisseau, 1943.
Robert Christophe, *Le Duc de Morny, « empereur » des Français sous Napoléon III*, Paris, 1951.
Pascal Clément, *Persigny. L'homme qui a inventé Napoléon III*, Perrin, 2006.
Gilles Crochemore, *Armand Carrel (1800-1835). Un républicain réaliste*, Rennes, PUR, 2006.
Henri Daru, *Les Daru du XVIe au XIXe siècle*, Boulogne-Billancourt, R. J. éd., 2007.
Renée David, *Lamartine, la politique et l'histoire*, Imp. nationale, 1993.
Alain Decaux, *Victor Hugo*, Perrin, 1984.
Joseph Delaroa, *Le Duc de Persigny et les doctrines de l'Empire*, 1896.
Édouard Dolléans, *Proudhon*, Gallimard, 1948.
Maurice Dommanget, *Blanqui et l'opposition républicaine à la fin du second Empire*, A. Colin, 1960.
Albert Duchêne, *Un ministre trop oublié, Chasseloup-Laubat*, Société d'éditions géographiques, maritimes et coloniales, 1932.

Claude Dufresne, *Morny, le roi du second Empire*, Jean Picollec, 1993.
Joseph Durieux, *Le Ministre Pierre Magne (1806-1879), d'après ses lettres et ses souvenirs*, H. Champion, 1929.
Ernst Engelberg, *Bismarck*, DTV, Munich, 1990-1991, 2 vol.
Honoré Farat, *Persigny, un ministre de Napoléon III*, Hachette, 1957.
Jean-Michel Gaillard, *Jules Ferry*, Fayard, 1989.
Lothar Gall, *Bismarck, le révolutionnaire blanc*, Fayard, 1984.
Jean Charles Geslot, *Une histoire du* XIXe *siècle : la biographie de Victor Duruy (1811-1894)*, thèse universitaire de Versailles-Saint-Quentin, dir. J.-Y. Mollier, 2003.
Gerda Grothe, *Le Duc de Morny*, Fayard, 1967.
Pierre Guiral, *Prévost-Paradol (1829-1870). Pensée et action d'un libéral sous le second Empire*, PUF, 1955.
Id., *Adolphe Thiers ou De la nécessité en politique*, Fayard, 1986.
Bernard d'Harcourt, *Diplomatie et diplomates. Les quatre ministères de Drouyn de Lhuys*, Plon, 1882.
Gérard Hunger, *Lamartine, poète et homme d'État*, Flammarion, 1998.
Douglas Johnson, *Guizot. Aspects of French History, 1787-1874*, Londres, Routledge et Kegan Paul, 1963.
Xavier de La Fournière, *Lamartine*, Perrin, 1990.
Vicomte H. de La Guéronnière, *La Guéronnière publiciste (1811-1884)*, Corréa, 1937.
Gérard-Noël Lameyre, *Haussmann, préfet de Paris*, Flammarion, 1958.
Émile Laurens, *Louis Blanc : le régime social du travail*, A. Laurens, 1908.
R. P. Édouard Lecanuet, *Montalembert*, Poussielgue, 1898-1902, 3 vol.
Benoît Le Roux, *Louis Veuillot. Un homme de combat*, P. Téqui, 1984.
Évelyne Lever, *Louis XVIII*, Fayard, 1990.
Léo A. Loubere, *Louis Blanc : His Life and His Contribution to the Rise of French Jacobin-Socialism*, Evanston, Ill., 1961.
Denis Mack Smith, *Vittorio-Emmanuele II*, Bari, 1972.
Id., *Mazzini*, New Haven, Yale Univ. Press, 1994.
Henri Malet, *Le Baron Haussmann et la rénovation de Paris*, Éd. municipales, 1973.
Henri Malo, *Thiers*, Payot, 1922.
Philip Mansel, *Louis XVIII*, Pygmalion, 1982.
Roland Marx, *La Reine Victoria*, Fayard, 2000.
François Maspero, *L'Honneur de Saint-Arnaud*, Plon, 1993 et Alger, Casbah éd., 2004.
Paul Matter, *Cavour et l'unité italienne*, Félix Alcan, 1922-1927, 3 vol.
Jean Maurain, *Un bourgeois français au* XIXe *siècle : Baroche, ministre de Napoléon III*, Félix Alcan, 1936.
André Maurois, *Olympio ou la Vie de Victor Hugo*, Hachette, 1954.
Michel Moisan, *Le Duc de Morny (1811-1865) : le Parisien et « l'Auvergnat »*, Carlat, 2001.
Alexandre Najjar, *Le Procureur de l'Empire, Ernest Pinard (1822-1909)*, Balland, 2001.
Marquis de Noailles, *Le Comte Molé, sa vie, ses Mémoires*, Champion, 1922-1930, 6 vol.

Maurice Parturier, *Morny et son temps*, Tallandier, 1969.
Maurice Paz, *Un révolutionnaire professionnel, Auguste Blanqui*, Fayard, 1984.
Pierre-Antoine Perrod, *Jules Favre, avocat de la liberté*, Lyon, La Manufacture, 1988.
Michel Pierchon, *Pierre-Antoine Berryer (1790-1868) ou l'Éloquence au service de la nation et des hommes*, Montpellier, La Boîte à courrier, 1977.
John Prest, *Lord John Russell*, Columbia, Univ. of South Carolina, 1972.
Léon Prugnard, *Le Duc de Morny et l'Auvergne*, Clermont, Imp. générale, 1911.
Paul Raphaël et Maurice Gontard, *Un ministre de l'Instruction publique sous l'Empire autoritaire : Hippolyte Fortoul (1851-1856)*, PUF, 1976.
Maurice Reclus, *Jules Favre (1809-1880). Essai de biographie historique d'après des documents inédits*, Hachette, 1912.
Id., *Ernest Picard (1821-1877). Essai de contribution à l'histoire du parti républicain d'après des documents inédits*, Hachette, 1912.
Id., *Jules Ferry*, Flammarion, 1947.
Jasper Ridley, *Lord Palmerston*, Londres, Constable, 1970.
Jean Rohr, *Victor Duruy, ministre de Napoléon III, essai sur la politique de l'instruction publique au temps de l'Empire libéral*, LGDJ, 1967.
Rosario Romeo, *Cavour e il suo tempo*, Bari, Laterza, 1984, 4e éd., 3 vol.
Jean-Marie Rouart, *Morny, un voluptueux au pouvoir*, Gallimard, 1995.
Maximilien Rubel, *Karl Marx devant le bonapartisme*, Mouton, 1960.
Pierre Saint-Marc, *Émile Ollivier (1825-1913)*, Plon, 1950.
Robert Schnerb, *Ledru-Rollin*, PUF, 1948.
Id., *Rouher et le second Empire*, A. Colin, 1949.
Léon Seche, *Jules Simon, sa vie et son œuvre*, A. Dupret, 1887.
François Christian Semur, *Mac-Mahon ou la gloire confisquée*, J.-C. Gawsewitch, 2005.
Michel Souloumiac et Christian Chandon, *Le Marquis de La Valette, ambassadeur et ministre du second Empire*, éditions de l'ARAH, 2006.
Philippe Tollu, *Montalembert. Les libertés sous le second Empire*, Albatros, 1987.
Anne Troisier de Diaz (dir.), *Regards sur Émile Ollivier*, Publ. de la Sorbonne, 1985.
Henri Troyat, *Nicolas Ier*, Perrin, 2000.
Georges Valance, *Haussmann le Grand*, Flammarion, 2001.
Éric Vatré, *Henri Rochefort ou la Comédie du XIXe siècle*, Lattès, 1984.
Claude Vigoureux, *Maupas et le coup d'État de Louis-Napoléon, le préfet de police du 2 décembre 1851*, éd. SPM, coll. « Kronos », 2002.
Roger L. Williams, *Henri Rochefort*, Trévise, 1970.
Theodor Zeldin, *Emile Ollivier and the Liberal Empire of Napoleon III*, Oxford, Clarendon Press, 1963.

Autres personnalités

Henri-René d'Allemagne, *Prosper Enfantin et les grandes entreprises du XIXe siècle*, Gründ, 1935.
Simone André-Maurois, *Miss Howard, la femme qui fit un empereur*, Gallimard, 1956, coll. « NRF ».
Adhémar d'Antioche, *Changarnier*, Plon, Nourrit et Cie, 1891.

Françoise Arnault, *Frédéric Le Play. De la métallurgie à la science sociale*, Nancy, PU de Nancy, 1993.
Abbé Roger Aubert, *Le Pontificat de Pie IX*, Bloud et Gay, 1962.
Jean Autin, *Prosper Mérimée, écrivain, archéologue, homme politique*, Perrin, 1983.
Id., *Les Frères Pereire. Le bonheur d'entreprendre*, Perrin, 1984.
Germain Bapst, *Le Maréchal de Canrobert, souvenirs d'un siècle*, Plon, 1898-1913, 6 vol.
Maurice Baumont, *Bazaine. Les secrets d'un maréchal (1811-1888)*, Imprimerie nationale, 1978.
Docteur M. E. Binet, *Un médecin peu ordinaire. Le docteur Véron*, A. Michel, 1945.
Louis-Napoléon Bonaparte-Wyse et Marie-Christine d'Aragon, *Gaston Ier. Le rêve mexicain du comte de Raousset-Boulbon*, France Empire, 2000.
Romualdo Bonfadini, *Vita di Francesco Arese...*, Turin, L. Roux, 1894.
Jean Bouvier, *Les Rothschild*, Fayard, 1967.
Robert Burnand, *Bazaine*, Floury, 1939.
Collectif, *Hippolyte Flandrin. Une fraternité picturale au XIXe siècle*, RMN, catalogue d'exposition, Lyon, 1985.
Collectif, *Le Comte de Nieuwerkerke. Art et pouvoir sous Napoléon III*, RMN, catalogue d'exposition, Compiègne, 2000.
Collectif, *F.-X. Winterhalter et les cours d'Europe de 1830 à 1870*, catalogue d'exposition, Petit Palais, 1988.
Xavier Darcos, *Mérimée*, Table ronde, 2004, coll. « La petite vermillon ».
Alain Decaux, *La Castiglione, dame de cœur de l'Europe*, Amiot, 1953.
Ghislain de Diesbach, *Ferdinand de Lesseps*, Perrin, 1998.
Guy Fargette, *Émile et Isaac Pereire, L'esprit d'entreprise au XIXe siècle*, L'Harmattan, 2001.
André Fortin, *Frédéric Degeorge*, Lille, 1961.
Fernande Goldschmidt, *Nieuwerkerke, le bel Émilien, prestigieux directeur du Louvre sous Napoléon III*, Art International Publishers, 1997.
Paul Gout, *Viollet-le-Duc, sa vie, son œuvre, sa doctrine*, Champion, 1914.
Comte Grabinski, *Un ami de Napoléon III. Le comte Arese*, L. Bahl, 1897.
Bernard Hamon, *George Sand et la politique, « Cette vilaine chose... »*, L'Harmattan, 2001.
Françoise Hamon et Charles MacCallum, *Louis Visconti, 1791-1853*, Ville de Paris, 1991.
Emmanuel Haymann, *Labiche ou l'Esprit du second Empire*, O. Orban, 1988.
Id., *Pauline de Metternich, la jolie laide du second Empire*, Perrin, 1991.
Hubert Heyriès, *Garibaldi, le mythe de la révolution romantique*, Toulouse, Privat, 2002.
Jacques Jourquin, *Souvenirs et biographie du commandant Parquin*, Tallandier, 2003.
Siegfried Kracauer, *Offenbach and the Paris of his Time*, Urbana, Univ. of Illinois Press, 2002.
Anne Leflaive, *Sous le signe des abeilles, Valérie Masuyer, dame d'honneur de la reine Hortense*, Éditions du Pavois, 1947.

Jean Lenoble, *Les Frères Talabot, une grande famille d'entrepreneurs au XIXe siècle*, Limoges, L. Souny, 1989.
Jean-Michel Leuniaud, *Charles Garnier*, Monum-Éditions du patrimoine, 2003.
Philippe Luez, *Jacques Offenbach, musicien européen*, Séguier, 2000.
Jacques Macé, *L'Honneur retrouvé du général de Montholon…*, Christian, 2000.
Id., *Le Général Gourgaud*, Nouveau Monde éd., 2006.
Giacomo Martina, *Pio IX*, Rome, Pontificia Università gregoriana, 1985, 2 vol.
C. Matthieu et D. Schneider, *Les Schneider. Le Creusot. Une famille. Une entreprise. Une ville (1836-1960)*, Fayard et Musées nationaux, 1995.
Pierre Milza, *Verdi et son temps*, Perrin, 2001.
Jean-Yves Mollier, *Michel et Calmann-Lévy ou la naissance de l'édition moderne*, Calmann-Lévy, 1984.
Id., *Louis Hachette*, Fayard, 1999.
Pascal Ory et Jean-Yves Mollier (dir.), *Pierre Larousse et son temps*, Larousse, 1995.
Jean-Paul Palewski, *Une maîtresse de Louis-Napoléon, miss Howard*, Paris, 1968.
Antoine Parménie et Catherine Bonnier de La Chapelle, *Histoire d'un éditeur et de ses auteurs, P.-J. Hetzel*, Paris, A. Michel, 1953.
Pierre Pierrard, *Louis Veuillot*, Beauchesne, 1988.
Robert Pourvoyeur, *Offenbach*, Seuil, 1994.
Maurice Quatrelles de L'Épine, *Le Maréchal de Saint-Arnaud*, Plon, 1928-1929, 2 vol.
Maurice Reclus, *Émile de Girardin, le créateur de la presse moderne*, Hachette, 1934.
Joseph-Antoine Roy, *Histoire de la famille Schneider et du Creusot*, Marcel Rivière, 1962.
René Sédillot, *250 ans d'industrie en Lorraine. La maison de Wendel de 1704 à nos jours*, Riss, 1958.
Jean Touchard, *La Gloire de Béranger*, A. Colin, 1968, 2 vol.
Jacques Vier, *La Comtesse d'Agoult et son temps*, A. Colin, t. III à V, 1961-1962.
Jean Walch, *Michel Chevalier, économiste saint-simonien (1806-1879)*, Lille, SRT, 1974
Jean-Claude Yon, *Eugène Scribe, la fortune et la liberté*, Saint-Genouph, Lib. Nizet, 2000.
Id., *Jacques Offenbach*, Gallimard, 2000, coll. « NRF biographies ».

INDEX

REMERCIEMENTS

…vre est issu d'un enseignement dispensé à l'Université …orbonne et d'un autre donné au Collège universitaire de …oud. Il est dédié aux centaines d'auditeurs qui l'ont enrichi …s interrogations et leurs réflexions. Il l'est aussi à Louis … et à William H. C. Smith, deux des grands biographes de …éon III que nous avons eu le plaisir de connaître. Nous tenons …primer également notre gratitude à nos amis d'outre-Atlantique …d'outre-Manche, Steven Englund et Sudhir Hazareesingh, aux …ofesseurs Jean Tulard et Jacques-Olivier Boudon avec lesquels l'enseignement du second Empire est un plaisir sans cesse renouvelé, à Bernard Gaudillère, directeur du cabinet du maire de Paris, fin connaisseur de la période, à Jean-Claude Lachnitt, biographe du prince impérial, au docteur Maurice Catinat, spécialiste de la reine Hortense, à Stéphanie Burgaud et à Yves Bruley, deux des meilleurs historiens des relations internationales et du monde diplomatique du milieu du XIXe siècle, ainsi qu'à Xavier Mauduit qui prépare une étude sur la Maison de l'empereur. Nous remercions enfin Jacques Jourquin pour sa bienveillance et sa patience.

Cet ouvrage a été composé
par IGS-CP à L'Isle-d'Espagnac (16)

Achevé d'imprimer en mai 2020
par Normandie Roto Impression s.a.s. à Lonrai
N° d'imprimeur : 2000813
Dépôt légal : juin 2020
ISBN : 979-10-210-4450-0
Numéro d'édition : 4460
Imprimé en France